修訂二版

現代國際法參考文件

丘宏達

學歷／
國立臺灣大學法律系畢業
美國長島大學政治學碩士
美國哈佛大學法學碩士
美國哈佛大學法學博士 (S.J.D.)

經歷／
美國哈佛大學法律學院研究員
國立臺灣大學及政治大學國際法教授
美國馬里蘭大學法律學院法學教授
美國馬里蘭大學法律學院東亞法律研究計畫主任
國家統一委員會研究委員
行政院政務委員
海峽交流基金會董事
蔣經國國際學術交流基金會董事
中華民國無任所大使
國際法學會 (International Law Association) 總會長
《中國國際法與國際事務年報》中、英文版總編輯
美國馬里蘭大學法律學院《現代亞洲研究專刊》主編
美國馬里蘭大學法律學院榮譽教授

陳純一

學歷／
東海大學法律系畢業
美國杜蘭大學法學碩士
美國杜蘭大學法學博士 (S.J.D.)

現職／
國立政治大學特聘教授
國立政治大學外交學系與法律學系合聘教授
蔣經國國際學術交流基金會副執行長
Associate Editor-in-Chief, Chinese (Taiwan) Yearbook of
International Law and Affairs

經歷／
國立政治大學創新國際學院院長
中華民國國際法學會理事長
《中國國際法與國際事務年報》執行主編與副總編輯
國立臺北大學司法學系專任教授
中國文化大學代校長、教務長、代所長、專任教授
國立政治大學國際關係研究中心副研究員
美國馬里蘭大學法律學院東亞法律研究計劃研究員
臺灣大學、臺北大學、臺灣科技大學、東海大學、東吳
大學等校兼任教授

三民書局

國家圖書館出版品預行編目資料

現代國際法參考文件 / 丘宏達,陳純一編著.－－
修訂二版一刷.－－臺北市：三民，2019
　面；　公分

ISBN 978-957-14-6612-5　（精裝）
1.國際法

579　　　　　　　　　　　　　　108004463

© 現代國際法參考文件

編 著 者	丘宏達　陳純一
發 行 人	劉振強
著作財產權人	三民書局股份有限公司
發 行 所	三民書局股份有限公司
	地址　臺北市復興北路386號
	電話　(02)25006600
	郵撥帳號　0009998-5
門 市 部	（復北店）臺北市復興北路386號
	（重南店）臺北市重慶南路一段61號
出 版 日 期	初版一刷　1996年11月
	修訂二版一刷　2019年6月
編 　 號	S 583371

行政院新聞局登記證局版臺業字第○二○○號

ISBN　978-957-14-6612-5　（精裝）

http://www.sanmin.com.tw　三民網路書店
※本書如有缺頁、破損或裝訂錯誤，請寄回本公司更換。

修訂二版序

民國六十一年，丘宏達教授有感於當時國內使用的教科書中，不易找到有關國際法的公約，認為有必要將其彙整以便讀者查考，故在其主編的《現代國際法》一書出版前，先編輯完成《現代國際法（下）（參考文件）》。民國七十三年，鑒於聯合國主持下簽訂的公約數量日增，且我國與美國斷交，國家面對國際情勢急遽改變的挑戰，故重新整理增刪《現代國際法（下）（參考文件）》，並將書名改為《現代國際法基本文件》。民國八十四年，丘教授在獨立完成新版《現代國際法》一書的撰寫後，又再一次整理編輯《現代國際法基本文件》，內容大幅增加，書名則變更為《現代國際法參考文件》，本人有幸參與了當時的編輯工作。

民國一〇五年，三民書局決定重新修訂編輯本書。考量國內目前類似的書籍很少，本次版本仍繼續維持丘教授以往主編時的體例，堅持盡量完整收錄所有經典的國際法文件，期許能提供讀者一本內容豐富、有用且正確的參考工具書。

在這個方向之下，本書修訂重點如下：首先、全書配合三民書局出版的《現代國際法》修訂三版的章節順序和內容，調整為十五章，以便利讀者對照參考。其次、前版《現代國際法參考文件》從民國八十四年出版至今已逾二十年，國際法發展的重點與我國的實踐都有很大變化，故考量國情，並借鏡英美目前常用的國際法文件彙編書籍取材標準，大幅修訂。第三、編輯本書一直面臨的最大困擾之一是聯合國中文簡體字本和我國所習慣使用的正（繁）體文字之間的差異問題：包括法律條文「條」「款」「項」的順序不同、數字標點符號的使用及簡體字字體和正（繁）體字字體不一等。本次修訂除了參考丘宏達教授過去的做法外，為了避免讀者誤解或是不明瞭，對於明顯的錯誤用字和簡體字轉變為正體字的差異也採取了統一的調整作法。為了便利理解，讀者可以參考本書「編輯說明」中有關處理此一問題的原則；「編輯說明」也同時提供了本次修訂更新的詳細國際法文件清單。最後，全書收錄的條約主要是取材自《聯合國條約彙編》(UNTS)，國際法委員會通過的草案則採用聯合國大會通過的決議為原則，但是中華民國政府如果針對特定文件提供官方版本，則採納政府官方版本。為了便利讀者，每一個文件前的說明

部分都提供詳細的出處與背景資料。

　　數位化時代，讀者很容易經由網路自行搜尋重要的國際條約。但是本書不是單純的彙整印刷，每一個文件都經過詳細比照原件校訂，字字斟酌，努力追求完善。能投注如此心血堅持品質，除了感謝國立政治大學法研所鄭之翔同學和外交系呂佳昀同學的協助外，三民書局編輯同仁們嚴謹的工作態度和專業能力功不可沒，他們名雖不揚於本書，但是其成果有目共睹。此外，內人純麗二十多年前和我一起協助丘老師從事上一版的編輯校對工作，今日則幫忙我完成本書，一起共享這美好的經驗。

　　這本書能繼續更新出版，感謝丘師母謝元元女士和三民書局劉仲傑總經理的信賴與支持。而付梓前夕，我不禁想到已故的丘宏達教授和劉振強董事長；今人已無緣再見二位長者，更難體會近五十年前，他們面對國家國際局勢日益艱難，為了要提升我國的國際地位，決定不計成本，共同合作出版《現代國際法》與《現代國際法參考文件》的勇氣與壯志。那種捨我其誰的豪情，彼此情義相挺的友誼，對國際法與國家的熱情，以及對後進學子的提攜與關懷，都已經成為一種典範，令人感念。

　　修訂本書力求無誤，但是疏漏之處恐難避免，還望先進指正。最後，希望這本書能達到丘教授的期盼，為中華民國的國際法教育和學術研究貢獻一點心力。

陳純一

中華民國一○八年五月

序

　　民國六十二年《現代國際法》一書出版後，在次年本人又編了一冊《現代國際法參考文件》出版，其中將重要公約及文件均收集在此書中，在民國七十三年將此書增訂出版，改名為《現代國際法基本文件》，篇幅增加一倍以上。到了去年《現代國際法》一書經多年工作於民國八十四年十一月出版後，就開始編輯本書，名稱仍用原來的《現代國際法參考文件》，由於文件數目大量增加，因此請中國國際法學會副秘書長及中國文化大學副教授陳純一博士協助編輯此書。

　　國際公約有中文本的均取自該中文本，沒有中文本但有官方中文譯文的，則採用該譯本。自我國一九七一年起被迫不能參加聯合國後，許多公約的中文本均採用簡體字，中共參加的公約如果沒有中文本，就有中共的譯本，則採用中共譯本，均在每個文件中分別說明英文本的出處及中文本或譯文的出處。所有聯合國的文件如決議、宣言等也比照處理。其中如用 LNTS 的表示刊在 League of Nations Treaty Series（國際聯盟條約彙編），用 UNTS 的表示是刊在 United Nations Treaty Series（聯合國條約彙編），用 ILM 的表示是刊在 International Legal Materials（國際法律資料）。

　　在標點符號方面，聯合國的一切文件均採用西式，與國內通用的方式不同，均改照國內通用的方式排印。例如引號，西式用〔" "〕均改為國內通用的〔「 」〕。關於法律條文的款項，國內是先分「項」，以下才用「款」，但中共則先有「款」，以下再分「項」，本書中除非公約在我國政府代表中國的時期締結的條約中文本，照國內通用的方式分款項，其他則照其中文本的款項分法（即中共採用之方式），不再一一更改。有些字體如部份之「份」是中文本中有時用「分」，均照其用法，不再一一改為「份」或「分」。

　　文件第三十三號「關於國籍法衝突若干問題的公約」、第三十四號「關於無國籍情況的議定書」及第三十五號「關於無國籍的特別議定書」，其中文譯本是採用商務印書館出版的《中國參加之國際公約彙編》（薛典增、郭子雄編）所刊之中文譯文，本人曾函臺灣商務印書館徵求同意，經該館在一九九五年十二月十二日來函表示：

「該書係民國二十六年六月初版，編者薛典增、郭子雄二先生之行止，本館難以聯繫。惟　先生擬採用之部份均為條約公文書性質，以本館立場則表同意」。

第五十一號「關稅暨貿易總協定」及第五十八號「建立多邊〔世界〕貿易組織協定」的中文譯文均是根據經濟部國際貿易局的譯文，經國貿局長林義夫先生民國八十五年一月十二日來函同意（民國八十五年一月十五日貿（八十五）三發字第00527號），特在此致謝！

第六十三號「聯合國人類環境會議宣言」其中譯文是取自董雲虎及劉武萍編著的《世界人權約法總覽》（成都：四川人民出版社，一九九一年出版），頁1403-1407。本人曾去函成都鹽道街3號四川人民出版社，詢問其在本書中刊此譯文有無意見，未見回信，後又掛號再去一函，仍無回信，想是沒有反對意見。

本書編輯過程中最麻煩的是找聯合國大會記錄的中文本，這些記錄只有聯合國總部的圖書館才有，而這個圖書館使用有極嚴的限制，必須由學校正式行文才能獲准進入，而開放時間只有上午八時半至下午四時半，晚上、假日及週末均不開放，訂購手續理論上可以訂購，但實際上無法訂購，經陳純一博士多方努力才取得或影印到一些聯合國國際法委員會的報告書、決議等。此外，駐紐約的臺北濟文化辦事處吳處長子丹先生，也透過友好國家代為找到一些聯合國所出的中文記錄等文件，吳先生服務熱心，特在此致謝！國民大會議長錢復博士在外交部長任內積極推動對國際法的研究，並一再指示部內及駐外機構支持學者對國際法的研究，本書編者及助編者均受惠不少，在此也一併致謝！

本書校對工作繁重，主要是由陳純一博士及《中國國際法與國際事務專刊》編輯歐陽純麗女士擔任，其他協助本書工作的人士還有杜芝友與張素雲二位女士，對他們的協助，本人表示深切謝意。

丘宏達

民國八十五年十月十日國慶日

編輯說明

一、本書編輯整理的國際法文件主要取材自聯合國官方文件中文本，如《聯合國條約彙編》(UNTS) 收錄的條約和聯合國大會通過的決議紀錄。但是中華民國政府如果有提供官方版本，原則上優先採納政府官方版本。讀者可以查考每一個文件前的說明部分，瞭解詳細的出處與背景資料。

二、一九七二年以前的國際人權公約中文本目前有兩種，一種是通過或是簽署時的原始中文本（做準正本），另一種是聯合國目前使用的中文本（通用本）。目前聯合國人權事務高級專員辦事處出版的 《人權國際文件彙編》，紐約：聯合國，2002 年；和《核心國際人權條約》，紐約和日內瓦：聯合國，2006 年，採用的都是通用本。原始中文本（做準正本）和通用本文字上存在著差異。本書收錄文件採用何種文本，均會在各文件說明部分明確解釋。

三、為便利使用研究，《領域庇護宣言》、《世界人權宣言》和《給予殖民地國家和人民獨立宣言》是將原始中文做準正本和通用中文本並列。《公民與政治權利國際公約》、《經濟社會文化權利國際公約》和《消除對婦女一切形式歧視公約》則是採用總統府公布版本。總統府版本內容與中文原始做準正本大致相同，但是名稱和文字稍有調整。

四、中文本中的條文與項目阿拉伯數學號碼，如 (1, 2, 3....)，均已改為中式號碼，如（一，二，三……）。另外，除少數特殊情況外，年代數字也均改為國字。

五、為了避免讀者誤解或是不明瞭，對於明顯的錯誤用字，編者會修改，並以〔　〕表示。此外，本書對於簡體字轉變為正（繁）體字後，字體的差異也採取了統一的調整作法，列舉如下：

1.公佈→公布；　2.水平→水準；　3.佔領→占領；佔據→占據；侵佔→侵占；　4.充份→充分；　5.宣佈→宣布；　6.計劃→計畫（名詞）；　7.攷慮→考慮；　8.箇→個；　9.儘量→盡量；　10.儘速→盡速；　11.搜集→蒐集；　12.賬目→帳目；　13.如左→如下；　14.信息→資訊；　15.复查→復查；　16.哥侖比亞→哥倫比亞；　17.波利維亞→玻利維亞；　18.堪培拉→坎培拉；　19.雇傭→僱傭；　20.了解→瞭解；　21.「　」→《　》

六、本此修訂新收錄國際法文件如下（依文件在書中出現先後順序）：

1. 適用於能夠產生法律義務的國家單方面聲明的指導原則 (2006.8.4)
2. 引渡示範條約 (1990.12.14)
3. 歐洲保護人權和根本自由公約及其附加議定書（公約：1950.11.4）
4. 聯合國反貪腐公約 (2003.10.31)
5. 南極條約 (1959.12.1)
6. 國際民用航空公約 (1944.12.7)
7. 制止與國際民用航空有關的非法行為的公約 (2010.9.10)
8. 聯合國國家及其財產的管轄豁免公約 (2004.12.2)
9. 國家對國際不法行為的責任條款草案 (2001.12.12)
10. 外交保護條款草案 (2006.8.8)
11. 解決國家與他國國民間投資爭端公約 (1965.3.18)
12. 設立世界貿易組織協定附件二：爭端解決規則程序瞭解書 (1994.4.15)
13. 國際貨幣基金組織協定 (1944.7.22)
14. 巴黎協定 (2015.12.12)
15. 非戰公約 (1928.8.27)
16. 一九四九年八月十二日改善戰地武裝部隊傷者病者境遇的日內瓦公約（摘錄）(1949.8.12)
17. 一九四九年八月十二日改善海上武裝部隊傷者病者及遇船難者境遇的日內瓦公約（摘錄）(1949.8.12)
18. 一九四九年八月十二日關於戰俘待遇的日內瓦公約（摘錄）(1949.8.12)
19. 一九四九年八月十二日關於戰時保護平民的日內瓦公約（摘錄）(1949.8.12)
20. 一九四九年八月十二日日內瓦第四公約關於保護國際性武裝衝突受難者的附加議定書（第一議定書）(1977.6.8)
21. 一九四九年八月十二日日內瓦四公約關於保護非國際性武裝衝突受難者的附加議定書（第二議定書）(1977.6.8)
22. 關於採納一個新增特殊標誌的一九四九年八月十二日日內瓦公約的附加議定書（第三議定書）(2005.12.8)
23. 防止及懲治危害種族罪公約 (1949.12.9)

24.國際刑事法院羅馬規約（摘錄）(1998.7.17)

25.制止向恐怖主義提供資助的國際公約 (1999.12.9)

26.中華民國外交部民國一〇三年關於釣魚臺列嶼主權的聲明 (2014.2.5)

27.中華民國外交部的「臺灣的國際法地位」說帖 (2017.6.20)

28.中華民國外交部的「開羅宣言的國際法意義」說帖 (2013.11)

29.中華民國外交部的「中華民國南海政策」說帖 (2016.3.21)

30.駐美國臺北經濟文化代表處與美國在臺協會間特權、免稅暨豁免協定 (2013.2.4)

31.駐美國臺北經濟文化代表處與美國在臺協會間之刑事司法互助協定 (2002.3.26)

32.海峽兩岸共同打擊犯罪及司法互助協議 (2009.4.26)

33.中華民國司法院大法官會議釋字第三二九號解釋 (1993.12.24)

34.公民與政治權利國際公約及經濟社會文化權利國際公約施行法 (2009.4.22)

35.條約締結法 (2015.7.1)

七、考慮到時效、國際法發展趨勢與條約草案內容更新等因素，此次修訂決定抽換下列國際法文件（依文件在書中出現先後順序）：

1.關於各國內政不容干涉及其獨立與主權之保護宣言 (1965.12.21)

2.中美英蘇四國關於否決權的聲明（摘錄）(1945.6.7)

3.統一國際航空運輸某些規則的〔華沙〕公約 (1929.10.12)

4.修改一九二九年十月十二日在華沙簽訂的統一國際航空運輸某些規則的公約的議定書 (1967.1.27)

5.指導各國在月球和其他天體上活動的協定 (1979.12.15)

6.外空物體所造成損害之國際責任公約 (1972.3.29)

7.關於登記射入外層空間物體的公約 (1975.1.14)

8.國際更正權公約 (1953.3.31)

9.反對劫持人質國際公約 (1979.12.17)

10.關於無國籍情況的議定書 (1930.4.12)

11.關於無國籍的特別議定書 (1930.4.12)

12.聯合國難民事務高級專員辦事處規程 (1950.12.14)

13.關於男女工人同工同酬公約 (1951.6.29)

35.總統宣布延伸領海及設定經濟海域令 (1979.10.8)

36.北美事務協調委員會與美國在台協會間特權、免稅暨豁免協定 (1980.10.2)

37.國家統一綱領 (1991.3.14)

38.關於「一個中國」的涵義 (1992.8.1)

39.中美洲七國請求聯合國大會將中華民國會籍問題列入第四十八屆會議議程補充項目內（附聯合國英文譯文）(1993.8.6)

八、本次修訂，美國《臺灣關係法》改採美國在臺協會公告的官方版本。

現代國際法參考文件

── 附有關中華民國的重要國際文件 ──

丘宏達編輯　陳純一修訂

目　次

第六章　人　權

第七章　領陸、航空與外空（太空）法

第八章　海洋法

第九章　管轄豁免

第十章　外交領事與特種使節關係

第十一章　國際責任

第十二章　國際經濟與貿易

第十三章　國際環境保護與生物資源的維護

第十四章　武力的使用與國際人道法

第十五章　有關中華民國的重要國際法文件、兩岸協議與法律

第一章　國際法的基本原則

一、國家權利義務宣言草案 (Draft Declaration on Rights and Duties of States)　　　　　　　　　(1949.12.6)

說明：

㈠聯合國大會第四屆會議一九四九年十二月六日 A/RES/375(IV) 決議通過。

㈡宣言英文本見 Dusan J. Djonovich, compiler and editor, United Nations Resolutions, Series I, Resolutions Adopted by the General Assembly, Vol. II (1948–1949), Dobbs Ferry, New York: Oceana Publications, 1973, pp. 346–347；中文本取自聯合國大會，《大會第四屆會正式紀錄——自一九四九年九月二十日至十二月十日所通過之決議案》，紐約：聯合國，1949 年，頁 63。

世界各國組成社會，共受國際法之約束，

而國際法之逐漸發展有賴於國際社會之有效組織，

茲者世界大多數國家已遵照聯合國憲章建立國際新秩序，而世界其他多數國家亦皆表明願在此新秩序中相與共處，

按聯合國之本旨在於維持國際和平與安全，而法治與正義實為達成此項宗旨之要素，

是以亟需依據聯合國憲章，參閱國際法之新發展，釐訂國家之基本權利與義務，

用是，聯合國大會通過「國家權利義務宣言」並公布周知。

第 一 條　各國有獨立權，因而有權自由行使其一切合法權力，包括其政體之選擇，不接受其他任何國家之命令。

第 二 條　各國對其領土以及境內之一切人與物，除國際法公認豁免者外，有行使管轄之權。

第 三 條　各國對任何他國之內政外交，有不加干涉之義務。

第 四 條　各國有不在他國境內鼓動內亂，並防止本國境內有組織鼓動此項內亂活動之責任。

第 五 條　各國有與他國在法律上平等之權利。

第 六 條　各國對其管轄下之所有人民，有不分種族、性別、語言或宗教，尊重其人權及基本自由之義務。

第 七 條　各國有保證其領土內之情況不威脅國際和平與秩序之義務。

第 八 條	各國有以和平方法解決其與他國之爭端，俾免危及國際和平安全及正義之義務。
第 九 條	各國有責不得藉戰爭為施行國家政策工具，並不得使用威脅或武力，或以與國際法律秩序牴觸之任何其他方法，侵害他國之領土完整或政治獨立。
第 十 條	對於任何國家正在採取違反第九條之行動者，或正由聯合國對其採取防止或執行行動者，各國有不予協助之義務。
第十一條	各國對於他國採取違反第九條之行動而獲得之任何領土，有不予承認之義務。
第十二條	各國受武力攻擊時，有行使單獨或集體自衛之權利。
第十三條	各國有一秉信誠履行由條約與國際法其他淵源而生之義務，又不得藉口於其憲法或法律之規定而不履行此種責任。
第十四條	各國有責遵照國際法及國際法高於各國主權之原則，處理其與他國之關係。

二、關於各國依聯合國憲章建立友好關係及合作之國際法原則之宣言 (Declaration on Principles of International Law Concerning Friendly Relations and Cooperation Among States in Accordance with the Charter of the United Nations) (1970.10.24)

說明：

㈠聯合國大會第二十五屆會議一九七〇年十月二十四日 A/RES/2625(XXV) 決議通過。

㈡宣言英文本見 Yearbook of the United Nations, Vol. 24 (1970), New York: United Nations, Office of Public Information, 1972, pp. 789–792 ；宣言中文本見聯合國大會，《大會第二十五屆會所通過決議案》，紐約：聯合國，1971 年，頁 367–375。並參考外交部國際組織司編印，《中華民國出席聯合國大會第二十五屆常會代表團報告書》，民國 60 年 6 月，頁 491–494。

弁　言

大會，

重申據聯合國憲章之規定，維持國際和平及安全，發展國際友好關係及合作，乃係聯合國之基本宗旨，

覆按聯合國人民決心力行容恕，彼此以善鄰之道，和睦相處，

念及維持及加強基於自由、平等、正義及尊重基本人權之國際和平，以及不分政治、經濟及社會制度或發展水準發展國際友好關係之重要，

復念及聯合國憲章在促進國際法治上至為重要，

鑒於忠實遵守關於各國間友好關係與合作之國際法原則，並一秉誠意，履行各國依憲章所擔負之義務，對於國際和平及安全之維持及聯合國其他宗旨之實現至關重要，

念及自憲章訂立以來世界上所發生之重大政治、經濟及社會變遷與科學進步，使此等原則更見重要，並亟須將此等原則對國家在任何地方實施之行為作更切實之適用，

覆按外空包括月球與其他天體，不得由國家以主權之主張使用或占領、或任何其他方法據為己有之既定原則，並念及聯合國刻正考慮基於同樣精神制定其他適當規定之問題，

深信各國嚴格遵守不干涉任何他國事務之義務，為確保各國彼此和睦相處之一主要條件，因任何形式之干涉行為，不但違反憲章之精神與文字，抑且引致威脅國際和平及安全之情勢之造成，

覆按各國負有義務在其國際關係上應避免為侵害任何國家政治獨立或領土完整之目的，使用軍事、政治、經濟或任何其他形式之脅迫，

認為所有國家在其國際關係上應避免為侵害任何國家之領土完整或政治獨立之目的，或以與聯合國宗旨不符之任何其他方式，使用威脅或武力，確屬必要，

認為各國應依憲章以和平方法解決其國際爭端，同屬必要，

重申主權平等依據憲章所具有之基本重要性，並強調唯有各國享有主權平等並在其國際關係上充分遵從此一原則之要求，聯合國之宗旨始克實現，

深信各民族之受異族奴役、統治與剝削，對於促進國際和平及安全乃係一大障礙，

深信人民平等權利及自決原則為對現代國際法之重要貢獻，其切實適用對於促進國際間以尊重主權平等原則為根據之友好關係，至為重要，

因此深信凡以局部或全部破壞國家統一及領土完整或政治獨立為目的之企圖，均與憲章之宗旨及原則不相容，

鑒於全部憲章之規定並計及聯合國各主管機關關於各項原則之內容所通過各有關決議案之作用，

鑒於逐漸發展與編纂下列原則：

(a)各國在其國際關係上應避免為侵害任何國家領土完整或政治獨立之目的或以與聯合國宗旨不符之任何其他方式使用威脅或武力之原則，

(b)各國應以和平方法解決其國際爭端俾免危及國際和平、安全及正義之原則，

(c)依照憲章不干涉任何國家國內管轄事件之義務，

(d)各國依照憲章彼此合作之義務，

(e)各民族享有平等權利與自決權之原則，

(f)各國主權平等之原則，

(g)各國應一秉誠意履行其依憲章所負義務之原則，以確保其在國際社會上更有效之實施，將促進聯合國宗旨之實現，

業已審議關於各國建立友好關係及合作之國際法原則，

一、茲鄭重宣布下列原則：

各國在其國際關係上應避免為侵害任何國家領土完整或政治獨立之目的或以與聯合國宗旨不符之任何其他方式使用威脅或武力之原則

每一國皆有義務在其國際關係上避免為侵害任何國家領土完整或政治獨立之目的，或以與聯合國宗旨不符之任何其他方式使用威脅或武力。此種使用威脅或武力構成違反國際法及聯合國憲章之行為，永遠不應用為解決國際爭端之方法。

侵略戰爭構成危害和平之罪行，在國際法上須負責任。

依聯合國宗旨與原則，各國皆有義務避免從事侵略戰爭之宣傳。

每一國皆有義務避免使用威脅或武力以侵犯他國現有之國際疆界，或以此作為方法，解決國際爭端，包括領土爭端及國際疆界問題在內。

每一國亦有義務避免使用威脅或武力以侵犯國際界線，諸如經由該國為當事一方或雖非當事一方亦必須尊重之國際協定所確立或依此種協定確立之停火線。以上所述不得解釋為妨礙有關各方對此等界線在其特殊制度下之地位及影響所持之立場，或解釋為影響此等界線之暫時性質。

各國皆有義務避免涉及使用武力之報復行為。

每一國皆有義務避免對闡釋各民族享有平等權利與自決權原則時所指之民族採取剝奪其自決、自由及獨立權利之任何強制行動。

每一國皆有義務避免組織或鼓勵組織非正規軍或武裝團隊，包括傭兵在內，侵入他國領土。

每一國皆有義務避免在他國發動、煽動、協助或參加內爭或恐怖活動，或默許在其本國境內從事以犯此等行為為目的之有組織活動，但本項所稱之行為以涉及使用威脅或武力者為限。

國家領土不得作為違背憲章規定使用武力所造成之軍事占領之對象。國家領土不得成為他國以使用威脅或武力而取得之對象。使用威脅或武力取得之領土不得承認為合法。以上各項不應解釋為影響：

　(a)憲章規定或在憲章制度以前所訂而在國際法上有效之任何國際協定之規定；或

　(b)憲章授予安全理事會之權力。

所有國家皆應一秉誠意從事談判，俾早日締結在有效國際管制下普遍及徹底裁軍之世界條約，並努力採取緩和國際緊張局勢及加強國際信心之適當措施，

所有國家皆應一秉誠意履行其依國際法公認原則及規則所負維持國際和平及安全之責任，並應努力使基於憲章之聯合國安全制度更為有效。

以上各項不得解釋為對憲章內關於合法使用武力情形所設規定之範圍有何擴大或縮小。

各國應以和平方法解決其國際爭端俾免危及國際和平、安全及正義之原則

每一國應以和平方法解決其與其他國家之國際爭端，俾免危及國際和平、安全及正義。

各國因此應以談判、調查、調停、和解、公斷、司法解決、區域機關或辦法之利用或其所選擇之他種和平方法尋求國際爭端之早日及公平之解決。於尋求此項解決時，各當事方應商定與爭端情況及性質適合之和平方法。

爭端各當事方遇未能以上開任一和平方法達成解決之情形時，有義務繼續以其所商定之他種和平方法尋求爭端之解決。

國際爭端各當事國及其他國家應避免從事足使情勢惡化致危及國際和平與安全之維持之任何行動，並應依照聯合國之宗旨與原則而行動。

國際爭端應根據國家主權平等之基礎並依照自由選擇方法之原則解決之。各國對其本國為當事一方之現有或未來爭端所自由議定之解決程序，其採用或接受不得視為與主權平等不合。

以上各項絕不妨礙或減損可適用之憲章規定，尤其有關和平解決國際爭端之各項規定。

依照憲章不干涉任何國家國內管轄事件之義務之原則

任何國家或國家集團均無權以任何理由直接或間接干涉任何其他國家之內政或外交事務。因此，武裝干涉及對國家人格或其政治、經濟及文化要素之一切其他形式之干預或試圖威脅，均係違反國際法。

任何國家均不得使用或鼓勵使用經濟、政治或任何他種措施強迫另一國家，以取得該國主權權利行使上之屈從，並自該國獲取任何種類之利益。又，任何國家均不得組織、協助、煽動、資助、鼓動或容許目的在於以暴力推翻另一國政權之顛覆、恐怖或武裝活動，或干預另一國之內爭。

使用武力剝奪各民族之民族特性構成侵犯其不可移讓之權利及不干涉原則之行為。

每一國均有選擇其政治、經濟、社會及文化制度之不可移讓之權利，不受他國任何形式之干涉。

以上各項不得解釋為對憲章內關於維持國際和平與安全之有關規定有所影響。

各國依照憲章彼此合作之義務

各國不問在政治、經濟及社會制度上有何差異均有義務在國際關係之各方面彼此合作，以期維持國際和平與安全，並增進國際經濟安定與進步，各國之一般福利、及不受此種差異所生歧視之國際合作。

為此目的：

(a)各國應與其他國家合作以維持國際和平與安全；

(b)各國應合作促進對於一切人民人權及基本自由之普遍尊重與遵行，並消除一切形式之種族歧視及宗教上一切形式之不容異己；

(c)各國應依照主權平等及不干涉原則處理其在經濟、社會、文化、技術及貿易方面之國際關係；

(d)聯合國會員國均有義務依照憲章有關規定採取共同及個別行動與聯合國合作。

　　各國應在經濟、社會及文化方面以及在科學與技術方面並為促進國際文化及教育進步，彼此合作。各國應在促進全世界尤其發展中國家之經濟增長方面彼此合作。

各民族享有平等權利與自決權之原則

　　根據聯合國憲章所尊崇之各民族享有平等權利及自決權之原則，各民族一律有權自由決定其政治地位，不受外界之干涉，並追求其經濟、社會及文化之發展，且每一國均有義務遵照憲章規定尊重此種權利。

　　每一國均有義務依照憲章規定，以共同及個別行動，促進各民族享有平等權利及自決權原則之實現，並協助聯合國履行憲章所賦關於實施此項原則之責任，俾：

　　(a)促進各國間友好關係及合作；

　　(b)妥為顧及有關民族自由表達之意旨，迅速剷除殖民主義；並毋忘各民族之受異族奴役、統治與剝削，即係違背此項原則且係否定基本人權，並與憲章不合。

　　每一國均有義務依照憲章以共同及個別行動，促進對於人權與基本自由之普遍尊重與遵行。

　　一個民族自由決定建立自主獨立國家，與某一獨立國家自由結合或合併，或採取任何其他政治地位，均屬該民族實施自決權之方式。

　　每一國均有義務避免對上文闡釋本原則時所指之民族採取剝奪其自決、自由及獨立權利之任何強制行動。此等民族在採取行動反對並抵抗此種強制行動以求行使其自決權時，有權依照憲章宗旨及原則請求並接受援助。

　　殖民地領土或其他非自治領土，依憲章規定，享有與其管理國之領土分別及不同之地位；在該殖民地或非自治領土人民依照憲章尤其是憲章宗旨與原則行使自治權之前，此種憲章規定之分別及不同地位應繼續存在。

　　以上各項不得解釋為授權或鼓勵採取任何行動，局部或全部破壞或損害在行為上符合上述各民族享有平等權及自決權原則並因之具有代表領土內不分種族、信仰或膚色之全體人民之政府之自主獨立國家之領土完整或政治統一。

　　每一國均不得採取目的在局部或全部破壞另一國國內統一及領土完整之任何行動。

各國主權平等之原則

　　各國一律享有主權平等。各國不問經濟、社會、政治或其他性質有何不同，均有平等權利與責任，並為國際社會之平等會員國。

　　主權平等尤其包括下列要素：

　　(a)各國法律地位平等；

　　(b)每一國均享有充分主權之固有權利；

　　(c)每一國均有義務尊重其他國家之人格；

　　(d)國家之領土完整及政治獨立不得侵犯；

　　(e)每一國均有權利自由選擇並發展其政治、社會、經濟及文化制度；

　　(f)每一國均有責任充分並一秉誠意履行其國際義務，並與其他國家和平相處。

各國應一秉誠意履行其依憲章所負義務之原則

每一國均有責任一秉誠意履行其依聯合國憲章所負之義務。

每一國均有責任一秉誠意履行其依公認之國際法原則與規則所負之義務。

每一國均有責任一秉誠意履行其在依公認國際法原則與規則係屬有效之國際協定下所負之義務。

遇依國際協定產生之義務與聯合國憲章所規定聯合國會員國義務發生牴觸時，憲章規定之義務應居優先。

總結部分

二、茲宣布：

以上各原則在解釋與實施上互相關聯，每一原則應參酌其他各原則解釋，

本宣言不得解釋為對憲章之規定，或憲章所規定會員國之權利與責任，或憲章所規定各民族之權利，並計及本宣言內對此等權利之闡釋，有任何妨礙，

三、並宣布：

本宣言所載之各項憲章原則構成國際法之基本原則，因之籲請所有國家在其國際行為上遵循此等原則，並以嚴格遵守此等原則為發展其彼此關係之基礎。

第二章　國際組織

三、國際聯盟盟約 (Covenant of the League of Nations) (1919.6.28)

說明：

㈠國際聯盟盟約一九一九年六月二十八日簽署，一九二〇年一月十日生效。一九二四年與一九二六年前後修正過三次，本文是採用一九二六年修訂本。

㈡盟約英文本見 Clive Parry, ed., The Consolidated Treaty Series, Vol. 225 (1919), Dobbs Ferry, New York: Oceana Publications, Inc., 1981, pp. 195–205; Manley O. Hudson, ed., International Legislation, A Collection of the Texts of Multipartite International Instruments of General Interest, Vol.1 (1919–1921) Dobbs Ferry, New York: Oceana Publications, Inc., 1970, reprint of 1931 edition by Carnegie Endowment for International Peace, 1970, pp. 1–17；中文譯本見中華民國國民政府外交部編印，《國際聯合會盟約》，南京：中華民國國民政府外交部，民國二十年重印，頁 1–17；同一份文件也刊在薛典曾、郭子雄編，《中國參加之國際公約彙編》，臺北：臺灣商務印書館，民國 60 年臺一版，頁 294–300。

㈢國際聯盟又譯為國際聯合會，簡稱國聯。一九二〇年一月十日成立，一九四六年四月十九日召開最後一屆大會後正式宣告解散。

締約各國為增進國際間協同行事並保持其和平與安寧起見特允

　承受不事戰爭之義務

　維持各國間光明平允榮譽之邦交

　確守國際公法之規定以為各國政府間行為之軌範

　於有組織之民族間彼此待遇維持公道並恪遵條約上之一切義務

議定國際聯合會盟約如下

第 一 條　一、國際聯合會之創始會員應以本盟約附款內所列之各簽押國及附款內所列願意無保留加入本盟約之各國為度此項加入應在本盟約實行後兩個月內備聲明書交存秘書處並應通知聯合會中之其他會員。

　　　　　二、凡完全自治國及此類屬地或殖民地為附款中所未列者如經大會三分之二之同意得加入為國際聯合會會員惟須確切保證有篤守國際義務之誠意並

　　　　　　須承認聯合會所規定關於其海陸空實力暨軍備之章程。

　　三、凡聯合會會員經兩年前預先通告後得退出聯合會但須於退出之時將其所有國際義務及為本盟約所負之一切義務履行完竣。

第 二 條　聯合會按照本盟約所定之舉動應經由一大會及一行政院執行之並以一經常秘書處佐理其事。

第 三 條　一、大會由聯合會會員之代表組織之。

　　二、大會應按照所定時期或隨時遇事機所需在聯合會所在地或其他擇定之地點開會。

　　三、大會開會時得處理屬於聯合會舉動範圍以內或關係世界和平之任何事件。

　　四、大會開會時聯合會每一會員祇有一投票權且其代表不得逾三人。

第 四 條　一、行政院由協商及參戰領袖各國之代表與聯合會其他四會員之代表組織之此聯合會之四會員由大會隨時斟酌選定在大會第一次選定四會員代表以前比利時巴西日斯巴尼亞希臘之代表應為行政院會員。

　　二、㈠行政院經大會多數核准得指定聯合會之其他會員其代表應為行政院常任會員行政院經同樣之核准得將大會所欲選舉列席於行政院之聯合會會員數增加之。

　　　　㈡大會應以三分之二之多數決定關於選舉行政院非常任會員之條例而以決定關於非常任會員任期及被選連任條件之各項章程為尤要。

　　三、行政院應隨時按事機所需並至少每年一次在聯合會所在地或其他擇定之地點開會。

　　四、行政院開會時得處理屬於聯合會舉動範圍以內或關係世界和平之任何事件。

　　五、凡聯合會會員未列席於行政院者遇該院考量事件與之有特別關係時應請其派一代表以行政會員名義列席。

　　六、行政院開會時聯合會之每一會員列席於行政院者祇有一投票權並祇有代表一人。

第 五 條　一、除本盟約或本條約另有明白規定者外凡大會或行政院開會時之決議應得聯合會列席於會議之會員全體同意。

　　二、關於大會或行政院開會手續之各問題連指派審查特別事件之委員會在內均由大會或行政院規定之並由聯合會列席於會議之會員多數決定。

　　三、大會第一次會議及行政院第一次會議均應由美國大總統召集之。

第 六 條　一、經常秘書處設於聯合會所在地秘書處設秘書長一員暨應需之秘書及職員。

　　二、第一任秘書長以附款所載之員充之嗣後秘書長應由行政院得大會多數之核准委任之。

　　三、秘書處之秘書及職員由秘書長得行政院之核准委任之。

四、聯合會之秘書長當然為大會及行政院之秘書長。

五、聯合會經費應由聯合會會員依照大會決定之比例分擔之。

第 七 條　一、以日來弗為聯合會所在地。

二、行政院可隨時決定將聯合會所在地改移他處。

三、凡屬於聯合會或與該會局關係之一切位置連秘書處在內無分男女均得充任。

四、聯合會會員之代表及其辦事人員當服務聯合會時應享外交上之特權及免除。

五、聯合會或其人員或莅會代表所佔之房屋及他項產業均不得侵犯。

第 八 條　一、聯合會會員承認為維持和平起見必須減縮各本國軍備至最少之數以適足保衛國家之安寧及共同實行國際義務為度。

二、行政院應審度每一國之地勢及其特別狀況應預定此項減縮軍備之計畫以便各國政府之考慮及施行。

三、此項計畫至少每十年須重行考量及修正一次。

四、此項計畫經各政府採用後所定軍備之限制非得行政院同意不得超過。

五、因私人製造軍火及戰事材料引起重大之異議聯合會會員責成行政院籌適當辦法以免流弊惟應兼顧聯合會會員有未能製造必需之軍火及戰事材料以保持安寧者。

六、聯合會會員擔任將其國內關於軍備之程度陸海空之計畫以及可供戰爭作用之實業情形互換最誠實最完備之通知。

第 九 條　設一經常委員會伸向行政院條陳關於第一第八兩條各規定之履行及大概關於陸海空各問題。

第 十 條　聯合會會員擔任尊重並保持所有聯合會各會員之領土完全及現有之政治上獨立以防禦外來之侵犯如遇此種侵犯或有此種侵犯之任何威嚇或危險之虞時行政院應籌履行此項義務之方法。

第十一條　一、茲特聲明凡任何戰爭或戰爭之危險不論其立即涉及聯合會任何一會員與否皆為有關聯合會全體之事聯合會應用任何辦法視為敏妙而有力者以保持各國間之和平如遇此等情事秘書長應依聯合會任何會員之請求立即召集行政院。

二、又聲明凡牽動國際關係之任何情勢足以擾亂國際和平或危及國際和平所恃之良好諒解者聯合會任何會員有權以友誼名義提請大會或行政院注意。

第十二條　一、聯合會會員約定儻聯合會會員間發生爭議勢將決裂者當將此事提交公斷或依法律手續解決或交行政院審查並約定無論如何非俟公斷員裁決或法庭判決或行政院報告後三個月屆滿以前不得從事戰爭。

二、在本條內無論何案公斷員之裁決或法庭之判決應於相當時間發表而行政院之報告應自爭議移付之日起六個月內成立。

第十三條　一、聯合會會員約定無論何時聯合會會員間發生爭議認為適於公斷或法律解決而不能在外交上圓滿解決者將該問題完全提交公斷或法律解決。

　　　　二、茲聲明凡爭議關於一條約之解決或國際法中之任何問題或因某項事實之實際如其成立足以破壞國際成約並由此種破壞應議補償之範圍及性質者概應認為在適於提交公斷或法律解決之列。

　　　　三、為討論此項爭議起見受理此項爭議之法庭應為按照第十四條所設立之經常國際審判法庭或為各造所同意或照各造間現行條約所規定之任何裁判所。

　　　　四、聯合會會員約定彼此以完全誠意實行所發表之裁決或判決並對於遵行裁決或判決之聯合會任何會員不得以戰爭從事設有未能實行此項裁決或判決者行政院應擬辦法使生效力。

第十四條　行政院應籌擬設立經常國際審判法庭之計畫交聯合會各會員採用凡各造提出屬於國際性質之爭議該法庭有權審理並判決之凡有爭議或問題經行政院或大會有所諮詢該法庭亦可發抒意見。

第十五條　一、聯合會會員約定如聯合會會員間發生足以決裂之爭議而未照第十三條提交公斷或法律解決者應將該案提交行政院職是之由各造中任何一造可將爭議通知秘書長秘書長即籌備一切以便詳細調查及研究。

　　　　二、相爭各造應以案情之說明書連同相關之事實及文件從速送交秘書長行政院可將此項案卷立命公布。

　　　　三、行政院應盡力使此爭議得以解決如其有效須將關於該爭議之事實與解釋並此項解決之條文酌量公布。

　　　　四、倘爭議不能如此解決則行政院經全體或多數之表決應繕發報告書說明爭議之事實及行政院所認為公允適當之建議。

　　　　五、聯合會任何會員列席於行政院者亦得將爭議之事實及其自國之決議以說明書公布之。

　　　　六、如行政院報告書除相爭之一造或一造以上之代表外該院會員一致贊成則聯合會會員約定彼此不得向遵從報告書建議之任何一造從事戰爭。

　　　　七、如行政院除相爭之一造或一造以上之代表外不能使該院會員一致贊成其報告書則聯合會會員保留權利施行認為維持正義與公道所必需之舉動。

　　　　八、如相爭各造之一造對於爭議自行聲明並為行政院所承認按諸國際公法純屬該造本國法權內事件則行政院應據情報告而不必為解決該爭議之建議。

　　　　九、按照本條任何案件行政院得將爭議移送大會經相爭之一造請求應即如此辦理惟此項請求應於爭議送交行政院後十四日內提出。

　　　　十、凡移付大會之任何案件所有本條及第十二條之規定關於行政院之行為及職權大會亦適用之大會之報告書除相爭各造之代表外如經聯合會列席於行政院會員之代表並聯合會其他會員多數核准應與行政院之報告書除相

爭之一造或一造以上之代表外經該院會員全體核准者同其效力。

第十六條　一、聯合會會員如有不顧本約第十二條第十三條或第十五條所定之規約而從事戰爭者則據此事實應即視為對於所有聯合會其他會員有戰爭行為其他各會員擔任立即與之斷絕各種商業上或財政上之關係禁止其人民與破壞盟約國人民之各種往來並阻止其他任何一國為聯合會會員或非聯合會會員之人民與該國之人民財政上商業上或個人之往來。

　　　　　二、遇此情形行政院應負向關係各政府建議之責俾聯合會各會員各出陸海空之實力組成軍隊以維護聯合會盟約之實行。

　　　　　三、又聯合會會員約定當按照本條適用財政上及經濟上應採之辦法時彼此互相扶助使因此所致之損失與困難減至最少之點如破壞盟約國對於聯合會中之一會員施行任何特殊辦法亦應互相扶助以抵制之其協同維護聯合會盟約之聯合會任何會員之軍隊應取必要方法予以假道之便利。

　　　　　四、聯合會任何會員違犯聯合會盟約內之一項者經列席行政院之所有聯合會其他會員之代表投票表決即可宣告令其出會。

第十七條　一、若一聯合會會員與一非聯合會會員之國或兩國均非聯合會會員遇有爭議應邀請非聯合會會員之一國或數國承受聯合會會員之義務照行政院認為正當之條件以解決爭議此項邀請如經承受則第十二條至第十六條之規定除行政院認為有必要之變更外應適用之。

　　　　　二、前項邀請發出後行政院應即調查爭議之情形並建議其所認為最適當最有效之辦法。

　　　　　三、如被邀請之一國拒絕承受聯合會會員之義務以解決爭議而向聯合會一會員以戰爭從事則對於取此行動之國即可適用第十六條之規定。

　　　　　四、如相爭之兩造於被邀請後均拒絕承受聯合會會員之義務以解決爭議則行政院可籌一切辦法並提各種建議以防止戰事解除紛爭。

第十八條　嗣後聯合會任何會員所訂條約或國際契約應立送秘書處登記並由秘書處從速發表此項條約或國際契約未經登記以前不生效力。

第十九條　大會可隨時請聯合會會員重行考慮已不適用之條約以及國際情勢繼續不改或致危及世界之和平。

第二十條　一、聯合會會員各自承認凡彼此間所有與本盟約條文牴觸之義務或協商均因本盟約而廢止並莊嚴擔任此後不得訂立相類之件。

　　　　　二、如有聯合會任何一會員於未經加入聯合會以前負有與本盟約條文牴觸之義務則應立籌辦法脫離此項義務。

第二十一條　國際契約如公斷條約或區域協商類似孟羅主義者皆屬維持和平不得視為與本盟約內任何規定有所牴觸。

第二十二條　一、凡殖民地及領土於此次戰事之後不復屬於從前統治該地之各國而其居民尚不克自立於今世特別困難狀況之中則應適用下列之原則即以此等人民之福利及發展成為文明之神聖任務此項任務之履行應載入本盟

約。

二、實行此項原則之最善方法莫如以此種人民之保育委諸資源上經驗上或地理上足以擔此責任而亦樂於接受之各先進國該國即以受託之資格為聯合會施行此項保育。

三、委託之性質應以該地人民發展之程度領土之地勢經濟之狀況及其他類似之情形而區別之。

四、前屬土耳其帝國之數部族其發展已達可以暫認為獨立國之程度惟仍須由受託國予以行政之指導及援助至其能自立之時為止該受託國之選擇應先儘此數部族之志願。

五、其他民族尤以在中非洲者為甚其發展之程度不得不由受託國負地方行政之責惟其條件應擔保其信仰及宗教之自由而以維持公共安寧及善良風俗所能准許之限制為衡禁止各項弊端如奴隸之販賣軍械之貿易烈酒之買賣並阻止建築礮臺或設立海陸軍根據地除警察國防所需外不得以軍事教育施諸土人擔保聯合會之其他會員交易上商業上機會均等。

六、此外土地如非洲之西南部及南太平洋之數島或因居民稀少或因幅員不廣或因距文明中心遼遠或因地理上接近受託國之領土或因其他情形最宜受治於受託國法律之下作為其領土之一部分但為土人利益計受託國應遵行以上所載之保障。

七、每一委託案受託國須將關於受託土地之情形逐年報告行政院。

八、倘受託國行使之管轄權監督權或行政權其程度未經聯合會會員間訂約規定則每一委託案應由行政院特別規定之。

九、設一經常委員會專任接收及審查各受託國之每年報告並就關於執行委託之各項問題向行政院陳述意見。

第二十三條　除按照現行及將來訂立之國際公約所規定外聯合會會員應

㈎勉力設法為男女及幼稚在其本國及其工商關係所及之各國確保公平人道之勞動狀況而維持之並為此項目的設立必要之國際機關而維持之。

㈡擔任對於受其統治地內之土人保持公平之待遇。

㈢關於販賣婦孺販賣鴉片及危害藥品等各種協約之實行概以監督之權委託聯合會。

㈣軍械軍火之貿易對於某等國為公共利益計有監督之必要者概以監督之權委託聯合會。

㈤採用必要辦法為聯合會所有會員確保並維持交通及通過之自由暨商務上之公平待遇關於此節應注意一九一四年至一九一八年戰事期內受毀區域之特別需要。

㈥勉籌國際有關之辦法以預防及撲滅各種疾病。

第二十四條　一、凡公約所定業已成立之國際事務局如經締約各造之認可均應列在聯合會管理之下此後創設各項國際事務局及規定國際利益事件之各項委員

會統歸聯合會管理。

二、凡國際利益事件為普通公約所規定而未置於國際事務局或委員會監督之下者聯合會秘書處如經有關係各造之請求並行政院之許可應為徵集各種有用之消息而分布之並予以各種必要或相需之援助。

三、凡歸聯合會管理之任何國際事務局或委員會其經費可由行政院決定列入秘書處經費之內。

第二十五條　聯合會會員對於得有准許而自願之國家紅十字機關以世界改良衛生防止疾病減輕痛苦為宗旨者其設立及協助擔任鼓勵並增進之。

第二十六條　一、本盟約之修正經行政院全體及聯合會大會代表多數之批准即生效力。

二、聯合會任何會員可以自由不認盟約之修正案但因此即不復為聯合會會員。

四、聯合國憲章 (Charter of the United Nations)

(1945.6.26)

說明：

㈠聯合國憲章一九四五年六月二十六日簽署，一九四五年十月二十四日生效。

㈡憲章英文本刊在 United States Statute at Large, 79th Congress, 1st Session 1945, Vol. 59, Part 2, Washington D.C.: U.S. Government Printing Office, 1946, pp. 1033–1054；中文本刊在同書 pp. 1077–1114。同一份文件也收錄在秦孝儀主編，《中華民國重要史料初編——對日抗戰時期，第三編，戰時外交㈡》，臺北：中央文物供應社經銷，民國 70 年出版，頁 911–931（憲章）。

㈢聯合國大會曾於一九六三年、一九六五年與一九七一年分別通過憲章修正案。一九六三年修改本刊在 UNTS, Vol. 557, pp. 145–148（英文）；154–156（中文），一九六五年修改本刊在 UNTS, Vol. 638, pp. 308, 310–312（英文）；314–320（中文）。一九七一年修改本刊在 UNTS, Vol. 892, pp. 119, 125（英文），119–120（中文），123–127（英文）。

㈣本書收錄的以下文本涵蓋了一九六三年、一九六五年與一九七一年的修正案。又聯合國最新中譯本於二〇一四年出版，文字用法與本書所錄略有差異，可以參考聯合國，《聯合國憲章及國際法院規約》，紐約：聯合國，2014 年，頁 1–64。

序　言

我聯合國人民同茲決心

欲免後世再遭今代人類兩度身歷慘不堪言之戰禍，

重申基本人權、人格尊嚴與價值，以及男女與大小各國平等權利之信念，

創造適當環境，俾克維持正義，尊重由條約與國際法其他淵源而起之義務，久而弗懈，

促成大自由中之社會進步及較善之民生，

並為達此目的

力行容恕，彼此以善鄰之道，和睦相處，

集中力量，以維持國際和平及安全，

接受原則，確立方法，以保證非為公共利益，不得使用武力，

運用國際機構，以促成全球人民經濟及社會之進展，

用是發憤立志，務當同心協力，以竟厥功。

爰由我各本國政府，經齊集金山市之代表各將所奉全權證書，互相校閱，均屬妥善，議定本聯合國憲章，並設立國際組織，定名聯合國。

第一章　宗旨及原則

第 一 條　聯合國之宗旨為：

一、維持國際和平及安全；並為此目的：採取有效集體辦法，以防止且消除對於和平之威脅，制止侵略行為或其他和平之破壞；並以和平方法且依正義及國際法之原則，調整或解決足以破壞和平之國際爭端或情勢。

二、發展國際間以尊重人民平等權利及自決原則為根據之友好關係，並採取其他適當辦法，以增強普遍和平。

三、促成國際合作，以解決國際間屬於經濟、社會、文化及人類福利性質之國際問題，且不分種族、性別、語言或宗教，增進並激勵對於全體人類之人權及基本自由之尊重。

四、構成一協調各國行動之中心，以達成上述共同目的。

第 二 條　為求實現第一條所述各宗旨起見，本組織及其會員國應遵行下列原則：

一、本組織係基於各會員國主權平等之原則。

二、各會員國應一秉善意，履行其依本憲章所擔負之義務，以保證全體會員國由加入本組織而發生之權益。

三、各會員國應以和平方法解決其國際爭端，俾免危及國際和平、安全及正義。

四、各會員國在其國際關係上不得使用威脅或武力，或以與聯合國宗旨不符之任何其他方法，侵害任何會員國或國家之領土完整或政治獨立。

五、各會員國對於聯合國依本憲章規定而採取之行動，應盡力予以協助，聯合國對於任何國家正在採取防止或執行行動時，各會員國對該國不得給予協助。

六、本組織在維持國際和平及安全之必要範圍內，應保證非聯合國會員國遵行上述原則。

七、本憲章不得認為授權聯合國干涉在本質上屬於任何國家國內管轄之事

件，且並不要求會員國將該項事件依本憲章提請解決；但此項原則不妨礙第七章內執行辦法之適用。

第二章　會　員

第 三 條　凡曾經參加金山聯合國國際組織會議或前此曾簽字於一九四二年一月一日聯合國宣言之國家，簽訂本憲章，且依憲章第一百一十條規定而予以批准者，均為聯合國之創始會員國。

第 四 條　一、凡其他愛好和平之國家，接受本憲章所載之義務，經本組織認為確能並願意履行該項義務者，得為聯合國會員國。

　　　　　二、准許上述國家為聯合國會員國，將由大會經安全理事會之推薦以決議行之。

第 五 條　聯合國會員國，業經安全理事會對其採取防止或執行行動者，大會經安全理事會之建議，得停止其會員權利及特權之行使。此項權利及特權之行使，得由安全理事會恢復之。

第 六 條　聯合國之會員國中，有屢次違犯本憲章所載之原則者，大會經安全理事會之建議，得將其由本組織除名。

第三章　機　關

第 七 條　一、茲設聯合國之主要機關如下：大會、安全理事會、經濟暨社會理事會、託管理事會、國際法院、及秘書處。

　　　　　二、聯合國得依本憲章設立認為必需之輔助機關。

第 八 條　聯合國對於男女均得在其主要及輔助機關在平等條件之下，充任任何職務，不得加以限制。

第四章　大　會

組　織

第 九 條　一、大會由聯合國所有會員國組織之。

　　　　　二、每一會員國在大會之代表，不得超過五人。

職　權

第 十 條　大會得討論本憲章範圍內之任何問題或事項，或關於本憲章所規定任何機關之職權；並除第十二條所規定外，得向聯合國會員國或安全理事會或兼向兩者，提出對各該問題或事項之建議。

第十一條　一、大會得考慮關於維持國際和平及安全之合作之普通原則，包括軍縮及軍備管制之原則；並得向會員國或安全理事會或兼向兩者提出對於該項原則之建議。

二、大會得討論聯合國任何會員國或安全理事會或非聯合國會員國依第三十五條第二項之規定向大會所提關於維持國際和平及安全之任何問題；除第十二條所規定外，並得向會員國或安全理事會或兼向兩者提出對於各該項問題之建議。凡對於需要行動之各該項問題，應由大會於討論前或討論後提交安全理事會。

三、大會對於足以危及國際和平與安全之情勢，得提請安全理事會注意。

四、本條所載之大會權力並不限制第十條之概括範圍。

第十二條　一、當安全理事會對於任何爭端或情勢，正在執行本憲章所授予該會之職務時，大會非經安全理事會請求，對於該項爭端或情勢，不得提出任何建議。

二、秘書長經安全理事會之同意，應於大會每次會議時，將安全理事會正在處理中關於維持國際和平及安全之任何事件，通知大會；於安全理事會停止處理該項事件時，亦應立即通知大會，或在大會閉會期內通知聯合國會員國。

第十三條　一、大會應發動研究，並作成建議：

　㈠以促進政治上之國際合作，並提倡國際法之逐漸發展與編纂。

　㈡以促進經濟、社會、文化、教育及衛生各部門之國際合作，且不分種族、性別、語言或宗教，助成全體人類之人權及基本自由之實現。

二、大會關於本條第一項㈡款所列事項之其他責任及職權，於第九章及第十章中規定之。

第十四條　大會對於其所認為足以妨害國際間公共福利或友好關係之任何情勢，不論其起源如何，包括由違反本憲章所載聯合國之宗旨及原則而起之情勢，得建議和平調整辦法，但以不違背第十二條之規定為限。

第十五條　一、大會應收受並審查安全理事會所送之常年及特別報告；該項報告應載有安全理事會對於維持國際和平及安全所已決定或施行之辦法之陳述。

二、大會應收受並審查聯合國其他機關所送之報告。

第十六條　大會應執行第十二章及第十三章所授予關於國際託管制度之職務，包括關於非戰略防區託管協定之核准。

第十七條　一、大會應審核本組織之預算。

二、本組織之經費應由各會員國依照大會分配限額擔負之。

三、大會應審核經與第五十七條所指各種專門機關訂定之任何財政及預算辦法，並應審查該項專門機關之行政預算，以便向關係機關提出建議。

投　票

第十八條　一、大會之每一會員國，應有一個投票權。

二、大會對於重要問題之決議應以到會及投票之會員國三分之二多數決定之。此項問題應包括：關於維持國際和平及安全之建議，安全理事會非

常任理事國之選舉，經濟暨社會理事會理事國之選舉，依第八十六條第一項(寅)款所規定託管理事會理事國之選舉，對於新會員國加入聯合國之准許，會員國權利及特權之停止，會員國之除名，關於施行託管制度之問題，以及預算問題。

三、關於其他問題之決議，包括另有何種事項應以三分之二多數決定之問題，應以到會及投票之會員國過半數決定之。

第十九條　凡拖欠本組織財政款項之會員國，其拖欠數目如等於或超過前兩年所應繳納之數目時，即喪失其在大會投票權。大會如認拖欠原因，確由於該會員國無法控制之情形者，得准許該會員國投票。

程　序

第二十條　大會每年應舉行常會，並於必要時，舉行特別會議。特別會議應由秘書長經安全理事會或聯合國會員國過半數之請求召集之。

第二十一條　大會應自行制定其議事規則。大會應選舉每次會議之主席。

第二十二條　大會得設立其認為於行使職務所必需之輔助機關。

第五章　安全理事會

組　織

第二十三條　〔一九四五年約文〕

一、安全理事會以聯合國十一會員國組織之。中華民國、法蘭西、蘇維埃社會主義共和國聯邦、大不列顛及北愛爾蘭聯合王國及美利堅合眾國應為安全理事會常任理事國。大會應選舉聯合國其他六會員國為安全理事會非常任理事國，選舉時首宜充分斟酌聯合國各會員國於維持國際和平與安全及本組織其餘各宗旨上之貢獻，並宜充分斟酌地域上之公勻分配。

二、安全理事會非常任理事國任期定為二年；但第一次選舉非常任理事國時，其中三者之任期應為一年。任滿之理事國，不得即行連選。

三、安全理事會每一理事國應有代表一人。

〔一九六三年修改約文〕

一、安全理事會以聯合國十五會員國組織之。中華民國、法蘭西、蘇維埃社會主義共和國聯邦、大不列顛及北愛爾蘭聯合王國及美利堅合眾國應為安全理事會常任理事國。大會應選舉聯合國其他十會員國為安全理事會非常任理事國，選舉時首宜充分斟酌聯合國各會員國於維持國際和平與安全及本組織其餘各宗旨上之貢獻，並宜充分斟酌地域上之公勻分配。

二、安全理事會非常任理事國任期定為二年。安全理事會理事國自十一國

增至十五國後第一次選舉非常任理事國時，所增四國中兩國之任期應
為一年。任滿之理事國不得即行連選。

三、安全理事會每一理事國應有代表一人。

職　權

第二十四條　　一、為保證聯合國行動迅速有效起見，各會員國將維持國際和平及安全之
主要責任，授予安全理事會，並同意安全理事會於履行此項責任下之
職務時，即係代表各會員國。

二、安全理事會於履行此項職務時，應遵照聯合國之宗旨及原則。為履行
此項職務而授予安全理事會之特定權力，於本憲章第六章、第七章、
第八章及第十二章內規定之。

三、安全理事會應將常年報告，並於必要時將特別報告，提送大會審查。

第二十五條　　聯合國會員國同意依憲章之規定接受並履行安全理事會之決議。

第二十六條　　為促進國際和平及安全之建立及維持，以盡量減少世界人力及經濟資源之
消耗於軍備起見，安全理事會藉第四十七條所指之軍事參謀團之協助，應
負責擬具方案，提交聯合國會員國，以建立軍備管制制度。

投　票

第二十七條　　〔一九四五年約文〕

一、安全理事會每一理事國應有一個投票權。

二、安全理事會關於程序事項之決議，應以七理事國之可決票表決之。

三、安全理事會對於其他一切事項之決議，應以七理事國之可決票包括全
體常任理事國之同意票表決之；但對於第六章及第五十二條第三項內
各事項之決議，爭端當事國不得投票。

〔一九六三年修改約文〕

一、安全理事會每一理事國應有一個投票權。

二、安全理事會關於程序事項之決議，應以九理事國之可決票表決之。

三、安全理事會對於其他一切事項之決議，應以九理事國之可決票包括全
體常任理事國之同意票表決之；但對於第六章及第五十二條第三項內
各事項之決議，爭端當事國不得投票。

程　序

第二十八條　　一、安全理事會之組織，應以使其能繼續不斷行使職務為要件。為此目的，
安全理事會之各理事國應有常駐本組織會所之代表。

二、安全理事會應舉行定期會議，每一理事國認為合宜時得派政府大員或
其他特別指定之代表出席。

三、在本組織會所以外，安全理事會得在認為最能便利其工作之其他地點

舉行會議。

第二十九條 安全理事會得設立其認為於行使職務所必需之輔助機關。

第 三 十 條 安全理事會應自行制定其議事規則，包括其推選主席之方法。

第三十一條 在安全理事會提出之任何問題，經其認為對於非安全理事會理事國之聯合國任何會員國之利益有特別關係時，該會員國得參加討論，但無投票權。

第三十二條 聯合國會員國而非為安全理事會之理事國，或非聯合國會員國之國家，如於安全理事會考慮中之爭端為當事國者，應被邀參加關於該項爭端之討論，但無投票權。安全理事會應規定其所認為公平之條件，以便非聯合國會員國之國家參加。

第六章　爭端之和平解決

第三十三條 一、任何爭端之當事國，於爭端之繼續存在足以危及國際和平與安全之維持時，應盡先以談判、調查、調停、和解、公斷、司法解決、區域機關或區域辦法之利用、或各該國自行選擇之其他和平方法，求得解決。

二、安全理事會認為必要時，應促請各當事國以此項方法，解決其爭端。

第三十四條 安全理事會得調查任何爭端或可能引起國際摩擦或惹起爭端之任何情勢，以斷定該項爭端或情勢之繼續存在是否足以危及國際和平與安全之維持。

第三十五條 一、聯合國任何會員國得將屬於第三十四條所指之性質之任何爭端或情勢，提請安全理事會或大會注意。

二、非聯合國會員國之國家如為任何爭端之當事國時，經預先聲明就該爭端而言接受本憲章所規定和平解決之義務後，得將該項爭端，提請大會或安全理事會注意。

三、大會關於按照本條所提請注意事項之進行步驟，應遵守第十一條及第十二條之規定。

第三十六條 一、屬於第三十三條所指之性質之爭端或相似之情勢，安全理事會在任何階段，得建議適當程序或調整方法。

二、安全理事會對於當事國為解決爭端業經採取之任何程序，理應予以考慮。

三、安全理事會按照本條作成建議時，同時理應注意凡具有法律性質之爭端，在原則上，理應由當事國依國際法院規約之規定提交國際法院。

第三十七條 一、屬於第三十三條所指之性質之爭端，當事國如未能依該條所示方法解決時，應將該項爭端提交安全理事會。

二、安全理事會如認為該項爭端之繼續存在，在事實上足以危及國際和平與安全之維持時，應決定是否當依第三十六條採取行動或建議其所認為適當之解決條件。

第三十八條 安全理事會如經所有爭端當事國之請求，得向各當事國作成建議，以求爭端之和平解決，但以不妨礙第三十三條至第三十七條之規定為限。

第七章　對於和平之威脅、和平之破壞及侵略行為之應付辦法

第三十九條　安全理事會應斷定任何和平之威脅、和平之破壞或侵略行為之是否存在，並應作成建議或抉擇依第四十一條及第四十二條規定之辦法，以維持或恢復國際和平及安全。

第 四 十 條　為防止情勢之惡化，安全理事會在依第三十九條規定作成建議或決定辦法以前，得促請關係當事國遵行安全理事會所認為必要或合宜之臨時辦法。此項臨時辦法並不妨礙關係當事國之權利、要求或立場。安全理事會對於不遵行此項臨時辦法之情形，應予適當注意。

第四十一條　安全理事會得決定所應採武力以外之辦法，以實施其決議，並得促請聯合國會員國執行此項辦法。此項辦法得包括經濟關係、鐵路、海運、航空、郵、電、無線電及其他交通工具之局部或全部停止，以及外交關係之斷絕。

第四十二條　安全理事會如認第四十一條所規定之辦法為不足或已經證明為不足時，得採取必要之空海陸軍行動，以維持或恢復國際和平及安全。此項行動得包括聯合國會員國之空海陸軍示威、封鎖及其他軍事舉動。

第四十三條　一、聯合國各會員國為求對於維持國際和平及安全有所貢獻起見，擔任於安全理事會發令時，並依特別協定，供給為維持國際和平及安全所必需之軍隊、協助及便利，包括過境權。

二、此項特別協定應規定軍隊之數目及種類，其準備程度及一般駐紮地點，以及所供便利及協助之性質。

三、此項特別協定應以安全理事會之主動，盡速議訂。此項協定應由安全理事會與會員國或由安全理事會與若干會員國之集團締結之，並由簽字國各依其憲法程序批准之。

第四十四條　安全理事會決定使用武力時，於要求非安全理事會會員國依第四十三條供給軍隊以履行其義務之前，如經該會員國請求，應請其遣派代表，參加安全理事會關於使用其軍事部隊之決議。

第四十五條　為使聯合國能採取緊急軍事辦法起見，會員國應將其本國空軍部隊為國際共同執行行動隨時供給調遣。此項部隊之實力與準備之程度，及其共同行動之計畫，應由安全理事會以軍事參謀團之協助，在第四十三條所指之特別協定範圍內決定之。

第四十六條　武力使用之計畫應由安全理事會以軍事參謀團之協助決定之。

第四十七條　一、茲設立軍事參謀團，以便對於安全理事會維持國際和平及安全之軍事需要問題，對於受該會所支配軍隊之使用及統率問題，對於軍備之管制及可能之軍縮問題，向該會貢獻意見並予以協助。

二、軍事參謀團應由安全理事會各常任理事國之參謀總長或其代表組織之。聯合國任何會員國在該團未有常任代表者，如於該團責任之履行在效率上必需該國參加其工作時，應由該團邀請參加。

三、軍事參謀團在安全理事會權力之下，對於受該會所支配之任何軍隊，負戰略上之指揮責任；關於該項軍隊之統率問題，應待以後處理。

四、軍事參謀團，經安全理事會之授權，並與區域內有關機關商議後，得設立區域分團。

第四十八條 一、執行安全理事會為維持國際和平及安全之決議所必要之行動，應由聯合國全體會員國或由若干會員國擔任之，一依安全理事會之決定。

二、此項決議應由聯合國會員國以其直接行動及經其加入為會員之有關國際機關之行動履行之。

第四十九條 聯合國會員國應通力合作，彼此協助，以執行安全理事會所決定之辦法。

第 五 十 條 安全理事會對於任何國家採取防止或執行辦法時，其他國家，不論其是否為聯合國會員國，遇有因此項辦法之執行而引起之特殊經濟問題者，應有權與安全理事會會商解決此項問題。

第五十一條 聯合國任何會員國受武力攻擊時，在安全理事會採取必要辦法，以維持國際和平及安全以前，本憲章不得認為禁止行使單獨或集體自衛之自然權利。會員國因行使此項自衛權而採取之辦法，應立向安全理事會報告，此項辦法於任何方面不得影響該會按照本憲章隨時採取其所認為必要行動之權責，以維持或恢復國際和平及安全。

第八章　區域辦法

第五十二條 一、本憲章不得認為排除區域辦法或區域機關、用以應付關於維持國際和平及安全而宜於區域行動之事件者；但以此項辦法或機關及其工作與聯合國之宗旨及原則符合者為限。

二、締結此項辦法或設立此項機關之聯合國會員國，將地方爭端提交安全理事會以前，應依該項區域辦法，或由該項區域機關，力求和平解決。

三、安全理事會對於依區域辦法或由區域機關而求地方爭端之和平解決，不論其係由關係國主動，或由安全理事會提交者，應鼓勵其發展。

四、本條絕不妨礙第三十四條及第三十五條之適用。

第五十三條 一、安全理事會對於職權內之執行行動，在適當情形下，應利用此項區域辦法或區域機關。如無安全理事會之授權，不得依區域辦法或由區域機關採取任何執行行動；但關於依第一百零七條之規定對付本條第二項所指之任何敵國之步驟，或在區域辦法內所取防備此等國家再施其侵略政策之步驟，截至本組織經各關係政府之請求，對於此等國家之再次侵略，能擔負防止責任時為止，不在此限。

二、本條第一項所稱敵國係指第二次世界大戰中為本憲章任何簽字國之敵國而言。

第五十四條 關於為維持國際和平及安全起見，依區域辦法或由區域機關所已採取或正在考慮之行動，不論何時應向安全理事會充分報告之。

第九章　國際經濟及社會合作

第五十五條　為造成國際間以尊重人民平等權利及自決原則為根據之和平友好關係所必要之安定及福利條件起見，聯合國應促進：

㈤較高之生活程度，全民就業，及經濟與社會進展。

㈥國際間經濟、社會、衛生及有關問題之解決；國際間文化及教育合作。

㈦全體人類之人權及基本自由之普遍尊重與遵守，不分種族、性別、語言或宗教。

第五十六條　各會員國擔允採取共同及個別行動與本組織合作，以達成第五十五條所載之宗旨。

第五十七條　一、由各國政府間協定所成立之各種專門機關，依其組織約章之規定，於經濟、社會、文化、教育、衛生及其他有關部門負有廣大國際責任者，應依第六十三條之規定使與聯合國發生關係。

二、上述與聯合國發生關係之各專門機關，以下簡稱專門機關。

第五十八條　本組織應作成建議，以調整各專門機關之政策及工作。

第五十九條　本組織應於適當情形下，發動各關係國間之談判，以創設為達成第五十五條規定宗旨所必要之新專門機關。

第 六 十 條　履行本章所載本組織職務之責任，屬於大會及大會權力下之經濟暨社會理事會。為此目的，該理事會應有第十章所載之權力。

第十章　經濟暨社會理事會

組　　織

第六十一條　〔一九四五年約文〕

一、經濟暨社會理事會由大會選舉聯合國十八會員國組織之。

二、除第三項所規定外，經濟暨社會理事會每年選舉理事六國，任期三年；任滿之理事國得即行連選。

三、第一次選舉時，經濟暨社會理事會應選理事十八國，其中六國任期一年，另六國任期二年；一依大會所定辦法。

四、經濟暨社會理事會之每一理事國應有代表一人。

〔一九六三年修改約文〕

一、經濟暨社會理事會由大會選舉聯合國二十七會員國組織之。

二、除第三項所規定外，經濟暨社會理事會每年選舉理事九國，任期三年。任滿之理事國得即行連選。

三、經濟暨社會理事會理事國自十八國增至二十七國後第一次選舉時，除選舉理事六國接替任期在該年年終屆滿之理事國外，應另增選理事九國。增選之理事九國中，三國任期一年，另三國任期二年，一依大會

所定辦法。

四、經濟暨社會理事會之每一理事國應有代表一人。

〔一九七一年修改約文〕

一、經濟暨社會理事會由大會選舉聯合國五十四會員國組織之。

二、除第三項所規定外，經濟暨社會理事會每年選舉理事十八國，任期三年。任滿之理事國得即行連選。

三、經濟暨社會理事會理事國自二十七國增至五十四國後第一次選舉時，除選舉理事九國接替任期在該年年終屆滿之理事國外，應另增選理事二十七國。增選之理事十七國中，九國任期一年，另九國任期二年，一依大會所定辦法。

四、經濟暨社會理事會之每一理事國應有代表一人。

職　權

第六十二條　一、經濟暨社會理事會得作成或發動關於國際經濟、社會、文化、教育、衛生及其他有關事項之研究及報告；並得向大會、聯合國會員國及關係專門機關，提出關於此種事項之建議案。

二、本理事會為增進全體人類之人權及基本自由之尊重及維護起見，得作成建議案。

三、本理事會得擬具關於其職權範圍內事項之協約草案，提交大會。

四、本理事會得依聯合國所定之規則召集本理事會職務範圍以內事項之國際會議。

第六十三條　一、經濟暨社會理事會得與第五十七條所指之任何專門機關訂立協定，訂明關係專門機關與聯合國發生關係之條件。該項協定須經大會之核准。

二、本理事會為調整各種專門機關之工作，得與此種機關會商並得向其提出建議，並得向大會及聯合國會員國建議。

第六十四條　一、經濟暨社會理事會得取適當步驟，以取得專門機關之經常報告。本理事會得與聯合國會員國及專門機關商定辦法，俾就實施本理事會之建議及大會對於本理事會職權範圍內事項之建議所採之步驟，取得報告。

二、本理事會得將對於此項報告之意見提送大會。

第六十五條　經濟暨社會理事會得向安全理事會供給情報，並因安全理事會之邀請，予以協助。

第六十六條　一、經濟暨社會理事會應履行其職權範圍內關於執行大會建議之職務。

二、經大會之許可，本理事會得應聯合國會員國或專門機關之請求，供其服務。

三、本理事會應履行本憲章他章所特定之其他職務，以及大會所授予之職務。

投　票

第六十七條　一、經濟暨社會理事會每一理事國應有一個投票權。

二、本理事會之決議，應以到會及投票之理事國過半數表決之。

程　序

第六十八條　經濟暨社會理事會應設立經濟與社會部門及以提倡人權為目的之各種委員會，並得設立於行使職務所必需之其他委員會。

第六十九條　經濟暨社會理事會應請聯合國會員國參加討論本理事會對於該國有特別關係之任何事件，但無投票權。

第 七 十 條　經濟暨社會理事會得商定辦法使專門機關之代表無投票權而參加本理事會及本理事會所設各委員會之討論，或使本理事會之代表參加此項專門機關之討論。

第七十一條　經濟暨社會理事會得採取適當辦法，俾與各種非政府組織會商有關於本理事會職權範圍內之事件。此項辦法得與國際組織商定之，並於適當情形下，經與關係聯合國會員國會商後，得與該國國內組織商定之。

第七十二條　一、經濟暨社會理事會應自行制定其議事規則，包括其推選主席之方法。

二、經濟暨社會理事會應依其規則舉行必要之會議。此項規則應包括因理事國過半數之請求而召集會議之條款。

第十一章　關於非自治領土之宣言

第七十三條　聯合國各會員國，於其所負有或擔承管理責任之領土，其人民尚未臻自治之充分程度者，承認以領土居民之福利為至上之原則，並接受在本憲章所建立之國際和平及安全制度下，以充分增進領土居民福利之義務為神聖之信託，且為此目的：

㈠於充分尊重關係人民之文化下，保證其政治、經濟、社會及教育之進展，予以公平待遇，且保障其不受虐待。

㈡按各領土及其人民特殊之環境、及其進化之階段，發展自治；對各該人民之政治願望，予以適當之注意；並助其自由政治制度之逐漸發展。

㈢促進國際和平及安全。

㈣提倡建設計畫，以求進步；獎勵研究；各國彼此合作，並於適當之時間及場合與專門國際團體合作，以求本條所載社會、經濟及科學目的之實現。

㈤在不違背安全及憲法之限制下，按時將關於各會員國分別負責管理領土內之經濟、社會、及教育情形之統計及具有專門性質之情報，遞送秘書長，以供參考。本憲章第十二章及第十三章所規定之領土，不在此限。

第七十四條　聯合國各會員國共同承諾對於本章規定之領土，一如對於本國區域，其政

策必須以善鄰之道奉為圭臬；並於社會、經濟及商業上，對世界各國之利益及幸福，予以充分之注意。

第十二章　國際託管制度

第七十五條　聯合國在其權力下，應設立國際託管制度，以管理並監督憑此後個別協定而置於該制度下之領土。此項領土以下簡稱託管領土。

第七十六條　按據本憲章第一條所載聯合國之宗旨，託管制度之基本目的應為：

(子)促進國際和平及安全。

(丑)增進託管領土居民之政治、經濟、社會及教育之進展；並以適合各領土及其人民之特殊情形及關係人民自由表示之願望為原則，且按照各託管協定之條款，增進其趨向自治或獨立之逐漸發展。

(寅)不分種族、性別、語言或宗教，提倡全體人類之人權及基本自由之尊重，並激發世界人民互相維繫之意識。

(卯)於社會、經濟及商業事件上，保證聯合國全體會員國及其國民之平等待遇，及各該國民於司法裁判上之平等待遇，但以不妨礙上述目的之達成，且不違背第八十條之規定為限。

第七十七條　一、託管制度適用於依託管協定所置於該制度下之下列各種類之領土：

(子)現在委任統治下之領土。

(丑)因第二次世界大戰結果或將自敵國割離之領土。

(寅)負管理責任之國家自願置於該制度下之領土。

二、關於上列種類中之何種領土將置於託管制度之下，及其條件，為此後協定所當規定之事項。

第七十八條　凡領土已成為聯合國之會員國者，不適用託管制度；聯合國會員國間之關係，應基於尊重主權平等之原則。

第七十九條　置於託管制度下之每一領土之託管條款，及其更改或修正，應由直接關係各國、包括聯合國之會員國而為委任統治地之受託國者，予以議定，其核准應依第八十三條及第八十五條之規定。

第 八 十 條　一、除依第七十七條、第七十九條及第八十一條所訂置各領土於託管制度下之個別託管協定另有議定外，並在該項協定未經締結以前，本章任何規定絕對不得解釋為以任何方式變更任何國家或人民之權利、或聯合國會員國個別簽訂之現有國際約章之條款。

二、本條第一項不得解釋為對於依第七十七條之規定而訂置委任或其他領土於託管制度下之協定，授以延展商訂之理由。

第八十一條　凡託管協定均應載有管理領土之條款，並指定管理託管領土之管理當局，以下簡稱管理當局，得為一個或數個國家，或為聯合國

第八十二條　於任何託管協定內，得指定一個或數個戰略防區，包括該項託管領土之一部或全部，但該項協定並不妨礙依第四十三條而訂

協定。

第八十三條 一、聯合國關於戰略防區之各項職務，包括此項託管協定條款之核准、及其更改或修正，應由安全理事會行使之。

二、第七十六條所規定之基本目的，適用於每一戰略防區之人民。

三、安全理事會以不違背託管協定之規定且不妨礙安全之考慮為限，應利用託管理事會之協助，以履行聯合國託管制度下關於戰略防區內之政治、經濟、社會及教育事件之職務。

第八十四條 管理當局有保證託管領土對於維持國際和平及安全盡其本分之義務。該當局為此目的得利用託管領土之志願軍、便利及協助，以履行該當局對於安全理事會所負關於此點之義務，並以實行地方自衛，且在託管領土內維持法律與秩序。

第八十五條 一、聯合國關於一切非戰略防區託管協定之職務，包括此項託管協定條款之核准及其更改或修正，應由大會行使之。

二、託管理事會於大會權力下，應協助大會履行上述之職務。

第十三章　託管理事會

組　織

第八十六條 一、託管理事會應由下列聯合國會員國組織之：

㈠管理託管領土之會員國。

㈡第二十三條所列名之國家而現非管理託管領土者。

㈢大會選舉必要數額之其他會員國，任期三年，俾使託管理事會理事國之總數，於聯合國會員國中之管理託管領土者及不管理者之間，得以平均分配。

二、託管理事會之每一理事國應指定一特別合格之人員，以代表之。

職　權

第八十七條 大會及在其權力下之託管理事會於履行職務時得：

㈠審查管理當局所送之報告。

㈡會同管理當局接受並審查請願書。

㈢與管理當局商定時間，按期視察各託管領土。

㈣依託管協定之條款，採取上述其他行動。

[illegible]條 託管理事會應擬定關於各託管領土居民之政治、經濟、社會及教育進展之問題單；就大會職權範圍內，各託管領土之管理當局應根據該項問題單向大會提出常年報告。

投　票

第八十九條　一、託管理事會之每一理事國應有一個投票權。

　　　　　　二、託管理事會之決議應以到會及投票之理事國過半數表決之。

程　序

第 九 十 條　一、託管理事會應自行制定其議事規則，包括其推選主席之方法。

　　　　　　二、託管理事會應依其所定規則，舉行必要之會議。此項規則應包括關於
　　　　　　　　經該會理事國過半數之請求而召集會議之規定。

第九十一條　託管理事會於適當時，應利用經濟暨社會理事會之協助，並對於各關係事
　　　　　　項，利用專門機關之協助。

第十四章　國際法院

第九十二條　國際法院為聯合國之主要司法機關，應依所附規約執行其職務。該項規約
　　　　　　係以國際常設法院之規約為根據，並為本憲章之構成部分。

第九十三條　一、聯合國各會員國為國際法院規約之當然當事國。

　　　　　　二、非聯合國會員國之國家得為國際法院規約當事國之條件，應由大會經
　　　　　　　　安全理事會之建議就各別情形決定之。

第九十四條　一、聯合國每一會員國為任何案件之當事國者，承諾遵行國際法院之判決。

　　　　　　二、遇有一造不履行依法院判決應負之義務時，他造得向安全理事會申訴。
　　　　　　　　安全理事會如認為必要時，得作成建議或決定應採辦法，以執行判決。

第九十五條　本憲章不得認為禁止聯合國會員國依據現有或以後締結之協定，將其爭端
　　　　　　託付其他法院解決。

第九十六條　一、大會或安全理事會對於任何法律問題得請國際法院發表諮詢意見。

　　　　　　二、聯合國其他機關及各種專門機關，對於其工作範圍內之任何法律問題，
　　　　　　　　得隨時以大會之授權，請求國際法院發表諮詢意見。

第十五章　秘書處

第九十七條　秘書處置秘書長一人及本組織所需之辦事人員若干人。秘書長應由大會經
　　　　　　安全理事會之推薦委派之。秘書長為本組織之行政首長。

第九十八條　秘書長在大會、安全理事會、經濟暨社會理事會、及託管理事會之一切會
　　　　　　議，應以秘書長資格行使職務，並應執行各該機關所託付之其他職務。秘
　　　　　　書長應向大會提送關於本組織工作之常年報告。

第九十九條　秘書長得將其所認為可能威脅國際和平及安全之任何事件，提請安全理事
　　　　　　會注意。

第 一 百 條　一、秘書長及辦事人員於執行職務時，不得請求或接受本組織以外任何政
　　　　　　　　府或其他當局之訓示，並應避免足以妨礙其國際官員地位之行動。秘

書長及辦事人員專對本組織負責。

二、聯合國各會員國承諾尊重秘書長及辦事人員責任之專屬國際性,決不設法影響其責任之履行。

第一百零一條 一、辦事人員由秘書長依大會所定章程委派之。

二、適當之辦事人員應長期分配於經濟暨社會理事會、託管理事會,並於必要時,分配於聯合國其他之機關。此項辦事人員構成秘書處之一部。

三、辦事人員之僱用及其服務條件之決定,應以求達效率、才幹及忠誠之最高標準為首要考慮。徵聘辦事人員時,於可能範圍內,應充分注意地域上之普及。

第十六章　雜項條款

第一百零二條 一、本憲章發生效力後,聯合國任何會員國所締結之一切條約及國際協定應盡速在秘書處登記,並由秘書處公布之。

二、當事國對於未經依本條第一項規定登記之條約或國際協定,不得向聯合國任何機關援引之。

第一百零三條 聯合國會員國在本憲章下之義務與其依任何其他國際協定所負之義務有衝突時,其在本憲章下之義務應居優先。

第一百零四條 本組織於每一會員國之領土內,應享受於執行其職務及達成其宗旨所必需之法律行為能力。

第一百零五條 一、本組織於每一會員國之領土內,應享受於達成其宗旨所必需之特權及豁免。

二、聯合國會員國之代表及本組織之職員,亦應同樣享受於其獨立行使關於本組織之職務所必需之特權及豁免。

三、為明定本條第一項及第二項之施行細則起見,大會得作成建議,或為此目的向聯合國會員國提議協約。

第十七章　過渡安全辦法

第一百零六條 在第四十三條所稱之特別協定尚未生效,因而安全理事會認為尚不得開始履行第四十二條所規定之責任前,一九四三年十月三十日在莫斯科簽訂四國宣言之當事國及法蘭西應依該宣言第五項之規定,互相洽商,並於必要時,與聯合國其他會員國洽商,以代表本組織採取為維持國際和平及安全宗旨所必要之聯合行動。

第一百零七條 本憲章並不取消或禁止負行動責任之政府對於在第二次世界大戰中本憲章任何簽字國之敵國因該次戰爭而採取或受權執行之行動。

第十八章　修　正

第一百零八條　本憲章之修正案經大會會員國三分〔之〕二表決並由聯合國會員國三分之二，包括安全理事會全體常任理事國，各依其憲法程序批准後，對於聯合國所有會員國發生效力。

第一百零九條　〔一九四五年約文〕

一、聯合國會員國，為檢討本憲章，得以大會會員國三分〔之〕二表決，經安全理事會任何七理事國之表決，確定日期及地點舉行全體會議。聯合國每一會員國在全體會議中應有一個投票權。

二、全體會議以三分〔之〕二表決所建議對於憲章之任何更改，應經聯合國會員國三分〔之〕二、包括安全理事會全體常任理事國，各依其憲法程序批准後，發生效力。

三、如於本憲章生效後大會第十屆年會前，此項全體會議尚未舉行時，應將召集全體會議之提議列入大會該屆年會之議事日程；如得大會會員國過半數及安全理事會任何七理事國之表決，此項會議應即舉行。

〔一九六五年約文〕

一、聯合國會員國，為檢討本憲章，得以大會會員國三分〔之〕二表決，經安全理事會任何九理事國之表決，確定日期及地點舉行全體會議。聯合國每一會員國在全體會議中應有一個投票權。

二、全體會議以三分〔之〕二表決所建議對於憲章之任何更改，應經聯合國會員國三分〔之〕二、包括安全理事會全體常任理事國，各依其憲法程序批准後，發生效力。

三、如於本憲章生效後大會第十屆年會前，此項全體會議尚未舉行時，應將召集全體會議之提議列入大會該屆年會之議事日程；如得大會會員國過半數及安全理事會任何七理事國之表決，此項會議應即舉行。

第十九章　批准及簽字

第一百一十條　一、本憲章應由簽字國各依其憲法程序批准之。

二、批准書應交存美利堅合眾國政府。該國政府應於每一批准書交存時通知各簽字國，如本組織秘書長業經委派時，並應通知秘書長。

三、一俟美利堅合眾國政府通知已有中華民國、法蘭西、蘇維埃社會主義共和國聯邦、大不列顛及北愛爾蘭聯合王國、與美利堅合眾國、以及其他簽字國之過半數將批准書交存時，本憲章即發生效力。美利堅合眾國政府應擬就此項交存批准之議定書並將副本分送所有簽字國。

四、本憲章簽字國於憲章發生效力後批准者，應自其各將批准書交存之日起為聯合國之創始會員國。

第一百一十一條 本憲章應留存美利堅合眾國政府之檔庫，其中、法、俄、英、及西文各本同一作準。該國政府應將正式副本分送其他簽字國政府。

為此聯合國各會員國政府之代表謹簽字於本憲章，以昭信守。

公曆一千九百四十五年六月二十六日簽訂於金山市。

五、國際法院規約 (Statute of the International Court of Justice) (1945.6.26)

說明：

㈠《國際法院規約》是《聯合國憲章》的一部分，一九四五年六月二十六日簽署，一九四五年十月二十四日生效。

㈡英文本刊在 United States Statute at Large, 79th Congress, 1st Session, 1945, Vol. 59, Part 2, Washington D.C.: U.S. Government Printing Office, 1946, pp. 1055–1064 ；中文本刊在同書 pp. 1115–1122。

㈢本書收錄的以下文本已經參考聯合國 2014 年出版品 DPI/2587 修訂，見聯合國，《聯合國憲章及國際法院規約》，紐約：聯合國，2014 年，頁 67–95。

第 一 條 聯合國憲章所設之國際法院為聯合國主要司法機關，其組織及職務之行使應依本規約之下列規定。

第一章　法院之組織

第 二 條 法院以獨立法官若干人組織之。此項法官應不論國籍，就品格高尚並在各本國具有最高司法職位之任命資格或公認為國際法之法學家中選舉之。

第 三 條 一、法院以法官十五人組織之，其中不得有二人為同一國家之國民。

二、就充任法院法官而言，一人而可視為一個國家以上之國民者，應認為屬於其通常行使公民及政治權利之國家或會員國之國民。

第 四 條 一、法院法官應由大會及安全理事會依下列規定就常設公斷法院各國團體所提出之名單內選舉之。

二、在常設公斷法院並無代表之聯合國會員國，其候選人名單應由各該國政府專為此事而委派之團體提出；此項各國團體之委派，準用一九〇七年海牙和平解決國際紛爭條約第四十四條規定委派常設公斷法院公斷員之條件。

三、凡非聯合國會員國而已接受法院規約之國家，其參加選舉法院法官時，參加條件，如無特別協定，應由大會經安全理事會之提議規定之。

第 五 條　一、聯合國秘書長至遲應於選舉日期三個月前，用書面邀請屬於本規約當事
　　　　　　　國之常設公斷法院公斷員、及依第四條第二項所委派之各國團體、於一
　　　　　　　定期間內分別由各國團體提出能接受法官職務之人員。
　　　　　二、每一團體所提人數不得超過四人，其中屬其本國國籍者不得超過二人。
　　　　　　　在任何情形下，每一團體所提候選人之人數不得超過應占席數之一倍。
第 六 條　各國團體在提出上項人員以前，宜諮詢本國最高法院、大學法學院、法律學
　　　　　校、專研法律之國家研究院、及國際研究院在各國所設之各分院。
第 七 條　一、秘書長應依字母次序，編就上項所提人員之名單。除第十二條第二項規
　　　　　　　定外，僅此項人員有被選權。
　　　　　二、秘書長應將前項名單提交大會及安全理事會。
第 八 條　大會及安全理事會各應獨立舉行法院法官之選舉。
第 九 條　每次選舉時，選舉人不獨應注意被選人必須各具必要資格，並應注意務使法
　　　　　官全體確能代表世界各大文化及各主要法系。
第 十 條　一、候選人在大會及安全理事會得絕對多數票者應認為當選。
　　　　　二、安全理事會之投票，或為法官之選舉或為第十二條所稱聯席會議人員之
　　　　　　　指派，應不論安全理事會常任理事國及非常任理事國之區別。
　　　　　三、如同一國家之國民得大會及安全理事會之絕對多數票者不止一人時，其
　　　　　　　年事最高者應認為當選。
第十一條　第一次選舉會後，如有一席或一席以上尚待補選時，應舉行第二次選舉會，
　　　　　並於必要時舉行第三次選舉會。
第十二條　一、第三次選舉會後，如仍有一席或一席以上尚待補選時，大會或安全理事
　　　　　　　會得隨時聲請組織聯席會議，其人數為六人，由大會及安全理事會各派
　　　　　　　三人。此項聯席會議就每一懸缺以絕對多數票選定一人提交大會及安全
　　　　　　　理事會分別請其接受。
　　　　　二、具有必要資格人員，即未列入第七條所指之候選人名單，如經聯席會議
　　　　　　　全體同意，亦得列入該會議名單。
　　　　　三、如聯席會議確認選舉不能有結果時，應由已選出之法官，在安全理事會
　　　　　　　所定之期間內，就曾在大會或安全理事會得有選舉票之候選人中，選定
　　　　　　　若干人補足缺額。
　　　　　四、法官投票數相等時，年事最高之法官應投決定票。
第十三條　一、法官任期九年，並得連選，但第一次選舉選出之法官中，五人任期應為
　　　　　　　三年，另五人為六年。
　　　　　二、上述初期法官，任期孰為三年孰為六年，應於第一次選舉完畢後立由秘
　　　　　　　書長以抽籤方法決定之。
　　　　　三、法官在其後任接替前，應繼續行使其職務，雖經接替，仍應結束其已開
　　　　　　　始辦理之案件。
　　　　　四、法官辭職時應將辭職書致送法院院長轉知秘書長。轉知後，該法官之一

　　　　　　　　席即行出缺。

第十四條　凡遇出缺，應照第一次選舉時所定之辦法補選之，但秘書長應於法官出缺後一個月內，發出第五條規定之邀請書並由安全理事會指定選舉日期。

第十五條　法官被選以接替任期未滿之法官者，應任職至其前任法官任期屆滿時為止。

第十六條　一、法官不得行使任何政治或行政職務，或執行任何其他職業性質之任務。

　　　　　　　二、關於此點，如有疑義，應由法院裁決之。

第十七條　一、法官對於任何案件，不得充任代理人、律師、或輔佐人。

　　　　　　　二、法官曾以當事國一造之代理人、律師、或輔佐人、或以國內法院或國際法院或調查委員會委員、或以其他資格參加任何案件者，不得參與該案件之裁決。

　　　　　　　三、關於此點，如有疑義，應由法院決定之。

第十八條　一、法官除由其餘法官一致認為不復適合必要條件外，不得免職。

　　　　　　　二、法官之免職，應由書記官長正式通知秘書長。

　　　　　　　三、此項通知一經送達秘書長，該法官之一席即行出缺。

第十九條　法官於執行法院職務時，應享受外交特權及豁免。

第二十條　法官於就職前應在公開法庭鄭重宣言本人必當秉公竭誠行使職權。

第二十一條　一、法院應選舉院長及副院長，其任期各三年，<u>並得連選</u>。

　　　　　　　　二、法院應委派書記官長，並得酌派其他必要之職員。

第二十二條　一、法院設在海牙，但法院如認為合宜時，得在他處開庭及行使職務。

　　　　　　　　二、院長及書記官長應駐於法院所在地。

第二十三條　一、法院除司法假期外，應常川〔住〕辦公。司法假期之日期及期間由法院定之。

　　　　　　　　二、法官得有定時假期，其日期及期間，由法院斟酌海牙與各法官住所之距離定之。

　　　　　　　　三、法官除在假期或因疾病或其他重大原由，不克視事，經向院長作適當之解釋外，應常川〔住〕備由法院分配工作。

第二十四條　一、法官如因特別原由認為於某案之裁判不應參與時，應通知院長。

　　　　　　　　二、院長如認某法官因特別原由不應參與某案時，應以此通知該法官。

　　　　　　　　三、遇有此種情形，法官與院長意見不同時，應由法院決定之。

第二十五條　一、除本規約另有規定外，法院應由全體法官開庭。

　　　　　　　　二、法院規則得按情形並以輪流方法，規定准許法官一人或數人免予出席，但準備出席之法官人數不得因此減至少於十一人。

　　　　　　　　三、法官九人即足構成法院之法定人數。

第二十六條　一、法院得隨時設立一個或數個分庭，並得決定由法官三人或三人以上組織之。此項分庭處理特種案件，例如勞工案件及關於過境與交通案件。

　　　　　　　　二、法院為處理某特定案件，得隨時設立分庭，組織此項分庭法官之人數，應由法院得當事國之同意定之。

三、案件經當事國之請求應由本條規定之分庭審理裁判之。

第二十七條　第二十六條及第二十九條規定之任何分庭所為之裁判，應視為法院之裁判。

第二十八條　第二十六條及第二十九條規定之分庭，經當事國之同意，得在海牙以外地方開庭及行使職務。

第二十九條　法院為迅速處理事務，應於每年以法官五人組織一分庭。該分庭經當事國之請求，得用簡易程序，審理及裁判案件。法院並應選定法官二人，以備接替不能出庭之法官。

第 三 十 條　一、法院應訂立規則，以執行其職務，尤應訂定關於程序之規則。

二、法院規則得規定關於襄審官之出席法院或任何分庭，但無表決權。

第三十一條　一、屬於訴訟當事國國籍之法官，於法院受理該訴訟案件時，保有其參與之權。

二、法院受理案件，如法官中有屬於一造當事國之國籍者，任何他造當事國得選派一人為法官，參與該案。此項人員尤以就第四條及第五條規定所提之候選人中選充為宜。

三、法院受理案件，如當事國均無本國國籍法官時，各當事國均得依本條第二項之規定選派法官一人。

四、本條之規定於第二十六條及第二十九條之情形適用之。在此種情形下，院長應請分庭法官一人，或於必要時二人，讓與屬於關係當事國國籍之法官，如無各當事國國籍之法官或各該法官不能出席時，應讓與各當事國特別選派之法官。

五、如數當事國具有同樣利害關係時，在上列各規定適用範圍內，只應作為一當事國。關於此點，如有疑義，由法院裁決之。

六、依本條第二項、第三項、及第四項規定所選派之法官，應適合本規約第二條、第十七條第二項、第二十條、及第二十四條規定之條件。各該法官參與案件之裁判時，與其同事立於完全平等地位。

第三十二條　一、法院法官應領年俸。

二、院長每年應領特別津貼。

三、副院長於代行院長職務時，應按日領特別津貼。

四、依第三十一條規定所選派之法官而非法院之法官者，於執行職務時，應按日領酬金。

五、上列俸給津貼及酬金由聯合國大會定之，在任期內，不得減少。

六、書記官長之俸給，經法院之提議由大會定之。

七、法官及書記官長支給退休金及補領旅費之條件，由大會訂立章程規定之。

八、上列俸給津貼及酬金，應免除一切稅捐。

第三十三條　法院經費由聯合國擔負，其擔負方法由大會定之。

第二章　法院之管轄

第三十四條　一、在法院得為訴訟當事國者，限於國家。

二、法院得依其規則，請求公共國際團體供給關於正在審理案件之情報。該項團體自動供給之情報，法院應接受之。

三、法院於某一案件遇有公共國際團體之組織約章、或依該項約章所締結之國際協約發生解釋問題時，書記官長應通知有關公共國際團體並向其遞送所有書面程序之文件副本。

第三十五條　一、法院受理本規約各當事國之訴訟。

二、法院受理其他各國訴訟之條件，除現行條約另有特別規定外，由安全理事會定之，但無論如何，此項條件不得使當事國在法院處於不平等地位。

三、非聯合國會員國為案件之當事國時，其應擔負法院費用之數目由法院定之。如該國業已分擔法院經費之一部，本項規定不適用之。

第三十六條　一、法院之管轄包括各當事國提交之一切案件，及聯合國憲章或現行條約及協約中所特定之一切事件。

二、本規約各當事國得隨時聲明關於具有下列性質之一切法律爭端，對於接受同樣義務之任何其他國家，承認法院之管轄為當然而具有強制性，不須另訂特別協定：

㈠條約之解釋。

㈡國際法之任何問題。

㈢任何事實之存在，如經確定即屬違反國際義務者。

㈣因違反國際義務而應予賠償之性質及其範圍。

三、上述聲明，得無條件為之，或以數個或特定之國家間彼此拘束為條件，或以一定之期間為條件。

四、此項聲明，應交存聯合國秘書長並由其將副本分送本規約各當事國及法院書記官長。

五、曾依常設國際法院規約第三十六條所為之聲明而現仍有效者，就本規約當事國間而言，在該項聲明期間尚未屆滿前並依其條款，應認為對於國際法院強制管轄之接受。

六、關於法院有無管轄權之爭端，由法院裁決之。

第三十七條　現行條約或協約或規定某項事件應提交國際聯合會所設之任何裁判機關或常設國際法院者，在本規約當事國間，該項事件應提交國際法院。

第三十八條　一、法院對於陳訴各項爭端，應依國際法裁判之，裁判時應適用：

㈠不論普通或特別國際協約，確立訴訟當事國明白承認之規條者。

㈡國際習慣，作為通例之證明而經接受為法律者。

㈢一般法律原則為文明各國所承認者。

㈣在第五十九條規定之下，司法判例及各國權威最高之公法學家學說，作為確定法律原則之補助資料者。

二、前項規定不妨礙法院經當事國同意本「公允及善良」原則裁判案件之權。

第三章　程　序

第三十九條　一、法院正式文字為英法兩文。如各當事國同意用法文辦理案件，其判決應以法文為之。如各當事國同意用英文辦理案件，其判決應以英文為之。

二、如未經同意應用何種文字，每一當事國於陳述中得擇用英法兩文之一，而法院之判詞應用英法兩文。法院並應同時確定以何者為準。

三、法院經任何當事國之請求，應准該當事國用英法文以外之文字。

第 四 十 條　一、向法院提出訴訟案件，應按其情形將所訂特別協定通告書記官長或以請求書送達書記官長。不論用何項方法，均應敘明爭端事由及各當事國。

二、書記官長應立將請求書通知有關各方。

三、書記官長並應經由秘書長通知聯合國會員國及有權在法院出庭其他之國家。

第四十一條　一、法院如認情形有必要時，有權指示當事國應行遵守以保全彼此權利之臨時辦法。

二、在終局判決前，應將此項指示辦法立即通知各當事國及安全理事會。

第四十二條　一、各當事國應由代理人代表之。

二、各當事國得派律師或輔佐人在法院予以協助。

三、各當事國之代理人、律師、及輔佐人應享受關於獨立行使其職務所必要之特權及豁免。

第四十三條　一、訴訟程序應分書面與口述兩部分。

二、書面程序係指以訴狀、辯訴狀、及必要時之答辯狀連同可資佐證之各種文件及公文書，送達法院及各當事國。

三、此項送達應由書記官長依法院所定次序及期限為之。

四、當事國一造所提出之一切文件應將證明無訛之抄本一份送達他造。

五、口述程序係指法院審訊證人、鑑定人、代理人、律師及輔佐人。

第四十四條　一、法院遇有對於代理人、律師、及輔佐人以外之人送達通知書，而須在某國領土內行之者，應逕向該國政府接洽。

二、為就地蒐集證據而須採取步驟時，適用前項規定。

第四十五條　法院之審訊應由院長指揮，院長不克出席時，由副院長指揮；院長副院長均不克出席時，由出席法官中之資深者主持。

第四十六條　法院之審訊應公開行之，但法院另有決定或各當事國要求拒絕公眾旁聽時，

不在此限。

第四十七條　一、每次審訊應作成記錄，由書記官長及院長簽名。

二、前項記錄為唯一可據之記錄。

第四十八條　法院為進行辦理案件應頒發命令；對於當事國每造，應決定其必須終結辯論之方式及時間；對於證據之蒐集，應為一切之措施。

第四十九條　法院在開始審訊前，亦得令代理人提出任何文件，或提供任何解釋。如經拒絕應予正式記載。

第 五 十 條　法院得隨時選擇任何個人、團體、局所、委員會、或其他組織，委以調查或鑑定之責。

第五十一條　審訊時得依第三十條所指法院在其程序規則中所定之條件，向證人及鑑定人提出任何切要有關之詰問。

第五十二條　法院於所定期限內收到各項證明及證據後，得拒絕接受當事國一造欲提出之其他口頭或書面證據，但經他造同意者，不在此限。

第五十三條　一、當事國一造不到法院或不辯護其主張時，他造得請求法院對自己主張為有利之裁判。

二、法院於允准前項請求前，應查明不特依第三十六條及第三十七條法院對本案有管轄權，且請求人之主張在事實及法律上均有根據。

第五十四條　一、代理人律師及輔佐人在法院指揮下陳述其主張已完畢時，院長應宣告辯論終結。

二、法官應退席討論判決。

三、法官之評議應秘密為之，並永守秘密。

第五十五條　一、一切問題應由出席法官之過半數決定之。

二、如投票數相等時，院長或代理院長職務之法官應投決定票。

第五十六條　一、判詞應敘明理由。

二、判詞應載明參與裁判之法官姓名。

第五十七條　判詞如全部或一部分不能代表法官一致之意見時，任何法官得另行宣告其個別意見。

第五十八條　判詞應由院長及書記官長簽名，在法庭內公開宣讀，並應先期通知各代理人。

第五十九條　法院之裁判除對於當事國及本案外，無拘束力。

第 六 十 條　法院之判決係屬確定，不得上訴。判詞之意義或範圍發生爭端時，經任何當事國之請求後，法院應予解釋。

第六十一條　一、聲請法院覆核判決，應根據發現具有決定性之事實，而此項事實在判決宣告時為法院及聲請覆核之當事國所不知者，但以非因過失而不知者為限。

二、覆核程序之開始應由法院下以裁決，載明新事實之存在，承認此項新事實具有使本案應予覆核之性質，並宣告覆核之聲請因此可予接受。

三、法院於接受覆核訴訟前得令先行履行判決之內容。

四、聲請覆核至遲應於新事實發現後六個月內為之。

五、聲請覆核自判決日起逾十年後不得為之。

第六十二條　一、某一國家如認為某案件之判決可影響屬於該國具有法律性質之利益時，得向法院聲請參加。

二、此項聲請應由法院裁決之。

第六十三條　一、凡協約發生解釋問題，而訴訟當事國以外尚有其他國家為該協約之簽字國者，應立由書記官長通知各該國家。

二、受前項通知之國家有參加程序之權；但如該國行使此項權利時，判決中之解釋對該國具有同樣拘束力。

第六十四條　除法院另有裁定外，訴訟費用由各造當事國自行擔負。

第四章　諮詢意見

第六十五條　一、法院對於任何法律問題如經任何團體由聯合國憲章授權而請求或依照聯合國憲章而請求時，得發表諮詢意見。

二、凡向法院請求諮詢意見之問題，應以聲請書送交法院。此項聲請書對於諮詢意見之問題，應有確切之敘述，並應附送足以釋明該問題之一切文件。

第六十六條　一、書記官長應立將諮詢意見之聲請，通知凡有權在法院出庭之國家。

二、書記官長並應以特別且直接之方法通知法院（或在法院不開庭時，院長）所認為對於諮詢問題能供給情報之有權在法院出庭之任何國家，或能供給情報之國際團體，聲明法院於院長所定之期限內準備接受關於該問題之書面陳述，或準備於本案公開審訊時聽取口頭陳述。

三、有權在法院出庭之任何國家如未接到本條第二項所指之特別通知時，該國家得表示願以書面或口頭陳述之意思，而由法院裁決之。

四、凡已經提出書面或口頭陳述或兩項陳述之國家及團體，對於其他國家或團體所提之陳述，准其依法院（或在法院不開庭時，院長）所定關於每案之方式，範圍及期限，予以評論。書記官長應於適當時間內將此項書面陳述通知已經提出此類陳述之國家及團體。

第六十七條　法院應將其諮詢意見當庭公開宣告並先期通知秘書長、聯合國會員國、及有直接關係之其他國家及國際團體之代表。

第六十八條　法院執行關於諮詢意見之職務時，並應參照本規約關於訴訟案件各條款之規定，但以法院認為該項條款可以適用之範圍為限。

第五章　修　正

第六十九條　本規約之修正準用聯合國憲章所規定關於修正憲章之程序，但大會經安全理事會之建議得制定關於本規約當事國而非聯合國會員國參加該項程序之

任何規定。

第 七 十 條 法院認為必要時得以書面向秘書長提出對於本規約之修正案,由聯合國依照第六十九條之規定,加以討論。

六、馬爾喀什設立世界貿易組織協定 (Marrakesh Agreement Establishing the World Trade Organization) (1994.4.15)

說明:
㈠本協定於一九九四年四月十五日簽署,一九九五年一月一日生效。
㈡英文全文見 UNTS, Vol. 1867, pp. 154–164。中文譯文見《烏拉圭回合多邊貿易談判協定》,「中英文對照本」,臺北:經濟部國際貿易局,民國 92 年出版,頁 1–2～1–12。以下所錄文本採用經濟部國貿局民國一〇六年三月六日公布修訂版本,見經濟部國際貿易局,WTO 入口網,WTO 協定簡介,載於 https://wto.trade.gov.tw/cwto/Pages/List.aspx?nodeID=861(最近檢視日期:二〇一九年三月八日)。

本協定之締約者:

鑒於彼此在貿易及經濟領域間之關係,應致力於提昇生活水準、確保充分就業、實質所得與有效需求之大量及穩定成長、擴大商品與服務貿易之產出,並在永續發展之目標下,將世界資源作最適運用,尋求環境之保護與保存,並兼顧各會員經濟發展程度相異下之需求與關切,

鑒於甚且,對開發中國家,特別是低度開發國家,須有積極的措施以協助彼等能享有相稱於其經濟發展需要之國際貿易成長,

為達成上述目標,咸欲藉互惠及互利之規範,以大幅削減關稅及其他貿易障礙,並消除國際貿易關係間之歧視待遇,

爰決議發展一整體性,更靈活及持久之多邊貿易制度;涵蓋對關稅暨貿易總協定、過去貿易自由化之結果以及所有烏拉圭回合多邊貿易談判成果,

決心為維持基本原則並強化本多邊貿易體系目標之達成,

茲同意如下:

第 一 條 組織之設立

茲此設立世界貿易組織(以下簡稱 WTO)。

第 二 條 WTO 之範圍

一、WTO 應為會員就進行與本協定及協定附件所列相關法律文件,提供一貿易關係運作共同體制架構。

二、附件 1、2、3 中所列之各協定與附屬法律文件(以下簡稱「多邊貿易協定」)係本協定之一部分,對所有會員均具拘束力。

三、附件 4 中所列之各協定與附屬法律文件（以下簡稱「複邊貿易協定」）對已接受複邊貿易協定之會員，視為本協定之一部分，對彼等具拘束力。複邊貿易協定對尚未接受之會員並不發生任何義務或權利。

四、附件 1A 所列之一九九四年關稅暨貿易總協定（以下簡稱 GATT 1994）與聯合國「貿易與就業」會議第二次籌備委員會決議採認之蔵事文件附件——一九四七年十月三十日生效之關稅暨貿易總協定及其隨後經批准、修正或更動部分（以下簡稱 GATT 1947）在法律上有所區別。

第 三 條　WTO 之職能

一、WTO 應促進本協定與多邊貿易協定之執行、管理、運作、以及目標之達成；同時亦應為複邊貿易協定之執行、管理及運作提供架構。

二、WTO 應為會員提供會員間進行與本協定附件所列各項協定之多邊貿易事務談判論壇。WTO 亦得為會員間提供一談判論壇以利展開更進一步多邊貿易關係；並得在部長會議決議下，為上述談判結果提供一執行架構。

三、WTO 應管理本協定附件 2 之爭端解決規則及程序之瞭解書（以下簡稱爭端解決瞭解書或 DSU）。

四、WTO 應管理本協定附件 3 之貿易政策檢討機制（以下簡稱 TPRM）。

五、為使全球經濟決策能更為一致，WTO 應於適當情況下與國際貨幣基金、國際復興開發銀行及其附屬機構合作。

第 四 條　WTO 之結構

一、應有一由所有會員代表組成之部長會議，每兩年至少集會一次。部長會議應執行 WTO 各項功能，並採行必要的措施以發揮其功能。部長會議依本協定及相關多邊貿易協定關於決策之特定規定，於會員有所請求時，有權決定多邊貿易協定之任何事務。

二、應有一由所有會員代表組成之總理事會，於適當時集會。於部長會議休會之期間，由總理事會代為執行其職權，並執行由本協定所賦予之職權。總理事會應訂定本身之程序規則並批准依本條第七項規定所成立各委員會之程序及規定。

三、總理事會應視實際需要召集會議，以履行附件 2 爭端解決瞭解書下所規定之爭端解決機構之職責。爭端解決機構得自置主席並應於其認為必要時，制定相關程序規則，以履行其職責。

四、總理事會應視實際需要召集會議，以履行附件 3 貿易政策檢討機制下所設的貿易政策檢討機構之職責。貿易政策檢討機構得自行設有主席，並應在必要時制定相關程序規則，以執行其任務。

五、茲應設立商品貿易理事會、服務貿易理事會及與貿易有關之智慧財產權理事會（以下簡稱 TRIPS 理事會），並在總理事會監督下運作。商品貿易理事會應監督附件 1A 中所列各多邊貿易協定之運作情形，服務貿易

理事會應監督服務貿易總協定（以下簡稱 GATS）之運作情形。與貿易有關之智慧財產權理事會應監督與貿易有關之智慧財產權協定（以下簡稱 TRIPS）之運作情形。此等理事會應履行相關協定及總理事會所指派之職責。其應制定各自相關之程序規則，但須經總理事會之通過。各理事會之成員應開放由所有會員代表擔任，並在必要時召集，以履行其職責。

六、商品貿易理事會、服務貿易理事會及與貿易有關之智慧財產權理事會必要時應設立附屬機構。此等附屬機構應設立各自之程序規則，但須經所屬理事會之同意。

七、部長會議應設立貿易發展委員會、收支平衡委員會及預算、財務與行政委員會，此等委員會應執行本協定及多邊貿易協定所指派之職能，以及總理事會所指派之其他職能。部長會議亦得設立其認為適當之委員會，以指派其適當功能。貿易發展委員會職能之一，係應就多邊貿易協定中協助低度開發國家會員之特別條款作定期檢討，並向總理事會報告以採取適當措施。此等委員會成員應開放由所有會員之代表擔任。

八、複邊貿易協定下所設立之附屬機構，應執行複邊貿易協定所指派之職責，並在 WTO 的體制架構下運作。此等機構應定期向理事會告知其之業務活動。

第 五 條　與其他組織之關係

一、總理事會應進行適當之安排，以與其權責與 WTO 有關之其他政府間組織有效合作。

二、總理事會得進行適當之安排以與其事務與 WTO 有關之非政府組織進行諮商與合作。

第 六 條　秘書處

一、應設世界貿易組織秘書處（以下簡稱「秘書處」），由秘書長掌理。

二、部長會議應任命秘書長，並通過有關秘書長之職權、職責、服務條件及任期之規定。

三、秘書處人員應由秘書長任命，並依據部長會議所採認之規定，以決定秘書處人員的職責與服務條件。

四、秘書長及秘書處人員之職責應限於國際性。秘書長及秘書處人員，於執行其職務時，不得尋求或接受任何政府或 WTO 以外任何當局之指示。上述成員應避免任何對其身為國際官員之立場可能有負面影響之行為。WTO 之會員應尊重秘書長及秘書處幕僚在職責上所具有之國際性特質，且不應試圖影響彼等職務之執行。

第 七 條　預算與攤款

一、秘書長應將 WTO 之年度預算預估與財務報表送交預算、財務與行政委員會；預算、財務與行政委員會應審核秘書長所提之預算預估與財務報

表並向總理事會作成建議。年度預算預估應經總理事會之核准。

二、預算、財務與行政委員會應就包括下列事項之財務法規向總理事會提出建議案：

(a)各會員就 WTO 支出之分攤額度；及

(b)會員延遲繳付時所將採取之措施。

財務法規之訂定，於可行之範圍內，應以 GATT 1947 之規則及其慣例為基礎。

三、總理事會對財務法規及年度預算預估之通過應經三分之二之多數決；惟該多數須逾 WTO 會員之半數。

四、每一會員應依照總理事會通過之財務法規，就 WTO 支出之攤款額立即繳納。

第八條 WTO 之地位

一、WTO 應具法人人格，各會員應對其職能之行使授予必要之法律能力。

二、各會員應為 WTO 職能之行使，授予 WTO 必要之特權與豁免權。

三、各會員應同樣授與 WTO 官員及會員代表必要之特權及豁免權，使其得以獨立行使與 WTO 有關之職能。

四、各會員所授予 WTO 及其官員、及會員代表之特權與豁免權，應與聯合國大會於一九四七年十一月二十一日所通過「專門機構特權及豁免權公約」之規定類同。

五、WTO 得締結總部協定。

第九條 決策形成

一、WTO 應繼續以 GATT 1947 共識作為決策的運作方式❶。除另有規定外，當任何決議無法達成共識時，應以投票進行表決。WTO 每一會員在部長會議及總理事會中均擁有一表決權；歐洲共同體在進行票決時，所擁有的票數與其成員數相同❷，惟該等成員須為 WTO 之會員。除本協定或相關多邊貿易協定另有規定外 ，部長會議與總理事會之決議應採多數決❸。

二、部長會議與總理事會對通過本協定及多邊貿易協定之解釋，具有專屬權力。多邊貿易協定附件 1 之解釋，應依據監督上述協定運作之委員會所提之建議行使其職權。對解釋案之決議，應經四分之三會員之多數通過。本項之適用不得損及第十條之修正規定。

三、於特殊情況下，部長會議得決議免除本協定或任何多邊貿易協定對會員

---

❶ 此機構就送交其討論之事項，如決議時出席之會員未正式表示異議，即視為已形成通過該決議之共識。

❷ 歐洲共同體及其會員之總票數不得超過歐洲共同體之會員數。

❸ 總理事會於作為爭端解決機構而召集會議時，應依據爭端解決瞭解書第二條第四項之規定作成決議。

所課之義務。惟該決議除本項另有規定外,應經四分之三之會員同意❹。

(a)對本協定豁免之請求,須送交部長會議,並以共識決方式作成決議。部長會議應考慮此請求,不應超過九十天,如期限內無法達成共識,任何給予豁免之決議,應經四分之三會員之同意。

(b)對附件 1A、1B 或 1C 及其個別附件所涉之多邊貿易協定豁免之請求,應分別送交商品貿易理事會、服務貿易理事會及 TRIPS 理事會,並應於九十天期限內對豁免之請求作成考慮。相關理事會應於期限結束時向部長會議提出報告。

四、部長會議對豁免之決議,應載明其決議合於特殊情形、豁免之條件及豁免終止之日期。對任何逾一年之豁免,部長會議至遲應自豁免日起一年內予以檢討;並在豁免終止前,逐年為之。部長會議於各次檢討時審查合於豁免之特殊情形是否存續,及是否遵守合於豁免之條件。部長會議基於年度檢討,得延長、修正或終止該項豁免。

五、依複邊貿易協定所為之決議,包括解釋及豁免之任何決議,均應依各該協定之規定為之。

第 十 條　修正

一、任何 WTO 之會員均得向部長會議提出關於修正本協定或附件 1 之多邊貿易協定條文之提案。第四條第五項所列之各理事會,亦得向部長會議提出其所監督附件 1 之各相關多邊貿易協定運作之條文修正案。除部長會議決定較長期限外,於提案正式列入部長會議議程後之九十日期間內,部長會議送交會員接受之議案應以共識決方式決議。除適用本條第二、第五或第六項之情形外,修正案之決議應載明是否援用本條第三項或第四項之規定。如共識達成,部長會議應將修正案送交各會員接受。如部長會議未能在所定期限達成共識,應以會員三分之二之多數決,決定是否將此修正案送交各會員接受。除本條第二、第五或第六項另有規定外,修正案應適用第三項之規定,但部長會議以四分之三之多數決決定應適用本條第四項者不在此限。

二、本條及下列所列各條文之修正,應於所有會員均接受後始生效:
本協定第九條;
GATT 1994 第一條及第二條;
GATS 第二條第一項;
TRIPS 協定第四條。

三、除本條文第二項及第六項所列舉之修正外,本協定或附件 1A 及 1C 之多邊貿易協定之涉及會員權利及義務改變之修正條文中,於獲得三分之二

❹ 倘某會員在過渡期或分階段執行期有履行之義務,但未能於相關期限屆滿前履行,而請求豁免者,其豁免之授與,僅得以共識決為之。

會員接受後，應即對接受之會員生效，日後其他會員於其接受上述修正時，亦對其生效。未在部長會議指定期間內接受本款所述之修正者，部長會議可經由四分之三會員之多數決，以個案決定其應否自由退出WTO，或係在部長會議同意下仍為會員。

四、除本條第二項及第六項所列舉之修正外，本協定或附件1A及1C之多邊貿易協定之不涉及會員權利及義務改變之修正條文，於獲得三分之二會員接受後，應即對所有會員生效。

五、GATS中第一、二、三篇及其相關附件之修正，除本條第二項另有規定外，於獲得三分之二會員接受後，應即對接受會員生效，日後每一會員於其在接受時亦對其生效。未在部長會議所指定期間內接受前述條文修正之會員，部長會議得以四分之三會員之多數，以個案決定其應否自由退出WTO，或係在部長會議同意下仍為會員。GATS中第四、五、六篇及其相關附件之修正，在經三分之二會員接受後，應即對所有會員生效。

六、不論本條之其他規定，對TRIPS協定之修正，倘符合該協定第七十一條第二項之要件，得逕由部長會議採行，無須再經正式接受程序。

七、任何接受本協定及附件1多邊貿易協定修正案之會員，應於部長會議指定之接受期間內，將接受之文件存放於WTO秘書長處。

八、任何WTO會員均得以向部長會議提交修正附件2及附件3中多邊貿易協定條文之提議。附件2之多邊貿易協定修正之決議，以共識決方式為之，並於部長會議通過後，應即對所有會員生效。附件3之多邊貿易協定修正之決議，經部長會議通過後，應即對所有會員生效。

九、部長會議於一貿易協定之當事會員請求下，得以共識決決議，將該貿易協定加列至附件4。部長會議亦得於一複邊貿易協定之當事會員請求下，將該貿易協定自附件4中剔除。

十、複邊貿易協定之修正，應適用該協定有關規定。

第十一條 創始會員

一、本協定生效時之GATT 1947締約成員及歐洲共同體，而接受本協定與多邊貿易協定，且其相關減讓與承諾表已附於GATT 1994，並且其特定承諾表亦附於GATS者，應成為WTO之創始會員。

二、聯合國所認定之低度開發國家僅須承擔與該國之發展、財政與貿易需求或其行政與制度能力相符之承諾與減讓。

第十二條 加入

一、任一國家或就對外商務關係及本協定與各項多邊貿易協定所規定之其他事務擁有充分自主權之個別關稅領域，得依其與WTO同意之條件，加入本協定。其加入應適用本協定與附屬之多邊貿易協定。

二、加入之決定應由部長會議為之。部長會議應以WTO三分之二會員之多數，通過載明加入條件之協定。

三、複邊貿易協定之加入，應適用該協定有關規定。

第十三條　多邊貿易協定特定會員間之排除適用

一、任一會員於成為會員之際，如有不同意適用本協定與附件 1 及附件 2 所列之多邊貿易協定，則該會員與其他會員間應不適用本協定與附件 1 及附件 2 所列之多邊貿易協定。

二、原屬 GATT 1947 締約成員之 WTO 創始會員，僅於與其他會員間曾引用該協定第三十五條之排除適用條款，且於本協定生效時仍對其等繼續有效者，始得引用本條第一項之規定。

三、會員與另一依第十二條加入之會員，在部長會議通過加入條件之協定前曾通知部長會議不同意相互適用之會員，始得適用本條第一項之規定。

四、部長會議得在任一會員請求下，檢討引用本條款之特別案例之實施情形，並作適當建議。

五、會員間有關複邊貿易協定之排除適用，應適用該協定之規定。

第十四條　接受、生效及存放

一、本協定應開放予符合第十一條創始會員資格之一九四七年總協定之締約成員及歐洲共同體，以簽署或其他方式接受。此一接受，應同時適用於本協定及本協定之後所附之多邊貿易協定。本協定及本協定之後所附之多邊貿易協定，其生效由部長會議依烏拉圭回合多邊貿易談判之藏事文件中第三項之規定定之；除部長會議另有決議外，自生效日起兩年之內仍繼續開放供上開各國接受。本協定生效後所為之接受，應於接受之後第三十日起生效。

二、於本協定生效後始接受本協定之會員，關於其執行多邊貿易協定中之有期間性之減讓與義務，應視同自本協定生效日接受本協定，而於本協定生效日起開始起算。

三、於本協定生效前，本協定及多邊貿易協定文件將存放於 GATT 1947 締約成員整體會員大會秘書長處。秘書長應盡速對已接受之各政府及歐洲共同體提供經認證之本協定及多邊貿易協定正本，並通知其關於協定生效後之每一接受。本協定生效之後，本協定及多邊貿易協定及其修正，應存放於 WTO 秘書長處。

四、複邊貿易協定之接受及生效，應適用各該協定有關規定。此等協定應存放於 GATT 1947 締約成員大會秘書長處。俟本協定生效後，該等協定應存放於 WTO 秘書長處。

第十五條　退出

一、任何會員得退出本協定。此項退出應同時適用於本協定及多邊貿易協定之退出，並應於退出之書面通知送達 WTO 秘書長後滿六個月時生效。

二、複邊貿易協定之退出，應適用各該協定有關規定。

第十六條　其他條款

一、除本協定或多邊貿易協定另有規定外，WTO 應遵循 GATT 1947 締約成員大會以及於 GATT 1947 架構下所設各機構之決議、程序及慣例。

二、於可行範圍內，GATT 1947 之秘書處應轉型為 WTO 秘書處，且 GATT 1947 締約成員大會秘書長於部長會議尚未依據本協定第六條第二項之規定任命秘書長時，應擔任 WTO 秘書長。

三、本協定之規定與任一多邊貿易協定之規定有所牴觸時，牴觸之部分應優先適用本協定之規定。

四、各會員應確保其國內之法律、規章及行政程序與附件協定所規定之義務一致。

五、本協定各項條文均不得保留。對多邊貿易協定任何規定之保留，均僅得於各該協定所規定之範圍內為之。對一複邊貿易協定任何規定之保留，應適用該協定有關之規定。

六、本協定應依據聯合國憲章第一○二條之規定登記。

本協定於西元一九九四年四月十五日於馬爾喀什 (Marrakesh)，以英文、法文及西班牙文之單一版本完成，每一文本均為正本。

註　釋

本協定及多邊貿易協定所用「國家」或「各國」等詞，係包括任一 WTO 之個別關稅領域會員。

在 WTO 之個別關稅領域會員之情形，倘本協定及多邊貿易協定中有以「國民」作為限制條件者，此種規定應配合該關稅領域之情形而為解釋，但有特別規定者不在此限。

第三章 條 約

七、維也納條約法公約及其附件 (Vienna Convention on the Law of Treaties and Annexes) (1969.5.22)

說明：

㈠本公約一九六九年五月二十二日通過，五月二十三日簽署，一九八〇年一月二十七日生效。

㈡條約全文與附件之英文本刊載於 UNTS, Vol. 1155, pp. 332–353 ；中文本刊載於 UNTS, Vol. 1155, pp. 378–416。

㈢以下收錄的宣言與決議於一九六九年五月二十三日通過，英文本刊在 ILM, Vol. 8, No. 4 (July 1969), pp. 733–735。中文譯文由中華民國外交部提供。這些宣言與決議中英文名稱如下：

1. 禁止以軍事、政治或經濟強迫締結條約宣言 (Declaration on the Prohibition of Military, Political or Economic Coercion in the Conclusion of Treaties)。

2. 普遍參加維也納條約法公約宣言 (Declaration on Universal Participation in the Vienna Convention on the Law of Treaties)。

3. 關於禁止以軍事、政治或經濟強迫締結條約宣言之決議案 (Resolution Relating to the Declaration on the Prohibition of Military, Political or Economic Coercion in the Conclusion of Treaties)。

本公約各當事國，

鑒於條約在國際關係歷史上之基本地位，

承認條約為國際法淵源之一，且為各國間不分憲法及社會制度發展和平合作之工具，其重要性日益增加，

鑒悉自由同意與善意之原則以及條約必須遵守規則乃舉世所承認，

確認凡關於條約之爭端與其他國際爭端同，皆應以和平方法且依正義及國際法之原則解決之，

念及聯合國人民同茲決心創造適當環境，俾克維持正義及尊重由條約而起之義務，

鑒及聯合國憲章所載之國際法原則，諸如人民平等權利及自決，所有國家主權平等及獨立，不干涉各國內政，禁止使用威脅或武力以及普遍尊重與遵守全體人類之人權及

基本自由等原則，

　　深信本公約所達成之條約法之編纂及逐漸發展可促進憲章所揭櫫之聯合國宗旨，即維持國際和平及安全，發展國際間之友好關係並達成其彼此合作，

　　確認凡未經本公約各條規定之問題，將仍以國際習慣法規則為準，

　　爰議定條款如下：

第一編　導　言

第 一 條　本公約之範圍

　　本公約適用於國家間之條約。

第 二 條　用語

　　一、就適用本公約而言：

　　　　㈠稱「條約」者，謂國家間所締結而以國際法為準之國際書面協定，不論其載於一項單獨文書或兩項以上相互有關之文書內，亦不論其特定名稱為何；

　　　　㈡稱「批准」、「接受」、「贊同」及「加入」者，各依本義指一國據以在國際上確定其同意承受條約拘束之國際行為；

　　　　㈢稱「全權證書」者，謂一國主管當局所頒發，指派一人或數人代表該國談判、議定或認證條約約文，表示該國同意承受條約拘束，或完成有關條約之任何其他行為之文件；

　　　　㈣稱「保留」者，謂一國於簽署、批准、接受、贊同或加入條約時所作之片面聲明，不論措辭或名稱為何，其目的在摒除或更改條約中若干規定對該國適用時之法律效果；

　　　　㈤稱「談判國」者，謂參與草擬及議定條約約文之國家；

　　　　㈥稱「締約國」者，謂不問條約已未生效，同意承受條約拘束之國家；

　　　　㈦稱「當事國」者，謂同意承受條約拘束及條約對其有效之國家；

　　　　㈧稱「第三國」者，謂非條約當事國之國家；

　　　　㈨稱「國際組織」者，謂政府間之組織。

　　二、第一項關於本公約內各項用語之規定不妨礙此等用語在任何國家國內法上之使用或所具有之意義。

第 三 條　不屬本公約範圍之國際協定

　　本公約不適用於國家與其他國際法主體間所締結之國際協定或此種其他國際法主體間之國際協定或非書面國際協定，此一事實並不影響：

　　㈠此類協定之法律效力；

　　㈡本公約所載任何規則之依照國際法而毋須基於本公約原應適用於此類協定者，對於此類協定之適用；

　　㈢本公約之適用於國家間以亦有其他國際法主體為其當事者之國際協定為根據之彼此關係。

第　四　條　本公約不溯既往

以不妨礙本公約所載任何規則之依國際法而毋須基於本公約原應適用於條約者之適用為限，本公約僅對各國於本公約對各該國生效後所締結之條約適用之。

第　五　條　組成國際組織之條約及在一國際組織內議定之條約

本公約適用於為一國際組織組織約章之任何條約及在一國際組織內議定之任何條約，但對該組織任何有關規則並無妨礙。

第二編　條約之締結及生效

第一節　條約之締結

第　六　條　國家締結條約之能力

每一國家皆有締結條約之能力。

第　七　條　全權證書

一、任一人員如有下列情形之一，視為代表一國議定或認證條約約文或表示該國承受條約拘束之同意：

�(甲)出具適當之全權證書；或

(乙)由於有關國家之慣例或由於其他情況可見此等國家之意思係認為該人員為此事代表該國而可免除全權證書。

二、下列人員由於所任職務毋須出具全權證書，視為代表其國家：

(甲)國家元首、政府首長及外交部長，為實施關於締結條約之一切行為；

(乙)使館館長，為議定派遣國與駐在國間條約約文；

(丙)國家派往國際會議或派駐國際組織或該國際組織一機關之代表，為議定在該會議、組織或機關內議定之條約約文。

第　八　條　未經授權所實施行為之事後確認

關於締結條約之行為係依第七條不能視為經授權為此事代表一國之人員所實施者，非經該國事後確認，不發生法律效果。

第　九　條　約文之議定

一、除依第二項之規定外，議定條約約文應以所有參加草擬約文國家之同意為之。

二、國際會議議定條約之約文應以出席及參加表決國家三分之二多數之表決為之，但此等國家以同樣多數決定適用另一規則者不在此限。

第　十　條　約文之認證

條約約文依下列方法確定為作準定本：

(甲)依約文所載或經參加草擬約文國家協議之程序；或

(乙)倘無此項程序，由此等國家代表在條約約文上，或在載有約文之會議贜事文件上簽署，作待核准之簽署或草簽。

第十一條　*表示同意承受條約拘束之方式*
一國承受條約拘束之同意得以簽署、交換構成條約之文書、批准、接受、贊同或加入、或任何其他同意之方式表示之。

第十二條　*以簽署表示承受條約拘束之同意*
一、遇有下列情形之一，一國承受條約拘束之同意以該國代表之簽署表示之：
　　㈠條約規定簽署有此效果；
　　㈡另經確定談判國協議簽署有此效果；或
　　㈢該國使簽署有此效果之意思可見諸其代表所奉之全權證書或已於談判時有此表示。
二、就適用第一項而言：
　　㈠倘經確定談判國有此協議，約文之草簽構成條約之簽署；
　　㈡代表對條約作待核准之簽署，倘經其本國確認，即構成條約之正式簽署。

第十三條　*以交換構成條約之文書表示承受條約拘束之同意*
遇有下列情形之一，國家同意承受由彼此間交換之文書構成之條約拘束，以此種交換表示之：
㈠文書規定此種交換有此效果；或
㈡另經確定此等國家協議文書之交換有此效果。

第十四條　*以批准、接受或贊同表示承受條約拘束之同意*
一、遇有下列情形之一，一國承受條約拘束之同意，以批准表示之：
　　㈠條約規定以批准方式表示同意；
　　㈡另經確定談判國協議需要批准；
　　㈢該國代表已對條約作須經批准之簽署；或
　　㈣該國對條約作須經批准之簽署之意思可見諸其代表所奉之全權證書，或已於談判時有此表示。
二、一國承受條約拘束之同意以接受或贊同方式表示者，其條件與適用於批准者同。

第十五條　*以加入表示承受條約拘束之同意*
遇有下列情形之一，一國承受條約拘束之同意，以加入表示之：
㈠條約規定該國得以加入方式表示此種同意；
㈡另經確定談判國協議該國得以加入方式表示此種同意；
㈢全體當事國嗣後協議該國得以加入方式表示此種同意。

第十六條　*批准書、接受書、贊同書或加入書之交換或交存*
除條約另有規定外，批准書、接受書、贊同書或加入書依下列方式確定一國承受條約拘束之同意：
㈠由締約國互相交換；
㈡將文書交存保管機關；或

㈢如經協議，通知締約國或保管機關。

第十七條　同意承受條約一部分之拘束及不同規定之選擇

一、以不妨礙第十九條至第二十三條為限，一國同意承受條約一部分之拘束，僅於條約許可或其他締約國同意時有效。

二、一國同意承受許可選擇不同規定之條約之拘束，僅於指明其所同意之規定時有效。

第十八條　不得在條約生效前妨礙其目的及宗旨之義務

一國負有義務不得採取任何足以妨礙條約目的及宗旨之行動：

㈠如該國已簽署條約或已交換構成條約之文書而須經批准、接受或贊同，但尚未明白表示不欲成為條約當事國之意思；或

㈡如該國業已表示同意承受條約之拘束，而條約尚未生效，且條約之生效不稽延過久。

第二節　保　留

第十九條　提具保留

一國得於簽署、批准、接受、贊同或加入條約時，提具保留，但有下列情形之一者不在此限：

㈠該項保留為條約所禁止者；

㈡條約僅准許特定之保留而有關之保留不在其內者；或

㈢凡不屬㈠及㈡兩款所稱之情形，該項保留與條約目的及宗旨不合者。

第二十條　接受及反對保留

一、凡為條約明示准許之保留，無須其他締約國事後予以接受，但條約規定須如此辦理者，不在此限。

二、倘自談判國之有限數目及條約之目的與宗旨，可見在全體當事國間適用全部條約為每一當事國同意承受條約拘束之必要條件時，保留須經全體當事國接受。

三、倘條約為國際組織之組織約章，除條約另有規定外，保留須經該組織主管機關接受。

四、凡不屬以上各項所稱之情形，除條約另有規定外：

㈠保留經另一締約國接受，就該另一締約國而言，保留國即成為條約之當事國，但須條約對各該國均已生效；

㈡保留經另一締約國反對，則條約在反對國與保留國間並不因此而不生效力，但反對國確切表示相反之意思者不在此限；

㈢表示一國同意承受條約拘束而附以保留之行為，一俟至少有另一締約國接受保留，即發生效力。

五、就適用第二項與第四項而言，除條約另有規定外，倘一國在接獲關於保留之通知後十二個月期間屆滿時或至其表示同意承受條約拘束之日為

止，兩者中以較後之日期為準，迄未對保留提出反對，此項保留即視為業經該國接受。

第二十一條　保留及對保留提出之反對之法律效果

一、依照第十九條、第二十條及第二十三條對另一當事國成立之保留：

　(甲)對保留國而言，其與該另一當事國之關係上照保留之範圍修改保留所關涉之條約規定；及

　(乙)對該另一當事國而言，其與保留國之關係上照同一範圍修改此等規定。

二、此項保留在條約其他當事國相互間不修改條約之規定。

三、倘反對保留之國家未反對條約在其本國與保留國間生效，此項保留所關涉之規定在保留之範圍內於該兩國間不適用之。

第二十二條　撤回保留及撤回對保留提出之反對

一、除條約另有規定外，保留得隨時撤回，無須經業已接受保留之國家同意。

二、除條約另有規定外，對保留提出之反對得隨時撤回。

三、除條約另有規定或另經協議外：

　(甲)保留之撤回，在對另一締約國之關係上，自該國收到撤回保留之通知之時起方始發生效力；

　(乙)對保留提出之反對之撤回，自提出保留之國家收到撤回反對之通知時起方始發生效力。

第二十三條　關於保留之程序

一、保留、明示接受保留及反對保留，均必須以書面提具並致送締約國及有權成為條約當事國之其他國家。

二、保留係在簽署須經批准、接受或贊同之條約時提具者，必須由保留國在表示同意承受條約拘束時正式確認。遇此情形，此項保留應視為在其確認之日提出。

三、明示接受保留或反對保留係在確認保留前提出者，其本身無須經過確認。

四、撤回保留或撤回對保留提出之反對，必須以書面為之。

第三節　條約之生效及暫時適用

第二十四條　生效

一、條約生效之方式及日期，依條約之規定或依談判國之協議。

二、倘無此種規定或協議，條約一俟確定所有談判國同意承受條約之拘束，即行生效。

三、除條約另有規定外，一國承受條約拘束之同意如係於條約生效後之一日期確定，則條約自該日起對該國生效。

四、條約中為條約約文之認證，國家同意承受條約拘束之確定，條約生效
之方式或日期，保留，保管機關之職務以及當然在條約生效前發生之
其他事項所訂立之規定，自條約約文議定時起適用之。

第二十五條　暫時適用

一、條約或條約之一部分於條約生效前在下列情形下暫時適用：

　　㈠條約本身如此規定；或

　　㈡談判國以其他方式協議如此辦理。

二、除條約另有規定或談判國另有協議外，條約或條約一部分對一國之暫
時適用，於該國將其不欲成為條約當事國之意思通知已暫時適用條約
之其他各國時終止。

第三編　條約之遵守、適用及解釋

第一節　條約之遵守

第二十六條　條約必須遵守

凡有效之條約對其各當事國有拘束力，必須由各該國善意履行。

第二十七條　國內法與條約之遵守

一當事國不得援引其國內法規定為理由而不履行條約。此項規則不妨礙第
四十六條。

第二節　條約之適用

第二十八條　條約不溯既往

除條約表示不同意思，或另經確定外，關於條約對一當事國生效之日以前
所發生之任何行為或事實或已不存在之任何情勢，條約之規定不對該當事
國發生拘束力。

第二十九條　條約之領土範圍

除條約表示不同意思，或另經確定外，條約對每一當事國之拘束力及於其
全部領土。

第 三 十 條　關於同一事項先後所訂條約之適用

一、以不違反聯合國憲章第一百零三條為限，就同一事項先後所訂條約當
事國之權利與義務應依下列各項確定之。

二、遇條約訂明須不違反先訂或後訂條約或不得視為與先訂或後訂條約不
合時，該先訂或後訂條約之規定應居優先。

三、遇先訂條約全體當事國亦為後訂條約當事國但不依第五十九條終止或
停止施行先訂條約時，先訂條約僅於其規定與後訂條約規定相合之範
圍內適用之。

四、遇後訂條約之當事國不包括先訂條約之全體當事國時：

(甲)在同為兩條約之當事國間，適用第三項之同一規則；

(乙)在為兩條約之當事國與僅為其中一條約之當事國間彼此之權利與義務依兩國均為當事國之條約定之。

五、第四項不妨礙第四十一條，或依第六十條終止或停止施行條約之任何問題，或一國因締結或適用一條約而其規定與該國依另一條約對另一國之義務不合所生之任何責任問題。

第三節　條約之解釋

第三十一條　**解釋之通則**

一、條約應依其用語按其上下文並參照條約之目的及宗旨所具有之通常意義，善意解釋之。

二、就解釋條約而言，上下文除指連同弁言及附件在內之約文外，並應包括：

(甲)全體當事國間因締結條約所訂與條約有關之任何協定；

(乙)一個以上當事國因締結條約所訂並經其他當事國接受為條約有關文書之任何文書。

三、應與上下文一併考慮者尚有：

(甲)當事國嗣後所訂關於條約之解釋或其規定之適用之任何協定；

(乙)嗣後在條約適用方面確定各當事國對條約解釋之協定之任何慣例；

(丙)適用於當事國間關係之任何有關國際法規則。

四、倘經確定當事國有此原意，條約用語應使其具有特殊意義。

第三十二條　**解釋之補充資料**

為證實由適用第三十一條所得之意義起見，或遇依第三十一條作解釋而：

(甲)意義仍屬不明或難解；或

(乙)所獲結果顯屬荒謬或不合理時，為確定其意義起見，得使用解釋之補充資料，包括條約之準備工作及締約之情況在內。

第三十三條　**以兩種以上文字認證之條約之解釋**

一、條約約文經以兩種以上文字認證作準者，除依條約之規定或當事國之協議遇意義分歧時應以某種約文為根據外，每種文字之約文應同一作準。

二、以認證作準文字以外之他種文字作成之條約譯本，僅於條約有此規定或當事國有此協議時，始得視為作準約文。

三、條約用語推定在各作準約文內意義相同。

四、除依第一項應以某種約文為根據之情形外，倘比較作準約文後發現意義有差別而非適用第三十一條及第三十二條所能消除時，應採用顧及條約目的及宗旨之最能調和各約文之意義。

第四節　條約與第三國

第三十四條　關於第三國之通則

條約非經第三國同意，不為該國創設義務或權利。

第三十五條　為第三國規定義務之條約

如條約當事國有意以條約之一項規定作為確立一項義務之方法，且該項義務經一第三國以書面明示接受，則該第三國即因此項規定而負有義務。

第三十六條　為第三國規定權利之條約

一、如條約當事國有意以條約之一項規定對一第三國或其所屬一組國家或所有國家給予一項權利，而該第三國對此表示同意，則該第三國即因此項規定而享有該項權利。該第三國倘無相反之表示，應推定其表示同意，但條約另有規定者不在此限。

二、依第一項行使權利之國家應遵守條約所規定或依照條約所確定之條件行使該項權利。

第三十七條　取消或變更第三國之義務或權利

一、依照第三十五條使第三國擔負義務時，該項義務必須經條約各當事國與該第三國之同意，方得取消或變更，但經確定其另有協議者不在此限。

二、依照第三十六條使第三國享有權利時，倘經確定原意為非經該第三國同意不得取消或變更該項權利，當事國不得取消或變更之。

第三十八條　條約所載規則由於國際習慣而成為對第三國有拘束力

第三十四條至第三十七條之規定不妨礙條約所載規則成為對第三國有拘束力之公認國際法習慣規則。

第四編　條約之修正與修改

第三十九條　關於修正條約之通則

條約得以當事國之協議修正之。除條約可能另有規定者外，此種協議適用第二編所訂之規則。

第 四 十 條　多邊條約之修正

一、除條約另有規定外，多邊條約之修正依下列各項之規定。

二、在全體當事國間修正多邊條約之任何提議必須通知全體締約國，各該締約國均應有權參加：

(甲)關於對此種提議採取行動之決定；

(乙)修正條約之任何協定之談判及締結。

三、凡有權成為條約當事國之國家亦應有權成為修正後條約之當事國。

四、修正條約之協定對已為條約當事國而未成為該協定當事國之國家無拘束力；對此種國家適用第三十條第四項(乙)款。

五、凡於修正條約之協定生效後成為條約當事國之國家，倘無不同意思之
　　表示：
　　㈠應視為修正後條約之當事國；並
　　㈡就其對不受修正條約協定拘束之條約當事國之關係言，應視為未修
　　　正條約之當事國。

第四十一條　僅在若干當事國間修改多邊條約之協定

一、多邊條約兩個以上當事國得於下列情形下締結協定僅在彼此間修改條
　　約：
　　㈠條約內規定有作此種修改之可能者；或
　　㈡有關之修改非為條約所禁止，且：
　　　㈠不影響其他當事國享有條約上之權利或履行其義務者；
　　　㈡不關涉任何如予損抑即與有效實行整個條約之目的及宗旨不合之
　　　　規定者。

二、除屬第一項㈠款範圍之情形條約另有規定者外，有關當事國應將其締
　　結協定之意思及協定對條約所規定之修改，通知其他當事國。

第五編　條約之失效、終止及停止施行

第一節　總　則

第四十二條　條約之效力及繼續有效

一、條約之效力或一國承受條約拘束之同意之效力僅經由本公約之適用始
　　得加以非議。

二、終止條約，廢止條約，或一當事國退出條約，僅因該條約或本公約規
　　定之適用結果始得為之。同一規則適用於條約之停止施行。

第四十三條　無須基於條約之國際法所加義務

條約因本公約或該條約規定適用結果而失效，終止或廢止，由當事國退出，
或停止施行之情形，絕不損害任何國家依國際法而毋須基於條約所負履行
該條約所載任何義務之責任。

第四十四條　條約之規定可否分離

一、除條約另有規定或當事國另有協議外，條約內所規定或因第五十六條
　　所生之當事國廢止、退出或停止施行條約之權利僅得對整個條約行使
　　之。

二、本公約所承認之條約失效、終止、退出或停止施行條約之理由僅得對
　　整個條約援引之，但下列各項或第六十條所規定之情形不在此限。

三、倘理由僅與特定條文有關，得於下列情形下僅對各該條文援引之：
　　㈠有關條文在適用上可與條約其餘部分分離；
　　㈡由條約可見或另經確定各該條文之接受並非另一當事國或其他當事

　　　　　國同意承受整個條約拘束之必要根據；及

　　　　㈢條約其餘部分之繼續實施不致有失公平。

四、在第四十九條及第五十條所稱情形下，有權援引詐欺或賄賂理由之國
　　家得對整個條約或以不違反第三項為限專對特定條文援引之。

五、在第五十一條、第五十二條及第五十三條所稱之情形下，條約之規定
　　一概不許分離。

第四十五條　喪失援引條約失效、終止、退出或停止施行條約理由之權利

一國於知悉事實後而有下列情形之一者，即不得再援引第四十六條至第五
十條或第六十條及第六十二條所規定條約失效、終止、退出或停止施行條
約之理由：

㈠該國業經明白同意條約有效，或仍然生效或繼續施行；或

㈡根據該國行為必須視為已默認條約之效力或條約之繼續生效或施行。

第二節　條約之失效

第四十六條　國內法關於締約權限之規定

一、一國不得援引其同意承受條約拘束之表示為違反該國國內法關於締約
　　權限之一項規定之事實以撤銷其同意，但違反之情事顯明且涉及其具
　　有基本重要性之國內法一項規則者，不在此限。

二、違反情事倘由對此事依通常慣例並秉善意處理之任何國家客觀視之為
　　顯然可見者，即係顯明違反。

第四十七條　關於表示一國同意權力之特定限制

如代表表示一國同意承受某一條約拘束之權力附有特定限制，除非在其表
示同意前已將此項限制通知其他談判國，該國不得援引該代表未遵守限制
之事實以撤銷其所表示之同意。

第四十八條　錯誤

一、一國得援引條約內之錯誤以撤銷其承受條約拘束之同意，但此項錯誤
　　以關涉該國於締結條約時假定為存在且構成其同意承受條約拘束之必
　　要根據之事實或情勢者為限。

二、如錯誤係由關係國家本身行為所助成，或如當時情況足以使該國知悉
　　有錯誤之可能，第一項不適用之。

三、僅與條約約文用字有關之錯誤，不影響條約之效力；在此情形下，第
　　七十九條適用之。

第四十九條　詐欺

倘一國因另一談判國之詐欺行為而締結條約，該國得援引詐欺為理由撤銷
其承受條約拘束之同意。

第五十條　對一國代表之賄賂

倘一國同意承受條約拘束之表示係經另一談判國直接或間接賄賂其代表而

取得，該國得援引賄賂為理由撤銷其承受條約拘束之同意。

第五十一條　對一國代表之強迫

一國同意承受條約拘束之表示係以行為或威脅對其代表所施之強迫而取得者，應無法律效果。

第五十二條　以威脅或使用武力對一國施行強迫

條約係違反聯合國憲章所含國際法原則以威脅或使用武力而獲締結者無效。

第五十三條　與一般國際法強制規律（絕對法）牴觸之條約

條約在締結時與一般國際法強制規律牴觸者無效。就適用本公約而言，一般國際法強制規律指國家之國際社會全體接受並公認為不許損抑且僅有以後具有同等性質之一般國際法規律始得更改之規律。

第三節　條約之終止及停止施行

第五十四條　依條約規定或經當事國同意而終止或退出條約

在下列情形下，得終止條約或一當事國得退出條約：

㈎依照條約之規定；或

㈏無論何時經全體當事國於諮商其他各締約國後表示同意。

第五十五條　多邊條約當事國減少至條約生效所必需之數目以下

除條約另有規定外，多邊條約並不僅因其當事國數目減少至生效所必需之數目以下而終止。

第五十六條　廢止或退出並無關於終止、廢止或退出規定之條約

一、條約如無關於其終止之規定，亦無關於廢止或退出之規定，不得廢止或退出，除非：

㈎經確定當事國原意為容許有廢止或退出之可能；或

㈏由條約之性質可認為含有廢止或退出之權利。

二、當事國應將其依第一項廢止或退出條約之意思至遲於十二個月以前通知之。

第五十七條　依條約規定或經當事國同意而停止施行條約

在下列情形下，條約得對全體當事國或某一當事國停止施行：

㈎依照條約之規定；或

㈏無論何時經全體當事國於諮商其他各締約國後表示同意。

第五十八條　多邊條約僅經若干當事國協議而停止施行

一、多邊條約兩個以上當事國得暫時並僅於彼此間締結協定停止施行條約之規定，如：

㈎條約內規定有此種停止之可能；或

㈏有關之停止非為條約所禁止，且：

㈠不影響其他當事國享有條約上之權利或履行其義務；

　　　　　　　㈡非與條約之目的及宗旨不合。

二、除屬第一項㈠款範圍之情形條約另有規定者外，有關當事國應將其締
　　結協定之意思及條約內其所欲停止施行之規定通知其他當事國。

第五十九條　條約因締結後訂條約而默示終止或停止施行

一、任何條約於其全體當事國就同一事項締結後訂條約，且有下列情形之
　　一時，應視為業已終止：
　　㈠自後訂條約可見或另經確定當事國之意思為此一事項應以該條約為
　　　準；或
　　㈡後訂條約與前訂條約之規定不合之程度使兩者不可能同時適用。

二、倘自後訂條約可見或另經確定當事國有此意思，前訂條約應僅視為停
　　止施行。

第 六 十 條　條約因違約而終止或停止施行

一、雙邊條約當事國一方有重大違約情事時，他方有權援引違約為理由終
　　止該條約，或全部或局部停止其施行。

二、多邊條約當事國之一有重大違約情事時：
　　㈠其他當事國有權以一致協議：
　　　㈠在各該國與違約國之關係上，或
　　　㈡在全體當事國之間，
　　　將條約全部或局部停止施行或終止該條約；
　　㈡特別受違約影響之當事國有權援引違約為理由在其本國與違約國之
　　　關係上將條約全部或局部停止施行。
　　㈢如由於條約性質關係，遇一當事國對其規定有重大違反情事，致每
　　　一當事國繼續履行條約義務所處之地位因而根本改變，則違約國以
　　　外之任何當事國皆有權援引違約為理由將條約對其本國全部或局部
　　　停止施行。

三、就適用本條而言，重大違約係指：
　　㈠廢棄條約，而此種廢棄非本公約所准許者；或
　　㈡違反條約規定，而此項規定為達成條約目的或宗旨所必要者。

四、以上各項不妨礙條約內適用於違約情事之任何規定。

五、第一項至第三項不適用於各人道性質之條約內所載關於保護人身之各
　　項規定，尤其關於禁止對受此種條約保護之人採取任何方式之報復之
　　規定。

第六十一條　發生意外不可能履行

一、倘因實施條約所必不可少之標的物永久消失或毀壞以致不可能履行條
　　約時，當事國得援引不可能履行為理由終止或退出條約。如不可能履
　　行係屬暫時性質，僅得援引為停止施行條約之理由。

二、倘條約不可能履行係一當事國違反條約義務或違反對條約任何其他當

事國所負任何其他國際義務之結果，該當事國不得援引不可能履行為理由終止、退出或停止施行條約。

第六十二條　情況之基本改變

一、條約締結時存在之情況發生基本改變而非當事國所預料者，不得援引為終止或退出條約之理由，除非：

　　㈠此等情況之存在構成當事國同意承受條約拘束之必要根據；及

　　㈡該項改變之影響將根本變動依條約尚待履行之義務之範圍。

二、情況之基本改變不得援引為終止或退出條約之理由：

　　㈠倘該條約確定一邊界；或

　　㈡倘情況之基本改變係援引此項理由之當事國違反條約義務或違反對條約任何其他當事國所負任何其他國際義務之結果。

三、倘根據以上各項，一當事國得援引情況之基本改變為終止或退出條約之理由，該國亦得援引該項改變為停止施行條約之理由。

第六十三條　斷絕外交或領事關係

條約當事國間斷絕外交或領事關係不影響彼此間由條約確定之法律關係，但外交或領事關係之存在為適用條約所必不可少者不在此限。

第六十四條　一般國際法新強制規律（絕對法）之產生

遇有新一般國際法強制規律產生時，任何現有條約之與該項規律牴觸者即成為無效而終止。

第四節　程　序

第六十五條　關於條約失效、終止、退出條約或停止施行條約應依循之程序

一、當事國依照本公約之規定援引其承受條約拘束之同意有誤為理由，或援引非難條約效力、終止、退出或停止施行條約之理由者，必須將其主張通知其他當事國。此項通知應載明對條約所提議採取之措施及其理由。

二、在一非遇特別緊急情形不得短於自收到通知時起算三個月之期間屆滿後，倘無當事國表示反對，則發出通知之當事國得依第六十七條規定之方式，實施其所提議之措施。

三、但如有任何其他當事國表示反對，當事國應藉聯合國憲章第三十三條所指示之方法以謀解決。

四、上列各項絕不影響當事國在對其有拘束力之任何關於解決爭端之現行規定下所具有之權利或義務。

五、以不妨礙第四十五條為限，一國未於事前發出第一項所規定之通知之事實並不阻止該國為答覆另一當事國要求其履行條約或指稱其違反條約而發出此種通知。

第六十六條　司法解決、公斷及和解之程序

倘在提出反對之日後十二個月內未能依第六十五條第三項獲致解決，應依循下列程序：

　　㈠關於第五十三條或第六十四條之適用或解釋之爭端之任一當事國得以請求書將爭端提請國際法院裁決之，但各當事國同意將爭端提交公斷者不在此限；

　　㈡關於本公約第五編任一其他條文之適用或解釋之爭端之任一當事國得向聯合國秘書長提出請求，發動本公約附件所定之程序。

第六十七條　**宣告條約失效、終止、退出或停止施行條約之文書**

一、第六十五條第一項規定之通知須以書面為之。

二、凡依據條約規定或第六十五條第二項或第三項規定宣告條約失效、終止、退出或停止施行條約之行為，應以文書致送其他當事國為之。倘文書未經國家元首、政府首長或外交部長簽署，得要求致送文書國家之代表出具全權證書。

第六十八條　**撤銷第六十五條及第六十七條所規定之通知及文書**

第六十五條或第六十七條所規定之通知或文書得在其發生效力以前隨時撤銷之。

第五節　條約失效、終止或停止施行之後果

第六十九條　**條約失效之後果**

一、條約依本公約確定失效者無效。條約無效者，其規定無法律效力。

二、但如已有信賴此種條約而實施之行為，則：

　　㈠每一當事國得要求任何其他當事國在彼此關係上儘可能恢復未實施此項行為前原應存在之狀況；

　　㈡在援引條約失效之理由前以善意實施之行為並不僅因條約失效而成為不合法。

三、遇第四十九條、第五十條、第五十一條或第五十二條所稱之情形，第二項之規定對應就詐欺、賄賂行為或強迫負責之當事國不適用之。

四、遇某一國家承受多邊條約拘束之同意成為無效之情形，上列各項規則在該國與條約當事國之關係上適用之。

第七十條　**條約終止之後果**

一、除條約另有規定或當事國另有協議外，條約依其規定或依照本公約終止時：

　　㈠解除當事國繼續履行條約之義務；

　　㈡不影響當事國在條約終止前經由實施條約而產生之任何權利、義務或法律情勢。

二、倘一國廢止或退出多邊條約，自廢止或退出生效之日起，在該國與條約每一其他當事國之關係上適用第一項之規定。

第七十一條　條約因與一般國際法強制規律相牴觸而失效之後果

一、條約依第五十三條無效者，當事國應：

㈠盡量消除依據與任何一般國際法強制規律相牴觸之規定所實施行為之後果；及

㈡使彼此關係符合一般國際法強制規律。

二、遇有條約依第六十四條成為無效而終止之情形，條約之終止：

㈠解除當事國繼續履行條約之義務；

㈡不影響當事國在條約終止前經由實施條約而產生之任何權利、義務或法律情勢；但嗣後此等權利、義務或情勢之保持僅以與一般國際法新強制規律不相牴觸者為限。

第七十二條　條約停止施行之後果

一、除條約另有規定或當事國另有協議外，條約依其本身規定或依照本公約停止施行時：

㈠解除停止施行條約之當事國於停止施行期間在彼此關係上履行條約之義務；

㈡除此以外，並不影響條約所確定當事國間之法律關係。

二、在停止施行期間，當事國應避免足以阻撓條約恢復施行之行為。

第六編　雜項規定

第七十三條　國家繼承、國家責任及發生敵對行為問題

本公約之規定不妨礙國家繼承或國家所負國際責任或國家間發生敵對行為所引起關於條約之任何問題。

第七十四條　外交及領事關係與條約之締結

兩個以上國家之間斷絕外交或領事關係或無此種關係不妨礙此等國家間締結條約。條約之締結本身不影響外交或領事關係方面之情勢。

第七十五條　侵略國問題

本公約之規定不妨礙因依照聯合國憲章對侵略國之侵略行為所採措施而可能引起之該國任何條約義務。

第七編　保管機關、通知、更正及登記

第七十六條　條約之保管機關

一、條約之保管機關得由談判國在條約中或以其他方式指定之。保管機關得為一個以上國家或一國際組織或此種組織之行政首長。

二、條約保管機關之職務係國際性質，保管機關有秉公執行其職務之義務。條約尚未在若干當事國間生效或一國與保管機關間對該機關職務之行使發生爭議之事實，尤不應影響該項義務。

第七十七條　保管機關之職務

一、除條約內另有規定或締約國另有協議外，保管機關之職務主要為：
　　(甲)保管條約約文之正本及任何送交保管機關之全權證書；
　　(乙)備就約文正本之正式副本及條約所規定之條約其他語文本，並將其
　　　　分送當事國及有權成為條約當事國之國家；
　　(丙)接收條約之簽署及接收並保管有關條約之文書、通知及公文；
　　(丁)審查條約之簽署及有關條約之任何文書、通知或公文是否妥善，如
　　　　有必要並將此事提請關係國家注意；
　　(戊)將有關條約之行為、通知及公文轉告條約當事國及有權成為條約當
　　　　事國之國家；
　　(己)於條約生效所需數目之簽署或批准書、接受書、贊同書或加入書已
　　　　收到或交存時，轉告有權成為條約當事國之國家；
　　(庚)向聯合國秘書處登記條約；
　　(辛)擔任本公約其他規定所訂明之職務。
二、倘一國與保管機關間對該機關職務之執行發生爭議時，保管機關應將
　　此問題提請簽署國及締約國注意，或於適當情形下提請關係國際組織
　　之主管機關注意。

第七十八條　通知及公文
　　除條約或本公約另有規定外，任何國家依本公約所提送之通知或公文，應：
　　(甲)如無保管機關，直接送至該件所欲知照之國家，或如有保管機關，則送
　　　　至該機關；
　　(乙)僅於受文國家收到時，或如有保管機關，經該機關收到時，方視為業經
　　　　發文國家提送；
　　(丙)倘係送至保管機關，僅於其所欲知照之國家經保管機關依照第七十七條
　　　　第一項(戊)款轉告後，方視為業經該國收到。

第七十九條　條約約文或正式副本錯誤之更正
一、條約約文經認證後，倘簽署國及締約國僉認約文有錯誤時，除各該國
　　決定其他更正方法外，此項錯誤應依下列方式更正之：
　　(甲)在約文上作適當之更正，並由正式授權代表在更正處草簽；
　　(乙)製成或互換一項或數項文書，載明協議應作之更正；或
　　(丙)按照原有約文所經之同樣程序，製成條約全文之更正本。
二、條約如設有保管機關，該機關應將此項錯誤及更正此項錯誤之提議通
　　知各簽署國及締約國，並應訂明得對提議之更正提出反對之適當期限。
　　如在期限屆滿時：
　　(甲)尚無反對提出，則保管機關應即在約文上作此更正加以草簽，並製
　　　　成關於訂正約文之紀事錄，將該紀事錄一份遞送各當事國及有權成
　　　　為條約當事國之國家；
　　(乙)已有反對提出，則保管機關應將此項反對遞送各簽署國及締約國。

三、遇認證約文有兩種以上之語文，而其中有不一致之處，經簽署國及締約國協議應予更正時，第一項及第二項之規則亦適用之。

四、除簽署國及締約國另有決定外，更正約文應自始替代有誤約文。

五、已登記條約約文之更正應通知聯合國秘書處。

六、遇條約之正式副本上發現錯誤時，保管機關應製成一項紀事錄載明所作之訂正，並將該紀事錄一份遞送各簽署國及締約國。

第 八 十 條　條約之登記及公布

一、條約應於生效後送請聯合國秘書處登記或存案及紀錄，並公布之。

二、保管機關之指定，即為授權該機關實施前項所稱之行為。

第八編　最後規定

第八十一條　簽署

本公約應聽由聯合國或任何專門機關或國際原子能總署之全體會員國或國際法院規約當事國、及經聯合國大會邀請成為本公約當事國之任何其他國家簽署，其辦法如下：至一九六九年十一月三十日止，在奧地利共和國聯邦外交部簽署，其後至一九七〇年四月三十日止，在紐約聯合國會所簽署。

第八十二條　批准

本公約須經批准。批准書應送請聯合國秘書長存放。

第八十三條　加入

本公約應聽由屬於第八十一條所稱各類之一之國家加入。加入書應送請聯合國秘書長存放。

第八十四條　發生效力

一、本公約應於第三十五件批准書或加入書存放之日後第三十日起發生效力。

二、對於在第三十五件批准書或加入書存放後批准或加入本公約之國家，本公約應於各該國存放批准書或加入書後第三十日起發生效力。

第八十五條　作準文本

本公約之原本應送請聯合國秘書長存放，其中文、英文、法文、俄文及西班牙文各本同一作準。

為此，下列全權代表各秉本國政府正式授予簽字之權，謹簽字於本公約，以昭信守。

公曆一千九百六十九年五月二十三日訂於維也納。

附件　關於和解委員會的規定

一、聯合國秘書長應製成並保持一和解員名單，由合格法學家組成。為此目的，應請為聯合國會員國或本公約當事國之每一國指派和解員二人，如此指派之人士之姓名即構成上述名單。和解員之任期，包括遇因故出缺被派補實之任何和解員之任期在內，應

為五年，並得連任。任一和解員任期屆滿時應繼續執行其根據下項規定被選擔任之職務。

二、遇根據第六十六條對秘書長提出請求時，秘書長應將爭端提交一依下列方式組成之和解委員會：

成為爭端當事一方之一國或數國應指派：

㈠為其本國或其中一國之國民之和解員一人，由第一項所稱名單選出或另行選出；及

㈡非其本國或其中任何一國之國民之和解員一人，由名單中選出。

成為爭端當事另一方之一國或數國亦應照此方式指派和解員二人。各當事國所選之和解員四人應於自秘書長接到請求之日後六十日內指派之。

此四名和解員應自其中最後一人被指派之日後六十日內，自上述名單選出第五名和解員，擔任主席。

倘主席或和解員中任一人之指派未於上稱規定期間內決定，應由秘書長於此項期間屆滿後六十日內為之。主席得由秘書長自名單中或自國際法委員會委員中指派之。爭端之當事國得以協議延展任一指派期限。

遇任何人員出缺之情形，應依為第一次指派所定方式補實之。

三、和解委員會應自行決定其程序。委員會得經爭端各當事國之同意邀請條約任何當事國向委員會提出口頭或書面意見。委員會之決定及建議以委員五人之過半數表決為之。

四、委員會得提請爭端各當事國注意可能促進友好解決之任何措施。

五、委員會應聽取各當事國之陳述，審查其要求與反對意見，並向各當事國擬具提議以求達成爭端之友好解決。

六、委員會應於成立後十二個月內提出報告書。報告書應送請秘書長存放並轉送爭端各當事國。委員會之報告書包括其中關於事實或法律問題所作之任何結論，對各當事國均無拘束力，且其性質應限於為求促成爭端之友好解決而提供各當事國考慮之建議。

七、秘書長應供給委員會所需之協助與便利。委員會之費用應由聯合國擔負。

聯合國條約法會議通過之宣言及決議案（摘要）

禁止以軍事、政治或經濟強迫締結條約宣言 (1969.5.23)

聯合國條約法會議，
尊崇凡有效之條約對其當事各國有拘束力，必須由各該國善意履行之原則，
重申國家主權平等之原則；
深信國家必須有實施任何有關締結條約之行為之完全自由；
深憾過去有時發生國家受他國所施各種形式之壓力而被迫締結條約之情事；
亟欲保證今後關於條約之締結，任何國家均不施行任何形式之此種壓力；

一、嚴重譴責任何國家違反國家主權平等及自由同意之原則使用威脅或任何形式之壓力，無論其為軍事、政治或經濟性質，以強迫另一國家實施任何有關締結條約之行為；

二、決定本宣言應作為條約法會議議事文件之一部分。

普遍參加維也納條約法公約宣言 (1969.5.23)

聯合國條約法會議，

確信關於國際法之編纂及逐漸發展或其目的及宗旨與整個國際社會有關之多邊條約，應聽任普遍參加，

鑑及維也納條約法公約第八十一條及第八十三條使大會可向非為聯合國或任一專門機關或國際原子能總署之會員國或國際法院規約當事國之國家發出為公約當事國之特別邀請，

一、請大會於其第二十四屆會考慮發出邀請一事，以保證維也納條約法公約儘可能獲得最普遍之參加；

二、希望聯合國各會員國努力達成本宣言之目的；

三、請聯合國秘書長提請大會注意本宣言；

四、決定本宣言應作為聯合國條約法會議議事文件之一部分。

關於禁止以軍事、政治或經濟強迫締結條約宣言之決議案
(1969.5.23)

聯合國條約法會議，

業經通過禁止以軍事、政治或經濟強迫締結條約宣言作為本會議議事文件之一部分，

一、請聯合國秘書長提請所有會員國及參加本會議其他各國以及聯合國各主要機關注意該宣言；

二、請各會員國予該宣言以最廣泛之宣揚及傳播。

八、適用於能夠產生法律義務的國家單方面聲明的指導原則 (Guiding Principles Applicable to Unilateral Declarations of States Capable of Creating Legal Obligations) (2006.8.4)

說明：

㈠聯合國國際法委員會二〇〇六年八月四日通過。

㈡英文本見 Report of the International Law Commission, Fifty-eighth Session, General Assembly Official Records, Sixty-first Session, Supplement No. 10 (A/61/10), New

York: United Nations, 2006, pp. 369–380；中文本見《聯合國第五十八屆會議國際法委員會報告》，大會正式記錄：第六十一屆會議補篇第十號 (A/40/10)，紐約：聯合國，2006 年，頁 270–271。

國際法委員會，

注意到各國有可能在國際上受自己單方面行為的約束，

注意到能夠對各國產生法律約束力的行為可採取正式聲明的形式，或採取別國可合理地信賴的簡單非正式行為的形式，某些情況下的沉默也包括在內，

也注意到國家的單方面行為是否在特定情形中對其具有約束力取決於具體情況，

也注意到在實踐中，通常難以確定由一國的單方面行為產生的法律效果是該國表達的意圖的後果，還是取決於該行為使其他國際法主體產生的期望，

通過下述指導原則，這些原則僅涉及嚴格意義上的單方面行為，即那些以國家出於創立國際法義務之意圖而所作的正式聲明為形式的單方面行為，

1. 公開作出的並顯示受約束意願的聲明可具有創立法律義務的效力。當與此相符的條件得到滿足時，這類聲明的約束性質便以善意為基礎；有關國家然後可考慮到並信賴這類聲明；這些國家有權要求尊重這類義務。

2. 任何國家都擁有通過單方面聲明承擔國際義務的能力。

3. 為確定這類聲明的法律效力，有必要考慮其內容、其作出時的所有實際情況及其所引起的反應。

4. 單方面聲明只有經有權這樣做的主管當局作出，才在國際上對國家有約束力。憑藉其職責，國家元首、政府首腦和外交部長有權作出這類聲明。在特定領域代表國家的其他人士，可經授權作出聲明，從而在其負責的領域內使國家承擔義務。

5. 單方面聲明可口頭作出，也可書面作出。

6. 單方面聲明可針對整個國際社會作出，也可針對一個或數個國家或其他實體作出。

7. 只有以明確、具體的措詞作出的單方面聲明，才對聲明國產生義務。如對這類聲明所產生的義務範圍有疑問，則必須以嚴格的方式解釋這類義務。在解釋這類義務的內容時，應優先重視聲明的案文，同時應考慮聲明作出的背景和當時的情況。

8. 與一般國際法強行規範衝突的單方面聲明無效。

9. 一國的單方面聲明不得對其他國家施加義務。然而，其他有關國家如果明確接受這類聲明，則可就這類單方面聲明承擔義務。

10. 不能任意撤銷一項已經對聲明國創立了法律義務的單方面聲明。

在考慮一項撤銷是否屬於任意時，應考慮下述因素：

㈠聲明中與撤銷有關的任何具體規定；

㈡義務的對象對這類義務的信賴程度；

㈢情況在多大程度上發生了根本變化。

第四章　國家繼承

九、關於國家在條約方面的繼承的維也納公約 (Vienna Convention on Succession of States in Respect of Treaties)　　　　　　　　　　　　　　　(1978.8.23)

說明：
(一)本公約一九七八年八月二十三日簽署，一九九六年十一月六日生效。
(二)英文本見 UNTS, Vol. 1946, pp. 3–27；中文本見 UNTS, Vol. 1946, pp. 76–98。

本公約締約各國，
考慮到非殖民化進程為國際社會帶來的深刻變化，
並考慮到其他因素可能在將來造成國家繼承的情況，
深信在這種情況下，有必要編纂並逐漸發展有關國家在條約方面的繼承的規則，作為確保在國際關係上有較大法律保障的一種方法，
注意到自由同意、誠信以及條約必須遵守的原則，是得到全世界承認的，
強調指出對於凡是涉及國際法的編纂和逐漸發展或其目的與宗旨同整個國際社會相關的一般性多邊條約，一貫地予以遵守，對加強和平與國際合作有特別的重要性，
考慮到《聯合國憲章》所體現的各項國際法原則，諸如所有人民權利平等和自決的原則，一切國家主權平等和獨立的原則，不干涉各國內政的原則，禁止使用或威脅使用武力的原則，以及普遍尊重與遵守全人類的人權和基本自由的原則，
回顧《聯合國憲章》要求對每一個國家的領土完整和政治獨立加以尊重，
銘記著一九六九年《維也納條約法公約》的各項規定，
又銘記著該公約的第七十三條，
確認凡是並非由於國家繼承而產生的條約法問題，應以相關的國際法規則，其中包括一九六九年《維也納條約法公約》所載的習慣國際法規則為準，
確認對於本公約條款未予規定的問題，仍以習慣國際法規則為準，
協議如下：

第一部分　總　則

第 一 條　本公約的範圍

本公約適用於國家繼承對國家間條約的效果。

第 二 條　用語

一、為本公約的目的：

(a)「條約」是指國家間締結而以國際法為準的國際書面協定，不論它是載於一項單獨文書或載於兩項或兩項以上相互有關的文書，亦不論它採用什麼特定名稱；

(b)「國家繼承」是指一國對領土的國際關係所負的責任，由別國取代；

(c)「被繼承國」是指國家繼承發生時，被別國取代的國家；

(d)「繼承國」是指國家繼承發生時，取代別國的國家；

(e)「國家繼承日期」是指被繼承國對國家繼承所涉領土的國際關係所負的責任，由繼承國取代的日期；

(f)「新獨立國家」是指其領土在國家繼承日期之前原是由被繼承國負責其國際關係的附屬領土的繼承國；

(g)「繼承通知」是指在多邊條約方面，繼承國所作的任何通知，不論其措詞和名稱為何，其中表示它同意被視為接受條約的約束；

(h)「全權證書」是指在繼承通知或本公約所規定的任何其他通知方面，一國主管當局所發文件，其中指定由某人或某些人代表該國發出繼承通知或其他通知；

(i)「批准」、「接受」、「贊同」分別指一國表示批准、接受、贊同的國際行動，用以在國際上確定該國同意接受條約的約束；

(j)「保留」是指一國在簽署、批准、接受、贊同或加入條約、或發出繼承條約的通知時所作的片面聲明，不論其措詞和名稱為何，用意在於排除或更改條約中若干規定對該國適用時的法律效果；

(k)「締約國」是指不問條約已否生效，同意接受條約約束的國家；

(l)「當事國」是指同意接受條約約束，而且條約已對它生效的國家；

(m)「別的當事國」對繼承國來說，是指除被繼承國以外，在國家繼承日期對國家繼承所涉領土有效的條約的任何當事國；

(n)「國際組織」是指政府間組織。

二、第一款關於本公約內各種用語的規定，不影響這些用語在任何國家的國內法上可能有的用法，亦不影響該國內法可能賦予它們的意義。

第 三 條　不屬本公約範圍的情況

本公約不適用於國家繼承對國家同其他國際法主體所締結的國際協定的效果，亦不適用於國家繼承對非書面國際協定的效果，但這一事實並不影響：

(a)本公約所載的任何規則對不屬本公約範圍的情況的適用，依照國際法規定，

　　　　　　這種情況應適用此等規則而不必本公約加以規定；

　　　　⒝在國家之間，就國家繼承對有其他國際法主體也是當事國的國際協定所生

　　　　　　效果，本公約的適用。

第 四 條　組成國際組織的條約和在國際組織內通過的條約

　　　　本公約適用於國家繼承對下列條約的效果：

　　　　⒜構成一個國際組織的組織約章的任何條約，但不妨礙關於取得成員資格的

　　　　　　規則，亦不妨礙這個組織的任何其他有關規則；

　　　　⒝在一個國際組織內通過的任何條約，但不妨礙這個組織的任何有關規則。

第 五 條　國際法所加而不以條約為基礎的義務

　　　　因本公約的適用而使一項條約被視為對某一國家失效時，該國對於該條約所

　　　　載任何義務，如有不以該條約為基礎，依照國際法規定仍須加以履行的責任，

　　　　此種責任絕不因失效的事實而有所減損。

第 六 條　屬於本公約範圍的國家繼承事件

　　　　本公約只適用於依照國際法尤其是《聯合國憲章》所體現的國際法原則而發

　　　　生的國家繼承的效果。

第 七 條　本公約的暫時適用

　　　　一、在不妨礙本公約所載，依照國際法規定應當適用於國家繼承的效果，而

　　　　　　不必由本公約加以規定的任何規則的適用的情況下，本公約只對在本公

　　　　　　約生效後所發生的國家繼承適用，但另有協議時，不在此限。

　　　　二、繼承國可在表示同意接受本公約約束時，或在其後任何時間發表聲明，

　　　　　　宣布將就公約生效前所發生的該國本身的國家繼承，對宣布接受繼承國

　　　　　　所作聲明的任何其他締約國或當事國，適用公約的各項規定。一旦公約

　　　　　　在發表聲明的國家間生效，或一旦作出了接受聲明，二者以後發生的為

　　　　　　準，公約各項規定即應自該國家繼承日期起適用於國家繼承的效果。

　　　　三、繼承國可在簽署或表示同意接受本公約約束時發表聲明，宣布將就公約

　　　　　　生效前所發生的該國本身的國家繼承，對宣布接受繼承國所作聲明的任

　　　　　　何其他簽署或締約國暫時適用公約的各項規定；一旦作出接受聲明，這

　　　　　　些規定即自該國家繼承日期起在這兩個國家間暫時適用於國家繼承的效

　　　　　　果。

　　　　四、根據第二款或第三款作出的任何聲明，均應載於書面通知，遞交保管人，

　　　　　　保管人應將他所收到的該項通知及其內容，通知各當事國和有資格成為

　　　　　　本公約當事國的國家。

第 八 條　關於被繼承國將條約義務或權利移轉給繼承國的協定

　　　　一、被繼承國依照在國家繼承日期對領土有效的條約而具有的義務或權利，

　　　　　　不僅僅因為被繼承國同繼承國曾經締結協定，規定把這種義務或權利移

　　　　　　轉給繼承國的事實，就成為繼承國對這些條約的其他當事國所具有的義

　　　　　　務或權利。

二、雖然締有這種協定，國家繼承對於在國家繼承日期對有關領土有效的條約所生的效果，仍以本公約的規定為準。

第 九 條　繼承國就被繼承國條約所作的片面聲明

一、依照在國家繼承日期對領土有效的條約而具有的義務或權利，不僅僅因為繼承國曾經作出片面聲明，宣布這些條約對其領土繼續有效的事實，就成為繼承國的義務或權利，或成為這些條約的別的當事國的義務或權利。

二、遇有這種情形，國家繼承對於在國家繼承日期對有關領土有效的條約所生的效果，以本公約的規定為準。

第 十 條　規定繼承國參加的條約

一、條約如規定遇有國家繼承發生時，繼承國可有選擇權利自認為該條約的當事國，該國可依照該條約的規定，或於缺乏此種規定時，依照本公約的規定，通知其對條約的繼承。

二、如條約規定遇有國家繼承發生時繼承國應被視為該條約的當事國，則須繼承國以書面明示同意被視為當事國，這項規定才發生效力。

三、遇有第一、二兩款所規定的情形，凡經確定同意為該條約當事國的繼承國，自國家繼承日期起視為當事國，但條約另有規定或另有協議時，不在此限。

第十一條　邊界制度

國家繼承本身不影響：

(a)條約劃定的邊界；或

(b)條約規定的同邊界制度有關的義務和權利。

第十二條　其他關於領土的制度

一、國家繼承本身不影響：

(a)條約為了外國任何領土的利益而訂定的有關任何領土的使用或限制使用，並被視為附屬於有關領土的各種義務；

(b)條約為了任何領土的利益而訂定的有關外國任何領土的使用或限制使用，並被視為附屬於有關領土的各種權利。

二、國家繼承本身不影響：

(a)條約為了幾個國家或所有國家的利益而訂定的有關任何領土的使用或限制使用，並被視為附屬於該領土的各種義務；

(b)條約為了幾個國家或所有國家的利益而訂定的有關任何領土的使用或限制使用，並被視為附屬於該領土的各種權利。

三、本條各項規定不適用於被繼承國在國家繼承所涉領土上容許設立外國軍事基地的條約義務。

第十三條　本公約和對自然財富與資源的永久主權

本公約的任何規定均不影響確認每一民族和每一國家對其自然財富與資源擁

有永久主權的國際法原則。

第十四條　同條約效力有關的問題

本公約的任何規定不應視為在任何方面影響同條約效力有關的任何問題。

第二部分　對領土一部分的繼承

第十五條　對領土一部分的繼承

一國領土的一部分，或雖非一國領土的一部分但其國際關係由該國負責的任何領土，成為另一國領土的一部分時：

(a)被繼承國的條約，自國家繼承日期起，停止對國家繼承所涉領土生效；

(b)繼承國的條約，自國家繼承日期起，對國家繼承所涉領土生效，但從條約可知或另經確定該條約對該領土的適用不合條約的目的和宗旨或者根本改變實施條約的條件時，不在此限。

第三部分　新獨立國家

第一節　一般規定

第十六條　對於被繼承國條約的地位

新獨立國家對於任何條約，不僅僅因為在國家繼承日期該條約對國家繼承所涉領土有效的事實，就有義務維持該條約的效力或者成為該條約的當事國。

第二節　多邊條約

第十七條　參加在國家繼承日期有效的條約

一、在第二和第三款規定的限制下，新獨立國家對於在國家繼承日期對國家繼承所涉領土有效的任何多邊條約，可發出繼承通知，確立其成為該條約當事國的地位。

二、如從條約可知或另經確定該條約對新獨立國家的適用不合條約的目的和宗旨或者根本改變實施條約的條件，第一款的規定即不適用。

三、依條約規定，或因談判國數目有限和因條約的目的與宗旨，任何其他國家參加該條約必須認為應經全體當事國同意時，新獨立國家只有在獲得此種同意後才可確立其成為該條約當事國的地位。

第十八條　參加在國家繼承日期未生效的條約

一、在第三和第四款規定的限制下，新獨立國家對於雖未生效但在國家繼承日期被繼承國因國家繼承所涉領土而為締約國的多邊條約，可發出繼承通知，確立其成為該條約締約國的地位。

二、在第三和第四款規定的限制下，新獨立國家對於雖在國家繼承日期後生效但在國家繼承日期被繼承國因國家繼承所涉領土而為締約國的多邊條約，可發出繼承通知，確立其成為該條約當事國的地位。

三、如從條約可知或另經確定該條約對新獨立國家的適用不合條約的目的和
宗旨或者根本改變實施條約的條件，第一和第二款的規定即不適用。

四、依條約規定，或因談判國數目有限和因條約的目的與宗旨，任何其他國
家參加該條約必須認為應經全體當事國或全體締約國同意時，新獨立國
家只有在獲得此種同意後才可確立其成為該條約當事國或締約國的地
位。

五、如條約規定須有特定數目的締約國條約才能生效，依照第一款規定確立
其成為該條約締約國地位的新獨立國家，應為這項規定的目的，視為締
約國，但從條約可知或另經確定有不同意向時，不在此限。

第十九條　*參加被繼承國所簽署但須經批准、接受或贊同的條約*

一、在第三和第四款規定的限制下，如在國家繼承日期以前，被繼承國簽署
了一項須經批准、接受或贊同的多邊條約，而簽署的目的在使該條約適
用於國家繼承所涉的領土，新獨立國家可如已經簽署該條約，對該條約
予以批准、接受或贊同，從而成為該條約的當事國或締約國。

二、為第一款的目的，除從條約可知或另經確定有不同意向外，被繼承國對
一項條約的簽署，應視為使該條約適用於被繼承國對其國際關係負責的
全部領土的意思表示。

三、如從條約可知或另經確定該條約對新獨立國家的適用不合條約的目的和
宗旨或者根本改變實施條約的條件，第一款的規定即不適用。

四、依條約規定，或因談判國數目有限和因條約的目的與宗旨，任何其他國
家參加該條約必須認為應經全體當事國或全體締約國同意時，新獨立國
家只有在獲得此種同意後才可成為該條約的當事國或締約國。

第二十條　*保留*

一、新獨立國家如依照第十七或第十八條的規定，發出繼承通知，確立其成
為一項多邊條約當事國或締約國的地位，應認為該國維持在國家繼承日
期仍適用於國家繼承所涉領土的對該條約所作的任何保留，除非該國在
作出繼承通知時，表示相反的意思，或就該項保留所涉的同一主題作出
一項保留。

二、新獨立國家依照第十七或第十八條的規定，作出繼承通知，確立其成為
一項多邊條約當事國或締約國的地位時，可作出保留，除非該項保留是
維也納條約法公約第十九條(a)、(b)或(c)款所禁止作出的。

三、新獨立國家依照第二款的規定作出保留時，維也納條約法公約第二十至
二十三條所載各項規則，適用於該項保留。

第二十一條　*同意受條約一部分的約束和在不同規定之間的選擇*

一、新獨立國家依照第十七或第十八條的規定，作出繼承通知，確立其成
為一項多邊條約當事國或締約國的地位時，如條約許可，可表示同意
受該條約一部分的約束或在不同規定之間作出選擇，但須依照該條約

所定關於表示此種同意或作出此種選擇的條件。

二、新獨立國家亦可依照與其他當事國或締約國相同的條件，行使條約中所規定的任何權利，撤回或更改其本身所作的或被繼承國就國家繼承所涉領土所作的任何同意或選擇。

三、新獨立國家如不依照第一款的規定表示同意或作出選擇，亦不依照第二款的規定撤回或更改被繼承國所作的同意或選擇，應認為該國維持：

　　(a)被繼承國按照條約規定就國家繼承所涉領土所表示的接受該條約一部分約束的同意；或

　　(b)被繼承國按照條約規定就條約對國家繼承所涉領土的適用問題在不同規定之間所作的選擇。

第二十二條　繼承通知

一、第十七及第十八條所規定的對多邊條約的繼承通知，必須以書面作出。

二、如果繼承通知未經國家元首、政府首腦或外交部長簽署，可要求發出繼承通知國家的代表出示全權證書。

三、除條約另有規定外，繼承通知應：

　　(a)由新獨立國家遞交保管人，如無保管人，則遞交各當事國或各締約國；

　　(b)視為新獨立國家在保管人收到繼承通知之日作出，如無保管人，則視為在全體當事國或全體締約國收到繼承通知之日作出。

四、第三款的規定不影響保管人按照條約或其他規定所負的將新獨立國家所作的繼承通知或與此有關的任何公文通知各當事國或各締約國的任何責任。

五、在條約各項規定的限制下，此種繼承通知或與其有關的公文，只有在所要通知的國家獲得保管人通知後，才可視為已送達該國。

第二十三條　繼承通知的效果

一、除條約另有規定或另有協議外，依照第十七條或第十八條第二款規定作出繼承通知的新獨立國家，應於國家繼承日期或條約生效之日起，兩者中以較後日期為準，視為條約的當事國。

二、但是，在作出繼承通知之日以前，條約應視為在新獨立國家和條約其他當事國之間暫停施行，除非按照第二十七條規定暫時適用該條約，或另有協議。

三、除條約另有規定或另有協議外，依照第十八條第一款規定作出繼承通知的新獨立國家，應於作出繼承通知之日起，視為條約的締約國。

第三節　雙邊條約

第二十四條　在國家繼承時條約被視為有效的條件

一、在國家繼承日期對國家繼承所涉領土有效的雙邊條約，在以下情況，

應視為在新獨立國家與別的當事國間有效:

(a)兩國作此明示同意;或

(b)因兩國的行為,可認為兩國已如此同意。

二、依第一款規定認為有效的條約,自國家繼承日期起,適用於新獨立國家與別的當事國間的關係,但從兩國協議可知或另經確定有不同意向時,不在此限。

第二十五條　被繼承國與新獨立國家之間的情形

依照第二十四條規定認為在新獨立國家與別的當事國間有效的條約,不僅僅因為此一事實,就視為在被繼承國與新獨立國家間的關係上也有效力。

第二十六條　條約在被繼承國和另一當事國間的終止、停止施行或修正

一、根據第二十四條規定視為在新獨立國家和別的當事國間有效的條約:

(a)不僅僅因為該條約後來在被繼承國和別的當事國間終止的事實,即在新獨立國家和別的當事國間停止生效;

(b)不僅僅因為該條約後來在被繼承國和別的當事國間停止施行的事實,即在新獨立國家和別的當事國間停止施行;

(c)不僅僅因為該條約後來在被繼承國和別的當事國間曾予修正的事實,即視為在新獨立國家和別的當事國間也予修正。

二、條約於國家繼承日期後在被繼承國和別的當事國間終止或停止施行的事實,並不妨礙該條約被視為在新獨立國家和別的當事國間有效或施行,如果按照第二十四條的規定確定兩國已經這樣協議。

三、條約於國家繼承日期後在被繼承國和別的當事國間曾予修正的事實,並不妨礙未經修正的條約被視為依照第二十三條的規定在新獨立國家和別的當事國間有效,除非已經確定兩國有意使修正後的條約在它們之間適用。

第四節　暫時適用

第二十七條　多邊條約

一、一項多邊條約如於國家繼承日期對國家繼承所涉領土有效,而且新獨立國家通知有意使該條約暫時對其領土適用,則該條約應在新獨立國家與明示如此同意或從其行為可以認為已經如此同意的任何當事國間暫時適用。

二、但關於第十七條第三款所指的一類條約,則必須全體當事國對這種暫時適用表示同意。

三、一項尚未生效的多邊條約如在國家繼承日期正對國家繼承所涉領土暫時適用,而且新獨立國家通知有意使該條約繼續對其領土暫時適用,則該條約應在新獨立國家與明示如此同意或從其行為可以認為已經如此同意的任何締約國間暫時適用。

四、但關於第十七條第三款所指的一類條約，則必須全體締約國對這種繼續暫時適用表示同意。

五、如從條約可知或另經確定該條約對新獨立國家的適用不合條約的目的和宗旨或者根本改變實施條約的條件，第一至第四款的規定即不適用。

第二十八條 **雙邊條約**

在國家繼承日期對國家繼承所涉領土有效或正對該領土暫時適用的雙邊條約，在下列情況，應視為在新獨立國家與另一有關國家間暫時適用：

(a)兩國明示如此同意；或

(b)因兩國的行為，可以認為兩國已經如此同意。

第二十九條 **暫時適用的終止**

一、除條約另有規定或另有協議外，第二十七條所規定的多邊條約的暫時適用，可在下列情況終止：

(a)新獨立國家或暫時適用該條約的當事國或締約國發出合理的終止通知，而通知期滿；或

(b)關於第十七條第三款所指的一類條約，新獨立國家或所有當事國或締約國發出合理的終止通知，而通知期滿。

二、除條約另有規定或另有協議外，第二十八條所規定的雙邊條約的暫時適用，可因新獨立國家或另一有關國家發出合理的終止通知和通知期滿而終止。

三、除條約對其終止規定較短期限或另有協議外，合理的終止通知應為十二個月期的通知，從暫時適用該條約的其他國家收到該項通知之日起算。

四、除條約另有規定或另有協議外，第二十七條所規定的多邊條約的暫時適用，如經新獨立國家通知無意成為該條約的當事國，應即終止。

第五節　兩個或兩個以上領土組成的新獨立國家

第 三 十 條 **兩個或兩個以上領土組成的新獨立國家**

一、第十六至第二十九條的規定，適用於兩個或兩個以上領土組成的新獨立國家。

二、兩個或兩個以上領土組成的新獨立國家因第十七、第十八或第二十四條的規定而被視為或成為一項條約的當事國時，如該條約在國家繼承日期已對這些領土中的一個或一個以上——但非全部——領土有效，或者已就一個或一個以上領土作出接受條約約束的同意，則該條約應對該國的全部領土適用，除非：

(a)從條約可知或另經確定該條約對全部領土的適用不合條約的目的和宗旨或者根本改變實施條約的條件；

(b)關於第十七條第三款和第十八條第四款範圍以外的多邊條約，繼承

通知限於條約在國家繼承日期對其有效的領土，或限於在該日期以前已就其作出接受條約約束的同意的領土；

(c)關於第十七條第三款或第十八條第四款範圍以內的多邊條約，新獨立國家與別的當事國或其他締約國另有協議；或

(d)關於雙邊條約，新獨立國家與另一有關國家另有協議。

三、兩個或兩個以上領土組成的新獨立國家依照第十九條規定成為一項多邊條約的當事國時，如被繼承國簽署該條約是要使該條約適用於這些領土中的一個或一個以上——但非全部——領土，則該條約應對新獨立國家的全部領土適用，除非：

(a)從條約可知或另經確定該條約對全部領土的適用不合條約的目的和宗旨或者根本改變實施條約的條件；

(b)關於第十九條第四款範圍以外的多邊條約，條約的批准、接受或贊同限於原擬使條約適用的領土；或

(c)關於第十九條第四款範圍以內的多邊條約，新獨立國家與別的當事國或其他締約國另有協議。

第四部分　國家的合併和分離

第三十一條　**國家的合併對在國家繼承日期有效的條約的效果**

一、兩個或兩個以上國家合併而組成一個繼承國時，在國家繼承日期對其中任何一個國家有效的任何條約，繼續對繼承國有效，除非：

(a)繼承國與別的當事國另有協議；或

(b)從條約可知或另經確定該條約對繼承國的適用不合條約的目的和宗旨或者根本改變實施條約的條件。

二、按照第一款規定繼續有效的任何條約，應只對該條約在國家繼承日期對其有效的那一部分繼承國領土適用，除非：

(a)關於第十七條第三款所指的一類以外的多邊條約，繼承國作出通知，表示該條約應對其全部領土適用；

(b)關於第十七條第三款所指的一類範圍內的多邊條約，繼承國與全體當事國另有協議；或

(c)關於雙邊條約，繼承國與另一當事國另有協議。

三、如從條約可知或另經確定該條約對繼承國全部領土的適用不合條約的目的和宗旨或者根本改變實施條約的條件，第二款(a)項的規定即不適用。

第三十二條　**國家的合併對在國家繼承日期未生效的條約的效果**

一、在第三和第四款規定的限制下，第三十一條範圍內的繼承國，對於雖未生效但在國家繼承日期任何一個被繼承國為其締約國的多邊條約，可作出通知，確立其成為該條約締約國的地位。

二、在第三和第四款規定的限制下，第三十一條範圍內的繼承國，對於雖在國家繼承日期後生效但在國家繼承日期任何一個被繼承國為其締約國的多邊條約，可作出通知，確立其為該條約當事國的地位。

三、如從條約可知或另經確定該條約對繼承國的適用不合條約的目的和宗旨或者根本改變實施條約的條件，第一和第二款的規定即不適用。

四、如果條約是第十七條第三款所指的一類條約，繼承國只有在獲得全體當事國或全體締約國的同意後才可確立其成為該條約當事國或締約國的地位。

五、繼承國按照第一款或第二款規定成為其締約國或當事國的任何條約，應只對在國家繼承日期以前，曾就其作出同意接受該條約約束的那一部分繼承國領土適用，除非：

　　(a)關於第十七條第三款所指的一類以外的多邊條約，繼承國依照第一或第二款規定作出通知，表示該條約應對其全部領土適用；或

　　(b)關於第十七條第三款所指的一類範圍內的多邊條約，繼承國與全體當事國或全體締約國另有協議。

六、如從條約可知或另經確定該條約對繼承國全部領土的適用不合條約的目的和宗旨或者根本改變實施條約的條件，第五款(a)項的規定即不適用。

第三十三條　國家的合併對被繼承國所簽署但須經批准、接受或贊同的條約的效果

一、在第二和第三款規定的限制下，如果被繼承國之一在國家繼承日期以前簽署一項須經批准、接受或贊同的多邊條約，第三十一條範圍內的繼承國可如已經簽署該條約，對該條約予以批准、接受或贊同，從而成為該條約的當事國或締約國。

二、如從條約可知或另經確定該條約對繼承的適用不合條約的目的和宗旨或者根本改變實施條約的條件，第一款的規定即不適用。

三、如果條約是第十七條第三款所指的一類條約，繼承國只有在獲得全體當事國或全體締約國的同意後才可成為該條約的當事國或締約國。

四、繼承國按照第一款規定成為其當事國或締約國的任何條約，應只對被繼承國之一就其簽署該條約的那一部分繼承國領土適用，除非：

　　(a)關於第十七條第三款所指的一類以外的多邊條約，繼承國在批准、接受或贊同該條約時作出通知，表示該條約應對其全部領土適用；或

　　(b)關於第十七條第三款所指的一類範圍內的多邊條約，繼承國與全體當事國或全體締約國另有協議。

五、如從條約可知或另經確定該條約對繼承國全部領土的適用不合條約的目的和宗旨或者根本改變實施條約的條件，第四款(a)項的規定即不適用。

第三十四條　在一個國家的若干部分分離的情況下的國家繼承

一、一個國家的一部分或幾部分領土分離而組成一個或一個以上國家時，不論被繼承國是否繼續存在：

(a)在國家繼承日期對被繼承國全部領土有效的任何條約，繼續對如此組成的每一繼承國有效；

(b)在國家繼承日期僅對成為繼承國的那一部分被繼承國領土有效的任何條約，只對該繼承國繼續有效。

二、如有下列情形，第一款的規定即不適用：

(a)有關國家另有協議；或

(b)從條約可知或另經確定該條約對繼承國的適用不合條約的目的和宗旨或者根本改變實施條約的條件。

第三十五條　一個國家在其一部分領土分離後繼續存在時的情形

一個國家任何一部分領土分離後，被繼承國如繼續存在，在國家繼承日期對被繼承國有效的任何條約，繼續對該國的其餘領土有效，除非：

(a)有關國家另有協議；

(b)確定該條約只同已與被繼承國分離的領土有關；或

(c)從條約可知或另經確定該條約對被繼承國的適用不合條約的目的和宗旨或者根本改變實施條約的條件。

第三十六條　在一個國家的若干部分分離的情況下，參加在國家繼承日期未生效的條約

一、在第三和第四款規定的限制下，第三十四條第一款範圍內的繼承國，對於雖未生效但在國家繼承日期被繼承國因國家繼承所涉領土而為締約國的多邊條約，可作出通知，確立其成為該條約締約國的地位。

二、在第三和第四款規定的限制下，第三十四條第一款範圍內的繼承國，對於雖在國家繼承日期後生效但在國家繼承日期被繼承國因國家繼承所涉領土而為締約國的多邊條約，可作出通知，確立其成為該條約當事國的地位。

三、如從條約可知或另經確定該條約對繼承國的適用不合條約的目的和宗旨或者根本改變實施條約的條件，第一和第二款的規定即不適用。

四、如果條約是第十七條第三款所指的一類條約，繼承國只有在獲得全體當事國或全體締約國同意後才可確立其成為該條約當事國或締約國的地位。

第三十七條　在一個國家的若干部分分離的情況下，參加被繼承國所簽署但須經批准、接受或贊同的條約

一、在第二和第三款規定的限制下，如果在國家繼承日期以前，被繼承國簽署了一項須經批准、接受或贊同的多邊條約，而該條約在國家繼承日期如已生效即對國家繼承所涉領土適用時，第三十四條第一款範圍內的繼承國可如已經簽署該條約，對該條約予以批准、接受或贊同，

從而成為該條約的當事國或締約國。

二、如從條約可知或另經確定該條約對繼承國的適用不合條約的目的和宗旨或者根本改變實施條約的條件，第一款的規定即不適用。

三、如果條約是第十七條第三款所指的一類條約，繼承國只有在獲得全體當事國或全體締約國同意後才可成為該條約的當事國或締約國。

第三十八條　通知

一、第三十一、三十二或三十六條所規定的任何通知，必須以書面作出。

二、如果通知未經國家元首、政府首腦或外交部長簽署，可要求發出通知國家的代表出示全權證書。

三、除條約另有規定外，通知應：

　(a)由繼承國遞交保管人，如無保管人，則遞交各當事國或各締約國；

　(b)視為繼承國在保管人收到通知之日作出，如無保管人，則視為在全體當事國或全體締約國收到通知之日作出。

四、第三款的規定不影響保管人按照條約或其他規定所負的將繼承國所作的通知或與其有關的任何公文通知各當事國或各締約國的任何責任。

五、在條約各項規定的限制下，這種通知和公文，只有在所要通知的國家獲得保管人通知後，才可視為已送達該國。

第五部分　雜項規定

第三十九條　關於國家責任和爆發敵對行動的事件

本公約各項規定不預斷由於一國的國際責任，或由於國家之間爆發敵對行動，而可能引起的關於國家繼承對一項條約的效果的任何問題。

第四十條　關於軍事占領的事件

本公約各項規定不預斷由於對領土的軍事占領而可能引起的關於一項條約的任何問題。

第六部分　解決爭端

第四十一條　協商和談判

如果本公約兩個或兩個以上當事國對公約的解釋或適用發生爭端，它們應經其中任何一國要求，設法以協商和談判方式解決該爭端。

第四十二條　調解

如果在提出第四十一條所述要求後六個月內爭端仍未解決，爭端任何一方可將調解的請求向聯合國秘書長提出，並就該項請求通知爭端他方，以便將爭端提交本公約附件所規定的調解程序。

第四十三條　司法解決和仲裁

任何國家於簽署或批准本公約或加入本公約時，或在其後任何時間，可以通知保管人，宣布如果一項爭端適用第四十一和第四十二條所指的程序仍

未獲得解決，該爭端可由爭端任何一方以書面申請書提請國際法院判決，或提交仲裁，但需爭端他方也作出類似聲明。

第四十四條　一致同意的解決辦法

雖有第四十一、第四十二和第四十三條的規定，如果本公約兩個或兩個以上當事國對公約的解釋或適用發生爭端，它們可以一致同意的方式，將爭端提交國際法院、或提交仲裁、或提交任何其他適當程序，以解決該爭端。

第四十五條　解決爭端的其他有效規定

第四十一至第四十四條的任何規定，都不影響本公約各當事國根據對它們有約束力的關於解決爭端的任何有效規定而有的權利和義務。

第七部分　最後規定

第四十六條　簽署

本公約應於一九七九年二月二十八日以前在奧地利共和國聯邦外交部對一切國家開放簽署，其後於一九七九年八月三十一日以前在紐約聯合國總部對一切國家開放簽署。

第四十七條　批准

本公約須經批准，批准書應交聯合國秘書長保管。

第四十八條　加入

本公約應對任何國家隨時開放加入，加入書應交聯合國秘書長保管。

第四十九條　生效

一、本公約應在第十五份批准或加入書交存之日起第三十天生效。

二、對於在第十五份批准或加入書交存後才批准或加入本公約的國家，本公約應於各該國交存批准或加入書以後第三十天生效。

第 五 十 條　有效文本

本公約原本應交聯合國秘書長保管，其阿拉伯文、中文、英文、法文、俄文和西班牙文各種文本具有同等效力。

為此，下列全權代表，經各自政府正式授權，在本公約上簽字，以資證明。

一九七八年八月二十三日訂於維也納。

十、關於國家對國家財產、檔案和債務的繼承的維也納公約 (Vienna Convention on Succession of States in Respect of State Property, Archives and Debts)

(1983.4.8)

說明：

㈠本公約一九八三年四月八日簽署，尚未生效。

㈡英文本見 ILM, Vol. 22, No. 2 (March 1983), pp. 306–327；中文本見 United Nations Document A/CONF. 117/14 (7 April 1983) (Chinese)。

本公約締約各國，

考慮到非殖民化進程為國際社會帶來的深刻變化，

並考慮到其他因素可能在將來造成國家繼承的情況，

深信在這種情況下，有必要編纂並逐漸發展關於國家在國家財產、檔案和債務方面的繼承的規則，作為確保在國際關係上有較大法律保障的一種方法，

注意到自由同意、誠信以及條約必須遵守的原則，是得到全世界承認的，

強調指出編纂和逐漸發展同整個國際社會利害相關而且對加強和平與國際合作具有特別重大意義的國際法十分重要，

相信與國家在國家財產、檔案和債務方面的繼承有關的問題對所有國家來說都特別重要，

考慮到《聯合國憲章》所體現的各項國際法原則，如各國人民權利平等和自決的原則，一切國家主權平等和獨立的原則，不干涉各國內政的原則，禁止使用武力或以武力相威脅的原則，以及普遍尊重與遵守全人類的人權和基本自由的原則，

回顧《聯合國憲章》要求對每一個國家的領土完整和政治獨立加以尊重，

銘記著一九六九年《維也納條約法公約》和一九七八年《關於國家在條約方面的繼承的維也納公約》的各項規定，

確認本公約未予規定的問題，仍以一般國際法的規則和原則為準，

協議如下：

第一部分　總　則

第 一 條　本公約的適用範圍

本公約適用於國家繼承在國家財產、檔案和債務方面產生的結果。

第 二 條　用語

一、在本公約適用範圍內：

(a)「國家繼承」指一國對領土的國際關係所負責任由別國取代；

(b)「被繼承國」指發生國家繼承時被別國取代的國家；

(c)「繼承國」指發生國家繼承時取代別國的國家；

(d)「國家繼承日期」指在國家繼承所涉領土的國際關係上被繼承國所負責任由繼承國取代的日期；

(e)「新獨立國家」指其領土在國家繼承日期之前原是由被繼承國負責其國際關係的附屬領土的繼承國；

(f)「第三國」指被繼承國和繼承國以外的任何國家。

二、第一款關於本公約內用語的規定不影響此等用語在任何國家的國內法上的使用或所賦予的意義。

第 三 條　本公約所適用的國家繼承事件

本公約只適用於依照國際法尤其是「聯合國憲章」所載國際法原則而發生的國家繼承所產生的結果。

第 四 條　本公約的暫時適用

一、在不影響本公約所載依照國際法即使本公約不加規定亦應適用於國家繼承所產生結果的任何規則的適用的情況下，本公約只適用於本公約生效後發生的國家繼承，但另有協議者除外。

二、繼承國可以在表示同意受本公約約束時或在其後任何時間發表聲明，宣布它對自己在本公約生效前發生的國家繼承，在與發表聲明宣布接受繼承國聲明的本公約任何其他締約國或當事國的關係上，將適用本公約的規定。在本公約於發表聲明的國家之間生效時或在發表接受聲明時——以後發生者為準——本公約的規定應從國家繼承日期起適用於國家繼承所產生的結果。

三、繼承國可以在簽字或表示同意接受本公約約束時發表聲明，宣布它對自己在本公約生效前發生的國家繼承，在與發表聲明宣布接受繼承國聲明的任何其他簽字國或締約國的關係上，將暫時適用本公約的規定：在發表接受聲明時，這些規定應從國家繼承日期起在這兩個國家之間暫時適用於國家繼承所產生的結果。

四、按照第二或第三款發表的任何聲明應載在一項書面通知內，遞交保管人，保管人應將收到該項通知一事及通知內容通知各締約國和有權成為本公約締約國的國家。

第 五 條　關於其他事項的繼承

本公約的任何規定均不應視為在任何方面預斷與國家繼承在本公約所規定以外事項方面產生的結果有關的任何問題。

第 六 條　自然人或法人的權利和義務

本公約的任何規定均不應視為在任何方面預斷與自然人或法人的權利和義務有關的任何問題。

第二部分　國家財產

第一節　導　言

第 七 條　本部分的適用範圍

本部分條款適用於國家繼承在被繼承國的國家財產方面所產生的結果。

第 八 條　國家財產

在本部分條款適用範圍內，「被繼承國的國家財產」指在國家繼承之日按照被繼承國國內法的規定為該國所擁有的財產、權利和利益。

第 九 條　國家財產轉屬所產生的結果

在不違反本部分條款規定的條件下，一旦被繼承國的國家財產轉屬繼承國，被繼承國即喪失對該國家財產的權利，而繼承國則取得對該國家財產的權利。

第 十 條　國家財產轉屬日期

除有關國家另有協議或某一有關國際機構另有決定者外，國家繼承日期即為被繼承國國家財產轉屬日期。

第十一條　國家財產的無償轉屬

在不違反本部分條款規定的條件下，除有關國家另有協議或某一有關國際機構另有決定者外，國家財產從被繼承國轉屬繼承國時不予補償。

第十二條　國家繼承對第三國財產不發生影響

國家繼承本身不影響國家繼承之日存在於被繼承國領土內並且按照被繼承國國內法的規定為第三國所擁有的財產、權利和利益。

第十三條　保護國家財產的安全

為貫徹本部分條款的規定，被繼承國應採取一切措施防止按照這些規定轉屬繼承國的國家財產遭受損害或破壞。

第二節　關於特定種類國家繼承的規定

第十四條　一國部分領土的移交

一、一國將其一部分領土移交給另一國時，被繼承國的國家財產轉屬繼承國的問題應按照它們之間的協議解決。

二、如無協議：

(a)位於國家繼承所涉領土內的被繼承國的國家不動產應轉屬繼承國；

(b)與被繼承國對國家繼承所涉領土的活動有關的被繼承國國家動產應轉屬繼承國。

第十五條　新獨立國家

一、繼承國為新獨立國家時：

(a)位於國家繼承所涉領土內的被繼承國的國家不動產應轉屬繼承國；

(b)屬於國家繼承所涉領土但位於該領土之外而在領土附屬期間已成為被繼承國國家財產的不動產應轉屬繼承國；

(c)(b)項所述以外而位於國家繼承所涉領土之外的被繼承國的國家不動產，附屬領土曾為其創造作出貢獻者，應按照附屬領土所作貢獻的比例轉屬繼承國；

(d)與被繼承國對國家繼承所涉領土的活動有關的被繼承國國家動產應轉屬繼承國；

(e)屬於國家繼承所涉領土並在領土附屬期間成為被繼承國國家財產的動產應轉屬繼承國；

(f)(d)和(e)項所述以外的被繼承國的國家動產，附屬領土曾為其創造作出貢獻者，應按照附屬領土所作貢獻的比例轉屬繼承國。

二、新獨立國家由兩個或兩個以上附屬領土組成時,被繼承國的國家財產轉
屬新獨立國家的問題,應按照第一款的規定決定。

三、附屬領土成為原負責其國際關係的國家以外的一個國家的領土一部分
時,被繼承國的國家財產轉屬繼承國的問題,應按照第一款的規定決定。

四、被繼承國和新獨立國家之間對被繼承國國家財產的繼承不執行第一至第
三款的規定而另外締結協定予以決定時,此等協定不應違反各國人民對
其財富和自然資源享有永久主權的原則。

第十六條　國家的合併

兩個或兩個以上國家合併而組成一個繼承國時,被繼承國的國家財產應轉屬
繼承國。

第十七條　國家的一部分或幾部分領土分離

一、國家的一部分或幾部分領土與該國分離而組成一個國家時,除被繼承國
和繼承國之間另有協議者外:

(a)位於國家繼承所涉領土內的被繼承國的國家不動產應轉屬繼承國;

(b)與被繼承國對國家繼承所涉領土的活動有關的被繼承國國家動產應轉
屬繼承國;

(c)(b)項所述以外的被繼承國的國家動產應按照公平的比例轉屬繼承國。

二、第一款的規定適用於國家一部分領土與該國分離而同另一國合併的情
況。

三、第一和第二款的規定不影響國家繼承可能引起的被繼承國和繼承國之間
的任何公平補償問題。

第十八條　國家的解體

一、被繼承國解體和不復存在而其領土各部分組成兩個或兩個以上國家時,
除有關繼承國之間另有協議者外:

(a)位於某一繼承國領土內的被繼承國的國家不動產應轉屬該繼承國;

(b)位於被繼承國領土外的被繼承國的國家不動產應按照公平比例轉屬各
繼承國;

(c)與被繼承國對國家繼承所涉領土的活動有關的被繼承國國家動產應轉
屬有關繼承國;

(d)(c)項所述以外的被繼承國的國家動產應按照公平的比例轉屬各繼承
國。

二、第一款的規定不影響國家繼承可能引起的繼承國之間的任何公平補償問
題。

第三部分　國家檔案

第一節　導　言

第十九條　本部分的適用範圍

本部分條款適用於國家繼承在被繼承國的國家檔案方面所產生的結果。

第二十條　國家檔案

在本部分條款適用範圍內,「被繼承國的國家檔案」指被繼承國為執行其職能而編制或收到的而且在國家繼承之日按照被繼承國國內法的規定屬其所有並出於各種目的作為檔案直接保存或控制的各種日期和種類的一切文件。

第二十一條　國家檔案轉屬所產生的結果

在不違反本部分條款規定的條件下,一旦被繼承國的國家檔案轉屬繼承國,被繼承國即喪失對該國家檔案的權利,而繼承國則取得對該國家檔案的權利。

第二十二條　國家檔案轉屬日期

除有關國家另有協議或某一有關國際機構另有決定者外,國家繼承日期即為被繼承國的國家檔案轉屬日期。

第二十三條　國家檔案的無償轉屬

在不違反本部分條款規定的條件下,除有關國家另有協議或某一有關國際機構另有決定者外,國家檔案從被繼承國轉屬繼承國時不予補償。

第二十四條　國家繼承對第三國檔案不發生影響

國家繼承本身不影響國家繼承之日存在於被繼承國領土內並且按照被繼承國國內法的規定為第三國所擁有的國家檔案。

第二十五條　保護國家檔案的完整

本部分的任何規定均不應視為在任何方面預斷由於保護被繼承國各種國家檔案的完整而可能引起的任何問題。

第二十六條　保護國家檔案的安全

為貫徹本部分條款的規定,被繼承國應採取一切措施防止按照這些規定轉屬繼承國的國家檔案遭受損害或破壞。

第二節　關於特定種類國家繼承的規定

第二十七條　一國部分領土的移交

一、一國將其一部分領土移交給另一國時,被繼承國的國家檔案轉屬繼承國的問題,應按照它們之間的協議解決。

二、如無協議:

　(a)被繼承國國家檔案中為了對國家繼承所涉領土進行正常的行政管理而應交由經過移交而獲得有關領土的國家支配的部分,應轉屬繼承

國；

　　(b)(a)項所述部分以外的被繼承國的國家檔案中完全或主要與國家繼承
　　　所涉領土有關的部分，應轉屬繼承國。

三、被繼承國應從其國家檔案中向繼承國提供與被移交領土的領土所有權
　　或其疆界有關、或為澄清依照本條其他各款規定轉屬繼承國的被繼承
　　國國家檔案文件的含義所必需的最有力的證據。

四、被繼承國應於繼承國提出要求並負擔有關費用時，向該國提供與被移
　　交領土的利益有關的本國國家檔案的適當複製本。

五、繼承國應於被繼承國提出要求並負擔有關費用時，向該國提供按照第
　　一或第二款轉屬繼承國的被繼承國國家檔案的適當複製本。

第二十八條　新獨立國家

一、繼承國為新獨立國家時：

　　(a)原屬國家繼承所涉領土所有並在領土附屬期間成為被繼承國國家檔
　　　案的檔案，應轉屬新獨立國家；

　　(b)被繼承國家檔案中為了對國家繼承所涉領土進行正常的行政管理
　　　而應留在該領土內的部分，應轉屬新獨立國家；

　　(c)(a)項和(b)項所述部分以外的被繼承國的國家檔案中完全或主要與國
　　　家繼承所涉領土有關的部分，應轉屬繼承國。

二、第一款所述部分以外的被繼承國國家檔案中對國家繼承所涉領土有關
　　的部分，其轉屬或適當複製問題應由被繼承國和新獨立國家協議決定，
　　務使兩國中每一國都能從被繼承國國家檔案的這些部分獲得盡可能廣
　　泛和公平的益處。

三、被繼承國應從其國家檔案中向新獨立國家提供與新獨立國家領土的所
　　有權或其疆界有關、或為澄清依照本條其他各款規定轉屬新獨立國家
　　的被繼承國國家檔案文件的含義所必需的最有力的證據。

四、被繼承國應與繼承國合作，努力找回任何原屬國家繼承所涉領土所有
　　但在領土附屬期間散失的檔案。

五、第一至第四款的規定適用於兩個或兩個以上附屬領土組成一個新獨立
　　國家的情況。

六、第一至第四款的規定適用於附屬領土成為原負責其國際關係的國家以
　　外的一個國家的領土一部分的情況。

七、被繼承國和新獨立國家之間就被繼承國的國家檔案締結的協定不應損
　　害兩國人民對於發展和對於取得有關其歷史的資料和取得其文化遺產
　　的權利。

第二十九條　國家的合併

兩個或兩個以上國家合併而組成一個繼承國時，被繼承國的國家檔案應轉
屬繼承國。

第三十條　國家的一部分或幾部分領土分離

一、國家的一部分或幾部分領土與該國分離而組成一個國家時，除被繼承國和繼承國之間另有協議者外：

　(a)被繼承國國家檔案中為了對國家繼承所涉領土進行正常的行政管理而應留在該領土內的部分，應轉屬繼承國；

　(b)(a)項所述部分以外的被繼承國國家檔案中與國家繼承所涉領土直接有關的部分，應轉屬繼承國。

二、被繼承國應從其國家檔案中向繼承國提供與繼承國領土的所有權或其疆界有關、或為澄清依照本條其他各款規定轉屬繼承國的國家檔案文件的含義所必需的最有力的證據。

三、被繼承國和繼承國之間就被繼承國的國家檔案締結的協定不應損害兩國人民對於發展和對於取得有關其歷史的資料和取得其文化遺產的權利。

四、被繼承國和繼承國應於兩國中任何一國提出要求並負擔有關費用或採取交換辦法時，提供其國家檔案中與對方領土的利益有關的文件的適當複製本。

五、第一至第四款的規定適用於一國的一部分領土與該國分離而同另一國合併的情況。

第三十一條　國家的解體

一、被繼承國解體和不復存在而其領土各部分組成兩個或兩個以上國家時，除有關繼承國之間另有協議者外：

　(a)被繼承國國家檔案中為了對某一繼承國領土進行正常的行政管理而應留在該繼承國領土內的部分，應轉屬該繼承國；

　(b)(a)項所述部分以外的被繼承國國家檔案中與某一繼承國領土直接有關的部分，應轉屬該繼承國。

二、第一款所述部分以外的被繼承國的國家檔案，應在考慮到一切有關情況後公平地轉屬各繼承國。

三、每一繼承國應從被繼承國國家檔案屬於它的部分中向其他繼承國提供與各該繼承國領土的所有權或其疆界有關、或為澄清依照本條其他各款規定轉屬各該繼承國的被繼承國國家檔案文件的含義所必需的最有力的證據。

四、有關繼承國之間就被繼承國的國家檔案締結的協定不應損害這些國家的人民對於發展和對於取得有關其歷史的資料和取得其文化遺產的權利。

五、每一繼承國應於任何其他繼承國提出要求並負擔有關費用或採取交換辦法時，將被繼承國國家檔案屬於它的部分中與該其他繼承國領土的利益有關的文件的適當複製本提供給該其他繼承國。

第四部分　國家債務

第一節　導　言

第三十二條　本部分的適用範圍

本部分條款適用於國家繼承在國家債務方面產生的結果。

第三十三條　國家債務

在本部分條款適用範圍內，「國家債務」指一個被繼承國按照國際法而對另一國、某一國際組織或任何其他國際法主體所負的任何財政義務。

第三十四條　國家債務轉屬所產生的結果

在不違反本部分條款規定的條件下，一旦國家債務轉屬繼承國，被繼承國的有關義務即行解除，而繼承國則應承擔起有關的義務。

第三十五條　國家債務轉屬日期

除有關國家另有協議或某一有關國際機構另有決定者外，國家繼承日期即為被繼承國國家債務轉屬日期。

第三十六條　國家債務的轉屬對債權人不發生影響

國家繼承本身不影響債權人的權利和義務。

第二節　關於特定種類國家繼承的規定

第三十七條　一國部分領土的移交

一、一國將其一部分領土移交給另一國時，被繼承國的國家債務轉屬繼承國的問題應按照它們之間的協議解決。

二、如無協議，被繼承國的國家債務應按照公平的比例轉屬繼承國，同時應特別考慮到轉屬繼承國的與國家債務有關的財產、權利和利益。

第三十八條　新獨立國家

一、繼承國為新獨立國家時，被繼承國的任何國家債務均不應轉屬新獨立國家，但新獨立國家和被繼承國鑒於與被繼承國在國家繼承所涉領土內的活動有關的被繼承國國家債務同轉屬新獨立國家的財產、權利和利益之間的聯繫而另有協議者除外。

二、第一款所述協議不應違反各國人民對其財富和自然資源享有永久主權的原則，其執行亦不應危及新獨立國家經濟上的基本均衡。

第三十九條　國家的合併

兩個或兩個以上國家合併而組成一個繼承國時，被繼承國的國家債務應轉屬繼承國。

第四十條　國家的一部分或幾部分領土分離

一、國家的一部分或幾部分領土與該國分離而組成一個國家時，除被繼承國和繼承國之間另有協議者外，被繼承國的國家債務應按照公平的比

　　例轉屬繼承國，同時應特別考慮到轉屬繼承國的與國家債務有關的財
　　產、權利和利益。

二、第一款的規定適用於國家一部分領土與該國分離而同另一國合併的情
　　況。

第四十一條　國家的解體

被繼承國解體和不復存在而其領土各部分組成兩個或兩個以上國家時，除
各繼承國另有協議者外，被繼承國的國家債務應按照公平的比例轉屬各繼
承國，同時應特別考慮到轉屬繼承國的與國家債務有關的財產、權利和利
益。

第五部分　解決爭端

第四十二條　協商和談判

如果本公約兩個或兩個以上當事國對公約的解釋或適用發生爭端，它們應
在其中任何一國提出要求時，設法以協商和談判的方式解決該項爭端。

第四十三條　調解

如果在第四十二條所述要求提出後六個月內爭端仍未解決，爭端任何一方
可向聯合國秘書長提出請求，請其按本公約附件所規定的調解程序調解該
項爭端，並將該項請求通知爭端他方。

第四十四條　司法解決和仲裁

任何國家於簽署或批准本公約或加入本公約時，或在其後任何時間，可以
通知保管人的方式聲明，如果一項爭端應用第四十二和第四十三條所指的
程序仍未獲得解決，該爭端可由爭端任何一方以書面方式提請國際法院判
決或提交仲裁，但需爭端他方也發表類似聲明。

第四十五條　一致同意的解決辦法

雖有第四十二、第四十三和第四十四條的規定，如果本公約兩個或兩個以
上當事國對公約的解釋或適用發生爭端，它們可以一致同意的方式，將爭
端提交國際法院、或提交仲裁、或採用任何其他適當程序，以解決該項爭
端。

第四十六條　解決爭端的其他現行規定

第四十二至第四十五條的任何規定，都不影響本公約各當事國根據對它們
有約束力的關於解決爭端的任何現行規定所具有的權利和義務。

第六部分　最後條款

第四十七條　簽署

本公約應於一九八三年十二月三十一日以前在奧地利共和國聯邦外交部對
一切國家開放簽署，其後於一九八四年六月三十日以前在紐約聯合國總部
對一切國家開放簽署。

第四十八條　批准

本公約須經批准。批准書應交聯合國秘書長保管。

第四十九條　加入

本公約應繼續開放供任何國家加入。加入書應交聯合國秘書長保管。

第 五 十 條　生效

一、本公約應在第十五份批准書或加入書交存之日後第三十天生效。

二、對於在第十五份批准書或加入書交存後才批准或加入本公約的每個國
　　家，本公約應於該國交存批准書或加入書後第三十天生效。

第五十一條　有效文本

本公約原本應交聯合國秘書長保管，其阿拉伯文、中文、英文、法文、俄
文和西班牙文各種文本具有同等效力。

為此，下列全權代表，經各自政府正式授權，在本公約上簽字，以資證明。

一千九百八十三年四月八日訂於維也納。

第五章　國籍與個人

十一、關於國籍法衝突若干問題的公約 (Convention on Certain Questions Relating to the Conflict of Nationality Law)　　　　　　　　(1930.4.12)

說明：

㈠本公約一九三〇年四月十二日簽署，一九三七年七月一日生效。

㈡英文本見 LNTS, Vol. 179, pp. 89–110〔條文在 99–110，單號是英文〕，中文譯文可參考薛典增、郭子雄編輯，《中國參加之國際公約彙編》，臺北：臺灣商務印書館，民國 60 年臺一版，頁 947–950（書中簡稱本公約為「國籍法公約」，且譯文沒有標點符號）。立法院專刊亦有刊載本公約，見立法院秘書處，《立法專刊》，第 5 輯，1931 年，頁 171–176。

㈢附上民國十九年立法院外交委員會保留第四條之審查報告。

㈣以下文本標點符號為編者所加。

各締約國（國名從略），

以為由國際協定解決各國國籍法牴觸問題極為重要；

深信能使各國公認無論何人均應有國籍且只應有一國籍之事實為國際公共所注意；

承認人類在本範圍內所應努力嚮往之鵠厥在將一切無國籍及二重國籍之事悉行消滅；

亦知在各國現時社會經濟狀況下，欲使上述問題普遍解決決不可能；

然仍願於初次編纂國際公法時，將各國國籍法牴觸問題之可於現時成立國際協定者解決藉作初步之企圖，

為此決意訂定公約並簡派全權代表如下（代表銜名從略）：

第一章　總　則

第 一 條　每一國家依照其法律決定何人為其國民。此項法律如與國際公約、國際習慣及普通承認關於國籍之法律原則不相衝突，其他國家應予承認。

第 二 條　關於某人是否隸屬某特定國家國籍之問題，應依該國之法律以為斷。

第 三 條　除本公約另有規定外，凡有二個以上國籍者，各該國家均得視之為國民。

第　四　條　國家關於本國人民之兼有他國國籍者，對於該第二國不得施外交上之保護。

第　五　條　在第三國之領土內有一個以上之國籍者，應視為祇有一個國籍。在不妨礙該
　　　　　　國關於身分事件法律之適用及有效條約等範圍之內，該國就此人所有之各國
　　　　　　籍中，應擇其通常或主要居所所在之國家之國籍，或在諸種情形之下似與該
　　　　　　人實際上關係最切之國家之國籍，而承認為其唯一之國籍。

第　六　條　有一個以上國籍之人，而此等國籍非其自願取得者，經一國之許可，得放棄
　　　　　　該國之國籍，但該國給與更優出籍權利之自由不在此限。倘此人在國外有習
　　　　　　慣及主要之居所，而適合其所欲出籍國家之法定條件者，前項許可不應拒絕。

第二章　出籍許可證書

第　七　條　一國之法律規定發給出籍許可證書者，倘領得證書之人非有另一國籍，或取
　　　　　　得另一國籍時，此項證書對之不應有喪失國籍之效果。
　　　　　　倘領得證書之人，在發給證書國家所規定之時間內不取得另一國籍，則證書
　　　　　　失其效力。但領得證書之時已有另一國籍者，不在此限。
　　　　　　領得出籍許可證書者，取得新國籍之國家應將其人取得國籍之事實通知發給
　　　　　　證書之國家。

第三章　已嫁婦人之國籍

第　八　條　倘妻之本國法規定為外國人妻者喪失國籍，此種效果應以其取得夫之國籍為
　　　　　　條件。

第　九　條　倘妻之本國法規定在婚姻關係中夫之國籍變更，妻因而喪失國籍時，此項效
　　　　　　果應以其取得夫之新國籍為條件。

第　十　條　夫在婚姻關係中歸化，倘妻未曾同意，此項歸化對妻之國籍不發生效果。

第十一條　倘妻之本國法規定為外國人妻喪失國籍時，在婚姻關係消滅後，非經妻自行
　　　　　　請求並遵照該國法律，不得回復國籍，倘妻回復國籍，即喪失其因婚姻而取
　　　　　　得之國籍。

第四章　子女之國籍

第十二條　規定因出生於國家領土內取得國籍之法規，不能當然的適用於在該國享受外
　　　　　　交豁免權者之子女。
　　　　　　各國法律對於正式領事或其他國家官員負有政府使命者所生於該國領土內之
　　　　　　子女，應容許以拋棄或其他手續，解除該國國籍，惟以其生來即有重複國籍
　　　　　　並保留其父母之國籍者為限。

第十三條　依歸化國法律，未成年之子女隨父母之歸化取得國籍。在此種情形之下，該
　　　　　　國法律得規定未成年子女因其父母歸化而取得國籍之條件。
　　　　　　倘未成年之子女不因其父母之歸化而取得國籍時，應保留其原有之國籍。

第十四條　父母無可考者，應取得出生地國家之國籍。倘日後其父母可考，其國籍應依

照父母可考者之規律決定之。

倘無反面之證據，棄孩應推定為生於發現國家之領土內。

第十五條　倘一國之國籍不能僅以出生而當然的取得，則生於該國境內之無國籍者或父母國籍無可考者，得取得該國國籍。該國之法律應規定在此種情形下取得該國國籍之條件。

第十六條　倘私生子所隸屬國家之法律承認其國籍得因其民事地位變更（如追認及認知）而喪失時，此種國籍之喪失應以此人取得別國國籍為條件，惟應按照該國關於民事地位變更影響國籍之法律。

第五章　養　　子

第十七條　倘一國之法律規定其國籍得因為外國人養子而喪失時，此種國籍之喪失應以此人按照該外國人之本國法關於立養子影響國籍之法律，取得立養子者之國籍為條件。

第六章　總結條款

第十八條　各締約國允自本公約發生效力之日起，於彼此相互之關係間適用前列各條所定之原則及規定。

本公約載入前項所述原則及規定，對於此種原則及規定是否已經構成國際法一部之問題絕無妨害。

前列各條所未載之點，現行國際公法之原則及規定當然將繼續有效。

第十九條　本公約對於各締約國間現有之各項條約、公約或協定關於國籍或相關事項之規定絕不發生影響。

第二十條　任何締約國簽字於本公約時或批准時或加入時，得就第一條至第十七條及第二十一條，附加明白保留案，除去一條或多條。

此項業經除去之規定，對於保留國家不能適用，該國家對於其他締約國亦不能援用。

第二十一條　各締約國間如因本公約之解釋或適用發生任何爭端，而此項爭端不能以外交手續滿意解決時，則當按照各該國間現行解決國際爭端之協定解決之。倘各該國間無此項協定，該項爭端應按照各該國之憲法手續交付公斷或司法解決。倘各該國未約定交付其他法院，而均為一九二〇年十二月十六日關於國際常任法庭庭規公約之簽字者，該項爭端應交國際常任法庭。倘各當事國間有一國未曾簽字於一九二〇年十二月十六日之公約，該項爭端應交付依照一九〇七年十月十八日和平解決國際爭端之海牙公約而組織之公斷法院。

第二十二條　在一九三〇年十二月三十一日以前，凡為國際聯合會之會員國或非會員國而被邀出席第一次編纂國際法典會議者，或曾受國際聯合會行政院特送公約一份者，均得派遣代表簽字於本公約。

第二十三條 本公約須經批准之手續。批准書須存置於國際聯合會秘書廳。秘書長應通知各批准書之存置於國際聯合會之會員國及第二十二條所舉之非會員國，並聲明存置之日期。

第二十四條 自一九三一年一月一日起，國際聯合會之會員國及第二十二條所舉之非會員國未經簽字於本公約者，得加入本公約。

加入之手續應以書件為之。此項書件應存置於國際聯合會秘書廳。國際聯合會秘書長應通知各加入國於國際聯合會之會員國及第二十二條所舉之非會員國，並聲明加入之日期。

第二十五條 經十個會員國或非會員國存置批准書或加入書後，國際聯合會秘書長應即作成記事錄。

國際聯合會秘書長應將此項記事錄之簽證本一份，送致國際聯合會之會員國及第二十二條所舉之非會員國。

第二十六條 自第二十五條所規定記事錄作成後之第九十日起，本公約對於國際聯合會之會員國及非會員國，於記事錄作成之日已存置批准書或加入書者，發生效力。

聯合會會員國或非會員國於該日期後存置批准書或加入書者，本公約應於存置日期後之第九十日起發生效力。

第二十七條 自一九三六年一月一日起，國際聯合會會員國或非會員國之受本公約拘束者，得為修改本公約條文之請求致書於聯合會秘書長。倘該項請求送致其他聯合會會員國及非會員國之受本公約拘束者一年內至少有九國之贊助，則國際聯合會行政院應於諮詢國際聯合會會員國及第二十二條所舉之非會員國後，決定應否為此事召集特別會議，抑於下次編纂國際法會議時討論修改。

各締約國同意本公約如須修正，則修正之公約得規定本公約條文一部分或全體自新公約實行後，在本公約締約國間廢止適用。

第二十八條 本公約得宣告廢止之。

宣告廢止應以書面之通知書送致於國際聯合會秘書長，秘書長應通告聯合會會員國及第二十二條所舉之非會員國。

宣告廢止於秘書長接到通知之一年後發生效力，但此種效力僅以對於曾被通知宣告廢止之聯合會會員國或非會員國為限。

第二十九條 一、任何締約國得於簽字時、批准時或加入時，宣言雖接受本公約，但關於該國之一切或任何殖民地、保護國、海外地域或在統治或委託權下之地域，或關於此種地域一部之人民，不負擔任何義務。本公約對於宣言中所言之任何地域或人民之一部不得適用。

二、任何締約國嗣後無論何時，均可通知國際聯合會秘書長，聲明願以本公約適用於前項宣言書內所稱之一切或任何地域或其人民之一部分。本公約自國際聯合會秘書長接到通知後六個月起，對於通知內所言之

一切地域或其人民之一部即行適用。

三、任何締約國，無論何時均可宣布本公約對於該國之一切或任何殖民地、保護國、海外地域或在統治或委託權下之地域，或關於此種地域內一部之人民停止適用。本公約自國際聯合會秘書長接到通知後一年起，對於宣言內所言之一切地域或其人民一部停止適用。

四、任何締約國，關於其一切或任何殖民地、保護國、海外地域或在統治或委託權之地域，或關於此種地域內一部之人民，得於簽字於本公約時或批准時或加入時或照本條第二項通知時，為第二十條規定之保留。

五、國際聯合會秘書長應將按照本條收到之各項宣言及通知書送致國際聯合會會員國及第二十二條所舉之非會員國。

第 三 十 條 本公約一經發生效力，應由國際聯合會秘書長登記。

第三十一條 本公約之法文及英文本有同等效力。

附：立法院外交委員會民國十九年十二月二十五日第十四次會議審查報告：

「國籍法公約……第四條關於不得施行外交保護之規定係以屬地主義為依舊與我國所採之血統主義正相背馳而與保護華僑政策尤相牴觸自應加以保留……」審查結果通過。見《立法院公報》第二十五期（民國二十年一月），頁2、3、4。

十二、減少無國籍狀態公約 (Convention on the Reduction of Statelessness) (1961.8.30)

說明：

㈠本公約由按照聯合國大會一九五四年十二月四日第 896(IX) 號決議所召開的全權代表會議，於一九六一年八月三十日通過；一九七五年十二月十三日生效。

㈡英文本見 UNTS, Vol. 989, pp. 176–182，中文本見 pp. 190–211。

㈢以下中文本取自聯合國人權事務高級專員辦事處，《人權，國際文件匯編》，紐約和日內瓦：聯合國，2002 年，頁 585–592。

締約各國，

按照聯合國大會於一九五四年十二月四日通過的第 896 (IX) 號決議行事，

考慮到宜於締結國際協定去減少無國籍狀態，

議定條款如下：

第 一 條 一、締約國對在其領土出生，非取得該國國籍即無國籍者，應給予該國國籍。

此項國籍應：

㈠依法於出生時給予，或

㈡於關係人或其代表依國內法所規定的方式向有關當局提出申請時給予。在遵守本條第二款規定的情況下，對這種申請不得加以拒絕。

凡按照本款㈡項規定給予本國國籍的締約國，亦得規定於達到國內法可能規定的年齡時，在遵守國內法可能規定的條件的情況下，依法給予該國國籍。

二、締約國對按照本條第一款㈡項給予本國國籍，得規定要遵守下列各條件中之一個或一個以上條件：

㈠申請應於締約國所規定的期限內提出，但該期限至遲應於十八歲時開始，且不得於二十一歲以前結束，以便關係人至少有一年時間可以自己提出申請，而無須獲得法律授權；

㈡關係人在締約國可能規定的一段期間內（在提出申請前的一段期間不得超過五年，整段期間則不得超過十年），通常居住在該國境內；

㈢關係人沒有被判過犯危害國家安全罪，亦沒有因刑事指控而被判過五年或五年以上的徒刑；

㈣關係人一直無國籍。

三、縱有本條第一款㈡項和第二款的規定，凡在締約國領土出生的婚生子，非取得該國國籍即無國籍而其母具有該國國籍者，應於出生時取得該國國籍。

四、締約國對非取得該國國籍即無國籍者——該人因已超過提出申請的年齡或不合所規定的居住條件，以致無法取得他在其領土出生的締約國的國籍——應給予該國國籍，如果其父母之一在他出生時具有該國國籍的話。倘關係人父母在他出生時具有不同國籍，他本人的國籍究竟應跟父親的國籍抑或跟母親的國籍的問題，應依該締約國的國內法決定。倘若對此項國籍必須提出申請，則申請應由申請人自己或其代表依照國內法所規定的方式向有關當局提出，在遵守本條第五款規定的情況下，對這種申請不應加以拒絕。

五、締約國對按照本條第四款規定給予本國國籍，得規定要遵守下列各條件中之一個或一個以上條件：

㈠申請應於申請人未達到締約國所規定的年齡——不低於二十三歲——時提出；

㈡關係人的締約國可能規定在提出申請前的一段期間內 （不得超過三年），通常居住在該國境內；

㈢關係人一直無國籍。

第 二 條 凡在締約國領土內發現的棄兒，在沒有其他相反證據的情況下，應認定在該領土內出生，其父母並具有該國國籍。

第　三　條　為確定各締約國在本公約下所負義務的目的，凡在船舶上出生者，應視為在船舶所懸國旗的國家領土內出生；在飛機上出生者，應視為在飛機的登記國領土內出生。

第　四　條　一、締約國對非取得該國國籍即無國籍者——該人非出生於任何締約國的領土內——應給予該國國籍，如果其父母之一在他出生時具有該國國籍的話。倘關係人父母在他出生時具有不同國籍，他本人的國籍究竟應跟父親的國籍抑或跟母親的國籍的問題，應依該締約國的國內法決定。按照本款規定給予的國籍應：

　　　　　�依法於出生時給予，或

㈠依法於出生時給予，或

㈡於關係人或其代表依國內法所規定的方式向有關當局提出申請時給予。在遵守本條第二款規定的情況下，對這種申請不得加以拒絕。

　　　　　二、締約國對按照本條第一款規定給予本國國籍，得規定要遵守下列各條件中之一個或一個以上條件：

㈠申請應於申請人未達到締約國所規定的年齡——不低於二十三歲——時提出；

㈡關係人在締約國可能規定在提出申請前的一段期間內　（不得超過三年），通常居住在該國境內；

㈢關係人沒有被判過犯危害國家安全罪；

㈣關係人一直無國籍。

第　五　條　一、締約國的法律規定個人身分的變更，如結婚、婚姻關係消滅、取得婚生地位，認領或收養足以使其喪失國籍者，其國籍的喪失應以具有或取得另一國籍為條件。

　　　　　二、在締約國的法律規定下，倘若某一私生子因生父的認領以致喪失該國國籍時，他應有機會以書面申請向有關當局要求恢復該國籍；這種申請所要遵守的條件不應嚴於本公約第一條第二款所述的條件。

第　六　條　締約國的法律規定個人喪失或被剝奪該國國籍時其配偶或子女亦喪失該國國籍者，其配偶或子女國籍的喪失應以具有或取得另一國籍為條件。

第　七　條　一、㈠締約國的法律有放棄國籍的規定時，關係人放棄國籍不應就喪失國籍，除非他已具有或取得另一國籍。

㈡本款㈠項規定的實施，倘違背聯合國大會一九四八年十二月十日所通過的世界人權宣言第十三條和第十四條所述的原則，則不應予以實施。

　　　　　二、締約國國民在外國請求歸化者，應不喪失其國籍，除非他已取得該外國國籍或曾獲得保證一定取得該外國國籍。

　　　　　三、在遵守本條第四款和第五款規定的情況下，締約國國民不應由於離境、居留國外、不辦登記或其他任何類似原因喪失國籍而成為無國籍人。

　　　　　四、歸化者可由於居留外國達到關係締約國法律所定期限（至少連續七年）而喪失其國籍，如果他不向有關當局表明他有意保留其國籍的話。

　　　　　　五、締約國的法律得規定，凡在其領土外出生的國民，在達成年滿一年後，如要保留該國國籍，當時必須居留該國境內或向有關當局登記。

　　　　　　六、除本條所述的情況外，任何人如喪失締約國國籍即無國籍時，應不喪失該國國籍，縱使此項國籍的喪失並沒有為本公約的任何其他規定所明白禁止。

第 八 條　一、締約國不應剝奪個人的國籍，如果這種剝奪使他成為無國籍人的話。

　　　　　　二、縱有本條第一款的規定，在下列情況下，締約國可剝奪個人所享有的國籍：

　　　　　　　　㈠第七條第四款和第五款所規定個人可喪失其國籍的情況；

　　　　　　　　㈡國籍是用虛偽的陳述或欺詐方法而取得的。

　　　　　　三、縱有本條第一款的規定，締約國得保留剝奪個人國籍的權利，如果它在簽字、批准或加入的時候說明它按下列各理由中之一個或一個以上理由（其國內法當時規定的理由）保留此項權利的話：

　　　　　　　　㈠關係人違背其對締約國盡忠的義務：

　　　　　　　　　⑴曾經不管締約國的明白禁令，對另一國家提供或繼續提供服務，或接受或繼續接受另一國家發給的薪俸，或

　　　　　　　　　⑵曾經以嚴重損害該國重大利益的方式行事；

　　　　　　　　㈡關係人曾宣誓或發表正式聲明效忠另一國家，或明確地表明他決心不對締約國效忠。

　　　　　　四、締約國除按法律的規定外，不應行使本條第二款和第三款所准許的剝奪國籍權力；法律應規定關係人有權出席由法院或其他獨立機構主持的公平聽詢。

第 九 條　締約國不得根據種族、人種、宗教或政治理由而剝奪任何人或任何一類人的國籍。

第 十 條　一、凡締約國間所訂規定領土移轉的條約，應包括旨在保證任何人不致因此項移轉而成為無國籍人的條款。締約國應盡最大努力以保證，它同非本公約締約國的國家所訂的任何這類條約包括這種條款。

　　　　　　二、倘無此項條款時，接受領土移轉的締約國和以其他方式取得領土的締約國，對那些由於此項移轉和取得以致於非取得各該國國籍即無國籍的人，應給予各該國國籍。

第十一條　締約各國應在第六件批准書或加入書交存後盡速促成在聯合國體系內設立一個機構，任何人如要求享受本公約的利益，可以請該機構審查他的要求並協助他把該項要求向有關當局提出。

第十二條　一、對沒有按照本公約第一條第一款和第四條規定依法於出生時給予其國籍的締約國而言，第一條第一款和第四條的規定應對在本公約生效之前出生的人及生效之後出生的人一概適用。

　　　　　　二、本公約第一條第四款的規定應對在公約生效之前出生的人及生效之後出

生的人一概適用。

三、本公約第二條的規定應只對在公約已對其生效的締約國內發現的棄兒適用。

第十三條　本公約不得解釋為影響任何締約國現在或以後有效的法律裡或現在或以後在兩個或兩個以上締約國間生效的任何其他公約、條約或協定裡可能載有的更有助於減少無國籍狀態的任何條款。

第十四條　締約國間關於本公約的解釋或適用的任何爭端，如不能以其他方法解決，應依爭端任何一方當事國的請求，提交國際法院。

第十五條　一、本公約對於所有由任何締約國負責其國際關係的非自治、託管、殖民及其他非本部領土均適用；該締約國在遵守本條第二款規定的情況下，應在簽字、批准或加入時宣告由於此項簽字、批准或加入而當然適用本公約的非本部領土。

二、倘在國籍方面非本部領土與本部領土並非視同一體，或依締約國或其非本部領土的憲法或憲政慣例，對非本部領土適用本公約須事先徵得該領土的同意時，締約國應盡力於本國簽署本公約之日起十二個月期限內徵得所需該非本部領土的同意，並於徵得此項同意後通知聯合國秘書長。本公約對於此項通知書所列領土，應自秘書長接到該通知書之日起適用。

三、在本條第二款所述的十二個月期限屆滿後，各關係締約國遇有由其負責國際關係的非本部領土對於本公約的適用尚未表示同意時，應將其與各該領土磋商結果通知秘書長。

第十六條　一、本公約應自一九六一年八月三十日至一九六二年五月三十一日止在聯合國總部開放簽字。

二、本公約對下列國家開放簽字：

㈠聯合國任何會員國；

㈡被邀出席聯合國關於消除或減少未來無國籍狀態會議的任何其他國家；

㈢聯合國大會對其發出簽字或加入的邀請的任何國家。

三、本公約應經批准，批准書應交存於聯合國秘書長。

四、本公約應對本條第二款所指國家開放任憑加入。加入經向聯合國秘書長交存加入書後生效。

第十七條　一、任何國家得於簽字、批准或加入時，對第十一條、第十四條或第十五條提出保留。

二、本公約不准有其他保留。

第十八條　一、本公約應自第六件批准書或加入書交存之日起兩年後生效。

二、對於在第六件批准書或加入書交存後批准或加入本公約的各國，本公約將於該國交存其批准書或加入書後第九十日起或者於本公約按照本條第一款規定生效之日起生效，以發生在後之日期為準。

第十九條　一、任何締約國得隨時以書面通知聯合國秘書長聲明退出本公約。此項退約應於秘書長接到通知之日起一年後對該締約國生效。

　　　　二、凡本公約依第十五條規定對於締約國的非本部領土適用者，該締約國此後隨時獲有關領土的同意，得通知聯合國秘書長，宣告該領土單獨退出本公約。此項退約應自秘書長收到通知之日起一年後生效，秘書長應將此項通知及其收到日期轉知所有其他締約國。

第二十條　一、聯合國秘書長應將下列細節通知聯合國所有會員國及第十六條所述的非會員國：

　　　　㈠依據第十六條規定所為的簽字、批准及加入；

　　　　㈡依據第十七條規定提出的保留；

　　　　㈢本公約依據第十八條規定生效的日期；

　　　　㈣依據第十九條規定的退約。

　　　　二、聯合國秘書長至遲應於第六件批准書或加入書交存後，將按照第十一條規定設立該條所述機構的問題，提請聯合國大會注意。

第二十一條　本公約應於生效之日由聯合國秘書長加以登記。

　　　　為此，簽名於下的各全權代表，在本公約上簽字，以昭信守。

　　　　一九六一年八月三十日訂於紐約，計一份，其中文本、英文本、法文本、俄文本及西班牙文本都具有同等效力，應交存於聯合國檔案庫，其正式副本應由聯合國秘書長送交聯合國所有會員國以及本公約第十六條所述非會員國。

十三、關於無國籍人地位的公約 (Convention Relating to the Status of Stateless Persons)　　　(1954.9.28)

> **說明：**
> ㈠依據聯合國經濟暨社會理事會一九五四年四月二十六日第 526A(XVII) 號決議所召開的全權代表會議，於一九五四年九月二十八日通過本公約；一九六〇年六月六日生效。
> ㈡英文本見 UNTS, Vol. 360, pp. 117–125（雙號是英文）。中文本取自聯合國人權事務高級專員辦事處，《人權，國際文件匯編》，紐約和日內瓦：聯合國，2002 年，頁 593–606。

序　言

締約各方，

考慮到聯合國憲章和聯合國大會於一九四八年十二月十日通過的世界人權宣言確認人人享有基本權利和自由不受歧視的原則，

考慮到聯合國在各種場合表示過它對無國籍人的深切關懷，並且竭力保證無國籍人可以最廣泛地行使此項基本權利和自由，

考慮到一九五一年七月二十八日關於難民地位的公約僅適用於同時是難民的無國籍人，還有許多無國籍人不在該公約適用範圍以內，

考慮到通過一項國際協定來規定和改善無國籍人的地位是合乎願望的，

茲議定如下：

第一章　一般規定

第 一 條　「無國籍人」的定義

一、本公約所稱「無國籍人」一詞是指任何國家根據它的法律不認為它的國民的人。

二、本公約不適用於：

㈠目前從聯合國難民事務高級專員以外的聯合國機關或機構獲得保護或援助的人，只要他仍在獲得此項保護或援助；

㈡被其居住地國家主管當局認為具有附著於該國國籍的權利和義務的人；

㈢存在著重大理由足以認為有下列情事的人：

㈤該人犯了國際文件中已作出規定的破壞和平罪、戰爭罪，或危害人類罪；

㈥該人在進入居住地國以前，曾在該國以外犯過嚴重的非政治性罪行；

㈦該人曾有違反聯合國宗旨和原則的罪行，並經認為有罪。

第 二 條　一般義務

每一無國籍人對其所在國負有責任，此項責任特別要求他遵守該國的法律和規章以及為維持公共秩序而採取的措施。

第 三 條　不受歧視

締約各國應對無國籍人不分種族、宗教，或原籍，適用本公約的規定。

第 四 條　宗教

締約各國對在其領土內的無國籍人，關於舉行宗教儀式的自由以及對其子女施加宗教教育的自由方面，應至少給予其本國國民所獲得的待遇。

第 五 條　與本公約無關的權利

本公約任何規定不得認為妨礙一個締約國並非由於本公約而給予無國籍人的權利和利益。

第 六 條　「在同樣情況下」一詞的意義

本公約所用「在同樣情況下」一詞意味著凡是個別的人如果不是無國籍人，為了享受有關的權利所必須具備的任何要件（包括關於旅居或居住的期間和

條件的要件），但按照要件的性質，無國籍人不可能具備者，則不在此例。

第 七 條　相互條件的免除

一、除本公約載有更有利的規定外，締約國應給予無國籍人以一般外國人所
　　獲得的待遇。

二、一切無國籍人在居住期滿三年以後，應在締約各國領土內享受立法上相
　　互條件的免除。

三、締約各國應繼續給予無國籍人在本公約對該國生效之日他們無需在相互
　　條件下已經有權享受的權利和利益。

四、締約各國對無需在相互條件下給予無國籍人根據第二、三兩款他們有權
　　享受以外的權利和利益，以及對不具備第二、三兩款所規定條件的無國
　　籍人亦免除相互條件的可能性，應給予有利的考慮。

五、第二、三兩款的規定對本公約第十三、十八、十九、二十一和二十二條
　　所指權利和利益，以及本公約並未規定的權利和利益，均予適用。

第 八 條　特殊措施的免除

關於對一外國國民的人身、財產，或利益所得採取的特殊措施，締約各國不
得僅僅因無國籍人過去曾屬有關外國國籍而對其適用此項措施。締約各國如
根據其國內法不能適用本條所表示的一般原則，應在適當情況下，對此項無
國籍人給予免除的優惠。

第 九 條　臨時措施

本公約的任何規定並不妨礙一締約國在戰時或其他嚴重和特殊情況下對個別
的人在該締約國斷定該人確為無國籍人以前，並且認為有必要為了國家安全
的利益應對該人繼續採取措施時，對他臨時採取該國所認為對其國家安全是
迫切需要的措施。

第 十 條　繼續居住

一、無國籍人如在第二次世界大戰時被強制放逐並移至締約一國的領土並在
　　其內居住，這種強制留居的時期應被認為在該領土內合法居住期間以內。

二、無國籍人如在第二次世界大戰時被強制逐出締約一國的領土，而在本公
　　約生效之日以前返回該國準備定居，則在強制放逐以前和以後的居住時
　　期，為了符合於繼續居住這一要求的任何目的，應被認為是一個未經中
　　斷的期間。

第十一條　無國籍海員

對於在懸掛締約一國國旗的船上正常服務的無國籍人，該國對於他們在其領
土內定居以及發給他們旅行證件或者暫時接納他們到該國領土內，特別是為
了便利他們在另一國家定居的目的，均應給予同情的考慮。

第二章　法律上地位

第十二條　個人身分

一、無國籍人的個人身分，應受其住所地國家的法律支配，如無住所，則受
　　其居住地國家的法律支配。

二、無國籍人以前由於個人身分而取得的權利，特別是關於婚姻的權利，應
　　受到締約一國的尊重，如必要時應遵守該國法律所要求的儀式，但以如
　　果他不是無國籍人該有關的權利亦被該國法律承認者為限。

第十三條　動產和不動產

締約各國在動產和不動產的取得及與此有關的其他權利，以及關於動產和不
動產的租賃和其他契約方面，應給予無國籍人盡可能優惠的待遇，無論如何，
此種待遇不得低於在同樣情況下給予一般外國人的待遇。

第十四條　藝術權利和工業財產

關於工業財產的保護，例如對發明、設計或模型、商標、商號名稱，以及對
文學、藝術，和科學作品的權利，無國籍人在其經常居住的國家內，應給以
該國國民所享有的同樣保護。他在任何其他締約國領土內，應給以他經常居
住國家的國民所享有的同樣保護。

第十五條　結社的權利

關於非政治性和非營利性的社團以及同業公會組織，締約各國對合法居留在
其領土內的無國籍人，應給以盡可能優惠的待遇，無論如何，此項待遇不得
低於一般外國人在同樣情況下所享有的待遇。

第十六條　向法院申訴的權利

一、無國籍人有權自由向所有締約各國領土內的法院申訴。

二、無國籍人在其經常居住的締約國內，就向法院申訴的事項，包括訴訟救
　　助和免予提供訴訟擔保在內，應享有與本國國民相同的待遇。

三、無國籍人在其經常居住的國家以外的其他國家內，就第二款所述事項，
　　應給以他經常居住國家的國民所享有的待遇。

第三章　有利可圖的職業活動

第十七條　以工資受償的僱傭

一、締約各國對合法在其領土內居留的無國籍人，就從事工作以換取工資的
　　權利方面，應給以盡可能優惠的待遇，無論如何，此項待遇不得低於一
　　般外國人在同樣情況下所享有的待遇。

二、在使一切無國籍人以工資受償僱傭的權利相同於本國國民的此項權利方
　　面，特別是對根據勞力招募計畫或移民計畫而進入其領土的無國籍人，
　　締約各國應給以同情的考慮。

第十八條　自營職業

締約各國對合法在其領土內的無國籍人，就其自己經營農業、工業、手工業、
商業以及設立工商業公司方面，應給以盡可能優惠的待遇，無論如何，此項
待遇不得低於一般外國人在同樣情況下所享有的待遇。

第十九條　自由職業

締約各國對合法居留於其領土內的無國籍人，凡持有該國主管當局所承認的文憑並願意從事自由職業者，應給以盡可能優惠的待遇，無論如何，此項待遇不得低於一般外國人在同樣情況下所享有的待遇。

第四章　福　利

第二十條　定額供應

如果存在著定額供應制度，而這一制度是適用於一般居民並調整著缺銷產品的總分配，無國籍人應給以本國國民所享有的同樣待遇。

第二十一條　房屋

締約各國對合法居留於其領土的無國籍人，就房屋問題方面，如果該問題是由法律或規章調整或者受公共當局管制，應給以盡可能優惠的待遇，無論如何，此項待遇不得低於一般外國人在同樣情況下所享有的待遇。

第二十二條　公共教育

一、締約各國應給予無國籍人凡本國國民在初等教育方面所享有的同樣待遇。

二、締約各國就初等教育以外的教育，特別是就獲得研究學術的機會，承認外國學校的證書、文憑和學位、減免學費，以及發給獎學金方面，應對無國籍人給以盡可能優惠的待遇，無論如何，此項待遇不得低於一般外國人在同樣情況下所享有的待遇。

第二十三條　公共救濟

締約各國對合法居住在其領土內的無國籍人，就公共救濟和援助方面，應給以凡其本國國民所享有的同樣待遇。

第二十四條　勞動立法和社會安全

一、締約各國對合法居留在其領土內的無國籍人，就下列各事項，應給以本國國民所享有的同樣待遇：

　㈠報酬，包括家庭津貼──如這種津貼構成報酬一部分的話，工作時間，加班辦法，假日工資，對帶回家去工作的限制，僱傭最低年齡，學徒和訓練，女工和童工，享受共同交涉的利益，如果這些事項由法律或規章規定，或者受行政當局管制的話；

　㈡社會安全（關於僱傭中所受損害，職業病，生育，疾病，殘廢，年老，死亡，失業，家庭負擔或根據國家法律或規章包括在社會安全計畫之內的任何其他事故的法律規定），但受以下規定的限制：

　　㈠對維持既得權利和正在取得中的權利可能作出適當安排；

　　㈡居住地國的法律或規章可能對全部由公共基金支付利益金或利益金的一部或對不符合於為發給正常退職金所規定資助條件的人發給津貼，制訂特別安排。

二、無國籍人由於僱傭中所受損害或職業病死亡而獲得的補償權利，不因受益人居住在締約國領土以外而受影響。

三、締約各國之間所締結或在將來可能締結的協定，凡涉及社會安全既得權利或正在取得的權利，締約各國應以此項協定所產生的利益給予無國籍人，但以符合對有關協定各簽字國國民適用的條件者為限。

四、締約各國對以締約國和非締約國之間隨時可能生效的類似協定所產生的利益盡量給予無國籍人一事，將予以同情的考慮。

第五章　行政措施

第二十五條　行政協助

一、如果無國籍人行使一項權利時正常地需要一個對他不能援助的外國當局的協助，則無國籍人居住地的締約國應安排由該國自己當局給予此項協助。

二、第一款所述當局應將正常地應由該國的本國當局或通過其本國當局給予外國人的文件或證明書給予無國籍人，或者使這種文件或證明書在其監督下給予無國籍人。

三、如此發給的文件或證明書應代替由該國人的本國當局或通過其本國當局發給外國人的正式文件，並應在沒有相反證據的情況下給予證明的效力。

四、除對貧苦的人可能給予特殊的待遇外，對上述服務可以徵收費用，但此項費用應有限度，並應相當於為類似服務向本國國民徵收的費用。

五、本條各項規定對第二十七條和第二十八條並不妨礙。

第二十六條　行動自由

締約各國對合法在其領土內的無國籍人，應給予選擇其居住地和在其領土內自由行動的權利，但應受對一般外國人在同樣情況下適用的規章的限制。

第二十七條　身分證件

締約各國對在其領土內不持有有效旅行證件的任何無國籍人，應發給身分證件。

第二十八條　旅行證件

締約各國對合法在其領土內居留的無國籍人，除因國家安全或公共秩序的重大原因應另作考慮外，應發給旅行證件，以憑在其領土以外旅行。本公約附件的規定應適用於上述證件。締約各國可以發給在其領土內的任何其他無國籍人上述旅行證件，締約各國特別對於在其領土內而不能向其合法居住地國家取得旅行證件的無國籍人發給上述旅行證件一事，應給予同情的考慮。

第二十九條　財政徵收

一、締約各國不得對無國籍人徵收其向本國國民在類似情況下徵收以外的

或較高於向其本國國民在類似情況下徵收的任何種類捐稅或費用。

二、前款規定並不妨礙對無國籍人適用關於向外國人發給行政文件包括身分證件在內徵收費用的法律和規章。

第三十條　資產的移轉

一、締約國應在符合於其法律和規章的情況下，准許無國籍人將其攜入該國領土內的資產，移轉到他們為重新定居目的而已被准許入境的另一國家。

二、如果無國籍人申請移轉，不論在何地方的並在另一國家重新定居所需要的財產，而且該另一國家已准其入境，則締約國對其申請應給予同情的考慮。

第三十一條　驅逐出境

一、締約各國除因國家安全或公共秩序理由外，不得將合法在其領土內的無國籍人驅逐出境。

二、驅逐無國籍人出境只能以按照合法程序作出的判決為根據。除因國家安全的重大理由要求另作考慮外，應准許無國籍人提出可以為自己辯白的證據，向主管當局或向由主管當局特別指定的人員申訴或者為此目的委託代表向上述當局或人員申訴。

三、締約各國應給予上述無國籍人一個合理的期間，以便取得合法進入另一國家的許可。締約各國保留在這期間內適用它們所認為必要的內部措施的權利。

第三十二條　入籍

締約各國應盡可能便利無國籍人的入籍和同化。它們應特別盡力加速辦理入籍程序，並盡可能減低此項程序的費用。

第六章　最後條款

第三十三條　關於國內立法的情報

締約各國應向聯合國秘書長送交它們可能採用為保證執行本公約的法律和規章。

第三十四條　爭端的解決

本公約締約國間關於公約解釋或執行的爭端，如不能以其他方法解決，應依爭端任何一方當事國的請求，提交國際法院。

第三十五條　簽字、批准和加入

一、本公約應於一九五五年十二月三十一日以前在聯合國總部開放簽字。

二、本公約對下列國家開放簽字：

　　㈠聯合國任何會員國；

　　㈡應邀出席聯合國關於無國籍人地位會議的任何其他國家；

　　㈢聯合國大會對其發出簽字或加入的邀請的任何國家。

三、本公約應經批准，批准書應交存聯合國秘書長。

四、本公約應對本條第二款所指國家開放任憑加入。加入經向聯合國秘書長交存加入書後生效。

第三十六條　領土適用條款

一、任何一國得於簽字、批准，或加入時聲明本公約將適用於由其負責國際關係的一切或任何領土。此項聲明將於公約對該有關國家生效時發生效力。

二、此後任何時候，這種適用於領土的任何聲明應用通知書送達聯合國秘書長，並將從聯合國秘書長收到此項通知書之日後第九十天起或者從公約對該國生效之日起發生效力，以發生在後之日期為準。

三、關於在簽字、批准，或加入時本公約不適用的領土，各有關國家應考慮採取必要步驟的可能，以便將本公約擴大適用到此項領土，但以此項領土的政府因憲法上需要已同意者為限。

第三十七條　聯邦條款

對於聯邦或非單一政體的國家，應適用下述規定：

一、就本公約中屬於聯邦立法當局的立法管轄範圍內的條款而言，聯邦政府的義務應在此限度內與非聯邦國家的締約國相同；

二、關於本公約中屬於邦、省，或縣的立法管轄範圍內的條款，如根據聯邦的憲法制度，此項邦、省，或縣不一定要採取立法行動的話，聯邦政府應盡早將此項條款附具贊同的建議，提請此項邦、省，或縣的主管當局注意；

三、作為本公約締約國的聯邦國家，如經聯合國秘書長轉達任何其他締約國的請求時，應就聯邦及其構成各單位有關本公約任何個別規定的法律和實踐，提供一項聲明，說明此項規定已經立法或其他行動予以實現的程度。

第三十八條　保留

一、任何國家在簽字、批准，或加入時，可以對公約第一、三、四、十六㈠以及三十三至四十二（包括首尾兩條在內）各條以外的條款作出保留。

二、依本條第一款作出保留的任何國家可以隨時通知聯合國秘書長撤回保留。

第三十九條　生效

一、本公約於第六件批准書或加入書交存之日後第九十天生效。

二、對於在第六件批准書或加入書交存後批准或加入本公約的各國，本公約將於該國交存其批准書或加入書之日後第九十天生效。

第 四 十 條　退出

一、任何締約國可以隨時通知聯合國秘書長退出本公約。

二、上述退出將於聯合國秘書長收到退出通知之日起一年後對該有關締約
國生效。

三、依第三十六條作出聲明或通知的任何國家可以在此以後隨時通知聯合
國秘書長，聲明公約於秘書長收到通知之日後一年停止擴大適用於此
項領土。

第四十一條　修改

一、任何締約國可以隨時通知聯合國秘書長，請求修改本公約。

二、聯合國大會應建議對於上述請求所應採取的步驟，如果有這種步驟的
話。

第四十二條　聯合國秘書長的通知

聯合國秘書長應將下列事項通知聯合國所有會員國以及第三十五條所述非
會員國：

㈠根據第三十五條簽字、批准，和加入；

㈡根據第三十六條所作聲明和通知；

㈢根據第三十八條聲明保留和撤回；

㈣根據第三十九條本公約生效的日期；

㈤根據第四十條聲明退出和通知；

㈥根據第四十一條請求修改。

下列簽署人經正式授權各自代表本國政府在本公約簽字，以昭信守。

一九五四年九月二十八日訂於紐約，計一份，其英文本、法文本和西班牙文本都具
有同等效力，應交存於聯合國檔案庫，其經證明為真實無誤的副本應交給聯合國所有會
員國以及第三十五條所述非會員國。

十四、關於難民地位的公約 (Convention Relating to the Status of Refugees)　(1951.7.28)

說明：

㈠本公約按照聯合國大會一九五〇年十二月十四日第 429(V) 號決議召開的聯合國
難民和無國籍人地位全權代表會議，於一九五一年七月二十八日通過；一九五四
年四月二十二日生效。

㈡本公約最初適用的對象是一九五一年一月一日以前因各種情事而造成的難民，而
且締約國可以附加保留，將公約適用的地理範圍限於歐洲。不過由於一九六七年
《關於難民地位的議定書》的訂定，使得本公約已經不再受到上述限制，即不論
時間或地點，一律適用於所有難民。

㈢英、法文本見 UNTS, Vol. 189, pp. 137–221（單號是法文本，雙號是英文本）。以
下中文本取自聯合國人權事務高級專員辦事處，《人權，國際文件匯編》，紐約和

日內瓦：聯合國，2002 年，頁 607–623。

序　言

締約各方，

考慮到聯合國憲章和聯合國大會於一九四八年十二月十日通過的世界人權宣言確認人人享有基本權利和自由不受歧視的原則，

考慮到聯合國在各種場合表示過它對難民的深切關懷，並且竭力保證難民可以最廣泛地行使此項基本權利和自由，

考慮到通過一項新的協定來修正和綜合過去關於難民地位的國際協定並擴大此項文件的範圍及其所給予的保護是符合願望的，

考慮到庇護權的給予可能使某些國家負荷過分的重擔，並且考慮到聯合國已經認識到這一問題的國際範圍和性質，因此，如果沒有國際合作，就不能對此問題達成滿意的解決，

表示希望凡認識到難民問題的社會和人道性質的一切國家，將盡一切努力不使這一問題成為國家之間緊張的原因，

注意到聯合國難民事務高級專員對於規定保護難民的國際公約負有監督的任務，並認識到為處理這一問題所採取措施的有效協調，將依賴於各國和高級專員的合作，

茲議定如下：

第一章　一般規定

第 一 條　「難民」一詞的定義

一、本公約所用「難民」一詞適用於下列任何人：

(甲)根據一九二六年五月十二日和一九二八年六月三十日的協議、或根據一九三三年十月二十八日和一九三八年二月十日的公約、以及一九三九年九月十四日的議定書、或國際難民組織約章被認為難民的人；

國際難民組織在其執行職務期間所作關於不合格的決定，不妨礙對符合於本款(乙)項條件的人給予難民的地位。

(乙)由於一九五一年一月一日以前發生的事情並因有正當理由畏懼由於種族、宗教、國籍、屬於某一社會團體或具有某種政治見解的原因留在其本國之外，並且由於此項畏懼而不能或不願受該國保護的人；或者不具有國籍並由於上述事情留在他以前經常居住國家以外而現在不能或者由於上述畏懼不願返回該國的人。

對於具有不止一國國籍的人，「本國」一詞是指他有國籍的每一國家。如果沒有實在可以發生畏懼的正當理由而不受他國籍所屬國家之一的保護時，不得認其缺乏本國的保護。

二、㈠本公約第一條第一款所用「一九五一年一月一日以前發生的事情」一
　　　語，應瞭解為：㈠「一九五一年一月一日以前在歐洲發生的事情」；或
　　　者㈡「一九五一年一月一日以前在歐洲或其他地方發生的事情」；締約
　　　各國應於簽字、批准、或加入時聲明為了承擔本公約的義務，這一用
　　　語應作何解釋。
　　㈡已經採取上述㈠解釋的任何締約國，可以隨時向聯合國秘書長提出通
　　　知，採取㈡解釋以擴大其義務。
三、如有下列各項情況，本公約應停止適用於上述㈠項所列的任何人：
　　㈠該人已自動接受其本國的保護；或者
　　㈡該人於喪失國籍後，又自動重新取得國籍；或者
　　㈢該人已取得新的國籍，並享受其新國籍國家的保護；或者
　　㈣該人已在過去由於畏受迫害而離去或躲開的國家內自動定居下來；或
　　　者
　　㈤該人由於被認為是難民所依據的情況不復存在而不能繼續拒絕受其本
　　　國的保護；
　　　但本項不適用於本條第一款㈠項所列的難民，如果他可以援引由於過
　　　去曾受迫害的重大理由以拒絕受其本國的保護；
　　㈥該人本無國籍，由於被認為是難民所依據的情況不復存在而可以回到
　　　其以前經常居住的國家內；
　　　但本項不適用於本條第一款㈠項所列的難民，如果他可以援引由於過
　　　去曾受迫害的重大理由以拒絕受其以前經常居住國家的保護。
四、本公約不適用於目前從聯合國難民事務高級專員以外的聯合國機關或機
　　構獲得保護或援助的人。
　　當上述保護或援助由於任何原因停止而這些人的地位還沒有根據聯合國
　　大會所通過的有關決議明確解決時，他們應在事實上享受本公約的利益。
五、本公約不適用於被其居住地國家主管當局認為具有附著於該國國籍的權
　　利和義務的人。
六、本公約規定不適用於存在著重大理由足以認為有下列情事的任何人：
　　㈠該人犯了國際文件中已作出規定的破壞和平罪、戰爭罪、或危害人類
　　　罪；
　　㈡該人在以難民身分進入避難國以前，曾在避難國以外犯過嚴重的非政
　　　治性罪行；
　　㈢該人曾有違反聯合國宗旨和原則的行為並經認為有罪。
第 二 條　一般義務
　　　一切難民對其所在國負有責任，此項責任特別要求他們遵守該國的法律和規
　　章以及為維護公共秩序而採取的措施。
第 三 條　不受歧視

締約各國應對難民不分種族、宗教、或國籍，適用本公約的規定。

第 四 條　宗教

締約各國對在其領土內的難民，關於舉行宗教儀式的自由以及對其子女施加宗教教育的自由方面，應至少給予其本國國民所獲得的待遇。

第 五 條　與本公約無關的權利

本公約任何規定不得認為妨礙一個締約國並非由於本公約而給予難民的權利和利益。

第 六 條　「在同樣情況下」一詞的意義

本公約所用「在同樣情況下」一詞意味著凡是個別的人如果不是難民為了享受有關的權利所必需具備的任何要件（包括關於旅居或居住的期間和條件的要件），但按照要件的性質，難民不可能具備者，則不在此例。

第 七 條　相互條件的免除

一、除本公約載有更有利的規定外，締約國應給予難民以一般外國人所獲得的待遇。

二、一切難民在居住期滿三年以後，應在締約各國領土內享受立法上相互條件的免除。

三、締約各國應繼續給予難民在本公約對該國生效之日他們無需在相互條件下已經有權享受的權利和利益。

四、締約各國對無需在相互條件下給予難民根據第二、三兩款他們有權享受以外的權利和利益，以及對不具備第二、三兩款所規定條件的難民亦免除相互條件的可能性，應給予有利的考慮。

五、第二、三兩款的規定對本公約第十三、十八、十九、二十一和二十二條所指權利和利益，以及本公約並未規定的權利和利益，均予適用。

第 八 條　特殊措施的免除

關於對一外國國民的人身、財產、或利益所得採取的特殊措施，締約各國不得對形式上為該外國國民的難民僅僅因其所屬國籍而對其適用此項措施。締約各國如根據其國內法不能適用本條所表示的一般原則，應在適當情況下，對此項難民給予免除的優惠。

第 九 條　臨時措施

本公約的任何規定並不妨礙一締約國在戰時或其他嚴重和特殊情況下對個別的人在該締約國斷定該人確為難民以前，並且認為有必要為了國家安全的利益應對該人繼續採取措施時，對他臨時採取該國所認為對其國家安全是迫切需要的措施。

第 十 條　繼續居住

一、難民如在第二次世界大戰時被強制放逐並移至締約一國的領土並在其內居住，這種強制留居的時期應被認為在該領土內合法居住期間以內。

二、難民如在第二次世界大戰時被強制逐出締約一國的領土，而在本公約生

效之日以前返回該國準備定居，則在強制放逐以前和以後的居住時期，為了符合於繼續居住這一要求的任何目的，應被認為是一個未經中斷的期間。

第十一條　避難海員

對於在懸掛締約一國國旗的船上正常服務的難民，該國對於他們在其領土內定居以及發給他們旅行證件或者暫時接納他們到該國領土內，特別是為了便利他們在另一國家定居的目的，均應給予同情的考慮。

第二章　法律上地位

第十二條　個人身分

一、難民的個人身分，應受其住所地國家的法律支配，如無住所，則受其居住地國家的法律支配。

二、難民以前由於個人身分而取得的權利，特別是關於婚姻的權利，應受到締約一國的尊重，如必要時應遵守該國法律所要求的儀式，但以如果他不是難民該有關的權利亦被該國法律承認者為限。

第十三條　動產和不動產

締約各國在動產和不動產的取得及與此有關的其他權利，以及關於動產和不動產的租賃和其他契約方面，應給予難民盡可能優惠的待遇，無論如何，此項待遇不得低於在同樣情況下給予一般外國人的待遇。

第十四條　藝術權利和工業財產

關於工業財產的保護，例如對發明、設計或模型、商標、商號名稱、以及對文學、藝術、和科學作品的權利，難民在其經常居住的國家內，應給以該國國民所享有的同樣保護。他在任何其他締約國領土內，應給以他經常居住國家的國民所享有的同樣保護。

第十五條　結社的權利

關於非政治性和非營利性的社團以及同業公會組織，締約各國對合法居留在其領土內的難民，應給以一個外國的國民在同樣情況下所享有的最惠國待遇。

第十六條　向法院申訴的權利

一、難民有權自由向所有締約各國領土內的法院申訴。

二、難民在其經常居住的締約國內，就向法院申訴的事項，包括訴訟救助和免予提供訴訟擔保在內，應享有與本國國民相同的待遇。

三、難民在其經常居住的國家以外的其他國家內，就第二款所述事項，應給以他經常居住國家的國民所享有的待遇。

第三章　有利可圖的職業活動

第十七條　以工資受償的僱傭

一、締約各國對合法在其領土內居留的難民，就從事工作以換取工資的權利

方面，應給以在同樣情況下一個外國國民所享有的最惠國待遇。

二、無論如何，對外國人施加的限制措施或者為了保護國內勞動力市場而對僱傭外國人施加限制的措施，均不得適用於在本公約對有關締約國生效之日已免除此項措施的難民，亦不適用於具備下列條件之一的難民：

　　㈠已在該國居住滿三年；

　　㈡其配偶具有居住國的國籍，但如難民已與其配偶離異，則不得援引本項規定的利益；

　　㈢其子女一人或數人具有居住國的國籍。

三、關於以工資受償的僱傭問題，締約各國對於使一切難民的權利相同於本國國民的權利方面，應給予同情的考慮，特別是對根據招工計畫或移民入境辦法進入其領土的難民的此項權利。

第十八條　自營職業

締約各國對合法在其領土內的難民，就其自己經營農業、工業、手工業、商業以及設立工商業公司方面，應給以盡可能優惠的待遇，無論如何，此項待遇不得低於一般外國人在同樣情況下所享有的待遇。

第十九條　自由職業

一、締約各國對合法居留於其領土內的難民，凡持有該國主管當局所承認的文憑並願意從事自由職業者，應給以盡可能優惠的待遇，無論如何，此項待遇不得低於一般外國人在同樣情況下所享有的待遇。

二、締約各國對在其本土以外而由其負責國際關係的領土內的難民，應在符合其法律和憲法的情況下，盡極大努力使這些難民定居下來。

第四章　福　利

第二十條　定額供應

如果存在著定額供應制度，而這一制度是適用於一般居民並調整著缺銷產品的總分配，難民應給以本國國民所享有的同樣待遇。

第二十一條　房屋

締約各國對合法居留於其領土內的難民，就房屋問題方面，如果該問題是由法律或規章調整或者受公共當局管制，應給以盡可能優惠的待遇，無論如何，此項待遇不得低於一般外國人在同樣情況下所享有的待遇。

第二十二條　公共教育

一、締約各國應給予難民凡本國國民在初等教育方面所享有的同樣待遇。

二、締約各國就初等教育以外的教育，特別是就獲得研究學術的機會、承認外國學校的證書、文憑、和學位、減免學費、以及發給獎學金方面，應對難民給以盡可能優惠的待遇，無論如何，此項待遇不得低於一般外國人在同樣情況下所享有的待遇。

第二十三條　公共救濟

締約各國對合法居住在其領土內的難民，就公共救濟和援助方面，應給以凡其本國國民所享有的同樣待遇。

第二十四條　勞動立法和社會安全

一、締約各國對合法居留在其領土內的難民，就下列各事項，應給以本國國民所享有的同樣待遇：

㈠報酬，包括家庭津貼——如此種津貼構成報酬一部分的話、工作時間、加班辦法、假日工資、對帶回家去工作的限制、僱傭最低年齡、學徒和訓練、女工和童工、享受共同交涉的利益，如果這些事項由法律或規章規定，或者受行政當局管制的話；

㈡社會安全（關於僱傭中所受損害、職業病、生育、疾病、殘廢、年老、死亡、失業、家庭負擔或根據國家法律或規章包括在社會安全計畫之內的任何其他事故的法律規定），但受以下規定的限制：

㈠對維持既得權利和正在取得的權利可能作出適當安排；

㈡居住地國的法律或規章可能對全部由公共基金支付利益金或利益金的一部或對不符合於為發給正常退職金所規定資助條件的人發給津貼，制訂特別安排。

二、難民由於僱傭中所受損害或職業病死亡而獲得的補償權利，不因受益人居住地在締約國領土以外而受影響。

三、締約各國之間所締結或在將來可能締結的協定，凡涉及社會安全既得權利或正在取得的權利，締約各國應以此項協定所產生的利益給予難民，但以符合對有關協定各簽字國國民適用的條件者為限。

四、締約各國對以締約國和非締約國之間隨時可能生效的類似協定所產生的利益盡量給予難民一事，將予以同情的考慮。

第五章　行政措施

第二十五條　行政協助

一、如果難民行使一項權利時正常地需要一個對他不能援助的外國當局的協助，則難民居住地的締約國應安排由該國自己當局或由一個國際當局給予此項協助。

二、第一款所述當局應將正常地應由難民的本國當局或通過其本國當局給予外國人的文件或證明書給予難民，或者使這種文件或證明書在其監督下給予難民。

三、如此發給的文件或證書應代替由難民的本國當局或通過其本國當局發給難民的正式文件，並應在沒有相反證據的情況下給予證明的效力。

四、除對貧苦的人可能給予特殊的待遇外，對上述服務可以徵收費用，但此項費用應有限度，並應相當於為類似服務向本國國民徵收的費用。

五、本條各項規定對第二十七條和第二十八條並不妨礙。

第二十六條　行動自由

締約各國對合法在其領土內的難民，應給予選擇其居住地和在其領土內自由行動的權利，但應受對一般外國人在同樣情況下適用的規章的限制。

第二十七條　身分證件

締約各國對在其領土內不持有有效旅行證件的任何難民，應發給身分證件。

第二十八條　旅行證件

一、締約各國對合法在其領土內居留的難民，除因國家安全或公共秩序的重大原因應另作考慮外，應發給旅行證件，以憑在其領土以外旅行。本公約附件的規定應適用於上述證件。締約各國可以發給在其領土內的任何其他難民上述旅行證件。締約各國特別對於在其領土內而不能向其合法居住地國家取得旅行證件的難民發給上述旅行證件一事，應給予同情的考慮。

二、根據以前國際協定由此項協定締約各方發給難民的旅行證件，締約各方應予承認，並應當作根據本條發給的旅行證件同樣看待。

第二十九條　財政徵收

一、締約各國不得對難民徵收其向本國國民在類似情況下徵收以外的或較高於向其本國國民在類似情況下徵收的任何種類捐稅或費用。

二、前款規定並不妨礙對難民適用關於向外國人發給行政文件包括旅行證件在內的法律和規章。

第 三 十 條　資產的移轉

一、締約國應在符合於其法律和規章的情況下，准許難民將其攜入該國領土內的資產，移轉到難民為重新定居目的而已被准許入境的另一國家。

二、如果難民申請移轉不論在何地方的並在另一國家重新定居所需要的財產，而且該另一國家已准其入境，則締約國對其申請應給予同情的考慮。

第三十一條　非法留在避難國的難民

一、締約各國對於直接來自生命或自由受到第一條所指威脅的領土未經許可而進入或逗留於該國領土的難民，不得因該難民的非法入境或逗留而加以刑罰，但以該難民毫不遲延地自行投向當局說明其非法入境或逗留的正當原因者為限。

二、締約各國對上述難民的行動，不得加以除必要以外的限制，此項限制只能於難民在該國的地位正常化或難民獲得另一國入境准許以前適用。締約各國應給予上述難民一個合理的期間以及一切必要的便利，以便獲得另一國入境的許可。

第三十二條　驅逐出境

一、締約各國除因國家安全或公共秩序理由外，不得將合法在其領土內的難民驅逐出境。

二、驅逐難民出境只能以按照合法程序作出的判決為根據。除因國家安全
的重大理由要求另作考慮外，應准許難民提出有利於其自己的證據，
向主管當局或向由主管當局特別指定的人員申訴或者為此目的委託代
表向上述當局或人員申訴。

三、締約各國應給予上述難民一個合理的期間，以便取得合法進入另一國
家的許可。締約各國保留在這期間內適用它們所認為必要的內部措施
的權利。

第三十三條　禁止驅逐出境或送回（「推回」）

一、任何締約國不得以任何方式將難民驅逐或送回（「推回」）至其生命或
自由因為他的種族、宗教、國籍、參加某一社會團體或具有某種政治
見解而受威脅的領土邊界。

二、但如有正當理由認為難民足以危害所在國的安全，或者難民已被確定
判決認為犯過特別嚴重罪行從而構成對該國社會的危險，則該難民不
得要求本條規定的利益。

第三十四條　入籍

締約各國應盡可能便利難民的入籍和同化。它們應特別盡力加速辦理入籍
程序，並盡可能減低此項程序的費用。

第六章　執行和過渡規定

第三十五條　國家當局同聯合國的合作

一、締約各國保證同聯合國難民事務高級專員辦事處或繼承該辦事處的聯
合國任何其他機關在其執行職務時進行合作，並應特別使其在監督適
用本公約規定而行使職務時獲得便利。

二、為了使高級專員辦事處或繼承該辦事處的聯合國任何其他機關向聯合
國主管機關作出報告，締約各國保證於此項機關請求時，向它們在適
當形式下提供關於下列事項的情報和統計資料：

㈠難民的情況，

㈡本公約的執行，以及

㈢現行有效或日後可能生效的涉及難民的法律、規章和法令。

第三十六條　關於國內立法的情報

締約各國應向聯合國秘書長送交它們可能採用為保證執行本公約的法律和
規章。

第三十七條　對以前公約的關係

在不妨礙本公約第二十八條第二款的情況下，本公約在締約各國之間代替
一九二二年七月五日、一九二四年五月三十一日、一九二六年五月十二日、
一九二八年六月三十日以及一九三五年七月三十日的協議，一九三三年十
月二十八日和一九三八年二月十日的公約，一九三九年九月十四日議定書、

和一九四六年十月十五日的協定。

第七章　最後條款

第三十八條　爭端的解決

本公約締約國間關於公約解釋或執行的爭端，如不能以其他方法解決，應依爭端任何一方當事國的請求，提交國際法院。

第三十九條　簽字、批准和加入

一、本公約應於一九五一年七月二十八日在日內瓦開放簽字，此後交存聯合國秘書長。本公約將自一九五一年七月二十八日至八月三十一日止在聯合國駐歐辦事處開放簽字，並將自一九五一年九月十七日至一九五二年十二月三十一日止在聯合國總部重新開放簽字。

二、本公約將對聯合國所有會員國，並對應邀出席難民和無國籍人地位全權代表會議或由聯合國大會致送簽字邀請的任何其他國家開放簽字。本公約應經批准，批准書應交存聯合國秘書長。

三、本公約將自一九五一年七月二十八日起對本條第二款所指國家開放任憑加入。加入經向聯合國秘書長交存加入書後生效。

第四十條　領土適用條款

一、任何一國得於簽字、批准、或加入時聲明本公約將適用於由其負責國際關係的一切或任何領土。此項聲明將於公約對該有關國家生效時發生效力。

二、此後任何時候，這種適用於領土的任何聲明應用通知書送達聯合國秘書長，並將從聯合國秘書長收到此項通知書之日後第九十天起或者從公約對該國生效之日起發生效力，以發生在後之日期為準。

三、關於在簽字、批准、或加入時本公約不適用的領土，各有關國家應考慮採取必要步驟的可能，以便將本公約擴大適用到此項領土，但以此項領土的政府因憲法上需要已同意者為限。

第四十一條　聯邦條款

對於聯邦或非單一政體的國家，應適用下述規定：

一、就本公約中屬於聯邦立法當局的立法管轄範圍內的條款而言，聯邦政府的義務應在此限度內與非聯邦國家的締約國相同；

二、關於本公約中屬於邦、省、或縣的立法管轄範圍內的條款，如根據聯邦的憲法制度，此項邦、省、或縣不一定要採取立法行動的話，聯邦政府應盡早將此項條款附具贊同的建議，提請此項邦、省、或縣的主管當局注意；

三、作為本公約締約國的聯邦國家，如經聯合國秘書長轉達任何其他締約國的請求時，應就聯邦及其構成各單位有關本公約任何個別規定的法律和實踐，提供一項聲明，說明此項規定已經立法或其他行動予以實

現的程度。

第四十二條　保留

一、任何國家在簽字、批准、或加入時，可以對公約第一、三、四、十六
（一）、三十三、以及三十六至四十六（包括首尾兩條在內）各條以外的
規定作出保留。

二、依本條第一款作出保留的任何國家可以隨時通知聯合國秘書長撤回保
留。

第四十三條　生效

一、本公約於第六件批准書或加入書交存之日後第九十天生效。

二、對於在第六件批准書或加入書交存後批准或加入本公約的各國，本公
約將於該國交存其批准書或加入書之日後第九十天生效。

第四十四條　退出

一、任何締約國可以隨時通知聯合國秘書長退出本公約。

二、上述退出將於聯合國秘書長收到退出通知之日起一年後對該有關締約
國生效。

三、依第四十條作出聲明或通知的任何國家可以在此以後隨時通知聯合國
秘書長，聲明公約將於秘書長收到通知之日後一年停止擴大適用於此
項領土。

第四十五條　修改

一、任何締約國可以隨時通知聯合國秘書長，請求修改本公約。

二、聯合國大會應建議對於上述請求所應採取的步驟，如果有這種步驟的
話。

第四十六條　聯合國秘書長的通知

聯合國秘書長應將下列事項通知聯合國所有會員國以及第三十九條所述非
會員國：

一、根據第一條二款所作聲明和通知；

二、根據第三十九條簽字、批准、和加入；

三、根據第四十條所作聲明和通知；

四、根據第四十二條聲明保留和撤回；

五、根據第四十三條本公約生效的日期；

六、根據第四十四條聲明退出和通知；

七、根據第四十五條請求修改。

下列簽署人經正式授權各自代表本國政府在本公約簽字，以昭信守。

一九五一年七月二十八日訂於日內瓦，計一份，其英文本和法文本有同等效力，應
交存於聯合國檔案庫，其經證明為真實無誤的副本應交給聯合國所有會員國以及第三十
九條所述非會員國。

十五、關於難民地位的議定書 (Protocol Relating to the Status of Refugees) (1967.1.31)

說明：

㈠本議定書經聯合國經濟暨社會理事會一九六六年十一月十八日第 1186(XLI) 號決議通過；聯合國大會一九六六年十二月十六日第 2198(XXI) 號決議要求秘書長將這個議定書的文本轉遞給該議定書第五條所述各國，以便這些國家能加入議定書。

㈡本議定書一九六七年一月三十一日簽署，一九六七年十月四日生效。

㈢英、法文本見 UNTS, Vol. 606, pp. 267–277 〔雙號為英文〕；中文本見 pp. 278–282。以下中文本取自聯合國人權事務高級專員辦事處，《人權，國際文件匯編》，紐約和日內瓦：聯合國，2002 年，頁 624–627。

本議定書締約各國，

考慮到一九五一年七月二十八日訂於日內瓦的關於難民地位的公約（以下簡稱「公約」）僅適用於由於一九五一年一月一日以前發生的事情而變成難民的人，

考慮到自通過公約以來，發生了新的難民情況，因此，有關的難民可能不屬於公約的範圍，

考慮到公約定義範圍內的一切難民應享有同等的地位而不論一九五一年一月一日這個期限，是合乎願望的，

茲議定如下：

第 一 條 一般規定

一、本議定書締約各國承擔對符合下述定義的難民適用公約第二至三十四（包括首尾兩條在內）各條的規定。

二、為本議定書的目的，除關於本條第三款的適用外，「難民」一詞是指公約第一條定義範圍內的任何人，但該第一條第一款(乙)項內「由於一九五一年一月一日以前發生的事情並……」等字和「……由於上述事情」等字視同已經刪去。

三、本議定書應由各締約國執行，不受任何地理上的限制，但已成為公約締約國的國家按公約第一條第二款(甲)項(子)目所作的現有聲明，除已按公約第一條第二款(乙)項予以擴大者外，亦應在本議定書下適用。

第 二 條 各國當局同聯合國的合作

一、本議定書締約各國保證同聯合國難民事務高級專員辦事處或繼承該辦事處的聯合國任何其他機關在其執行職務時進行合作，並應特別使其在監督適用本議定書規定而行使職務時獲得便利。

二、為了使高級專員辦事處或繼承該辦事處的聯合國任何其他機關向聯合國

主管機關作出報告，本議定書締約各國保證於此項機關請求時，向它們在適當形式下提供關於下列事項的情報和統計資料：

�(甲)難民的情況，

㈲(乙)本議定書的執行，以及

㈭(丙)現行有效或日後可能生效的涉及難民的法律、規章和法令。

第 三 條 關於國內立法的情報

本議定書締約各國應向聯合國秘書長送交它們可能採用為保證執行本議定書的法律和規章。

第 四 條 爭端的解決

本議定書締約國間關於議定書解釋或執行的爭端，如不能以其他方法解決，應依爭端任何一方當事國的請求，提交國際法院。

第 五 條 加入

本議定書應對公約全體締約國、聯合國任何其他會員國、任何專門機構成員和由聯合國大會致送加入邀請的國家開放任憑加入。加入經向聯合國秘書長交存加入書後生效。

第 六 條 聯邦條款

對於聯邦或非單一政體的國家，應適用下述規定：

一、就公約內應按本議定書第一條第一款實施而屬於聯邦立法當局的立法管轄範圍內的條款而言，聯邦政府的義務應在此限度內與非聯邦國家的締約國相同；

二、關於公約內應按本議定書第一條第一款實施而屬於邦、省、或縣的立法管轄範圍內的條款，如根據聯邦的憲法制度，此項邦、省、或縣不一定要採取立法行動的話，聯邦政府應盡早將此項條款附具贊同的建議，提請此項邦、省、或縣的主管當局注意；

三、作為本議定書締約國的聯邦國家，如經聯合國秘書長轉達任何其他締約國的請求時，應就聯邦及其構成各單位有關公約任何個別規定的法律和實踐，提供一項聲明，說明此項規定已經立法或其他行動予以實現的程度。

第 七 條 保留和聲明

一、任何國家在加入時，可以對本議定書第四條及對按照本議定書第一條實施公約第一、三、四、十六㈠及三十三各條以外的規定作出保留，但就公約締約國而言，按照本條規定作出的保留，不得推及於公約所適用的難民。

二、公約締約國按照公約第四十二條作出的保留，除非已經撤回，應對其在本議定書下所負的義務適用。

三、按照本條第一款作出保留的任何國家可以隨時通知聯合國秘書長撤回保留。

四、加入本議定書的公約締約國按照公約第四十條第一、二款作出的聲明，應視為對本議定書適用，除非有關締約國在加入時向聯合國秘書長作出相反的通知。關於公約第四十條第二、三款及第四十四條第三款，本議定書應視為准用其規定。

第 八 條　生效

一、本議定書於第六件加入書交存之日生效。

二、對於在第六件加入書交存後加入本議定書的各國，本議定書將於該國交存其加入書之日生效。

第 九 條　退出

一、本議定書任何締約國可以隨時通知聯合國秘書長退出本議定書。

二、上述退出將於聯合國秘書長收到退出通知之日起一年後對該有關締約國生效。

第 十 條　聯合國秘書長的通知

聯合國秘書長應將本議定書生效的日期、加入的國家、對本議定書的保留和撤回保留、退出本議定書的國家以及有關的聲明和通知書通知上述第五條所述各國。

第十一條　交存聯合國秘書處檔案庫

本議定書的中文本、英文本、法文本、俄文本和西班牙文本都具有同等效力，其經聯合國大會主席及聯合國秘書長簽字的正本應交存於聯合國秘書處檔案庫。秘書長應將本議定書的正式副本轉遞給聯合國全體會員國及上述第五條所述的其他國家。

十六、引渡示範條約 (Model Treaty on Extradition)
(1990.12.14)

說明：

㈠聯合國大會第四十五屆會議一九九〇年十二月十四日第 A/RES/45/116 決議通過。一九九七年第 A/RES/52/88 決議修訂通過。

㈡英文本見 General Assembly, Resolutions and Decisions Adopted by the General Assembly During its Forty–Fifth Session, Volume I, New York: United Nations, 1991, pp. 211–215；中文本見聯合國大會，《大會第 45 屆會議通過的決議和決定》，第 1 卷，紐約：聯合國，1990，頁 241–246。

㈢以下文本包含 1997 年所提出的修訂之後合併的文本，但不含註解。

希望締結一項引渡條約，以期兩國在控制犯罪方面進行更有效的合作。

茲協議如下：

第 一 條　引渡之義務

締約國同意根據請求並根據本《條約》各項規定,向對方引渡為了對可引渡罪行提出起訴或者為了對這類罪行作出判決或執行判決在請求國受到通緝的任何人。

第 二 條　可予引渡之犯罪行為

一、為本《條約》目的,可予引渡之犯罪行為係指按照締約國雙方法律規定可予監禁或以其他方式剝奪其自由最長不少於〔一/二〕年、或應受到更為嚴厲懲罰的任何犯罪行為。有關引渡的請求若是為了對所通緝者執行對此類罪行作出的監禁判決或其他剝奪自由的判決,僅在其未服刑期至少有〔四/六〕個月時方可准予引渡。

二、在確定某一犯罪行為是否構成違反締約國雙方法律的犯罪行為時:

(a)不應計較締約國法律是否將構成該犯罪的行為或不行為列入同一犯罪類別或者是否對該罪行採取同一用語;

(b)應對由請求國提出的行為或不行為作整體考慮,而不論根據締約國法律規定該犯罪行為的組成部分是否有別。

三、若某人因違反有關賦稅、關稅、外匯管制或其他稅務事項的違法行為而被要求引渡,被請求國不得以其法律並不規定徵收與請求國法律規定的同樣種類的賦稅或關稅、或並未載列與請求國同樣的賦稅、關稅或外匯管制條例為理由而拒絕引渡。

四、如引渡請求涉及若干項犯罪行為,且每一項罪行按照締約國雙方法律均應予以懲處,但其中某些犯罪行為並不符合本條第一款規定的其他條件,被請求國仍可針對後一類罪行准予引渡,只要需予引渡者犯有至少一項可予引渡罪行。

第 三 條　拒絕引渡之強制性理由

遇下述任一情況,不得准予引渡:

(a)被請求國認為作為請求引渡原因的犯罪行為屬政治性罪行。政治性罪行這一提法不應包括締約國根據任何多邊公約已承擔義務在不引渡時對其採取起訴行動的任何犯罪行為,也不應包括締約國為引渡目的已商定不視為政治性罪行的任何其他犯罪行為;

(b)被請求國有充分理由確信,提出引渡請求是為了某人的種族、宗教、國籍、族裔本源、政治見解、性別或身分等原因而欲對其進行起訴或懲處,或確信該人的地位會因其中任一原因而受到損害;

(c)作為請求引渡原因的犯罪行為係軍法範圍內的罪行,而並非普通刑法範圍內的罪行;

(d)在被請求國已因作為請求引渡原因的罪行對被要求引渡者作出終審判決;

(e)根據締約國任何一方的法律,被要求引渡者因時效已過或大赦等任何原因而可免予起訴和懲罰;

　　(f)被要求引渡者在請求國內曾受到或將會受到酷刑或其他殘忍、不人道或有
　　　辱人格的待遇或處罰，或者沒有得到或不會得到《公民與政治權利國際公
　　　約》第十四條所載的刑事訴訟程序中的最低限度保障；

　　(g)請求國的判決係缺席判決，被定罪的人未獲有審判的充分通知，也沒有機
　　　會安排辯護，沒有機會或將不會有機會在其本人出庭的情況下使該案獲得
　　　重審。

第 四 條　拒絕引渡之任擇理由

　　遇下述任一情況，可拒絕引渡：

　　(a)被要求引渡者為被請求國國民。如被請求國據此拒絕引渡，則應在對方提
　　　出請求的情況下將此案交由其本國主管當局審理，以便就作為請求引渡原
　　　因的罪行對該人採取適當行動；

　　(b)被請求國主管當局已決定不就作為請求引渡原因的罪行對該人提起訴訟，
　　　或已決定終止訴訟；

　　(c)被請求國即將就作為請求引渡原因的罪行對被要求引渡者提起訴訟；

　　(d)按請求國的法律作為請求引渡原因的罪行應判處死刑，除非該國作出被請
　　　求國認為是充分的保證，表示不會判處死刑，或即使判死刑，也不會予以
　　　執行。如被請求國據此拒絕引渡，則應在對方提出請求的情況下將此案交
　　　由其本國主管當局審理，以便就作為請求引渡原因的罪行對該人採取適當
　　　行動；

　　(e)作為請求引渡原因的罪行係在締約國雙方領土境外所犯，而被請求國的法
　　　律沒有對在其境外類似情況下所犯的這種罪行規定管轄權；

　　(f)按被請求國的法律作為請求引渡原因的罪行被視為係全部或部分在該國境
　　　內所犯。如被請求國據此拒絕引渡，則應在對方提出請求的情況下將此案
　　　交由其本國主管當局審理，以便就作為請求引渡原因的罪行對該人採取適
　　　當行動；

　　(g)被要求引渡者在請求國已由特別或特設法院或法庭判刑或者將可能受審或
　　　判刑；

　　(h)被請求國雖考慮到罪行性質和請求國的利益，但認為在該案情況下，鑒於
　　　該人的年齡、健康或其他個人具體情況，將該人引渡將不符合人道主義的
　　　考慮。

第 五 條　聯繫渠道和所需文件

　　一、引渡請求應以書面方式提出。請求書、佐證文件和隨後的函件應通過外
　　　　交渠道在司法部或締約國指定的任何其他當局之間直接傳遞。

　　二、引渡請求書應附有以下材料：

　　　　(a)在所有情況下，

　　　　　㈠附有對所通緝者盡可能正確的描述，以及任何其他可有助於確定其
　　　　　　身分、國籍和地點的資料；

㈡附有確立該罪行的有關法律規定條文，或者必要情況下關於相關該
罪行法律的陳述和關於可對該罪行施加的懲罰和陳述；

(b)如該人被指控犯有一項罪行，附有由法院或其他主管司法當局為逮捕
該人簽發的逮捕證或經核證副本，關於作為請求引渡原因的罪行的陳
述以及關於構成該指稱罪行的行為或不行為的說明，包括說明作案的
時間和地點；

(c)如該人已被判定犯有一項罪行，附有關於作為請求引渡原因的罪行的
陳述和關於構成該罪行的行為或不行為的說明，還附有判決書原件或
經核證副本或任何其他文件，宣布判罪和科刑、該科刑可強制執行的
情況以及待服刑期的程度；

(d)如該人已由缺席審判判定犯有一項罪行，除本條第二款(c)項規定的文
件外，還附有一份陳述，說明該人可採用準備辯護或使該案在其出庭
情況下重審的法律手段；

(e)如該人已被判定犯有一項罪行，但尚未被科刑，附有關於作為請求引
渡原因的罪行的陳述和關於構成該罪行的行為或不行為的說明，還附
有宣布判罪的文件和確認有意科刑的陳述。

三、作為請求引渡依據而提交的文件應附有以被請求國語文或該國可接受的
另一種語文提出的譯文。

第 六 條　簡便引渡程序

被請求國在其本國法律不予排除的情況下，可於收到暫時逮捕的請求後准予
引渡，但須所通緝者在主管當局面前明確表示同意。

第 七 條　證明和認證

除非本《條約》另有規定，引渡請求書及其佐證文件以及由應此項請求而提
供的文件或其他材料均無須證明或認證。

第 八 條　補充資料

被請求國如認為作為引渡請求依據而提供的資料不夠充分，可要求在其規定
的合理時限內提供補充資料。

第 九 條　暫時逮捕

一、在緊急情況下，請求國可在提交引渡請求書之前申請暫時逮捕所通緝者，
申請書應通過國際刑事警察組織的機構以郵電或以有書面記錄的任何其
他方式傳遞。

二、申請書應附有關於所通緝者的描述、關於將提出引渡請求的陳述、表明
已有本《條約》第五條第二款所述批准逮捕該人文件之一的陳述、對罪
行可能或已經判處的懲罰包括待服刑期的陳述、關於案件事實的簡要陳
述以及如知道該人所在地關於這一情況的陳述。

三、被請求國應依據其本國法律對申請書作出決定，並毫不遲延地將其決定
通知請求國。

四、如遲遲未接到引渡請求書和本《條約》第五條第二款規定的有關佐證文件，應在根據申請書實行逮捕之日起（四十）天後，將該人釋放。本款規定不排除在（四十）天期限之前將該人有條件釋放的可能性。

五、如隨後接到請求書和佐證文件，按本條第四款實行的釋放不應妨礙重新逮捕和提起訴訟，以期引渡所通緝者。

第 十 條　對請求作出決定

一、被請求國應遵照其本國法律規定的程序處理引渡請求，並應迅速將其決定通知請求國。

二、無論全部或部分拒絕請求，均應說明理由。

第十一條　移交人員

一、一經通知准予引渡，締約國應毫不遲延地安排移交的通緝者，被請求國應通知請求國為移交目的所通緝者遭扣押時間的長短。

二、應在被請求國規定的合理期限內將該人帶離被請求國的領土，如該人在這一期限內未被帶走，被請求國可將其釋放並拒絕為同一罪行引渡該人。

三、如由於無法控制的情況使一國不能移交或帶走將予引渡者，該國應通知對方，兩國應協商決定一個新的移交日，且本條第二款的規定應適用。

第十二條　推遲移交或有條件移交

一、被請求國在就引渡請求作出決定後可推遲移交所通緝者，以便就作為請求引渡原因罪行以外的罪行，對該人進行訴訟程序，或當該人業經判罪時執行作出的判決。在這種情況下，被請求國應相應地通知請求國。

二、被請求國如不推遲移交，可按照兩國間擬予確定的條件，將所通緝者暫時移交請求國。

第十三條　移交財產

一、在被請求國法律允許和不違反充分尊重第三方權利的情況下，如准予引渡，在被請求國中發現的因犯罪行為而獲得的或需要作為證據的所有財產，若請求國提出請求，均應予以移交。

二、即使業已同意的引渡未能執行，若請求國提出請求，上述財產仍應移交請求國。

三、若上述財產在被請求國應予查封或沒收，被請求國可保留該財產或將其暫時移交。

四、如被請求國法律有此規定或為保護第三方權利有此要求，如此移交的任何財產應在被請求國提出請求時，在訴訟結束後免費退還被請求國。

第十四條　特殊規則

一、根據本《條約》被引渡者，除下述犯罪行為外，不得因將其移交之前該人所犯的任何罪行，在請求國領土對他進行訴訟程序、判刑、扣押、再次引渡到第三國，或對他施加任何其他的人身自由限制：

(a)准予引渡所依據的犯罪行為；

(b)被請求國同意的任何其他罪行。如請求引渡所涉罪行本身根據本《條約》應予引渡，則應予同意。

二、根據本條提出的徵求被請求國同意的請求在提出時，應附有本《條約》第五條第二款所提及的文件和被引渡者就該罪行所作任何陳述的法律記錄。

三、若該人在其受引渡罪行結案之後〔三十／四十五〕天之內有機會離開請求國而沒有離開，或在離開請求國後又自願返回請求國的領土，本條第一款不應適用。

第十五條　過境

一、若從第三國向一締約國通過另一締約國領土引渡某人時，該人被引渡前往的締約國應請求另一締約國允許該人從其領土過境，在採用空運並且不計劃在另一締約國領土著陸時，本規定不適用。

二、被請求國一經收到這種請求及其中應載有的資料，即應按照其本國法律規定的程序處理這一請求。被請求國應迅速准許該項請求，除非其基本利益因此將受到損害。

三、過境國應確保有法律規定而可在該人過境時仍予拘押。

四、如發生計畫外著陸，擬被請求允許過境的締約國可根據押送人員的請求，在收到根據本條第一款提出的過境請求之前，將該人拘押〔四十八〕小時。

第十六條　同時發生的請求

一締約國如從另一締約國和第三國收到引渡同一人的請求，應斟酌決定將其引渡給哪一個國家。

第十七條　費用

一、被請求國應為引渡請求所引起的在其管轄範圍內的任何程序承擔費用。

二、被請求國還應承擔在其領土上因查封和移交財產或者逮捕和拘押需予引渡者而引起的費用。

三、請求國應承擔將該人從被請求國領土押走而引起的費用，包括過境費用。

第十八條　最後條款

一、本條約須經〔批准、接受或核可〕。〔批准、接受或核可〕書應儘快交換。

二、本條約應於交換〔批准、接受或核可〕書之日起三十天後生效。

三、本條約應適用於在其生效後提出的請求，即使有關的行為或不行為發生在該日期之前。

四、締約國任何一方均可以書面方式通知對方廢除本條約。此項廢除應在對方收到通知之日起六個月後生效。

為此，下列簽署人經由各自政府正式授權，在本條約上簽字，以昭信守。

＿＿＿＿＿＿＿＿＿＿年＿＿＿＿＿＿＿月＿＿＿＿＿＿＿日訂於＿＿＿＿＿＿＿，

本《條約》具 _____ 文和 _____ 文，〔兩種／各種〕文本具有同等效力。

十七、領域庇護宣言 (Declaration on Territorial Asylum)
(1967.12.14)

說明：

㈠一九六七年十二月十四日聯合國大會第二十二屆大會第 A/RES/2312(XXII) 決議通過。

㈡英文本見 Yearbook of the United Nations 1967, New York: Office of Public Information, United Nations, 1969, pp. 760–761。原始中文本見聯合國大會，《大會第二十二屆會所通過決議案》，卷一，紐約：聯合國，1968 年，頁 85–86。通行本見聯合國，《人權，國際文件匯編》，紐約：聯合國，1978 年，頁 103–104。

㈢為便利使用研究，本書將《領域庇護宣言》原始中文本和通用中文本均刊印於下。

㈲一九六八年中文譯文

聯合國大會，《大會第二十二屆會所通過決議案》，卷一，紐約：聯合國，1968 年，頁 85–86。

大會，

鑑於聯合國憲章揭櫫之宗旨為維持國際和平及安全，發展所有各國間之友好關係，與促成國際合作以解決國際間屬於經濟、社會、文化或人道性質之問題，且不分種族、性別、語言或宗教，增進並激勵對於全體人類之人權及基本自由之尊重，

鑑於世界人權宣言第十四條宣告：

「一、人人為避迫害有權在他國請求並享受庇護，

「二、控訴之確源於非政治性之犯罪或源於違反聯合國宗旨與原則之行為者，不得享受此種權利」，

復查世界人權宣言第十三條第二項謂：

「人人有權離去任何國家，連其本國在內，並有權歸返其本國」，

確認一國對有權援用世界人權宣言第十四條之人給予庇護，為和平之人道行為，任何其他國家因而不得視之為不友好之行為，

茲建議：以不妨礙現行關於庇護以及難民及無國籍人地位之文書為限，各國應遵照下列原則辦理領域庇護事宜：

第 一 條　一、一國行使主權，對有權援用世界人權宣言第十四條之人，包括反抗殖民

主義之人，給予庇護時，其他各國應予尊重。

二、凡有重大理由可認為犯有國際文書設有專條加以規定之危害和平罪、戰爭罪或危害人類罪之人，不得援用請求及享受庇護之權利。

三、庇護之給予有無理由，應由給予庇護之國酌定之。

第 二 條　一、以不妨礙國家主權及聯合國宗旨與原則為限，第一條第一項所述之人之境遇為國際社會共同關懷之事。

二、遇一國難以給予或繼續給予庇護時，其他國家本國際團結之精神，應各自、或共同、或經由聯合國，考慮採取適當措施，以減輕該國之負擔。

第 三 條　一、凡第一條第一項所述之人，不得使受諸如下列之處置：在邊界予以拒斥，或於其已進入請求庇護之領土後予以驅逐或強迫遣返其可能受迫害之任何國家。

二、唯有因國家安全之重大理由，或為保護人民，例如遇有多人大批湧入之情形時，始得對上述原則例外辦理。

三、倘一國於任何案件中決定有理由對本條第一項所宣告之原則例外辦理，該國應考慮能否於其所認為適當之條件下，以暫行庇護或其他方法予關係人以前往另一國之機會。

第 四 條　給予庇護之國家不得准許享受庇護之人從事違反聯合國宗旨與原則之活動。

㈡一九七八年中文譯文

聯合國，《人權，國際文件匯編》，紐約：聯合國，1978 年，頁 103-104。

大會，

鑒於聯合國憲章揭櫫之宗旨為維持國際和平及安全，發展所有各國間之友好關係，與促成國際合作以解決國際間屬於經濟、社會、文化或人道性質之問題，且不分種族、性別、語言或宗教，增進並激勵對於全體人類之人權及基本自由之尊重，

鑒於世界人權宣言第十四條宣告：

「㈠人人有權在其他國家尋求和享受庇護以避免迫害。

㈡在真正由於非政治性的罪行或違背聯合國的宗旨和原則的行為而被起訴的情況下，不得援用此種權利」，

復查世界人權宣言第十三條第㈡款謂：

「人人有權離開任何國家，包括其本國在內，並有權返回他的國家」，

確認一國對有權援用世界人權宣言第十四條之人給予庇護，為和平之人道行為，任何其他國家因而不得視之為不友好之行為，

茲建議：以不妨礙現行關於庇護以及難民及無國籍人地位之文書為限，各國應遵照下列原則辦理領土庇護事宜：

第 一 條 一、一國行使主權，對有權援用世界人權宣言第十四條之人，包括反抗殖民
主義之人，給予庇護時，其他各國應予尊重。

二、凡有重大理由可認為犯有國際文書設有專條加以規定之破壞和平罪、戰
爭罪或危害人類罪之人，不得援用請求及享受庇護之權利。

三、庇護之給予有無理由，應由給予庇護之國酌定之。

第 二 條 一、以不妨礙國家主權及聯合國宗旨與原則為限，第一條第一款所述之人之
境遇為國際社會共同關懷之事。

二、遇一國難以給予或繼續給予庇護時，其他國家本國際團結之精神，應各
自、或共同、或經由聯合國，考慮採取適當措施，以減輕該國之負擔。

第 三 條 一、凡第一條第一款所述之人，不得使受諸如下列之處置：在邊界予以拒斥，
或於其已進入請求庇護之領土後予以驅逐或強迫遭返其可能受迫害之任
何國家。

二、唯有因國家安全之重大理由，或為保護人民，例如遇有多人大批湧入之
情形時，始得對上述原則例外辦理。

三、倘一國於任何案件中決定有理由對本條第一項所宣告之原則例外辦理，
該國應考慮能否於其所認為適當之條件下，以暫行庇護或其他方法予關
係人以前往另一國之機會。

第 四 條 給予庇護之國家不得准許享受庇護之人從事違反聯合國宗旨與原則之活動。

第六章 人　權

十八、世界人權宣言 (Universal Declaration of Human Rights)　　　(1948.12.10)

說明：

㈠聯合國大會第三屆大會一九四八年十二月十日第 A/RES/217A(III) 號決議通過。

㈡英文本見 General Assembly, Official Records of the Third Session of the General Assembly, Part II: Resolutions, New York: United Nations, 1949, pp. 71–77。原始中文本見聯合國大會，《大會第三屆會第二期會議正式紀錄：決議案》，紐約：聯合國，1949 年，頁 28–31。中文通行本見聯合國人權事務高級專員辦事處，《人權，國際文件匯編》，紐約和日內瓦：聯合國，2002 年，頁 1–7；聯合國人權事務高級專員辦事處，《核心國際人權條約》，紐約和日內瓦：聯合國，2006 年，頁 1–9。

㈢為便利使用研究，本書將《世界人權宣言》原始中文本和通用中文本均刊印於下。

㈲一九四九年中文譯文

聯合國大會，《大會第三屆會第二期會議正式紀錄：決議案》，紐約：聯合國，1949 年，頁 28–31。

弁　言

　　茲鑒於人類一家，對於人人固有尊嚴及其平等不移權利之承認確係世界自由、正義與和平之基礎；

　　復鑒於人權之忽視及侮蔑恆釀成野蠻暴行，致使人心震憤，而自由言論、自由信仰、得免憂懼、得免貧困之世界業經宣示為一般人民之最高企望；

　　復鑒於為使人類不致迫不得已挺而走險以抗專橫與壓迫，人權須受法律規定之保障；

　　復鑒於國際友好關係之促進，實屬切要；

　　復鑒於聯合國人民已在憲章中重申對於基本人權、人格尊嚴與價值、以及男女平等權利之信念，並決心促成大自由中之社會進步及較善之民生；

復鑒於各會員國業經誓願與聯合國同心協力促進人權及基本自由之普遍尊重與遵行；

復鑒於此種權利自由之公共認識對於是項誓願之澈底實現至關重大；

大會爰於此

頒佈世界人權宣言，作為所有人民所有國家共同努力之標的，務望個人及社會團體永以本宣言銘諸座右，力求藉訓導與教育激勵人權與自由之尊重，並藉國家與國際之漸進措施獲得其普遍有效之承認與遵行；會員國本身人民及所轄領土人民均各永享咸遵。

第 一 條　人皆生而自由；在尊嚴及權利上均各平等。人各賦有理性良知，誠應和睦相處，情同手足。

第 二 條　人人皆得享受本宣言所載之一切權利與自由，不分種族、膚色、性別、語言、宗教、政見或他種主張、國籍或門第、財產、出生或他種身分。

且不得因一人所隸國家或地區之政治、行政或國際地位之不同而有所區別，無論該地區係獨立、託管、非自治或受其他主權上之限制。

第 三 條　人人有權享有生命、自由與人身安全。

第 四 條　任何人不容使為奴役；奴隸制度及奴隸販賣，不論出於何種方式，悉應予以禁止。

第 五 條　任何人不能加以酷刑，或施以殘忍不人道或侮慢之待遇或處罰。

第 六 條　人人於任何所在有被承認為法律上主體之權利。

第 七 條　人人在法律上悉屬平等，且應一體享受法律之平等保護。人人有權享受平等保護，以防止違反本宣言之任何歧視及煽動此種歧視之任何行為。

第 八 條　人人於其憲法或法律所賦予之基本權利被侵害時，有權享受國家管轄法庭之有效救濟。

第 九 條　任何人不容加以無理逮捕、拘禁或放逐。

第 十 條　人人於其權利與義務受判定時及被刑事控告時，有權享受獨立無私法庭之絕對平等不偏且公開之聽審。

第十一條　一、凡受刑事控告者，在未經依法公開審判證實有罪前，應視為無罪，審判時並須予以答辯上所需之一切保障。

二、任何人在刑事上之行為或不行為，於其發生時依國家或國際法律均不構成罪行者，應不為罪。刑罰不得重於犯罪時法律之規定。

第十二條　任何個人之私生活、家庭、住所或通訊不容無理侵犯，其榮譽及信用亦不容侵害。人人為防止此種侵犯或侵害有權受法律保護。

第十三條　一、人人在一國境內有自由遷徙及擇居之權。

二、人人有權離去任何國家，連其本國在內，並有權歸返其本國。

第十四條　一、人人為避迫害有權在他國尋求並享受庇身之所。

二、控訴之確源於非政治性之犯罪或源於違反聯合國宗旨與原則之行為者，不得享受此種權利。

第十五條　〔一〕、人人有權享有國籍。

〔二〕、任何人之國籍不容無理褫奪，其更改國籍之權利不容否認。

第十六條 一、成年男女，不受種族、國籍或宗教之任何限制，有權婚嫁及成立家庭。男女在婚姻方面，在結合期間及在解除婚約時，俱有平等權利。

二、婚約之締訂僅能以男女雙方之自由完全承諾為之。

三、家庭為社會之當然基本團體單位，並應受社會及國家之保護。

第十七條 一、人人有權單獨占有或與他人合有財產。

二、任何人之財產不容無理剝奪。

第十八條 人人有思想、良心與宗教自由之權；此項權利包括其改變宗教或信仰之自由，及其單獨或集體、公開或私自以教義、躬行、禮拜及戒律表示其宗教或信仰之自由。

第十九條 人人有主張及發表自由之權；此項權利包括保持主張而不受干涉之自由，及經由任何方法不分國界以尋求、接收並傳播消息意見之自由。

第二十條 一、人人有平和集會結社自由之權。

二、任何人不容強使隸屬於某一團體。

第二十一條 一、人人有權直接或以自由選舉之代表參加其本國政府。

二、人人有以平等機會參加其本國公務之權。

三、人民意志應為政府權力之基礎；人民意志應以定期且真實之選舉表現之，其選舉權必須普及而平等，並當以不記名投票或相等之自由投票程序為之。

第二十二條 人既為社會之一員，自有權享受社會保障，並有權享受個人尊嚴及人格自由發展所必需之經濟、社會及文化各種權利之實現；此種實現之促成，端賴國家措施與國際合作並當依各國之機構與資源量力為之。

第二十三條 一、人人有權工作、自由選擇職業、享受公平優裕之工作條件及失業之保障。

二、人人不容任何區別，有同工同酬之權利。

三、人人工作時，有權享受公平優裕之報酬，務使其本人及其家屬之生活足以維持人類尊嚴，必要時且應有他種社會保護辦法，以資補益。

四、人人為維護其權益，有組織及參加工會之權。

第二十四條 人人有休息及閒暇之權，包括工作時間受合理限制及定期有給休假之權。

第二十五條 一、人人有權享受其本人及其家屬康樂所需之生活程度，舉凡衣、食、住、醫藥及必要之社會服務均包括在內；且於失業、患病、殘廢、寡居、衰老或因不可抗力之事故致有他種喪失生活能力之情形時，有權享受保障。

二、母親及兒童應受特別照顧及協助。所有兒童，無論婚生與非婚生，均應享受同等社會保護。

第二十六條 一、人人皆有受教育之權。教育應屬免費，至少初級及基本教育應然。初級教育應屬強迫性質。技術與職業教育應廣為設立。高等教育應予人

人平等機會，以成績為準。

二、教育之目標在於充分發展人格，加強對人權及基本自由之尊重。教育應謀促進各國、各種族或宗教團體間之諒解、容恕及友好關係，並應促進聯合國維繫和平之各種工作。

三、父母對其子女所應受之教育，有優先抉擇之權。

第二十七條 一、人人有權自由參加社會之文化生活，欣賞藝術，並共同襄享科學進步及其利益。

二、人人對其本人之任何科學、文學或美術作品所獲得之精神與物質利益，有享受保護之權。

第二十八條 人人有權享受本宣言所載權利與自由可得全部實現之社會及國際秩序。

第二十九條 一、人人對於社會負有義務；個人人格之自由充分發展厥為社會是賴。

二、人人於行使其權利及自由時僅應受法律所定之限制且此種限制之唯一目的應在確認及尊重他人之權利與自由並謀符合民主社會中道德、公共秩序及一般福利所需之公允條件。

三、此等權利與自由之行使，無論在任何情形下，均不得違反聯合國之宗旨及原則。

第 三 十 條 本宣言所載，不得解釋為任何國家、團體或個人有權以任何活動或任何行為破壞本宣言內之任何權利與自由。

㈡二〇〇二年中文譯文

聯合國人權事務高級專員辦事處，《人權，國際文件匯編》，紐約和日內瓦：聯合國，2002 年，頁 1–7

序 言

鑒於對人類家庭所有成員的固有尊嚴及其平等的和不移的權利的承認，乃是世界自由、正義與和平的基礎，

鑒於對人權的無視和侮蔑已發展為野蠻暴行，這些暴行玷污了人類的良心，而一個人人享有言論和信仰自由並免予恐懼和匱乏的世界的來臨，已被宣布為普通人民的最高願望，

鑒於為使人類不致迫不得已鋌而走險對暴政和壓迫進行反叛，有必要使人權受法治的保護，

鑒於有必要促進各國間友好關係的發展，

鑒於各聯合國國家的人民已在聯合國憲章中重申他們對基本人權、人格尊嚴和價值以及男女平等權利的信念，並決心促成較大自由中的社會進步和生活水準的改善，

鑒於各會員國業已誓願同聯合國合作以促進對人權和基本自由的普遍尊重和遵行，

鑒於對這些權利和自由的普遍瞭解對於這個誓願的充分實現具有很大的重要性，因此現在，

大會，

發布這一世界人權宣言，作為所有人民和所有國家努力實現的共同標準，以期每一個人和社會機構經常銘念本宣言，努力通過教誨和教育促進對權利和自由的尊重，並通過國家的和國際的漸進措施，使這些權利和自由在各會員國本身人民及在其管轄下領土的人民中得到普遍和有效的承認和遵行。

第 一 條　人人生而自由，在尊嚴和權利上一律平等。他們賦有理性和良心，並應以兄弟關係的精神相對待。

第 二 條　人人有資格享受本宣言所載的一切權利和自由，不分種族、膚色、性別、語言、宗教、政治或其他見解、國籍或社會出身、財產、出生或其他身分等任何區別。

　　　　　並且不得因一人所屬的國家或領土的政治的、行政的或者國際的地位之不同而有所區別，無論該領土是獨立領土、託管領土、非自治領土或者處於其他任何主權受限制的情況之下。

第 三 條　人人有權享有生命、自由和人身安全。

第 四 條　任何人不得使為奴隸或奴役；一切形式的奴隸制度和奴隸買賣，均應予以禁止。

第 五 條　任何人不得加以酷刑，或施以殘忍的、不人道的或侮辱性的待遇或刑罰。

第 六 條　人人在任何地方有權被承認在法律前的人格。

第 七 條　法律之前人人平等，並有權享受法律的平等保護，不受任何歧視。人人有權享受平等保護，以免受違反本宣言的任何歧視行為以及煽動這種歧視的任何行為之害。

第 八 條　任何人當憲法或法律所賦予他的基本權利遭受侵害時，有權由合格的國家法庭對這種侵害行為作有效的補救。

第 九 條　任何人不得加以任意逮捕、拘禁或放逐。

第 十 條　人人完全平等地有權由一個獨立而無偏倚的法庭進行公正的和公開的審訊，以確定他的權利和義務並判定對他提出的任何刑事指控。

第十一條　一、凡受刑事控告者，在未經獲得辯護上所需的一切保證的公開審判而依法證實有罪以前，有權被視為無罪。

　　　　　二、任何人的任何行為或不行為，在其發生時依國家法或國際法均不構成刑事罪者，不得被判為犯有刑事罪。刑罰不得重於犯罪時適用的法律規定。

第十二條　任何人的私生活、家庭、住宅和通信不得任意干涉，他的榮譽和名譽不得加以攻擊。人人有權享受法律保護，以免受這種干涉或攻擊。

第十三條　一、人人在各國境內有權自由遷徙和居住。

　　　　　二、人人有權離開任何國家，包括其本國在內，並有權返回他的國家。

第十四條　一、人人有權在其他國家尋求和享受庇護以避免迫害。

二、在真正由於非政治性的罪行或違背聯合國的宗旨和原則的行為而被起訴
的情況下，不得援用此種權利。

第十五條　一、人人有權享有國籍。

二、任何人的國籍不得任意剝奪，亦不得否認其改變國籍的權利。

第十六條　一、成年男女，不受種族、國籍或宗教的任何限制，有權婚嫁和成立家庭。
他們在婚姻方面，在結婚期間和在解除婚約時，應有平等的權利。

二、只有經男女雙方的自由的和完全的同意，才能締婚。

三、家庭是天然的和基本的社會單元，並應受社會和國家的保護。

第十七條　一、人人得有單獨的財產所有權以及同他人合有的所有權。

二、任何人的財產不得任意剝奪。

第十八條　人人有思想、良心和宗教自由的權利；此項權利包括改變他的宗教或信仰的
自由，以及單獨或集體、公開或秘密地以教義、實踐、禮拜和戒律表示他的
宗教或信仰的自由。

第十九條　人人有權享有主張和發表意見的自由；此項權利包括持有主張而不受干涉的
自由；和通過任何媒介和不論國界尋求、接受和傳遞消息和思想的自由。

第二十條　一、人人有權享有和平集會和結社的自由。

二、任何人不得迫使隸屬於某一團體。

第二十一條　一、人人有直接或通過自由選擇的代表參與治理本國的權利。

二、人人有平等機會參加本國公務的權利。

三、人民的意志是政府權力的基礎；這一意志應以定期的和真正的選舉予
以表現，而選舉應依據普遍和平等的投票權，並以不記名投票或相當
的自由投票程序進行。

第二十二條　每個人，作為社會的一員，有權享受社會保障，並有權享受他的個人尊嚴
和人格的自由發展所必需的經濟、社會和文化方面各種權利的實現，這種
實現是通過國家努力和國際合作並依照各國的組織和資源情況。

第二十三條　一、人人有權工作、自由選擇職業、享受公正和合適的工作條件並享受免
於失業的保障。

二、人人有同工同酬的權利，不受任何歧視。

三、每一個工作的人，有權享受公正和合適的報酬，保證使他本人和家屬
有一個符合人的尊嚴的生活條件，必要時並輔以其他方式的社會保障。

四、人人有為維護其利益而組織和參加工會的權利。

第二十四條　人人有享受休息和閒暇的權利，包括工作時間有合理限制和定期給薪休假
的權利。

第二十五條　一、人人有權享受為維持他本人和家屬的健康和福利所需的生活水準，包
括食物、衣著、住房、醫療和必要的社會服務；在遭到失業、疾病、
殘廢、守寡、衰老或在其他不能控制的情況下喪失謀生能力時，有權
享受保障。

二、母親和兒童有權享受特別照顧和協助。一切兒童，無論婚生或非婚生，都應享受同樣的社會保護。

第二十六條 一、人人都有受教育的權利，教育應當免費，至少在初級和基本階段應如此。初級教育應屬義務性質。技術和職業教育應普遍設立。高等教育應根據成績而對一切人平等開放。

二、教育的目的在於充分發展人的個性並加強對人權和基本自由的尊重。教育應促進各國、各種族或各宗教集團間的瞭解、容忍和友誼，並應促進聯合國維護和平的各項活動。

三、父母對其子女所應受的教育的種類，有優先選擇的權利。

第二十七條 一、人人有權自由參加社會的文化生活，享受藝術，並分享科學進步及其產生的福利。

二、人人對由於他所創作的任何科學、文學或美術作品而產生的精神的和物質的利益，有享受保護的權利。

第二十八條 人人有權要求一種社會的和國際的秩序，在這種秩序中，本宣言所載的權利和自由能獲得充分實現。

第二十九條 一、人人對社會負有義務，因為只有在社會中他的個性才可能得到自由和充分的發展。

二、人人在行使他的權利和自由時，只受法律所確定的限制，確定此種限制的唯一目的在於保證對旁人的權利和自由給予應有的承認和尊重，並在一個民主的社會中適應道德、公共秩序和普遍福利的正當需要。

三、這些權利和自由的行使，無論在任何情形下均不得違背聯合國的宗旨和原則。

第 三 十 條 本宣言的任何條文，不得解釋為默許任何國家、集團或個人有權進行任何旨在破壞本宣言所載的任何權利和自由的活動或行為。

十九、歐洲保障人權和根本自由公約及其附加議定書
(The Convention for the Protection of Human Rights and Fundamental Freedoms, and Protocols)
（公約：1950.11.4）

說明：
㈠本公約一九五○年十一月四日簽署，一九五三年九月三日生效，又稱《歐洲人權公約》。
㈡英文本見 UNTS, Vol. 213, pp. 222–270；中文本取自歐洲人權法院，《歐洲保障人權和根本自由公約》。載於：http://www.echr.coe.int/Documents/Convention_ZHO.pdf。

（最後檢視日期：二〇一九年三月八日）

(三)本書收錄文本是依第 11 和第 14 議定書的條文修訂的版本，同時附加以下議定書：

1. 歐洲保障人權和根本自由公約之議定書 (Protocol to the Convention for the Protection of Human Rights and Fundamental Freedoms)(1950.3.20)。

2. 關於保障《保障人權和根本自由公約》及其第一議定書中未規定的權利的第四議定書 (Protocol No. 4 to the Convention for the Protection of Human Rights and Fundamental Freedoms Securing Certain Rights and Freedoms other than Those Already Included in the Convention and in the First Protocol thereto)(1963.9.16)。

3. 關於廢除死刑的 《保障人權和根本自由公約》 第六議定書 (Protocol No. 6 to the Convention for the Protection of Human Rights and Fundamental Freedoms Concerning the Abolition of the Death Penalty)(1983.4.28)。

4. 歐洲保障人權和根本自由公約第七議定書 (Protocol No. 7 to the Convention for the Protection of Human Rights and Fundamental Freedoms)(1984.11.22)。

5. 歐洲保障人權和根本自由公約第十二議定書 (Protocol No. 12 to the Convention for the Protection of Human Rights and Fundamental Freedoms)(2000.11.4)。

6. 關於在任何情況下廢除死刑的 《保障人權和根本自由公約》 第十三議定書 (Protocol No. 13 to the Convention for the Protection of Human Rights and Fundamental Freedoms, Concerning the Abolition of the Death Penalty in All Circumstances)(2002.5.3)。

歐洲保障人權和根本自由公約（歐洲人權公約）

一九五〇年十一月四日訂於羅馬

作為歐洲理事會成員，本公約各簽字國政府：

考慮到一九四八年十二月十日聯合國大會宣布的世界人權宣言；

考慮到該宣言的目的在於對其中宣布的權利得到普遍和有效的承認與遵守；

考慮到歐洲理事會的目的就是促進其成員之間更大的團結並考慮到遵循上述目的所採取的手段之一就是維護和進一步實現人權與基本自由；

重申它們對於各項基本自由的深切信仰，這些基本自由是世界正義和和平的基礎，一方面通過有效的政治民主，另一方面由各成員所承諾的對基本人權的一種共同諒解和遵守來給予最好的保護。

作為具有共同的思想和具有共同的政治傳統、理想、自由與政治遺產的歐洲各國政府，決定採取首要步驟，以便集體實施世界人權宣言中所規定的某些權利；

同意下列各條：

第 一 條　尊重人權的義務

　　締約方應當保證在它們管轄之下的每個人獲得本公約第一章所確定的權利和自由。

第一章　權利和自由

第 二 條　生命權

一、任何人的生命權應當受到法律的保護。不得故意剝奪任何人的生命，但是，法院依法對他所犯的罪行定罪並付諸執行的除外。

二、在使用武力是絕對必要的情況下，其所導致的對生命的剝奪不應當視為與本條的規定相牴觸：

　　(a)防衛任何人的非法暴力行為；

　　(b)為執行合法逮捕或者是防止被合法監禁的人脫逃；

　　(c)鎮壓暴力或者是叛亂而採取的行動。

第 三 條　禁止酷刑

　　不得對任何人施以酷刑或者是使其受到非人道的或者是有損人格的待遇或者是懲罰。

第 四 條　禁止蓄奴和強迫勞動

一、不得將任何人蓄為奴隸或者是使其受到奴役。

二、不得要求任何人從事強制或者是強迫勞動。

三、出於本條的目的考，本條的「強制或者強迫勞動」一詞不應當包括：

　　(a)在根據本公約第五條的規定而被監禁的正常程序中以及在有條件地免除上述被監禁期間所必須完成的任何工作；

　　(b)任何軍事性質的勞役，或者是如果某些國家承認公民有對兵役良心拒絕的權利的，代替義務兵役的強制的服務；

　　(c)在緊急情況下或者是如果遇有威脅到社會生活或者安寧的災禍必須承擔的服務；

　　(d)作為普通公民義務的組成部分而承擔的任何工作或者服務。

第 五 條　自由和安全的權利

一、每個人都享有自由和人身安全的權利。不得剝奪任何人的自由，除非依照法律規定的程序在下列情況中：

　　(a)由具有管轄權的法院定罪後對某個人的合法監禁；

　　(b)由於不遵守法院合法的命令或者為了保證履行法律所規定的任何義務而對某人予以合法逮捕或者監禁；

　　(c)如果有理由足以懷疑某人實施了犯罪行為或者如果合理地認為有必要防止某人犯罪或者是在某人犯罪後防止其脫逃，為了將其送交有關的法律當局而對其實施的合法的逮捕或者監禁；

　　(d)基於實行教育性監督的目的而根據合法命令監禁一個未成年人或者為

　　　　　了將其送交有關的法律當局而對其予以合法的監禁；

　　　(e)基於防止傳染病蔓延的目的而對某人予以合法的監禁以及對精神失常
　　　　　者、酗酒者或者是吸毒者或者流氓予以合法的監禁；

　　　(f)為防止某人未經許可進入國境或者為押送出境或者是引渡而對某人採
　　　　　取行動並予以合法的逮捕或者監禁。

二、應當以被逮捕的任何人所瞭解的語言立即通知他被逮捕的理由以及被指
　　控的罪名。

三、依照本條第一款第三項的規定而被逮捕或者拘留的任何人，應當立即送
　　交法官或者是其他經法律授權行使司法權的官員，並應當在合理的時間
　　內進行審理或者在審理前予以釋放。釋放應當以擔保出庭候審為條件。

四、因被逮捕或者拘留而被剝奪自由的任何人應當有權運用司法程序，法院
　　應當依照司法程序對他被拘留的合法性作出決定，如果拘留是不合法的，
　　則應當命令將其釋放。

五、由於違反本條規定而被逮捕或者拘留的任何人應當具有可以得到執行的
　　受賠償的權利。

第 六 條　獲得公正訴訟的權利

一、在決定某人的公民權利和義務或者在決定對某人確定任何刑事罪名時，
　　任何人有理由在合理的時間內受到依法設立的獨立而公正的法院的公平
　　且公開的審訊。判決應當公開宣布。但是，基於對民主社會中的道德、
　　公共秩序或者國家安全的利益，以及對民主社會中的少年的利益或者是
　　保護當事人的私生活權利的考慮，或者是法院認為，在特殊情況下，如
　　果公開審訊將損害公平利益的話，可以拒絕記者和公眾參與旁聽全部或
　　者部分審訊。

二、凡受刑事罪指控者在未經依法證明為有罪之前，應當推定為無罪。

三、凡受刑事罪指控者具有下列最低限度的權利：

　　　(a)以他所瞭解的語言立即詳細地通知他被指控罪名的性質以及被指控的
　　　　　原因；

　　　(b)應當有適當的時間和便利條件為辯護作準備；

　　　(c)由他本人或者由他自己選擇的律師協助替自己辯護，或者如果他無力
　　　　　支付法律協助費用的，則基於公平利益考慮，應當免除他的有關費用；

　　　(d)詢問不利於他的證人，並在與不利於他的證人具有相同的條件下，讓
　　　　　有利於他的證人出庭接受詢問；

　　　(e)如果他不懂或者不會講法院所使用的工作語言，可以請求免費的譯員
　　　　　協助翻譯。

第 七 條　法無明文規定不得治罪

一、任何人的作為或者不作為，在其發生時根據本國的國內法或者是國際法
　　不構成刑事犯罪的，不得認為其犯有任何罪刑。所處刑罰不得重於犯罪

時所適用的刑罰。

二、本條不得妨礙對任何人的作為或者不作為進行審判或者予以懲罰，如果該作為或者不作為在其發生時根據文明國家所承認的一般法律原則為刑事犯罪行為。

第 八 條　私生活和家庭生活受到尊重的權利

一、人人有權享有使自己的私人和家庭生活、住所和通信得到尊重的權利。

二、公共機構不得干預上述權利的行使，但是，依照法律規定的干預以及基於在民主社會中為了國家安全、公共安全或者國家的經濟福利的利益考慮，為了防止混亂或者犯罪，為了保護健康或者道德，為了保護他人的權利與自由而有必要進行干預的，不受此限。

第 九 條　思想、良心和宗教信仰自由

一、人人有權享受思想、良心以及宗教自由的權利。此項權利包括改變其宗教信仰以及單獨地或者同他人在一起的時候，公開地或者私自地，在禮拜、傳教、實踐儀式中表示其宗教或者信仰的自由。

二、表示個人宗教或者信仰的自由僅僅受到法律規定的限制，以及基於在民主社會中為了公共安全的利益考慮，為了保護公共秩序、健康或者道德，為了保護他人的權利與自由而施以的必需的限制。

第 十 條　表達自由

一、人人享有表達自由的權利。此項權利應當包括持有主張的自由，以及在不受公共機構干預和不分國界的情況下，接受和傳播資訊和思想的自由。本條不得阻止各國對廣播、電視、電影等企業規定許可證制度。

二、行使上述各項自由，因為同時負有義務和責任，必須接受法律所規定的和民主社會所必需的程序、條件、限制或者是懲罰的約束。這些約束是基於對國家安全、領土完整或者公共安全的利益，為了防止混亂或者犯罪，保護健康或者道德，為了保護他人的名譽或者權利，為了防止秘密收到的情報的洩漏，或者為了維護司法官員的權威與公正的因素的考慮。

第十一條　集會和結社自由

一、人人享有和平集會與結社自由的權利，包括為保護自身的利益而組織和參加工會的權利。

二、除了法律所規定的限制以及在民主社會中為了國家安全或者公共安全的利益，為了防止混亂或者犯罪，為了保護健康或者道德或者保護他人的權利與自由而必需的限制之外，不得對上述權利的行使施以任何限制。本條並不阻止國家武裝部隊、警察或者行政當局的成員對上述權利的行使施以合法的限制。

第十二條　婚姻權

達到結婚年齡的男女，根據規定結婚和成立家庭權利的國內法的規定，享有結婚和成立家庭的權利。

第十三條　獲得有效救濟的權利

在依照本公約規定所享有的權利和自由受到侵犯時，任何人有權向有關國家機構請求有效的救濟，即使上述侵權行為是由擔任公職的人所實施的。

第十四條　禁止歧視

對本公約所規定的任何權利和自由的享有應當得到保障，不應因任何理由比如性別、種族、膚色、語言、宗教、政治或其他觀點、民族或社會出身、與某一少數民族的聯繫、財產、出生或其他情況等而受到歧視。

第十五條　緊急狀態下的克減

一、戰時或者遇有威脅國家生存的公共緊急時期，任何締約國有權在緊急情況所嚴格要求的範圍內採取有悖於其根據本公約所應當履行的義務的措施，但是，上述措施不得與其根據國際法的規定所應當履行的其他義務相牴觸。

二、除了因戰爭行為引起的死亡之外，不得因上述規定而削弱對本公約第二條所規定的權利的保護，或者是削弱對本公約第三條、第四條（第一款）以及第七條所規定的權利的保護。

三、凡是採取上述克減權利措施的任何締約國，應當向歐洲理事會秘書長全面報告它所採取的措施以及採取措施的理由。締約國應當在已經停止實施上述措施並且正在重新執行本公約的規定時，通知歐洲理事會秘書長。

第十六條　對外國人政治活動的限制

第十條、第十一條以及第十四條的規定不得視為阻止締約國各國對外國人的政治活動施以若干限制。

第十七條　禁止權力濫用

本公約不得解釋為暗示任何國家、團體或者個人有權進行任何活動或者實施任何行動，旨在損害本公約所規定的任何權利與自由或者是在最大程度上限制本公約所規定的權利與自由。

第十八條　對權利限制的限制

基於本公約許可對上述權利與自由進行的限制，不得適用於已經確定的限制目的以外的任何目的。

第二章　歐洲人權法院

第十九條　法院的設置

為了保證各締約方履行本公約所規定的應當承擔的義務，應當設立歐洲人權法院，以下簡稱「法院」。法院應當永久性運作。

第二十條　法官的數量

法院應當以與締約方數目相等的法官組成。

第二十一條　任職條件

一、法官應當具有高尚的道德品格，必須或者是具有被任命為高級司法職

務的資格或者是公認的法學家。

二、法官應當憑個人的能力當選。

三、在他們任職期間，不得從事與保持他們的獨立性、公正或者是任職時間的需要不相稱的任何活動；適用本款所產生的任何問題由法院做出決定。

第二十二條　法官的選舉

法官應當由每個締約方參加的議會大會 (Parliamentary Assembly) 從締約方提名的三名候選人中通過多數票選出。

第二十三條　任期和罷免

一、法官任期九年，不連選連任。

二、當法官的年齡達到七十歲時他們的任職期限應當屆滿。

三、法官應當任職到後任接替為止，但他們應當繼續處理已經參與審理的案件。

四、除非其他法官以三分之二的多數決定一名法官已經無法勝任履行其職責所需要的條件之外，不得將法官予以免職。

第二十四條　書記處和報告員

一、法院應當有一個書記處，它的功能和設置應當在法院的規則中有所規定。

二、在由獨任法官審理案件時，其應當由法院院長授權之下進行工作的報告員進行協助。報告員應成為書記處的一部分。

第二十五條　法院全體會議

法院全體會議應當：

(a)選舉任期各為三年的院長和一名或者是兩名副院長；可以連選連任；

(b)設立在確定期限內存在的審判庭；

(c)選舉法院審判庭的庭長，可以連選連任；

(d)制定法院規則；

(e)選舉書記員和一名或者更多的主任書記員。

(f)根據第二十六條第二款提出要求。

第二十六條　委員會、審判庭和大審判庭

一、審理提交到法院的案件，法院應當組成獨任法官、三名法官的委員會、七名法官的審判庭和十七名法官的大審判庭開庭審理案件。由法院的審判庭設立固定期限內存續的委員會。

二、在法院全體會議的申請下，部長會議可以在全體同意的情況下，在特定的期限內，將審判庭的法官人數減少到五個。

三、在作為獨任法官審理案件時，該法官不應是基於申訴國而選任的法官。

四、審判庭和大審判庭應當有基於所涉成員國選任的依照職權而參加的法官，如果沒有或者是無法參加的，應當由法院院長從該成員國之前提

交的清單中選出一名作為法官參加審判庭的審理活動。

五、大審判庭應當由院長、副院長、審判庭庭長和其他根據法院規則所選擇的法官組成。當一個案件根據第四十三條的規定被提交到大審判庭，沒有審判庭庭長以及有關成員國的法官在大審判庭出庭時，不得作出判決。

第二十七條　**獨任法官的審理權限**

一、獨任法官可以判定案件不可受理，或者將根據第三十四條提交的申訴從案件清單中劃除。這樣的決定可以不必進行進一步審查。

二、該決定將是終局的。

三、如果獨任法官未判定案件不可受理或者將其劃除，那麼法官應將此案件提交給委員會或者審判庭以進行進一步審查。

第二十八條　**委員會的權限**

一、對於根據第三十四條提交的申訴，委員會在全體表決同意的情況下可以：

(a)宣布申請不予受理或者是從案件登記冊上劃除。此決定不再予以審查。或者：

(b)宣布案件可受理，並在案件所涉的關於對公約或議定書的解釋或適用問題已經有法院明確確立的判例的情況下，針對案件的實體部分給出判決。

二、根據上條所做的決定和判決是終局的。

三、如果基於所涉成員國選任的法官不是委員會的一員，那麼委員會在對所有相關因素進行考量後，可以在案件審理程序的任何階段委員會都可以邀請該法官替代委員會的某個成員而參與審理。考量的因素包括是否當事人對依據本條第一款(b)項所進行的程序提出質疑。

第二十九條　**審判庭對可受理性及案件實體做出的決定**

一、如果沒有在第二十七、二十八條下進行任何決定，那麼由審判庭來對依據第三十四條提起的個人申訴的可受理性和實體部分進行審理。也可以將可受理性部分獨立裁判。

二、對於依據第三十三條提起的國家間申訴，由審判庭進行可受理性和實體的審理。在個別情況下法院可以決定將可受理性部分獨立裁判。

第 三 十 條　**向大審判庭讓與審判權**

當審判庭的待審案件牽涉影響公約或議定書的解釋的嚴肅問題，或者存在無法與法院之前之判決保持一致的危險，那麼，被指派審理該案件的審判庭可以放棄對該案件的管轄從而將其讓與大審判庭，除非當事人一方拒絕這種讓與。

第三十一條　**大審判庭的權限**

大審判庭可以：

(a)當審判庭根據第三十條的規定放棄管轄權時或者是根據第四十三條的規定提起案件時，對根據第三十三條或者是第三十四條所提交的申請作出決定；

(b)對由部長委員會依據第四十六條第四款移交的問題進行決定；

(c)考慮基於第四十七條的規定而提出的諮詢意見的請求。

第三十二條　法院的管轄權

一、法院的管轄權應當延伸到根據第三十三、三十四、四十六和四十七條所提交的有關公約和議定書的解釋和適用的所有事項。

二、對法院管轄權產生的爭議應當由法院作出決定。

第三十三條　國家間的案件

任何締約方可以向法院提交聲稱另一個締約方違反了公約和議定書規定的案件。

第三十四條　個人申訴

法院可以接受任何個人、非政府組織或者是個人團體提出的聲稱自己是公約和議定書所保障的權利遭到一個締約方所侵犯的受害人的申訴。締約方承諾不以任何方式阻止有關當事人有效地行使此項權利。

第三十五條　受理標準

一、歐洲人權法院僅在申訴所涉事項已窮盡所有國內救濟後才開始對其進行審查，且根據國際法的公認標準，申訴須在國內最終司法裁決作出後六個月內提出。

二、歐洲人權法院對下列依據第三十四條提交的申訴不予受理：

　　(a)是匿名的，或者

　　(b)在本質上與已被法院審查的事項相同，或者與已被提交至另一國際調查或爭端解決程序事項相同，且不包含新資訊的。

三、歐洲人權法院應對根據公約第三十四條提交的申訴宣布為不可受理，如果其認為：

　　(a)該申訴與公約及其議定書條文不相符，或者明顯無根據，或者濫用申訴權。或者

　　(b)申訴人沒有遭受嚴重損失，除非是出於對於公約及其議定書規定的人權之尊重要求對案件進行實體審理、在這種基礎下案件不應被駁回且國內法庭未能對該因素進行合理考量。

四、法院應當拒絕它認為根據本條規定不予受理的任何申訴。它可以在申訴程序的任何階段作出此行為。

第三十六條　第三方介入

一、在本國公民作為申請人提交到審判庭或者是大審判庭的所有的案件中，有關締約方有權呈送書面意見或者是參與庭審。

二、法院院長，基於公正的合理實現的考慮，可以邀請不屬於訴訟當事國

的任何締約方或者不是申訴人的任何人向法院提交書面意見或者是出庭參加庭審。

三、對於審判庭或大審判庭審理的案件，歐洲理事會的人權專員可以提交書面意見並參與庭審。

第三十七條　申訴的刪除

一、若案件的情況導致法院得出下述結論，其可以在訴訟過程中的任何階段將有關請求從登記在案的案件中予以刪除：

(a)申請人不願意繼續主張申請，或

(b)有關事項已經得到解決，或

(c)由法院確定的任何理由表明沒有繼續審查申請的必要。

但是，如果對於公約及其議定書規定的人權之尊重要求對案件進行審理，那麼法院應當繼續審查申訴。

二、如果法院認為情況所需的話，可以作出恢復對一項已被刪除的申訴審查的決定。

第三十八條　對案件的審理

法院可以與當事人代理人一起審查案件，並在需要的時候自己進行調查。為了確保調查的有效進行，有關當事國應當提供所有必需的便利。

第三十九條　友好解決

一、基於對公約和議定書所規定的人權的尊重，法院可以在訴訟的任何階段依從當事人所進行的尋求友好和解方式的行為。

二、根據以上第一款所進行的訴訟活動應當是秘密的。

三、如果有效的友好解決已達成，法院應當通過作出一個包含對事實予以簡要說明和有關解決結果的決定將該案刪除清單從而結束對該案件的審理。

四、該決定應送交部長委員會，由部長委員會監督決定中所表明的友好解決的相關條款的執行。

第 四 十 條　公開庭審和文件的獲取

一、庭審應當是公開的，除非法院在個別特殊情況下另有決定。

二、交存在書記員處的所有文件應當公開，除非法院院長另有決定。

第四十一條　公正補償

如果法院判定發生了侵犯公約或者是議定書的行為，如果有關當事國的國內法僅僅允許部分賠償的話，法院應當根據需要，給予受害人以公正的補償。

第四十二條　審判庭的判決

根據第四十四條第二款的規定，審判庭的判決即具有最終的法律效力。

第四十三條　向大審判庭的申請

一、在審判庭作出判決後三個月內，在特別情形下，案件的任何當事人可

以申請將此案提交到大審判庭。

二、如果此案涉及到公約或者是議定書的解釋和適用的嚴重問題或者是相當重要的一般性問題，大審判庭中五名法官組成的小組應接受申請。

三、如果審判組接受了申請，大審判庭應當通過判決的方式來審理此案。

第四十四條　終局判決

一、大審判庭的判決應為終局。

二、審判庭的判決在下列情況下具有終局法律效力：

(a)當事人宣布不申請將案件提交到大審判庭；

(b)判決作出三個月後，當事人未向大審判庭提交審理申請；或者

(c)大審判庭的審判組拒絕受理根據第四十三條提出的申請。

三、終局性判決應當公布。

第四十五條　判決和決定的理由

一、受理或者是不予受理的判決或決定均應當說明理由。

二、如果一份判決不能全部或者是部分地反映法官的一致意見，任何法官應當有權發表一份單獨的意見。

第四十六條　拘束力和判決的執行

一、締約方承諾遵守法院對由他們作為當事人的案件所作出的最終判決。

二、法院的最終判決應當送交部長委員會監督執行。

三、如果部長委員會認為對判決執行的監督因判決的解釋問題而受阻，那麼它可以將問題提交法院以尋求對該問題的解答或解釋。提交法院的決定應當由部長委員會中三分之二以上的多數做出。

四、如果部長委員會認為是案件當事人的締約方拒絕接受該判決的約束，那麼它可以在給予該國正式提醒之後，在三分之二以上的多數決定的情況下，將該問題移交法院來判斷是否該締約方未能履行本條第一款下的義務。

五、如果法院判定締約方違反了第一款，那麼它可以將問題移交部長委員會以決定接下來的處理措施。如果法院判定締約方沒有違反第一款的義務，它應將案件移交部長委員會，由部長委員會進行結案。

第四十七條　諮詢意見

一、應部長委員會的請求，法院可以就涉及到公約和議定書的解釋有關的法律問題提供諮詢意見。

二、此種諮詢意見不得處理與公約第一章和議定書所規定的權利或者自由的內容或者範圍相關的任何問題，也不得處理法院或者是部長委員會認為會在任何此種程序結束後有可能不得不認定為依照公約是可以被提起的任何其他問題。

三、部長委員會請求法院提供諮詢意見的決定應當由有權出席委員會的代表的多數投票贊同才能作出。

第四十八條　法院的諮詢管轄權

法院應當決定部長委員會所提出的請求提供諮詢意見的申請是否在第四十七條所規定的法院的權限範圍之內。

第四十九條　提供的諮詢意見的理由

一、法院提供諮詢意見應當說明理由。

二、如果法院所提供的諮詢意見不能全部或者部分地代表法官的一致意見，任何一名法官應當有權發表一份單獨的意見。

三、法院的諮詢意見應當送交部長委員會。

第五十條　法院的經費

法院的支出由歐洲理事會承擔。

第五十一條　法官的特權和豁免

法官在履行職責期間享有歐洲理事會規章第四十條和基於規章產生的協定中所規定的特權和豁免。

第三章　其他規定

第五十二條　秘書長的詢問

在收到歐洲理事會秘書長的詢問請求時，任何締約方應當說明其國內法是如何保證本公約項下的任一規定得到有效執行的。

第五十三條　對既有人權的保障

本公約的規定不得被解釋為限制或者是克減根據任何締約方的法律或者是締約方作為成員所參加的任何協議所規定的任何人權和根本自由。

第五十四條　部長委員會的權力

本公約不得妨礙歐洲理事會規章所授予部長委員會的權力。

第五十五條　對其他爭議解決方式的排除

締約方同意，除了依照特殊協議外，將不利用它們之間的有效的條約、公約或者聲明來通過申訴的方式把因對本公約的解釋或者適用所產生的爭議提交給本公約規定之外的其他途徑加以解決。

第五十六條　地域適用

一、任何國家應當在批准本公約時或者此後任何時候，以通知歐洲理事會秘書長的方式作出聲明：本公約應當適用於該國承擔國際關係責任的一切或者任何領土上。

二、本公約應當自歐洲理事會秘書長收到通知後第三十天起適用於通知中所列舉的領土或者若干領土上。

三、然而，本公約應當適用於上述領土時，應當合理注意當地的要求。

四、根據本條第一款規定作出聲明的任何國家應當在今後任何時候代表與該聲明有關的某一領土或者若干領土作出聲明：它承認歐洲人權法院有權根據本公約第三十四條的規定受理個人、非政府組織或者個人團

體提出的申訴。

第五十七條 *保留*

一、任何國家在簽訂本公約或者交存批准書時，如因該國領土內現行有效的任何法律與本公約的任何規定不相符合，可聲明對此作出保留。一般性質的保留不得根據本條規定獲得許可。

二、根據本條規定所作出的任何保留，應當包含對有關法律的簡要說明。

第五十八條 *退出*

一、締約方只有在成為本公約的締約方之日起五年期限屆滿、以及在向歐洲理事會秘書長提交的相關通知六個月之後，才能退出本公約。秘書長應當通知其他各締約方。

二、上述退出不得具有解除有關締約方依據本公約由於在退出本公約生效之日前該締約方已經實施的可能構成違反上述義務的任何行為而應承擔的義務。

三、終止作為歐洲理事會成員國的締約方將當以相同的條件終止其作為本公約的締約方。

四、有關曾經根據第五十六條規定宣布適用的任何領土，本公約對其的適用效力得依據前款規定予以廢止。

第五十九條 *簽署和批准*

一、本公約應當向歐洲理事會成員國開放簽字。本公約應當經過批准。批准書應當交存歐洲理事會秘書長。

二、歐洲聯盟可以加入該公約。

三、本公約應當在交存十份批准書後開始生效。

四、對於此後批准本公約的任何簽字國，本公約應當在該國交存批准書之日起開始生效。

五、歐洲理事會秘書長應當將本公約的生效，已經批准本公約的締約方名單以及後來交存的全部批准書，通知歐洲理事會全體成員。

一九五〇年十一月四日訂於羅馬，以英文及法文兩種文字寫成，兩種文本具有同等效力，正本一份應當保存於歐洲理事會檔案庫中。秘書長應當將核准無誤的副本送交每一簽字國。

歐洲保障人權和根本自由公約之議定書

一九五二年三月二十日訂於巴黎

作為歐洲理事會成員，本公約各簽字國政府：

決定採取步驟，以確保共同實施一九五〇年十一月四日簽訂於羅馬的《保障人權和

根本自由公約》（以下簡稱「公約」）第一章所未包括的若干人權和基本自由，

同意議定以下各條：

第 一 條　財產保護

每個自然人或法人都被授予和平地享用其財產的資格。除非為了公共利益並且符合法律以及國際法一般原則所規定的條件，任何人都不應當被剝奪其財產。

但是，前款規定不應當以任何方式損害一國的如下權利：按其認為必要的方式去強制執行此類法律以便依據一般利益來控制財產使用，或者保證稅收或其他捐稅或罰金的支付。

第 二 條　受教育權

任何人都不應當被否認受教育權。在國家行使其所承擔的與教育和教學相關的任何功能的過程中，國家應當尊重父母確保此類教育和教學符合其自己的宗教和哲學信仰的權利。

第 三 條　選舉自由

各締約方承諾以合理間隔通過秘密投票按照如下條件進行自由選舉：這些條件將會確保民眾在立法機關選擇方面自由表達其意見。

第 四 條　地域適用

任何一個締約方可在簽署或批准之時，或在此後的任何時候，向歐洲理事會秘書長提交一份聲明，說明其所承擔的本議定書所規定的義務適用於其在國際關係中負責的領土的範圍及其名稱。

任何按照前款提交了聲明的締約方，可以隨時提交一個進一步的聲明修正以前任何聲明中的條件或者終止本議定書的規定對任何有關領土的適用。

根據本條所做出的聲明應被認為是根據公約第五十六條第一款已經做出。

第 五 條　與公約的關係

就各締約方自己而言，本議定書的第一、二、三和四條的規定應被視為公約的補充條款，公約的全部規定相應地予以適用。

第 六 條　簽署和批准

本議定書向歐洲理事會各成員國即公約的各簽字國開放簽字；它應在批准公約的同時或在批准公約之後得到批准。本議定書應於十份批准書交存後生效。此後批准的任何簽字國，本議定書將於其批准交存之日起對其生效。

批准書應交存歐洲理事會秘書長，他應提醒所有成員國注意已批准各國的名稱。

　　一九五二年三月二十日訂於羅馬，以英文及法文兩種文字寫成，兩種文本具有同等效力，正本一份應當保存於歐洲理事會檔案庫中。秘書長應當將核准無誤的副本送交每一簽字國。

關於保障《保障人權和根本自由公約》及其第一議定書中未規定的權利的第四議定書

一九六三年九月十六日訂於斯特拉斯堡

作為歐洲理事會成員，本公約各簽字國政府：

決定採取步驟，以確保共同實施一九五〇年十一月四日簽訂於羅馬的《保障人權和根本自由公約》（以下簡稱「公約」）第一章以及一九五二年三月二十日簽訂於巴黎的公約第一議定書第一至三條所未包括的若干人權和基本自由，

同意議定以下各條：

第 一 條 **禁止因債務而監禁**

任何人都不應當因為無力履行某項合同義務的理由而被剝奪其自由。

第 二 條 **遷徙自由**

一、合法地處於一國領土之內的每一個人都應當在該國領土之內享有遷徙自由和自由選擇其居住地權利。

二、每一個人均有權自由地離開任何國家，包括其所屬國。

三、對於這些權利的行使不得被施加任何限制，但根據法律施加的限制以及在一個民主的社會出於保護國家安全和公共安全、維護公共秩序、預防犯罪、保護健康或道德、保護他人的權利和自由的需要而施加的限制除外。

四、第一款中所設定的那些權利也可以在個別領域中受制於一些按照法律而施加並基於民主社會的公共利益而正當化的合理的限制條件。

第 三 條 **禁止驅逐本國人**

一、不得以單獨或集體的方式將任何人驅逐出其所屬國的國家領土。

二、不得剝奪任何人進入其所屬國領土的權利。

第 四 條 **禁止集體驅逐外國人**

禁止對外國人進行集體性驅逐。

第 五 條 **地域適用**

一、任何一個締約方可在簽署或批准之時，或在此後的任何時候，向歐洲理事會秘書長提交一份聲明，說明其所承擔的本議定書所規定的義務適用於其在國際關係中負責的領土的範圍及其名稱。

二、任何按照前款提交了聲明的締約方，可以在此後隨時提交一個進一步的聲明修正以前任何聲明中的條件或者終止本議定書的規定對任何有關領土的適用。

三、根據本條所做出的聲明應被認為是根據公約第五十六條第一款已經做出。

四、任何國家因該批准或接受本議定書而適用本議定書之領土以及因該國根據本條作出聲明而適用本議定書之每塊領土，為了第二條和第三條的適用適用目的，將被視為單獨的領土。

五、任何依照本條第一款和第二款作出聲明的國家，應當在今後任何時候代表與該聲明有關的某一領土或者若干領土作出聲明：它承認歐洲人權法院有權根據本公約第三十四條的規定受理個人、非政府組織或者個人團體就本議定書的第一至四條中提出的申訴。

第 六 條　與公約的關係

就締約方之間而言，本議定書第一至五條的條款將被視為公約的補充條款，公約的全部規定相應地予以適用。

第 七 條　簽署和批准

一、本議定書向歐洲理事會各成員國即公約的各簽字國開放簽字；它應在批准公約的同時或在批准公約之後得到批准。本議定書應於十份批准書交存後生效。此後批准的任何簽字國，本議定書將於其批准交存之日起對其生效。

二、批准書應交存歐洲理事會秘書長，他應提醒所有成員國注意已批准各國的名稱。

下列簽字人各經該國政府正式授權，謹在本議定書上簽字，以資證明。

一九六三年九月十六日訂於羅馬，以英文及法文兩種文字寫成，兩種文本具有同等效力，正本一份應當保存於歐洲理事會檔案庫中。秘書長應當將核准無誤的副本送交每一簽字國。

關於廢除死刑的《保障人權和根本自由公約》第六議定書

一九八三年四月二十八日訂於斯特拉斯堡

歐洲理事會成員國，亦即一九五〇年十一月四日在羅馬簽署的《保障人權和根本自由公約》（以下簡稱「公約」）所附加之本議定書的簽署國

考慮到歐洲理事會的一些成員國的事態發展表明有廢除死刑的普遍趨勢；

同意議定以下各條：

第 一 條　死刑的廢除

死刑應予廢除。任何人不應被判處死刑或被處死。

第 二 條　戰爭期間的死刑

締約各國得在其法律中對戰時或有緊迫的戰爭威脅時所犯罪行做出判處死刑的規定；但死刑應只適用於法律中規定的情況並依據法律規定適用之。各該締約方應將其法律中有關死刑的規定通知歐洲理事會秘書長。

第 三 條　禁止克減

任何締約方不得根據公約第十五條採取克減本議定書條款的措施。

第 四 條　禁止保留

任何締約方不得根據公約第五十七條對本議定書的規定作出保留。

第 五 條　地域適用

一、任何締約方得在簽署本議定書時或在其交存批准書、接受書或同意書時列明本議定書應適用的領土或若干領土。

二、任何締約方得在可在此後的任何時候，向歐洲理事會秘書長提交一份聲明，說明本議定書的適用擴大到該聲明中所列舉之任何其他領土。對於此類領土，本議定書應於歐洲理事會秘書長收到該聲明之日後的下一個月的第一天生效。

三、根據前兩款所作之任何聲明得以通知歐洲理事會秘書處之方式撤銷對聲明中所列任何領土之適用。該項撤銷應於秘書長收到該項通知的下一個月的第一天起生效。

第 六 條　與公約的關係

就締約方之間而言，本議定書第一至五條的條款將被視為公約的補充條款，公約的全部規定相應地予以適用。

第 七 條　簽署和批准

本議定書向歐洲理事會各成員國即公約的各簽字國開放簽字；它須經過批准、接受或同意。除非此前已批准或者將同時批准公約，歐洲理事會成員國不能夠單獨批准、接受或同意該議定書。批准書、接受或同意書應交存歐洲理事會秘書長。

第 八 條　生效

一、本議定書應在五個歐洲理事會成員國根據第七條規定表示同意接受本議定書約束之日的下一個月的第一天起生效。

二、對於後來表示同意接受本議定書約束之成員國，本議定書將於其批准、接受或同意書交存之日的下一個月的第一天起生效。

第 九 條　保管人職能

歐洲理事會秘書長應將下列事項通知歐洲理事會各成員國：

(a)任何簽署；

(b)任何批准書、接受書或核准書之交存；

(c)本議定書根據第五條和第八條生效之日期；

(d)有關本議定書之任何其他行動、通知或來文。

下列簽字人各經該國政府正式授權，謹在本議定書上簽字，以資證明。

一九八三年四月二十八日訂於斯特拉斯堡，以英文及法文兩種文字寫成，兩種文本具有同等效力，正本一份應當保存於歐洲理事會檔案庫中。秘書長應當將核准無誤的副

本送交每一簽字國。

歐洲保障人權和根本自由公約第七議定書

一九八四年十一月二十二日訂於斯特拉斯堡

簽署本議定書之歐洲理事會成員國，

決定採取進一步的措施，以確保由一九五〇年十一月四日簽訂於羅馬的《保護人權和根本自由公約》（以下簡稱「公約」）所保障的特定權利的集體執行，

同意議定以下各條：

第 一 條　關於驅逐外國人的程序性保障

一、一個合法居住在某國領土內的外國人不應被從該領土驅逐，除非依據一項根據法律所做出的決定。並且應當允許該外國人：

　(a)提出反對驅逐的理由

　(b)要求他的案件得到審查

　(c)由代理人代其向有權機關或該機關指定的個人提出上述要求。

二、若基於公共秩序所必需或者基於國家安全方面的理由，可以在外國人行使其在本條第一款(a)，(b)和(c)項下的權利之前被驅逐。

第 二 條　刑事問題的上訴權

一、任何被法庭定了刑事罪名的人應有要求更高一級的法庭對該定罪或量刑進行複審的權利。這一權利的行使以及行使的基礎均應由法律規定。

二、在按照法律規定屬於性質較輕的犯罪、初審法院為最高法院或者在提出針對無罪宣判的上訴後被判有罪等特定情況下，上訴權會受到制約。

第 三 條　錯誤定罪的賠償

當某人經最後判決判定犯有刑事犯罪而此後他的定罪又因新的事實或新發現的事實表明確屬錯判為由被推翻或被赦免，則由於此一定罪而受到懲罰之該人應依該有關國家之法律或慣例獲得賠償，除非得到證明該未知事實之未被揭示乃全部或部分由他本人造成。

第 四 條　一罪不再罰的權利

一、任何人不應因已根據一國法律和刑事程序被宣判無罪或有罪的違法行為在同一國家管轄下的刑事訴訟中再次受到審訊或處罰。

二、如有影響案件結果的新的事實或新發現的事實證據，或者在此前的訴訟程序中有根本性的缺陷，那麼前款規定不應妨礙根據有關國家的法律和刑事程序重審此案。

三、締約方不得根據公約第十五條採取克減本條的措施。

第 五 條　配偶平等

在配偶彼此之間，以及他們與孩子的關係中，在婚姻締結、持續以及解體的

過程中，配偶雙方應當平等地享有私法特徵的權利和責任。

第 六 條　地域適用

一、任何締約方得在簽署本議定書時或在其交存批准書、接受書或同意書時列明本議定書可適用的領土或若干領土。

二、任何締約方得在可在此後的任何時候，向歐洲理事會秘書長提交一份聲明，說明本議定書的適用擴大到該聲明中所列舉之任何其他領土。對於此類領土，本議定書應於歐洲理事會秘書長收到該聲明之日起屆滿兩個月後的下一個月的第一天生效。

三、根據前兩款所作之任何聲明得以通知歐洲理事會秘書處之方式撤銷或修改對聲明中所列任何領土之適用。該項撤銷或修改應於秘書長收到該通知之日起屆滿兩個月後的下一個月的第一天生效。

四、根據本條所做出的聲明應被認為是已根據公約第五十六條第一款做出。

五、任何國家因該批准或接受本議定書而適用本議定書之領土以及因該國根據本條作出聲明而適用本議定書之每塊領土，為了第一條的適用適用目的，將被視為單獨的領土。

六、任何依照本條第一款和第二款作出聲明的國家，應當在今後任何時候代表與該聲明有關的某一領土或者若干領土作出聲明：它承認歐洲人權法院有權根據本公約第三十四條的規定受理個人、非政府組織或者個人團體就本議定書的第一至五條中提出的申訴。

第 七 條　與公約的關係

就締約方之間而言，本議定書第一至六條的條款將被視為公約的補充條款，公約的全部規定相應地予以適用。

第 八 條　簽署和批准

本議定書向歐洲理事會各成員國即公約的各簽字國開放簽字;它須經過批准、接受或同意。除非此前已批准或者將同時批准公約，歐洲理事會成員國不能夠單獨批准、接受或同意該議定書。批准書、接受或同意書應交存歐洲理事會秘書長。

第 九 條　生效

一、本議定書應在七個歐洲理事會成員國根據第八條規定表示同意接受本議定書約束之日起屆滿兩個月後的下一個月的第一天生效。

二、對於後來表示同意接受本議定書約束之成員國，本議定書將於其批准、接受或同意書交存之日起屆滿兩個月後的下一個月的第一天生效。

第 十 條　保管人職能

歐洲理事會秘書長應將下列事項通知歐洲理事會各成員國：

(a)任何簽署；

(b)任何批准書、接受書或核准書之交存；

(c)本議定書根據第六條和第九條生效之日期；

　　(d)有關本議定書之任何其他行動、通知或來文。

　　下列簽字人各經該國政府正式授權，謹在本議定書上簽字，以資證明。

　　一九八四年十一月二十二日訂於斯特拉斯堡，以英文及法文兩種文字寫成，兩種文本具有同等效力，正本一份應當保存於歐洲理事會檔案庫中。秘書長應當將核准無誤的副本送交每一簽字國。

歐洲保障人權和根本自由公約第十二議定書

二〇〇〇年十一月四日訂於羅馬

　　簽署本議定書之歐洲理事會成員國，

　　考慮到所有人均應在法律面前平等並獲得法律平等保護的基本原則；

　　決心藉助於一九五〇年十一月四日簽訂於羅馬的《保障人權與根本自由公約》（以下簡稱「公約」）通過一般禁止歧視的集體力量而採取進一步措施以推進所有人的平等；

　　重申不歧視原則並不妨礙成員國採取促進完全有效的平等的措施，只要該措施具有客觀合理的正當性理由，

　　同意議定如下條款：

第 一 條　一般性禁止歧視

　　一、對法律所規定的任何權利的享有應當得到保障，不應因任何理由比如性別、種族、膚色、語言、宗教、政治或其他觀點、民族或社會出身、與某一少數民族的聯繫、財產、出生或其他情況等而受到歧視。

　　二、任何人都不應當因如上述所列事項的任何理由而受到任何公共機構的歧視。

第 二 條　地域適用

　　一、任何締約方得在簽署本議定書時或在其交存批准書、接受書或同意書時列明本議定書可適用的領土或若干領土。

　　二、任何締約方得在可在此後的任何時候，向歐洲理事會秘書長提交一份聲明，說明本議定書的適用擴大到該聲明中所列舉之任何其他領土。對於此類領土，本議定書應於歐洲理事會秘書長收到該聲明之日起屆滿三個月後的下一個月的第一天生效。

　　三、根據前兩款所作之任何聲明得以通知歐洲理事會秘書處之方式撤銷或修改對聲明中所列任何領土之適用。該項撤銷或修改應於秘書長收到該通知之日起屆滿三個月後的下一個月的第一天生效。

　　四、根據本條所做出的聲明應被認為是已根據公約第五十六條第一款做出。

　　五、任何依照本條第一款和第二款作出聲明的國家，應當在今後任何時候代表與該聲明有關的某一領土或者若干領土作出聲明：它承認歐洲人權法

院有權根據本公約第三十四條的規定受理個人、非政府組織或者個人團體就本議定書的第一條中提出的申訴。

第 三 條　與公約的關係

就締約方之間而言，本議定書第一和二條將被視為公約的補充條款，公約的全部規定相應地予以適用。

第 四 條　簽署和批准

本議定書向歐洲理事會各成員國即公約的各簽字國開放簽字；它須經過批准、接受或同意。除非此前已批准或者將同時批准公約，歐洲理事會成員國不能夠單獨批准、接受或同意該議定書。批准書、接受或同意書應交存歐洲理事會秘書長。

第 五 條　生效

一、本議定書應在十個歐洲理事會成員國根據第四條規定表示同意接受本議定書約束之日起屆滿三個月後的下一個月的第一天生效。

二、對於後來表示同意接受本議定書約束之成員國，本議定書將於其批准、接受或同意書交存之日起屆滿三個月後的下一個月的第一天生效。

第 六 條　保管人職能

歐洲理事會秘書長應將下列事項通知歐洲理事會各成員國：

(a)任何簽署；

(b)任何批准書、接受書或核准書之交存；

(c)本議定書根據第二條和第五條生效之日期；

(d)有關本議定書之任何其他行動、通知或來文。

下列簽字人各經該國政府正式授權，謹在本議定書上簽字，以資證明。

二〇〇〇年十一月四日訂於羅馬，以英文及法文兩種文字寫成，兩種文本具有同等效力，正本一份應當保存於歐洲理事會檔案庫中。秘書長應當將核准無誤的副本送交每一簽字國。

關於在任何情況下廢除死刑的《保障人權和根本自由公約》第十三議定書

二〇〇二年五月三日於維爾紐斯

簽署本議定書之歐洲理事會成員國：

確信每個人的生命權為民主社會中的基本價值，廢除死刑對於保護此項權利以及充分承認所有人內在尊嚴至關重要；

希望加強於一九五〇年十一月四日簽訂於羅馬的《保障人權和根本自由公約》（以下簡稱「公約」）所保護的生命權的保障；

注意到一九八三年四月二十八日簽訂於斯特拉斯堡的關於禁止死刑的公約第六議定書並未禁止在戰爭時期或者受戰爭的緊迫威脅之時所採取的施以死刑的行為；

決心採取最終步驟以在任何情況下廢除死刑。

同意議定以下各條：

第 一 條　死刑的廢除

死刑應當被廢除。任何人不應被判決或執行此種刑罰。

第 二 條　禁止克減

任何締約方不得根據公約第十五條採取克減本議定書條款的措施。

第 三 條　禁止保留

關於本議定書的規定，任何締約方不得根據公約第五十七條提出保留。

第 四 條　地域適用

一、任何締約方得在簽署本議定書時或在其交存批准書、接受書或同意書時列明本議定書可適用的領土或若干領土。

二、任何締約方得在可在此後的任何時候，向歐洲理事會秘書長提交一份聲明，說明本議定書的適用擴大到該聲明中所列舉之任何其他領土。對於此類領土，本議定書應於歐洲理事會秘書長收到該聲明之日起屆滿三個月後的下一個月的第一天生效。

三、根據前兩款所作之任何聲明得以通知歐洲理事會秘書處之方式撤銷或修改對聲明中所列任何領土之適用。該項撤銷或修改應於秘書長收到該通知之日起屆滿三個月後的下一個月的第一天生效。

第 五 條　與公約的關係

就締約方之間而言，本議定書第一至四條將被視為公約的補充條款，公約的全部規定相應地予以適用。

第 六 條　簽署和批准

本議定書向歐洲理事會各成員國即公約的各簽字國開放簽字；它須經過批准、接受或同意。除非此前已批准或者將同時批准公約，歐洲理事會成員國不能夠單獨批准、接受或同意該議定書。批准書、接受或同意書應交存歐洲理事會秘書長。

第 七 條　生效

一、本議定書應在十個歐洲理事會成員國根據第六條規定表示同意接受本議定書約束之日起屆滿三個月後的下一個月的第一天生效。

二、對於後來表示同意接受本議定書約束之成員國，本議定書將於其批准、接受或同意書交存之日起屆滿三個月後的下一個月的第一天生效。

第 八 條　保管人職能

歐洲理事會秘書長應將下列事項通知歐洲理事會各成員國：

(a)任何簽署；

(b)任何批准書、接受書或核准書之交存；

(c)本議定書根據第四條和第七條生效之日期；

(d)有關本議定書之任何其他行動、通知或來文。

下列簽字人各經該國政府正式授權，謹在本議定書上簽字，以資證明。

二〇〇二年五月三日訂於維爾紐斯，以英文及法文兩種文字寫成，兩種文本具有同等效力，正本一份應當保存於歐洲理事會檔案庫中。秘書長應當將核准無誤的副本送交每一簽字國。

二十、給予殖民地國家和人民獨立宣言 (Declaration on the Granting of Independence to Colonial Countries and Peoples)　　　　　　　　　　　　　　(1960.12.14)

說明：

㈠聯合國大會第十五屆大會一九六〇年十二月十四日第 A/RES/1514(XV) 號決議通過。

㈡英文本見 Yearbook of the United Nations 1960, New York: Columbia University Press, 1961, pp. 49–50. 原始中文本見聯合國大會，《大會第十五屆會所通過決議案》，卷一，紐約：聯合國，1961 年，頁 73–74。中文通行本見聯合國人權事務高級專員辦事處，《人權，國際文件匯編》，紐約和日內瓦：聯合國，2002 年，頁 73–74。

㈢原始中文本與中文通行本有文字差異，本書將《給予殖民地國家和人民獨立宣言》原始中文本和通用中文本均刊印於下。

㈎一九六一年中文譯文

聯合國大會，《大會第十五屆會所通過決議案》，卷一，紐約：聯合國，1961 年，頁 73–74。

大會，

念及世界人民在聯合國憲章中宣布決心重申基本人權，人格尊嚴與價值，以及男女與大小各國平等權利之信念，並促成大自由中之社會進步及較善之民生，

深知必須根據尊重所有民族之權利平等與自決之原則，及不分種族、性別、語文或宗教，普遍尊重及勵行人權與基本自由之原則，造成安定與幸福之情境，和平與友好之關係，

承認所有未獨立民族盼望自由之殷切及此等民族對於達成其獨立所發生之決定性作

用，

深知因不與此等民族以自由或阻撓其自由而造成之日益嚴重之衝突，乃係對世界和平之嚴重威脅，

鑒於聯合國在協助託管領土及非自治領土之獨立運動方面之重要任務，

深知世界各民族熱望各種形式之殖民主義一律終止，

深信殖民主義之繼續存在妨礙國際經濟合作之發展，阻撓未獨立民族社會、文化與經濟之發展，且與聯合國世界和平之理想相悖，

聲明各民族均可為其本身之目的自由處置其天然財富與資源，但不得妨礙由於以互利原則為基礎之國際經濟合作及依據國際法而發生之任何義務，

深信解放之過程不能抗拒，亦不能倒轉，為避免嚴重危機起見，殖民主義及與之並行之各種隔離及歧視辦法均須終止，

歡迎近年來許多非獨立領土已臻於自由獨立，察及尚未獨立領土趨於自由之傾向日益顯明，

確信各民族均有享受完全自由，行使主權及維持國家領土完整之不可褫奪之權利，

鄭重宣布有迅速無條件終止各種形式之殖民主義之必要；

且為此目的

宣言如下：

一、各民族之受異族奴役、統治與剝削，乃係否定基本人權，違反聯合國憲章，且係促進世界和平與合作之障礙。

二、所有民族均有自決權，且憑此權利自由決定其政治地位，自由從事其經濟、社會及文化發展。

三、絕對不得以政治、經濟、社會或教育上之準備不足為遲延獨立之藉口。

四、對未獨立民族之一切武裝行動或各種壓制措施概應停止，使彼等能和平自由行使完全獨立之權利，其國家領土之完整應受尊重。

五、在託管領土及非自治領土或其他尚未達成獨立之領土內立即採取步驟，不分種族、信仰或膚色，按照此等領土各民族自由表達之意志，將一切權力無條件無保留移交彼等，使能享受完全之獨立及自由。

六、凡以局部破壞或全部破壞國家統一及領土完整為目的之企圖，均與聯合國憲章之宗旨及原則不相容。

七、所有國家均應在平等及不干涉他國內政及尊重各民族之主權及其領土完整之基礎上，忠實嚴格遵行聯合國憲章、世界人權宣言及本宣言之規定。

㈡二〇〇二年中文譯文

聯合國人權事務高級專員辦事處，《人權，國際文件匯編》，紐約和日

內瓦：聯合國，2002 年，頁 73–74。

大會，

考慮到世界各國人民在聯合國憲章中所宣布的決心：「重申基本人權，人格尊嚴與價值，以及男女與大小各國平等權利之信念，促成大自由中之社會進步及較善之民生」，

鑒於需要創造建立在尊重各國人民的平等權利和自決的基礎上的穩定、福利以及和平和友好的關係的條件，和創造普遍尊重和遵守人類的權利以及不分種族、性別語言或宗教的所有人的基本自由的條件，

承認一切附屬國人民要求自由的殷切願望和這些國家的人民在獲得獨立中所起的決定性作用，

意識到由於不給這些國家自由或妨礙他們的自由而產生的、對於世界和平構成嚴重威脅的越來越多的衝突，

考慮到聯合國在幫助託管地和非自治領地內的獨立運動方面的重要作用，

認識到世界人民迫切希望消滅一切表現的殖民主義，

認為殖民主義的繼續存在阻礙了國際經濟合作的發展，妨礙了附屬國人民的社會，文化和經濟發展，並妨礙了聯合國的世界和平的理想的實現，

重申各國人民可以為了自己的目的在互利和國際法的基礎上自由地處理他們的自然財富和資源，而不損害以互利原則和國際法為基礎的國際經濟合作所產生的任何義務，

認為解放的過程是不可抗拒的和不可扭轉的，為了避免發生嚴重的危機，必須結束殖民主義和與之有聯繫的一切隔離和歧視的措施，

歡迎在最近幾年內許多附屬領地取得了自由和獨立，認識到在還沒有取得獨立的領地內的日益增長的走向自由的強大趨勢，

相信所有國家的人民都有不可剝奪的權利來取得完全的自由、行使主權和保持國家領土完整，

莊嚴地宣布需要迅速和無條件地結束一切形式和表現的殖民主義，

為此宣布：

一、使人民受外國的征服，統治和剝削的這一情況，否認了基本人權，違反了聯合國憲章，並妨礙了增進世界的和平與合作。

二、所有的人民都有自決權；依據這個權利，他們自由地決定他們的政治地位，自由地發展他們的經濟，社會和文化。

三、不得以政治、經濟、社會或教育方面的準備不足作為拖延獨立的藉口。

四、必須制止各種對付附屬國人民的一切武裝行動和鎮壓措施，以使他們能和平地、自由地行使他們實現完全獨立的權利；尊重他們國家領土的完整。

五、在託管領地和非自治領地以及還沒有取得獨立的一切其他領地內立即採取步驟，依照這些領地的人民自由地表示的意志和願望，不分種族、信仰或膚色，無條件地和無保留地將所有權力移交給他們，使他們能享受完全的獨立和自由。

六、任何旨在部分地或全面地分裂一個國家的團結和破壞其領土完整的企圖都是與

聯合國憲章的目的和原則相違背的。

　　七、一切國家應在平等、不干涉一切國家的内政和尊重所有國家人民的主權及其領土完整的基礎上忠實地、嚴格地遵守聯合國憲章，世界人權宣言和本宣言的規定。

二十一、消除一切形式種族歧視國際公約 (International Convention on the Elimination of All Forms of Racial Discrimination)　　　　　　(1965.12.21)

說明：

㈠聯合國大會一九六五年十二月二十一日第 A/RES/2106 A (XX) 號決議通過，一九六九年一月四日生效；一九九二年十二月十六日第 A/RES/47/111 號決議修訂第八條六款，並新增第八條七款。

㈡英、法文本見 UNTS, Vol. 660, pp. 212–239 （雙號是英文）；中文本見 pp. 196–211。中文通行本見聯合國人權事務高級專員辦事處，《人權，國際文件匯編》，紐約和日內瓦：聯合國，2002 年，頁 109–119；聯合國人權事務高級專員辦事處，《核心國際人權條約》，紐約和日內瓦：聯合國，2006 年，頁 59–74。由於公約一九九二年經過修訂，以下文本採用中文通用本。

　　本公約締約國，

　　鑒於聯合國憲章係以全體人類天賦尊嚴與平等的原則為基礎，所有會員國均擔允採取共同及個別行動與本組織合作，以達成聯合國宗旨之一，即不分種族、性別、語言或宗教，增進並激勵對於全體人類的人權及基本自由的普遍尊重與遵守，

　　鑒於世界人權宣言宣示人皆生而自由，在尊嚴及權利上均各平等，人人有權享受該宣言所載的一切權利與自由，無分軒輊，尤其不因種族、膚色或民族而分軒輊，

　　鑒於人人在法律上悉屬平等並有權享受法律的平等保護，以防止任何歧視及任何煽動歧視的行為，

　　鑒於聯合國已譴責殖民主義及與之並行的所有隔離及歧視習例，不論其所採形式或所在地區為何，又一九六〇年十二月十四日給予殖民地國家和人民獨立宣言（大會第1514(XV) 號決議）已確認並鄭重宣示有迅速無條件終止此類習例的必要，

　　鑒於一九六三年十一月二十日聯合國消除一切形式種族歧視宣言（大會第1904(XVIII) 號決議）鄭重宣告迅速消除全世界一切種族歧視形式及現象及確保對人格尊嚴的瞭解與尊重，實屬必要，

　　深信任何基於種族差別的種族優越學說，在科學上均屬錯誤，在道德上應予譴責，在社會上均屬失平而招險，無論何地，理論上或實踐上的種族歧視均無可辯解，

　　重申人與人間基於種族、膚色或人種的歧視，為對國際友好和平關係的障礙，足以擾亂民族間的和平與安全，甚至共處於同一國内的人與人間的和諧關係，

深信種族壁壘的存在為任何人類社會理想所嫉惡，

怵於世界若干地區仍有種族歧視的現象，並怵於基於種族優越或種族仇恨的政府政策，諸如「種族隔離」、分隔或分離政策，

決心採取一切必要措施迅速消除一切種族歧視形式及現象，防止並打擊種族學說及習例，以期促進種族間的諒解，建立毫無任何形式的種族隔離與種族歧視的國際社會，

念及一九五八年國際勞工組織所通過關於就業及職業的歧視公約與一九六〇年聯合國教育、科學及文化組織所通過取締教育歧視公約，

亟欲實施聯合國消除一切形式種族歧視宣言所載的原則並確保為此目的盡早採取實際措施，

爰議定條款如下：

第一部分

第　一　條　一、本公約稱「種族歧視」者，謂基於種族、膚色、世系或民族或人種的任何區別、排斥、限制或優惠，其目的或效果為取消或損害政治、經濟、社會、文化或公共生活任何其他方面人權及基本自由在平等地位上的承認、享受或行使。

二、本公約不適用於締約國對公民與非公民間所作的區別、排斥、限制或優惠。

三、本公約不得解釋為對締約國關於國籍、公民身分或歸化的法律規定有任何影響，但以此種規定不歧視任一籍民為限。

四、專為使若干須予必要保護的種族或民族團體或個人獲得充分進展而採取的特別措施以期確保此等團體或個人同等享受或行使人權及基本自由者，不得視為種族歧視，但此等措施的後果須不致在不同種族團體間保持個別行使的權利，且此等措施不得於所定目的達成後繼續實行。

第　二　條　一、締約國譴責種族歧視並承諾立即以一切適當方法實行消除一切形式種族歧視與促進所有種族間的諒解的政策，又為此目的：

　　㈠締約國承諾不對人、人群或機關實施種族歧視行為或習例，並確保所有全國性及地方性的公共當局及公共機關均遵守此項義務行事；

　　㈡締約國承諾對任何人或組織所施行的種族歧視不予提倡、維護或贊助；

　　㈢締約國應採取有效措施對政府及全國性與地方性的政策加以檢查，並對任何法律規章足以造成或持續不論存在於何地的種族歧視者，予以修正、廢止或宣告無效；

　　㈣締約國應以一切適當方法，包括依情況需要制定法律，禁止並終止任何人、任何團體或任何組織所施行的種族歧視；

　　㈤締約國承諾於適當情形下鼓勵種族混合主義的多種族組織與運動，以及其他消除種族壁壘的方法，並勸阻有加深種族分野趨向的任何事物。

二、締約國應於情況需要時在社會、經濟、文化及其他方面，採取特別具體措施確保屬於各該國的若干種族團體或個人獲得充分發展與保護，以期保證此等團體與個人完全並同等享受人權及基本自由，此等措施於所定目的達成後，絕不得產生在不同種族團體間保持不平等或個別行使權利的後果。

第 三 條　締約國特別譴責種族分隔及「種族隔離」並承諾在其所轄領土內防止、禁止並根除具有此種性質的一切習例。

第 四 條　締約國對於一切宣傳及一切組織，凡以某一種族或屬於某一膚色或人種的人群具有優越性的思想或理論為根據者，或試圖辯護或提倡任何形式的種族仇恨及歧視者，概予譴責，並承諾立即採取旨在根除對此種歧視的一切煽動或歧視行為的積極措施，又為此目的，在充分顧及世界人權宣言所載原則及本公約第五條明文規定的權利的條件下，除其他事項外：

㈠應宣告凡傳播以種族優越或仇恨為根據的思想，煽動種族歧視，對任何種族或屬於另一膚色或人種的人群實施強暴行為或煽動此種行為，以及對種族主義者的活動給予任何協助者，包括籌供經費在內，概為犯罪行為，依法懲處；

㈡應宣告凡組織及有組織的宣傳活動與所有其他宣傳活動的提倡與煽動種族歧視者，概為非法，加以禁止，並確認參加此等組織或活動為犯罪行為，依法懲處；

㈢應不准全國性或地方性公共當局或公共機關提倡或煽動種族歧視。

第 五 條　締約國依本公約第二條所規定的基本義務承諾禁止並消除一切形式種族歧視，保證人人有不分種族、膚色或民族或人種在法律上一律平等的權利，尤得享受下列權利：

㈠在法庭上及其他一切司法裁判機關中平等待遇的權利；

㈡人身安全及國家保護的權利以防強暴或身體上的傷害，不問其為政府官員所加抑為任何私人、團體或機關所加；

㈢政治權利，其尤著者為依據普遍平等投票權參與選舉──選舉與競選──參加政府以及參加處理任何等級的公務與同等服公務的權利；

㈣其他公民權利，其尤著者為：

⑴在國境內自由遷徙及居住的權利；

⑵有權離去任何國家，連其本國在內，並有權歸返其本國；

⑶享有國籍的權利；

⑷締結婚姻及選擇配偶的權利；

⑸單獨占有及與他人合有財產的權利；

⑹繼承權；

⑺思想、良心與宗教自由的權利；

⑻主張及表達自由的權利；

⑼和平集會及結社自由的權利；

㈡經濟、社會及文化權利，其尤著者為：

　⑴工作、自由選擇職業、享受公平優裕的工作條件、免於失業的保障、同
　　工同酬、獲得公平優裕報酬的權利；

　⑵組織與參加工會的權利；

　⑶住宅權；

　⑷享受公共衛生、醫藥照顧、社會保障及社會服務的權利；

　⑸享受教育與訓練的權利；

　⑹平等參加文化活動的權利；

㈢進入或利用任何供公眾使用的地方或服務的權利，如交通工具、旅館、餐
　館、咖啡館、戲院、公園等。

第 六 條　締約國應保證在其管轄範圍內，人人均能經由國內主管法庭及其他國家機關
　　　　對違反本公約侵害其人權及基本自由的任何種族歧視行為，獲得有效保護與
　　　　救濟，並有權就因此種歧視而遭受的任何損失向此等法庭請求公允充分的賠
　　　　償或補償。

第 七 條　締約國承諾立即採取有效措施尤其在講授、教育、文化及新聞方面以打擊導
　　　　致種族歧視之偏見，並增進國家間及種族或民族團體間的諒解、容恕與睦誼，
　　　　同時宣揚聯合國憲章之宗旨與原則、世界人權宣言、聯合國消除一切形式種
　　　　族歧視宣言及本公約。

第二部分

第 八 條　一、茲設立消除種族歧視委員會（以下簡稱「委員會」）由德高望重、公認公
　　　　　　正的專家十八人組成，由本公約締約國自其國民中選出，以個人資格任
　　　　　　職；選舉時須顧及公勻地域分配及各種不同文明與各主要法系的代表性。

　　　　二、委員會委員應以無記名投票自締約國推薦的人員名單中選出。締約國得
　　　　　　各自本國國民中推薦一人。

　　　　三、第一次選舉應自本公約生效之日起六個月後舉行。聯合國秘書長應於每
　　　　　　次選舉日前至少三個月時函請締約國於兩個月內提出其所推薦之人的姓
　　　　　　名。秘書長應將所有如此推薦的人員依英文字母次序，編成名單，註明
　　　　　　推薦此等人員的締約國，分送各締約國。

　　　　四、委員會委員的選舉應在秘書長於聯合國會所召開的締約國會議中舉行。
　　　　　　該會議以三分之二締約國為法定人數，凡得票最多，且占出席及投票締
　　　　　　約國代表絕對多數票者當選為委員會委員。

　　　　五、㈠委員會委員任期四年。但第一次選舉產生的委員中，九人的任期應於
　　　　　　　兩年終了時屆滿，第一次選舉後，此九人的姓名應即由委員會主席抽
　　　　　　　籤決定。

　　　　　　㈢臨時出缺時，其專家不復擔任委員會委員的締約國，應自其國民中指
　　　　　　派另一專家，經委員會核准後，填補遺缺。
　　六、聯合國秘書長應向委員會提供履行公約規定的職務所必要的人員和便
　　　　利。
　　七、根據本公約設立的委員會的委員將經聯合國大會批准，按照聯合國大會
　　　　可能決定的條件，從聯合國資源中領取津貼。

第 九 條　一、締約國承諾於㈠本公約對其本國開始生效後一年內，及㈢其後每兩年，
　　　　並凡遇委員會請求時，就其所採用的實施本公約各項規定的立法、司法、
　　　　行政或其他措施，向聯合國秘書長提出報告，供委員會審議。委員會得
　　　　請締約國遞送進一步的情報。
　　二、委員會應按年將工作報告送請秘書長轉送聯合國大會，並得根據審查締
　　　　約國所送報告及情報的結果，擬具意見與一般建議。此項意見與一般建
　　　　議應連同締約國核具的意見，一併提送大會。

第 十 條　一、委員會應自行制訂其議事規則。
　　二、委員會應自行選舉職員，任期兩年。
　　三、委員會的秘書人員應由聯合國秘書長供給。
　　四、委員會會議通常應在聯合國會所舉行。

第十一條　一、本公約一締約國如認為另一締約國未實施本公約的規定，得將此事通知
　　　　委員會注意。委員會應將此項通知轉知關係締約國。收文國應於三個月
　　　　內，向委員會提出書面說明或聲明，以解釋此事，如已採取補救辦法並
　　　　說明所採辦法。
　　二、如此事於收文國收到第一次通知後六個月內，當事雙方未能由雙邊談判
　　　　或雙方可以採取的其他程序，達成雙方滿意的解決，雙方均有權以分別
　　　　通知委員會及對方的方法，再將此事提出委員會。
　　三、委員會對於根據本條第二款規定提出委員會的事項，應先確實查明依照
　　　　公認的國際法原則，凡對此事可以運用的國內補救辦法皆已用盡後，始
　　　　得處理。但補救辦法的實施拖延過久時不在此例。
　　四、委員會對於收受的任何事項，得請關係締約國供給任何其他有關資料。
　　五、本條引起的任何事項正由委員會審議時，關係締約國有權遣派代表一人
　　　　於該事項審議期間參加委員會的討論，但無投票權。

第十二條　一、㈠委員會主席應於委員會蒐集整理認為必需的一切情報後，指派一專設
　　　　和解委員會（以下簡稱和解會），由五人組成，此五人為委員會委員或
　　　　非委員會委員均可。和解會委員之指派，須徵得爭端當事各方的一致
　　　　充分同意，和解會應為關係各國斡旋、俾根據尊重公約的精神，和睦
　　　　解決問題。
　　　　㈢遇爭端各當事國於三個月內對和解會的組成的全部或一部未能達成協
　　　　議時，爭端各當事國未能同意的和解會委員，應由委員會用無記名投

票法以三分之二多數票從其本身的委員中選舉。

二、和解會委員以私人資格任職。和解會委員不得為爭端當事各國的國民，
亦不得為非本公約締約國的國民。

三、和解會自行選舉主席，制訂議事規則。

四、和解會會議通常應在聯合國會所舉行，或和解會決定的方便地點舉行。

五、依本公約第十條第三款供給的秘書人員，於締約國間發生爭端，致成立
和解會時，應亦為和解會辦理事務。

六、爭端各當事國依照聯合國秘書長所提概算，平均負擔和解會委員的一切
費用。

七、秘書長於必要時，有權在爭端各當事國依本條第六項償付之前，支付和
解會委員的費用。

八、委員會所蒐集整理的情報應送交和解會，和解會得請關係國家供給任何
其他有關情報。

第十三條　一、和解會應於詳盡審議上稱事項後，編撰報告書，提交委員會主席，內載
其對於與當事國間爭執有關的一切事實問題的意見，並列述其認為適當
的和睦解決爭端的建議。

二、委員會主席應將和解會報告書分送爭端各當事國。各當事國應於三個月
內，通知委員會主席是否接受和解會報告書所載的建議。

三、委員會主席應於本條第二款規定的期限屆滿後，將和解會報告書及關係
締約國的宣告，分送本公約其他締約國。

第十四條　一、締約國得隨時聲明承認委員會有權接受並審查在其管轄下自稱為該締約
國侵犯本公約所載任何權利行為受害者的個人或個人聯名提出的來文。
本文所指為未曾發表此種聲明的締約國時，委員會不得接受。

二、凡發表本條第一款所規定的聲明的締約國得在其本國法律制度內設立或
指定一主管機關，負責接受並審查在其管轄下自稱為侵犯本公約所載任
何權利行為受害者並已用盡其他可用的地方補救辦法的個人或個人聯名
提出之請願書。

三、依照本條第一款所發表的聲明及依照本條第二款所設立或指定的任何機
關名稱應由關係締約國交存聯合國秘書長，再由秘書長將其副本分送本
公約其他締約國。上述聲明得隨時通知秘書長撤回，但此項撤回不得影
響正待委員會處理的來文。

四、依照本條第二款設立或指定的機關應置備請願書登記冊，此項登記冊的
正式副本應經適當途徑每年轉送秘書長存檔，但以不得公開揭露其內容
為條件。

五、遇未能從依本條第二款所設立或指定的機關取得補償時，請願人有權於
六個月內將此事通知委員會。

六、㈢委員會應將其所收到的任何來文秘密提請據稱違反公約任何條款的締

約國注意，但非經關係個人或聯名個人明白表示同意，不得透露其姓名。委員會不得接受匿名來文。

㈡收文國應於三個月內向委員會提出書面說明或聲明，解釋此事，如已採取補救辦法，並說明所採辦法。

七、㈠委員會應參照關係締約國及請願人所提供的全部資料，審議來文。非經查實請願人確已用盡所有可用的國內補救辦法，委員會不得審議請願人的任何來文。但補救辦法之實施拖延過久時，不在此例。

㈡委員會倘有任何意見或建議，應通知關係締約國及請願人。

八、委員會應於其常年報告書中列入此種來文的摘要，並斟酌情形列入關係締約國之說明與聲明及委員會的意見與建議的摘要。

九、委員會應於本公約至少已有十締約國受依照本條第一款所發表聲明的拘束後始得行使本條所規定的職權。

第十五條 一、在大會一九六〇年十二月十四日第 1514(XV) 號決議所載給予殖民地國家和人民獨立宣言的目標獲致實現前，本公約各項規定絕不限制其他國際文書或聯合國及其各專門機構授予此等人民的請願權。

二、㈠依本公約第八條第一款設立的委員會應自處理與本公約原則目標直接有關事項而審理託管及非自治領土居民或適用大會第 1514(XV) 號決議的一切其他領土居民所遞請願書的聯合國各機關，收受本公約事項有關的請願書副本，並就各該請願書向各該機關表示意見及提具建議。

㈡委員會應收受聯合國主管機關所遞關於各管理國家在本條㈠項所稱領土內所實施與本公約原則目標直接有關的立法、司法、行政或其他措施之報告書，表示意見並提具建議。

三、委員會應在其提送大會的報告書內列入其自聯合國各機關所收到請願書與報告書的摘要及委員會對各該請願書及報告書的意見與建議。

四、委員會應請聯合國秘書長提供關於本條第二款㈠項所稱領土之一切與本公約目標有關並經秘書長接獲的情報。

第十六條 本公約關於解決爭端或控訴之各項條款的適用，應不妨礙聯合國及其專門機構組織法或所通過公約內關於解決歧視方面爭端或控訴規定的其他程序，亦不阻止本公約締約國依照彼此間現行一般或特殊國際協定，採用其他程序以解決爭端。

第三部分

第十七條 一、本公約開放給聯合國會員國或其任何專門機構的會員國、國際法院規約當事國及經聯合國大會邀請成為本公約締約國的任何其他國家簽字。

二、本公約須經批准。批准書應交存聯合國秘書長。

第十八條 一、本公約應開放給本公約第十七條第一款所稱的任何國家加入。

二、加入應向聯合國秘書長交存加入書。

第十九條 一、本公約應自第二十七件批准書或加入書交存聯合國秘書長之日後第三十日起發生效力。

二、本公約對於在第二十七件批准書或加入書交存後批准或加入公約之國家應自該國交存批准書或加入書之日後第三十日起發生效力。

第二十條 一、秘書長應收受各國於批准或加入時所作的保留並分別通知本公約所有締約國或可成為締約國的國家。凡反對此項保留的國家應於從此項通知書日期起算之九十日內，通知秘書長不接受此項保留。

二、凡與本公約的目標及宗旨牴觸的保留不得容許，其效果足以阻礙本公約所設任何機關之業務者，亦不得准許。凡經至少三分之二的本公約締約國反對者，應視為牴觸性或阻礙性之保留。

三、前項保留得隨時通知秘書長撤銷。此項通知自收到之日起生效。

第二十一條 締約國得以書面通知聯合國秘書長退出本公約。退約應於秘書長接獲通知之日起，一年後發生效力。

第二十二條 兩個或兩個以上締約國間關於本公約的解釋或適用的任何爭端不能以談判或以本公約所明定的程序解決者，除爭端各方商定其他解決方式外，應於爭端任何一方請求時提請國際法院裁決。

第二十三條 一、任何締約國得隨時以書面向聯合國秘書長提出修改本公約之請求。

二、聯合國大會應決定對此項請求採取的步驟。

第二十四條 秘書長應將下列事項通知本公約第十七條第一款所稱的所有國家：

㈠依第十七條及第十八條所為的簽字、批准及加入；

㈡依第十九條本公約發生效力的日期；

㈢依第十四條及第二十條及第二十三條接獲的來文及聲明；

㈣依第二十一條所為的退約。

第二十五條 一、本公約應交存聯合國檔庫，其中文、英文、法文、俄文及西班牙文各本同一作準。

二、聯合國秘書長應將本公約的正式副本分送所有屬於本公約第十七條第一款所稱各類之一的國家。

二十二、公民與政治權利國際公約及其附加議定書 (International Covenant on Civil and Political Rights, and Protocols)（公約：1966.12.16）

說明：

㈠本公約與第一任擇議定書，由聯合國大會一九六六年十二月十六日第 A/RES/2200 A（XXI）號決議通過並開放給各國簽字、批准和加入；一九七六年三月二十三日

生效。

(二)公約英文本見 UNTS, Vol.999, pp.172–186；中文本稱為「公民及政治權利國際盟約」，見 UNTS, Vol.999, pp.202–224。聯合國通行本見聯合國人權事務高級專員辦事處，《人權，國際文件匯編》，紐約和日內瓦：聯合國，2002 年，頁 18–35；聯合國人權事務高級專員辦事處，《核心國際人權條約》，紐約和日內瓦：聯合國，2006 年，頁 25–48。該中文本和 UNTS 中所刊中文本有一些區別。本文所採為總統府公布版本，取自總統府第二局，《總統府公報》，第 6896 號，2009 年，頁 1–17。名稱為「公民與政治權利國際公約」，但內容與原始作準正本同。

(三)本公約第一任擇議定書 (Optional Protocol to the International Covenant on Civil and Political Rights) 一九六六年十二月十六日通過，一九七六年三月二十三日生效，英文本見 UNTS, Vol.999, pp. 302–305，中文本見 pp. 310–314。本書採用中文通行本，但參考總統府公布「公民與政治權利國際公約」版本，文字略作調整。中文通行本見聯合國人權事務高級專員辦事處，《人權，國際文件匯編》，紐約和日內瓦：聯合國，2002 年，頁 36–39；聯合國人權事務高級專員辦事處，《核心國際人權條約》，紐約和日內瓦：聯合國，2006 年，頁 49–54。

(四)本公約第二任擇議定書 (Second Optional Protocol to the International Covenant on Civil and Political Rights, Aiming at the Abolition of the Death Penalty)，由聯合國大會一九八九年十二月十五日第 A/RES/44/128 號決議通過，一九九一年七月十一日生效。英文本見 UNTS, Vol.1642, pp. 415–418，中文本見 pp. 427–429；本書採用中文通行本，但參考總統府公布「公民與政治權利國際公約」版本，文字略作調整。中文通行本見聯合國人權事務高級專員辦事處，《人權，國際文件匯編》，紐約和日內瓦：聯合國，2002 年，頁 40–42；聯合國人權事務高級專員辦事處，《核心國際人權條約》，紐約和日內瓦：聯合國，2006 年，頁 55–58。

公民與政治權利國際公約

前　文

本公約締約國，

鑒於依據聯合國憲章揭示之原則，人類一家，對於人人天賦尊嚴及其平等而且不可割讓權利之確認，實係世界自由、正義與和平之基礎，

確認此種權利源於天賦人格尊嚴，

確認依據世界人權宣言之昭示，唯有創造環境，使人人除享有經濟社會文化權利而外，並得享受公民及政治權利，始克實現自由人類享受公民及政治自由無所恐懼不虞匱乏之理想。

　　鑒於聯合國憲章之規定，各國負有義務，必須促進人權及自由之普遍尊重及遵守，

　　明認個人對他人及對其隸屬之社會，負有義務，故職責所在，必須力求本公約所確認各種權利之促進及遵守，

　　爰議定條款如下：

第壹編

第 一 條　一、所有民族均享有自決權，根據此種權利，自由決定其政治地位並自由從事其經濟、社會與文化之發展。

　　　　　　二、所有民族得為本身之目的，自由處置其天然財富及資源，但不得妨害因基於互惠原則之國際經濟合作及因國際法而生之任何義務。無論在何種情形下，民族之生計，不容剝奪。

　　　　　　三、本公約締約國，包括負責管理非自治及託管領土之國家在內，均應遵照聯合國憲章規定，促進自決權之實現，並尊重此種權利。

第貳編

第 二 條　一、本公約締約國承允尊重並確保所有境內受其管轄之人，無分種族、膚色、性別、語言、宗教、政見或其他主張民族本源或社會階級、財產、出生或其他身分等等，一律享受本公約所確認之權利。

　　　　　　二、本公約締約國承允遇現行立法或其他措施尚無規定時，各依本國憲法程序，並遵照本公約規定，採取必要步驟，制定必要之立法或其他措施，以實現本公約所確認之權利。

　　　　　　三、本公約締約國承允：

　　　　　　　㈠確保任何人所享本公約確認之權利或自由如遭受侵害，均獲有效之救濟，公務員執行職務所犯之侵權行為，亦不例外；

　　　　　　　㈡確保上項救濟聲請人之救濟權利，由主管司法、行政或立法當局裁定，或由該國法律制度規定之其他主管當局裁定，並推廣司法救濟之機會；

　　　　　　　㈢確保上項救濟一經核准，主管當局概予執行。

第 三 條　本公約締約國承允確保本公約所載一切公民及政治權利之享受，男女權利，一律平等。

第 四 條　一、如經當局正式宣布緊急狀態，危及國本，本公約締約國得在此種危急情勢絕對必要之限度內，採取措施，減免履行其依本公約所負之義務，但此種措施不得牴觸其依國際法所負之其他義務，亦不得引起純粹以種族、膚色、性別、語言、宗教或社會階級為根據之歧視。

　　　　　　二、第六條、第七條、第八條（第一項及第二項）、第十一條、第十五條、第十六條及第十八條之規定，不得依本條規定減免履行。

　　　　　　三、本公約締約國行使其減免履行義務之權利者，應立即將其減免履行之條款，及減免履行之理由，經由聯合國秘書長轉知本公約其他締約國。其

終止減免履行之日期，亦應另行移文秘書長轉知。

第　五　條　一、本公約條文不得解釋為國家、團體或個人有權從事活動或實行行為，破壞本公約確認之任何一種權利與自由，或限制此種權利與自由逾越本公約規定之程度。

二、本公約締約國內依法律、公約、條例或習俗而承認或存在之任何基本人權，不得藉口本公約未予確認或確認之範圍較狹，而加以限制或減免義務。

第參編

第　六　條　一、人人皆有天賦之生存權。此種權利應受法律保障。任何人之生命不得無理剝奪。

二、凡未廢除死刑之國家，非犯情節最重大之罪，且依照犯罪時有效並與本公約規定及防止及懲治殘害人群罪公約不牴觸之法律，不得科處死刑。死刑非依管轄法院終局判決，不得執行。

三、生命之剝奪構成殘害人群罪時，本公約締約國公認本條不得認為授權任何締約國以任何方式減免其依防止及懲治殘害人群罪公約規定所負之任何義務。

四、受死刑宣告者，有請求特赦或減刑之權。一切判處死刑之案件均得邀大赦、特赦或減刑。

五、未滿十八歲之人犯罪，不得判處死刑；懷胎婦女被判死刑，不得執行其刑。

六、本公約締約國不得援引本條，而延緩或阻止死刑之廢除。

第　七　條　任何人不得施以酷刑，或予以殘忍、不人道或侮辱之處遇或懲罰。非經本人自願同意，尤不得對任何人作醫學或科學試驗。

第　八　條　一、任何人不得使充奴隸；奴隸制度及奴隸販賣，不論出於何種方式，悉應禁止。

二、任何人不得使充奴工。

三、㈠任何人不得使服強迫或強制之勞役；

㈡凡犯罪刑罰得科苦役徒刑之國家，如經管轄法院判處此刑，不得根據第三項㈠款規定，而不服苦役；

㈢本項所稱「強迫或強制勞役」不包括下列各項：

(1)經法院依法命令拘禁之人，或在此種拘禁假釋期間之人，通常必須擔任而不屬於㈡款範圍之工作或服役；

(2)任何軍事性質之服役，及在承認人民可以本其信念反對服兵役之國家，依法對此種人徵服之國民服役；

(3)遇有緊急危難或災害禍患危及社會生命安寧時徵召之服役；

(4)為正常公民義務一部分之工作或服役。

第 九 條　一、人人有權享有身體自由及人身安全。任何人不得無理予以逮捕或拘禁。
　　　　　　非依法定理由及程序，不得剝奪任何人之自由。

　　　　　二、執行逮捕時，應當場向被捕人宣告逮捕原因，並應隨即告知被控案由。

　　　　　三、因刑事罪名而被逮捕或拘禁之人，應迅即解送法官或依法執行司法權力
　　　　　　之其他官員，並應於合理期間內審訊或釋放。候訊人通常不得加以羈押，
　　　　　　但釋放得令具報，於審訊時，於司法程序之任何其他階段，並於一旦執
　　　　　　行判決時，候傳到場。

　　　　　四、任何人因逮捕或拘禁而被奪自由時，有權聲請法院提審，以迅速決定其
　　　　　　拘禁是否合法，如屬非法，應即令釋放。

　　　　　五、任何人受非法逮捕或拘禁者，有權要求執行損害賠償。

第 十 條　一、自由被剝奪之人，應受合於人道及尊重其天賦人格尊嚴之處遇。

　　　　　二、㈠除特殊情形外，被告應與判決有罪之人分別羈押，且應另予與其未經
　　　　　　　判決有罪之身分相稱之處遇；
　　　　　　㈡少年被告應與成年被告分別羈押，並應盡速即予判決。

　　　　　三、監獄制度所定監犯之處遇，應以使其悛悔自新，重適社會生活為基本目
　　　　　　的。少年犯人應與成年犯人分別拘禁，且其處遇應與其年齡及法律身分
　　　　　　相稱。

第十一條　任何人不得僅因無力履行契約義務，即予監禁。

第十二條　一、在一國領土內合法居留之人，在該國領土內有遷徙往來之自由及擇居之
　　　　　　自由。

　　　　　二、人人應有自由離去任何國家，連其本國在內。

　　　　　三、上列權利不得限制，但法律所規定、保護國家安全、公共秩序、公共衛
　　　　　　生或風化、或他人權利與自由所必要，且與本公約所確認之其他權利不
　　　　　　牴觸之限制，不在此限。

　　　　　四、人人進入其本國之權，不得無理褫奪。

第十三條　本公約締約國境內合法居留之外國人，非經依法判定，不得驅逐出境，且除
　　　　　事關國家安全必須急速處分者外，應准其提出不服驅逐出境之理由，及聲請
　　　　　主管當局或主管當局特別指定之人員予以覆判，並為此目的委託代理人到場
　　　　　申訴。

第十四條　一、人人在法院或法庭之前，悉屬平等。任何人受刑事控告或因其權利義務
　　　　　　涉訟須予判定時，應有權受獨立無私之法定管轄法庭公正公開審問。法
　　　　　　院得因民主社會之風化、公共秩序或國家安全關係，或於保護當事人私
　　　　　　生活有此必要時，或因情形特殊公開審判勢必影響司法而在其認為絕對
　　　　　　必要之限度內，禁止新聞界及公眾旁聽審判程序之全部或一部；但除保
　　　　　　護少年有此必要，或事關婚姻爭執或子女監護問題外，刑事民事之判決
　　　　　　應一律公開宣示。

　　　　　二、受刑事控告之人，未經依法確定有罪以前，應假定其無罪。

三、審判被控刑事罪時，被告一律有權平等享受下列最低限度之保障：

　　㈠迅即以其通曉之語言，詳細告知被控罪名及案由；

　　㈡給予充分之時間及便利，準備答辯並與其選任之辯護人聯絡；

　　㈢立即受審，不得無故稽延；

　　㈣到庭受審，及親自答辯或由其選任辯護人答辯；未經選任辯護人者，應告以有此權利；法院認為審判有此必要時，應為其指定公設辯護人，如被告無資力酬償，得免付之；

　　㈤得親自或間接詰問他造證人，並得聲請法院傳喚其證人在與他造證人同等條件下出庭作證；

　　㈥如不通曉或不能使用法院所用之語言，應免費為備通譯協助之；

　　㈦不得強迫被告自供或認罪。

四、少年之審判，應顧念被告年齡及宜使其重適社會生活，而酌定程序。

五、經判定犯罪者，有權聲請上級法院依法覆判其有罪判決及所科刑罰。

六、經終局判決判定犯罪，如後因提出新證據或因發見新證據，確實證明原判錯誤而經撤銷原判或免刑者，除經證明有關證據之未能及時披露，應由其本人全部或局部負責者外，因此判決而服刑之人應依法受損害賠償。、

七、任何人依一國法律及刑事程序經終局判決判定有罪或無罪開釋者，不得就同一罪名再予審判或科刑。

第十五條　一、任何人之行為或不行為，於發生當時依內國法及國際法均不成罪者，不為罪。刑罰不得重於犯罪時法律所規定。犯罪後之法律規定減科刑罰者，從有利於行為人之法律。

　　　　　二、任何人之行為或不行為，於發生當時依各國公認之一般法律原則為有罪者，其審判與刑罰不受本條規定之影響。

第十六條　人人在任何所在有被承認為法律人格之權利。

第十七條　一、任何人之私生活、家庭、住宅或通信，不得無理或非法侵擾，其名譽及信用，亦不得非法破壞。

　　　　　二、對於此種侵擾或破壞，人人有受法律保護之權利。

第十八條　一、人人有思想、信念及宗教之自由。此種權利包括保有或採奉自擇之宗教或信仰之自由，及單獨或集體、公開或私自以禮拜、戒律、躬行及講授表示其宗教或信仰之自由。

　　　　　二、任何人所享保有或採奉自擇之宗教或信仰之自由，不得以脅迫侵害之。

　　　　　三、人人表示其宗教或信仰之自由，非依法律，不受限制，此項限制以保障公共安全、秩序、衛生或風化或他人之基本權利自由所必要者為限。

　　　　　四、本公約締約國承允尊重父母或法定監護人確保子女接受符合其本人信仰之宗教及道德教育之自由。

第十九條　一、人人有保持意見不受干預之權利。

二、人人有發表自由之權利；此種權利包括以語言、文字或出版物、藝術或自己選擇之其他方式，不分國界，尋求、接受及傳播各種消息及思想之自由。

三、本條第二項所載權利之行使，附有特別責任及義務，故得予以某種限制，但此種限制以經法律規定，且為下列各項所必要者為限：

㈠尊重他人權利或名譽；

㈡保障國家安全或公共秩序，或公共衛生或風化。、

第二十條 一、任何鼓吹戰爭之宣傳，應以法律禁止之。

二、任何鼓吹民族、種族或宗教仇恨之主張，構成煽動歧視、敵視或強暴者，應以法律禁止之。

第二十一條 和平集會之權利，應予確認。除依法律之規定，且為民主社會維護國家安全或公共安寧、公共秩序、維持公共衛生或風化、或保障他人權利自由所必要者外，不得限制此種權利之行使。

第二十二條 一、人人有自由結社之權利，包括為保障其本身利益而組織及加入工會之權利。

二、除依法律之規定，且為民主社會維護國家安全或公共安寧、公共秩序、維持公共衛生或風化、或保障他人權利自由所必要者外，不得限制此種權利之行使。本條並不禁止對軍警人員行使此種權利，加以合法限制。

三、關於結社自由及保障組織權利之國際勞工組織一九四八年公約締約國，不得根據本條採取立法措施或應用法律，妨礙該公約所規定之保證。

第二十三條 一、家庭為社會之自然基本團體單位，應受社會及國家之保護。

二、男女已達結婚年齡者，其結婚及成立家庭之權利應予確認。

三、婚姻非經婚嫁雙方自由完全同意，不得締結。

四、本公約締約國應採取適當步驟，確保夫妻在婚姻方面，在婚姻關係存續期間，以及在婚姻關係消滅時，雙方權利責任平等。婚姻關係消滅時，應訂定辦法，對子女予以必要之保護。

第二十四條 一、所有兒童有權享受家庭、社會及國家為其未成年身分給予之必需保護措施，不因種族、膚色、性別、語言、宗教、民族本源或社會階級、財產、或出生而受歧視。

二、所有兒童出生後應立予登記，並取得名字。

三、所有兒童有取得國籍之權。

第二十五條 一、凡屬公民，無分第二條所列之任何區別，不受無理限制，均應有權利及機會：

㈠直接或經由自由選擇之代表參與政事；

㈡在真正、定期之選舉中投票及被選。選舉權必須普及而平等，選舉

　　　　　　應以無記名投票法行之，以保證選民意志之自由表現；

　　　　　　㈢以一般平等之條件，服本國公職。

第二十六條　人人在法律上一律平等，且應受法律平等保護，無所歧視。在此方面，法律應禁止任何歧視，並保證人人享受平等而有效之保護，以防因種族、膚色、性別、語言、宗教、政見或其他主張、民族本源或社會階級、財產、出生或其他身分而生之歧視。

第二十七條　凡有種族、宗教或語言少數團體之國家，屬於此類少數團體之人，與團體中其他分子共同享受其固有文化、信奉躬行其固有宗教或使用其固有語言之權利，不得剝奪之。

第肆編

第二十八條　一、茲設置人權事宜委員會（本公約下文簡稱委員會）委員十八人，執行以下規定之職務。

　　　　二、委員會委員應為本公約締約國國民，品格高尚且在人權問題方面聲譽素著之人士；同時並應計及宜選若干具有法律經驗之人士擔任委員。

　　　　三、委員會委員以個人資格當選任職。

第二十九條　一、委員會之委員應自具備第二十八條所規定資格並經本公約締約國為此提名之人士名單中以無記名投票選舉之。

　　　　二、本公約各締約國提出人選不得多於二人，所提人選應為提名國國民。

　　　　三、候選人選，得續予提名。

第 三 十 條　一、初次選舉至遲應於本公約開始生效後六個月內舉行。

　　　　二、除依據第三十四條規定宣告出缺而舉行之補缺選舉外，聯合國秘書長至遲應於委員會各次選舉日期四個月前以書面邀請本公約締約國於三個月內提出委員會委員候選人。

　　　　三、聯合國秘書長應就所提出之候選人，按照字母次序編製名單，標明推薦其候選之締約國，至遲於每次選舉日期一個月前，送達本公約締約國。

　　　　四、委員會委員之選舉應由聯合國秘書長在聯合國會所召集之締約國會議舉行之，該會議以締約國之三分之二出席為法定人數，候選人獲票最多且得出席及投票締約國代表絕對過半數票者當選為委員會委員。

第三十一條　一、委員會不得有委員一人以上為同一國家之國民。

　　　　二、選舉委員會委員時應計及地域公勻分配及確能代表世界不同文化及各主要法系之原則。

第三十二條　一、委員會委員任期四年。續經提名者連選得連任。但第一次選出之委員中九人任期應為二年；任期二年之委員九人，應於第一次選舉完畢後，立由第三十條第四項所稱會議之主席，以抽籤方法決定之。

　　　　二、委員會委員任滿時之改選，應依照本公約本編以上各條舉行之。

第三十三條　一、委員會某一委員倘經其他委員一致認為由於暫時缺席以外之其他原因，業已停止執行職務時，委員會主席應通知聯合國秘書長，由其宣告該委員出缺。

二、委員會委員死亡或辭職時，委員會主席應即通知聯合國秘書長，由其宣告該委員自死亡或辭職生效之日起出缺。

第三十四條　一、遇有第三十三條所稱情形宣告出缺，且須行補選之委員任期不在宣告出缺後六個月內屆滿者，聯合國秘書長應通知本公約各締約國，各締約國得於兩個月內依照第二十九條提出候選人，以備補缺。

二、聯合國秘書長應就所提出之候選人，按照字母次序編製名單，送達本公約締約國。補缺選舉應於編送名單後依照本公約本編有關規定舉行之。

三、委員會委員之當選遞補依第三十三條規定宣告之懸缺者，應任職至依該條規定出缺之委員會委員任期屆滿時為止。

第三十五條　委員會委員經聯合國大會核准，自聯合國資金項下支取報酬，其待遇及條件由大會參酌委員會所負重大責任定之。

第三十六條　聯合國秘書長應供給委員會必要之辦事人員及便利，俾得有效執行本公約所規定之職務。

第三十七條　一、委員會首次會議由聯合國秘書長在聯合國會所召集之。

二、委員會舉行首次會議後，遇委員會議事規則規定之情形召開會議。

三、委員會會議通常應在聯合國會所或日內瓦聯合國辦事處舉行之。

第三十八條　委員會每一委員就職時，應在委員會公開集會中鄭重宣言，必當秉公竭誠，執行職務。

第三十九條　一、委員會應自行選舉其職員，任期二年，連選得連任。

二、委員會應自行制定議事規則，其中應有下列規定：

　　㈠委員十二人構成法定人數；

　　㈡委員會之決議以出席委員過半數之同意為之。

第 四 十 條　一、本公約締約國承允依照下列規定，各就其實施本公約所確認權利而採取之措施，及在享受各種權利方面所獲之進展，提具報告書：

　　㈠本公約對關係締約國生效後一年內；

　　㈡其後遇委員會提出請求時。

二、所有報告書應交由聯合國秘書長轉送委員會審議。如有任何因素及困難影響本公約之實施，報告書應予說明。

三、聯合國秘書長與委員會商洽後得將報告書中屬於關係專門機關職權範圍之部分副本轉送各該專門機關。、

四、委員會應研究本公約締約國提出之報告書。委員會應向締約國提送其報告書及其認為適當之一般評議。委員會亦得將此等評議連同其自本公約締約國收到之報告書副本轉送經濟暨社會理事會。

五、本公約締約國得就可能依據本條第四項規定提出之任何評議向委員會提出意見。

第四十一條　一、本公約締約國得依據本條規定，隨時聲明承認委員會有權接受並審議一締約國指稱另一締約國不履行本公約義務之來文。依本條規定而遞送之來文，必須為曾聲明其本身承認委員會有權之締約國所提出方得予以接受並審查。如來文關涉未作此種聲明之締約國，委員會不得接受之。依照本條規定接受之來文應照下開程序處理：

㈠如本公約某一締約國認為另一締約國未實施本公約條款，得書面提請該締約國注意。受請國應於收到此項來文三個月內，向遞送來文之國家書面提出解釋或任何其他聲明，以闡明此事，其中應在可能及適當範圍內，載明有關此事之本國處理辦法，及業經採取或正在決定或可資援用之救濟辦法。

㈡如在受請國收到第一件來文後六個月內，問題仍未獲關係締約國雙方滿意之調整，當事國任何一方均有權通知委員會及其他一方，將事件提交委員會。

㈢委員會對於提請處理之事件，應於查明對此事件可以運用之國內救濟辦法悉已援用無遺後，依照公認之國際法原則處理之。但如救濟辦法之實施有不合理之拖延，則不在此限。

㈣委員會審查本條所稱之來文時應舉行不公開會議。

㈤以不牴觸㈢款之規定為限，委員會應斡旋關係締約國俾以尊重本公約所確認之人權及基本自由為基礎，友善解決事件。

㈥委員會對於提請處理之任何事件，得請㈡款所稱之關係締約國提供任何有關情報。

㈦㈡款所稱關係締約國有權於委員會審議此事件時出席並提出口頭及／或書面陳述。

㈧委員會應於接獲依㈡款所規定通知之日起十二個月內提出報告書：

　　⑴如已達成㈤款規定之解決辦法，委員會報告書應以扼要敘述事實及所達成之解決辦法為限。

　　⑵如未達成㈤款規定之解決辦法，委員會報告書應以扼要敘述事實為限；關係締約國提出之書面陳述及口頭陳述紀錄應附載於報告書內。

關於每一事件，委員會應將報告書送達各關係締約國。

二、本條之規定應於本公約十締約國發表本條第一項所稱之聲明後生效。此種聲明應由締約國交存聯合國秘書長，由秘書長將聲明副本轉送其他締約國。締約國得隨時通知秘書長撤回聲明。此種撤回不得影響對業經依照本條規定遞送之來文中所提事件之審議；秘書長接得撤回通知後，除非關係締約國另作新聲明，該國再有來文時不予接受。

第四十二條　一、㈠如依第四十一條之規定提請委員會處理之事件未能獲得關係締約國
　　　　　　　　　滿意之解決，委員會得經關係締約國事先同意，指派一專設和解委
　　　　　　　　　員會（下文簡稱和委會）。和委會應為關係締約國斡旋，俾以尊重本
　　　　　　　　　公約為基礎，和睦解決問題；
　　　　　　　　㈡和委會由關係締約國接受之委員五人組成之。如關係締約國於三個
　　　　　　　　　月內對和委會組成之全部或一部未能達成協議，未得協議之和委會
　　　　　　　　　委員應由委員會用無記名投票法以三分之二之多數自其本身委員中
　　　　　　　　　選出之。
　　　　　　二、和委會委員以個人資格任職。委員不得為關係締約國之國民，或為非
　　　　　　　　本公約締約國之國民，或未依第四十一條規定發表聲明之締約國國民。
　　　　　　三、和委會應自行選舉主席及制定議事規則。
　　　　　　四、和委會會議通常應在聯合國會所或日內瓦聯合國辦事處舉行，但亦得
　　　　　　　　於和委會諮商聯合國秘書長及關係締約國決定之其他方便地點舉行。
　　　　　　五、依第三十六條設置之秘書處應亦為依本條指派之和委會服務。
　　　　　　六、委員會所蒐集整理之情報，應提送和委會，和委會亦得請關係締約國
　　　　　　　　提供任何其他有關情報。
　　　　　　七、和委會於詳盡審議案件後，無論如何應於受理該案件十二個月內，向
　　　　　　　　委員會主席提出報告書，轉送關係締約國：
　　　　　　　　㈠和委會如未能於十二個月內完成案件之審議，其報告書應以扼要說
　　　　　　　　　明審議案件之情形為限；
　　　　　　　　㈡和委會如能達成以尊重本公約所確認之人權為基礎之和睦解決問題
　　　　　　　　　辦法，其報告書應以扼要說明事實及所達成之解決辦法為限；
　　　　　　　　㈢如未能達成㈡款規定之解決辦法，和委會報告書應載有其對於關係
　　　　　　　　　締約國爭執事件之一切有關事實問題之結論，以及對於事件和睦解
　　　　　　　　　決各種可能性之意見。此項報告書應亦載有關係締約國提出之書面
　　　　　　　　　陳述及所作口頭陳述之紀錄；
　　　　　　　　㈣和委會報告書如係依㈢款之規定提出，關係締約國應於收到報告書
　　　　　　　　　後三個月內通知委員會主席願否接受和委會報告書內容。
　　　　　　八、本條規定不影響委員會依第四十一條所負之責任。
　　　　　　九、關係締約國應依照聯合國秘書長所提概算，平均負擔和委會委員之一
　　　　　　　　切費用。
　　　　　　十、聯合國秘書長有權於必要時在關係締約國依本條第九項償還用款之
　　　　　　　　前，支付和委會委員之費用。
第四十三條　委員會委員，以及依第四十二條可能指派之專設和解委員會委員，應有權
　　　　　　享受聯合國特權豁免公約內有關各款為因聯合國公務出差之專家所規定之
　　　　　　便利、特權與豁免。
第四十四條　本公約實施條款之適用不得妨礙聯合國及各專門機關之組織約章及公約在

人權方面所訂之程序，或根據此等約章及公約所訂之程序，亦不得阻止本公約各締約國依照彼此間現行之一般或特別國際協定，採用其他程序解決爭端。

第四十五條 委員會應經由經濟暨社會理事會向聯合國大會提送常年工作報告書。

第伍編

第四十六條 本公約之解釋，不得影響聯合國憲章及各專門機關組織法內規定聯合國各機關及各專門機關分別對本公約所處理各種事項所負責任之規定。

第四十七條 本公約之解釋，不得損害所有民族充分與自由享受及利用其天然財富與資源之天賦權利。

第陸編

第四十八條 一、本公約聽由聯合國會員國或其專門機關會員國、國際法院規約當事國及經聯合國大會邀請為本公約締約國之任何其他國家簽署。

二、本公約須經批准。批准書應送交聯合國秘書長存放。

三、本公約聽由本條第一項所稱之任何國家加入。

四、加入應以加入書交存聯合國秘書長為之。

五、聯合國秘書長應將每一批准書或加入書之交存，通知已經簽署或加入本公約之所有國家。

第四十九條 一、本公約應自第三十五件批准書或加入書送交聯合國秘書長存放之日起三個月後發生效力。

二、對於在第三十五件批准書或加入書交存後批准或加入本公約之國家，本公約應自該國交存批准書或加入書之日起三個月後發生效力。

第 五 十 條 本公約各項規定應一律適用於聯邦國家之全部領土，並無限制或例外。

第五十一條 一、本公約締約國得提議修改本公約，將修正案提交聯合國秘書長。秘書長應將提議之修正案分送本公約各締約國，並請其通知是否贊成召開締約國會議，以審議並表決所提議案。如締約國三分之一以上贊成召開會議，秘書長應以聯合國名義召集之。經出席會議並投票之締約國過半數通過之修正案，應提請聯合國大會核可。

二、修正案經聯合國大會核可，並經本公約締約國三分之二各依本國憲法程序接受後，即發生效力。

三、修正案生效後，對接受此種修正之締約國具有拘束力；其他締約國仍受本公約原訂條款及其前此所接受修正案之拘束。

第五十二條 除第四十八條第五項規定之通知外，聯合國秘書長應將下列事項通知同條第一項所稱之所有國家：

㈠依第四十八條所為之簽署、批准及加入；

㈡依第四十九條本公約發生效力之日期，及依第五十一條任何修正案發生

效力之日期。

第五十三條　一、本公約應交存聯合國檔庫，其中、英、法、俄及西文各本同一作準。

二、聯合國秘書長應將本公約正式副本分送第四十八條所稱之所有國家。

為此，下列各代表秉其本國政府正式授予之權，謹簽字於自一九六六年十二月十九日起得由各國在紐約簽署之本公約，以昭信守。

公民與政治權利國際公約任擇議定書 (1966.12.16)

本議定書締約國，

認為為求進一步達成公民與政治權利國際公約（以下簡稱公約）的目標及實施其各項規定，允宜授權公約第四部分所設的人權事務委員會（以下簡稱委員會）依照本議定書所定辦法，接受並審查個人聲稱因盟約所載任何權利遭受侵害而為受害人的來文，

茲議定如下：

第 一 條　成為本議定書締約國的公約締約國承認委員會有權接受並審查該國管轄下的個人聲稱為該締約國侵害公約所載任何權利的受害者的來文。來文所涉公約締約國如非本議定書的締約國，委員會不得予以接受。

第 二 條　以不違反第一條的規定為限，凡聲稱其在公約規定下的任何權利遭受侵害的個人，如對可以運用的國內補救辦法，悉已援用無遺，得向委員會書面提出申請，由委員會審查。

第 三 條　依據本議定書提送的任何來文，如係不具名、或經委員會認為濫用此項呈文權、或不符合公約的規定者，委員會應不予受理。

第 四 條　一、除第三條規定外，委員會應將根據本議定書所提出的任何來文提請被控違反公約任何規定的本議定書締約國注意。

二、收到通知的國家應於六個月內書面向委員會提出解釋或聲明，說明原委，如該國業已採取救濟辦法，則亦應一併說明。

第 五 條　一、委員會應參照該個人及關係締約國所提出的一切書面資料，審查根據本議定書所收到的來文。

二、委員會不得審查任何個人來文，除非已斷定：

㈦同一事件不在另一國際調查或解決程序審查之中；

㈦該個人對可以運用的國內補救辦法悉已援用無遺。但如補救辦法的實施有不合理的拖延，則不在此限。

三、委員會審查本議定書所稱的來文，應舉行不公開會議。

四、委員會應向關係締約國及該個人提出其意見。

第 六 條　委員會應將其根據本議定書進行的工作摘要列入公約第四十五條所規定的委員會年度報告。

第 七 條　在一九六〇年十二月十四日聯合國大會通過關於給予殖民地國家和人民獨立宣言的第 1514 (XV) 號決議目標未達成以前，凡聯合國憲章及聯合國與其各

專門機構主持下訂立的其他國際公約與文書給予此等人民的請願權利，不因本議定書各項規定而受任何限制。

第 八 條　一、本議定書開放給業已簽署公約的國家簽字。

二、本議定書須經業已批准或加入公約的國家批准。批准書應交存聯合國秘書長。

三、本議定書開放給業已批准或加入公約的國家加入。

四、加入應向聯合國秘書長交存加入書。

五、聯合國秘書長應將每一批准書或加入書的交存，通知業已簽署或加入本議定書的所有國家。

第 九 條　一、以公約生效為條件，本議定書應於第十件批准書或加入書交存聯合國秘書長之日起三個月發生效力。

二、對於第十件批准書或加入書交存後批准或加入本議定書的國家，本議定書應自該國交存批准書或加入書之日起三個月發生效力。

第 十 條　本議定書各項規定應一律適用於聯邦國家的全部領土，並無限制或例外。

第十一條　一、本議定書締約國得提議修改本議定書，將修正案提交聯合國秘書長。秘書長應將提議之修正案分送本議定書各締約國，並請其通知是否贊成召開締約國會議，以審議並表決所提議案。如締約國三分之一以上贊成召開會議，秘書長應在聯合國主持下召開此會議。經出席會議並投票的締約國過半數通過的修正案，應提請聯合國大會核可。

二、修正案經聯合國大會核可，並經本議定書締約國三分之二各依本國憲法程序接受後，即發生效力。

三、修正案生效後，對接受此種修正的締約國具有拘束力；其他締約國仍受本議定書原訂條款及其前此所接受修正案的拘束。

第十二條　一、任何締約國得隨時書面通知聯合國秘書長退出本議定書。退約應於秘書長接得通知之日起三個月發生效力。

二、退約不得影響本議定書各項規定對於退約生效日期以前依照第二條提出的任何來文的繼續適用。

第十三條　除本議定書第八條第五項的通知外，聯合國秘書長應將下列事項通知公約第四十八條第一項所稱的所有國家：

㈢依第八條所為的簽字、批准及加入；

㈣依第九條本議定書發生效力的日期，及依第十一條任何修正案發生效力的日期；

㈤依第十二條提出的退約。

第十四條　一、本議定書應交存聯合國檔庫，其中文、英文、法文、俄文及西班牙文各本同一作準。

二、聯合國秘書長應將本議定書正式副本分送公約第四十八條所稱的所有國家。

旨在廢除死刑的公民與政治權利國際公約第二任擇議定書 (1989.12.15)

本議定書締約國，

認為廢除死刑有助於提高人的尊嚴和促使人權的持續發展，

回顧一九四八年十二月十日通過的《世界人權宣言》的第三條和一九六六年十二月十六日通過的《公民與政治權利國際公約》的第六條，

注意到《公民與政治權利國際公約》第六條提到廢除死刑所用的措詞強烈暗示廢除死刑是可取的，

深信廢除死刑的所有措施應被視為是在享受生命權方面的進步，

切望在此對廢除死刑作出國際承諾，

茲議定如下：

第 一 條　一、在本議定書締約國管轄範圍內，任何人不得被處死刑。

二、每一締約國應採取一切必要措施在其管轄範圍內廢除死刑。

第 二 條　一、本議定書不接受任何保留，唯在批准或加入時可提出這樣一項保留：即規定在戰時可對在戰時犯下最嚴重軍事性罪行被判罪的人適用死刑。

二、提出這項保留的締約國在批准或加入時應向聯合國秘書長遞交在戰時適用的本國法律有關規定。

三、提出這項保留的締約國應把適用於其本國領土的任何戰爭狀態的開始或結束通知秘書長。

第 三 條　本議定書締約國應在其按照公約第四十條的規定向人權事務委員會提交的報告中載列它們為實施本議定書而採取的措施的資料。

第 四 條　對於按照公約第四十一條作出聲明的締約國，人權事務委員會關於接受和審議締約國聲稱另一締約國不履行其義務的來文的權限，應擴大以包括本議定書的各項規定，除非有關締約國在批准或加入時作出相反的聲明。

第 五 條　對於一九六六年十二月十六日通過的《公民與政治權利國際公約》第一項任擇議定書的締約國，人權事務委員會關於接受和審議受有關國家管轄的個人的來文的權限，應擴大以包括本議定書的各項規定，除非有關締約國在批准或加入時作出相反的聲明。

第 六 條　一、本議定書的規定應作為公約的附加規定予以適用。

二、在不妨害可能根據本議定書第二條提出保留的條件下，本議定書第一條第一項所保證的權利不應受到公約第四條的任何克減。

第 七 條　一、本議定書開放給業已簽署公約的國家簽字。

二、本議定書須經業已批准或加入公約的國家批准。批准書應交存聯合國秘書長。

三、本議定書開放給業已批准或加入公約的國家加入。

四、加入時應向聯合國秘書長交存加入書。

五、聯合國秘書長應將每一批准書或加入書的交存通知業已簽署或加入本議定書的所有國家。

第 八 條　一、本議定書應於第十件批准書或加入書交存聯合國秘書長之日起三個月後發生效力。

二、對於第十件批准書或加入書交存後批准或加入本議定書的國家,本議定書應自該國交存批准書或加入書之日起三個月後發生效力。

第 九 條　本議定書各項規定應一律適用於聯邦國家的全部領土並無限制或例外。

第 十 條　聯合國秘書長應將下列事項通知公約第四十八條第一項所稱的所有國家:

　　(a)根據本議定書第二條提出的保留意見、來文和通知;

　　(b)根據本議定書第四或第五條提出的聲明;

　　(c)根據本議定書第八條所作的簽署、批准和加入;

　　(d)根據本議定書第八條本議定書發生效力的日期。

第十一條　一、本議定書應交存聯合國檔案庫,其阿拉伯文、中文、英文、法文、俄文和西班牙文各本同一作準。

二、聯合國秘書長應將本議定書正式副本分送公約第四十八條所稱的所有國家。

二十三、經濟社會文化權利國際公約及其附加議定書 (International Covenant on Economic, Social and Cultural Rights, and Protocol)

（公約：1966.12.16）

說明：

㈠聯合國大會一九六六年十二月十六日第 A/RES/2200 A(XXI) 號決議通過並開放給各國簽字、批准和加入;一九七六年一月三日生效。

㈡公約英文本見 UNTS, Vol. 993, pp. 4–12;中文本見 pp. 22–34,名稱為「經濟社會文化權利國際盟約」。中文通行本見聯合國,《人權,國際文件匯編》,紐約:聯合國,1978 年,頁 4–8;聯合國人權事務高級專員辦事處,《人權,國際文件匯編》,紐約和日內瓦:聯合國,2002 年,頁 8–17。此一文本與 UNTS 中所刊中文本有一些區別。本文所採為總統府公布版本,取自總統府第二局,《總統府公報》,第 6896 號,2009 年,頁 44–52。名稱為「經濟社會文化權利國際公約」,但內容與原始作準正本同。

㈢本公約任擇議定書 (Optional Protocol to the International Covenant on Economic, Social and Cultural Rights) 由聯合國大會二○○八年十二月十日第 A/RES/63/117 號決議通過,二○一三年五月五日生效。英文本見 UNTS, Vol. 2922, pp. 27–36,中文本見 pp. 18–26。本書中文本取自聯大中文記錄,可進入聯合國網站的《聯合

國正式文件系統》，搜尋大會第六十三屆會議通過的決議，決議網址為 http://www.un.org/zh/documents/view_doc.asp?symbol=A/RES/63/116。但參考總統府公布「經濟社會文化權利國際公約」版本，文字略作調整。

經濟社會文化權利國際公約

前 文

本公約締約國，

鑒於依據聯合國憲章揭示之原則，人類一家，對於人人天賦尊嚴，及其平等而且不可割讓權利之確認，實係世界自由、正義與和平之基礎，

確認此種權利源於天賦人格尊嚴，

確認依據世界人權宣言之昭示，唯有創造環境，使人人除享有公民及政治權利而外，並得享受經濟社會文化權利，始克實現自由人類享受無所恐懼不虞匱乏之理想，

鑒於聯合國憲章之規定，各國負有義務，必須促進人權及自由之普遍尊重及遵守，

明認個人對他人及對其隸屬之社會，負有義務，故職責所在，必須力求本公約所確認各種權利之促進及遵守，

爰議定條款如下：

第壹編

第 一 條　一、所有民族均享有自決權，根據此種權利，自由決定其政治地位及自由從事其經濟、社會與文化之發展。

　　　　　二、所有民族得為本身之目的，自由處置其天然財富及資源，但不得妨害因基於互惠原則之國際經濟合作及因國際法而生之任何義務。無論在何種情形下，民族之生計，不容剝奪。

　　　　　三、本公約締約國包括負責管理非自治及託管領土之國家在內，均應遵照聯合國憲章規定，促進自決權之實現並尊重此種權利。

第貳編

第 二 條　一、本公約締約國承允盡其資源能力所及，各自並藉國際協助與合作，特別在經濟與技術方面之協助與合作採取種種步驟，務期以所有適當方法，尤其包括通過立法措施，逐漸使本公約所確認之各種權利完全實現。

　　　　　二、本公約締約國承允保證人人行使本公約所載之各種權利，不因種族、膚色、性別、語言、宗教、政見或其他主張、民族本源或社會階級、財產、出生或其他身分等等而受歧視。

三、發展中國家在適當顧及人權及國民經濟之情形下，得決定保證非本國國民享受本公約所確認經濟權利之程度。

第 三 條　本公約締約國承允確保本公約所載一切經濟社會文化權利之享受，男女權利一律平等。

第 四 條　本公約締約國確認人民享受國家遵照本公約規定所賦予之權利時，國家對此類權利僅得加以法律明定之限制，又其所定限制以與此類權利之性質不相牴觸為準，且加以限制之唯一目的應在增進民主社會之公共福利。

第 五 條　一、本公約條文不得解釋為國家、團體或個人有權從事活動或實行行為，破壞本公約確認之任何權利或自由，或限制此種權利或自由逾越本公約規定之程度。

　　　　　二、任何國家內依法律、公約、條例或習俗而承認或存在之任何基本人權，不得藉口本公約未予確認或確認之範圍較狹，而加以限制或減免義務。

第參編

第 六 條　一、本公約締約國確認人人有工作之權利，包括人人應有機會憑本人自由選擇或接受之工作謀生之權利，並將採取適當步驟保障之。

　　　　　二、本公約締約國為求完全實現此種權利而須採取之步驟，應包括技術與職業指導及訓練方案、政策與方法，以便在保障個人基本政治與經濟自由之條件下，造成經濟、社會及文化之穩步發展以及充分之生產性就業。

第 七 條　本公約締約國確認人人有權享受公平與良好之工作條件，尤須確保：

㈠所有工作者之報酬使其最低限度均能：

(1)獲得公允之工資，工作價值相等者享受同等報酬，不得有任何區別，尤須保證婦女之工作條件不得次於男子，且應同工同酬；

(2)維持本人及家屬符合本公約規定之合理生活水準；

㈡安全衛生之工作環境；

㈢人人有平等機會於所就職業升至適當之較高等級，不受年資才能以外其他考慮之限制；

㈣休息、閒暇、工作時間之合理限制與照給薪資之定期休假，公共假日亦須給酬。

第 八 條　一、本公約締約國承允確保：

㈠人人有權為促進及保障其經濟及社會利益而組織工會及加入其自身選擇之工會，僅受關係組織規章之限制。除依法律之規定，且為民主社會維護國家安全或公共秩序、或保障他人權利自由所必要者外，不得限制此項權利之行使；

㈡工會有權成立全國聯合會或同盟，後者有權組織或參加國際工會組織；

㈢工會有權自由行使職權，除依法律之規定，且為民主社會維護國家安全或公共秩序、或保障他人權利自由所必要者外，不得限制此種權利

之行使；

㈣罷工權利，但以其行使符合國家法律為限。

二、本條並不禁止對軍警或國家行政機關人員行使此種權利，加以合法限制。

三、關於結社自由及保障組織權利之國際勞工組織一九四八年公約締約國，不得依據本條採取立法措施或應用法律，妨礙該公約所規定之保證。

第 九 條　本公約締約國確認人人有權享受社會保障，包括社會保險。

第 十 條　本公約締約國確認：

一、家庭為社會之自然基本團體單位，應儘力廣予保護與協助，其成立及當其負責養護教育受扶養之兒童時，尤應予以保護與協助。婚姻必須婚嫁雙方自由同意方得締結。

二、母親於分娩前後相當期間內應受特別保護。工作之母親在此期間應享受照給薪資或有適當社會保障福利之休假。

三、所有兒童及少年應有特種措施予以保護與協助，不得因出生或其他關係而受任何歧視。兒童及青年應有保障、免受經濟及社會剝削。凡僱用兒童及少年從事對其道德或健康有害、或有生命危險、或可能妨礙正常發育之工作者均應依法懲罰。國家亦應訂定年齡限制，凡出資僱用未及齡之童工，均應禁止並應依法懲罰。

第十一條　一、本公約締約國確認人人有權享受其本人及家屬所需之適當生活程度，包括適當之衣食住及不斷改善之生活環境。締約國將採取適當步驟確保此種權利之實現，同時確認在此方面基於自由同意之國際合作極為重要。

二、本公約締約國既確認人人有免受饑餓之基本權利，應個別及經由國際合作，採取為下列目的所需之措施，包括特定方案在內：

㈠充分利用技術與科學知識、傳佈營養原則之知識、及發展或改革土地制度而使天然資源獲得最有效之開發與利用，以改進糧食生產、保貯及分配之方法；

㈡計及糧食輸入及輸出國家雙方問題，確保世界糧食供應按照需要，公平分配。

第十二條　一、本公約締約國確認人人有權享受可能達到之最高標準之身體與精神健康。

二、本公約締約國為求充分實現此種權利所採取之步驟，應包括為達成下列目的所必要之措施：

㈠設法減低死產率及嬰兒死亡率，並促進兒童之健康發育；

㈡改良環境及工業衛生之所有方面；

㈢預防、療治及撲滅各種傳染病、風土病、職業病及其他疾病；

㈣創造環境，確保人人患病時均能享受醫藥服務與醫藥護理。、

第十三條　一、本公約締約國確認人人有受教育之權。締約國公認教育應謀人格及人格尊嚴意識之充分發展，增強對人權與基本自由之尊重。締約國又公認教

育應使人人均能參加自由社會積極貢獻，應促進各民族間及各種族、人種或宗教團體間之瞭解、容恕及友好關係，並應推進聯合國維持和平之工作。

二、本公約締約國為求充分實現此種權利起見，確認：

㈠初等教育應屬強迫性質，免費普及全民；

㈡各種中等教育，包括技術及職業中等教育在內，應以一切適當方法，特別應逐漸採行免費教育制度，廣行舉辦，庶使人人均有接受機會；

㈢高等教育應根據能力，以一切適當方法，特別應逐漸採行免費教育制度，使人人有平等接受機會；

㈣基本教育應盡量予以鼓勵或加緊辦理，以利未受初等教育或未能完成初等教育之人；

㈤各級學校完備之制度應予積極發展，適當之獎學金制度應予設置，教育人員之物質條件亦應不斷改善。

三、本公約締約國承允尊重父母或法定監護人為子女選擇符合國家所規定或認可最低教育標準之非公立學校，及確保子女接受符合其本人信仰之宗教及道德教育之自由。

四、本條任何部分不得解釋為干涉個人或團體設立及管理教育機構之自由，但以遵守本條第一項所載原則及此等機構所施教育符合國家所定最低標準為限。

第十四條 本公約締約國倘成為締約國時尚未能在其本土或其所管轄之其他領土內推行免費強迫初等教育，承允在兩年內訂定周詳行動計畫，庶期在計畫所訂之合理年限內，逐漸實施普遍免費強迫教育之原則。

第十五條 一、本公約締約國確認人人有權：

㈠參加文化生活；

㈡享受科學進步及其應用之惠；

㈢對其本人之任何科學、文學或藝術作品所獲得之精神與物質利益，享受保護之惠。

二、本公約締約國為求充分實現此種權利而採取之步驟，應包括保存、發揚及傳播科學與文化所必要之辦法。

三、本公約締約國承允尊重科學研究及創作活動所不可缺少之自由。

四、本公約締約國確認鼓勵及發展科學文化方面國際接觸與合作之利。

第肆編

第十六條 一、本公約締約國承允依照本公約本編規定，各就其促進遵守本公約所確認各種權利而採取之措施及所獲之進展，提具報告書。

二、㈠所有報告書應提交聯合國秘書長，秘書長應將副本送由經濟暨社會理事會依據本公約規定審議；

㈡如本公約締約國亦為專門機關會員國，其所遞報告書或其中任何部分涉及之事項，依據各該專門機關之組織法係屬其責任範圍者，聯合國秘書長亦應將報告書副本或其中任何有關部分，轉送各該專門機關。

第十七條　一、本公約締約國應按經濟暨社會理事會於本公約生效後一年內與締約國及各有關專門機關商洽訂定之辦法，分期提出報告書。

二、報告書中得說明由於何種因素或困難以致影響本公約所規定各種義務履行之程度。

三、倘有關之情報前經本公約締約國提送聯合國或任何專門機關在案，該國得僅明確註明該項情報已見何處，不必重行提送。

第十八條　經濟暨社會理事會得依其根據聯合國憲章所負人權及基本自由方面之責任與各專門機關商訂辦法，由各該機關就促進遵守本公約規定屬其工作範圍者所獲之進展，向理事會具報。此項報告書並得詳載各該機關之主管機構為實施本公約規定所通過決議及建議之內容。

第十九條　經濟暨社會理事會得將各國依第十六條及第十七條之規定，以及各專門機關依第十八條之規定，就人權問題提出之報告書，交由人權委員會研討並提具一般建議，或斟酌情形供其參考。

第二十條　本公約各關係締約國及各關係專門機關得就第十九條所稱之任何一般建議、或就人權委員會任何報告書或此項報告書所述及任何文件中關於此等一般建議之引證，向經濟暨社會理事會提出評議。

第二十一條　經濟暨社會理事會得隨時向大會提出報告書，連同一般性質之建議，以及從本公約締約國與各專門機關收到關於促進普遍遵守本公約確認之各種權利所採措施及所獲進展之情報攝要。

第二十二條　經濟暨社會理事會得將本公約本編各項報告書中之任何事項，對於提供技術協助之聯合國其他機關，各該機關之輔助機關及各專門機關，可以助其各就職權範圍，決定可能促進切實逐步實施本公約之各項國際措施是否得當者，提請各該機關注意。

第二十三條　本公約締約國一致認為實現本公約所確認權利之國際行動，可有訂立公約、通過建議、提供技術協助及舉行與關係國政府會同辦理之區域會議及技術會議從事諮商研究等方法。

第二十四條　本公約之解釋，不得影響聯合國憲章及各專門機關組織法內規定聯合國各機關及各專門機關分別對本公約所處理各種事項所負責任之規定。

第二十五條　本公約之解釋，不得損害所有民族充分與自由享受及利用其天然財富與資源之天賦權利。

第伍編

第二十六條　一、本公約聽由聯合國會員國或其專門機關會員國、國際法院規約當事國及經聯合國大會邀請為本公約締約國之任何其他國家簽署。

二、本公約須經批准。批准書應送交聯合國秘書長存放。

三、本公約聽由本條第一項所稱之任何國家加入。

四、加入應以加入書交存聯合國秘書長為之。

五、聯合國秘書長應將每一批准書或加入書之交存，通知已經簽署或加入本公約之所有國家。

第二十七條　一、本公約應自第三十五件批准書或加入書送交聯合國秘書長存放之日起三個月後發生效力。

二、對於在第三十五件批准書或加入書交存後批准或加入本公約之國家，本公約應自該國交存批准書或加入書之日起三個月後發生效力。

第二十八條　本公約各項規定應一律適用於聯邦國家之全部領土，並無限制或例外。

第二十九條　一、本公約締約國得提議修改本公約，將修正案提交聯合國秘書長。秘書長應將提議之修正案分送本公約各締約國，並請其通知是否贊成召開締約國會議，以審議並表決所提議案。如締約國三分之一以上贊成召開會議，秘書長應以聯合國名義召集之。經出席會議並投票之締約國過半數通過之修正案，應提請聯合國大會核可。

二、修正案經聯合國大會核可，並經本公約締約國三分之二各依本國憲法程序接受後，即發生效力。

三、修正案生效後，對接受此種修正之締約國具有拘束力；其他締約國仍受本公約原訂條款及其前此所接受修正案之拘束。

第　三　十　條　除第二十六條第五項規定之通知外，聯合國秘書長應將下列事項通知同條第一項所稱之所有國家：

㈠依第二十六條所為之簽署、批准及加入；

㈡依第二十七條本公約發生效力之日期，及依第二十九條任何修正案發生效力之日期。

第三十一條　一、本公約應交存聯合國檔庫，其中、英、法、俄及西文各本同一作準。

二、聯合國秘書長應將本公約正式副本分送第二十六條所稱之所有國家。

　　為此，下列各代表秉其本國政府正式授予之權，謹簽字於自一九六六年十二月十九日起得由各國在紐約簽署之本公約，以昭信守。

經濟社會文化權利國際公約任擇議定書

(2008.12.10)

序　言

　　本議定書締約國，

　　考慮到根據《聯合國憲章》宣告的原則，承認人類家庭所有成員的固有尊嚴及其平等和不可剝奪的權利，是世界自由、正義與和平的基礎，

注意到《世界人權宣言》宣告，人人生而自由，在尊嚴和權利上一律平等，人人有資格享受《宣言》所載的一切權利和自由，不分種族、膚色、性別、語言、宗教、政治或其他意見、民族本源或社會出身、財產、出生或其他身分等任何區別，

憶及《世界人權宣言》和國際人權兩公約確認，只有創造條件，使人人都可以享有公民、文化、經濟、政治和社會權利，才能實現自由人類免於恐懼和匱乏的理想，

重申一切人權和基本自由都是普遍、不可分割、相互依存、相互關聯的，

憶及《經濟、社會、文化權利國際公約》（下稱「《公約》」）每一締約國承諾單獨採取步驟或通過國際援助和合作，特別是經濟和技術援助和合作，採取步驟，盡最大能力，採用一切適當方法，尤其是包括採用立法措施，逐步爭取充分實現《公約》所承認的權利，

考慮到為進一步實現《公約》的宗旨，落實《公約》各項規定，應設法使經濟、社會和文化權利委員會（下稱「委員會」）能夠履行本議定書規定的職能，

議定如下：

第 一 條　委員會接受和審議來文的權限

一、成為本議定書締約方的《公約》締約國承認委員會有權根據本議定書條款的規定接受和審議來文。

二、委員會不得接受涉及非本議定書締約方的《公約》締約國的來文。

第 二 條　來文

來文可以由聲稱因一締約國侵犯《公約》所規定的任何經濟、社會和文化權利而受到傷害的該締約國管轄下的個人自行或聯名提交或以其名義提交。代表個人或聯名個人提交來文，應當徵得當事人的同意，除非來文人能說明未經當事人同意而代為提交的正當理由。

第 三 條　可受理性

一、除非委員會已確定一切可用的國內補救辦法均已用盡，否則委員會不得審議來文。如果補救辦法的應用被不合理地拖延，本規則不予適用。

二、來文有下列情形之一的，委員會應當宣布為不可受理：

　　㈠未在用盡國內補救辦法後一年之內提交，但來文人能證明在此時限內無法提交來文的情況除外；

　　㈡所述事實發生在本議定書對有關締約國生效之前，除非這些事實存續至生效之日後；

　　㈢同一事項業經委員會審查或已由或正由另一國際調查或解決程序審查；

　　㈣不符合《公約》的規定；

　　㈤明顯沒有根據或缺乏充分證據，或僅以大眾媒體傳播的報導為根據；

　　㈥濫用提交來文的權利；或

　　㈦採用匿名形式或未以書面形式提交。

第 四 條　未顯示處境明顯不利的來文

委員會必要時可以對未顯示來文人處於明顯不利境況的來文不予審議,除非委員會認為來文提出了具有普遍意義的嚴重問題。

第五條　臨時措施

一、委員會收到來文後,在對實質問題作出裁斷前,可以隨時向有關締約國發出請求,請該國從速考慮根據特殊情況採取必要的臨時措施,以避免對聲稱權利被侵犯的受害人造成可能不可彌補的損害。

二、委員會根據本條第一款行使酌處權,並不意味對來文的可受理性或實質問題作出裁斷。

第六條　轉交來文

一、除非委員會認定來文不可受理,不送交有關締約國,否則任何根據本議定書提交委員會的來文,委員會均應當以保密方式提請有關締約國注意。

二、收文締約國應當在六個月內向委員會提交書面解釋或陳述,澄清有關事項及該締約國可能已提供的任何補救辦法。

第七條　友好解決

一、委員會應當向有關當事方提供斡旋,以期在尊重《公約》規定的義務的基礎上友好解決有關問題。

二、一旦達成友好解決協定,根據本議定書提交的來文審議工作即告結束。

第八條　審查來文

一、委員會應當根據提交委員會的全部文件資料審查根據本議定書第二條收到的來文,但這些文件資料應當送交有關當事方。

二、委員會應當通過非公開會議審查根據本議定書提交的來文。

三、委員會在審查根據本議定書提交的來文時,可以酌情查閱其他聯合國機構、專門機構、基金、方案和機制及包括區域人權系統在內的其他國際組織的相關文件資料,以及有關締約國的任何意見或評論。

四、委員會在審查根據本議定書提交的來文時,應當審議締約國依照《公約》第二部分規定採取的步驟的合理性。在這方面,委員會應當注意到締約國可以為落實《公約》規定的權利而可能採取的多種政策措施。

第九條　委員會意見的後續行動

一、委員會在審查來文後,應當向有關當事方傳達委員會對來文的意見及可能提出的任何建議。

二、締約國應當適當考慮委員會的意見及可能提出的建議,並應當在六個月內向委員會提交書面答覆,包括通報根據委員會意見和建議採取的任何行動。

三、委員會可以邀請締約國就委員會的意見或建議所可能採取的任何措施提供進一步資料,包括在委員會認為適當的情況下,在締約國隨後根據《公約》第十六條和第十七條提交的報告中提供這些資料。

第十條　國家間來文

一、本議定書締約國可以在任何時候根據本條作出聲明，承認委員會有權接受和審議涉及一締約國聲稱另一締約國未履行《公約》所規定義務的來文。根據本條規定提交來文的締約國須已聲明本國承認委員會有此權限，委員會方可接受和審議此種來文。來文涉及尚未作出這種聲明的締約國的，委員會不得予以接受。根據本條規定接受的來文，應當按下列程序處理：

　㈠本議定書一締約國如果認為另一締約國未履行《公約》規定的義務，可以用書面函件提請該締約國注意此事，也可以將此事通知委員會。收函國在收到函件後三個月內，應當以書面形式向發函國作出解釋或其他陳述，澄清此事，其中應當盡可能和具體地提及已經對此事，即將對此事或可以對此事採取的國內程序和補救辦法；

　㈡如果在收函國收到最初函件後六個月內，有關事項尚未達成有關締約國雙方滿意的解決，任何一方均有權以通知委員會和另一方的方式將此事提交委員會；

　㈢對於提交委員會的事項，委員會只有在確定已經就該事援用並用盡一切可用的國內補救辦法後，方可予以處理。如果補救辦法的應用被不合理地拖延，本規則不予適用；

　㈣在不違反本款第㈢項規定的情況下，委員會應當向有關締約國提供斡旋，以期在尊重《公約》規定的義務的基礎上友好地解決有關事項；

　㈤委員會應當舉行非公開會議審查根據本條提交的來文；

　㈥對於依照本款第㈡項規定提交的任何事項，委員會可以要求第㈡項所提的有關締約國提供任何相關資料；

　㈦委員會審議有關事項時，本款第㈡項所提的有關締約國有權派代表出席並提出口頭和（或）書面意見；

　㈧委員會應當在收到本款第㈡項規定的通知之日後盡可能適當地權宜行事，按照下列方式提出報告：

　　1.如果按本款第㈣項規定達成解決辦法，委員會的報告應當限於簡要陳述事實及所達成的解決辦法；

　　2.如果未能按本款第㈣項規定達成解決辦法，委員會的報告應當列舉與有關締約國之間問題相關的事實。有關締約國的書面意見及口頭意見記錄應當附於報告之內。委員會也可以只向有關締約國提出委員會認為與兩國之間的問題相關的意見。

　　在上述情況下，報告應當送交有關締約國。

二、根據本條第一款作出的聲明，應當由締約國交存聯合國秘書長，由秘書長將聲明副本分送其他締約國。任何聲明可隨時以通知秘書長的方式予以撤回。撤回不得妨礙對業已根據本條發出的來文所涉任何事項的審議；在秘書長收到撤回聲明的通知後，除非有關締約國作出新的聲明，否則

不得再接受任何締約國根據本條提交的其他來文。

第十一條　調查程序

一、本議定書締約國可以在任何時候作出聲明，承認本條規定的委員會權限。

二、如果委員會收到可靠資料，顯示某一締約國嚴重或有系統地侵犯《公約》規定的任何經濟、社會和文化權利，委員會應當邀請該締約國合作研究這些資料，並為此就有關資料提出意見。

三、在考慮有關締約國可能提出的任何意見以及委員會掌握的任何其他可靠資料後，委員會可以指派一名或多名成員進行調查，從速向委員會報告。必要時，在徵得有關締約國同意後，調查可以包括前往該國領土訪問。

四、調查應當以保密方式進行，並應當在程序的各個階段尋求有關締約國的合作。

五、對調查結果進行審查後，委員會應當將調查結果連同任何評論和建議一併送交有關締約國。

六、有關締約國應當在收到委員會送交的調查結果、評論和建議後六個月內，向委員會提交本國意見。

七、依照本條第二款規定進行的調查程序結束後，委員會經與有關締約國協商，可以決定在本議定書第十五條規定的委員會年度報告中摘要介紹程序結果。

八、依照本條第一款規定作出聲明的任何締約國，可以隨時通知秘書長撤回其聲明。

第十二條　調查程序的後續行動

一、委員會可以邀請有關締約國在其根據《公約》第十六條和第十七條提交的報告中，詳述就根據本議定書第十一條進行的調查所採取的任何措施。

二、必要時，委員會可以在第十一條第六款所述六個月期間結束後，邀請有關締約國向委員會通報該國就調查所採取的措施。

第十三條　保護措施

締約國應當採取一切適當措施，確保在其管轄下的個人不會因為根據本議定書與委員會聯絡而受到任何形式的不當待遇或恐嚇。

第十四條　國際援助與合作

一、對於顯示有必要獲得技術諮詢或協助的來文和調查，委員會應當酌情在徵得有關締約國同意後，將委員會的意見或建議，連同締約國可能就這些意見或建議提出的意見和提議，送交聯合國各專門機構、基金和方案以及其他主管機構。

二、委員會也可以在徵得有關締約國同意後，提請上述機構注意任何根據本議定書審議的來文所引起的事項；此種事項可以協助它們在各自權限範圍內決定是否應當採取可能具有促進作用的國際措施，以協助各締約國在落實《公約》確認的權利方面取得進展。

三、應當依照大會相關程序設立一個依照《聯合國財務條例和細則規定》管
　　理的信託基金，以期在徵得有關締約國同意後，向締約國提供專家和技
　　術援助，加強《公約》所載權利的落實，推動根據本議定書在經濟、社
　　會和文化權利領域進行國家能力建設。

四、本條規定不妨礙各締約國履行《公約》規定的義務。

第十五條　年度報告

委員會的年度報告應當摘要介紹根據本議定書開展的活動。

第十六條　傳播與資訊

各締約國承諾廣泛宣傳和傳播《公約》及本議定書，為獲得資訊以瞭解委員
會的意見和建議，特別是涉及本國的事項的意見和建議提供便利，並在這方
面以無障礙模式向殘疾人提供資訊。

第十七條　簽署、批准和加入

一、本議定書開放供任何已簽署、批准或加入《公約》的國家簽署。

二、本議定書須經已批准或加入《公約》的國家批准。批准書交存聯合國秘
　　書長。

三、本議定書開放供任何已批准或加入《公約》的國家加入。

四、向聯合國秘書長交存加入書後，加入即行生效。

第十八條　生效

一、本議定書在第十份批准書或加入書交存聯合國秘書長之日起三個月後生
　　效。

二、對於在第十份批准書或加入書交存後批准或加入議定書的國家，議定書
　　在該國交存批准書或加入書之日起三個月後生效。

第十九條　修正

一、任何締約國均可以對本議定書提出修正案，提交聯合國秘書長。秘書長
　　應當將任何提議的修正案通告各締約國，請締約國通知秘書長，表示是
　　否贊成召開締約國會議對提案進行審議和作出決定。在上述通告發出之
　　日起四個月內，如果有至少三分之一的締約國贊成召開締約國會議，秘
　　書長應當在聯合國主持下召開會議。經出席並參加表決的締約國三分之
　　二多數通過的任何修正案，應當由秘書長提交聯合國大會核准，然後提
　　交所有締約國接受。

二、依照本條第一款的規定通過並核准的修正案，應當在交存的接受書數目
　　達到修正案通過之日締約國數目的三分之二後第三十天生效。此後，修
　　正案應當在任何締約國交存其接受書後第三十天對該締約國生效。修正
　　案只對接受該項修正案的締約國具有約束力。

第二十條　退約

一、締約國可以隨時書面通知聯合國秘書長退出本議定書。退約應當在秘書
　　長收到通知之日起六個月後生效。

　　二、退約不妨礙本議定書各項規定繼續適用於退約生效之日前根據第二條和
　　　　第十條提交的任何來文，以及退約生效之日前根據第十一條啟動的任何
　　　　程序。

第二十一條　秘書長的通知

　　聯合國秘書長應當將下列具體情況通知《公約》第二十六條第一款所提的
　　所有國家：

　　㈠本議定書的簽署、批准和加入；

　　㈡本議定書和任何根據第十九條提出的修正案的生效日期；

　　㈢任何根據第二十條發出的退約通知。

第二十二條　正式語文

　　一、本議定書應當交存聯合國檔案庫，其阿拉伯文、中文、英文、法文、
　　　　俄文和西班牙文文本同等作準。

　　二、聯合國秘書長應當將本議定書經證明無誤的副本分送《公約》第二十
　　　　六條所提的所有國家。

二十四、消除對婦女一切形式歧視公約 (Convention on the Elimination of All Forms of Discrimination against Women)　(1979.12.18)

說明：

㈠本公約依聯合國大會一九七九年十二月十八日第 A/RES/34/180 號決議，通過並開放給各國簽字、批准和加入生效：一九八一年九月三日生效。

㈡英文本見 UNTS, Vol. 1249, pp. 14–23；中文本見 pp. 48–58。中文通行本見聯合國人權事務高級專員辦事處，《人權，國際文件匯編》，紐約和日內瓦：聯合國，2002 年，頁 145–156。本書採我國立法院通過版本，見行政院性別平等會，消除對婦女一切形式歧視公約專區，《消除對婦女一切形式歧視公約》(CEDAW) 立法院通過中文繁體版 ，2012 年，載於 https://gec.ey.gov.tw/Page/39DDB34C666FE816/8965cdb1-b031-4a80-862a-d740887bc05c。(最近檢視日期：二〇一九年三月八日)

本公約締約各國，

　　注意到《聯合國憲章》重申對基本人權、人身尊嚴和價值以及男女平等權利的信念；

　　注意到《世界人權宣言》申明不容歧視的原則，並宣布人人生而自由，在尊嚴和權利上一律平等，且人人都有資格享受該宣言所載的一切權利和自由，不得有任何區別，包括男女的區別；

　　注意到有關人權的各項國際公約的締約國有義務保證男女平等享有一切經濟、社會、

文化、公民和政治權利，考慮到在聯合國和各專門機構主持下所簽署旨在促進男女權利平等的各項國際公約；

　　還注意到聯合國和各專門機構所通過旨在促進男女權利平等的決議、宣言和建議；

　　關心到盡管有這些各種文件，歧視婦女的現象仍然普遍存在；

　　考慮到對婦女的歧視違反權利平等和尊重人的尊嚴的原則，阻礙婦女與男子平等參加本國的政治、社會、經濟和文化生活，妨礙社會和家庭的繁榮發展，並使婦女更難充分發揮為國家和人類服務的潛力；

　　關心到在貧窮情況下，婦女在獲得糧食、保健、教育、培訓、就業和其他需要等方面，往往機會最少；

　　深信基於平等和正義的新的國際經濟秩序的建立，將大有助於促進男女平等；

　　強調徹底消除種族隔離、一切形式的種族主義、種族歧視、新老殖民主義、外國侵略、外國占領和外國統治、對別國內政的干預，對於男女充分享受其權利是必不可少的；

　　確認國際和平與安全的加強，國際緊張局勢的緩和，各國不論其社會和經濟制度如何彼此之間的相互合作，在嚴格有效的國際管制下全面徹底裁軍、特別是核裁軍，國與國之間關係上正義、平等和互利原則的確認，在外國和殖民統治下和外國占領下的人民取得自決與獨立權利的實現，以及對各國國家主權和領土完整的尊重，都將會促進社會進步和發展，從而有助於實現男女的完全平等；

　　確信一國的充分和完全的發展，世界人民的福利以及和平的事業，需要婦女與男子平等充分參加所有各方面的工作；

　　念及婦女對家庭的福利和社會的發展所作出的巨大貢獻至今沒有充分受到公認，又念及母性的社會意義以及父母在家庭中和在養育子女方面所起的作用，並理解到婦女不應因生育而受到歧視，因為養育子女是男女和整個社會的共同責任；

　　認識到為了實現男女完全平等需要同時改變男子和婦女在社會上和家庭中的傳統任務；

　　決心執行《消除對婦女歧視宣言》內載的各項原則，並為此目的，採取一切必要措施，消除這種歧視的一切形式及現象，

　　茲協議如下：

第一部分

第 一 條　在本公約中，「對婦女的歧視」一詞指基於性別而作的任何區別、排斥或限制，其影響或其目的均足以妨礙或否認婦女不論已婚未婚在男女平等的基礎上認識、享有或行使在政治、經濟、社會、文化、公民或任何其他方面的人權和基本自由。

第 二 條　締約各國譴責對婦女一切形式的歧視，協議立即用一切適當辦法，推行消除對婦女歧視的政策。為此目的，承擔：

　　　　　　(a)男女平等的原則如尚未列入本國憲法或其他有關法律者，應將其列入，並以法律或其他適當方法，保證實現這項原則；

(b)採取適當立法和其他措施，包括在適當情況下實行制裁，以禁止對婦女的一切歧視；

(c)為婦女確立與男子平等權利的法律保護，通過各國的主管法庭及其他公共機構，保證切實保護婦女不受任何歧視；

(d)不採取任何歧視婦女的行為或做法，並保證政府當局和公共機構的行動都不違背這項義務；

(e)採取一切適當措施，消除任何個人、組織或企業對婦女的歧視；

(f)採取一切適當措施，包括制定法律，以修改或廢除構成對婦女歧視的現行法律、規章、習俗和慣例；

(g)廢止本國刑法內構成對婦女歧視的一切規定。

第 三 條　締約各國應承擔在所有領域，特別是在政治、社會、經濟、文化領域，採取一切適當措施，包括制定法律，保證婦女得到充分發展和進步，以確保婦女在與男子平等的基礎上，行使和享有人權和基本自由。

第 四 條　一、締約各國為加速實現男女事實上的平等而採取的暫行特別措施，不得視為本公約所指的歧視，亦不得因此導致維持不平等的標準或另立標準；這些措施應在男女機會和待遇平等的目的達到之後，停止採用。

二、締約各國為保護母性而採取的特別措施，包括本公約所列各項措施，不得視為歧視。

第 五 條　締約各國應採取一切適當措施：

(a)改變男女的社會和文化行為模式，以消除基於性別而分尊卑觀念或基於男女任務定型所產生的偏見、習俗和一切其他做法；

(b)保證家庭教育應包括正確瞭解母性的社會功能和確認教養子女是父母的共同責任，當然在任何情況下都應首先考慮子女的利益。

第 六 條　締約各國應採取一切適當措施，包括制定法律，以禁止一切形式販賣婦女及意圖營利使婦女賣淫的行為。

第二部分

第 七 條　締約各國應採取一切適當措施，消除在本國政治和公共生活中對婦女的歧視，特別應保證婦女在與男子平等的條件下：

(a)在一切選舉和公民投票中有選舉權，並在一切民選機構有被選舉權；

(b)參加政府政策的制訂及其執行，並擔任各級政府公職，執行一切公務；

(c)參加有關本國公共和政治生活的非政府組織和協會。

第 八 條　締約各國應採取一切適當措施，保證婦女在與男子平等不受任何歧視的條件下，有機會在國際上代表本國政府和參加各國際組織的工作。

第 九 條　一、締約各國應給予婦女與男子有取得、改變或保留國籍的同等權利。締約各國應特別保證，與外國人結婚或於婚姻存續期間丈夫改變國籍均不當然改變妻子的國籍，使她成為無國籍人，或把丈夫的國籍強加於她。

二、締約各國在關於子女的國籍方面，應給予婦女與男子平等的權利。

第三部分

第 十 條　締約各國應採取一切適當措施以消除對婦女的歧視，以保證婦女在教育方面
享有與男子平等的權利，特別是在男女平等的基礎上保證：

(a)在各類教育機構，不論其在城市或農村，在專業和職業輔導、取得學習機
會和文憑等方面都有相同的條件。在學前教育、普通教育、技術、專業和
高等技術教育以及各種職業培訓方面，都應保證這種平等；

(b)課程、考試、師資的標準、校舍和設備的質量一律相同；

(c)為消除在各級和各種方式的教育中對男女任務的任何定型觀念，應鼓勵實
行男女同校和其他有助於實現這個目的的教育形式，並特別應修訂教科書
和課程以及相應地修改教學方法；

(d)領受獎學金和其他研究補助金的機會相同；

(e)接受成人教育、包括成人識字和實用讀寫能力的教育的機會相同，特別是
為了盡早縮短男女之間存在的教育水準上的一切差距；

(f)減少女生退學率，並為離校過早的少女和婦女安排各種方案；

(g)積極參加運動和體育的機會相同；

(h)有接受特殊知識輔導的機會，以有助於保障家庭健康和幸福，包括關於計
畫生育的知識和輔導在內。

第十一條　一、締約各國應採取一切適當措施，消除在就業方面對婦女的歧視，以保證
她們在男女平等的基礎上享有相同權利，特別是：

(a)人人有不可剝奪的工作權利；

(b)享有相同就業機會的權利，包括在就業方面相同的甄選標準；

(c)享有自由選擇專業和職業，提升和工作保障，一切服務的福利和條件，
接受職業培訓和進修，包括實習培訓、高等職業培訓和經常性培訓的
權利；

(d)同等價值的工作享有同等報酬包括福利和享有平等待遇的權利，在評
定工作的表現方面，也享有平等待遇的權利；

(e)享有社會保障的權利，特別是在退休、失業、疾病、殘廢和老年或在
其他喪失工作能力的情況下，以及享有帶薪度假的權利；

(f)在工作條件方面享有健康和安全保障，包括保障生育機能的權利。

二、締約各國為使婦女不致因結婚或生育而受歧視，又為保障其有效的工作
權利起見，應採取適當措施：

(a)禁止以懷孕或產假為理由予以解僱，以及以婚姻狀況為理由予以解僱
的歧視，違反規定者予以制裁；

(b)實施帶薪產假或具有同等社會福利的產假，而不喪失原有工作、年資
或社會津貼；

　　　　　　(c)鼓勵提供必要的輔助性社會服務，特別是通過促進建立和發展托兒設施系統，使父母得以兼顧家庭義務和工作責任並參與公共事務；

　　　　　　(d)對於懷孕期間從事確實有害於健康的工種的婦女，給予特別保護。

　　三、應根據科技知識，定期審查與本條所包涵的內容有關的保護性法律，必要時應加以修訂、廢止或推廣。

第十二條　一、締約各國應採取一切適當措施以消除在保健方面對婦女的歧視，保證她們在男女平等的基礎上取得各種包括有關計畫生育的保健服務。

　　二、儘管有本條第一款的規定，締約各國應保證為婦女提供有關懷孕、分娩和產後期間的適當服務，必要時予以免費，並保證在懷孕和哺乳期間得到充分營養。

第十三條　締約各國應採取一切適當措施以消除在經濟和社會生活的其他方面對婦女的歧視，保證她們在男女平等的基礎上有相同權利，特別是：

　　(a)領取家屬津貼的權利；

　　(b)銀行貸款、抵押和其他形式的金融信貸的權利；

　　(c)參與娛樂生活、運動和文化生活各個方面的權利。

第十四條　一、締約各國應考慮到農村婦女面臨的特殊問題和她們對家庭生計包括她們在經濟體系中非商品化部門的工作方面所發揮的重要作用，並應採取一切適當措施，保證對農村婦女適用本公約的各項規定。

　　二、締約各國應採取一切適當措施以消除對農村婦女的歧視，保證她們在男女平等的基礎上參與農村發展並受其益惠，尤其是保證她們有權：

　　　　(a)參與各級發展規劃的擬訂和執行工作；

　　　　(b)利用充分的保健設施，包括計畫生育方面的知識、輔導和服務；

　　　　(c)從社會保障方案直接受益；

　　　　(d)接受各種正式和非正式的培訓和教育，包括有關實用讀寫能力的培訓和教育在內，以及除了別的以外，享受一切社區服務和推廣服務的益惠，以提高她們的技術熟練程度；

　　　　(e)組織自助團體和合作社，以通過受僱和自營職業的途徑取得平等的經濟機會；

　　　　(f)參加一切社區活動；

　　　　(g)有機會取得農業信貸，利用銷售設施，獲得適當技術，並在土地改革和土地墾殖計畫方面享有平等待遇；

　　　　(h)享受適當的生活條件，特別是在住房、衛生、水電供應、交通和通訊等方面。

第四部分

第十五條　一、締約各國應給予男女在法律面前平等的地位。

　　二、締約各國應在公民事務上，給予婦女與男子同等的法律行為能力，以及

行使這種行為能力的相同機會。特別應給予婦女簽訂合同和管理財產的平等權利，並在法院和法庭訴訟的各個階段給予平等待遇。

三、締約各國同意，旨在限制婦女法律行為能力的所有合同和其他任何具有法律效力的私人文件，應一律視為無效。

四、締約各國在有關人身移動和自由擇居的法律方面，應給予男女相同的權利。

第十六條 一、締約各國應採取一切適當措施，消除在有關婚姻和家庭關係的一切事務上對婦女的歧視，並特別應保證婦女在男女平等的基礎上：

(a)有相同的締結婚約的權利；

(b)有相同的自由選擇配偶和非經本人自由表示、完全同意不締結婚約的權利；

(c)在婚姻存續期間以及解除婚姻關係時，有相同的權利和義務；

(d)不論婚姻狀況如何，在有關子女的事務上，作為父母親有相同的權利和義務。但在任何情形下，均應以子女的利益為重；

(e)有相同的權利自由負責地決定子女人數和生育間隔，並有機會使婦女獲得行使這種權利的知識、教育和方法；

(f)在監護、看管、受托和收養子女或類似的制度方面，如果國家法規有這些觀念的話，有相同的權利和義務。但在任何情形下，均應以子女的利益為重；

(g)夫妻有相同的個人權利，包括選擇姓氏、專業和職業的權利；

(h)配偶雙方在財產的所有、取得、經營、管理、享有、處置方面，不論是無償的或是收取價值酬報的，都具有相同的權利。

二、童年訂婚和結婚應不具法律效力，並應採取一切必要行動，包括制訂法律，規定結婚最低年齡，並規定婚姻必須向正式機構登記。

第五部分

第十七條 一、為審查執行本公約所取得的進展，應設立一個消除對婦女歧視委員會(以下稱委員會)，由在本公約所適用的領域方面德高望重和有能力的專家組成，其人數在本公約開始生效時為十八人，到第三十五個締約國批准或加入後為二十三人，這些專家應由締約各國自其國民中選出，以個人資格任職，選舉時須顧及公平地域分配原則及不同文化形式與各主要法系的代表性。

二、委員會委員應以無記名投票方式自締約各國提名的名單中選出。每一締約國得自本國國民中提名一人候選。

三、第一次選舉應自本公約生效之日起六個月後舉行。聯合國秘書長應於每次舉行選舉之日至少三個月前函請締約各國於兩個月內提出其所提名之人的姓名。秘書長應將所有如此提名的人員依字母順序，編成名單，註

明推薦此等人員的締約國，分送締約各國。

四、委員會委員的選舉應在秘書長於聯合國總部召開的締約國會議中舉行。該會議以三分之二締約國為法定人數，凡得票最多且佔出席及投票締約國代表絕對多數票者當選為委員會委員。

五、委員會委員任期四年。但第一次選舉產生的委員中，九人的任期應於兩年終了時屆滿，第一次選舉後，此九人的姓名應立即由委員會主席抽籤決定。

六、在第三十五個國家批准或加入本公約後，委員會將按照本條第二、三、四款增選五名委員，其中兩名委員任期為兩年，其名單由委員會主席抽籤決定。

七、臨時出缺時，其專家不復擔任委員會委員的締約國，應自其國民中指派另一專家，經委員會核可後，填補遺缺。

八、委員會委員經聯合國大會批准後，鑒於其對委員會責任的重要性，應從聯合國資源中按照大會可能決定的規定和條件取得報酬。

九、聯合國秘書長應提供必需的工作人員和設備，以便委員會按本公約規定有效地履行其職務。

第十八條　一、締約各國應就本國實行本公約各項規定所採取的立法、司法、行政或其他措施以及所取得的進展，向聯合國秘書長提出報告，供委員會審議：
　　　　　(a)在公約對本國生效後一年內提出，並且
　　　　　(b)自此以後，至少每四年並隨時在委員會的請求下提出。

二、報告中得指出影響本公約規定義務的履行的各種因素和困難。

第十九條　一、委員會應自行制訂其議事規則。

二、委員會應自行選舉主席團成員，任期兩年。

第二十條　一、委員會一般應每年召開為期不超過兩星期的會議以審議按照本公約第十八條規定提出的報告。

二、委員會會議通常應在聯合國總部或在委員會決定的任何其他方便地點舉行。

第二十一條　一、委員會應就其活動，通過經濟及社會理事會，每年向聯合國大會提出報告，並可根據對所收到締約各國的報告和資料的審查結果，提出意見和一般性建議。這些意見和一般性建議，應連同締約各國可能提出的評論載入委員會所提出的報告中。

二、聯合國秘書長應將委員會的報告轉送婦女地位委員會，供其參考。

第二十二條　各專門機構對屬於其工作範圍內的本公約各項規定，有權派代表出席關於其執行情況的審議。委員會可邀請各專門機構就在其工作範圍內各個領域對本公約的執行情況提出報告。

第六部分

第二十三條 如載有對實現男女平等更為有利的任何規定，其效力不得受本公約的任何
規定的影響，如：
(a)締約各國的法律；或
(b)對該國生效的任何其他國際公約、條約或協定。

第二十四條 締約各國承擔在國家一級採取一切必要措施，以充分實現本公約承認的各
項權利。

第二十五條 一、本公約開放給所有國家簽署。
二、指定聯合國秘書長為本公約的保存者。
三、本公約須經批准，批准書交存聯合國秘書長。
四、本公約開放給所有國家加入，加入書交存聯合國秘書長後開始生效。

第二十六條 一、任何締約國可以隨時向聯合國秘書長提出書面通知，請求修正本公約。
二、聯合國大會對此項請求，應決定所須採取的步驟。

第二十七條 一、本公約自第二十份批准書或加入書交存聯合國秘書長之日後第三十天
開始生效。
二、在第二十份批准書或加入書交存後，本公約對於批准或加入本公約的
每一國家，自該國交存其批准書或加入書之日後第三十天開始生效。

第二十八條 一、聯合國秘書長應接受各國在批准或加入時提出的保留書，並分發給所
有國家。
二、不得提出內容與本公約目的和宗旨牴觸的保留。
三、締約國可以隨時向聯合國秘書長提出通知，請求撤銷保留，並由他將
此項通知通知各有關國家。通知於收到的當日生效。

第二十九條 一、兩個或兩個以上的締約國之間關於本公約的解釋或適用方面的任何爭
端，如不能談判解決，經締約國一方要求，應交付仲裁。如果自要求
仲裁之日起六個月內，當事各方不能就仲裁的組成達成協議，任何一
方得依照《國際法院規約》提出請求，將爭端提交國際法院審理。
二、每一個締約國在簽署或批准本公約或加入本公約時，可聲明本國不受
本條第一款的約束，其他締約國對於作出這項保留的任何締約國，也
不受該款的約束。
三、依照本條第二款的規定作出保留的任何締約國，得隨時通知聯合國秘
書長撤回該項保留。

第 三 十 條 本公約的阿拉伯文、中文、英文、法文、俄文和西班牙文文本具有同等效
力，均應交存聯合國秘書長。下列署名的全權代表，在本公約之末簽名，
以昭信守。

二十五、禁止酷刑和其他殘忍、不人道或有辱人格的待遇或處罰公約 (Convention Against Torture and Other Cruel, Inhuman and Degrading Treatment or Punishment)　　　　(1984.12.10)

說明：

㈠本公約依聯合國大會一九八四年十二月十日第 A/RES/39/46 號決議，通過並開放給各國簽字、批准和加入生效：一九八七年六月二十六日生效；並依一九九二年十二月十六日聯合國大會第 47/111 號決議下修訂。

㈡英文本見 United Nations Document A/RES/39/46，也刊在 ILM, Vol. 24, No. 5 (September 1984), pp. 1027–1037 及 Vol. 24, No. 2 (March 1985), p. 535。中文本見《聯合國大會，正式記錄：第三十九屆會議，補編第 51 號 (A/39/51)》〔大會第三十九屆會議通過的決議和決定——1984 年 9 月 18 日 –12 月 18 日和 1985 年 4 月 9 日 –12 日〕，紐約：聯合國，1985 年，頁 244–250。本文採用中文通行本，取自聯合國人權事務高級專員辦事處，《人權，國際文件匯編》，紐約和日內瓦：聯合國，2002 年，頁 297–308；並參考聯合國人權事務高級專員辦事處，《核心國際人權條約》，紐約和日內瓦：聯合國，2006 年，頁 145–162。一九九二年有關第十七條和第十八條的修正案到目前為止尚未生效，故並未納入。

本公約締約各國，

考慮到根據《聯合國憲章》宣布的原則，承認人類大家庭一切成員具有平等與不可剝奪的權利是世界自由、公正與和平的基礎，

認識到上述權利起源於人的固有尊嚴，

考慮到根據《憲章》尤其是第五十五條的規定，各國有義務促進對人權和基本自由的普遍尊重和遵守，

注意到《世界人權宣言》第五條和《公民與政治權利國際公約》第七條都規定不允許對任何人施行酷刑或殘忍、不人道或有辱人格的待遇或處罰，

並注意到大會於一九七五年十二月九日通過的《保護人人不受酷刑和其他殘忍、不人道或有辱人格的待遇或處罰宣言》，

希望在全世界更有效地開展反對酷刑和其他殘忍、不人道或有辱人格的待遇或處罰的鬥爭，

茲協議如下：

第一部分

第 一 條　一、為本公約的目的，「酷刑」是指為了向某人或第三者取得情報或供狀，為

了他或第三者所作或涉嫌的行為對他加以處罰，或為了恐嚇或威脅他或第三者，或為了基於任何一種歧視的任何理由，蓄意使某人在肉體或精神上遭受劇烈疼痛或痛苦的任何行為，而這種疼痛或痛苦是由公職人員或以官方身分行使職權的其他人所造成或在其唆使、同意或默許下造成的。純因法律制裁而引起或法律制裁所固有或附帶的疼痛或痛苦不包括在內。

二、本條規定並不妨礙載有或可能載有適用範圍較廣的規定的任何國際文書或國家法律。

第 二 條　一、每一締約國應採取有效的立法、行政、司法或其他措施，防止在其管轄的任何領土內出現酷刑的行為。

二、任何特殊情況，不論為戰爭狀態、戰爭威脅、國內政局動盪或任何其他社會緊急狀態，均不得援引為施行酷刑的理由。

三、上級官員或政府當局的命令不得援引為施行酷刑的理由。

第 三 條　一、如有充分理由相信任何人在另一國家將有遭受酷刑的危險，任何締約國不得將該人驅逐、遣返或引渡至該國。

二、為了確定這種理由是否存在，有關當局應考慮到所有有關的因素，包括在適當情況下，考慮到在有關國家境內是否存在一貫嚴重、公然、大規模侵犯人權的情況。

第 四 條　一、每一締約國應保證將一切酷刑行為定為刑事罪行。該項規定也應適用於施行酷刑的企圖以及任何人合謀或參與酷刑的行為。

二、每一締約國應根據上述罪行的嚴重程度，規定適當的懲罰。

第 五 條　一、每一締約國應採取各種必要措施，確定在下列情況下，該國對第四條所述的罪行有管轄權：

(a)這種罪行發生在其管轄的任何領土內，或在該國註冊的船舶或飛機上；

(b)被控罪犯為該國國民；

(c)受害人為該國國民，而該國認為應予管轄。

二、每一締約國也應採取必要措施，確定在下列情況下，該國對此種罪行有管轄權：被控罪犯在該國管轄的任何領土內，而該國不按第八條規定將其引渡至本條第一款所述的任何國家。

三、本公約不排除按照國內法行使的任何刑事管轄權。

第 六 條　一、任何締約國管轄的領土內如有被控犯有第四條所述罪行的人，該國應於審查所獲情報後確認根據情況有此必要時，將此人拘留，或採取其他法律措施確保此人留在當地。拘留和其他法律措施應合乎該國法律的規定，但延續時間只限於進行任何刑事訴訟或引渡程序所需的時間。

二、該締約國應立即對事實進行初步調查。

三、按照本條第一款被拘留的任何人，應得到協助，立即與距離最近的本國適當代表聯繫，如為無國籍人，則與其通常居住國的代表聯繫。

四、任何國家依據本條將某人拘留時,應立即將此人已被拘留及構成扣押理由的情況通知第五條第一款所指的國家。進行本條第二款所指的初步調查的國家,應迅速將調查結果告知上述國家,並說明是否有意行使管轄權。

第 七 條　一、締約國如在其管轄領土內發現有被控犯有第四條所述任何罪行的人,在第五條所指的情況下,如不進行引渡,則應將該案提交主管當局以便起訴。

二、主管當局應根據該國法律,以審理情節嚴重的任何普通犯罪案件的同樣方式作出判決。對第五條第二款所指的情況,起訴和定罪所需證據的標準決不應寬於第五條第一款所指情況適用的標準。

三、任何人因第四條規定的任何罪行而被起訴時,應保證他在訴訟的所有階段都得到公平的待遇。

第 八 條　一、第四條所述各種罪行應視為屬於締約各國間現有的任何引渡條約所列的可引渡罪行。締約各國保證將此種罪行作為可引渡罪行列入將來相互之間締結的每項引渡條約。

二、以訂有條約為引渡條件的締約國,如收到未與其簽訂引渡條約的另一締約國的引渡請求,可將本公約視為對此種罪行要求引渡的法律根據。引渡必須符合被請求國法律規定的其他條件。

三、不以訂有條約為引渡條件的締約國,應在相互之間承認此種罪行可引渡罪行,但須符合被請求國法律規定的各種條件。

四、為在締約國間進行引渡的目的,應將此種罪行視為不僅發生在行為地,而且發生在按照第五條第一款必須確定管轄權的國家領土內。

第 九 條　一、締約各國在就第四條所規定的任何罪行提出刑事訴訟方面,應盡量相互協助,其中包括提供它們所掌握的為訴訟所必需的一切證據。

二、締約各國應依照它們之間可能訂有的關於相互提供司法協助的條約履行其在本條第一款下的義務。

第 十 條　一、每一締約國應保證在可能參與拘留、審訊或處理遭到任何形式的逮捕、扣押或監禁的人的民事或軍事執法人員、醫務人員、公職人員及其他人員的訓練中,充分列入關於禁止酷刑的教育和資料。

二、每一締約國應將禁止酷刑列入所發關於此類人員職務的規則或指示之中。

第十一條　每一締約國應經常有系統地審查對在其管轄的領土內遭到任何形式的逮捕、扣押或監禁的人進行審訊的規則、指示、方法和慣例以及對他們的拘留和待遇的安排,以避免發生任何酷刑事件。

第十二條　每一締約國應確保在有適當理由認為在其管轄的任何領土內已發生酷刑行為時,其主管當局立即進行公正的調查。

第十三條　每一締約國應確保凡聲稱在其管轄的任何領土內遭到酷刑的個人有權向該國

主管當局申訴，並由該國主管當局對其案件進行迅速而公正的審查。應採取步驟確保申訴人和證人不因提出申訴或提供證據而遭受任何虐待或恐嚇。

第十四條 一、每一締約國應在其法律體制內確保酷刑受害者得到補償，並享有獲得公平和充分賠償的強制執行權利，其中包括盡量使其完全復原。如果受害者因受酷刑而死亡，其受撫養人應有獲得賠償的權利。

二、本條任何規定均不影響受害者或其他人根據國家法律可能獲得賠償的任何權利。

第十五條 每一締約國應確保在任何訴訟程序中，不得援引任何業經確定係以酷刑取得的口供為證據，但這類口供可用作被控施用酷刑者刑求逼供的證據。

第十六條 一、每一締約國應保證防止公職人員或以官方身分行使職權的其他人在該國管轄的任何領土內施加、唆使、同意或默許未達第一條所述酷刑程度的其他殘忍、不人道或有辱人格的待遇或處罰的行為。特別是第十、第十一、第十二和第十三條所規定義務均應適用，惟其中酷刑一詞均以其他形式的殘忍、不人道或有辱人格的待遇或處罰等字代替。

二、本公約各項規定不妨礙任何其他國際文書或國家法律中關於禁止殘忍、不人道或有辱人格的待遇或處罰、或有關引渡或驅逐的規定。

第二部分

第十七條 一、應設立禁止酷刑委員會（以下簡稱委員會），履行下文所規定的職責。委員會應由具有崇高道德地位和公認在人權領域具有專長的十名專家組成，他們應以個人身分任職。專家應由締約國選舉產生，同時考慮到公平地區分配和一些具有法律經驗的人員參加的好處。

二、委員會成員應從締約國提名的名單中以無記名投票方式選舉產生。每一締約國可從本國國民中提名一人。締約國應考慮到從根據《公民權利和政治權利國際公約》成立的人權事務委員會委員中提名願意擔任禁止酷刑委員會成員的人是有好處的。

三、委員會成員的選舉應在由聯合國秘書長召開的兩年一期的締約國會議上進行。這些會議以三分之二締約國的出席為法定人數，獲票最多且占出席並參加表決的締約國代表所投票數的絕對多數者，即當選為委員會成員。

四、委員會的第一次選舉應在本公約生效之日起六個月以內進行。聯合國秘書長應在委員會每次選舉之日前至少四個月，以書面邀請本公約締約國在三個月內提出委員會成員候選人名單。秘書長應將經提名的所有人選按字母順序開列名單，註明提名的締約國，並將名單送交本公約締約國。

五、委員會成員當選後任期應為四年。如經再度提名，連選可連任。但首次當選的成員中有五名成員的任期應於兩年屆滿；首次選舉後，本條第三款所指會議的主席應立即以抽籤方式選定這五名成員。

六、如委員會成員死亡，或辭職，或因任何其他原因不能履行其在委員會的職責，提名他的締約國應從其國民中任命另一名專家補足其任期，但須獲得過半數締約國的同意。在聯合國秘書長通知提議的任命六個星期內，如無半數或半數以上締約國表示反對，這一任命應視為已獲同意。

七、締約各國應負擔委員會成員履行委員會職責時的費用。

第十八條　一、委員會應選舉其主席團，任期兩年。連選可連任。

二、委員會應自行制定其議事規則，但該規則中除其他外應規定：

　　(a)六名成員構成法定人數；

　　(b)委員會的決定應以出席成員的過半數票作出。

三、聯合國秘書長應提供必要的人員和設施，供委員會有效履行本公約規定的職責。

四、聯合國秘書長應召開委員會的首次會議。首次會議以後，委員會應按其議事規則規定的時間開會。

五、締約各國應負責支付締約國以及委員會舉行的費用，包括償付聯合國依據本條第三款所承付的提供工作人員和設施等任何費用。

第十九條　一、締約國應在本公約對其生效後一年內，通過聯合國秘書長向委員會提交關於其為履行公約義務所採措施的報告。隨後，締約國應每四年提交關於其所採新措施的補充報告以及委員會可能要求的其他報告。

二、聯合國秘書長應將這些報告送交所有締約國。

三、每份報告應由委員會加以審議，委員會可以對報告提出它認為適當的一般性評論，並將其轉交有關締約國。該締約國可以隨意向委員會提出任何說明，作為答覆。

四、委員會可以斟酌情況決定將它按照本條第三款所作的任何評論，連同從有關締約國收到的這方面的說明，載入其按照第二十四條所編寫的年度報告。應有關締約國的請求，委員會還可在其中附載根據本條第一款提交的報告。

第二十條　一、如果委員會收到可靠的情報，認為其中有確鑿跡象顯示在某一締約國境內經常施行酷刑，委員會應請該締約國合作研究該情報，並為此目的就有關情報提出說明。

二、委員會考慮到有關締約國可能提出的任何說明以及可能得到的其他有關情報，如果認為有正當理由，可以指派一名或幾名成員進行秘密調查並立即向委員會提出報告。

三、如果是根據本條第二款進行調查，委員會應尋求有關締約國的合作。在該締約國的同意下，這種調查可以包括到該國境內訪問。

四、委員會審查其成員按照本條第二款所提交的調查結果後，應將這些結果連同根據情況似乎適當的任何意見或建議一併轉交該有關締約國。

五、本條第一至第四款所指委員會的一切程序均應保密，在程序的各個階段，

均應尋求締約國的合作。這種按照第二款所進行的調查程序完成後，委員會在與有關締約國協商後，可將關於這種程序的結果摘要載入其按照第二十四條所編寫的年度報告。

第二十一條　一、本公約締約國可在任何時候根據本條，聲明承認委員會有權接受和審議某一締約國聲稱另一締約國未履行本公約所規定義務的來文。但須提出此種來文的締約國已聲明本身承認委員會有此權限，委員會方可按照本條規定的程序接受和審議此種來文。如來文涉及未曾作出此種聲明的締約國，則委員會不得根據本條規定加以處理。根據本條規定所接受的來文應按下列程序處理：

(a)某一締約國如認為另一締約國未實行本公約的規定，可用書面通知提請後者注意這一問題。收文國在收到通知後三個月內應書面向發文國提出解釋或任何其他聲明以澄清問題，其中應盡量適當地提到對此事已經採取、將要採取或可以採取的國內措施和補救辦法；

(b)如在收文國收到最初來文後六個月內，未能以有關締約國雙方均感滿意的方式處理這一問題，任何一方均有權以通知方式將此事提交委員會，並通知另一方；

(c)委員會對根據本條提交給它的事項，只有在已查明對該事項已依公認的國際法原則援引和用盡一切國內補救辦法時，方可予以處理。但補救辦法的施行如發生不當稽延，或違反本公約行為的受害者不可能得到有效救濟，則此一規則不適用；

(d)委員會根據本條審查來文時，應舉行非公開會議；

(e)在不違反(c)項規定的情況下，委員會應對有關締約國提供斡旋，以便在尊重本公約所規定的義務的基礎上，友好地解決問題。為此，委員會可於適當時設立一個特設調解委員會；

(f)委員會對根據本條提交的任何事項均可要求(b)項所指有關締約國提供任何有關的資料；

(g)委員會審議事項時，(b)項所指有關締約國應有權派代表出席並提出口頭和（或）書面意見；

(h)委員會應在收到(b)項規定的通知之日起十二個月內提出報告：

㈠如能按(e)項規定解決，委員會的報告應限於簡單敘述事實和所達成的解決辦法；

㈡如不能按(e)項規定解決，委員會的報告應限於簡單敘述事實；有關締約國的書面意見和口頭意見記錄應附於報告之後。

關於上述每種事項的報告均應送交有關締約國。

二、在本公約五個締約國根據本條第一款作出聲明後，本條規定即行生效。締約國應將這種聲明交存於聯合國秘書長，秘書長應將聲明副本分送其他締約國。此類聲明可隨時通知秘書長予以撤銷。這種撤銷不得妨

礙對根據本條已發文書中所載任何事項的審議。秘書長在收到任何締約國通知撤銷的聲明後，不應再接受其根據本條所發的其他來文，除非有關締約國已作出新的聲明。

第二十二條　一、本公約締約國可在任何時候根據本條，聲明承認委員會有權接受和審議在該國管轄下聲稱因該締約國違反本公約條款而受害的個人或其代表所送交的來文。如來文涉及未曾作出這種聲明的締約國，則委員會不應予以接受。

二、根據本條提出的任何來文如採用匿名方式或經委員會認為濫用提出此類文書的權利或與本公約規定不符，委員會應視為不能接受。

三、在不違反第二款規定的前提下，對於根據本條提交委員會的任何來文，委員會應提請根據第一款作出聲明並被指稱違反本公約任何規定的本公約締約國予以注意。收文國應在六個月內向委員會提出書面解釋或聲明以澄清問題，如該國已採取任何補救辦法，也應加以說明。

四、委員會應參照個人或其代表以及有關締約國所提供的一切資料，審議根據本條所收到的來文。

五、委員會除非已查明下述情況，不應審議個人根據本條提交的來文：

　　(a)同一事項過去和現在均未受到另一國際調查程序或解決辦法的審查；

　　(b)個人已用盡一切國內補救辦法；但在補救辦法的施行已發生不當稽延或對違反本公約行為的受害者不可能提供有效救濟的情況下，本規則不適用。

六、委員會根據本條審查來文時，應舉行非公開會議。

七、委員會應將其意見告知有關締約國和個人。

八、在本公約五個締約國根據本條第一款作出聲明後，本條規定即行生效。締約國應將這種聲明交存於聯合國秘書長，秘書長應將聲明副本分送其他締約國。此類聲明可隨時通知秘書長予以撤銷。這種撤銷不得妨礙對根據本條已發文書中所載任何事項的審議。秘書長在收到任何締約國通知撤銷的聲明後，不應再接受個人或其代表根據本條所發的其他來文，除非有關締約國已作出新的聲明。

第二十三條　委員會成員和根據第二十一條第一款(e)項任命的特設調解委員會成員，根據《聯合國特權和豁免公約》有關章節的規定，應享有為聯合國服勤的專家的便利、特權和豁免。

第二十四條　委員會應根據本公約向締約國和聯合國大會提交一份關於其活動的年度報告。

第三部分

第二十五條　一、本公約對所有國家開放簽字。

二、本公約需經批准。批准書應交存於聯合國秘書長。

第二十六條 本公約對所有國家開放加入。一旦加入書交存於聯合國秘書長，加入即行生效。

第二十七條 一、本公約在第二十份批准書或加入書交存於聯合國秘書長之日起第三十天開始生效。

二、在第二十份批准書或加入書交存後批准或加入本公約的國家，本公約在其批准書或加入書交存之日起第三十天對該國開始生效。

第二十八條 一、各國在簽署或批准本公約或在加入本公約時，可聲明不承認第二十條所規定的委員會的職權。

二、按照本條第一款作出保留的任何締約國，可隨時通知聯合國秘書長撤銷其保留。

第二十九條 一、本公約任何締約國均可提出修正案，並送交聯合國秘書長。然後由秘書長將這一提議的修正案轉交締約各國，並要求它們通知秘書長是否同意舉行一次締約國會議以便審議和表決這一提案。如在來文發出之日起四個月內至少有三分之一的締約國同意召開這樣一次會議，秘書長應在聯合國主持下召開這次會議。由出席會議並參加表決的締約國過半數通過的任何修正案應由秘書長提請所有締約國同意。

二、當本公約三分之二的締約國通知聯合國秘書長，它們已按照本國的憲法程序同意這一修正案時，按照本條第一款通過的修正案即行生效。

三、修正案一經生效，即應對同意修正案的國家具有拘束力，其他國家則仍受本公約條款或以前經其同意的修正案的拘束。

第 三 十 條 一、兩個或兩個以上締約國之間有關本公約的解釋或適用的任何爭端，如不能通過談判解決，在其中一方的要求下，應提交仲裁。如果自要求仲裁之日起六個月內各方不能就仲裁之組織達成一致意見，任何一方均可按照國際法院規約要求將此爭端提交國際法院。

二、每一國家均可在簽署或批准本公約或加入本公約時，宣布認為本條第一款對其無拘束力。其他締約國在涉及作出這類保留的任何國家時，亦不受本條第一款的拘束。

三、按照本條第二款作出保留的任何締約國，可隨時通知聯合國秘書長撤銷其保留。

第三十一條 一、締約國可以書面通知聯合國秘書長退約。秘書長收到通知書之日起一年後，退約即行生效。

二、這種退約不具有解除締約國有關退約生效之日前發生的任何行為或不行為在本公約下所承擔的義務的效果。退約也不得以任何方式妨礙委員會繼續審議在退約生效前已在審議的任何問題。

三、自一個締約國的退約生效之日起，委員會不得開始審議有關該國的任何新問題。

第三十二條　聯合國秘書長應將下列事項通知聯合國所有會員國和本公約所有簽署國或加入國：

(a)根據第二十五條和第二十六條進行的簽署、批准和加入情況；

(b)本公約根據第二十七條生效日期；任何修正案根據第二十九條生效日期；

(c)根據第三十一條退約情況。

第三十三條　一、本公約的阿拉伯文、中文、英文、法文、俄文和西班牙文文本具有同等效力，應交存於聯合國秘書長。

二、聯合國秘書長應將本公約的正式副本轉送給所有國家。

二十六、兒童權利公約 (Convention on the Right of the Child)　　　　　　　　　　　(1989.11.20)

說明：

㈠本公約一九八九年十一月二十日簽署，一九九○年九月二日生效。

㈡英文本見 UNTS, Vol. 1577, pp. 44–61，亦刊載於 ILM, Vol. 28, No. 6 (November 1989), pp. 1457–1476。中文本見 UNTS, Vol. 1577, pp.27–42，亦載於 United Nations Documents A/RES/44/25 (Chinese)，刊在聯合國，《大會第四十四屆會議通過的決議和決定》，紐約：聯合國，1990 年，頁 216–224。本文採用我國立法院通過版本，見立法院秘書處，《立法院公報》，105 卷 23 期，2006 年，頁 259–272。立法院通過版本對 UNTS 所刊中文本作了大幅修改。

前　言

本公約締約國，

考量到聯合國憲章所揭示的原則，體認人類家庭所有成員的固有尊嚴及其平等與不可剝奪的權利，乃是世界自由、正義及和平的基礎；

銘記各國人民在聯合國憲章中重申對基本人權與人格尊嚴及價值之信念，並決心在更廣泛之自由中，促進社會進步及提升生活水準；

體認到聯合國在世界人權宣言及國際人權公約中宣布並同意，任何人均享有前述宣言及公約所揭示之一切權利與自由，不因其種族、膚色、性別、語言、宗教、政治或其他主張、國籍或社會背景、財產、出生或其他身分地位等而有任何區別；

回顧聯合國在世界人權宣言中宣布：兒童有權享有特別照顧及協助；

確信家庭為社會之基本團體，是所有成員特別是兒童成長與福祉之自然環境，故應獲得必要之保護及協助，以充分擔負其於社會上之責任；

體認兒童應在幸福、關愛與理解氣氛之家庭環境中成長，使其人格充分而和諧地發展；

　　考量到應充分培養兒童使其可在社會上獨立生活,並在聯合國憲章所揭櫫理想之精神,特別是和平、尊嚴、寬容、自由、平等與團結之精神下獲得養育成長;

　　銘記一九二四年之日內瓦兒童權利宣言,與聯合國大會於一九五九年十一月二十日通過之兒童權利宣言揭示兒童應獲得特別照顧之必要性,並經世界人權宣言、公民與政治權利國際公約(特別是第二十三條及第二十四條)、經濟社會文化權利國際公約(特別是第十條),以及與兒童福利相關之各專門機構及國際組織之章程及有關文書所確認;

　　銘記兒童權利宣言中所揭示:「兒童因身心尚未成熟,因此其出生前與出生後均需獲得特別之保護及照顧,包括適當之法律保護」;

　　回顧「關於兒童保護和兒童福利、特別是國內和國際寄養和收養辦法的社會和法律原則宣言」、「聯合國少年司法最低限度標準規則」(北京規則)以及「在非常狀態和武裝衝突中保護婦女和兒童宣言」之規定,

　　體認到世界各國皆有生活在極端困難情況之兒童,對這些兒童需要給予特別之考量;

　　適度斟酌每一民族之傳統與文化價值對兒童之保護及和諧發展的重要性,體認國際合作對於改善每一國家,特別是發展中國家兒童生活條件之重要性;

　　茲協議如下:

第一部分

第 一 條　為本公約之目的,兒童係指未滿十八歲之人,但其所適用之法律規定未滿十八歲為成年者,不在此限。

第 二 條　一、締約國應尊重本公約所揭櫫之權利,確保其管轄範圍內之每一兒童均享有此等權利,不因兒童、父母或法定監護人之種族、膚色、性別、語言、宗教、政治或其他主張、國籍、族裔或社會背景、財產、身心障礙、出生或其他身分地位之不同而有所歧視。

　　　　　二、締約國應採取所有適當措施確保兒童得到保護,免於因兒童父母、法定監護人或家庭成員之身分、行為、意見或信念之關係而遭受到一切形式之歧視或懲罰。

第 三 條　一、所有關係兒童之事務,無論是由公私社會福利機構、法院、行政機關或立法機關作為,均應以兒童最佳利益為優先考量。

　　　　　二、締約國承諾為確保兒童福祉所必要之保護與照顧,應考量其父母、法定監護人或其他對其負有法律責任者之權利及義務,並採取一切適當之立法及行政措施達成之。

　　　　　三、締約國應確保負責照顧與保護兒童之機構、服務與設施符合主管機關所訂之標準,特別在安全、保健、工作人員數量與資格及有效監督等方面。

第 四 條　締約國應採取所有適當之立法、行政及其他措施,實現本公約所承認之各項權利。關於經濟、社會及文化權利方面,締約國應運用其本國最大可用之資源,並視需要,在國際合作架構下採取該等措施。

第 五 條　締約國應尊重兒童之父母或於其他適用情形下,依地方習俗所規定之大家庭

或社區成員、其法定監護人或其他對兒童負有法律責任者，以符合兒童各發展階段之能力的方式，提供適當指導與指引兒童行使本公約確認權利之責任、權利及義務。

第 六 條　一、締約國承認兒童有與生俱來之生命權。

二、締約國應盡最大可能確保兒童之生存及發展。

第 七 條　一、兒童於出生後應立即被登記，並自出生起即應有取得姓名及國籍之權利，並於盡可能的範圍內有知其父母並受父母照顧的權利。

二、締約國應確保依據本國法律及其於相關國際文件中所負之義務實踐兒童前項權利，尤其若非如此，兒童將成為無國籍人。

第 八 條　一、締約國承諾尊重兒童維護其身分的權利，包括法律所承認之國籍、姓名與親屬關係不受非法侵害。

二、締約國於兒童之身分（不論全部或一部）遭非法剝奪時，應給予適當之協助及保護，俾能迅速恢復其身分。

第 九 條　一、締約國應確保不違背兒童父母的意願而使兒童與父母分離。但主管機關依據所適用之法律及程序，經司法審查後，判定兒童與其父母分離係屬維護兒童最佳利益所必要者，不在此限。於兒童受父母虐待、疏忽或因父母分居而必須決定兒童居所之特定情況下，前開判定即屬必要。

二、前項程序中，應給予所有利害關係人參與並陳述意見之機會。

三、締約國應尊重與父母一方或雙方分離之兒童與父母固定保持私人關係及直接聯繫的權利。但違反兒童最佳利益者，不在此限。

四、當前開分離係因締約國對父母一方或雙方或對兒童所採取之行為，諸如拘留、監禁、驅逐、遣送或死亡（包括該人在該國拘禁中因任何原因而死亡），該締約國於受請求時，應將該等家庭成員下落的必要資訊告知父母、兒童，或視其情節，告知其他家庭成員；除非該等資訊之提供對兒童之福祉造成損害。締約國並應確保相關人員不因該請求而蒙受不利。

第 十 條　一、兒童或其父母為團聚而請求進入或離開締約國時，締約國應依照第九條第一項之義務以積極、人道與迅速之方式處理之。締約國並應確保請求人及其家庭成員不因該請求而蒙受不利。

二、與父母分住不同國家之兒童，除情況特殊者外，應有權與其父母雙方定期保持私人關係及直接聯繫。為利前開目的之達成，並依據第九條第一項所規定之義務，締約國應尊重兒童及其父母得離開包括自己國家在內之任何國家及進入自己國家的權利。離開任何國家的權利應僅受限於法律之規定且該等規定係為保護國家安全、公共秩序、公共衛生或道德、或他人之權利及自由所必需，並應與本公約所承認之其他權利不相牴觸。

第十一條　一、締約國應採取措施遏止非法移送兒童至國外或令其無法回國之行為。

二、締約國應致力締結雙邊或多邊協定或加入現有協定以達成前項遏止之目的。

第十二條　一、締約國應確保有形成其自己意見能力之兒童有權就影響其本身之所有事物自由表示其意見，其所表示之意見應依其年齡及成熟度予以權衡。

　　　　　二、據此，應特別給予兒童在對自己有影響之司法及行政程序中，能夠依照國家法律之程序規定，由其本人直接或透過代表或適當之組織，表達意見之機會。

第十三條　一、兒童應有自由表示意見之權利；此項權利應包括以言詞、書面或印刷、藝術形式或透過兒童所選擇之其他媒介，不受國境限制地尋求、接收與傳達各種資訊與思想之自由。

　　　　　二、該項權利之行使得予以限制，惟應以法律規定且以達到下列目的所必要者為限：

　　　　　　(a)為尊重他人之權利與名譽；或

　　　　　　(b)為保障國家安全、公共秩序、公共衛生與道德。

第十四條　一、締約國應尊重兒童思想、自我意識與宗教自由之權利。

　　　　　二、締約國應尊重父母及於其他適用情形下之法定監護人之權利與義務，以符合兒童各發展階段能力的方式指導兒童行使其權利。

　　　　　三、個人表明其宗教或信仰之自由，僅受法律規定之限制且該等規定係為保護公共安全、秩序、衛生或道德，或他人之基本權利與自由所必要者。

第十五條　一、締約國確認兒童享有結社自由及和平集會自由之權利。

　　　　　二、前項權利之行使不得加以限制，惟符合法律規定並在民主社會中為保障國家安全或公共安全、公共秩序、公共衛生或道德或他人之權利與自由所必要者，不在此限。

第十六條　一、兒童之隱私、家庭、住家或通訊不得遭受恣意或非法干預，其榮譽與名譽亦不可受非法侵害。

　　　　　二、兒童對此等干預或侵害有依法受保障之權利。

第十七條　締約國體認大眾傳播媒體之重要功能，故應確保兒童可自國內與國際各種不同來源獲得資訊及資料，尤其是為提升兒童之社會、精神與道德福祉及其身心健康之資訊與資料。

　　　　　為此締約國應：

　　　　　(a)鼓勵大眾傳播媒體依據第二十九條之精神，傳播在社會與文化方面有益於兒童之資訊及資料；

　　　　　(b)鼓勵源自不同文化、國家與國際的資訊及資料，在此等資訊之產製、交流與散播上進行國際合作；

　　　　　(c)鼓勵兒童讀物之出版及散播；

　　　　　(d)鼓勵大眾傳播媒體對少數族群或原住民兒童在語言方面之需要，予以特別關注；

　　　　　(e)參考第十三條及第十八條之規定，鼓勵發展適當準則，以保護兒童免於受有損其福祉之資訊及資料之傷害。

第十八條　一、締約國應盡其最大努力，確保父母雙方對兒童之養育及發展負共同責任的原則獲得確認。父母、或視情況而定的法定監護人對兒童之養育及發展負擔主要責任。兒童之最佳利益應為其基本考量。

二、為保證與促進本公約所揭示之權利，締約國應於父母及法定監護人在擔負養育兒童責任時給予適當之協助，並確保照顧兒童之機構、設施與服務業務之發展。

三、締約國應採取一切適當措施確保就業父母之子女有權享有依其資格應有之托兒服務及設施。

第十九條　一、締約國應採取一切適當之立法、行政、社會與教育措施，保護兒童於受其父母、法定監護人或其他照顧兒童之人照顧時，不受到任何形式之身心暴力、傷害或虐待、疏忽或疏失、不當對待或剝削，包括性虐待。

二、此等保護措施，如為適當，應包括有效程序以建置社會規劃對兒童及其照顧者提供必要之支持，並對前述兒童不當對待事件採取其他預防方式與用以指認、報告、轉介、調查、處理與後續追蹤，以及，如適當的話，以司法介入。

第二十條　一、針對暫時或永久剝奪其家庭環境之兒童，或因顧及其最佳利益無法使其繼續留在家庭環境時，締約國應給予特別之保護與協助。

二、締約國應依其國家法律確保該等兒童獲得其他替代方式之照顧。

三、此等照顧包括安排寄養、依伊斯蘭法之監護、收養或於必要時安置其於適當之照顧機構中。當考量處理方式時，應考量有必要使兒童之養育具有持續性，並考量兒童之種族、宗教、文化與語言背景，予以妥適處理。

第二十一條　締約國承認及（或）允許收養制度者，應確保以兒童之最佳利益為最大考量，並應：

(a)確保兒童之收養僅得由主管機關許可。該機關應依據適用之法律及程序，並根據所有相關且可靠之資訊，據以判定基於兒童與其父母、親屬及法定監護人之情況，認可該收養，且如為必要，認為該等諮詢可能有必要時，應取得關係人經過充分瞭解而對該收養所表示之同意後，方得認可該收養關係；

(b)在無法為兒童安排寄養或收養家庭，或無法在其出生國給予適當照顧時，承認跨國境收養為照顧兒童之一個替代辦法；

(c)確保跨國境收養的兒童，享有與在國內被收養的兒童相當之保障及標準；

(d)採取一切適當措施確保跨國境收養之安排，不致使所涉之人士獲得不正當的財務上收益；

(e)於適當情況下，締結雙邊或多邊協議或協定以促進本條之目的，並在此一架構下，努力確保由主管機關或機構負責安排兒童於他國之收養事宜。

第二十二條　一、締約國應採取適當措施，確保申請難民身分或依應適用之國際或國內法律或程序被視為難民的兒童，不論是否與其父母或其他人隨行，均

能獲得適當的保護及人道協助，以享有本公約及該締約國所締結之其他國際人權公約或人道文書中所揭示的相關權利。

二、為此，締約國應配合聯合國及其他政府間的權責組織或與聯合國有合作關係之非政府組織之努力並提供其認為適當的合作，以保護及援助該等兒童並追蹤難民兒童之父母或其他家庭成員，以獲得必要的資訊使其家庭團聚。如無法尋獲其父母或其他家屬時，則應給予該兒童與本公約所揭示之永久或暫時剝奪家庭環境兒童相同之保護。

第二十三條　一、締約國體認身心障礙兒童，應於確保其尊嚴、促進其自立、有利於其積極參與社會環境下，享有完整與一般之生活。

二、締約國承認身心障礙兒童有受特別照顧之權利，且應鼓勵並確保在現有資源範圍內，依據申請，斟酌兒童與其父母或其他照顧人之情況，對符合資格之兒童及其照顧者提供協助。

三、有鑑於身心障礙兒童之特殊需求，並考慮兒童的父母或其他照顧者之經濟情況，盡可能免費提供本條第二項之協助，並應用以確保身心障礙兒童能有效地獲得與接受教育、訓練、健康照顧服務、復健服務、職前準備以及休閒機會，促進該兒童盡可能充分地融入社會與實現個人發展，包括其文化及精神之發展。

四、締約國應本國際合作精神，促進預防健康照顧以及身心障礙兒童的醫療、心理與功能治療領域交換適當資訊，包括散播與取得有關復健方法、教育以及就業服務相關資料，以使締約國能夠增進該等領域之能力、技術並擴大其經驗。就此，尤應特別考慮發展中國家之需要。

第二十四條　一、締約國確認兒童有權享有最高可達水準之健康與促進疾病治療以及恢復健康之權利。締約國應努力確保所有兒童享有健康照護服務之權利不遭受剝奪。

二、締約國應致力於充分執行此權利，並應特別針對下列事項採取適當之措施：

　(a)降低嬰幼兒之死亡率；

　(b)確保提供所有兒童必須之醫療協助及健康照顧，並強調基礎健康照顧之發展；

　(c)消除疾病與營養不良的現象，包括在基礎健康照顧之架構下運用現行技術，以及透過提供適當營養食物及清潔之飲用水，並應考量環境污染之危險與風險；

　(d)確保母親得到適當的產前及產後健康照顧；

　(e)確保社會各階層，尤其是父母及兒童，獲得有關兒童健康與營養、母乳育嬰之優點、個人與環境衛生以及防止意外事故之基本知識之教育並協助該等知識之運用；

　(f)發展預防健康照顧、針對父母與家庭計畫教育及服務之指導方針。

三、締約國應致力採取所有有效及適當之措施，以革除對兒童健康有害之傳統習俗。

四、締約國承諾促進並鼓勵國際合作，以期逐步完全實現本條之權利。就此，尤應特別考慮發展中國家之需要。

第二十五條 締約國體認為照顧、保護或治療兒童身體或心理健康之目的，而由權責單位安置之兒童，有權對於其所受之待遇，以及所受安置有關之其他一切情況，要求定期評估。

第二十六條 一、締約國應承認每個兒童皆受有包括社會保險之社會安全給付之權利，並應根據其國內法律，採取必要措施以充分實現此一權利。

二、該項給付應依其情節，並考慮兒童與負有扶養兒童義務者之資源及環境，以及兒童本人或代其提出申請有關之其他因素，作為決定給付之參考。

第二十七條 一、締約國承認每個兒童均有權享有適於其生理、心理、精神、道德與社會發展之生活水準。

二、父母或其他對兒童負有責任者，於其能力及經濟條件許可範圍內，負有確保兒童發展所需生活條件之主要責任。

三、締約國按照本國條件並於其能力範圍內，應採取適當措施協助父母或其他對兒童負有責任者，實施此項權利，並於必要時提供物質協助與支援方案，特別是針對營養、衣物及住所。

四、締約國應採取一切適當措施，向在本國境內或境外之兒童父母或其他對兒童負有財務責任之人，追索兒童養育費用之償還。特別是當對兒童負有財務責任之人居住在與兒童不同之國家時，締約國促成國際協定之加入或締結此等國際協定，以及作成其他適當安排。

第二十八條 一、締約國確認兒童有接受教育之權利，為使此項權利能於機會平等之基礎上逐步實現，締約國尤應：
(a)實現全面的免費義務小學教育；
(b)鼓勵發展不同形態之中等教育、包括普通教育與職業教育，使所有兒童均能進入就讀，並採取適當措施，諸如實行免費教育以及對有需求者提供財務協助；
(c)以一切適當方式，使所有兒童依照其能力都能接受高等教育；
(d)使所有兒童均能獲得教育與職業方面之訊息及引導；
(e)採取措施鼓勵正常到校並降低輟學率。

二、締約國應採取一切適當措施，確保學校執行紀律之方式，係符合兒童之人格尊嚴及本公約規定。

三、締約國應促進與鼓勵有關教育事項之國際合作，特別著眼於消除全世界無知及文盲，並促進使用科技知識及現代教學方法。就此，尤應特別考慮到發展中國家之需要。

第二十九條　一、締約國一致認為兒童教育之目標為：

　　　　　　　　(a)使兒童之人格、才能以及精神、身體之潛能獲得最大程度之發展；

　　　　　　　　(b)培養對人權、基本自由以及聯合國憲章所揭櫫各項原則之尊重；

　　　　　　　　(c)培養對兒童之父母、兒童自身的文化認同、語言與價值觀，兒童所居住國家之民族價值觀、其原籍國以及不同於其本國文明之尊重；

　　　　　　　　(d)培養兒童本著理解、和平、寬容、性別平等與所有人民、種族、民族、宗教及原住民間友好的精神，於自由社會中，過負責任之生活；

　　　　　　　　(e)培養對自然環境的尊重。

　　　　　　二、本條或第二十八條之所有規定，皆不得被解釋為干涉個人與團體設置及管理教育機構之自由，惟須完全遵守本條第一項所規定之原則，並符合國家就該等機構所實施之教育所制定之最低標準。

第三十條　　在種族、宗教或語言上有少數人民，或有原住民之國家中，這些少數人民或原住民之兒童應有與其群體的其他成員共同享有自己的文化、信奉自己的宗教並舉行宗教儀式、或使用自己的語言之權利，此等權利不得遭受否定。

第三十一條　一、締約國承認兒童享有休息及休閒之權利；有從事適合其年齡之遊戲與娛樂活動之權利，以及自由參加文化生活與藝術活動之權利。

　　　　　　二、締約國應尊重並促進兒童充分參加文化與藝術生活之權利，並應鼓勵提供適當之文化、藝術、娛樂以及休閒活動之平等機會。

第三十二條　一、締約國承認兒童有免受經濟剝削之權利，及避免從事任何可能妨礙或影響其接受教育，或對其健康或身體、心理、精神、道德或社會發展有害之工作。

　　　　　　二、締約國應採取立法、行政、社會與教育措施以確保本條規定之實施。為此目的並參照其他國際文件之相關規定，締約國尤應：

　　　　　　　　(a)規定單一或二個以上之最低受僱年齡；

　　　　　　　　(b)規定有關工作時間及工作條件之適當規則；

　　　　　　　　(c)規定適當罰則或其他制裁措施以確保本條款之有效執行。

第三十三條　締約國應採取所有適當措施，包括立法、行政、社會與教育措施，保護兒童不致非法使用有關國際條約所訂定之麻醉藥品及精神藥物，並防止利用兒童從事非法製造及販運此類藥物。

第三十四條　締約國承諾保護兒童免於所有形式之性剝削及性虐待。為此目的，締約國應採取包括國內、雙邊與多邊措施，以防止下列情事發生：

　　　　　　(a)引誘或強迫兒童從事非法之性活動；

　　　　　　(b)剝削利用兒童從事賣淫或其他非法之性行為；

　　　　　　(c)剝削利用兒童從事色情表演或作為色情之題材。

第三十五條　締約國應採取所有適當之國內、雙邊與多邊措施，以防止兒童受到任何目的或以任何形式之誘拐、買賣或販運。

第三十六條 締約國應保護兒童免於遭受有害其福祉之任何其他形式之剝削。

第三十七條 締約國應確保：

(a)所有兒童均不受酷刑或其他形式之殘忍、不人道或有辱人格之待遇或處罰。對未滿十八歲之人所犯罪行，不得處以死刑或無釋放可能之無期徒刑；

(b)不得非法或恣意剝奪任何兒童之自由。對兒童之逮捕、拘留或監禁應符合法律規定並僅應作為最後手段，且應為最短之適當時限；

(c)所有被剝奪自由之兒童應受到人道待遇，其人性尊嚴應受尊重，並應考慮其年齡之需要加以對待。特別是被剝奪自由之兒童應與成年人分別隔離，除非係基於兒童最佳利益而不隔離；除有特殊情況外，此等兒童有權透過通訊及探視與家人保持聯繫；

(d)所有被剝奪自由之兒童，有迅速獲得法律及其他適當協助之權利，並有權就其自由被剝奪之合法性，向法院或其他權責、獨立、公正機關提出異議，並要求獲得迅速之決定。

第三十八條 一、締約國於發生武裝衝突時，應尊重國際人道法中適用於本國兒童之規定，並保證確實遵守此等規定。

二、締約國應採取所有可行措施，確保未滿十五歲之人不會直接參加戰鬥行為。

三、締約國應避免招募任何未滿十五歲之人加入武裝部隊。在招募年滿十五歲但未滿十八歲之人時，應優先考慮年齡最大者。

四、依據國際人道法之規定，締約國於武裝衝突中有義務保護平民，並應採取一切可行之措施，保護及照顧受武裝衝突影響之兒童。

第三十九條 締約國應採取所有適當措施，使遭受下述情況之兒童身心得以康復並重返社會：任何形式之疏忽、剝削或虐待；酷刑或任何其他殘忍、不人道或有辱人格之待遇或處罰方式；或遭遇武裝衝突之兒童。此種康復與重返社會，應於能促進兒童健康、自尊及尊嚴之環境中進行。

第四十條 一、締約國對被指稱、指控或認為涉嫌觸犯刑事法律之兒童，應確認該等兒童有權獲得符合以下情況之待遇：依兒童之年齡與對其重返社會，並在社會承擔建設性角色之期待下，促進兒童之尊嚴及價值感，以增強其對他人之人權及基本自由之尊重。

二、為達此目的，並鑒於國際文件之相關規定，締約國尤應確保：

(a)任何兒童，當其作為或不作為未經本國或國際法所禁止時，不得被指稱、指控或認為涉嫌觸犯刑事法律。

(b)針對被指稱或指控觸犯刑事法律之兒童，至少應獲得下列保證：

(i)在依法判定有罪前，應推定為無罪；

(ii)對其被控訴之罪名能夠迅速且直接地被告知，適當情況下經由父母或法定監護人告知本人，於準備與提出答辯時並獲得法律或其

　　　　　他適當之協助；

　　　　(iii)要求有權、獨立且公正之機關或司法機構迅速依法公正審理，兒童並應獲得法律或其他適當之協助，且其父母或法定監護人亦應在場，惟經特別考量兒童之年齡或狀況認為其父母或法定監護人在場不符合兒童最佳利益者除外；

　　　　(iv)不得被迫作證或認罪；可詰問或間接詰問對自身不利之證人，並且在平等之條件下，要求對自己有利的證人出庭並接受詰問；

　　　　(v)若經認定觸犯刑事法律，對該認定及因此所衍生之處置，有權要求較高層級之權責、獨立、公正機關或司法機關依法再為審查；

　　　　(vi)若使用兒童不瞭解或不會說之語言，應提供免費之通譯；

　　　　(vii)在前開程序之所有過程中，應充分尊重兒童之隱私。

三、締約國對於被指稱、指控或確認為觸犯刑事法律之兒童，應特別設置適用之法律、程序、機關與機構，尤應：

　　(a)規定無觸犯刑事能力之最低年齡；

　　(b)於適當與必要時，制定不對此等兒童訴諸司法程序之措施，惟須充分尊重人權及法律保障。

四、為確保兒童福祉，並合乎其自身狀況與違法情事，應採行多樣化之處置，例如照顧、輔導或監督裁定、諮商輔導、觀護、寄養照顧、教育或職業培訓方案及其他替代機構照顧之方式。

第四十一條　本公約之任何規定，不應影響下列規定中，更有利於實現兒童權利之任何規定：

　　(a)締約國之法律；或

　　(b)對締約國有效之國際法。

第二部分

第四十二條　締約國承諾以適當及積極的方法，使成人與兒童都能普遍知曉本公約之原則及規定。

第四十三條　一、為審查締約國履行本公約義務之進展，應設立兒童權利委員會，執行下文所規定之職能。

二、委員會應由十八名品德高尚並在本公約所涉領域具有公認能力之專家組成。委員會成員應由締約國從其國民中選出，並應以個人身分任職，但須考慮到公平地域分配原則及主要法律體系。

三、委員會成員應以無記名表決方式從締約國提名之人選名單中選舉產生。各締約國得從其本國國民中提名一位人選。

四、委員會之初次選舉應於最遲不晚於本公約生效之日起六個月內舉行，爾後每二年舉行一次。聯合國秘書長應至少在選舉之日前四個月函請締約國在二個月內提出其提名之人選。秘書長隨後應將已提名之所有

人選按字母順序編成名單，註明提名此等人選之締約國，分送本公約締約國。

五、選舉應在聯合國總部由秘書長召開之締約國會議上進行。在此等會議上，應以三分之二締約國出席作為會議法定人數，得票最多且占出席並參加表決締約國代表絕對多數票者，當選為委員會委員。

六、委員會成員任期四年。成員如獲再次提名，應得連選連任。在第一次選舉產生之成員中，有五名成員的任期應在二年結束時屆滿；會議主席應在第一次選舉後立即以抽籤方式選定該五名成員。

七、如果委員會某一成員死亡或辭職，或宣稱因任何其他原因無法再履行委員會之職責，提名該成員之締約國應從其國民中指定另一名專家接替剩餘任期，但須經委員會同意。

八、委員會應自行制定其議事規則。

九、委員會應自行選舉其主席團成員，任期二年。

十、委員會會議通常應在聯合國總部或在委員會決定之任何其他方便地點舉行。委員會通常應每年舉行一次會議。委員會之會期應由本公約締約國會議決定並在必要時加以審查，但須經大會同意。

十一、聯合國秘書長應為委員會有效履行本公約所規定之職責提供必要的工作人員及設施。

十二、根據本公約設立的委員會成員，經大會同意，得從聯合國之資金領取薪酬，其條件由大會決定。

第四十四條 一、締約國承諾依下列規定，經由聯合國秘書長，向委員會提交其為實現本公約之權利所採取之措施以及有關落實該等權利之進展報告：

(a)在本公約對該締約國生效後二年內；

(b)爾後每五年一次。

二、根據本條所提交之報告，應指明可能影響本公約義務履行之任何因素及困難。報告亦應載有充分之資料，以使委員會全面瞭解本公約在該國之實施情況。

三、締約國若已向委員會提交全面之初次報告，即無須就其後按照本條第一項第(b)款提交之報告中重複原先已提供之基本資料。

四、委員會得要求締約國進一步提供與本公約實施情況有關之資料。

五、委員會應每二年經由經濟及社會理事會，向大會提交一次其活動報告。

六、締約國應向其本國大眾廣泛提供其報告。

第四十五條 為促進本公約有效實施並鼓勵在本公約所涉領域之國際合作：

(a)各專門機構、聯合國兒童基金會與聯合國其他機構應有權指派代表出席就本公約中屬於其職責範圍之相關條款實施情況之審議。委員會得邀請各專門機構、聯合國兒童基金會以及其認為合適之其他主管機關，就本公約在屬於其各自職責範圍內領域之實施問題提供專家意見。委員會得

邀請各專門機構、聯合國兒童基金會與聯合國其他機構就其運作範圍內有關本公約之執行情況提交報告；

(b)委員會認為適當時，應向各專門機構、聯合國兒童基金會與其他主管機構轉交締約國要求或標示需要技術諮詢或協助之任何報告，以及委員會就此類要求或標示提出之任何意見及建議；

(c)委員會得建議大會請秘書長代表委員會對有關兒童權利之具體問題進行研究；

(d)委員會得根據依照本公約第四十四條及第四十五條所得之資料，提出意見及一般性建議。此類意見及一般性建議應轉交有關之各締約國並連同締約國作出之評論一併報告大會。

第三部分

第四十六條 本公約應開放供所有國家簽署。

第四十七條 本公約須經批准。批准書應存放於聯合國秘書長。

第四十八條 本公約應對所有國家開放供加入。加入書應存放於聯合國秘書長。

第四十九條 一、本公約自第二十份批准書或加入書存放聯合國秘書長之日後第三十日生效。

二、本公約對於在第二十份批准書或加入書存放後批准或加入本公約之國家，自其批准書或加入書存放之日後第三十日生效。

第 五 十 條 一、各締約國均得提出修正案，提交給聯合國秘書長。秘書長應立即將提案通知締約國，並請其表明是否贊成召開締約國會議進行審議及表決。如果在此類通知發出後四個月內，至少有三分之一締約國贊成召開前開會議，秘書長應在聯合國主辦下召開會議。經出席會議並參加表決之締約國過半數通過之任何修正案應提交聯合國大會同意。

二、根據本條第一項通過之修正案如獲大會同意並為締約國三分之二多數接受，即行生效。

三、修正案生效後，即對接受該項修正案之締約國具有約束力，其他締約國仍受本公約各項條款及其已接受之任何原修正案之約束。

第五十一條 一、聯合國秘書長應接受各國在批准或加入時提出之保留，並分發給所有國家。

二、不得提出內容與本公約目標及宗旨相牴觸之保留。

三、締約國得隨時向聯合國秘書長提出通知，請求撤回保留，並由秘書長將此情況通知所有國家。通知於秘書長收到當日起生效。

第五十二條 締約國得以書面通知聯合國秘書長退出本公約。秘書長收到通知之日起一年後退約即行生效。

第五十三條 聯合國秘書長被指定為本公約存放人。

第五十四條 本公約之阿拉伯文、中文、英文、法文、俄文及西班牙文本，同一作準，

應存放聯合國秘書長。下列全權代表,經各自政府正式授權,在本公約上簽字,以資證明。

二十七、聯合國反貪腐公約 (United Nations Convention against Corruption) (2003.10.31)

說明:

㈠本公約二○○三年十月三十一日簽署,二○○五年十二月十四日生效。

㈡英文本見 UNTS, Vol. 2349, pp. 145–185;中文本見 UNTS, Vol. 2349, pp. 101–144。以下中文本取自法務部廉政署,聯合國反貪腐公約專區,《聯合國反貪腐公約(正體中文版)》,2017 年,載於:http://www.aac.moj.gov.tw/ct.asp?xItem=460056&ctNode=44544&mp=289。(最近檢視日期:二○一九年三月八日)聯合國中文本原標題為「聯合國反腐敗公約」,法務部廉政署譯文對 UNTS 中所刊中文本作了大幅修改。

序 言

本公約締約國,

關注貪腐對社會穩定與安全所造成之問題和構成威脅之嚴重性,破壞民主體制及價值觀、道德觀與正義,並危害永續發展及法治,

並關注貪腐及其他形式犯罪間之聯繫,特別是組織犯罪與經濟犯罪,包括洗錢,

還關注涉及巨額資產之貪腐案件,這類資產可能占國家資源相當大比例,並對這些國家之政治穩定和永續發展構成威脅,

確信貪腐已不再是地方性問題,而是一種影響所有社會和經濟之跨國現象,因此,進行國際合作以預防及控制貪腐,乃至關重要,

並確信為有效預防和打擊貪腐,需採取綜合性及跨學科之方法,

尚確信提供技術援助在強化國家有效預防及打擊貪腐之能力方面得發揮重要之作用,包括透過加強能力與設置機構,

確信非法獲得個人財富特別會對民主體制、國民經濟及法治造成損害,

決心更有效預防、查察及抑制非法獲得資產之國際轉移,並加強資產追繳之國際合作,

承認在刑事訴訟程序及判決財產權之民事或行政訴訟程序遵守正當法律程序之基本原則,

銘記預防及根除貪腐為所有國家之責任,及各國應相互合作,並應有政府部門以外個人與團體之支持及參與,如民間社會團體、非政府組織和社區組織,爰此方面之工作

始能有效，

　　尚銘記公共事務及公共財產之妥善管理、公平、盡責及法律之前人人平等原則，及維護廉正與提倡拒絕貪腐風氣之必要性，

　　讚揚預防犯罪暨刑事司法委員會及聯合國毒品暨犯罪辦公室在預防與打擊貪腐方面之工作，

　　回顧其他國際和區域組織在此一領域所實施之工作，包括非洲聯盟、歐洲理事會、關務合作理事會（又稱為世界關務組織）、歐洲聯盟、阿拉伯國家聯盟、經濟合作暨發展組織及美洲國家組織之活動，

　　讚賞地注意到預防及打擊貪腐之各種多邊文件，尤其包括美洲國家組織於一九九六年三月二十九日通過之美洲反貪腐公約、歐洲聯盟理事會於一九九七年五月二十六日通過之打擊涉及歐洲共同體官員或歐洲聯盟成員國官員貪腐行為公約、經濟合作暨發展組織於一九九七年十一月二十一日通過之禁止在國際商業交易賄賂外國公職人員公約、歐洲理事會部長委員會於一九九九年一月二十七日通過之反貪腐刑法公約、歐洲理事會部長委員會於一九九九年十一月四日通過之反貪腐民法公約，及非洲聯盟國家和政府元首會議於二〇〇三年七月十二日通過之非洲聯盟預防和打擊貪腐公約，

　　歡迎聯合國打擊跨國組織犯罪公約於二〇〇三年九月二十九日生效，

　　一致同意如下：

第一章　總　則

第 一 條　宗旨聲明

　　本公約之宗旨為：

　　(a)促進和加強各項措施，以更加有效率且有力地預防及打擊貪腐；

　　(b)促進、便利及支援預防與打擊貪腐方面之國際合作和技術援助，包括在追繳資產方面；

　　(c)提倡廉正、課責制及對公共事務和公共財產之妥善管理。

第 二 條　用詞定義

　　在本公約中：

　　(a)公職人員，指：

　　　(i)在締約國擔任立法、行政、行政管理或司法職務之任何人員，無論是經任命或選舉、長期或臨時，有給職或無給職、該人資歷；

　　　(ii)依締約國法律之定義及該締約國相關法律領域之適用，執行公務或提供公共服務之任何其他人員，包括為公營機構或公營事業執行公務；

　　　(iii)依締約國法律定義為公職人員之任何其他人員。但就本公約第二章所定之一些具體措施而言，公職人員得指依締約國法律之定義與該締約國相關法律領域之適用，執行公務或提供公共服務之任何人員；

　　(b)外國公職人員，指擔任外國立法、行政、行政管理或司法職務之任何人員，無論是經任命或選舉；及為外國執行公務之任何人員，包括公營機構或公

營事業；

(c)國際組織官員，指國際公務員，或經此種組織授權代表該組織執行職務之任何人員；

(d)財產，指各種資產，不論是物質或非物質、動產或不動產、有形或無形，及證明對此種資產享有權利或利益之法律文件或文書；

(e)犯罪所得，指透過從事犯罪而直接或間接產生或獲得之任何財產；

(f)凍結或扣押，指依法院或其他主管機關之命令暫時禁止財產轉移、轉換、處分或移動，或對財產實行暫時扣留或控制；

(g)沒收，在適用之情況還包括沒入，指依法院或其他主管機關之命令對財產實行永久剝奪；

(h)前置犯罪，指由其產生之所得可能成為本公約第二十三條所定犯罪對象之任何犯罪；

(i)控制下交付，指為了偵查任何犯罪並查明參與該犯罪之人員，在主管機關知情並在其監控之情況，允許非法或可疑貨物運出、過境或運入一國或多國領域之作法。

第 三 條　適用範圍

一、本公約應依其規定適用於預防、偵查及起訴貪腐，及本公約所定犯罪所得之凍結、扣押、沒收及返還。

二、為實行本公約之目的，除本公約另有規定外，本公約所定之犯罪不得以造成國家財產之損害或侵害為必要。

第 四 條　保護主權

一、各締約國在履行其依本公約所承擔之義務時，應恪守各國主權平等、領土完整及不干涉他國內政原則。

二、本公約任何規定都不得賦予締約國在另一國領域內行使管轄權，及履行該另一國法律規定專屬於該國機關職務之權利。

第二章　預防措施

第 五 條　預防性反貪腐政策及作法

一、各締約國均應依其國家法律制度之基本原則，訂定及執行或堅持有效而協調之反貪腐政策。此等政策應促進社會參與，並體現法治、妥善管理公共事務與公共財產、廉正、透明度和課責制等原則。

二、各締約國均應努力訂定及促進各種預防貪腐之有效作法。

三、各締約國均應努力定期評估相關法律文書及行政措施，以確定其能否有效預防與打擊貪腐。

四、各締約國均應依其國家法律制度之基本原則，酌情彼此合作，並與相關國際組織及區域組織合作，以促進和訂定本條所定之措施。此種合作得包括參與各種預防貪腐之國際計畫及方案。

第 六 條　預防性反貪腐機構

一、各締約國均應依其國家法律制度之基本原則，確保設一個或酌情設多個
　　機構，透過下列措施預防貪腐：

　　(a)實施本公約第五條所定之政策，並在適當之情況對此等政策之實施進
　　　行監督及協調；

　　(b)累積與傳播預防貪腐之知識。

二、各締約國均應依其國家法律制度之基本原則，賦予本條第一項所定機構
　　必要之獨立性，使其能有效履行職權，及免受任何不正當之影響。各締
　　約國均應提供必要之物資與專職工作人員，並為此等工作人員履行職權，
　　提供必要之培訓。

三、各締約國均應將得協助其他締約國訂定及實施具體預防貪腐措施之機關
　　名稱與地址，通知聯合國秘書長。

第 七 條　政府部門

一、各締約國均應依其國家法律制度之基本原則，酌情努力採用、維持及加
　　強公務員及在適當之情況其他非選舉產生公職人員之招募、聘僱、留用、
　　升遷及退休制度。這種制度應：

　　(a)以效率與透明化原則、專長、公正及才能等客觀標準為基礎；

　　(b)對擔任特別容易發生貪腐之政府職位人員，訂定適當之甄選與培訓程
　　　序，以及酌情對此等人員實行輪調之適當程序；

　　(c)促進充分之報酬及公平之薪資標準，並考量締約國經濟發展水準；

　　(d)促進人員之教育及培訓方案，以使其能夠達到正確、誠實及妥善履行
　　　公務之要求，並為其提供適當之專業培訓，以提高其對履行職權過程
　　　所隱含貪腐風險之認識。此種方案得參照適當領域之行為守則或準則。

二、各締約國均應考慮採取與本公約之目的相一致，並與其國家法律之基本
　　原則相符之適當立法和行政措施，及就公職人員之候選人資格及當選標
　　準訂定規定。

三、各締約國尚應考慮採取與本公約之目的相一致，並與其國家法律之基本
　　原則相符之適當立法和行政措施，以提高公職人員候選人競選經費籌措
　　及在適當之情況政黨經費籌措之透明度。

四、各締約國均應依其國家法律之基本原則，努力採用、維持及加強促進透
　　明度及防止利益衝突之制度。

第 八 條　公職人員行為守則

一、為了打擊貪腐，各締約國均應依其國家法律制度之基本原則，對其國家
　　公職人員特別提倡廉正、誠實及盡責。

二、各締約國均應特別努力在其國家體制及法律制度之範圍內，適用正確、
　　誠實及妥善執行公務之行為守則或標準。

三、為實施本條各項規定，各締約國均應依其國家法律制度之基本原則，酌

情考量區域、區域間或多邊組織相關倡議，如聯合國大會於一九九六年十二月十二日第五十一／五十九號決議附件所定之公職人員國際行為守則。

四、各締約國應依其國家法律之基本原則，考慮訂定措施和建立制度，使公職人員在執行公務過程發現貪腐行為時，向有關機關檢舉或告發。

五、各締約國均應依其國家法律之基本原則，酌情努力訂定措施和建立制度，要求公職人員特別就可能與其職權發生利益衝突之職務外活動、任職、投資、資產及貴重之饋贈或重大利益，向有關機關陳（申）報。

六、各締約國均應考慮依其國家法律之基本原則，對違反本條所定守則或標準之公職人員，採取處分或其他措施。

第 九 條　政府採購和政府財政管理

一、各締約國均應依其國家法律制度之基本原則採取必要之步驟，建立對預防貪腐特別有效且以透明度、競爭及依客觀標準決定為基礎之適當採購制度。此類制度得在適用時考量適當之最低門檻金額，所涉及者應包含下列事項：

　(a)公開發送採購程序及契約之資料，包括招標文件與決標相關資料，使潛在投標人有充分時間準備和提交投標書；

　(b)事先確定參加政府採購之條件，包括甄選與決標標準及投標規則，並予以公布；

　(c)採用客觀及事先確定之標準作成政府採購決定，以利事後稽核各項規則或程序之正確適用與否；

　(d)建立有效之國內復審制度，包括有效之申訴制度，以確保在依本項訂定之規則未受到遵守時得訴諸法律及進行法律救濟；

　(e)酌情採取措施，以規範採購承辦人員之相關事項，如特定政府採購之利益關係聲明、篩選程序及培訓要求。

二、各締約國均應依其國家法律制度之基本原則採取適當措施，促進政府財政管理之透明度和課責制。此等措施應包括下列事項：

　(a)國家預算之通過程序；

　(b)按時報告收入及支出情況；

　(c)由會計和審計標準及相關監督構成之制度；

　(d)迅速而有效之風險管理及內控制度；及

　(e)在本項規定之要求未受到遵守時，酌情加以導正之措施。

三、各締約國均應依其國家法律之基本原則，採取必要之民事和行政措施，以維持與政府開支和財政收入有關之帳冊、紀錄、財務報表或其他文件完整無缺，並防止竄改此類文件。

第 十 條　政府報告

考量反貪腐之必要性，各締約國均應依其國家法律之基本原則採取必要措施，

提高政府行政部門之透明度，包括酌情在其組織之結構、運作及決策過程提高透明度。此等措施得包括下列事項：

(a)施行各種程序或法規，酌情使公眾瞭解政府行政部門組織之結構、運作及決策過程，並在考慮保護隱私和個人資料之情況，使公眾瞭解與其有關之決定和法規；

(b)酌情簡化行政程序，以利於公眾與主管決策機關間之聯繫；及

(c)公布資料，其中得包括政府行政部門貪腐風險問題之定期報告。

第十一條　與審判和檢察機關有關之措施

一、考量審判機關獨立及審判機關在反貪腐方面之關鍵作用，各締約國均應依其國家法律制度之基本原則，並在不影響審判獨立之情況採取措施，以加強審判機關人員之廉正，並防止出現貪腐機會。此等措施得包括審判機關人員行為規則。

二、對各締約國內不屬於審判機關但享有類似審判機關獨立性之檢察機關，得採行及適用與依本條第一項所採取具有相同效力之措施。

第十二條　私部門

一、各締約國均應依其國家法律之基本原則採取措施，以防止涉及私部門之貪腐，加強私部門之會計及審計標準，並酌情對不遵守措施之行為制定有效、適度且具有警惕性之民事、刑事或行政處罰。

二、為達到這些目的而採取之措施得包括下列事項：

(a)促進執法機構與相關私營實體間之合作；

(b)促進制定各種旨在維護相關私營實體操守標準及程序，包括正確、誠實及妥善從事商業活動和所有相關職業活動，並防止利益衝突之行為守則，及在企業之間及企業與國家間之契約關係，促進良好商業慣例採用之行為守則；

(c)增進私營實體透明度，包括酌情採取措施，以識別參與公司設立及管理之法人與自然人身分；

(d)防止濫用對私營實體之管理程序，包括政府機關對商業活動給予補貼和核發許可證之程序；

(e)在合理期限內，對原公職人員之職業活動，或公職人員辭職或退休後在私部門之任職，進行適當之限制，以防止利益衝突。前揭限制僅須此種活動或任職與該公職人員任期內曾擔任或監管之職權具有直接關連；

(f)確保民營企業依其結構及規模實行有助於預防與發現貪腐之充分內部審計控制，並確保此種民營企業帳冊和必要之財務報表符合適當之審計及核發執照程序。

三、為了預防貪腐，各締約國均應依其國家關於帳冊和紀錄保存、財務報表揭露及會計和審計標準之法規採取必要措施，以禁止從事下列行為，而

觸犯本公約所定之任何犯罪：

(a)設立帳冊外之帳戶；

(b)進行帳冊外之交易或與帳冊不符之交易；

(c)浮報支出；

(d)登錄負債科目時謊報用途；

(e)使用不實憑證；及

(f)故意於法律規定之期限前銷毀帳冊。

四、鑑於賄賂為本公約第十五條和第十六條所定犯罪構成要件之一，各締約國均應拒絕對構成賄賂之費用實行稅捐減免，並在適用之情況拒絕對促成貪腐行為所支付之其他費用，實行稅捐減免。

第十三條　社會參與

一、各締約國均應依其國家法律之基本原則，在其能力所及之範圍內採取適當措施，推動政府部門以外之個人及團體，如公民團體、非政府組織與社區組織等，積極參與預防和打擊貪腐，並提高公眾認識貪腐之存在、根源、嚴重性及其所構成之威脅。這種參與應透過下列措施予以加強：

(a)提高決策過程之透明度，並促進公眾在決策過程中發揮作用；

(b)確保公眾有獲得訊息之有效管道；

(c)進行有助於不容忍貪腐之公眾宣傳活動，及中小學和大學課程等領域之公共教育方案；

(d)尊重、促進及保護有關貪腐訊息之查詢、接收、公布及傳播自由。這種自由得受到一些限制，但應僅限於法律有明文規定且必要之下列情形：

(i)尊重他人之權利或名譽；

(ii)維護國家安全或公共秩序，或維護公共衛生或公共道德。

二、各締約國均應採取適當措施，以確保公眾知悉本公約所定之相關反貪腐機構，並應酌情提供途徑，以利於透過匿名等方式向此等機構檢舉可能被視為構成本公約所定犯罪之案件。

第十四條　預防洗錢措施

一、各締約國均應：

(a)在其權限範圍內，對銀行和非銀行之金融機構，包括對辦理資金或價值轉移等常規或非常規業務之自然人或法人，並在適當之情況對特別容易涉及洗錢之其他機構，建立全面性之國內管理及監督制度，以利遏制並監測各種形式之洗錢；此種制度應著重於訂定驗證客戶身分，並視情況驗證實際受益人身分、保存紀錄，及報告可疑交易等規定；

(b)在不影響本公約第四十六條規定之情況，確保行政、管理、執法和專門打擊洗錢之其他機關（在國家法律許可時得包括司法機關）能依其國家法律規定之條件，在國家和國際場合進行合作與交換訊息，並為

此目的應考慮設置金融情報機構，作為蒐集、分析及傳遞關於潛在洗
錢活動訊息之國家中心。

二、締約國應考慮實施可行之措施，以監測及追蹤現金與有關流通性票據(有
價證券)跨境轉移之情況，但應訂定保障措施，以確保訊息之正當使用，
及不致於以任何方式妨礙合法資金之移動。此類措施得包括要求個人和
企業報告大筆現金及有關流通性票據之跨境轉移。

三、締約國應考慮實施適當且可行之措施，要求匯款業務機構等相關之金融
機構：

(a)在電子資金移轉文件和相關電文中，填入關於發端人（匯款人）之準
確而有用訊息；

(b)在整個支付過程中，保留這種訊息；

(c)對發端人（匯款人）訊息不完整之資金轉移，加強審查。

四、籲請締約國在建立本條所定之國家管理和監督制度時，在不影響本公約
其他任何條款之情況，以區域、區域間及多邊組織之相關反洗錢倡議作
為指導原則。

五、締約國應努力為了打擊洗錢，在司法、執法及金融監理機關之間進行與
促進全球、區域、次區域及雙邊合作。

第三章　定罪和執法

第十五條　賄賂國家公職人員

各締約國均應採取必要之立法和其他措施，將故意觸犯之下列行為定為刑事
犯罪：

(a)向公職人員直接或間接行求、期約或交付不正當利益於其本人、其他人員
或實體，以使該公職人員於執行公務時作為或不作為；

(b)公職人員為其本人、其他人員或實體直接或間接行求或收受不正當利益，
以作為該公職人員於執行公務時作為或不作為之條件。

第十六條　賄賂外國公職人員或國際組織官員

一、各締約國均應採取必要之立法和其他措施，將故意觸犯之下列行為定為
犯罪：向外國公職人員或國際組織官員直接或間接行求、期約或交付其
本人、其他人員或實體不正當利益，以使該公職人員或該國際官員於執
行公務時作為或不作為，以利獲得或保有與進行國際商務活動有關之商
業或其他不正當利益。

二、各締約國均應考慮採取必要之立法和其他措施，將故意觸犯之下列行為
定為犯罪：外國公職人員或國際組織官員為其本人、其他人員或實體直
接或間接行求或收受不正當利益，以作為其在執行公務時作為或不作為
之條件。

第十七條　公職人員侵占、竊取或挪用財物

各締約國均應採取必要之立法和其他措施,將故意觸犯之下列行為定為犯罪:公職人員為其本人或其他人員或實體之利益,侵占、竊取或挪用其因職務而受託之任何財物、政府或私有資金、有價證券或其他任何有價物品。

第十八條　影響力交易

各締約國均應考慮採取必要之立法和其他措施,將故意觸犯之下列行為定為犯罪:

(a)向公職人員或其他任何人員直接或間接行求、期約或交付任何不正當利益,使其濫用本人之實際影響力或被認為具有之影響力,以為該行為之人或其他任何人從締約國之行政部門或政府機關,獲得不正當利益。

(b)公職人員或其他任何人員為其本人或他人直接或間接要求或收受任何不正當利益,以作為該公職人員或其他人員濫用其本人實際或被認為具有之影響力,從締約國之行政部門或政府機關獲得任何不正當利益之條件。

第十九條　濫用職權

各締約國均應考慮採取必要之立法和其他措施,將故意觸犯之下列行為定為犯罪:濫用職權或地位,即公職人員在執行職務時違反法律而作為或不作為,以為其本人、其他人員或實體獲得不正當利益。

第二十條　不法致富(資產非法增加或財產來源不明)

在不違背其國家憲法和法律制度基本原則之情況,各締約國均應考慮採取必要之立法和其他措施,將故意觸犯之下列行為定為犯罪:不法致富或資產非法增加,即公職人員之資產顯著增加,而其本人又無法以其合法收入提出合理解釋。

第二十一條　私部門之賄賂

各締約國均應考慮採取必要之立法和其他措施,將在經濟、金融或商業活動過程中故意觸犯之下列行為定為犯罪:

(a)向以任何身分領導私部門實體或為該實體工作之任何人,直接或間接行求、期約或交付其本人或他人不正當利益,以使其違背職務而作為或不作為;

(b)以任何身分領導私部門實體或為該實體工作之任何人,為了其本人或他人直接或間接要求或收受不正當利益,以作為其違背職務而作為或不作為之條件。

第二十二條　私部門財產之竊取或侵占

各締約國均應考慮採取必要之立法和其他措施,將在經濟、金融或商業活動過程中故意觸犯之下列行為定為犯罪:以任何身分領導私部門實體或在該實體中工作之人員,竊取或侵占其因職務而受託之任何財產、私有財物、證券或其他任何有價物品。

第二十三條　犯罪所得之洗錢行為

一、各締約國均應依其國家法律之基本原則,採取必要之立法和其他措施,

將故意觸犯之下列行為定為犯罪：

(a)(i)明知財產為犯罪所得，為了隱匿或掩飾該財產之非法來源，或幫助任何參與觸犯前置犯罪者逃避其行為之法律後果，轉換或轉移該財產；

(ii)明知財產為犯罪所得，隱匿或掩飾該財產之真實性質、來源、所在地、處分、轉移、所有權或有關權利；

(b)在符合國家法律制度基本概念之情況：

(i)在取得財產時，明知該財產為犯罪所得，仍獲取、占有或使用之；

(ii)對觸犯本條所定之任何犯罪，有參與、結夥或共謀、未遂，與幫助、教唆、提供協助及建議行為；

二、為了實施或適用本條第一項規定：

(a)各締約國均應尋求將本條第一項適用於範圍最為廣泛之前置犯罪；

(b)各締約國均應至少將本公約所定之各類犯罪定為前置犯罪；

(c)為了本項第(b)款之目的，前置犯罪應包括在相關締約國管轄範圍之內和之外觸犯之犯罪。但如犯罪發生在一締約國管轄權範圍之外者，僅在該行為依其發生地所在國法律為犯罪，及依實施或適用本條之締約國法律，該行為若發生在該國也為犯罪時，始構成前置犯罪；

(d)各締約國均應向聯合國秘書長提供其實施本條之法律，及此類法律隨後所為任何修正之影本或說明；

(e)在締約國法律基本原則要求之情況，得明定本條第一項所定之犯罪不適用於觸犯前置犯罪之人。

第二十四條　藏匿犯罪所得財產

在不影響本公約第二十三條規定之情況，各締約國均應考慮採取必要之立法和其他措施，將故意觸犯之下列行為定為犯罪：該行為所涉及之人雖未參與觸犯本公約所定之任何犯罪，但在觸犯此等犯罪後，明知財產為本公約所定任何犯罪之結果，藏匿或寄藏此種財產。

第二十五條　妨害司法

各締約國均應採取必要之立法和其他措施，將故意觸犯之下列行為定為犯罪：

(a)在涉及本公約所定犯罪之訴訟程序中使用暴力、威脅或恐嚇，或行求、期約或交付不正當利益，以誘使作偽證或干擾證言或證據提供；

(b)使用暴力、威脅或恐嚇，干擾審判程序或執法人員對本公約所定之犯罪執行公務。本項規定都不得影響締約國就其他類別公職人員之保護進行立法之權利。

第二十六條　法人責任

一、各締約國均應採取符合其法律原則之必要措施，確定法人參與本公約所定犯罪，應承擔之責任。

二、在不違反締約國法律原則之情況，法人責任得包括民事、刑事或行政責任。

三、法人責任不得影響觸犯此種犯罪之自然人刑事責任。

四、各締約國均應特別確保，依本條應承擔責任之法人受到有效、適度及具有警惕性之刑事或非刑事處罰，包括金錢處罰。

第二十七條　參與和未遂

一、各締約國均應採取必要之立法和其他措施，依其國家法律將以共犯、幫助犯或教唆犯等任何身分參與本公約所定之犯罪定為犯罪。

二、各締約國均得採取必要之立法和其他措施，依其國家法律將觸犯本公約所定犯罪之任何未遂行為定為犯罪。

三、各締約國均得採取必要之立法和其他措施，依其國家法律將為觸犯本公約所定犯罪之預備行為定為犯罪。

第二十八條　作為犯罪要件之明知、故意或目的

本公約所定犯罪須構成之明知、故意或目的等要件，得依客觀之實際情況予以推定。

第二十九條　時效

各締約國均應依其國家法律酌情訂定一個長期之時效規定，以在此期限內對本公約所定之任何犯罪啟動訴訟程序，並對被控訴犯罪之人已逃避司法處罰之情形，明定更長之時效或時效中斷規定。

第 三 十 條　起訴、審判及處罰

一、各締約國均應使本公約所定之犯罪受到與其嚴重性相當之處罰。

二、各締約國均應依其國家法律制度及憲法原則採取必要之措施，以訂定或維持下列事項之適當平衡：既顧及公職人員執行職務所給予之豁免或司法特權，又顧及在必要時對本公約所定之犯罪進行有效偵查、起訴和審判程序之可能性。

三、在因本公約所定之犯罪起訴任何人而行使其國家法律規定之任何法律裁量權時，各締約國均應努力確保對此等犯罪之執法措施取得最大成效，並適當考量遏止此種犯罪之必要性。

四、就本公約所定之犯罪而言，各締約國均應依其國家法律，並在適當尊重被告權利之情況採取適當措施，力求確保於候審或上訴期間釋放裁定所定之條件，已考量確保被告在其後刑事訴訟程序中出庭之需要。

五、各締約國均應在考慮已被判決確定觸犯犯罪之人提早釋放或假釋可能性時，顧及此種犯罪之嚴重性。

六、各締約國均應在符合其國家法律制度基本原則之範圍內，考慮訂定程序，使相關部門得以對被控訴觸犯本公約所定犯罪之公職人員，酌情予以撤職、停職或調職，但應考量無罪推定原則。

七、各締約國均應在符合其國家法律制度基本原則之範圍內，依犯罪之嚴

重性，考慮訂定程序，透過法院命令或任何其他適當手段，使被判決確定觸犯本公約所定犯罪之人在其國家法律確定之一段期間內，喪失擔任下列職務之資格：

(a)公職；及

(b)全部國有或部分國有事業內之職位。

八、本條第一項應不妨礙主管機關對公務員行使處分之權力。

九、本公約之任何規定都不得影響下列原則：對本公約所定之犯罪及適用之法定抗辯事由，或決定行為合法性之其他法律原則，僅應由締約國法律加以闡明，及對此種犯罪，應依締約國法律予以起訴和處罰。

十、締約國應努力促使被判決確定觸犯本公約所定犯罪之人復歸社會。

第三十一條　凍結、扣押和沒收

一、各締約國均應在其國家法律制度之範圍內，盡最大可能採取必要之措施，以利能沒收：

(a)來自本公約所定犯罪之所得，或價值與此種犯罪所得相當之財產；

(b)利用於或擬利用於本公約所定犯罪之財產、設備或其他工具。

二、各締約國均應採取必要之措施，以辨認、追查、凍結或扣押本條第一項所定之任何物品，及最終予以沒收。

三、各締約國均應依其國家法律採取必要之立法和其他措施，以規範主管機關對本條第一項和第二項所定凍結、扣押或沒收財產之管理。

四、如此類犯罪所得已部分或全部轉變或轉換為其他財產者，應以此類財產代替原犯罪所得，對之適用本條所定之措施。

五、如此類犯罪所得已與從合法來源獲得財產相混合者，應在不影響凍結權或扣押權之情況沒收此類財產。沒收價值最高得達到混合於其中犯罪所得之估計價值。

六、對來自此類犯罪之所得、犯罪所得轉變或轉換而成之財產，或來自已與此類犯罪所得相混合財產之收入或其他利益，亦應適用本條所定之措施。其方式和程度與處置犯罪所得相同。

七、為了本條和本公約第五十五條規定之目的，各締約國均應使其法院或其他主管機關有權要求提供或扣押銀行、財務或商業紀錄。締約國不得以銀行保密為理由，拒絕依本項規定採取行動。

八、締約國得考慮要求由罪犯證明此類犯罪所得或其他應予以沒收財產之合法來源，但此種要求應符合其國家法律之基本原則與司法程序及其他程序之性質。

九、本條規定不得解釋為損害善意第三人之權利。

十、本條任何規定都不得影響本條所定各項措施均應依締約國法律規定加以認定和實施之原則。

第三十二條　保護證人、鑑定人和被害人

一、各締約國均應依其國家法律制度並在其能力所及範圍內採取適當之措施，為本公約所定犯罪作證之證人及鑑定人，並酌情為其親屬及其他與其關係密切者，提供有效之保護，使其免於遭到可能之報復或恐嚇。

二、在不影響被告享有正當程序等權利之情況，本條第一項所定之措施得包括下列事項：

　(a)制定為證人和鑑定人提供人身保護之程序，如在必要和可行之情況，將其轉移至其他地點，並在適當之情況允許不揭露或限制揭露有關其身分和所在地之資料；

　(b)訂定允許以確保證人和鑑定人安全之方式作證之取證規則，如允許藉助視聽（視訊）等通信技術或其他適當手段提供證言。

三、締約國應考慮與其他國家訂定有關本條第一項所定人員移管之協定或安排。

四、本條各項規定尚應適用於同時具證人身分之被害人。

五、各締約國均應在不違背其國家法律之情況，並對罪犯提起刑事訴訟之適當階段，以不損害被告權利之方式，使被害人之意見及關切得到表達與考慮。

第三十三條　保護檢舉人

各締約國均應考慮在其國家法律制度中納入適當措施，以利對出於善意及具合理之事證向主管機關檢舉涉及本公約所定犯罪事實之任何人，提供保護，使其不致受到任何不公正待遇。

第三十四條　貪腐行為之後果

各締約國均應在適當顧及第三人善意取得權利之情況，依其國家法律之基本原則採取措施，以消除貪腐行為之後果。在此方面，締約國得在法律程序中將貪腐視為廢止或解除契約、撤銷特許權或其他類似文書，或採取其他任何救濟行動之相關因素。

第三十五條　損害賠償

各締約國均應依其國家法律之原則採取必要之措施，以確保因貪腐行為而受到損害之實體或自然人有權獲得賠償，並對該損害應負責任之人，提起法律程序。

第三十六條　專責機關

各締約國均應依其國家法律制度之基本原則採取必要之措施，確保設置一個或多個機構，或安排人員，專職負責執法與打擊貪腐。此類機構或人員應擁有依締約國法律制度基本原則賦予必要之獨立性，以利能在不受任何不正當影響之情況，有效執行職務。此類人員或機構之工作人員應受到適當培訓，並應有適當資源，以執行職務。

第三十七條　與執法機關之合作

一、各締約國均應採取適當措施，以鼓勵參與或曾參與觸犯本公約所定犯

罪之人提供有助於主管機關偵查和取證之情報，並為主管機關提供可
能有助於剝奪罪犯之犯罪所得，並追繳犯罪所得之實際具體幫助。

二、對在本公約所定任何犯罪之偵查或起訴中提供實質性配合（合作）之
被告，各締約國均應考慮訂定在適當之情況減輕處罰之可能性。

三、對在本公約所定犯罪之偵查或起訴中提供實質性配合（合作）之人，
各締約國均應考慮依其國家法律之基本原則，訂定允許免予起訴之可
能性。

四、為此類人員提供之保護，準用本公約第三十二條規定。

五、如本條第一項所定位於任一締約國之人能提供另一締約國主管機關實
質性配合，相關締約國得考慮依其國家法律訂定關於由對方締約國提
供本條第二項及第三項所定待遇之協定或安排。

第三十八條　國家機關間之合作

各締約國均應採取必要之措施，依其國家法律鼓勵政府機關及其公職人員
與負責偵查和起訴犯罪之機關間之合作。這種合作得包括下列事項：

(a)在有合理之事證足以相信發生本公約第十五條、第二十一條及第二十三
條所定之任何犯罪時，主動向上述機關檢舉；

(b)依請求，向上述機關提供一切必要之訊息。

第三十九條　國家機關與私部門間之合作

一、各締約國均應採取必要之措施，依其國家法律鼓勵其國家偵查和檢察
機關與私部門實體，特別是與金融機構之間，就觸犯本公約所定犯罪
涉及之事項進行合作。

二、各締約國均應考慮鼓勵其國民及在其領域內有習慣住居所之其他人，
向國家偵查和檢察機關檢舉觸犯本公約所定犯罪之情況。

第 四 十 條　銀行保密

各締約國均應在對本公約所定之犯罪進行國家刑事偵查時，確保其國家法
律制度訂定適當之機制，以克服因適用銀行保密法規可能產生之障礙。

第四十一條　犯罪紀錄

各締約國均得採取必要之立法或其他措施，依其認為適當之條件及目的，
考慮另一國以前曾對被控訴之罪犯所為之任何有罪判決，以利在涉及本公
約所定犯罪之刑事訴訟程序中利用此類訊息。

第四十二條　管轄權

一、各締約國均應在下列情況採取必要之措施，以確立對本公約所定犯罪
之管轄權：

(a)犯罪發生在該締約國領域內；

(b)犯罪發生在犯罪時懸掛該締約國國旗之船隻上，或已依該締約國法
律註冊登記之航空器內。

二、在不違背本公約第四條規定之情況，締約國得在下列情況對任何此種

犯罪確立其管轄權：

(a)犯罪係針對該締約國之國民；

(b)犯罪係由該締約國之國民，或在其領域內有習慣住居所之無國籍人觸犯；

(c)犯罪係發生在其國家領域以外，且為本公約第二十三條第一項第(b)款第(ii)目所定犯罪之一者，以利在其國家領域內觸犯本公約第二十三條第一項第(a)款第(i)目或第(ii)目，或第(b)款第(i)目所定之犯罪；

(d)犯罪係針對該締約國。

三、為了本公約第四十四條規定之目的，各締約國均應採取必要之措施，在被控訴之罪犯於其領域內僅因該人為其國民而不予引渡時，確立其國家對本公約所定犯罪之管轄權。

四、各締約國得採取必要之措施，在被控訴之罪犯於其領域內而不予引渡該人時，確立其國家對本公約所定犯罪之管轄權。

五、如依本條第一項或第二項行使管轄權之締約國被告知，或透過其他途徑獲悉，其他締約國正對同一行為進行偵查、起訴或審判程序，此等締約國主管機關應酌情相互磋商，以利協調彼此行動。

六、在不影響一般國際法規範之情況，本公約不得排除締約國行使其國家法律所定之任何刑事管轄權。

第四章　國際合作

第四十三條　國際合作

一、締約國應依本公約第四十四條至第五十條規定在刑事案件方面相互合作。在適當且符合其國家法律制度之情況，締約國應考慮與貪腐有關民事和行政事件之調查和訴訟程序方面相互協助。

二、凡將雙重犯罪認定為國際合作事項之一項條件時，如協助之請求所述之犯罪行為在兩個締約國之法律均定為犯罪者，應視為已符合此項條件，不論被請求締約國及請求締約國之法律是否均將此種犯罪定為相同之犯罪類別，或是否使用相同之用詞明定此種犯罪名稱。

第四十四條　引渡

一、在被請求引渡之人位於被請求締約國領域內時，如引渡請求所依據之犯罪為請求締約國和被請求締約國之法律均屬應受到處罰之犯罪者，本條應適用於本公約所定之犯罪。

二、儘管有本條第一項規定，如締約國法律允許者，仍得對本公約所涵蓋但依其國家法律不予處罰之任何犯罪，准予引渡。

三、如引渡請求包括數項獨立之犯罪，其中至少有一項犯罪得依本條規定予以引渡，其他一些犯罪因其監禁期之理由不得引渡，但與本公約所定之犯罪有關者，被請求締約國亦得對此等犯罪適用本條規定。

四、本條適用之各種犯罪均應視為締約國之間現行任何引渡條約得引渡之犯罪。締約國承諾，將這種犯罪作為得引渡之犯罪訂定於彼此將締結之每一個引渡條約。在以本公約作為引渡之依據時，如締約國法律允許者，本公約所定之任何犯罪均不得視為政治犯罪。

五、以締結條約作為引渡條件之締約國，如接到未與其締結引渡條約之另一締約國引渡請求者，得將本公約視為本條所定任何犯罪予以引渡之法律依據。

六、以締結條約為引渡條件之締約國應：

　(a)在交存本公約批准書、接受書、同意書或加入書時，通知聯合國秘書長，並說明是否將本公約作為與本公約其他締約國進行引渡合作之法律依據；

　(b)如不以本公約作為引渡合作之法律依據者，在適當之情況尋求與本公約其他締約國締結引渡條約，以執行本條規定。

七、不以締結條約為引渡條件之締約國應承認本條所定之犯罪為彼此得相互引渡之犯罪。

八、引渡應符合被請求締約國法律或所適用之引渡條約所定之條件，包括引渡之最低刑罰要求，及被請求締約國得拒絕引渡之理由等條件。

九、對本條所定之任何犯罪，締約國應在符合其國家法律之情況，努力加速引渡程序，並簡化與引渡有關之證據要求。

十、被請求締約國在不違背其國家法律及引渡條約規定之情況，得在認定情況為有必要且急迫時，依請求締約國之請求，拘禁位於被請求締約國領域內被請求引渡之人，或採取其他適當措施，以確保該人在進行引渡程序時在場。

十一、如被控訴之罪犯被發現位於任一締約國領域內，該國僅以該人是其國民為理由，不對本條所定之犯罪將其引渡者，該國有義務在尋求引渡之締約國提出請求時，將該案提交其國家主管機關予以起訴，不得有任何不適當之延誤。此等主管機關應以與其國家法律對任何其他重罪所定之相同方式，作成決定及進行訴訟程序。相關締約國應相互合作，特別是在程序與證據方面，以確保此類起訴之效率。

十二、如締約國法律規定允許引渡或移交其國民，須以該人將被送返本國依引渡或移交請求所涉審判或訴訟程序作成之判決而服刑為條件者，該締約國和尋求引渡該人之締約國均同意此一選擇，及其他可能認為適當之條件，此種附條件之引渡或移交應足以履行該締約國依本條第十一項所定之義務。

十三、如為執行判決而提出引渡之請求，但因被請求引渡之人為被請求締約國之國民而遭到拒絕者，被請求締約國應在其國家法律允許且符合該法律要求之情況，依請求締約國之請求，考慮執行該請求締約

國法律所判處之刑罰或尚未服滿之刑期。

十四、對任何人進行本條所定任何犯罪之訴訟程序時,應確保該人在訴訟程序之所有階段受到公平之待遇,包括享有依所在國法律所提供之一切權利及保障。

十五、如被請求締約國有充分理由認為提出引渡請求是以任何人之性別、種族、宗教、國籍、族裔或政治觀點為基礎,對其進行起訴或處罰,或依該請求執行,將使該人之地位基於上述因素之一而受到損害者,本公約之任何條款不得解釋為課與被請求締約國引渡義務。

十六、締約國不得僅以該犯罪亦被認定涉及財稅事項為理由,拒絕引渡。

十七、在拒絕引渡之前,被請求締約國應在適當之情況與請求締約國進行磋商,使請求締約國有機會充分陳述意見及提供與其陳述有關之資料。

十八、締約國應力求締結雙邊及多邊協定或安排,以執行引渡,或加強引渡之有效性。

第四十五條　受刑人移交

各締約國得考慮締結雙邊或多邊協定或安排,將因觸犯本公約所定之犯罪而被判監禁或其他剝奪自由形式之人,移交其本國服滿刑期。

第四十六條　司法互助

一、締約國應對本公約所定犯罪之偵查、起訴及審判程序,提供最廣泛之司法互助。

二、對請求締約國依本公約第二十六條規定得追究法人責任之犯罪所進行之偵查、起訴和審判程序,被請求締約國應依其相關法律、條約、協定及安排,盡可能地充分提供司法互助。

三、為了下列任何目的,得請求依本條規定提供司法互助:

(a)向個人獲取證據或陳述(證言);

(b)送達司法文書;

(c)執行搜索和扣押,並實行凍結;

(d)檢查物品和場所;

(e)提供資料、物證及鑑定報告;

(f)提供相關文件和紀錄原本或經認證之正本,包括政府、銀行、財務、公司或商業紀錄;

(g)為了取證目的,辨認或追查犯罪之所得、財產、工具或其他物品;

(h)便利相關人員自願在請求締約國出庭;

(i)不違反被請求締約國法律之任何其他協助形式;

(j)依本公約第五章規定之辨認、凍結及追查犯罪所得;

(k)依本公約第五章規定之追繳資產。

四、締約國主管機關如認為與刑事案件有關之資料可能有助於另一締約國

主管機關進行或順利完成調查和刑事訴訟程序，或得促使其依本公約
提出請求者，在不影響其國家法律之情況及無事先之請求時，向該另
一締約國主管機關提供此類資料。

五、依本條第四項規定提供此類資料時，不得影響提供資料主管機關之國
家進行調查和刑事訴訟程序。接收資料主管機關應遵守資料保密之要
求，即使是暫時保密要求，或資料使用限制。但不得妨礙接收資料締
約國在其訴訟程序揭露得證明被告無罪之資料。在此種情況，接收資
料締約國應在揭露該資料之前通知提供資料締約國。如提供資料締約
國要求事先通知者，應與其磋商。如在特殊之情況無法事先通知者，
接收資料締約國應毫不遲延地將該資料揭露通知提供資料締約國。

六、本條規定不得影響任何其他雙邊或多邊條約已規範或將規範之全部或
部分司法互助義務。

七、如相關締約國無司法互助條約約束者，本條第九項至第二十九項應適
用於依本條提出之請求。如相關締約國有此類條約約束者，應適用該
條約之相應條款，但此等締約國同意以適用本條第九項至第二十九項
規定取代之者，不在此限。如本條第九項至第二十九項規定有助於合
作者，強力鼓勵各締約國適用此等規定。

八、各締約國不得以銀行保密為理由拒絕提供本條所定之司法互助。

九、(a)在非雙重犯罪之情況，被請求締約國對依本條提出之司法互助請求
　　　為回覆時，應考量第一條所定之本公約宗旨；
　　(b)各締約國得以非雙重犯罪為理由拒絕提供本條規定之司法互助。但
　　　被請求締約國應在符合其法律制度基本概念之情況，提供不涉及強
　　　制性行動之協助。在請求所涉事項屬極為輕微，或尋求合作或協助
　　　之事項得依本公約其他規定獲得時，被請求締約國得拒絕此類協助；
　　(c)各締約國均得考慮採取必要措施，使其能在非雙重犯罪之情況，提
　　　供比本條規定更為廣泛之協助。

十、在一締約國領域內被羈押或服刑之人，如被要求到另一締約國進行辨
認、作證或提供其他協助，以利就與本公約所定犯罪有關之偵查、起
訴或審判程序取得證據，在符合下列條件時，得予以移交：
　　(a)該人在知情後自由表示同意；
　　(b)雙方締約國主管機關均同意，但應符合雙方締約國認為適當之條件。

十一、為了本條第十項之目的：
　　　(a)除移交締約國另有其他要求或授權者外，該人被移交前往之締約
　　　　國應有權力和義務羈押被移交之人；
　　　(b)該人被移交前往之締約國應毫不遲延地依雙方締約國主管機關事
　　　　先達成或另外達成之協議，履行其將該人交還移交締約國羈押之
　　　　義務；

(c)該人被移交前往之締約國不得要求移交締約國為該人之交還啟動引渡程序；

(d)該人在被移交前往之國家內之羈押時間，應折抵其在移交締約國應執行之刑期。

十二、除依本條第十項和第十一項規定經移交該人之締約國同意者外，不論該人之國籍，均不得因其在離開移交國領域以前之作為、不作為或定罪，在被移交前往之國家領域使其受到起訴、羈押、處罰，或對其人身自由進行任何其他限制。

十三、各締約國均應指定一個中央機關，負責和有權接收司法互助之請求，並執行請求或將請求移轉主管機關執行。如各締約國有實行個別司法互助制度之特別區域或領域者，得另指定一個對該特別區域或領域具有同樣職權之中央機關。中央機關應確保迅速且妥善地執行或移轉其所收到之請求。中央機關在將請求移轉任一主管機關執行時，應鼓勵該主管機關迅速而妥善地執行該請求。各締約國均應在交存本公約批准書、接受書、同意書或加入書時，將為此目的指定之中央機關通知聯合國秘書長。司法互助請求及與其有關之任何聯繫文件均應送交締約國指定之中央機關。前揭規定不得影響各締約國要求透過外交管道，及在緊急情況時，如經相關締約國同意，得透過國際刑事警察組織，向其傳遞此種請求與聯繫文件之權利。

十四、請求應以被請求締約國接受之語文及書面形式提出，或在可能情況時，以可製作為書面紀錄之任何形式提出，但須使該締約國能鑑定其真偽。各締約國均應在其交存本公約批准書、接受書、同意書或加入書時，將其所接受之語文通知聯合國秘書長。在緊急情況時經相關締約國同意，請求得先以口頭方式提出，但應立即以書面加以確認。

十五、司法互助請求書應包括下列內容：

(a)提出請求之機關資訊；

(b)請求所涉偵查、起訴或審判程序之事由和性質，及進行該偵查、起訴或審判程序之機關名稱與職權；

(c)相關事實之概述，但為送達司法文書提出之請求，不在此限；

(d)對請求司法互助之事項和請求締約國希望遵循特定程序細節之說明；

(e)在可能之情況，任何相關人員之身分、所在地及國籍；及

(f)獲取證據、資料，或要求採取行動之目的。

十六、被請求締約國得要求提供依其國家法律執行該請求所必要或有助於執行該請求之補充資料。

十七、請求應依被請求締約國之法律執行；在不違反被請求締約國法律且

可能之情況，依請求書所述之程序執行。

十八、在任一締約國領域內之任何人須以證人或鑑定人身分，接受另一締約國司法機關詢問時，及如該人無法或不想親自到請求國領域出庭者，被請求締約國得依該另一締約國之請求，在可能且符合其國家法律基本原則之情況，允許以視訊會議方式進行詢問。各締約國得協議由請求締約國司法機關進行詢問，並在詢問時應有被請求締約國司法機關人員在場。

十九、未經被請求締約國事先同意時，請求締約國不得將被請求締約國提供之資料或證據，移轉或利用於請求書所述用途以外之偵查、起訴或審判程序。本項規定不得妨礙請求締約國在其訴訟程序揭露得證明被告無罪之資料或證據。於後一種情形，請求締約國應在揭露之前通知被請求締約國。如被請求締約國要求須事前通知者，應與被請求締約國磋商。如在特殊之情況無法事先通知者，請求締約國應毫不遲延地將上述揭露通知被請求締約國。

二十、請求締約國得要求被請求締約國對其提出之請求及其內容予以保密，但為實施請求所必要者，不在此限。如被請求締約國無法遵守保密要求者，應立即通知請求締約國。

二十一、有下列情況之一者，得拒絕提供司法互助：

　　(a)請求未依本條規定提出；

　　(b)被請求締約國認為執行請求可能損害其主權、安全、公共秩序或其他基本利益；

　　(c)如被請求締約國主管機關依其管轄權已對任何類似犯罪進行偵查、起訴或審判程序者，其國家法律禁止對此類犯罪採取被請求之行動；

　　(d)同意此項請求，將違反被請求締約國司法互助之法律制度。

二十二、締約國不得僅以犯罪亦被認為涉及財稅事項為理由，拒絕司法互助請求。

二十三、拒絕司法互助時，應說明理由。

二十四、被請求之締約國應盡速執行司法互助請求，並應盡可能充分考量請求締約國所提之任何最後期限，最好是在請求中說明理由。請求締約國得合理要求被請求締約國，提供其執行此一請求所採取措施之現況及進展等訊息。被請求締約國應依請求締約國之合理要求，就其執行請求之現況及進展進行答覆。請求締約國應在其不再尋求協助時，迅速通知被請求締約國。

二十五、被請求締約國得以司法互助將妨礙其正進行之偵查、起訴或審判程序為理由，暫緩提供該司法互助。

二十六、被請求締約國依本條第二十一項拒絕任一項請求，或依本條第二

十五項暫緩執行請求事項之前，應與請求締約國協商，以考慮是否得依在其認為必要之條件提供司法互助。請求締約國如接受附帶上述條件之司法互助者，應遵守相關條件。

二十七、在不影響本條第十二項適用之情況，對依請求締約國請求而同意到請求締約國領域，就任一訴訟作證或為任一偵查、起訴或審判程序提供協助之證人、鑑定人或其他人員，不得因其離開被請求締約國領域前之作為、不作為或定罪，在請求締約國領域對其起訴、羈押、處罰，或使其人身自由受到任何其他限制。證人、鑑定人或其他人員在收到司法機關不再要求其出庭之正式通知時，自該通知之日起連續十五日內，或在各締約國協議之任何期限內有機會離開，但仍自願留在請求締約國領域內，或在離境後又自願返回者，這種安全保障即予失效。

二十八、除相關締約國另有協議外，執行請求之一般費用應由被請求締約國負擔。如實施請求需要或將需要支付巨額或特殊之費用者，應由相關締約國協商確定執行該請求之條件及負擔費用之方式。

二十九、被請求締約國：
　　　(a)應向請求締約國提供其所保有，且依其國家法律得向公眾公開之政府紀錄、文件或資料影本；
　　　(b)得自行斟酌決定全部或部分或依其認為適當之條件，向請求締約國提供其所保有，且依其國家法律未向公眾公開之任何政府紀錄、文件或資料影本。

三十、締約國應視需要考慮締結雙邊或多邊協定或安排之可能性，以利實現本條之目的、具體實施或加強本條之規定。

第四十七條　刑事訴訟程序之移轉管轄

各締約國如認為相互移轉訴訟程序有利於適當執法者，特別是在涉及數國管轄權時，為了使起訴集中，應考慮相互移轉訴訟程序之可能性，以利對本公約所定之犯罪進行刑事訴訟。

第四十八條　執法合作

一、各締約國應在符合其國家法律制度及行政管理制度之情況相互密切合作，以加強打擊本公約所定犯罪執法行動之有效性。締約國尤應採取有效措施：
　　(a)加強並在必要時建立各締約國主管機關、機構及部門間之聯繫管道，以促進安全與迅速地交換本公約所定犯罪之各個方面情報；如相關締約國認為適當者，得包括與其他犯罪活動相連結之情報；
　　(b)與其他締約國就調查本公約所定犯罪之下列事項進行合作：
　　　(i)此類犯罪嫌疑人之身分、所在地及活動，或其他相關人員之所在地；

　　　　(ii)來自此類犯罪之犯罪所得或財產流向；

　　　　(iii)利用或意圖利用於觸犯此類犯罪之財產、設備或其他工具流向；

　　(c)在適當之情況，提供必要數目或數量之物品，以供分析或偵查使用；

　　(d)在適當之情況，就觸犯本公約所定犯罪而採用之具體手段及方法，與其他締約國酌情交換資料，包括利用假身分、變造、偽造或假冒證件及其他掩飾活動之手段；

　　(e)促進各締約國主管機關、機構及部門間之有效協調，並加強人員和其他專家之交流，包括依相關締約國間之雙邊協定和安排，派駐聯絡官員；

　　(f)交換情報及協調採取適當之行政和其他措施，以利儘早查明本公約所定之犯罪。

二、為了實施本公約，各締約國應考慮締結其執法機構間直接合作之雙邊或多邊協定或安排，並在已有此類協定或安排之情況，考慮修正之。相關締約國之間尚未締結此類協定或安排時，此等締約國得考慮以本公約為基礎，就本公約所定之任何犯罪，進行相互執法合作。締約國應在適當之情況充分利用各種協定或安排，包括利用國際或區域組織，以加強各締約國執法機構間之合作。

三、各締約國應努力在其能力所及之範圍內進行合作，以利回應藉助現代技術觸犯本公約所定之犯罪。

第四十九條 聯合偵查

各締約國應考慮締結雙邊或多邊協定或安排，以利相關主管機關得就涉及一國或多國偵查、起訴或審判程序等事由之情事，設置聯合偵查機構。在無此類協定或安排時，得在個案基礎上協議進行此類聯合偵查。相關締約國應確保在一締約國領域內進行此種偵查時，其主權受到充分尊重。

第 五 十 條 特殊偵查手段

一、為了有效打擊貪腐，各締約國均應在其國家法律制度基本原則之許可範圍內，依其國家法律規定之條件，在其能力所及之情況採取必要之措施，允許其主管機關在其領域內酌情使用控制下交付，並在其認為適當時，使用電子或其他監視形式及臥底行動等其他特殊偵查手段，及允許法庭採信由此等手段取得之證據。

二、為了偵查本公約所定之犯罪，鼓勵各締約國於必要時締結適當之雙邊或多邊協定或安排，以利在國際合作時使用此類特殊偵查手段。此類協定或安排之締結及實施應充分遵循各國主權平等原則；執行時並應嚴格遵守此類協定或安排之規定。

三、在無本條第二項所定之協定或安排時，於國際場合使用此種特殊偵查手段之決定，應在個案基礎上為之；必要時得考量相關締約國就行使管轄權所達成之財務安排或瞭解書。

四、於國際場合使用控制下交付之決定，經相關締約國同意時，得包括攔截貨物或資金，及允許其原封不動地繼續運送，或將其全部或部分取出或替換等方法。

第五章　追繳資產

第五十一條　一般規定

依本章返還資產為本公約之基本原則。各締約國應在這方面相互提供最廣泛之合作及協助措施。

第五十二條　預防和監測犯罪所得轉移

一、在不影響本公約第十四條之情況，各締約國均應依其國家法律採取必要措施，要求其管轄範圍內之金融機構確認客戶身分，並採取合理之步驟，以確定存入大額資金帳戶之實際受益人身分，及對正在或曾經擔任重要公職之個人、其家庭成員及與其關係密切之人，或此等人員之代理人所要求開立或持有之帳戶，加強審查。此種加強審查應予以合理設計，以監測可疑交易並向主管機關申報；及不得解釋為妨礙或禁止金融機構與任何合法客戶之業務往來。

二、為利本條第一項所定措施之實行，各締約國均應依其國家法律及參照區域、區域間和多邊組織之相關反洗錢措施（倡議）：

　(a)就其國家管轄範圍內之金融機構，應對哪類自然人或法人帳戶實行加強審查、哪類帳戶和交易予以特別注意，及就此類帳戶之開立、管理及紀錄採取哪些適當之措施，發布諮詢意見；及

　(b)對應由其國家管轄範圍內金融機構實行加強審查帳戶之特定自然人或法人身分，除此等金融機構得自行確定者外，酌情依另一締約國請求或依職權自行決定，通知此等金融機構。

三、在本條第二項第(a)款之情況，各締約國均應實行措施，以確保其金融機構在適當之期限內保持本條第一項所定人員帳戶和交易之充分紀錄，至少應包括與客戶身分相關之資料，並盡可能包括與實際受益人身分相關之資料。

四、為了預防和監測本公約所定犯罪之所得轉移，各締約國均應採取適當及有效之措施，以在監理機構幫助之下禁止設立無實體存在且不附屬於受監理金融集團之銀行。此外，各締約國得考慮要求其金融機構，拒絕與此類機構建立或保持代理銀行關係（通匯往來銀行關係），並避免與允許無實體存在且不附屬於受監理金融集團之銀行使用其帳戶之外國金融機構，建立關係。

五、各締約國均應考慮依其國家法律，對相關公職人員訂定有效之財產申報制度，並應對不遵守制度之情形，明定適當之處罰。各締約國尚應考慮採取必要措施，允許其國家主管機關在必要時與其他國家主管機

關交換此種資料，以利對本公約所定犯罪之所得進行調查、主張權利，並予以追繳。

六、各締約國均應依其國家法律考慮採取必要措施，要求對在外國設立之金融帳戶擁有利益、對該帳戶擁有簽名權或其他權限之相關公職人員，向相關機關申報此種關係，並保持與此種帳戶有關之適當紀錄。此種措施尚應對違反之情形，明定適當之處罰。

第五十三條　直接追繳財產之措施

各締約國均應依其國家法律：

(a)採取必要措施，允許另一締約國在其國家法院提起民事訴訟，確立對觸犯本公約所定犯罪而獲得財產之權利或所有權；

(b)採取必要措施，允許其國家法院命令觸犯本公約所定犯罪之人，向受到此種犯罪損害之另一締約國支付補償或損害賠償；及

(c)採取必要措施，允許其國家法院或主管機關於須作沒收決定時，承認另一締約國對觸犯本公約所定犯罪而獲得之財產，主張合法所有權。

第五十四條　透過沒收事宜之國際合作追繳資產機制

一、為了依本公約第五十五條規定對透過或涉及觸犯本公約所定犯罪而獲得之財產提供司法互助，各締約國均應依其國家法律：

(a)採取必要措施，使其主管機關得執行另一締約國法院核發之沒收命令；

(b)採取必要措施，使有管轄權之主管機關得透過洗錢犯罪或可能發生在其管轄範圍內其他犯罪之法院判決，或其國家法律授權之其他程序，要求沒收此類外國來源之財產；及

(c)考慮採取必要措施，以利在犯罪人死亡、潛逃或缺席而無法對其起訴或其他適當情形，允許不經刑事定罪，即予沒收此類財產。

二、為了提供司法互助於本公約第五十五條第二項之請求，各締約國均應依其國家法律：

(a)採取必要措施，以利被請求締約國於收到請求締約國法院或主管機關核發之凍結或扣押命令時，依該凍結或扣押命令提供之合理事證，相信有充足理由採取凍結或扣押該財產之行動，及相關財產將依本條第一項第(a)款之沒收命令處理者，允許其主管機關得依該凍結或扣押命令為之；

(b)採取必要措施，以利被請求締約國於收到請求時，依該請求提供之合理事證，相信有充足理由採取凍結或扣押該財產之行動，及相關財產將依本條第一項第(a)款之沒收命令處理者，允許其主管機關得依該請求為之；及

(c)考慮採取補充措施，允許其主管機關保全擬沒收之財產，如基於涉及獲取上述財產之外國逮捕或刑事控訴。

第五十五條　沒收事宜之國際合作

一、各締約國在收到對本公約所定犯罪有管轄權之另一締約國，請求沒收本公約第三十一條第一項所定且位於被請求締約國領域內之犯罪所得、財產、設備或其他工具後，應在其國家法律制度之範圍內盡最大可能：

　(a)將這種請求提交其主管機關，以利取得沒收命令，並在取得沒收命令時執行之；或

　(b)將請求締約國領域內法院依本公約第三十一條第一項和第五十四條第一項第(a)款規定核發之沒收命令，提交其國家主管機關，以利依請求之範圍，就該沒收命令關於本公約第三十一條第一項所定且位於被請求締約國領域內之犯罪所得、財產、設備或其他工具執行之。

二、在對本公約所定犯罪有管轄權之締約國提出請求後，被請求締約國應採取措施，以辨認、追查及凍結或扣押本公約第三十一條第一項所定之犯罪所得、財產、設備或其他工具，以利最後由請求締約國命令，或依本條第一項所定之請求，由被請求締約國命令沒收之。

三、本公約第四十六條之規定，於本條準用之。依本條規定提出之請求，除第四十六條第十五項所定之資料外，尚應包括下列事項：

　(a)在本條第一項第(a)款之請求時，沒收財產之說明，並盡可能包括財產之所在地和在相關之情況財產之估計價值，及請求締約國所依據事實之充分陳述，以利被請求締約國能依其國家法律取得沒收命令；

　(b)在本條第一項第(b)款之請求時，請求締約國核發其請求所依據且法律上許可之沒收命令影本、事實及對沒收命令所請求執行範圍之說明、請求締約國為向善意第三人提供充分通知與確保正當程序所採取措施之具體陳述，及該沒收命令為已終局確定沒收命令之陳述；

　(c)在本條第二項之請求時，請求締約國所依據事實之陳述，和對請求採取行動之說明；如有請求所依據且法律上許可之沒收命令影本，一併附上。

四、被請求締約國依本條第一項和第二項規定作成之決定或採取之行動，應符合並遵循其國家法律及程序規則之規定，或可能約束其與請求締約國關係之任何雙邊或多邊協定或安排規定。

五、各締約國均應向聯合國秘書長提供實施本條規定之任何法規及其隨後任何修正規定影本，或其說明。

六、如締約國選擇以現行條約作為採取本條第一項和第二項所定措施之條件者，應將本公約視為必要且充分之條約依據。

七、如被請求締約國未收到充分和及時之證據，或財產價值輕微者，亦得拒絕本條規定之合作，或解除臨時（保全）措施。

八、在解除依本條規定採取之任何臨時（保全）措施前，如情況可行者，

　　　　　被請求締約國應提供請求締約國說明繼續維持該措施理由之機會。

　九、本條規定不得解釋為損害善意第三人之權利。

第五十六條　特別合作

　　在不影響其國家法律之情況，各締約國均應努力採取措施，以利在認為揭露本公約所定犯罪之所得資料，可能有助於接收資料締約國啟動或實行偵查、起訴或審判程序，或促使該締約國依本章提出請求時，及在不影響其國家偵查、起訴或審判程序之情況，無須事先請求，即向該另一締約國傳送此類資料。

第五十七條　資產返還和處分

　一、締約國應依本公約和其國家法律規定，處分依本公約第三十一條或第五十五條規定沒收之財產，包括依本條第三項規定返還原合法之所有權人。

　二、各締約國均應依其國家法律之基本原則，採取必要之立法和其他措施，使其國家主管機關在另一締約國請求其採取行動時，得在考量善意第三人權利之情況，依本公約返還沒收之財產。

　三、依本公約第四十六條和第五十五條及本條第一項和第二項規定：

　　　(a)對本公約第十七條和第二十三條所定貪污政府資金之非法侵占或竊取或其洗錢行為，被請求締約國應依第五十五條規定實行沒收後，基於請求締約國之確定判決，將沒收之財產返還請求締約國，但被請求締約國亦得放棄要求該確定判決；

　　　(b)對本公約所定之其他任何犯罪所得，被請求締約國應依本公約第五十五條規定執行沒收後，基於請求締約國之確定判決，在請求締約國向被請求締約國合理證明其對沒收財產之原所有權，或被請求締約國承認請求締約國受到之損害為返還沒收財產之依據時，將沒收之財產返還請求締約國，但被請求締約國亦得放棄要求該確定判決；

　　　(c)在其他所有之情況，被請求締約國應優先考慮將沒收之財產返還請求締約國、返還原合法之所有權人，或賠償犯罪被害人。

　四、在適當之情況，除締約國另有決定外，被請求締約國得在依本條規定返還或處分沒收之財產前，扣除為此進行偵查、起訴或審判程序所生之合理費用。

　五、在適當之情況，締約國亦得特別考慮就沒收財產之最後處分，逐案（在個案基礎上）締結協定或相互接受之安排。

第五十八條　金融情報機構

　　各締約國應相互合作，以預防和打擊本公約所定犯罪產生之所得轉移，並推廣追繳此類所得之方式及方法。為此，各締約國應考慮設金融情報機構，負責接收、分析及向主管機關傳送可疑之金融交易報告。

第五十九條　雙邊和多邊協定及安排

各締約國應考慮締結雙邊或多邊協定或安排，以利強化依本章進行國際合作之有效性。

第六章　技術援助和訊息交流

第 六 十 條　培訓和技術援助

一、各締約國均應在必要之情況，為其國家負責預防和打擊貪腐之人員，啟動、制定或改善具體培訓計畫。這些培訓計畫得處理下列事項：

　(a)預防、監測、偵查、懲罰及控制貪腐之有效措施，包括使用取證與偵查手段；

　(b)策略性反貪腐政策制定和規劃之能力建構；

　(c)對主管機關進行符合本公約要求所提出司法互助請求之培訓；

　(d)機構、政府部門管理之評估和加強，與政府財政、政府採購及私部門之管理；

　(e)本公約所定犯罪所得轉移之防止和打擊，及此類所得之追繳；

　(f)本公約所定犯罪所得轉移之監測和凍結；

　(g)本公約所定犯罪所得流向及此類所得轉移、藏匿或寄藏方法之監控；

　(h)便利返還本公約所定犯罪所得之適當且有效法律和行政機制及方法；

　(i)與司法機關合作之被害人及證人保護方法；及

　(j)國家和國際法規及語言之培訓。

二、各締約國應依各自之能力，考慮為彼此反貪腐計畫及方案，提供最廣泛之技術援助，特別是向開發中國家提供援助，包括本條第一項所定事項之物質支持和培訓，及將有利於締約國之間在引渡和司法互助領域之國際合作所提供之培訓和援助及相互交流相關經驗和專門知識。

三、各締約國應加強努力在國際和區域組織及相關雙邊和多邊協定或安排之架構，進行最大程度之業務執行和培訓活動。

四、各締約國應考慮依請求相互協助，對各自國家貪腐行為之類型、根源、影響及代價進行評價、分析及研究，以利在主管機關和社會之參與下，制定反貪腐策略和行動計畫。

五、為利於追繳本公約所定犯罪之所得，各締約國得進行合作，互相提供可協助實現此一目標之專家名單。

六、各締約國應考慮利用分區域、區域及國際性會議和研討會，促進合作與技術援助，並推動共同關切問題之討論，包括討論開發中國家和經濟轉型國家之特殊問題和需求。

七、各締約國應考慮建立自願機制，以利透過技術援助計畫和方案，對開發中國家及經濟轉型期國家適用本公約之努力，提供財政捐助。

八、各締約國均應考慮向聯合國毒品暨犯罪辦公室提供自願捐助，以利透

過該辦公室，促進開發中國家為實施本公約所進行之計畫及方案。

第六十一條 貪腐資料之蒐集、交換及分析

一、各締約國均應考慮分析其領域內之貪腐趨勢及觸犯貪腐犯罪之環境，並諮詢專家意見。

二、各締約國應考慮彼此並透過國際及區域組織，發展和分享統計資料，及貪腐與資料之分析專業能力，以利盡可能擬訂共同之定義、標準及方法，及最佳預防和打擊貪腐作法之資料。

三、各締約國均應考慮對其反貪腐政策和措施，進行監測並評估其有效性和效率。

第六十二條 其他措施：透過經濟發展和技術援助實施公約

一、各締約國應盡可能透過國際合作採取措施，以利達到本公約實施之最佳化，並考量貪腐普遍對社會之消極影響，尤其是對永續發展之影響。

二、各締約國應相互協調，並與國際及區域組織協調，盡可能作出具體努力於：

(a)加強與開發中國家在各種層級上之合作，以提高開發中國家預防及打擊貪腐之能力；

(b)加強財政和物質援助，以支持開發中國家為有效預防及打擊貪腐所作出之努力，並幫助其順利實施本公約；

(c)向開發中國家及經濟轉型國家提供技術援助，以協助其符合實施本公約之需求。為此，各締約國應努力向聯合國籌資機制中為此目的所專門指定之帳戶，提供適當且經常性之自願捐款。各締約國亦得依其國家法律和本公約規定，特別考慮向該帳戶捐出依本公約規定沒收之犯罪所得或財產中一定比例之金額或具有相當價值之財物；

(d)酌情鼓勵和說服其他國家及金融機構參與本條所定之各項努力，特別是透過向開發中國家提供更多培訓計畫和現代化設備，以協助其實現本公約之各項目標。

三、此等措施應盡量不影響現行對外援助之承諾，或其他雙邊、區域或國際金融合作安排。

四、各締約國得締結物資及後勤援助之雙邊或多邊協定或安排，並考量為使本公約所定之國際合作方式有效，和預防、偵查及控制貪腐所必要之各種財務安排。

第七章　實施機制

第六十三條 本公約締約國會議

一、為了實現本公約所定之目標及促進與檢視本公約之實施情形，特設本公約締約國會議，以增進各締約國之能力及締約國間之合作。

二、聯合國秘書長應於本公約生效後一年內召開締約國會議。其後，締約

國會議之例會應依締約國會議通過之議事規則召開。

三、締約國會議應通過議事規則和本條所定各項活動之運作規則，包括觀察員之加入、參加及其支付此等活動所生之費用等規則。

四、締約國會議應就本條第一項所定目標之實現，議決各項活動、程序和工作方法，包括：

(a)促進各締約國實施本公約第六十條、第六十二條及第二章至第五章所定之活動，包括鼓勵自願捐助；

(b)透過出版發行本條所定之相關訊息等方式，促進締約國之間就貪腐方式和趨勢、預防和打擊貪腐及返還犯罪所得等成功作法之訊息交換；

(c)與相關國際和區域組織與機制及非政府組織進行合作；

(d)適當利用其他國際和區域機制從事打擊和預防貪腐所產生之相關訊息，以避免工作上不必要之重複；

(e)定期檢視各締約國實施本公約之情況；

(f)提出建議，以利改進本公約及其實施情況；

(g)關注各締約國實施本公約所需之技術援助要求，並就此一方面其可能認為必要之任何行動，提出建議。

五、為了本條第四項規定之目的，締約國會議應透過各締約國所提交之訊息，及締約國會議可能建立之補充性審查機制，就各締約國實施本公約所採取之措施及實施過程中所遇到之困難，進行必要之瞭解。

六、各締約國均應依締約國會議之要求，向締約國會議提交其本國為實施本公約所採取之計畫、方案、作法及立法與行政措施等訊息。締約國會議應就審查訊息接收和依訊息採取行動之最有效方法。此種訊息包括從各締約國和相關國際組織收到之訊息。締約國會議亦得考慮取自於依締約國會議決議之程序經正式認可之相關非政府組織提交之訊息。

七、依本條第四項至第六項規定，締約國會議應在其認為必要時設置任何適當之機制或機構，以協助本公約之有效實施。

第六十四條　秘書處

一、聯合國秘書長應為本公約締約國會議提供必要之秘書處服務。

二、秘書處應：

(a)協助締約國會議進行本公約第六十三條所定之各項活動，並為締約國會議之各屆會議進行安排和提供必要之服務；

(b)依請求，協助各締約國向締約國會議提交本公約第六十三條第五項和第六項所定之訊息；及

(c)確保與相關國際和區域組織秘書處之必要協調。

第八章　最後條款

第六十五條　公約實施

一、各締約國均應依其國家法律之基本原則採取必要之措施，包括立法及行政措施，以切實履行其依本公約所承擔之義務。

二、為預防和打擊貪腐，各締約國均得採取比本公約規定更為嚴格或嚴厲之措施。

第六十六條　爭端解決

一、締約國應努力透過談判，解決與本公約之解釋或適用有關之爭端。

二、兩個或兩個以上締約國對本公約之解釋或適用發生任何爭端，在合理時間內無法透過談判解決者，應依其中一方請求交付仲裁。如自請求交付仲裁之日起六個月內此等締約國無法就仲裁安排達成協議，其中任何一方均得依國際法院規約之規定，請求將爭端提交國際法院。

三、各締約國在締結、批准、接受、同意或加入本公約時，均得聲明不受本條第二項規定之約束。對提出此種保留之任何締約國，其他締約國也不受本條第二項規定之約束。

四、凡依本條第三項規定提出保留之締約國，均得隨時通知聯合國秘書長撤回該項保留。

第六十七條　簽署、批准、接受、同意及加入

一、本公約自二〇〇三年十二月九日至十一日在墨西哥梅里達開放各國簽署，隨後直至二〇〇五年十二月九日止在紐約聯合國總部開放各國簽署。

二、如區域經濟整合組織至少有一個成員國已依本條第一項規定締結本公約者，本公約尚應開放該區域經濟整合組織簽署。

三、本公約須經批准、接受或同意。批准書、接受書或同意書應交存聯合國秘書長。如任一區域經濟整合組織至少有一個成員國已交存批准書、接受書或同意書者，該組織得比照辦理。該組織應在該項批准書、接受書或同意書中，宣布其在本公約管轄事項之權限範圍。該組織尚應將其權限範圍之任何相關修正情況，通知保存人。

四、任何國家，或至少已有一個成員國加入本公約之任何區域經濟整合組織，均得加入本公約。加入書應交存聯合國秘書長。區域經濟整合組織加入本公約時，應宣布其在本公約管轄事項之權限範圍。該組織尚應將其權限範圍之任何相關修正情況，通知保存人。

第六十八條　生效

一、本公約應自第三十份批准書、接受書、同意書或加入書交存之日起第九十日生效。為達本項之目的，區域經濟整合組織交存之任何文書均不得在該組織成員國所交存文書以外另行計算。

二、對在第三十份批准書、接受書、同意書或加入書交存以後批准、接受、同意或加入本公約之國家或區域經濟整合組織，本公約應自該國或該組織交存相關文書之日起第三十日後，或自本公約依本條第一項所定生效之日起生效，以較晚者為準。

第六十九條 修正

一、締約國得在本公約生效已滿五年後提出修正案，並將其送交聯合國秘書長。聯合國秘書長應立即將所提修正案轉送各締約國和締約國會議，以進行審議及決定。締約國會議應盡力就每項修正案達成共識。如已就達成共識作出一切努力而仍未能達成者，作為最後手段，該修正案應經出席締約國會議並參加表決之締約國三分之二多數決，始得通過。

二、區域經濟整合組織對屬於其權限之事項依本條行使表決權時，其票數相當於其成員國已成為本公約締約國之數目。如此等組織之成員國行使表決權者，此等組織不得行使表決權，反之亦然。

三、依本條第一項通過之修正案，應經各締約國批准、接受或同意。

四、依本條第一項通過之修正案，應自各締約國向聯合國秘書長交存批准、接受或同意該修正案之文書之日起九十日後，對該締約國生效。

五、修正案一經生效，即對已表示同意受其約束之締約國具有約束力。其他締約國則仍受本公約原條款和其以前批准、接受或同意之任何修正案約束。

第七十條 退出

一、締約國得以書面通知聯合國秘書長退出本公約。此項退出應自秘書長收到上述通知之日起一年後生效。

二、區域經濟整合組織在其所有成員國均已退出本公約時，即不再為本公約之締約方。

第七十一條 保存人和語文

一、聯合國秘書長應為本公約指定之保存人。

二、本公約原本應交存聯合國秘書長。本公約阿拉伯文、(簡體) 中文、英文、法文、俄文及西班牙文之各文本，同一作準。

茲由各自政府正式授權之下列署名全權代表簽署本公約，以昭信守。

第七章　領陸、航空與外空（太空）法

二十八、南極條約 (The Antarctic Treaty)　　　(1959.12.1)

說明：

㈠本公約一九五九年十二月一日簽署，一九六一年六月二十三日生效。

㈡英文本見 UNTS, Vol. 402, pp. 72–84；中文本見聯合國公約與宣言檢索系統，南極條約，載於 http://www.un.org/zh/documents/treaty/files/UNODA–1959.shtml（最近檢視日期：二〇一九年三月八日）。

阿根廷、澳大利亞、比利時、智利、法蘭西共和國、日本、新西蘭、挪威、南非聯邦、蘇維埃社會主義共和國聯盟、大不列顛及北愛爾蘭聯合王國和美利堅合眾國政府，

承認南極洲永遠繼續專用於和平目的和不成為國際糾紛的場所或對象，是符合全人類的利益的；

確認在南極洲進行科學調查方面的國際合作導致對科學知識的重大貢獻；

深信為繼續和發展在南極洲進行有如在國際地球物理年中所實行的那種在科學調查自由的基礎上的合作而建立一個牢固的基礎，對於科學和全人類的進步都是有利的：

還深信一項保證南極洲僅用於和平目的和在南極洲繼續保持國際和諧的條約，將促進聯合國憲章所體現的宗旨和原則；

議定條款如下：

第 一 條　一、南極洲應僅用於和平目的。在南極洲，應特別禁止任何軍事性措施，如建立軍事基地和設防工事，舉行軍事演習，以及試驗任何類型的武器。

　　　　　　二、本條約不阻止為科學研究或任何其他和平目的而使用軍事人員或設備。

第 二 條　有如在國際地球物理年中所實行的那種在南極洲進行科學調查的自由和為此目的而實行的合作，均應繼續，但應受本條約各條款的約束。

第 三 條　一、為了按照本條約第二條的規定促進在南極洲進行科學調查的國際合作，各締約國同意，在切實可行的最大範圍內：

　　　　　　(a)進行有關南極洲科學項目計畫的情報的交流，使工作能達到最大限度的經濟和效率；

　　　　　　(b)進行南極洲各探險隊和工作站之間科學人員的交流：

　　　　　　(c)進行從南極洲得來的科學觀察和成果的交流，並使其能供自由利用。

二、在實施本條時，應從各方而鼓勵同對南極洲具有科學或技術興趣的聯合國各專門機構及其他國際組織建立合作工作關係。

第 四 條　一、本條約中的任何規定不得解釋為：

(a)任何締約國放棄它前已提出過的對在南極洲的領土主權的權利或要求；

(b)任何締約國放棄或縮小它可能得到的對在南極洲的領土主權的要求的任何根據，不論該締約國提出這種要求是由於它本身或它的國民在南極洲活動的結果，或是由於其他原因；

(c)損害任何締約國關於承認或不承認任何其他國家對在南極洲的領土主權的權利、要求或要求根據的立場。

二、在本條約有效期間發生的任何行動或活動不得成為提出、支持或否認對在南極洲的領土主權的要求的根據，或創立在南極洲的任何主權權利。在本條約有效期間，不得提出對在南極洲的領土主權的任何新要求或擴大現有的要求。

第 五 條　一、禁止在南極洲進行任何核爆炸和處理放射性廢料。

二、如果締結關於核能的使用，包括核爆炸和對放射性廢料的處理的國際協定，而其代表有權參加第九條所規定的會議的締約國又都是這種協定的締約國，則這種協定所確定的規則也應適用於南極洲。

第 六 條　本條約各條款適用於南緯六十度以南的地區，包括一切冰架在內，但本條約中的任何規定不得妨礙或以任何方式影響任何國家根據國際法對該地區內公海的權利或權利的行使。

第 七 條　一、為了促進本條約的目標並保證本條約的條款得到遵守，各個其代表有權參加本條約第九條所提及的會議的締約國有權指派觀察員，進行本條所規定的任何視察。觀察員應為指派他們的締約國的國民。觀察員的名單應通知每個有權指派觀察員的其他締約國，觀察員的任命終止時，應發出同樣的通知。

二、按照本條第一款的規定指派的每一觀察員，有在任何時候進入南極洲的任何或所有地區的完全自由。

三、南極洲的所有地區，包括在此地區內的一切工作站、設施和設備，以及在南極洲的貨物或人員裝卸點的一切船隻和飛機，應隨時接受按照本條第一款指派的任何觀察員的視察。

四、任何有權指派觀察員的締約國得在任何時候對南極洲的任何或所有地區進行空中視察。

五、各個締約國應在本條約對其生效時將下列事項通知其他締約國，其後則應預先通知：

(a)其船隻或其國民組成的前往南極洲和在南極洲內的一切探險隊，以及在其領土上組織的或從其領土出發前往南極洲的一切探險隊；

　　　　　(b)其國民所佔用的在南極洲的一切工作站；以及

　　　　　(c)在本條約第一條第二款所規定的條件的限制下，打算由其引進南極洲的任何軍事人員或設備。

第 八 條　一、為了便利下述人員行使其根據本條約所規定的職能，而不損害各締約國有關對在南極洲的一切其他人的管轄權的各自立場，根據本條約第七條第一款指派的觀察員和根據第三條第一款第(b)項進行交流的科學人員，以及隨同任何此種人員的工作人員，對其在南極洲時行使其職能的一切行為或不行為，只服從其作為國民所屬的締約國的管轄。

　　　　二、與涉及在南極洲行使管轄權的任何爭端案件有關的締約國，應在不損及本條第一款規定的條件下，並在按照第九條第一款第(e)項的規定採取措施前，立即進行磋商，以便達成一項彼此可以接受的解決辦法。

第 九 條　一、本條約序言中列舉的各締約國的代表應在本條約生效後兩個月內在坎培拉市開會，此後間隔適當的時間在適當地點開會，以交流情報，就關於南極洲的共同關心的事項進行協商，並制定、審議和向其政府建議為促進本條約的原則和目標的措施，其中包括關於下列事項的措施：

　　　　　(a)僅為和平的目的而使用南極洲；

　　　　　(b)對在南極洲的科學研究提供便利；

　　　　　(c)對在南極洲的國際科學合作提供便利；

　　　　　(d)對本條約第七條所規定的視察權利的行使提供便利；

　　　　　(e)有關在南極洲行使管轄權的問題；

　　　　　(f)南極洲生物資源的保護和保存。

　　　　二、按照第十三條加入本條約的各個締約國，在其在南極洲進行實際的科學研究，如建立一個科學工作站或派遣一支科學探險隊，從而表示其對南極洲的興趣期間，有權指派代表參加本條第一款所提及的會議。

　　　　三、本條約第七條所提及的觀察員的報告，應分送參加本條第一款所提及的會議的各締約國代表。

　　　　四、本條第一款所提及的措施，經所有其代表有權參加為審議這些措施而召開的會議的締約國核准後發生效力。

　　　　五、本條約所確定的任何或所有權利得自本條約生效之日起行使，不論為此種權利的行使提供便利的任何措施是否按照本條規定已經提出、經過審議或得到核准。

第 十 條　每個締約國承諾作出符合聯合國憲章的適當努力，以達到任何人都不在南極洲從事違反本條約的原則或宗旨的任何活動的目的。

第十一條　一、如果兩個或兩個以上的締約國之間產生任何關於本條約的解釋或應用的爭端，這些締約國應彼此進行協商，以便通過談判、調查、調停、調解、仲裁、司法解決或它們自己選擇的其他和平方法來解決其爭端。

　　　　二、任何未能用上述方法解決的具有這種性質的爭端，應在每次經該爭端所

有各方同意後提交國際法院解決，但如果不能就提交國際法院的問題達成協議，該爭端各方並不因此免除繼續尋求用本條第一款所述各種和平方法中的任何一種方法解決該爭端的責任。

第十二條　一、(a)本條約得在任何時候經所有其代表有權參加第九條所規定的會議的締約國的一致協議加以修改或修正。任何這種修改或修正，在保存國政府收到所有這些締約國已經批准的通知之時起生效；

　　　　(b)此後，這種修改或修正對於任何其他締約國應自保存國政府收到其批准通知時起生效。如果自修改或修正按照本條第一款第(a)項的規定生效之日起兩年期間內未收到某一締約國的批准通知，該國應自兩年期滿之日起被認為退出本條約。

二、(a)自本條約生效之日起滿三十年後，如經任何其代表有權參加第九條所規定的會議的締約國具文向保存國政府提出召開會議的請求，應根據實際情況儘早舉行締約國全體會議，以審查本條約的實施情況；

　　　　(b)本條約的任何修改或修正，經有代表出席上述會議的締約國的多數，其中包括其代表有權參加第九條所規定的會議的締約國的多數，在上述會議上通過時，應在會議結束後由保存國政府立即通知所有締約國，並應按照本條第一款的規定生效；

　　　　(c)如果任何這種修改或修正未按照本條第一款第(a)項的規定在通知所有締約國之日後兩年內生效，任何締約國得在兩年期滿後的任何時候通知保存國政府退出本條約，這種退出自保存國政府收到通知後兩年起發生效力。

第十三條　一、本條約須經各簽署國批准。聯合國任何會員國，或經其代表有權參加本條約第九條所規定的會議的所有締約國同意邀請加入本條約的其他國家，均得加入本條約。

二、各個國家應按照其憲法程序批准或加入本條約。

三、批准書和加入書應交經指定為保存國政府的美利堅合眾國政府保存。

四、保存國政府應將每份批准書或加入書交存的日期和本條約及本條約的任何修改或修正生效的日期通知所有簽署國和加入國。

五、自所有簽署國交存其批准書時起，本條約即對這些國家和對已經交存加入書的國家生效。此後，本條約對於任何加入國，自其交存加入書時起生效。

六、本條約應由保存國政府遵照聯合國憲章第一百零二條辦理登記。

第十四條　本條約用英文、法文、俄文和西班牙文寫成，各種文本具有同等效力，本條約保存在美利堅合眾國政府的檔案庫內，該政府應將本條約經正式核證的副本分送各簽署國和加入國政府。

下列署名的全權代表，經正式授權，在本條約上簽字，以資證明。

一九五九年十二月一日訂於華盛頓。

二十九、國際民用航空公約 (Convention on International Civil Aviation) (1944.12.7)

說明：

㈠本公約一九四四年十二月七日簽署，一九四七年四月四日生效。

㈡原始約文英文本見 UNTS, Vol. 15, pp. 295–362；以下中文文本以中國大陸民用航空局版本為本，並參考國際民航組織官方文件增修編譯。中國大陸民航局版本見中國大陸民用航空局，《國際民用航空公約》，2015 年，載於：http://www.caac. gov.cn/XXGK/XXGK/GJGY/201510/P020151103354121925630.pdf　（最近檢視日期：二○一九年三月八日）；國際民航組織版本見 International Civil Aviation Organization, Convention on International Civil Aviation, Montreal: ICAO, 2006, pp. 1–51.

㈢以下文本已包括歷次修正案。

序　言

　　鑒於國際民用航空的未來發展對建立和保持世界各國之間和人民之間的友誼和瞭解大有幫助，而其濫用足以威脅普遍安全；

　　又鑒於有需要避免各國之間和人民之間的摩擦並促進其合作，世界和平有賴於此；

　　因此，下列各簽署國政府議定了若干原則和辦法，使國際民用航空得按照安全和有秩序的方式發展，並使國際航空運輸業務得建立在機會均等的基礎上，健康地和經濟地經營；

　　為此目的締結本公約。

第一部分　空中航行

第一章　公約的一般原則和適用

第 一 條　主權
　　　　　締約各國承認每一國家對其領土之上的空氣空間具有完全的和排他的主權。

第 二 條　領土
　　　　　本公約所指一國的領土，應認為是在該國主權、宗主權、保護或委任統治下的陸地區域及與其鄰接的領水。

第 三 條　民用航空器和國家航空器
　　　　　一、本公約僅適用於民用航空器，不適用於國家航空器。

二、用於軍事、海關和警察部門的航空器，應認為是國家航空器。

三、一締約國的國家航空器，未經特別協定或其他方式的許可並遵照其中的規定，不得在另一締約國領土上空飛行或在此領土上降落。

四、締約各國承允在發布關於其國家航空器的規章時，對民用航空器的航行安全予以應有的注意。

第三條分條❶

一、締約各國承認，每一國家必須避免對飛行中的民用航空器使用武器，如攔截，必須不危及航空器內人員的生命和航空器的安全。此一規定不應被解釋為在任何方面修改了聯合國憲章所規定的各國的權利和義務。

二、締約各國承認，每一國家在行使其主權時，對未經允許而飛越其領土的民用航空器，或者有合理的根據認為該航空器被用於與本公約宗旨不相符的目的，有權要求該航空器在指定的機場降落；該國也可以給該航空器任何其他指令，以終止此類侵犯。為此目的，締約各國可採取符合國際法的有關規則，包括本公約的有關規定，特別是本條第一款規定的任何適當手段。每一締約國同意公布其關於攔截民用航空器的現行規定。

三、任何民用航空器必須遵守根據本條第二款發出的命令。為此目的，每一締約國應在本國法律或規章中作出一切必要的規定，以便在該國登記的、或者在該國有主營業所或永久居所的經營人所使用的任何航空器必須遵守上述命令。每一締約國應使任何違反此類現行法律或規章的行為受到嚴厲懲罰，並根據本國法律將這一案件提交其主管當局。

四、每一締約國應採取適當措施，禁止將在該國登記的、或者在該國有主營業所或永久居所的經營人所使用的任何民用航空器肆意用於與本公約宗旨不相符的目的。這一規定不應影響本條第一款或者與本條第二款和第三款相牴觸。

第 四 條　民用航空的濫用

締約各國同意不將民用航空用於和本公約的宗旨不相符的任何目的。

第二章　在締約國領土上空飛行

第 五 條　不定期飛行的權利

締約各國同意其他締約國的一切不從事定期國際航班飛行的航空器，在遵守本公約規定的條件下，不需要事先獲准，有權飛入或飛經其領土而不降停，或作非商業性降停，但飛經國有權令其降落。為了飛行安全，當航空器所欲飛經的地區不得進入或缺乏適當航行設施時，締約各國保留令其遵循規定航路或獲得特准後方許飛行的權利。

---

❶　一九八四年五月十日，大會決定修正芝加哥公約，增加第三條分條。本分條已於一九九八年十月一日生效。

此項航空器如為取酬或出租而載運乘客、貨物、郵件但非從事定期國際航班飛行，在遵守第七條規定的情況下，亦有上下乘客、貨物或郵件的特權，但上下的地點所在國家有權規定其認為需要的規章、條件或限制。

第 六 條　定期航班

除非經一締約國特准或其他許可並遵照此項特准或許可的條件，任何定期國際航班不得在該國領土上空飛行或進入該國領土。

第 七 條　國內載運權

締約各國有權拒絕准許其他締約國的航空器為取酬或出租在其領土內載運乘客、郵件和貨物前往其領土內另一地點。締約各國承允不締結任何協議在排他的基礎上特准任何其他國家的空運企業享有任何此項特權，也不向任何其他國家取得任何此項排他的特權。

第 八 條　無人駕駛航空器

任何無人駕駛而能飛行的航空器，未經一締約國特許並遵照此項特許的條件，不得無人駕駛而在該國領土上空飛行。締約各國承允對此項無人駕駛的航空器在向民用航空器開放的地區內的飛行加以管制，以免危及民用航空器。

第 九 條　禁區

一、締約各國由於軍事需要或公共安全的理由，可以一律限制或禁止其他國家的航空器在其領土內的某些地區上空飛行，但對該領土所屬國從事定期國際航班飛行的航空器和其他締約國從事同樣飛行的航空器，在這一點上不得有所區別。此種禁區的範圍和位置應當合理，以免空中航行受到不必要的阻礙。一締約國領土內此種禁區的說明及其隨後的任何變更，應盡速通知其他各締約國及國際民用航空組織。

二、在非常情況下，或在緊急時期內，或為了公共安全，締約各國也保留暫時限制或禁止航空器在其全部或部分領土上空飛行的權利並立即生效，但此種限制或禁止應不分國籍適用於所有其他國家的航空器。

三、締約各國可以依照其制定的規章，令進入上述第一款或第二款所指定地區的任何航空器盡速在其領土內一指定的機場降落。

第 十 條　在設關機場降落

除按照本公約的條款或經特許，航空器可以飛經一締約國領土而不降停外，每一航空器進入締約國領土，如該國規章有規定時，應在該國指定的機場降停，以便進行海關和其他檢查。當離開一締約國領土時，此種航空器應從同樣指定的設關機場離去。所有指定的設關機場的詳細情形，應由該國公布，並送交根據本公約第二部分設立的國際民用航空組織，以便通知所有其他締約國。

第十一條　空中規章的適用

在遵守本公約各規定的條件下，一締約國關於從事國際航行的航空器進入或離開其領土或關於此種航空器在其領土內操作或航行的法律和規章，應不分

國籍,適用於所有締約國的航空器,此種航空器在進入或離開該國領土或在其領土內時,都應該遵守此項法律和規章。

第十二條　空中規則

締約各國承允採取措施以保證在其領土上空飛行或在其領土內運轉的每一航空器及每一具有其國籍標誌的航空器,不論在何地,應遵守當地關於航空器飛行和運轉的現行規則和規章。締約各國承允使這方面的本國規章,在最大可能範圍內,與根據本公約隨時制定的規章相一致。在公海上空,有效的規則應為根據本公約制定的規則。締約各國承允對違反適用規章的一切人員起訴。

第十三條　入境及放行規章

一締約國關於航空器的乘客、機組或貨物進入或離開其領土的法律和規章,如關於入境、放行、移民、護照、海關及檢疫的規章,應由此種乘客、機組或貨物在進入、離開或在該國領土內時遵照執行或由其代表遵照執行。

第十四條　防止疾病傳播

締約各國同意採取有效措施防止經由空中航行傳播霍亂、斑疹傷寒（流行性）、天花、黃熱病、鼠疫,以及締約各國隨時確定的其他傳染病。為此,締約各國將與負責關於航空器衛生措施的國際規章的機構保持密切的磋商。此種磋商應不妨礙締約各國所參加的有關此事的任何現行國際公約的適用。

第十五條　機場費用和類似費用

一締約國對其本國航空器開放的公用機場,在遵守第六十八條規定的情況下,應按統一條件對所有其他締約國的航空器開放。為航行安全和便利而提供公用的一切航行設施,包括無線電和氣象服務,由締約各國的航空器使用時,應適用同樣的統一條件。

一締約國對任何其他締約國的航空器使用此種機場及航行設施可以徵收或准許徵收的任何費用:

一、對不從事定期國際航班飛行的航空器,應不高於從事同樣飛行的本國同級航空器所繳納的費用;

二、對從事定期國際航班飛行的航空器,應不高於從事同樣國際航班飛行的本國航空器所繳納的費用。

所有此類費用應予公布,並通知國際民用航空組織,但如一有關締約國提出意見,此項使用機場及其他設施的收費率應由理事會審查。理事會應就此提出報告和建議,供有關的一國或幾國考慮。任何締約國對另一締約國的任何航空器或航空器上所載人員或財物不得僅因給予通過或進入或離去其領土的權利而徵收任何規費、捐稅或其他費用。

第十六條　對航空器的檢查

締約各國的有關當局有權對其他締約國的航空器在降停或飛離時進行檢查,並查驗本公約規定的證件和其他文件,但應避免不合理的延誤。

第三章　航空器的國籍

第十七條　航空器的國籍

航空器具有其登記的國家的國籍。

第十八條　雙重登記

航空器在一個以上國家登記不得認為有效，但其登記可以由一國轉移至另一國。

第十九條　管理登記的國家法律

航空器在任何締約國登記或轉移登記，應按該國的法律和規章辦理。

第二十條　標誌的展示

從事國際航行的每一航空器應載有適當的國籍標誌和登記標誌。

第二十一條　登記的報告

締約各國承允，如經要求，應將關於在該國登記的某一航空器的登記及所有權情況提供給任何另一締約國或國際民用航空組織。此外，締約各國應按照國際民用航空組織制定的規章，向該組織報告有關在該國登記的經常從事國際航行的航空器所有權和控制權的可提供的有關資料。如經要求，國際民用航空組織應將所得到的資料提供給其他締約國。

第四章　便利空中航行的措施

第二十二條　簡化手續

締約各國同意採取一切可行的措施，通過發布特別規章或其他方法，以便利和加速航空器在締約各國領土間的航行，特別是在執行關於移民、檢疫、海關、放行等法律時，防止對航空器、機組、乘客和貨物造成不必要的延誤。

第二十三條　海關和移民程序

締約各國承允在其認為可行的情況下，按照依本公約隨時制定或建議的措施，制定有關國際航行的海關和移民程序。本公約的任何規定不得被解釋為妨礙設置豁免關稅的機場。

第二十四條　關稅

一、航空器飛抵、飛離或飛越另一締約國領土時，在遵守該國海關規章的條件下，應准予暫時免納關稅。一締約國的航空器在到達另一締約國領土時所載的燃料、潤滑油、零備件、正常設備及機上供應品，在航空器離開該國領土時，如仍留置航空器上，應免納關稅、檢驗費或類似的國家或地方稅款和費用。此種豁免不適用於卸下的任何數量或物品，但按照該國海關規章允許的不在此例，此種規章可以要求上述物品應受海關監督。

二、運入一締約國領土的零備件和設備，供裝配另一締約國的從事國際航

行的航空器或在該航空器上使用，應准予免納關稅，但須遵守有關國家的規章，此種規章可以規定上述物品應受海關的監督和管制。

第二十五條 航空器遇險

締約各國承允對在其領土內遇險的航空器，在其認為可行的情況下，採取援助措施，並在本國當局管制下准許該航空器所有人或該航空器登記國的當局採取情況所需的援助措施。締約各國搜尋失蹤的航空器時，應在按照公約隨時建議的各種協同措施方面進行合作。

第二十六條 事故調查

一締約國的航空器如在另一締約國的領土內發生事故，致有死亡或嚴重傷害或表明航空器或航行設施有重大技術缺陷時，事故所在地國家應在該國法律許可的範圍內，依照國際民用航空器組織建議的程序，著手調查事故情形。航空器登記國應有機會指派觀察員在調查時到場，而主持調查的國家，應將關於此事的報告及調查結果，通知航空器登記國。

第二十七條 不因專利權的主張而扣押航空器

一、一締約國從事國際航行的航空器，被准許進入或通過另一締約國領土時，不論降停與否，另一締約國不得以該國名義或以該國任何人的名義，基於航空器的構造、機構、零件、附件或操作有侵犯航空器進入國依法發給登記的任何專利權、設計或模型的情形，而扣押或扣留該航空器，或對該航空器的所有人或經營人提出任何權利主張，或進行任何其他干涉。締約各國並同意在任何情況下，航空器所進入的國家對航空器免予扣押或扣留時，均不要求繳付保證金。

二、本條第一款的規定，也適用於一締約國在另一締約國領土內航空器備用零件和備用設備的存儲，以及使用並裝置此項零件和設備以修理航空器的權利，但此項存儲的任何專利零件或設備，不得在航空器進入國國內出售或轉讓，也不得作為商品輸出該國。

三、本條的利益只適用於本公約的參加國並且是：㈠國際保護工業產權公約及其任何修正案的參加國；或㈡已經頒布專利法，對本公約其他參加國國民的發明予以承認並給予適當保護的國家。

第二十八條 航行設施和標準制度

締約各國承允在它認為可行的情況下：

一、根據依本公約隨時建議或制定的標準和措施，在其領土內提供機場、無線電服務、氣象服務及其他航行設施，以便利國際空中航行。

二、採取和實施根據本公約隨時建議或制定的有關通信程序、簡碼、標誌、信號、燈光及其他操作規程和規則的適當的標準制度。

三、在國際措施方面進行合作，以便航空地圖和圖表能按照本公約隨時建議或制定的標準出版。

第五章　航空器應具備的條件

第二十九條　航空器應備文件

締約國的每一航空器在從事國際航行時，應按照本公約規定的條件攜帶下列文件：

一、航空器登記證；

二、航空器適航證；

三、每一機組成員的適當的執照；

四、航空器航行記錄簿；

五、航空器無線電臺許可證，如該航空器裝有無線電設備；

六、列有乘客姓名及其登機地與目的地的清單，如該航空器載有乘客；

七、貨物艙單及詳細的申報單，如該航空器載有貨物。

第三十條　航空器無線電設備

一、各締約國航空器在其他締約國領土內或在其領土上空時，只有在具備該航空器登記國主管當局發給的設置及使用無線電發射設備的許可證時，才可以攜帶此項設備。在該航空器飛經的締約國領土內使用無線電發射設備，應遵守該國制定的規章。

二、無線電發射設備只准許飛行組成員中持有航空器登記國主管當局為此發給的專門執照的人員使用。

第三十一條　適航證

凡從事國際航行的每一航空器，應備有該航空器登記國發給或核准的適航證。

第三十二條　人員執照

一、從事國際航行的每一航空器駕駛員及飛行組其他成員，應備有該航空器登記國發給或核准的合格證書和執照。

二、就在本國領土上空飛行而言，締約各國對其任何國民持有的由另一締約國發給的合格證書和執照，保留拒絕承認的權利。

第三十三條　承認證書及執照

登記航空器的締約國發給或核准的適航證和合格證書及執照，其他締約國應承認其有效。但發給或核准此項證書或執照的要求，須等於或高於根據本公約隨時制定的最低標準。

第三十四條　航行記錄簿

從事國際航行的每一航空器，應保持一份航行記錄簿，以根據本公約隨時規定的格式，記載航空器、機組及每次航行的詳情。

第三十五條　貨物限制

一、從事國際航行的航空器，非經一國許可，在該國領土內或在該國領土上空時不得載運軍火或作戰物資，至於本條所指軍火或作戰物資的含

意，各國應以規章自行確定，但為求得統一起見，應適當考慮國際民用航空組織隨時所作的建議。

二、締約各國為了公共程序和安全，除第一款所列物品外，保留管制或禁止在其領土內或領土上空載運其他物品的權利。但在這方面，對從事國際航行的本國航空器和從事同樣航行的其他國家的航空器，不得有所區別，也不得對在航空器上為航空器操作或航行所必要的或為機組成員或乘客的安全而必須攜帶和使用的器械加任何限制。

第三十六條　照相機

締約各國可以禁止或管制在其領土上空的航空器內使用照相機。

第六章　國際標準及其建議措施

第三十七條　國際標準及程序的採用

締約各國承允在關於航空器、人員、航路及各種輔助服務的規章、標準、程序及工作組織方面進行合作，凡採用統一辦法而能便利、改進空中航行的事項，盡力求得可行的最高程度的一致。

為此，國際民用航空組織應根據需要就以下項目隨時制定並修改國際標準及建議措施和程序：

一、通信系統和助航設備，包括地面標誌；

二、機場和降落地區的特徵；

三、空中規則和空中交通管制辦法；

四、飛行和機務人員證件的頒發；

五、航空器的適航性；

六、航空器的登記和識別；

七、氣象資料的收集和交換；

八、航行記錄簿；

九、航空地圖及圖表；

十、海關和移民手續；

十一、航空器遇險和事故調查；

以及隨時認為適當的有關空中航行安全、正常及效率的其他事項。

第三十八條　背離國際標準和程序

任何國家如認為對任何上述國際標準和程序，不能在一切方面遵行，或在任何國際標準和程序修改後，不能使其本國的規章和措施完全符合此項國際標準和程序，或該國認為有必要採用在某方面不同於國際標準所規定的規章和措施時，應立即將其本國的措施和國際標準所規定的措施之間的差別，通知國際民用航空組織。任何國家如在國際標準修改以後，對其本國規章或措施不作相應修改，應於國際標準修正案通過後六十天內通知理事會，或表明它擬採取的行動。在上述情況下，理事會應立即將國際標準和

該國措施間在一項或幾項上存在的差別通知所有其他各國。

第三十九條　證書及執照的簽注

一、任何航空器和航空器的部件，如有適航或性能方面的國際標準，而在
發給證書時與此種標準在某個方面有所不符，應在其適航證上簽注或
加一附件，列舉其不符各點的詳情。

二、任何持有執照的人員如不完全符合所持執照或證書等級的國際標準所
規定的條件，應在其執照上簽注或加一附件，列舉其不符此項條件的
詳情。

第 四 十 條　簽注證書和執照的效力

備有此種經簽注的證書或執照的航空器或人員，除非經航空器所進入的領
土所屬國准許，不得參加國際航行。任何此項航空器或任何此項有證書的
航空器部件，如在其原發證國以外的其他國家登記或使用，應由此項航空
器或航空器部件所輸入的國家自行決定能否予以登記或使用。

第四十一條　現行適航標準的承認

對於航空器或航空器設備，如其原型是在其國際適航標準採用之日起三年
以內送交國家有關機關申請發給證書的，不適用本章的規定。

第四十二條　合格人員現行標準的承認

對於人員，如其執照最初是在此項人員資格的國際標準通過之日起一年以
內發給的，不適用本章的規定；但對於從此項國際標準通過之日起，其執
照繼續有效五年的人員，本章的規定都應適用。

第二部分　國際民用航空組織

第七章　組　織

第四十三條　名稱和組成

根據本公約成立一個定名為「國際民用航空組織」的組織。該組織由大會、
理事會和其他必要的各種機構組成。

第四十四條　目的

國際民用航空組織的宗旨和目的在於發展國際航行的原則和技術，並促進
國際航空運輸的規劃和發展，以：

一、保證全世界國際民用航空安全地和有秩序地發展；

二、鼓勵為和平用途的航空器的設計和操作藝術；

三、鼓勵發展國際民用航空應用的航路、機場和航行設施；

四、滿足世界人民對安全、正常、有效和經濟的航空運輸的需要；

五、防止因不合理的競爭而造成經濟上的浪費；

六、保證締約各國的權利充分受到尊重，每一締約國均有經營國際空運企

　　　　　　業的公平的機會；

　　　　七、避免締約各國之間的差別待遇；

　　　　八、促進國際航行的飛行安全；

　　　　九、普遍促進國際民用航空在各方面的發展。

第四十五條　❷永久地址

　　　　本組織的永久地址應由一九四四年十二月七日在芝加哥簽訂的國際民用航空臨時協定所設立的臨時國際民用航空組織臨時大會最後一次會議確定。本組織的地址經理事會決議可以暫遷他處。如非暫遷，則應經大會決議，通過這一決議所需票數由大會規定。此項規定的票數不得少於締約國總數的五分之三。

第四十六條　大會第一屆會議

　　　　大會第一屆會議應由上述臨時組織的臨時理事會在本公約生效後立即召集。會議的時間和地點由臨時理事會決定。

第四十七條　法律能力

　　　　本組織在締約各國領土內應享有為履行其職能所必須的法律能力。凡與有關國家的憲法和法律不相牴觸時，都應承認其完全的法人資格。

第八章　大　會

第四十八條　大會會議和表決

　　　　一、大會由理事會在適當的時間和地點每三年至少召開一次。經理事會召集或經五分之一以上的締約國向秘書長提出要求，可以隨時舉行大會特別會議。❸

　　　　二、所有締約國在大會會議上都有同等的代表權，每一締約國應有一票的表決權，締約各國代表可以由技術顧問協助，顧問可以參加會議，但無表決權。

---

❷　這是一九五四年六月十四日大會第八屆會議修正的該條條文；一九五八年五月十六日起生效。根據公約第九十四條第一款的規定，修正的條文對批准該修正案的國家生效。對未批准該修正案的國家，原來的條文依然有效，因此將原條文複述如下：

　　「本組織的永久地址應由一九四四年十二月七日在芝加哥簽訂的國際民用航空臨時協定所設立的臨時國際民用航空組織臨時大會最後一次會議確定。本組織的地址經理事會決議可以暫遷他處。」

❸　這是一九六二年九月十四日大會第十四屆會議修正的該條條文；一九七五年九月十一日起生效。根據公約第九十四條第一款的規定，修正的條文對批准該修正案的國家生效。一九五四年六月十四日大會第八屆會議修正並於一九五六年十二月十二日生效的該條條文如下：

　　「一、大會由理事會在適當的時間和地點每三年至少召開一次。經理事會召集或經任何十個締約國向秘書長提出要求，可以隨時舉行大會特別會議。」

　　該條的最初未經修正的條文如下：

　　「一、大會由理事會在適當的時間和地點每年召開一次。經理事會召集或經任何十個締約國向秘書長提出要求，可以隨時舉行大會特別會議。」

三、大會會議必須有過半數的締約國構成法定人數。除本公約另有規定外，
　　大會決議應由所投票數的過半數票通過。

第四十九條　　大會的權力和職責

大會的權力和職責為：

一、在每次會議上選舉主席和其他職員；

二、按照第九章的規定，選舉參加理事會的締約國；

三、審查理事會各項報告，對報告採取適當行為，並就理事會向大會提出
　　的任何事項作出決定。

四、決定大會本身的議事規則，並設置其認為必要的或適宜的各種附屬委
　　員會；

五、按照第十二章的規定，表決本組織的各年度預算，並決定本組織的財
　　務安排；❹

六、審查本組織的支出費用，並批准本組織的帳目；

七、根據自己的決定，將其職權範圍內的任何事項交給理事會、附屬委員
　　會或任何其他機構處理；

八、賦予理事會為行使本組織職責所必需的或適宜的權力和職權，並隨時
　　撤銷或變更所賦予的職權；

九、執行第十三章的各項有關規定；

十、審議有關變更或修正本公約條款的提案。如大會通過此項提案，則按
　　照第二十一章的規定，將此項提案向各締約國建議；

十一、處理在本組織職權範圍內未經明確指定歸理事會處理的任何事項。

第九章　理事會

第 五 十 條　　理事會的組成和選舉

一、理事會是向大會負責的常設機構，由大會選出的三十六個締約國組成。
　　大會第一次會議應進行此項選舉，此後每三年選舉一次；當選的理事
　　任職至下屆選舉時為止。❺

---

❹　這是一九五四年六月十四日大會第八屆會議修正的該條條文；一九五六年十二月十二日起生效。
　　根據公約第九十四條第一款的規定，修正的條文對批准該修正案的國家生效。對未批准該修正案
　　的國家原來的條文依然有效，因此將原條文複述如下：「五、按照第十二章的規定，表決本組織的
　　年度預算，並表決本組織有財務安排；」

❺　這是一九九〇年十月二十六日大會第二十八屆會議後修正的條文；於二〇〇二年十一月二十八日
　　生效。公約最初條文規定理事會為二十一席。該條隨後歷經三次修正：第一次於一九六一年六月
　　十九日為大會第十三屆（特別）會議修正，並於一九六二年七月十七日起生效，規定理事會為二
　　十七席；第二次於一九七一年三月十二月大會第十七屆（A）（特別）會議修正，規定理事會為三十
　　席，該修正案於一九七三年一月十六日起生效；第三次於一九七四年十月十四日大會第二十一屆
　　會議修正，一九八〇年二月十五日起生效，規定理事會為三十三席。大會已於二〇一六年十月一
　　日通過決議，將成員數目由三十六個增加為四十個，此一修訂須經一百二十八個締約國批准方可

二、大會選舉理事時，應給予下列國家以適當代表：㈠在航空運輸方面占主要地位的各國；㈡未包括在其他項下的對提供國際民用航空航行設施作最大貢獻的各國；及㈢未包括在其他項下的其當選可保證世界各主要地理區域在理事會中均有代表的各國。理事會中一有出缺，應由大會盡速補充；如此當選理事的締約國，其任期應為其前任所未屆滿的任期。

三、締約國擔任理事的代表不得同時參與國際航班的經營，或與此項航班有財務上的利害關係。

第五十一條　理事會主席

理事會應選舉主席一人，任期三年，連選可以連任。理事會主席無表決權。理事會應從其理事中選舉副主席一人或數人。副主席代理主席時，仍保留其表決權。主席不一定由理事會成員國代表中選出，但如有一名代表當選，即認為其理事席位出缺，應由其代表的國家另派代表。主席的職責如下：

一、召集理事會，航空運輸委員會及航行委員會的會議；

二、充任理事會的代表；

三、以理事會的名義執行理事會委派給他的任務。

第五十二條　理事會的表決

理事會的決議需經過半數理事同意。理事會對任一特定事項可以授權由其理事組成的一委員會處理。對理事會任何委員會的決議，有關締約國可以向理事會申訴。

第五十三條　無表決權參加會議

任何締約國在理事會及其委員會和專門委員會審議特別影響該國利益的任何問題時，可以參加會議，但無表決權。理事會成員國在理事會審議一項爭端時，如其本身為爭端的一方，則不得參加表決。

第五十四條　理事會必須履行的職能

理事會應：

一、向大會提出年度報告；

二、執行大會的指示和履行本公約為其規定的職責和義務；

三、決定其組織和議事規則；

四、在理事會各成員國代表中選擇任命一對理事會負責的航空運輸委員會，並規定其職責；

五、按照第十章的規定設立一航行委員會；

六、按照第十二章和第十五章的規定管理本組織的財務；

七、決定理事會主席的酬金；

生效，見國際民用航空組織，大會第 39 屆會議通過的決議臨時版本，蒙特利爾，2016 年 10 月，頁 29-30。

八、按照第十一章的規定，任命一主要行政官員，稱為秘書長，並規定對其他必要工作人員的任用辦法；

九、徵求、蒐集、審查並出版關於空中航行的發展和國際航班經營的資料，包括經營的成本，及以公共資金給予空運企業補貼等詳細情形的資料；

十、向締約各國報告關於違反本公約及不執行理事會建議或決定的任何情況；

十一、向大會報告關於一締約國違反本公約而經通告後在一合理的期限內仍未採取適當行動的任何情況；

十二、按照本公約第六章的規定，通過國際標準及建議措施；並為便利起見，將此種標準和措施稱為本公約的附件，並將已採取的行動通知所有締約國；

十三、審議航行委員會有關修改附件的建議，並按照第二十章的規定採取行動；

十四、審議任何締約國向理事會提出的關於本公約的任何事項。

第五十五條　理事會可以行使的職能

理事會可以：

一、在適當的情況下並根據經驗認為需要的時候，在地區或其他基礎上，設立附屬的航空運輸委員會，並劃分國家或空運企業的組別，以便理事會與其一起或通過其促進實現本公約的宗旨；

二、委託航行委員會行使本公約規定以外的職責，並隨時撤銷或變更此種職責；

三、對具有國際意義的航空運輸和空中航行的一切方面進行研究，將研究結果通知各締約國，並促進締約國之間交換有關航空運輸和空中航行的資料；

四、研究有關國際航空運輸的組織和經營的任何問題，包括幹線上國際航班的國際所有和國際經營的問題，並將有關計畫提交大會；

五、根據任何一個締約國的要求，調查對國際空中航行的發展可能出現本可避免的障礙的任何情況，並在調查後發布其認為適宜的報告。

第十章　航行委員會

第五十六條　委員會的提名和任命

航行委員會由理事會在締約國提名的人員中任命委員十九人組成。此等人員對航空的科學知識和實踐應具有合適的資格和經驗。理事會應要求所有締約國提名。航行委員會的主席由理事會任命。❻

---

❻ 這是一九八九年十月六日大會第二十七屆修正的條文，並於二○○五年四月十八日生效。公約最初條文規定航行委員會為十二席。後經一九七一年七月七日大會第十八屆會議第一次修正為十五

第五十七條　委員會的職責

航行委員會應：

一、對本公約附件的修改進行審議並建議理事會予以通過；

二、成立技術小組委員會，任何締約國如願意參加，都可指派代表；

三、在向各締約國收集和傳遞其認為對改進空中航行有必要和有用的一切資料方面，向理事會提供意見。

第十一章　人　事

第五十八條　人員的任命

在符合大會制訂的一切規則和本公約條款的情況下，理事會確定秘書長及本組織其他人員的任命及任用終止的辦法、訓練、薪金、津貼及服務條件，並可僱用任一締約國國民或使用其服務。

第五十九條　人員的國際性

理事會主席、秘書長以及其他人員對於執行自己的職務，不得徵求或接受本組織以外任何當局的指示。締約各國承允充分尊重此等人員職務的國際性，並不謀求對其任一國民在執行此項職務時施加影響。

第 六 十 條　人員的豁免和特權

締約各國承允在其憲法程序允許的範圍內，對本組織理事會主席、秘書長和其他人員，給以其他國際公共組織相當人員所享受的豁免和特權。如對國際公務人員的豁免和特權達成普遍性國際協定時，則給予本組織理事會主席、秘書長及其他人員的豁免和特權，應為該項普遍性國際協定所給予的豁免和特權。

第十二章　財　政

第六十一條　預算和開支分攤❼

理事會應將各年度預算、年度決算和全部收支的概算提交大會。大會應對各該預算連同其認為應作的修改進行表決，並除按第十五章規章向各國分攤其同意繳納的款項外，應將本組織的開支按照隨時確定的辦法在各締約

席，該修正案於一九七四年十二月十九日起生效。大會已於二〇一六年十月一日第三十九屆會議通過修訂第五十六條，將「委員十九人」改為「委員二十一人」，此一修訂須經一百二十八個締約國核准方能生效，見國際民用航空法組織，前引註❺，頁30–31。

❼　這是一九五四年六月十四日大會第八屆會議修正的該條條文；一九五六年十二月十二日起生效。根據公約第九十四條第一款的規定，修正的條文對批准該修正案的國家生效。對未批准該修正案的國家，原有的條文依然有效。因此將原條文覆述如下：

「理事會應將年度預算、年度決算和全部收支的概算提交大會。大會應對預算連同其認為應作的修改進行表決，並除按第十五章規定向各國分攤其同意繳納的款項外，應將本組織的開支按照隨時確定的辦法在各締約國間分攤。」

國間分攤。

第六十二條　中止表決權

任何締約國如在合理期限內，不向本組織履行其財務上的義務時，大會可以中止其在大會和理事會的表決權。

第六十三條　代表團及其他代表的費用

締約各國應負擔其出席大會的本國代表團的開支，以及由其任命在理事會工作的任何人員及其出席本組織附屬的任何委員會或專門委員會指派人員或代表的報酬、旅費及其他費用。

第十三章　其他國際協議

第六十四條　有關安全的協議

本組織對於在其權限範圍之內直接影響世界安全的航空事宜，經由大會表決後，可以與世界各國為保持和平而成立的任何普遍性組織締結適當的協議。

第六十五條　與其他國際機構訂立協議

理事會可以代表本組織同其他國際機構締結關於合用服務和有關人事的共同安排的協議，並經大會批准後，可以締結其他為便利本組織工作的協議。

第六十六條　關於其他協定的職能

一、本組織並應根據一九四四年十二月七日在芝加哥訂立的國際航班過境協定和國際航空運輸協定所規定的條款和條件，履行該兩項協定為本組織規定的職能。

二、凡大會和理事會成員國未接受一九四四年十二月七日在芝加哥訂立的國際航班過境協定或國際航空運輸協定的，對根據此項有關協定的條款而提交大會或理事會的任何問題，沒有表決權。

第三部分　國際航空運輸

第十四章　資料和報告

第六十七條　向理事會送交報告

締約各國承允，各該國的國際空運企業按照理事會規定的要求，向理事會送交運輸報告、成本統計，以及包括說明一切收入及其來源的財務報告。

第十五章　機場及其他航行設施

第六十八條　航路和機場的指定

締約各國在不違反本公約的規定下，可以指定任何國際航班在其領土內應遵循的航路和可以使用的機場。

第六十九條　航行設施的改進

理事會如認為某一締約國的機場或其他航行設施,包括無線電及氣象服務,對現有的或籌劃中的國際航班的安全、正常、有效和經濟的經營尚不夠完善時,應與直接有關的國家和影響所及的其他國家磋商,以尋求補救辦法,並可對此提出建議。締約國如不履行此項建議時,不應作違反本公約論。

第 七 十 條　提供航行設施費用

一締約國在第六十九條規定所引起的情況下,可以與理事會達成協議,以實施該項建議。該國可以自願擔負任何此項協議所必需的一切費用。該國如不願擔負時,理事會可應該國的請求,同意提供全部或一部分費用。

第七十一條　理事會對設施的提供和維護

如一締約國請求,理事會可以同意全部或部分地提供、維護和管理在該國領土內為其他締約國國際航班安全、正常、有效和經濟的經營所需要的機場及其他航行設施,包括無線電和氣象服務、並提供所需的人員。理事會可以規定使用此項設施的公平和合理的費用。

第七十二條　土地的取得或使用

經締約國請求由理事會全部或部分提供費用的設施,如需用土地時,該國應自行供給,如願意時可保留此項土地的所有權,或根據該國法律,按照公平合理的條件,對理事會使用此項土地給予便利。

第七十三條　開支和經費的分攤

理事會在大會根據第十二章撥給理事會使用的經費範圍內,可以從本組織的總經費中為本章的目的支付經常費用。為本章的目的所需的資金,由理事會按預先同意的比例在一合理期間內,向使用此項設施的空運企業所屬的並同意承擔的締約國分攤。理事會也可以向同意承擔的國家分攤任何必需的周轉金。

第七十四條　技術援助和收入的利用

理事會經一締約國的要求為其墊款、或全部或部分地提供機場或其他設施時,經該國同意,可以在協議中規定在機場及其設施的管理和經營方面予以技術援助;並規定從經營機場及其他設施的收入中,支付機場及其他設施的業務開支、利息及分期償還費用。

第七十五條　從理事會接收設備

締約國可以隨時解除其按照第七十條所擔負的任何義務,償付理事會按情況認為合理的款額,以接收理事會根據第七十一條和第七十二條規定在其領土內設置的機場和其他設施。如該國認為理事會所定的數額不合理時,可以對理事會的決定向大會申訴,大會可以確認或修改理事會的決定。

第七十六條　款項的退還

理事會根據第七十五條收回的款項及根據第七十四條所得的利息和分期償還款項,如原款是按照第七十三條由各國墊付,應由理事會決定按照各該

國原墊款的比例退還各該國。

第十六章　聯營組織和合營航班

第七十七條　允許聯合經營組織

本公約不妨礙兩個或兩個以上締約國組成航空運輸的聯營組織或國際性的
經營機構，以及在任何航線或地區合營航班。但此項組織或機構的合營航
班，應遵守本公約的一切規定，包括關於將協定向理事會登記的規定。理
事會應決定本公約關於航空器國籍的規定以何種方式適合於國際經營機構
所用的航空器。

第七十八條　理事會的職能

理事會可以建議各有關締約國在任何航線或任何地區建立聯合組織經營航
班。

第七十九條　參加經營組織

一國可以通過其政府或由其政府指定的一家或幾家空運企業，參加聯營組
織或合營安排。此種企業可以是國營、部分國營或私營，安全由有關國家
自行決定。

第四部分　最後條款

第十七章　其他航空協定和協議

第八十條　巴黎公約和哈瓦那公約

締約各國承允，如該國是一九一九年十月十三日在巴黎簽訂的空中航行管
理公約或一九二八年二月二十日在哈瓦那簽訂的商業航空公約的締約國，
則在本公約生效時，立即聲明退出上述公約。在各締約國間，本公約即代
替上述巴黎公約和哈瓦那公約。

第八十一條　現行協定的登記

本公約生效時，一締約國和任何其他國家間，或一締約國空運企業和任何
其他國家或其他國家空運企業間的一切現行航空協定，應立即向理事會登
記。

第八十二條　廢除與本公約牴觸的協議

締約各國承認本公約廢除了彼此間所有與本公約條款相牴觸的義務和諒
解，並承允不再承擔任何此類義務和達成任何此類諒解。一締約國如在成
為本組織的成員國以前，曾對某一非締約國或某一締約國的國民或非締約
國的國民，承擔了與本公約的條款相牴觸的任何義務，應立即採取步驟，
解除其義務。任何締約國的空運企業如已經承擔了任何此類與本公約相牴
觸的義務，該空運企業所屬國應以最大努力立即終止該項義務，無論如何，

應在本公約生效後可以合法地採取這種行動時，終止此種義務。

第八十三條　新協議的登記

任何締約國在不違反前條的規定下，可以訂立與本公約各規定不相牴觸的協議。任何此種協議，應立即向理事會登記，理事會應盡速予以公布。

第八十三條分條❽　職責和義務的轉移

一、儘管有第十二條、第三十條、第三十一條和第三十二條第一款的規定，當在一締約國登記的航空器由在另一締約國有主營業所或永久居所的經營人根據租用、包用或互換航空器的協議或者任何其他類似協議經營時，登記國可以與該另一國通過協議，將第十二條、第三十條、第三十一條和第三十二條第一款賦予登記國對該航空器的職責和義務轉移至該另一國。登記國應被解除對已轉移的職責和義務的責任。

二、上述協議未按照第八十三條的規定向理事會登記並公布之前，或者該協議的存在和範圍未由協議當事國直接通知各有關締約國，轉移對其他締約國不發生效力。

三、上述第一款和第二款的規定對第七十七條所指的情況同樣適用。

第十八章　爭端和違約

第八十四條　爭端的解決

如兩個或兩個以上締約國對本公約及其附件的解釋或適用發生爭議，而不能協商解決時，經任何與爭議有關的一國申請，應由理事會裁決。理事會成員國如為爭端的一方，在理事會審議時，不得參加表決。任何締約國可以按照第八十五條，對理事會的裁決向爭端他方同意的特設仲裁庭或向常設國際法院上訴。任何此項上訴應在接獲理事會裁決通知後六十天內通知理事會。

第八十五條　仲裁程序

對理事會的裁決上訴時，如爭端任何一方的締約國，未接受常設國際法院的規約，而爭端各方的締約國又不能在仲裁庭的選擇方面達成協議，爭端各方締約國應各指定一仲裁員，再由仲裁員指定一仲裁長。如爭端任何一方的締約國從上訴之日起三個月內未能指定一仲裁員，理事會主席應代替該國從理事會所保存的合格的並可供使用的人員名單中，指定一仲裁員，如各仲裁員在三十天內對仲裁長不能達成協議，理事會主席應從上述名單中指定一仲裁長。各仲裁員和該仲裁長應即聯合組成一仲裁庭。根據本條或前條組成的任何仲裁庭，應決定其自己的議事程序，並以多數票作出裁決。但理事會如認為有任何過分延遲的情形，可以對程序問題作出決定。

---

❽　一九八〇年十月六日，大會修正芝加哥公約，增加第八十三條分條。本條於一九九七年六月二十日生效。

第八十六條　上訴

除非理事會另有決定，理事會對一國際空運企業的經營是否符合本公約規定的任何裁決，未經上訴撤銷，應仍保持有效。關於任何其他事件，理事會的裁決一經上訴，在上訴裁決以前應暫停有效。常設國際法院和仲裁庭的裁決，應為最終的裁決並具有約束力。

第八十七條　對空運企業不遵守規定的處罰

締約各國承允，如理事會認為一締約國的空運企業未遵守根據前條所作的最終裁決時，即不准該空運企業在其領土之上的空氣空間飛行。

第八十八條　對締約國不遵守規定的處罰

大會對違反本章規定的任何締約國，應暫停其在大會和理事會的表決權。

第十九章　戰　爭

第八十九條　戰爭和緊急狀態

如遇戰爭，本公約的規定不妨礙受戰爭影響的任一締約國的行動自由，無論其為交戰國或中立國。如遇任何締約國宣布其處於緊急狀態，並將此事通知理事會，上述原則同樣適用。

第二十章　附　件

第九十條　附件的通過和修正

一、第五十四條第十二款所述的附件，應經為此目的而召開的理事會會議三分之二的票數通過，然後由理事會將此種附件分送締約各國。任何此種附件或任何附件的修正案，應在送交締約各國後三個月內，或在理事會所規定的較長時期終了時生效，除非在此期間有半數以上締約國向理事會表示反對。

二、理事會應將任何附件或其修正案的生效，立即通知所有締約國。

第二十一章　批准、加入、修正和退出

第九十一條　公約的批准

一、本公約應由各簽署國批准。批准書應交存美利堅合眾國政府檔案處，該國政府應將交存日期通知各簽署國和加入國。

二、本公約一經二十六個國家批准或加入後，在第二十六件批准書交存以後第三十天起即在各該國間生效。以後每一國家批准本公約，在其批准書交存後第三十天起對該國生效。

三、美利堅合眾國政府應負責將本公約的生效日期通知各簽署國和加入國。

第九十二條　公約的加入

一、本公約應對聯合國成員國、與聯合國有聯繫的國家以及在此次世界戰

爭中保持中立的國家開放加入。

二、加入本公約應以通知書送交美利堅合眾國政府，並從美利堅合眾國政府收到通知書後第三十天起生效，美利堅合眾國政府並應通知締約各國。

第九十三條　准許其他國家參加

第九十一條和第九十二條第一款規定以外的國家，在世界各國為保持和平所設立的任何普遍性國際組織的許可下，經大會五分之四的票數通過並在大會可能規定的各種條件下，准許參加本公約；但在每一情況下，應以取得在此次戰爭中受該請求加入的國家入侵或攻擊過的國家的同意為必要條件。

第九十三條分條❾

一、儘管有以上第九十一條、第九十二條和第九十三條的規定。

　㈠一國如聯合國大會已建議將其政府排除出由聯合國建立或與聯合國有聯繫的國際機構，即自動喪失國際民用航空組織成員國的資格；

　㈡一國如已被開除出聯合國，即自動喪失國際民用航空組織成員國的資格，除非聯合國大會對其開除行動附有相反的建議。

二、一國由於上述第一款的規定而喪失國際民用航空組織成員國的資格，經申請，由理事會多數通過，並得到聯合國大會批准後，可以重新加入國際民用航空組織。

三、本組織的成員國，如被暫停行使聯合國成員國的權利和特權，根據聯合國的要求，應暫停其本組織成員國的權利和特權。

第九十四條　公約的修正

一、對本公約所建議的任何修正案，必須經大會三分之二票數通過，並在大會規定數目的締約國批准後，對已經批准的國家開始生效。規定的國家數目應不少於締約國總數的三分之二。

二、如大會認為由於修正案的性質而有必要時，可以在其建議通過該修正案的決議中規定，任何國家在該修正案生效後規定的時期內未予批准，即喪失其為本組織成員國及公約參加國的資格。

第九十五條　退出公約

一、任何締約國在公約生效後三年，可以用通知書通知美利堅合眾國政府退出本公約，美利堅合眾國政府應立即通知各締約國。

二、退出公約從收到通告書之日起一年後生效，並僅對宣告退出的國家生效。

---

❾　一九四七年五月二十七日，大會決定修正芝加哥公約，增加第九十三條分條。根據公約第九十四條第一款的規定，該修正案於一九六一年三月二十日起對批准該修正案的國家生效。

第二十二章 定　義

第九十六條　就本公約而言：

一、「航班」指以航空器從事乘客、郵件或貨物的公共運輸的任何定期航班。

二、「國際航班」指經過一個以上國家領土之上的空氣空間的航班。

三、「空運企業」指提供或經營國際航班的任何航空運輸企業。

四、「非商業性降停」指任何目的不在於上下乘客、貨物或郵件的降停。

公約的簽署

下列全權代表經正式授權，各代表其本國政府在本公約上簽署，以資證明，簽署日期列於署名的一側。

本公約以英文於一九四四年十二月七日訂於芝加哥。以英文、法文、西班牙文和俄文❿寫成的各種文本具有同等效力。這些文本存放於美利堅合眾國政府檔案外，由該國政府將經過認證的副本分送在本公約上簽署或加入本公約的各國政府。本公約應在華盛頓（哥倫比亞特區）開放簽署。

三十、航空器上所犯罪行及若干其他行為〔東京〕公約 ([Tokyo] Convention on Offences and Certain Other Acts Committed on Board Aircraft)　　(1963.9.14)

說明：

㈠本公約一九六三年九月十四日簽署，一九六九年十二月四日生效。

㈡英、法文本見 UNTS, Vol. 704, pp. 220–241（雙號是英文，單號是法文）；中文譯文見《立法專刊》，第三十輯（民國五十四－五十五年），頁 4–11。

本公約之締約國經議定條款如下：

第一章　公約範圍

第　一　條　一、本公約應適用於

㈠觸犯刑法之犯罪行為；

㈡行為之不論犯罪與否，而可能或確實危害航空器或其所載人員或財產之安全者，或危害航空器上之良好秩序與紀律者。

二、除第三章另有規定外，本公約應適用於任一締約國所登記航空器上任何

---

❿ 一九七七年九月三十日，大會決定修正芝加哥公約，增加以俄文寫成的作準文本。本修正案已於一九九九年八月十七日生效。

　　　　　人，於該航空器在飛航之中，或在公海上面或在任何一國領域以外之其他區域所犯罪行或其他行為。

三、本公約所稱航空器在飛航中者，指航空器自開始使用動力準備起飛之時起，至降落滑行終了之時止。

四、本公約不適用於軍事、海關或警察勤務所用之航空器。

第 二 條　在不妨礙第四條之規定且除對航空器或其所載人員財產之安全有必需者外，本公約之規定，不得解釋為對於有關政治性或基於種族或宗教歧視之刑事法律有違反行為者，作授權或需採任何行動之依據。

第二章　管轄權

第 三 條　一、航空器登記國有權管轄該航空器上所犯罪行及行為。

二、各締約國應採取必要措施，以登記國之資格對於在該國登記之航空器上所犯罪行行使其管轄權。

三、本公約並不排除依本國法而行使之任何刑事管轄權。

第 四 條　除下列情形外，凡非航空器登記國之締約國不得干涉在飛航中之航空器，以行使其對該航空器上所犯罪行之刑事管轄權：

㈠犯罪行為係實行於該締約國領域以內者；

㈡犯罪行為係由於或對於該締約國之國民或其永久居民所為者；

㈢犯罪行為係違害該締約國之安全者；

㈣犯罪行為係違反該締約國有關航空器飛航或操作之任何有效規章者；

㈤管轄權之行使係確保該締約國履行某項多邊國際協定任何義務所必需者。

第三章　航空器正駕駛員之職權

第 五 條　一、本公約之規定不適用於飛航在登記國之上空或在公海上空或不屬於任何國家之領域上空之航空器上所載人員已犯或準備作犯罪或其他行為。但最後起飛地或次一預定降落地係在登記國以外之國家，或該航空器嗣後飛航於登記國以外之國家上空而仍乘載該行為人者不在此限。

二、不論第一條第三項之規定如何，為本章之目的，航空器自登機後將其所有外邊機門關閉之時起至啟開任一機門卸客之時止，應認為在飛航中。遇強迫降落時，本章之規定對於在該航空器上所犯罪行及行為仍應繼續適用，直至某一國家之主管官署接管對該航空器及其所載人員與財產之責任為止。

第 六 條　一、航空器正駕駛員如有正當理由可以相信某人在該航空器上已犯，或正準備犯第一條第一款所稱罪行或行為，得對該人採取合理措施包括必要之約束，以便：

㈠保護航空器，或其所載人員或財產之安全；或

㈡維持航空器上之良好秩序與紀律；或

　　　　　　(丙)使其能依本章之規定將該人交付主管官署或予以卸下。

　　　　二、航空器正駕駛員得要求或授權航空器上其他航空人員之協助，並得請求
　　　　　　或授權，但不得要求乘客之協助，以約束其應予約束之人。航空器之任
　　　　　　何航空人員或乘客縱未經此項授權，如其有正當理由可以相信該項行動
　　　　　　為保護航空器或其所載人員財產之安全所急需者，亦得採取合理預防措
　　　　　　施。

第 七 條　一、依第六條加於某人之約束措施，除下列情形外，不得繼續至超出航空器
　　　　　　降落地點以外：
　　　　　　(甲)該一地點係在非締約國領域以內而其官署不准卸下該行為人或該項措
　　　　　　　　施係依第六條第一項(丙)款以便交付主管官署而採取者；
　　　　　　(乙)航空器作強迫降落而其正駕駛員不克將行為人交付主管官署者；或
　　　　　　(丙)該行為人同意在約束之下繼續載運者。

　　　　二、航空器正駕駛員應盡速，並儘可能於降落某國之前，以其航空器上載有
　　　　　　依第六條受約束處分之人之事實及約束之理由通知該國官署。

第 八 條　一、航空器正駕駛員為第六條第一項(甲)款或(乙)款之目的而有必要時，得在航
　　　　　　空器降落之任何國家領域內卸下其有正當理由可以相信已在航空器上犯
　　　　　　有，或正準備犯第一條第一項(乙)款所稱之行為人。

　　　　二、航空器正駕駛員應將依本條規定卸下之人之事實及理由報告其卸下國之
　　　　　　官署。

第 九 條　一、航空器正駕駛員依其個人意見，認為有正當理由堪信任何人在航空器上
　　　　　　已犯有登記國刑法之重大罪嫌者，得於降落地將該行為人交付於該地所
　　　　　　屬締約國之主管官署。

　　　　二、航空器正駕駛員於可能時應盡速於降落某締約國之前，將其航空器上所
　　　　　　載之人依照前項規定擬予交付之意思及其理由通知該締約國官署。

　　　　三、航空器正駕駛員應將依本條之規定所交付之疑犯，依照該航空器登記國
　　　　　　之法律而以其合法保有之證據及資料供給其交付疑犯之官署。

第 十 條　航空器正駕駛員、其他航空人員、任何乘客、航空器所有人或營運人、或代
　　　　　其辦理飛航之人，依本公約而採取之行動，在各項法律程序中均不應為對某
　　　　　人採取行動而使該人遭受之待遇負責。

第四章　非法劫持航空器

第十一條　一、如航空器上有人藉暴力威脅非法犯干涉、劫持或其他不正當控制飛航中
　　　　　　之航空器之行為，或正準備犯此項行為者，締約國應採取一切適當措施，
　　　　　　使合法正駕駛員恢復或保持其對航空器之控制。

　　　　二、遇前項所稱之情形，該航空器所降落之締約國應盡速准許乘客及航空器
　　　　　　航空人員繼續其行程，並應歸還航空器及其所載貨物於合法之持有人。

第五章　國家之權義

第十二條 任何締約國應准許在另一締約國登記之航空器正駕駛員依第八條第一項卸下任何人。

第十三條
一、凡航空器正駕駛員依第九條第一項所交付之人，任何締約國應予接收。

二、經認為情況有此項需要時，任何締約國應看守或採取其他措施，以確保第十一條第一項所稱行為疑犯以及其接收之任何人之在場。看守及其他措施應照該締約國法律所定者辦理，但僅可繼續至合理必需之時間為止，俾得進行任何刑事或引渡程序。

三、凡依前項被看守之人，應予協助其立即與其所屬國家最近之適當代表通訊。

四、凡依第九條第一項以疑犯交與之任何締約國，或犯有第十一條第一項所稱行為之後航空器降落於其領土內之國家，應立即對事實作初步之調查。

五、凡依本條看守某一人之國家，應立即通知航空器登記國及被扣留人員所屬之國家，如認為合宜時，並以該人被看守之事實暨其遭致扣留之情況通知其他有關國家。凡作本條第四項所稱初步調查之國家應迅將其調查結果報告上述諸國並表示其有意行使管轄權與否。

第十四條
一、任何人依第八條第一項而被卸下，或依第九條第一項而被交付，或其人於犯第十一條所稱行為之後卸下，並其人不克或不願繼續其航程，且降落國不准其入境時，如其人非為其本國人民或永久居民，該國得將其遣返至其所屬國家或為永久居民之國家，或其空運航程開始之國家。

二、關係人之卸下，或交付，或看守或採取第十三條第二項所稱措施，或遣返，均不得視為該締約國有關人員入境及許可之本國法已准許其入境，且本公約之規定不影響締約國有關驅逐人員出境之法律。

第十五條
一、不妨礙第十四條之規定，凡依第八條第一項被卸下或依第九條第一項被交付之人，或於犯第十一條第一項所稱行為之後而已卸下之人，並該人願繼續其行程時，除非該降落國法律為引渡或刑事程序之目的而要求該人在場者外，應享有自由盡速前往其所選擇之任何目的地。

二、不妨礙締約國關於入境許可，以及引渡與驅逐出境之法律，凡依第八條第一項被卸下，或依第九條第一項被交付，或犯第十一條第一項所稱行為之嫌疑而已卸下於該國領土之人，該國對於該人之保護與安全方面所給與之待遇，應不次於在同樣情形下給予其本國人民者。

第六章　其他規定

第十六條
一、凡在一締約國登記之航空器上所犯罪行，為引渡之目的，應視為不僅在發生罪行地點之犯罪，抑且為在該航空器登記國領土之犯罪。

二、不妨礙前項之規定，本公約不得視為造成准許引渡之義務。

第十七條　締約國於有關航空器上所犯罪行採取調查或逮捕等措施或行使其他管轄權時，應適當顧及飛航之安全及其他利益，並應採取行動，以避免航空器、乘客、航空器上航空人員或貨物之不必要延誤。

第十八條　如締約國間設立共同經營航空運輸之組織或國際經營機構，而其所營運航空器並不登記於該等國家中之任何一國，則應視案件情形，為本公約之目的，指定其中一國作為航空器登記國，並以之通知國際民用航空組織，國際民用航空組織應以此項通知轉告參加本公約之所有締約國。

第七章　最後條款

第十九條　本公約在依第二十一條規定生效之日止，應聽由當日為聯合國或其專門機關之會員國代表之簽署。

第二十條　一、本公約應由簽署國依其憲法程序批准之。
二、批准書應存放於國際民用航空組織。

第二十一條　一、本公約一俟簽署國之十二個國家存放批准書時，應於存放第十二件批准書後之第九十日在該等國家之間生效。自此以後，本公約對每一批准國應於其存放批准書後之第九十日生效。
二、本公約一俟生效時，應由國際民用航空組織向聯合國秘書長登記之。

第二十二條　一、本公約生效後，應聽由聯合國會員國或其專門機關之會員國加入。
二、加入國家應存放其加入書於國際民用航空組織並應於存放後之第九十日生效。

第二十三條　一、締約國得通知國際民用航空組織廢止本公約。
二、廢止應於國際民用航空組織收到廢止通知書後六個月生效。

第二十四條　一、遇兩個或以上締約國之間關於本公約之解釋或適用發生爭議，而不能以談判解決時，該項爭議經其中一方之請求，應提交仲裁。自請求仲裁之日起，如當事國不克於六個月內同意仲裁之組織，則當事國之任何一方得依國際法院規約之規定將該項爭議提交該法院。
二、每一國家於簽署或批准或加入本公約時，得聲明不受前項之拘束。其他締約國對於曾作此項保留之締約國不受前項之拘束。
三、凡依前項曾作保留之締約國得於任何時間通知國際民用航空組織撤回該項保留。

第二十五條　除第二十四條之規定外，對本公約不得作保留。

第二十六條　國際民用航空組織應以下列事項通知聯合國或其專門機關之各會員國：
㈠本公約之任何簽署及其日期；
㈡批准書或加入書之存放及其日期；
㈢本公約依第二十一條第一款規定之生效日期；
㈣廢止通知書之收到及其日期；以及
㈤依第二十四條所作聲明或通知之收到及其日期。

　　為此，後列全權代表經妥當授權後，爰簽署本公約，以昭信守。

　　一九六三年九月十四日訂於東京，以英文、法文、西班牙文分繕三種正本。

　　本公約應存放於國際民用航空組織，依第十九條之規定，公開供簽署之用，該組織並應將正式副本分送聯合國或其專門機關之各會員國。

三十一、制止非法劫持航空器〔海牙〕公約及其補充議定書 ([Hague] Convention for the Suppression of Unlawful Seizure of Aircraft, and Protocol)

（公約：1970.12.16）

說明：

㈠本公約一九七〇年十二月十六日簽署，一九七一年十月十四日生效。

㈡英文本見 UNTS, Vol. 860, pp. 106–111；中文譯文見《立法專刊》，第四十三輯（民國六十一年），頁 75–79。

㈢制止非法劫持航空器公約的補充議定書 (Protocol Supplementary to the Convention for the Suppression of Unlawful Seizure of Aircraft) 於二〇一〇年九月十日簽署，二〇一八年一月一日生效。中英文本存放於國際民用航空組織，見 ICAO, Treaty Collection, Beijing Convention, Beijing Protocol 2010, 載於 https://www.icao.int/secretariat/legal/Docs/beijing_protocol_multi.pdf（最近檢視日期：二〇一九年三月八日）。

前　言

　　本公約各締約國

　　鑑於劫持或行使控制飛行中航空器之非法行為，危及人身及財產之安全，嚴重影響空運業務之營運，並損害世界人民對於民航安全之信心；

　　鑑於此等行為之發生為一極受關切之事件；

　　鑑於為防止此等行為起見，規定適當措施以懲罰犯罪者乃屬迫切之需要；

　　爰經議定條款如下：

第 一 條　任何人在飛行中之航空器上，有下列各項行為者為犯罪（以下簡稱「該項犯罪」）：

　　　　一、藉武力或威脅，或以任何其他方式之威嚇，對該航空器非法劫持或行使控制，或企圖行使任何此項行為，或

　　　　二、為行使或企圖行使任何此項行為者之同謀。

第 二 條　每一締約國擔允使該項犯罪受嚴屬之懲罰。

第 三 條　一、就適用本公約而言，航空器自搭載後關閉其所有外門之時刻起至為卸載而開啟任何上述之門止，視為該航空器在飛行中。遇強迫降落時，在主管機關接收該航空器及其上人員與財產之責任以前，該項飛行應視為繼續。

　　　　二、本公約不適用於供軍事、海關或警察勤務使用之航空器。

　　　　三、本公約僅適用於發生犯罪之航空器之起飛地或實際降落地係在該航空器登記國領域之外者；而不論該航空器係從事國際或國內飛行。

　　　　四、在第五條所述之情況下，如發生犯罪之航空器之起飛地及實際降落地係在同一國家領域之內，而該國係該條所稱國家之一者，本公約不適用之。

　　　　五、縱有本條第三及第四項之規定，若該犯罪者或疑犯係在該航空器登記國以外之某一國家領域內被發現，不論該航空器之起飛地及實際降落地為何，應適用第六、七、八及十條之規定。

第 四 條　一、每一締約國應採取必要措施，對犯罪及與該犯罪有關之疑犯，對乘客或機員所犯任何其他暴行，在下列情形下，建立其管轄權：

　　　　㈠當犯罪係在該國登記之航空器上發生時；

　　　　㈡當發生犯罪之航空器在其領域內降落而該疑犯仍在航空器上時；

　　　　㈢當犯罪係發生在出租之航空器而無機員隨機時，該承租人有其主要營業地，或雖無該項營業地而其永久居住所在該國者。

　　　　二、當疑犯在其領域內出現而未依照第八條之規定將其引渡至本條第一項所稱之國家時，每一締約國亦應採取必要之措施，對該項犯罪建立其管轄權。

　　　　三、本公約並不排除依國內法所行使之任何刑事管轄權。

第 五 條　建立聯合空運營運組織或國際營運機構之締約國，其營運之航空器，須經聯合或國際登記者，應以適當方法，對每一航空器，指定其中之一國行使管轄權，並就適用本公約而言為具有登記國之屬性，且應通知國際民航組織，該組織應將該項通知，傳送本公約之所有締約國。

第 六 條　一、在情況許可之下，任何締約國，當犯罪者或疑犯在其領域內出現時，應將其拘禁，或採取其他措施，俾確保其到場，該項拘禁及其他措施應依該國法律規定行之，但僅得持續至能進行一刑事或引渡程序之時為止。

　　　　二、該國應立即進行事實之初步調查。

　　　　三、依本條第一項之規定受拘禁者，應受到協助，使立即與其距離最近其所屬國之代表通訊連繫。

　　　　四、當一國依本條規定對某人已拘禁時，應立即將其受拘禁之事實及需要將其拘禁時之情況，通知航空器登記國、第四條第一項第三款所稱之國、受拘禁人之國籍國、及其他有關國家。依本條第二項規定進行初步調查之國家，應將其調查結果迅即通知上述國家，並應表明其是否行使管轄權。

第 七 條　在其領域內發現疑犯之締約國，如不將該疑犯引渡，則無論該項犯罪是否在其領域內發生，應無任何例外將該案件送交其主管機關俾予以起訴。該等機關應照在其國內法下任何嚴重性之一般犯罪之相同方式裁決之。

第 八 條　一、該項犯罪應視為包括於締約國間現行引渡條約中一種可以引渡之犯罪。締約國擔允於將來彼此間所締結之每一引渡條約中將該項犯罪列為可以引渡之犯罪。

二、若以引渡條約之存在為引渡條件之締約國，接到與該國無引渡條約存在之其他締約國之請求引渡時，得自行考慮以本公約為有關該項犯罪引渡之法律基礎。引渡應遵照該被請求引渡國法律所規定之其他條件。

三、不以條約之存在為引渡條件之各締約國，應遵照被請求引渡國法律所規定之條件，承認該項犯罪為彼此間可引渡之罪。

四、為使締約國間引渡起見，該項犯罪應被視為不僅係在發生之地之犯罪，且係在依第四條第一項建立彼等管轄權之國家領域內之犯罪。

第 九 條　一、當第一條第㈠款所稱之任何行為已發生或即將發生時，締約國應採取一切適當措施，將該航空器之控制歸還於合法之機長，或保持該機長對該航空器之控制。

二、在前述情況下，航空器或其乘客或機員所在之任何締約國，應儘可能便利乘客及機員繼續其旅程，並應即刻將該航空器及其裝載之貨物歸還於其合法之所有人。

第 十 條　一、締約國對於有關該項犯罪及第四條所稱之其他行為所提起之刑事訴訟程序，應相互給予最大之協助。被請求國之法律應適用於所有案件。

二、本條第一項之規定應不影響任何其他雙邊或多邊條約之義務下所規定或將規定全部或部分之刑事事項之互助。

第十一條　每一締約國應依其國內法盡速將其所獲之下列有關資料向國際民航組織理事會報告：
㈠該項犯罪之情況；
㈡依第九條所採之行動；
㈢對犯罪者及疑犯所採取之措施，尤其是任何引渡程序或其他法律程序之結果。

第十二條　一、兩國或兩國以上締約國間關於本公約之解釋或適用所引起之任何爭執，如無法經由談判獲致解決，在其中一國之請求下，應提交仲裁。自請求仲裁之日起六個月內，當事國如未能同意仲裁之組成，當事國之一得依國際法院規約之規定以請求書將該爭執交付國際法院。

二、每一締約國在簽字、批准或加入本公約時，得聲明其不受前項之約束。其他締約國對曾作上述保留之任何國家應不受前項之約束。

三、曾依前項作保留之任何締約國，得隨時通知存放國政府取消其保留。

第十三條　一、本公約應於一九七〇年十二月十六日在海牙聽由參加自一九七〇年十二

月一日至十六日在海牙舉行之航空法國際會議（以下簡稱海牙會議）之
國家簽署。一九七〇年十二月三十一日以後，本公約應聽由所有國家在
莫斯科、倫敦及華盛頓簽署。在依本條第三項公約生效之前未簽署本公
約之國家得隨時加入。

二、本公約應由簽署國加以批准。批准書及加入書應存放於經指定為存放政
府之蘇聯、英國及美國政府。

三、本公約應於參加海牙會議之十個簽署國存放其批准書之日後三十日生
效。

四、對其他國家而言，本公約應於依本條第三項生效之日起生效，或任何稍
後存放其批准書或加入書之日後三十日起生效。

五、存放國政府應將每一簽署之日期，每一批准書或加入書之存放日期、本
公約之生效日期及其他事項迅速通知所有簽字國及加入國。

六、一俟本公約生效，應由存放國政府依聯合國憲章第一〇二條及國際民航
公約（一九四四年於芝加哥）第八十三條之規定辦理登記。

第十四條 一、任一締約國得以書面通知存放國政府廢止本公約。

二、廢止應自存放國政府收到通知書後六個月生效。

為此，下列全權代表各經其本國政府正式授權，爰簽字於本公約，以昭信守。

公曆一千九百七十年十二月十六日訂於海牙，共三份原本，各以英文、法文、俄文
及西班牙文繕寫正文。

制止非法劫持航空器公約的補充議定書

本議定書各當事國

深為關切全世界針對民用航空的非法行為的升級；

認識到針對民用航空的新型威脅需要各國採取新的協調一致的努力和合作政策；和

相信為了更好地應對這些威脅，需要通過各項條款補充一九七〇年十二月十六日在
海牙簽訂的《制止非法劫持航空器公約》，以便制止劫持或控制航空器的非法行為和加強
公約的效用；

協議如下：

第 一 條 本議定書補充一九七〇年十二月十六日在海牙簽訂的《制止非法劫持航空器
公約》（以下稱為「公約」）；

第 二 條 公約第一條應以下文取代：

「第一條

一、任何人如果以武力或以武力威脅、或以脅迫、或以任何其他恐嚇方式，
或以任何技術手段，非法地和故意地劫持或控制使用中的航空器，即構
成犯罪。

二、當情況顯示做出的威脅可信時，任何人如果做出以下行為，則亦構成犯

罪：

㈠威脅實施本條第一款中所列的罪行；或

㈡非法和故意地使任何人收到這種威脅。

三、任何人如果做出以下行為，則亦構成犯罪：

㈠企圖實施本條第一款中所列的罪行；或

㈡組織或指揮他人實施本條第一款、第二款或第三款㈠項中所列的一項罪行；或

㈢作為共犯參與本條第一款、第二款或第三款㈠項中所列的一項罪行；或

㈣非法和故意地協助他人逃避調查、起訴或懲罰，且明知此人犯有構成本條第一款、第二款、第三款㈠項、第三款㈡項或第三款㈢項中所列的一項罪行的行為，或此人因此項罪行被執法當局通緝以提起刑事起訴或因此項罪行已經被判刑。

四、各當事國也應當將故意實施下述兩者之一或兩者確定為罪行，而不論是否已實際實施或企圖實施本條第一款或第二款中所列的任何罪行：

㈠與一個或多個人商定實施本條第一款或第二款中所列的一項罪行；如本國法律有此規定，則須涉及參與者之一為促進該項協定而採取的行為；或

㈡以任何其他方式協助以共同目的行事的一伙人實施本條第一款或第二款中所列的一項或多項罪行，而且此種協助應當：

1.用於旨在促進該團伙的一般犯罪活動或目的，而此種活動或目的涉及實施本條第一款或第二款中所列的一項罪行；或

2.用於明知該團伙實施本條第一款或第二款中所列的一項罪行的意圖。」

第 三 條　公約第二條應以下文取代：

「第二條

各當事國承諾對第一條所列的罪行給予嚴厲懲罰。」 ⓫

第 四 條　增添下文作為公約第二條之二：

「第二條之二

一、各當事國可根據其本國法律原則採取必要措施，對於設在其領土內或根據其法律設立的法律實體，如果負責管理或控制該法律實體的人以該身分實施第一條所列的罪行，得以追究該法律實體的責任。這種責任可以是刑事、民事或行政責任。

二、承擔這些責任不影響實施罪行的個人的刑事責任。

⓫　編者按：本條第二款和第三款要求將《制止非法劫持航空器公約》第三條第三款中的「註冊」(registration) 改為「登記」(registry)；第四款中的「所述的」(mentioned) 應改為「所列的」(set forth)。由於本書所收錄的公約中文本為中華民國立法院通過版本，取材自《立法院立法專刊》，而該版本第三條第三款當年已經使用「登記」，而第三條第四款則譯為「所述之」。

三、如果一個當事國採取必要措施按照本條第一款追究一個法律實體的責任，該當事國應當努力確保適用的刑事、民事或行政制裁具有有效性、相稱性和勸阻性。這種制裁可包括罰款。」

第 五 條　一、公約第三條第一款應以下文取代：
「第三條
一、為本公約的目的，從地面人員或機組人員為某一特定飛行而對航空器進行飛行前的準備時起，直至降落後二十四小時止，該航空器被視為是在使用中。在航空器遭迫降時，直至主管當局接管對該航空器及其所載人員和財產的責任時止，航空器應當被視為仍在飛行中。」
二、在公約第三條第三款中，「註冊」應改為「登記」。
三、在公約第三條第四款中，「所述的」應改為「所列的」。
四、公約第三條第五款應以下文取代：
「五、儘管有本條第三款和第四款的規定，如罪犯或被指控的罪犯在航空器登記國以外的一國領土內被發現，則不論該航空器的起飛地點或實際降落地點在何處，第六條、第七條、第七條之二、第八條、第八條之二、第八條之三和第十條均應當適用。」

第 六 條　增添下文作為公約第三條之二：
「第三條之二
一、本公約中的任何規定均不應當影響國際法規定的國家和個人的其他權利、義務和責任，特別是《聯合國憲章》、《國際民用航空公約》以及國際人道法的宗旨和原則。
二、武裝衝突中武裝部隊的活動，按照國際人道法所理解的意義，由國際人道法予以規範的，不受本公約規範；一國軍事部隊為執行公務而進行的活動，由國際法其他規則予以規範的，亦不受本公約規範。
三、本條第二款的規定不得被解釋為容許非法行為或使其合法化，或使其逃避根據其他法律提出的起訴。」

第 七 條　公約第四條應以下文取代：
「第四條
一、各當事國應當採取必要措施，以就下列情況而對第一條所列的罪行及被指控的罪犯對旅客或機組人員所實施與該罪行有關的其他暴力行為，確立其管轄權：
㈠罪行是在該國領土內實施的；
㈡罪行是針對在該國登記的航空器或在該航空器內實施的；
㈢在其內實施罪行的航空器在該國領土內降落時被指控的罪犯仍在該航空器內的；
㈣罪行是針對租來時不帶機組人員的航空器或是在該航空器內實施的，

而承租人的主要營業地在該國，或如承租人沒有此種營業地但其永久
居所是在該國的；

㈤罪行是由該國國民實施的。

二、各當事國也可就下列情況而對任何此種罪行確立其管轄權：

㈠罪行是針對該國國民實施的；

㈡罪行是由其慣常居所在該國領土內的無國籍人實施的。

三、如果被指控的罪犯在某一當事國領土內，而該當事國不依據第八條將其
引渡給依照本條適用的條款對第一條所列的罪行已確立管轄權的任何當
事國，該當事國也應當採取必要措施，確立其對第一條所列罪行的管轄
權。

四、本公約不排除根據本國法律行使的任何刑事管轄權。」

第 八 條 公約第五條應以下文取代：

「第五條

如各當事國成立聯合的航空運輸運營組織或國際運營機構，而其使用的航空
器需要進行聯合登記或國際登記時，則這些當事國應當通過適當方法為每一
航空器在它們之中指定一個國家，而該國為本公約的目的，應當行使管轄權
並具有登記國的性質，並應當將此項指定通知國際民用航空組織秘書長，他
應當將上述通知轉告本公約所有當事國。」

第 九 條 公約第六條第四款應以下文取代：

「第六條

四、當一當事國根據本條將某人拘留時，應當立即將該人被拘留的事實和應
予拘留的情況通知根據第四條第一款已確立管轄權和根據第四條第二款
已確立管轄權並已通知保存人的當事國，並在認為適當時，立即通知任
何其他有關國家。進行本條第二款所述的初步調查的當事國應當迅速將
調查結果通知上述當事國，並應當表明是否有意行使管轄權。」

第 十 條 增添下文作為公約第七條之二：

「第七條之二

應當保證依據本公約被拘留、被採取任何其他措施或正被起訴的任何人獲得
公平待遇，包括享有符合該人在其領土內的國家的法律和包括國際人權法在
內的適用的國際法規定的所有權利和保障。」

第十一條 公約第八條應以下文取代：

「第八條

一、第一條所列的罪行應當被當作為是包括在各當事國間現有引渡條約中的
可引渡的罪行。各當事國承諾將此種罪行作為可引渡的罪行列入它們之
間將要締結的每一項引渡條約中。

二、如一當事國規定只有在訂有引渡條約的條件下才可以引渡，而當該當事
國接到未與其訂有引渡條約的另一當事國的引渡要求時，可以自行決定

　　　　　認為本公約是對第一條所列的罪行進行引渡的法律根據。引渡應當遵照
　　　　　被請求國法律規定的其他條件。
　　三、各當事國如沒有規定只有在訂有引渡條約下才可引渡，則在遵照被請求
　　　　　國法律規定的條件下，應當承認第一條所列的罪行是它們之間可引渡的
　　　　　罪行。
　　四、為在各當事國之間引渡的目的，每一項罪行均應當被視為不僅是在所發
　　　　　生的地點實施的，而且也發生在根據第四條第一款㈡、㈢、㈣和㈤項要
　　　　　求確立其管轄權和根據第四條第二款已確立其管轄權的當事國領土內。
　　五、為在各當事國之間引渡的目的，第一條第四款㈠和㈡項所列的每項罪行
　　　　　應當等同對待。」

第十二條　增添下文作為公約第八條之二：
　　　　　「第八條之二
　　　　　為引渡或司法互助的目的，第一條中所列的任何罪行均不應當被視為政治罪
　　　　　或與政治罪有關的罪行或政治動機引起的罪行。因此，對於此種罪行提出的
　　　　　引渡或司法互助請求，不得只以其涉及政治罪或與政治罪行有關的罪行或政
　　　　　治動機引起的罪行為由而加以拒絕。」

第十三條　增添下文作為公約第八條之三：
　　　　　「第八條之三
　　　　　如果被請求的當事國有實質理由認為，請求為第一條所列的罪行進行引渡或
　　　　　請求為此種罪行進行司法互助的目的，是為了因某人的種族、宗教、國籍、
　　　　　族裔、政見或性別而對該人進行起訴或懲罰，或認為接受這一請求將使該人
　　　　　的情況因任何上述原因受到損害，則本公約的任何規定均不應當被解釋為規
　　　　　定該國有引渡或提供司法互助的義務。」

第十四條　公約第九條第一款應以下文取代：
　　　　　「第九條
　　一、當第一條第一款中所列的任何行為已經發生或行將發生時，各當事國應
　　　　　當採取一切適當措施以恢復合法機長對航空器的控制或維護機長對航空
　　　　　器的控制。」

第十五條　公約第十條第一款應以下文取代：
　　　　　「第十條
　　一、各當事國對第一條所列的罪行和第四條所列的其他行為所提出的刑事訴
　　　　　訟應當相互給予最大程度的協助。在所有情況下，都應當適用被請求國
　　　　　的法律。」

第十六條　增添下文作為公約第十條之二：
　　　　　「第十條之二
　　　　　任何當事國如有理由相信第一條中所列的一項罪行將要發生時，應當遵照其
　　　　　本國法律向其認為是第四條第一款和第二款中所列的國家的當事國提供其所

　　　　　　　　　掌握的任何有關情況。」

第十七條　一、公約內所有提及「締約國」之處均應改為「當事國」。

　　　　　　　　二、公約內所有提及「他」和「他的」之處均應分別改為「該人」和「該人
　　　　　　　　　的」。❷

第十八條　作為本議定書附件以阿拉伯文和中文寫成的公約文本連同英文、法文、俄文
　　　　　　　和西班牙文的公約文本共六種文本，同等作準。

第十九條　在本議定書當事國之間，公約和本議定書應作為一個單一文書一併理解和解
　　　　　　　釋，並稱為經二〇一〇年北京議定書修正的《海牙公約》。

第二十條　本議定書於二〇一〇年九月十日在北京向參加二〇一〇年八月三十日至九月
　　　　　　　十日在北京舉行的關於航空保安的外交會議的國家開放簽字。二〇一〇年九
　　　　　　　月二十七日之後，本議定書應當在國際民用航空組織總部所在地蒙特利爾向
　　　　　　　所有國家開放簽字，直至議定書依照第二十三條生效。

第二十一條　一、本議定書須經批准、接受或核准。批准書、接受書或核准書應當交存
　　　　　　　　　於國際民用航空組織秘書長，該秘書長被指定為保存人。

　　　　　　　　二、任何不是公約當事國的國家對本議定書的批准、接受或核准，都等於
　　　　　　　　　是對經二〇一〇年北京議定書修正的《海牙公約》的批准、接受或核
　　　　　　　　　准。

　　　　　　　　三、任何未按照本條第一款批准、接受或核准本議定書的國家，可隨時加
　　　　　　　　　入本議定書。加入書應當交存於保存人。

第二十二條　一經批准、接受、核准或加入本議定書，每一當事國：

　　　　　　　　㈠應當將按照經二〇一〇年北京議定書修正的《海牙公約》第四條第二款
　　　　　　　　　的規定根據其本國法律確立的管轄權通知保存人，並將任何改變立即通
　　　　　　　　　知保存人；和

　　　　　　　　㈡可宣布該國將按照其刑法關於家庭免責的原則適用經二〇一〇年北京議
　　　　　　　　　定書修正的《海牙公約》第一條第三款㈣項的規定。

第二十三條　一、本議定書自第二十二份批准書、接受書、核准書或加入書交存於保存
　　　　　　　　　人之日後第二個月的第一天生效。

　　　　　　　　二、對於在第二十二份批准書、接受書、核准書或加入書交存之後批准、
　　　　　　　　　接受、核准或加入本議定書的每一個國家，本議定書應當自其批准書、
　　　　　　　　　接受書、核准書或加入書交存之日後第二個月的第一天生效。

　　　　　　　　三、本議定書一經生效，應當由保存人向聯合國登記。

第二十四條　一、任何當事國可書面通知保存人退出本議定書。

---

❷　編者按：依據本條，公約內所有提及「締約國」（"Contracting State" and "Contracting States"）之處
　　均應改為「當事國」（"State Party" and "States Parties"）。所有提及「他」和「他的」（"him" and
　　"his"）之處均應分別改為「該人」和「該人的」（"that person" and "that person's"）。惟本書所收錄
　　的公約中文本為中華民國立法院通過版本，取材自《立法院立法專刊》，而該版本當年已經使用
　　「當事國」一詞，且並未有「他」和「他的」等中文用法，故無更動之必要。

二、退出應當於保存人收到通知之日一年後生效。

第二十五條　保存人應當向本議定書的所有當事國和本議定書的所有簽署國或加入國迅速通報每項簽署的日期，每一批准書、接受書、核准書或加入書交存的日期，本議定書生效的日期，以及其他有關資訊。

下列全權代表經正式授權，在本議定書上簽字，以昭信守。

本議定書於二〇一〇年九月十日在北京簽訂，用中文、阿拉伯文、英文、法文、俄文和西班牙文寫成，六種文本同等作準。經會議主席授權，由會議秘書處在此後九十天內對各種文本相互間的一致性予以驗證後，此種作準即行生效。本議定書應當繼續保存在國際民用航空組織的檔案內，核正無誤的議定書副本應當由保存人分送本議定書的全體締約國。

三十二、制止危害民航安全之非法行為〔蒙特婁〕公約 ([Montreal] Convention for the Suppression of Unlawful Acts Against the Safety of Civil Aviation) (1971.9.23)

說明：
(一)本公約一九七一年九月二十三日簽署，一九七三年一月二十六日生效。
(二)英文本見 UNTS, Vol. 974, pp. 178–184；中文譯文見《立法專刊》，第四十三輯（民國六十二年），頁 80–86。

本公約各締約國

鑒於危害民航安全之非法行為，危及人身及財產之安全，嚴重影響空運業務之營運，並損害世界人民對於民航安全之信心；

鑒於此等行為之發生為一極受關切之事件；

鑒於為防止此等行為起見，規定適當措施以懲罰犯罪者乃屬迫切之需要；

爰經議定條款如下：

第 一 條　一、任何人非法或故意為下列行為者為犯罪：

　　(一)對在飛行中之航空器上之人為暴力行為，如該項行為可能危及該航空器之安全者；或

　　(二)破壞在使用中之航空器或使該航空器受到損害致無法飛行或可能危及其飛行之安全者；或

　　(三)不論以何種方法在使用中之航空器上，放置或致使放置可能破壞該航空器、或使其遭受損害致不能飛行、或使其遭受損害致可能危及其飛行安全之器械或物質者；或

　　(四)破壞或損害飛航設備或干擾其活動，如任何此項行為可能危及飛行中

　　　　　　　航空器之安全者；或

　　　　　　㈤傳送其所知為不實之情報，因而危及飛行中航空器之安全者。

　　　　二、任何人如有下列行為亦為犯罪：

　　　　　　㈠企圖犯本條第一項所列之任何罪行，或

　　　　　　㈡係犯或企圖犯任何該項罪行者之從犯。

第 二 條　就適用本公約而言：

　　　　㈠航空器自搭載後關閉其所有外門之時起，至為卸載而開啟任何上述之門止，視為在飛行中；遇強迫降落時，在主管機關接管該航空器及其上人員與財產之責任以前，該項飛行應視為繼續。

　　　　㈡航空器自地勤人員或空勤人員為特定飛行而開始作該航空器之飛行前準備起，至降落後二十四小時止，視為在使用中；在任何情形下，此項使用期間應延伸至依本條第一項所定該航空器在飛行中之全部期間。

第 三 條　每一締約國承諾使第一條所列之犯罪受嚴厲之懲罰。

第 四 條　一、本公約不適用於供軍事、海關或警察勤務使用之航空器。

　　　　二、在第一條第一項第㈠㈡㈢及㈤款所述之情況下，不論該航空器係從事國際或國內飛行，本公約僅適用於：

　　　　　　㈠航空器起飛地、實際或意圖降落地位於該航空器登記國領域之外者；或

　　　　　　㈡該項犯罪係發生在該航空器登記國以外之某一國領域內。

　　　　三、縱有本條第二項之規定，在第一條第一項第㈠㈡㈢及㈤款所述之情況下，若該罪犯或嫌疑犯係在該航空器登記國以外之某一國領域內發現，本公約亦應適用之。

　　　　四、關於第九條所稱之國家及第一條第一項第㈠㈡㈢及㈤款所稱之情況，如本條第二項第㈠款所列之地點位於同一國領土之內，且該國為第九條所述之國家之一時，除非係在該國以外之某一國領域內犯該罪或發現罪犯或嫌疑犯，本公約應不適用。

　　　　五、第一條第一項第四款所述之情況，本公約僅於飛航設備用於國際航空飛行時適用之。

　　　　六、本條第二、三、四及五項之規定亦應適用於第一條第二項所述之情況。

第 五 條　一、每一締約國應採取必要措施，對下列情形下之犯罪確定其管轄權：

　　　　　　㈠當犯罪係在該國領域內發生時；

　　　　　　㈡當犯罪係危害在該國登記之航空器或在其上發生時；

　　　　　　㈢當發生犯罪之航空器在其領域內降落而該嫌疑犯仍在航空器上時；

　　　　　　㈣當犯罪係危害或發生在出租之航空器而無機員隨機時，該承租人有其主要營業地在該國或雖無該項營業地而其永久住所設在該國者。

　　　　二、當嫌疑犯係在其領域內而未依照第八條之規定將其引渡至本條第一項所稱之國家時，每一締約國亦應採取必要之措施，對第一條第一項第㈠㈡

　　　㈢款所列之犯罪，及第一條第二項所列涉及該等犯罪，確定其管轄權。

　　三、本公約並不排除依國內法所行使之任何刑事管轄權。

第 六 條　一、任何締約國，當罪犯或嫌疑犯在其領域內時，在情況許可之下應將其拘禁、或採取其他措施，俾確保其到場。該項拘禁及其他措施應依該國法律規定行之，但僅得持續至能進行一刑事或引渡程序之時為止。

　　二、該國應立即進行事實之初步調查。

　　三、依本條第一項之規定受拘禁者，應受到協助，使立即與其距離最近其所屬國有關代表通訊聯繫。

　　四、依本條之規定，一國業已拘禁某人時，應立即將其受拘禁之事實及為何將其拘禁之情況，通知第五條第一項所稱之國家、受拘禁人之國籍國，及任何其他有關國家。依本條第二項規定進行初步調查之國家，應將其調查所得盡速通知上述國家，並應表明其是否擬行使管轄權。

第 七 條　在其領域內發現嫌疑犯之締約國，如不將其引渡，則應無任何例外，且不論該項犯罪是否在其領域內發生，將該案件送交其主管機關俾予以起訴。該等機關應依照該國法律所規定之任何嚴重性之一般犯罪之相同方式裁決之。

第 八 條　一、各該犯罪應視為包括於締約國間現行引渡條約中可以引渡之犯罪。締約國承允於將來彼此間所締結之每一引渡條約中將該犯罪列為可以引渡之犯罪。

　　二、締約國之以引渡條約之存在為引渡條件者，於接到與該國無引渡條約存在之其他締約國之請求引渡時，得自行考慮以本公約為有關該項犯罪引渡之法律基礎。引渡應遵照該被請求引渡國法律所規定之其他條件。

　　三、締約國之不以條約之存在為其引渡條件者，應遵照被請求引渡國法律所規定之條件，承認該犯罪為彼此間可引渡之罪。

　　四、為使締約國間引渡起見，每一項犯罪應不僅視為係在發生地之犯罪，且係屬依第五條第一項第㈡㈢及㈣款之規定須確定彼等管轄權之國家領域內之犯罪。

第 九 條　建立聯合空運營運組織或國際營運機構之締約國，其營運之航空器，須經聯合或國際登記者，應以適當方法，對每一航空器，指定其中之一國行使管轄權，並就適用本公約而言為具有登記國之屬性，且應將此通知國際民航組織，該組織應將該項通知傳送本公約之所有締約國。

第 十 條　一、締約國應依照國際及國內法盡力採取一切可行之措施以防止第一條所稱之犯罪。

　　二、由於發生第一條所列之犯罪，致航次延誤或中斷時，航空器或其乘客或機員在其領域上之任何締約國，應儘可能便利乘客及機員繼續其旅程，並應即刻將該航空器及其裝載之貨物歸還於具有合法權利之所有人。

第十一條　一、締約國對於有關該項犯罪所提起之刑事訴訟程序，應相互給予最大之協助。被請求國之法律應適用於所有案件。

二、本條第一項之規定，應不影響任何其他雙邊或多邊條約之義務下所規定或將規定全部或部分之刑事事項之互助。

第十二條 任一締約國於確信第一條所列之犯罪將發生時，應依其國內法，向其認為屬於第五條第一項所稱之國家提供其所持有之任何有關情報。

第十三條 每一締約國應依其國內法盡速將其所獲之下列有關資料向國際民航組織理事會報告：

㈠該項犯罪之情況；

㈡依第十條第二項之規定所採取之行動；

㈢對罪犯及嫌疑犯所採取之措施，尤其是任何引渡程序或其他法律程序之結果。

第十四條 一、兩國或兩國以上締約國間關於本公約之解釋或適用所引起之任何爭執，如無法經由談判獲致解決，經其中一國之請求，應提交仲裁。如自請求仲裁之日起六個月內，當事國如未能同意仲裁之組成，當事國之一得依國際法院規約之規定，以請求書將該爭執交付國際法院。

二、每一締約國在簽字、批准或加入本公約時，得聲明不受前項之約束。其他締約國對曾作上述保留之任何國家應不受前項之約束。

三、曾依前項作保留之任何締約國，得隨時通知存放國政府撤消其保留。

第十五條 一、本公約應於一九七一年九月二十三日在蒙特婁聽由參加自一九七一年九月八日至二十三日在蒙特婁舉行之航空法國際會議（以下簡稱蒙特婁會議）之國家簽署。一九七一年十月十日以後，本公約應聽由所有國家在莫斯科、倫敦及華盛頓簽署。在依本條第三項公約生效之前未簽署本公約之任何國家得隨時加入。

二、本公約應由簽署國加以批准。批准書及加入書應存放於經指定為存放政府之蘇聯、英國及美國政府。

三、本公約應於參加蒙特婁會議之十個簽署國存放其批准書之日後三十日生效。

四、對其他國家而言，本公約應於依本條第三項生效之日起生效，或任何稍後存放其批准書或加入書之日後三十日起生效。

五、存放國政府應將每一簽署之日期、每一批准書或加入書之存放日期、本公約之生效日期及其他事項迅速通知所有簽字國及加入國。

六、一俟本公約生效，應由存放國政府依聯合國憲章第一〇二條及國際民航公約（一九四四年於芝加哥）第八十三條之規定辦理登記。

第十六條 一、任一締約國得以書面通知存放國政府廢止本公約。

二、廢止應自存放國政府收到通知書後六個月生效。

為此，下列全權代表各經其本國政府正式授權，爰簽字於本公約，以昭信守。

公曆一千九百七十一年九月二十三日訂於蒙特婁，共三份原本，各以英文、法文、俄文及西班牙文繕寫四份正文。

三十三、制止與國際民用航空有關的非法行為的公約 (Convention on the Suppression of Unlawful Acts Relating to International Civil Aviation)

(2010.9.10)

說明：
(一)本公約於二〇一〇年九月十日簽署，二〇一八年七月一日生效。
(二)中英文本存放於國際民用航空組織，見 ICAO, Treaty Collection, Beijing Convention, Beijing Convention 2010, 載於 https://www.icao.int/secretariat/legal/Docs/beijing_convention_multi.pdf（最近檢視日期：二〇一九年三月八日）。

本公約各當事國

深為關切針對民用航空的非法行為危及人員和財產的安全與保安，嚴重影響航班、機場和空中航行的運行，並損害世界人民對所有國家民用航空安全有序運行的信任；

認識到針對民用航空的新型威脅需要各國採取新的協調一致的努力和合作政策；並

深信為了更好應對這些威脅，迫切需要鞏固國際合作的法律框架，防止和制止針對民用航空的非法行為；

協議如下：

第 一 條　一、任何人如果非法地和故意地實施下述行為，即構成犯罪：

　　　　　(一)對飛行中的航空器內人員實施暴力行為，如該行為可能危及該航空器的安全；或

　　　　　(二)毀壞使用中的航空器，或對該航空器造成損壞，而使其不能飛行或可能危及其飛行安全；或

　　　　　(三)以任何手段在使用中的航空器內放置或使別人放置可能毀壞該航空器，或對其造成損壞使其不能飛行，或對其造成損壞而可能危及其飛行安全的裝置或物質；或

　　　　　(四)毀壞或損壞空中航行設施，或妨礙其工作，如任何此種行為可能危及飛行中的航空器的安全；或

　　　　　(五)傳送該人明知是虛假的情報，從而危及飛行中的航空器的安全；或

　　　　　(六)利用使用中的航空器旨在造成死亡、嚴重身體傷害，或對財產或環境的嚴重破壞；或

　　　　　(七)從使用中的航空器內釋放或排放任何生物武器、化學武器和核武器或爆炸性、放射性、或類似物質而其方式造成或可能造成死亡、嚴重身體傷害或對財產或環境的嚴重破壞；或

　　　　　(八)對一使用中的航空器或在一使用中的航空器內使用任何生物武器、化

學武器和核武器或爆炸性、放射性、或類似物質而其方式造成或可能造成死亡、嚴重身體傷害或對財產或環境的嚴重破壞；或

(九)在航空器上運輸、導致在航空器上運輸或便利在航空器上運輸：

1. 任何爆炸性或放射性材料，並明知其意圖是用來造成、或威脅造成死亡或嚴重傷害或損害，而不論是否具備本國法律規定的某一條件，旨在恐嚇人群，或迫使某一政府或國際組織作出或放棄作出某種行為；或

2. 任何生物武器、化學武器和核武器，並明知其是第二條中定義的一種生物武器、化學武器和核武器；或

3. 任何原材料、特種裂變材料、或為加工、使用或生產特種裂變材料而專門設計或配製的設備或材料，並明知其意圖將用於核爆炸活動或未按與國際原子能機構的保障監督協定置於保障監督措施下的任何其他核活動；或

4. 未經合法授權的任何對設計、製造或運載生物武器、化學武器和核武器有重大輔助作用的設備、材料或軟件或相關技術，且其意圖是用於此類目的；

但涉及當事國進行的活動，包括當事國授權的個人或法律實體進行的活動，則不構成 3 和 4 目下的罪行，只要運輸這類物品或材料或其使用或所進行的活動符合其作為當事國適用的多邊不擴散條約包括第七條提到的條約擁有的權利、責任和義務。

二、任何人如果非法地和故意地使用任何裝置、物質或武器進行下列行為，則構成犯罪：

(一)在為國際民用航空服務的機場對他人實施暴力行為而造成或可能造成嚴重傷害和死亡；或

(二)毀壞或嚴重損壞為國際民用航空服務的機場的設施或該機場上非使用中的航空器，或擾亂該機場服務，

若此種行為危及或可能危及該機場安全的。

三、當情況顯示做出的威脅可信時，任何人如果做出以下行為，則亦構成犯罪：

(一)威脅實施本條第一款(一)項、(二)項、(三)項、(四)項、(六)項、(七)項和(八)項中或第二款中的任何罪行；或

(二)非法和故意地使任何人收到這種威脅。

四、任何人如果做出以下行為，則亦構成犯罪：

(一)企圖實施本條第一款或第二款中所列的任何罪行；或

(二)組織或指揮他人實施本條第一款、第二款、第三款或第四款(一)項中所列的罪行；或

(三)作為共犯參與本條第一款、第二款、第三款或第四款(一)項中所列的罪

行；或

㈣非法和故意地協助他人逃避調查、起訴或懲罰，且明知此人犯有構成本條第一款、第二款、第三款、第四款㈠項、第四款㈡項或第四款㈢項中所列的一項罪行的行為，或此人因此項罪行被執法當局通緝以提起刑事起訴或因此項罪行已經被判刑。

五、各當事國也應當將故意實施下述兩者之一或兩者確定為罪行，而不論是否實際已實施或企圖實施本條第一款、第二款或第三款中所列的任何罪行：

㈠與一個或多個人商定實施本條第一款、第二款或第三款中所列的一項罪行；如本國法律有此規定，則須涉及參與者之一為促進該項協定而採取的行為；或

㈡以任何其他方式協助以共同目的行事的一伙人實施本條第一款、第二款或第三款中所列的一項或多項罪行，而且此種協助應當：

1.用於旨在促進該團伙的一般犯罪活動或目的，而此種活動或目的涉及實施本條第一款、第二款或第三款中所列的一項罪行；或

2.用於明知該團伙實施本條第一款、第二款或第三款中所列的一項罪行的意圖。

第 二 條　為本公約目的：

㈠一架航空器在完成登機後其所有外部艙門均已關閉時起，直至其任何此種艙門為下機目的開啟時止，其間的任何時間均被視為在飛行中；在航空器遭迫降時，直至主管當局接管對該航空器及其所載人員和財產的責任時止，航空器應當被視為仍在飛行中；

㈡從地面人員或機組人員為某一特定飛行而對航空器進行飛行前的準備時起，直至降落後二十四小時止，該航空器被視為是在使用中；在任何情況下，使用期間應當延長至本條第㈠項中規定的航空器飛行中的整段時間；

㈢「空中航行設施」包括航空器航行所必需的信號、數據、資訊或系統；

㈣「有毒化學品」指通過其對生命過程的化學作用可造成人類或動物死亡、暫時失能或永久傷害的任何化學品。其中包括所有這類化學品，無論其來源或其生產方法如何，也無論其是否在設施中、彈藥中或其他地方生產出來；

㈤「放射性材料」是指核材料和其他含有可自發衰變（一個伴隨有放射一種或多種致電離射線，如 α 粒子、β 粒子、中子和 γ 射線的過程）核素的放射性物質，此種材料和物質，由於其放射或可裂變性質，可能造成死亡、嚴重身體傷害或對財產或環境的重大破壞；

㈥「核材料」是指鈽，但鈽 −238 同位素含量超過 80% 者除外；鈾 −233；同位素 235 或 233 濃縮的鈾；非礦石或礦渣形式的含天然存在的同位素混合物的鈾；或任何含有上述一種或多種成分的材料；

㈦「同位素 235 或 233 濃縮的鈾」是指含有同位素 235 或 233 或兼含二者的鈾，而這些同位素的總豐度與同位素 238 的豐度比大於自然界中的同位素 235 與同位素 238 的豐度比；

㈧「生物武器、化學武器和核武器」是指：

　1.「生物武器」，即：

　　⑴其類型和數量不屬於預防、防護或其他和平用途所正當需要的微生物劑或其它生物劑或毒素，不論其來源或生產方法如何；或

　　⑵為敵對目的或在武裝衝突中使用這類製劑或毒素而設計的武器、設備或運載工具。

　2.「化學武器」，是合指或單指：

　　⑴有毒化學品及其前體，但用於以下目的者除外：

　　　①工業、農業、研究、醫療、製藥或其他和平目的；或

　　　②防護性目的，即與有毒化學品防護和化學武器防護直接有關的目的；或

　　　③與化學武器的使用無關而且不依賴化學品毒性的使用作為一種作戰方法的軍事目的；或

　　　④執法目的，包括國內控暴目的，

　　　　只要種類和數量合此種目的；

　　⑵經專門設計通過使用後而釋放出 2(1) 項所指有毒化學品的毒性造成死亡或其他傷害的彈藥和裝置；

　　⑶經專門設計其用途與 2(2) 項所指彈藥和裝置的使用有關的任何設備。

　3.核武器及其他核爆炸裝置。

㈨「前體」是指在以無論何種方法生產一有毒化學品的任何階段參與此一生產過程的任何化學反應物。其中包括二元或多元化學系統的任何關鍵成分；

㈩「原材料」和「特種裂變材料」兩個術語所具有的含義與一九五六年十月二十六日於紐約訂立的《國際原子能機構規約》中對這些術語的定義相同。

第 三 條 各當事國承諾對第一條所列的罪行給予嚴厲懲罰。

第 四 條 一、各當事國可根據其本國法律原則採取必要措施，對於設在其領土內或根據其法律設立的法律實體，如果負責管理或控制該法律實體的人以該身分實施第一條所列罪行，得以追究該法律實體的責任。這種責任可以是刑事、民事或行政責任。

二、承擔這些責任不影響實施罪行的個人的刑事責任。

三、如果一個當事國採取必要措施按照本條第一款追究一個法律實體的責任，該當事國應當努力確保適用的刑事、民事或行政制裁具有有效性、相稱性和勸阻性。這種制裁可包括罰款。

第 五 條 一、本公約不應當適用於供軍事、海關或警察用的航空器。

二、在第一條第一款㈠、㈡、㈢、㈤、㈥、㈦、㈧和㈨各項中所述的情況下，

不論航空器是從事國際飛行或國內飛行，本公約均應當適用，只要：

㈠航空器的實際或預定起飛或降落地點是在該航空器登記國領土以外；或

㈡罪行是在該航空器登記國以外的一國領土內實施的。

三、儘管有本條第二款的規定，在第一條第一款㈠、㈡、㈢、㈤、㈥、㈦、㈧和㈨項中所述的情況下，如罪行或被指控的罪犯是在該航空器登記國以外的一國領土內被發現，則本公約也應當適用。

四、關於第十五條所指的各當事國，在第一條第一款㈠、㈡、㈢、㈤、㈥、㈦、㈧和㈨項中所述的情況下，如本條第二款㈠項中所指地點處於同一國家的領土內，而這一國家又是第十五條中所指國家之一，則本公約不應當適用，除非罪行是在該國以外的一國領土內發生或罪犯或被指控的罪犯是在該國以外的一國領土內被發現。

五、在第一條第一款㈣項中所述的情況下，只有在空中航行設施是用於國際航行時，本公約才應當適用。

六、本條第二款、第三款、第四款和第五款的規定，也應當適用於第一條第四款中所述的情況。

第 六 條　一、本公約中的任何規定均不應當影響國際法規定的國家和個人的其他權利、義務和責任，特別是《聯合國憲章》、《國際民用航空公約》以及國際人道法的宗旨和原則。

二、武裝衝突中武裝部隊的活動，按照國際人道法所理解的意義，由國際人道法予以規範的，不受本公約規範；一國軍事部隊為執行公務而進行的活動，由國際法其他規則予以規範的，亦不受本公約規範。

三、本條第二款的規定不得被解釋為容許非法行為或使其合法化，或使其逃避根據其他法律提出的起訴。

第 七 條　本公約中的任何規定均不應當影響各當事國在一九六八年七月一日訂於倫敦、莫斯科和華盛頓的《不擴散核武器條約》、一九七二年四月十日訂於倫敦、莫斯科和華盛頓的《禁止發展、生產和儲存細菌（生物）及毒素武器和銷毀此種武器的公約》或一九九三年一月十三日訂於巴黎的《關於禁止發展、生產、儲存及使用化學武器及銷毀此種武器的公約》下的權利、義務和責任。

第 八 條　一、各當事國應當採取必要措施，以就下列情況而對第一條所列的罪行，確立其管轄權：

㈠罪行是在該國領土內實施的；

㈡罪行是針對在該國登記的航空器或在該航空器內實施的；

㈢在其內實施罪行的航空器在該國領土內降落時被指控的罪犯仍在該航空器內的；

㈣罪行是針對租來時不帶機組人員的航空器或是在該航空器內實施的，而承租人的主要營業地在該國，或如承租人沒有此種營業地但其永久

居所是在該國的；

㈤罪行是由該國國民實施的。

二、各當事國也可就下列情況而對任何此種罪行確立其管轄權：

㈠罪行是針對該國國民實施的；

㈡罪行是由其慣常居所在該國領土內的無國籍人實施的。

三、如果被指控的罪犯在某一當事國領土內，而該當事國不依據第十二條將其引渡給依照本條適用的條款對第一條所列的罪行已確立管轄權的任何當事國，該當事國也應當採取必要措施，確立其對第一條所列罪行的管轄權。

四、本公約不排除根據本國法律行使的任何刑事管轄權。

第 九 條 一、若罪犯或被指控的罪犯在其所屬領土上，任何當事國，在判明情況有此需要時，應當將該人拘留或採取其他措施以保證該人留在當地。這種拘留和其他措施應當符合該國的法律規定，但是只有在為了提出刑事訴訟或引渡程序所必要的期間，才可繼續保持拘留和其他措施。

二、該國應當立即對事實進行初步調查。

三、對根據本條第一款予以拘留的任何人，應當向該人提供協助，以便其立即與其身為國民的所屬國家最近的合適代表聯絡。

四、當一當事國根據本條將某人拘留時，應當立即將該人被拘留的事實和應予拘留的情況通知根據第八條第一款已確立管轄權和根據第二十一條第四款㈠項已確立管轄權並已通知保存人的當事國，並在認為適當時，立即通知任何其他有關國家。進行本條第二款所述的初步調查的當事國應當迅速將調查結果通知上述當事國，並應當表明是否有意行使管轄權。

第 十 條 當事國在其領土內發現被指控的罪犯，如不將該人引渡，則不論罪行是否在其領土內實施，應當無例外地將此案件提交其主管當局以便起訴。該當局應當按照本國法律，以對待任何嚴重性質的普通犯罪案件的相同方式作出決定。

第十一條 應當保證依據本公約被拘留、被採取任何其他措施或正被起訴的任何人獲得公平待遇，包括享有符合該人在其領土內的國家的法律和包括國際人權法在內的適用的國際法規定的所有權利和保障。

第十二條 一、第一條所列的罪行應當被當作是包括在各當事國間現有引渡條約中的可引渡的罪行。各當事國承諾將此種罪行作為可引渡的罪行列入它們之間將要締結的每一項引渡條約中。

二、如一當事國規定只有在訂有引渡條約的條件下才可以引渡，而當該當事國接到未與其訂有引渡條約的另一當事國的引渡要求時，可以自行決定認為本公約是對第一條所列的罪行進行引渡的法律根據。引渡應當遵照被請求國法律規定的其他條件。

三、各當事國如沒有規定只有在訂有引渡條約下才可引渡，則在遵照被請求國法律規定的條件下，應當承認第一條所列的罪行是它們之間可引渡的

　　　罪行。

四、為在各當事國之間引渡的目的，每一項罪行均應當被視為不僅是在所發
　　生的地點實施，而且也發生在根據第八條第一款㈡、㈢、㈣和㈤項要求
　　確立其管轄權和根據第八條第二款已確立其管轄權的當事國領土內。

五、為在各當事國之間引渡的目的，第一條第五款㈠和㈡項所列的每項罪行
　　應當等同對待。

第十三條　為引渡或司法互助的目的，第一條中所列的任何罪行均不應當被視為政治罪
或與政治罪有關的罪行或政治動機引起的罪行。因此，對於此種罪行提出的
引渡或司法互助請求，不得只以其涉及政治罪或與政治罪行有關的罪行或政
治動機引起的罪行為由而加以拒絕。

第十四條　如果被請求的當事國有實質理由認為，請求為第一條所列的罪行進行引渡或
請求為此種罪行進行司法互助的目的，是為了因某人的種族、宗教、國籍、
族裔、政見或性別而對該人進行起訴或懲罰，或認為接受這一請求將使該人
的情況因任何上述原因受到損害，則本公約的任何規定均不應當被解釋為規
定該國有引渡或提供司法互助的義務。

第十五條　如各當事國成立聯合的航空運輸運營組織或國際運營機構，而其使用的航空
器需要進行聯合登記或國際登記時，則這些當事國應當通過適當方法為每一
航空器在它們之中指定一個國家，而該國為本公約的目的，應當行使管轄權
並具有登記國的性質，並應當將此項指定通知國際民用航空組織秘書長，他
應當將上述通知轉告本公約所有當事國。

第十六條　一、各當事國應當根據國際法和本國法律，努力採取一切實際措施，以防止
　　第一條中所列的罪行。

二、當第一條中所列的一項罪行的實施，使飛行延誤或中斷，航空器或旅客
　　或機組人員在其領土上的任何當事國應當盡實際可能迅速地對旅客和機
　　組人員繼續旅行提供便利，並應當將航空器和所載貨物不遲延地交還給
　　合法的所有人。

第十七條　一、各當事國對第一條所列的罪行所提出的刑事訴訟應當相互給予最大程度
　　的協助。在所有情況下，都應當適用被請求國的法律。

二、本條第一款的規定，不應當影響任何其他在刑事問題上全部地或部分地
　　規範或將要規範相互協助的雙邊或多邊條約的義務。

第十八條　任何當事國如有理由相信第一條中所列的一項罪行將要發生時，應當遵照其
本國法律向其認為是第八條第一款和第二款中所列的國家的當事國提供其所
掌握的任何有關情況。

第十九條　每一當事國應當遵照其本國法律盡快地向國際民用航空組織理事會就下列各
項報告它所掌握的任何有關情況：
㈠罪行的情況；
㈡根據第十六條第二款採取的行動；

　　　　　　㈢對罪犯或被指控的罪犯所採取的措施，特別是任何引渡程序或其他法律程序的結果。

第二十條　一、如兩個或多個當事國之間對本公約的解釋或適用發生爭議而不能以談判解決時，經其中一方的要求，應當交付仲裁。如果在要求仲裁之日起六個月內，當事國對仲裁的組成不能達成協議，任何一方可按照《國際法院規約》，要求將爭端提交國際法院。

　　　　　　二、每個國家在簽署、批准、接受、核准或加入本公約時，可以聲明該國不受前款規定的約束。其他當事國對於任何作出這種保留的當事國，不受前款規定的約束。

　　　　　　三、遵照前款規定作出保留的任何當事國，可以在任何時候通知保存人撤銷這一保留。

第二十一條　一、本公約於二○一○年九月十日在北京向參加二○一○年八月三十日至九月十日在北京舉行的航空保安外交會議的國家開放簽字。二○一○年九月二十七日之後，本公約應當在國際民用航空組織總部所在地蒙特利爾向所有國家開放簽字，直至公約依照第二十二條生效。

　　　　　　二、本公約須經批准、接受或核准。批准書、接受書或核准書應當交存於國際民用航空組織秘書長，該秘書長被指定為保存人。

　　　　　　三、任何未按照本條第二款批准、接受或核准本公約的國家，可隨時加入本公約。加入書應當交存於保存人。

　　　　　　四、一經批准、接受、核准或加入本公約，每一當事國：

　　　　　　　　㈠應當將按照第八條第二款的規定根據其本國法律確立的管轄權通知保存人，並將任何改變立即通知保存人；和

　　　　　　　　㈡可宣布該國將按照其刑法關於家庭免責的原則適用第一條第四款㈣項的規定。

第二十二條　一、本公約自第二十二份批准書、接受書、核准書或加入書交存之日後第二個月的第一天生效。

　　　　　　二、對於在第二十二份批准書、接受書、核准書或加入書交存之後批准、接受、核准或加入本公約的每一個國家，本公約應當自其批准書、接受書、核准書或加入書交存之日後第二個月的第一天生效。

　　　　　　三、本公約一經生效，應當由保存人向聯合國登記。

第二十三條　一、任何當事國可書面通知保存人退出本公約。

　　　　　　二、退出應當於保存人收到通知之日一年後生效。

第二十四條　在當事國之間，本公約應當優先於以下文書：

　　　　　　㈠一九七一年九月二十三日在蒙特利爾簽訂的《制止危害民用航空安全非法行為公約》；和

　　　　　　㈡一九八八年二月二十四日在蒙特利爾簽訂的《制止在國際民用航空使用的機場的非法暴力行為以補充一九七一年九月二十三日訂於蒙特利爾的

　　　　　　　　〈制止危害民用航空安全非法行為公約〉的議定書》。

第二十五條　保存人應當向本公約的所有當事國和本公約的所有簽署國或加入國迅速通報每項簽署的日期，每一批准書、核准書、接受書或加入書交存的日期，本公約生效的日期，以及其他有關資訊。

　　下列全權代表經正式授權，在本公約上簽字，以昭信守。

　　本公約於二〇一〇年九月十日在北京簽訂，用中文、阿拉伯文、英文、法文、俄文和西班牙文寫成，六種文本同等作準。經會議主席授權，由會議秘書處在此後九十天內對各種文本相互間的一致性予以驗證後，此種作準即行生效。本公約應當繼續保存在國際民用航空組織的檔案內，其核正無誤的公約副本應當由保存人分送本公約的全體締約國。

三十四、關於各國探測及使用外空包括月球與其他天體之活動所應遵守原則之條約 (Treaty on Principles Governing the Activities of States in the Exploration and use of Outer Space, including the Moon and Other Celestial Bodies) (1967.1.27)

說明：

㈠本公約一九六七年一月二十七日簽署，一九六七年十月十日生效。

㈡英文本見 UNTS, Vol. 610, pp. 206–212；中文本見 pp. 235–242。以下中文本見《立法專刊》，第三十九輯（民國五十九年），頁 21–26。

　　本條約各當事國，

　　鑒於人類因進入外空之結果，將有偉大之前途，殊深感奮，確認為和平目的探測及使用外空之進展，關係全體人類之共同利益，

　　深信外空之探測及使用應謀造福所有各民族，不論其經濟或科學發展之程度如何，亟願對於為和平目的探測及使用外空之科學及法律方面之廣泛國際合作，有所貢獻，深信此種合作可對各民族間相互諒解之發展及友好關係之增進，有所貢獻，

　　查聯合國大會於一九六三年十二月十三日一致通過題為「關於各國探測及使用外空活動之法律原則宣言」之決議案一九六二（十八）。

　　又查聯合國大會於一九六三年十月十七日一致通過決議案一八八四（十八），請各國勿將任何載有核武器或任何他種大規模毀滅性武器之物體放入環繞地球之軌道，並勿在天體上裝置此種武器。

　　計及聯合國大會一九四七年十一月三日決議案一一〇（二）譴責旨在或足以煽動或鼓勵任何對和平之威脅，和平之破壞或侵略行為之宣傳，並認為該決議案適用於外空。

　　確信締結關於各國探測及使用外空包括月球與其他天體之活動所應遵守原則之條約，當可促進聯合國憲章之宗旨與原則。

　　爰議定條款如下：

第 一 條　探測及使用外空，包括月球與其他天體，應為所有各國之福利及利益進行之，不論其經濟或科學發展之程度如何，並應為屬於全體人類之事。

　　　　　外空，包括月球與其他天體，應任由各國在平等基礎上並依照國際法探測及使用，不得有任何種類之歧視，天體之所有區域應得自由進入。

　　　　　外空，包括月球與其他天體，應有科學調查之自由，各國應便利並鼓勵此類調查之國際合作。

第 二 條　外空，包括月球與其他天體，不得由國家以主張主權或以使用或占領之方法，或以任何其他方法，據為己有。

第 三 條　本條約當事國進行探測及使用外空，包括月球及其他天體之活動，應遵守國際法，包括聯合國憲章在內，以利國際和平與安全之維持及國際合作與諒解之增進。

第 四 條　本條約當事國承諾不將任何載有核武器或任何他種大規模毀滅性武器之物體放入環繞地球之軌道，不在天體上裝置此種武器，亦不以任何其他方式將此種武器設置外空。

　　　　　月球與其他天體應由本條約所有當事國專為和平目的使用。於天體上建立軍事基地、裝置及堡壘，試驗任何種類之武器及舉行軍事演習，均所禁止。使用軍事人員從事科學研究或達成任何其他和平目的在所不禁。使用為和平探測月球與其他天體所需之任何器材或設備，亦所不禁。

第 五 條　本條約當事國應視航天員為人類在外空之使節，遇航天員有意外事故、危難或在另一當事國境內或公海上緊急降落之情形，應給予一切可能協助。在航天員作此種降落時，應即將其安全而迅速送回外空飛器之登記國。

　　　　　在外空及天體進行活動時，任一當事國之航天員應給予其他當事國航天員一切可能協助。

　　　　　本條約當事國應將其在外空，包括月球與其他天體，發現對航天員生命或健康可能構成危險之任何現象，立即通知本條約其他當事國或聯合國秘書長。

第 六 條　本條約當事國對其本國在外空，包括月球與其他天體之活動，不論係由政府機關或非政府社團進行，負有國際責任，並應負責保證本國活動之實施符合本條約之規定。非政府社團在外空，包括月球與其他天體之活動應經由本條約有關當事國許可並不斷施以監督。國際組織在外空，包括月球與其他天體進行活動時，其遵守本條約之責任應由該國際組織及參加該組織之本條約當事國負擔。

第 七 條　凡發射或促使發射物體至外空，包括月球與其他天體之本條約當事國，及以領土或設備供發射物體用之當事國對於此種物體或其構成部分在地球、氣空或外空，包括月球與其他天體，加於另一當事國或其自然人或法人之損害應

負國際上責任。

第 八 條　本條約當事國為射入外空物體之登記國者，於此種物體及其所載任何人員在外空或任一天體之時，應保持管轄及控制權。射入外空之物體，包括在天體降落或築造之物體及其構成部分，不因物體在外空，或在天體，或因返回地球而影響其所有權。此項物體或構成部分倘在其所登記之本條約當事國境外尋獲，應送還該當事國；如經請求，在送還物體前，該當事國應先提出證明資料。

第 九 條　本條約當事國探測及使用外空，包括月球與其他天體，應以合作與互助原則為準繩，其在外空，包括月球與其他天體所進行之一切活動應妥為顧及本條約所有其他當事國之同等利益。本條約當事國從事研究外空，包括月球與其他天體，及進行探測，應避免使其遭受有害之〔污染〕及以地球外物質使地球環境發生不利之變化，並於必要時，為此目的，採取適當措施。倘本條約當事國有理由認為該國或其國民計劃在外空，包括月球與其他天體進行之活動或實驗可能對其他當事國和平探測及使用外空，包括月球與其他天體之活動引起有害干擾時，應於進行此種活動或實驗前舉行適當之國際會商。本條約當事國倘有理由認為另一當事國計劃在外空，包括月球與其他天體進行之活動或實驗，可能對和平探測及使用外空，包括月球與其他天體之活動引起有害干擾時，得請求就此種活動或實驗，進行會商。

第 十 條　為依照本條約宗旨提倡探測及使用外空，包括月球與其他天體之國際合作起見，本條約當事國應於平等基礎上，考慮本條約其他當事國關於欲有觀察各該國所發射太空物體飛行之機會所作之請求。

此項觀察機會之性質及可給予之條件應由關係國家以協議定之。

第十一條　為提倡和平探測及使用外空之國際合作計，凡在外空，包括月球與其他天體進行活動之本條約當事國同意依最大可能及可行之程度，將此種活動之性質、進行狀況、地點及結果，通知聯合國秘書長、公眾及國際科學界。聯合國秘書長於接獲此項資料後，應準備立即作有效傳播。

第十二條　月球與其他天體上之所有站所、裝置、器材及太空飛器應依互惠原則對本條約其他當事國代表開放。此等代表應將所計擬之視察於合理時間先期通知，俾便進行適當磋商並採取最大預防辦法，以確保安全並避免妨礙所視察設備內之正常作業。

第十三條　本條約各項規定應適用於本條約當事國探測及使用外空，包括月球與其他天體之活動，不論此種活動係由本條約一個當事國進行或與其他國家聯合進行，包括在國際政府間組織範圍內進行者在內。

因國際政府間組織從事探測及使用外空，包括月球與其他天體之活動而引起之任何實際問題應由本條約當事國與主管國際組織或與該國際組織內為本條約當事國之一個或數個會員國解決之。

第十四條　一、本條約應聽由所有國家簽署。凡在本條約依本條第三項發生效力前尚未

簽署之任何國家得隨時加入本條約。

二、本條約應由簽署國批准。批准文件及加入文件應送交蘇維埃社會主義共和國聯盟、大不列顛及北愛爾蘭聯合王國及美利堅合眾國政府存放，為此指定各該國政府為保管政府。

三、本條約應於五國政府，包括經本條約指定為保管政府之各國政府，交存批准文件後發生效力。

四、對於在條約發生效力後交存批准或加入文件之國家，本條約應於其交存批准或加入文件之日發生效力。

五、保管政府應將每一簽署之日期，每一批准及加入本條約之文件存放日期，本條約發生效力日期及其他通知迅速知照所有簽署及加入國家。

六、本條約應由保管政府遵照聯合國憲章第一百零二條規定辦理登記。

第十五條 本條約任何當事國得對本條約提出修正。修正對於接受修正之每一當事國應於多數當事國接受時發生效力，嗣後對於其餘每一當事國應於其接受之日發生效力。

第十六條 本條約任何當事國得在本條約生效一年後以書面通知保管政府退出條約。退出應自接獲此項通知之日起一年後發生效力。

第十七條 本條約應存放保管政府檔庫，其英文、中文、法文、俄文及西班牙文各本同一作準。保管政府應將本條約正式副本分送各簽署及加入國政府。

　　為此，下列代表，各秉正式授予之權，謹簽字於本條約，以昭信守。

　　本條約共繕三份，於公曆一千九百六十七年一月二十七日訂於倫敦、莫斯科及華盛頓。

三十五、各國探索和利用外層空間活動的法律原則宣言 (Declaration of Legal Principles Governing the Activities of States in the Exploration and Use of Outer Space) (1962.12.13)

說明：

㈠聯合國大會第十八屆會議一九六二年十二月十三日第 A/RES/1962(XVIII) 決議通過。

㈡英文本見 General Assembly. Resolutions adopted by the General Assembly during its eighteenth session. pp. 15–16. New York: United Nations (1964)；原始中文本見聯合國大會，《大會第十八屆會所通過決議案》，紐約：聯合國，1964 年，頁 15–16。以下文本見聯合國外層空間事務廳，《聯合國關於外層空間的條約和原則》，紐約：聯合國，2008 年，頁 33–34。文字與原始中文本有差異。

大會，

鑑於人類進入外層空間展現的宏偉前途，而深受鼓舞，

確認和平探索和利用外層空間的進展，關係著全人類的共同利益。

深信探索和利用外層空間，應為人類造福，各國不論其經濟或科學發展程度如何均能受益，

希望對和平探索和利用外層空間的科學和法律方面的廣泛國際合作，做出貢獻，

深信這種合作有助於促進相互瞭解，加強各國之間和各民族之間的友好關係，

回顧了一九四七年十一月三日聯大（二屆）第 110 號決議，曾譴責企圖煽動或鼓勵任何威脅與破壞和平或侵略行為的宣傳，該決議也適用於外層空間，

考慮到聯合國各會員國一致通過的大會一九六一年十二月二十日（十六屆）第 1721 號決議及一九六二年十二月十四日（十七屆）第 1802 號決議，

現鄭重宣告，各國在探索和利用外層空間時，應遵守下列原則：

一、探索和利用外層空間，必須為全人類謀福利和利益。

二、各國都可在平等的基礎上，根據國際法自由探索和利用外層空間及天體。

三、外層空間和天體決不能通過主權要求、使用或占領、或其他任何方法，據為一國所有。

四、各國探索和利用外層空間的活動，必須遵守國際法（包括聯合國憲章）的規定，以保持國際和平與安全，增進國際合作與瞭解。

五、各國對本國（不管是政府部門或非政府部門）在外層空間的活動，以及對保證本國的活動遵守本宣言所規定的原則，均負有國際責任。非政府部門在外層空間的活動，需經本國批准與經常監督。國際組織在外層空間從事活動時，應由該國際組織及其各成員國承擔遵守本宣言所規定原則的責任。

六、各國在探索和利用外層空間時應遵守合作和互助的原則。各國在外層空間進行各種活動，應妥善考慮其他國家的相應利益。一國若有理由認為該國（或該國的國民）計劃在外層空間進行的活動或試驗，會對其他國家和平探索和利用外層空間的活動產生妨礙時，應在進行這種活動和試驗之前，進行適當的國際磋商。一國若有理由認為，另一國計劃在外層空間進行的活動或試驗，會妨礙和平探索和利用外層空間的活動時，可要求對這種活動或試驗進行磋商。

七、凡登記把物體射入外層空間的國家，對該物體及所載人員在外層空間期間，仍保持管理及控制權。射入外層空間的物體及其組成部分的所有權，不因其通過外層空間或返回地球，而受影響。這些物體或組成部分若在登記國國境以外被發現，應送還登記國。但在送還之前，根據要求，登記國應提出證明資料。

八、向外層空間發射物體的國家或向外層空間發射物體的發起國家，以及被利用其國土或設施向外層空間發射物體的國家，對所發射的物體或組成部分在地球、天空或外層空間造成外國，或外國的自然人或法人損害時，應負有國際上的責任。

九、各國應把宇宙航行員視為人類派往外層空間的使節。在他們如因意外事故、遇難、於外國領土或公海緊急降落時，各國應向他們提供一切可能的援救措施。緊急降落的宇宙航行員，應安全迅速地交還給登記國。

第八章 海洋法

三十六、大陸礁層公約 (Convention on the Continental Shelf) (1958.4.29)

說明：

㈠本公約一九五八年四月二十九日簽署，一九六四年六月十日生效。

㈡英、法文本見 UNTS, Vol. 499, pp. 312–321 （雙號為英文）；中文本見同書，頁 322–324。

㈢中華民國對第六條的保留，見《立法專刊》，第三十九輯（民國五十九年），頁 31。

㈣Continental Shelf 一詞聯合國已改譯為「大陸架」，不再使用「大陸礁層」一詞。

本公約當事各國，議定條款如下：

第 一 條　本條款稱「大陸礁層」者謂：

(甲)鄰接海岸但在領海以外之海底區域之海床及底土，其上海水深度不逾二百公尺，或雖逾此限度而其上海水深度仍使該區域天然資源有開發之可能性者；

(乙)鄰接島嶼海岸之類似海底區域之海床及底土。

第 二 條　一、沿海國為探測大陸礁層及開發其天然資源之目的，對大陸礁層行使主權上權利。

二、本條第一項所稱權利為專屬權利，沿海國如不探測大陸礁層或開發其天然資源，非經其明示同意，任何人不得從事此項工作或對大陸礁層有所主張。

三、沿海國對大陸礁層之權利不以實際或觀念上之占領或明文公告為條件。

四、本條款所稱天然資源包括在海床及底土之礦物及其他無生資源以及定著類之有生機體，亦即於可予採捕時期，在海床上下固定不動，或非與海床或底土在形體上經常接觸即不能移動之有機體。

第 三 條　沿海國對於大陸礁層之權利不影響其上海水為公海之法律地位，亦不影響海水上空之法律地位。

第 四 條　沿海國除為探測大陸礁層及開發其天然資源有權採取合理措施外，對於在大陸礁層上敷設或維持海底電纜或管線不得加以阻礙。

第　五　條　一、探測大陸礁層及開發其天然資源不得使航行、捕魚或海中生物資源之養護受任何不當之妨害，亦不得對於以公開發表為目的而進行之基本海洋學研究或其他科學研究有任何妨害。

二、以不違反本條第一項及第六項之規定為限，沿海國有權在大陸礁層上建立、維持或使用為探測大陸礁層及開發其天然資源所必要之設置及其他裝置，並有權在此項設置與裝置之周圍設定安全區以及在安全區內採取保護設置及裝置之必要措施。

三、本條第二項所稱之安全區得以已建各項設置及其他裝置周圍五百公尺之距離為範圍，自設置與裝置之外緣各點起算之。各國船舶必須尊重此種安全區。

四、此種設置與裝置雖受沿海國管轄，但不具有島嶼之地位。此種設置與裝置本身並無領海，其存在不影響沿海國領海界限之劃定。

五、關於此項設置之建立必須妥為通告，並須常設警告其存在之裝置。凡經廢棄或不再使用之設置必須全部拆除。

六、此項設置或位於其周圍之安全區不得建於對國際航行所必經之公認海道可能妨害其使用之地點。

七、沿海國負有在安全區內採取一切適當辦法以保護海洋生物資源免遭有害物劑損害之義務。

八、對大陸礁層從事實地研究必須徵得沿海國之同意。倘有適當機構提出請求而目的係在對大陸礁層之物理或生物特徵作純粹科學性之研究者，沿海國通常不得拒予同意，但沿海國有意時，有權加入或參與研究，研究之結果不論在何情形下均應發表。

第　六　條　一、同一大陸礁層鄰接兩個以上海岸相向國家之領土時，其分屬各該國部分之界線由有關各國以協議定之。倘無協議，除因情形特殊應另定界線外，以每一點均與測算每一國領海寬度之基線上最近各點距離相等之中央線為界線。

二、同一大陸礁層鄰接兩個毗鄰國家之領土時，其界線由有關兩國以協議定之。倘無協議，除因情形特殊應另定界線外，其界線應適用與測算每一國領海寬度之基線上最近各點距離相等之原則定之。

三、劃定大陸礁層之界限時，凡依本條第一項及第二項所載原則劃成之界線，應根據特定期日所有之海圖及地理特徵訂明之，並應指明陸上固定、永久而可資辨認之處。

第　七　條　沿海國以穿鑿隧道方法開發底土之權利無論其上海水深度如何，均不受本條款規定之影響。

第　八　條　本公約在一九五八年十月三十一日以前聽由聯合國或任何專門機關之全體會員國及經由聯合國大會邀請參加為本公約當事一方之任何其他國家簽署。

第　九　條　本公約應予批准。批准文件應送交聯合國秘書長存放。

第 十 條　本公約應聽由屬於第八條所稱任何一類之國家加入。加入文件應送交聯合國秘書長存放。

第十一條　一、本公約應於第二十二件批准或加入文件送交聯合國秘書長存放之日後第三十日起發生效力。

二、對於在第二十二件批准或加入文件存放後批准或加入本公約之國家，本公約應於各該國存放批准或加入文件後第三十日起發生效力。

第十二條　一、任何國家得於簽署、批准或加入時對本公約第一條至第三條以外各條提出保留。

二、依前項規定提出保留之任何締約國得隨時通知聯合國秘書長撤回保留。

第十三條　一、締約任何一方得於本公約生效之日起滿五年後隨時書面通知聯合國秘書長請求修改本公約。

二、對於此項請求應採何種步驟，由聯合國大會決定之。

第十四條　聯合國秘書長應將下列事項通知聯合國各會員國及第八條所稱之其他國家：

㈠依第八條、第九條及第十條對本公約所為之簽署及送存之批准或加入文件；

㈡依第十一條本公約發生效力之日期；

㈢依第十三條所提關於修改本公約之請求；

㈣依第十二條對本公約提出之保留。

第十五條　本公約之原本應交聯合國秘書長存放，其中文、英文、法文、俄文及西班牙文各本同一作準；秘書長應將各文正式副本分送第八條所稱各國。

　　為此，下列全權代表各秉本國政府正式授予簽字之權，謹簽字於本公約，以昭信守。

　　公曆一千九百五十八年四月二十九日訂於日內瓦。

附：中華民國對第六條的保留條款

　　「中華民國政府對於本公約第六條第一項及第二項有關劃定大陸礁層界線之規定，主張：㈠海岸毗鄰及（或）相向之兩個以上國家，其大陸礁層界線之劃定，應符合其國家陸地領土自然延伸之原則。㈡就劃定中華民國之大陸礁層界線而言，應不計及任何突出海面之礁嶼」。

三十七、聯合國海洋法公約及其附件 (United Nations Convention on the Law of the Sea and Annexes) (1982.12.10)

說明：

㈠本公約一九八二年十二月十日簽署，一九九四年十一月十六日生效。

㈡英文本見 The Law of the Sea, Official Text of the United Nations Convention on the

Law of the Sea with Annexes and Index, New York: United Nations, 1983, pp. 6–110（附件在 pp. 111–159），亦刊載於 UNTS, Vol. 1833, pp. 397–523（附件在 pp.524–581）；中文本見 UNTS, Vol. 1833, pp. 202–336（附件在 pp. 337–396）。

㈢公約有九個附件，標題如下：

附件一　高度洄游魚類 (Highly Migratory Species)

附件二　大陸架界限委員會 (Commission on the Limits of the Continental Shelf)

附件三　探礦、勘探和開發的基本條件 (Basic Conditions of Prospecting, Exploration and Exploitation)

附件四　企業部章程 (Statute of the Enterprise)

附件五　調解 (Conciliation)

附件六　國際海洋法法庭規約 (Statute of the International Tribunal for the Law of the Sea)

附件七　仲裁 (Arbitration)

附件八　特別仲裁 (Special Arbitration)

附件九　國際組織的參加 (Participation by International Organizations)

囿於篇幅，本文件集收錄附件二、附件七與附件八。

序　言

本公約締約各國，

本著以互相諒解和合作的精神解決與海洋法有關的一切問題的願望，並且認識到本公約對於維護和平、正義和全世界人民的進步作出重要貢獻的歷史意義，

注意到自從一九五八年和一九六○年在日內瓦舉行了聯合國海洋法會議以來的種種發展，著重指出了需要有一項新的可獲一般接受的海洋法公約，

意識到各海洋區域的種種問題都是彼此密切相關的，有必要作為一個整體來加以考慮，

認識到有需要通過本公約，在妥為顧及所有國家主權的情形下，為海洋建立一種法律秩序，以便利國際交通和促進海洋的和平用途，海洋資源的公平而有效的利用，海洋生物資源的養護以及研究、保護和保全海洋環境，

考慮到達成這些目標將有助於實現公正公平的國際經濟秩序，這種秩序將照顧到全人類的利益和需要，特別是發展中國家的特殊利益和需要，不論其為沿海國或內陸國，

希望以本公約發展一九七○年十二月十七日第 2749 (XXV) 號決議所載各項原則，聯合國大會在該決議中莊嚴宣布，除其他外，國家管轄範圍以外的海床和洋底區域及其底土以及該區域的資源為人類的共同繼承財產，其勘探與開發應為全人類的利益而進行，不論各國的地理位置如何，

相信在本公約中所達成的海洋法的編纂和逐漸發展，將有助於按照《聯合國憲章》所載的聯合國的宗旨和原則鞏固各國間符合正義和權利平等原則的和平、安全、合作和

友好關係，並將促進全世界人民的經濟和社會方面的進展，

確認本公約未予規定的事項，應繼續以一般國際法的規則和原則為準據，

經協議如下：

第一部分　用　語

第 一 條　用語和範圍

一、為本公約的目的：

(1)「『區域』」是指國家管轄範圍以外的海床和洋底及其底土。

(2)「管理局」是指國際海底管理局。

(3)「『區域』內活動」是指勘探和開發「區域」的資源的一切活動。

(4)「海洋環境的污染」是指：人類直接或間接把物質或能量引入海洋環境，其中包括河口灣，以致造成或可能造成損害生物資源和海洋生物、危害人類健康、妨礙包括捕魚和海洋的其他正當用途在內的各種海洋活動、損壞海水使用質量和減損環境優美等有害影響。

(5)(a)「傾倒」是指：

㈠從船隻、飛機、平臺或其他人造海上結構故意處置廢物或其他物質的行為；

㈡故意處置船隻、飛機、平臺或其他人造海上結構的行為。

(b)「傾倒」不包括：

㈠船隻、飛機、平臺或其他人造海上結構及其裝備的正常操作所附帶發生或產生的廢物或其他物質的處置，但為了處置這種物質而操作的船隻、飛機、平臺或其他人造海上結構所運載或向其輸送的廢物或其他物質，或在這種船隻、飛機、平臺或結構上處理這種廢物或其他物質所產生的廢物或其他物質均除外；

㈡並非為了單純處置物質而放置物質，但以這種放置不違反本公約的目的為限。

二、(1)「締約國」是指同意受本公約拘束而本公約對其生效的國家。

(2)本公約比照適用於第三〇五條第一款(b)、(c)、(d)、(e)和(f)項所指的實體，這些實體按照與各自有關的條件成為本公約的締約國，在這種情況下，「締約國」也指這些實體。

第二部分　領海和毗連區

第一節　一般規定

第 二 條　領海及其上空、海床和底土的法律地位

一、沿海國的主權及於其陸地領土及其內水以外鄰接的一帶海域，在群島國
　　的情形下則及於群島水域以外鄰接的一帶海域，稱為領海。

二、此項主權及於領海的上空及其海床和底土。

三、對於領海的主權的行使受本公約和其他國際法規則的限制。

第二節　領海的界限

第 三 條　領海的寬度

每一國家有權確定其領海的寬度，直至從按照本公約確定的基線量起不超過
十二海里的界限為止。

第 四 條　領海的外部界限

領海的外部界限是一條其每一點同基線最近點的距離等於領海寬度的線。

第 五 條　正常基線

除本公約另有規定外，測算領海寬度的正常基線是沿海國官方承認的大比例
尺海圖所標明的沿岸低潮線。

第 六 條　礁石

在位於環礁上的島嶼或有岸礁環列的島嶼的情形下，測算領海寬度的基線是
沿海國官方承認的海圖上以適當標記顯示的礁石的向海低潮線。

第 七 條　直線基線

一、在海岸線極為曲折的地方，或者如果緊接海岸有一系列島嶼，測算領海
　　寬度的基線的劃定可採用連接各適當點的直線基線法。

二、在因有三角洲和其他自然條件以致海岸線非常不穩定之處，可沿低潮線
　　向海最遠處選擇各適當點，而且，儘管以後低潮線發生後退現象，該直
　　線基線在沿海國按照本公約加以改變以前仍然有效。

三、直線基線的劃定不應在任何明顯的程度上偏離海岸的一般方向，而且基
　　線內的海域必須充分接近陸地領土，使其受內水制度的支配。

四、除在低潮高地上築有永久高於海平面的燈塔或類似設施，或以這種高地
　　作為劃定基線的起訖點已獲得國際一般承認者外，直線基線的劃定不應
　　以低潮高地為起訖點。

五、在依據第一款可以採用直線基線法之處，確定特定基線時，對於有關地
　　區所特有的並經長期慣例清楚地證明其為實在而重要的經濟利益，可予
　　以考慮。

六、一國不得採用直線基線制度，致使另一國的領海同公海或專屬經濟區隔
　　斷。

第 八 條　內水

一、除第四部分另有規定外，領海基線向陸一面的水域構成國家內水的一部
　　分。

二、如果按照第七條所規定的方法確定直線基線的效果使原來並未認為是內

水的區域被包圍在內成為內水，則在此種水域內應有本公約所規定的無
害通過權。

第九條　河口

如果河流直接流入海洋，基線應是一條在兩岸低潮線上兩點之間橫越河口的
直線。

第十條　海灣

一、本條僅涉及海岸屬於一國的海灣。

二、為本公約的目的，海灣是明顯的水曲，其凹入程度和曲口寬度的比例，
　　使其有被陸地環抱的水域，而不僅為海岸的彎曲。但水曲除其面積等於
　　或大於橫越曲口所劃的直線作為直徑的半圓形的面積外，不應視為海灣。

三、為測算的目的，水曲的面積是位於水曲陸岸周圍的低潮標和一條連接水
　　曲天然入口兩端低潮標的線之間的面積。如果因有島嶼而水曲有一個以
　　上的曲口，該半圓形應劃在與橫越各曲口的各線總長度相等的一條線上。
　　水曲內的島嶼應視為水曲水域的一部分而包括在內。

四、如果海灣天然入口兩端的低潮標之間的距離不超過二十四海里，則可在
　　這兩個低潮標之間劃出一條封口線，該線所包圍的水域應視為內水。

五、如果海灣天然入口兩端的低潮標之間的距離超過二十四海里，二十四海
　　里的直線基線應劃在海灣內，以劃入該長度的線所可能劃入的最大水域。

六、上述規定不適用於所謂「歷史性」海灣，也不適用於採用第七條所規定
　　的直線基線法的任何情形。

第十一條　港口

為了劃定領海的目的，構成海港體系組成部分的最外部永久海港工程視為海
岸的一部分。近岸設施和人工島嶼不應視為永久海港工程。

第十二條　泊船處

通常用於船舶裝卸和下錨的泊船處，即使全部或一部位於領海的外部界限以
外，都包括在領海範圍之內。

第十三條　低潮高地

一、低潮高地是在低潮時四面環水並高於水面但在高潮時沒入水中的自然形
　　成的陸地。如果低潮高地全部或一部與大陸或島嶼的距離不超過領海的
　　寬度，該高地的低潮線可作為測算領海寬度的基線。

二、如果低潮高地全部與大陸或島嶼的距離超過領海的寬度，則該高地沒有
　　其自己的領海。

第十四條　確定基線的混合辦法

沿海國為適應不同情況，可交替使用以上各條規定的任何方法以確定基線。

第十五條　海岸相向或相鄰國家間領海界限的劃定

如果兩國海岸彼此相向或相鄰，兩國中任何一國在彼此沒有相反協議的情形
下，均無權將其領海伸延至一條其每一點都同測算兩國中每一國領海寬度的

基線上最近各點距離相等的中間線以外。但如因歷史性所有權或其他特殊情況而有必要按照與上述規定不同的方法劃定兩國領海的界限，則不適用上述規定。

第十六條　海圖和地理座標表

一、按照第七、第九和第十條確定的測算領海寬度的基線，或根據基線劃定的界限，和按照第十二和第十五條劃定的分界線，應在足以確定這些線的位置的一種或幾種比例尺的海圖上標出。或者，可以用列出各點的地理座標並註明大地基準點的表來代替。

二、沿海國應將這種海圖或地理座標表妥為公布，並應將各該海圖和座標表的一份副本交存於聯合國秘書長。

第三節　領海的無害通過

A 分節　適用於所有船舶的規則

第十七條　無害通過權

在本公約的限制下，所有國家，不論為沿海國或內陸國，其船舶均享有無害通過領海的權利。

第十八條　通過的意義

一、通過是指為了下列目的，通過領海的航行：

　(a)穿過領海但不進入內水或停靠內水以外的泊船處或港口設施；或

　(b)駛往或駛出內水或停靠這種泊船處或港口設施。

二、通過應繼續不停和迅速進行。通過包括停船和下錨在內，但以通常航行所附帶發生的或由於不可抗力或遇難所必要的或為救助遇險或遭難的人員、船舶或飛機的目的為限。

第十九條　無害通過的意義

一、通過只要不損害沿海國的和平、良好秩序或安全，就是無害的。這種通過的進行應符合本公約和其他國際法規則。

二、如果外國船舶在領海內進行下列任何一種活動，其通過即應視為損害沿海國的和平、良好秩序或安全：

　(a)對沿海國的主權、領土完整或政治獨立進行任何武力威脅或使用武力，或以任何其他違反《聯合國憲章》所體現的國際法原則的方式進行武力威脅或使用武力；

　(b)以任何種類的武器進行任何操練或演習；

　(c)任何目的在於蒐集情報使沿海國的防務或安全受損害的行為；

　(d)任何目的在於影響沿海國防務或安全的宣傳行為；

　(e)在船上起落或接載任何飛機；

　(f)在船上發射、降落或接載任何軍事裝置；

(g)違反沿海國海關、財政、移民或衛生的法律和規章，上下任何商品、貨幣或人員；

(h)違反本公約規定的任何故意和嚴重的污染行為；

(i)任何捕魚活動；

(j)進行研究或測量活動；

(k)任何目的在於干擾沿海國任何通訊系統或任何其他設施或設備的行為；

(l)與通過沒有直接關係的任何其他活動。

第二十條　潛水艇和其他潛水器

在領海內，潛水艇和其他潛水器，須在海面上航行並展示其旗幟。

第二十一條　沿海國關於無害通過的法律和規章

一、沿海國可依本公約規定和其他國際法規則，對下列各項或任何一項制定關於無害通過領海的法律和規章：

(a)航行安全及海上交通管理；

(b)保護助航設備和設施以及其他設施或設備；

(c)保護電纜和管道；

(d)養護海洋生物資源；

(e)防止違犯沿海國的漁業法律和規章；

(f)保全沿海國的環境，並防止、減少和控制該環境受污染；

(g)海洋科學研究和水文測量；

(h)防止違犯沿海國的海關、財政、移民或衛生的法律和規章。

二、這種法律和規章除使一般接受的國際規則或標準有效外，不應適用於外國船舶的設計、構造、人員配備或裝備。

三、沿海國應將所有這種法律和規章妥為公布。

四、行使無害通過領海權利的外國船舶應遵守所有這種法律和規章以及關於防止海上碰撞的一切一般接受的國際規章。

第二十二條　領海內的海道和分道通航制

一、沿海國考慮到航行安全認為必要時，可要求行使無害通過其領海權利的外國船舶使用其為管制船舶通過而指定或規定的海道和分道通航制。

二、特別是沿海國可要求油輪、核動力船舶和載運核物質或材料或其他本質上危險或有毒物質或材料的船舶只在上述海道通過。

三、沿海國根據本條指定海道和規定分道通航制時，應考慮到：

(a)主管國際組織的建議；

(b)習慣上用於國際航行的水道；

(c)特定船舶和水道的特殊性質；和

(d)船舶來往的頻繁程度。

四、沿海國應在海圖上清楚地標出這種海道和分道通航制，並應將該海圖妥為公布。

第二十三條 *外國核動力船舶和載運核物質或其他本質上危險或有毒物質的船舶*

外國核動力船舶和載運核物質或其他本質上危險或有毒物質的船舶，在行使無害通過領海的權利時，應持有國際協定為這種船舶所規定的證書並遵守國際協定所規定的特別預防措施。

第二十四條 *沿海國的義務*

一、除按照本公約規定外，沿海國不應妨礙外國船舶無害通過領海。尤其在適用本公約或依本公約制定的任何法律或規章時，沿海國不應：

(a)對外國船舶強加要求，其實際後果等於否定或損害無害通過的權利；或

(b)對任何國家的船舶、或對載運貨物來往任何國家的船舶或對替任何國家載運貨物的船舶，有形式上或事實上的歧視。

二、沿海國應將其所知的在其領海內對航行有危險的任何情況妥為公布。

第二十五條 *沿海國的保護權*

一、沿海國可在其領海內採取必要的步驟以防止非無害的通過。

二、在船舶駛往內水或停靠內水外的港口設備的情形下，沿海國也有權採取必要的步驟，以防止對准許這種船舶駛往內水或停靠港口的條件的任何破壞。

三、如為保護國家安全包括武器演習在內而有必要，沿海國可在對外國船舶之間在形式上或事實上不加歧視的條件下，在其領海的特定區域內暫時停止外國船舶的無害通過。這種停止僅應在正式公布後發生效力。

第二十六條 *可向外國船舶徵收的費用*

一、對外國船舶不得僅以其通過領海為理由而徵收任何費用。

二、對通過領海的外國船舶，僅可作為對該船舶提供特定服務的報酬而徵收費用。徵收上述費用不應有任何歧視。

B 分節　適用於商船和用於商業目的的政府船舶的規則

第二十七條 *外國船舶上的刑事管轄權*

一、沿海國不應在通過領海的外國船舶上行使刑事管轄權，以逮捕與在該船舶通過期間船上所犯任何罪行有關的任何人或進行與該罪行有關的任何調查，但下列情形除外：

(a)罪行的後果及於沿海國；

(b)罪行屬於擾亂當地安寧或領海的良好秩序的性質；

(c)經船長或船旗國外交代表或領事官員請求地方當局予以協助；或

(d)這些措施是取締違法販運麻醉藥品或精神調理物質所必要的。

二、上述規定不影響沿海國為在駛離內水後通過領海的外國船舶上進行逮

捕或調查的目的而採取其法律所授權的任何步驟的權利。

三、在第一和第二兩款規定的情形下，如經船長請求，沿海國在採取任何步驟前應通知船旗國的外交代表或領事官員，並應便利外交代表或領事官員和船上乘務人員之間的接觸。遇有緊急情況，發出此項通知可與採取措施同時進行。

四、地方當局在考慮是否逮捕或如何逮捕時，應適當顧及航行的利益。

五、除第十二部分有所規定外或有違犯按照第五部分制定的法律和規章的情形，如果來自外國港口的外國船舶僅通過領海而不駛入內水，沿海國不得在通過領海的該船舶上採取任何步驟，以逮捕與該船舶駛進領海前所犯任何罪行有關的任何人或進行與該罪行有關的調查。

第二十八條　對外國船舶的民事管轄權

一、沿海國不應為對通過領海的外國船舶上某人行使民事管轄權的目的而停止其航行或改變其航向。

二、沿海國不得為任何民事訴訟的目的而對船舶從事執行或加以逮捕，但涉及該船舶本身在通過沿海國水域的航行中或為該航行的目的而承擔的義務或因而負擔的責任，則不在此限。

三、第二款不妨害沿海國按照其法律為任何民事訴訟的目的而對在領海內停泊或駛離內水後通過領海的外國船舶從事執行或加以逮捕的權利。

C 分節　適用於軍艦和其他用於非商業目的的政府船舶的規則

第二十九條　軍艦的定義

為本公約的目的，「軍艦」是指屬於一國武裝部隊、具備辨別軍艦國籍的外部標誌、由該國政府正式委任並名列相應的現役名冊或類似名冊的軍官指揮和配備有服從正規武裝部隊紀律的船員的船舶。

第 三 十 條　軍艦對沿海國法律和規章的不遵守

如果任何軍艦不遵守沿海國關於通過領海的法律和規章，而且不顧沿海國向其提出遵守法律和規章的任何要求，沿海國可要求該軍艦立即離開領海。

第三十一條　船旗國對軍艦或其他用於非商業目的的政府船舶所造成的損害的責任

對於軍艦或其他用於非商業目的的政府船舶不遵守沿海國有關通過領海的法律和規章或不遵守本公約的規定或其他國際法規則，而使沿海國遭受的任何損失或損害，船旗國應負國際責任。

第三十二條　軍艦和其他用於非商業目的的政府船舶的豁免權

A 分節和第三十及第三十一條所規定的情形除外，本公約規定不影響軍艦和其他用於非商業目的的政府船舶的豁免權。

第四節　毗連區

第三十三條　毗連區

一、沿海國可在毗連其領海稱為毗連區的區域內，行使為下列事項所必要的管制：

(a)防止在其領土或領海內違犯其海關、財政、移民或衛生的法律和規章；

(b)懲治在其領土或領海內違犯上述法律和規章的行為。

二、毗連區從測算領海寬度的基線量起，不得超過二十四海里。

第三部分　用於國際航行的海峽

第一節　一般規定

第三十四條　構成用於國際航行海峽的水域的法律地位

一、本部分所規定的用於國際航行的海峽的通過制度，不應在其他方面影響構成這種海峽的水域的法律地位，或影響海峽沿岸國對這種水域及其上空、海床和底土行使其主權或管轄權。

二、海峽沿岸國的主權或管轄權的行使受本部分和其他國際法規則的限制。

第三十五條　本部分的範圍

本部分的任何規定不影響：

(a)海峽內任何內水區域，但按照第七條所規定的方法確定直線基線的效果使原來並未認為是內水的區域被包圍在內成為內水的情況除外；

(b)海峽沿岸國領海以外的水域作為專屬經濟區或公海的法律地位；或

(c)某些海峽的法律制度，這種海峽的通過已全部或部分地規定在長期存在、現行有效的專門關於這種海峽的國際公約中。

第三十六條　穿過用於國際航行的海峽的公海航道或穿過專屬經濟區的航道

如果穿過某一用於國際航行的海峽有在航行和水文特徵方面同樣方便的一條穿過公海或穿過專屬經濟區的航道，本部分不適用於該海峽；在這種航道中，適用本公約其他有關部分其中包括關於航行和飛越自由的規定。

第二節　過境通行

第三十七條　本節的範圍

本節適用於在公海或專屬經濟區的一個部分和公海或專屬經濟區的另一部分之間的用於國際航行的海峽。

第三十八條　過境通行權

一、在第三十七條所指的海峽中，所有船舶和飛機均享有過境通行的權利，過境通行不應受阻礙；但如果海峽是由海峽沿岸國的一個島嶼和該國大陸形成，而且該島向海一面有在航行和水文特徵方面同樣方便的一

條穿過公海，或穿過專屬經濟區的航道，過境通行就不應適用。

二、過境通行是指按照本部分規定，專為在公海或專屬經濟區的一個部分和公海或專屬經濟區的另一部分之間的海峽繼續不停和迅速過境的目的而行使航行和飛越自由。但是，對繼續不停和迅速過境的要求，並不排除在一個海峽沿岸國入境條件的限制下，為駛入、駛離該國或自該國返回的目的而通過海峽。

三、任何非行使海峽過境通行權的活動，仍受本公約其他適用的規定的限制。

第三十九條　船舶和飛機在過境通行時的義務

一、船舶和飛機在行使過境通行權時應：

(a)毫不遲延地通過或飛越海峽；

(b)不對海峽沿岸國的主權、領土完整或政治獨立進行任何武力威脅或使用武力，或以任何其他違反《聯合國憲章》所體現的國際法原則的方式進行武力威脅或使用武力；

(c)除因不可抗力或遇難而有必要外，不從事其繼續不停和迅速過境的通常方式所附帶發生的活動以外的任何活動；

(d)遵守本部分的其他有關規定。

二、過境通行的船舶應：

(a)遵守一般接受的關於海上安全的國際規章、程序和慣例，包括《國際海上避碰規則》；

(b)遵守一般接受的關於防止、減少和控制來自船舶的污染的國際規章、程序和慣例。

三、過境通行的飛機應：

(a)遵守國際民用航空組織制定的適用於民用飛機的《航空規則》；國有飛機通常應遵守這種安全措施，並在操作時隨時適當顧及航行安全；

(b)隨時監聽國際上指定的空中交通管制主管機構所分配的無線電頻率或有關的國際呼救無線電頻率。

第四十條　研究和測量活動

外國船舶，包括海洋科學研究和水文測量的船舶在內，在過境通行時，非經海峽沿岸國事前准許，不得進行任何研究或測量活動。

第四十一條　用於國際航行的海峽內的海道和分道通航制

一、依照本部分，海峽沿岸國可於必要時為海峽航行指定海道和規定分道通航制，以促進船舶的安全通過。

二、這種國家可於情況需要時，經妥為公布後，以其他海道或分道通航制替換任何其原先指定或規定的海道或分道通航制。

三、這種海道和分道通航制應符合一般接受的國際規章。

四、海峽沿岸國在指定或替換海道或在規定或替換分道通航制以前，應將

提議提交主管國際組織，以期得到採納。該組織僅可採納同海峽沿岸國議定的海道和分道通航制，在此以後，海峽沿岸國可對這些海道和分道通航制予以指定、規定或替換。

五、對於某一海峽，如所提議的海道或分道通航制穿過該海峽兩個或兩個以上沿岸國的水域，有關各國應同主管國際組織協商，合作擬訂提議。

六、海峽沿岸國應在海圖上清楚地標出其所指定或規定的一切海道和分道通航制，並應將該海圖妥為公布。

七、過境通行的船舶應尊重按照本條制定的適用的海道和分道通航制。

第四十二條　*海峽沿岸國關於過境通行的法律和規章*

一、在本節規定的限制下，海峽沿岸國可對下列各項或任何一項制定關於通過海峽的過境通行的法律和規章：

　　(a)第四十一條所規定的航行安全和海上交通管理；

　　(b)使有關在海峽內排放油類、油污廢物和其他有毒物質的適用的國際規章有效，以防止、減少和控制污染；

　　(c)對於漁船，防止捕魚，包括漁具的裝載；

　　(d)違反海峽沿岸國海關、財政、移民或衛生的法律和規章，上下任何商品、貨幣或人員。

二、這種法律和規章不應在形式上或事實上在外國船舶間有所歧視，或在其適用上有否定、妨礙或損害本節規定的過境通行權的實際後果。

三、海峽沿岸國應將所有這種法律和規章妥為公布。

四、行使過境通行權的外國船舶應遵守這種法律和規章。

五、享有主權豁免的船舶的船旗國或飛機的登記國，在該船舶或飛機不遵守這種法律和規章或本部分的其他規定時，應對海峽沿岸國遭受的任何損失和損害負國際責任。

第四十三條　*助航和安全設備及其他改進辦法以及污染的防止、減少和控制*

海峽使用國和海峽沿岸國應對下列各項通過協議進行合作：

(a)在海峽內建立並維持必要的助航和安全設備或幫助國際航行的其他改進辦法；和

(b)防止、減少和控制來自船舶的污染。

第四十四條　*海峽沿岸國的義務*

海峽沿岸國不應妨礙過境通行，並應將其所知的海峽內或海峽上空對航行或飛越有危險的任何情況妥為公布。過境通行不應予以停止。

第三節　無害通過

第四十五條　*無害通過*

一、按照第二部分第三節，無害通過制度應適用於下列用於國際航行的海峽：

⒜按照第三十八條第一款不適用過境通行制度的海峽；或

⒝在公海或專屬經濟區的一個部分和外國領海之間的海峽。

二、在這種海峽中的無害通過不應予以停止。

第四部分　群島國

第四十六條　用語

為本公約的目的：

⒜「群島國」是指全部由一個或多個群島構成的國家，並可包括其他島嶼；

⒝「群島」是指一群島嶼，包括若干島嶼的若干部分、相連的水域和其他自然地形，彼此密切相關，以致這種島嶼、水域和其他自然地形在本質上構成一個地理、經濟和政治的實體，或在歷史上已被視為這種實體。

第四十七條　群島基線

一、群島國可劃定連接群島最外緣各島和各乾礁的最外緣各點的直線群島基線，但這種基線應包括主要的島嶼和一個區域，在該區域內，水域面積和包括環礁在內的陸地面積的比例應在一比一到九比一之間。

二、這種基線的長度不應超過一百海里。但圍繞任何群島的基線總數中至多百分之三可超過該長度，最長以一百二十五海里為限。

三、這種基線的劃定不應在任何明顯的程度上偏離群島的一般輪廓。

四、除在低潮高地上築有永久高於海平面的燈塔或類似設施，或者低潮高地全部或一部與最近的島嶼的距離不超過領海的寬度外，這種基線的劃定不應以低潮高地為起訖點。

五、群島國不應採用一種基線制度，致使另一國的領海同公海或專屬經濟區隔斷。

六、如果群島國的群島水域的一部分位於一個直接相鄰國家的兩個部分之間，該鄰國傳統上在該水域內行使的現有權利和一切其他合法利益以及兩國間協定所規定的一切權利，均應繼續，並予以尊重。

七、為計算第一款規定的水域與陸地的比例的目的，陸地面積可包括位於島嶼和環礁的岸礁以內的水域，其中包括位於陡側海臺周圍的一系列灰岩島和乾礁所包圍或幾乎包圍的海臺的那一部分。

八、按照本條劃定的基線，應在足以確定這些線的位置的一種或幾種比例尺的海圖上標出。或者，可以用列出各點的地理座標並註明大地基準點的表來代替。

九、群島國應將這種海圖或地理座標表妥為公布，並應將各該海圖或座標表的一份副本交存於聯合國秘書長。

第四十八條　領海、毗連區、專屬經濟區和大陸架寬度的測算

領海、毗連區、專屬經濟區和大陸架的寬度，應從按照第四十七條劃定的

　　群島基線量起。

第四十九條　群島水域、群島水域的上空、海床和底土的法律地位

一、群島國的主權及於按照第四十七條劃定的群島基線所包圍的水域，稱為群島水域，不論其深度或距離海岸的遠近如何。

二、此項主權及於群島水域的上空、海床和底土，以及其中所包含的資源。

三、此項主權的行使受本部分規定的限制。

四、本部分所規定的群島海道通過制度，不應在其他方面影響包括海道在內的群島水域的地位，或影響群島國對這種水域及其上空、海床和底土以及其中所含資源行使其主權。

第 五 十 條　內水界限的劃定

群島國可按照第九、第十和第十一條，在其群島水域內用封閉線劃定內水的界限。

第五十一條　現有協定、傳統捕魚權利和現有海底電纜

一、在不妨害第四十九條的情形下，群島國應尊重與其他國家間的現有協定，並應承認直接相鄰國家在群島水域範圍內的某些區域內的傳統捕魚權利和其他合法活動。行使這種權利和進行這種活動的條款和條件，包括這種權利和活動的性質、範圍和適用的區域，經任何有關國家要求，應由有關國家之間的雙邊協定予以規定。這種權利不應轉讓給第三國或其國民，或與第三國或其國民分享。

二、群島國應尊重其他國家所鋪設的通過其水域而不靠岸的現有海底電纜。群島國於接到關於這種電纜的位置和修理或更換這種電纜的意圖的適當通知後，應准許對其進行維修和更換。

第五十二條　無害通過權

一、在第五十三條的限制下並在不妨害第五十條的情形下，按照第二部分第三節的規定，所有國家的船舶均享有通過群島水域的無害通過權。

二、如為保護國家安全所必要，群島國可在對外國船舶之間在形式上或事實上不加歧視的條件下，暫時停止外國船舶在其群島水域特定區域內的無害通過。這種停止僅應在正式公布後發生效力。

第五十三條　群島海道通過權

一、群島國可指定適當的海道和其上的空中航道，以便外國船舶和飛機繼續不停和迅速通過或飛越其群島水域和鄰接的領海。

二、所有船舶和飛機均享有在這種海道和空中航道內的群島海道通過權。

三、群島海道通過是指按照本公約規定，專為在公海或專屬經濟區的一部分和公海或專屬經濟區的另一部分之間繼續不停、迅速和無障礙地過境的目的，行使正常方式的航行和飛越的權利。

四、這種海道和空中航道應穿過群島水域和鄰接的領海，並應包括用作通過群島水域或其上空的國際航行或飛越的航道的所有正常通道，並且

在這種航道內,就船舶而言,包括所有正常航行水道,但無須在相同的進出點之間另設同樣方便的其他航道。

五、這種海道和空中航道應以通道進出點之間的一系列連續不斷的中心線劃定,通過群島海道和空中航道的船舶和飛機在通過時不應偏離這種中心線二十五海里以外,但這種船舶和飛機在航行時與海岸的距離不應小於海道邊緣各島最近各點之間的距離的百分之十。

六、群島國根據本條指定海道時,為了使船舶安全通過這種海道內的狹窄水道,也可規定分道通航制。

七、群島國可於情況需要時,經妥為公布後,以其他的海道或分道通航制替換任何其原先指定或規定的海道或分道通航制。

八、這種海道或分道通航制應符合一般接受的國際規章。

九、群島國在指定或替換海道或在規定或替換分道通航制時,應向主管國際組織提出建議,以期得到採納。該組織僅可採納同群島國議定的海道和分道通航制;在此以後,群島國可對這些海道和分道通航制予以指定、規定或替換。

十、群島國應在海圖上清楚地標出其指定或規定的海道中心線和分道通航制,並應將該海圖妥為公布。

十一、通過群島海道的船舶應尊重按照本條制定的適用的海道和分道通航制。

十二、如果群島國沒有指定海道或空中航道,可通過正常用於國際航行的航道,行使群島海道通過權。

第五十四條 船舶和飛機在通過時的義務,研究和測量活動,群島國的義務以及群島國關於群島海道通過的法律和規章

第三十九、第四十、第四十二和第四十四各條比照適用於群島海道通過。

第五部分　專屬經濟區

第五十五條 專屬經濟區的特定法律制度

專屬經濟區是領海以外並鄰接領海的一個區域,受本部分規定的特定法律制度的限制,在這個制度下,沿海國的權利和管轄權以及其他國家的權利和自由均受本公約有關規定的支配。

第五十六條 沿海國在專屬經濟區內的權利、管轄權和義務

一、沿海國在專屬經濟區內有:

(a)以勘探和開發、養護和管理海床上覆水域和海床及其底土的自然資源(不論為生物或非生物資源)為目的的主權權利,以及關於在該區內從事經濟性開發和勘探,如利用海水、海流和風力生產能等其他活動的主權權利;

　　　　　　　(b)本公約有關條款規定的對下列事項的管轄權：
　　　　　　　　⑴人工島嶼、設施和結構的建造和使用；
　　　　　　　　⑵海洋科學研究；
　　　　　　　　⑶海洋環境的保護和保全；
　　　　　　　(c)本公約規定的其他權利和義務。
　　二、沿海國在專屬經濟區內根據本公約行使其權利和履行其義務時，應適
　　　　當顧及其他國家的權利和義務，並應以符合本公約規定的方式行事。
　　三、本條所載的關於海床和底土的權利，應按照第六部分的規定行使。

第五十七條　專屬經濟區的寬度
　　專屬經濟區從測算領海寬度的基線量起，不應超過二百海里。

第五十八條　其他國家在專屬經濟區內的權利和義務
　　一、在專屬經濟區內，所有國家，不論為沿海國或內陸國，在本公約有關
　　　　規定的限制下，享有第八十七條所指的航行和飛越的自由，鋪設海底
　　　　電纜和管道的自由，以及與這些自由有關的海洋其他國際合法用途，
　　　　諸如同船舶和飛機的操作及海底電纜和管道的使用有關的並符合本公
　　　　約其他規定的那些用途。
　　二、第八十八至第一一五條以及其他國際法有關規則，只要與本部分不相
　　　　牴觸，均適用於專屬經濟區。
　　三、各國在專屬經濟區內根據本公約行使其權利和履行其義務時，應適當
　　　　顧及沿海國的權利和義務，並應遵守沿海國按照本公約的規定和其他
　　　　國際法規則所制定的與本部分不相牴觸的法律和規章。

第五十九條　解決關於專屬經濟區內權利和管轄權的歸屬的衝突的基礎
　　在本公約未將在專屬經濟區內的權利或管轄權歸屬於沿海國或其他國家而
　　沿海國和任何其他一國或數國之間的利益發生衝突的情形下，這種衝突應
　　在公平的基礎上參照一切有關情況，考慮到所涉利益分別對有關各方和整
　　個國際社會的重要性，加以解決。

第六十條　專屬經濟區內的人工島嶼、設施和結構
　　一、沿海國在專屬經濟區內應有專屬權利建造並授權和管理建造、操作和
　　　　使用：
　　　　(a)人工島嶼；
　　　　(b)為第五十六條所規定的目的和其他經濟目的的設施和結構；
　　　　(c)可能干擾沿海國在區內行使權利的設施和結構。
　　二、沿海國對這種人工島嶼、設施和結構應有專屬管轄權，包括有關海關、
　　　　財政、衛生、安全和移民的法律和規章方面的管轄權。
　　三、這種人工島嶼、設施或結構的建造，必須妥為通知，並對其存在必須
　　　　維持永久性的警告方法。已被放棄或不再使用的任何設施或結構，應
　　　　予以撤除，以確保航行安全，同時考慮到主管國際組織在這方面制訂

　　的任何為一般所接受的國際標準。這種撤除也應適當地考慮到捕魚、
　　海洋環境的保護和其他國家的權利和義務。尚未全部撤除的任何設施
　　或結構的深度、位置和大小應妥為公布。

四、沿海國可於必要時在這種人工島嶼、設施和結構的周圍設置合理的安
　　全地帶，並可在該地帶中採取適當措施以確保航行以及人工島嶼、設
　　施和結構的安全。

五、安全地帶的寬度應由沿海國參照可適用的國際標準加以確定。這種地
　　帶的設置應確保其與人工島嶼、設施或結構的性質和功能有合理的關
　　聯；這種地帶從人工島嶼、設施或結構的外緣各點量起，不應超過這
　　些人工島嶼、設施或結構周圍五百公尺的距離，但為一般接受的國際
　　標準所許可或主管國際組織所建議者除外。安全地帶的範圍應妥為通
　　知。

六、一切船舶都必須尊重這些安全地帶，並應遵守關於在人工島嶼、設施、
　　結構和安全地帶附近航行的一般接受的國際標準。

七、人工島嶼、設施和結構及其周圍的安全地帶，不得設在對使用國際航
　　行必經的公認海道可能有干擾的地方。

八、人工島嶼、設施和結構不具有島嶼地位。它們沒有自己的領海，其存
　　在也不影響領海、專屬經濟區或大陸架界限的劃定。

第六十一條　生物資源的養護

一、沿海國應決定其專屬經濟區內生物資源的可捕量。

二、沿海國參照其可得到的最可靠的科學證據，應通過正當的養護和管理
　　措施，確保專屬經濟區內生物資源的維持不受過度開發的危害。在適
　　當情形下，沿海國和各主管國際組織，不論是分區域、區域或全球性
　　的，應為此目的進行合作。

三、這種措施的目的也應在包括沿海漁民社區的經濟需要和發展中國家的
　　特殊要求在內的各種有關的環境和經濟因素的限制下，使捕撈魚種的
　　數量維持在或恢復到能夠生產最高持續產量的水準，並考慮到捕撈方
　　式、種群的相互依存以及任何一般建議的國際最低標準，不論是分區
　　域、區域或全球性的。

四、沿海國在採取這種措施時，應考慮到與所捕撈魚種有關聯或依賴該魚
　　種而生存的魚種所受的影響，以便使這些有關聯或依賴的魚種的數量
　　維持在或恢復到其繁殖不會受嚴重威脅的水準以上。

五、在適當情形下，應通過各主管國際組織，不論是分區域、區域或全球
　　性的，並在所有有關國家，包括其國民獲准在專屬經濟區捕魚的國家
　　參加下，經常提供和交換可獲得的科學情報、漁獲量和漁撈努力量統
　　計，以及其他有關養護魚的種群的資料。

第六十二條　生物資源的利用

一、沿海國應在不妨害第六十一條的情形下促進專屬經濟區內生物資源最適度利用的目的。

二、沿海國應決定其捕撈專屬經濟區內生物資源的能力。沿海國在沒有能力捕撈全部可捕量的情形下，應通過協定或其他安排，並根據第四款所指的條款、條件、法律和規章，准許其他國家捕撈可捕量的剩餘部分，特別顧及第六十九和第七十條的規定，尤其是關於其中所提到的發展中國家的部分。

三、沿海國在根據本條准許其他國家進入其專屬經濟區時，應考慮到所有有關因素，除其他外，包括：該區域的生物資源對有關沿海國的經濟和其他國家利益的重要性，第六十九和第七十條的規定，該分區域或區域內的發展中國家捕撈一部分剩餘量的要求，以及盡量減輕其國民慣常在專屬經濟區捕魚或曾對研究和測定種群做過大量工作的國家經濟失調現象的需要。

四、在專屬經濟區內捕魚的其他國家的國民應遵守沿海國的法律和規章中所制訂的養護措施和其他條款和條件。這種規章應符合本公約，除其他外，並可涉及下列各項：

　(a)發給漁民、漁船和捕撈裝備以執照，包括交納規費和其他形式的報酬，而就發展中的沿海國而言，這種報酬可包括有關漁業的資金、裝備和技術方面的適當補償；

　(b)決定可捕魚種，和確定漁獲量的限額，不論是關於特定種群或多種種群或一定期間的單船漁獲量，或關於特定期間內任何國家國民的漁獲量；

　(c)規定漁汛和漁區，可使用漁具的種類、大小和數量以及漁船的種類、大小和數目；

　(d)確定可捕魚類和其他魚種的年齡和大小；

　(e)規定漁船應交的情報，包括漁獲量和漁撈努力量統計和船隻位置的報告；

　(f)要求在沿海國授權和控制下進行特定漁業研究計畫，並管理這種研究的進行，其中包括漁獲物抽樣、樣品處理和相關科學資料的報告；

　(g)由沿海國在這種船隻上配置觀察員或受訓人員；

　(h)這種船隻在沿海國港口卸下漁獲量的全部或任何部分；

　(i)有關聯合企業或其他合作安排的條款和條件；

　(j)對人員訓練和漁業技術轉讓的要求，包括提高沿海國從事漁業研究的能力；

　(k)執行程序。

五、沿海國應將養護和管理的法律和規章妥為通知。

第六十三條　出現在兩個或兩個以上沿海國專屬經濟區的種群或出現在專屬經濟區內而

又出現在專屬經濟區外的鄰接區域內的種群

一、如果同一種群或有關聯的魚種的幾個種群出現在兩個或兩個以上沿海國的專屬經濟區內,這些國家應直接或通過適當的分區域或區域組織,設法就必要措施達成協議,以便在不妨害本部分其他規定的情形下,協調並確保這些種群的養護和發展。

二、如果同一種群或有關聯的魚種的幾個種群出現在專屬經濟區內而又出現在專屬經濟區外的鄰接區域內,沿海國和在鄰接區域內捕撈這種種群的國家,應直接或通過適當的分區域或區域組織,設法就必要措施達成協議,以養護在鄰接區域內的這些種群。

第六十四條 高度洄游魚種

一、沿海國和其國民在區域內捕撈附件一所列的高度洄游魚種的其他國家應直接或通過適當國際組織進行合作,以期確保在專屬經濟區以內和以外的整個區域內的這種魚種的養護和促進最適度利用這種魚種的目標。在沒有適當的國際組織存在的區域內,沿海國和其國民在區域內捕撈這些魚種的其他國家,應合作設立這種組織並參加其工作。

二、第一款的規定作為本部分其他規定的補充而適用。

第六十五條 海洋哺乳動物

本部分的任何規定並不限制沿海國的權利或國際組織的職權,對捕捉海洋哺乳動物執行較本部分規定更為嚴格的禁止、限制或管制。各國應進行合作,以期養護海洋哺乳動物,在有關鯨類動物方面,尤應通過適當的國際組織,致力於這種動物的養護、管理和研究。

第六十六條 溯河產卵種群

一、有溯河產卵種群源自其河流的國家對於這種種群應有主要利益和責任。

二、溯河產卵種群的魚源國,應制訂關於在其專屬經濟區外部界限向陸一面的一切水域中的捕撈和關於第三款(b)項中所規定的捕撈的適當管理措施,以確保這種種群的養護。魚源國可與第三和第四款所指的捕撈這些種群的其他國家協商後,確定源自其河流的種群的總可捕量。

三、(a)捕撈溯河產卵種群的漁業活動,應只在專屬經濟區外部界限向陸一面的水域中進行,但這項規定引起魚源國以外的國家經濟失調的情形除外。關於在專屬經濟區外部界限以外進行的這種捕撈,有關國家應保持協商,以期就這種捕撈的條款和條件達成協議,並適當顧及魚源國對這些種群加以養護的要求和需要;

(b)魚源國考慮到捕撈這些種群的其他國家的正常漁獲量和作業方式,以及進行這種捕撈活動的所有地區,應進行合作以盡量減輕這種國家的經濟失調;

(c)(b)項所指的國家,經與魚源國協議後參加使溯河產卵種群再生的措

施者，特別是分擔作此用途的開支者，在捕撈源自魚源國河流的種群方面，應得到魚源國的特別考慮；

(d)魚源國和其他有關國家應達成協議，以執行有關專屬經濟區以外的溯河產卵種群的法律和規章。

四、在溯河產卵種群洄游進入或通過魚源國以外國家的專屬經濟區外部界限向陸一面的水域的情形下，該國應在養護和管理這種種群方面同魚源國進行合作。

五、溯河產卵種群的魚源國和捕撈這些種群的其他國家，為了執行本條的各項規定，應作出安排。在適當情形下通過區域性組織作出安排。

第六十七條　降河產卵魚種

一、降河產卵魚種在其水域內度過大部分生命週期的沿海國，應有責任管理這些魚種，並應確保洄游魚類的出入。

二、捕撈降河產卵魚種，應只在專屬經濟區外部界限向陸一面的水域中進行。在專屬經濟區內進行捕撈時，應受本條及本公約關於在專屬經濟區內捕魚的其他規定的限制。

三、在降河產卵魚種不論幼魚或成魚洄游通過另外一國的專屬經濟區的情形下，這種魚的管理，包括捕撈，應由第一款所述的國家和有關的另外一國協議規定。這種協議應確保這些魚種的合理管理，並考慮到第一款所述國家在維持這些魚種方面所負的責任。

第六十八條　定居種

本部分的規定不適用於第七十七條第四款所規定的定居種。

第六十九條　內陸國的權利

一、內陸國應有權在公平的基礎上，參與開發同一分區域或區域的沿海國專屬經濟區的生物資源的適當剩餘部分，同時考慮到所有有關國家的相關經濟和地理情況，並遵守本條及第六十一和第六十二條的規定。

二、這種參與的條款和方式應由有關國家通過雙邊、分區域或區域協定加以制訂，除其他外，考慮到下列各項：

(a)避免對沿海國的漁民社區或漁業造成不利影響的需要；

(b)內陸國按照本條規定，在現有的雙邊、分區域、或區域協定下參與或有權參與開發其他沿海國專屬經濟區的生物資源的程度；

(c)其他內陸國和地理不利國參與開發沿海國專屬經濟區的生物資源的程度，以及避免因此使任何一個沿海國、或其一部分地區承受特別負擔的需要；

(d)有關各國人民的營養需要。

三、當一個沿海國的捕撈能力接近能夠捕撈其專屬經濟區內生物資源的可捕量的全部時，該沿海國與其他有關國家應在雙邊、分區域或區域的基礎上，合作制訂公平安排，在適當情形下並按照有關各方都滿意的

條款，容許同一分區域或區域的發展中內陸國參與開發該分區域或區域的沿海國專屬經濟區內的生物資源。在實施本規定時，還應考慮到第二款所提到的因素。

四、根據本條規定，發達的內陸國應僅有權參與開發同一分區域或區域內發達沿海國專屬經濟區的生物資源，同時顧及沿海國在准許其他國家捕撈其專屬經濟區內生物資源時，在多大程度上已考慮到需要盡量減輕其國民慣常在該經濟區捕魚的國家的經濟失調及漁民社區所受的不利影響。

五、上述各項規定不妨害在分區域或區域內議定的安排，沿海國在這種安排中可能給予同一分區域或區域的內陸國開發其專屬經濟區內生物資源的同等或優惠權利。

第七十條　地理不利國的權利

一、地理不利國應有權在公平的基礎上參與開發同一分區域或區域的沿海國專屬經濟區的生物資源的適當剩餘部分，同時考慮到所有有關國家的相關經濟和地理情況，並遵守本條及第六十一和第六十二條的規定。

二、為本部分的目的，「地理不利國」是指其地理條件使其依賴於開發同一分區域或區域的其他國家專屬經濟區內的生物資源，以供應足夠的魚類來滿足其人民或部分人民的營養需要的沿海國，包括閉海或半閉海沿岸國在內，以及不能主張有自己的專屬經濟區的沿海國。

三、這種參與的條款和方式應由有關國家通過雙邊、分區域或區域協定加以制訂，除其他外，考慮到下列各項：

　(a)避免對沿海國的漁民社區或漁業造成不利影響的需要；

　(b)地理不利國按照本條規定，在現有的雙邊、分區域或區域協定下參與或有權參與開發其他沿海國專屬經濟區的生物資源的程度；

　(c)其他地理不利國和內陸國參與開發沿海國專屬經濟區的生物資源的程度，以及避免因此使任何一個沿海國、或其一部分地區承受特別負擔的需要；

　(d)有關各國人民的營養需要。

四、當一個沿海國的捕撈能力接近能夠捕撈其專屬經濟區內生物資源的可捕量的全部時，該沿海國與其他有關國家應在雙邊、分區域或區域的基礎上，合作制訂公平安排，在適當情形下並按照有關各方都滿意的條款，容許同一分區域或區域的地理不利發展中國家參與開發該分區域或區域的沿海國專屬經濟區內的生物資源，在實施本規定時，還應考慮到第三款所提到的因素。

五、根據本條規定，地理不利發達國家應只有權參與開發同一分區域或區域發達沿海國的專屬經濟區的生物資源，同時顧及沿海國在准許其他國家捕撈其專屬經濟區內生物資源時，在多大程度上已考慮到需要盡

量減輕其國民慣常在該經濟區捕魚的國家的經濟失調及漁民社區所受的不利影響。

六、上述各項規定不妨害在分區域或區域內議定的安排,沿海國在這種安排中可能給予同一分區域或區域內地理不利國開發其專屬經濟區內生物資源的同等或優惠權利。

第七十一條 *第六十九和第七十條的不適用*

第六十九和第七十條的規定不適用於經濟上極為依賴於開發其專屬經濟區內生物資源的沿海國的情形。

第七十二條 *權利轉讓的限制*

一、除有關國家另有協議外,第六十九和第七十條所規定的開發生物資源的權利,不應以租借或發給執照、或成立聯合企業,或以具有這種轉讓效果的任何其他方式,直接或間接轉讓給第三國或其國民。

二、上述規定不排除有關國家為了便利行使第六十九和第七十條所規定的權利,從第三國或國際組織取得技術或財政援助,但以不發生第一款所指的效果為限。

第七十三條 *沿海國法律和規章的執行*

一、沿海國行使其勘探、開發、養護和管理在專屬經濟區內的生物資源的主權權利時,可採取為確保其依照本公約制定的法律和規章得到遵守所必要的措施,包括登臨、檢查、逮捕和進行司法程序。

二、被逮捕的船隻及其船員,在提出適當的保證書或其他擔保後,應迅速獲得釋放。

三、沿海國對於在專屬經濟區內違犯漁業法律和規章的處罰,如有關國家無相反的協議,不得包括監禁,或任何其他方式的體罰。

四、在逮捕或扣留外國船隻的情形下,沿海國應通過適當途徑將其所採取的行動及隨後所施加的任何處罰迅速通知船旗國。

第七十四條 *海岸相向或相鄰國家間專屬經濟區界限的劃定*

一、海岸相向或相鄰國家間專屬經濟區的界限,應在國際法院規約第三十八條所指國際法的基礎上以協議劃定,以便得到公平解決。

二、有關國家如在合理期間內未能達成任何協議,應訴諸第十五部分所規定的程序。

三、在達成第一款規定的協議以前,有關各國應基於諒解和合作的精神,盡一切努力作出實際性的臨時安排,並在此過渡期間內,不危害或阻礙最後協議的達成。這種安排應不妨害最後界限的劃定。

四、如果有關國家間存在現行有效的協定,關於劃定專屬經濟區界限的問題,應按照該協定的規定加以決定。

第七十五條 *海圖和地理座標表*

一、在本部分的限制下,專屬經濟區的外部界線和按照第七十四條劃定的

分界線，應在足以確定這些線的位置的一種或幾種比例尺的海圖上標出。在適當情形下，可以用列出各點的地理座標並註明大地基準點的表來代替這種外部界線或分界線。

二、沿海國應將這種海圖或地理座標表妥為公布，並應將各該海圖或座標表的一份副本交存於聯合國秘書長。

第六部分　大陸架

第七十六條　大陸架的定義

一、沿海國的大陸架包括其領海以外依其陸地領土的全部自然延伸，擴展到大陸邊外緣的海底區域的海床和底土，如果從測算領海寬度的基線量起到大陸邊的外緣的距離不到二百海里，則擴展到二百海里的距離。

二、沿海國的大陸架不應擴展到第四至第六款所規定的界限以外。

三、大陸邊包括沿海國陸塊沒入水中的延伸部分，由陸架、陸坡和陸基的海床和底土構成，它不包括深洋洋底及其洋脊，也不包括其底土。

四、(a)為本公約的目的，在大陸邊從測算領海寬度的基線量起超過二百海里的任何情形下，沿海國應以下列兩種方式之一，劃定大陸邊的外緣：

　　(1)按照第七款，以最外各定點為準劃定界線，每一定點上沉積岩厚度至少為從該點至大陸坡腳最短距離的百分之一；或

　　(2)按照第七款，以離大陸坡腳的距離不超過六十海里的各定點為準劃定界線。

　　(b)在沒有相反證明的情形下，大陸坡腳應定為大陸坡坡底坡度變動最大之點。

五、組成按照第四款(a)項(1)和(2)目劃定的大陸架在海床上的外部線的各定點，不應超過從測算領海寬度的基線量起三百五十海里，或不應超過連接二千五百公尺深度各點的二千五百公尺等深線一百海里。

六、雖有第五款的規定，在海底洋脊上的大陸架外部界限不應超過從測算領海寬度的基線量起三百五十海里。本款規定不適用於作為大陸邊自然構成部分的海臺、海隆、海峰、暗灘和坡尖等海底高地。

七、沿海國的大陸架如從測算領海寬度的基線量起超過二百海里，應連接以經緯度座標標出的各定點劃出長度各不超過六十海里的若干直線，劃定其大陸架的外部界限。

八、從測算領海寬度的基線量起二百海里以外大陸架界限的情報應由沿海國提交根據附件二在公平地區代表制基礎上成立的大陸架界限委員會。委員會應就有關劃定大陸架外部界限的事項向沿海國提出建議，沿海國在這些建議的基礎上劃定的大陸架界限應有確定性和拘束力。

九、沿海國應將永久標明其大陸架外部界限的海圖和有關情報，包括大地基準點，交存於聯合國秘書長。秘書長應將這些情報妥為公布。

十、本條的規定不妨害海岸相向或相鄰國家間大陸架界限劃定的問題。

第七十七條　沿海國對大陸架的權利

一、沿海國為勘探大陸架和開發其自然資源的目的，對大陸架行使主權權利。

二、第一款所指的權利是專屬性的，即：如果沿海國不勘探大陸架或開發其自然資源，任何人未經沿海國明示同意，均不得從事這種活動。

三、沿海國對大陸架的權利並不取決於有效或象徵的占領或任何明文公告。

四、本部分所指的自然資源包括海床和底土的礦物和其他非生物資源，以及屬於定居種的生物，即在可捕撈階段在海床上或海床下不能移動或其軀體須與海床或底土保持接觸才能移動的生物。

第七十八條　上覆水域和上空的法律地位以及其他國家的權利和自由

一、沿海國對大陸架的權利不影響上覆水域或水域上空的法律地位。

二、沿海國對大陸架權利的行使，絕不得對航行和本公約規定的其他國家的其他權利和自由有所侵害，或造成不當的干擾。

第七十九條　大陸架上的海底電纜和管道

一、所有國家按照本條的規定都有在大陸架上鋪設海底電纜和管道的權利。

二、沿海國除為了勘探大陸架，開發其自然資源和防止、減少和控制管道造成的污染有權採取合理措施外，對於鋪設或維持這種海底電纜或管道不得加以阻礙。

三、在大陸架上鋪設這種管道，其路線的劃定須經沿海國同意。

四、本部分的任何規定不影響沿海國對進入其領土或領海的電纜或管道訂立條件的權利，也不影響沿海國對因勘探其大陸架或開發其資源或經營在其管轄下的人工島嶼、設施和結構而建造或使用的電纜和管道的管轄權。

五、鋪設海底電纜和管道時，各國應適當顧及已經鋪設的電纜和管道。特別是，修理現有電纜或管道的可能性不應受妨害。

第 八 十 條　大陸架上的人工島嶼、設施和結構

第六十條比照適用於大陸架上的人工島嶼、設施和結構。

第八十一條　大陸架上的鑽探

沿海國有授權和管理為一切目的在大陸架上進行鑽探的專屬權利。

第八十二條　對二百海里以外的大陸架上的開發應繳的費用和實物

一、沿海國對從測算領海寬度的基線量起二百海里以外的大陸架上的非生物資源的開發，應繳付費用或實物。

二、在某一礦址進行第一個五年生產以後，對該礦址的全部生產應每年繳付費用和實物。第六年繳付費用或實物的比率應為礦址產值或產量的百分之一。此後該比率每年增加百分之一，至第十二年為止，其後比率應保持為百分之七。產品不包括供開發用途的資源。

三、某一發展中國家如果是其大陸架上所生產的某種礦物資源的純輸入者，對該種礦物資源免繳這種費用或實物。

四、費用或實物應通過管理局繳納。管理局應根據公平分享的標準將其分配給本公約各締約國，同時考慮到發展中國家的利益和需要，特別是其中最不發達的國家和內陸國的利益和需要。

第八十三條　海岸相向或相鄰國家間大陸架界限的劃定

一、海岸相向或相鄰國家間大陸架的界限，應在國際法院規約第三十八條所指國際法的基礎上以協議劃定，以便得到公平解決。

二、有關國家如在合理期間內未能達成任何協議，應訴諸第十五部分所規定的程序。

三、在達成第一款規定的協議以前，有關各國應基於諒解和合作的精神，盡一切努力作出實際性的臨時安排，並在此過渡期間內，不危害或阻礙最後協議的達成。這種安排應不妨害最後界限的劃定。

四、如果有關國家間存在現行有效的協定，關於劃定大陸架界限的問題，應按照該協定的規定加以決定。

第八十四條　海圖和地理座標表

一、在本部分的限制下，大陸架外部界線和按照第八十三條劃定的分界線，應在足以確定這些線的位置的一種或幾種比例尺的海圖上標出。在適當情形下，可以用列出各點的地理座標並註明大地基準點的表來代替這種外部界線或分界線。

二、沿海國應將這種海圖或地理座標表妥為公布，並應將各該海圖或座標表的一份副本交存於聯合國秘書長，如為標明大陸架外部界線的海圖或座標，也交存於管理局秘書長。

第八十五條　開鑿隧道

本部分不妨害沿海國開鑿隧道以開發底土的權利，不論底土上水域的深度如何。

第七部分　公　海

第一節　一般規定

第八十六條　本部分規定的適用

本部分的規定適用於不包括在國家的專屬經濟區、領海或內水或群島國的

群島水域內的全部海域。本條規定並不使各國按照第五十八條規定在專屬經濟區內所享有的自由受到任何減損。

第八十七條　公海自由

一、公海對所有國家開放，不論其為沿海國或內陸國。公海自由是在本公約和其他國際法規則所規定的條件下行使的。公海自由對沿海國和內陸國而言，除其他外，包括：

　(a)航行自由；

　(b)飛越自由；

　(c)鋪設海底電纜和管道的自由，但受第六部分的限制；

　(d)建造國際法所容許的人工島嶼和其他設施的自由，但受第六部分的限制；

　(e)捕魚自由，但受第二節規定條件的限制；

　(f)科學研究的自由，但受第六和第十三部分的限制。

二、這些自由應由所有國家行使，但須適當顧及其他國家行使公海自由的利益，並適當顧及本公約所規定的同「區域」內活動有關的權利。

第八十八條　公海只用於和平目的

公海應只用於和平目的。

第八十九條　對公海主權主張的無效

任何國家不得有效地聲稱將公海的任何部分置於其主權之下。

第　九　十　條　航行權

每個國家，不論是沿海國或內陸國，均有權在公海上行駛懸掛其旗幟的船舶。

第九十一條　船舶的國籍

一、每個國家應確定對船舶給予國籍、船舶在其領土內登記及船舶懸掛該國旗幟的權利的條件。船舶具有其有權懸掛的旗幟所屬國家的國籍。國家和船舶之間必須有真正聯繫。

二、每個國家應向其給予懸掛該國旗幟權利的船舶頒發給予該權利的文件。

第九十二條　船舶的地位

一、船舶航行應僅懸掛一國的旗幟，而且除國際條約或本公約明文規定的例外情形外，在公海上應受該國的專屬管轄。除所有權確實轉移或變更登記的情形外，船舶在航程中或在停泊港內不得更換其旗幟。

二、懸掛兩國或兩國以上旗幟航行並視方便而換用旗幟的船舶，對任何其他國家不得主張其中的任一國籍，並可視同無國籍的船舶。

第九十三條　懸掛聯合國、其專門機構和國際原子能機構旗幟的船舶

以上各條不影響用於為聯合國、其專門機構或國際原子能機構正式服務並懸掛聯合國旗幟的船舶的問題。

第九十四條　船旗國的義務

一、每個國家應對懸掛該國旗幟的船舶有效地行使行政、技術及社會事項上的管轄和控制。

二、每個國家特別應：

(a)保持一本船舶登記冊，載列懸掛該國旗幟的船舶的名稱和詳細情況，但因體積過小而不在一般接受的國際規章規定範圍內的船舶除外；

(b)根據其國內法，就有關每艘懸掛該國旗幟的船舶的行政、技術和社會事項，對該船及其船長、高級船員和船員行使管轄權。

三、每個國家對懸掛該國旗幟的船舶，除其他外，應就下列各項採取為保證海上安全所必要的措施：

(a)船舶的構造、裝備和適航條件；

(b)船舶的人員配備、船員的勞動條件和訓練，同時考慮到適用的國際文件；

(c)信號的使用、通信的維持和碰撞的防止。

四、這種措施應包括為確保下列事項所必要的措施：

(a)每艘船舶，在登記前及其後適當的間隔期間，受合格的船舶檢驗人的檢查，並在船上備有船舶安全航行所需要的海圖、航海出版物以及航行裝備和儀器；

(b)每艘船舶都由具備適當資格，特別是具備航海術、航行、通信和海洋工程方面資格的船長和高級船員負責，而且船員的資格和人數與船舶種類、大小、機械和裝備都是相稱的；

(c)船長、高級船員和在適當範圍內的船員，充分熟悉並須遵守關於海上生命安全，防止碰撞，防止、減少和控制海洋污染和維持無線電通信所適用的國際規章。

五、每一國家採取第三和第四款要求的措施時，須遵守一般接受的國際規章、程序和慣例，並採取為保證這些規章、程序和慣例得到遵行所必要的任何步驟。

六、一個國家如有明確理由相信對某一船舶未行使適當的管轄和管制，可將這項事實通知船旗國。船旗國接到通知後，應對這一事項進行調查，並於適當時採取任何必要行動，以補救這種情況。

七、每一國家對於涉及懸掛該國旗幟的船舶在公海上因海難或航行事故對另一國國民造成死亡或嚴重傷害，或對另一國的船舶或設施，或海洋環境造成嚴重損害的每一事件，都應由適當的合格人士一人或數人或在有這種人士在場的情況下進行調查。對於該另一國就任何這種海難或航行事故進行的任何調查，船旗國應與該另一國合作。

第九十五條　公海上軍艦的豁免權

軍艦在公海上有不受船旗國以外任何其他國家管轄的完全豁免權。

第九十六條　專用於政府非商業性服務的船舶的豁免權

由一國所有或經營並專用於政府非商業性服務的船舶,在公海上應有不受船旗國以外任何其他國家管轄的完全豁免權。

第九十七條　關於碰撞事項或任何其他航行事故的刑事管轄權

一、遇有船舶在公海上碰撞或任何其他航行事故涉及船長或任何其他為船舶服務的人員的刑事或紀律責任時,對此種人員的任何刑事訴訟或紀律程序,僅可向船旗國或此種人員所屬國的司法或行政當局提出。

二、在紀律事項上,只有發給船長證書或駕駛資格證書或執照的國家,才有權在經過適當的法律程序後宣告撤銷該證書,即使證書持有人不是發給證書的國家的國民也不例外。

三、船旗國當局以外的任何當局,即使作為一種調查措施,也不應命令逮捕或扣留船舶。

第九十八條　救助的義務

一、每個國家應責成懸掛該國旗幟航行的船舶的船長,在不嚴重危及其船舶、船員或乘客的情況下:

(a)救助在海上遇到的任何有生命危險的人;

(b)如果得悉有遇難者需要救助的情形,在可以合理地期待其採取救助行動時,盡速前往拯救;

(c)在碰撞後,對另一船舶、其船員和乘客給予救助,並在可能情況下,將自己船舶的名稱、船籍港和將停泊的最近港口通知另一船舶。

二、每個沿海國應促進有關海上和上空安全的足敷應用和有效的搜尋和救助服務的建立、經營和維持,並應在情況需要時為此目的通過相互的區域性安排與鄰國合作。

第九十九條　販運奴隸的禁止

每個國家應採取有效措施,防止和懲罰准予懸掛該國旗幟的船舶販運奴隸,並防止為此目的而非法使用其旗幟。在任何船舶上避難的任何奴隸,不論該船懸掛何國旗幟,均當然獲得自由。

第一〇〇條　合作制止海盜行為的義務

所有國家應盡最大可能進行合作,以制止在公海上或在任何國家管轄範圍以外的任何其他地方的海盜行為。

第一〇一條　海盜行為的定義

下列行為中的任何行為構成海盜行為:

(a)私人船舶或私人飛機的船員、機組成員或乘客為私人目的,對下列對象所從事的任何非法的暴力或扣留行為,或任何掠奪行為:

(1)在公海上對另一船舶或飛機,或對另一船舶或飛機上的人或財物;

(2)在任何國家管轄範圍以外的地方對船舶、飛機、人或財物;

(b)明知船舶或飛機成為海盜船舶或飛機的事實,而自願參加其活動的任何

行為；

(c)教唆或故意便利(a)或(b)項所述行為的任何行為。

第一〇二條　軍艦、政府船舶或政府飛機由於其船員或機組成員發生叛變而從事的海盜行為

軍艦、政府船舶或政府飛機由於其船員或機組成員發生叛變並控制該船舶或飛機而從事第一〇一條所規定的海盜行為，視同私人船舶或飛機所從事的行為。

第一〇三條　海盜船舶或飛機的定義

如果處於主要控制地位的人員意圖利用船舶或飛機從事第一〇一條所指的各項行為之一，該船舶或飛機視為海盜船舶或飛機。如果該船舶或飛機曾被用以從事任何這種行為，在該船舶或飛機仍在犯有該行為的人員的控制之下時，上述規定同樣適用。

第一〇四條　海盜船舶或飛機國籍的保留或喪失

船舶或飛機雖已成為海盜船舶或飛機，仍可保有其國籍。國籍的保留或喪失由原來給予國籍的國家的法律予以決定。

第一〇五條　海盜船舶或飛機的扣押

在公海上，或在任何國家管轄範圍以外的任何其他地方，每個國家均可扣押海盜船舶或飛機或為海盜所奪取並在海盜控制下的船舶或飛機，和逮捕船上或機上人員並扣押船上或機上財物。扣押國的法院可判定應處的刑罰，並可決定對船舶、飛機或財產所應採取的行動，但受善意第三者的權利的限制。

第一〇六條　無足夠理由扣押的賠償責任

如果扣押涉有海盜行為嫌疑的船舶或飛機並無足夠的理由，扣押國應向船舶或飛機所屬的國家負擔因扣押而造成的任何損失或損害的賠償責任。

第一〇七條　由於發生海盜行為而有權進行扣押的船舶和飛機

由於發生海盜行為而進行的扣押，只可由軍艦，軍用飛機或其他有清楚標誌可以識別的為政府服務並經授權扣押的船舶或飛機實施。

第一〇八條　麻醉藥品或精神調理物質的非法販運

一、所有國家應進行合作，以制止船舶違反國際公約在海上從事非法販運麻醉藥品和精神調理物質。

二、任何國家如有合理根據認為一艘懸掛其旗幟的船舶從事非法販運麻醉藥品或精神調理物質，可要求其他國家合作，制止這種販運。

第一〇九條　從公海從事未經許可的廣播

一、所有國家應進行合作，以制止從公海從事未經許可的廣播。

二、為本公約的目的，「未經許可的廣播」是指船舶或設施違反國際規章在公海上播送旨在使公眾收聽或收看的無線電傳音或電視廣播，但遇難呼號的播送除外。

三、對於從公海從事未經許可的廣播的任何人，均可向下列國家的法院起訴：

(a)船旗國；

(b)設施登記國；

(c)廣播人所屬國；

(d)可以收到這種廣播的任何國家；或

(e)得到許可的無線電通信受到干擾的任何國家。

四、在公海上按照第三款有管轄權的國家，可依照第一一〇條逮捕從事未經許可的廣播的任何人或船舶，並扣押廣播器材。

第一一〇條　登臨權

一、除條約授權的干涉行為外，軍艦在公海上遇到按照第九十五和第九十六條享有完全豁免權的船舶以外的外國船舶，非有合理根據認為有下列嫌疑，不得登臨該船：

(a)該船從事海盜行為；

(b)該船從事奴隸販賣；

(c)該船從事未經許可的廣播而且軍艦的船旗國依據第一〇九條有管轄權；

(d)該船沒有國籍；或

(e)該船雖懸掛外國旗幟或拒不展示其旗幟，而事實上卻與該軍艦屬同一國籍。

二、在第一款規定的情形下，軍艦可查核該船懸掛其旗幟的權利。為此目的，軍艦可派一艘由一名軍官指揮的小艇到該嫌疑船舶。如果檢驗船舶文件後仍有嫌疑，軍艦可進一步在該船上進行檢查，但檢查須盡量審慎進行。

三、如果嫌疑經證明為無根據，而且被登臨的船舶並未從事嫌疑的任何行為，對該船舶可能遭受的任何損失或損害應予賠償。

四、這些規定比照適用於軍用飛機。

五、這些規定也適用於經正式授權並有清楚標誌可以識別的為政府服務的任何其他船舶或飛機。

第一一一條　緊追權

一、沿海國主管當局有充分理由認為外國船舶違反該國法律和規章時，可對該外國船舶進行緊追。此項追逐須在外國船舶或其小艇之一在追逐國的內水、群島水域、領海或毗連區內時開始，而且只有追逐未曾中斷，才可在領海或毗連區外繼續進行。當外國船舶在領海或毗連區內接獲停駛命令時，發出命令的船舶並無必要也在領海或毗連區內。如果外國船舶是在第三十三條所規定的毗連區內，追逐只有在設立該區所保護的權利遭到侵犯的情形下才可進行。

二、對於在專屬經濟區內或大陸架上，包括大陸架上設施周圍的安全地帶內，違反沿海國按照本公約適用於專屬經濟區或大陸架包括這種安全地帶的法律和規章的行為，應比照適用緊追權。

三、緊追權在被追逐的船舶進入其本國領海或第三國領海時立即終止。

四、除非追逐的船舶以可用的實際方法認定被追逐的船舶或其小艇之一或作為一隊進行活動而以被追逐的船舶為母船的其他船艇是在領海範圍內，或者，根據情況，在毗連區及專屬經濟區內或在大陸架上，緊追不得認為已經開始。追逐只有在外國船舶視聽所及的距離內發出視覺或聽覺的停駛信號後，才可開始。

五、緊追權只可由軍艦、軍用飛機或其他有清楚標誌可以識別的為政府服務並經授權緊追的船舶或飛機行使。

六、在飛機進行緊追時：

(a)應比照適用第一至第四款的規定；

(b)發出停駛命令的飛機，除非其本身能逮捕該船舶，否則須其本身積極追逐船舶直至其所召喚的沿海國船舶或另一飛機前來接替追逐為止。飛機僅發現船舶犯法或有犯法嫌疑，如果該飛機本身或接著無間斷地進行追逐的其他飛機或船舶既未命令該船停駛也未進行追逐，則不足以構成在領海以外逮捕的理由。

七、在一國管轄範圍內被逮捕並被押解到該國港口以便主管當局審問的船舶，不得僅以其在航行中由於情況需要而曾被押解通過專屬經濟區的或公海的一部分為理由而要求釋放。

八、在無正當理由行使緊追權的情況下，在領海以外被命令停駛或被逮捕的船舶，對於可能因此遭受的任何損失或損害應獲賠償。

第一一二條　鋪設海底電纜和管道的權利

一、所有國家均有權在大陸架以外的公海海底上鋪設海底電纜和管道。

二、第七十九條第五款適用於這種電纜和管道。

第一一三條　海底電纜或管道的破壞或損害

每個國家均應制定必要的法律和規章，規定懸掛該國旗幟的船舶或受其管轄的人故意或因重大疏忽而破壞或損害公海海底電纜，致使電報或電話通信停頓或受阻的行為，以及類似的破壞或損害海底管道或高壓電纜的行為，均為應予處罰的罪行。此項規定也應適用於故意或可能造成這種破壞或損害的行為。但對於僅為了保全自己的生命或船舶的正當目的而行事的人，在採取避免破壞或損害的一切必要預防措施後，仍然發生的任何破壞或損害，此項規定不應適用。

第一一四條　海底電纜或管道的所有人對另一海底電纜或管道的破壞或損害

每個國家應制定必要的法律和規章，規定受其管轄的公海海底電纜或管道的所有人如果在鋪設或修理該項電纜或管道時使另一電纜或管道遭受破壞

或損害，應負擔修理的費用。

第一一五條　因避免損害海底電纜或管道而遭受的損失的賠償

每個國家應制定必要的法律和規章，確保船舶所有人在其能證明因避免損害海底電纜或管道而犧牲錨、網或其他漁具時，應由電纜或管道所有人予以賠償，但須船舶所有人事先曾採取一切合理的預防措施。

第二節　公海生物資源的養護和管理

第一一六條　公海上捕魚的權利

所有國家均有權由其國民在公海上捕魚，但受下列限制：

(a)其條約義務；

(b)除其他外，第六十三條第二款和第六十四至第六十七條規定的沿海國的權利、義務和利益；和

(c)本節各項規定。

第一一七條　各國為其國民採取養護公海生物資源措施的義務

所有國家均有義務為各該國國民採取，或與其他國家合作採取養護公海生物資源的必要措施。

第一一八條　各國在養護和管理生物資源方面的合作

各國應互相合作以養護和管理公海區域內的生物資源。凡其國民開發相同生物資源，或在同一區域內開發不同生物資源的國家，應進行談判，以期採取養護有關生物資源的必要措施。為此目的，這些國家應在適當情形下進行合作，以設立分區域或區域漁業組織。

第一一九條　公海生物資源的養護

一、在對公海生物資源決定可捕量和制訂其他養護措施時，各國應：

(a)採取措施，其目的在於根據有關國家可得到的最可靠的科學證據，並在包括發展中國家的特殊要求在內的各種有關環境和經濟因素的限制下，使捕撈的魚種的數量維持在或恢復到能夠生產最高持續產量的水準，並考慮到捕撈方式、種群的相互依存以及任何一般建議的國際最低標準，不論是分區域、區域或全球性的；

(b)考慮到與所捕撈魚種有關聯或依賴該魚種而生存的魚種所受的影響，以便使這種有關聯或依賴的魚種的數量維持在或恢復到其繁殖不會受嚴重威脅的水準以上。

二、在適當情形下，應通過各主管國際組織，不論是分區域、區域或全球性的，並在所有有關國家的參加下，經常提供和交換可獲得的科學情報、漁獲量和漁撈努力量統計，以及其他有關養護魚的種群的資料。

三、有關國家應確保養護措施及其實施不在形式上或事實上對任何國家的漁民有所歧視。

第一二○條　海洋哺乳動物

第六十五條也適用於養護和管理公海的海洋哺乳動物。

第八部分 島嶼制度

第一二一條 島嶼制度

一、島嶼是四面環水並在高潮時高於水面的自然形成的陸地區域。

二、除第三款另有規定外，島嶼的領海、毗連區、專屬經濟區和大陸架應按照本公約適用於其他陸地領土的規定加以確定。

三、不能維持人類居住或其本身的經濟生活的岩礁，不應有專屬經濟區或大陸架。

第九部分 閉海或半閉海

第一二二條 定義

為本公約的目的，「閉海或半閉海」是指兩個或兩個以上國家所環繞並由一個狹窄的出口連接到另一個海或洋，或全部或主要由兩個或兩個以上沿海國的領海和專屬經濟區構成的海灣、海盆或海域。

第一二三條 閉海或半閉海沿岸國的合作

閉海或半閉海沿岸國在行使和履行本公約所規定的權利和義務時，應互相合作。為此目的，這些國家應盡力直接或通過適當區域組織：

(a)協調海洋生物資源的管理、養護、勘探和開發；

(b)協調行使和履行其在保護和保全海洋環境方面的權利和義務；

(c)協調其科學研究政策，並在適當情形下在該地區進行聯合的科學研究方案；

(d)在適當情形下，邀請其他有關國家或國際組織與其合作以推行本條的規定。

第十部分 內陸國出入海洋的權利和過境自由

第一二四條 用語

一、為本公約的目的：

(a)「內陸國」是指沒有海岸的國家；

(b)「過境國」是指位於內陸國與海洋之間以及通過其領土進行過境運輸的國家，不論其是否具有海岸；

(c)「過境運輸」是指人員、行李、貨物和運輸工具通過一個或幾個過境國領土的過境，而這種通過不論是否需要轉運、入倉、分卸或改變運輸方式，都不過是以內陸國領土為起點或終點的旅運全程的一

　　　　　　　　部分；

　　　　　(d)「運輸工具」是指：

　　　　　　　⑴鐵路車輛、海洋、湖泊和河川船舶以及公路車輛；

　　　　　　　⑵在當地情況需要時，搬運工人和馱獸。

　　二、內陸國和過境國可彼此協議，將管道和煤氣管和未列入第一款的運輸
　　　　工具列為運輸工具。

第一二五條　出入海洋的權利和過境自由

　　一、為行使本公約所規定的各項權利，包括行使與公海自由和人類共同繼
　　　　承財產有關的權利的目的，內陸國應有權出入海洋。為此目的，內陸
　　　　國應享有利用一切運輸工具通過過境國領土的過境自由。

　　二、行使過境自由的條件和方式，應由內陸國和有關過境國通過雙邊、分
　　　　區域或區域協定予以議定。

　　三、過境國在對其領土行使完全主權時，應有權採取一切必要措施，以確
　　　　保本部分為內陸國所規定的各項權利和便利絕不侵害其合法利益。

第一二六條　最惠國條款的不適用

　　本公約的規定，以及關於行使出入海洋權利的並因顧及內陸國的特殊地理
　　位置而規定其權利和便利的特別協定，不適用最惠國條款。

第一二七條　關稅、稅捐和其他費用

　　一、過境運輸應無須繳納任何關稅、稅捐或其他費用，但為此類運輸提供
　　　　特定服務而徵收的費用除外。

　　二、對於過境運輸工具和其他為內陸國提供並由其使用的便利，不應徵收
　　　　高於使用過境國運輸工具所繳納的稅捐或費用。

第一二八條　自由區和其他海關便利

　　為了過境運輸的便利，可由過境國和內陸國協議，在過境國的出口港和入
　　口港內提供自由區或其他海關便利。

第一二九條　合作建造和改進運輸工具

　　如果過境國內無運輸工具以實現過境自由，或現有運輸工具包括海港設施
　　和裝備在任何方面有所不足，過境國可與有關內陸國進行合作，以建造或
　　改進這些工具。

第一三〇條　避免或消除過境運輸發生遲延或其他技術性困難的措施

　　一、過境國應採取一切適當措施避免過境運輸發生遲延或其他技術性困
　　　　難。

　　二、如果發生這種遲延或困難，有關過境國和內陸國的主管當局應進行合
　　　　作，迅速予以消除。

第一三一條　海港內的同等待遇

　　懸掛內陸國旗幟的船舶在海港內應享有其他外國船舶所享有的同等待遇。

第一三二條　更大的過境便利的給予

本公約締約國間所議定的或本公約一個締約國給予的大於本公約所規定的過境便利，絕不因本公約而撤消。本公約也不排除將來給予這種更大的便利。

第十一部分　「區域」

第一節　一般規定

第一三三條　用語

為本部分的目的：

(a)「資源」是指「區域」內在海床及其下原來位置的一切固體、液體或氣體礦物資源，其中包括多金屬結核；

(b)從「區域」回收的資源稱為「礦物」。

第一三四條　本部分的範圍

一、本部分適用於「區域」。

二、「區域」內活動應受本部分規定的支配。

三、關於將標明第一條第一款第(1)項所指範圍界限的海圖和地理座標表交存和予以公布的規定，載於第六部分。

四、本條的任何規定不影響根據第六部分大陸架外部界限的劃定或關於劃定海岸相向或相鄰國家間界限的協定的效力。

第一三五條　上覆水域和上空的法律地位

本部分或依其授予或行使的任何權利，不應影響「區域」上覆水域的法律地位，或這種水域上空的法律地位。

第二節　支配「區域」的原則

第一三六條　人類的共同繼承財產

「區域」及其資源是人類的共同繼承財產。

第一三七條　「區域」及其資源的法律地位

一、任何國家不應對「區域」的任何部分或其資源主張或行使主權或主權權利，任何國家或自然人或法人，也不應將「區域」或其資源的任何部分據為己有。任何這種主權和主權權利的主張或行使，或這種據為己有的行為，均應不予承認。

二、對「區域」內資源的一切權利屬於全人類，由管理局代表全人類行使。這種資源不得讓渡。但從「區域」內回收的礦物，只可按照本部分和管理局的規則、規章和程序予以讓渡。

三、任何國家或自然人或法人，除按照本部分外，不應對「區域」礦物主張、取得或行使權利。否則，對於任何這種權利的主張、取得或行使，

應不予承認。

第一三八條　國家對於「區域」的一般行為

各國對於「區域」的一般行為，應按照本部分的規定、《聯合國憲章》所載原則，以及其他國際法規則，以利維持和平與安全，促進國際合作和相互瞭解。

第一三九條　確保遵守本公約的義務和損害賠償責任

一、締約國應有責任確保「區域」內活動，不論是由締約國、國營企業、或具有締約國國籍的自然人或法人所從事者，一律依照本部分進行。國際組織對於該組織所進行的「區域」內活動也應有同樣責任。

二、在不妨害國際法規則和附件三第二十二條的情形下，締約國或國際組織應對由於其沒有履行本部分規定的義務而造成的損害負有賠償責任；共同進行活動的締約國或國際組織應承擔連帶賠償責任。但如締約國已依據第一五三條第四款和附件三第四條第四款採取一切必要和適當措施，以確保其根據第一五三條第二款(b)項擔保的人切實遵守規定，則該締約國對於因這種人沒有遵守本部分規定而造成的損害，應無賠償責任。

三、為國際組織成員的締約國應採取適當措施確保本條對這種組織的實施。

第一四〇條　全人類的利益

一、「區域」內活動應依本部分的明確規定為全人類的利益而進行，不論各國的地理位置如何，也不論是沿海國或內陸國，並特別考慮到發展中國家和尚未取得完全獨立或聯合國按照其大會第 1514 (XV) 號決議和其他有關大會決議所承認的其他自治地位的人民的利益和需要。

二、管理局應按照第一六〇條第二款(f)項(1)目作出規定，通過任何適當的機構，在無歧視的基礎上公平分配從「區域」內活動取得的財政及其他經濟利益。

第一四一條　專為和平目的利用「區域」

「區域」應開放給所有國家，不論是沿海國或內陸國，專為和平目的利用，不加歧視，也不得妨害本部分其他規定。

第一四二條　沿海國的權利和合法利益

一、「區域」內活動涉及跨越國家管轄範圍的「區域」內資源礦床時，應適當顧及這種礦床跨越其管轄範圍的任何沿海國的權利和合法利益。

二、應與有關國家保持協商，包括維持一種事前通知的辦法在內，以免侵犯上述權利和利益。如「區域」內活動可能導致對國家管轄範圍內資源的開發，則需事先徵得有關沿海國的同意。

三、本部分或依其授予或行使的任何權利，應均不影響沿海國為防止、減輕或消除因任何「區域」內活動引起或造成的污染威脅或其他危險事

故使其海岸或有關利益受到的嚴重迫切危險而採取與第十二部分有關
規定相符合的必要措施的權利。

第一四三條　海洋科學研究

一、「區域」內的海洋科學研究，應按照第十三部分專為和平目的並為謀全
人類的利益進行。

二、管理局可進行有關「區域」及其資源的海洋科學研究，並可為此目的
訂立合同。管理局應促進和鼓勵在「區域」內進行海洋科學研究，並
應協調和傳播所得到的這種研究和分析的結果。

三、各締約國可在「區域」內進行海洋科學研究。各締約國應以下列方式
促進「區域」內海洋科學研究方面的國際合作：

(a)參加國際方案，並鼓勵不同國家的人員和管理局人員合作進行海洋
科學研究；

(b)確保在適當情形下通過管理局或其他國際組織，為了發展中國家和
技術較不發達國家的利益發展各種方案，以期：

(1)加強它們的研究能力；

(2)在研究的技術和應用方面訓練它們的人員和管理局的人員；

(3)促進聘用它們的合格人員，從事「區域」內的研究；

(c)通過管理局，或適當時通過其他國際途徑，切實傳播所得到的研究
和分析結果。

第一四四條　技術的轉讓

一、管理局應按照本公約採取措施，以：

(a)取得有關「區域」內活動的技術和科學知識；並

(b)促進和鼓勵向發展中國家轉讓這種技術和科學知識，使所有締約國
都從其中得到利益。

二、為此目的，管理局和各締約國應互相合作，以促進有關「區域」內活
動的技術和科學知識的轉讓，使企業部和所有締約國都從其中得到利
益。它們應特別倡議並推動：

(a)將有關「區域」內活動的技術轉讓給企業部和發展中國家的各種方
案，除其他外，包括便利企業部和發展中國家根據公平合理的條款
和條件取得有關的技術；

(b)促進企業部技術和發展中國家本國技術的進展的各種措施，特別是
使企業部和發展中國家的人員有機會接受海洋科學和技術的訓練和
充分參加「區域」內活動。

第一四五條　海洋環境的保護

應按照本公約對「區域」內活動採取必要措施，以確保切實保護海洋環境，
不受這種活動可能產生的有害影響。為此目的，管理局應制定適當的規則、
規章和程序，以便除其他外：

(a)防止、減少和控制對包括海岸在內的海洋環境的污染和其他危害，並防止干擾海洋環境的生態平衡，特別注意使其不受諸如鑽探、挖泥、挖鑿、廢物處置等活動，以及建造和操作或維修與這種活動有關的設施、管道和其他裝置所產生的有害影響；

(b)保護和養護「區域」的自然資源，並防止對海洋環境中動植物的損害。

第一四六條　人命的保護

關於「區域」內活動，應採取必要措施，以確保切實保護人命。為此目的，管理局應制定適當的規則、規章和程序，以補充有關條約所體現的現行國際法。

第一四七條　「區域」內活動與海洋環境中的活動的相互適應

一、「區域」內活動的進行，應合理地顧及海洋環境中的其他活動。

二、進行「區域」內活動所使用的設施應受下列條件的限制：

(a)這種設施應僅按照本部分和在管理局的規則、規章和程序的限制下安裝、安置和拆除。這種設施的安裝、安置和拆除必須妥為通知，並對其存在必須維持永久性的警告方法；

(b)這種設施不得設在對使用國際航行必經的公認海道可能有干擾的地方，或設在有密集捕撈活動的區域；

(c)這種設施的周圍應設立安全地帶並加適當的標記，以確保航行和設施的安全。這種安全地帶的形狀和位置不得構成一個地帶阻礙船舶合法出入特定海洋區域或阻礙沿國際海道的航行；

(d)這種設施應專用於和平目的；

(e)這種設施不具有島嶼地位。它們沒有自己的領海，其存在也不影響領海、專屬經濟區或大陸架界限的劃定。

三、在海洋環境中進行的其他活動，應合理地顧及「區域」內活動。

第一四八條　發展中國家對「區域」內活動的參加

應按照本部分的具體規定促進發展中國家有效參加「區域」內活動，並適當顧及其特殊利益和需要，尤其是其中的內陸國和地理不利國在克服因不利位置，包括距離「區域」遙遠和出入「區域」困難而產生的障礙方面的特殊需要。

第一四九條　考古和歷史文物

在「區域」內發現的一切考古和歷史文物，應為全人類的利益予以保存或處置，但應特別顧及來源國，或文化上的發源國，或歷史和考古上的來源國的優先權利。

第三節　「區域」內資源的開發

第一五〇條　關於「區域」內活動的政策

「區域」內活動應按照本部分的明確規定進行，以求有助於世界經濟的健

全發展和國際貿易的均衡增長，並促進國際合作，以謀所有國家特別是發展中國家的全面發展，並且為了確保：

(a)「區域」資源的開發；

(b)對「區域」資源進行有秩序、安全和合理的管理，包括有效地進行「區域」內活動，並按照健全的養護原則，避免不必要的浪費；

(c)擴大參加這種活動的機會，以符合特別是第一四四和第一四八條的規定；

(d)按照本公約的規定使管理局分享收益，以及對企業部和發展中國家作技術轉讓；

(e)按照需要增加從「區域」取得的礦物的供應量，連同從其他來源取得的礦物，以保證這類礦物的消費者獲得供應；

(f)促進從「區域」和從其他來源取得的礦物的價格合理而又穩定，對生產者有利，對消費者也公平，並促進供求的長期平衡；

(g)增進所有締約國，不論其經濟社會制度或地理位置如何，參加開發「區域」內資源的機會，並防止壟斷「區域」內活動；

(h)按照第一五一條的規定，保護發展中國家，使它們的經濟或出口收益不致因某一受影響礦物的價格或該礦物的出口量降低，而遭受不良影響，但以這種降低是由於「區域」內活動造成的為限；

(i)為全人類的利益開發共同繼承財產；

(j)從「區域」取得的礦物作為輸入品以及這種礦物所產商品作為輸入品的進入市場的條件，不應比適用於其他來源輸入品的最優惠待遇更為優惠。

第一五一條　生產政策

一、(a)在不妨害第一五〇條所載目標的情形下，並為實施該條(h)項的目的，管理局應通過現有議事機構，或在適當時，通過包括生產者和消費者在內的有關各方都參加的新安排或協議，採取必要措施，以對生產者有利對消費者也公平的價格，促進「區域」資源所產商品的市場的增長、效率和穩定，所有締約國都應為此目的進行合作。

(b)管理局應有權參加生產者和消費者在內的有關各方都參加的關於上述商品的任何商品會議。管理局應有權參與上述會議產生的任何安排或協議。管理局參加根據這種安排或協議成立的任何機關，應與「區域」內的生產有關，並符合這種機關的有關規則。

(c)管理局應履行根據這種安排或協議所產生的義務，以求保證對「區域」內有關礦物的一切生產，均劃一和無歧視地實施。管理局在這樣作的時候，應以符合現有合同條款和已核准的企業部工作計畫的方式行事。

二、(a)在第三款指明的過渡期間內，經營者在向管理局提出申請並經發給生產許可以前，不應依據一項核准的工作計畫進行商業生產。這種生產許可不得在根據工作計畫預定開始商業生產前逾五年時申請或

發出，除非管理局考慮到方案進展的性質和時機在其規則和規章中為此規定了另一期間。

(b)在生產許可的申請中，經營者應具體說明按照核准的工作計畫預期每年回收的鎳的數量。申請中應列有經營者為使其於預定的日期如期開始商業生產而合理地算出的在收到許可以後將予支出的費用表。

(c)為了(a)和(b)項的目的，管理局應按照附件三第十七條規定適當的成績要求。

(d)管理局應照申請的生產量發給生產許可，除非在過渡期間內計畫生產的任何一年中，該生產量和已核准的生產量的總和超過在發給許可的年度依照第四款算出的鎳生產最高限額。

(e)生產許可和核准的申請一經發給，即成為核准的工作計畫的一部分。

(f)如果經營者申請生產許可依據(d)項被拒絕，則該經營者可隨時向管理局再次提出申請。

三、過渡期間應自根據核准的工作計畫預定開始最早的商業生產的那一年一月一日以前的五年開始。如果最早進行商業生產的時間延遲到原定的年度以後，過渡期間的開始和原來計算的生產最高限額都應作相應的調整。過渡期間應為二十五年，或至第一五五條所指的審查會議結束，或至第一款所指的新安排或協議開始生效之日為止，以最早者為準。如果這種安排或協議因任何理由而終止或失效，在過渡期間所餘時間內，管理局應重新行使本條規定的權力。

四、(a)過渡期間內任何一年的生產最高限額應為以下的總和：

　　(1)依據(b)項計算的鎳年消費量趨勢線上最早的商業生產年度以前那一年和過渡期間開始前那一年數值的差額；加上

　　(2)依據(b)項計算的鎳消費量趨勢線上所申請的生產許可證適用的那一年和最早的商業生產年度以前那一年數值的差額的百分之六十。

(b)為了(a)項的目的：

　　(1)計算鎳生產最高限額所用的趨勢線數值，應為發給生產許可的年度中計算的趨勢線上的鎳年消費量數值。趨勢線應從能夠取得數據的最近十五年期間的實際鎳消費量，取其對數值，以時間為自變量，用線性回歸法導出。這一趨勢線應稱為原趨勢線；

　　(2)如果原趨勢線年增長率少於百分之三，則用來確定(a)項所指數量的趨勢線應為穿過原趨勢線上該十五年期間第一年的數值而年增長率為百分之三的趨勢線；但過渡期間內任何一年規定的生產最高限額無論如何不得超出該年原趨勢線數值同過渡期間開始前一年的原趨勢線數值之差。

五、管理局應在依據第四款計算得來的生產最高限額中，保留給企業部為數 38,000 公噸的鎳，以供其從事最初生產。

六、(a)經營者在任何一年內可生產少於其生產許可內所指明的從多金屬結核生產的礦物的年產數量，或最多較此數量高百分之八，但其總產量應不超出許可內所指明的數量。任何一年內在百分之八以上百分之二十以下的超產，或連續兩年超產後的第一年以及隨後各年的超產，應同管理局進行協商；管理局可要求經營者就增加的產量取得一項補充的生產許可。

(b)管理局對於這種補充生產許可的申請，只有在處理了尚未獲得生產許可的經營者所已提出的一切申請，並已適當考慮到其他可能的申請者之後，才應加以審議。管理局應以不超過過渡期間任何一年內生產最高限額所容許的總生產量為指導原則。它不應核准在任何工作計畫下超過 46,500 公噸的鎳年產量。

七、依據一項生產許可從回收的多金屬結核所提煉的銅、鈷和錳等其他金屬的產量，不應高於經營者依據本條規定從這些結核生產最高產量的鎳時所能生產的數量。管理局應依據附件三第十七條制定規則、規章和程序以實施本項規定。

八、根據有關的多邊貿易協定關於不公平經濟措施的權利和義務，應適用於「區域」所產礦物的勘探和開發。在解決因本項規定而產生的爭端時，作為這種多邊貿易協定各方的締約國應可利用這種協定的解決爭端程序。

九、管理局應有權按照第一六一條第八款制定規章，在適當的條件下，使用適當的方法限制「區域」所產而非產自多金屬結核的礦物的產量。

十、大會應依理事會根據經濟規劃委員會的意見提出的建議，建立一種補償制度，或其他經濟調整援助措施，包括同各專門機構和其他國際組織進行合作，以協助其出口收益或經濟因某一受影響礦物的價格或該礦物的出口量降低而遭受嚴重不良影響的發展中國家，但以此種降低是由於「區域」內活動造成的為限。管理局經請求應對可能受到最嚴重影響的國家的問題發動研究，以期盡量減輕它們的困難，並協助它們從事經濟調整。

第一五二條　管理局權力和職務的行使

一、管理局在行使其權力和職務，包括給予進行「區域」內活動的機會時，應避免歧視。

二、但本部分具體規定的為發展中國家所作的特別考慮，包括為其中的內陸國和地理不利國所作的特別考慮應予准許。

第一五三條　勘探和開發制度

一、「區域」內活動應由管理局代表全人類，按照本條以及本部分和有關附

件的其他有關規定，和管理局的規則、規章和程序，予以安排、進行和控制。

二、「區域」內活動應依第三款的規定：

　　(a)由企業部進行，和

　　(b)由締約國或國營企業、或在締約國擔保下的具有締約國國籍或由這類國家或其國民有效控制的自然人或法人、或符合本部分和附件三規定的條件的上述各方的任何組合，與管理局以協作方式進行。

三、「區域」內活動應按照一項依據附件三所擬訂並經理事會於法律和技術委員會審議後核准的正式書面工作計畫進行。在第二款(b)項所述實體按照管理局的許可進行「區域」內活動的情形下，這種工作計畫應按照附件三第三條採取合同的形式。這種合同可按照附件三第十一條作出聯合安排。

四、管理局為確保本部分和與其有關的附件的有關規定，和管理局的規則、規章和程序以及按照第三款核准的工作計畫得到遵守的目的，應對「區域」內活動行使必要的控制。締約國應按照第一三九條採取一切必要措施，協助管理局確保這些規定得到遵守。

五、管理局應有權隨時採取本部分所規定的任何措施，以確保本部分條款得到遵守和根據本部分或任何合同所指定給它的控制和管理職務的執行。管理局應有權檢查與「區域」內活動有關而在「區域」內使用的一切設施。

六、第三款所述的合同應規定期限內持續有效的保證。因此，除非按照附件三第十八和第十九條的規定，不得修改、暫停或終止合同。

第一五四條　定期審查

從本公約生效時起，大會每五年應對本公約設立的「區域」的國際制度的實際實施情況，進行一次全面和系統的審查。參照上述審查，大會可按照本部分和與其有關的附件的規定和程序採取措施，或建議其他機構採取措施，以導致對制度實施情況的改進。

第一五五條　審查會議

一、自根據一項核准的工作計畫最早的商業生產開始進行的那一年一月一日起十五年後，大會應召開一次會議，審查本部分和有關附件支配勘探和開發「區域」資源制度的各項規定。審查會議應參照這段時期取得的經驗，詳細審查：

　　(a)本部分和有關附件支配勘探和開發「區域」資源制度的各項規定，是否已達成其各方面的目標，包括是否已使全人類得到利益；

　　(b)在十五年期間，同非保留區域相比，保留區域是否已以有效而平衡的方式開發；

　　(c)開發和使用「區域」及其資源的方式，是否有助於世界經濟的健全

　　　發展和國際貿易均衡增長；

　　⑷是否防止了對「區域」內活動的壟斷；

　　⑸第一五○和第一五一條所載各項政策是否得到實行；和

　　⑹制度是否使「區域」內活動產生的利益得到公平的分享，特別考慮
　　　到發展中國家的利益和需要。

二、審查會議應確保繼續維持人類共同繼承財產的原則，為確保公平開發
　　「區域」資源使所有國家尤其是發展中國家都得到利益而制定的國際
　　制度，以及安排、進行和控制「區域」內活動的管理局。會議還應確
　　保繼續維持本部分規定的關於下列各方面的各項原則：排除對「區域」
　　的任何部分主張或行使主權，各國的權利及其對於「區域」的一般行
　　為，和各國依照本公約參與勘探和開發「區域」資源，防止對「區域」
　　內活動的壟斷，專為和平目的利用「區域」，「區域」內活動的經濟方
　　面，海洋科學研究，技術轉讓，保護海洋環境，保護人命，沿海國的
　　權利，「區域」的上覆水域及其上空的法律地位，以及關於「區域」內
　　活動和海洋環境中其他活動之間的相互適應。

三、審查會議適用的作出決定的程序應與第三次聯合國海洋法會議所適用
　　的程序相同。會議應作出各種努力就任何修正案以協商一致方式達成
　　協議，且除非已盡最大努力以求達成協商一致，不應就這種事項進行
　　表決。

四、審查會議開始舉行五年後，如果未能就關於勘探和開發「區域」資源
　　的制度達成協議，則會議可在此後的十二個月以內，以締約國的四分
　　之三多數作出決定，就改變或修改制度制定其認為必要和適當的修正
　　案，提交各締約國批准或加入。此種修正案應於四分之三締約國交存
　　批准書或加入書後十二個月對所有締約國生效。

五、審查會議依據本條通過的修正案應不影響按照現有合同取得的權利。

第四節　管理局

A分節　一般規定

第一五六條　設立管理局

一、茲設立國際海底管理局，按照本部分執行職務。

二、所有締約國都是管理局的當然成員。

三、已簽署最後文件但在第三○五條第一款⑶、⑷、⑸或⑹項中未予提及
　　的第三次聯合國海洋法會議中的觀察員，應有權按照管理局的規則、
　　規章和程序以觀察員資格參加管理局。

四、管理局的所在地應在牙買加。

五、管理局可設立其認為在執行職務上必要的區域中心或辦事處。

第一五七條　管理局的性質和基本原則

一、管理局是締約國按照本部分組織和控制「區域」內活動，特別是管理「區域」資源的組織。

二、管理局應具有本公約明示授予的權力和職務。管理局應有為行使關於「區域」內活動的權力和職務所包含的和必要的並符合本公約的各項附帶權力。

三、管理局以所有成員主權平等的原則為基礎。

四、管理局所有成員應誠意履行按照本部分承擔的義務，以確保其全體作為成員享有的權利和利益。

第一五八條　管理局的機關

一、茲設立大會、理事會和秘書處作為管理局的主要機關。

二、茲設立企業部，管理局應通過這個機關執行第一七〇條第一款所指的職務。

三、經認為必要的附屬機關可按照本部分設立。

四、管理局各主要機關和企業部應負責行使對其授予的權力和職務。每一機關行使這種權力和職務時，應避免採取可能對授予另一機關的特定權力和職務的行使有所減損或阻礙的任何行動。

B 分節　大　會

第一五九條　組成、程序和表決

一、大會應由管理局的全體成員組成。每一成員應有一名代表出席大會，並可由副代表及顧問隨同出席。

二、大會應召開年度常會，經大會決定，或由秘書長應理事會的要求或管理局過半數成員的要求，可召開特別會議。

三、除非大會另有決定，各屆會議應在管理局的所在地舉行。

四、大會應制定其議事規則。大會應在每屆常會開始時選出其主席和其他必要的高級職員。他們的任期至下屆常會選出新主席及其他高級職員為止。

五、大會過半數成員構成法定人數。

六、大會每一成員應有一票表決權。

七、關於程序問題的決定，包括召開大會特別會議的決定，應由出席並參加表決的成員過半數作出。

八、關於實質問題的決定，應以出席並參加表決的成員三分之二多數作出。但這種多數應包括參加該會議的過半數成員。對某一問題是否為實質問題發生爭論時，該問題應作為實質問題處理，除非大會以關於實質問題的決定所需的多數另作決定。

九、將一個實質問題第一次付諸表決時，主席可將就該問題進行表決的問

題推遲一段時間，如經大會至少五分之一成員提出要求，則應將表決推遲，但推遲時間不得超過五曆日。此項規則對任一問題只可適用一次，並且不應用來將問題推遲至會議結束以後。

十、對於大會審議中關於任何事項的提案是否符合本公約的問題，在管理局至少四分之一成員以書面要求主席徵求諮詢意見時，大會應請國際海洋法法庭海底爭端分庭就該提案提出諮詢意見，並應在收到分庭的諮詢意見前，推遲對該提案的表決。如果在提出要求的那期會議最後一個星期以前還沒有收到諮詢意見，大會應決定何時開會對已推遲的提案進行表決。

第一六○條　權力和職務

一、大會作為管理局唯一由其所有成員組成的機關，應視為管理局的最高機關，其他各主要機關均應按照本公約的具體規定向大會負責。大會應有權依照本公約各項有關規定，就管理局權限範圍內的任何問題或事項制訂一般性政策。

二、此外，大會的權力和職務應為：

　　(a)按照第一六一條的規定，選舉理事會成員；

　　(b)從理事會提出的候選人中，選舉秘書長；

　　(c)根據理事會的推薦，選舉企業部董事會董事和企業部總幹事；

　　(d)設立為按照本部分執行其職務認為有必要的附屬機關。這種機關的組成，應適當考慮到公平地區分配原則和特別利益，以及其成員必須對這種機關所處理的有關技術問題具備資格和才能；

　　(e)在管理局未能從其他來源得到足夠收入應付其行政開支以前，按照以聯合國經常預算所用比額表為基礎議定的會費分攤比額表，決定各成員國對管理局的行政預算應繳的會費；

　　(f)(1)根據理事會的建議，審議和核准關於公平分享從「區域」內活動取得的財政及其他經濟利益和依據第八十二條所繳的費用和實物的規則、規章和程序，特別考慮到發展中國家和尚未取得完全獨立或其他自治地位的人民的利益和需要。如果大會對理事會的建議不予核准，大會應將這些建議送回理事會，以便參照大會表示的意見重新加以審議；

　　　(2)審議和核准理事會依據第一六二條第二款(o)項(2)目暫時制定的管理局的規則、規章和程序及其修正案。這些規則、規章和程序應涉及「區域」內的探礦、勘探和開發，管理局的財務管理和內部行政以及根據企業部董事會的建議由企業部向管理局轉移資金；

　　(g)在符合本公約規定和管理局規則、規章和程序的情形下，決定公平分配從「區域」內活動取得的財政和其他經濟利益；

　　(h)審議和核准理事會提出的管理局的年度概算；

(i)審查理事會和企業部的定期報告以及要求理事會或管理局任何其他機關提出的特別報告；

(j)為促進有關「區域」內活動的國際合作和鼓勵與此有關的國際法的逐漸發展及其編纂的目的，發動研究和提出建議；

(k)審議關於「區域」內活動的一般性問題，特別是對發展中國家產生的問題，以及關於「區域」內活動對某些國家，特別是內陸國和地理不利國，因其地理位置而造成的那些問題；

(l)經理事會按照經濟規劃委員會的意見提出建議，依第一五一條第十款的規定，建立補償制度或採取其他經濟調整援助措施；

(m)依據第一八五條暫停成員的權利和特權的行使；

(n)討論管理局權限範圍內的任何問題或事項，並在符合管理局各個機關權力和職務的分配的情形下，決定由管理局哪一機關來處理本公約條款未規定由其某一機關處理的任何這種問題或事項。

C 分節　理事會

第一六一條　**組成、程序和表決**

一、理事會應由大會按照下列次序選出的三十六個管理局成員組成：

(a)四個成員來自在有統計資料的最近五年中，對於可從「區域」取得的各類礦物所產的商品，其消費量超過世界總消費量百分之二，或其淨進口量超過世界總進口量百分之二的那些締約國，無論如何應有一個國家屬於東歐（社會主義）區域，和最大的消費國；

(b)四個成員來自直接地或通過其國民對「區域」內活動的準備和進行作出了最大投資的八個締約國，其中至少應有一個國家屬於東歐（社會主義）區域；

(c)四個成員來自締約國中因在其管轄區域內的生產而為可從「區域」取得的各類礦物的主要淨出口國，其中至少應有兩個是出口這種礦物對其經濟有重大關係的發展中國家；

(d)六個成員來自發展中國家締約國，代表特別利益。所代表的特別利益應包括人口眾多的國家、內陸國或地理不利國、可從「區域」取得的各類礦物的主要進口國、這些礦物的潛在的生產國以及最不發達國家的利益；

(e)十八個成員按照確保理事會的席位作為一個整體予以公平地區分配的原則選出，但每一地理區域至少應有根據本項規定選出的一名成員。為此目的，地理區域應為非洲、亞洲、東歐（社會主義）、拉丁美洲和西歐及其他國家。

二、按照第一款選舉理事會成員時，大會應確保：

(a)內陸國和地理不利國有和它們在大會內的代表權成合理比例的代

表；

(b)不具備第一款(a)、(b)、(c)或(d)項所列條件的沿海國，特別是發展中國家有和它們在大會內的代表權成合理比例的代表；

(c)在理事會內應有代表的每一個締約國集團，其代表應由該集團提名的任何成員擔任。

三、選舉應在大會的常會上舉行。理事會每一成員任期四年。但在第一次選舉時，第一款所指每一集團的一半成員的任期應為兩年。

四、理事會成員連選可連任；但應妥為顧及理事會成員輪流的相宜性。

五、理事會應在管理局所在地執行職務，並應視管理局業務需要隨時召開會議，但每年不得少於三次。

六、理事會過半數成員構成法定人數。

七、理事會每一成員應有一票表決權。

八、(a)關於程序問題的決定應以出席並參加表決的過半數成員作出。

(b)關於在下列條款下產生的實質問題的決定，應以出席並參加表決的成員的三分之二多數作出，但這種多數應包括理事會的過半數成員：第一六二條第二款(f)項，(g)項，(h)項，(i)項，(n)項，(p)項和(v)項；第一九一條。

(c)關於在下列條款下產生的實質問題的決定，應以出席並參加表決的成員的四分之三多數作出，但這種多數應包括理事會的過半數成員：第一六二條第一款；第一六二條第二款(a)項；(b)項；(c)項；(d)項；(e)項；(l)項；(q)項；(r)項；(s)項；(t)項；在承包者或擔保者不遵守規定的情形下(u)項；(w)項，但根據本項發布的命令的有效期間不得超過三十天，除非以按照(d)項作出的決定加以確認；(x)項；(y)項；(z)項；第一六三條第二款；第一七四條第三款；附件四第十一條。

(d)關於在下列條款下產生的實質問題的決定應以協商一致方式作出：第一六二條第二款(m)項和(o)項；對第十一部分的修正案的通過。

(e)為了(d)項、(f)項和(g)項的目的，「協商一致」是指沒有任何正式的反對意見。在一項提案向理事會提出後十四天內，理事會主席應確定對該提案的通過是否會有正式的反對意見。如果主席確定會有這種反對意見，則主席應於作出這種確定後三天內成立並召集一個其成員不超過九人的調解委員會，由他本人擔任主席，以調解分歧並提出能夠以協商一致方式通過的提案。委員會應迅速進行工作，並於十四天內向理事會提出報告。如果委員會無法提出能以協商一致方式通過的提案，它應於其報告中說明反對該提案所根據的理由。

(f)就以上未予列出的問題，經理事會獲得管理局規則、規章和程序或其他規定授權作出的決定，應依據規則、規章和程序所指明的本款各項予以作出，如果其中未予指明，則依據理事會以協商一致方式

於可能時提前確定的一項予以作出。

(g)遇有某一問題究應屬於(a)項、(b)項、(c)項或(d)項的問題，應根據情況將該問題作為在需要較大或最大多數或協商一致的那一項內的問題加以處理，除非理事會以上述多數或協商一致另有決定。

九、理事會應制訂一項程序，使在理事會內未有代表的管理局成員可在該成員提出要求時或在審議與該成員特別有關的事項時，派出代表參加其會議，這種代表應有權參加討論，但無表決權。

第一六二條　權力和職務

一、理事會為管理局的執行機關。理事會應有權依本公約和大會所制訂的一般政策，制訂管理局對於其權限範圍以內的任何問題或事項所應遵循的具體政策。

二、此外，理事會應：

(a)就管理局職權範圍內所有問題和事項監督和協調本部分規定的實施，並提請大會注意不遵守規定的情事；

(b)向大會提出選舉秘書長的候選人名單；

(c)向大會推薦企業部董事會的董事和企業部總幹事的候選人；

(d)在適當時，並在妥為顧及節約和效率的情形下，設立其認為按照本部分執行其職務所必要的附屬機關。附屬機關的組成，應注重其成員必須對這種機關所處理的有關技術問題具備資格和才能，但應妥為顧及公平地區分配原則和特別利益；

(e)制定理事會議事規則，包括推選其主席的方法；

(f)代表管理局在其職權範圍內同聯合國或其他國際組織締結協定，但須經大會核准；

(g)審查企業部的報告，並將其轉交大會，同時提交其建議；

(h)向大會提出年度報告和大會要求的特別報告；

(i)按照第一七〇條向企業部發出指示；

(j)按照附件三第六條核准工作計畫。理事會應於法律和技術委員會提出每一工作計畫後六十天內在理事會的會議上按照下列程序對該工作計畫採取行動：

(1)如果委員會建議核准一項工作計畫，在十四天內理事會如無任何成員向主席書面提出具體反對意見，指稱不符合附件三第六條的規定，則該工作計畫應視為已獲理事會核准。如有反對意見，即應適用第一六一條第八款(c)項所載的調解程序。如果在調解程序結束時，反對意見依然堅持，則除非理事會中將提出申請或擔保申請者的任何一國或數國排除在外的成員以協商一致方式對工作計畫不予核准，則該工作計畫應視為已獲理事會核准；

(2)如果委員會對一項工作計畫建議不予核准，或未提出建議，理事

會可以出席和參加表決的成員的四分之三的多數決定核准該工作
計畫，但這一多數須包括參加該次會議的過半數成員；

(k)核准企業部按照附件四第十二條提出的工作計畫，核准時比照適用
(j)項內所列的程序；

(l)按照第一五三條第四款和管理局的規則、規章和程序，對「區域」
內活動行使控制；

(m)根據經濟規劃委員會的建議，按照第一五〇條(h)項，制定必要和適
當的措施，以保護發展中國家使其不致受到該項中指明的不良經濟
影響；

(n)根據經濟規劃委員會的意見，向大會建議第一五一條第十款所規定
的補償制度或其他經濟調整援助措施；

(o)(1)向大會建議關於公平分享從「區域」內活動取得的財政及其他經
濟利益以及依據第八十二條所繳費用和實物的規則、規章和程序，
特別顧及發展中國家和尚未取得完全獨立或其他自治地位的人民
的利益和需要；

(2)在經大會核准前，暫時制定並適用管理局的規則、規章和程序及
其任何修正案，考慮到法律和技術委員會或其他有關附屬機構的
建議。這種規則、規章和程序應涉及「區域」內的探礦、勘探和
開發以及管理局的財務管理和內部行政。對於制定有關多金屬結
核的勘探和開發的規則、規章和程序，應給予優先。有關多金屬
結核以外任何資源的勘探和開發的規則、規章和程序，應於管理
局任何成員向其要求制訂之日起三年內予以制定。所有規則、規
章和程序應於大會核准以前或理事會參照大會表示的任何意見予
以修改以前，在暫時性的基礎上生效；

(p)審核在依據本部分進行的業務方面由管理局付出或向其繳付的一切
款項的收集工作；

(q)在附件三第七條有此要求的情形下，從生產許可的申請者中作出選
擇；

(r)將管理局的年度概算提交大會核准；

(s)就管理局職權範圍內的任何問題或事項的政策，向大會提出建議；

(t)依據第一八五條，就暫停成員權利和特權的行使向大會提出建議；

(u)在發生不遵守規定的情形下，代表管理局向海底爭端分庭提起司法
程序；

(v)經海底爭端分庭在根據(u)項提起的司法程序作出裁判後，將此通知
大會，並就其認為應採取的適當措施提出建議；

(w)遇有緊急情況，發布命令，其中可包括停止或調整作業的命令，以
防止「區域」內活動對海洋環境造成嚴重損害；

　　　　　(x)在有重要證據證明海洋環境有受嚴重損害之虞的情形下，不准由承
　　　　　　包者或企業部開發某些區域；
　　　　　(y)設立一個附屬機關來制訂有關下列兩項財政方面的規則、規章和程
　　　　　　序草案：
　　　　　　(1)按照第一七一至第一七五條的財務管理；
　　　　　　(2)按照附件三第十三條和第十七條第一款(c)項的財政安排；
　　　　　(z)設立適當機構來指導和監督視察工作人員，這些視察員負責視察「區
　　　　　　域」內活動，以確定本部分的規定、管理局的規則、規章和程序、
　　　　　　以及同管理局訂立的任何合同的條款和條件，是否得到遵守。

第一六三條　理事會的機關

一、茲設立理事會的機關如下：
　　(a)經濟規劃委員會；
　　(b)法律和技術委員會。

二、每一委員會應由理事會根據締約國提名選出的十五名委員組成。但理
　　事會可於必要時在妥為顧及節約和效率的情形下，決定增加任何一個
　　委員會的委員人數。

三、委員會委員應具備該委員會職務範圍內的適當資格。締約國應提名在
　　有關領域內有資格的具備最高標準的能力和正直的候選人，以便確保
　　委員會有效執行其職務。

四、在選舉委員會委員時，應妥為顧及席位的公平地區分配和特別利益有
　　其代表的需要。

五、任何締約國不得提名一人以上為同一委員會的候選人。任何人不應當
　　選在一個以上委員會任職。

六、委員會委員任期五年，連選可連任一次。

七、如委員會委員在其任期屆滿之前死亡、喪失能力或辭職，理事會應從
　　同一地理區域或同一利益方面選出一名委員任滿所餘任期。

八、委員會委員不應在同「區域」內的勘探和開發有關的任何活動中有財
　　務上的利益。各委員在對其所任職的委員會所負責任限制下，不應洩
　　露工業秘密，按照附件三第十四條轉讓給管理局的專有性資料，或因
　　其在管理局任職而得悉的任何其他秘密情報，即使在職務終止以後，
　　也是如此。

九、每一委員會應按照理事會所制定的方針和指示執行其職務。

十、每一委員會應擬訂為有效執行其職務所必要的規則和規章，並提請理
　　事會核准。

十一、委員會作出決定的程序應由管理局的規則、規章和程序加以規定。
　　　提交理事會的建議，必要時應附送委員會內不同意見的摘要。

十二、每一委員會通常應在管理局所在地執行職務，並按有效執行其職務

的需要，經常召開會議。

十三、在執行這些職務時，每一委員會可在適當時同另一委員會或聯合國任何主管機關、聯合國各專門機構、或對協商的主題事項具有有關職權的任何國際組織進行協商。

第一六四條　經濟規劃委員會

一、經濟規劃委員會委員應具備諸如與採礦、管理礦物資源活動、國際貿易或國際經濟有關的適當資格。理事會應盡力確保委員會的組成反映出一切適當的資格。委員會至少應有兩個成員來自出口從「區域」取得的各類礦物對其經濟有重大關係的發展中國家。

二、委員會應：

(a)經理事會請求，提出措施，以實施按照本公約所採取的關於「區域」內活動的決定；

(b)審查可從「區域」取得的礦物的供應、需求和價格的趨勢與對其造成影響的因素，同時考慮到輸入國和輸出國兩者的利益，特別是其中的發展中國家的利益；

(c)審查有關締約國提請其注意的可能導致第一五〇條(h)項內所指不良影響的任何情況，並向理事會提出適當建議；

(d)按照第一五一條第十款所規定，向理事會建議對於因「區域」內活動而受到不良影響的發展中國家提供補償或其他經濟調整援助措施的制度以便提交大會。委員會應就大會通過的這一制度或其他措施對具體情況的適用，向理事會提出必要的建議。

第一六五條　法律和技術委員會

一、法律和技術委員會委員應具備諸如有關礦物資源的勘探和開發及加工、海洋學、海洋環境的保護，或關於海洋採礦的經濟或法律問題以及其他有關的專門知識方面的適當資格。理事會應盡力確保委員會的組成反映出一切適當的資格。

二、委員會應：

(a)經理事會請求，就管理局職務的執行提出建議；

(b)按照第一五三條第三款審查關於「區域」內活動的正式書面工作計畫，並向理事會提交適當的建議。委員會的建議應僅以附件三所載的要求為根據，並應就其建議向理事會提出充分報告；

(c)經理事會請求，監督「區域」內活動，在適當情形下，同從事這種活動的任何實體或有關國家協商和合作進行，並向理事會提出報告；

(d)就「區域」內活動對環境的影響準備評價；

(e)向理事會提出關於保護海洋環境的建議，考慮到在這方面公認的專家的意見；

(f)擬訂第一六二條第二款(o)項所指的規則、規章和程序，提交理事會，

考慮到一切有關的因素，包括「區域」內活動對環境影響的評價；

(g)經常審查這種規則、規章和程序，並隨時向理事會建議其認為必要或適宜的修正；

(h)就設立一個以公認的科學方法定期觀察、測算、評價和分析「區域」內活動造成的海洋環境污染危險或影響的監測方案，向理事會提出建議，確保現行規章是足夠的而且得到遵守，並協調理事會核准的監測方案的實施；

(i)建議理事會特別考慮到第一八七條，按照本部分和有關附件，代表管理局向海底爭端分庭提起司法程序；

(j)經海底爭端分庭在根據(i)項提起的司法程序作出裁判後，就任何應採取的措施向理事會提出建議；

(k)向理事會建議發布緊急命令，其中可包括停止或調整作業的命令，以防止「區域」內活動對海洋環境造成嚴重損害。理事會應優先審議這種建議；

(l)在有充分證據證明海洋環境有受嚴重損害之虞的情形下，向理事會建議不准由承包者或企業部開發某些區域；

(m)就視察工作人員的指導和監督事宜，向理事會提出建議，這些視察員應視察「區域」內活動，以確定本部分的規定、管理局的規則、規章和程序、以及同管理局訂立的任何合同的條款和條件是否得到遵守；

(n)在理事會按照附件三第七條在生產許可申請者中作出任何必要選擇後，依據第一五一條第二至第七款代表管理局計算生產最高限額並發給生產許可。

三、經任何有關締約國或任何當事一方請求，委員會委員執行其監督和檢查的職務時，應由該有關締約國或其他當事一方的代表一人陪同。

D分節　秘書處

第一六六條　秘書處

一、秘書處應由秘書長一人和管理局所需要的工作人員組成。

二、秘書長應由大會從理事會提名的候選人中選舉，任期四年，連選可連任。

三、秘書長應為管理局的行政首長，在大會和理事會以及任何附屬機關的一切會議上，應以這項身分執行職務，並應執行此種機關交付給秘書長的其他行政職務。

四、秘書長應就管理局的工作向大會提出年度報告。

第一六七條　管理局的工作人員

一、管理局的工作人員應由執行管理局的行政職務所必要的合格科學及技

術人員和其他人員組成。

二、工作人員的徵聘和僱用，以及其服務條件的決定，應以必須取得在效率、才能和正直方面達到最高標準的工作人員為首要考慮。在這一考慮限制下，應妥為顧及在最廣泛的地區基礎上徵聘工作人員的重要性。

三、工作人員應由秘書長任命。工作人員的任命、薪酬和解職所根據的條款和條件，應按照管理局的規則、規章和程序。

第一六八條　秘書處的國際性

一、秘書長及工作人員在執行職務時，不應尋求或接受任何政府的指示或管理局以外其他來源的指示。他們應避免足以影響其作為只對管理局負責的國際官員的地位的任何行動。每一締約國保證尊重秘書長和工作人員所負責任的純粹國際性，不設法影響他們執行其職責。工作人員如有任何違反職責的行為，應提交管理局的規則、規章和程序所規定的適當行政法庭。

二、秘書長及工作人員在同「區域」內的勘探和開發有關的任何活動中，不應有任何財務上的利益。在他們對管理局所負責任限制下，他們不應洩露任何工業秘密，按照附件三第十四條轉讓給管理局的專有性資料或因在管理局任職而得悉的任何其他秘密情報，即使在其職務終止以後也是如此。

三、管理局工作人員如有違反第二款所載義務情事，經受到這種違反行為影響的締約國，或由締約國按照第一五三條第二款(b)項擔保並因這種違反行為而受到影響的自然人或法人的要求，應由管理局將有關工作人員交管理局的規則、規章和程序所指定的法庭處理。受影響的一方應有權參加程序。如經法庭建議，秘書長應將有關工作人員解僱。

四、管理局的規則、規章和程序應載有為實施本條所必要的規定。

第一六九條　同國際組織和非政府組織的協商和合作

一、在管理局職權範圍內的事項上，秘書長經理事會核可，應作出適當的安排，同聯合國經濟及社會理事會承認的國際組織和非政府組織進行協商和合作。

二、根據第一款與秘書長訂有安排的任何組織可指派代表，按照管理局各機關的議事規則，以觀察員的身分參加這些機關的會議。應制訂程序，以便在適當情形下徵求這種組織的意見。

三、秘書長可向各締約國分發第一款所指的非政府組織就其具有特別職權並與管理局工作有關的事項提出的書面報告。

E 分節　企業部

第一七〇條　企業部

一、企業部應為依據第一五三條第二款(a)項直接進行「區域」內活動以及

　　　　從事運輸、加工和銷售從「區域」回收的礦物的管理局機關。

二、企業部在管理局國際法律人格的範圍內，應有附件四所載章程規定的
　　法律行為能力。企業部應按照本公約、管理局的規則、規章和程序以
　　及大會制訂的一般政策行事，並應受理事會的指示和控制。

三、企業部總辦事處應設在管理局所在地。

四、企業部應按照第一七三條第二款和附件四第十一條取得執行職務所需
　　的資金，並應按照第一四四條和本公約其他有關條款規定得到技術。

F 分節　管理局的財政安排

第一七一條　管理局的資金

管理局的資金應包括：

(a)管理局各成員按照第一六〇條第二款(e)項繳付的分攤會費；

(b)管理局按照附件三第十三條因「區域」內活動而得到的收益；

(c)企業部按照附件四第十條轉來的資金；

(d)依據第一七四條借入的款項；

(e)成員或其他實體所提供的自願捐款；和

(f)按照第一五一條第十款向補償基金繳付的款項，基金的來源由經濟規劃
　　委員會提出建議。

第一七二條　管理局的年度預算

秘書長應編制管理局年度概算，向理事會提出。理事會應審議年度概算，
並連同其對概算的任何建議向大會提出。大會應按照第一六〇條第二款(h)
項審議並核准年度概算。

第一七三條　管理局的開支

一、在管理局未能從其他來源得到足夠資金以應付其行政開支以前，第一
　　七一條(a)項所指的會費應繳入特別帳戶，以支付管理局的行政開支。

二、管理局的資金應首先支付管理局的行政開支。除了第一七一條(a)項所
　　指分攤會費外，支付行政開支後所餘資金，除其他外，可：

　　(a)按照第一四〇條和第一六〇條第二款(g)項加以分配；

　　(b)按照第一七〇條第四款用以向企業部提供資金；

　　(c)按照第一五一條第十款和第一六〇條第二款(l)項用以補償發展中國
　　　家。

第一七四條　管理局的借款權

一、管理局應有借款的權力。

二、大會應在依據第一六〇條第二款(f)項所制定的財務條例中規定對此項
　　權力的限制。

三、理事會應行使管理局的借款權。

四、締約國對管理局的債務應不負責任。

第一七五條　年度審計

管理局的記錄、帳簿和帳目，包括其年度財務報表，應每年交由大會指派的一位獨立審計員審核。

G 分節　法律地位、特權和豁免

第一七六條　法律地位

管理局應具有國際法律人格以及為執行其職務和實現其宗旨所必要的法律行為能力。

第一七七條　特權和豁免

為使其能夠執行職務，管理局應在每一締約國的領土內享有本分節所規定的特權和豁免。同企業部有關的特權和豁免應為附件四第十三條內所規定者。

第一七八條　法律程序的豁免

管理局及其財產和資產，應享有對法律程序的豁免，但管理局在特定事件中明白放棄這種豁免時，不在此限。

第一七九條　對搜查和任何其他形式扣押的豁免

管理局的財產和資產，不論位於何處和為何人持有，應免受搜查、徵用、沒收、公用徵收或以行政或立法行動進行的任何其他形式的扣押。

第一八〇條　限制、管制、控制和暫時凍結的免除

管理局的財產和資產應免除任何性質的限制、管制、控制和暫時凍結。

第一八一條　管理局的檔案和公務通訊

一、管理局的檔案不論位於何處，應屬不可侵犯。

二、專有的資料、工業秘密或類似的情報和人事卷宗不應置於可供公眾查閱的檔案中。

三、關於管理局的公務通訊，每一締約國應給予管理局不低於給予其他國際組織的待遇。

第一八二條　若干與管理局有關人員的特權和豁免

締約國代表出席大會、理事會、或大會或理事會所屬機關的會議時，以及管理局的秘書長和工作人員，在每一締約國領土內：

(a)應就他們執行職務的行為，享有對法律程序的豁免，但在適當情形下，他們所代表的國家或管理局在特定事件中明白放棄這種豁免時，不在此限；

(b)如果他們不是締約國國民，應比照該國應給予其他締約國職級相當的代表、官員和雇員的待遇，享有在移民限制、外僑登記規定和國民服役義務方面的同樣免除、外匯管制方面的同樣便利和旅行便利方面的同樣待遇。

第一八三條　稅捐和關稅的免除

一、在其公務活動範圍內，管理局及其資產、財產和收入，以及本公約許可的管理局的業務和交易，應免除一切直接稅捐，對其因公務用途而進口或出口的貨物也應免除一切關稅。管理局不應要求免除僅因提供服務而收取的費用的稅款。

二、為管理局的公務活動需要，由管理局或以管理局的名義採購價值巨大的貨物或服務時，以及當這種貨物或服務的價款包括稅捐或關稅在內時，各締約國應在可行範圍內採取適當措施，准許免除這種稅捐或關稅或設法將其退還。在本條規定的免除下進口或採購的貨物，除非根據與該締約國協議的條件，不應在給予免除的締約國領土內出售或作其他處理。

三、各締約國對於管理局付給非該國公民、國民或管轄下人員的管理局秘書長和工作人員以及為管理局執行任務的專家的薪給和酬金或其他形式的費用，不應課稅。

H 分節　成員國權利和特權的暫停行使

第一八四條　表決權的暫停行使

一個締約國拖欠對管理局應繳的費用，如果拖欠數額等於或超過該國前兩整年應繳費用的總額，該國應無表決權。但大會如果確定該成員國由於本國無法控制的情況而不能繳費，可准許該國參加表決。

第一八五條　成員權利和特權的暫停行使

一、締約國如一再嚴重違反本部分的規定，大會可根據理事會的建議暫停該國行使成員的權利和特權。

二、在海底爭端分庭認定一個締約國一再嚴重違反本部分規定以前，不得根據第一款採取任何行動。

第五節　爭端的解決和諮詢意見

第一八六條　國際海洋法法庭海底爭端分庭

海底爭端分庭的設立及其行使管轄權的方式均應按照本節、第十五部分和附件六的規定。

第一八七條　海底爭端分庭的管轄權

海底爭端分庭根據本部分及其有關的附件，對以下各類有關「區域」內活動的爭端應有管轄權：

(a)締約國之間關於本部分及其有關附件的解釋或適用的爭端；

(b)締約國與管理局之間關於下列事項的爭端：

　(1)管理局或締約國的行為或不行為據指控違反本部分或其有關附件或按其制定的規則、規章或程序；或

　(2)管理局的行為據指控逾越其管轄權或濫用權力。

(c)第一五三條第二款(b)項內所指的，作為合同當事各方的締約國、管理局或企業部、國營企業以及自然人或法人之間關於下列事項的爭端：

    (1)對有關合同或工作計畫的解釋或適用；或

    (2)合同當事一方在「區域」內活動方面針對另一方或直接影響其合法利益的行為或不行為；

(d)管理局同按照第一五三條第二款(b)項由國家擔保且已妥為履行附件三第四條第六款和第十三條第二款所指條件的未來承包者之間關於訂立合同的拒絕，或談判合同時發生的法律問題的爭端；

(e)管理局同締約國、國營企業或按照第一五三條第二款(b)項由締約國擔保的自然人或法人之間關於指控管理局應依附件三第二十二條的規定負擔賠償責任的爭端；

(f)本公約具體規定由分庭管轄的任何爭端。

第一八八條　爭端提交國際海洋法法庭特別分庭或海底爭端分庭專案分庭或提交有拘束力的商業仲裁

一、第一八七條(a)項所指各締約國間的爭端可：

    (a)應爭端各方的請求，提交按照附件六第十五和第十七條成立的國際海洋法法庭特別分庭；或

    (b)應爭端任何一方的請求，提交按照附件六第三十六條成立的海底爭端分庭專案分庭。

二、(a)有關第一八七條(c)項(1)目內所指合同的解釋或適用的爭端，經爭端任何一方請求，應提交有拘束力的商業仲裁，除非爭端各方另有協議。爭端所提交的商業仲裁法庭對決定本公約的任何解釋問題不具有管轄權。如果爭端也涉及關於「區域」內活動的第十一部分及其有關附件的解釋問題，則應將該問題提交海底爭端分庭裁定；

    (b)在此種仲裁開始時或進行過程中，如果仲裁法庭經爭端任何一方請求，或根據自己決定，斷定其裁決須取決於海底爭端分庭的裁定，則仲裁法庭應將此種問題提交海底爭端分庭裁定。然後，仲裁法庭應依照海底爭端分庭的裁定作出裁決；

    (c)在合同沒有規定此種爭端所應適用的仲裁程序的情形下，除非爭端各方另有協議，仲裁應按照聯合國國際貿易法委員會的仲裁規則，或管理局的規則、規章和程序中所規定的其他這種仲裁規則進行。

第一八九條　在管理局所作決定方面管轄權的限制

海底爭端分庭對管理局按照本部分規定行使斟酌決定權應無管轄權；在任何情形下，均不應以其斟酌決定權代替管理局的斟酌決定權。在不妨害第一九一條的情形下，海底爭端分庭依據第一八七條行使其管轄權時，不應對管理局的任何規則、規章和程序是否符合本公約的問題表示意見，也不應宣布任何此種規則、規章和程序為無效。分庭在這方面的管轄權應限於

就管理局的任何規則、規章和程序適用於個別案件將同爭端各方的合同上義務或其在本公約下的義務相牴觸的主張，就逾越管轄權或濫用權力的主張，以及就一方未履行其合同上義務或其在本公約下的義務而應給予有關另一方損害賠償或其他補救的要求，作出決定。

第一九〇條　擔保締約國的參加程序和出庭

一、如自然人或法人為第一八七條所指爭端的一方，應將此事通知其擔保國，該國應有權以提出書面或口頭陳述的方式參加司法程序。

二、如果一個締約國擔保的自然人或法人在第一八七條(c)項所指的爭端中對另一締約國提出訴訟，被告國可請擔保該人的國家代表該人出庭。如果不能出庭，被告國可安排屬其國籍的法人代表該國出庭。

第一九一條　諮詢意見

海底爭端分庭經大會或理事會請求，應對它們活動範圍內發生的法律問題提出諮詢意見。這種諮詢意見應作為緊急事項提出。

第十二部分　海洋環境的保護和保全

第一節　一般規定

第一九二條　一般義務

各國有保護和保全海洋環境的義務。

第一九三條　各國開發其自然資源的主權權利

各國有依據其環境政策和按照其保護和保全海洋環境的職責開發其自然資源的主權權利。

第一九四條　防止、減少和控制海洋環境污染的措施

一、各國應在適當情形下個別或聯合地採取一切符合本公約的必要措施，防止、減少和控制任何來源的海洋環境污染，為此目的，按照其能力使用其所掌握的最切實可行的方法，並應在這方面盡力協調它們的政策。

二、各國應採取一切必要措施，確保在其管轄或控制下的活動的進行不致使其他國家及其環境遭受污染的損害，並確保在其管轄或控制範圍內的事件或活動所造成的污染不致擴大到其按照本公約行使主權權利的區域之外。

三、依據本部分採取的措施，應針對海洋環境的一切污染來源。這些措施，除其他外，應包括旨在在最大可能範圍內盡量減少下列污染的措施：

(a)從陸上來源、從大氣層或通過大氣層或由於傾倒而放出的有毒、有害或有礙健康的物質，特別是持久不變的物質；

(b)來自船隻的污染，特別是為了防止意外事件和處理緊急情況，保證

海上操作安全，防止故意和無意的排放，以及規定船隻的設計、建造、裝備、操作和人員配備的措施；

(c)來自用於勘探或開發海床和底土的自然資源的設施和裝置的污染，特別是為了防止意外事件和處理緊急情況，保證海上操作安全，以及規定這些設施或裝置的設計、建造、裝備、操作和人員配備的措施；

(d)來自在海洋環境內操作的其他設施和裝置的污染，特別是為了防止意外事件和處理緊急情況，保證海上操作安全，以及規定這些設施或裝置的設計、建造、裝備、操作和人員配備的措施。

四、各國採取措施防止、減少或控制海洋環境的污染時，不應對其他國家依照本公約行使其權利並履行其義務所進行的活動有不當的干擾。

五、按照本部分採取的措施，應包括為保護和保全稀有或脆弱的生態系統，以及衰竭、受威脅或有滅絕危險的物種和其他形式的海洋生物的生存環境，而有必要的措施。

第一九五條　不將損害或危險轉移或將一種污染轉變成另一種污染的義務

各國在採取措施防止、減少和控制海洋環境的污染時採取的行動不應直接或間接將損害或危險從一個區域轉移到另一個區域，或將一種污染轉變成另一種污染。

第一九六條　技術的使用或外來的或新的物種的引進

一、各國應採取一切必要措施以防止、減少和控制由於在其管轄或控制下使用技術而造成的海洋環境污染，或由於故意或偶然在海洋環境某一特定部分引進外來的或新的物種致使海洋環境可能發生重大和有害的變化。

二、本條不影響本公約對防止、減少和控制海洋環境污染的適用。

第二節　全球性和區域性合作

第一九七條　在全球性或區域性的基礎上的合作

各國在為保護和保全海洋環境而擬訂和制訂符合本公約的國際規則、標準和建議的辦法及程序時，應在全球性的基礎上或在區域性的基礎上，直接或通過主管國際組織進行合作，同時考慮到區域的特點。

第一九八條　即將發生的損害或實際損害的通知

當一國獲知海洋環境有即將遭受污染損害的迫切危險或已經遭受污染損害的情況時，應立即通知其認為可能受這種損害影響的其他國家以及各主管國際組織。

第一九九條　對污染的應急計畫

在第一九八條所指的情形下，受影響區域的各國，應按照其能力，與各主管國際組織盡可能進行合作，以消除污染的影響並防止或盡量減少損害。

為此目的，各國應共同發展和促進各種應急計畫，以應付海洋環境的污染事故。

第二〇〇條　研究、研究方案及情報和資料的交換

各國應直接或通過主管國際組織進行合作，以促進研究、實施科學研究方案、並鼓勵交換所取得的關於海洋環境污染的情報和資料。各國應盡力積極參加區域性和全球性方案，以取得有關鑑定污染的性質和範圍、面臨污染的情況以及其通過的途徑、危險和補救辦法的知識。

第二〇一條　規章的科學標準

各國應參照依據第二〇〇條取得的情報和資料，直接或通過主管國際組織進行合作，訂立適當的科學準則，以便擬訂和制訂防止、減少和控制海洋環境污染的規則、標準和建議的辦法及程序。

第三節　技術援助

第二〇二條　對發展中國家的科學和技術援助

各國應直接或通過主管國際組織：

(a)促進對發展中國家的科學、教育、技術和其他方面援助的方案，以保護和保全海洋環境，並防止、減少和控制海洋污染。這種援助，除其他外，應包括：

　　(1)訓練其科學和技術人員；

　　(2)便利其參加有關的國際方案；

　　(3)向其提供必要的裝備和便利；

　　(4)提高其製造這種裝備的能力；

　　(5)就研究、監測、教育和其他方案提供意見並發展設施。

(b)提供適當的援助，特別是對發展中國家，以盡量減少可能對海洋環境造成嚴重污染的重大事故的影響。

(c)提供關於編制環境評價的適當援助，特別是對發展中國家。

第二〇三條　對發展中國家的優惠待遇

為了防止、減少和控制海洋環境污染或盡量減少其影響的目的，發展中國家應在下列事項上獲得各國際組織的優惠待遇：

(a)有關款項和技術援助的分配；和

(b)對各該組織專門服務的利用。

第四節　監測和環境評價

第二〇四條　對污染危險或影響的監測

一、各國應在符合其他國家權利的情形下，在實際可行範圍內，盡力直接或通過各主管國際組織，用公認的科學方法觀察、測算、估計和分析海洋環境污染的危險或影響。

二、各國特別應不斷監視其所准許或從事的任何活動的影響，以便確定這些活動是否可能污染海洋環境。

第二○五條　報告的發表

各國應發表依據第二○四條所取得的結果的報告，或每隔相當期間向主管國際組織提出這種報告，各該組織應將上述報告提供所有國家。

第二○六條　對各種活動的可能影響的評價

各國如有合理根據認為在其管轄或控制下的計畫中的活動可能對海洋環境造成重大污染或重大和有害的變化，應在實際可行範圍內就這種活動對海洋環境的可能影響作出評價，並應依照第二○五條規定的方式提送這些評價結果的報告。

第五節　防止、減少和控制海洋環境污染的國際規則和國內立法

第二○七條　陸地來源的污染

一、各國應制定法律和規章，以防止、減少和控制陸地來源，包括河流、河口灣、管道和排水口結構對海洋環境的污染，同時考慮到國際上議定的規則、標準和建議的辦法及程序。

二、各國應採取其他可能必要的措施，以防止、減少和控制這種污染。

三、各國應盡力在適當的區域一級協調其在這方面的政策。

四、各國特別應通過主管國際組織或外交會議採取行動，盡力制訂全球性和區域性規則、標準和建議的辦法及程序，以防止、減少和控制這種污染，同時考慮到區域的特點，發展中國家的經濟能力及其經濟發展的需要。這種規則、標準和建議的辦法及程序應根據需要隨時重新審查。

五、第一、第二和第四款提及的法律、規章、措施、規則、標準和建議的辦法及程序，應包括旨在在最大可能範圍內盡量減少有毒、有害或有礙健康的物質，特別是持久不變的物質，排放到海洋環境的各種規定。

第二○八條　國家管轄的海底活動造成的污染

一、沿海國應制定法律和規章，以防止、減少和控制來自受其管轄的海底活動或與此種活動有關的對海洋環境的污染以及來自依據第六十和第八十條在其管轄下的人工島嶼、設施和結構對海洋環境的污染。

二、各國應採取其他可能必要的措施，以防止、減少和控制這種污染。

三、這種法律、規章和措施的效力應不低於國際規則、標準和建議的辦法及程序。

四、各國應盡力在適當的區域一級協調其在這方面的政策。

五、各國特別應通過主管國際組織或外交會議採取行動，制訂全球性和區域性規則、標準和建議的辦法及程序，以防止、減少和控制第一款所指的海洋環境污染。這種規則、標準和建議的辦法及程序應根據需要

隨時重新審查。

第二〇九條　來自「區域」內活動的污染

一、為了防止、減少和控制「區域」內活動對海洋環境的污染，應按照第十一部分制訂國際規則、規章和程序。這種規則、規章和程序應根據需要隨時重新審查。

二、在本節有關規定的限制下，各國應制定法律和規章，以防止、減少和控制由懸掛其旗幟或在其國內登記或在其權力下經營的船隻、設施、結構和其他裝置所進行的「區域」內活動造成對海洋環境的污染。這種法律和規章的要求的效力應不低於第一款所指的國際規則、規章和程序。

第二一〇條　傾倒造成的污染

一、各國應制定法律和規章，以防止、減少和控制傾倒對海洋環境的污染。

二、各國應採取其他可能必要的措施，以防止、減少和控制這種污染。

三、這種法律、規章和措施應確保非經各國主管當局准許，不進行傾倒。

四、各國特別應通過主管國際組織或外交會議採取行動，盡力制訂全球性和區域性規則、標準和建議的辦法及程序，以防止、減少和控制這種污染。這種規則、標準和建議的辦法及程序應根據需要隨時重新審查。

五、非經沿海國事前明示核准，不應在領海和專屬經濟區內或在大陸架上進行傾倒，沿海國經與由於地理處境可能受傾倒不利影響的其他國家適當審議此事後，有權准許、規定和控制這種傾倒。

六、國內法律、規章和措施在防止、減少和控制這種污染方面的效力應不低於全球性規則和標準。

第二一一條　來自船隻的污染

一、各國應通過主管國際組織或一般外交會議採取行動，制訂國際規則和標準，以防止、減少和控制船隻對海洋環境的污染，並於適當情形下，以同樣方式促進對劃定航線制度的採用，以期盡量減少可能對海洋環境，包括對海岸造成污染和對沿海國的有關利益可能造成污染損害的意外事件的威脅。這種規則和標準應根據需要隨時以同樣方式重新審查。

二、各國應制定法律和規章，以防止、減少和控制懸掛其旗幟或在其國內登記的船隻對海洋環境的污染。這種法律和規章至少應具有與通過主管國際組織或一般外交會議制訂的一般接受的國際規則和標準相同的效力。

三、各國如制訂關於防止、減少和控制海洋環境污染的特別規定作為外國船隻進入其港口或內水或在其岸外設施停靠的條件，應將這種規定妥為公布，並通知主管國際組織。如兩個或兩個以上的沿海國制訂相同的規定，以求協調政策，在通知時應說明哪些國家參加這種合作安排。

每個國家應規定懸掛其旗幟或在其國內登記的船隻的船長在參加這種合作安排的國家的領海內航行時，經該國要求應向其提送通知是否正駛往參加這種合作安排的同一區域的國家，如係駛往這種國家，應說明是否遵守該國關於進入港口的規定。本條不妨害船隻繼續行使其無害通過權，也不妨害第二十五條第二款的適用。

四、沿海國在其領海內行使主權，可制定法律和規章，以防止、減少和控制外國船隻，包括行使無害通過權的船隻對海洋的污染。按照第二部分第三節的規定，這種法律和規章不應阻礙外國船隻的無害通過。

五、沿海國為第六節所規定的執行的目的，可對其專屬經濟區制定法律和規章，以防止、減少和控制來自船隻的污染。這種法律和規章應符合通過主管國際組織或一般外交會議制訂的一般接受的國際規則和標準，並使其有效。

六、(a)如果第一款所指的國際規則和標準不足以適應特殊情況，又如果沿海國有合理根據認為其專屬經濟區某一明確劃定的特定區域，因與其海洋學和生態條件有關的公認技術理由，以及該區域的利用或其資源的保護及其在航運上的特殊性質，要求採取防止來自船隻的污染的特別強制性措施，該沿海國通過主管國際組織與任何其他有關國家進行適當協商後，可就該區域向該組織送發通知，提出所依據的科學和技術證據，以及關於必要的回收設施的情報。該組織收到這種通知後，應在十二個月內確定該區域的情況與上述要求是否相符。如果該組織確定是符合的，該沿海國即可對該區域制定防止、減少和控制來自船隻的污染的法律和規章，實施通過主管國際組織使其適用於各特別區域的國際規則和標準或航行辦法。在向該組織送發通知滿十五個月後，這些法律和規章才可適用於外國船隻；

(b)沿海國應公布任何這種明確劃定的特定區域的界限；

(c)如果沿海國有意為同一區域制定其他法律和規章，以防止、減少和控制來自船隻的污染，它們應於提出上述通知時，同時將這一意向通知該組織。這種增訂的法律和規章可涉及排放和航行辦法，但不應要求外國船隻遵守一般接受的國際規則和標準以外的設計、建造、人員配備或裝備標準；這種法律和規章應在向該組織送發通知十五個月後適用於外國船隻，但須在送發通知後十二個月內該組織表示同意。

七、本條所指的國際規則和標準，除其他外，應包括遇有引起排放或排放可能的海難等事故時，立即通知其海岸或有關利益可能受到影響的沿海國的義務。

第二一二條　來自大氣層或通過大氣層的污染

一、各國為防止、減少和控制來自大氣層或通過大氣層的海洋環境污染，

應制定適用於在其主權下的上空和懸掛其旗幟的船隻或在其國內登記的船隻或飛機的法律和規章，同時考慮到國際上議定的規則、標準和建議的辦法及程序，以及航空的安全。

二、各國應採取其他可能必要的措施，以防止、減少和控制這種污染。

三、各國特別應通過主管國際組織或外交會議採取行動，盡力制訂全球性和區域性規則、標準和建議的辦法及程序，以防止、減少和控制這種污染。

第六節　執　行

第二一三條　關於陸地來源的污染的執行

各國應執行其按照第二○七條制定的法律和規章，並應制定法律和規章和採取其他必要措施，以實施通過主管國際組織或外交會議為防止、減少和控制陸地來源對海洋環境的污染而制訂的可適用的國際規則和標準。

第二一四條　關於來自海底活動的污染的執行

各國為防止、減少和控制來自受其管轄的海底活動或與此種活動有關的對海洋環境的污染以及來自依據第六十和第八十條在其管轄下的人工島嶼、設施和結構對海洋環境的污染，應執行其按照第二○八條制定的法律和規章，並應制定必要的法律和規章和採取其他必要措施，以實施通過主管國際組織或外交會議制訂的可適用的國際規則和標準。

第二一五條　關於來自「區域」內活動的污染的執行

為了防止、減少和控制「區域」內活動對海洋環境的污染而按照第十一部分制訂的國際規則、規章和程序，其執行應受該部分支配。

第二一六條　關於傾倒造成污染的執行

一、為了防止、減少和控制傾倒對海洋環境的污染而按照本公約制定的法律和規章，以及通過主管國際組織或外交會議制訂的可適用的國際規則和標準，應依下列規定執行：

　　(a)對於在沿海國領海或其專屬經濟區內或在其大陸架上的傾倒，應由該沿海國執行；

　　(b)對於懸掛旗籍國旗幟的船隻或在其國內登記的船隻和飛機，應由該旗籍國執行；

　　(c)對於在任何國家領土內或在其岸外設施裝載廢料或其他物質的行為，應由該國執行。

二、本條不應使任何國家承擔提起司法程序的義務，如果另一國已按照本條提起這種程序。

第二一七條　船旗國的執行

一、各國應確保懸掛其旗幟或在其國內登記的船隻，遵守為防止、減少和控制來自船隻的海洋環境污染而通過主管國際組織或一般外交會議制

訂的可適用的國際規則和標準以及各該國按照本公約制定的法律和規章，並應為此制定法律和規章和採取其他必要措施，以實施這種規則、標準、法律和規章。船旗國應作出規定使這種規則、標準、法律和規章得到有效執行，不論違反行為在何處發生。

二、各國特別應採取適當措施，以確保懸掛其旗幟或在其國內登記的船隻，在能遵守第一款所指的國際規則和標準的規定，包括關於船隻的設計、建造、裝備和人員配備的規定以前，禁止其出海航行。

三、各國應確保懸掛其旗幟或在其國內登記的船隻在船上持有第一款所指的國際規則和標準所規定並依據該規則和標準頒發的各種證書。各國應確保懸掛其旗幟的船隻受到定期檢查，以證實這些證書與船隻的實際情況相符。其他國家應接受這些證書，作為船隻情況的證據，並應將這些證書視為與其本國所發的證書具有相同效力，除非有明顯根據認為船隻的情況與證書所載各節有重大不符。

四、如果船隻違反通過主管國際組織或一般外交會議制訂的規則和標準，船旗國在不妨害第二一八、第二二○和第二二八條的情形下，應設法立即進行調查，並在適當情形下應對被指控的違反行為提起司法程序，不論違反行為在何處發生，也不論這種違反行為所造成的污染在何處發生或發現。

五、船旗國調查違反行為時，可向提供合作能有助於澄清案件情況的任何其他國家請求協助。各國應盡力滿足船旗國的適當請求。

六、各國經任何國家的書面請求，應對懸掛其旗幟的船隻被指控所犯的任何違反行為進行調查。船旗國如認為有充分證據可對被指控的違反行為提起司法程序，應毫不遲延地按照其法律提起這種程序。

七、船旗國應將所採取行動及其結果迅速通知請求國和主管國際組織。所有國家應能得到這種情報。

八、各國的法律和規章對懸掛其旗幟的船隻所規定的處罰應足夠嚴厲，以防阻違反行為在任何地方發生。

第二一八條　港口國的執行

一、當船隻自願位於一國港口或岸外設施時，該國可對該船違反通過主管國際組織或一般外交會議制訂的可適用的國際規則和標準在該國內水、領海或專屬經濟區外的任何排放進行調查，並可在有充分證據的情形下，提起司法程序。

二、對於在另一國內水、領海或專屬經濟區內發生的違章排放行為，除非經該國、船旗國或受違章排放行為損害或威脅的國家請求，或者違反行為已對或可能對提起司法程序的國家的內水、領海或專屬經濟區造成污染，不應依據第一款提起司法程序。

三、當船隻自願位於一國港口或岸外設施時，該國應在實際可行範圍內滿

足任何國家因認為第一款所指的違章排放行為已在其內水、領海或專屬經濟區內發生，對於內水、領海或專屬經濟區已造成損害或有損害的威脅而提出的進行調查的請求，並且應在實際可行範圍內，滿足船旗國對這一違反行為所提出的進行調查的請求，不論違反行為在何處發生。

四、港口國依據本條規定進行的調查的記錄，如經請求，應轉交船旗國或沿海國。在第七節限制下，如果違反行為發生在沿海國的內水、領海或專屬經濟區內，港口國根據這種調查提起的任何司法程序，經該沿海國請求可暫停進行。案件的證據和記錄，連同繳交港口國當局的任何保證書或其他財政擔保，應在這種情形下轉交給該沿海國。轉交後，在港口國即不應繼續進行司法程序。

第二一九條　關於船隻適航條件的避免污染措施

在第七節限制下，各國如經請求或出於自己主動，已查明在其港口或岸外設施的船隻違反關於船隻適航條件的可適用的國際規則和標準從而有損害海洋環境的威脅，應在實際可行範圍內採取行政措施以阻止該船航行。這種國家可准許該船僅駛往最近的適當修船廠，並應於違反行為的原因消除後，准許該船立即繼續航行。

第二二〇條　沿海國的執行

一、當船隻自願位於一國港口或岸外設施時，該國對在其領海或專屬經濟區內發生的任何違反關於防止、減少和控制船隻造成的污染的該國按照本公約制定的法律和規章或可適用的國際規則和標準的行為，可在第七節限制下，提起司法程序。

二、如有明顯根據認為在一國領海內航行的船隻，在通過領海時，違反關於防止、減少和控制來自船隻的污染的該國按照本公約制定的法律和規章或可適用的國際規則和標準，該國在不妨害第二部分第三節有關規定的適用的情形下，可就違反行為對該船進行實際檢查，並可在有充分證據時，在第七節限制下按照該國法律提起司法程序，包括對該船的拘留在內。

三、如有明顯根據認為在一國專屬經濟區或領海內航行的船隻，在專屬經濟區內違反關於防止、減少和控制來自船隻的污染的可適用的國際規則和標準或符合這種國際規則和標準並使其有效的該國的法律和規章，該國可要求該船提供關於該船的識別標誌、登記港口、上次停泊和下次停泊的港口，以及其他必要的有關情報，以確定是否已有違反行為發生。

四、各國應制定法律和規章，並採取其他措施，以使懸掛其旗幟的船隻遵從依據第三款提供情報的要求。

五、如有明顯根據認為在一國專屬經濟區或領海內航行的船隻，在專屬經

濟區內犯有第三款所指的違反行為而導致大量排放，對海洋環境造成重大污染或有造成重大污染的威脅，該國在該船拒不提供情報，或所提供的情報與明顯的實際情況顯然不符，並且依案件情況確有進行檢查的理由時，可就有關違反行為的事項對該船進行實際檢查。

六、如有明顯客觀證據證明在一國專屬經濟區或領海內航行的船隻，在專屬經濟區內犯有第三款所指的違反行為而導致排放，對沿海國的海岸或有關利益，或對其領海或專屬經濟區內的任何資源，造成重大損害或有造成重大損害的威脅，該國在有充分證據時，可在第七節限制下，按照該國法律提起司法程序，包括對該船的拘留在內。

七、雖有第六款的規定，無論何時如已通過主管國際組織或另外協議制訂了適當的程序，從而已經確保關於保證書或其他適當財政擔保的規定得到遵守，沿海國如受這種程序的拘束，應即准許該船繼續航行。

八、第三、第四、第五、第六和第七款的規定也應適用於依據第二一一條第六款制定的國內法律和規章。

第二二一條 避免海難引起污染的措施

一、本部分的任何規定不應妨害各國為保護其海岸或有關利益，包括捕魚，免受海難或與海難有關的行動所引起，並能合理預期造成重大有害後果的污染或污染威脅，而依據國際法，不論是根據習慣還是條約，在其領海範圍以外，採取和執行與實際的或可能發生的損害相稱的措施的權利。

二、為本條的目的，「海難」是指船隻碰撞、擱淺或其他航行事故，或船上或船外所發生對船隻或船貨造成重大損害或重大損害的迫切威脅的其他事故。

第二二二條 對來自大氣層或通過大氣層的污染的執行

各國應對在其主權下的上空或懸掛其旗幟的船隻或在其國內登記的船隻和飛機，執行其按照第二一二條第一款和本公約其他規定制定的法律和規章，並應依照關於空中航行安全的一切有關國際規則和標準，制定法律和規章並採取其他必要措施，以實施通過主管國際組織或外交會議為防止、減少和控制來自大氣層或通過大氣層的海洋環境污染而制訂的可適用的國際規則和標準。

第七節　保障辦法

第二二三條 便利司法程序的措施

在依據本部分提起的司法程序中，各國應採取措施，便利對證人的聽詢以及接受另一國當局或主管國際組織提交的證據，並應便利主管國際組織、船旗國或受任何違反行為引起污染影響的任何國家的官方代表參與這種程序。參與這種程序的官方代表應享有國內法律和規章或國際法規定的權利

與義務。

第二二四條　執行權力的行使

本部分規定的對外國船隻的執行權力，只有官員或軍艦、軍用飛機或其他有清楚標誌可以識別為政府服務並經授權的船舶或飛機才能行使。

第二二五條　行使執行權力時避免不良後果的義務

在根據本公約對外國船隻行使執行權力時，各國不應危害航行的安全或造成對船隻的任何危險，或將船隻帶至不安全的港口或停泊地，或使海洋環境面臨不合理的危險。

第二二六條　調查外國船隻

一、(a)各國羈留外國船隻不得超過第二一六、第二一八和第二二○條規定的為調查目的所必需的時間。任何對外國船隻的實際檢查應只限於查閱該船按照一般接受的國際規則和標準所須持有的證書、記錄或其他文件或其所持有的任何類似文件；對船隻的進一步的實際檢查，只有在經過這樣的查閱後以及在下列情況下，才可進行：

(1)有明顯根據認為該船的情況或其裝備與這些文件所載各節有重大不符；

(2)這類文件的內容不足以證實或證明涉嫌的違反行為；或

(3)該船未持有有效的證件和記錄。

(b)如果調查結果顯示有違反關於保護和保全海洋環境的可適用的法律和規章或國際規則和標準的行為，則應於完成提供保證書或其他適當財政擔保等合理程序後迅速予以釋放。

(c)在不妨害有關船隻適航性的可適用的國際規則和標準的情形下，無論何時如船隻的釋放可能對海洋環境引起不合理的損害威脅，可拒絕釋放或以駛往最近的適當修船廠為條件予以釋放。在拒絕釋放或對釋放附加條件的情形下，必須迅速通知船隻的船旗國，該國可按照第十五部分尋求該船的釋放。

二、各國應合作制定程序，以避免在海上對船隻作不必要的實際檢查。

第二二七條　對外國船隻的無歧視

各國根據本部分行使其權利和履行其義務時，不應在形式上或事實上對任何其他國家的船隻有所歧視。

第二二八條　提起司法程序的暫停和限制

一、對於外國船隻在提起司法程序的國家的領海外所犯任何違反關於防止、減少和控制來自船隻的污染的可適用的法律和規章或國際規則和標準的行為訴請加以處罰的司法程序，於船旗國在這種程序最初提起之日起六個月內就同樣控告提出加以處罰的司法程序時，應即暫停進行，除非這種程序涉及沿海國遭受重大損害的案件或有關船旗國一再不顧其對本國船隻的違反行為有效地執行可適用的國際規則和標準的

義務。船旗國無論何時，如按照本條要求暫停進行司法程序，應於適當期間內將案件全部卷宗和程序記錄提供早先提起程序的國家。船旗國提起的司法程序結束時，暫停的司法程序應予終止。在這種程序中應收的費用經繳納後，沿海國應發還與暫停的司法程序有關的任何保證書或其他財政擔保。

二、從違反行為發生之日起滿三年後，對外國船隻不應再提起加以處罰的司法程序，又如另一國家已在第一款所載規定的限制下提起司法程序，任何國家均不得再提起這種程序。

三、本條的規定不妨害船旗國按照本國法律採取任何措施，包括提起加以處罰的司法程序的權利，不論別國是否已先提起這種程序。

第二二九條　民事訴訟程序的提起

本公約的任何規定不影響因要求賠償海洋環境污染造成的損失或損害而提起民事訴訟程序。

第二三〇條　罰款和對被告的公認權利的尊重

一、對外國船隻在領海以外所犯違反關於防止、減少和控制海洋環境污染的國內法律和規章或可適用的國際規則和標準的行為，僅可處以罰款。

二、對外國船隻在領海內所犯違反關於防止、減少和控制海洋環境污染的國內法律和規章或可適用的國際規則和標準的行為，僅可處以罰款，但在領海內故意和嚴重地造成污染的行為除外。

三、對於外國船隻所犯這種違反行為進行可能對其加以處罰的司法程序時，應尊重被告的公認權利。

第二三一條　對船旗國和其他有關國家的通知

各國應將依據第六節對外國船隻所採取的任何措施迅速通知船旗國和任何其他有關國家，並將有關這種措施的一切正式報告提交船旗國。但對領海內的違反行為，沿海國的上述義務僅適用於司法程序中所採取的措施。依據第六節對外國船隻採取的任何這種措施，應立即通知船旗國的外交代表或領事官員，可能時並應通知其海事當局。

第二三二條　各國因執行措施而產生的賠償責任

各國依照第六節所採取的措施如屬非法或根據可得到的情報超出合理的要求，應對這種措施所引起的並可以歸因於各該國的損害或損失負責。各國應對這種損害或損失規定向其法院申訴的辦法。

第二三三條　對用於國際航行的海峽的保障

第五、第六和第七節的任何規定不影響用於國際航行的海峽的法律制度。但如第十節所指以外的外國船舶違反了第四十二條第一款(a)和(b)項所指的法律和規章，對海峽的海洋環境造成重大損害或有造成重大損害的威脅，海峽沿岸國可採取適當執行措施，在採取這種措施時，應比照尊重本節的規定。

第八節　冰封區域

第二三四條　冰封區域

沿海國有權制定和執行非歧視性的法律和規章，以防止、減少和控制船隻在專屬經濟區範圍內冰封區域對海洋的污染，這種區域內的特別嚴寒氣候和一年中大部分時候冰封的情形對航行造成障礙或特別危險，而且海洋環境污染可能對生態平衡造成重大的損害或無可挽救的擾亂。這種法律和規章應適當顧及航行和以現有最可靠的科學證據為基礎對海洋環境的保護和保全。

第九節　責　任

第二三五條　責任

一、各國有責任履行其關於保護和保全海洋環境的國際義務。各國應按照國際法承擔責任。

二、各國對於在其管轄下的自然人或法人污染海洋環境所造成的損害，應確保按照其法律制度，可以提起申訴以獲得迅速和適當的補償或其他救濟。

三、為了對污染海洋環境所造成的一切損害保證迅速而適當地給予補償的目的，各國應進行合作，以便就估量和補償損害的責任以及解決有關的爭端，實施現行國際法和進一步發展國際法，並在適當情形下，擬訂諸如強制保險或補償基金等關於給付適當補償的標準和程序。

第十節　主權豁免

第二三六條　主權豁免

本公約關於保護和保全海洋環境的規定，不適用於任何軍艦、海軍輔助船、為國家所擁有或經營並在當時只供政府非商業性服務之用的其他船隻或飛機。但每一國家應採取不妨害該國所擁有或經營的這種船隻或飛機的操作或操作能力的適當措施，以確保在合理可行範圍內這種船隻或飛機的活動方式符合本公約。

第十一節　關於保護和保全海洋環境的其他公約所規定的義務

第二三七條　關於保護和保全海洋環境的其他公約所規定的義務

一、本部分的規定不影響各國根據先前締結的關於保護和保全海洋環境的特別公約和協定所承擔的特定義務，也不影響為了推行本公約所載的一般原則而可能締結的協定。

二、各國根據特別公約所承擔的關於保護和保全海洋環境的特定義務，應依符合本公約一般原則和目標的方式履行。

第十三部分　海洋科學研究

第一節　一般規定

第二三八條　進行海洋科學研究的權利

所有國家,不論其地理位置如何,以及各主管國際組織,在本公約所規定的其他國家的權利和義務的限制下,均有權進行海洋科學研究。

第二三九條　海洋科學研究的促進

各國和各主管國際組織應按照本公約,促進和便利海洋科學研究的發展和進行。

第二四〇條　進行海洋科學研究的一般原則

進行海洋科學研究時應適用下列原則:

(a)海洋科學研究應專為和平目的而進行;

(b)海洋科學研究應以符合本公約的適當科學方法和工具進行;

(c)海洋科學研究不應對符合本公約的海洋其他正當用途有不當干擾,而這種研究在上述用途過程中應適當地受到尊重;

(d)海洋科學研究的進行應遵守依照本公約制定的一切有關規章,包括關於保護和保全海洋環境的規章。

第二四一條　不承認海洋科學研究活動為任何權利主張的法律根據

海洋科學研究活動不應構成對海洋環境任何部分或其資源的任何權利主張的法律根據。

第二節　國際合作

第二四二條　國際合作的促進

一、各國和各主管國際組織應按照尊重主權和管轄權的原則,並在互利的基礎上,促進為和平目的進行海洋科學研究的國際合作。

二、因此,在不影響本公約所規定的權利和義務的情形下,一國在適用本部分時,在適當情形下,應向其他國家提供合理的機會,使其從該國取得或在該國合作下取得為防止和控制對人身健康和安全以及對海洋環境的損害所必要的情報。

第二四三條　有利條件的創造

各國和各主管國際組織應進行合作,通過雙邊和多邊協定的締結,創造有利條件,以進行海洋環境中的海洋科學研究,並將科學工作者在研究海洋環境中發生的各種現象和變化過程的本質以及兩者之間的相互關係方面的努力結合起來。

第二四四條　情報和知識的公布和傳播

一、各國和各主管國際組織應按照本公約，通過適當途徑以公布和傳播的方式，提供關於擬議的主要方案及其目標的情報以及海洋科學研究所得的知識。

二、為此目的，各國應個別地並與其他國家和各主管國際組織合作，積極促進科學資料和情報的流通以及海洋科學研究所得知識的轉讓，特別是向發展中國家的流通和轉讓，並通過除其他外對發展中國家技術和科學人員提供適當教育和訓練方案，加強發展中國家自主進行海洋科學研究的能力。

第三節　海洋科學研究的進行和促進

第二四五條　領海內的海洋科學研究

沿海國在行使其主權時，有規定、准許和進行其領海內的海洋科學研究的專屬權利。領海內的海洋科學研究，應經沿海國明示同意並在沿海國規定的條件下，才可進行。

第二四六條　專屬經濟區內和大陸架上的海洋科學研究

一、沿海國在行使其管轄權時，有權按照本公約的有關條款，規定、准許和進行在其專屬經濟區內或大陸架上的海洋科學研究。

二、在專屬經濟區內和大陸架上進行海洋科學研究，應經沿海國同意。

三、在正常情形下，沿海國應對其他國家或各主管國際組織按照本公約專為和平目的和為了增進關於海洋環境的科學知識以謀全人類利益，而在其專屬經濟區內或大陸架上進行的海洋科學研究計畫，給予同意。為此目的，沿海國應制訂規則和程序，確保不致不合理地推遲或拒絕給予同意。

四、為適用第三款的目的，儘管沿海國和研究國之間沒有外交關係，它們之間仍可存在正常情況。

五、但沿海國可斟酌決定，拒不同意另一國家或主管國際組織在該沿海國專屬經濟區內或大陸架上進行海洋科學研究計畫，如果該計畫：

(a)與生物或非生物自然資源的勘探和開發有直接關係；

(b)涉及大陸架的鑽探、炸藥的使用或將有害物質引入海洋環境；

(c)涉及第六十和第八十條所指的人工島嶼、設施和結構的建造、操作或使用；

(d)含有依據第二四八條提出的關於該計畫的性質和目標的不正確情報，或如進行研究的國家或主管國際組織由於先前進行研究計畫而對沿海國負有尚未履行的義務。

六、雖有第五款的規定，如果沿海國已在任何時候公開指定從測算領海寬度的基線量起二百海里以外的某些特定區域為已在進行或將在合理期間內進行開發或詳探作業的重點區域，則沿海國對於在這些特定區域

之外的大陸架上按照本部分規定進行的海洋科學研究計畫，即不得行使該款(a)項規定的斟酌決定權而拒不同意。沿海國對於這類區域的指定及其任何更改，應提出合理的通知，但無須提供其中作業的詳情。

七、第六款的規定不影響第七十七條所規定的沿海國對大陸架的權利。

八、本條所指的海洋科學研究活動，不應對沿海國行使本公約所規定的主權權利和管轄權所進行的活動有不當的干擾。

第二四七條　**國際組織進行或主持的海洋科學研究計畫**

沿海國作為一個國際組織的成員或同該組織訂有雙邊協定，而在該沿海國專屬經濟區內或大陸架上該組織有意直接或在其主持下進行一項海洋科學研究計畫，如果該沿海國在該組織決定進行計畫時已核准詳細計畫，或願意參加該計畫，並在該組織將計畫通知該沿海國後四個月內沒有表示任何反對意見，則應視為已准許依照同意的說明書進行該計畫。

第二四八條　**向沿海國提供資料的義務**

各國和各主管國際組織有意在一個沿海國的專屬經濟區內或大陸架上進行海洋科學研究，應在海洋科學研究計畫預定開始日期至少六個月前，向該國提供關於下列各項的詳細說明：

(a)計畫的性質和目標；

(b)使用的方法和工具，包括船隻的船名、噸位、類型和級別，以及科學裝備的說明；

(c)進行計畫的精確地理區域；

(d)研究船最初到達和最後離開的預定日期，或裝備的部署和拆除的預定日期，視情況而定；

(e)主持機構的名稱，其主持人和計畫負責人的姓名；和

(f)認為沿海國應能參加或有代表參與計畫的程度。

第二四九條　**遵守某些條件的義務**

一、各國和各主管國際組織在沿海國的專屬經濟區內或大陸架上進行海洋科學研究時，應遵守下列條件：

(a)如沿海國願意，確保其有權參加或有代表參與海洋科學研究計畫，特別是於實際可行時在研究船和其他船隻上或在科學研究設施上進行，但對沿海國的科學工作者無須支付任何報酬，沿海國亦無分擔計畫費用的義務；

(b)經沿海國要求，在實際可行範圍內盡快向沿海國提供初步報告，並於研究完成後提供所得的最後成果和結論；

(c)經沿海國要求，負責供其利用從海洋科學研究計畫所取得的一切資料和樣品，並同樣向其提供可以複製的資料和可以分開而不致有損其科學價值的樣品；

(d)如經要求，向沿海國提供對此種資料、樣品及研究成果的評價，或

　　　　　協助沿海國加以評價或解釋；

　　　(e)確保在第二款限制下，於實際可行的情況下，盡快通過適當的國內
　　　　　或國際途徑，使研究成果在國際上可以取得；

　　　(f)將研究方案的任何重大改變立即通知沿海國；

　　　(g)除非另有協議，研究完成後立即拆除科學研究設施或裝備。

二、本條不妨害沿海國的法律和規章為依據第二四六條第五款行使斟酌決
　　定權給予同意或拒不同意而規定的條件，包括要求預先同意使計畫中
　　對勘探和開發自然資源有直接關係的研究成果在國際上可以取得。

第二五〇條　關於海洋科學研究計畫的通知

關於海洋科學研究計畫的通知，除另有協議外，應通過適當的官方途徑發
出。

第二五一條　一般準則和方針

各國應通過主管國際組織設法促進一般準則和方針的制定，以協助各國確
定海洋科學研究的性質和影響。

第二五二條　默示同意

各國或各主管國際組織可於依據第二四八條的規定向沿海國提供必要的情
報之日起六個月後，開始進行海洋科學研究計畫，除非沿海國在收到含有
此項情報的通知後四個月內通知進行研究的國家或組織：

(a)該國已根據第二四六條的規定拒絕同意；

(b)該國或主管國際組織提出的關於計畫的性質和目標的情報與明顯事實不
　　符；

(c)該國要求有關第二四八和第二四九條規定的條件和情報的補充情報；或

(d)關於該國或該組織以前進行的海洋科學研究計畫，在第二四九條規定的
　　條件方面，還有尚未履行的義務。

第二五三條　海洋科學研究活動的暫停或停止

一、沿海國應有權要求暫停在其專屬經濟區內或大陸架上正在進行的任何
　　海洋科學研究活動，如果：

　　(a)研究活動的進行不按照根據第二四八條的規定提出的，且經沿海國
　　　　作為同意的基礎的情報；或

　　(b)進行研究活動的國家或主管國際組織未遵守第二四九條關於沿海國
　　　　對該海洋科學研究計畫的權利的規定。

二、任何不遵守第二四八條規定的情形，如果等於將研究計畫或研究活動
　　作重大改動，沿海國應有權要求停止任何海洋科學研究活動。

三、如果第一款所設想的任何情況在合理期間內仍未得到糾正，沿海國也
　　可要求停止海洋科學研究活動。

四、沿海國發出其命令暫停或停止海洋科學研究活動的決定的通知後，獲
　　准進行這種活動的國家或主管國際組織應即終止這一通知所指的活

動。

五、一旦進行研究的國家或主管國際組織遵行第二四八條和第二四九條所要求的條件，沿海國應即撤銷根據第一款發出的暫停命令，海洋科學研究活動也應獲准繼續進行。

第二五四條　鄰近的內陸國和地理不利國的權利

一、已向沿海國提出一項計畫，準備進行第二四六條第三款所指的海洋科學研究的國家和主管國際組織，應將提議的研究計畫通知鄰近的內陸國和地理不利國，並應將此事通知沿海國。

二、在有關的沿海國按照第二四六條和本公約的其他有關規定對該提議的海洋科學研究計畫給予同意後，進行這一計畫的國家和主管國際組織，經鄰近的內陸國和地理不利國請求，適當時應向它們提供第二四八條和第二四九條第一款(f)項所列的有關情報。

三、以上所指的鄰近的內陸國和地理不利國，如提出請求，應獲得機會按照有關的沿海國和進行此項海洋科學研究的國家或主管國際組織依本公約的規定而議定的適用於提議的海洋科學研究計畫的條件，通過由其任命的並且不為該沿海國反對的合格專家在實際可行時參加該計畫。

四、第一款所指的國家和主管國際組織，經上述內陸國和地理不利國的請求，應向它們提供第二四九條第一款(d)項規定的有關情報和協助，但須受第二四九條第二款的限制。

第二五五條　便利海洋科學研究和協助研究船的措施

各國應盡力制定合理的規則、規章和程序，促進和便利在其領海以外按照本公約進行的海洋科學研究，並於適當時在其法律和規章規定的限制下，便利遵守本部分有關規定的海洋科學研究船進入其港口，並促進對這些船隻的協助。

第二五六條　「區域」內的海洋科學研究

所有國家，不論其地理位置如何，和各主管國際組織均有權依第十一部分的規定在「區域」內進行海洋科學研究。

第二五七條　在專屬經濟區以外的水體內的海洋科學研究

所有國家，不論其地理位置如何，和各主管國際組織均有權依本公約在專屬經濟區範圍以外的水體內進行海洋科學研究。

第四節　海洋環境中科學研究設施或裝備

第二五八條　部署和使用

在海洋環境的任何區域內部署和使用任何種類的科學研究設施或裝備，應遵守本公約為在任何這種區域內進行海洋科學研究所規定的同樣條件。

第二五九條　法律地位

本節所指的設施或裝備不具有島嶼的地位。這些設施或裝備沒有自己的領海，其存在也不影響領海、專屬經濟區或大陸架的界限的劃定。

第二六○條　安全地帶

在科學研究設施的周圍可按照本公約有關規定設立不超過五百公尺的合理寬度的安全地帶。所有國家應確保其本國船隻尊重這些安全地帶。

第二六一條　對國際航路的不干擾

任何種類的科學研究設施或裝備的部署和使用不應對已確定的國際航路構成障礙。

第二六二條　識別標誌和警告信號

本節所指的設施或裝備應具有表明其登記的國家或所屬的國際組織的識別標誌，並應具有國際上議定的適當警告信號，以確保海上安全和空中航行安全，同時考慮到主管國際組織所制訂的規則和標準。

第五節　責　任

第二六三條　責任

一、各國和各主管國際組織應負責確保其自己從事或為其從事的海洋科學研究均按照本公約進行。

二、各國和各主管國際組織對其他國家、其自然人或法人或主管國際組織進行的海洋科學研究所採取的措施如果違反本公約，應承擔責任，並對這種措施所造成的損害提供補償。

三、各國和各主管國際組織對其自己從事或為其從事的海洋科學研究產生海洋環境污染所造成的損害，應依據第二三五條承擔責任。

第六節　爭端的解決和臨時措施

第二六四條　爭端的解決

本公約關於海洋科學研究的規定在解釋或適用上的爭端，應按照第十五部分第二和第三節解決。

第二六五條　臨時措施

在按照第十五部分第二和第三節解決一項爭端前，獲准進行海洋科學研究計畫的國家或主管國際組織，未經有關沿海國明示同意，不應准許開始或繼續進行研究活動。

第十四部分　海洋技術的發展和轉讓

第一節　一般規定

第二六六條　海洋技術發展和轉讓的促進

一、各國應直接或通過主管國際組織,按照其能力進行合作,積極促進在公平合理的條款和條件上發展和轉讓海洋科學和海洋技術。

二、各國應對在海洋科學和技術能力方面可能需要並要求技術援助的國家,特別是發展中國家,包括內陸國和地理不利國,促進其在海洋資源的勘探、開發、養護和管理,海洋環境的保護和保全,海洋科學研究以及符合本公約的海洋環境內其他活動等方面海洋科學和技術能力的發展,以加速發展中國家的社會和經濟發展。

三、各國應盡力促進有利的經濟和法律條件,以便在公平的基礎上為所有有關各方的利益轉讓海洋技術。

第二六七條　合法利益的保護

各國在依據第二六六條促進合作時,應適當顧及一切合法利益,除其他外,包括海洋技術的持有者、供應者和接受者的權利和義務。

第二六八條　基本目標

各國應直接或通過主管國際組織促進:

(a)海洋技術知識的取得、評價和傳播,並便利這種情報和資料的取得;

(b)適當的海洋技術的發展;

(c)必要的技術方面基本建設的發展,以便利海洋技術的轉讓;

(d)通過訓練和教育發展中國家和地區的國民,特別是其中最不發達國家和地區的國民的方式,以發展人力資源;

(e)所有各級的國際合作,特別是區域、分區域和雙邊的國際合作。

第二六九條　實現基本目標的措施

為了實現第二六八條所指的各項目標,各國應直接或通過主管國際組織,除其他外,盡力:

(a)制訂技術合作方案,以便把一切種類的海洋技術有效地轉讓給在海洋技術方面可能需要並要求技術援助的國家,特別是發展中內陸國和地理不利國,以及未能建立或發展其自己在海洋科學和海洋資源勘探和開發方面的技術能力或發展這種技術的基本建設的其他發展中國家;

(b)促進在公平合理的條件下,訂立協定、合同和其他類似安排的有利條件;

(c)舉行關於科學和技術問題,特別是關於轉讓海洋技術的政策和方法的會議、討論會和座談會;

(d)促進科學工作者、技術和其他專家的交換;

(e)推行各種計畫,並促進聯合企業和其他形式的雙邊和多邊合作。

第二節　國際合作

第二七〇條　國際合作的方式和方法

發展和轉讓海洋技術的國際合作,應在可行和適當的情形下,通過現有的雙邊、區域或多邊的方案進行,並應通過擴大的和新的方案進行,以便利

海洋科學研究，海洋技術轉讓，特別是在新領域內，以及為海洋研究和發展在國際上籌供適當的資金。

第二七一條　方針、準則和標準

各國應直接或通過主管國際組織，在雙邊基礎上或在國際組織或其他機構的範圍內，並在特別考慮到發展中國家的利益和需要的情形下，促進制訂海洋技術轉讓方面的一般接受的方針、準則和標準。

第二七二條　國際方案的協調

在海洋技術轉讓方面，各國應盡力確保主管國際組織協調其活動，包括任何區域性和全球性方案，同時考慮到發展中國家特別是內陸國和地理不利國的利益和需要。

第二七三條　與各國際組織和管理局的合作

各國應與各主管國際組織和管理局積極合作，鼓勵並便利向發展中國家及其國民和企業部轉讓關於「區域」內活動的技能和海洋技術。

第二七四條　管理局的目標

管理局在一切合法利益，其中除其他外包括技術持有者、供應者和接受者的權利和義務的限制下，在「區域」內活動方面應確保：

(a)在公平地區分配原則的基礎上，接受不論為沿海國、內陸國或地理不利國的發展中國家的國民，以便訓練其為管理局工作所需的管理、研究和技術人員；

(b)使所有國家，特別是在這一方面可能需要並要求技術援助的發展中國家，能得到有關的裝備、機械、裝置和作業程序的技術文件；

(c)由管理局制訂適當的規定，以便利在海洋技術方面可能需要並要求技術援助的國家，特別是發展中國家，取得這種援助，並便利其國民取得必要的技能和專門知識，包括專業訓練；

(d)通過本公約所規定的任何財政安排，協助在這一方面可能需要並要求技術援助的國家，特別是發展中國家，取得必要的裝備、作業程序、工廠和其他技術知識。

第三節　國家和區域性海洋科學和技術中心

第二七五條　國家中心的設立

一、各國應直接或通過各主管國際組織和管理局促進設立國家海洋科學和技術研究中心，特別是在發展中沿海國設立，並加強現有的國家中心，以鼓勵和推進發展中沿海國進行海洋科學研究，並提高這些國家為了它們的經濟利益而利用和保全其海洋資源的國家能力。

二、各國應通過各主管國際組織和管理局給予適當的支持，便利設立和加強此種國家中心，以便向可能需要並要求此種援助的國家提供先進的訓練設施和必要的裝備、技能和專門知識以及技術專家。

第二七六條 區域性中心的設立

一、各國在與各主管國際組織、管理局和國家海洋科學和技術研究機構協調下，應促進設立區域性海洋科學和技術研究中心，特別是在發展中國家設立，以鼓勵和推進發展中國家進行海洋科學研究，並促進海洋技術的轉讓。

二、一個區域內的所有國家都應與其中各區域性中心合作，以便確保更有效地達成其目標。

第二七七條 區域性中心的職務

這種區域性中心的職務，除其他外，應包括：

(a)對海洋科學和技術研究的各方面，特別是對海洋生物學，包括生物資源的養護和管理、海洋學、水文學、工程學、海底地質勘探、採礦和海水淡化技術的各級訓練和教育方案；

(b)管理方面的研究；

(c)有關保護和保全海洋環境以及防止、減少和控制污染的研究方案；

(d)區域性會議、討論會和座談會的組織；

(e)海洋科學和技術的資料和情報的取得和處理；

(f)海洋科學和技術研究成果由易於取得的出版物迅速傳播；

(g)有關海洋技術轉讓的國家政策的公布，和對這種政策的有系統的比較研究；

(h)關於技術的銷售以及有關專利權的合同和其他安排的情報的匯編和整理；

(i)與區域內其他國家的技術合作。

第四節　國際組織間的合作

第二七八條 國際組織間的合作

本部分和第十三部分所指的主管國際組織應採取一切適當措施，以便直接或在彼此密切合作中，確保本部分規定的它們的職務和責任得到有效的履行。

第十五部分　爭端的解決

第一節　一般規定

第二七九條 用和平方法解決爭端的義務

各締約國應按照《聯合國憲章》第二條第三項以和平方法解決它們之間有關本公約的解釋或適用的任何爭端，並應為此目的以《憲章》第三十三條第一項所指的方法求得解決。

第二八〇條 用爭端各方選擇的任何和平方法解決爭端

本公約的任何規定均不損害任何締約國於任何時候協議用自行選擇的任何和平方法解決它們之間有關本公約的解釋或適用的爭端的權利。

第二八一條 爭端各方在爭端未得到解決時所適用的程序

一、作為有關本公約的解釋或適用的爭端各方的締約各國，如已協議用自行選擇的和平方法來謀求解決爭端，則只有在訴諸這種方法而仍未得到解決以及爭端各方間的協議並不排除任何其他程序的情形下，才適用本部分所規定的程序。

二、爭端各方如已就時限也達成協議，則只有在該時限屆滿時才適用第一款。

第二八二條 一般性、區域性或雙邊協定規定的義務

作為有關本公約的解釋或適用的爭端各方的締約各國如已通過一般性、區域性或雙邊協定或以其他方式協議，經爭端任何一方請求，應將這種爭端提交導致有拘束力裁判的程序，該程序應代替本部分規定的程序而適用，除非爭端各方另有協議。

第二八三條 交換意見的義務

一、如果締約國之間對本公約的解釋或適用發生爭端，爭端各方應迅速就以談判或其他和平方法解決爭端一事交換意見。

二、如果解決這種爭端的程序已經終止，而爭端仍未得到解決，或如已達成解決辦法，而情況要求就解決辦法的實施方式進行協商時，爭端各方也應迅速著手交換意見。

第二八四條 調解

一、作為有關本公約的解釋或適用的爭端一方的締約國，可邀請他方按照附件五第一節規定的程序或另一種調解程序，將爭端提交調解。

二、如爭端他方接受邀請，而且爭端各方已就適用的調解程序達成協議，任何一方可將爭端提交該程序。

三、如爭端他方未接受邀請，或爭端各方未就程序達成協議，調解應視為終止。

四、除非爭端各方另有協議，爭端提交調解後，調解僅可按照協議的調解程序終止。

第二八五條 本節對依據第十一部分提交的爭端的適用

本節適用於依據第十一部分第五節應按照本部分規定的程序解決的任何爭端。締約國以外的實體如為這種爭端的一方，本節比照適用。

第二節　導致有拘束力裁判的強制程序

第二八六條 本節規定的程序的適用

在第三節限制下，有關本公約的解釋或適用的任何爭端，如已訴諸第一節

而仍未得到解決，經爭端任何一方請求，應提交根據本節具有管轄權的法院或法庭。

第二八七條　*程序的選擇*

一、一國在簽署、批准或加入本公約時，或在其後任何時間，應有自由用書面聲明的方式選擇下列一個或一個以上方法，以解決有關本公約的解釋或適用的爭端：

(a)按照附件六設立的國際海洋法法庭；

(b)國際法院；

(c)按照附件七組成的仲裁法庭；

(d)按照附件八組成的處理其中所列的一類或一類以上爭端的特別仲裁法庭。

二、根據第一款作出的聲明，不應影響締約國在第十一部分第五節規定的範圍內和以該節規定的方式，接受國際海洋法法庭海底爭端分庭管轄的義務，該聲明亦不受締約國的這種義務的影響。

三、締約國如為有效聲明所未包括的爭端的一方，應視為已接受附件七所規定的仲裁。

四、如果爭端各方已接受同一程序以解決這項爭端，除各方另有協議外，爭端僅可提交該程序。

五、如果爭端各方未接受同一程序以解決這項爭端，除各方另有協議外，爭端僅可提交附件七所規定的仲裁。

六、根據第一款作出的聲明，應繼續有效，至撤銷聲明的通知交存於聯合國秘書長後滿三個月為止。

七、新的聲明、撤銷聲明的通知或聲明的滿期，對於根據本條具有管轄權的法院或法庭進行中的程序並無任何影響，除非爭端各方另有協議。

八、本條所指的聲明和通知應交存於聯合國秘書長，秘書長應將其副本分送各締約國。

第二八八條　*管轄權*

一、第二八七條所指的法院或法庭，對於按照本部分向其提出的有關本公約的解釋或適用的任何爭端，應具有管轄權。

二、第二八七條所指的法院或法庭，對於按照與本公約的目的有關的國際協定向其提出的有關該協定的解釋或適用的任何爭端，也應具有管轄權。

三、按照附件六設立的國際海洋法法庭海底爭端分庭和第十一部分第五節所指的任何其他分庭或仲裁法庭，對按照該節向其提出的任何事項，應具有管轄權。

四、對於法院或法庭是否具有管轄權如果發生爭端，這一問題應由該法院或法庭以裁定解決。

第二八九條　專家

對於涉及科學和技術問題的任何爭端,根據本節行使管轄權的法院或法庭,可在爭端一方請求下或自己主動,並同爭端各方協商,最好從按照附件八第二條編制的有關名單中,推選至少兩名科學或技術專家列席法院或法庭,但無表決權。

第二九〇條　臨時措施

一、如果爭端已經正式提交法院或法庭,而該法院或法庭依據初步證明認為其根據本部分或第十一部分第五節具有管轄權,該法院或法庭可在最後裁判前,規定其根據情況認為適當的任何臨時措施,以保全爭端各方的各自權利或防止對海洋環境的嚴重損害。

二、臨時措施所根據的情況一旦改變或不復存在,即可修改或撤銷。

三、臨時措施僅在爭端一方提出請求並使爭端各方有陳述意見的機會後,才可根據本條予以規定、修改或撤銷。

四、法院或法庭應將臨時措施的規定、修改或撤銷迅速通知爭端各方及其認為適當的其他締約國。

五、在爭端根據本節正向其提交的仲裁法庭組成以前,經爭端各方協議的任何法院或法庭,如在請求規定臨時措施之日起兩週內不能達成這種協議,則為國際海洋法法庭,或在關於「區域」內活動時的海底爭端分庭,如果根據初步證明認為將予組成的法庭具有管轄權,而且認為情況緊急有此必要,可按照本條規定、修改或撤銷臨時措施。受理爭端的法庭一旦組成,即可依照第一至第四款行事,對這種臨時措施予以修改、撤銷或確認。

六、爭端各方應迅速遵從根據本條所規定的任何臨時措施。

第二九一條　使用程序的機會

一、本部分規定的所有解決爭端程序應對各締約國開放。

二、本部分規定的解決爭端程序應僅依本公約具體規定對締約國以外的實體開放。

第二九二條　船隻和船員的迅速釋放

一、如果締約國當局扣留了一艘懸掛另一締約國旗幟的船隻,而且據指控,扣留國在合理的保證書或其他財政擔保經提供後仍然沒有遵從本公約的規定,將該船隻或其船員迅速釋放,釋放問題可向爭端各方協議的任何法院或法庭提出,如從扣留時起十日內不能達成這種協議,則除爭端各方另有協議外,可向扣留國根據第二八七條接受的法院或法庭,或向國際海洋法法庭提出。

二、這種釋放的申請,僅可由船旗國或以該國名義提出。

三、法院或法庭應不遲延地處理關於釋放的申請,並且應僅處理釋放問題,而不影響在主管的國內法庭對該船隻、其船主或船員的任何案件的是

非曲直。扣留國當局應仍有權隨時釋放該船隻或其船員。

四、在法院或法庭裁定的保證書或其他財政擔保經提供後，扣留國當局應迅速遵從法院或法庭關於釋放船隻或其船員的裁定。

第二九三條　適用的法律

一、根據本節具有管轄權的法院或法庭應適用本公約和其他與本公約不相牴觸的國際法規則。

二、如經當事各方同意，第一款並不妨害根據本節具有管轄權的法院或法庭按照公允和善良的原則對一項案件作出裁判的權力。

第二九四條　初步程序

一、第二八七條所規定的法院或法庭，就第二九七條所指爭端向其提出的申請，應經一方請求決定，或可自己主動決定，該項權利主張是否構成濫用法律程序，或者根據初步證明是否有理由。法院或法庭如決定該項主張構成濫用法律程序或者根據初步證明並無理由，即不應對該案採取任何進一步行動。

二、法院或法庭收到這種申請，應立即將這項申請通知爭端他方，並應指定爭端他方可請求按照第一款作出一項決定的合理期限。

三、本條的任何規定不影響爭端各方按照適用的程序規則提出初步反對的權利。

第二九五條　用盡當地補救辦法

締約國間有關本公約的解釋或適用的任何爭端，僅在依照國際法的要求用盡當地補救辦法後，才可提交本節規定的程序。

第二九六條　裁判的確定性和拘束力

一、根據本節具有管轄權的法院或法庭對爭端所作的任何裁判應有確定性，爭端所有各方均應遵從。

二、這種裁判僅在爭端各方間和對該特定爭端具有拘束力。

第三節　適用第二節的限制和例外

第二九七條　適用第二節的限制

一、關於因沿海國行使本公約規定的主權權利或管轄權而發生的對本公約的解釋或適用的爭端，還有下列情形，應遵守第二節所規定的程序：

　　(a)據指控，沿海國在第五十八條規定的關於航行、飛越或鋪設海底電纜和管道的自由和權利，或關於海洋的其他國際合法用途方面，有違反本公約的規定的行為；

　　(b)據指控，一國在行使上述自由、權利或用途時，有違反本公約或沿海國按照本公約和其他與本公約不相牴觸的國際法規則制定的法律或規章的行為；或

　　(c)據指控，沿海國有違反適用於該沿海國、並由本公約所制訂或通過

主管國際組織或外交會議按照本公約制訂的關於保護和保全海洋環境的特定國際規則和標準的行為。

二、(a)本公約關於海洋科學研究的規定在解釋或適用上的爭端，應按照第二節解決，但對下列情形所引起的任何爭端，沿海國並無義務同意將其提交這種解決程序：

(1)沿海國按照第二四六條行使權利或斟酌決定權；或

(2)沿海國按照第二五三條決定命令暫停或停止一項研究計畫。

(b)因進行研究國家指控沿海國對某一特定計畫行使第二四六和第二五三條所規定權利的方式不符合本公約而引起的爭端，經任何一方請求，應按照附件五第二節提交調解程序，但調解委員會對沿海國行使斟酌決定權指定第二四六條第六款所指特定區域，或按照第二四六條第五款行使斟酌決定權拒不同意，不應提出疑問。

三、(a)對本公約關於漁業的規定在解釋或適用上的爭端，應按照第二節解決，但沿海國並無義務同意將任何有關其對專屬經濟區內生物資源的主權權利或此項權利的行使的爭端，包括關於其對決定可捕量、其捕撈能力、分配剩餘量給其他國家、其關於養護和管理這種資源的法律和規章中所制訂的條款和條件的斟酌決定權的爭端，提交這種解決程序。

(b)據指控有下列情事時，如已訴諸第一節而仍未得到解決，經爭端任何一方請求，應將爭端提交附件五第二節所規定的調解程序：

(1)一個沿海國明顯地沒有履行其義務，通過適當的養護和管理措施，以確保專屬經濟區內生物資源的維持不致受到嚴重危害；

(2)一個沿海國，經另一國請求，對該另一國有意捕撈的種群，專斷地拒絕決定可捕量及沿海國捕撈生物資源的能力；或

(3)一個沿海國專斷地拒絕根據第六十二、第六十九和第七十條以及該沿海國所制訂的符合本公約的條款和條件，將其已宣布存在的剩餘量的全部或一部分分配給任何國家。

(c)在任何情形下，調解委員會不得以其斟酌決定權代替沿海國的斟酌決定權。

(d)調解委員會的報告應送交有關的國際組織。

(e)各締約國在依據第六十九和第七十條談判協定時，除另有協議外，應列入一個條款，規定各締約國為了盡量減少對協定的解釋或適用發生爭議的可能性所應採取的措施，並規定如果仍然發生爭議，各締約國應採取何種步驟。

第二九八條　適用第二節的任擇性例外

一、一國在簽署、批准或加入本公約時，或在其後任何時間，在不妨害根據第一節所產生的義務的情形下，可以書面聲明對於下列各類爭端的

一類或一類以上，不接受第二節規定的一種或一種以上的程序：

(a)(1)關於劃定海洋邊界的第十五、第七十四和第八十三條在解釋或適用上的爭端，或涉及歷史性海灣或所有權的爭端，但如這種爭端發生於本公約生效之後，經爭端各方談判仍未能在合理期間內達成協議，則作此聲明的國家，經爭端任何一方請求，應同意將該事項提交附件五第二節所規定的調解；此外，任何爭端如果必然涉及同時審議與大陸或島嶼陸地領土的主權或其他權利有關的任何尚未解決的爭端，則不應提交這一程序；

(2)在調解委員會提出其中說明所根據的理由的報告後，爭端各方應根據該報告以談判達成協議；如果談判未能達成協議，經彼此同意，爭端各方應將問題提交第二節所規定的程序之一，除非爭端各方另有協議；

(3)本項不適用於爭端各方已以一項安排確定解決的任何海洋邊界爭端，也不適用於按照對爭端各方有拘束力的雙邊或多邊協定加以解決的任何爭端；

(b)關於軍事活動，包括從事非商業服務的政府船隻和飛機的軍事活動的爭端，以及根據第二九七條第二和第三款不屬法院或法庭管轄的關於行使主權權利或管轄權的法律執行活動的爭端；

(c)正由聯合國安全理事會執行《聯合國憲章》所賦予的職務的爭端，但安全理事會決定將該事項從其議程刪除或要求爭端各方用本公約規定的方法解決該爭端者除外。

二、根據第一款作出聲明的締約國，可隨時撤回聲明，或同意將該聲明所排除的爭端提交本公約規定的任何程序。

三、根據第一款作出聲明的締約國，應無權對另一締約國，將屬於被除外的一類爭端的任何爭端，未經該另一締約國同意，提交本公約的任何程序。

四、如締約國之一已根據第一款(a)項作出聲明，任何其他締約國可對作出聲明的締約國，將屬於被除外一類的任何爭端提交這種聲明內指明的程序。

五、新的聲明，或聲明的撤回，對按照本條在法院或法庭進行中的程序並無任何影響，除非爭端各方另有協議。

六、根據本條作出的聲明和撤回聲明的通知，應交存於聯合國秘書長，秘書長應將其副本分送各締約國。

第二九九條　爭端各方議定程序的權利

一、根據第二九七條或以一項按照第二九八條發表的聲明予以除外，不依第二節所規定的解決爭端程序處理的爭端，只有經爭端各方協議，才可提交這種程序。

二、本節的任何規定不妨害爭端各方為解決這種爭端或達成和睦解決而協議某種其他程序的權利。

第十六部分　一般規定

第三〇〇條　誠意和濫用權利

締約國應誠意履行根據本公約承擔的義務並應以不致構成濫用權利的方式，行使本公約所承認的權利、管轄權和自由。

第三〇一條　海洋的和平使用

締約國在根據本公約行使其權利和履行其義務時，應不對任何國家的領土完整或政治獨立進行任何武力威脅或使用武力，或以任何其他與《聯合國憲章》所載國際法原則不符的方式進行武力威脅或使用武力。

第三〇二條　洩露資料

在不妨害締約國訴諸本公約規定的解決爭端程序的權利的情形下，本公約的任何規定不應視為要求一個締約國於履行其本公約規定的義務時提供如經洩露即違反該國基本安全利益的情報。

第三〇三條　在海洋發現的考古和歷史文物

一、各國有義務保護在海洋發現的考古和歷史性文物，並應為此目的進行合作。

二、為了控制這種文物的販運，沿海國可在適用第三十三條時推定，未經沿海國許可將這些文物移出該條所指海域的海床，將造成在其領土或領海內對該條所指法律和規章的違犯。

三、本條的任何規定不影響可辨認的物主的權利、打撈法或其他海事法規則，也不影響關於文化交流的法律和慣例。

四、本條不妨害關於保護考古和歷史性文物的其他國際協定和國際法規則。

第三〇四條　損害賠償責任

本公約關於損害賠償責任的條款不妨礙現行規則的適用和國際法上其他有關賠償責任的規則的發展。

第十七部分　最後條款

第三〇五條　簽字

一、本公約應開放給下列各方簽字：

　　(a)所有國家；

　　(b)納米比亞，由聯合國納米比亞理事會代表；

　　(c)在一項經聯合國按照其大會第 1514 (XV) 號決議監督並核准的自決

行動中選擇了自治地位，並對本公約所規定的事項具有權限，其中包括就該等事項締結條約的權限的一切自治聯繫國；

(d)按照其各自的聯繫文書的規定，對本公約所規定的事項具有權限，其中包括就該等事項締結條約的權限的一切自治聯繫國；

(e)凡享有經聯合國所承認的充分內部自治，但尚未按照大會第1514(XV)號決議取得完全獨立的一切領土，這種領土須對本公約所規定的事項具有權限，其中包括就該等事項締結條約的權限；

(f)國際組織，按照附件九。

二、本公約應持續開放簽字，至一九八四年十二月九日止在牙買加外交部簽字，此外，從一九八三年七月一日起至一九八四年十二月九日止，在紐約聯合國總部簽字。

第三〇六條　批准和正式確認

本公約須經各國和第三〇五條第一款(b)、(c)、(d)和(e)項所指的其他實體批准，並經該條第一款(f)項所指的實體按照附件九予以正式確認。批准書和正式確認書應交存於聯合國秘書長。

第三〇七條　加入

本公約應持續開放給各國和第三〇五條所指的其他實體加入。第三〇五條第一款(f)項所指的實體應按照附件九加入。加入書應交存於聯合國秘書長。

第三〇八條　生效

一、本公約應自第六十份批准書或加入書交存之日後十二個月生效。

二、對於在第六十份批准書或加入書交存以後批准或加入本公約的每一國家，在第一款限制下，本公約應在該國將批准書或加入書交存後第三十天起生效。

三、管理局大會應在本公約生效之日開會，並應選舉管理局的理事會。如果第一六一條的規定不能嚴格適用，則第一屆理事會應以符合該條目的的方式組成。

四、籌備委員會草擬的規則、規章和程序，應在管理局按照第十一部分予以正式通過以前暫時適用。

五、管理局及其各機關應按照關於預備性投資的第三次聯合國海洋法會議決議二以及籌備委員會依據該決議作出的各項決定行事。

第三〇九條　保留和例外

除非本公約其他條款明示許可，對本公約不得作出保留或例外。

第三一〇條　聲明和說明

第三〇九條不排除一國在簽署、批准或加入本公約時，作出不論如何措辭或用何種名稱的聲明或說明，目的在於除其他外使該國國內法律和規章同本公約規定取得協調，但須這種聲明或說明無意排除或修改本公約規定適用於該締約國的法律效力。

第三一一條　同其他公約和國際協定的關係

一、在各締約國間，本公約應優於一九五八年四月二十九日日內瓦海洋法公約。

二、本公約應不改變各締約國根據與本公約相符合的其他條約而產生的權利和義務，但以不影響其他締約國根據本公約享有其權利或履行其義務為限。

三、本公約兩個或兩個以上締約國可訂立僅在各該國相互關係上適用的、修改或暫停適用本公約的規定的協定，但須這種協定不涉及本公約中某項規定，如對該規定予以減損就與公約的目的及宗旨的有效執行不相符合，而且這種協定不應影響本公約所載各項基本原則的適用，同時這種協定的規定不影響其他締約國根據本公約享有其權利和履行其義務。

四、有意訂立第三款所指任何協定的締約國，應通過本公約的保管者將其訂立協定的意思及該協定所規定對本公約的修改或暫停適用通知其他締約國。

五、本條不影響本公約其他條款明示許可或保持的其他國際協定。

六、締約國同意對第一三六條所載關於人類共同繼承財產的基本原則不應有任何修正，並同意它們不應參加任何減損該原則的協定。

第三一二條　修正

一、自本公約生效之日起十年期間屆滿後，締約國可給聯合國秘書長書面通知，對本公約提出不涉及「區域」內活動的具體修正案，並要求召開會議審議這種提出的修正案。秘書長應將這種通知分送所有締約國。如果在分送通知之日起十二個月以內，有不少於半數的締約國作出答覆贊成這一要求，秘書長應召開會議。

二、適用於修正會議的作出決定的程序應與適用於第三次聯合國海洋法會議的相同，除非會議另有決定。會議應作出各種努力就任何修正案以協商一致方式達成協議，且除非為謀求協商一致已用盡一切努力，不應就其進行表決。

第三一三條　以簡化程序進行修正

一、締約國可給聯合國秘書長書面通知，提議將本公約的修正案不經召開會議，以本條規定的簡化程序予以通過，但關於「區域」內活動的修正案除外。秘書長應將通知分送所有締約國。

二、如果在從分送通知之日起十二個月內，一個締約國反對提出的修正案或反對以簡化程序通過修正案的提案，該提案應視為未通過。秘書長應立即相應地通知所有締約國。

三、如果從分送通知之日起十二個月後，沒有任何締約國反對提出的修正案或反對以簡化程序將其通過的提案，提出的修正案應視為已通過。

秘書長應通知所有締約國提出的修正案已獲通過。

第三一四條　對本公約專門同「區域」內活動有關的規定的修正案

一、締約國可給管理局秘書長書面通知，對本公約專門同「區域」內活動有關的規定，其中包括附件六第四節，提出某項修正案。秘書長應將這種通知分送所有締約國。提出的修正案經理事會核准後，應由大會核准。各締約國代表應有全權審議並核准提出的修正案。提出的修正案經理事會和大會核准後，應視為已獲通過。

二、理事會和大會在根據第一款核准任何修正案以前，應確保該修正案在按照第一五五條召開審查會議以前不妨害勘探和開發「區域」內資源的制度。

第三一五條　修正案的簽字、批准、加入和有效文本

一、本公約的修正案一旦通過，應自通過之日起十二個月內在紐約聯合國總部對各締約國開放簽字，除非修正案本身另有決定。

二、第三○六、第三○七和第三二○條適用於本公約的所有修正案。

第三一六條　修正案的生效

一、除第五款所指修正案外，本公約的修正案，應在三分之二締約國或六十個締約國（以較大的數目為準）交存批准書或加入書後第三十天對批准或加入的締約國生效。這種修正案不應影響其他締約國根據本公約享有其權利或履行其義務。

二、一項修正案可規定需要有比本條所規定者更多的批准書或加入書才能生效。

三、對於在規定數目的批准書或加入書交存後批准或加入第一款所指修正案的締約國，修正案應在其批准書或加入書交存後第三十天生效。

四、在修正案按照第一款生效後成為本公約締約國的國家，應在該國不表示其他意思的情形下：

　　(a)視為如此修正後的本公約的締約國；並

　　(b)在其對不受修正案拘束的任何締約國的關係上，視為未修正的本公約的締約國。

五、專門關於「區域」內活動的任何修正案和附件六的任何修正案，應在四分之三締約國交存批准書或加入書一年後對所有締約國生效。

六、在修正案按照第五款生效後成為本公約締約國的國家，應視為如此修正後本公約的締約國。

第三一七條　退出

一、締約國可給聯合國秘書長書面通知退出本公約，並可說明其理由。未說明理由應不影響退出的效力。退出應自接到通知之日後一年生效，除非通知中指明一個較後的日期。

二、一國不應以退出為理由而解除該國為本公約締約國時所承擔的財政和

合同義務，退出也不應影響本公約對該國停止生效前因本公約的執行而產生的該國的任何權利、義務或法律地位。

三、退出決不影響任何締約國按照國際法而無須基於本公約即應擔負的履行本公約所載任何義務的責任。

第三一八條　附件的地位

各附件為本公約的組成部分，除另有明文規定外，凡提到本公約或其一個部分也就包括提到與其有關的附件。

第三一九條　保管者

一、聯合國秘書長應為本公約及其修正案的保管者。

二、秘書長除了作為保管者的職責以外，應：

(a)將因本公約產生的一般性問題向所有締約國、管理局和主管國際組織提出報告；

(b)將批准、正式確認和加入本公約及其修正案和退出本公約的情況通知管理局；

(c)按照第三一一條第四款將各項協定通知締約國；

(d)向締約國分送按照本公約通過的修正案，以供批准或加入；

(e)按照本公約召開必要的締約國會議。

三、(a)秘書長應向第一五六條所指的觀察員遞送：

(1)第二款(a)項所指的一切報告；

(2)第二款(b)和(c)項所指的通知；和

(3)第二款(d)項所指的修正案案文，供其參考。

(b)秘書長應邀請這種觀察員以觀察員身分參加第二款(e)項所指的締約國會議。

第三二〇條　有效文本

本公約原本應在第三〇五條第二款限制下交存於聯合國秘書長，其阿拉伯文、中文、英文、法文、俄文和西班牙文文本具有同等效力。

為此，下列全權代表，經正式授權，在本公約上簽字，以資證明。

一九八二年十二月十日訂於蒙特哥灣。

附件二　大陸架界限委員會

第 一 條　按照第七十六條的規定，應依本附件以下各條成立一個二百海里以外大陸架界限委員會。

第 二 條　一、本委員會應由二十一名委員組成，委員會應是地質學、地球物理學或水文學方面的專家，由本公約締約國從其國民中選出，選舉時應妥為顧及確保公平地區代表制的必要，委員應以個人身分任職。

二、初次選舉應盡快舉行，無論如何應在本公約生效之日後十八個月內舉行。

聯合國秘書長應在每次選舉之日前至少三個月發信給各締約國，邀請它們在進行適當的區域協商後於三個月內提出候選人。秘書長應依字母次序編制所有候選人的名單，並將名單提交所有締約國。

三、委員會委員的選舉應由秘書長在聯合國總部召開締約國會議舉行。在該次會議上，締約國的三分之二應構成法定人數，獲得出席並參加表決的締約國代表三分之二多數票的候選人應當選為委員會委員。從每一地理區域應至少選出三名委員。

四、當選的委員會委員任期五年，連選可連任。

五、提出委員會委員候選人的締約國應承擔該委員在執行委員會職務期間的費用。有關沿海國應承擔為提供本附件第三條第一款(b)項所指的諮詢意見而引起的費用。委員會秘書處應由聯合國秘書長提供。

第 三 條　一、委員會的職務應為：

　　(a)審議沿海國提出的關於擴展到二百海里以外的大陸架外部界限的資料和其他材料，並按照第七十六條和一九八〇年八月二十九日第三次聯合國海洋法會議通過的諒解聲明提出建議；

　　(b)經有關沿海國請求，在編制(a)項所述資料時，提供科學和技術諮詢意見。

二、委員會可在認為必要和有用的範圍內與聯合國教科文組織的政府間海洋學委員會、國際水文學組織及其他主管國際組織合作，以求交換可能有助於委員會執行職務的科學和技術情報。

第 四 條　擬按照第七十六條劃定其二百海里以外大陸架外部界限的沿海國，應將這種界限的詳情連同支持這種界限的科學和技術資料，盡早提交委員會，而且無論如何應於本公約對該國生效後十年內提出。沿海國應同時提出曾向其提供科學和技術諮詢意見的委員會內任何委員的姓名。

第 五 條　除委員會另有決定外，委員會應由七名委員組成的小組委員會執行職務，小組委員會委員應以平衡方式予以任命，同時考慮到沿海國提出的每一劃界案的具體因素。為已提出劃界案的沿海國國民的委員會委員，或曾提供關於劃界的科學和技術諮詢意見以協助該國的委員會委員，不得成為處理該案的小組委員會委員，但應有權以委員身分參與委員會處理該案的程序。向委員會提出劃界案的沿海國可派代表參與有關的程序，但無表決權。

第 六 條　一、小組委員會應將其建議提交委員會。

二、小組委員會的建議應由委員會以出席並參加表決的委員三分之二多數核准。

三、委員會的建議應以書面遞交提出劃界案的沿海國和聯合國秘書長。

第 七 條　沿海國應依第七十六條第 8 款的規定並按照適當國家程序劃定大陸架的外部界限。

第 八 條　在沿海國不同意委員會建議的情形下，沿海國應於合理期間內向委員會提出

訂正的或新的劃界案。

第 九 條　委員會的行動不應妨害海岸相向或相鄰國家間劃定界限的事項。

附件七　仲　裁

第 一 條　**程序的提起**

在第十五部分限制下，爭端任何一方可向爭端他方發出書面通知，將爭端提交本附件所規定的仲裁程序。通知應附有一份關於其權利主張及該權利主張所依據的理由的說明。

第 二 條　**仲裁員名單**

一、聯合國秘書長應編制並保持一份仲裁員名單。每一締約國應有權提名四名仲裁員，每名仲裁員均應在海洋事務方面富有經驗並享有公平、才幹和正直的最高聲譽。這樣提名的人員的姓名應構成該名單。

二、無論何時如果一個締約國提名的仲裁員在這樣構成的名單內少於四名，該締約國應有權按需要提名增補。

三、仲裁員經提名締約國撤回前仍應列在名單內，但被撤回的仲裁員仍應繼續在被指派服務的任何仲裁法庭中工作，直到該仲裁法庭處理中的任何程序完成時為止。

第 三 條　**仲裁法庭的組成**

為本附件所規定程序的目的，除非爭端各方另有協議，仲裁法庭應依下列規定組成：

(a)在(g)項限制下，仲裁法庭應由仲裁員五人組成。

(b)提起程序的一方應指派一人，最好從本附件第二條所指名單中選派，並可為其本國國民。這種指派應列入本附件第一條所指的通知。

(c)爭端他方應在收到本附件第一條所指通知三十天內指派一名仲裁員，最好從名單中選派，並可為其國民。如在該期限內未作出指派，提起程序的一方，可在該期限屆滿後兩星期內，請求按照(e)項作出指派。

(d)另三名仲裁員應由當事各方間以協議指派。他們最好從名單中選派，並應為第三國國民，除非各方另有協議。爭端各方應從這三名仲裁員中選派一人為仲裁法庭庭長。如果在收到本附件第一條所指通知後六十天內，各方未能就應以協議指派的仲裁法庭一名或一名以上仲裁員的指派達成協議，或未能就指派庭長達成協議，則經爭端一方請求，所餘指派應按照(e)項作出。這種請求應於上述六十天期間屆滿後兩星期作出。

(e)除非爭端各方協議將本條(c)和(d)項規定的任何指派交由爭端各方選定的某一人士或第三國作出，應由國際海洋法法庭庭長作出必要的指派。如果庭長不能依據本項辦理，或為爭端一方的國民，這種指派應由可以擔任這項工作並且不是爭端任何一方國民的國際海洋法法庭年資次深法官作出。本

項所指的指派，應於收到請求後三十天期間內，在與當事雙方協商後，從本附件第二條所指名單中作出。這樣指派的仲裁員應屬不同國籍，且不得為爭端任何一方的工作人員，或其境內的通常居民或其國民。

(f)任何出缺應按照原來的指派方法補缺。

(g)利害關係相同的爭端各方，應通過協議共同指派一名仲裁員。如果爭端若干方利害關係不同，或對彼此是否利害關係相同，意見不一致，則爭端每一方應指派一名仲裁員。由爭端各方分別指派的仲裁員，其人數應始終比由爭端各方共同指派的仲裁員少一人。

(h)對於涉及兩個以上爭端各方的爭端，應在最大可能範圍內適用(a)至(f)項的規定。

第 四 條 仲裁法庭職務的執行

依據本附件第三條組成的仲裁法庭，應按照本附件及本公約的其他規定執行職務。

第 五 條 程序

除非爭端各方另有協議，仲裁法庭應確定其自己的程序，保證爭端每一方有陳述意見和提出其主張的充分機會。

第 六 條 爭端各方的職責

爭端各方應便利仲裁法庭的工作，特別應按照其本國法律並用一切可用的方法：

(a)向法庭提供一切有關文件、便利和情報；並

(b)使法庭在必要時能夠傳喚證人或專家和收受其證據，並視察同案件有關的地點。

第 七 條 開支

除非仲裁法庭因案情特殊而另有決定，法庭的開支，包括仲裁員的報酬，應由爭端各方平均分擔。

第 八 條 作出裁決所需要的多數

仲裁法庭的裁決應以仲裁員的過半數票作出。不到半數的仲裁員缺席或棄權，應不妨礙法庭作出裁決，如果票數相等，庭長應投決定票。

第 九 條 不到案

如爭端一方不出庭或對案件不進行辯護，他方可請求仲裁法庭繼續進行程序並作出裁決。爭端一方缺席或不對案件進行辯護，應不妨礙程序的進行。仲裁法庭在作出裁決前，必須不但查明對該爭端確有管轄權，而且查明所提要求在事實上和法律上均確有根據。

第 十 條 裁決書

仲裁法庭的裁決書應以爭端的主題事項為限，並應敘明其所根據的理由。裁決書應載明參與作出裁決的仲裁員姓名以及作出裁決的日期。任何仲裁員均可在裁決書上附加個別意見或不同意見。

第十一條　裁決的確定性

除爭端各方事前議定某種上訴程序外，裁決應有確定性，不得上訴，爭端各方均應遵守裁決。

第十二條　裁決的解釋或執行

一、爭端各方之間對裁決的解釋或執行方式的任何爭議，可由任何一方提請作出該裁決的仲裁法庭決定。為此目的，法庭的任何出缺，應按原來指派仲裁員的方法補缺。

二、任何這種爭執，可由爭端所有各方協議，提交第二八七條所規定的另一法院或法庭。

第十三條　對締約國以外的實體的適用

本附件應比照適用於涉及締約國以外的實體的任何爭端。

附件八　特別仲裁

第 一 條　程序的提起

在第十五部分限制下，關於本公約中有關(1)漁業、(2)保護和保全海洋環境、(3)海洋科學研究和(4)航行、包括來自船隻和傾倒造成的污染的條文在解釋或適用上的爭端，爭端任何一方可向爭端他方發出書面通知，將該爭端提交本附件所規定的特別仲裁程序。通知應附有一份關於其權利主張及該權利主張所依據的理由的說明。

第 二 條　專家名單

一、就(1)漁業，(2)保護和保全海洋環境，(3)海洋科學研究和(4)航行，包括來自船隻和傾倒造成的污染四個方面，應分別編制和保持專家名單。

二、專家名單在漁業方面，由聯合國糧食及農業組織，在保護和保全海洋環境方面，由聯合國環境規劃署，在海洋科學研究方面，由政府間海洋學委員會，在航行方面，包括來自船隻和傾倒造成的污染，由國際海事組織，或在每一情形下由各該組織、署或委員會授予此項職務的適當附屬機構，分別予以編制並保持。

三、每個締約國應有權在每一方面提名二名公認在法律、科學或技術上確有專長並享有公平和正直的最高聲譽的專家。在每一方面這樣提名的人員的姓名構成有關名單。

四、無論何時，如果一個締約國提名的專家在這樣組成的任何名單內少於兩名，該締約國有權按需要提名增補。

五、專家經提名締約國撤回前應仍列在名單內，被撤回的專家應繼續在被指派服務的特別仲裁法庭中工作，直到該仲裁法庭處理中的程序完畢時為止。

第 三 條　特別仲裁法庭的組成

為本附件所規定的程序的目的，除非爭端各方另有協議，特別仲裁法庭應依下列規定組成：

⒜在⒢項限制下，特別仲裁法庭應由仲裁員五人組成。

⒝提起程序的一方應指派仲裁員二人，最好從本附件第二條所指與爭端事項有關的適當名單中選派，其中一人可為其本國國民。這種指派應列入本附件第一條所指的通知。

⒞爭端他方應在收到本附件第一條所指的通知三十天內指派兩名仲裁員，最好從名單中選派，其中一人可為其本國國民。如果在該期間內未作出指派，提起程序的一方可在該期間屆滿後兩星期內，請求按照⒠項作出指派。

⒟爭端各方應以協議指派特別仲裁法庭庭長，最好從名單中選派，並應為第三國國民，除非爭端各方另有協議。如果在收到本附件第一條所指通知之日起三十天內，爭端各方未能就指派庭長達成協議，經爭端一方請求，指派應按照⒠項作出。這種請求應於上述期間屆滿後兩星期作出。

⒠除非爭端各方協議由各方選派的人士或第三國作出指派，應由聯合國秘書長於收到根據⒞和⒟項提出的請求後三十天內作出必要的指派。本項所指的指派應從本附件第二條所指名單中與爭端各方和有關國際組織協商作出。這樣指派的仲裁員應屬不同國籍，且不得為爭端任何一方的工作人員，或為其領土內的通常居民或其國民。

⒡任何出缺應按照原來的指派方法補缺。

⒢利害關係相同的爭端各方，應通過協議共同指派二名仲裁員。如果爭端若干方利害關係不同，或對彼此是否利害關係相同意見不一致，則爭端每一方應指派一名仲裁員。

⒣對於涉及兩個以上爭端各方的爭端，應在最大可能範圍內適用⒜至⒡項的規定。

第 四 條　一般規定

附件七第四至第十三條比照適用於按照本附件的特別仲裁程序。

第 五 條　事實認定

一、有關本公約中關於⑴漁業，⑵保護和保全海洋環境，⑶海洋科學研究或⑷航行，包括來自船隻和傾倒造成的污染的各項規定在解釋或適用上的爭端各方，可隨時協議請求按照本附件第三條組成的特別仲裁法庭進行調查，以確定引起這一爭端的事實。

二、除非爭端各方另有協議，按照第一款行事的特別仲裁法庭對事實的認定，在爭端各方之間，應視為有確定性。

三、如經爭端所有各方請求，特別仲裁法庭可擬具建議，這種建議並無裁決的效力，而只應構成有關各方對引起爭端的問題進行審查的基礎。

四、在第二款限制下，除非爭端各方另有協議，特別仲裁法庭應按照本附件規定行事。

三十八、關於執行一九八二年十二月十日《聯合國海洋法公約》 第十一部分的協定 (Agreement relating to the Implementation of Part XI at the United Nations Convention on the Law of the Sea 10 December 1982) (1994.7.28)

說明：

㈠聯合國大會第四十八屆會議一九九四年七月二十八日第 A/RES/48/263 決議通過。

㈡英文本見 General Assembly, Resolutions and Decisions adopted by the General Assembly during its forty−eighth session, New York: United Nations, 1994. pp. 7–13，亦刊於 UNTS, Vol. 1836, pp. 42–66; ILM, Vol. XXXIII[33], No. 5 (September 1994), pp. 1309–1327；中文版見聯合國大會，《大會第四十八屆會議通過的決議和決定》，紐約：聯合國，1995 年，頁 8–17；亦刊於 UNTS, Vol. 1836, pp. 21–41。

本協定的締約國，

認識到一九八二年十二月十日《聯合國海洋法公約》（以下稱《公約》）對於維護和平、正義和全世界人民的進步的重要貢獻，

重申國家管轄範圍以外的海床和洋底及其底土（以下稱「『區域』」）以及「區域」的資源為人類的共同繼承財產，

考慮到公約對保護和保全海洋環境的重要性，以及人們對全球環境的日益關切，

審議了聯合國秘書長關於各國從一九九〇至一九九四年就公約第十一部分及有關規定（以下稱「第十一部分」）所涉及的未解決問題進行非正式協商的結果的報告，

注意到影響執行第十一部分的各種政治和經濟上的變化，包括各種面向市場的做法，

希望促使《公約》得到普遍參加，

認為一項關於執行第十一部分的協定是達到此一目標的最佳方式，

茲協議如下：

第 一 條　第十一部分的執行

一、本協定的締約國承諾依照本協定執行第十一部分。

二、附件為本協定的組成部分。

第 二 條　本協定與第十一部分的關係

一、本協定和第十一部分的規定應作為單一文書來解釋和適用。本協定和第十一部分如有任何不一致的情況，應以本協定的規定為準。

二、《公約》第三〇九至第三一九條應如適用於《公約》一樣適用於本協定。

第 三 條　簽字

本協定應從通過之日起十二個月內，在聯合國總部一直開放供《公約》第三
〇五條第一款(a)、(c)、(d)、(e)和(f)項所述的國家和實體簽字。

第 四 條　同意接受拘束

一、本協定通過後，任何批准、正式確認或加入《公約》的文書應亦即表示
　　同意接受本協定的拘束。

二、任何國家或實體除非先前已確立或亦同時確立其同意接受《公約》的拘
　　束，否則不可以確立其同意接受本協定的拘束。

三、第三條所述的國家或實體可通過下列方式表明其同意接受本協定的拘
　　束：

　　(a)不須經過批准、正式確認或第五條所規定程序的簽字；

　　(b)須經批准或正式確認的簽字，隨後加以批准或正式確認；

　　(c)按照第五條所規定程序作出的簽字；或

　　(d)加入。

四、《公約》第三〇五條第一款(f)項所述實體的正式確認應依照《公約》附件
　　九的規定進行。

五、批准書、正式確認書或加入書應交存於聯合國秘書長。

第 五 條　簡化程序

一、一個國家或實體如在本協定通過之日前已交存了批准、正式確認或加入
　　《公約》的文書，並已按照第四條第三款(c)項的規定簽署了本協定，即
　　應視為已確立其同意在本協定通過之日起十二個月後接受其拘束，除非
　　該國或實體在該日之前書面通知保管者，表示不想利用本條所規定的簡
　　化程序。

二、如作出了上述通知，則應依照第四條第三款(b)項的規定確立同意接受本
　　協定的拘束。

第 六 條　生效

一、本協定應在已有四十個國家依照第四和第五條的規定確立其同意接受拘
　　束之日後三十天生效，但須在這些國家之中包括至少七個是第三次聯合
　　國海洋法會議決議二（以下稱「決議二」）第一(a)段所述的國家，且其中
　　至少有五個是發達國家。如果使協定生效的這些條件在一九九四年十一
　　月十六日之前已得到滿足，則本協定應於一九九四年十一月十六日生效。

二、對於在第一款所訂要求得到滿足後確立其同意接受本協定拘束的每個國
　　家或實體，本協定應在其確立同意接受拘束之日後第三十天生效。

第 七 條　臨時適用

一、本協定如到一九九四年十一月十六日尚未生效，則在其生效之前，由下
　　述國家和實體予以臨時適用：

　　(a)在聯合國大會中同意通過本協定的國家，但在一九九四年十一月十六
　　　日之前書面通知保管者其將不臨時適用本協定，或者僅在以後作了簽

　　　　字或書面通知之後才同意臨時適用本協定的任何國家除外；

　　　　(b)簽署本協定的國家和實體，但在簽字時書面通知保管者其將不臨時適
　　　　　用本協定的任何國家或實體除外；

　　　　(c)書面通知保管者表示同意臨時適用本協定的國家和實體；

　　　　(d)加入本協定的國家。

　二、所有上述國家和實體應依照其本國或其內部的法律和規章，從一九九四
　　　年十一月十六日或簽字、通知同意或加入之日（如果較遲的話）起，臨
　　　時適用本協定。

　三、臨時適用應於本協定生效之日終止。但無論如何，如到一九九八年十一
　　　月十六日，第六條第一款關於至少須有七個決議二第一(a)段所述的國家
　　　（其中至少五個須為發達國家）同意接受本協定拘束的要求尚未得到滿
　　　足，則臨時適用應於該日終止。

第 八 條　締約國

　一、為本協定的目的，「締約國」指已同意接受本協定拘束且本協定對其生效
　　　的國家。

　二、本協定比照適用於《公約》第三〇五條第一款(c)、(d)、(e)和(f)項所述並
　　　已按照與其各自有關的條件成為本協定締約方的實體；在這種情況下，
　　　「締約國」也指這些實體。

第 九 條　保管者

　　聯合國秘書長應為本協定的保管者。

第 十 條　有效文本

　　本協定的原本應交存於聯合國秘書長，其阿拉伯文、中文、英文、法文、俄
　　文和西班牙文文本具有同等效力。

　為此，下列全權代表，經正式授權，在本協定上簽字，以資證明。

　一九九四年七月二十八日訂於紐約。

附　件

第一節　締約國的費用和體制安排

　一、國際海底管理局（以下稱「管理局」）是公約締約國按照第十一部分和本協定為
　　　「區域」確立的制度組織和控制「區域」內活動，特別是管理「區域」資源的
　　　組織。管理局應具有《公約》明示授予的權力和職務。管理局應有為行使關於
　　　「區域」內活動的權力和職務所包含的和必要的並符合公約的各項附帶權力。

　二、為盡量減少各締約國的費用，根據《公約》和本協定所設立的所有機關和附屬
　　　機構都應具有成本效益。這個原則也應適用於會議的次數、會期長短和時間安
　　　排。

三、考慮到各有關機關和附屬機構在職務上的需要，管理局各機關和附屬機構的設
　　立和運作應採取漸進的方式，以便能在「區域」內活動的各個發展階段有效地
　　履行各自的職責。

四、管理局在《公約》生效後初期的職務應由大會、理事會、秘書處、法律和技術
　　委員會和財務委員會執行。經濟規劃委員會的職務應由法律和技術委員會執行，
　　直至理事會另作決定，或直至第一項開發工作計畫獲得核准時為止。

五、在《公約》生效至第一項開發工作計畫獲得核准之間的期間，管理局應集中於：
　　(a)按照第十一部分和本協定的規定，處理請求核准勘探工作計畫的申請；
　　(b)按照《公約》第三〇八條第五款和決議二第十三段，執行國際海底管理局和
　　　　國際海洋法法庭籌備委員會（以下稱「籌備委員會」）所作出的關於已登記的
　　　　先驅投資者及其證明國、包括它們的權利和義務的決定；
　　(c)監測以合同形式核准的勘探工作計畫的履行；
　　(d)監測和審查深海底採礦活動方面的趨勢和發展，包括定期分析世界金屬市場
　　　　情況和金屬價格、趨勢和前景；
　　(e)研究「區域」內礦物生產對可能受到最嚴重影響的這些礦物的發展中陸上生
　　　　產國經濟可能產生的影響，以期盡量減輕它們的困難和協助它們進行經濟調
　　　　整，其中考慮到籌備委員會在這方面所做的工作；
　　(f)隨著「區域」內活動的開展，制定為進行這些活動所需要的規則、規章和程
　　　　序。雖有《公約》附件三第十七條第二款(b)和(c)項的規定，這些規則、規章
　　　　和程序仍應考慮到本協定的條款、商業性深海底採礦的長期推延和「區域」
　　　　內活動的可能進度；
　　(g)制定保護和保全海洋環境的包含適用標準的規則、規章和程序；
　　(h)促進和鼓勵進行關於「區域」內活動的海洋科學研究，以及收集和傳播關於
　　　　這些研究和分析的可以得到的結果，特別強調關於「區域」內活動的環境影
　　　　響的研究；
　　(i)取得與「區域」內活動有關的科學知識和監測這方面的海洋技術的發展情況，
　　　　特別是與保護和保全海洋環境有關的技術；
　　(j)評估可以得到的關於探礦和勘探的數據；
　　(k)適時地擬訂關於開發、包括與保護和保全海洋環境有關的規則、規章和程序。

六、(a)請求核准勘探工作計畫的申請，應由理事會在收到法律和技術委員會就該項
　　　　申請作出的建議後加以審議。請求核准勘探工作計畫的申請應根據《公約》
　　　　（包括其附件三）和本協定的規定並依照以下各分段來處理：
　　　　㈠以決議二第一(a)㈡或㈢段所述的國家或實體或此種實體的任何組成部分
　　　　　（但非已登記的先驅投資者）的名義、或以其利益繼承者的名義提出的勘
　　　　　探工作計畫，若其在《公約》生效前已在「區域」內進行大量活動，而且
　　　　　其一個或一個以上擔保國證明申請者至少已將相當於三千萬美元的數額用
　　　　　來進行研究和勘探活動，並且至少已將該數額的百分之十用來勘定、調查

和評價工作計畫內所指的區域，即應視為已符合核准工作計畫所需具備的財政和技術條件。如果該工作計畫在其他方面都符合《公約》的要求和按照《公約》制定的任何規則、規章和程序，理事會應以合同形式予以核准。本附件第三節第十一段的規定應相應地加以解釋和適用；

㈡雖有決議二第八(a)段的規定，一個已登記的先驅投資者仍可在《公約》生效後三十六個月內請求核准勘探工作計畫。勘探工作計畫應包括在登記前後提交籌備委員會的文件、報告和其他數據，並應隨附籌備委員會依照決議二第十一(a)段發出的符合規定證明書，即一份說明先驅投資者制度下各項義務履行情況的實際情況報告。這樣的工作計畫應視為得到核准。這樣核准的工作計畫應依照第十一部分和本協定，採取管理局與已登記的先驅投資者簽訂的合同的形式。按照決議二第七(a)段繳付的二十五萬美元規費，應視為本附件第八節第三段所規定的勘探階段的規費。本附件第三節第十一段應相應地加以解釋和適用；

㈢根據不歧視的原則，同(a)㈠分段中所述的國家或實體或此種實體的任何組成部分訂立的合同，應類似而且不低於同(a)㈡分段中所述的任何已登記的先驅投資者議定的安排。如果給予(a)㈠分段中所述的國家、實體或此種實體的任何組成部分較有利的安排，理事會應對(a)㈡分段中所述的已登記的先驅投資者所承擔的權利和義務作出類似和一樣有利的安排，但這些安排須不影響或損害管理局的利益；

㈣依照(a)㈠或㈡分段的規定為申請工作計畫作擔保的國家，可以是締約國，或是根據第七條臨時適用本協定的國家，或是根據第十二段作為管理局臨時成員的國家；

㈤決議二第八(c)段應根據(a)㈣分段加以解釋和適用。

(b)勘探工作計畫應按照《公約》第一五三條第三款的規定加以核准。

七、請求核准工作計畫的申請，應按照管理局所制定的規則、規章和程序，附上對所提議的活動可能造成的環境影響的評估，和關於海洋學和基線環境研究方案的說明。

八、請求核准勘探工作計畫的申請，在符合第六(a)㈠或㈡段的情況下，應按照本附件第三節第十一段所規定的程序來處理。

九、核准的勘探工作計畫應為期十五年。勘探工作計畫期滿時，承包者應申請一項開發工作計畫，除非承包者在此之前已經這樣做，或者該項勘探工作計畫已獲延期。承包者可以申請每次不超過五年的延期。如果承包者作出了真誠努力遵照工作計畫的要求去做，但因承包者無法控制的原因而未能完成進入開發階段的必要籌備工作，或者如果當時的經濟情況使其沒有足夠理由進入開發階段，請求延期的申請應予核准。

十、按照《公約》附件三第八條指定保留區域給管理局，應與核准勘探工作計畫的申請或核准勘探和開發工作計畫的申請一起進行。

十一、雖有第九段的規定，對於由至少一個臨時適用本協定的國家擔保的已獲核准的勘探工作計畫，如果該國停止臨時適用本協定，又沒有根據第十二段成為臨時成員，也沒有成為締約國，則該項工作計畫應予終止。

十二、本協定生效後，本協定第三條所述的國家和實體如果已在按照第七條的規定臨時適用本協定，而本協定尚未對其生效，則在本協定對其生效之前，這些國家和實體仍可依照以下各分段的規定，繼續作為管理局的臨時成員：

(a)如果本協定在一九九六年十一月十六日之前生效，這些國家和實體應有權通過向本協定的保管者作出通知，表示該國或該實體有意作為臨時成員參加，而繼續作為管理局臨時成員參加。這種成員資格應於一九九六年十一月十六日或在本協定和《公約》對該成員生效之時（以較早者為準）終止。理事會經有關國家或實體請求，可將這種成員資格在一九九六年十一月十六日之後再延期一次或若干次，總共不得超過兩年，但須理事會確信有關國家或實體一直在作出真誠努力成為本協定和《公約》的締約方；

(b)如果本協定在一九九六年十一月十五日之後生效，這些國家和實體可請求理事會給予它們在一九九八年十一月十六日之前一段或若干段期間內繼續作為管理局臨時成員的資格。如果理事會確信該國或該實體一直在作出真誠努力成為本協定和《公約》的締約方，就應給予它這種成員資格，有效期從它提出請求之日開始；

(c)按照(a)或(b)分段作為管理局臨時成員的國家和實體，應依照其本國或其內部的法律、規章和年度預算撥款，適用第十一部分和本協定的條款，並應具有與其他成員相同的權利和義務，包括：

(一)按照會費分攤比額表向管理局的行政預算繳付會費的義務；

(二)為請求核准勘探工作計畫的申請作擔保的權利。對於其組成部分是具有超過一個國籍的自然人或法人的實體，除非構成這些實體的自然人或法人所屬的所有國家是締約國或臨時成員，否則其勘探工作計畫應不予核准；

(d)雖有第九段的規定，如果一個作為臨時成員的國家的這種成員資格停止，而該國或該實體又未成為締約國，則由該國根據(c)(二)分段作擔保並以合同形式獲得核准的勘探工作計畫應予終止；

(e)如果這種成員不繳付分攤會費，或在其他方面未依照本段履行其義務，其臨時成員資格應予終止。

十三、《公約》附件三第十條所提到的工作成績不令人滿意，應解釋為是指雖經管理局一次或多次向承包者發出書面警告，要求它遵守已核准的工作計畫中的要求，但承包者仍不履行。

十四、管理局應有其自己的預算。到本協定生效之年以後那一年的年底為止，管理局的行政開支應由聯合國預算支付。其後，管理局的行政開支應根據《公約》第一七一條(a)項和第一七三條及本協定的規定，由其成員、包括任何臨時成

員繳付的分攤會費支付，直到管理局從其他來源得到足夠的資金來支付這些開支為止。管理局應不行使《公約》第一七四條第一款所述的權力來借款充作行政預算經費。

十五、管理局應按照《公約》第一六二條第二款(o)項(2)目，並依照以下各分段的規定，擬訂和通過以本附件第二、第五、第六、第七和第八節內各項原則為根據的規則、規章和程序，以及為便利勘探或開發工作計畫的核准所需要的任何其他規則、規章和程序：

(a)理事會可隨時在它認為為了在「區域」內進行活動而需要所有或任何這些規則、規章和程序的時候，或在它判定商業性開發即將開始時，或經一個其國民打算申請核准開發工作計畫的國家的請求，著手進行擬訂工作；

(b)如果(a)分段內所述的國家提出請求，理事會應按照《公約》第一六二條第二款(o)項，在請求提出後兩年內完成這些規則、規章和程序的制定；

(c)如果理事會未在規定時間內完成關於開發的規則、規章和程序的擬訂工作，而已經有開發工作計畫的申請在等待核准，理事會仍應根據《公約》中的規定和理事會可能已暫時制定的任何規則、規章和程序，或根據《公約》內所載的準則和本附件內的條款和原則以及對承包者不歧視的原則，審議和暫時核准該工作計畫。

十六、管理局在根據第十一部分和本協定制定規則、規章和程序時，應考慮到籌備委員會的報告和建議中所載的與第十一部分的規定有關的規則、規章和程序草案及任何建議。

十七、《公約》第十一部分第四節的有關規定應根據本協定加以解釋和適用。

第二節　企業部

一、管理局秘書處應履行企業部的職務，直至其開始獨立於秘書處而運作為止。管理局秘書長應從管理局工作人員中任命一名臨時總幹事來監督秘書處履行這些職務。

這些職務應為：

(a)監測和審查深海底採礦活動方面的趨勢和發展，包括定期分析世界金屬市場情況和金屬價格、趨勢和前景；

(b)評估就「區域」內活動進行海洋科學研究的結果，特別強調關於「區域」內活動的環境影響的研究；

(c)評估可以得到的關於探礦和勘探的數據，包括這些活動的準則；

(d)評估與「區域」內活動有關的技術發展情況，特別是與保護和保全海洋環境有關的技術；

(e)評價關於保留給管理局的各個區域的資料和數據；

(f)評估聯合企業經營的各種做法；

(g)收集關於有多少受過培訓的人力資源的資料；

(h)研究企業部在各個不同業務階段的行政管理上各種可供選擇的管理政策。

二、企業部初期的深海底採礦業務應以聯合企業的方式進行。當企業部以外的一個實體所提出的開發工作計畫獲得核准時，或當理事會收到同企業部經營聯合企業的申請時，理事會即應著手審議企業部獨立於管理局秘書處而運作的問題。如果同企業部合辦的聯合企業經營符合健全的商業原則，理事會應根據《公約》第一七〇條第二款發出指示，允許企業部進行獨立運作。

三、《公約》附件四第十一條第三款所規定締約國向企業部一個礦址提供資金的義務應不予適用；締約國應無任何義務向企業部或在其聯合企業安排下的任何礦址的任何業務提供資金。

四、適用於承包者的義務應適用於企業部。雖有《公約》第一五三條第三款和附件三第三條第五款的規定，企業部工作計畫的核准應採取由管理局和企業部訂立合同的形式。

五、將某一個區域作為保留區域提供給管理局的承包者，對於與企業部訂立勘探和開發該區域的聯合企業安排有第一選擇權。如果企業部在獨立於管理局秘書處開始執行其職務後的十五年內，或在將一個區域保留給管理局之日起的十五年內（以較晚者為準），沒有提交在該保留區域進行活動的工作計畫申請，則提供該區域的承包者應有權申請該區域的工作計畫，但它須真誠地提供機會讓企業部參加為聯合企業的合夥人。

六、《公約》第一七〇條第四款、附件四和關於企業部的其他規定，應根據本節加以解釋和適用。

第三節　決策

一、管理局的一般政策應由大會會同理事會制定。

二、作為一般規則，管理局各機關的決策應當採取協商一致方式。

三、如果為以協商一致方式作出決定竭盡一切努力仍未果，大會進行表決時，關於程序問題的決定應以出席並參加表決的成員過半數作出，關於實質問題的決定應按照《公約》第一五九條第八款的規定，以出席並參加表決的成員三分之二多數作出。

四、對於也屬於理事會主管範圍的任何事項，或對於任何行政、預算或財務事項，大會應根據理事會的建議作出決定。大會若是不接受理事會關於任一事項的建議，應交回理事會進一步審議。理事會應參照大會所表示的意見重新審議該事項。

五、如果為以協商一致方式作出決定竭盡一切努力仍未果，理事會進行表決時，關於程序問題的決定應以出席並參加表決的成員過半數作出，關於實質問題的決定，除《公約》規定由理事會協商一致決定者外，應以出席並參加表決的成員三分之二多數作出，但須第九段所述的任一分組沒有過半數反對該項決定。理事會在作決定時，應設法促進管理局所有成員的利益。

六、如果看來還沒有竭盡一切努力就某一問題達成協商一致，理事會可延遲作決定，以便利進一步的談判。

七、大會或理事會所作具有財政或預算影響的決定應以財務委員會的建議為根據。

八、《公約》第一六一條第八款(b)和(c)項的規定應不適用。

九、(a)為在理事會進行表決的目的，按照第十五(a)至(c)段選出的每一組國家應視為一分組。為在理事會進行表決的目的，按照第十五(d)和(e)段選出的發展中國家應視為單一分組。

　　(b)大會在選舉理事會成員之前，應訂出符合第十五(a)至(d)段各組國家成員標準的國家名單。一個國家如果符合不止一組的成員標準，只能由其中一組提名參加理事會選舉，並且在理事會表決時只應代表該組國家。

十、第十五(a)至(d)段的每一組國家應由該組提名的成員作為在理事會內的代表。每一組應只提名數目與按規定該組應占的席位相等的候選人。當第十五(a)至(e)段所述每一組的可能候選人數目超過各該組可以占有的席位數目時，作為一般規則，應適用輪換原則。每一組的成員國應決定如何在本組內適用此項原則。

十一、(a)理事會應核准法律和技術委員會關於核准某項工作計畫的建議，除非理事會以出席並參加表決的成員三分之二多數，包括理事會每一分組出席並參加表決的成員過半數，決定不核准該項工作計畫。如果理事會沒有在規定的期間內就核准工作計畫的建議作出決定，該建議應在該段期間終了時被視為已得到理事會核准。規定的期間通常應為六十天，除非理事會決定另訂一個更長的期限。如果委員會建議不核准某項工作計畫，或沒有提出建議，理事會仍可按照其就實質問題作決策的議事規則核准該項工作計畫。

　　　(b)《公約》第一六二條第二款(j)項的規定應不適用。

十二、如果由於不核准工作計畫而引起爭端，應將爭端提交《公約》所規定的解決爭端程序。

十三、法律和技術委員會表決作決定時，應以出席並參加表決的成員過半數作出。

十四、《公約》第十一部分第四節 B 和 C 分節應根據本節加以解釋和適用。

十五、理事會應由大會按照下列次序選出的三十六個管理局成員組成：

　　　(a)四個成員來自在有統計資料的最近五年中，對於可從「區域」取得的各類礦物所產的商品，那些消費量以價值計超過世界總消費量百分之二，或者淨進口量以價值計超過世界總進口量百分之二的締約國，但此四個成員中應包括一個東歐區域經濟實力以國內總產值計最大的國家和在公約生效之日經濟實力以國內總產值計最大的國家，如果這些國家願意代表這一組的話；

　　　(b)四個成員來自直接或通過其國民對「區域」內活動的準備和進行作出了最大投資的八個締約國；

　　　(c)四個成員來自締約國中因在其管轄區域內的生產而為可從「區域」取得的各類礦物的主要淨出口國，其中至少應有兩個是出口這些礦物對其經濟有重大關係的發展中國家；

　　　(d)六個成員來自發展中國家締約國，代表特別利益。所代表的特別利益應包

　　　括人口眾多的國家、內陸國或地理不利國、島嶼國、可從「區域」取得的
　　　各類礦物的主要進口國、這些礦物的潛在生產國以及最不發達國家的利益；
　　(e)十八個成員按照確保理事會的席位作為一個整體做到公平地域分配的原則
　　　選出，但每一地理區域至少應有一名根據本分段選出的成員。為此目的，
　　　地理區域應為非洲、亞洲、東歐、拉丁美洲和加勒比及西歐和其他國家。
十六、《公約》第一六一條第一款的規定應不適用。

第四節　審查會議

　　《公約》第一五五條第一、第三和第四款有關審查會議的規定應不適用。雖有《公
約》第三一四條第二款的規定，大會可根據理事會的建議，隨時審查《公約》第一五五
條第一款所述的事項。對本協定和第十一部分的修正應依照《公約》第三一四、第三一
五和第三一六條所載的程序，但《公約》第一五五條第二款所述的原則、制度和其他規
定應予維持，該條第五款所述的權利應不受影響。

第五節　技術轉讓

一、除《公約》第一四四條的規定外，為第十一部分的目的而進行的技術轉讓還應
　　遵照下列原則：
　　(a)企業部和希望獲得深海底採礦技術的發展中國家應設法按公平合理的商業條
　　　件，從公開市場或通過聯合企業安排獲取這種技術；
　　(b)如果企業部或發展中國家無法獲得深海底採礦技術，管理局可以請所有或任
　　　何承包者及其一個或多個擔保國提供合作，以便利企業部或其聯合企業、或
　　　希望取得深海底採礦技術的發展中國家按公平合理的商業條件，在符合知識
　　　產權的有效保護的情況下取得這種技術。締約國承諾為此目的與管理局充分
　　　而有效地合作，並確保它們所擔保的承包者也與管理局充分合作；
　　(c)作為一般規則，締約國應促進有關各方在「區域」內活動上進行國際技術和
　　　科學合作，或通過制訂海洋科學和技術及海洋環境的保護和保全方面的培訓、
　　　技術援助和科學合作方案來促進這種合作。
二、《公約》附件三第五條的規定應不適用。

第六節　生產政策

一、管理局的生產政策應以下列原則為根據：
　　(a)「區域」的資源應按照健全的商業原則進行開發；
　　(b)《關稅暨貿易總協定》、其有關守則和後續協定或替代協定的規定，應對「區
　　　域」內的活動適用；
　　(c)特別是，除了(b)分段所述的協定許可的情況外，「區域」內的活動不應獲得補
　　　貼。為這些原則的目的，補貼應依照(b)分段所述的協定加以定義；
　　(d)對於從「區域」和從其他來源取得的礦物，不應有區別待遇。對於此種礦物
　　　或用此種礦物生產的進口商品，不應給予進入市場的優惠，特別是：
　　　(一)不應運用關稅或非關稅壁壘；並且
　　　(二)締約國不應對本國國營企業、或具有其國籍或受它們或其國民控制的自然

人或法人所生產的此種礦物或商品給予這種優惠；

(e)管理局核准的每一採礦區域的開發工作計畫，應指明預計的生產進程，其中應包括按該工作計畫估計每年生產的礦物最高產量；

(f)對於與(b)分段所述協定的規定有關的爭端，應適用以下辦法予以解決：

　㈠如果有關的締約國都是上述協定的締約方，應利用上述協定的爭端解決程序；

　㈡如果一個或多個有關的締約國不是上述協定的締約方，應利用《公約》所規定的爭端解決程序；

(g)如果按照(b)分段所述的協定判定某一締約國違禁提供了補貼，或補貼對另一締約國的利益造成了損害，而有關的一個或多個締約國並未採取適當步驟，則締約國可請求理事會採取適當措施。

二、在作為第一(b)段所述的協定以及有關的自由貿易和關稅同盟協定締約方的締約國之間的關係上，第一段所載的原則應不影響那些協定的任何條款所規定的權利和義務。

三、承包者接受第一(b)段所述的協定許可範圍以外的補貼，即違反了構成在「區域」內進行活動的工作計畫的合同的基本條款。

四、任何締約國如果有理由相信第一(b)至(d)段或第三段的規定遭到破壞，可按照第一(f)或(g)段提起解決爭端的程序。

五、締約國可在任何時候提請理事會注意它認為與第一(b)至(d)段不符的活動。

六、管理局應擬訂規則、規章和程序，以確保本節的規定得到執行，其中包括關於工作計畫核准的有關規則、規章和程序。

七、《公約》第一五一條第一至第七款和第九款、第一六二條第二款(q)項、第一六五條第二款(n)項以及附件三第六條第五款和第七條應不適用。

第七節　經濟援助

一、管理局向那些出口收益或經濟因某一受影響礦物的價格或該礦物的出口量降低而遭受嚴重不良影響（但以此種降低是由於「區域」內活動造成的為限）的發展中國家提供援助的政策應以下列原則為根據：

(a)管理局應從其經費中超出管理局行政開支所需的部分撥款設立一個經濟援助基金。為此目的撥出的款額，應由理事會不時地根據財務委員會的建議訂定。只有從承包者（包括企業部）收到的付款和自願捐款才可用來設立經濟援助基金；

(b)經確定其經濟因深海底礦物生產而受到嚴重影響的發展中陸上生產國應從管理局的經濟援助基金得到援助；

(c)管理局用該基金向受影響的發展中陸上生產國提供援助時，應斟酌情況，同現有的具有執行此種援助方案的基礎結構和專門知識的全球性或區域性發展機構合作；

(d)此種援助的範圍和期限應在個案基礎上作出決定。作決定時，應適當地考慮

到受影響的發展中陸上生產國所面臨問題的性質和嚴重程度。

二、《公約》第一五一條第十款應以第一段所述的經濟援助措施加以執行。《公約》第一六〇條第二款(1)項、第一六二條第二款(n)項、第一六四條第二款(d)項、第一七一條(f)項和第一七三條第二款(c)項應相應地加以解釋。

第八節　合同的財政條款

一、制訂有關合同財政條款的規則、規章和程序應以下列原則為根據：

(a)向管理局繳費的制度應公平對待承包者和管理局雙方，並應提供適當方法來確定承包者是否遵守此一制度；

(b)此一制度下的繳費率應不超過相同或類似礦物的陸上採礦繳費率的一般範圍，以避免給予深海底採礦者人為的競爭優勢或使其處於競爭劣勢；

(c)此一制度不應該複雜，且不應該使管理局或承包者承擔龐大的行政費用。應該考慮採用特許權使用費制度或結合特許權使用費與盈利分享的制度。如果決定採用幾種不同的制度，則承包者有權選擇適用於其合同的制度。不過，以後如要改變在幾種不同制度之間的選擇，應由管理局和承包者協議作出；

(d)自商業生產開始之日起應繳付固定年費。此一年費可以用來抵免按照(c)分段所採用制度應繳付的其他款項。年費數額應由理事會確定；

(e)繳費制度可視情況的變化定期加以修訂。任何修改應不歧視地適用。對於已有的合同，這種修改只有承包者自行選擇方可適用。以後如要改變在幾種不同制度之間的選擇，應由管理局和承包者協議作出；

(f)關於根據這些原則制定的規則和規章在解釋或適用上的爭端，應按照《公約》所規定的爭端解決程序處理。

二、《公約》附件三第十三條第三至第十款的規定應不適用。

三、關於《公約》附件三第十三條第二款的執行，當工作計畫只限於勘探階段或開發階段兩者中之一時，申請核准的規費應為二十五萬美元。

第九節　財務委員會

一、特此設立財務委員會。此委員會應由財務方面具有適當資格的十五名委員組成。締約國應提名具備最高標準的能力和正直的候選人。

二、財務委員會應無任何兩名委員為同一締約國的國民。

三、財務委員會的委員應由大會選舉，選舉時應適當顧及公平地域分配和特殊利益得到代表的需要。本附件第三節第十五(a)、(b)、(c)和(d)段所述的每一組國家在委員會內至少應有一名委員作為代表。在管理局除了分攤會費以外有足夠資金應付其行政開支之前，委員會的委員應包括向管理局行政預算繳付最高款額的五個國家的代表。其後，應根據每一組的成員所作的提名，從每一組選舉一名委員，但不妨礙從每一組再選其他委員的可能性。

四、財務委員會委員的任期應為五年，連選可連任一次。

五、財務委員會委員若在任期屆滿以前死亡、喪失行為能力或辭職，大會應從同一地理區域或同一組國家中選出一名委員任滿所餘任期。

六、財務委員會委員不應在同委員會有職責作出建議的事項有關的任何活動中有財務上的利益。各委員不應洩露因其在管理局任職而得悉的任何秘密資料，即使在職務終止以後，也應如此。

七、大會和理事會關於下列問題的決定應考慮到財務委員會的建議：

　(a)管理局各機關的財務規則、規章和程序草案，以及管理局的財務管理和內部財務行政；

　(b)按照《公約》第一六〇條第二款(e)項決定各成員對管理局的行政預算應繳的會費；

　(c)所有有關的財務事項，包括管理局秘書長按照公約第一七二條編制的年度概算，和秘書處工作方案的執行所涉及的財務方面問題；

　(d)行政預算；

　(e)締約國因本協定和第十一部分的執行而承擔的財政義務，以及涉及管理局經費開支的提案和建議所涉的行政和預算問題；

　(f)公平分配從「區域」內活動取得的財政及其他經濟利益的規則、規章和程序，以及為此而作的決定。

八、財務委員會關於程序問題的決定應以出席並參加表決的成員過半數作出。關於實質問題的決定應以協商一致方式作出。

九、在按照本節設立財務委員會之後，《公約》第一六二條第二款(y)項設立附屬機關來處理財務事項的規定應視為已得到遵行。

三十九、執行一九八二年十二月十日《聯合國海洋法公約》有關養護和管理跨界魚類種群和高度洄游魚類種群的規定的協定 (The United Nations Agreement for the Implementation of the Provisions of the United Nations Convention on the Law of the Sea of 10 December 1982 relating to the Conservation and Management of Straddling Fish Stocks and Highly Migratory Fish Stocks) (1995.12.4)

說明：

㈠本協定一九九五年八月四日簽署，二〇〇一年十二月十一日生效。

㈡英文本見 UNTS, Vol. 2167, pp. 88–137，亦刊於 ILM, Vol. 34 No.6 (November 1995), pp. 1547–1580；中文本見 UNTS, Vol. 2167, pp. 51–87，亦刊於聯合國文件

A/CONF./64/37, Chinese (September 8, 1995).

本協定締約國，

回顧一九八二年十二月十日《聯合國海洋法公約》的有關規定，

決議確保跨界魚類種群和高度洄游魚類種群的長期養護和可持續利用，

決心為此目的改善各國之間的合作，

要求船旗國、港口國和沿海國更有效地執行為這些種群所制定的養護和管理措施，

謀求處理特別是聯合國環境與發展會議通過的《二十一世紀議程》第十七章方案領域 C 所指出的各種問題，即對公海漁業的管理在許多方面存在不足及有些資源被過分利用的問題；注意到存在著漁業未受管制、投資過度、船隊規模過大、船隻改掛船旗以規避管制、漁具選擇性不夠、數據庫不可靠及各國間缺乏充分合作等問題，

承諾負責任地開展漁業，

意識到有必要避免對海洋環境造成不利影響，保存生物多樣性，維持海洋生態系統的完整，並盡量減少捕魚作業可能產生長期或不可逆轉影響的危險，

承認需要特定援助，包括財政、科學和技術援助，以便發展中國家可有效地參加養護、管理和可持續利用跨界魚類種群和高度洄游魚類種群，

深信一項執行《公約》有關規定的協定最有利於實現這些目的，並且有助於維持國際和平與安全，

確認《公約》或本協定未予規定的事項，應繼續以一般國際法的規則和原則為準據，

經協議如下：

第一部分　一般規定

第 一 條　用語和範圍

　　一、為本協定的目的：

　　　　(a)「《公約》」是指一九八二年十二月十日《聯合國海洋法公約》；

　　　　(b)「養護和管理措施」是指為養護和管理一種或多種海洋生物資源物種而制定和適用，符合《公約》和本協定所載示的國際法有關規則的措施；

　　　　(c)「魚類」包括軟體動物和甲殼動物，但《公約》第七十七條所界定的定居種除外；和

　　　　(d)「安排」是指兩個或兩個以上國家根據《公約》和本協定制訂的，目的在於除其他外在分區域或區域為一種或多種跨界魚類種群或高度洄游魚類種群制訂養護和管理措施的合作機制。

　　二、(a)「締約國」是指已同意接受本協定約束且本協定對其生效的國家；

　　　　(b)本協定比照適用於：

　　　　　　㈠《公約》第三〇五條第一款(c)、(d)和(e)項所指並成為本協定締約方的實體和

㈡在第四十七條限制下,《公約》附件九第一條稱為「國際組織」並成
為本協定締約方的實體。在這種情況下,「締約國」也指這些實體。

三、本協定比照適用於有船隻在公海捕魚的其他捕魚實體。

第 二 條　目標

本協定的目標是通過有效執行《公約》有關規定以確保跨界魚類種群和高度
洄游魚類種群的長期養護和可持續利用。

第 三 條　適用

一、除另有規定外,本協定適用於國家管轄地區外跨界魚類種群和高度洄游
魚類種群的養護和管理,但第六和第七條也適用於國家管轄地區內這些
種群的養護和管理,然須遵守《公約》所規定,在國家管轄地區內和國
家管轄地區外適用的不同法律制度。

二、沿海國為勘查和開發、養護和管理國家管轄地區內的跨界魚類種群和高
度洄游魚類種群的目的行使其主權權利時,應比照適用第五條所列舉的
一般原則。

三、各國應適當考慮到發展中國家各自在國家管轄地區內適用第五、第六和
第七條的能力及他們對本協定規定的援助的需要。為此目的,第七部分
比照適用於國家管轄地區。

第 四 條　本協定和《公約》之間的關係

本協定的任何規定均不應妨害《公約》所規定的國家權利、管轄權和義務。
本協定應參照《公約》的內容並以符合《公約》的方式予以解釋和適用。

第二部分　跨界魚類種群和高度洄游魚類種群的養護和管理

第 五 條　一般原則

為了養護和管理跨界魚類種群和高度洄游魚類種群,沿海國和在公海捕魚的
國家應根據《公約》履行合作義務:

(a)制定措施確保跨界魚類種群和高度洄游魚類種群的長期可持續能力並促進
最適度利用的目的;

(b)確保這些措施所根據的是可得到的最佳科學證據,目的是在包括發展中國
家的特別需要在內的各種有關環境和經濟因素的限制下,使種群維持在或
恢復到能夠產生最高持續產量的水準,並考慮到捕魚方式、種群的相互依
存及任何普遍建議的分區域、區域或全球的國際最低標準;

(c)根據第六條適用預防性做法;

(d)評估捕魚、其他人類活動及環境因素對目標種群和屬於同一生態系統的物
種或與目標種群相關或依附目標種群的物種的影響;

(e)必要時對屬於同一生態系統的物種或與目標種群相關或依附目標種群的物
種制定養護和管理措施,以維持或恢復這些物種的數量,使其高於會嚴重
威脅到物種繁殖的水準;

(f)採取措施，包括在切實可行的情況下，發展和使用有選擇性的、對環境無害和成本效益高的漁具和捕魚技術，以盡量減少污染、廢棄物、遺棄漁具撈獲物、非目標物種（包括魚種和非魚種）（下稱非目標物種）的捕獲量及對相關或依附物種特別是瀕於滅絕物種的影響；

(g)保護海洋環境的生物多樣性；

(h)採取措施防止或消除漁撈過度和捕魚能力過大的問題，並確保漁獲努力量不高於與漁業資源的可持續利用相稱的水準；

(i)考慮到個體漁民和自給性漁民的利益；

(j)及時收集和共用完整而準確的捕魚活動數據，包括附件一列出的船隻位置、目標物種和非目標物種的捕獲量和漁獲努力量，以及國家和國際研究方案所提供的資料；

(k)促進並進行科學研究和發展適當技術以支助漁業養護和管理；和

(l)進行有效的監測、管制和監督，以實施和執行養護和管理措施。

第六條　預防性做法的適用

一、各國對跨界魚類種群和高度洄游魚類種群的養護、管理和開發，應廣泛適用預防性做法，以保護海洋生物資源和保全海洋環境。

二、各國在資料不明確、不可靠或不充足時應更為慎重。不得以科學資料不足為由而推遲或不採取養護和管理措施。

三、各國在實施預防性做法時應：

(a)取得和共用可獲得的最佳科學資料，並採用關於處理危險和不明確因素的改良技術，以改進養護和管理漁業資源的決策行動；

(b)適用附件二所列的準則並根據可獲得的最佳科學資料確定特定種群的參考點，及在逾越參考點時應採取的行動；

(c)特別要考慮到關於種群大小和繁殖力的不明確情況、參考點、相對於這些參考點的種群狀況、漁撈死亡率的程度和分布、捕魚活動對非目標和相關或依附物種的影響，以及現存和預測的海洋、環境、社會經濟狀況等；和

(d)制定數據收集和研究方案，以評估捕魚對非目標和相關或依附物種及其環境的影響，並制定必要計畫，確保養護這些物種和保護特別關切的生境。

四、如已接近參考點，各國應採取措施確保不致逾越參考點。如已逾越參考點，各國應立即採取第三(b)款確定的行動以恢復種群。

五、如目標種群或非目標或相關或依附物種的狀況令人關注，各國應對這些種群和物種加強監測，以審查其狀況及養護和管理措施的效力。各國應根據新的資料定期修訂這些措施。

六、就新漁業或試捕性漁業而言，各國應盡快制定審慎的養護和管理措施，其中應特別包括捕獲量與努力量的極限。這些措施在有足夠數據允許就

該漁業對種群的長期可持續能力的影響進行評估前應始終生效，其後則應執行以這一評估為基礎的養護和管理措施。後一類措施應酌情允許這些漁業逐漸發展。

七、如某種自然現象對跨界魚類種群或高度洄游魚類種群的狀況有重大的不利影響，各國應緊急採取養護和管理措施，確保捕魚活動不致使這種不利影響更趨惡化。捕魚活動對這些種群的可持續能力造成嚴重威脅時，各國也應緊急採取這種措施。緊急採取的措施應屬臨時性質，並應以可獲得的最佳科學證據為根據。

第 七 條　養護和管理措施應互不牴觸

一、在不妨害沿海國根據《公約》享有的在國家管轄地區內勘查和開發、養護和管理海洋生物資源的主權權利，及所有國家根據《公約》享有的可由其國民在公海上捕魚的權利的情況下：

　(a)關於跨界魚類種群，有關沿海國和本國國民在毗鄰公海區內捕撈這些種群的國家應直接地或通過第三部分所規定的適當合作機制，設法議定在毗鄰公海區內養護這些種群的必要措施；

　(b)關於高度洄游魚類種群，有關沿海國和本國國民在區域內捕撈這些種群的其他國家應直接地或通過第三部分所規定的適當合作機制進行合作，以期確保在整個區域，包括在國家管轄地區內外，養護這些種群並促進最適度利用這些種群。

二、為公海訂立的和為國家管轄地區制定的養護和管理措施應互不牴觸，以確保整體養護和管理跨界魚類種群和高度洄游魚類種群。為此目的，沿海國和在公海捕魚的國家有義務進行合作，以便就這些種群達成互不牴觸的措施。在確定互不牴觸的養護和管理措施時，各國應：

　(a)考慮到沿海國根據《公約》第六十一條在國家管轄地區內為同一種群所制定和適用的養護和管理措施，並確保為這些種群訂立的公海措施不削弱這些措施的效力；

　(b)考慮到有關沿海國和在公海捕魚的國家以前根據《公約》為同一種群訂立和適用的議定公海措施；

　(c)考慮到分區域或區域漁業管理組織或安排以前根據《公約》為同一種群訂立和適用的議定措施；

　(d)考慮到種群的生物統一性和其他生物特徵及種群的分布、漁業和有關區域的地理特徵之間的關係，包括種群在國家管轄地區內出現和被捕撈的程度；

　(e)考慮到沿海國和在公海捕魚的國家各自對有關種群的依賴程度；和

　(f)確保這些措施不致對整體海洋生物資源造成有害影響。

三、各國在履行合作義務時，應盡力在一段合理時間內就互不牴觸的養護和管理措施達成協議。

四、如未能在一段合理時間內達成協議，任何有關國家可援引第八部分所規定的解決爭端程序。

五、在就互不牴觸的養護和管理措施達成協議以前，有關國家應本著諒解和合作精神，盡力作出實際的臨時安排。如有關國家無法就這種安排達成協議，任何有關國家可根據第八部分規定的解決爭端程序，為取得臨時措施將爭端提交一個法院或法庭。

六、按照第五款達成或規定的臨時安排或措施應考慮到本部分各項規定，應妥為顧及所有有關國家的權利和義務，不應損害或妨礙就互不牴觸的養護和管理措施達成最後協議，並不應妨害任何解決爭端程序的最後結果。

七、沿海國應直接地或通過適當的分區域或區域漁業管理組織或安排，或以任何其他適當方式，定期向在分區域或區域內公海捕魚的國家通報他們就其國家管轄地區內跨界魚類種群和高度洄游魚類種群制定的措施。

八、在公海捕魚的國家應直接地或通過適當的分區域或區域漁業管理組織或安排，或以任何其他適當方式，定期向其他有關國家通報他們為管制懸掛本國國旗，在公海捕撈這些種群的船隻的活動而制定的措施。

第三部分　關於跨界魚類種群和高度洄游魚類種群的國際合作機制

第 八 條　養護和管理的合作

一、沿海國和在公海捕魚的國家應根據《公約》，直接地或通過適當的分區域或區域漁業管理組織或安排，就跨界魚類種群和高度洄游魚類種群進行合作，同時考慮到分區域或區域的具體特性，以確保這些種群的有效養護和管理。

二、各國應毫不遲延地本著誠意進行協商，特別是在有證據表明有關的跨界魚類種群或高度洄游魚類種群可能受到捕撈過度的威脅或受到一種新興的捕魚業捕撈時。為此目的，經任何有關國家的請求即可開始進行協商，以期訂立適當安排，確保種群的養護和管理。在就這種安排達成協議以前，各國應遵守本協定各項規定，本著誠意行事，並妥為顧及其他國家的權利、利益和義務。

三、如某一分區域或區域漁業管理組織或安排有權就某些跨界魚類種群或高度洄游魚類種群訂立養護和管理措施，在公海捕撈這些種群的國家和有關沿海國均應履行其合作義務，成為這種組織的成員或安排的參與方，或同意適用這種組織或安排所訂立的養護和管理措施。對有關漁業真正感興趣的國家可成為這種組織的成員或這種安排的參與方。這種組織或安排的參加條件不應使這些國家無法成為成員或參加；也不應以歧視對有關漁業真正感興趣的任何國家或一組國家的方式適用。

四、只有屬於這種組織的成員或安排的參與方的國家，或同意適用這種組織或安排所訂立的養護和管理措施的國家，才可以捕撈適用這些措施的漁

業資源。

五、如沒有分區域或區域漁業管理組織或安排就某種跨界魚類種群或高度洄游魚類種群訂立養護和管理措施,有關沿海國和在分區域或區域公海捕撈此一種群的國家即應合作設立這種組織或達成其他適當安排,以確保此一種群的有效養護和管理,並應參加組織或安排的工作。

六、任何國家如有意提議有權管理生物資源的政府間組織採取行動,且這種行動將重大影響某一分區域或區域漁業管理主管組織或安排已訂立的養護和管理措施,均應通過該組織或安排同其成員或參與方協商。在切實可行的情況下,這種協商應在向該政府間組織作出提議之前舉行。

第 九 條　分區域和區域漁業管理組織和安排

一、各國在為跨界魚類種群和高度洄游魚類種群設立分區域或區域漁業管理組織或訂立分區域或區域漁業管理安排時,應特別議定:

(a)養護和管理措施適用的種群,顧及有關種群的生物特徵和所涉漁業的性質;

(b)適用地區,考慮到第七條第一款和分區域或區域的特徵,包括社會經濟、地理和環境因素;

(c)新的組織或安排的工作與任何有關的現有漁業管理組織或安排的作用、目標和業務之間的關係;和

(d)組織或安排獲得科學諮詢意見並審查種群狀況的機制,包括酌情設立科學諮詢機關。

二、合作組成分區域或區域漁業管理組織或安排的國家應通知他們知道對提議的這種合作組織或安排的工作真正感興趣的其他國家。

第 十 條　分區域和區域漁業管理組織和安排的職能

各國通過分區域或區域漁業管理組織或安排履行合作義務時應:

(a)議定和遵守養護和管理措施,以確保跨界魚類種群和高度洄游魚類種群的長期可持續能力;

(b)酌情議定各種參與權利,如可捕量的分配或漁獲努力量水準;

(c)制定和適用一切普遍建議的關於負責任進行捕魚作業的最低國際標準;

(d)取得和評價科學諮詢意見,審查種群狀況,並評估捕魚對非目標和相關或依附物種的影響;

(e)議定收集、匯報、核查和交換關於種群的漁業數據的各項標準;

(f)如附件一所述,收集和傳播準確而完整的統計數據,以確保獲得最佳科學證據,同時酌情保守機密;

(g)促進和進行關於種群的科學評估和有關研究,並傳播其結果;

(h)為有效的監測、管制、監督和執法建立適當的合作機制;

(i)議定辦法照顧組織的新成員或安排的新參與方的漁業利益;

(j)議定有助於及時和有效制定養護和管理措施的決策程序;

(k)根據第八部分促進和平解決爭端；

(l)確保其有關國家機構和行業在執行組織或安排的建議和決定方面給予充分
　的合作；和

(m)妥為公布組織或安排訂立的養護和管理措施。

第十一條　新成員或參與方

在決定一個分區域或區域漁業管理組織的新成員或一個分區域或區域漁業管
理安排的新參與方的參與權利的性質和範圍時，各國應特別考慮到：

(a)跨界魚類種群和高度洄游魚類種群的狀況和漁業現有的漁獲努力量水準；

(b)新的和現有的成員或參與方各自的利益、捕魚方式和習慣捕魚法；

(c)新的和現有的成員或參與方各自對養護和管理種群、收集和提供準確數據
　及進行關於種群的科學研究所作出的貢獻；

(d)主要依賴捕撈這些種群的沿海漁民社區的需要；

(e)經濟極為依賴開發海洋生物資源的沿海國的需要；和

(f)種群也在其國家管轄地區內出現的分區域或區域發展中國家的利益。

第十二條　分區域和區域漁業管理組織和安排的活動的透明度

一、各國應規定分區域和區域漁業管理組織和安排的決策程序及其他活動應
　　具有透明度。

二、關心跨界魚類種群和高度洄游魚類種群的其他政府間組織代表和非政府
　　組織代表應有機會作為觀察員，或酌情以其他身分根據有關分區域或區
　　域漁業管理組織或安排的程序，參加這些組織和安排的會議。參加程序
　　在這方面不應過分苛刻。這些政府間組織和非政府組織應可及時取得這
　　些組織和安排的記錄和報告，但須遵守有關取得這些記錄和報告的程序
　　規則。

第十三條　加強現有的組織和安排

各國應合作加強現有的分區域和區域漁業管理組織和安排，以提高其效力，
訂立和執行跨界魚類種群和高度洄游魚類種群的養護和管理措施。

第十四條　收集和提供資料及科學研究方面的合作

一、各國應確保懸掛本國國旗的漁船提供必要的資料，以履行本協定規定的
　　義務。為此目的，各國應根據附件一：

(a)收集和交換跨界魚類種群和高度洄游魚類種群漁業方面的科學、技術
　和統計數據；

(b)確保收集的數據足夠詳細以促進有效的種群評估，並及時提供這種數
　據，以履行分區域或區域漁業管理組織或安排的規定；和

(c)採取適當措施以核查這種數據的準確性。

二、各國應直接地或通過分區域或區域漁業管理組織或安排進行合作，以便：

(a)議定數據的技術要求及將這種數據提供給這些組織或安排的形式，同
　時考慮到種群的性質和這些種群的漁業；和

　　　　(b)研究和共用分析技術和種群評估方法，以改進跨界魚類種群和高度洄游魚類種群的養護和管理措施。

三、在符合《公約》第十三部分的情況下，各國應直接地或通過主管國際組織進行合作，加強漁業領域的科學研究能力，促進有關養護和管理跨界魚類種群和高度洄游魚類種群的科學研究，造福大眾。為此目的，在國家管轄地區外進行這種研究的國家或主管國際組織，應積極促進發表和向任何有興趣的國家傳播這種研究的成果，及有關這種研究的目標和方法的資料，並在切實可行的情況下方便這些國家的科學家參與這種研究。

第十五條　閉海和半閉海

各國在閉海或半閉海執行本協定時，應考慮到有關閉海或半閉海的自然特徵，並應以符合《公約》第九部分和《公約》其他有關規定的方式行事。

第十六條　完全被一個國家的國家管轄地區包圍的公海區

一、在完全被一個國家的國家管轄地區包圍的公海區內捕撈跨界魚類種群和高度洄游魚類種群的國家和該國應進行合作，就該公海區內這些種群制定養護和管理措施。在顧及該地區的自然特徵的情況下，各國應按照第七條特別注意制定養護和管理這些種群的互不牴觸措施。就公海制定的措施應考慮到《公約》規定的沿海國權利、義務和利益，應以可得到的最佳科學證據為根據，還應考慮到沿海國在國家管轄地區內根據《公約》第六十一條就同一種群制定和適用的任何養護和管理措施。各國也應議定監測、管制、監督和執法措施，以確保就公海制定的養護和管理措施獲得遵守。

二、各國應按照第八條毫不遲延地本著誠意行事，盡力議定適用於在第一款所指地區進行的捕魚作業的養護和管理措施。如有關捕魚國和沿海國未能在一段合理時間內議定這些措施，他們應根據第一款適用關於臨時安排或措施的第七條第四、第五和第六款。在制定這些臨時安排或措施以前，有關國家應對懸掛本國國旗的船隻採取措施，使其不從事可能損害有關種群的捕魚作業。

第四部分　非成員和非參與方

第十七條　非組織成員和非安排參與方

一、不屬於某個分區域或區域漁業管理組織的成員或某個分區域或區域漁業管理安排的參與方，且未另外表示同意適用該組織或安排訂立的養護和管理措施的國家並不免除根據《公約》和本協定對有關跨界魚類種群和高度洄游魚類種群的養護和管理給予合作的義務。

二、這種國家不得授權懸掛本國國旗的船隻從事捕撈受該組織或安排所訂立的養護和管理措施管制的跨界魚類種群或高度洄游魚類種群。

三、分區域或區域漁業管理組織的成員國或分區域或區域漁業管理安排的參

與國，應個別或共同要求第一條第三款所指，在有關地區有漁船的捕魚實體，同該組織或安排充分合作，執行其訂立的養護和管理措施，以期使這些措施盡可能廣泛地實際適用於有關地區的捕魚活動。這些捕魚實體從參加捕撈所得利益應與其為遵守關於種群的養護和管理措施所作承諾相稱。

四、這些組織的成員國或安排的參與國應就懸掛非組織成員國或非安排參與國國旗，並從事捕魚作業，捕撈有關種群的漁船的活動交換情報。他們應採取符合本協定和國際法的措施，防阻這種船隻從事破壞分區域或區域養護和管理措施效力的活動。

第五部分　船旗國的義務

第十八條　船旗國的義務

一、本國漁船在公海捕魚的國家應採取可能必要的措施，確保懸掛本國國旗的船隻遵守分區域和區域養護和管理措施，並確保這些船隻不從事任何活動，破壞這些措施的效力。

二、國家須能夠對懸掛本國國旗的船隻切實執行根據《公約》和本協定對這些船隻負有的責任方可准其用於公海捕魚。

三、一國應對懸掛本國國旗的船隻採取的措施包括：

(a)根據在分區域、區域或全球各級議定的任何適用程序，採用漁撈許可證、批准書或執照等辦法在公海上管制這些船隻；

(b)建立規章以：

　㈠在許可證、批准書或執照中適用足以履行船旗國一切分區域、區域或全球義務的規定和條件；

　㈡禁止未經正式許可或批准捕魚的船隻在公海捕魚，和禁止船隻不按許可證、批准書或執照的規定和條件在公海捕魚；

　㈢規定在公海捕魚的船隻始終隨船攜帶許可證、批准書或執照，並在經正式授權人員要求檢查時出示；和

　㈣確保懸掛本國國旗的船隻不在其他國家管轄地區內未經許可擅行捕魚；

(c)建立國家檔案記錄獲准在公海捕魚的漁船的資料，並根據直接有關的國家的要求提供利用檔案所載資料的機會，考慮到船旗國關於公布這種資料的一切國內法律；

(d)規定根據《聯合國糧食及農業組織漁船標誌和識別標準規格》等國際公認的統一漁船和漁具標誌系統，在漁船和漁具上作標記，以資識別；

(e)規定按照收集數據的分區域、區域和全球標準，記錄和及時報告船隻位置、目標物種和非目標物種捕獲量、漁獲努力量及其他有關漁業數據；

(f)規定通過觀察員方案、檢查計畫、卸貨報告、轉運監督、監測岸上漁獲和市場統計等辦法，核查目標物種和非目標物種的捕獲量；

(g)監測、管制和監督這些船隻、其捕魚作業和有關活動，方式包括：

㈠執行國家檢查計畫及第二十一和第二十二條規定的分區域和區域執法合作辦法，包括規定這些船隻須允許經正式授權的其他國家檢查員登船；

㈡執行國家觀察員方案及船旗國為參與國的分區域和區域觀察員方案，包括規定這些船隻須允許其他國家的觀察員登船執行方案議定的職務；和

㈢按照任何國家方案和經有關國家議定的分區域、區域或全球方案發展和執行船隻監測系統，適當時包括衛星傳送系統；

(h)管制公海上的轉運活動，以確保養護和管理措施的效力不受破壞；和

(i)管制捕魚活動以確保遵守分區域、區域或全球措施，包括旨在盡量減少非目標物種捕獲量的措施。

四、如已有生效的分區域、區域或全球議定監測、管制和監督辦法，國家應確保對懸掛本國國旗的船隻所規定的措施符合該套辦法。

第六部分　遵守和執法

第十九條　船旗國的遵守和執法

一、一國應確保懸掛本國國旗的船隻遵守養護和管理跨界魚類種群和高度洄游魚類種群的分區域和區域措施。為此目的，該國應：

(a)執行這種措施，不論違法行為在何處發生；

(b)立即對一切涉嫌違反分區域或區域養護和管理措施的行為全面進行調查，包括對有關船隻進行實際檢查，並迅速將調查進展和結果報告指控國和有關分區域或區域組織或安排；

(c)規定任何懸掛其國旗的船隻向調查當局提供關於船隻位置、漁獲、漁具、在涉嫌發生違法行為地區的捕魚作業和有關活動的資料；

(d)如認為已對涉嫌違法行為掌握足夠證據，即將案件送交本國當局，以毫不遲延地依其法律提起司法程序，並酌情扣押有關船隻；和

(e)如根據本國法律確定船隻嚴重違反了這些措施，確保該船不在公海從事捕魚作業，直至船旗國對違法行為所定的，但尚未執行的所有制裁得到執行時為止。

二、所有調查和司法程序應迅速進行。適用於違法行為的制裁應足夠嚴厲，以收守法之效和防阻違法行為在任何地方發生，並應剝奪違法者從其非法活動所得到的利益。適用於漁船船長和其他職務船員的措施應包括除其他外可予拒發、撤銷或吊銷批准在這種船隻上擔任船長或職務船員的證書的規定。

第二十條　執法的國際合作

一、各國應直接地或通過分區域或區域漁業管理組織或安排合作，以確保養護和管理跨界魚類種群和高度洄游魚類種群的分區域和區域措施的遵守和執法工作。

二、船旗國對涉嫌違反跨界魚類種群或高度洄游魚類種群的養護和管理措施的行為進行調查時，可向提供合作可能有助於進行這種調查的任何其他國家請求協助。所有國家應盡力滿足船旗國就這種調查提出的合理要求。

三、船旗國可直接地，同其他有關國家合作，或通過有關分區域或區域漁業管理組織或安排進行這種調查。應向所有與涉嫌違法行為有關或受其影響的國家提供關於調查進展和結果的資料。

四、各國應相互協助查明據報曾從事破壞分區域、區域或全球養護和管理措施效力的活動的船隻。

五、各國應在國家法律和規章許可的範圍內作出安排，向其他國家的司法當局提供關於涉嫌違反這些措施的行為的證據。

六、如有合理理由相信，一艘在公海上的船隻曾在一沿海國管轄地區內未經許可進行捕魚，該船的船旗國在有關沿海國提出請求時，應立即充分調查事件。船旗國應同沿海國合作，就這種案件採取適當執法行動，並可授權沿海國有關當局在公海上登臨和檢查船隻。本款不妨害《公約》第一一一條。

七、屬於分區域或區域漁業管理組織的成員或分區域或區域漁業管理安排的參與方的締約國可根據國際法採取行動，包括訴諸為此目的訂立的分區域或區域程序，以防阻從事破壞該組織或安排所訂立的養護和管理措施的效力，或以其他方式違反這些措施的船隻在分區域或區域公海捕魚，直至船旗國採取適當行動時為止。

第二十一條　執法的分區域和區域合作

一、在分區域或區域漁業管理組織或安排所包括的任何公海區，作為這種組織的成員或這種安排的參與方的締約國可通過經本國正式授權的檢查員根據第二款登臨和檢查懸掛本協定另一締約國國旗的漁船，不論另一締約國是否為該組織的成員或該安排的參與方，以確保該組織或安排為養護和管理跨界魚類種群和高度洄游魚類種群所訂立的措施獲得遵守。

二、各國應通過分區域或區域漁業管理組織或安排制定按照第一款登臨和檢查的程序，以及執行本條其他規定的程序。這種程序應符合本條規定和第二十二條列舉的基本程序，且不應歧視非組織成員或非安排參與方。登臨和檢查以及其後任何執法行動應按照這種程序執行。各國應妥為公布根據本款制定的程序。

三、如任何組織或安排未在本協定通過後兩年內訂立這種程序，在訂立這

種程序以前，根據第一款進行的登臨和檢查，以及其後的任何執法行動，應按照本條和第二十二條列舉的基本程序執行。

四、在根據本條採取行動以前，檢查國應直接地或通過有關分區域或區域漁業管理組織或安排，將其發給經正式授權的檢查員的身分證明式樣通告船隻在分區域或區域公海捕魚的所有國家。用於登臨和檢查的船隻應有清楚標誌，識別其執行政府公務地位。在成為本協定締約國時，各國應指定適當當局以接受按照本條發出的通知，並應通過有關分區域或區域漁業管理組織或安排妥為公布作出的指定。

五、如在登臨和檢查後有明確理由相信船隻曾從事任何違反第一款所指的養護和管理措施的行為，檢查國應酌情蒐集證據並應將涉嫌違法行為迅速通知船旗國。

六、船旗國應在收到第五款所指的通知的三個工作天內，或在根據第二款訂立的程序所規定的其他時間內，對通知作出答覆，並應：

　　(a)毫不遲延地履行第十九條規定的義務進行調查，如有充分證據，則對船隻採取執法行動，在這種情況下船旗國應將調查結果和任何執法行動迅速通知檢查國；或

　　(b)授權檢查國進行調查。

七、如船旗國授權檢查國調查涉嫌違法行為，檢查國應毫不遲延地將調查結果通知船旗國。如有充分證據，船旗國應履行義務對船隻採取執法行動。否則，船旗國可按照本協定規定的船旗國權利和義務，授權檢查國執行船旗國對船隻規定的執法行動。

八、如在登臨和檢查後有明顯理由相信船隻曾犯下嚴重違法行為，且船旗國未按照第六或第七款規定作出答覆或採取行動，則檢查員可留在船上蒐集證據並可要求船長協助作進一步調查，包括在適當時立即將船隻駛往最近的適當港口，或按照第二款訂立的程序所規定的其他港口。檢查國應立即將船隻駛往的港口地名通知船旗國。檢查國和船旗國，及適當時包括港口國，應採取一切必要步驟確保船員的安好，而不論船員的國籍為何。

九、檢查國應將任何進一步調查的結果通知船旗國和有關組織或有關安排的參與方。

十、檢查國應規定其檢查員遵守有關船隻和船員的安全的公認國際條例、程序和慣例，盡量減少對捕魚活動的干預，並在切實可行的範圍內避免採取不利地影響船上漁獲質量的行動。檢查國應確保登臨和檢查不以可能對任何漁船構成騷擾的方式進行。

十一、為本條目的，嚴重違法行為是指：

　　(a)未有船旗國按照第十八條第三(a)款頒發的有效許可證、批准書或執照進行捕魚；

(b)未按照有關分區域或區域漁業管理組織或安排的規定保持準確的漁獲量數據和有關漁獲量的數據，或違反該組織或安排的漁獲報告規定，嚴重誤報漁獲量；

(c)在禁漁區，在禁漁期，或在未有有關分區域或區域漁業管理組織或安排訂立的配額的情況下或在配額達到後捕魚；

(d)直捕受暫停捕撈限制或禁捕的種群；

(e)使用違禁漁具；

(f)偽造或隱瞞漁船的標誌、記號或登記；

(g)隱瞞、篡改或銷毀調查涉及的證據；

(h)多重違法行為，綜合視之構成嚴重違反養護和管理措施的行為；或

(i)有關分區域或區域漁業管理組織或安排訂立的程序所可能規定的其他違法行為。

十二、雖有本條其他規定，船旗國可隨時就涉嫌違法行為採取行動履行第十九條規定的義務。如船隻在檢查國的控制下，經船旗國的請求，檢查國應釋放船隻，連同關於其調查進展和結果的全部資料交給船旗國。

十三、本條不妨害船旗國按照本國法律採取任何措施，包括提起加以處罰的司法程序的權利。

十四、本條比照適用於締約國的登臨和檢查，如締約國為某個分區域或區域漁業管理組織的成員或某個分區域或區域漁業管理安排的參與方，有明確理由相信懸掛另一締約國國旗的漁船在這個組織或安排所涉的公海區內從事任何違反第一款所指的有關養護和管理措施的活動，而且此漁船其後在同一捕魚航次中進入檢查國國家管轄地區內。

十五、如分區域或區域漁業管理組織或安排另立機制，有效履行其成員或參與方根據本協定所負義務，確保該組織或安排訂立的養護和管理措施獲得遵守，則這種組織的成員或這種安排的參與方可協議在為有關公海區訂立的養護和管理措施方面，將第一款的適用範圍限於彼此之間。

十六、船旗國以外的國家對從事違反分區域或區域養護和管理措施的活動的船隻採取的行動，應同違法行為的嚴重程度相稱。

十七、如有合理理由懷疑公海上的漁船沒有國籍，一國可登臨和檢查該船。如有充分證據，該國可根據國際法採取適當行動。

十八、各國須對其根據本條採取行動所造成的破壞或損失負賠償責任，如這些行動為非法的行動，或根據可得到的資料為超過執行本條規定所合理需要的行動。

第二十二條　根據第二十一條進行登臨和檢查的基本程序

一、檢查國應確保經其正式授權的檢查員：

　　(a)向船長出示授權證書，並提供有關的養護和管理措施的文本或根據
　　　　這些措施在有關公海區生效的條例和規章；

　　(b)在登臨和檢查時向船旗國發出通知；

　　(c)在進行登臨和檢查期間不干預船長與船旗國當局聯絡的能力；

　　(d)向船長和船旗國當局提供一份關於登臨和檢查的報告，在其中註明
　　　　船長要求列入報告的任何異議或聲明；

　　(e)在檢查結束，未查獲任何嚴重違法行為證據時迅速離船；和

　　(f)避免使用武力，但為確保檢查員安全和在檢查員執行職務時受到阻
　　　　礙而必須使用者除外，且應以必要程度為限。使用的武力不應超過
　　　　根據情況為合理需要的程度。

二、經檢查國正式授權的檢查員有權檢查船隻、船隻執照、漁具、設備、
　　記錄、設施、漁獲和漁產品及任何必要的有關證件，以核查對有關養
　　護和管理措施的遵守。

三、船旗國應確保船長：

　　(a)接受檢查員並方便其迅速而安全的登臨；

　　(b)對按照這些程序進行的船隻檢查給予合作和協助；

　　(c)在檢查員執行其職務時不加阻撓、恫嚇或干預；

　　(d)允許檢查員在登臨和檢查期間與船旗國和檢查國當局聯絡；

　　(e)向檢查員提供合理設施，包括酌情提供食宿；和

　　(f)方便檢查員安全下船。

四、如船長拒絕接受按照本條和第二十一條進行的登臨和檢查，除根據有
　　關海上安全的公認國際條例、程序和慣例而必須推遲登臨和檢查的情
　　況外，船旗國應指令該船長立即接受登臨和檢查，如該船長不按指令
　　行事，船旗國則應吊銷船隻的捕魚批准書並命令船隻立即返回港口。
　　本款所述情況發生時，船旗國應將其採取的行動通知檢查國。

第二十三條　港口國採取的措施

一、港口國有權利和義務根據國際法採取措施，提高分區域、區域和全球
　　養護和管理措施的效力。港口國採取這類措施時不得在形式上或事實
　　上歧視任何國家的船隻。

二、港口國除其他外，可登臨自願在其港口或在其岸外碼頭的漁船檢查證
　　件、漁具和漁獲。

三、各國可制定規章，授權有關國家當局禁止漁獲上岸和轉運，如漁獲經
　　證實為在公海上以破壞分區域、區域或全球養護和管理措施效力的方
　　式所捕撈者。

四、本條絕不影響國家根據國際法對其領土內的港口行使其主權。

第七部分 發展中國家的需要

第二十四條 承認發展中國家的特殊需要

一、各國應充分承認發展中國家在養護和管理跨界魚類種群和高度洄游魚類種群和發展這些種群的漁業方面的特殊需要。為此目的,各國應直接或通過聯合國開發計畫署、聯合國糧食及農業組織和其他專門機構、全球環境融資、可持續發展委員會及其他適當國際和區域組織與機構,向發展中國家提供援助。

二、各國在履行合作義務制定跨界魚類種群和高度洄游魚類種群的養護和管理措施時,應考慮到發展中國家的特殊需要,尤其是:

　(a)依賴開發海洋生物資源,包括以此滿足其人口或部分人口的營養需要的發展中國家的脆弱性;

　(b)有必要避免給發展中國家,特別是小島嶼發展中國家的自給、小規模和個體漁民及婦女漁工以及土著人民造成不利影響,並確保他們可從事捕魚活動;和

　(c)有必要確保這些措施不會造成直接或間接地將養護行動的重擔不合比例地轉嫁到發展中國家身上。

第二十五條 與發展中國家合作的形式

一、各國應直接地或通過分區域、區域或全球組織合作以:

　(a)提高發展中國家,特別是其中的最不發達國家和小島嶼發展中國家的能力,以養護和管理跨界魚類種群和高度洄游魚類種群和發展本國捕撈這些種群的漁業;

　(b)協助發展中國家,特別是其中的最不發達國家和小島嶼發展中國家,使其能參加公海捕撈這些種群的漁業,包括提供從事這種捕魚活動的機會,但以不違背第五和第十一條為限;和

　(c)便利發展中國家參加分區域或區域漁業管理組織和安排。

二、就本條規定的各項目標同發展中國家合作應包括提供財政援助、人力資源開發方面的援助、技術援助、包括通過合資安排進行的技術轉讓及諮詢和顧問服務。

三、這些援助除其他外應特別著重於:

　(a)通過收集、匯報、核查、交換和分析漁業數據和有關資料的辦法改進跨界魚類種群和高度洄游魚類種群的養護和管理;

　(b)種群評估和科學研究;和

　(c)監測、管制、監督、遵守和執法工作,包括地方一級的培訓和能力建設,擬訂和資助國家和區域觀察員方案,及取得技術和設備。

第二十六條 為執行本協定提供特別援助

一、各國應合作設立特別基金協助發展中國家執行本協定,包括協助發展

中國家承擔他們可能為當事方的任何爭端解決程序的所涉費用。

二、國家和國際組織應協助發展中國家設立新的分區域或區域漁業管理組織或安排，或加強現有的組織或安排，以養護和管理跨界魚類種群和高度洄游魚類種群。

第八部分　和平解決爭端

第二十七條　以和平方式解決爭端的義務

各國有義務通過談判、調查、調停、和解、仲裁、司法解決、訴諸區域機構或安排或自行選擇的其他和平方式解決爭端。

第二十八條　預防爭端

各國應合作預防爭端。為此目的，各國應在分區域和區域漁業管理組織和安排內議定迅速而有效的作出決定的程序，並應視需要加強現有的作出決定的程序。

第二十九條　技術性爭端

如爭端涉及技術性事項，有關各國可將爭端提交他們成立的特設專家小組處理。該小組應與有關國家磋商，並設法在不採用具有約束力的解決爭端程序的情況下迅速解決爭端。

第　三　十　條　解決爭端程序

一、《公約》第十五部分就解決爭端訂立的各項規定比照適用於本協定締約國之間有關本協定的解釋或適用的一切爭端，不論他們是否也是《公約》的締約方。

二、《公約》第十五部分就解決爭端訂立的各項規定比照適用於本協定締約國之間有關他們為締約方的，關於跨界魚類種群和高度洄游魚類種群的分區域、區域或全球漁業協定的解釋或適用的一切爭端，包括任何有關養護和管理這些種群的爭端，不論他們是否也是《公約》的締約方。

三、本協定和《公約》締約國根據《公約》第二八七條接受的任何程序應適用於解決本部分所列的爭端，除非該締約國在簽署、批准或加入本協定時，或在其後任何時間，接受第二八七條規定的另一種程序解決本部分所列的爭端。

四、不屬於《公約》締約國的本協定締約國在簽署、批准、或加入本協定時，或在其後任何時候，均可以書面聲明方式，任選《公約》第二八七條第一款所列的一種或多種方式解決本部分所列爭端。第二八七條應適用於這種聲明，也適用於這些身為當事方，但非有效聲明所包括的國家的爭端。為根據《公約》附件五、附件七和附件八進行調解和仲裁的目的，這些國家有權提名調解員、仲裁員和專家，列入附件五第二條、附件七第二條和附件八第二條所指的名單內，以解決本部分

所列的爭端。

五、接獲根據本部分提出的爭端的任何法院或法庭應適用《公約》、本協定和任何有關分區域、區域或全球漁業協定的有關規定，以及養護和管理海洋生物資源方面的公認標準和其他同《公約》無牴觸的國際法規則，以確保有關的跨界魚類種群和高度洄游魚類種群的養護。

第三十一條　臨時措施

一、在按照本部分解決爭端以前，爭端各方應盡量達成切實可行的臨時安排。

二、在不妨害《公約》第二九〇條的情況下，接獲根據本部分提出的爭端的法院或法庭可規定其根據情況認為適當的臨時措施，以保全爭端各方的各自權利，或防止有關種群受到損害，也可以在第七條第五款和第十六條第二款所述情況下規定臨時措施。

三、不屬於《公約》締約國的本協定締約國可聲明，雖有《公約》第二九〇條第五款的規定，國際海洋法法庭無權未經該國同意即規定、修改或撤銷臨時措施。

第三十二條　對解決爭端程序適用的限制

《公約》第二九七條第三款也適用於本協定。

第九部分　非本協定締約方

第三十三條　非本協定締約方

一、締約國應鼓勵非本協定締約方成為本協定締約方和制定符合本協定各項規定的法律和規章。

二、締約國應採取符合本協定和國際法的措施，防阻懸掛非締約方國旗的船隻從事破壞本協定的有效執行的活動。

第十部分　誠意和濫用權利

第三十四條　誠意和濫用權利

締約國應誠意履行根據本協定承擔的義務並應以不致構成濫用權利的方式行使本協定所承認的權利。

第十一部分　賠償責任

第三十五條　賠償責任

締約國須就本協定根據國際法對其造成的破壞或損失負賠償責任。

第十二部分　審查會議

第三十六條　審查會議

一、聯合國秘書長應在本協定生效之日後四年召開會議，評價本協定在確

保跨界魚類種群和高度洄游魚類種群的養護和管理方面的效力。秘書長應邀請所有締約國和有資格成為本協定締約方的國家和實體以及有資格作為觀察員參加會議的政府間組織和非政府組織參加會議。

二、會議應審查和評價本協定各項規定的適當性，必要時提出加強本協定各項規定的實質性內容和執行方法的辦法，以期更妥善地處理在養護和管理跨界魚類種群和高度洄游魚類種群方面繼續存在的問題。

第十三部分　最後條款

第三十七條　簽字

本協定應開放供所有國家和第一條第二(b)款所指的其他實體簽字，並應從一九九五年十二月四日起十二個月內在聯合國總部一直開放供簽字。

第三十八條　批准

本協定須經國家和第一條第二(b)款所指的其他實體批准。批准書應交存於聯合國秘書長。

第三十九條　加入

本協定應一直開放給國家和第一條第二(b)款所指的其他實體加入。加入書應交存於聯合國秘書長。

第四十條　生效

一、本協定應自第三十份批准書或加入書交存之日後三十天生效。

二、對於在第三十份批准書或加入書交存以後批准或加入協定的每一國家或實體，本協定應在其批准書或加入書交存後第三十天起生效。

第四十一條　暫時適用

一、書面通知保存人同意暫時適用本協定的國家或實體暫時適用本協定。暫時適用自接到通知之日起生效。

二、對一國或實體的暫時適用應在本協定對該國或實體生效之日終止或在該國或實體書面通知保存人其終止暫時適用的意思時終止。

第四十二條　保留和例外

不得對本協定作出保留或例外。

第四十三條　聲明和說明

第四十二條不排除國家或實體在簽署、批准或加入本協定時，作出不論如何措詞或用何種名稱的聲明或說明，目的在於除其他外使其法律和規章同本規定相協調，但此種聲明或說明無意於排除或修改本協定規定適用於該國或實體的法律效力。

第四十四條　同其他協定的關係

一、本協定不應改變締約國根據與本協定相符合的其他協定而產生的權利和義務，但以不影響其他締約國根據本協定享有其權利或履行其義務為限。

二、兩個或兩個以上締約國可締結僅在各該國相互關係上適用的協定，以修改或暫停適用本協定的規定，但這種協定不得涉及本協定中某項規定，如對該規定予以減損就與本協定的目的及宗旨的有效執行不相符合，而且這種協定不應影響本協定所載各項基本原則的適用，同時這種協定的規定不影響其他締約國根據本協定享有其權利或履行其義務。

三、有意訂立第二款所指協定的締約國應通過本協定保存人通知其他締約國其訂立協定的意思和該協定中有關修改或暫停適用本協定的規定。

第四十五條 修正

一、締約國可給聯合國秘書長書面通知，對本協定提出修正案，並要求召開會議審議這種提出的修正案。秘書長應將這種通知分送所有締約國。如果在分送通知之日起六個月以內，不少於半數的締約國作出答覆贊成這一要求，秘書長應召開會議。

二、按照第一款召開的修正會議所適用的作出決定的程序應與聯合國跨界魚類種群和高度洄游魚類種群會議所適用的程序相同，除非會議另有決定。會議應作出各種努力以協商一致方式就任何修正案達成協議，且除非為謀求協商一致已用盡一切努力，否則不應就其進行表決。

三、本協定的修正案一旦通過，應自通過之日起十二個月內在聯合國總部對締約國開放簽字，除非修正案本身另有規定。

四、第三十八、第三十九、第四十七和第五十條適用於本協定的所有修正案。

五、本協定的修正案，應在三分之二締約國交存批准書或加入書後第三十天對批准或加入修正案的締約國生效。此後，對於在規定數目的這類文書交存後批准或加入修正案的每一締約國，修正案應在其批准書或加入書交存後第三十天生效。

六、修正案規定的其生效所需的批准書或加入書的數目可少於或多於本條規定的數目。

七、在修正案按照第五款生效後成為本協定締約方的國家，應在該國不表示其他意思的情況下：

(a)視為經如此修正後的本協定的締約國；並

(b)在其對不受修正案約束的任何締約國的關係上，視為未修正的本協定的締約國。

第四十六條 退出

一、締約國可給聯合國秘書長書面通知退出本協定，並可說明其理由。未說明理由不應影響退出的效力。退出應在接到通知之日後一年生效，除非通知中指明一個較後的日期。

二、退出決不影響任何締約國按照國際法而無須基於本協定即應履行的本

協定所載任何義務的責任。

第四十七條　國際組織的參加

一、如《公約》附件九第一條所指的一個國際組織對本協定所涉整個主題事項缺乏權限，則《公約》附件九應比照適用於該國際組織對本協定的參加，但該附件下列各項規定不予適用：

　(a)第二條，第一句；和

　(b)第三條，第一款。

二、如《公約》附件九第一條所指的一個國際組織對本協定所涉整個主題事項具有權限，該國際組織適用下列各項規定參加本協定：

　(a)這些國際組織應在簽署或加入時聲明：

　　㈠對本協定所涉整個主題事項具有權限；

　　㈡因此，其成員國不會成為締約國，但不在這些國際組織職權範圍內的成員國領土不在此列；並

　　㈢接受本協定規定的國家權利和義務；

　(b)這些國際組織的參加絕不使國際組織成員國享有本協定規定的任何權利；

　(c)如一個國際組織根據本協定承擔的義務與成立該國際組織的協定或任何與其有關的文件所規定的義務發生衝突時，本協定規定的義務應予適用。

第四十八條　附件

一、各附件為本協定的組成部分，除另有明文規定外，凡提到本協定或其一個部分也就包括提到與其有關的附件。

二、締約國可間或修訂各附件。這種修訂應以科學和技術理由為根據。雖有第四十五條的規定，如對附件的修訂在締約國會議上以協商一致方式通過，則應列入本協定，自修訂通過之日起生效，或自修訂規定的其他日期起生效。如對附件的修訂未在這種會議上以協商一致方式通過，則應適用第四十五條所規定的修正程序。

第四十九條　保存人

聯合國秘書長應為本協定及其各項修正案或修訂案的保存人。

第 五 十 條　有效文本

本協定阿拉伯文、中文、英文、法文、俄文和西班牙文文本具有同等效力。

　為此，下列全權代表，經正式授權，在本協定上簽字，以資證明。

　一九九五年十二月四日以阿拉伯文、中文、英文、法文、俄文和西班牙文單一正本形式於紐約開放簽字。

附件一　收集和共用數據的標準規定

第 一 條　一般原則

1. 及時收集、編匯和分析數據為有效養護和管理跨界魚類種群和高度洄游魚類種群的基本條件。為此目的，須具備這些種群的公海捕撈數據和國家管轄地區內的捕撈數據，並應以有助於為漁業資源的養護和管理進行有意義的統計分析的方式收集和編匯數據。這些數據包括捕獲量和漁獲努力量統計和其他同漁業有關的資料，如旨在使漁獲努力量標準化的有關船隻的數據和其他數據。收集的數據也應包括關於非目標和相關或依附物種的資料。必須核實一切數據，以確保準確性。非總量數據應予保密。這種數據的傳播應按照其提供條件進行。

2. 應向發展中國家提供援助，其中包括培訓以及財政和技術援助，以建立在養護和管理海洋生物資源方面的能力。援助應集中於提高能力，以落實數據收集和核實、觀察員方案、數據分析和支持種群評估的研究項目。應促使發展中國家的科學家和管理人員盡可能充分參與跨界魚類種群和高度洄游魚類種群的養護和管理。

第 二 條　收集、編匯和交換數據的原則

在確定收集、編匯和交換跨界魚類種群和高度洄游魚類種群的捕魚作業數據的參數時，應考慮下列一般原則：

(a)各國應確保按照每種捕魚方法的作業特性（如拖網按網次、延繩釣和圍網按組、竿釣按魚群、曳繩釣按作業天數）從懸掛本國國旗的船隻收集捕魚活動的數據，其詳細程度足以作有效的種群評估；

(b)各國應確保以適當辦法核實漁業數據；

(c)各國應編匯有關漁業和其他輔助性科學數據，並以議定格式及時將數據提交現有的有關分區域或區域漁業組織或安排。否則，各國應直接地或通過各國間議定的其他合作機制合作交換數據；

(d)各國應在分區域或區域漁業管理組織或安排的框架內，或以其他方式，按照本附件並考慮到區域內種群的性質和這些種群的漁業，就各國提供的數據的技術要求和格式達成協議。這些組織或安排應該要求非成員或非參與方提供懸掛本國國旗的船隻的有關捕魚活動的數據；

(e)這些組織或安排應編匯數據，並及時以議定格式根據組織或安排所訂的規定和條件供所有有關國家使用；和

(f)船旗國科學家和來自有關分區域或區域漁業管理組織或安排的科學家應酌情分別或共同地分析數據。

第 三 條　基本漁業數據

1. 各國應收集足夠詳細的下列各種數據，提供有關分區域或區域漁業管理組

織或安排，以便按照議定程序進行有效的種群評估：

(a)漁業和船隊按時間分列的捕獲量和努力量統計數；

(b)按每一漁業的適當物種（包括目標物種和非目標物種）分類以數目、標稱重量或數目與標稱重量分列的總捕獲量。〔聯合國糧食及農業組織對標稱重量的定義是：上岸漁獲的活重等量〕；

(c)按每一漁業的適當物種分類，以數目或標稱重量報告的丟棄統計數，必要時包括估計數；

(d)適合每一種捕魚方法的努力量統計數；和

(e)捕魚地點、捕魚日期和時間及其他適當的捕魚作業統計數。

2.各國還應酌情收集並向有關分區域或區域漁業管理組織或安排提供有助於種群評估的資料，包括：

(a)按長度、重量和性別列出的漁獲組成；

(b)有助於種群評估的其他生物資料，如關於年齡、生長、補充量，分布和種群特徵的資料；和

(c)其他有關研究，包括豐量調查、生物量調查、水聲學調查、影響種群豐量的環境因素的研究，及海洋地理學和生態學研究。

第四條　船隻數據和資料

1.各國應收集以下有關船隻的數據，用於標準化船隊組成和船隻捕魚能力，及在分析捕獲量和努力量數據時對努力量的不同測算方法進行轉換：

(a)船隻標誌、船旗和登記港；

(b)船隻類型；

(c)船隻規格（如建造材料、建造日期、登記長度、總登記噸位、主機功率、船艙容量、漁獲貯藏方法等）；和

(d)漁具說明（如類別、漁具規格和數量）。

2.船旗國將收集下列資料：

(a)助航和定位設備；

(b)通訊設備和國際無線電呼號；和

(c)船員人數。

第五條　報告

國家應確保懸掛本國國旗的船隻將航海日誌的捕獲量和努力量數據，包括關於公海捕魚作業的數據，相當經常地提交本國漁業管理當局，和在有協議時提交有關分區域或區域漁業管理組織或安排，以履行國家規定及區域和國際義務。這種數據應酌情以無線電、用戶電報、電傳或衛星傳送或其他方式傳送。

第六條　數據核實

國家或適當的分區域或區域漁業組織或安排應設立核實漁業數據的機制，例如：

　　(a)以船隻監測系統核實位置；

　　(b)以科學觀察員方案監測捕獲量、努力量、漁獲組成（目標物種和非目標物種）和其他捕魚業務的詳細資料；

　　(c)船隻航行、靠岸和轉運報告；和

　　(d)港口取樣。

第 七 條　數據交換

　　1.船旗國收集的數據必須通過適當的分區域或區域漁業管理組織或安排同其他船旗國和有關沿海國共用。這些組織或安排應編匯數據，並及時以議定格式按照這些組織或安排訂立的規定和條件向有關各國提供，同時保持非總量數據的機密性，並應盡可能開發數據庫系統，以便有效利用數據。

　　2.在全球一級，數據的收集和傳播應通過聯合國糧食及農業組織進行。如未有分區域或區域漁業管理組織或安排，該組織也可以同有關國家作出安排在分區域或區域一級進行同樣的工作。

附件二　在養護和管理跨界魚類種群和高度洄游魚類種群方面適用預防性參考點的準則

　　1.預防性參考點是通過議定的科學程序推算得出的估計數值，該數值代表資源和漁業的狀況，可用為漁業管理的標準。

　　2.應使用兩種預防性參考點；養護或極限參考點和管理或指標參考點。極限參考點制定界限，以便將捕撈量限制於種群可產生最高可持續產量的安全生物限度內。指標參考點用以滿足管理目標。

　　3.預防性參考點應當針對具體種群制訂，考慮到除其他外每一種種群的繁殖能力、其恢復力、捕撈該種群的漁業的特點，以及其他死亡原因和不定因素的主要來源。

　　4.管理戰略應謀求維持或恢復被捕撈種群的數量，和在有必要時相關或依附物種的數量，使其水準符合原來議定的預防性參考點。應利用這些參考點觸發事先議定的養護和管理行動。管理戰略應包括接近預防性參考點時可以執行的措施。

　　5.漁業管理戰略應確保逾越極限參考點的危險非常低。如一種群降至或有危險降至低於極限參考點，應著手採取養護和管理行動以促進種群的恢復。漁業管理戰略應確保指標參考點通常不被逾越。

　　6.如用以決定某漁業參考點的資料欠佳或缺乏，則應訂立臨時參考點。臨時參考點可根據類似或比較普遍的種群比擬制訂。在這種情況下，應對該漁業進行更密切的監測，以便在得到較佳資料時修訂臨時參考點。

　　7.應該視產生最高可持續產量的捕魚死亡率為極限參考點的最低標準。對沒有被過度捕撈的種群，漁業管理戰略應確保捕魚死亡率不超過符合最高可持續產量的水準，並確保生物量不降至低於事先確定的限度。對被過度捕撈的種群，可利用產生最高可持續產量的生物量作為重建種群的目標。

第九章　管轄豁免

四十、聯合國國家及其財產的管轄豁免公約 (United Nations Convention on Jurisdictional Immunities of States and Their Property)　　　(2004.12.2)

説明：

㈠本公約二○○四年十二月二日通過，尚未生效。

㈡英文本見 General Assembly, Resolutions and Decisions adopted by the General Assembly during its forty-ninth session, New York: United Nations, 2005, pp. 486–494；中文本見聯合國大會，《大會第五十九屆會議通過的決議和決定》，紐約：聯合國，2005 年，頁 497–504。

本公約締約國，

考慮到國家及其財產的管轄豁免為一項普遍接受的習慣國際法原則，

銘記《聯合國憲章》所體現的國際法原則，

相信一項關於國家及其財產的管轄豁免國際公約將加強法治和法律的確定性，特別是在國家與自然人或法人的交易方面，並將有助於國際法的編纂與發展及此領域實踐的協調，

考慮到國家及其財產的管轄豁免方面國家實踐的發展，

申明習慣國際法的規則仍然適用於本公約沒有規定的事項，

議定如下：

第一部分　導　言

第 一 條　本公約的範圍

　　　　　本公約適用於國家及其財產在另一國法院的管轄豁免。

第 二 條　用語

　　　　　一、為本公約的目的：

　　　　　　㈎「法院」是指一國有權行使司法職能的不論名稱為何的任何機關；

　　　　　　㈏「國家」是指：

　　　　　　　㈠國家及其政府的各種機關；

㈡有權行使主權權力並以該身分行事的聯邦國家的組成單位或國家政治區分單位；

㈢國家機構、部門或其他實體，但須它們有權行使並且實際在行使國家的主權權力；

㈣以國家代表身分行事的國家代表；

(c)「商業交易」是指：

㈠為銷售貨物或為提供服務而訂立的任何商業合同或交易；

㈡任何貸款或其他金融性質之交易的合同，包括涉及任何此類貸款或交易的任何擔保義務或補償義務；

㈢商業、工業、貿易或專業性質的任何其他合同或交易，但不包括僱用人員的合同。

二、在確定一項合同或交易是否為第一款(c)項所述的「商業交易」時，應主要參考該合同或交易的性質，但如果合同或交易的當事方已達成一致，或者根據法院地國的實踐，合同或交易的目的與確定其非商業性質有關，則其目的也應予以考慮。

三、關於本公約用語的第一款和第二款的規定不妨礙其他國際文書或任何國家的國內法對這些用語的使用或給予的含義。

第 三 條　不受本公約影響的特權和豁免

一、本公約不妨礙國家根據國際法所享有的有關行使下列職能的特權和豁免：

(a)其外交代表機構、領事機構、特別使團、駐國際組織代表團，或派往國際組織的機關或國際會議的代表團的職能；和

(b)與上述機構有關聯的人員的職能。

二、本公約不妨礙根據國際法給予國家元首個人的特權和豁免。

三、本公約不妨礙國家根據國際法對國家擁有或運營的航空器或空間物體所享有的豁免。

第 四 條　本公約不溯及既往

在不妨礙本公約所述關於國家及其財產依國際法而非依本公約享有管轄豁免的任何規則的適用的前提下，本公約不應適用於在本公約對有關國家生效前，在一國法院對另一國提起的訴訟所引起的任何國家及其財產的管轄豁免問題。

第二部分　一般原則

第 五 條　國家豁免

一國本身及其財產遵照本公約的規定在另一國法院享有管轄豁免。

第 六 條　實行國家豁免的方式

一、一國應避免對在其法院對另一國提起的訴訟行使管轄，以實行第五條所

規定的國家豁免；並應為此保證其法院主動地確定該另一國根據第五條
享有的豁免得到尊重。

二、在一國法院中的訴訟應視為對另一國提起的訴訟，如果該另一國：

　　(a)被指名為該訴訟的當事一方；或

　　(b)未被指名為該訴訟的當事一方，但該訴訟實際上企圖影響該另一國的
　　　　財產、權利、利益或活動。

第 七 條　明示同意行使管轄

一、一國如以下列方式明示同意另一國對某一事項或案件行使管轄，則不得
在該法院就該事項或案件提起的訴訟中援引管轄豁免：

　　(a)國際協定；

　　(b)書面合同；或

　　(c)在法院發表的聲明或在特定訴訟中提出的書面函件。

二、一國同意適用另一國的法律，不應被解釋為同意該另一國的法院行使管
轄權。

第 八 條　參加法院訴訟的效果

一、在下列情況下，一國不得在另一國法院的訴訟中援引管轄豁免：

　　(a)該國本身提起該訴訟；或

　　(b)介入該訴訟或採取與案件實體有關的任何其他步驟。但如該國使法院
　　　　確信它在採取這一步驟之前不可能知道可據以主張豁免的事實，則它
　　　　可以根據那些事實主張豁免，條件是它必須盡早這樣做。

二、一國不應被視為同意另一國的法院行使管轄權，如果該國僅為下列目的
介入訴訟或採取任何其他步驟：

　　(a)援引豁免；或

　　(b)對訴訟中有待裁決的財產主張一項權利或利益。

三、一國代表在另一國法院出庭作證不應被解釋為前一國同意法院行使管轄
權。

四、一國未在另一國法院的訴訟中出庭不應被解釋為前一國同意法院行使管
轄權。

第 九 條　反訴

一、一國在另一國法院提起一項訴訟，不得就與本訴相同的法律關係或事實
所引起的任何反訴向法院援引管轄豁免。

二、一國介入另一國法院的訴訟中提出訴訟請求，則不得就與該國提出的訴
訟請求相同的法律關係或事實所引起的任何反訴援引管轄豁免。

三、一國在另一國法院對該國提起的訴訟中提出反訴，則不得就本訴向法院
援引管轄豁免。

第三部分　不得援引國家豁免的訴訟

第 十 條　商業交易

一、一國如與外國一自然人或法人進行一項商業交易，而根據國際私法適用的規則，有關該商業交易的爭議應由另一國法院管轄，則該國不得在該商業交易引起的訴訟中援引管轄豁免。

二、第一款不適用於下列情況：

(a)國家之間進行的商業交易；或

(b)該商業交易的當事方另有明確協議。

三、當國家企業或國家所設其他實體具有獨立的法人資格，並有能力：

(a)起訴或被訴；和

(b)獲得、擁有或占有和處置財產，包括國家授權其經營或管理的財產，其捲入與其從事的商業交易有關的訴訟時，該國享有的管轄豁免不應受影響。

第十一條　僱用合同

一、除有關國家間另有協議外，一國在該國和個人間關於已全部或部分在另一國領土進行，或將進行的工作之僱用合同的訴訟中，不得向該另一國原應管轄的法院援引管轄豁免。

二、第一款不適用於下列情況：

(a)招聘該僱員是為了履行行使政府權力方面的特定職能；

(b)該僱員是：

㈠一九六一年《維也納外交關係公約》所述的外交代表；

㈡一九六三年《維也納領事關係公約》所述的領事官員；

㈢常駐國際組織代表團外交工作人員、特別使團成員或獲招聘代表一國出席國際會議的人員；或

㈣享有外交豁免的任何其他人員；

(c)訴訟的事由是個人的招聘、僱用期的延長或復職；

(d)訴訟的事由是解僱個人或終止對其僱用，且僱用國的國家元首、政府首腦或外交部長認定該訴訟有礙該國安全利益；

(e)該僱員在訴訟提起時是僱用國的國民，除非此人長期居住在法院地國；或

(f)該僱員和僱用國另有書面協議，但由於公共政策的任何考慮，因該訴訟的事由內容而賦予法院地國法院專屬管轄權者不在此限。

第十二條　人身傷害和財產損害

除有關國家間另有協議外，一國在對主張由可歸因於該國的作為或不作為引起的死亡或人身傷害，或有形財產的損害或滅失要求金錢賠償的訴訟中，如果該作為或不作為全部或部分發生在法院地國領土內，而且作為或不作為的

行為人在作為或不作為發生時處於法院地國領土內，則不得向另一國原應管轄的法院援引管轄豁免。

第十三條 財產的所有、占有和使用

除有關國家間另有協議外，一國在涉及確定下列問題的訴訟中，不得對另一國原應管轄的法院援引管轄豁免：

(a)該國對位於法院地國的不動產的任何權利或利益，或該國對該不動產的占有或使用，或該國由於對該不動產的利益或占有或使用而產生的任何義務；

(b)該國對動產或不動產由於繼承、贈予或無人繼承而產生的任何權利或利益；或

(c)該國對託管財產、破產者財產或公司解散前清理之財產的管理的任何權利或利益。

第十四條 知識產權和工業產權

除有關國家間另有協議外，一國在有關下列事項的訴訟中不得向另一國原應管轄的法院援引管轄豁免：

(a)確定該國對在法院地國享受某種程度、即使是暫時的法律保護的專利、工業設計、商業名稱或企業名稱、商標、版權或任何其他形式的知識產權或工業產權的任何權利；或

(b)據稱該國在法院地國領土內侵犯在法院地國受到保護的、屬於第三者的(a)項所述性質的權利。

第十五條 參加公司或其他集體機構

一、一國在有關該國參加具有或不具有法人資格的公司或其他集體機構的訴訟中，即在關於該國與該機構或該機構其他參加者之間關係的訴訟中，不得向另一國原應管轄的法院援引管轄豁免，但有以下條件：

(a)該機構的參加者不限於國家或國際組織；而且

(b)該機構是按照法院地國法律註冊或組成，或其所在地或主要營業地位於法院地國。

二、但是，如果有關國家同意，或如果爭端當事方之間的書面協議作此規定，或如果建立或管理有關機構的文書中載有此一規定，則一國可以在此訴訟中援引管轄豁免。

第十六條 國家擁有或經營的船舶

一、除有關國家間另有協議外，擁有或經營一艘船舶的一國，在另一國原應管轄的法院有關該船舶的經營的一項訴訟中，只要在訴訟事由產生時該船舶是用於政府非商業性用途以外的目的，即不得援引管轄豁免。

二、第一款不適用於軍艦或輔助艦艇，也不適用於一國擁有或經營的、專門用於政府非商業性活動的其他船舶。

三、除有關國家間另有協議外，一國在有關該國擁有或經營的船舶所載貨物之運輸的一項訴訟中，只要在訴訟事由產生時該船舶是用於政府非商業

性用途以外的目的，即不得向另一國原應管轄的法院援引管轄豁免。

四、第三款不適用於第二款所指船舶所載運的任何貨物，也不適用於國家擁有的、專門用於或意圖專門用於政府非商業性用途的任何貨物。

五、國家可提出私有船舶、貨物及其所有人所能利用的一切抗辯措施、時效和責任限制。

六、如果在一項訴訟中產生有關一國擁有或經營的一艘船舶、或一國擁有的貨物的政府非商業性質問題，由該國的一個外交代表或其他主管當局簽署並送交法院的證明，應作為該船舶或貨物性質的證據。

第十七條　仲裁協定的效果

一國如與外國一自然人或法人訂立書面協議，將有關商業交易的爭議提交仲裁，則該國不得在另一國原應管轄的法院有關下列事項的訴訟中援引管轄豁免：

(a)仲裁協議的有效性、解釋或適用；

(b)仲裁程序；或

(c)裁決的確認或撤銷，

但仲裁協議另有規定者除外。

第四部分　在法院訴訟中免於強制措施的國家豁免

第十八條　免於判決前的強制措施的國家豁免

不得在另一國法院的訴訟中針對一國財產採取判決前的強制措施，例如查封和扣押措施，除非：

(a)該國以下列方式明示同意採取此類措施：

　㈠國際協定；

　㈡仲裁協議或書面合同；或

　㈢在法院發表的聲明或在當事方發生爭端後提出的書面函件；或

(b)該國已經撥出或專門指定該財產用於清償該訴訟標的的請求。

第十九條　免於判決後的強制措施的國家豁免

不得在另一國法院的訴訟中針對一國財產採取判決後的強制措施，例如查封、扣押和執行措施，除非：

(a)該國以下列方式明示同意採取此類措施：

　㈠國際協定；

　㈡仲裁協議或書面合同；或

　㈢在法院發表的聲明或在當事方發生爭端後提出的書面函件；或

(b)該國已經撥出或專門指定該財產用於清償該訴訟標的的請求；或

(c)已經證明該財產被該國具體用於或意圖用於政府非商業性用途以外的目的，並且處於法院地國領土內，但條件是只可對與被訴實體有聯繫的財產採取判決後強制措施。

第二十條　同意管轄對強制措施的效力

雖然必須按照第十八條和第十九條表示同意採取強制措施，但按照第七條的規定同意行使管轄並不構成默示同意採取強制措施。

第二十一條　特定種類的財產

一、一國的以下各類財產尤其不應被視為第十九條(c)項所指被一國具體用於或意圖用於政府非商業性用途以外目的的財產：

(a)該國外交代表機構、領事機構、特別使團、駐國際組織代表團、派往國際組織的機關或國際會議的代表團履行公務所用或意圖所用的財產，包括任何銀行帳戶款項；

(b)屬於軍事性質，或用於或意圖用於軍事目的的財產；

(c)該國中央銀行或其他貨幣當局的財產；

(d)構成該國文化遺產的一部分或該國檔案的一部分，且非供出售或意圖出售的財產；

(e)構成具有科學、文化或歷史價值的物品展覽的一部分，且非供出售或意圖出售的財產。

二、第一款不妨礙第十八條和第十九條(a)項和(b)項。

第五部分　雜項規定

第二十二條　訴訟文書的送達

一、送達傳票或對一國提起訴訟的其他文書應按以下方式進行：

(a)按照對法院地國和有關國家有約束力的任何可適用的國際公約；或

(b)如果法院地國法律未作禁止，則按照求償方和有關國家關於送達訴訟文書的特殊安排；或

(c)如無此公約或特殊安排，則：

㈠通過外交渠道送交有關國家的外交部；或

㈡採取有關國家接受的不受法院地國法律禁止的任何其他方式。

二、以第一款(c)㈠項所指的方式送達訴訟文書時，外交部收到該項文書即視為該項文書已送達。

三、在必要時，送達的文書應附有譯成有關國家正式語文或正式語文之一的譯本。

四、任何國家在對其提起的訴訟中就實質問題出庭，其後即不得聲稱訴訟文書的送達不符合第一款和第三款的規定。

第二十三條　缺席判決

一、不得對一國作出缺席判決，除非法院已查明：

(a)第二十二條第一款和第三款規定的要求已獲遵守；

(b)從按照第二十二條第一款和第二款送達傳票或其他起訴文書之日算起，或視為已送達之日算起至少已經四個月；並且

　　　　　　　　(c)本公約不禁止法院行使管轄權。

二、對一國作出任何缺席判決，應通過第二十二條第一款所指的一種方式並按該款規定將判決書的副本送交該有關國家，必要時附上譯成有關國家正式語文或正式語文之一的譯本。

三、申請撤銷一項缺席判決的時限不應少於四個月，時限應從有關國家收到判決書副本或視為有關國家收到判決書副本之日算起。

第二十四條　法院訴訟期間的特權和豁免

一、如一國未能或拒絕遵守另一國法院為一項訴訟的目的所下達的關於要求它實行或不實行一項特定行為，或提供任何文件，或透露任何其他資料的命令，則這種行為除了對該案的實質可能產生的後果外，不應產生任何其他後果。特別是，不應因此對該國處以任何罰款或罰金。

二、一國對它在另一國法院作為被告方的任何訴訟，均無須出具無論何種名稱的擔保、保證書或保證金保證支付司法費用或開支。

第六部分　最後條款

第二十五條　附件

本公約附件為公約的組成部分。

第二十六條　其他國際協定

本公約不影響與本公約所涉事項有關的現有國際協定對締約國所規定的，適用於這些協定締約方之間的權利和義務。

第二十七條　爭端的解決

一、締約國應致力通過談判解決關於本公約的解釋或適用方面的爭端。

二、兩個或兩個以上的締約國之間關於本公約的解釋或適用方面的任何爭端，不能在六個月內談判解決的，經前述任一締約國要求，應交付仲裁。如果自要求仲裁之日起六個月內，前述締約國不能就仲裁的組成達成協議，其中任一締約國可以依照《國際法院規約》提出請求，將爭端提交國際法院審理。

三、每一個締約國在簽署、批准、接受或核准本公約或加入本公約時，可以聲明本國不受第二款的約束。相對於作出這項保留的任何締約國，其他締約國也不受第二款的約束。

四、依照第三款的規定作出保留的任何締約國，可以隨時通知聯合國秘書長撤回該項保留。

第二十八條　簽署

本公約應在二〇〇七年一月十七日之前開放給所有國家在紐約聯合國總部簽署。

第二十九條　批准、接受、核准或加入

一、本公約須經批准、接受、核准或加入。

二、本公約持續開放給任何國家加入。

三、批准書、接受書、核准書或加入書應交存聯合國秘書長。

第 三 十 條　生效

一、本公約應自第三十份批准書、接受書、核准書或加入書交存聯合國秘書長之日後第三十天生效。

二、對於在第三十份批准書、接受書、核准書或加入書交存以後批准、接受、核准或加入本公約的每一國家，本公約應在該國將批准書、接受書、核准書或加入書交存之後第三十天生效。

第三十一條　退出

一、任何締約國可書面通知聯合國秘書長退出本公約。

二、退出應自聯合國秘書長接到通知之日起一年後生效。但本公約應繼續適用於在退出對任何有關國家生效前，在一國法院對另一國提起的訴訟所引起的任何國家及其財產的管轄豁免問題。

三、退出決不影響任何締約國按照國際法而非依本公約即應擔負的履行本公約所載任何義務的責任。

第三十二條　保存機關和通知

一、聯合國秘書長應為本公約的保存機關。

二、聯合國秘書長作為本公約的保存機關，應將以下事項通知所有國家：

　　(a)本公約的簽署及按照第二十九條和第三十一條交存批准書、接受書、核准書或加入書或退出通知的情況；

　　(b)本公約按照第三十條生效之日期；

　　(c)與本公約有關的任何文書、通知或來文。

第三十三條　作準文本

本公約的阿拉伯文、中文、英文、法文、俄文和西班牙文文本同等作準。

本公約於二〇〇五年一月十七日在紐約聯合國總部開放供簽字。下列簽署人經各自政府正式授權在本公約上簽字，以昭信守。

公約附件　對公約若干規定的理解

本附件旨在列出對有關規定的理解。

第 十 條　第十條中的「豁免」一詞應根據本公約全文來理解。

第十條第三款並不預斷「掀開公司面紗」的問題，涉及國家實體故意虛報其財務狀況或繼而減少其資產，以避免清償索賠要求的問題，或其他有關問題。

第十一條　第十一條第二款(d)項所提到的僱主國「安全利益」主要是針對國家安全事項和外交使團和領事館的安全而言。

一九六一年《維也納外交關係公約》第四十一條和一九六三年《維也納領事關係公約》第五十五條規定，條款提及的所有個人都有義務遵守東道國的法

律規章,包括遵守東道國的勞工法。同時,一九六一年《維也納外交關係公約》第三十八條和一九六三年《維也納領事關係公約》第七十一條規定,接受國有義務在行使管轄時,不對使團或領館開展工作造成不當妨礙。

第十三條和第十四條 「確定」一詞不僅指查明或核查是否有受保護的權利,而且也指評價或評估此類權利的實質,包括其內容、範圍和程度。

第十七條 「商業交易」一詞包括投資事項。

第十九條 (c)款「實體」一詞係指作為獨立法人的國家,以及具有獨立法人地位的聯邦制國家的組成部分、國家政治區分單位、國家的機構或部門或其他實體。

(c)款「與被訴實體有聯繫的財產」一語應理解為具有比「所有」或「占有」更廣泛的含義。

第十九條並不預斷「掀開公司面紗」的問題,涉及國家實體故意虛報其財務狀況或隨後減少其資產,以避免清償索賠要求,或其他有關問題。

四十一、聯合國外交特權及豁免公約 (Convention on the Privileges and Immunities of the United Nations) (1946.2.13)

說明:

㈠本公約一九四六年二月十三日簽署,一九四六年九月十七日生效。

㈡英、法文本見 UNTS, Vol. 1, pp. 16–33 (雙號為英文);中文本見聯合國大會 (1946),《大會第 1 屆會第 1 期會議所通過決議案》,倫敦:西敏寺,1946 年,頁 28–39。

按聯合國憲章第一○四條規定,本組織於每一會員國之領土內應享受於執行其職務及完成其宗旨所必需之法律行為能力又

按聯合國憲章第一○五條規定本組織於會員國之領土內應享受其為完成其宗旨之必需外交特權及豁免,而聯合國會員國之各代表以及本組織之職員亦應同樣享受為於其獨立行使關於本組織之職務所必需之特權及豁免,

因此大會以一九四六年二月十三日通過之決議案核准公約如下並建議聯合國各會員國參加簽訂之。

第一條 法律人格

第一節 聯合國應有完整之法律人格具有行為能力以:

甲、訂結契約;

乙、取得及處置動產及不動產;

丙、從事訴訟。

第二條　財產款項及資產

第二節　聯合國其財產及資產，不論其位置何處及執管者何人，應享任何方式訴訟之豁免，但為程序起見或因契約上之規定，而經明白拋棄者不在此限。訴訟程序豁免之棄權認為並不推及強制執行。

第三節　聯合國之會所為不可侵犯者。聯合國之財產及資產，不論其位置何處及執管者何人，應豁免搜索、徵用、沒收、徵收及其他任何方式之扣押，不論其由執行行為、行政行為或立法行為或其他行為而然者。

第四節　聯合國之檔案以及其所屬或所執管之任何文件不論其在何處均為不可侵犯者。

第五節　不受任何財政管制，財政條例及債務特約之約束下，
　　　　(甲)聯合國得持有款項，黃金或任何貨幣並得以任何貨幣處理帳目。
　　　　(乙)聯合國得自一國至他國或在一國內自由移轉其款項，黃金或貨幣並得將其執管之任何貨幣換成任何其他貨幣。

第六節　於行使第五條之權利時，聯合國應顧及任何會員國政府所提之主張，但以其實施為不妨礙聯合國之財政利益下者為限。

第七節　聯合國之資產，收入以及其他財產，應予
　　　　(甲)免除直接稅，但稅捐之實為報酬性質者，則聯合國不得主張免除。
　　　　(乙)聯合國為公務所用而進出口之品物應予免除關稅及進出口之禁止或限制。但免稅進口之品物除與該國政府約定之條件下不得在該國出售。
　　　　(丙)免除聯合國出版物之進出口稅以及關於進出口之禁止及限制。

第八節　聯合國於原則上固不得主張免除營業捐及消費稅，因其實為貨物售價之一部分，但倘聯合國為公務用而購買大宗貨物，須付消費稅時，則各該會員國應於可能範圍內作行政上之必要措施，歸還或償付該部分稅捐。

第三條　交通便利

第九節　關於郵件，海陸電報，無線電，無線照相，電話及其他交通之優先權，收費及稅捐，以及收發報界及無線電消息之消息電報費，特價等。聯合國在其每一會員國領土上所應得之交通上待遇應不次於該國政府所予任何他國政府及其外交團之優待。聯合國之郵件及其他通訊，應不受檢查。

第十節　聯合國應有使用密碼之權益；得用信差或郵袋收發郵件，其信差郵袋應享外交信差及外交郵袋之同樣豁免及特權。

第四條　會員國代表

第十一節　出席聯合國之主要及輔屬機關及其召開會議之各會員國代表，於其行使職務時，及至開會處所之往返途中，應予以下列各特權及豁免：
　　　　(甲)豁免拘捕或拘押及其私人行李之被扣，以及對於其以代表資格所發表之言論及一切行為，豁免任何訴訟；

(乙)其一切文書及文件為不可侵犯者；

(丙)使用密碼之權，及以外交郵差或密封郵袋收發文書或函件之權；

(丁)其本人及配偶於其執行公務所至或經由之處，豁免關於移民禁律，外僑登記，或公民服務之適用；

(戊)關於貨幣或外匯之限制，應予以給予他國政府代表負臨時使命所享之同樣豁免及便利；

(己)其私人行李應予以給予外交使節之同樣豁免及便利；及

(庚)諸凡其他特權，豁免，及便利與上述各項不相衝突而為外交使節所享有者，但對於進口品物（除其私人行李之一部分外）不得請求豁免關稅，消費捐或營業稅。

第十二節　為執行其任務時，得有絕對言論自由及行動自由之保障起見，出席聯合國各主要及輔屬機關，及由聯合國召開會議之各會員國代表，凡有關其執行職務之一切行動及言論而生之訴訟所予豁免者，於其不當任會員國代表時，仍繼續予以豁免。

第十三節　稅捐之徵課以居住為條件者，聯合國會員國代表出席聯合國之主要及輔屬機關及聯合國所召開會議，因執行其公務而居住於一國之時間，應不予計算為居住期間。

第十四節　賦予會員國代表之特權及豁免並非為私人利益，而係保障其得自由執行有關聯合國之公務而設。故引用豁免而有礙司法之進行而對該豁免予以棄權並不有背賦予豁免之原意時，則會員國不但有權且有責任對其代表所享之豁免權表示棄權。

第十五節　第十一、十二及十三節之規定不得由某國人民引用以對抗其本國當局，或為該國代表或曾為代表者。

第十六節　本條內所稱代表係包括各代表，顧問，專門委員及秘書而言。

第五條　職　員

第十七節　秘書長對於應適用本條及第七條規定之職員類別予以確定向大會提出之。經大會核准後秘書長應將該類別通知會員國政府。該類別內職員之人名應隨時通知會員國政府。

第十八節　聯合國各職員應予：

(甲)豁免其因公務之言論及行為而生之訴訟；

(乙)豁免聯合國所予薪給及津貼之課稅；

(丙)豁免國家公民服務之義務；

(丁)豁免其本人，連同其配偶及未成年子女適用移民律及外僑登記；

(戊)該國政府所予外交團類似等級官員所享受之同樣外匯便利；

(己)其本人，其配偶及未成年子女以所予外交使節於國際危機時之同樣返國便利。

第十九節　秘書長，各助理秘書長，其配偶及未成年子女，除第十八節所規定之特權及豁免外，應予以依據國際法所予外交使節，其配偶，及未成年子女所享之同樣特權，豁免，免除，及便利等。

第二十節　特權及豁免之賦予原為聯合國之利益起見而非為各該職員之利益而設。秘書長有權並有責任對於任何職員於任何事件，拋棄豁免，倘據秘書長之意見，拋棄該項豁免並無損組織之利益者。秘書長之豁免，安全理事會有為之棄權之權。

第二十一節　聯合國應隨時與主管機關合作以便利司法之正常進行，實施警章並避免濫用本條所及之各特權，豁免及各便利。

第六條　負聯合國使命之專家

第二十二節　負聯合國使命之專家（除第五條規定之職員外）在其執行使命期間連同其為執行使命之旅途期間內應予以自由執行其任務所必需之特權及豁免，尤應予以：

(甲)豁免拘捕或拘禁及其行李之被扣押；

(乙)豁免其因執行使命而發表之言論及所作之行為而生之一切訴訟。此項訴訟豁免於該專家已非為聯合國僱用時仍繼續有效；

(丙)其文書及文件之不可侵犯性；

(丁)為與聯合國通訊而使用密碼及以專差或密封郵袋收發信件之權；

(戊)外國政府代表負臨時使命所享之同樣貨幣及外匯便利；

(己)外交使節行李所享之同樣豁免及便利。

第二十三節　賦予專家以特權及豁免係為聯合國利益起見並非為私人便利而設。秘書長有權並有責任於引用豁免有礙司法而予以棄權並不損及聯合國利益時，應對任何專家之豁免權予以棄權。

第七條　聯合國通行證

第二十四節　聯合國得向其各職員須給聯合國通行證。聯合國通行證應被會員國當局參照第二十五節之規定認為正式有效之旅行證件。

第二十五節　持有聯合國通行證者，附以證明其為聯合國之公務而旅行之證明書，請求簽證（凡需要簽證者）時，應立即簽給之。此外，應予此等人士以旅行快捷之各種便利。

第二十六節　第二十五節之各便利，雖非持有聯合國通行證而持有為聯合國而旅行之證書之專家及其他人員等亦應賦予之。

第二十七節　秘書長，助理秘書長，局長等為聯合國公務而持聯合國通行證旅行時，應予以外交使節之同樣便利。

第二十八節　本條規定對於各專門機關之類同職員，如於依據憲章第六十三條規定與聯合國發生關係之協定內加以規定時，得適用之。

第八條　爭端之解決

第二十九節　聯合國應規定相當辦法，以解決：

　　　　　　㈠聯合國為當事人之契約或其他私法上所生之爭端；

　　　　　　㈡爭端牽涉聯合國之任何職員，其因公務地位而享有豁免權而該豁免權並未經秘書長所棄權者。

第三十節　本公約之解釋及施行發生爭執時，應移送國際法院，但經當事者約定另用他法解決時不在此限。倘爭端之一造為聯合國而他造為會員國之一時，應依據憲章第九十六條及法院規約第六十五條之規定而提請法院裁定諮議意見。法院裁定之諮議意見，應由爭端當事人接受為有效裁判。

末　條

第三十一節　本公約得由聯合國每一會員國參加簽訂。

第三十二節　參加簽訂係以文書提交聯合國秘書長收存為之，而本公約即自該會員國提存參加簽訂文書之日起對之發生效力。

第三十三節　秘書長接得每一參加簽訂文書後，即行通知各會員國。

第三十四節　任何會員國提存參加簽訂文書時，自當認為該會員國業已於其國土內採取必要之行動，俾根據該國法律而使本公約各規定得以生效。

第三十五節　聯合國與提存參加簽訂文書之會員國間，於該會員國為聯合國會員國之時期內，或直至修正之一般公約經大會核准後而該會員國為修正之一般公約當事國時，本公約繼續生效。

第三十六節　秘書長得與任何會員國或數會員國訂結輔約，更改本公約之規定，僅以適用於該會員國或該數會員國。此項輔約應每次提請大會核准之。

第十章　外交領事與特種使節關係

四十二、維也納外交關係公約及其附加議定書 (Vienna Convention on Diplomatic Relations and Protocols) (1961.4.18)

說明：

㈠本公約一九六一年四月十八日簽署，一九六四年四月二十四日生效。

㈡英、法文本見 UNTS, Vol. 500, pp. 96–127（雙號是英文）；中文本見 pp. 128–145。

㈢以下文本同時附上兩個議定書：

1. 《維也納外交關係公約關於取得國籍之任意議定書》 (Optional Protocol to the Vienna Convention on Diplomatic Relations, concerning Acquisition of Nationality)，英文本見 UNTS, Vol. 500, pp. 223–227（英法文本，雙號是英文）；中文本見 pp. 228–230。

2. 《維也納外交關係公約關於強制解決爭端之任意議定書》(Optional Protocol to the Vienna Convention on Diplomatic Relations, concerning the Compulsory Settlement of Disputes)，英文本見 UNTS, Vol. 500, pp. 242–247（英法文本，雙號是英文）；中文本見 pp. 248–250。

㈠維也納外交關係公約

本公約各當事國：

鑒於各國人民自古即已確認外交代表之地位，

察及聯合國憲章之宗旨及原則中有各國主權平等、維持國際和平與安全、以及促進國際間友好關係等項，

深信關於外交往來，特權及豁免之國際公約當能有助於各國間友好關係之發展——此項關係對於各國憲政及社會制度之差異，在所不問，

確認此等特權與豁免之目的不在於給與個人以利益而在於確保代表國家之使館能有效執行職務，

重申凡未經本公約明文規定之問題應繼續適用國際習慣法之規例，

爰議定條款如下：

第 一 條　就適用本公約而言，下列名稱之意義，應依下列規定：

　　　　　㈠稱「使館館長」者，謂派遣國責成擔任此項職位之人；

　　　　　㈡稱「使館人員」者，謂使館館長及使館職員；

　　　　　㈢稱「使館職員」者，謂使館外交職員、行政及技術職員，及事務職員；

　　　　　㈣稱「外交職員」者，謂具有外交官級位之使館職員；

　　　　　㈤稱「外交代表」者，謂使館館長或使館外交職員；

　　　　　㈥稱「行政及技術職員」者，謂承辦使館行政及技術事務之使館職員；

　　　　　㈦稱「事務職員」者，謂為使館僕役之使館職員；

　　　　　㈧稱「私人僕役」者，謂充使館人員傭僕而非為派遣國僱用之人；

　　　　　㈨稱「使館館舍」者，謂供使館使用及供使館館長寓邸之用之建築物或建築
　　　　　　物之各部分，以及其所附屬之土地，至所有權誰屬，則在所不問。

第 二 條　國與國間外交關係及常設使館之建立，以協議為之。

第 三 條　一、除其他事項外，使館之職務如下：

　　　　　㈠在接受國中代表派遣國；

　　　　　㈡於國際法許可之限度內，在接受國中保護派遣國及其國民之利益；

　　　　　㈢與接受國政府辦理交涉；

　　　　　㈣以一切合法手段調查接受國之狀況及發展情形，向派遣國政府具報；

　　　　　㈤促進派遣國與接受國間之友好關係，及發展兩國間之經濟、文化與科
　　　　　　學關係。

　　　　　二、本公約任何規定不得解釋為禁止使館執行領事職務。

第 四 條　一、派遣國對於擬派駐接受國之使館館長人選務須查明其確已獲得接受國之
　　　　　同意。

　　　　　二、接受國無須向派遣國說明不予同意之理由。

第 五 條　一、派遣國向有關接受國妥為通知後，得酌派任一使館館長或外交職員兼駐
　　　　　一個以上國家，但任何接受國明示反對者，不在此限。

　　　　　二、派遣國委派使館館長兼駐另一國或數國者，得在該館長不常川駐節之國
　　　　　內，設立以臨時代辦為館長之使館。

　　　　　三、使館館長或使館任何外交職員得兼任派遣國駐國際組織之代表。

第 六 條　兩個以上國家得合派同一人為駐另一國之使館館長，但接受國表示反對者不
　　　　　在此限。

第 七 條　除第五條、第八條、第九條及第十一條另有規定外，派遣國得自由委派使館
　　　　　職員。關於陸、海、空軍武官，接受國得要求先行提名，徵求該國同意。

第 八 條　一、使館外交職員原則上應屬派遣國國籍。

　　　　　二、委派屬接受國國籍之人為使館外交職員，非經接受國同意，不得為之；
　　　　　此項同意得隨時撤銷之。

　　　　　三、接受國對於第三國國民之非亦為派遣國國民者，得保留同樣之權利。

第 九 條　一、接受國得隨時不具解釋通知派遣國宣告使館館長或使館任何外交職員為
　　　　　　　不受歡迎人員或使館任何其他職員為不能接受。遇此情形，派遣國應斟
　　　　　　　酌情況召回該員或終止其在使館中之職務。任何人員得於其到達接受國
　　　　　　　國境前，被宣告為不受歡迎或不能接受。
　　　　　二、如派遣國拒絕或不在相當期間內履行其依本條第一項規定所負義務，接
　　　　　　　受國得拒絕承認該員為使館人員。
第 十 條　一、下列事項應通知接受國外交部或另經商定之其他部：
　　　　　　　㈠使館人員之委派，其到達及最後離境或其在使館中職務之終止；
　　　　　　　㈡使館人員家屬到達及最後離境；遇有任何人成為或不復為使館人員家
　　　　　　　　屬時，亦宜酌量通知；
　　　　　　　㈢本項㈠款所稱人員僱用之私人僕役到達及最後離境；遇有私人僕役不
　　　　　　　　復受此等人員僱用時，亦宜酌量通知；
　　　　　　　㈣僱用居留接受國之人為使館人員或為得享特權與豁免之私人僕役時，
　　　　　　　　其僱用與解僱。
　　　　　二、到達及最後離境，於可能範圍內，亦應事先通知。
第十一條　一、關於使館之構成人數如另無協議，接受國得酌量本國環境與情況及特定
　　　　　　　使館之需要，要求使館構成人數不超過該國認為合理及正常之限度。
　　　　　二、接受國亦得在同樣範圍內並在無差別待遇之基礎上，拒絕接受某一類之
　　　　　　　官員。
第十二條　派遣國非經接受國事先明示同意，不得在使館本身所在地以外之地點設立辦
　　　　　　事處，作為使館之一部分。
第十三條　一、使館館長依照接受國應予劃一適用之通行慣例。在呈遞國書後或在向接
　　　　　　　受國外交部或另經商定之其他部通知到達並將所奉國書正式副本送交
　　　　　　　後，即視為已在接受國內開始執行職務。
　　　　　二、呈遞國書或遞送國書正式副本之次第依使館館長到達之日期及時間先後
　　　　　　　定之。
第十四條　一、使館館長分為如下三級：
　　　　　　　㈠向國家元首派遣之大使或教廷大使，及其他同等級位之使館館長；
　　　　　　　㈡向國家元首派遣之使節、公使及教廷公使；
　　　　　　　㈢向外交部長派遣之代辦。
　　　　　二、除關於優先地位及禮儀之事項外，各使館館長不應因其所屬等級而有任
　　　　　　　何差別。
第十五條　使館館長所屬之等級應由關係國家商定之。
第十六條　一、使館館長在其各別等級中之優先地位應按照其依第十三條規定開始執行
　　　　　　　職務之日期及時間先後定之。
　　　　　二、使館館長之國書如有變更而對其所屬等級並無更動時，其優先地位不受
　　　　　　　影響。

三、本條規定不妨礙接受國所採行關於教廷代表優先地位之任何辦法。

第十七條 使館外交職員之優先順序應由使館館長通知外交部或另經商定之其他部。

第十八條 各國接待使館館長，對於同一等級之館長應適用劃一程序。

第十九條 一、使館館長缺位或不能執行職務時，應由臨時代辦暫代使館館長。臨時代辦姓名應由使館館長通知接受國外交部或另經商定之其他部；如館長不能通知時，則由派遣國外交部通知之。

二、使館如在接受國內並無外交職員時，派遣國得於徵得接受國同意後，指派行政或技術職員一人，主持使館日常行政事務。

第二十條 使館及其館長有權在使館館舍，及在使館館長寓邸與交通工具上使用派遣國之國旗與國徽。

第二十一條 一、接受國應便利派遣國依照接受國法律在其境內置備派遣國使館所需之館舍，或協助派遣國以其他方法獲得房舍。

二、接受國遇必要時，並應協助使館為其人員獲得適當之房舍。

第二十二條 一、使館館舍不得侵犯。接受國官吏非經使館館長許可，不得進入使館館舍。

二、接受國負有特殊責任，採取一切適當步驟保護使館館舍免受侵入或損害，並防止一切擾亂使館安寧或有損使館尊嚴之情事。

三、使館館舍及設備，以及館舍內其他財產與使館交通工具免受搜查、徵用、扣押或強制執行。

第二十三條 一、派遣國及使館館長對於使館所有或租賃之館舍，概免繳納國家、區域或地方性捐稅，但其為對供給特定服務應納之費者不在此列。

二、本條所稱之免稅，對於與派遣國或使館館長訂立承辦契約者依接受國法律應納之捐稅不適用之。

第二十四條 使館檔案及文件無論何時，亦不論位於何處，均屬不得侵犯。

第二十五條 接受國應給予使館執行職務之充分便利。

第二十六條 除接受國為國家安全設定禁止或限制進入區域另訂法律規章外，接受國應確保所有使館人員在其境內行動及旅行之自由。

第二十七條 一、接受國應允許使館為一切公務目的自由通訊，並予保護。使館與派遣國政府及無論何處之該國其他使館及領事館通訊時，得採用一切適當方法，包括外交信差及明密碼電信在內。但使館非經接受國同意，不得裝置並使用無線電發報機。

二、使館之來往公文不得侵犯。來往公文指有關使館及其職務之一切來往文件。

三、外交郵袋不得予以開拆或扣留。

四、構成外交郵袋之包裹須附有可資識別之外部標記，以裝載外交文件或公務用品為限。

五、外交信差應持有官方文件，載明其身分及構成郵袋之包裹件數；其於

執行職務時，應受接受國保護。外交信差享有人身不得侵犯權，不受任何方式之逮捕或拘禁。

六、派遣國或使館得派特別外交信差。遇此情形，本條第五項之規定亦應適用，但特別信差將其所負責攜帶之外交郵袋送交收件人後，即不復享有該項所稱之豁免。

七、外交郵袋得託交預定在准許入境地點降落之商營飛機機長轉遞。機長應持有官方文件載明構成郵袋之郵包件數，但機長不得視為外交信差。使館得派館員一人逕向飛機機長自由取得外交郵袋。

第二十八條　使館辦理公務所收之規費及手續費免徵一切捐稅。

第二十九條　外交代表人身不得侵犯。外交代表不受任何方式之逮捕或拘禁。接受國對外交代表應特示尊重，並應採取一切適當步驟以防止其人身、自由或尊嚴受有任何侵犯。

第 三 十 條　一、外交代表之私人寓所一如使館館舍應享有同樣之不得侵犯權及保護。

二、外交代表之文書及信件同樣享有不得侵犯權；其財產除第三十一條第三項另有規定外，亦同。

第三十一條　一、外交代表對接受國之刑事管轄享有豁免。除下列案件外，外交代表對接受國之民事及行政管轄亦享有豁免：

㈠關於接受國境內私有不動產之物權訴訟，但其代表派遣國為使館用途置有之不動產不在此列；

㈡關於外交代表以私人身分並不代表派遣國而為遺囑執行人、遺產管理人、繼承人或受遺贈人之繼承事件之訴訟；

㈢關於外交代表於接受國內在公務範圍以外所從事之專業或商務活動之訴訟。

二、外交代表無以證人身分作證之義務。

三、對外交代表不得為執行之處分，但關於本條第一項㈠、㈡、㈢各款所列之案件，而執行處分復無損於其人身或寓所之不得侵犯權者，不在此限。

四、外交代表不因其對接受國管轄所享之豁免而免除其受派遣國之管轄。

第三十二條　一、外交代表及依第三十七條享有豁免之人對管轄之豁免得由派遣國拋棄之。

二、豁免之拋棄，概須明示。

三、外交代表或依第三十七條享有管轄之豁免之人如主動提起訴訟即不得對與主訴直接相關之反訴主張管轄之豁免。

四、在民事或行政訴訟程序上管轄豁免之拋棄，不得視為對判決執行之豁免亦默示拋棄，後項拋棄須分別為之。

第三十三條　一、除本條第三項另有規定外，外交代表就其對派遣國所為之服務而言，應免適用接受國施行之社會保險辦法。

二、專受外交代表僱用之私人僕役亦應享有本條第一項所規定之豁免，但以符合下列條件為限：

㈠非接受國國民且不在該國永久居留者；

㈡受有派遣國或第三國之社會保險辦法保護者。

三、外交代表如其所僱人員不得享受本條第二項所規定之豁免，應履行接受國社會保險辦法對僱主所規定之義務。

四、本條第一項及第二項所規定之豁免不妨礙對於接受國社會保險制度之自願參加，但以接受國許可參加為限。

五、本條規定不影響前此所訂關於社會保險之雙邊或多邊協定，亦不禁止此類協定之於將來議訂。

第三十四條　外交代表免納一切對人或對物課徵之國家、區域、或地方性捐稅，但下列各項，不在此列：

㈠通常計入商品或勞務價格內之間接稅；

㈡對於接受國境內私有不動產課徵之捐稅，但其代表派遣國為使館用途而置有之不動產，不在此列；

㈢接受國課徵之遺產稅、遺產取得稅或繼承稅，但以不牴觸第三十九條第四項之規定為限；

㈣對於自接受國內獲致之私人所得課徵之捐稅，以及對於在接受國內商務事業上所為投資課徵之資本稅；

㈤為供給特定服務所收費用；

㈥關於不動產之登記費、法院手續費或紀錄費、抵押稅及印花稅；但第二十三條另有規定者，不在此列。

第三十五條　接受國對外交代表應免除一切個人勞務及所有各種公共服務，並應免除關於徵用、軍事募捐及屯宿等之軍事義務。

第三十六條　一、接受國應依本國制定之法律規章，准許下列物品入境，並免除一切關稅及貯存、運送及類似服務費用以外之一切其他課徵：

㈠使館公務用品；

㈡外交代表或與其構成同一戶口之家屬之私人用品，包括供其定居之用之物品在內。

二、外交代表私人行李免受查驗，但有重大理由推定其中裝有不在本條第一項所稱免稅之列之物品，或接受國法律禁止進出口或有檢疫條例加以管制之物品者，不在此限。遇此情形，查驗須有外交代表或其授權代理人在場，方得為之。

第三十七條　一、外交代表之與其構成同一戶口之家屬，如非接受國國民，應享有第二十九條至第三十六條所規定之特權與豁免。

二、使館行政與技術職員暨與其構成同一戶口之家屬，如非接受國國民且不在該國永久居留者，均享有第二十九條至第三十五條所規定之特權

與豁免，但第三十一條第一項所規定對接受國民事及行政管轄之豁免不適用於執行職務範圍以外之行為。關於最初定居時所輸入之物品，此等人員亦享有第三十六條第一項所規定之特權。

三、使館事務職員如非接受國國民且不在該國永久居留者，就其執行公務之行為享有豁免，其受雇所得酬報免納捐稅，並享有第三十三條所載之豁免。

四、使館人員之私人僕役如非接受國國民且不在該國永久居留者，其受雇所得酬報免納捐稅。在其他方面，此等人員僅得在接受國許可範圍內享有特權與豁免。但接受國對此等人員所施之管轄應妥為行使，以免對使館職務之執行有不當之妨礙。

第三十八條　一、除接受國特許享受其他特權及豁免外，外交代表為接受國國民或在該國永久居留者，僅就其執行職務之公務行為，享有管轄之豁免及不得侵犯權。

二、其他使館館員及私人僕役為接受國國民或在該國永久居留者僅得在接受國許可之範圍內享有特權與豁免。但接受國對此等人員所施之管轄應妥為行使，以免對使館職務之執行有不當之妨礙。

第三十九條　一、凡享有外交特權與豁免之人，自其進入接受國國境前往就任之時起享有此項特權與豁免，其已在該國境內者，自其委派通知外交部或另經商定之其他部之時開始享有。

二、享有特權與豁免人員之職務如已終止，此項特權與豁免通常於該員離境之時或聽任其離境之合理期間終了之時停止，縱有武裝衝突情事，亦應繼續有效至該時為止。但關於其以使館人員資格執行職務之行為，豁免應始終有效。

三、遇使館人員死亡，其家屬應繼續享有應享之特權與豁免，至聽任其離境之合理期間終了之時為止。

四、遇非為接受國國民且不在該國永久居留之使館人員或與其構成同一戶口之家屬死亡，接受國應許可亡故者之動產移送出國，但任何財產如係在接受國內取得而在當事人死亡時禁止出口者，不在此列。動產之在接受國純係因亡故者為使館人員或其家屬而在接受國境內所致者，應不課徵遺產稅、遺產取得稅及繼承稅。

第 四 十 條　一、遇外交代表前往就任或返任或返回本國，道經第三國國境或在該國境內，而該國曾發給所需之護照簽證時，第三國應給予不得侵犯權及確保其過境或返回所必需之其他豁免。享有外交特權或豁免之家屬與外交代表同行時，或單獨旅行前往會聚或返回本國時，本項規定同樣適用。

二、遇有類似本條第一項所述之情形，第三國不得阻礙使館之行政與技術或事務職員及其家屬經過該國國境。

三、第三國對於過境之來往公文及其他公務通訊,包括明密碼電信在內,
應一如接受國給予同樣之自由及保護。第三國於已發給所需護照簽證
之外交信差及外交郵袋過境時,應比照接受國所負之義務,給予同樣
之不得侵犯權及保護。

四、第三國依本條第一項、第二項及第三項規定所負之義務,對於各該項
內分別述及之人員與公務通訊及外交郵袋之因不可抗力而在第三國境
內者,亦適用之。

第四十一條　一、在不妨礙外交特權與豁免之情形下,凡享有此項特權與豁免之人員,
均負有尊重接受國法律規章之義務。此等人員並負有不干涉該國內政
之義務。

二、使館承派遣國之命與接受國洽商公務,概應逕與或經由接受國外交部
或另經商定之其他部辦理。

三、使館館舍不得充作與本公約或一般國際法之其他規則、或派遣國與接
受國間有效之特別協定所規定之使館職務不相符合之用途。

第四十二條　外交代表不應在接受國內為私人利益從事任何專業或商業活動。

第四十三條　除其他情形外,外交代表之職務遇有下列情事之一即告終了:
㈠派遣國通知接受國謂外交代表職務業已終了;
㈡接受國通知派遣國謂依第九條第二項之規定該國拒絕承認該外交代表為
使館人員。

第四十四條　接受國對於非為接受國國民之享有特權與豁免人員,以及此等人員之家屬,
不論其國籍為何,務須給予便利使能儘早離境,縱有武裝衝突情事,亦應
如此辦理。遇必要時,接受國尤須供給其本人及財產所需之交通運輸工具。

第四十五條　遇兩國斷絕外交關係,或遇使館長期或暫時撤退時:
㈠接受國務應尊重並保護使館館舍以及使館財產與檔案,縱有武裝衝突情
事,亦應如此辦理;
㈡派遣國得將使館館舍以及使館財產與檔案委託接受國認可之第三國保
管;
㈢派遣國得委託接受國認可之第三國代為保護派遣國及其國民之利益。

第四十六條　派遣國經接受國事先同意,得應未在接受國內派有代表之第三國之請求,
負責暫時保護該第三國及其國民之利益。

第四十七條　一、接受國適用本公約規定時,對各國不得差別待遇。
二、但下列情形不以差別待遇論:
㈠接受國因派遣國對接受國使館適用本公約任一規定有所限制,對同
一規定之適用亦予限制;
㈡各國依慣例或協定,彼此給予較本公約所規定者更為有利之待遇。

第四十八條　本公約應聽由聯合國或任何專門機關之全體會員國、或國際法院規約當事
國、及經聯合國大會邀請成為本公約當事一方之任何其他國家簽署,其辦

法如下：至一九六一年十月三十一日止在奧地利聯邦外交部簽署，其後至一九六二年三月三十一日止在紐約聯合國會所簽署。

第四十九條　本公約須經批准。批准文件應送交聯合國秘書長存放。

第 五 十 條　本公約應聽由屬於第四十八條所稱四類之一之國家加入。加入文件應送交聯合國秘書長存放。

第五十一條　一、本公約應於第二十二件批准或加入文件送交聯合國秘書長存放之日後第三十日起發生效力。

二、對於在第二十二件批准或加入文件存放後批准或加入本公約之國家，本公約應於各該國存放批准或加入文件後第三十日起發生效力。

第五十二條　聯合國秘書長應將下列事項通知所有屬於第四十八條所稱四類之一之國家：

�依第四十八條、第四十九條及第五十條對本公約所為之簽署及送存之批准或加入文件；

㈡依第五十一條本公約發生效力之日期。

第五十三條　本公約之原本應交聯合國秘書長存放，其中文、英文、法文、俄文及西班牙文各本同一作準；秘書長應將各文正式副本分送所有屬於第四十八條所稱四類之一之國家。

為此，下列全權代表，各秉本國政府正式授予簽字之權，謹簽字於本公約，以昭信守。

公曆一千九百六十一年四月十八日訂於維也納。

㈡維也納外交關係公約關於取得國籍之任意議定書

本議定書及自一九六一年三月二日至四月十四日在維也納舉行之聯合國會議所通過之維也納外交關係公約（以下簡稱「公約」）之各當事國，

表示對於使館人員及與其構成同一戶口之家屬取得國籍一事，願在彼此間確立規則；

爰議定條款如下：

第 一 條　就適用本議定書而言，「使館人員」一語之意義，應依公約第一條㈡款之規定，即指「使館館長及使館職員」。

第 二 條　使館人員非為接受國國民者及與其構成同一戶口之家屬不應專因接受國法律之適用而即取得該國國籍。

第 三 條　本議定書應聽由所有得成為公約當事國之國家簽署，其辦法如下：至一九六一年十月三十一日止在奧地利聯邦外交部簽署，其後至一九六二年三月三十一日止在紐約聯合國會所簽署。

第 四 條　本議定書須經批准。批准文件應送交聯合國秘書長存放。

第 五 條　本議定書應聽由所有得成為公約當事國之國家加入。加入文件應送交聯合國秘書長存放。

第 六 條　一、本議定書應於公約開始生效之同日起發生效力，或於第二件批准或加入
　　　　　　　議定書文件送交聯合國秘書長存放之日後第三十日起發生效力，以兩者
　　　　　　　中在後之日期為準。
　　　　　　二、對於在本議定書依本條第一項發生效力後批准或加入之國家，本議定書
　　　　　　　應於各該國存放批准或加入文件後第三十日起發生效力。

第 七 條　聯合國秘書長應將下列事項通知所有得成為公約當事國之國家：
　　　　　　㈠依第三條、第四條及第五條對本議定書所為之簽署及送存之批准或加入文
　　　　　　　件；
　　　　　　㈡依第六條本議定書發生效力之日期。

第 八 條　本議定書之原本應交聯合國秘書長存放，其中文、英文、法文、俄文及西班
　　　　　　牙文各本同一作準；秘書長應將各文正式副本分送第三條所稱各國。

　　　為此，下列全權代表，各秉本國政府正式授予簽字之權，謹簽字於本議定書，以昭
信守。

　　　公曆一千九百六十一年四月十八日訂於維也納。

㈢維也納外交關係公約關於強制解決爭端之任意議定書

　　　本議定書及自一九六一年三月二日至四月十四日在維也納舉行之聯合國會議所通過
之維也納外交關係公約（以下簡稱「公約」）之各當事國，
　　　表示對於公約因解釋或適用上發生爭端及涉及各當事國之一切問題，除當事各方於
相當期間內商定其他解決方法外，願接受國際法院之強制管轄，
　　　爰議定條款如下：

第 一 條　公約解釋或適用上發生之爭端均屬國際法院強制管轄範圍，因此爭端之任何
　　　　　　一造如係本議定書之當事國，得以請求書將爭端提交國際法院。

第 二 條　當事各方得於一方認為有爭端存在並將此意通知他方後兩個月內，協議不將
　　　　　　爭端提交國際法院而提交公斷法庭。此項期間屆滿後，任何一方得以請求書
　　　　　　將爭端提交國際法院。

第 三 條　一、當事各方得於同一兩個月期間內協議在將爭端提交國際法院前採用和解
　　　　　　　程序。
　　　　　　二、和解委員會應於派設後五個月內作成建議。爭端各造倘於建議提出後兩
　　　　　　　個月內未予接受，任何一造得以請求書將爭端提交國際法院。

第 四 條　公約、關於取得國籍之任意議定書及本議定書之各當事國得隨時聲明將本議
　　　　　　定書之規定適用於關於取得國籍之任意議定書解釋或適用上發生之爭端。此
　　　　　　項聲明應通知聯合國秘書長。

第 五 條　本議定書應聽由所有得成為公約當事國之國家簽署，其辦法如下：至一九六
　　　　　　一年十月三十一日止在奧地利聯邦外交部簽署，其後至一九六二年三月三十
　　　　　　一日止在紐約聯合國會所簽署。

第 六 條　本議定書須經批准。批准文件應送交聯合國秘書長存放。

第 七 條　本議定書應聽由所有得成為公約當事國之國家加入。加入文件應送交聯合國秘書長存放。

第 八 條　一、本議定書應於公約開始生效之同日起發生效力，或於第二件批准或加入議定書文件送交聯合國秘書長存放之日後第三十日起發生效力，以兩者中在後之日期為準。

　　　　　二、對於在本議定書依本條第一項發生效力後批准或加入之國家，本議定書應於各該國存放批准或加入文件後第三十日起發生效力。

第 九 條　聯合國秘書長應將下列事項通知所有得成為公約當事國之國家：
　　　　　㈠依第五條、第六條及第七條對本議定書所為之簽署及送存之批准或加入文件；
　　　　　㈡依本議定書第四條所為之聲明；
　　　　　㈢依第八條本議定書發生效力之日期。

第 十 條　本議定書之原本應交聯合國秘書長存放，其中文、英文、法文、俄文及西班牙文各本同一作準；秘書長應將各文正式副本分送第五條所稱各國。

　　為此，下列全權代表，各秉本國政府正式授予簽字之權，謹簽字於本議定書，以昭信守。

　　公曆一千九百六十一年四月十八日訂於維也納。

四十三、維也納領事關係公約及其附加議定書 (Vienna Convention on Consular Relations and Protocols) (1963.4.24)

說明：

㈠本公約一九六三年四月二十四日簽署，一九六七年三月十九日生效。

㈡英、法文本見 UNTS, Vol. 596, pp. 262–323 （雙號是英文）；中文本見 pp. 324–358。

㈢以下文本同時附上兩個議定書：

1.《關於取得國籍之任意議定書》 (Optional Protocol to the Vienna Convention on Consular Relations concerning Acquisition of Nationality)，英、法文本見 UNTS, Vol. 596, pp. 470–473（雙號是英文）；中文本見 pp. 474–476。

2.《關於強制解決爭端之任意議定書》(Optional Protocol to the Vienna Convention on Consular Relations concerning the Compulsory Settlement of Disputes)，英、法文本見 UNTS, Vol. 596, pp. 488–493（雙號是英文）；中文本見 pp. 494–496。

㈣維也納領事關係公約

本公約各當事國，

查各國人民自古即已建立領事關係，

察及聯合國憲章關於各國主權平等、維持國際和平與安全以及促進國際間友好關係之宗旨及原則，

鑒於聯合國外交往來及豁免會議曾通過維也納外交關係公約，該公約業自一九六一年四月十八日起聽由各國簽署，

深信一項關於領事關係、特權及豁免之國際公約亦能有助於各國間友好關係之發展，不論各國憲政及社會制度之差異如何，

認為此等特權及豁免之目的不在於給與個人以利益而在於確保領館能代表本國有效執行職務，

確認凡未經本公約明文規定之事項應繼續適用國際習慣法之規例，

爰議定條款如下：

第 一 條 定義

一、就本公約之適用而言，下列名稱應具意義如次：

㈠稱「領館」者，謂任何總領事館、領事館、副領事館或領事代理處；

㈡稱「領館轄區」者，謂為領館執行職務而設定之區域；

㈢稱「領館館長」者，謂奉派任此職位之人員；

㈣稱「領事官員」者，謂派任此職承辦領事職務之任何人員，包括領館館長在內；

㈤稱「領館僱員」者，謂受僱擔任領館行政或技術事務之任何人員；

㈥稱「服務人員」者，謂受僱擔任領館雜務之任何人員；

㈦稱「領館人員」者，謂領事官員、領館僱員及服務人員；

㈧稱「領館館員」者，謂除館長以外之領事官員、領館僱員及服務人員；

㈨稱「私人服務人員」者，謂受僱專為領館人員私人服務之人員；

㈩稱「領館館舍」者，謂專供領館使用之建築物或建築物之各部分，以及其所附屬之土地，至所有權誰屬，則在所不問；

⑾稱「領館檔案」者，謂領館之一切文書、文件、函電、簿籍、膠片、膠帶及登記冊，以及明密電碼、紀錄卡片及供保護或保管此等文卷之用之任何器具。

二、領事官員分為兩類，即職業領事官員與名譽領事官員。本公約第二章之規定對以職業領事官員為館長之領館適用之；第三章之規定對以名譽領事官員為館長之領館適用之。

三、領館人員為接受國國民或永久居民者，其特殊地位依本公約第七十一條定之。

第一章　一般領事關係

第一節　領事關係之建立及處理

第 二 條　領事關係之建立

一、國與國間領事關係之建立，以協議為之。

二、除另有聲明外，兩國同意建立外交關係亦即謂同意建立領事關係。

三、斷絕外交關係並不當然斷絕領事關係。

第 三 條　領事職務之行使

領事職務由領館行使之。此項職務亦得由使館依照本公約之規定行使之。

第 四 條　領館之設立

一、領館須經接受國同意始得在該國境內設立。

二、領館之設立地點、領館類別及其轄區由派遣國定之，惟須經接受國同意。

三、領館之設立地點、領館類別及其轄區確定後，派遣國須經接受國同意始得變更之。

四、總領事館或領事館如欲在本身所在地以外之地點設立副領事館或領事代理處亦須經接受國同意。

五、在原設領館所在地以外開設辦事處作為該領館之一部分，亦須事先徵得接受國之明示同意。

第 五 條　領事職務

領事職務包括：

㈠於國際法許可之限度內，在接受國內保護派遣國及其國民——個人與法人——之利益；

㈡依本公約之規定，增進派遣國與接受國間之商業、經濟、文化及科學關係之發展，並在其他方面促進兩國間之友好關係；

㈢以一切合法手段調查接受國內商業、經濟、文化及科學活動之狀況暨發展情形，向派遣國政府具報，並向關心人士提供資料；

㈣向派遣國國民發給護照及旅行證件，並向擬赴派遣國旅行人士發給簽證或其他適當文件；

㈤幫助及協助派遣國國民——個人與法人；

㈥擔任公證人，民事登記員及類似之職司，並辦理若干行政性質之事務，但以接受國法律規章無禁止之規定為限；

㈦依接受國法律規章在接受國境內之死亡繼承事件中，保護派遣國國民——個人與法人——之利益；

㈧在接受國法律規章所規定之限度內，保護為派遣國國民之未成年人及其他無充分行為能力人之利益，尤以須對彼等施以監護或託管之情形為然；

㈨以不牴觸接受國內施行之辦法與程序為限，遇派遣國國民因不在當地或由

於其他原因不能於適當期間自行辯護其權利與利益時，在接受國法院及其
他機關之前擔任其代表或為其安排適當之代表，俾依照接受國法律規章取
得保全此等國民之權利與利益之臨時措施；

㈩依現行國際協定之規定或於無此種國際協定時，以符合接受國法律規章之
任何其他方式，轉送司法書狀與司法以外文件或執行囑託調查書或代派遣
國法院調查證據之委託書；

㈠對具有派遣國國籍之船舶，在該國登記之航空機以及其航行人員，行使派
遣國法律規章所規定之監督及檢查權；

㈡對本條第㈠款所稱之船舶與航空機及其航行人員給予協助，聽取關於船舶
航程之陳述，查驗船舶文書並加蓋印章，於不妨害接受國當局權力之情形
下調查航行期間發生之任何事故及在派遣國法律規章許可範圍內調解船長
船員與水手間之任何爭端；

㈢執行派遣國責成領館辦理而不為接受國法律規章所禁止、或不為接受國所
反對、或派遣國與接受國間現行國際協定所訂明之其他職務。

第 六 條　在領館轄區外執行領事職務

在特殊情形下，領事官員經接受國同意，得在其領館轄區外執行職務。

第 七 條　在第三國中執行領事職務

派遣國得於通知關係國家後，責成設於特定國家之領館在另一國內執行領事
職務，但以關係國家均不明示反對為限。

第 八 條　代表第三國執行領事職務

經適當通知接受國後，派遣國之一領館得代表第三國在接受國內執行領事職
務，但以接受國不表反對為限。

第 九 條　領館館長之等級

一、領館館長分為四級，即：

　　㈠總領事；

　　㈡領事；

　　㈢副領事；

　　㈣領事代理人。

二、本條第一項之規定並不限制任何締約國對館長以外之領事官員設定銜名
之權。

第 十 條　領館館長之委派及承認

一、領館館長由派遣國委派，並由接受國承認准予執行職務。

二、除本公約另有規定外，委派及承認領館館長之手續各依派遣國及接受國
之法律規章與慣例辦理。

第十一條　領事委任文憑或委派之通知

一、領館館長每次奉派任職，應由派遣國發給委任文憑或類似文書以充其職
位之證書，其上通例載明館長之全名，其職類與等級，領館轄區及領館

　　　　　　設置地點。

二、派遣國應經由外交途徑或其他適當途徑將委任文憑或類似文書轉送領館
　　館長執行職務所在地國家之政府。

三、如接受國同意，派遣國得向接受國致送載列本條第一項所規定各節之通
　　知，以替代委任文憑或類似文書。

第十二條　領事證書

一、領館館長須經接受國准許方可執行職務，此項准許不論採何形式，概稱
　　領事證書。

二、一國拒不發給領事證書，無須向派遣國說明其拒絕之理由。

三、除第十三條及第十五條另有規定外，領館館長非俟獲得領事證書不得開
　　始執行職務。

第十三條　暫時承認領館館長

領事證書未送達前，領館館長得暫時准予執行職務。遇此情形，本公約之各
項規定應即適用。

第十四條　通知領館轄區當局

領館館長一經承認准予執行職務後，接受國應立即通知領館轄區之各主管當
局，即令係屬暫時性質，亦應如此辦理。接受國並應確保採取必要措施，使
領館館長能執行其職責並可享受本公約所規定之利益。

第十五條　暫時代理領館館長職務

一、領館館長不能執行職務或缺位時，得由代理館長暫代領館館長。

二、代理館長之全名應由派遣國使館通知接受國外交部或該部指定之機關；
　　如該國在接受國未設使館，應由領館館長通知，館長不能通知時，則由
　　派遣國主管機關通知之。此項通知通例應事先為之。如代理館長非為派
　　遣國駐接受國之外交代表或領事官員，接受國得以徵得其同意為承認之
　　條件。

三、接受國主管機關應予代理館長以協助及保護。代理館長主持館務期間應
　　在與領館館長相同之基礎上適用本公約各項規定。惟如領館館長係在代
　　理館長並不具備之條件下始享受便利、特權與豁免時，接受國並無准許
　　代理館長享受此種便利、特權與豁免之義務。

四、遇本條第一項所稱之情形，派遣國駐接受國使館之外交職員奉派遣國派
　　為領館代理館長時，倘接受國不表反對，應繼續享有外交特權與豁免。

第十六條　領館館長間之優先位次

一、領館館長在各別等級中之優先位次依頒給領事證書之日期定之。

二、惟如領館館長在獲得領事證書前業經暫時承認准予執行職務，其優先位
　　次依給予暫時承認之日期定之；此項優先位次在頒給領事證書後，仍應
　　維持之。

三、兩個以上領館館長同日獲得領事證書或暫時承認者，其相互間之位次依

委任文憑或類似文書或第十一條第三項所稱之通知送達接受國之日期定之。

四、代理館長位於所有領館館長之後,其相互間之位次依遵照第十五條第二項所為通知中述明之開始擔任代理館長職務日期定之。

五、名譽領事官員任領館館長者在各別等級中位於職業領館館長之後,其相互間之位次依前列各項所訂定之次序及規則定之。

六、領館館長位於不任此職之領事官員之先。

第十七條　領事官員承辦外交事務

一、在派遣國未設使館亦未由第三國使館代表之國家內,領事官員經接受國之同意,得准予承辦外交事務,但不影響其領事身分。領事官員承辦外交事務,並不因而有權主張享有外交特權及豁免。

二、領事官員得於通知接受國後,擔任派遣國出席任何政府間組織之代表。領事官員擔任此項職務時,有權享受此等代表依國際習慣法或國際協定享有之任何特權與豁免;但就其執行領事職務而言,仍無權享有較領事官員依本公約所享者為廣之管轄之豁免。

第十八條　兩個以上國家委派同一人為領事官員

兩個以上國家經接受國之同意得委派同一人為駐該國之領事官員。

第十九條　領館館員之委派

一、除第二十條、第二十二條及第二十三條另有規定外,派遣國得自由委派領館館員。

二、派遣國應在充分時間前將領館館長以外所有領事官員之全名、職類及等級通知接受國,俾接受國得依其所願,行使第二十三條第三項所規定之權利。

三、派遣國依其本國法律規章確有必要時,得請接受國對領館館長以外之領事官員發給領事證書。

四、接受國依其本國法律規章確有必要時,得對領館館長以外之領事官員發給領事證書。

第二十條　領館館員人數

關於領館館員人數如無明確協議,接受國得酌量領館轄區內之環境與情況及特定領館之需要,要求館員人數不超過接受國認為合理及正常之限度。

第二十一條　領館領事官員間之優先位次

同一領館內領事官員間之優先位次以及關於此項位次之任何變更應由派遣國使館通知接受國外交部或該部指定之機關,如派遣國在接受國未設使館,則由領館館長通知之。

第二十二條　領事官員之國籍

一、領事官員原則上應屬派遣國國籍。

二、委派屬接受國國籍之人為領事官員,非經該國明示同意,不得為之;

此項同意得隨時撤銷之。

三、接受國對於非亦為派遣國國民之第三國國民，得保留同樣之權利。

第二十三條　認為不受歡迎之人員

一、接受國得隨時通知派遣國，宣告某一領事官員為不受歡迎人員或任何其他領館館員為不能接受。遇此情事，派遣國應視情形召回該員或終止其在領館中之職務。

二、倘派遣國拒絕履行或不在相當期間內履行其依本條第一項所負之義務，接受國得視情形撤銷關係人員之領事證書或不復承認該員為領館館員。

三、任何派為領館人員之人得於其到達接受國國境前——如其已在接受國境內，於其在領館就職前——被宣告為不能接受。遇此情形，派遣國應撤銷該員之任命。

四、遇本條第一項及第三項所稱之情形，接受國無須向派遣國說明其所為決定之理由。

第二十四條　向接受國通知委派、到達及離境

一、下列事項應通知接受國外交部或該部指定之機關：

㈠領館人員之委派，委派後之到達領館，其最後離境或職務終止，以及在領館供職期間所發生之身分上任何其他變更；

㈡與領館人員構成同一戶口之家屬到達及最後離境；任何人成為或不復為領館人員家屬時，在適當情形下，亦應通知；

㈢私人服務人員之到達及最後離境；其職務之終止，在適當情形下，亦應通知；

㈣僱用居留接受國之人為領館人員或為得享特權與豁免之私人服務人員時，其僱用及解僱。

二、到達及最後離境，於可能範圍內，亦應事先通知。

第二節　領事職務之終了

第二十五條　領館人員職務之終止

除其他情形外，領館人員之職務遇有下列情事之一即告終了：

㈠派遣國通知接受國謂該員職務業已終了；

㈡撤銷領事證書；

㈢接受國通知派遣國謂接受國不復承認該員為領館館員。

第二十六條　離開接受國國境

接受國對於非為接受國國民之領館人員及私人服務人員以及與此等人員構成同一戶口之家屬，不論其國籍為何，應給予必要時間及便利使能於關係人員職務終止後準備離境並儘早出境，縱有武裝衝突情事，亦應如此辦理。遇必要時，接受國尤應供給彼等本人及財產所需之交通運輸工具，但財產

之在接受國內取得而於離境時禁止出口者不在此列。

第二十七條　非常情況下領館館舍與檔案及派遣國利益之保護

一、遇兩國斷絕領事關係時：

㈠接受國應尊重並保護領館館舍以及領館財產與領館檔案，縱有武裝衝突情事，亦應如此辦理；

㈡派遣國得將領館館舍以及其中財產與領館檔案委託接受國可以接受之第三國保管；

㈢派遣國得委託接受國可以接受之第三國代為保護派遣國及其國民之利益。

二、遇領館暫時或長期停閉，本條第一項第㈠款規定應適用之。此外，

㈠派遣國在接受國境內雖未設使館，但設有另一領館時，得責成該領館保管已停閉之領館之館舍以及其中財產與領館檔案，又經接受國同意後，得責令其兼理已停閉領館轄區內之領事職務。

㈡派遣國在接受國內並無使館或其他領館時，本條第一項第㈡款及第㈢款之規定應適用之。

第二章　關於領館職業領事官員及其他領館人員之便利、特權與豁免

第一節　關於領館之便利、特權與豁免

第二十八條　領館工作之便利

接受國應給予領館執行職務之充分便利。

第二十九條　國旗與國徽之使用

一、派遣國有權依本條之規定在接受國內使用本國之國旗與國徽。

二、領館所在之建築物及其正門上，以及領館館長寓邸與在執行公務時乘用之交通工具上得懸掛派遣國國旗並揭示國徽。

三、行使本條所規定之權利時，對於接受國之法律規章與慣例應加顧及。

第三十條　房舍

一、接受國應便利派遣國依接受國法律規章在其境內置備領館所需之館舍，或協助領館以其他方法獲得房舍。

二、接受國遇必要時，並應協助領館為其人員獲得適當房舍。

第三十一條　領館館舍不得侵犯

一、領館館舍於本條所規定之限度內不得侵犯。

二、接受國官吏非經領館館長或其指定人員或派遣國使館館長同意，不得進入領館館舍中專供領館工作之用之部分。惟遇火災或其他災害須迅速採取保護行動時，得推定領館館長已表示同意。

三、除本條第二項另有規定外，接受國負有特殊責任，採取一切適當步驟保護領館館舍免受侵入或損害，並防止任何擾亂領館安寧或有損領館

尊嚴之情事。

四、領館館舍、館舍設備以及領館之財產與交通工具應免受為國防或公用目的而實施之任何方式之徵用。如為此等目的確有徵用之必要時，應採取一切可能步驟以免領館職務之執行受有妨礙，並應向派遣國為迅速、充分及有效之賠償。

第三十二條　領館館舍免稅

一、領館館舍及職業領館館長寓邸之以派遣國或代表派遣國人員為所有權人或承租人者，概免繳納國家、區域或地方性之一切捐稅，但其為對供給特定服務應納之費者不在此列。

二、本條第一項所稱之免稅，對於與派遣國或代表派遣國人員訂立承辦契約之人依接受國法律應納之捐稅不適用之。

第三十三條　領館檔案及文件不得侵犯

領館檔案及文件無論何時，亦不論位於何處，均屬不得侵犯。

第三十四條　行動自由

除接受國為國家安全設定禁止或限制進入區域所訂法律規章另有規定外，接受國應確保所有領館人員在其境內行動及旅行之自由。

第三十五條　通訊自由

一、接受國應准許領館為一切公務目的之自由通訊，並予保護。領館與派遣國政府及無論何處之該國使館及其他領館通訊，得採用一切適當方法，包括外交或領館信差、外交或領館郵袋及明密碼電信在內。但領館須經接受國許可，始得裝置及使用無線電發報機。

二、領館之來往公文不得侵犯。來往公文係指有關領館及其職務之一切來往文件。

三、領館郵袋不得予以開拆或扣留。但如接受國主管當局有重大理由認為郵袋裝有不在本條第四項所稱公文文件及用品之列之物品時，得請派遣國授權代表一人在該當局前將郵袋開拆。如派遣國當局拒絕此項請求，郵袋應予退回至原發送地點。

四、構成領館郵袋之包裹須附有可資識別之外部標記，並以裝載來往公文及公務文件或專供公務之用之物品為限。

五、領館信差應持有官方文件，載明其身分及構成領館郵袋之包裹件數。除經接受國同意外，領館信差不得為接受國國民，亦不得為接受國永久居民，但其為派遣國國民者不在此限。其於執行職務時，應受接受國保護。領館信差享有人身不得侵犯權，不受任何方式之逮捕或拘禁。

六、派遣國，其使館及領館得派特別領館信差。遇此情形，本條第五項之規定亦應適用，惟特別信差將其所負責攜帶之領館郵袋送交收件人後，即不復享有該項所稱之豁免。

七、領館郵袋得託交預定在准許入境地點停泊之船舶船長或在該地降落之

商營飛機機長運帶。船長或機長應持有官方文件，載明構成郵袋之包裹件數，但不得視為領館信差。領館得與主管地方當局商定，派領館人員一人逕向船長或機長自由提取領館郵袋。

第三十六條　與派遣國國民通訊及聯絡

一、為便於領館執行其對派遣國國民之職務計：

㈠領事官員得自由與派遣國國民通訊及會見。派遣國國民與派遣國領事官員通訊及會見應有同樣自由。

㈡遇有領館轄區內有派遣國國民受逮捕或監禁或羈押候審、或受任何其他方式之拘禁之情事，經其本人請求時，接受國主管當局應迅即通知派遣國領館。受逮捕、監禁、羈押或拘禁之人致領館之信件亦應由該當局迅予遞交。該當局應將本款規定之權利迅即告知當事人。

㈢領事官員有權探訪受監禁、羈押或拘禁之派遣國國民，與之交談或通訊，並代聘其法律代表。領事官員並有權探訪其轄區內依判決而受監禁、羈押或拘禁之派遣國國民。但如受監禁、羈押或拘禁之國民明示反對為其採取行動時，領事官員應避免採取此種行動。

二、本條第一項所稱各項權利應遵照接受國法律規章行使之，但此項法律規章務須使本條所規定之權利之目的得以充分實現。

第三十七條　關於死亡、監護或託管及船舶毀損與航空事故之通知

倘接受國主管當局獲有有關情報，該當局負有義務：

㈠遇有派遣國國民死亡時，迅即通知轄區所及之領館；

㈡遇有為隸籍派遣國之未成年人或其他無充分行為能力人之利益計，似宜指定監護人或託管人時，迅將此項情事通知主管領館。惟此項通知不得妨礙接受國關於指派此等人員之法律規章之施行。

㈢遇具有派遣國國籍之船舶在接受國領海或內國水域毀損或擱淺時，或遇在派遣國登記之航空機在接受國領域內發生意外事故時，迅即通知最接近出事地點之領館。

第三十八條　與接受國當局通訊

領事官員執行職務時，得與下列當局接洽：

㈠其轄區內之主管地方當局；

㈡接受國之主管中央當局，但以經接受國之法律規章與慣例或有關國際協定所許可且在其規定範圍內之情形為限。

第三十九條　領館規費與手續費

一、領館得在接受國境內徵收派遣國法律規章所規定之領館辦事規費與手續費。

二、本條第一項所稱規費與手續費之收入款項以及此項規費或手續費之收據，概免繳納接受國內之一切捐稅。

第二節　關於職業領事官員及其他領館人員之便利特權與豁免

第四十條　對領事官員之保護

接受國對於領事官員應表示適當尊重並應採取一切適當步驟以防其人身自由或尊嚴受任何侵犯。

第四十一條　領事官員人身不得侵犯

一、領事官員不得予以逮捕候審或羈押候審，但遇犯嚴重罪行之情形，依主管司法機關之裁判執行者不在此列。

二、除有本條第一項所規定之情形外，對於領事官員不得施以監禁或對其人身自由加以任何其他方式之拘束，但為執行有確定效力之司法判決者不在此限。

三、如對領事官員提起刑事訴訟，該員須到管轄機關出庭。惟進行訴訟程序時，應顧及該員所任職位予以適當之尊重，除有本條第一項所規定之情形外，並應盡量避免妨礙領事職務之執行。遇有本條第一項所稱之情形，確有羈押領事官員之必要時，對該員提起訴訟，應盡速辦理。

第四十二條　逮捕、羈押或訴究之通知

遇領館館員受逮捕候審或羈押候審，或對其提起刑事訴訟時，接受國應迅即通知領館館長。倘領館館長本人為該項措施之對象時，接受國應經由外交途徑通知派遣國。

第四十三條　管轄之豁免

一、領事官員及領館僱員對其為執行領事職務而實施之行為不受接受國司法或行政機關之管轄。

二、惟本條第一項之規定不適用於下列民事訴訟：

　(一)因領事官員或領館僱員並未明示或默示以派遣國代表身分而訂契約所生之訴訟；

　(二)第三者因車輛船舶或航空機在接受國內所造成之意外事故而要求損害賠償之訴訟。

第四十四條　作證之義務

一、領館人員得被請在司法或行政程序中到場作證。除本條第三項所稱之情形外，領館僱員或服務人員不得拒絕作證。如領事官員拒絕作證，不得對其施行強制措施或處罰。

二、要求領事官員作證之機關應避免對其執行職務有所妨礙。於可能情形下得在其寓所或領館錄取證言，或接受其書面陳述。

三、領館人員就其執行職務所涉事項，無擔任作證或提供有關來往公文及文件之義務。領館人員並有權拒絕以鑑定人身分就派遣國之法律提出證言。

第四十五條　特權及豁免之拋棄

一、派遣國得就某一領館人員拋棄第四十一條、第四十三條及第四十四條
　　所規定之任何一項特權及豁免。

二、除本條第三項所規定之情形外，特權及豁免之拋棄概須明示，並應以
　　書面通知接受國。

三、領事官員或領館僱員如就第四十三條規定可免受管轄之事項，主動提
　　起訴訟，即不得對與本訴直接相關之反訴主張管轄之豁免。

四、民事或行政訴訟程序上管轄豁免之拋棄，不得視為對司法判決執行處
　　分之豁免亦默示拋棄；拋棄此項處分之豁免，須分別為之。

第四十六條　免除外僑登記及居留證

一、領事官員及領館僱員，以及與其構成同一戶口之家屬應免除接受國法
　　律規章就外僑登記及居留證所規定之一切義務。

二、但本條第一項之規定對於任何非派遣國常任僱員，或在接受國內從事
　　私人有償職業之領館僱員，應不適用，對於此等僱員之家屬，亦不應
　　適用。

第四十七條　免除工作證

一、領館人員就其對派遣國所為之服務而言，應免除接受國關於僱用外國
　　勞工之法律規章所規定之任何有關工作證之義務。

二、屬於領事官員及領館僱員之私人服務人員，如不在接受國內從事其他
　　有償職業，應免除本條第一項所稱之義務。

第四十八條　社會保險辦法免予適用

一、除本條第三項另有規定外，領館人員就其對派遣國所為之服務而言，
　　以及與其構成同一戶口之家屬，應免適用接受國施行之社會保險辦法。

二、專受領館人員僱用之私人服務人員亦應享有本條第一項所規定之豁
　　免，但以符合下列兩項條件為限：

　　㈠非為接受國國民且不在該國永久居留者；

　　㈡受有派遣國或第三國所施行之社會保險辦法保護者。

三、領館人員如其所僱人員不享受本條第二項所規定之豁免時，應履行接
　　受國社會保險辦法對僱用人所規定之義務。

四、本條第一項及第二項所規定之豁免並不妨礙對於接受國社會保險制度
　　之自願參加，但以接受國許可參加為限。

第四十九條　免稅

一、領事官員及領館僱員以及與其構成同一戶口之家屬免納一切對人或對
　　物課徵之國家、區域或地方性捐稅，但下列各項不在此列：

　　㈠通常計入商品或勞務價格內之一類間接稅；

　　㈡對於接受國境內私有不動產課徵之捐稅，但第三十二條之規定不在
　　　此限；

　　㈢接受國課徵之遺產稅、遺產取得稅或繼承稅及讓與稅，但第五十一

　　條第㈡項之規定不在此限；
　　㈣對於自接受國內獲致之私人所得，包括資本收益在內，所課徵之捐
　　　稅以及對於在接受國內商務或金融事業上所為投資課徵之資本稅；
　　㈤為供給特定服務所徵收之費用；
　　㈥登記費、法院手續費或紀錄費、抵押稅及印花稅，但第三十二條之
　　　規定不在此限。
二、領館服務人員就其服務所得之工資，免納捐稅。
三、領館人員如其所僱人員之工資薪給不在接受國內免除所得稅時，應履
　　行該國關於徵收所得稅之法律規章對僱用人所規定之義務。

第 五 十 條　免納關稅及免受查驗

一、接受國應依本國制定之法律規章，准許下列物品入境並免除一切關稅
　　以及貯存、運送及類似服務費用以外之一切其他課徵：
　　㈠領館公務用品；
　　㈡領事官員或與其構成同一戶口之家屬之私人自用品，包括供其初到
　　　任定居之用之物品在內。消費用品不得超過關係人員本人直接需用
　　　之數量。
二、領館僱員就其初到任時運入之物品，享有本條第一項所規定之特權與
　　豁免。
三、領事官員及與其構成同一戶口之家屬所攜私人行李免受查驗。倘有重
　　大理由認為其中裝有不在本條第一項第㈡款之列之物品或接受國法律
　　規章禁止進出口或須受其檢疫法律規章管制之物品，始可查驗。此項
　　查驗應在有關領事官員或其家屬前為之。

第五十一條　領館人員或其家屬之遺產

遇領館人員或與其構成同一戶口之家屬死亡時，接受國：
㈠應許可亡故者之動產移送出國，但任何動產係在接受國內取得而在當事
　人死亡時禁止出口者不在此列；
㈡對於動產之在接受國境內純係因亡故者為領館人員或領館人員之家屬而
　在接受國境內所致者，應不課徵國家、區域或地方性遺產稅、遺產取得
　稅或繼承稅及讓與稅。

第五十二條　免除個人勞務及捐獻

接受國應准領館人員及與其構成同一戶口之家屬免除一切個人勞務及所有
各種公共服務，並免除類如有關徵用、軍事捐獻及屯宿等之軍事義務。

第五十三條　領事特權與豁免之開始及終止

一、各領館人員自進入接受國國境前往就任之時起享有本公約所規定之特
　　權與豁免，其已在該國境內者，自其就領館職務之時起開始享有。
二、領館人員之與其構成同一戶口之家屬及其私人服務人員自領館人員依
　　本條第一項享受特權及豁免之日起，或自本人進入接受國國境之時起，

或自其成為領館人員之家屬或私人服務人員之日起，享有本公約所規定之特權與豁免，以在後之日期為準。

三、領館人員之職務如已終止，其本人之特權與豁免以及與其構成同一戶口之家屬或私人服務人員之特權與豁免通常應於各該人員離接受國國境時或其離境之合理期間終了時停止，以在先之時間為準，縱有武裝衝突情事，亦應繼續有效至該時為止。就本條第二項所稱之人員而言，其特權與豁免於其不復為領館人員戶內家屬或不復為領館人員僱用時終止，但如此等人員意欲於稍後合理期間內離接受國國境，其特權與豁免應繼續有效，至其離境之時為止。

四、惟關於領事官員或領館僱員為執行職務所實施之行為，其管轄之豁免應繼續有效，無時間限制。

五、遇領館人員死亡，與其構成同一戶口之家屬應繼續享有應享之特權與豁免至其離接受國國境時或其離境之合理期間終了時為止，以在先之時間為準。

第五十四條　第三國之義務

一、遇領事官員前往就任或返任或返回派遣國道經第三國國境或在該國境內，而該國已發給其應領之簽證時，第三國應給予本公約其他條款所規定而為確保其過境或返回所必需之一切豁免。與領事官員構成同一戶口而享有特權與豁免之家屬與領事官員同行時或單獨旅行前往會聚或返回派遣國時，本項規定應同樣適用。

二、遇有類似本條第一項所述之情形，第三國不應阻礙其他領館人員或與其構成同一戶口之家屬經過該國國境。

三、第三國對於過境之來往公文及其他公務通訊，包括明密碼電信在內，應比照接受國依本公約所負之義務，給予同樣之自由及保護。第三國遇有已領其所應領簽證之領館信差及領館郵袋過境時，應比照接受國依本公約所負之義務，給予同樣之不得侵犯權及保護。

四、第三國依本條第一項、第二項及第三項規定所負之義務，對於各該項內分別述及之人員與公務通訊及領館郵袋之因不可抗力而在第三國境內者，亦適用之。

第五十五條　尊重接受國法律規章

一、在不妨礙領事特權與豁免之情形下，凡享有此項特權與豁免之人員均負有尊重接受國法律規章之義務。此等人員並負有不干涉該國內政之義務。

二、領館館舍不得充作任何與執行領事職務不相符合之用途。

三、本條第二項之規定並不禁止於領館館舍所在之建築物之一部分設置其他團體或機關之辦事處，但供此類辦事處應用之房舍須與領館自用房舍隔離。在此情形下，此項辦事處在本公約之適用上，不得視為領館

館舍之一部分。

第五十六條　**對於第三者損害之保險**

領館人員對於接受國法律規章就使用車輛、船舶或航空機對第三者可能發生之損害所規定之任何保險辦法，應加遵守。

第五十七條　**關於私人有償職業之特別規定**

一、職業領事官員不應在接受國內為私人利益從事任何專業或商業活動。

二、下列人員不應享受本章所規定之特權及豁免：

　　㈠在接受國內從事私人有償職業之領館僱員或服務人員；

　　㈡本項第㈠款所稱人員之家屬或其私人服務人員；

　　㈢領館人員家屬本人在接受國內從事私人有償職業者。

第三章　對於名譽領事官員及以此等官員為館長之領館所適用之辦法

第五十八條　**關於便利、特權及豁免之一般規定**

一、第二十八條、第二十九條、第三十條、第三十四條、第三十五條、第三十六條、第三十七條、第三十八條、第三十九條、第五十四條第三項、第五十五條第二項及第三項對於以名譽領事官員為館長之領館應適用之。此外，關於此等領館所享之便利、特權及豁免應適用第五十九條、第六十條、第六十一條及第六十二條之規定。

二、第四十二條及第四十三條、第四十四條第三項、第四十五條、第五十三條及第五十五條第一項之規定應適用於名譽領事官員。此外，關於此等領事官員所享之便利、特權及豁免應適用第六十三條、第六十四條、第六十五條、第六十六條及第六十七條之規定。

三、名譽領事官員之家屬及以名譽領事官員為館長之領館所僱用僱員之家屬不得享受本公約所規定之特權及豁免。

四、不同國家內以名譽領事官員為館長之兩個領館間，非經兩有關接受國同意，不得互換領館郵袋。

第五十九條　**領館館舍之保護**

接受國應採取必要步驟保護以名譽領事官員為館長之領館館舍使不受侵入或損害，並防止任何擾亂領館安寧或有損領館尊嚴之情事。

第六十條　**領館館舍免稅**

一、以名譽領事官員為館長之領館館舍，如以派遣國為所有權人或承租人，概免繳納國家、區域或地方性之一切捐稅，但其為對供給特定服務應納之費者不在此列。

二、本條第一項所稱之免稅，對於與派遣國訂立承辦契約之人依接受國法律規章應納之捐稅不適用之。

第六十一條　**領館檔案及文件不得侵犯**

領館以名譽領事官員為館長者，其領館檔案及文件無論何時亦不論位於何

處，均屬不得侵犯，但此等檔案及文件以與其他文書及文件，尤其與領館館長及其所屬工作人員之私人信件以及關於彼等專業或行業之物資、簿籍或文件分別保管者為限。

第六十二條　免納關稅

接受國應依本國制定之法律規章，准許下列物品入境並免除一切關稅以及貯存、運送及類似服務費用以外之一切其他課徵，但以此等物品係供以名譽領事官員為館長之領館公務上使用者為限：國徽、國旗、牌匾、印章、簿籍、公務印刷品、辦公室用具、辦公室設備以及由派遣國或應派遣國之請供給與領館之類似物品。

第六十三條　刑事訴訟

如對名譽領事官員提起刑事訴訟，該員須到管轄機關出庭。惟訴訟程序進行時，應顧及該員所任職位予以適當尊重，且除該員已受逮捕或羈押外，應盡量避免妨礙領事職務之執行。遇確有羈押名譽領事官員之必要時，對該員提起訴訟，應盡速辦理。

第六十四條　對名譽領事官員之保護

接受國負有義務對名譽領事官員給予因其所任職位關係而需要之保護。

第六十五條　免除外僑登記及居留證

名譽領事官員，除在接受國內為私人利益從事任何專業或商業活動者外，應免除接受國法律規章就外僑登記及居留證所規定之一切義務。

第六十六條　免稅

名譽領事官員因執行領事職務向派遣國支領之薪酬免納一切捐稅。

第六十七條　免除個人勞務及捐獻

接受國應准名譽領事官員免除一切個人勞務及所有各種公共服務，並免除類如有關徵用、軍事捐獻及屯宿等之軍事義務。

第六十八條　名譽領事官員制度由各國任意選用

各國可自由決定是否委派或接受名譽領事官員。

第四章　一般條款

第六十九條　非為領館館長之領事代理人

一、各國可自由決定是否設立或承認由派遣國並未派為領館館長之領事代理人主持之領事代理處。

二、本條第一項所稱之領事代理處執行職務之條件以及主持代理處之領事代理人可享之特權及豁免由派遣國與接受國協議定之。

第 七 十 條　使館承辦領事職務

一、本公約之各項規定，在其文義所許可之範圍內，對於使館承辦領事職務，亦適用之。

二、使館人員派任領事組工作者，或另經指派擔任使館內領事職務者，其

姓名應通知接受國外交部或該部指定之機關。

三、使館執行領事職務時得與下列當局接洽：

　　㈠其轄區內之地方當局；

　　㈡接受國之中央當局，但以經接受國之法律規章與慣例或有關國際協定所許可者為限。

四、本條第二項所稱使館人員之特權與豁免仍以關於外交關係之國際法規則為準。

第七十一條　接受國國民或永久居民

一、除接受國特許享有其他便利、特權與豁免外，領事官員為接受國國民或永久居民者，僅就其為執行職務而實施之公務行為享有管轄之豁免及人身不得侵犯權，並享有本公約第四十四條第三項所規定之特權。就此等領事官員而言，接受國應同樣負有第四十二條所規定之義務。如對此等領事官員提起刑事訴訟，除該員已受逮捕或羈押外，訴訟程序之進行，應盡量避免妨礙領事職務之執行。

二、其他為接受國國民或永久居民之領館人員及其家屬，以及本條第一項所稱領事官員之家屬，僅得在接受國許可之範圍內享有便利、特權與豁免。領館人員家屬及私人服務人員本人為接受國國民或永久居民者，亦僅得在接受國許可之範圍內享有便利、特權及豁免。但接受國對此等人員行使管轄時，應避免對領館職務之執行有不當之妨礙。

第七十二條　無差別待遇

一、接受國適用本公約之規定時，對各國不得差別待遇。

二、惟下列情形不以差別待遇論：

　　㈠接受國因派遣國對接受國領館適用本公約之任何規定時有所限制，對同一規定之適用亦予限制；

　　㈡各國依慣例或協定彼此間給予較本公約規定為優之待遇。

第七十三條　本公約與其他國際協定之關係

一、本公約之規定不影響當事國間現行有效之其他國際協定。

二、本公約並不禁止各國間另訂國際協定以確認、或補充、或推廣、或引申本公約之各項規定。

第七十四條　簽署

本公約應聽由聯合國或任何專門機關之全體會員國、或國際法院規約當事國、及經聯合國大會邀請成為本公約當事一方之任何其他國家簽署，其辦法如下：至一九六三年十月三十一日止在奧地利共和國聯邦外交部簽署，其後至一九六四年三月三十一日止在紐約聯合國會所簽署。

第七十五條　批准

本公約須經批准。批准文件應送交聯合國秘書長存放。

第七十六條　加入

本公約應聽由屬於第七十四條所稱四類之一之國家加入。加入文件應送交聯合國秘書長存放。

第七十七條　生效

一、本公約應於第二十二件批准或加入文件送交聯合國秘書長存放之日後第三十日起發生效力。

二、對於在第二十二件批准或加入文件存放後批准或加入本公約之國家，本公約應於各該國存放批准或加入文件後第三十日起發生效力。

第七十八條　秘書長之通知

聯合國秘書長應將下列事項通知所有屬於第七十四條所稱四類之一之國家：

㈠依第七十四條、第七十五條及第七十六條對本公約所為之簽署及送存之批准或加入文件；

㈡依第七十七條本公約發生效力之日期。

第七十九條　作準文本

本公約之原本應交聯合國秘書長存放，其中文、英文、法文、俄文及西班牙文各本同一作準；秘書長應將各文正式副本分送所有屬於第七十四條所稱四類之一之國家。

為此，下列全權代表，各秉本國政府正式授予簽字之權，謹簽字於本公約，以昭信守。

公曆一千九百六十三年四月二十四日訂於維也納。

㈡維也納領事關係公約關於取得國籍之任意議定書

本議定書及自一九六三年三月四日至四月二十二日在維也納舉行之聯合國會議所通過之維也納領事關係公約（以下簡稱「公約」）之各當事國，

表示對於領館人員及與其構成同一戶口之家屬取得國籍一事，願在彼此間確立規則；

爰議定條款如下：

第 一 條　就本議定書之適用而言，「領館人員」一語之意義，應依公約第一條第一項第㈦款之規定，即指「領事官員，領館僱員及服務人員」。

第 二 條　領館人員非為接受國國民者及與其構成同一戶口之家屬不應專因接受國法律之適用而即取得該國國籍。

第 三 條　本議定書應聽由所有得成為公約當事國之國家簽署，其辦法如下：至一九六三年十月三十一日止在奧地利共和國聯邦外交部簽署，其後至一九六四年三月三十一日止在紐約聯合國會所簽署。

第 四 條　本議定書須經批准。批准文件應送交聯合國秘書長存放。

第 五 條　本議定書應聽由所有得成為公約當事國之國家加入。加入文件應送交聯合國秘書長存放。

第 六 條　一、本議定書應於公約開始生效之同日起發生效力，或於第二件批准或加入
　　　　　　議定書文件送交聯合國秘書長存放之日後第三十日起發生效力，以兩者
　　　　　　中在後之日期為準。
　　　　　二、對於在本議定書依本條第一項發生效力後批准或加入之國家，本議定書
　　　　　　應於各該國存放批准或加入文件後第三十日起發生效力。
第 七 條　聯合國秘書長應將下列事項通知所有得成為公約當事國之國家：
　　　　　㈠依第三條、第四條及第五條對本議定書所為之簽署及送存之批准或加入文
　　　　　　件；
　　　　　㈡依第六條本議定書發生效力之日期。
第 八 條　本議定書之原本應交聯合國秘書長存放，其中文、英文、法文、俄文及西班
　　　　　牙文各本同一作準；秘書長應將各文正式副本分送第三條所稱各國。
　　　為此，下列全權代表，各秉本國政府正式授予簽字之權，謹簽字於本議定書，以昭
信守。
　　　公曆一千九百六十三年四月二十四日訂於維也納。

㈥維也納領事關係公約關於強制解決爭端之任意議定書

　　　本議定書及自一九六三年三月四日至四月二十二日在維也納舉行之聯合國會議所通
過之維也納領事關係公約（以下簡稱「公約」）之各當事國，
　　　表示對於公約因解釋或適用上發生爭端而涉及各當事國之一切問題，除當事各方於
相當期間內商定其他解決方法外願接受國際法院之強制管轄，
　　　爰議定條款如下：
第 一 條　公約解釋或適用上發生之爭端均屬國際法院強制管轄範圍，因此爭端之任何
　　　　　一造如係本議定書之當事國，得以請求書將爭端提交國際法院。
第 二 條　當事各方得於一方認為有爭端存在並將此意通知他方後兩個月內，協議不將
　　　　　爭端提交國際法院而提交公斷法庭。此項期間屆滿後，任何一方得以請求書
　　　　　將爭端提交國際法院。
第 三 條　一、當事各方得於同一兩個月期間內協議在將爭端提交國際法院前採用和解
　　　　　　程序。
　　　　　二、和解委員會應於派設後五個月內作成建議。爭端各造倘於建議提出後兩
　　　　　　個月內未予接受，任何一造得以請求書將爭端提交國際法院。
第 四 條　公約、關於取得國籍之任意議定書及本議定書之各當事國得隨時聲明將本議
　　　　　定書之規定適用於關於取得國籍之任意議定書解釋或適用上發生之爭端。此
　　　　　項聲明應通知聯合國秘書長。
第 五 條　本議定書應聽由所有得成為公約當事國之國家簽署，其辦法如下：至一九六
　　　　　三年十月三十一日止在奧地利共和國聯邦外交部簽署，其後至一九六四年三
　　　　　月三十一日止在紐約聯合國會所簽署。

第 六 條　本議定書須經批准。批准文件應送交聯合國秘書長存放。

第 七 條　本議定書應聽由所有得成為公約當事國之國家加入。加入文件應送交聯合國
　　　　　秘書長存放。

第 八 條　一、本議定書應於公約開始生效之同日起發生效力，或於第二件批准或加入
　　　　　　　議定書文件送交聯合國秘書長存放之日後第三十日起發生效力，以兩者
　　　　　　　中在後之日期為準。

　　　　　二、對於在本議定書依本條第一項發生效力後批准或加入之國家，本議定書
　　　　　　　應於各該國存放批准或加入文件後第三十日起發生效力。

第 九 條　聯合國秘書長應將下列事項通知所有得成為公約當事國之國家：

　　　　　㈠依第五條、第六條及第七條對本議定書所為之簽署及送存之批准或加入文
　　　　　　件；

　　　　　㈡依本議定書第四條所為之聲明；

　　　　　㈢依第八條本議定書發生效力之日期。

第 十 條　本議定書之原本應交聯合國秘書長存放，其中文、英文、法文、俄文及西班
　　　　　牙文各本同一作準；秘書長應將各文正式副本分送第五條所稱各國。

　　　為此，下列全權代表，各秉本國政府正式授予簽字之權，謹簽字於本議定書，以昭
信守。

　　　公曆一千九百六十三年四月二十四日訂於維也納。

四十四、特種使節公約 (Convention on Special Missions)
(1969.12.8)

說明：

㈠本公約一九六九年十二月八日簽署，一九八五年六月二十一日生效。

㈡英文本見 UNTS, Vol. 1400, pp. 232–245；中文本見 pp. 261–280。

　　　本公約各當事國，

　　　鑒於特種使節團向受特別待遇，

　　　察及聯合國憲章關於各國主權平等、維持國際和平與安全以及促進國際間友好關係
與合作之宗旨與原則，

　　　覆按聯合國外交往來及豁免會議及該會議於一九六一年四月十日所通過之決議案確
認特種使節團問題性質重要，

　　　鑒於聯合國外交往來及豁免會議通過之維也納外交關係公約，自一九六一年四月十
八日起聽由各國簽署，

　　　鑒於聯合國領事關係會議通過之維也納領事關係公約，自一九六三年四月二十四日
起聽由各國簽署，

深信關於特種使節團之國際公約可使上述兩公約臻於完備並有助於促進各國間之友好關係，不論各國之憲政及社會制度為何，

確認特種使節團享有特權與豁免，其目的非為個人謀利益，而在確保代表國家之特種使節團能有效執行職務，

重申凡未經本公約各條款規定之問題，應繼續適用國際習慣法之規則，

爰議定條款如下：

第 一 條　用語

　　就適用本公約而言：

　　㈠稱「特種使節團」者謂一國經另一國同意派往該國交涉特定問題或執行特定任務而具有代表國家性質之臨時使節團；

　　㈡稱「常設使館」者謂維也納外交關係公約所稱之使館；

　　㈢稱「領館」者謂任何總領事館、領事館、副領事館或領事代理處；

　　㈣稱「特種使節團團長」者謂派遣國責成擔任此項職位之人；

　　㈤稱「特種使節團內派遣國代表」者謂派遣國派任此項職位之人；

　　㈥稱「特種使節團人員」者謂特種使節團團長、特種使節團內派遣國代表及特種使節團職員；

　　㈦稱「特種使節團職員」者謂特種使節團外交職員、行政及技術職員及事務職員；

　　㈧稱「外交職員」者謂為特種使節團目的而享有外交官地位之特種使節團職員；

　　㈨稱「行政及技術職員」者謂受僱承辦特種使節團行政及技術事務之特種使節團職員；

　　㈩稱「事務職員」者謂受僱為特種使節團辦理雜務或擔任類似事務之特種使節團職員；

　　㈪稱「私人服務人員」者謂受僱專為特種使節團人員私人服務之人。

第 二 條　特種使節團之派遣

　　一國得事先經由外交途徑或其他經議定或彼此能接受之途徑，徵得他國同意，派遣特種使節團前往該國。

第 三 條　特種使節團之職務

　　特種使節團之職務須由派遣國與接受國協議訂定之。

第 四 條　派遣同一特種使節團至兩個以上國家

　　一國擬派遣同一使節團至兩個以上國家者，應於徵求各接受國同意時，將此意向分別通知各該國。

第 五 條　兩個以上國家合派特種使節團

　　兩個以上國家擬合派一特種使節團至另一國者，應於徵求接受國同意時，將此意向通知該國。

第 六 條　兩個以上國家為處理共同利益問題派遣特種使節團

　　　　　　兩個以上國家如依照第二條徵得另一國之同意，得同時各派特種使節團至該
　　　　　　國，俾以全體協議共同處理對所有各該國有共同利益之問題。

第 七 條　外交或領事關係之不存在

　　　　　　派遣或接受特種使節團不以建有外交或領事關係為必要條件。

第 八 條　特種使節團人員之委派

　　　　　　除第十條、第十一條及第十二條另有規定外，派遣國得將其特種使節團人數
　　　　　　及組成之一切有關資料，尤其將擬派人員之姓名及職銜，通知接受國後，自
　　　　　　由委派特種使節團人員。接受國酌量本國環境與情況及特種使節團之需要，
　　　　　　認為特種使節團之人數不合理時，得拒絕接受。接受國亦得不具理由，拒絕
　　　　　　接受任何人為特種使節團人員。

第 九 條　特種使節團之組成

　　　　　一、特種使節團由派遣國代表一人或多人組成之，派遣國得委派其中一人為
　　　　　　　團長。特種使節團得包括外交職員、行政及技術職員及事務職員。

　　　　　二、駐在接受國之常設使館或領館人員為特種使節團成員時，除享有本公約
　　　　　　　規定之特權及豁免外，仍保有常設使館或領館人員之特權及豁免。

第 十 條　特種使節團人員之國籍

　　　　　一、特種使節團內派遣國代表及該團之外交職員在原則上應屬派遣國國籍。

　　　　　二、委派接受國國民在特種使節團供職非經接受國同意不得為之；此項同意
　　　　　　　得隨時撤銷之。

　　　　　三、接受國對於非派遣國國民而為第三國之國民者，得保留本條第二項所載
　　　　　　　之權利。

第十一條　通知

　　　　　一、下列事項應通知接受國之外交部或另經商定之該國其他機關：

　　　　　　　㈠特種使節團之組成及其以後之任何變更；

　　　　　　　㈡使節團人員之到達與最後離境及其在使節團中職務之終止；

　　　　　　　㈢任何隨同使節團人員之人，其到達及最後離境；

　　　　　　　㈣僱用居留接受國之人為使節團人員或私人服務人員時，其僱用及解僱；

　　　　　　　㈤特種使節團團長之任命，如無團長，則依第十四條第一項所稱代表之
　　　　　　　　任命，及其替代人之任命；

　　　　　　　㈥特種使節團所使用館舍及依照第三十條、第三十六條及第三十九條享
　　　　　　　　有不得侵犯權之私人寓所之所在地，以及辨認此種館舍及私人寓所所
　　　　　　　　需之任何其他資料。

　　　　　二、除不可能外，到達及最後離境應於事先通知。

第十二條　經宣告為不受歡迎或不能接受之人員

　　　　　一、接受國得隨時不具解釋通知派遣國，宣告特種使節團內派遣國之任何代
　　　　　　　表，或其任何外交職員為不受歡迎人員，或使節團任何其他職員為不能
　　　　　　　接受。遇此情形，派遣國應酌量情況召回該員或終止其在使節團之職務。

任何人員在到達接受國國境前得予宣告為不受歡迎或不能接受。

二、如派遣國拒絕履行或未於合理期間內履行本條第一項所載之義務，接受國得拒絕承認該有關之人員為特種使節團人員。

第十三條　特種使節團職務之開始

一、特種使節團之職務應於該使節團與接受國外交部或與另經商定之該國其他機關取得正式聯絡後立即開始。

二、特種使節團職務之開始不決定於派遣國常設使館之引見或國書或全權證書之呈遞。

第十四條　代表特種使節團採取行動之權力

一、特種使節團團長或派遣國未派團長，則派遣國代表之一經派遣國指定後，有權代表使節團採取行動及向接受國致送公文。接受國應直接或經由常設使館向使節團團長，倘無團長，則向上述代表致送關於特種使節團之公文。

二、但特種使節團團員得由派遣國、使節團團長，或於不設團長時由本條第一項所稱之代表授權，代替特種使節團團長或上述代表，或代表使節團，辦理特定事務。

第十五條　洽商公務之接受國機關

特種使節團承派遣國之命與接受國洽商之一切公務應逕與或經由接受國外交部或與另經商定之該國其他機關辦理。

第十六條　關於優先地位之規則

一、兩個以上特種使節團在接受國或第三國境內集會時，倘無特別協議，使節團之優先地位應按照會議所在地國家禮儀規則所用之國名字母次序定之。

二、兩個以上特種使節團相會於舉行典禮或儀式之時，其優先地位應依接受國現行禮儀規則定之。

三、同一特種使節團人員之優先地位應依對接受國或兩個以上特種使節團集會所在地之第三國所為之通知。

第十七條　特種使節團之所在地

一、特種使節團應設於關係國家議定之地點。

二、倘無協議，特種使節團應設於接受國外交部所在地。

三、特種使節團倘在不同地點執行職務，關係國得商定特種使節團所設辦事處應不以一處為限，並得從中選定一處為主要辦事處。

第十八條　特種使節團在第三國境內之集會

一、兩個以上國家之特種使節團僅於第三國明白表示同意後方得在該國境內集會，該國並保有撤銷同意之權。

二、第三國表示同意時，得訂定派遣國所應遵守之條件。

三、第三國依其表示同意時所指定之範圍，對派遣國負有接受國之權利與義

務。

第十九條　特種使節團用派遣國國旗與國徽之權利

一、特種使節團有權在使節團所用之館舍及在執行公務時乘用之交通工具上使用派遣國之國旗與國徽。

二、行使本條所規定之權利時，對於接受國之法律，規章及慣例，應加顧及。

第二十條　特種使節團職務之終了

一、除其他情形外，特種使節團之職務遇下列情事之一即告終了：

㈠經關係國家間之協議；

㈡特種使節團之任務完成；

㈢特種使節團之規定期限屆滿，但經特別展延者不在此限；

㈣派遣國通知終止或召回特種使節團；

㈤經接受國通知，該國認為特種使節團之任務已告終止。

二、派遣國與接受國間斷絕外交關係或領事關係，並不當然結束斷絕關係時所有之特種使節團。

第二十一條　國家元首及高級人員之地位

一、派遣國元首率領特種使節團時，應在接受國或第三國內享有依國際法對國家元首於正式訪問應給予之便利、特權及豁免。

二、政府首長、外交部部長及其他高級人員參加派遣國之特種使節團時，在接受國或第三國內除享有本公約所訂明之便利、特權及豁免外，應享有國際法所給予之便利、特權及豁免。

第二十二條　一般便利

接受國應顧及特種使節團之性質及任務，給予特種使節團執行職務所需之便利。

第二十三條　館舍及房舍

接受國如經請求，應協助特種使節團獲得必要之館舍及為使節團人員獲得適當之房舍。

第二十四條　特種使節團館舍之免稅

一、在與特種使節團所執行職務之性質及期間相符合之範圍內，派遣國及代表特種使節團執行職務之使節團人員對於特種使節團所用之館舍概免繳納國家、區域或地方性捐稅，但其為對供給特定服務應納之費者不在此限。

二、本條所稱之免稅，對於與派遣國或特種使節團人員訂立承辦契約者依接受國法律應納之捐稅，不適用之。

第二十五條　館舍之不可侵犯

一、依本公約設立之特種使節團之館舍不得侵犯。接受國官吏非經特種使節團團長，或在適當情形下，經派遣國駐在接受國之常設使館館長同意不得進入館舍。遇有火警或嚴重危害公共安全之其他災禍，且僅限

於不及獲得特種使節團團長，或於適當情形下，常設使館館長之明確
同意時，得推定已得此種同意。

二、接受國負有特殊責任，採取一切適當步驟，保護特種使節團之館舍免
受侵入或損害，並防止一切擾亂使節團安寧或有損使節團尊嚴之情事。

三、特種使節團之館舍，設備以及關於特種使節團工作所使用之其他財產
及其交通工具，免受搜查、徵用、扣押或強制執行。

第二十六條　檔案及文件之不可侵犯

特種使節團之檔案及文件，無論何時，亦不論位於何處，均屬不得侵犯。
此種檔案及文件於必要時應附有可資識別之外部標誌。

第二十七條　行動自由

接受國應確保所有特種使節團人員在其境內有為執行特種使節團職務所必
要之行動及旅行之自由，但以不違反接受國為國家安全而設定禁止或限制
進入之區域所訂之法律規章為限。

第二十八條　通訊自由

一、接受國應准許並保護特種使節團一切以公務為目的之自由通訊。特種
使節團與派遣國政府及無論何處之該國使館，領館及其他特種使節團
或同一使節團之各部分通訊時，得採用一切適當方法，包括信差及明
密碼電訊在內。但特種使節團非經接受國之同意，不得裝置並使用無
線電發報機。

二、特種使節團之來往公文不得侵犯。來往公文指有關特種使節團及其職
務之一切來往文件。

三、特種使節團於事屬可行時，應使用派遣國常設使館之通訊便利，包括
郵袋及信差在內。

四、特種使節團之郵袋不得開拆或扣留。

五、構成特種使節團郵袋之包裹須附有可資識別之外部標誌，並以裝載特
種使節團之文件或公務用品為限。

六、特種使節團之信差應持有官方文件，載明其身分及構成郵袋之包裹件
數；於其執行職務時，應受接受國之保護。該信差享有人身不得侵犯
權以及不受任何方式之逮捕或拘禁。

七、派遣國或特種使節團得指派特種使節團之特設信差。遇此情形，本條
第六項之規定亦應適用，但特設信差將其所負責攜帶之特種使節團郵
袋送交收件人後，即不復享有該項所稱之豁免。

八、特種使節團郵袋得委託預定在准許入境地點停泊或降落之船舶或商營
飛機之船長或機長轉遞。船長或機長應持有官方文件載明構成郵袋之
包裹件數，但不得視為特種使節團之信差。特種使節團與主管機關商
定後，得派其團員一人不受阻礙得逕向船長或機長取得郵袋。

第二十九條　人身之不得侵犯

特種使節團內派遣國代表及該團外交職員之人身不得侵犯。上述人員不受任何方式之逮捕或拘禁。接受國對此等人員應特示尊重，並應採取一切適當步驟，以防止對其人身、自由或尊嚴之任何侵犯。

第 三 十 條　私人寓所之不得侵犯

一、特種使節團內派遣國代表及該團外交職員之私人寓所一如特種使節團之館舍，應享有相同之不得侵犯權及保護。

二、前項人員之文書及信件亦享有不得侵犯權；其財產除第三十一條第四項另有規定外，亦同。

第三十一條　管轄之豁免

一、特種使節團內派遣國代表及該團外交職員對接受國之刑事管轄享有豁免。

二、上述人員對接受國之民事及行政管轄亦享有豁免，但下列情形除外：

　㈎關於接受國境內私有不動產之物權訴訟，但有關人員代表派遣國為使節團用途置有之不動產，不在此限；

　㈏關於有關人員以私人身分而非代表派遣國所為遺囑執行人、遺產管理人、繼承人或受遺贈人之繼承事件之訴訟；

　㈐關於有關人員在接受國內於公務範圍以外所從事之專業或商務活動之訴訟；

　㈑關於有關人員於公務範圍以外使用車輛所造成事故之損害賠償之訴訟。

三、特種使節團內派遣國代表及該團外交職員無以證人身分作證之義務。

四、對特種使節團內派遣國代表及該團外交職員不得為執行之處分，但關於本條第二項㈎㈏㈐㈑各款所列之案件，而執行處分復無損於其人身或寓所之不得侵犯者，不在此限。

五、特種使節團內派遣國代表及該團外交職員不因其對接受國管轄所享之豁免而免除其受派遣國之管轄。

第三十二條　社會保險法規之免予適用

一、除本條第三項另有規定外，特種使節團內派遣國代表及該團外交職員就其對派遣國所為之服務而言，應免予適用接受國施行之社會保險辦法。

二、專受特種使節團內派遣國代表或該團外交職員私人僱用之人員亦應享有本條第一項所規定之豁免，但以符合下列條件為限：

　㈎此項僱用人員非接受國國民且不在該國永久居留者；

　㈏受有派遣國或第三國施行之社會保險辦法保護者。

三、特種使節團內派遣國代表及該團外交職員其所僱人員不得享受本條第二項所規定之豁免者，應履行接受國社會保險辦法對僱主所規定之義務。

四、本條第一項及第二項所規定之豁免不妨礙對於接受國社會保險制度之
　　自願參加，但以接受國許可參加為限。

五、本條規定不影響前此所訂關於社會保險之雙邊或多邊協定，亦不禁止
　　以後議訂此類協定。

第三十三條　捐稅之免除

特種使節團內派遣國代表及該團外交職員免納一切對人或對物課徵之國
家、區域、或地方性捐稅，但下開各項，不在此列：

㈠通常計入商品或勞務價格內之間接稅；

㈡對於接受國境內私有不動產課徵之捐稅，但有關人員代表派遣國為使節
　團用途而置有之不動產，不在此列；

㈢接受國課徵之遺產稅，遺產取得稅或繼承稅，但以不牴觸第四十四條之
　規定為限；

㈣對於自接受國內獲致之私人所得課徵之捐稅以及對於在接受國內商務事
　業上所為投資課徵之資本稅；

㈤為供給特定服務所收費用；

㈥登記費，法院手續費或紀錄費，抵押稅及印花稅；但第二十四條另有規
　定者不在此限。

第三十四條　個人勞務之免除

接受國對特種使節團內派遣國代表及該團外交職員應免除一切勞務及所有
各種公共服務，並應免除關於徵用、軍事捐獻及屯宿等之軍事義務。

第三十五條　免除關稅及免受查驗

一、接受國於本國所訂法律規章之範圍內應准許下列物品入境，並免除一
　　切關稅、稅捐，以及除貯存、運送及類似服務費用以外之一切其他課
　　徵：

　　㈠特種使節團公務用品；

　　㈡特種使節團內派遣國代表及該團外交職員之私人用品。

二、特種使節團內派遣國代表及該團外交職員之私人行李應免受查驗，但
　　有重大理由推定其中裝有不在本條第一項所稱免稅之列之物品或接受
　　國法律禁止進出口或有檢疫條例加以管制之物品者，不在此限。遇此
　　情形，查驗須在有關人員或其授權代理人在場時，方得為之。

第三十六條　行政與技術職員

特種使節團行政與技術職員均享有第二十九條至第三十四條所規定之特權
與豁免，但第三十一條第二項所規定對接受國民事及行政管轄之豁免不適
用於執行職務範圍以外之行為。關於首次進入接受國時所輸入之物品，此
等人員亦享有第三十五條第一項所規定之特權。

第三十七條　事務職員

特種使節團之事務職員就其執行公務之行為應享有接受國管轄之豁免，其

受雇所得酬報免納捐稅,並享有第三十二條所規定之社會保險法規之豁免。

第三十八條　私人服務人員

特種使節團人員之私人服務人員受雇所得酬報免納捐稅。在所有其他方面,此等人員僅得在接受國許可範圍內享有特權與豁免。但接受國對此等人員所施之管轄應妥為行使,以免對特種使節團職務之執行有不當之妨礙。

第三十九條　家屬

一、特種使節團內派遣國代表及該團外交職員之隨行家屬如非接受國國民且不在該國永久居留者,應享有第二十九條至第三十五條所規定之特權與豁免。

二、特種使節團行政與技術職員之隨行家屬如非接受國國民且不在該國永久居留者,應享有第三十六條所規定之特權與豁免。

第　四　十　條　接受國國民或在接受國永久居留之人

一、除接受國特許享受其他特權與豁免外,特種使節團內派遣國代表及該團外交職員為接受國國民或在該國永久居留者,僅就其執行職務之公務行為享有管轄之豁免及不得侵犯權。

二、其他特種使節團人員及私人服務人員為接受國國民或在該國永久居留者僅得在接受國許可之範圍內享有特權與豁免。但接受國對此等人員所施之管轄應妥為行使,以免對特種使節團職務之執行有不當之妨礙。

第四十一條　豁免之拋棄

一、派遣國得拋棄其特種使節團內之代表、外交職員及依第三十六條至第四十條享有豁免之其他人員所享管轄之豁免。

二、豁免之拋棄概須明示。

三、本條第一項所稱之任何人員如主動提起訴訟即不得對與原訴直接相關之反訴主張管轄之豁免。

四、在民事或行政訴訟程序上管轄豁免之拋棄不得視為對執行判決之豁免亦默示拋棄,後者之拋棄須分別為之。

第四十二條　經過第三國國境

一、遇特種使節團內派遣國代表或該團外交職員赴任或返回派遣國,途經第三國國境或在該國境內,第三國應給予不得侵犯權及確保其過境或返回所必需之其他豁免。本項所稱人員之享有特權或豁免之任何家屬無論其與此等人員同行,或單獨旅行前往會聚或返回本國時,亦適用本項之規定。

二、遇有類似本條第一項所述情形,第三國不得阻礙特種使節團之行政與技術或事務職員及其家屬經過該國國境。

三、第三國對於過境之來往公文及其他公務通訊,包括明密碼電訊在內,應比照接受國在本公約下所負之義務給予同樣之自由及保護。第三國於特種使節團之信差及郵袋過境時,應比照接受國在本公約下所負之

義務，給予同樣之不得侵犯權及保護，但以不違反本條第四項之規定為限。

四、第三國對本條第一項、第二項及第三項所稱人員必須履行之義務以經由申請簽證或通知，事前獲悉特種使節團人員及其家屬或信差過境而未表示反對者為限。

五、第三國依本條第一項、第二項及第三項規定所負之義務，對於各該項內分別述及之人員與特種使節團之公務通訊及郵袋之因不可抗力而利用第三國領土者，亦適用之。

第四十三條　特權與豁免之期間

一、凡享有特權與豁免之每一特種使節團人員自其為擔任特種使節團職務進入接受國國境時起享有此種特權與豁免，其已在該國境內者自其委派通知該國外交部或另經商定之其他機關之時開始享有。

二、特種使節團人員之職務如已終止，該員所享之特權與豁免通常於其離開接受國國境時或其準備離境之合理期間終了時停止，縱有武裝衝突情事，亦應繼續有效至該時為止。但關於該員執行職務之行為，豁免應繼續有效。

三、遇特種使節團人員死亡，其家屬應繼續享有應享之特權與豁免至其準備離開接受國國境之合理期間終了時為止。

第四十四條　特種使節團人員或其家屬死亡時其財產之處理

一、遇特種使節團人員或其隨行之家屬死亡，如死者非接受國國民且非在該國永久居留者，接受國應准許死者之動產移轉出國，但任何財產如係在接受國內取得而在當事人死亡時禁止出口者不在此列。

二、動產之在接受國純係因死者為特種使節團人員或其家屬而在接受國境內所致者，應不課徵遺產稅、遺產取得稅及繼承稅。

第四十五條　離開接受國國境及取回特種使節團檔案之便利

一、接受國縱在武裝衝突時，對於非接受國國民而享有特權與豁免之人員以及此等人員之家屬，不論其國籍為何，必須給予便利使能儘早離境。遇必要時，接受國尤須供給上述人本人及其財產所需之交通運輸工具。

二、接受國應給予派遣國將特種使節團檔案運出接受國國境之便利。

第四十六條　特種使節團職務終了之結果

一、特種使節團職務終了時，接受國必須尊重並保護仍歸特種使節團使用之館舍及使節團之財產與檔案。派遣國必須於合理期間移轉該項財產與檔案。

二、在派遣國與接受國間並無或斷絕外交領事關係之情形下，特種使節團職務終了時，縱有武裝衝突情事，派遣國得將特種使節團之財產與檔案委託接受國認可之第三國保管。

第四十七條　對於接受國法律規章之尊重與特種使節團館舍之用途

一、凡依本公約享有此種特權與豁免之人員，在不妨礙其特權與豁免之情形下，均負有尊重接受國法律規章之義務。此等人員並負有不干涉該國內政之義務。

二、特種使節團之館舍不得以任何方式充作與本公約或一般國際法之其他規則，或派遣國與接受國間有效之特別協定所載之特種使節團職務不相符之用途。

第四十八條　專業或商業活動

特種使節團內派遣國代表及該團外交職員不得在接受國內為私人利益從事任何專業或商業活動。

第四十九條　無差別待遇

一、適用本公約之規定時，不得對各國有差別待遇。

二、惟下列情形不以差別待遇論：

　　�接受國因派遣國對接受國特種使節團適用本公約之任何規定有所限制，對同一規定之適用亦予限制；

　　�各國彼此間依慣例或協定修改各該國特種使節團所享便利、特權及豁免之範圍，此種修改雖未經其他國家同意亦得為之；但以不違反本公約之目的與宗旨並不影響第三國享受權利及履行義務為限。

第 五 十 條　簽署

本公約應聽由聯合國或任何專門機關或國際原子能總署之全體會員國或國際法院規約之任何當事國、及經聯合國大會邀請成為本公約當事國之任何其他國家，於一九七〇年十二月三十一日以前在紐約聯合國總部簽署。

第五十一條　批准

本公約須經批准。批准書應送交聯合國秘書長存放。

第五十二條　加入

本公約應聽由屬於第五十條所稱各類之一之國家加入，加入書應送交聯合國秘書長存放。

第五十三條　生效

一、本公約應於第二十二件批准書或加入書送交聯合國秘書長存放之日後第三十日起發生效力。

二、對於第二十二件批准書或加入書存放後批准或加入本公約之國家，本公約應於各該國存放批准書或加入書後第三十日起發生效力。

第五十四條　保管人之通知

聯合國秘書長應將下列事項通知所有屬於第五十條所稱各類之一之國家：

　　�依第五十條、第五十一條及第五十二條對本公約所為之簽署及送存之批准書或加入書。

　　�本公約依第五十三條發生效力之日期。

第五十五條 作準約文

　　本公約之原本應交聯合國秘書長存放，其中文、英文、法文、俄文及西班牙文各本同一作準。聯合國秘書長應將各文正式副本分送所有屬於第五十條所稱各類之一之國家。

　　為此，下列各代表秉其本國政府正式授予之權，謹簽字於自一九六九年十二月十六日起得由各國在紐約簽署之本公約，以昭信守。

四十五、關於防止和懲處侵害應受國際保護人員包括外交代表的罪行的公約 (Convention on the Prevention and Punishment of Crimes against Internationally Protected Persons, including Diplomatic Agents) (1973.12.14)

說明：
㈠本公約一九七三年十二月十四日簽署，一九七七年二月二十日生效。
㈡英文本見 UNTS, Vol. 1035, pp. 168–172；中文本見 pp. 179–184。

　　本公約締約國，

　　念及聯合國憲章關於維持國際和平和促進各國間友好關係及合作的宗旨和原則，

　　認為侵害外交代表和其他應受國際保護人員的罪行危害到這些人員的安全，構成對各國間合作所必要的正常國際關係的維持的嚴重威脅，

　　相信這些罪行的發生是國際社會嚴重關心的問題，

　　深信制定防止和懲處這些罪行的適當和有效措施實有迫切需要，

　　茲議定條款如下：

第 一 條 為本公約的目的：

　　一、「應受國際保護人員」是指：

　　　　(a)一國元首、包括依關係國憲法行使國家元首職責的一個集體機構的任何成員、或政府首長、或外交部長，當他在外國境內時，以及他的隨行家屬；

　　　　(b)在侵害其本人或其辦公用館舍、私人寓所或其交通工具的罪行發生的時間或地點，按照國際法應受特別保護，以免其人身、自由或尊嚴受到任何攻擊的一國的任何代表或官員或政府間性質的國際組織的任何官員或其他代理人，以及與其構成同一戶口的家屬。

　　二、「嫌疑犯」是指有充分證據可以初步斷定為犯有或參與第二條所列舉的一項或數項罪行的人。

第 二 條　一、每一締約國應將下列罪行定為其國內法上的罪行，即故意：
　　　　　　　⒜對應受國際保護人員進行謀殺、綁架、或其他侵害其人身或自由的行為；
　　　　　　　⒝對應受國際保護人員的公用館舍、私人寓所或交通工具進行暴力攻擊，因而可能危及其人身或自由；
　　　　　　　⒞威脅進行任何這類攻擊；
　　　　　　　⒟企圖進行任何這類攻擊；
　　　　　　　⒠參與任何這類攻擊為從犯。
　　　　　二、每一締約國應按照這類罪行的嚴重性處以適當的懲罰。
　　　　　三、本條第一款及第二款並不在任何方面減除締約國依據國際法採取一切適當措施，以防止應受國際保護人員的人身、自由或尊嚴受其他侵害的義務。

第 三 條　一、每一締約國應採取必要措施，以確定其在下列情況下對第二條第一款所列舉的罪行的管轄權：
　　　　　　　⒜所犯罪行發生在本國領土之內或在本國登記的船隻或飛機上時；
　　　　　　　⒝嫌疑犯是本國國民時；
　　　　　　　⒞所犯罪行是對因代表本國執行第一條所規定的職務而享有應受國際保護地位的人員所犯時。
　　　　　二、每一締約國應同樣採取必要措施，於嫌疑犯在本國領土內，而本國不依第八條規定將該犯引渡至本條第一款所指明的國家時，對這些罪行確定其管轄權。
　　　　　三、本公約並不排除依照國內法行使的刑事管轄權。

第 四 條　各締約國應特別以下列方式進行合作，以防止第二條所列舉的罪行：
　　　　　⒜採取一切切實可行的措施，以防止在各該國領土內策劃在其領土以內或以外實施這些罪行；
　　　　　⒝交換情報，並協調為防止這些罪行發生而採取的適當行政或其他措施。

第 五 條　一、境內發生第二條所列舉的任何罪行的締約國如有理由相信嫌疑犯已逃離其領土，應將有關所發生罪行的一切適切事實及可以獲得的一切關於嫌疑犯身分的情報，直接或經由聯合國秘書長送達所有其他有關國家。
　　　　　二、遇有對應受國際保護人員發生第二條所列舉的任何罪行時，擁有關於受害人和犯罪情況的情報的任何締約國應設法按照其國內法所規定的條件，充分和迅速地將此種情報遞送該受害人代表執行職務的締約國。

第 六 條　一、嫌疑犯所在地的締約國確信情況有此需要時，應採取其國內法所規定的適當措施保證嫌疑犯留在其領土內，以便進行起訴或引渡。這種措施應該立即直接或經由聯合國秘書長通知：
　　　　　　　⒜犯罪地國家；
　　　　　　　⒝嫌疑犯隸籍的一國或數國，如為無國籍人士時，其永久居住地國；

(c)有關的應受國際保護人員隸籍的一國或數國，或其代表執行職務的國家；

(d)所有其他有關國家；

(e)有關的應受國際保護人員充任官員或代理人的政府間性質的國際組織。

二、對任何人員採取本條第一款規定的措施時，此種人員有權：

(a)立即與其隸籍國，或有權保護其權利的其他國家，或如為無國籍人時經其請求而願意保護其權利的國家距離最近的適當代表取得聯絡；

(b)並由該國代表前往探視。

第 七 條　締約國於嫌疑犯在其領土內時，如不予以引渡，則應毫無例外，並不得不當稽延，將案件交付主管當局，以便依照本國法律規定的程序提起刑事訴訟。

第 八 條　一、在各締約國之間的任何現行引渡條約未將第二條所列舉的罪行列為應該引渡的罪的範圍內，這些罪行應視為屬於應該引渡的罪。締約國承允將來彼此間所訂的每一引渡條約中都將這些罪行列為應該引渡的罪。

二、以訂有條約為引渡條件的締約國從未與該締約國訂立引渡條約的另一締約國接到引渡要求時，如果決定引渡，得視本公約為對這些罪行進行引渡的法律根據。引渡須依照被要求國法律所規定的程序和其他條件辦理。

三、不以訂有條約為引渡條件的締約國應承認這些罪行為彼此間應該引渡的罪，但須依照被要求國法律所規定的程序和其他條件辦理。

四、為便於各締約國之間進行引渡起見，每一罪行應視為不但發生於實際犯罪地點，而且發生於依照第三條第一款規定必須確定其管轄權的國家的領土內。

第 九 條　任何人因第二條所列舉的任何罪行而被提起訴訟時，應保證他在訴訟的一切階段中受到公平待遇。

第 十 條　一、各締約國應就為第二條所列舉的罪行提起的刑事訴訟彼此提供最大限度的協助，包括供給締約國所有而為訴訟所必需的一切證據。

二、本條第一款的規定不影響任何其他條約所載關於互相提供司法協助的義務。

第十一條　對嫌疑犯提起刑事訴訟的締約國應將訴訟的最後結果送達聯合國秘書長。聯合國秘書長應將這項資料轉送其他締約國。

第十二條　本公約各項規定不影響本公約制定之日業已生效的庇護條約在那些條約締約國間的施行；但本公約一締約國不得對並非那些庇護條約締約國的本公約另一締約國援引那些條約。

第十三條　一、兩個以上締約國間在本公約的解釋或適用上所發生的任何爭端，如未經以談判方式解決，經締約國一方要求，應交付仲裁。如果自要求仲裁之日起六個月內當事各方不能就仲裁的組成達成協議，任何一方得依照國際法院規約提出請求，將爭端提交國際法院處理。

二、各締約國於簽署或批准本公約或加入本公約時，得宣布不受本條第一款的拘束。對於提出這項保留的任何締約國，其他締約國亦不受本條第一款的拘束。

三、依照本條第二款的規定提出這項保留的任何締約國，得向聯合國秘書長發出通知，隨時撤回這項保留。

第十四條 本公約應聽由所有國家於一九七四年十二月三十一日以前在紐約聯合國總部簽署。

第十五條 本公約須經批准。批准書應送交聯合國秘書長保管。

第十六條 本公約應聽由任何國家隨時加入。加入書應送交聯合國秘書長保管。

第十七條 一、本公約於第二十二份批准書或加入書送交聯合國秘書長保管後第三十天發生效力。

二、對於在第二十二份批准書或加入書交存後批准或加入本公約的國家，本公約應於該國批准書或加入書交存後第三十天發生效力。

第十八條 一、任何締約國均可以書面通知聯合國秘書長退出本公約。

二、退約應於聯合國秘書長接到通知之日起六個月後發生效力。

第十九條 聯合國秘書長尤應將下列事項通知所有國家：

(a)依照第十四條對本公約的簽署，依照第十五條和第十六條交存批准書或加入書，以及依照第十八條所作的通知；

(b)依照第十七條本公約發生效力的日期。

第二十條 本公約正本應送交聯合國秘書長保管，其中文、英文、法文、俄文及西班牙文各本同一作準。聯合國秘書長應將本公約正式副本送致所有國家。

　　為此，下列代表，各秉本國政府正式授予的權力，謹簽字於一九七三年十二月十四日在紐約聽由各國簽署的本公約，以昭信守。

第十一章　國際責任

四十六、國家對國際不法行為的責任條款草案 (Draft Articles on Responsibility of States for Internationally Wrongful Acts)　(2001.12.12)

說明：
㈠聯合國大會第五十六屆會議二〇〇一年十二月十二日第 A/RES/56/83 決議通過。
㈡英文本見 Yearbook of the International Law Commission 2001, Volume II, Part Two, New York: United Nations, 2007, pp. 26–30；中文本見聯合國大會，《大會第 56 屆會議所通過的決議和決定》，第一卷，紐約：聯合國，2002 年，頁 509–517。

第一部分　一國的國際不法行為

第一章　一般原則

第 一 條　一國對其國際不法行為的責任
　　　　　一國的每一國際不法行為引起該國的國際責任。

第 二 條　一國國際不法行為的要素
　　　　　一國的國際不法行為在下列情況下發生：
　　　　　(a)由作為或不作為組成的行為依國際法歸於該國；並且
　　　　　(b)該行為構成對該國國際義務的違背。

第 三 條　把一國的行為定性為國際不法行為
　　　　　在把一國的行為定性為國際不法行為時須遵循國際法。這種定性不因國內法把同一行為定性為合法行為而受到影響。

第二章　把行為歸於一國

第 四 條　國家機關的行為
　　　　　一、任何國家機關，不論它行使立法、行政、司法或任何其他職能，不論它在國家的組織中具有何種地位，也不論它作為該國中央政府機關或一領

土單位的機關的特性，其行為應視為國際法所指的國家行為。

二、一機關包括依該國國內法具有此種地位的任何人或實體。

第　五　條　行使政府權力要素的個人或實體的行為

雖非第四條所指的國家機關、但經該國法律授權行使政府權力要素的個人或實體，其行為依國際法應視為該國的行為，但以該個人或實體在特定情形下係以政府資格行事者為限。

第　六　條　由另一國交由一國支配的機關的行為

由另一國交由一國支配的機關，如果為行使支配該機關的國家的政府權力要素而行事，其行為依國際法應視為支配該機關的國家的行為。

第　七　條　逾越權限或違背指示

國家機關或經授權行使政府權力要素的任何個人或實體，如果以此種資格行事，即使逾越權限或違背指示，其行為仍應視為國際法所指的國家行為。

第　八　條　受到國家指揮或控制的行為

如果一人或一群人實際上按照國家的指示或在其指揮或控制下行事，其行為應視為國際法所指的該國的行為。

第　九　條　正式當局不存在或缺席時實施的行為

如果一個人或一群人在正式當局不存在或缺席和在需要行使上述權力要素的情況下實際上行使政府權力的要素，其行為應視為國際法所指的國家的行為。

第　十　條　叛亂運動或其他運動的行為

一、成為一國新政府的叛亂運動的行為應視為國際法所指的該國的行為。

二、在一個先已存在的國家的一部分領土或其管理下的某一領土內組成一個新國家的叛亂運動或其他運動的行為，依國際法應視為該新國家的行為。

三、本條不妨礙把任何按第四條至第九條的規定應視為該國行為的任何行為歸於該國，無論該行為與有關運動的行為如何相關。

第十一條　經一國確認並當作其本身行為的行為

按照前述各條款不歸於一國的行為，在並且只在該國確認並當作其本身行為的情況下，依國際法視為該國的行為。

第三章　違背國際義務

第十二條　違背國際義務行為的發生

一國的行為如不符合國際義務對它的要求，即為違背國際義務，而不論該義務的起源或特性為何。

第十三條　對一國為有效的國際義務

一國的行為不構成對一國際義務的違背，除非該行為是在該義務對該國有約束力的時期發生。

第十四條　違背義務行為在時間上的延續

一、沒有持續性的一國行為違背國際義務時，該行為發生的時刻即為違背義

務行為發生的時刻，即使其影響持續存在。

二、有持續性的一國行為違背國際義務時，該行為延續的時間為該行為持續、並且一直不遵守該國際義務的整個期間。

三、一國違背要求它防止某一特定事件之國際義務的行為開始於該事件發生的時刻，該行為延續的時間為該事件持續、並且一直不遵守該義務的整個期間。

第十五條　一複合行為違背義務

一、一國以被一併定義為不法行為的一系列作為或不作為違背國際義務的時刻開始於一作為或不作為發生的時刻，該作為或不作為連同已採取的另一些作為或不作為來看，足以構成不法行為。

二、在上述情況下，該違背義務行為持續的時間從一系列作為或不作為中的第一個開始發生到此類行為再次發生並且一直不遵守該國國際義務的整個期間。

第四章　一國對另一國行為的責任

第十六條　援助或協助實施一國際不法行為

援助或協助另一國實施國際不法行為的國家應該對其援助或協助行為負國際責任，如果：

(a)該國在知道該國際不法行為的情況下這樣做，而且

(b)該行為若由援助或協助國實施會構成國際不法行為。

第十七條　指揮或控制一國際不法行為的實施

指揮或控制另一國實施其國際不法行為的國家應對該行為負國際責任，如果：

(a)該國在知道該國際不法行為的情況下這樣做；而且

(b)該行為若由該國實施會構成國際不法行為。

第十八條　脅迫另一國

脅迫另一國實施一行為的國家應對該行為負國際責任，如果：

(a)在沒有脅迫的情況下，該行為仍會是被脅迫國的國際不法行為，而且

(b)脅迫國在知道該脅迫行為的情況下這樣做。

第十九條　本章的效力

本章不妨礙實施有關行為的國家或任何其他國家根據這些條款的其他規定應該承擔的國際責任。

第五章　解除行為不法性的情況

第二十條　同意

一國以有效方式表示同意另一國實行某項特定行為時，該特定行為的不法性在與該國家的關係上即告解除，但以該行為不逾越該項同意的範圍為限。

第二十一條　自衛

一國的行為如構成按照《聯合國憲章》採取的合法自衛措施，則該行為的不法性即告解除。

第二十二條　對一國際不法行為採取的反措施

一國不遵守其對另一國國際義務的行為，在並且只在該行為構成按照第三部分第二章針對該另一國採取的一項反措施的情況下，其不法性才可解除。

第二十三條　不可抗力

一、一國不遵守其國際義務的行為如起因於不可抗力，即有不可抗拒的力量或該國無力控制、無法預料的事件發生，以致該國在這種情況下實際上不可能履行義務，該行為的不法性即告解除。

二、在下列情況下第一款不適用：

(a)不可抗力的情況是由援引此種情況的國家的行為單獨導致或與其他因素一併導致；或

(b)該國已承擔發生這種情況的風險。

第二十四條　危難

一、一國不遵守其國際義務的行為，如有關行為人在遭遇危難的情況下為了挽救其生命或受其監護的其他人的生命，除此行為之外，別無其他合理方法，則該行為的不法性即告解除。

二、在下列情況下第一款不適用：

(a)危難情況是由援引這種情況的國家的行為單獨導致或與其他因素一併導致；或

(b)有關行為可能造成類似的或更大的災難。

第二十五條　危急情況

一、一國不得援引危急情況作為理由解除不符合該國所承擔的某項國際義務的行為的不法性，除非：

(a)該行為是該國保護基本利益、對抗某項嚴重迫切危險的唯一辦法；而且

(b)該行為並不嚴重損害作為所負義務對象的一國或數國的基本利益或整個國際社會的基本利益。

二、一國絕不得在以下情況下援引危急情況作為解除其行為不法性的理由：

(a)有關國際義務排除援引危急情況的可能性；或

(b)該國促成了該危急情況。

第二十六條　對強制性規範的遵守

違反一般國際法某一強制性規範規定的義務的一國，不得以本章中的任何規定作為解除其任何行為之不法性的理由。

第二十七條　援引解除行為不法性的情況的後果

根據本章援引解除行為不法性的情況不妨礙：

(a)在並且只在解除行為不法性的情況不再存在時遵守該項義務；
(b)對該行為所造成的任何實質損失的補償問題。

第二部分 一國國際責任的內容

第一章 一般原則

第二十八條 **國際不法行為的法律後果**
一國依照第一部分的規定對一國際不法行為承擔的國際責任，產生本部分所列的法律後果。

第二十九條 **繼續履行的責任**
本部分所規定的一國際不法行為的法律後果不影響責任國繼續履行所違背義務的責任。

第 三 十 條 **停止和不重複**
國際不法行為的責任國有義務：
(a)在該行為持續時，停止該行為；
(b)在必要的情況下，提供不重複該行為的適當承諾和保證。

第三十一條 **賠償**
一、責任國有義務對國際不法行為所造成的損害提供充分賠償；
二、損害包括一國國際不法行為造成的任何損害，無論是物質損害還是精神損害。

第三十二條 **與國內法無關**
責任國不得以其國內法的規定作為不能按照本部分的規定遵守其義務的理由。

第三十三條 **本部分所載國際義務的範圍**
一、本部分規定的責任國義務可能是對另一國、若干國家、或對整個國際社會承擔的義務，具體取決於該國際義務的特性和內容及違反義務的情況。
二、本部分不妨礙任何人或國家以外的任何實體由於一國的國際責任可能直接取得的任何權利。

第二章 賠償損害

第三十四條 **賠償方式**
對國際不法行為造成的損害的充分賠償，應按照本章的規定，單獨或合併地採取恢復原狀、補償和抵償的方式。

第三十五條 **恢復原狀**
並且只在下列情況下，一國際不法行為的責任國有義務恢復原狀，即恢復

到實施不法行為以前所存在的狀況：

(a)恢復原狀並非實際上辦不到的；

(b)從恢復原狀而不要求補償所得到的利益不致與所引起的負擔完全不成比例。

第三十六條　補償

一、一國際不法行為的責任國有義務補償該行為造成的任何損害，如果這種損害沒有以恢復原狀的方式得到賠償；

二、這種補償應彌補在經濟上可評估的任何損害，包括可以確定的利潤損失。

第三十七條　抵償

一、一國際不法行為的責任國有義務抵償該行為造成的損失，如果這種損失不能以恢復原狀或補償的方式得到賠償。

二、抵償可採取承認不法行為、表示遺憾、正式道歉，或另一種合適的方式。

三、抵償不應與損失不成比例，而且不得採取羞辱責任國的方式。

第三十八條　利息

一、為確保充分賠償，必要時，應支付根據本章所應支付的任何本金金額的利息。應為取得這一結果規定利率和計算方法。

二、利息從應支付本金金額之日起算，至履行了支付義務之日為止。

第三十九條　促成損害

在確定賠償時，應考慮到提出索賠的受害國或任何人或實體由於故意或疏忽以作為或不作為促成損害的情況。

第三章　嚴重違反依一般國際法強制性規範承擔的義務

第 四 十 條　本章的適用

一、本章適用於一國嚴重違反依一般國際法強制性規範承擔的義務所產生的國際責任。

二、如果這種違反情況是由於責任國嚴重或系統地未能履行義務所引起的，則為嚴重違反行為。

第四十一條　嚴重違反依本章承擔的一項義務的特定後果

一、各國應進行合作，通過合法手段制止第四十條含義範圍內的任何嚴重違反義務行為。

二、任何國家均不得承認第四十條含義範圍內的嚴重違反義務行為所造成的情勢為合法，也不得協助或援助維持該情勢。

三、本條不妨礙本部分所指的其他後果和本章適用的違反義務行為可能依國際法引起的進一步的此類後果。

第三部分 一國國際責任的履行

第一章 一國責任的援引

第四十二條 一受害國援引責任

一國有權在下列情況下作為受害國援引另一國的責任如果被違反的義務是：

(a)個別地對該國承擔的義務；或

(b)對包括該國在內的一國家集團或對整個國際社會承擔的義務，而且對該義務的違反：

　(i)特別影響到該國；或

　(ii)具有如此性質以致會根本改變作為該義務當事相對方的所有其他國家在繼續履行該義務上所處的地位。

第四十三條 一受害國通知其要求

一、援引另一國責任的受害國應將其要求通知該國。

二、受害國可具體指明：

　(a)從事一項持續性不法行為的責任國應如何停止該行為；

　(b)應根據第二部分的規定採取哪種賠償形式。

第四十四條 可否提出要求

在下列情況下不得援引另一國的責任：

(a)不是按照涉及國籍的任何可適用的規則提出要求；

(b)該項要求適用用盡當地救濟辦法規則，卻未用盡可利用的有效當地救濟辦法。

第四十五條 援引責任權利的喪失

在下列情況下不得援引一國的責任：

(a)受害國已以有效方式放棄要求；或

(b)受害國基於其行為應被視為已以有效方式默許其要求失效。

第四十六條 數個受害國

在數個國家由於同一國際不法行為而受害的情況下，每一受害國可分別援引實施了該國際不法行為的國家的責任。

第四十七條 數個責任國

一、在數個國家應為同一國際不法行為負責任的情況下，可對每一國家援引涉及該行為的責任。

二、第一款：

　(a)不允許任何受害國取回多於所受損失的補償；

　(b)不妨礙對其他責任國的任何追索權利。

第四十八條　受害國以外的國家援引責任

一、受害國以外的任何國家有權按照第二款在下列情況下對另一國援引責任：

(a)被違反的義務是對包括該國在內的一國家集團承擔的、為保護該集團的集體利益而確立的義務；或

(b)被違反的義務是對整個國際社會承擔的義務。

二、有權按照第一款援引責任的任何國家可要求責任國：

(a)按照第三十條的規定，停止國際不法行為，並提供不重複的承諾和保證；和

(b)按照前幾條中的規定履行向受害國或被違反之義務的受益人提供賠償的義務。

三、受害國根據第四十三條、第四十四條和第四十五條援引責任的必要條件，適用於有權根據第一款對另一國援引責任的國家援引責任的情況。

第二章　反措施

第四十九條　反措施的目的和限制

一、一受害國只在為促使一國際不法行為的責任國依第二部分履行其義務時，才可對該國採取反措施。

二、反措施限於暫不履行採取措施的一國對責任國的國際義務。

三、反措施應盡可能以容許恢復履行有關義務的方式進行。

第 五 十 條　不受反措施影響的義務

一、反措施不得影響：

(a)《聯合國憲章》中規定的禁止威脅或使用武力的義務；

(b)保護基本人權的義務；

(c)禁止報復的人道主義性質的義務；

(d)依一般國際法強行規則承擔的其他義務。

二、採取反措施的國家仍應履行其下列義務：

(a)與責任國之間任何可適用的解決爭端程序規定的義務；

(b)尊重外交或領事代表、館舍、檔案和文件之不可侵犯性。

第五十一條　相稱

反措施必須和所遭受的損害相稱，並應考慮到國際不法行為的嚴重程度和有關權利。

第五十二條　與採取反措施有關的條件

一、一受害國在採取反措施以前應：

(a)根據第四十三條，要求責任國按照第二部分的規定履行其義務；

(b)將採取反措施的任何決定通知責任國並提議與該國進行談判。

二、雖有第一款(b)項的規定，受害國可採取必要的緊急反措施以維護其權

利。

三、在下列情況下不得採取反措施，如已採取，務必停止，不得無理拖延：
　　(a)國際不法行為已經停止，並且
　　(b)已將爭端提交有權作出對當事國具有約束力之決定的法院或法庭。
四、若責任國不善意履行解決爭端程序，第三款即不適用。

第五十三條　終止反措施
一旦責任國按照第二部分履行其與國際不法行為有關的義務，即應盡快終止反措施。

第五十四條　受害國以外的國家採取的措施
本章不妨礙依第四十八條第一款有權援引另一國責任的任何國家，為了受害國或被違背之義務的受益人的利益對該另一國採取合法措施以確保其停止該違背義務行為和進行賠償。

第四部分　一般規定

第五十五條　特別法
在並且只在一國際不法行為的存在條件或一國國際責任的內容或履行應由國際法特別規則規定的範圍內，不得適用本條款。

第五十六條　本條款中沒有明文規定的國家責任問題
在本條款中沒有明文規定的情況下，關於一國對一國際不法行為的責任問題，仍應遵守可適用的國際法規則。

第五十七條　國際組織的責任
本條款不影響一國際組織依國際法承擔的、或任何國家對一國際組織的行為的責任的任何問題。

第五十八條　個人的責任
本條款不影響以國家名義行事的任何人在國際法中的個人責任的任何問題。

第五十九條　聯合國憲章
本條款不妨礙《聯合國憲章》的規定。

四十七、外交保護條款草案 (Draft Articles on Diplomatic Protection)　(2006.8.8)

說明：
㈠聯合國國際法委員會二〇〇六年八月八日通過。
㈡英文本見 Yearbook of the International Law Commission 2006 , Volume II, Part

Two, New York: United Nations, 2013, pp. 24–26；中文本見聯合國大會，《聯合國第五十八屆會議國際法委員會報告》，紐約：聯合國，2006 年，頁 12–17。

第一部分　一般規定

第 一 條　定義和範圍

　　為本條款草案的目的，外交保護是指一國對於另一國國際不法行為給屬於本國國民的自然人或法人造成損害，通過外交行動或其他和平解決手段援引另一國的責任，以期使該國責任得到履行。

第 二 條　行使外交保護的權利

　　一國享有按照本條款草案行使外交保護的權利。

第二部分　國　籍

第一章　一般原則

第 三 條　國籍國的保護

　　一、有權行使外交保護的國家是國籍國。

　　二、儘管有第一款的規定，一國可根據第八條草案為非本國國民的人行使外交保護。

第二章　自然人

第 四 條　自然人的國籍國

　　為對自然人行使外交保護的目的，國籍國指該人根據該國法律通過出生、血緣、歸化、國家繼承或以任何其他方式，在不違反國際法的情況下，獲得了其國籍的國家。

第 五 條　自然人的持續國籍

　　一、一國有權對從發生損害之日到正式提出求償之日持續為其國民的人行使外交保護。如果在上述兩個日期該人都持有該國籍，則推定該國籍是持續的。

　　二、儘管有第一款的規定，一國對在正式提出求償之日為其國民但在受到損害之日不是其國民的人，可行使外交保護，但條件是該人曾具有被繼承國的國籍，或者已喪失原國籍，並且基於與提出求償無關的原因、以不違反國際法的方式已獲得該國的國籍。

　　三、一人在受到損害時為其原國籍國國民，而不是現國籍國的國民，則現國籍國不得針對原國籍國就該人所受到的損害行使外交保護。

四、一國對於在正式提出求償之日後獲得被求償國國籍的人不再享有為其行使外交保護的權利。

第 六 條　多重國籍和針對第三國的求償

一、雙重或多重國籍國民的任一國籍國可針對該人不屬於其國民的國家，為該國民行使外交保護。

二、兩個或多個國籍國可為具有雙重或多重國籍的國民共同行使外交保護。

第 七 條　多重國籍和針對國籍國的求償

一國籍國不得為同屬另一國國民的人針對另一國籍國行使外交保護，除非在發生損害之日和正式提出求償之日，該國的國籍均為該人的主要國籍。

第 八 條　無國籍人和難民

一、一國可為無國籍人行使外交保護，但該人須在受到損害之日和正式提出求償之日在該國具有合法的和慣常的居所。

二、一國可為被該國根據國際公認的標準承認為難民的人行使外交保護，但該人須在受到損害之日和正式提出求償之日在該國具有合法的和慣常的居所。

三、第二款不適用於該難民的國籍國之國際不法行為造成損害的情況。

第三章　法　人

第 九 條　公司的國籍國

為對公司行使外交保護的目的，國籍國是指公司依照其法律成立的國家。然而，當公司受另一國或另外數國的國民控制，並在成立地國沒有實質性商務活動，而且公司的管理總部和財務控制權均處另一國時，那麼該國應視為國籍國。

第 十 條　公司的持續國籍

一、一國有權為從發生損害之日到正式提出求償之日持續為該國或其被繼承國國民的公司行使外交保護。如果在上述兩個日期該公司都持有該國籍，則推定該國籍是持續的。

二、一國對於在提出求償後獲得被求償國國籍的公司不再享有為其行使外交保護的權利。

三、儘管有第一款的規定，一國繼續有權為在發生損害之日為其國民，但由於損害的原因，按照成立地國法律終止存在的公司行使外交保護。

第十一條　股東的保護

在公司受到損害的情況下，公司股東的國籍國無權為這些股東行使外交保護，除非：

(a)由於與損害無關的原因，按照成立地國的法律該公司已不存在；或

(b)在受到損害之日，該公司具有被指稱對造成損害應負責的國家的國籍，並且在該國成立公司是該國要求在其境內經營的前提條件。

第十二條　對股東的直接損害

在一國的國際不法行為對股東本人的權利，而非公司的權利，造成直接損害的情況下，這些股東的國籍國有權為其國民行使外交保護。

第十三條　其他法人

本章所載的原則應酌情適用於公司以外的其他法人的外交保護。

第三部分　當地救濟

第十四條　用盡當地救濟

一、除非有第十五條草案規定的情形，一國對於其國民或第八條草案所指的其他人所受的損害，在該受害人用盡一切當地救濟之前，不得提出國際求償。

二、「當地救濟」指受害人可以在所指應對損害負責的國家，通過普通的或特別的司法或行政法院或機構獲得的法律救濟。

三、在主要基於一國國民或第八條草案所指的其他人所受的損害而提出國際求償或請求作出與該求償有關的宣告性判決時，應用盡當地救濟。

第十五條　當地救濟規則的例外

在下列情況下，無需用盡當地救濟：

(a)不存在合理地可得到的能提供有效補救的當地救濟，或當地救濟不具有提供此種補救的合理可能性；

(b)救濟過程受到不當拖延，且這種不當拖延是由被指稱應負責的國家造成的；

(c)受害人與被指稱應負責國家之間在發生損害之日沒有相關聯繫；

(d)受害人明顯的被排除了尋求當地救濟的可能性；或

(e)被指稱應負責的國家放棄了用盡當地救濟的要求。

第四部分　雜項規定

第十六條　外交保護以外的其他行動或程序

國家、自然人、法人或其他實體為國際不法行為所致損害取得補救，根據國際法訴諸外交保護以外的其他行動或程序的權利，概不受本條款草案影響。

第十七條　國際法的特別規則

本條款草案在與諸如投資保護條約規定等國際法特別規則不符的情況下，則不適用。

第十八條　船員的保護

船舶船員國籍國行使外交保護的權利，不因船舶國籍國有權在國際不法行為對船舶造成損害致使船員受到傷害時，為任何國籍的船員尋求補救而受到影響。

第十九條　建議的做法

按照本條款草案有權行使外交保護的國家應：

(a)充分考慮行使外交保護的可能性，特別是當發生了重大損害時；

(b)對於訴諸外交保護和尋求賠償之事，盡可能考慮受害人的意見；並且

(c)把從責任國獲得的任何損害賠償在扣除合理費用之後轉交受害人。

第十二章　國際經濟與貿易

四十八、聯合國大會關於天然資源之永久主權決議 (United Nations General Assembly Resolution on Permanent Sovereignty over Natural Resources) (1962.12.14)

說明：
㈠聯合國大會一九六二年十二月十四日第 A/RES/1803(XVII) 號決議通過。
㈡英文本見 Yearbook of the United Nations 1962, New York: Columbia University Press, 1964, pp. 503–504；中文本見聯合國大會，《大會第十七屆會所通過決議案》，紐約：聯合國，1963 年，頁 15–16。

大會，

覆按其一九五二年一月十二日決議案五二三（六）及一九五二年十二月二十一日決議案六二六（七），

念及一九五八年十二月十二日決議案一三一四（十三），曾規定設立天然資源永久主權問題委員會，著其詳盡調查天然財富與資源永久主權作為自決權利基本要素之狀況，並於必要時提出建議予以加強，又決定在詳盡調查民族與國族對其天然財富與資源之永久主權狀況時，應妥為注意各國在國際法上之權利與義務，以及在發展中國家經濟發展方面鼓勵國際合作之重要性，

念及一九六〇年十二月十五日決議案一五一五（十五）曾建議對於各國處置其財富與天然資源之自主權利應予尊重，

認為在此方面所採取之任何措施，必須以承認各國依其本國利益自由處置其天然財富與資源之不可剝奪權利及尊重各國之經濟獨立為基礎，

認為下文第四段之規定絕不損害任何會員國對於繼承國與政府在前殖民統治地未獲完全主權以前既得財產上所有權利義務問題的任何方面之立場，

察悉國家與政府之繼承問題正由國際法委員會作為優先事項加以審查，

認為允宜提倡國際合作，以促進發展中國家之經濟發展，並認為已發展國家與發展中國家間所訂之經濟及財政協定必須以平等原則及各民族與各國族享有自決權原則為基礎，

認為提供經濟及技術協助、貸借款項及增加外國投資不得附有與受助國家利益相牴觸之條件，

認為將可能促進此種財富與資源發展與利用之技術與科學情報交換，可得到種種利益，並認為聯合國及其他國際組織在此方面應發揮重大作用，

特別重視促進發展中國家經濟發展及保證其經濟獨立之問題，

鑒於建立並鞏固國家對其天然財富與資源之不可剝奪主權，足以增強其經濟獨立，

深望聯合國本經濟發展方面尤其本發展中各國經濟發展方面實行國際合作之精神，進一步審議天然資源永久主權問題。

壹

宣布：

一、各民族及各國族行使其對天然財富與資源之永久主權，必須為其國家之發展著想，並以關係國人民之福利為依歸。

二、此種資源之查勘、開發與處置，以及為此目的而輸入所需外國資本時，均應符合各民族及各國族自行認為在許可、限制或禁止此等活動上所必要或所應有之規則及條件。

三、此等活動如經許可，則輸入之資本及其收益應受許可條款、現行內國法及國際法之管轄。所獲之利潤必須按投資者與受助國雙方對每一項情事自由議定之比例分派，但須妥為注意，務使受助國對其天然財富與資源之主權，絕對不受損害。

四、收歸國有、徵收或徵用應以公認為遠較純屬本國或外國個人或私人利益為重要之公用事業、安全或國家利益等理由為根據。遇有此種情形時，採取此等措施以行使其主權之國家應依據本國現行法規及國際法，予原主以適當之補償。倘補償問題引起爭執，則應盡量訴諸國內管轄。但如經主權國家及其他當事各方同意，得以公斷或國際裁判辦法解決爭端。

五、各國必須根據主權平等原則，互相尊重，以促進各民族及各國族自由有利行使其對天然資源之主權。

六、以謀求發展中國家經濟發展為目的之國際合作，不論所採方式為公私投資、交換貨物及勞務、技術協助或交換科學情報，均應以促進其國家獨立發展為依歸，並應以尊重其對天然財富與資源之主權為基礎。

七、侵犯各民族及各國族對其天然財富與資源之主權，即係違反聯合國憲章之精神與原則，且妨礙國際合作之發展與和平之維持。

八、主權國家或在主權國家間所自由締結之外國投資協定應誠意遵守；各國及國際組織均應依照憲章及本決議案所載原則，嚴格審慎尊重各民族及各國族對其天然財富與資源之主權。

貳

歡迎國際法委員會加速進行編纂國家責任法典以便提交大會審議之決定。

叁

請秘書長繼續研究天然資源永久主權問題之各方面計及各會員國欲確保其自主權利而又同時欲鼓勵經濟發展方面國際合作之願望，並向經濟暨社會理事會提出報告，可能時並向大會第十八屆會提出報告。

四十九、各國經濟權利和義務憲章 (Charter of Economic Rights and Duties of States) (1974.12.12)

說明：

㈠聯合國大會第二十九屆會議一九七四年十二月十二日第 A/RES/29/3281 決議通過。

㈡英文本見 General Assembly, Resolutions adopted by the General Assembly during its twenty-ninth session, New York: United Nations, 1975, pp. 51–55，亦刊載於 Yearbook of the United Nations 1974, Vol. 28, New York: United Nations, 1977, pp. 403–407；中文本見聯合國大會，《大會第二十九屆會議通過的決議》，卷一，紐約：聯合國，1975 年出版，頁 60–66。

序言

大會，

重申聯合國的基本宗旨，尤其是：維持國際和平與安全，發展各國間的友好關係，實現國際合作以解決經濟及社會領域的國際問題，

確認需要在這些領域加強國際合作，

進一步重申需要加強國際合作以謀發展，

聲明本憲章的基本宗旨之一是在所有國家，不論其經濟及社會制度如何，一律公平、主權平等、互相依存、共同利益和彼此合作的基礎上，促進建立新的國際經濟秩序，

深願為創造實現下列目標的條件作出貢獻：

(a)所有國家都達到較普遍的繁榮，各國人民都達到較高的生活水準，

(b)由整個國際社會促進所有國家特別是發展中國家的經濟和社會發展，

　　(c)鼓勵各國，不論其政治，經濟或社會制度如何，在對所有願意履行本憲章義務的愛好和平國家都是公平互利的基礎上，進行經濟、貿易、科學和技術領域的合作，

　　(d)克服發展中國家經濟發展道路上的主要障礙，

　　(e)加速發展中國家的經濟增長，以彌合發展中國家和發達國家之間的經濟差距，

　　(f)保護、維護和改善環境，

　　考慮到需要通過下列途徑來建立和維持一個公平合理的經濟和社會秩序：

　　(a)實現較為公平合理的國際經濟關係，並鼓勵世界經濟的結構變革，

　　(b)為在所有國家間進一步擴大貿易和加強經濟合作創造條件，

　　(c)加強發展中國家的經濟獨立，

　　(d)建立和增進國際經濟關係，要照顧到發展中國家在發展方面公認的差異和它們的特殊需要，

　　決心在嚴格尊重每個國家主權平等的前提下，並通過整個國際社會的合作，促進集體經濟安全以謀發展，特別是發展中國家的發展，

　　考慮到各國間在對國際經濟問題進行共同商討並採取協調行動基礎上的真正合作，是實現國際社會促成世界各地公平合理發展的共同願望的必要條件，

　　強調為使所有國家之間，不分社會和經濟制度的差異，進行正常經濟關係和充分尊重各國人民的權利，保證適當條件的重要性，以及加強國際經濟合作的工具作為鞏固和平造福全人類的手段的重要性，

　　深信有需要發展一個以主權平等、公平互利和所有國家的利益密切相關為基礎的國際經濟關係的制度，

　　重申每個國家肩負本國發展的首要責任，但是同時進行有效的國際合作是充分實現其發展目標的一個必要因素，

　　堅信有迫切需要促成一個大為改進的國際經濟關係體制，

　　茲鄭重通過這份各國經濟權利和義務憲章。

第一章　國際經濟關係的基本原則

　　各國間的經濟關係，如同政治和其他關係一樣，除其他外要受下列原則指導：

　　(a)各國的主權、領土完整和政治獨立；

　　(b)所有國家主權平等；

　　(c)互不侵犯；

　　(d)互不干涉；

　　(e)公平互利；

　　(f)和平共處；

　　(g)各民族平等權利和自決；

　　(h)和平解決爭端；

　　(i)對於以武力造成的、使得一個國家失去其正常發展所必需的自然手段的不正義情

況，應予補救；

　　(j)真誠地履行國際義務；

　　(k)尊重人權和基本自由；

　　(1)不謀求霸權和勢力範圍；

　　(m)促進國際社會正義；

　　(n)國際合作以謀發展；

　　(o)內陸國家在上述原則範圍內進出海洋的自由。

第二章　各國的經濟權利和義務

第 一 條　每個國家有依照其人民意志選擇經濟制度以及政治、社會和文化制度的不可
　　　　　剝奪的主權權利，不容任何形式的外來干涉、強迫或威脅。

第 二 條　一、每個國家對其全部財富、自然資源和經濟活動享有充分的永久主權，包
　　　　　括擁有權、使用權和處置權在內，並得自由行使此項主權。

　　　　　二、每個國家有權：

　　　　　　(a)按照其法律和規章並依照其國家目標和優先次序，對在其國家管轄範
　　　　　　　圍內的外國投資加以管理和行使權力。任何國家不得被迫對外國投資
　　　　　　　給予優惠待遇；

　　　　　　(b)管理和監督其國家管轄範圍內的跨國公司的活動，並採取措施保證這
　　　　　　　些活動遵守其法律、規章和條例及符合其經濟和社會政策。跨國公司
　　　　　　　不得干涉所在國的內政。每個國家在行使本項內所規定的權利時，應
　　　　　　　在充分顧到本國主權權利的前提下，與其他國家合作；

　　　　　　(c)將外國財產的所有權收歸國有、徵收或轉移，在收歸國有、徵收或轉
　　　　　　　移時，應由採取此種措施的國家給予適當的賠償，要考慮到它的有關
　　　　　　　法律和規章以及該國認為有關的一切情況。因賠償問題引起的任何爭
　　　　　　　論均應由實行國有化國家的法院依照其國內法加以解決，除非有關各
　　　　　　　國自由和互相同意根據各國主權平等並依照自由選擇方法的原則尋求
　　　　　　　其他和平解決辦法。

第 三 條　對於二國或二國以上所共有的自然資源的開發，各國應合作採用一種報導和
　　　　　事前協商的制度，以謀對此種資源作最適當的利用，而不損及其他國家的合
　　　　　法利益。

第 四 條　每個國家，不論政治、經濟和社會制度的任何差異，有權進行國際貿易和其
　　　　　他方式的經濟合作。任何國家不應遭受純粹基於此種差異的任何歧視。每個
　　　　　國家在進行國際貿易和其他方式的經濟合作時，可自由選擇其對外經濟關係
　　　　　的組織方式，和訂立符合其國際義務及國際經濟合作需要的雙邊和多邊協議。

第 五 條　所有國家為了發展其民族經濟，為了穩定獲得發展資金，並為了實現其目的，
　　　　　幫助促進世界經濟的持續增長，特別是加速發展中國家的發展，有權參加初

級商品生產者的組織；所有國家也有尊重這種權利的相應義務，不採取限制
這種權利的經濟和政治措施。

第 六 條　各國有義務利用種種安排，及在適當情況下締結長期多邊商品協定，對國際
貨物貿易的發展作出貢獻，要照顧到生產者和消費者的利益。所有國家共同
有義務促進一切在穩定，有利和公平的價格上交易的商品的正常流動和進出，
從而有助於世界經濟的公平發展，並要特別顧到發展中國家的利益。

第 七 條　每個國家有促進其人民的經濟、社會和文化發展的首要責任。為此，每個國
家有權利和責任選擇其發展的目標和途徑，充分動員和利用其資源，逐步實
施經濟和社會改革，並保證其人民充分參與發展過程和分享發展利益。所有
國家有義務個別地和集體地進行合作，以消除妨礙這種動員和利用的種種障
礙。

第 八 條　各國應進行合作，以促進較為公平合理的國際經濟關係，並在一個均衡的世
界經濟的意義上鼓勵結構變革，要符合所有國家特別是發展中國家的需要和
利益，並為此目的採取適當的措施。

第 九 條　所有國家有責任在經濟、社會、文化、科學和技術領域進行合作，以促進全
世界尤其是發展中國家的經濟發展和社會進步。

第 十 條　所有國家在法律上一律平等，並作為國際社會的平等成員，有權充分和有效
地參加——包括通過有關國際組織並按照其現有的和今後訂定的規則參加
——為解決世界經濟、金融和貨幣問題作出國際決定的過程，並公平分享由
此而產生的利益。

第十一條　所有國家應進行合作、加強和不斷改進國際組織執行各項措施的效能，以促
進所有國家特別是發展中國家總的經濟發展，因此還應該斟酌情況為使這些
組織適應國際經濟合作方面不斷變化的需要而進行合作。

第十二條　一、各國有權在有關各方同意之下，參加分區域、區域和區域間的合作，以
謀經濟和社會發展。所有參加這種合作的國家，有義務保證其所屬集團
的政策是符合本憲章的規定的、是向外看的、是同它們的國際義務相一
致的，是同國際經濟合作的需要相一致的，而且是充分顧到第三國、特
別是發展中國家的合法利益的。

二、在有關國家將屬於本憲章範圍內事項的某些權限已經轉移給或可能轉移
給所屬集團的情況下，在這些事項方面，本憲章的各項規定也應適用於
這些集團，與這些國家作為有關集團成員的責任相一致。這些國家也應
合作，使各集團遵守本憲章的規定。

第十三條　一、每個國家有權分享科學技術進步和發展的利益，以加速它的經濟和社會
發展。

二、所有國家都應促進國際間的科學和技術合作與技術轉讓，要適當地照顧
到一切的合法利益，包括技術持有者、提供者和接受者的權利和義務。
特別是，所有國家應促進：發展中國家取得現代科學和技術的成果、轉

讓技術、以及為了發展中國家的利益而創造本國技術，其方式和程序要符合其經濟與需要。

三、因此，發達國家應與發展中國家合作，建立、加強和發展它們的科學和技術基層結構，以及它們的科學研究和技術活動，以幫助發展和改造發展中國家的經濟。

四、所有國家都應在研究方面進行合作，以期進一步訂定為國際間所接受的關於技術轉讓的準則或規章，要充分顧到發展中國家的利益。

第十四條　每個國家有義務進行合作，促進世界貿易穩定的、日益增加的發展和自由化以及各國人民、特別是發展中國家人民的福利和生活水準的改善。因此，所有國家應進行合作，逐漸打破妨礙貿易的種種障礙，改善進行世界貿易的國際體制。為此，各國應作出協調的努力，公平地解決所有國家的貿易問題，要考慮到發展中國家的具體貿易問題。在這方面，各國應採取措施，使發展中國家的國際貿易取得更多的利益，從而使它們的外匯收益大幅度地增加；使其出口商品多樣化；考慮到它們的發展需要，加速它們的貿易增長率；增加這些國家參與世界貿易擴展的機會；並盡量通過大大改善發展中國家的產品進入市場的條件，通過酌情採取可使初級產品取得穩定、公平和有利的價格的措施，在分享由這種擴展而產生的利益方面取得對發展中國家較為有利的均衡。

第十五條　所有國家都有義務促進實現在有效國際管制下的全面徹底裁軍，把從有效的裁軍措施節省下來的資源用於各國的經濟和社會發展，把其中相當大的一部分作為滿足發展中國家的發展需要的額外資源。

第十六條　一、所有國家有權利和義務，個別地和集體地採取行動，消除殖民主義、種族隔離、種族歧視、新殖民主義與一切形式的外國侵略、占領和統治，以及其經濟和社會後果，作為發展的先決條件。實施這種脅迫政策的國家，對於受到影響的國家、領土和民族負有經濟上的責任，必須補救和充分賠償這些國家、領土和民族的自然資源和一切其他資源所遭受的剝削、消耗和損害。所有國家都有義務向它們提供援助。

二、任何國家沒有權利促進或鼓勵足以妨礙被武力占領的領土獲得解放的投資。

第十七條　國際合作以謀發展是所有國家的一致目標和共同義務。每個國家都應對發展中國家的努力給予合作，提供有利的外界條件，給予符合其發展需要和發展目標的積極協助，要嚴格尊重各國的主權平等，不附帶任何有損它們主權的條件，以加速它們的經濟和社會發展。

第十八條　發達國家應當向發展中國家施行、改進和擴大普遍的、非互惠的和非歧視的關稅優惠制度，但要按照在主管國際組織範圍內就這一制度所通過的有關協議結論和有關決定。發達國家還應認真考慮在可行和適當的領域內，並以給予特別和較為有利的待遇的方式，採取其他區別對待的措施，以滿足發展中

國家的貿易和發展需要。發達國家在其國際經濟關係中，對於由普遍關稅優惠和其他有利於發展中國家的普遍協議的區別對待的措施所增進的發展中國家民族經濟的發展，應盡力避免採取有消極作用的措施。

第十九條　為了加速發展中國家的經濟增長，彌合發達國家和發展中國家之間的經濟差距起見，發達國家在國際經濟合作可行的領域內應給予發展中國家普遍優惠的、非互惠的和非歧視的待遇。

第二十條　發展中國家在增加它們的全面貿易的努力中，應對擴大它們同社會主義國家的貿易的可能性給予應有的注意，給予社會主義國家的貿易條件不應當亞於它們通常給予發達的市場經濟國家的貿易條件。

第二十一條　發展中國家應努力促進它們之間相互貿易的擴展，並為此目的，可以按照國際協定中凡能適用的現有或制訂中的規定和程序，向別的發展中國家提供貿易優惠，而沒有義務將這種優惠給予發達國家，但是這種安排不得成為對普遍貿易自由化和擴展的阻礙。

第二十二條　一、所有國家應響應一般公認的或彼此同意的發展中國家的發展需要和目標，在考慮到有關國家的任何義務和承諾的情況下，促使增加的真實資源淨額從所有各方流入發展中國家，以增強它們為加速其經濟和社會發展所作的努力。

二、在這個意義上，所有國家應按照上述目標，並考慮到這方面的任何義務和承諾，努力增加流向發展中國家的官方資金淨額，並改善其條件。

三、發展援助資源的流動應包括經濟和技術援助。

第二十三條　發展中國家為了增強其本國資源的有效動員，應當加強它們的經濟合作並擴大它們之間的相互貿易以加速它們的經濟和社會發展。所有國家，特別是發達國家，應當個別地和通過它們為其成員的主管國際組織，提供適當的、有效的支持和合作。

第二十四條　所有國家有義務在其相互間的經濟關係中考慮到其他國家的利益。特別是所有國家應避免損害發展中國家的利益。

第二十五條　為了促進世界經濟發展，國際社會特別是其中的發達成員應特別注意最不發達的、內陸的和島嶼的發展中國家的特殊需要和問題，以幫助它們克服其特殊困難，從而對它們的經濟和社會發展作出貢獻。

第二十六條　所有國家，不論政治、經濟、社會和文化制度的差別，有義務寬容相待，和平相處，並為經濟和社會制度不同的各國間的貿易提供便利。國際貿易的進行應不妨礙有利於發展中國家的普遍的、非歧視的和非互惠的優惠待遇，並應以公平互利和交換最惠國待遇為基礎。

第二十七條　一、每個國家有權充分享受世界無形貿易的利益，並有權參與這種貿易的擴展。

二、在有效能和公平互利的基礎上進行的、促進世界經濟發展的世界無形貿易，是所有國家的共同目標。發展中國家在世界無形貿易中的作用，

應依照上述目標予以增進和加強，要特別注意到發展中國家的特殊需要。

三、所有國家應對發展中國家為提高從無形貿易獲取外匯收入的能力所作的努力給予合作，但要符合每個發展中國家的潛力和需要，並與上述目標一致。

第二十八條　所有國家有義務為在發展中國家的出口商品價格和它們的進口商品價格之間達成調整而進行合作，以促成對發展中國家公平合理的貿易條件，使生產者有利可獲，同時對生產者和消費者均屬公平。

第三章　對國際社會的共同責任

第二十九條　國家管轄範圍外的海床洋底及其底土，以及該海域的資源，是人類共同繼承的財產。根據一九七〇年十二月十七日聯合國大會第 2749 (XXV) 號決議內通過的原則，所有國家都應保證，對該海域的探測和對其資源的開發要專門用於和平目的，並在考慮到發展中國家的特殊利益和需要的情況下，由所有國家公平分享由此所得的利益應由一項共同協議的普遍性的國際條約訂立一項適用於該海域及其資源的國際制度，包括一個實施該制度的各項規定的適當國際機構。

第　三　十　條　為了今代和後世而保護、維護和改善環境，是所有國家的責任。所有國家都應根據此項責任制定它們自己的環境和發展政策。所有國家的環境政策應對發展中國家當前的和未來的發展有所增進，而不發生不利影響。所有國家有責任保證，在其管轄和控制範圍內的任何活動不對別國的環境或本國管轄範圍以外地區的環境造成損害。所有國家應進行合作，擬訂環境領域的國際準則和規章。

第四章　最後條款

第三十一條　所有國家有義務對世界經濟的均衡發展作出貢獻，要適當考慮到發達國家的福利同發展中國家的增長和發展之間的密切關聯，並考慮到整個國際社會的繁榮依其組成部分的繁榮為轉移。

第三十二條　任何國家不得使用或鼓勵使用經濟、政治或任何其他措施，來強迫另一國家，使其在主權權利的行使方面屈從。

第三十三條　一、本憲章任何部分不得解釋為有損於或貶低聯合國憲章條款或據以採取的行動。

二、本憲章各項條款在解釋和適用方面互有關聯，每一條款的解釋應參照其他條款。

第三十四條　聯合國大會第三十屆會議，及其後每五屆會議的議程中應列入各國經濟權

利和義務憲章一項目,從而對憲章的執行情況,包括所取得的進展和任何可能成為必要的改進和增補,進行有系統的全面的審議並建議適當的措施。這種審議應考慮到同本憲章所根據的原則和宗旨有關的一切經濟、社會、法律和其他因素的演進情況。

五十、解決國家與他國國民間投資爭端公約 (Convention on the Settlement of Investment Disputes between States and Nationals of other States) (1965.3.18)

說明:

㈠本公約一九六五年三月十八日簽署,一九六六年十月十四日生效。

㈡英文本見 UNTS, Vol. 575, pp. 160–204;中文本見立法院秘書處,《立法院公報》,57 卷 55 期,1968 年,頁 5–15。

前 言

本公約各締約國

鑒於經濟開發中國際合作之需要,暨私人國際投資在此項合作中所佔之地位;

察及締約國與他締約國國民間此項投資隨時引起爭端之可能性;

深信此類爭端通常雖經由國內司法程序解決,然對某項案件,國際解決途徑,或亦適當;

確認締約國與他締約國國民間之爭端,如有共同願望,得利用國際調解或仲裁之機構,以求解決,故此項機構之隨時備用,殊具重要性;

亟願在國際復興開發銀行主持下,建立此項機構;

確認爭端當事人彼此同意,經由上項機構,將爭端交付調解或仲裁,實已構成一具有拘束力之協議,此項協議特別要求對調解人之任何建議予以適切之考慮,並遵守仲裁員之任何裁決;

聲明任何締約國未表同意前,僅因其批准,接受或認可本公約之事實,不得被認為已負有將任何特定爭端交付調解或仲裁之任何義務。

爰議定條款如下:

第一章　解決投資爭端國際中心

第一節　設置與組織

第 一 條　一、茲設置解決投資爭端國際中心（以下簡稱「中心」）。

二、「中心」之宗旨應為依本公約之規定對締約國與他締約國國民間之投資爭端提供調解及仲裁之設施。

第 二 條　「中心」所有地應設於國際復興開發銀行（以下簡稱「銀行」）之主事務所內。其所在地經行政理事會理事三分之二多數議決得遷移之。

第 三 條　「中心」應設置行政理事會及秘書處，並應備有調解人名冊及仲裁人名冊。

第二節　行政理事會

第 四 條　一、行政理事會應由締約國各派代表一人組成之，代表不能出席會議或不能行使職權時，得由其候補代表代理之。

二、除有相反之指派外，各締約國派駐「銀行」之理事及候補理事，應為各該國之當然代表及候補代表。

第 五 條　「銀行」總經理應為行政理事會之當然主席（以下簡稱「主席」）但無投票權。主席缺席或不能行使職權或「銀行」總經理之職位出缺時，行政理事會主席之職權，應由當時代理「銀行」總經理職務之人代理之。

第 六 條　一、行政理事會除依本公約其他規定所賦予之職權外應具有左列職權。

(1)通過「中心」有關行政及財務之規則；

(2)通過提起調解及仲裁程序之程序規則；

(3)通過調解及仲裁程序之程序規則（以下簡稱「調解規則」及「仲裁規則」）；

(4)核定為使用「銀行」各項行政設施及服務而與「銀行」所訂立之各項安排；

(5)決定秘書長及副秘書長之服職條件；

(6)通過「中心」之年度收支預算；

(7)核定「中心」之年度工作報告。

有關右述第(1)、(2)、(3)及(6)各款事項之決議，應由行政理事會理事三分之二多數贊可成立之。

二、行政理事會得設立其所認為必需之各種委員會。

三、行政理事會並應行使及執行其所認為實施本公約各項規定所必需之其他各項職權。

第 七 條　一、行政理事會應每年舉行常會一次，如經理事會之決定，或「主席」之召集，或秘書長徇不少於五個理事之請求而召集時，並應舉行其他會議。

二、行政理事會每一理事應有一個投票權，除本公約另有規定外，理事會對一切問題應以投票之過半數決定之。

三、行政理事會之任何會議，應以全體理事過半數之出席為其法定人數。

四、行政理事會，經理事三分之二多數之議決，得制定一程序，俾「主席」得在不召集理事會會議之情況下舉行投票。此項投票，須經理事會多數理事均於該項程序所定期限內完成投票時，方應認為有效。

第 八 條　行政理事會理事及「主席」執行職務，不得自「中心」接受報酬。

第三節　秘書處

第 九 條　秘書處由秘書長一人，副秘書長一人或數人及其他職員組成之。

第 十 條　一、秘書長及副秘書長應由行政理事會根據「主席」之提名以理事三分之二多數選出之，任期不得超過六年，連選得連任。「主席」經與行政理事會理事磋商後應對上述職位各提名一人或數人為候選人。

二、秘書長及副秘書長不得同時行使任何政治職權。秘書長及副秘書長，非經行政理事會之核准，不得擔任其他職務或從事任何其他職業。

三、秘書長缺席，不得行使職權，或其職位出缺時，應由副秘書長代理之，副秘書長有數人時，行政理事會應事先決定代理秘書長之順序。

第十一條　秘書長應為「中心」之法定代理人及主管官員，並依本公約及行政理事會所訂各項規則之規定，負責其行政，此項行政，包括職員之任用在內。秘書長應執行註冊官之職權。並有權簽證依本公約所作之仲裁裁決書及此種裁決書之副本。

第四節　調解人名冊及仲裁人名冊

第十二條　調解人名冊及仲裁人名冊，應各由願意擔任該項職務並經依本公約後此所載規定指派之有資格人士組成之。

第十三條　一、本公約每一締約國得就每一名冊各指定四人參加之，其所指定之人員，得為其本國國民，但不限於其本國國民。

二、「主席」得就每一名冊各指定十人參加之。被指定列入同一名冊之人員，應各具不同國籍。

第十四條　一、被指定列入各名冊之人員應為品格高尚，公認在法學、商務、工業或金融方面深具才識，並足信其能作獨立判斷之人。被指定列入仲裁人名冊之人員，其在法學方面之才識尤屬重要。

二、「主席」於指派備列入各名冊之人員時，應注意使各名冊確能代表世界各主要法律制度及各主要經濟活動形態之重要性。

第十五條　一、列入各名冊之人員之任期為六年，得連任。

二、名冊所列人員如有死亡或辭職之情事，原指定機構，得指定另人服完該死亡或辭職者剩餘之任期。

三、列入各名冊之人員於其繼任人未經指定前，應繼續擔任其職務。

第十六條　一、一人得同時兼任兩種名冊之職務。

二、如一人同時被兩個以上之締約國，或同時被一個或多個締約國及「主席」指定擔任同一名冊之職務時，應視為由最初指定之機構所指定；若為該項指定各機構中有其本國時，則應視為由該國所指定。

三、一切指定，均應通知秘書長，並應自收到通知之日起生效。

第五節　「中心」之財務

第十七條　若「中心」因提供其設施所收之規費及其他收入不足維付「中心」之開支時，其不足部分，由締約國中同時為「銀行」會員者，依其向「銀行」認股之比例，及各締約國中非「銀行」會員者，依行政理事會所通過之規則，共同分擔之。

第六節　地位、豁免及特權

第十八條　「中心」應享充分之國際法人地位，「中心」之行為能力應包括：

一、訂定契約；

二、取得及處分動產及不動產；

三、提起訴訟。

第十九條　為使「中心」能執行其職務，「中心」在每一締約國境內應享受本節所規定之各項豁免及特權。

第二十條　「中心」、其財產及資產，除「中心」放棄豁免權外，應享受司法豁免。

第二十一條　「主席」、行政理事會理事、調停人或仲裁人或依本公約第五十二條第三項之規定指派之委員會之委員及秘書處官員及聘僱人員應享受左列豁免：

(1)除「中心」放棄豁免外，關於因執行職務所為之行為，應享受司法豁免。

(2)如非當地國國民，應享受相同於締約國賦予他締約國相似階級之代表、官員及聘僱人員關於移民限制，外國人登記規定及國民服役義務之豁免及關於結匯及旅行之各項便利。

第二十二條　本公約第二十一條之規定應適用於以當事人、代理人、辯護人、辯護律師、證人或專家身分參與依本公約規定所進行各項程序之人，但同條第(2)款之規定，僅適用於有關此等人往返於程序進行地點之旅途及其在該地點之停留。

第二十三條　一、「中心」之檔案，不論在何處，均不得侵犯。

二、「中心」之官方通訊，應享受不低於締約國賦予其他國際組織之待遇。

第二十四條　一、「中心」、其資產、財產、收入及其依本公約授權所為之工作及交易行為，應免納一切稅捐及關稅；中心並應免除一切收取或支付稅捐或關稅之責任。

二、除為當地國民者外，「中心」付與「主席」或行政理事會理事之開支津

貼，及付與秘書處官員或聘雇人員之薪金、開支津貼或其他酬給，應
予免稅。

三、凡擔任依本公約所進行之各項程序中之調解人，或仲裁人或依本公約
第五十二條第三項規定成立之委員會之委員所獲得之報酬或開支津
貼，應免予繳納任何稅捐，如此等稅捐係以「中心」所在地或程序進
行地或此項報酬或津貼給付地為其唯一管轄根據。

第二章　「中心」之管轄權

第二十五條　一、「中心」之管轄權及於締約國（或該締約國向「中心」所指定之任何組
成單位或機構）與他締約國國民間直接因投資所引起，並經爭端當事
人書面同意提交「中心」之任何法律爭端。爭端當事人一經同意，任
何一方不得片面撤回其同意。

二、本公約稱「他締約國國民」者，係指：

(1)在爭端當事人同意將爭端交付調解或仲裁之日，及該項交付調解或
仲裁之請求，依本公約第二十八條第三項或第三十六條第三項之規
定登記之日，具有爭端當事國以外之締約國國籍之任一自然人，但
不包括在上述任一日期亦具有為爭端當事國之締約國國籍者。

(2)在爭端當事人同意將該爭端交付調解或仲裁之日具有該爭端當事國
以外之締約國國籍之任一法人，以及在上述日期具有為爭端當事國
之締約國國籍，但由於外來控制，爭端當事人業已同意，就本公約
而言，應視為他締約國國民之任一法人。

三、締約國之組成單位或機構為同意時，應得該締約國之核准。其由締約
國通知「中心」無須獲其核准者，不在此限。

四、任一締約國得於批准、接受或認可本公約之時或其後任何時間，通知
「中心」接受或不接受何類之爭端由「中心」管轄。秘書長應即將此
項通知轉知全體締約國，此項通知並不構成本條第一項所稱之同意。

第二十六條　爭端當事人同意依本公約之規定進行仲裁時，除另有聲明外，應認為同意
此項仲裁排除任何其他救濟辦法。締約國得規定：當地行政及司法救濟辦
法已窮，為其同意依本公約交付仲裁之條件。

第二十七條　一、任何締約國對其國民與他締約國依本公約之規定同意交付或經已交付
仲裁之爭端，除該他締約國不遵守及履行對該爭端所作之裁決外，不
得給予外交保護或提出國際主張。

二、上項所稱「外交保護」，不包括純為便利爭端之解決所作之非正式外交
接觸。

第三章　調　解

第一節　調解之請求

第二十八條 一、凡締約國或締約國之國民欲提起調解程序者，應向秘書長提出請求書。秘書長應將此項請求書副本送交爭端之他方當事人。

二、前項請求書內容，應包括有關系爭各點、爭端當事人、及雙方依提起調解及仲裁之程序規則所作交付調解之同意等事項。

三、秘書長除根據請求書之內容認為此項爭端顯然非屬「中心」管轄權之範圍外，應立即將請求書登記。秘書長並應立即將登記或拒絕登記之情事通知爭端當事人。

第二節　調解委員會之組織

第二十九條 一、調解委員會（以下簡稱「委員會」）應於依本公約第二十八條之規定在請求書登記後，盡速組成之。

二、⑴「委員會」應由爭端當事人同意任命之單一或奇數調解人組成之。

⑵爭端當事人對於調解人人數及其任命方式不能獲致協議時，「委員會」應由調解人三人組成之：爭端雙方當事人各任命一名，第三名由爭端當事人協議任命之，並應為「委員會」之主席。

第 三 十 條 如「委員會」於秘書長依本公約第二十八條第三項之規定發出關於請求書已登記之通知後九十日或經爭端當事人協議之期間內，未能組成時，「主席」經任一爭端當事人之請求及於儘可能諮商爭端當事人雙方後，應任命尚未任命之調解人。

第三十一條 一、除依本公約第三十條之規定由「主席」任命外，調解人得自調解人名冊以外之人士中任命之。

二、自調解人名冊以外之人士中任命之調解人，應具備本公約第十四條第一項所規定之各項資格。

第三節　調解程序

第三十二條 一、「委員會」對其本身職權有決定權。

二、凡爭端當事人一方提出異議，認為該項爭端不屬「中心」管轄權範圍內，或基於其他理由認為不屬「委員會」職權範圍內時，該項異議應由「委員會」予以考慮，「委員會」並應就此項異議究應作為初步問題處理，抑應逕行將其併入爭端之實質部分各節，作一決定。

第三十三條 調解程序應依本節之規定進行之，除爭端當事人雙方另有協議外，並應依爭端當事人同意交付調解之日經已生效之「調解規則」進行之。如有本節

或「調解規則」或爭端當事人雙方協議適用之任何規則所未規定之任何程序問題發生時,「委員會」應決定此項問題。

第三十四條 一、「委員會」之責任為澄清爭端當事人間之系爭各點,並盡力促使當事人在雙方皆能接受之條件上獲致協議。為達此目的,「委員會」得於調解程序中之任何階段隨時向爭端當事人建議解決爭端之條件。爭端當事人應於「委員會」善意合作,使「委員會」得能執行其職務,並應對於「委員會」之建議,給予最認真之考慮。

二、如爭端當事人達成協議,「委員會」應擬具報告,說明系爭各點,並載明爭端當事人已達成協議。在調解進行中之任何階段,如「委員會」認為爭端當事人無達成協議之可能時,應結束調解程序之進行,並擬具報告,說明爭端之交付調解及載明爭端當事人不能達成協議。如爭端當事人之一方不出席或不參與調解程序,委員會應結束調解程序,並擬具報告,說明該爭端當事人不出席或不參與之事實。

第三十五條 除爭端當事人另有協議外,當事人之任何一方均不得在任何其他程序中引用或憑藉他方在調解程序中所表示之觀點或有關解決爭端之聲明、所自認或所提議或委員會所提之任何報告或建議,無論上項程序係其在仲裁人前或在法院中或以其他方式進行者均在所不問。

第四章　仲　裁

第一節　仲裁之請求

第三十六條 一、凡締約國或締約國之國民欲提起仲裁程序者,應向秘書長提出請求書。秘書長應將該項請求書副本送交他方當事人。

二、前項請求書內容,應包括有關系爭各點、爭端當事人及雙方依提起調解及仲裁之程序規則所作交付仲裁之同意等事項。

三、秘書長除根據請求書之內容認為此項爭端顯然非屬「中心」管轄權之範圍外,應立即將請求書登記。秘書長並應立即將登記或拒絕登記之情事,通知爭端當事人。

第二節　仲裁法庭之組設

第三十七條 一、仲裁法庭 (以下簡稱「法庭」) 應於依本公約第三十六條之規定在請求書登記後,盡速組成之。

二、(1)「法庭」應由爭端當事人同意任命之單一或奇數仲裁人組成之。

(2)爭端當事人對於仲裁人人數及其任命方式不能獲致協議時,「法庭」應由仲裁人三人組成之;爭端雙方當事人各任命一名,第三名由爭端當事人協議任命之,並應為「法庭」之主席。

第三十八條　如「法庭」於秘書長依本公約第三十六條第三項之規定發出關於請求書已登記之通知後九十日或經爭端當事人協議之期間內，未能組成時，「主席」經任一爭端當事人之請求及於盡可能諮商爭端當事人雙方後，應任命尚未任命之仲裁人。「主席」依本條規定所任命之仲裁人不得為爭端當事國之締約國國民或其國民為爭端當事人一方之締約國之國民。

第三十九條　仲裁人應有過半數為非爭端當事國之締約國國民，及非其國民為爭端當事人一方之締約國之國民，但如「法庭」之單一仲裁人或其每一個別仲裁人係經爭端當事人雙方協議任命時，本條上載規定不得適用之。

第 四 十 條　一、除依本公約第三十八條之規定由「主席」任命外，仲裁人得自仲裁人名冊以外之人士中任命之。
　　　　　　二、自仲裁人名冊以外之人士中任命之仲裁人，應具備本公約第十四條第一項所規定之各項資格。

第三節　「法庭」之職權

第四十一條　一、「法庭」對其本身之職權有決定權。
　　　　　　二、凡爭端當事人一方提出異議，認為該項爭端不屬「中心」管轄權範圍內，或基於其他理由認為不屬「法庭」職權範圍內時，該項異議，應由「法庭」予以考慮，「法庭」並應就此項異議究應作為初步問題處理，抑逕行將其併入爭端之實質部分各節，作一決定。

第四十二條　一、「法庭」應依據爭端當事人間協議之法理決定爭端，如無此項協議，「法庭」應適用為爭端當事國之締約國之法律（包括其國際私法）及國際法中可適用之原理。
　　　　　　二、「法庭」不得因法律無規定或規定含糊，而作案情不明 (Non Liquet) 之認定。
　　　　　　三、本條第一項及第二項之規定，不影響「法庭」於爭端當事人同意時，依衡平善意之原則 (Ex aequs et bons) 決定爭端之權利。

第四十三條　除爭端當事人另有協議外，「法庭」認為必要時，得於程序進行中之任何階段：
　　　　　　⑴要求爭端當事人提出文件或其他證據；
　　　　　　⑵查勘與爭端有關之現場，如認為適當，並得在該現場進行查問。

第四十四條　仲裁程序應依本節之規定進行之，除爭端當事人另有協議外，並應依爭端當事人同意交付仲裁之日經已生效之「仲裁規則」進行之。如有本節或「仲裁規則」或爭端當事人協議適用之任何規則內所未規定之任何程序問題發生時，「法庭」應決定此項問題。

第四十五條　一、爭端當事人之一方不到庭或不為陳述時，不得視為認諾他方之主張。
　　　　　　二、在程序進行中之任何階段，如爭端當事人一方不到庭或不為陳述時，他方得請求「法庭」就經已提交「法庭」之各項問題予以審理，並作

裁決。「法庭」於裁決前,除確知該爭端當事人無意到庭或為陳述外,應通知不到庭或不為陳述之一方,並酌給寬限。

第四十六條 除爭端當事人另有協議外,「法庭」如經一方之請求,應對於直接因爭端之標的而引起之附帶或附加主張或反訴予以決定,但以其係屬於爭端當事人所同意之範圍內,且原應屬「中心」管轄者為限。

第四十七條 除爭端當事人另有協議外,「法庭」認為情況需要時,得建議採取任何臨時措施,以維護爭端各方當事人之個別權利。

第四節　裁　決

第四十八條 一、「法庭」對各項問題之議決,應以「法庭」全體成員之過半數票為之。

二、法庭之裁決,應以書面為之,並應由「法庭」成員中投票贊成者簽名。

三、法庭之裁決,應檢討及於被提交「法庭」之每一問題,並應說明或其裁決所根據之理由。

四、「法庭」之任一成員,不論是否與多數持不同意見,得將其個人意見或所持不同意見之聲明附於裁決內。

五、「中心」未徵得爭端當事人同意前,不得將裁決發表。

第四十九條 一、秘書長應迅速將裁決之簽證副本分送爭端各方當事人,此項副本送出之日,應視為裁決作成之日。

二、「法庭」經當事人之一方於裁決作成之日後四十五日內所為請求,得於通知他方後,就裁決內所遺漏之任何問題決定之,並應改正裁決內任何書寫、數字或類似之錯誤。其決定應為裁決之一部分,並應以分送裁決相同之方式通知爭端各方當事人。本公約第五十一條第二項及第五十二條第二項所規定之期間,應自上項決定作成之日起算。

第五節　裁決之解釋、修正及廢棄

第 五 十 條 一、如爭端當事人間關於裁決之意義或範圍發生任何爭執,爭端當事人任何一方得向秘書長提出書面申請,請求就裁決加以解釋。

二、前項請求於可能範圍內應提交原作成裁決之法庭。如不可能,應依本章第二節之規定另組新「法庭」。新「法庭」於認為情況需要時,得宣告中止該項裁決之執行,直至其決定作成時為止。

第五十一條 一、爭端當事人之任何一方,如發現對裁決具有決定性影響力之事實,得向秘書長提出書面申請,請求修正裁決,但以該項事實係裁定時為「法庭」及申請人所不知,且申請人之不知非由於其過失者為限。

二、前項申請,應於發現此等事實後九十日內,或任何情形下於裁決作成後三年內提出之。

三、請求應於可能範圍內提交原作成裁決之「法庭」。如不可能,應依本章第二節之規定另組新「法庭」。

　　　　四、前項新「法庭」於認為情況需要時，得宣告中止該項裁決之執行直至其決定作成時為止。申請人於其申請書內請求中止裁決之執行者，裁決應即暫時中止執行，直至「法庭」對此種請求作成裁定時為止。

第五十二條　一、爭端當事人之任何一方，得基於左列理由之一項或數項，向秘書長提出書面申請，請求廢棄裁決：

　　　　　　(1)「法庭」之組設不適當；

　　　　　　(2)「法庭」顯然越權；

　　　　　　(3)「法庭」之任一成員有瀆職情事；

　　　　　　(4)嚴重違反基本之程序規則；

　　　　　　(5)裁決未敘明其所根據之理由。

　　　　二、前項申請，應於裁決作成後一百二十日內提出之。廢棄裁決之請求係基於發現瀆職情事者，其申請應於發現該項情事後一百二十日內提出之。或在任何情形下，申請應於裁定後三年內提出之。

　　　　三、「主席」於接獲請求後，應即自仲裁人名冊中任命三人組成專案委員會。該委員會之委員，不得為作成原裁決之「法庭」之成員，或具有該「法庭」任一仲裁人之相同國籍或具有爭端當事國或其國民為爭端當事人之國之國籍，亦不得曾為上述國指定列入仲裁人名冊或曾就同一爭端擔任調解人者。該委員會，基於本條第一項所規定之任何一項理由，應有權廢棄裁決之全部或一部。

　　　　四、本公約第四十一至四十五、四十八、四十九、五十三及五十四各條，及第六及第七章之規定，於專案委員會之程序準用之。

　　　　五、委員會於認為情況需要時，得宣告中止裁決之執行，直至其決定作成時為止。申請人於其申請書內請求中止裁決之執行者，裁決應即暫時中止執行，直至委員會對此種請求作成裁定時為止。

　　　　六、裁決經廢棄時，爭端經爭端當事人任何一方之請求，應提交依本章第二節之規定所組成之新「法庭」。

第六節　裁決之承認與執行

第五十三條　一、裁決對於爭端當事人，應有拘束力，除本公約所規定者外，不得就裁決提起上訴或尋求其他救濟。除依本公約有關規定中止執行裁決外，爭端各方當事人，應遵守並履行裁決之各項規定。

　　　　二、本節所稱裁決，應包括依本公約第五十條、五十一條或五十二條之規定所作之解釋，修正或廢棄裁決之任何決定。

第五十四條　一、每一締約國，對於依本公約規定所作之裁決，應承認其具有拘束力，並應在其領域內執行該項裁決所課金錢義務，一若該裁決為其國內法院之終局判決。採聯邦制之締約國，得於其聯邦法院內或利用其聯邦法院執行此項裁決，並得規定聯邦法院對裁決應視同聯邦內各州法院

之終局判決。

二、爭端當事人之一方要求在一締約國領域內承認或執行裁決時，應向該締約國為此目的所指派之管轄法院或其他機關提出經秘書長簽證之裁決副本。每一締約國應將其為此目的所指派之管轄法院或其他機關及此項指派後之任何變更，通知秘書長。

三、在被要求執行裁決之國家領域內，裁決之執行應依受請求在其領域內執行該裁決之國之現行關於執行判決之法律之規定。

第五十五條 本公約第五十四條之規定，不得被解釋為廢止任一締約國內現行對關於該國或任一外國豁免於執行之法律。

第五章　調解人及仲裁人之更換與喪失資格

第五十六條 一、「委員會」或「法庭」一經組成，程序一經開始，其組織應保持不變，但調解人或仲裁人死亡，喪失能力或辭職時，其遺缺應依本公約第三章第二節或第四章第二節之規定遞補之。

二、「委員會」或「法庭」之成員，縱喪失名冊中所列人員之資格，仍繼續執行其職務。

三、如爭端當事人所任命之調解人或仲裁人未經其參加人「委員會」或「法庭」之同意逕行辭職者，「主席」應自適當之名冊中任命一人以遞補其遺缺。

第五十七條 爭端當事人得以「委員會」或「法庭」任一成員明顯缺乏本公約第十四條第一項所規定之各項資格之任何事實為理由，建議「委員會」或「法庭」取消其資格。仲裁程序中之爭端當事人得以任一仲裁員之任命參加該「法庭」不合本公約第四章第二節之規定為理由，建議取消該仲裁員之資格。

第五十八條 關於取消調解人或仲裁人資格之建議，應分別由「委員會」或「法庭」之其他成員決定之。但如「委員會」或「法庭」之其他成員中贊成及反對者人數相同，或取消資格之建議係針對單一之調解人或仲裁人提出，或針對多數調解人或仲裁人提出時，則應由「主席」決定之。如經決定上述建議有充分理由時，該項決定之有關調解人或仲裁人應依本公約第三章第二節或第四章第二節之規定予以更換之。

第六章　費　用

第五十九條 爭端當事人因利用「中心」之各項設備而應繳付之各項費用，應由秘書長依行政理事會通過之規則決定之。

第 六 十 條 一、每一「委員會」及「法庭」應於行政理事會隨時規定之範圍內及於諮商秘書長後，決定其成員之報酬及開支。

二、本條第一項並不排除爭端當事人事先與「委員會」或「法庭」就其成員之報酬及開支達成協議。

第六十一條　一、關於在調解程序方面「委員會」成員之報酬及開支及因使用「中心」之各項設備而應繳納之各項費用，應由爭端當事人雙方平均分擔之，每一爭端當事人，並應負擔其在該程序中所為其他開支。

二、關於在仲裁程序方面，除當事人另有協議外，「法庭」應計算爭端當事人所引起之與程序有關之各項開支，並決定上述開支及「法庭」成員之報酬及開支及因使用「中心」之各項設備而應繳納之費用等，應以何種方式及由何方繳納此項決定，應構成裁決之一部分。

第七章　程序進行之地點

第六十二條　調解及仲裁程序，除本公約另有規定外，應在「中心」所在地進行之。

第六十三條　調解及仲裁程序，如爭端當事人間協議，得於左列地點進行之：

(1)常設仲裁法院所在地，或「中心」為此目的而另有約定之任何其他適當之公私機構所在地；或

(2)經「委員會」或「法庭」於諮商秘書長後而核可之任何地點。

第八章　締約國間之爭端

第六十四條　締約國間對於本公約之解釋或適用引起爭端而未能以談判方式解決時。除有關國協議以其他方式解決者外，應由該項爭端當事人任何一方訴請國際法院受理之。

第九章　修　正

第六十五條　任一締約國得提議修正本公約。其建議之修正案全文，應於行政理事會討論該修正案之會議召開前至少九十日遞交秘書長，秘書長並應即轉交行政理事會全體理事。

第六十六條　一、該項修正案，如經行政理事會以全體理事三分之二多數議決，應送請全體締約國批准。每一修正案，應自本公約存放處向締約國發出關於全體締約國經已批准接受或認可該修正案之通知後三十日開始生效。

二、任何修正案，均不影響締約國或其他任何構成單位或機構或其任何國民於修正案生效前，因同意「中心」管轄權而依本公約取得之權利與義務。

第十章　最後條款

第六十七條　本公約應聽由「銀行」各會員國簽署,並應聽由為國際法院規約之締約國及經行政理事會理事三分之二多數投票邀請簽署之其他國家簽署。

第六十八條　一、本公約應由簽署國各依其憲法程序批准,接受或認可之。

二、本公約應自第二十件批准書或接受書或認可書存放之日後三十日起生效,本公約對於嗣後存放批准書或接受書或認可書之國家,應自各該國為上述存放之日後三十日起開始生效。

第六十九條　每一締約國應採取必要之立法或其他措施,使本公約在其領區內發生效力。

第 七 十 條　本公約適應於締約國負其對外關係之一切領土境內;但該締約國於批准、接受或認可之時或嗣後通知本公約存放處,聲明不適用本公約者,不在此限。

第七十一條　任一締約國得以書面通知本公約存放處,聲明退出本公約,退出應自接獲該項通知後六個月起生效。

第七十二條　締約國依本公約第七十條或第七十一條之規定提出之通知,不影響該締約國或其構成單位或機構,或其任何國民於存放處接獲該項通知前,因同意「中心」管轄而依本公約取得之權利與義務。

第七十三條　本公約及本公約修正案之批准書、接受書或認可書應送交「銀行」存放,「銀行」即擔任本公約之存放處,存放處應將經簽證之本公約副本分送「銀行」各會員國及受邀簽署本公約之任何其他國家。

第七十四條　存放處應依《聯合國憲章》第一百零二條及聯合國大會通過之規則,將本公約向聯合國秘書處登記。

第七十五條　存放處應將下列事項通知全體簽署國:

(1)依本公約第六十七條規定所作之簽署。

(2)依本公約第七十三條規定所作批准書、接受書或認可書之存放。

(3)依本公約第六十八條規定有關本公約生效之日期。

(4)依本公約第七十條規定不適用本公約之領土。

(5)依本公約第六十六條之規定有關本公約修正案生效之日期。

(6)依本公約第七十一條規定之退出。

　　本公約以英文、法文及西班牙文訂於華盛頓,三種文字約本同一作準,合訂為一冊,應存放於國際復興開發銀行之存卷處。該銀行茲已簽署於本公約,以表示同意履行公約所賦予之各項任務。

五十一、關於承認及執行外國仲裁裁決公約 (Convention on the Recognition and Enforcement of Foreign Arbitral Awards) 　　　(1958.6.10)

說明：
㈠本公約一九五八年六月十日簽署，一九五九年六月七日生效。
㈡英文本見 UNTS, Vol. 330, pp. 38–48；中文本見 pp.50–53。
㈢聯合國已將「公斷 (arbitration)」改譯為「仲裁」，以下文本已修正。

第 一 條　一、仲裁裁決，因自然人或法人間之爭議而產生且在聲請承認及執行地所在國以外之國家領土內作成者，其承認及執行適用本公約。本公約對於仲裁裁決經聲請承認及執行地所在國認為非內國裁決者，亦適用之。

二、「仲裁裁決」一詞不僅指專案選派之仲裁員所作裁決，亦指當事人提請仲裁之常設仲裁機關所作裁決。

三、任何國家得於簽署、批准或加入本公約時，或於依本公約第十條通知推廣適用時，本交互原則聲明該國適用本公約，以承認及執行在另一締約國領土內作成之裁決為限。任何國家亦得聲明，該國唯於爭議起於法律關係，不論其為契約性質與否，而依提出聲明國家之國內法認為係屬商事關係者，始適用本公約。

第 二 條　一、當事人以書面協定承允彼此間所發生或可能發生之一切或任何爭議，如關涉可仲裁解決事項之確定法律關係，不論為契約性質與否，應提交仲裁時，各締約國應承認此項協定。

二、稱「書面協定」者，謂當事人所簽訂或在互換函電中所載明之契約仲裁條款或仲裁協定。

三、當事人就訴訟事項訂有本條所稱之協定者，締約國法院受理訴訟時應依當事人一造之請求，命當事人提交仲裁，但前述協定經法院認定無效、失效或不能實行者不在此限。

第 三 條　各締約國應承認仲裁裁決具有拘束力，並依援引裁決地之程序規則及下列各條所載條件執行之。承認或執行適用本公約之仲裁裁決時，不得較承認或執行內國仲裁裁決附加過苛之條件或徵收過多之費用。

第 四 條　一、聲請承認及執行之一造，為取得前條所稱之承認及執行，應於聲請時提具：
　　㈎原裁決之正本或其正式副本，
　　㈏第二條所稱協定之原本或其正式副本。

二、倘前述裁決或協定所用文字非為援引裁決地所在國之正式文字，聲請承

　　　　　　　認及執行裁決之一造應備具各該文件之此項文字譯本。譯本應由公設或
　　　　　　　宣誓之翻譯員或外交或領事人員認證之。

第 五 條　一、裁決唯有於受裁決援用之一造向聲請承認及執行地之主管機關提具證據
　　　　　　　證明有下列情形之一時，始得依該造之請求，拒予承認及執行：
　　　　　　　㈎第二條所稱協定之當事人依對其適用之法律有某種無行為能力情形
　　　　　　　　者，或該項協定依當事人作為協定準據之法律係屬無效，或未指明以
　　　　　　　　何法律為準時，依裁決地所在國法律係屬無效者；
　　　　　　　㈏受裁決援用之一造未接獲關於指派仲裁員或仲裁程序之適當通知，或
　　　　　　　　因他故，致未能申辯者；
　　　　　　　㈐裁決所處理之爭議非為交付仲裁之標的或不在其條款之列，或裁決載
　　　　　　　　有關於交付仲裁範圍以外事項之決定者，但交付仲裁事項之決定可與
　　　　　　　　未交付仲裁之事項劃分時，裁決中關於交付仲裁事項之決定部分得予
　　　　　　　　承認及執行；
　　　　　　　㈑仲裁機關之組成或仲裁程序與各造間之協議不符，或無協議而與仲裁
　　　　　　　　地所在國法律不符者；
　　　　　　　㈒裁決對各造尚無拘束力，或業經裁決地所在國或裁決所依據法律之國
　　　　　　　　家之主管機關撤銷或停止執行者。
　　　　　　二、倘聲請承認及執行地所在國之主管機關認定有下列情形之一，亦得拒不
　　　　　　　承認及執行仲裁裁決：
　　　　　　　㈎依該國法律，爭議事項係不能以仲裁解決者；
　　　　　　　㈏承認或執行裁決有違該國公共政策者。

第 六 條　倘裁決業經向第五條第一項㈒款所稱之主管機關聲請撤銷或停止執行，受理
　　　　　援引裁決案件之機關得於其認為適當時延緩關於執行裁決之決定，並得依請
　　　　　求執行一造之聲請，命他造提供妥適之擔保。

第 七 條　一、本公約之規定不影響締約國間所訂關於承認及執行仲裁裁決之多邊或雙
　　　　　　　邊協定之效力，亦不剝奪任何利害關係人可依援引裁決地所在國之法律
　　　　　　　或條約所認許之方式，在其許可範圍內，援用仲裁裁決之任何權利。
　　　　　　二、一九二三年日內瓦仲裁條款議定書及一九二七年日內瓦執行外國仲裁裁
　　　　　　　決公約在締約國間，於其受本公約拘束後，在其受拘束之範圍內不再生
　　　　　　　效。

第 八 條　一、本公約在一九五八年十二月三十一日以前聽由任何聯合國會員國及現為
　　　　　　　或嗣後成為任何聯合國專門機關會員國或國際法院規約當事國之任何其
　　　　　　　他國家，或經聯合國大會邀請之任何其他國家簽署。
　　　　　　二、本公約應予批准。批准文件應送交聯合國秘書長存放。

第 九 條　一、本公約聽由第八條所稱各國加入。
　　　　　　二、加入應以加入文件送交聯合國秘書長存放為之。

第 十 條　一、任何國家得於簽署、批准或加入時聲明將本公約推廣適用於由其負責國

際關係之一切或任何領土。此項聲明於本公約對關係國家生效時發生效力。

二、嗣後關於推廣適用之聲明應向聯合國秘書長提出通知為之，自聯合國秘書長收到此項通知之日後第九十日起，或自本公約對關係國家生效之日起發生效力，此兩日期以較遲者為準。

三、關於在簽署、批准或加入時未經將本公約推廣適用之領土，各關係國家應考慮可否採取必要步驟將本公約推廣適用於此等領土，但因憲政關係確有必要時，自須徵得此等領土政府之同意。

第十一條　下列規定對聯邦制或非單一制國家適用之：

㈠關於本公約內屬於聯邦機關立法權限之條款，聯邦政府之義務在此範圍內與非聯邦制締約國之義務同；

㈡關於本公約內屬於組成聯邦各州或各省之立法權限之條款，如各州或各省依聯邦憲法制度並無採取立法行動之義務，聯邦政府應盡速將此等條款提請各州或各省主管機關注意，並附有利之建議；

㈢參加本公約之聯邦國家遇任何其他締約國經由聯合國秘書長轉達請求時，應提供敘述聯邦及其組成單位關於本公約特定規定之法律及慣例之情報，說明以立法或其他行動實施此項規定之程度。

第十二條　一、本公約應自第三件批准或加入文件存放之日後第九十日起發生效力。

二、對於第三件批准或加入文件存放後批准或加入本公約之國家，本公約應自各該國存放批准或加入文件後第九十日起發生效力。

第十三條　一、任何締約國得以書面通知聯合國秘書長宣告退出本公約。退約應於秘書長收到通知之日一年後發生效力。

二、依第十條規定提出聲明或通知之國家，嗣後得隨時通知聯合國秘書長聲明本公約自秘書長收到通知之日一年後停止適用於關係領土。

三、在退約生效前已進行承認或執行程序之仲裁裁決，應繼續適用本公約。

第十四條　締約國除在本國負有適用本公約義務之範圍外，無權對其他締約國援用本公約。

第十五條　聯合國秘書長應將下列事項通知第八條所稱各國：

㈠依第八條所為之簽署及批准；

㈡依第九條所為之加入；

㈢依第一條、第十條及第十一條所為之聲明及通知；

㈣依第十二條本公約發生效力之日期；

㈤依第十三條所為之退約及通知。

第十六條　一、本公約應存放聯合國檔庫，其中文、英文、法文、俄文及西班牙文各本同一作準。

二、聯合國秘書長應將本公約正式副本分送第八條所稱各國。

五十二、一九四七年關稅暨貿易總協定 （摘錄）
(General Agreement on Tariffs and Trade)
(1947.10.30)

說明：

㈠關稅暨貿易總協定在一九四七年十月三十日在日內瓦 (Geneva) 簽字，依同日簽訂的暫時適用議定書 (Protocol of Provisional Application) 在 1948 年 1 月 1 日開始適用。

㈡英、法文本見 UNTS, Vol. 55, pp. 194–284 （雙號是英文）。附件 (Annex) A–I 在 pp. 284–304。UNTS, Vol. 56–64 為關稅減讓表。其後歷次修改最重要的是增加第四編貿易與發展 (Part IV, Trade and Development)，即第三十六條至三十八條。整理過的條文可參見 John H. Jackson and William J. Davey, Documents Supplement of Legal Problems of International Economic Relations, 2nd edition, St. Paul, Minn., 1986, pp. 1–53（正文），53–115（附件），以下關稅暨貿易總協定條文是取自《烏拉圭回合多邊貿易談判協定》，「中英文對照本」，臺北：經濟部國際貿易局，民國 92 年出版，頁 2–2～2–48，並參考經濟部國際貿易局民國一〇六年一月修訂刊載於該局官網之修訂本修訂。

㈢由於篇幅所限，本書未刊載第四、八、二十九、三十、三十一、三十二、三十四及三十五條等條文。

目　錄

第十二條　為保護收支平衡之限制
第十三條　非歧視性數量限制之施行
第十四條　不歧視原則之例外
第十五條　匯兌管理
第十二章　國際經濟與貿易法
第十六條　補貼
第十七條　國營貿易事業
第十八條　經濟發展之政府協助
第十九條　特定產品輸入之緊急措施
第二十條　一般例外
第二十一條　國防安全之例外
第二十二條　諮商
第二十三條　取消或損害
第三篇　有關 GATT 之適用領域、效力、加入與退出等有關手續之規定
第二十四條　領域適用、邊境貿易、關稅同盟及自由貿易區
第二十五條　各締約國之共同行為
第二十六條　接受、生效與登記
第二十七條　減讓之停止或取銷
第二十八條　減讓表之修正
第二十八條之一　關稅談判
第二十九條　　本協定與哈瓦那憲章之關係〔略去〕
第三十條　修正〔略去〕
第三十一條　退出〔略去〕
第三十二條　盟員〔略去〕
第三十三條　加入
第三十四條　附件〔略去〕
第三十五條　本協定於特定盟員間之排除適用〔略去〕
第四篇　有關協助開發中國家經貿發展之原則
第三十六條　原則與目標
第三十七條　承諾
第三十八條　聯合行動
（附件略去）

澳大利亞聯邦、比利時王國、巴西聯邦、緬甸、加拿大、錫蘭（譯者註：現改為斯里蘭卡）、智利共和國、中華民國（譯者註：已於一九五○年五月五日退出）、古巴、捷克、法蘭西共和國、印度、黎巴嫩（譯者註：已退出）、盧森堡大公國、荷蘭王國、紐西蘭、挪威王國、巴基斯坦、南羅德西亞（譯者註：現改為辛巴威）、敘利亞（譯者註：已

退出)、南非聯邦、大不列顛與北愛爾蘭聯合王國與美利堅合眾國各政府

　　咸　認

　　在處理各締約國貿易與經濟關係時，應以提高生活水準、保證充分就業與豐裕而穩定成長之實質所得及有效需求，促進世界資源之充分利用及增加貨品之生產與交易為目的。

　　欣　願

　　訂立互惠互利協定，以大幅削減關稅及其他貿易障礙，並取消歧視待遇，俾達成前述目標。

經各國代表協議如下：

第一篇

第 一 條　一般最惠國待遇

一、對輸出或輸入，有關輸出或輸入，或因輸出或輸入所生之國際支付所課徵任何種類關稅或規費；及對該等關稅及規費之徵收方法，有關輸出及輸入之一切法令及程序以及本協定第三條第二項及第四項所涉事項，各締約國對來自或輸往其他締約國之任何產品所給予之利益、優惠、特權或豁免，應即無條件給予來自或輸往一切其他締約國之同類產品。

二、凡未超出本條第四項之範圍，並符合下列各款規定之有關關稅及規費之優惠，得不受前項規定之限制：

　㈠附件一所列專屬於兩個或兩個以上領域間之優惠，但須受各該附件條件之限制。

　㈡專屬於兩個或兩個以上領域間之優惠，而各該地區係於一九三九年七月一日以前，因共同主權或以保護或宗主權關係而相結合，且係載明於附件二、附件三及附件四以內者，但須受各該項附件所定條件之限制。

　㈢專屬於美利堅合眾國與古巴間之優惠。

　㈣專屬於附件五及附件六所列相鄰國家間之優惠。

三、前為奧圖曼帝國之一部分，而於一九二三年分離之各國間之優惠，不適用本條第一項之規定；惟各該優惠應依本協定第二十五條第五項之規定先經核准，並應適用本協定第二十九條第一項之規定。

四、本條第二項規定所准許之優惠，如最高限度未經本協定所附相關減讓表特予規定者，其優惠差額不得超過下列限度：

　㈠對減讓表所列之任何產品所課徵之關稅或規費，不得超過該表所定最惠國稅（額）率與優惠稅（額）率之差額；如無最惠國稅（額）率，則應以一九四七年四月十日施行之優惠稅（額）率為準；如無最惠國稅（額）率，則其優惠差額不得超過一九四七年四月十日最惠國稅（額）率與優惠稅（額）之差額。

㈡對未經相關減讓表列舉之任何產品所課徵之關稅或規費，其優惠差額不得超過一九四七年四月十日最惠國稅（額）率與優惠稅（額）率之差額。

五、本協定附件七所載各締約國，於適用前項第一款及第二款時，應以該附件所載日期取代一九四七年四月十日。

第 二 條　減讓表

一、㈠各締約國給予其他締約國貿易之待遇，不得低於本協定所附相關減讓表所規定之待遇。

㈡任一締約國之減讓表第一部分所列產品自其他締約國輸入時，如符合該減讓表所定條件或限制，該輸入締約國應免除一般關稅超過該減讓表所定關稅部分。對該項產品所課徵之關稅或任何種類之規費，如超過在本協定簽訂日對輸入或有關輸入所課徵之任何關稅或規費，或超過在該日輸入國已生效之法律規定嗣後所徵收之任何關稅或規費者，該輸入締約國亦應免除其超過部分。

㈢任一締約國減讓表第二部分所列產品，如自依第一條規定享有優惠待遇之締約國輸入時，若符合該減讓表所定條件或限制，該輸入締約國應免除一般關稅超過該減讓表第二部分所定關稅部分。對該項產品所課徵之關稅或任何種類之規費，如超過在本協定簽訂日對輸入或有關輸入所課徵之任何關稅或規費，或超過在該日輸入國已生效之法律所規定嗣後徵收之任何關稅或規費，該輸入締約國亦應免除其超過部分；惟各締約國仍得維持在本協定簽訂日已存在之各項有關進口貨品享有優惠關稅之規定。

二、本條文規定不限制任一締約國對任一產品之輸入，並隨時徵收之左列各項費用：

㈠依本協定第三條第二項之規定對本國同類產品或對輸入產品之部分或全部原料所徵內地稅等值之費用。

㈡依本協定第六條規定所課徵之反傾銷稅及平衡稅。

㈢具有服務代價性質之規費或其他費用。

三、任一締約國不得以變更其決定完稅價格或貨幣匯率折算之方法，而減損本協定有關減讓表規定之任何減讓。

四、如任一締約國對本協定所附有關減讓表所載任一產品在形式上或在實質上新設維持或授權辦理輸入獨佔，該項獨佔除於減讓表中所規定或另由原參與關稅減讓之最初談判締約國所議定者外，其在實施時所予保護，平均不得超過該減讓表所規定之保護限度；但各締約國仍得利用本協定其他條款之規定，對本國生產者給予各種方式之協助。

五、如任一締約國認為某一產品未能自另一締約國享有依本協定所附有關減讓表規定之待遇，應即直接提請該締約國之注意；如該締約國同意其所

主張之待遇，但經聲明因本國法院或其他當局裁定該項產品不能享受本協定所規定之待遇，則為獲得補償性之調整，該兩締約國應會同其他有重大利害關係之締約國立即進行談判。

六、㈠減讓表中所定與國際貿易貨幣基金會員國有關之特殊進口稅捐，以及在該等會員國間所維持對該等稅捐之優惠待遇，係以某種貨幣表示，而該貨幣之價值，係以國際貨幣基金會於本協定簽訂日對該貨幣所承認或暫予承認之平價為準，故該貨幣之平價如依國際貨幣基金會協定貶值百分之二十以上，則上述特殊進口稅捐及優惠差額應比照調整，但調整之幅度不得影響本協定有關減讓表或其他規定之減讓且調整是否影響減讓，是否有必要調整，以及何時調整等，均應由本協定二十五條所稱之「大會」共同審視一切有關因素後決定。

㈡上述規定對非國際貨幣基金會員國之任一締約國，自該締約國成為會員國，或依照本協定第十五條之規定加入特殊匯兌協定之日起，即應予以適用。

七、本協定所附減讓表，應視為本協定第一篇之一部分。

第二篇

第 三 條　有關國民待遇之內地租稅與法規

一、各締約國咸認內地稅、其他內地規費及影響進口貨品之內地銷售、兜售、購買、運輸、分配或使用之各種法令，及有關貨品之混合，加工或使用所訂特定數量及比例之內地管制法規，不得為保護本國生產而適用於輸入或國內之產品。

二、任一締約國產品於輸入其他締約國時，應免除課徵超過對本國生產之同類產品所直接或間接課徵之內地稅及任何種類之規費，各締約國亦不得違反本條第一項規定，另對輸入或本國之產品課徵內地稅或其他規費。

三、關於不符本條文第二項規定之任何內地稅，如於一九四七年四月十日以前獲貿易協定認可，但限制其提高應稅貨品之進口關稅者，則該締約國課徵此項內地稅，得暫緩適用本條第二項之規定，直到免除原貿易協定所賦予之義務而提高關稅，以達到因取消內地稅造成保護效果所採取之必要補償。

四、任一締約國之產品輸入其他締約國時，就影響其內地銷售、兜售、購買、運輸、分配，使用之所有法令所予待遇，不得低於本國生產之同類產品所予待遇，但如內地運輸費用之差別，係僅以交通工具之經濟營運為原則，而非以產品之產地而異，則不在此限。

五、任一締約國不得制定或維持對產品之混合、加工或使用所訂特定數量或比例之內地管制法規，而直接或間接規定任一數量或比例必須由國內供應。又任一締約國亦不得適用違反本條文第一項所訂原則之內地管制法

規。

六、任一締約國於一九三九年七月一日，一九四七年四月十日，一九四八年三月二十四日有效實施之任何內地數量管制法規，得不受本條第五項規定之限制。如任何該項法規違反本條第五項之規定，其嗣後修正應不得對輸入有不利影響，且在日後談判時，應被視為關稅之一種。

七、有關產品之混合、加工使用之內地數量管制法規，其中所訂之特定數量或比例，不得適用於分配國外供應來源。

八、㈠本條文規定不適用於規範政府機構為政府用途採購物品之有關法規，但其採購之物品不得轉售或供商業性銷售生產使用。

　　㈡針對本國生產者之補貼，包括符合本條規定之內地稅或各項規費收入，以及經政府以購買本國產品方式所實施之補貼，不適用本條之規定。

九、各締約國咸認縱使符合本條其他各項規定之內地最高限價措施，仍不利於供應輸入產品之締約國，因此締約國實施此項措施應顧及輸出締約國之利益，盡量避免利益嚴重受損。

十、任一締約國制定或維持對於已沖洗電影片之內地數量管制法規，如符合第四條之規定者，得不受本條規定之限制。

第 五 條　過境運輸之自由

一、貨物（包括行李）、船及其他交通工具於通過任何締約國領土時，不論是否另經轉運、倉儲、分裝或改變運輸方式，若通過締約國領土僅係全程之一段，而其起迄均在運輸所經締約國領土以外者，此種性質之運輸稱「過境運輸」。

二、對來自或輸往其他締約國之過境運輸，為採行最便捷之國際運輸路線，各締約國均享有通行其他締約國領土之自由，上述自由不得因船旗國、產地、出發地、進入地、目的地之不同，或有關貨物、船或其他運輸工具之所有權之歸屬而受影響。

三、各締約國得規定通過其領土之過境運輸應向所屬海關申報，但除有不遵相關關稅法令之情事外，不得對來自或前往其他締約國之過境運輸予以任何不必要之延擱或限制。並應免徵關稅及課徵過境運輸之過境稅或其他規費；但運費或因此項運輸所產生之相當於行政支出或服務代價之費用，不在此限。

四、各締約國對於來自或輸往其他締約國領土之過境運輸費用及法令必須考量合理性及便利性。

五、有關過境運輸之所有規費，法令及程序，每一締約國對來自或輸往任何其他締約國領土之過境運輸待遇，不得低於對任何第三國之過境運輸所給待遇。

六、每一輸入締約國對經任何其他締約國領土過境運輸產品所給待遇，不得低於該產品如不運經該其他締約國領土而逕由產地運至目的地時所應享

受之待遇；但任何產品之直接運送，原係該產品輸入取得優惠待遇之必要條件或與該締約國所定關稅估價方式有關，該任一輸入締約國仍得維持其在本協定簽署日期已生效之直接運送之規定。

七、本條文規定不適用於航空器之過境航行，但仍適用於貨物（包括行李）之空中過境運輸。

第 六 條　反傾銷稅及平衡稅

一、各締約國認為：一國產品以低於該產品之正常價格銷往另一國，致嚴重損害該輸入國之某一工業或有嚴重損害之虞或阻礙某一工業之建立，應認為構成傾銷。上述所謂正常價格係指：

㈠低於同類產品，於通常貿易過程中在輸出國國內消費之比較價格；

㈡如無上項國內價格，則為低於：

　1.同類產品輸出任何第三國，於通常貿易過程中之最高比較價格，或
　2.此項產品在產地之生產成本，另加合理之銷售費用及利潤。

關於影響價格比較性之銷售條件、稅賦及其他方面之差異，應就個案予以適當酌量。

二、為抵銷或防止傾銷，一締約國得對傾銷產品課徵不高於此項產品傾銷差額之反傾銷稅。所謂傾銷差額係指依照本條第一項規定所定之價格差額。

三、任一締約國之任何產品輸入另一締約國所課徵之平衡稅，不得超過相當於此項產品於原產輸出國在製造、生產或輸出時，所認定之直接或間接受獎勵或補貼之估定價額。此項數額包括對特定產品之運輸所予任何特別補貼在內。上述所稱平衡稅，係指為抵銷任一商品在製造、生產或輸出過程中接受直接或間接之補貼或獎勵所課徵之特別關稅。

四、任一締約國產品輸入任一締約國，不得以此項產品之同類產品在產地國或輸出國，於專供消費時免稅或退稅，而課徵反傾銷稅或平衡稅。

五、任一締約國產品輸入另一締約國，不得就同一傾銷或出口補貼條件，而併課反傾銷稅為平衡稅。

六、㈠任一締約國對其他締約國之任何產品之輸入，除非認定其傾銷或補貼之效果，已嚴重損及本國工業或有嚴重損害之虞，或已阻礙本國工業之建立，不得課徵任何反傾銷稅或平衡稅。

㈡如任一輸出締約國對任一輸入締約國就任一產品進行傾銷或出口補貼，而致嚴重損害另一原輸出該產品至該輸入締約國之某輸出締約國之該項工業或有嚴重損害之虞，則「大會」得免除本項第一款之限制，准許該輸入締約國為抵銷傾銷或出口補貼而對該輸出締約國之任一產品課徵反傾銷稅或平衡稅，如「大會」查知某輸出締約國對某項產品之出口補貼已嚴重損及另一輸出締約國之該項工業，或有嚴重損害之虞，則「大會」應准許輸入締約國對涉及補貼之輸出締約國之產品課徵平衡稅，而免受本項第一款之限制。

㈢遇例外情況如延遲課稅恐造成難以回復之損失，一締約國依本項第二款規定，得不先經「大會」核准而逕行課徵平衡稅，但應即時將此項措施告知「大會」，如「大會」拒絕核准，此項平衡稅應立即取消。

七、為穩定國內物價或初級產品之國內生產者利潤之制度，其與外銷價格無關，此類商品外銷之價格縱或有時低於同類商品內銷比較價格，如經與所涉商品具有重大利害關係之各締約國間協商後，認為同時符合下列二條件，則應推定並未構成本條第六項所稱之嚴重損害：

㈠該制度亦曾使商品外銷價格高於同類商品之內銷比較價格；及

㈡該制度之實施，基於生產之有效管制或其他原因，並未過度刺激輸出或嚴重危害其他締約國之利益。

第 七 條　關稅估價

一、各締約國皆承認本條下列各款有關估價之一般原則之效力，並保證將該等原則適用於以價格計算之任何形式之有關進口貨物之稅捐及規費及管制；又一締約國經另一締約國之請求，應依據此項原則對於有關關稅估價之任何法令之實施情形，予以檢討，「大會」並得要求各締約國對遵守本條各規定所採步驟，提出報告。

二、㈠輸入商品之關稅估價，應依據該輸入商品或同類商品之實際價值，不得根據本國生產商品之價值或估算之價值而予認定。

㈡「實際價值」應指依輸入國法律所定之同一時間及地點，並在通常交易過程對完全競爭條件下，該項輸入商品或同類商品銷售之價格。該項輸入商品或同類商品在特定交易中之價格隨其成交數量之多寡而定，其價格應參照下列原則統一估定：

1.足資比較之相當數量；

2.認定之價格不得高於輸出國及輸入國，就該商品所曾成交之較大數量所認定之價格。

㈢實際價值無從依照本項第二款之核定予以確定者，則為關稅目的之估價應以與該價值最近似且確定之等值為依據。

三、任何對輸入產品關稅之估價，應不包括該產品在生產國或輸出國已經豁免或已退還或將來得退還之任何內地稅。

四、㈠除本款另有規定外，一締約國依本條第二項規定，將以他國貨幣表示之價格折算為本國貨幣時，其所使用之匯率，應依據國際貨幣基金協定對各國貨幣已定或其所認可之平價或根據本協定第十五條所簽訂之特別匯兌協定所定之貨幣平價。

㈡如無依前款所定之貨幣平價及認可之匯率，其折合率應確實反映該貨幣在商業交易中之現值。

㈢「大會」應會同國際貨幣基金會，制定符合國際貨幣基金會協定之規章，以管制締約國以複式匯率兌換任何外幣。各締約國為實施本條第

二項之規定，得適用上述規章，對於該外幣使用替代平價方式，在該規章未經「大會」通過前，各締約國為符合本條文第二項目的所採行之對任何種貨幣之兌換方式，應求確實反映該外幣在商業交易上之價值。

㈣任一締約國於本協定簽訂日，若變更以關稅目的採行的貨幣折算方式，將導致普遍增加應付關稅稅額時，則不得依本款規定予以變更。

㈤為決定應繳關稅或其他規費，或依據貨品價值採取之任何管理或進出口之限制措施，所依據之方法必須確定並公告週知，俾使貿易商得合理預估為關稅目的之貨品價值。

第 九 條　產地標示

一、關於標示之規定，每一締約國對於其他締約國產品所給待遇，不得低於其對任一第三國同類產品所給待遇。

二、各締約國咸認於適用及執行有關產地標示之法令時，對於輸出國工商業者所造成之不便，應於避免欺騙公眾或使公眾誤信之必要範圍內，減至最低程度。

三、在行政許可情形下，各締約國應准許輸入時使用規定的產地標示。

四、各締約國於實施有關輸入產品標示之法令時，應避免對產品造成重大破壞，或嚴重損害價值或不合理增加其成本。

五、凡於輸入時未依規定完成標示手續者，除於補辦標示手續時無正當理由故意延遲，或另作偽造標示，或對標示遺漏者外，任一締約國不得對之課以特別稅或罰金。

六、各締約國應相互合作以防止濫用商品名稱，矇混產品真正產地及侵害某一締約國內法所保障之特著地區或地理名稱，對於制止措施之適用，各締約國對其他締約國所提請求或意見應給予充分且合理之考慮。

第 十 條　貿易法規之公布及施行

一、任一締約國施行之普遍適用之法律、行政規章、司法判決及行政命令如涉及各項產品關稅分類或估價，或關稅、內地稅或其他規費之比率，或對於產品輸入或輸出，或對其貨款匯入或匯出所加條件或限制，或足以影響產品之銷售、分配、運輸、保險、倉儲、檢驗、展覽、加工、混合或其他用途者，概應以各國政府及商人週知之方法速予公布，但足以妨礙其法律之執行或違背其公共利益，或損害其公、私特種企業之合法營業利益之機密者不在此限。

二、任一締約國所採普遍適用之措施，依照既定及平等之先例，對進口關稅或其他規費之比率予以提高者，或對輸入或其貨項支付課以新增或加重之條件或限制者，應於執行前先經正式公布。

三、㈠每一締約國對本條第一項所稱法律，行政規章，司法判決及行政命令應以平等，公正及合理之方式予以執行。

㈡每一締約國為實施對關務行政處分之迅速審查及救濟，應維持或盡速設置司法、仲裁或行政法院或其程序。該法院或程序應獨立於經授權從事行政執行之各機關之外，其所為判決除得由進口商於規定之上訴期限內向上級法院提出上訴外，應由該行政機關予以執行，並為行政之準則；惟該行政機關之最高中央主管機關如具有充分理由，確信該項判決牴觸法律既定原則或與事實不合時，仍得經由其他程序重予審查。

㈢一締約國於本協定簽訂之日，在其領域內於業已施行對行政處分予以客觀及公平審查之程序，縱使該程序並不全然或在形式上獨立於經授權從事行政執行之機關之外，亦得不依本項第二款規定撤銷該程序或另訂其他程序；但如經「大會」要求，則仍應就該項程序提出完整之報告，俾由「大會」議決其是否符合本款之規定。

第十一條　數量限制之普遍消除

一、任一締約國對他締約國之任一產品之輸入或輸出，除課徵關稅、內地稅或其他規費外，不得利用配額或輸出許可證或其他措施來新設或維持數量上之限制。

二、前項規定不適用於下列各款限制：

㈠為防止或緩和糧食或其他輸出締約國必需商品之嚴重匱乏，而暫時實施禁止或限制輸出之措施。

㈡為國際貿易商品分類、分級或行銷之法令或標準之適用所必需之禁止或限制輸出或輸入之措施。

㈢為執行下列政府措施，而有必要限制以任何形態輸入之任何農、漁產品：

1.限制本國同樣產品得銷售或生產之數量，如同樣產品本國並無適量生產者，則係指限制能直接代替輸入產品之某種本國產品之措施；

2.為消除本國同樣產品之臨時剩餘；如同樣產品在本國並無適量生產者，則係指為消除能直接代替輸入產品之某種本國產品之臨時剩餘，而將該剩餘產品以無償或低於市價之價格供應本國某些消費者之措施；

3.如任一畜產品之原料，本國生產不足而全部或大部分依賴輸入，則為限制該畜產品准許生產之數量措施。

三、任一締約國於依照前項第三款之規定，對任一產品適用各該限制時，應公告在將來某一特定期間內准許輸入或變更該產品之總量或總值。又於適用該款第一目規定之限制時，不得過份降低輸入總額與本國生產總額間之比例，須與該項限制未適用前可能合理存在於兩者間之比例相當。在決定此項比例時，該輸入締約國均應考慮以往一具代表性期間之比例，以及對過去或現在可能影響有關產品之貿易之任何因素。

第十二條　為保護收支平衡之限制

一、除第十一條第一項規定外，任一締約國為保障其對外金融地位及收支平衡，仍得依下列規定以限制任何商品准許輸入之數量或價值。

二、㈠任一締約國依據本條之規定所新設、維持或加強之限制輸入措施，不得超過下列必要限制：

　　　1.預防貨幣準備金所受之緊急威脅，或防止其遽減。

　　　2.貨幣準備金過度短缺時，以合理增加率補充之。於適用上述規定時，對可能影響該締約國之貨幣準備金，或其需求之任何特殊因素，又該締約國如有可資動用之特種國外貸款或其他資金來源時，亦包括可能影響利用必要情況之特殊因素等。

　　㈡各締約國於適用前款規定之各項限制時，應視情況之改善而逐漸放寬，如無必要限制時，應立即取消。

三、㈠各締約國同意在執行其國內政策時，須注意維持或恢復其收支平衡於健全及長遠基礎之必要限度，以及避免浪費生產資源。各締約國咸認為達上述目的，宜盡量採行擴張而非減縮國際貿易之措施。

　　㈡各締約國於採行本條規定之限制措施時，得依輸入產品之重要性排定優先次序，以決定對不同種類或不同等級之產品設定不同之限制。

　　㈢各締約國於採行本條規定之限制措施時，保證：

　　　1.避免對任何其他締約國商業或經濟利益造成不必要之損害；

　　　2.不採行足以無理阻礙任何種類貨品之最低商業數量輸入之限制措施，以避免損害貿易之正常流通；

　　　3.不採行禁止商業樣品輸入，或禁止專利、商標、版權或其他類似程序之限制措施。

　　㈣各締約國咸認於施行促進及維持充分及生產性就業，或開發經濟資源之國內政策時，可能面臨因大量向國外採購物質，而產生本條第二項第一款所指貨幣準備金短缺之威脅，故一締約國得不取消或修正其各項限制措施，以避免因上述國內政策之變更而產生本條規定所設定之各項限制措施。

四、㈠任一締約國依本條規定採行新限制或提高現有之一般限制措施後，應就收支平衡困難之性質，可供選擇之其他因應措施及該項限制措施對其他締約國經濟之可能影響等，立即與「大會」諮商，如果可能，並應事先諮商。

　　㈡「大會」應訂定日期以審查依本條規定所設定之所有現行限制措施，自上述日期屆滿一年後，各締約國依本條規定所採行之限制輸入措施，應逐年依前款規定方式與「大會」進行諮商。

　　㈢1.如依上述第一款或第二款規定與一締約國諮商過程中，「大會」發現該締約國所採行之限制措施，違反本條或第十三條（根據第十四條）

各項規定，應即指明該項違反之性質，並得建議適當修正該項限制措施。

　　2.如諮商結果，「大會」議決該締約國之限制措施已嚴重違反本條或第十三條（根據第十四條）各項規定，並已對其他締約國之貿易構成損害或有損害之虞，應即通知採行該限制措施之締約國，並提供適當建議以促其在規定期限內矯正，如該締約國未於限期內矯正，「大會」對受該限制不利影響之任一締約國，得適度免除其依本協定對採行該項限制措施之締約國所負之義務。

　㈣「大會」因任一締約國之請求，並經提出表面可信之事實，以指控其他任一締約國違反本條或第十三條（根據第十四條規定所訂）之各項規定，而致其貿易遭受不利影響，應由「大會」邀請採行該項限制措施之締約國進行協商，惟上述邀請須經「大會」確信相關締約國未能成功進行直接協商，始能進行。若經「大會」協商會後仍無法達成協議，經「大會」裁定該限制措施確實違反上開條款之規定，並對啟動此程序之締約國構成損害或有損害之虞，「大會」應建議取消該項限制措施。若該項限制措施未在「大會」指定期限內取消或修訂，「大會」得適度免除提起上述程序之締約國依本協定對採行限制措施之締約國所負義務。

　㈤依本項規定進行諮商期間，「大會」應適度考量締約國採行限制措施時對外貿易任何不利之外在特殊因素。

　㈥「大會」依本項規定應迅速作成裁定，並得於開始協商後六十日內作成。

五、如依本條規定而產生持續性及廣泛性之輸入限制，顯示一般失衡狀態而限制國際貿易之發展，「大會」應即開會討論其他可行措施，委由對國際收支感受壓力或處境特殊之各締約國或適當之國際機構予以採行，以消除導致上項失衡狀態之原因。經接獲「大會」邀請後，各締約國應即參加該項討論。

第十三條　非歧視性數量限制之施行

一、一締約國除非對所有其他締約國同類產品之輸入或輸出，實施同樣禁止或限制措施，不得對某一締約國之某種產品實施禁止或限制措施。

二、任一締約國對於任一產品之輸入加以限制時，應使各締約國就該產品之輸入配額盡量接近未實施該限制措施前可得佔有之輸入數額，並應遵守下列規定：

　㈠配額代表許可輸入之總額（不論該項總額是否分配予各供應國）應予確定，並應依本條第三項第二款之規定公告週知。

　㈡如配額制度無法實施，得以輸入憑證或許可證方式實施各項限制措施。

　㈢各締約國除為實施其符合本項第四款所定配額制度外，不得利用核發

輸入憑證或許可證之方式，以限制某一特定國家或來源之產品之輸入。

㈣若已將配額分配給各供應國，該實施限制措施之締約國得就該項配額之分配，與具有重大利害供應關係之所有其他各締約國取得協議，若此方式不可行時，則該締約國應對具有重大利害供應關係之各締約國，根據以前具有代表性期間內各該締約國在該項產品供給之輸入數量或價值所佔比例各予適當之分配，並須斟酌對現時或將影響該項產品貿易之特殊因素，該締約國不得採用足以阻礙任一供應締約國充分利用其在該項總額或總值中所獲得配額之任何條件或程序；惟須於該項配額所定期限內完成輸入。

三、㈠如以輸入許可證之方式限制輸入時，經對該項設限產品具有利害關係之締約國之請求，實施該限制措施之締約國應提供其設限管理最近所簽發輸入許可證數量及其分配與各供應國之所有相關資料；惟有關輸入或供應該項產品之廠商名稱之資料不在此限。

㈡若輸入限制涉及配額之核定，實施該項限制之締約國，應公告在特定期間內所擬許可及變更某產品之輸入總量或總值，於公告日已經在途之產品不得禁止輸入；惟於可行範圍內得計入該特定期間內所許可輸入數量之內，如有必要，亦得將其計入次一期間或數期間許可輸入數量之內；又如依任一締約國慣例，對公告後三十日內為消費目的之進口或自倉庫提出供消費之產品免除該項限制者，應視為符合本款之規定。

㈢若各項配額已分配予各供應國，實施該項限制之締約國應速將數量或價值之分配通知對該產品之供應具有利害關係之所有其他締約國，並予公告。

四、有關依本條第二項第四款或第十一條第二項第三款規定所實施之限制措施，其任一產品之代表期間之選擇及對影響此項產品交易之任何特殊因素之衡量，應由實施該限制措施之締約國自行裁量；惟經對該項產品供應具有重大利害關係之任一締約國或「大會」之要求，應就其所決定之配額或選擇之代表期間之調整，或重估有關特殊因素，或片面決定適當配額分配之條件、程序等規定之取消，或不受限制之利用等，與各有關其他締約國或「大會」進行諮商。

五、本條各項規定，應約束任一締約國所設定或維持之關稅配額，同時亦適用於輸出限制。

第十四條　不歧視原則之例外

一、依本協定第十二條或第十八條第二節規定實施進口設限之締約國，為達成限制對當時國際間交易所為付款或轉帳之相同效果，而適用國際貨幣基金會協定第八條或第十四條之規定或依本協定第十五條第六項所簽訂之特殊匯兌協定者，得不受本協定第十三條規定之限制。

二、一締約國就其對外貿易之一小部分依本協定第十二條或第十八條第二節

規定實施進口設限，如其所獲利益或有關締約國所獲利益，遠甚於其他締約國貿易之任何損害，經「大會」同意後，得暫不受本協定第十三條規定之限制。

三、在國際貨幣基金會中，享有共同配額之集合地區，除彼此相互間不得設限外，如其設限措施在所有其他方面皆符合協定第十三條之規定，仍得依本協定第十二條或第十八條第二節之規定對來自其他國家之進口實施設限。

四、一締約國依本協定第十二條或第十八條第二節規定實施之進口設限，如符合本協定第十三條之規定，得不受本協定第十一條至第十五條或第十八條第二節規定之限制，而採行各種措施以拓展外銷，增加外匯收入。

五、一締約國採行下列數量限制措施時，不受本協定第十一條至第十五條或第十八條第二節規定之限制：

　㈠與國際貨幣基金會協定第七條第三項第二款所許可之匯兌限制措施具有相同效果者。

　㈡依本協定附件一所定優惠，尚待取決於該附件所指談判結果者。

第十五條　匯兌管理

一、「大會」應尋求國際貨幣基金會之合作，俾就該基金會所管轄之匯兌問題與「大會」所管轄之數量限制及其他貿易管制等問題，採取協調之措施。

二、「大會」如應邀就關於貨幣準備，國際收支平衡，或外匯管理等問題進行研究或處理，應與國際貨幣基金會充分諮商。在諮商中，「大會」應接受基金會就有關外匯、貨幣準備及收支平衡等所提統計資料及其他事實之認定，並應接受基金會就某一締約國在匯兌事項之措施，是否與國際貨幣基金會協定之規定，或該締約國與「大會」所訂特殊匯兌協定之規定相符所為之決定，又有關本協定第十二條第二項第一款，或第十八條第九項所定標準各案件，「大會」於達成最後決定時，應接受基金會就何者構成該締約國貨幣準備之急遽減少，極低水準或合理之增加速度，及有關金融方面等事項所作決定。

三、關於前項所述之諮商程序，「大會」應與國際貨幣基金會獲致協議。

四、各締約國不得藉匯兌措施，破壞本協定各項規定之精神；亦不得藉貿易措施，破壞國際貨幣基金會協定各項規定之精神。

五、「大會」於任一時間，認定某一締約國就有關輸入付款或轉帳所實施之匯兌管制措施，違反本協定有關數量限制之例外規定，應即告知國際貨幣基金會。

六、任一締約國如尚未加入國際貨幣基金會，應於「大會」與國際貨幣基金會所協訂基金會者亦同。該特殊匯兌協定應構成該締約國依本協定所負義務之一部分。

七、㈠一締約國依照前項規定而不同於「大會」簽訂之特殊匯兌協定，應依

「大會」所訂條件，規定該締約國不得以匯兌措施損及本協定之目的。

㈡該協定於匯兌方面所加於該締約國之義務，在一般情況下，不得超過國際貨幣基金會協定對其會員國所加義務。

八、一締約國如非屬國際貨幣基金會會員國，應依照「大會」為執行其在本協定下職務所為之指示，向「大會」提供國際貨幣基金會協定第八條第五節所定一般範圍內之資料。

九、本協定不排除下述事項：

㈠締約國依國際貨幣基金會之規定，或依與「大會」簽訂特殊匯兌協定所為之匯兌管制。

㈡締約國對輸入或輸出所為限制，其唯一目的僅在增加本協定第十一條、第十二條、第十三條及第十四條規定許可之匯兌管制之實效者。

第十六條　補貼

第一節　補貼通則

一、任一締約國所實施之任何形式之補貼措施，包括對所得之補貼或價格之維持在內，其目的在直接或間接增加任一產品之輸出或減少任一產品之輸入者，應將該項補貼措施之範圍及性質，所影響之產品，該項補貼措施對自該領域輸入或輸出數量所產生之可能影響以及促成該項補貼措施之原因等，以書面告知「大會」。若經「大會」認定該項補貼措施已對其他締約國之利益造成損害或有損害之虞，則實施該項補貼措施之締約國，一經請求，應與有關之各締約國或與「大會」研商限制該補貼措施之可能性。

第二節　對輸出補貼之特別規定

二、各締約國咸認一締約國對任一產品之輸出實施補貼，可能對其他輸出及輸入締約國造成損害，亦可能對雙方之正常商業利益造成不當之干擾，並將阻礙本協定目標之達成。

三、各締約國依前述原則應求避免對初級產品輸出實施補貼。一締約國若直接或間接實施任何形式之補貼，俾增加其初級產品之輸出時，該項補貼措施不得使該締約國之該項產品在全球輸出貿易上超過其應有之市場佔有率。該項佔有率應就以往具有代表性期間內該項產品之各供應締約國所佔比率計算而得，並應考慮影響該項產品交易之任何特殊因素。

四、自一九五八年一月一日或其他較早之可行日期以後，各締約國對初級產品以外之任何產品所實施之任何補貼措施如足使該產品之外銷價格低於同類產品在國內市場之可資比較價格者，各締約國應停止實施該項補貼措施。自一九五七年十二月三十一日以後，任一締約國不得擴增一九五五年一月一日已實施之各項補貼措施。

五、「大會」應隨時檢討本條實施情形，就實際狀況檢討對促進本協定目標之效果，並避免補貼措施對各締約國之貿易及利益造成嚴重損害。

第十七條　國營貿易事業

一、㈠各締約國保證如在任一處所新設或繼續經營一國營事業，或對任一事業於形式上或實質上給予獨佔權或特權，該事業就從事涉及輸出入貿易中，應遵守本協定中有關政府措施將影響民營貿易商之輸出入貨物，禁止歧視待遇之一般原則。

㈡前款規定係指各事業之經營，除應遵守本協定其他規定外，應僅基於商業條件之考慮，包括價格、品質、交貨時間、可能適銷程度、運輸以及其他買賣之條件，並應依照商業慣例提供任一締約國事業競逐參加此種交易之充分機會。

㈢任一締約國對在管轄下之任何事業（無論是否為本項第一款所稱之事業）依照前二款規定之原則之行為，不得禁止。

二、本條第一項規定，不適用於政府立即的消費，且非供轉售或加工後出售所輸入之產品，惟各締約國仍應給予其他締約國對上述產品之交易以公平及合理之待遇。

三、各締約國咸認本條第一項第一款所稱事業，其經營可能對國際貿易產生嚴重之障礙，故在互惠之基礎上以談判方式來限制或減少此項障礙，對國際貿易之發展具有重大助益。

四、㈠各締約國應將本條第一項第一款規定之事業所輸出或輸入之產品告知「大會」。

㈡一締約國對某項產品新設，維持或授權輸入獨佔，如該項產品非屬本協定第二條減讓範圍，經對該項產品具有重大貿易利益之其他締約國之要求，應將最近具代表性期間內該項產品之輸入獨佔權利告知「大會」，如無法告知時，則應告知該項產品之轉售價格。

㈢一締約國確信本條第一項第一款所述事實如侵害其依本協定所可享受之利益，「大會」應此一締約國之要求，得向新設、繼續經營或授權該獨佔事業之締約國，要求提報有關實施本協定規定之資料。

㈣如前項資料之公開，足以妨礙法律之施行或損及公共利益，或侵害特定事業之合法商業利益者，則該締約國得拒絕提報相關機密資料。

第十八條　經濟發展之政府協助

一、各締約國咸認日益增長之經濟發展，可促進本協定目標之達成，尤指經濟僅足維持低生活水準及處於開發初期之締約國。

二、各締約國咸認為提高人民生活一般水準所實行之經濟發展計畫或政策，可能有必要採行限制進口之保護措施或其他措施。採行該等措施須能證明有助於本協定目標之達成，因此，各締約國一致認為應享有額外便利，以達到：

㈠維持關稅結構之充分彈性，使能為特定工業之建立給予必要之關稅保護。

㈡就經濟發展計畫所可能產生大量且持續性之進口需求，為收支平衡目的而採行數量限制措施。

三、各締約國咸認本條第一節及第二節所規定之額外措施，在正常情況下已足使各締約國滿足其經濟發展之需要，然而各締約國一致認為，於經濟發展過程中為促進特定工業之建立而給予必要之政府協助，以提高人民一般之生活水準，並無符合上述規定之實際可行措施，本條第三節及第四節另有因應之規定。

四、㈠依前述規定，一締約國如其經濟僅足維持低生活水準且處於開發初期，應有適用本條第一、二、三節規定而不受本協定其他條款之限制。

　　㈡一締約國之經濟雖仍處於開發過程中，但不符前項規定者，得依本條第四節之規定提請「大會」核准。

五、各締約國咸認如締約國之經濟狀況符合前第一款及第二款之規定且依賴少數初期產品之輸出者，其輸出所得可能因產品銷售量之降低而大量減少，該締約國如因其他締約國所採取措施嚴重影響其初期產品之輸出，得依本協定第二條之規定進行諮商。

六、「大會」應每年審查各締約國依本條第三節及第四節規定所實施之所有限制措施。

第一節

七、㈠本條第四項第一款所指之締約國，為促進某特定工業之建立，以提高人民一般生活水準，而欲修正或取消本協定有關減讓表所列之某項減讓時，應通知「大會」，並應與最初談判該項減讓之任一締約國及與依「大會」決定具有重大利害關係之其他締約國展開談判。若有關各締約國間已達成協議，即可修正或取消本協定有關減讓表所列之某項減讓，並包括任何賠償性之調整措施，以實施該項協議。

　　㈡任一締約國如依前款規定為通知後，於六十日內未能達成協議，經「大會」決議認定已盡力，且所提賠償性調整措施亦屬合理，則該締約國於實施其賠償性調整措施之同時即可修正或取消。如「大會」認定所提賠償性措施雖不合理，但已盡其所能，該締約國亦可修正或取消減讓。惟前款所述任一締約國皆得修正或取消其相對等值之減讓。

第二節

八、各締約國咸認本條第四項第一款所指各締約國，如處於經濟迅速發展之過程中，易於面臨由於努力拓展國內市場及貿易條件不穩定所引起之收支平衡困難。

九、本條第四項第一款所指各締約國，為確保其對外金融及維持為實施經濟發展計畫所必要之貨幣準備，得依本條第十項至第十二項規定，對准許輸入產品之數量或價值為全面性之管制，惟此項進口限制措施之新設、維持或擴大應不得超過下列必要限度：

㈠為預防貨幣準備遞減之威脅或停止其遞減現象；

㈡貨幣準備不足之締約國，為達到合理之增加率。

該締約國對影響貨幣準備或其需求之特殊因素，包括如遇國外貸款或其他財源可資運用時之影響其適當運用之因素，均應予以充分之考慮。

十、一締約國在實施上述限制輸入之措施時，得就不同等級或種類之產品，優先輸入對其經濟發展較具重要性之產品，惟應避免對任一締約國之商業或經濟利益造成不必要之損害，並應容許任一產品最低限度之輸入量，以免損及貿易之正常流通，亦不得禁止商業樣品之輸入或禁止採行專利、商標、版權或其他類似程序。

十一、締約國於執行其國內政策時，應就恢復國際收支平衡於健全及長遠基礎之必要範圍內，以及確保生產資源之經濟利用等予以充分考慮。如情況好轉，依本節規定實施之限制措施應逐漸放寬，並應於本條第九項規定之必要範圍內予以維持。如無維持之必要，應即取消，惟締約國不必因經濟發展政策變更，致依本節規定所實施之限制措施已無必要修正或取消。

十二、㈠任一締約國於實施新限制措施，或依本節規定實施重大加強措施以普遍提高現有制度後，應就收入平衡困難之性質，可選擇之其他因應措施，對其他締約國經濟之可能影響等，迅與「大會」諮商，並盡量於事先諮商。

㈡「大會」應於所訂日期審查當時依本節規定正在實施之所有限制措施。於該日屆滿兩年，各締約國得就依本節規定所實施之限制措施，應依「大會」每年所擬訂之計畫，於每隔兩年以上之期間內依前款規定與「大會」進行諮商；惟於依本項其他規定之諮商結束後兩年內，不得進行本款所規定之任何諮商。

㈢ 1.於依前二款規定與一締約國諮商過程中，「大會」如發現採取之限制措施違反本節或第十三條（根據第十四條）之規定者，應即指出該項違反之本質，並規勸該締約國應加以修正。

2.諮商結果，「大會」經決議認定採取之限制措施已嚴重違反本節或第十三條（根據第十四條）之規定，同時已對任一締約國商業造成損害或有損害之虞，「大會」應通知採取該限制措施之締約國，並提出適當建議以確保該締約國在一定期限內遵守上開條款之規定；如該締約國不服，則「大會」於必要時，得免除已因該項限制措施而受不利貿易影響之任一締約國，依本協定對實施該項限制措施之締約國所負義務。

㈣任一締約國之貿易利益，如為他締約國所施行之違反本節或第十三條（依據第十四條）規定之限制措施所損害，經向大會提出要求並檢具表面可信之證據後，「大會」應邀請實施該項限制措施之締約國

進行諮商，但經「大會」決議認定該項限制措施違背本協定之規定，且對提起上述程序之締約國之貿易構成損害或有損害之虞，「大會」應建議取消或修正該項限制措施，如實施該項限制措施之締約國未於「大會」所規定期限內予以取消或修正，「大會」於必要時，得免除上述程序之締約國依本協定對實施限制措施之締約國所負義務。

㈤如依本項第三款第二目及第四款規定所採行動之締約國，認為「大會」授權免除之義務，對經濟發展計畫及政策之實施足以產生不利影響，得於該項行動施行後六十日內，將其退出本協定之意思表示，以書面通知「大會」執行秘書，其退出自送達之翌日起六十日生效。

㈥於進行本項規定之程序時，「大會」應充分考慮本條第二項所指之各種因素，依本項規定所為之決議，應盡量於開始協商之日起六十日內作成。

第三節

十三、本條第四項第一款所指之締約國，為促進特定工業之建立以提高人民生活水準而有必要對國內業者予以協助時，如無本協定其他適當規定可適用，得適用本節之規定及程序。

十四、前述締約國應將為達成前項目標所遭遇之特殊困難通知「大會」，並敘明為克服困難所擬實施限制輸入之特定措施。該項措施不得在本條第十五項或第十七項所定期間終止前施行。又若限制輸入之產品係屬本協定所附減讓表所列產品者，除非獲得「大會」依本條第十八項規定所為之同意，不得限制，惟如接受協助之工業已開始生產者，該締約國於報告「大會」後，得於上述期間內，採行必要措施，以防有關產品反常之大量輸入。

十五、「大會」於上述措施通知後三十日內，如未要求該締約國與其諮商，該締約國於實施該項措施之必要範圍內，得不受本協定其他條款之限制。

十六、如經「大會」要求，擬採行限制措施之締約國應將該項措施，依本協定可採行之其他措施及對其他締約國之商業及經濟利益可能造成之影響等與「大會」諮商，諮商結果如「大會」同意為達成本條第十三項目所指目標，確無符合本協定其他條款之實際可行之措施，並同意擬議之措施者，則該締約國於採行該項措施之必要範圍內，應可免除依本協定其他條款規定所負之義務。

十七、本條第十四項規定所指之限制措施，自締約國通知「大會」之日起九十日內，如「大會」尚未同意，則該締約國得於報告「大會」後實行。

十八、如擬議之措施所影響之產品屬於本協定所附減讓表所列產品，該締約國應與該產品最初談判減讓之任一其他締約國，及「大會」所決定具有利害關係之任一其他締約國進行諮商，「大會」如同意為達成本條第十三項目標，並無符合本協定其他條款之實際可行之措施，並同意：

㈠依前述諮商結果而與其他締約國所達成之協議；

㈡若「大會」於依本條第十四項規定所為之通知後六十日內尚未達成協議，惟同意為取得本節所規定利益之締約國已盡力達成協議，且適時保障其他締約國之利益，則「大會」應同意該擬議中之措施。該締約國依前述規定實行擬議中之限制措施時，於必要範圍內，應可免除依本協定其他條款規定之義務。

十九、如符合本條第十三項規定之擬議中之限制措施，所涉及之產業正處於初創時期，該項產業雖已獲得該締約國依本協定相關條款為收支平衡目的採行限制措施之保護，該締約國仍得適用本節之規定，惟非經「大會」之同意，不得施行上述擬議中之措施。

二十、本節前述各項規定，並未授權任一締約國可不受本協定第一條、第二條及第十三條規定之限制；又本條與第十項但書規定亦適用於依本節規定所設定之任何限制措施。

二十一、在任何時期，因任何依據本條第十七項規定所採行之限制措施而受重大影響之締約國，得對主張享有本節規定利益之締約國停止履行依本協定所定之減讓或義務；惟必須於該限制措施施行後六個月內向「大會」發出六十日前通知，且以「大會」並無異議者為限。該締約國並應依本協定第二十二條規定提供充分諮商之機會。

第四節

二十二、符合本條第四項第二款規定之締約國，為經濟發展之利益擬採取本條第十三項規定之措施，以輔導某一特定產業之建立，得經「大會」之同意後實行。「大會」應速與該締約國諮商，在作成決議前應慎重考慮本條第十六項所列因素。如「大會」同意擬議之措施，此締約國應得於必要範圍內，豁免本協定其他條款規定之義務，俾使實施擬議之措施。如影響之產品屬於本協定某附表之減讓項目，應適用本條第十八項之規定辦理。

二十三、依本節規定而採行之任何措施，均應符合本條第二十項之規定。

第十九條　特定產品輸入之緊急措施

一、㈠如因不可預見之發展或由於締約國基於本協定所負義務之效果，包括關稅減讓，某一產品並大量輸入該締約國，以致損及國內同類產品或直接競爭產品之製造商或有損害之虞，則該締約國對此項產品為防止或彌補損害，於必要時期及必要範圍內，得暫停履行本協定全部或一部之義務，取消或修正對該產品之關稅減讓。

㈡如某一產品屬於某種優惠關稅之減讓項目，以前款方式輸入某締約國，致損及另一享受該項優惠關稅之締約國之國內同種產品或直接競爭產品之製造商，或有損害之虞，則該輸入締約國經該受害締約國之要求，為防止或彌補其損害，於必要時期及必要範圍內得暫停履行本協定全

部或一部之義務，取消或修正對該產品之關稅減讓。

二、在未採取前項措施前，該締約國應儘早以書面通知「大會」，並應使「大會」及對輸出該產品具有重大利益之締約國就該措施有與其諮商之機會。如上述通知涉及優惠關稅之減讓，則應於通知中指明要求採取行動之締約國。在情況緊急時若遲延採取行動，造成難以回復之損害，則依前項規定所採取之措施，得不經諮商而暫予實施，但應於實施後立即展開諮商。

三、㈠若有利害關係之各締約國間，未能獲致協議，則擬採取或維持第一項規定措施之締約國仍得實施，惟不受影響之締約國得於上述措施實行後九十日內，對採取措施之締約國或對第一項第二款所稱之要求採取行動之締約國暫停履行本協定所定之減讓或其他義務，但以將採取之行動事先通知「大會」，並於「大會」收到通知後屆滿三十日無異議者為限。

㈡除前款規定外，若依本條第二項規定所採未經事先諮商之措施，已嚴重影響締約國生產該產品之製造商，或有損害之虞，則受害之締約國如認遲延造成難以回復之損害，得於其他締約國採取該措施時，或於諮商中，避免或彌補損害之必要範圍內暫停減讓或履行其他義務。

第二十條　一般例外

就各項措施之實施，對相同條件下之不同締約國未構成專斷或不合理歧視，或未對國際貿易構成隱藏性限制，在此前提下，本協定不得被解釋為阻止締約國採取或執行下列措施：

㈠維護公共道德所必要者。

㈡維護人類、動物或植物生命或健康所必要者。

㈢關於金、銀之輸出或輸入。

㈣為確保遵守與本協定各項規定並無牴觸之法律或規章所必要者，該法律或規章包括關務執行、本協定第二條第四項及第十七條規定之獨占行為，專利權、商標權及著作權之保護，與詐欺之防止等事項。

㈤關於監犯勞力之產品。

㈥為保護各項具有藝術、歷史或考古價值之國家文物所實施者。

㈦關於可能枯竭之自然資源之保存，但以此項措施須同時限制本國生產及消費始生效者為限。

㈧依照任何政府間國際商品協定所定之義務，但必須符合提交「大會」之標準，並且未被其所否決，或者實際上被提交而未被否決。

㈨為穩定物價而將某種原料價格限制在國際價格之下，以確保國內加工業獲得足夠之原料時，所為限制該項原料輸出之措施。但該項措施不得用以增加該國內工業之輸出或加強對國內工業之保護，且不得違反本協定有關不歧視之規定。

㈩對於普遍性或區域性短缺之產品所採收購或分配之必要措施，但該措施須符合各締約國均享有公平交易機會之原則，如該措施違反本協定其他規定者，則應於上述短缺情況消失後，立即停止該措施，「大會」最遲應於一九六〇年六月三十日以前檢討本款之必要性。

第二十一條 國防安全之例外

本協定各項規定不得用以

一、要求任何締約國提供認為透露必違反其重大安全利益之資料。

二、禁止任何締約國採取下列為保護其重大安全利益之必要措施。

㈠關於具有原子分裂性之物質或製造該物質之原料。

㈡關於販賣武器、彈藥或其他戰爭物質及關於販賣直接或間接供給軍用之其他物品。

㈢在戰爭或其他國際關係緊張時期所採行之措施。

三、禁止任何締約國為履行依聯合國憲章所負關於維持國際和平及安全之義務而採取之措施。

第二十二條 諮商

一、對影響本協定實施之任何案件之其他締約國之意見，每一締約國應予合理之考慮，並提供充分之諮商機會。

二、任一案件經依本條第一項規定所為之諮商如無法獲致協議，「大會」依一締約國之請求，得與任何有關締約國諮商。

第二十三條 取消或損害

一、任一締約國如認為依本協定直接或間接可得之利益已被取消或受損，或本協定任何目標之達成，因下列原因而受阻：

㈠其他締約國怠於履行本協定所定之義務。

㈡其他締約國所施行符合或違反本協定之任何措施。

㈢其他任何狀況之存在。

該締約國為圓滿解決問題，得向其他締約國或認為有關之各締約國提出書面意見及建議，其相對締約國應慎重考慮。

二、對前述爭議，如有關締約國間於合理期限內未達成協議，或為前項第三款所指原因，得提交「大會」解決，「大會」就所提案件應迅予調查，並向認為有關之各締約國提出適當建議，或適當之裁決。「大會」如認為必要，得與各締約國、聯合國經濟及社會理事會及任何適當之國際組織諮商，如「大會」認為情況急迫且必要，得授權一締約國或有關之締約國停止履行依本協定對其他締約國或有關締約國之減讓承諾或其他義務；惟相對締約國亦得於其後六十日內，將其退出本協定之表示，以書面通知「大會」執行秘書，自送達後六十日生效。

第三篇

第二十四條　領域適用、邊境貿易、關稅同盟及自由貿易區

一、本協定之各項規定應適用於各締約國之關稅領域；依本協定第二十六
條已接受本協定，或依本協定第三十三條，或依暫時適用議定書已適
用本協定之任何其他關稅領域。專為本協定「領域適用」目的而列入
之關稅領域，均應視為締約國。但每一締約國如為單獨締約國地位而
依本協定第二十六條已接受本協定，或依本協定第三十三條或依暫時
適用議定書已適用本協定者，不得依本協定新設兩個或多個關稅領域
之任何權利及義務。

二、本協定所稱「關稅領域」係指該領域與其他各領域間，就大部分之貿
易維持各則之關稅及其他商事法令。

三、本協定不禁止下述事項：

　㈠為便利「邊境貿易」任一締約國對相鄰國家所給予之優惠。

　㈡鄰近各國給予「的里亞斯德自由貿易區」之優惠；惟該優惠不得違
　　反第二次世界大戰後和平條約之規定。

四、各締約國願意經由自發之共同協議，發展各國間更密切結合之經濟關
係，以加強自由貿易。「關稅同盟」或「自由貿易區」之目的在促成區
域間貿易，而非對各該區域與其他各締約國之貿易增加障礙。

五、本協定不得禁止各締約國間設立「關稅同盟」或「自由貿易區」或訂
立必要之過渡協定以設立「關稅同盟」或「自由貿易區」，惟應受下列
條件之限制：

　㈠關於「關稅同盟」或前述之過渡協定，所訂與其他締約國間貿易有
　　關之關稅及商事法令，就整體而言，不得較各締約國前所適用之關
　　稅及商事法令更高或更具限制性。

　㈡關於「自由貿易區」或其前述之過渡協定，每一締約國所維持，以
　　及在自由貿易區設立時所適用，或在其締約前之過渡協定所訂立與
　　區外或協定外締約國貿易之關稅及商事法令，不得較此項「自由貿
　　易區」或過渡協定訂定前，已另存在於同一締約國間之相對關稅及
　　商事法令更高或更具限制性。

　㈢本項第一、二兩款所指之過渡協定，包括在適當期間以內設立此項
　　「關稅同盟」或「自由貿易區」之計畫及預定進度表。

六、如在履行前項第一款規定之過程中，締約國擬提高違反本協定第二條
規定之任何種類之關稅，應適用第二十八條所規定之程序。於擬定補
償性調整時，應考慮對本同盟其他各締約國以降低相對關稅之方式給
予補償。

七、㈠任一締約國於決定加入「關稅同盟」或「自由貿易區」或前述之過

渡協定，應立即通知「大會」，並應提報有關該同盟或貿易區之資料，俾「大會」得對適當之締約國提出報告及建議。

㈡本條第五項所指之過渡協定之當事國諮商研究計畫及進度表，並慎重研究依前項第一款規定所獲之資料後，「大會」如認為於過渡協定當事國所定期間內不克組成「關稅同盟」或設立「自由貿易區」，或認為該期間並不恰當，應將建議通知各當事國，在未依上述建議研擬修正前，各當事國不得維持或執行該協定。

㈢本條第五項第三款所指計畫或預定進度表之任何重要變更應告知「大會」，如此項變更足以延遲或危及「關稅同盟」之組成或「自由貿易區」之設立，「大會」得要求有關各締約國共同諮商。

八、㈠「關稅同盟」係指以單一關稅領域代替兩個或兩個以上之關稅領域，故

  1.除依本協定第十一條、第十二條、第十三條、第十四條、第十五條及第二十條規定外，原則上對同盟內之各關稅領域間絕大部分貿易，或自上述各關稅領域所生產產品之絕大部分貿易，取消其關稅及限制商事之法令。

  2.除依本條第九項規定外，同盟之每一當事國對其以外之各關稅領域，原則上適用同一之關稅及商事法令。

㈡「自由貿易區」係指兩個或兩個以上之關稅領域，除依本協定第十一條、第十二條、第十三條、第十四條、第十五條及第二十條規定者外，原則上對各關稅領域生產之商品取消相互間關稅及限制商事之法令。

九、本協定第一條第二項所規定之優惠，不因「關稅同盟」或「自由貿易區」之組成或設立而受影響，但得藉由受影響之各締約國談判而予取消或調整。上述談判程序尤應適用於為符合前項第一款第一目及第二款之規定而取消之優惠。

十、與本條第五項至第九項之規定未盡相符之各項提議，得經「大會」三分之二以上多數之決議予以批准，但以此項提議係依本條旨意促成「關稅同盟」或「自由貿易區」之設立為限。

十一、為顧及印度及巴基斯坦之建立為獨立國家，及承認兩國長期構成一經濟單位之事實，各締約國同意該兩國得成立特殊協定而不受本協定之限制，直至兩國間之貿易達正常穩定之時為止。

十二、每一締約國應就可採行之各項合理措施，保證在其領域內之地區及地方政府與主管機關遵守本協定。

第二十五條　*各締約國之共同行為*

一、為求本協定涉及共同行為者發生效用，及便於促使本協定之實施及目標之達成，各締約國之代表應隨時集會，本協定特稱之為「大會」。

二、聯合國秘書長至遲應於一九四八年三月一日以前，召開「大會」第一
次會議。

三、每一締約國在「大會」之各項會議內應享有一個投票權。

四、除本協定另有規定外，「大會」之決議應以投票過半數決定。

五、於本協定未規定之極少例外情況下，「大會」得免除本協定賦予締約國
之某項義務，但任何該項決議應以半數以上締約國之出席，並以投票
數三分之二以上之多數決定。「大會」得依同一方式決議：

　　㈠解釋在何種特殊情況下，免除義務應適用之其他投票方式。

　　㈡規定適用本項規定之必要準則。

第二十六條　接受、生效與登記

一、本協定簽訂日應為一九四七年十月三十日。

二、本協定應留待已於一九五五年三月一日前成為本協定之締約國，或為
參加本協定正在談判之締約國接受。

三、本協定係以單一英文及單一法文各作成原本一份，兩者均具同一效力，
並應存放於聯合國秘書長處，認證本應送交各有關政府。

四、接受本協定之每一政府，應將其接受文件存放於「大會」之執行秘書
處，執行秘書將就接受文件之存放日期及依本條第六項規定之本協定
生效日期通知各有關政府。

五、㈠每一政府接受本協定，係代表關稅領域及負有國際責任之其他關稅
領域，但各單獨關稅領域應將其本身接受日期自行通知「大會」執
行秘書者不在此限。

　　㈡依前款例外規定已通知執行秘書之任何政府，得隨時通知執行秘書
有關接受本協定對任何前款所稱之單獨關稅領域亦生效，此項通知
自執行秘書接受之翌日起第三十日生效。

　　㈢已接受本協定之締約國之任何關稅領域，在對外商務及依本協定所
規定其他事務之行為上享有或獲得完全自主，經對負責之締約國以
公告證實後，應視為一締約國。

六、本協定附件八所列之政府接受本協定者，其關稅領域之對外貿易總額，
佔該附件所列該政府之關稅領域之對外貿易總額百分之八十五時，自
接受文件存放於「大會」執行秘書之後三十日，本協定生效。對其他
政府自接受文件存放日後第三十日生效。

七、本協定生效後，授權聯合國盡速完成對本協定之登記程序。

第二十七條　減讓之停止或取消

當任一締約國認為原參與談判之政府並未成為或已中止為締約國時，應得
隨時自行停止或取消全部或部分列入本協定有關減讓表之任何減讓。締約
國採取該項行為時應通知「大會」，如經要求，並應與所涉產品具有重大利
害關係之各締約國諮商。

第二十八條　減讓表之修正

一、一九五八年一月一日起之第一個三年期間之首日（或由大會以三分之
二之多數決定之另一段期間之首日）二締約國（以後於本條中稱為申
請之締約國）得與參與原始談判之締約國、或經大會認定具有主要供
應利益之其他締約國（上述兩種締約國與申請之締約國於本條文中稱
為「有重大利害關係之締約國」）從事談判或協議，並與其他業經「大
會」決定，於此種減讓中具有重大利害關係之締約國諮商，以修正或
取消列於本協定有關附表中之減讓。

二、上述可能包含對其他產品作補償性調整之談判或協議中，具有利害關
係之締約國，應致力維持互惠互利之減讓，並促使貿易較談判前更為
有利。

三、㈠如一九五八年一月一日前或依本條第一項所定期間終止前，具有重
大利害關係之締約國間，未能達成協議，提議修改或取消減讓之締
約國，即可採行片面措施。此項措施採行後，參與原始談判之締約
國，或依第一項決定具有主要供應利益之締約國與依第一項決定具
有重大利害關係之締約國，應於上項措施採行後之六個月內，並自
撤回之書面通知送達大會三十日後，得自行取消與申請之締約國原
始談判時之減讓。

㈡若具有重大利害關係之締約國間已達成協議，而依本條第一項決定
具有重大利益之締約國如有異議，該異議之締約國得於上述協議執
行後之六個月內，並自取消之書面通知送達大會後三十日，自行取
消與申請之締約國於原始談判時所作之減讓。

四、「大會」於特殊情況下，得隨時授權締約國依下列程序與條件進行談
判，以修正或取消列於本協定有關附表中之減讓：

㈠此種談判或諮商應依本條第一、二兩項之規定為之。

㈡若具有重大利害關係之締約國間，於談判時達成協議，即應適用本
條第三項第二款之規定。

㈢若有重大利害關係之締約國經授權談判後六十日內或於大會規定之
較長期限內尚未達成協議，申請之締約國得將本案提交「大會」。

㈣本案經提交「大會」後，「大會」應迅即加以審查，並將其觀點告知
具有重大利害關係之締約國，以便達成協議。若協議業已達成，第
三項第二款之規定仍得適用，若具有重大利害關係之締約國間仍未
能達成協議，除非「大會」認定未能達成協議係因申請之締約國怠
於提供適當之補償所致，申請之締約國應有權片面修正或取消其減
讓，前項措施若經採行，參與原始減讓之締約國與依第四項認定具
有主要供應利益之締約國與具有重大利益之締約國，得於六個月內，
並自書面通知送達「大會」後三十日，自行修正或取消與申請之締

約國原始談判時所作之等量減讓。

五、於一九五八年一月一日，本條第一項所訂之期間屆滿前，一締約國經通知大會後，得於期間內擇定保留依本條第一項至第三項規定之程序，修正適當減讓表之權利。如締約國決定上述權利，其他締約國於同一期間，依同一程序，享有修正或取消與該締約國原始談判時之減讓權。

第二十八條之一　關稅談判

一、各締約國咸認關稅經常構成貿易障礙，須以互惠互利為基礎從事談判，以達成關稅與輸出入規費之大量降低，特別是為避免以高關稅阻礙進口至最低數量，並達成本協定之目標，以及因應締約國之個別需要，此種談判對國際貿易之擴張具重要性。因此，大會支持此項談判。

二、㈠本條規定之談判，得以選擇性之逐項產品為基礎，或採用各有關締約國可接受之多邊談判程序。此種談判或可導致關稅之降低，或使關稅稅率維持於現行水準，或使特定產品之個別或一般關稅不超過一定標準。維持低關稅或免稅，在原則上係被認為與降低高關稅有同樣價值。

㈡各締約國咸認，須有互相從事大量對外貿易之締約國之參與，方能確保多邊貿易談判之成功。

三、談判之進行應充分考慮下列各點：

㈠個別締約國與各項工業之需要。

㈡低度開發國家彈性運用關稅保護，以協助其經濟發展，以及為稅收目的，維持關稅之特殊需要。

㈢其他有關情況，包括有關締約國之財政、經濟發展、戰略及其各種需要。

第三十三條　加入

非本協定當事國之政府，或得代表其對外商務關係，或本協定規定之其他事務，均享有充分自主之關稅領域政府，得就該國本身或該關稅領域，依其與大會同意之條件，加入本協定，「大會」就本項規定之決議，應取決於三分之二之多數。

第四篇　貿易與發展

第三十六條　原則與目標

一、締約國

㈠重申本協定之基本目標，係為提高所有締約國人民之生活水準與經濟之快速成長。咸認此一目標之達成對低度開發國家更屬迫切。

㈡鑑於低度開發締約國之出口盈餘對其經濟發展佔有重要地位。其功能之大小，須基於低度開發之締約國為輸入重要商品而支付之價格、出口數量與因輸出而獲取金額之多寡而定。

㈢知悉低度開發國家與其他國家間之生活水準存有很大差異。

㈣承認必須採取個別或聯合行動，以促進低度開發締約國之經濟發展，並迅速提高此等國家之生活水準。

㈤咸認國際貿易係為達成經濟發展與社會進步之方法，並應以符合本條所訂目標之規則與程序，以及符合此等規則與程序之措施加以管理。

㈥知悉「大會」得准許低度開發之締約國採取特別措施，以促進貿易與經濟之發展。

同意下列各點：

二、須使低度開發締約國之出口所得能有迅速且穩定之增加。

三、應積極努力，以確保低度開發締約國得以獲取經濟發展所需之貿易成長。

四、為使低度開發締約國可繼續依賴少數初級產品之出口，必須有較為合理與可接受之措施，使此等產品得以進入世界市場。當情況合適時，更應設計方案，以穩定與改善此等產品之世界市場，包括採行特別措施以達成穩定，合理與有報酬之價格，如此方能達成世界貿易之擴張，與此等國家真實出口盈餘之穩定成長，而使其經濟發展獲有足夠之資金來源。

五、低度開發之締約國必須致力於經濟結構之多元化，並避免過度依賴初級產品，以促進其經濟之快速成長。因此，必須採取一切措施，使對低度開發之締約國具有潛在性特別利益，且國內加工或製造之產品，得以有利的條件進入市場。

六、由於低度開發之締約國之出口收入與其他外匯所得長期短缺，因此，就經濟發展而言，貿易與財政支援具有重要關連。因此，「大會」與國際貸款機構間須繼續密切合作，以最有效之方法緩和低度開發締約國因經濟發展所承受之負擔。

七、「大會」與聯合國系統下，其活動與低度開發國家之貿易與經濟發展有關之國際團體、組織機構間須通力合作。

八、已開發之締約國，於貿易談判中，對低度開發締約國為減少或免除關稅及其他貿易障礙之承諾，不得期待可獲互惠互益之對待。

九、為使此等原則與目標得以實現而採行之措施，應為個別或聯合之締約國有意努力之事項。

第三十七條　*承諾*

一、已開發之各締約國，除有不得已之理由（包含法律上之理由）外，應盡最大努力，使下列各條文生效：

㈠對低度開發締約國具有潛在性之特別出口利益產品，優先減少或消除其輸出障礙。此種障礙包含對同類產品因其初級型態與加工後型

態之不同而有不合理差異之關稅與其他限制。

㈡禁止新增或提高現時或潛在對低度開發之締約國具有特殊出口利益之進口關稅與非關稅障礙。

㈢1.禁止實施新財政措施。

2.財政政策調整時，優先考慮減少或消除財政措施。

上述財政措施將嚴重影響某種初級產品或原料，加工品消費量之增加，而此種產品係低度開發締約國之主要產品。

二、㈠若第一項第一、二、三款之規定尚未生效，應由未實施此種規定之締約國或其他利害關係國向「大會」報告。

㈡1.若經利害關係國之請求，「大會」應於不損及既有之雙邊諮商情況下，與相關締約國以及所有利害關係國諮商，以使所有相關締約國為贊助第三十六條之目標而獲致圓滿解決。於諮商進行中，對無法實施第一、二、三款之理由應詳予審查。

2.個別締約國若與已開發之締約國共同採取行動較易達成第一項第一、二、三款之目標，在情況許可時，此種諮商應朝此方向努力。

3.於適當情況下，大會之諮商應朝向以共同行動促進本條第一項所定之目標。

三、已開發之締約國應：

㈠若政府得直接或間接決定全部或主要於低度開發締約國生產之產品售價，則盡力使供應國維持合理之貿易盈餘。

㈡主動採行其他措施，以使自低度開發締約國之進口能有較大進展，並進行適當之國際合作，以達此目標。

㈢為應付特殊問題而採行本協定許可之措施時，應特別顧及低度開發締約國之貿易利益，若此措施影響到低度開發締約國之重大利益時，應探究實施各種具有建設性補償措施之可能性。

四、低度開發締約國同意為其他低度開發締約國之利益採取適當措施，以履行第四篇之規定。此種行動需符合目前與未來發展，以及財政與貿易需要，並須就過去之貿易發展，與該低度開發締約國之貿易利益作整體考慮。

五、為履行本條第一至四項所訂定之承諾，各締約國發生任何之情事或困難，應使其他締約國依本協定得有充分與迅速之機會從事諮商。

第三十八條　聯合行動

一、締約國在本協定與其他適當體制之結構下，應共同合作，以促成第三十六條所訂目標。

二、大會特別就下列事項應：

㈠於適當時期採取行動，包含國際協商措施，以使對低度開發締約國有特別利益之初級產品，得以改善與可接受之條件進入世界市場，

並採取措施，以改進並穩定此種產品之國際市場條件，包括使此種產品之出口，得以獲得穩定、合理、與具有利潤之價格。

㈡於貿易與經濟發展政策方面，與聯合國及其所屬組織與機構，包括以聯合國貿易與發展會議之推薦為基礎而設立之機構尋求適當合作。

㈢就下列事項共同合作：分析個別低度開發締約國之發展計畫與政策。審查貿易與援助關係，以擬定具體措施，促進有潛在性出口利益產品之發展，並促使已發展之工業產品得以順利進入市場，並尋求與其他政府或國際組織，特別是可對經濟發展提供財政援助之組織共同合作。對低度開發國家之貿易與援助關係，從事有系統之研究，以便在輸出潛力、市場展望以及所須採取之行動方面獲致明確分析。

㈣密切注意全球貿易之成長，並特別注意低度開發締約國之貿易成長率，情況許可時，向各締約國提出有關建議。

㈤互相合作尋求可行之方法擴張貿易，以發展經濟。並經由對國家政策與規定之協調與調整，影響生產、運輸與行銷之技術與商業標準，以及經由建立機構以促進外銷等方法，增進商情之流通與市場研究之發展。

㈥設立國際組織機構，以促進本協定第三十六條目標之實現，以及本篇各條款之施行。

五十三、設立世界貿易組織協定附件一A：一九九四年關稅暨貿易總協定及其釋義瞭解書 (Agreement Establishing the World Trade Organization Annex 1A: General Agreement on Tariffs and Trade 1994, with Understandings on the Interpretation) (1994.4.15)

說明：

㈠本協定係《馬爾喀什設立世界貿易組織協定》(Marrakesh Agreement establishing the World Trade Organization) 附件 (Annex)1A，本文及附件於一九九四年四月十五日通過，一九九五年一月一日生效。

㈡英文本見 UNTS, Vol. 1867, pp. 190–191；中文本取自《烏拉圭回合多邊貿易談判協定》，「中英文對照本」，臺北：經濟部國際貿易局，民國 92 年出版，頁 2–69～2–71。瞭解書取自同書頁 2–72～2–87。

㈢收錄瞭解書名稱如下：

1. 一九九四年關稅暨貿易總協定第二條第 1 項 b 款釋義瞭解書 (Understanding on the Interpretation of Article II:1 (b) of the General Agreement on Tariffs and Trade 1994)。
2. 一九九四年關稅暨貿易總協定第十七條釋義瞭解書 (Understanding on the Interpretation of Article XVII of the General Agreement on Tariffs and Trade 1994)。
3. 一九九四年關稅暨貿易總協定收支平衡條款瞭解書 (Understanding on the Balance–of–Payments Provisions of the General Agreement on Tariffs and Trade 1994)。
4. 一九九四年關稅暨貿易協定第二十四條釋義瞭解書 (Understanding on the Interpretation of Article XXIV of the General Agreement on Tariffs and Trade 1994)。
5. 一九九四年關稅暨貿易總協定豁免義務瞭解書 (Understanding in Respect of Waivers of Obligations under the General Agreement on Tariffs and Trade 1994)。
6. 一九九四年關稅暨貿易總協定第二十八條釋義瞭解書 (Understanding on the Interpretation of Article XXVIII of the General Agreement on Tariffs and Trade 1994)。

一九九四年關稅暨貿易總協定

一、一九九四年關稅暨貿易總協定（簡稱 GATT 1994）應包括：

(a)附錄於經聯合國貿易暨就業會議籌備委員會第二次會議通過之藏事文件之一九四七年十月三十日之關稅暨貿易總協定規定（不包括暫時適用入會議定書），包括 WTO 協定生效日前經有效之法律文件之條款所改正、修正或更動者；

(b)於 WTO 協定生效前即已在 GATT 1947 下生效之下列法律文件之規定，包括：

(i)關於關稅減讓之議定書及確認書；

(ii)入會議定書（不包括(a)暫時適用與撤回暫時適用之規定，及(b) GATT 1947 第二篇應在不違反議定書生效日已既存之立法之最大限度內暫時適用之規定）；

(iii)依據 GATT 1947 第二十五條所給予豁免之決議，且於 WTO 協定生效時仍為有效者❶；

(iv) GATT 1947 締約成員整體會員大會所作之其他決議。

(c)各項瞭解書，包括：

---

❶ 本規定所涵蓋之豁免，列舉於一九九三年十二月十五日 MTN/FA 文件第二部分第十一頁及第十二頁附註 7，以及一九九四年三月二十一日 MTN/FA/Corr.6 文件中。部長會議應於第一次大會時提出一份適用本條款之修正豁免清單，以增列自一九九三年十二月十五日至 WTO 協定生效日期間依 GATT 1947 規定所給予之豁免，並剔除於上述生效日之前已屆滿之豁免。

(i)一九九四年關稅暨貿易總協定第二條第一項(b)款瞭解書；

(ii)一九九四年關稅暨貿易總協定第十七條釋義瞭解書；

(iii)一九九四年關稅暨貿易總協定收支平衡條款瞭解書；

(iv)一九九四年關稅暨貿易總協定第二十四條釋義瞭解書；

(v)一九九四年關稅暨貿易總協定有關豁免義務瞭解書；

(vi)一九九四年關稅暨貿易總協定第二十八條釋義瞭解書；及

(d)一九九四年關稅暨貿易總協定馬爾喀什議定書。

二、註解

(a) GATT 1994 年條文中「締約成員」一詞應稱為「會員」，「低度開發締約成員」及「已開發締約成員」應稱為「開發中國家會員」及「已開發中國家會員」。「執行秘書」應稱為「WTO 秘書長」。

(b)在 GATT 1994 第十五條第一項、第十五條第二項、第十五條第八項、第三十八條，及第十二條與第十八條之註解；以及特別匯兌協定第十五條第二項、第十五條第三項、第十五條第六項、第十五條第七項與第十五條第九項對特別匯兌協定之規定中，關於集體行動之「締約成員整體會員大會」，應指 "WTO"。至於 GATT 1994 條文所賦予「締約成員整體會員大會」集體行使之其他職權應改由部長會議行使。

(c)(i) GATT 1994 文本應以英文、法文與西班牙文為準。

(ii) GATT 1994 法文版應依據文件 MTN‧TCN/41 之附件 A 修改用語。

(iii) GATT 1994 法定西班牙文版應係指刊登於基本與選刊文件系列第四冊之文本，並應依據文件 MTN‧TNC/41 之附件 B 修改用語。

三、

(a) GATT 1994 第二篇之規定，應不適用於會員成為 GATT 1947 締約成員前即已制定之特定強制性立法，以禁止使用、銷售或租賃外國建造或外國重建之船舶於其領水或專屬經濟區中之兩定點作商業利用之措施。此項豁免適用於：(a)該項立法中不一致條款之繼續適用或立即展期之立法；與(b)對該項立法不一致條文之修改，惟不應減低與 GATT 1947 第二篇規定之一致性。前述之立法例外僅限於 WTO 協定生效前即已通知且已列明之措施。若該項立法嗣後修正進而減低與 GATT 1947 第二篇之一致性時，將不得再適用本項。

(b)部長會議應於 WTO 協定生效後五年內，及其後於豁免有效期間內每兩年，檢討此例外規定，以審查當初需要此種豁免之條件是否仍存在。

(c)援引此豁免措施之會員，每年應提出包括相關船舶之實際與預期五年中平均運送之詳細統計，及各該享有豁免船舶之使用、銷售、租賃或修理之額外資料。

(d)會員若認此項豁免之實施，使其有正當理由對於在引用此項豁免之會員所建造之船舶之使用、銷售、租賃或修理採取互惠及適度限制者，得在事先通知部長會議後，採取此項限制。

(e)本項豁免不損及各別產業之協定中或其他協商場合中，就享有豁免立法之特定層

面，經談判達成之解決方案。

一九九四年關稅暨貿易總協定第二條第一項第(b)款協定釋義瞭解書

會員茲同意：

一、為確保第二條第一項第(b)款所衍生法律上權利與義務之透明性，依該款對受約束關稅之產品項目所課徵之任何「其他稅捐及規費」，其性質及費率應載明於一九九四年總協定所附關稅減讓表內之各該適用項目。惟此項記載，並不改變「其他稅捐及規費」之法律性質。

二、就第二條而言，「其他稅捐及規費」之約束日期，應為一九九四年四月十五日。是故，「其他稅捐及規費」應以該日所適用之費率載明於減讓表。其後對原減讓所為之重新談判或對新減讓所為之談判，其各項關稅項目的適用日期，應為將新減讓納入各該關稅減讓表之日期。首次納入 GATT 1947 或 GATT 1994 任何特定關稅項目之減讓日期，仍應繼續載明於活頁減讓表第六欄之中。

三、所有受約束關稅之項目，若涉有「其他稅捐及規費」者，均應予以載明。

四、若某一關稅項目曾經減讓，則其載明於減讓表之「其他稅捐及規費」之費率，不得高於首次納入減讓表之費率。任一會員得基於相關項目於原始約束費率時並無此種「其他稅捐及規費」，或是所載「其他稅捐及規費」與任一「其他稅捐及規費」先前約束費率有一致性之問題為由，就任一「其他稅捐及規費」之存在性提出質疑。此一項質疑得於 WTO 協定生效後三年，或於其與 GATT 1994 減讓表相關文件存放於 WTO 秘書長後三年之二者較晚屆止期間內為之。

五、除受第四項規定影響之情形外，「其他稅捐及規費」之記載，並不影響其與 GATT 1994 之權利與義務相等與否。所有會員有權隨時就「其他稅捐及規費」是否與此等義務相符提出質疑。

六、依爭端解決規則與程序瞭解書所解釋及適用之 GATT 1994 第二十二條及第二十三條，應適用於本瞭解書。

七、納入 GATT 1994 關稅減讓表之文件，其於存放於 GATT 1947 締約成員整體會員大會之秘書長或其後之 WTO 秘書長時，若未載明「其他稅捐及規費」者，於 WTO 協定生效後，不得於嗣後補列；載明任何低於適用日期費率之「其他稅捐及規費」，亦不得恢復為實際費率；惟於遞交文件六個月內追加或更改者不在此限。

八、本協定第二項有關適用於 GATT 1994 第二條第一項第(b)款各該減讓日期之決定，取代一九八〇年三月二十六日有關適用日期之決定 (BISD 27S/24)。

一九九四年關稅暨貿易總協定第十七條釋義瞭解書

會員：

　　鑒於第十七條規定，就同條第一項所規定國營貿易事業之活動，會員就影響民營貿易商之進出口之政府措施，應符合 GATT 1994 不歧視待遇之一般原則；

　　鑒於會員就影響國營貿易事業之政府措施，亦應遵守其在 GATT 1994 之義務；

　　咸認本瞭解書不減損第十七條之實體規範；

茲同意下列事項：

一、為確使國營貿易事業活動透明化，會員應將該等事業通知商品貿易理事會，俾便依本瞭解書第五項所設立之工作小組依據下述定義進行檢視：「政府及非政府事業（包括行銷委員會），如被授與專屬的或特別的權利或特權（包括法律上或憲法上權限），而在行使此種權限時，透過其購買或銷售，而影響進出口水準或方向者。」惟通知之要求並不適用供政府或前述特定事業立即或最終消費之用，且非供轉售或生產銷售產品之進口品。

二、各會員應參酌本瞭解書之規定，就其向商品理事會提交國營貿易事業通知之政策加以檢討。執行此項檢討時，各會員應考慮通知須儘可能符合透明化之需求，俾便明確評估該等事業之營運方式及其對國際貿易之效果。

三、通知應依一九六〇年五月二十四日所通過之國營事業問卷表格式 (BISD 9S/184–185) 填寫；符合本瞭解書第一項定義之事業即須通知，不論其事實上是否從事進出口業務。

四、任一會員認為另一會員未充分履行通知義務時，得向後者提出質疑；若未獲合理解決；其得向商品理事會提出相對通知，俾由依第五項成立之工作小組予以採酌，但須同時知會該受質疑之會員。

五、商品理事會應設立一工作小組以代其檢討通知及相對通知。在執行此項檢討及不損及第十七條第四項(c)款下，商品理事會得就該通知是否已足夠，及需否提供進一步資料，作成建議。工作小組應就其所收到之通知，檢視前述國營事業問卷是否已充分及依本瞭解書第一項規定所通知之國營貿易事業之涵蓋範圍。工作小組同時應列一詳細清單，說明政府與國營貿易事業之關係，及國營貿易事業所從事可能與第十七條相關之業務種類。秘書處將就與國際貿易相關之國營貿易事業營運，向工作小組提供背景說明文件。工作小組應開放給有意願之會員參加；並於 WTO 協定生效後一年內召開會議，此後每年至少開會一次；其並應向商品理事會提出年度報告❶。

---

❶　此工作小組應與依一九九四年四月十五日通過有關通知程序之部長會議決議第三節所設之工作小組相互協調。

一九九四年關稅暨貿易總協定收支平衡條款瞭解書

會員：

鑒於 GATT 1994 第十二條、第十八條第 B 節及於一九七九年十一月二十八日通過為收支平衡目的之貿易措施之宣言（BISD 26S/205–209，本瞭解書以下簡稱一九七九宣言）等規定，並為闡明前述規定❶：

茲同意如下：

措施之適用

一、會員確認其承諾就基於收支平衡目的而採進口管制措施，盡速公布其廢除時間表。會員得視收支平衡變動情形而適當修改此一時間表。會員如未公布時間表，應提出正當理由。

二、會員確認將優先採取具最低貿易扭曲效果之措施。此等措施（以下簡稱「價格基礎措施」），應包括進口附加捐、進口押金、或其他會影響進口貨品價格之同等貿易措施。縱有第二條之規定，會員為收支平衡所採用之價格基礎措施，得超過其減讓表上所載稅率；惟會員應將價格基礎措施所超過約束關稅之數額，依本瞭解書通知程序，明確且個別地標示。

三、會員應避免為達成收支平衡目的而實施新數量限制，但因嚴重收支失衡，價格基礎措施無法遏止國際收支狀況急劇惡化者除外。會員於此情況下採取數量限制時，應就為何價格基準措施無法充分地處理收支平衡問題提出合理說明。採行數量限制之會員於後續協商中，應說明大幅減輕此種措施之影響與限制效果之進展情形。同一產品不得因收支平衡之目的而採行一種以上之進口限制措施。

四、會員承諾為收支平衡目的而採行之進口限制措施，僅得適用於控制整體之進口水準，且不得超過處理收支平衡問題之必要。為減少附帶之保護效果，會員應以透明方式執行限制措施。會員之進口當局應就決定何種產品須受限制之標準提出正當理由。第十二條第三項及第十八條第十項已規定，會員仍得對某些「基本產品」排除或限制其適用所有附加稅或其他為收支平衡之措施。所謂「基本產品」係指符合基本消費需求或有助於改善國際收支情況者，例如資本財及生產所需原料。為管理數量限制，會員應僅於無可避免之情況下方使用有行政裁量之簽審措施，且其應逐步廢除；會員應就決定進口數量或價值之標準提出正當理由。

收支平衡協商程序

五、收支平衡限制委員會（以下簡稱委員會）應舉行諮商會議以檢視所有為收支平

---

❶ 本瞭解書並無意修改會員在 GATT 1994 第十二條或第十八條第 B 節下之權利與義務。依爭端解決規則與程序瞭解書所解釋及適用之 GATT 1994 第二十二條及第二十三條之規定，得適用處理並收支平衡目的所採行進口限制措施之事件。

衡目的而採行之進口限制措施。委員會開放由有意願之會員參加。委員會應遵守於一九七〇年四月二十八日通過之收支平衡限制諮商程序(BISD 18S/48–53，在本瞭解書簡稱「完全諮商程序」)，但須受以下規定之限制。

六、會員採取新限制或藉實質強化措施以提高現有限制水準時，應於採行後四個月內，與委員會進行諮商。採行上述措施之會員得要求依第十二條第四項(a)款或第十八條第十二項(a)款舉行諮商；若未請求諮商，則委員會主席應邀請該會員舉行諮商。諮商所檢視之事項，得包括說明為收支平衡目的而採行之新限制措施或增加之限制水準或擴大限制產品之範圍。

七、任何因收支平衡而實施之限制，應由委員會依第十二條第四項(b)款或第十八條第十二項(b)款規定作定期檢視；惟經諮商會員同意或總理事會另有特別檢視程序之建議時，得改變其諮商周期。

八、對於低度開發國家會員或追求自由化(符合以往諮商提交委員會之時間表)之開發中國家會員，得以依一九七二年十二月十九日通過之簡易程序舉行諮商(BISD 202/47–49，在本瞭解書簡稱為「簡易諮商程序」)。當某一開發中國家會員之貿易政策檢討與諮商被排定於同曆年舉行時，亦得以簡易諮商程序舉行諮商，於此等情形，是否舉行完全諮商，將視一九七九年宣言第八項所載各因素而定。除低度開發國家會員外，不得連續二次以上以簡易諮商程序進行諮商。

通知及文件製作

九、若會員有為收支平衡目的而新採用或修改限制措施，以及若有修改依本瞭解書第一項公布之廢除限制措施時間表之情形，應通知總理事；如係重大改變，應於公布前或公布後三十日內通知總理事會。任一會員每年應向 WTO 秘書處提交一份包括法令、政策聲明或公告之所有修正事項之合併通知，俾供會員檢視。該通知應儘可能包含充分資訊，包括關稅水準、所採行措施之類型、管理標準、產品範圍、及所影響之貿易流量。

十、委員會得應任一會員之請求，對該等通知進行檢視；惟僅限於澄清通知所引起之特定問題，或檢討是否需要依第十二條第四項(a)款或第十八條十二項(a)款舉行諮商。會員有理由相信另一會員有為收支平衡目的而採取進口限制措施時，得提請委員會注意。委員會主席應要求就此措施提出資料，並將其送交各會員。諮商會員得預先提出問題，但此並不影響委員會之任一會員在諮商過程尋求適當澄清之權利。

十一、諮商會員應準備諮商基本文件；除其他相關資料外，應包括：(a)國際收支現況與展望(包括影響國際收支之內、外部因素及為使國際收支平衡、健全及長久而採行之國內政策措施)；(b)詳述採取收支平衡措施之理由、法律依據、及減少附帶保護效果之步驟；(c)前次諮商後，依委員會結論所採行之放寬進口限制措施；(d)廢除及逐步放寬尚存限制措施之計畫，會員亦得引用曾向 WTO 提出與本瞭解書相關之其他通知或報告。若係在簡易諮商程序下進行，則諮商會員應提交一份書面聲明，其中包括基本文件涵蓋項目之重要資訊。

十二、為使委員會之諮商順利進行，秘書處應備妥一份有關諮商各方面事實之背景文件。若為開發中國家會員，秘書處文件應包括諮商會員外貿環境影響收支平衡之現況與展望之相關背景及分析資料。倘經開發中國家會員請求時，WTO 秘書處應就準備諮商文件提供技術性協助。

收支平衡諮商結論

十三、委員會應向總理事會報告諮商情形。當採行充分協商時，報告應顯示該委員會對諮商各問題點所作之結論及其所根據之事實及理由。委員會應盡量於結論中，提案建議促進履行第十二條、第十八條第 B 節、一九七九年宣言及本瞭解書。倘為收支平衡目的所限制措施已提出廢除之時間表者，總理事會得建議在該會員遵守時間表之情形下，視為已履行其在 GATT 1994 之義務。當總理事會作出特定建議，會員之權利與義務應依該建議認定；若總理事會並未作出特定建議，委員會之結論應載明委員會中所表達各種不同意見。如採簡易諮商程序時，報告中應包括委員會所討論主要項目之摘要，及是否需進行充分諮商之決議。

一九九四年關稅暨貿易總協定第二十四條釋義瞭解書

會員：

顧及 GATT 1994 第二十四條之規定；

咸認自 GATT 1994 成立後，關稅同盟和自由貿易區之數目及其重要性大幅增加，且現今已佔世界貿易量之相當比例；

咸認藉由簽署此等協定之經濟體間作更密切之整合可對世界貿易之拓展有所貢獻；

亦咸認，成員領域間對關稅及其他商業之限制規定之消除若能擴大至所有的貿易，則此貢獻將有所增加；且倘有任一主要產業之貿易未納入，則貢獻將因而減損；

確認此等協定之目的應為促進參與領域間之貿易，而非增加其他會員與此等領域間之貿易障礙；且在組成或擴增成員時，其成員應儘可能避免對其他會員之貿易造成負面影響；

確信強化商品貿易理事會於檢討依第二十四條所通知之協定時所扮演角色之需要，以便於評估新訂或擴大協定時釐清其標準及程序，並改善所有有關第二十四條之協定之透明度，

咸認有需要對第二十四條第十二項之會員義務有一共同瞭解；

爰同意：

一、關稅同盟、自由貿易區及為設立關稅同盟或自由貿易區之過渡協定，為符合第二十四條，特別必須符合本條第五、第六、第七及第八項之規定。

第二十四條第五項

二、依據第二十四條第五項(a)款，對關稅同盟組成之前與之後所適用之關稅及其他商業法令作評估，應分別按關稅及規費，基於加權平均關稅稅率及所收取之關

稅稅額予以整體評估。此等評估應基於關稅同盟所提供之過去代表性期間進口統計值，依 WTO 原產國別，按個別關稅稅目，列出金額及數量。秘書處應按烏拉圭回合多邊貿易談判中，用以評估關稅減讓之方法，計算加權平均關稅稅率及實收關稅稅額。為上述目的，所列入考量之關稅及規費應係現行稅（費）率。至於難予量化及加總之其他商業法令之整體評估，有可能需要藉檢討個別措施、法規、涉及之產品以及受影響之貿易流量等而完成。

三、第二十四條第五項(c)款所稱之「合理期間」，僅少數例外情形得超過十年。如過渡協定之會員認為十年時間不足時，可向商品貿易理事會提出需要較長期間之理由。

第二十四條第六項

四、第二十四條第六項係對組成關稅同盟之會員準備提高關稅約束稅率時，所訂之處理程序。就此，會員重申，因組成關稅同盟或訂定未來將形成關稅同盟之過渡協定，而修正或取消關稅減讓前，必須先進行明定於第二十八條之程序，該程序於一九八○年十一月十日通過之解釋準則 (BISD 27S/26–28) 及 GATT 1994 第二十八條釋義瞭解書有詳細規定。

五、談判應本於善意進行，以達成相互滿意之補償性調整。此等依照第二十四條第六項規定所舉行之談判，應考慮關稅同盟內其他盟員在該同盟成立時，對相同稅目產品所作之關稅減讓。若此等減讓不足以提供必要之補償性調整，該同盟將可能以削減其他稅目產品關稅之方式提供補償。對將遭修改或撤回之關稅約束具有談判權利之會員，應考慮同盟所提之補償方案。若所提補償性調整仍屬無法接受，談判仍應繼續。若雖經前述努力，而依照 GATT 1994 第二十八條釋義瞭解書所舉行有關補償性調整之談判，仍未能在談判展開後之合理期間內達成協議，則該關稅同盟將可自由修改或撤回其減讓；受損之會員亦得依照第二十八條之規定，自由取消其實質相當之減讓。

六、GATT 1994 對於關稅同盟或未來將形成關稅同盟過渡協定因降低關稅而受惠之會員，並未課以對同盟成員提供補償之義務。

關稅同盟及自由貿易區之檢討

七、所有按照第二十四條第七項(a)款所作之通知，應由一工作小組依據 GATT 1994 之相關規定及本瞭解書第一項予以檢討。此工作小組將向商品貿易理事會就上述檢討結果提交報告。商品貿易理事會得於其認為適當時間向會員提出建議。

八、工作小組得於其報告中，對過渡協定完成關稅同盟或自由貿易區之時間表及必要措施，提出適當建議。工作小組必要時得規定對該過渡協定作進一步檢討。

九、參與過渡協定之會員，應於該協定內之計畫及預訂進度表有相當之變更時，通知商品貿易理事會，該理事會並應於被請求時，檢討此等變更。

十、若一按照第二十四條第七項(a)款通知之過渡協定，未依第二十四條第五項(c)款規定檢附計畫及進度表，工作小組應在其報告內就此等計畫及進度表提出建議。若該協定之成員未能依建議作相應修改，則不得維持或實施該過渡協定。另應

就前述建議執行情形訂定後續檢討之規定。

十一、如同 GATT 1947 締約成員整體會員大會對 GATT 1947 理事會所作有關區域
　　　協定報告之要求 (BISD 18S/38)，關稅同盟及自由貿易區之成員亦應定期向商
　　　品貿易理事會提交相關協定運作情形之報告。區域協定有任何重大改變或發
　　　展，亦應於發生時報告。

　　爭端解決

十二、依爭端解決規則與程序瞭解書所解釋及適用之 GATT 1994 第二十二條及第
　　　二十三條之有關規定，亦得適用於任何因援用第二十四條有關關稅同盟、自
　　　由貿易區或未來將形成關稅同盟或自由貿易區之過渡協定等條文所衍生之任
　　　何事件。

　　第二十四條第十二項

十三、任一會員於 GATT 1994 下，對遵守所有 GATT 1994 條款之規定有完全之責
　　　任，並應採取可行之合理措施，俾確使其領域內區域性及地方政府與機構亦
　　　遵守規定。

十四、依爭端解決規則與程序瞭解書所解釋及適用之 GATT 1994 第二十二條及第
　　　二十三條之有關條文，亦得適用於一會員領域內影響其遵守規定區域性或地
　　　方政府或機構之措施。 若爭端解決機構裁決該地方政府機構未遵守 GATT
　　　1994 之規定，則負有責任之會員應採取可行之合理措施以確保其遵守規定；
　　　若無法確保遵守規定，則可援引有關補償及暫停減讓或其他義務之規定。

十五、任一會員於另一會員就其領域內影響 GATT 1994 運作之措施提出建議時，應
　　　給予同情之考慮，並提供充分諮商之機會。

一九九四年關稅暨貿易總協定有關豁免義務瞭解書

會員茲同意：

一、要求豁免或要求延長既存豁免時，應敘述會員擬採行之措施、會員欲追求之明
　　確政策目標及該會員無法藉由符合 GATT 1994 義務之措施以獲致其政策目標
　　實現之理由。

二、任何在 WTO 協定生效之日仍為有效之豁免 ，除非依照上述程序和 WTO 協定
　　第九條中之程序予以延長，否則應至其到期日或 WTO 協定生效日起二年終止，
　　以較早者為準。

三、任何會員認為其在 GATT 1994 下之利益將受剝奪或減損，係由於以下二個原因
　　之一者：
　　　(a)被授予豁免之會員未能遵守豁免之條款或條件，或
　　　(b)採行符合豁免條款及條件之措施。
　　得訴諸依爭端解決瞭解書所解釋及適用之 GATT 1994 第二十三條之規定。

一九九四年關稅暨貿易總協定第二十八條釋義瞭解書

會員茲同意：

一、就減讓之修改或撤回而言，凡受此減讓影響之出口（即產品出口至修改或撤回減讓會員之市場）相較於其總出口量達最高比例之會員，即便尚未具有初始談判權或未依第二十八條第一項規定享有主要供應利益者，亦應視為具有主要供應利益。惟本項規定將於 WTO 協定生效後五年由商品貿易理事會檢討，以決定此準則是否確能重行分配談判權以利中小規模之出口會員。否則，應考慮包括可獲得足夠資料情形下，採行以受減讓影響產品出口至所有市場之比例為基礎之標準，以求儘可能改善。

二、若一會員認為其依第一項規定而具有主要供應利益，則其應以書面方式並檢附證據向提議修改或撤回減讓之會員聲明其主張，同時並知會秘書處。此時，應適用於一九八〇年十一月十日通過之「第二十八條諮商程序」(BISD 27S/26–28) 第四項之規定。

三、於判斷何者會員具有主要供應利益（不論依前述第一項或第二十八條第一項規定所稱之主要供應利益）或實質利益時，僅有以最惠國待遇為基礎之受影響產品貿易方列入考慮。倘不具契約性之優惠貿易於修改或撤回減讓諮商中或諮商結束時，決議終止且將轉為最惠國待遇貿易，則亦應將此種貿易列入考慮。

四、當修改或撤回新產品（即未具三年貿易統計資料之產品）之關稅減讓時，對該產品目前被歸類或先前被歸類之關稅稅目具有初始談判權之會員，在系爭減讓中視為具有初始談判權。決定主要供應利益、實質供應利益及計算補償時，應考慮出口會員於受影響產品之產能與投資、預計出口成長，並預測進口會員對此產品之需求。就本款之目的而言，「新產品」包括由現存關稅稅目分列之關稅項目。

五、若一會員認為其依第四項規定而具有主要供應利益或實質利益，則其應以書面方式並檢附證據向提議修改或撤回減讓之會員聲明其主張，同時並知會秘書處。此時應適用前述「第二十八條諮商程序」第四項規定。

六、當以關稅配額取代無限制關稅減讓時，所提供之補償額應超過實際受修改減讓影響之貿易額。計算補償之基準應為未來預期貿易額超過配額水準之數量。咸認未來預期貿易額之計算宜由下列較高者為準：

　(a)最近具代表性之三年期年度平均貿易額，以該期間內年度平均進口成長率或百分之十，取其較高者予以加成；或

　(b)以最近年度貿易額加成百分之十。

　會員之補償責任不得超過完全撤回減讓時之補償責任。

七、不論係依據前述第一項或第二十八條第一項規定，而對受修改或撤回之減讓具主要供應利益之任一會員，除其他形式之補償已為相關會員所同意外，應就補

償減讓授予初始談判權。

一九九四年關稅暨貿易總協定馬爾喀什議定書

各會員：

依據烏拉圭回合部長宣言，於 GATT 1947 架構下進行談判後，

茲同意以下各項：

一、附於本議定書後之會員減讓表，應於 WTO 協定對該會員生效日起，成為該會員之 GATT 1994 減讓表。任何依據部長決議而提出之有利低度開發國家之減讓表，應視為附加於本議定書內。

二、經由各會員同意之關稅減讓，除會員減讓表中有特別註明外，應分五次等比例執行減讓。首次減讓應自世界貿易組織協定生效日起實施，後續之減讓將自其後之每年一月一日實施；除會員減讓表中有特別註明外，而最終稅率生效日不得遲於世界貿易組織協定生效後四年。除會員減讓表中另有註明者外，自 WTO 協定生效後方接受協定之會員，自協定對其生效日起，應併同執行之稅率減讓及依本條前段所述每年一月一日應實施之減讓，一併履行，另後續之減讓亦應遵守本條前段之規定。減讓之稅率每階段應四捨五入至小數第一位。依農業協定第二條所定之農產品，其分段減讓應依減讓表有關部分之規定。

三、附於本議定書之減讓與承諾表之履行，如經要求，應接受會員間之多邊審查。惟此並不損及會員於 WTO 協定附件一A 有關協定之權利與義務。

四、附於議定書後之會員減讓表，依本議定書第一項規定已成為 GATT 1994 減讓表後，倘會員減讓表內之任一產品主要供應者係任一烏拉圭回合之參與者，而其減讓表尚未成為 GATT 1994 減讓表時，則此一會員得自由在任何時間保留或撤回此表中所有或部分有關此產品之減讓。惟此種行為只可在此項減讓之保留或撤回之書面通知已送交商品貿易理事會，且如經要求，亦須與任一與此產品有關之減讓表已成為 GATT 1994 減讓表且對前述產品具相當程度利益之會員諮商後始可施行。任何原保留或撤回之減讓，應於具有主要供應利益會員之減讓表納入 GATT 1994 減讓表時，對其適用。

五、(a)於不損及農業協定第四條第二項之規定下，應參酌 GATT 1994 第二條第一項(b)款及第一項(c)款有關於該協定日期之規定，有關附屬於本議定書之減讓表內之產品，其適用之日期為本議定書之日期。

　　(b)應參酌 GATT 1994 第二條第六項(a)款有關該協定日期之規定，附屬於本議定書之減讓表之適用日期，應為本議定書之日期。

六、當修改或撤回有關載於減讓表第三部分非關稅措施之減讓時，應適用 GATT 1994 第二十八條及於一九八〇年十一月十日所通過之「第二十八條諮商程序」(BISD 27S/26–28) 之規定。但不得損及會員於 GATT 1994 應有之權利及義務。

七、若附屬於本議定書之減讓表比 WTO 協定較早生效之 GATT 1947 減讓表之同

一產品所賦予之待遇更不利時，則該減讓表之會員應被視為已依 GATT 1947 或 GATT 1994 第二十八條相關規定，採取必要行動。惟本項之規定只適用於埃及、祕魯、南非及烏拉圭。

八、附屬於議定書之減讓表不論係以英文、法文、或西班牙文記載，均為正本。

九、本議定書之簽訂日期為一九九四年四月十五日。

五十四、設立世界貿易組織協定附件二：爭端解決規則與程序瞭解書 (Agreement Establishing the World Trade Organization Annex 2: Understanding on Rules and Procedures Governing the Settlement of Disputes)(1994.4.15)

說明：

㈠本協定係《馬爾喀什設立世界貿易組織協定》(Marrakesh Agreement establishing the World Trade Organization) 附件 (Annex)2，本文及附件於一九九四年四月十五日通過，一九九五年一月一日生效。

㈡英文本見 UNTS, Vol. 1869, pp. 401–420；中文本取自《烏拉圭回合多邊貿易談判協定》，「中英文對照本」，臺北：經濟部國際貿易局，民國 92 年出版，頁 17–1 ～ 17–21。以下文本並參考經濟部國際貿易局民國一○一年七月在官網上公布之新修正版本修訂。

會員茲同意如下：

第 一 條　範圍及適用

一、本瞭解書之規則及程序，應適用於依本瞭解書附件一所示之協定（以下簡稱「內括協定」）有關諮商及爭端解決之規定所提起之爭端。本瞭解書之規則與程序，亦應適用於世界貿易組織（以下簡稱 "WTO"）之會員就其於 WTO 協定所享之權利義務所生爭端之諮商與處理，及本瞭解書單獨或與其他內括協定有關之爭端之諮商與處理。

二、本瞭解書之規則與程序應適用於本瞭解書附件二內括協定有關爭端解決之特別或附加規則及程序。若本瞭解書之規則及程序與附件二所規定之特別或附加規則及程序有差異者，則附件二規定之特別或附加規則及程序應優先適用。如爭端涉及一個以上之內括協定之規則及程序，且涉及之特別或附加規則與前揭附件二內括協定程序有衝突，而爭端當事國未能於小組成立後二十日內就處理之規則及程序達成共識，則依第二條第一項所設爭端解決機構（以下簡稱 DSB）之主席，在與爭端當事國諮商

後，應於任一當事會員提出請求後十日內，決定應遵守之規則及程序。主席應儘可能適用特別或附加規則及程序，另為避免衝突，應適用本瞭解書所訂之規則及程序。

第 二 條　處理程序

一、茲設立爭端解決機構，以執行前述規則及程序，且除內括協定另有規定外，亦包括內括協定有關諮商及爭端解決之規定。DSB 應有權設立小組、通過小組及上訴機構之報告、監督相關裁決及建議之執行，並得授權暫停依內括協定所為之減讓及其他義務。有關依內括協定之複邊貿易協定所生之爭端，本瞭解書所謂之「會員」意指簽署複邊貿易協定之會員。當 DSB 執行複邊貿易協定有關爭端解決條款時，唯有該協定之會員方得參與 DSB 與此爭端有關之決議或行動。

二、DSB 應就與各內括協定規定有關爭端之進展，通知 WTO 之相關理事會及委員會。

三、DSB 應經常召開會議，俾依本瞭解書所訂之時間表執行其職務。

四、DSB 依本瞭解書之規則及程序作成決議，應以共識決之方式為之❶。

第 三 條　總則

一、會員茲重申其恪遵 GATT 1947 第二十二及二十三條處理爭端之原則，及本瞭解書所進一步解釋及修正之規則及程序。

二、WTO 之爭端解決制度係提供多邊貿易體系安全性及可預測性之重要因素。會員咸認此制度旨在維護其於內括協定下之權利義務，並依國際公法之解釋慣例，釐清內括協定之規定。DSB 之建議及裁決，不得增減內括協定所規定之權利義務。

三、會員認其於內括協定下所享之直接或間接之利益，因其他會員採行之措施而受損時之迅速處理，對 WTO 之有效運作及會員間彼此權利義務適度平衡之維繫是必要的。

四、DSB 作成之建議或裁決，依本瞭解書及內括協定所規定之權利義務，應謀求爭端之圓滿解決。

五、依內括協定之諮商及爭端解決規則與程序所提起之案件，其解決方案（包括仲裁判斷）應符合內括協定之規定，且不得剝奪或損害任一會員於協定下所享之權益，或阻礙內括協定目標之達成。

六、依內括協定之諮商及爭端解決條款所提起之案件，如雙方合意解決，其解決方案應通知 DSB 及其他相關理事會及委員會，任何會員可對此提出詢問。

七、會員提出指控時，應先自行判斷依本程序所提之案件能否獲致有效解決。

---

❶ 如無出席 DSB 決議會議之會員正式就所提決議提出異議，則提交 DSB 討論之案件應視為已獲共識決通過。

爭端解決機制旨在有效解決爭端，如解決方案為當事國所合意接受且符合內括協定之規定，最為適宜；如無合意之解決方案，爭端解決機構之首要目標係撤銷不符合內括協定規定之措施。

有關補償規定之適用，僅限於無法立即撤銷不符合內括協定之措施，且應僅為撤銷該措施前之臨時措施。本瞭解書對提起爭端解決程序之會員所提供之最終解決方案係該會員於獲 DSB 授權後，得對其他會員以差別待遇方式，中止執行減讓或其他內括協定所訂之義務。

八、倘有違反內括協定所定之義務之情事，即得視為具有表面證據構成對會員利益之剝奪或減損；違反義務一詞通常係指對內括協定其他會員有負面影響。在此情況下，被指控之會員負有舉證責任。

九、本瞭解書之條款，不得損及會員依 WTO 協定或複邊貿易協定決定，而要求解釋內括協定條款之權利。

十、會員咸瞭解調解之請求及爭端解決程序之援用，不得以好訟之目的為之或被視為好訟。

如有爭端，會員應本誠信原則致力解決爭端。會員亦應瞭解有關案件之控訴及反訴不應互為關連。

十一、本瞭解書僅適用於自 WTO 協定生效後，依內括協定諮商條款所提出之諮商請求。至 WTO 協定生效前依 GATT 1947 或其他內括協定之先前協定所提之爭端諮商請求，仍持續適用 WTO 協定生效前仍屬有效之相關爭端解決規則及程序❷。

十二、除前揭第三條第十一項規定外，如依任一內括協定而提起之指控，係由開發中國家會員控訴已開發國家會員，指控國得依本瞭解書第四、五、六及十二條之規定，引用一九六六年四月五日決議之相關規定 (BISD 14 S/18)，惟若小組認為前述決議第七項有關期限之規定，將不及提出諮商報告且獲指控國之同意，得延展期限。如本瞭解書第四、五、六及十二條之規則與程序及前揭決議之相關規定及程序相異時，應優先適用後者。

第 四 條　諮 商

一、會員茲重申強化及改進會員所採行諮商程序效率之決心。

二、一會員對其他會員抗議其於本身領域內所採行之措施影響內括協定之實施，應予以審慎之考量並提供充分之機會進行諮商❸。

三、如依內括協定提出諮商請求，除當事國另有合意外，被指控國應於收到請求後十日內答覆，並於三十日內以善意進行協商，以期獲致雙方滿意

---

❷　本項規定亦應適用於小組報告尚未通過或完全執行之爭端。

❸　任一內括協定有關由會員領域內之地區或地方政府或當局採行措施之規定，不同於本項規定者，該內括協定應優先適用。

之解決。如會員未能於收到請求後十日內答覆，或三十日內展開諮商，或於其他合意之期間內為之者，則請求諮商之會員得逕要求成立小組。

四、諮商之請求，應由請求之會員通知 DSB 與相關之理事會及委員會。諮商之請求，應以書面為之，並說明請求之理由，包括指明引起爭端之措施及請求之法律依據。

五、依內括協定所為之諮商，會員於依本瞭解書採取進一步行動前，應盡量使爭端獲滿意之安排。

六、諮商應予以保密，且不損及會員於任何後續程序之權利。

七、如未能於收到請求諮商後六十日內解決爭端，指控國得要求設立小組。於上述六十日期間內，如當事國均認為諮商無法解決爭端時，指控國得要求設立小組。

八、遇有緊急案件，包括涉及易腐產品，會員應於收到請求後十日內展開諮商，如諮商未能於收到請求後二十日內解決爭端，指控國得要求成立小組。

九、遇有緊急案件，包括涉及易腐產品，爭端當事國、小組及上訴機構應盡全力加速諮商程序之進行。

十、於諮商過程中，會員應特別留意開發中國家會員所遭遇之特別問題與利益。

十一、如遇有諮商會員以外之會員，認其於依 GATT 1994 第二十二條第一項及 GATS 第二十二條第一項及其他內括協定之相關規定舉行之諮商中❹有實質之貿易利益，得於前述規定之諮商請求傳送之日後十日內，

---

❹ 內括協議有關協商之條款列示如後：
農業協定，第十九條
食品衛生檢驗與動植物檢疫措施協定，第十一條第一項
紡織品與成衣協定，第八條第四項
技術性貿易障礙協定，第十四條第一項
與貿易有關投資措施協定，第八條
一九九四年關稅暨貿易總協定第六條執行協定，第十七條第二項
一九九四年關稅暨貿易總協定第七條執行協定，第十九條第二項
裝船前檢驗協定，第七條
原產地規則協定，第七條
輸入許可發證程序協定，第六條
補貼暨平衡措施協定，第三十條
防衛協定，第十四條
與貿易有關智慧財產權協定，第六十四條第一項
民用航空器貿易協定，第八條第八項
政府採購協定，第七條第三項
國際乳品協定，第八條第七項
國際牛肉協定，第六條第六項

通知諮商會員及 DSB 欲加入諮商之意願。如被告知之諮商會員同意其具有實質利益之說明，則得加入諮商，渠等應將此同意通知 DSB。如加入諮商之要求未被接受，則申請加入之會員得依 GATT 1994 第二十二條第一項或第二十三條第一項及 GATS 第二十二條第一項或第二十三條第一項及其他內括協定之相關規定，自行要求諮商。

第 五 條 幹旋、調解及調停

一、如爭端當事國同意，得自行約定採取幹旋、調解及調停之程序。

二、幹旋、調解及調停之程序及爭端當事國在此等程序所採之立場，應予保密，且不得損及任一當事國在此等程序下採行任何後續程序之權利。

三、任一爭端當事國得隨時請求幹旋、調解及調停，並得隨時開始或終止。一經終止幹旋、調解及調停程序，指控國得要求設立小組。

四、如幹旋、調解及調停於收到請求諮商後六十日內為之，指控國必須俟屆滿六十日後，方得要求成立小組，惟如爭端當事國均認為幹旋、調解及調停無法解決爭端時，指控國於六十日期間內得要求成立小組。

五、小組成立後，如爭端當事國同意，亦得繼續進行幹旋、調解及調停程序。

六、秘書長得依其職權，提議展開幹旋、調解及調停，以協助會員解決爭端。

第 六 條 小組之成立

一、倘指控國要求，最遲應於是項要求列入 DSB 議程後之下次會議成立小組，但 DSB 於該會議中以共識決決議不成立小組者，不在此限❺。

二、成立小組之要求應以書面為之，並述明是否曾進行諮商、引起爭端之措施、並提供指控之法律依據之摘要，以釐清問題之所在。如請求國要求以非標準授權調查條款成立小組，則書面請求並應包括所提議特別授權調查條款之內容。

第 七 條 小組之授權調查條款

一、除爭端當事國於小組成立後二十日內另有合意外，小組應以下列之授權調查條款為基礎：「基於（當事國所援引之內括協定名稱）之相關條款之規定，審查由（當事國名稱）於文件（編號 DS/...）提請 DSB 處理之事件，並作成調查結果以協助 DSB 依該協定而為建議或裁決。」

二、小組應處理當事國所援引之內括協定之相關規定。

三、於設立小組時，DSB 得授權其主席依上述第一項之規定，於徵詢當事國後，草擬授權調查條款。該授權調查條款於擬定後，應傳送全體會員。如各方合意訂有非標準授權調查條款，任一會員得於 DSB 對此提出意見。

第 八 條 小組之組成

一、小組應由合格之官方或非官方人士組成，包括曾於 DSB 服務或主辦案件

---

❺ 如指控國作此請求，則為此 DSB 會議應於請求後十五日內召開，開會通知至少於十日前發出。

者、WTO 會員或 GATT 1947 之締約成員或任一內括協定或其前身之理事會或委員會之代表、或曾於秘書處服務者、曾教授或發表國際貿易法或政策之著作者、或會員負責貿易政策之資深官員。

二、小組成員之選擇，宜注重成員之獨立性、多元化之背景及廣泛的經驗。

三、除當事國另有合意外，當事國之一方❻或如第十條第二項所訂之第三國，其公民不得擔任該案件小組之成員。

四、為協助挑選小組之成員，秘書處應備有具備上述第一項資格之官方及非官方人士之名單，俾便從中挑選。前揭名單應包括一九四八年十一月三十日 (BISD 31S/9) 所確定之非官方小組成員及依其他內括協定所確定之人員，且應在 WTO 協定生效時，登錄上述名單。會員得定期推薦官方或非官方人士之名單，並提供其於國際貿易及內括協定等事務有關之專業知識之資料，且於 DSB 核可後，即可列入名單。就名單上之個人，名單上應註明其對內括協定有關事務之專業經驗及專長。

五、除爭端當事國於小組成立後十日內同意增加至五名，小組應由三名成員組成，並應就小組之組成立即通知會員。

六、秘書處應向爭端當事國提名小組之成員。非有堅強理由，爭端當事國不得反對提名人選。

七、小組成立後二十日內，如未能就小組成員達成共識，經任一當事國之請求，秘書長於徵詢 DSB 之主席或其他相關委員會或理事會之主席後，應依內括協定，或爭端所涉及之內括協定之任何相關特別或附加之規定或程序，並與爭端當事國諮商後，指派其認為最適任之人選，以決定小組之組成。DSB 之主席應於收到是項請求後十日內，通知各會員有關小組之組成。

八、原則上，會員應承諾容許其官員擔任小組成員。

九、小組成員應以其個人身分，而非代表政府或任一機構而行使職權。會員因此不得就小組所審議之案件，給予小組成員任何指令或企圖影響小組成員。

十、當爭端係發生於開發中國家會員與已開發國家會員間，倘經開發中國家會員請求，小組至少應有一名成員來自開發中國家會員。

十一、小組成員之費用，包括差旅費及膳食費，應依預算、財務與行政委員會建議且經總理事會採取之標準，由 WTO 預算支應。

第 九 條　多數指控國處理程序

一、倘一個以上之會員均對相同事件要求成立小組時，得成立單一小組，在考量所有相關會員權利之情形下，審議此等控訴。在可行之範圍內宜盡

---

❻　如關稅同盟或共同市場為爭端之當事國，則本條規定於關稅同盟或共同市場之成員國之人民適用之。

量成立單一小組以審議此種控訴。

二、此單一小組應以使爭端當事者原享有受個別小組審議之權利不致受到減損之方式安排其審議並向 DSB 提出其報告。若爭端當事者之一有所要求，小組應就所涉之爭議提出個別之報告。每一控訴者所提出之書面文件應讓其他控訴者可以獲得；每一控訴者應均有權在其他控訴者向小組陳述其意見時在場。

三、倘成立一個以上之小組審議相同事件之指控時，應儘可能由相同人選擔任任一個別小組成員，且有關此爭端之小組審議過程時間表應予以調和。

第 十 條　第三國

一、當小組進行審議程序時，應充分考慮爭端當事國與爭端所涉其他內括協定會員之利益。

二、任何對小組所審議之案件有實質利益並通知 DSB 之會員（本瞭解書簡稱「第三國」），應有機會使小組聽取其意見及向小組提交書面意見。該書面意見亦應提供予爭端當事國，並應反映在小組報告內。

三、第三國應收受爭端當事國於小組第一次會議中所提出之書面意見。

四、第三國認為小組所討論之措施影響剝奪或損害其於任一內括協定下所享有之利益，該第三國得依本瞭解書正常爭端解決程序請求救濟，該爭端亦應儘可能交由原小組處理。

第十一條　小組之功能

小組之功能，係協助 DSB 履行其依本瞭解書及內括協定所應負之責任。準此，小組宜向 DSB 提出案件之客觀評估，包括案件事實與相關內括協定之適用性及一致性之客觀評估，協助 DSB 依內括協定作建議或裁決之其他調查。小組宜定期與爭端當事國諮商，俾讓雙方有足夠機會尋求找出相互滿意之解決。

第十二條　小組程序

一、除小組與爭端當事國諮商後另有決定外，小組應遵循本瞭解書附件 3 所訂之作業程序。

二、當不致不當地延誤小組進行過程時，小組之程序宜予充分彈性，以確保高品質之小組報告。

三、在與爭端當事國諮商後，小組應儘可能在其成員及授權調查條款確定後一週內，確定小組處理時間表，倘有相關，亦應參酌第四條第九項之規定。

四、決定小組處理時間表時，小組應給予爭端當事國充足之時間以準備提出意見。

五、小組宜設定當事國提交書面意見之明確期限，而當事國宜尊重該期限。

六、任一爭端當事國應將其書面意見送交秘書處以便立即轉交小組及其他爭端當事國。除小組依本條第三項確定處理時間表並與爭端當事國諮商後，

決定當事國雙方應同時提交第一次意見外，指控國應在被指控國提交第一次意見前提出意見。倘對首次意見之送交有順序之安排，小組應設定收受被指控國意見之明確期間，其後之任何書面意見均應同時提出。

七、爭端當事國未能獲致彼此滿意之解決時，小組應向 DSB 書面報告提出調查結果。在此情形下，小組報告應闡明所認定之事實，相關條文之適用性、及其所作任何調查與建議之基本理由。倘爭端當事國間已獲致案件達成解決，小組報告內容僅須簡要說明案情並報告已有解決方法。

八、為使爭議處理程序更有效率，小組之進行調查期間，即自小組成員組成及授權調查條款確定起至提交最終報告予爭端當事國止之期間，原則上不得超過六個月。遇有緊急案件，包括涉及易腐產品，小組應力求於三個月內向爭端當事國提出完成報告。

九、當小組認為其無法在六個月內或無法對緊急案件於三個月內提出報告時，應以書面告知 DSB 遲延之原因及提出報告之預估期間。惟自小組成立起至向會員傳送報告之期間，不宜超過九個月。

十、因開發中國家會員所採取措施而產生之諮商，諮商當事國得同意延長第四條第七項及第八項所規定之期間。若相關期間已屆，而當事國無法同意諮商已獲致結論，DSB 之主席在與當事國諮商後，應決定是否延長期間及所延長期間。此外，在審查有關開發中國家會員之指控案件時，小組應給予開發中國家會員充裕的時間以準備及提出其主張。第二十條第一項及第二十一條第四項之規定不受依本項所從事行為之影響。

十一、如爭端當事國有一個或兩個以上為開發中國家時，小組報告應明白指出已依開發中國家會員於爭端處理程序中所援引之內括協定，給予開發中國家會員不同且較有利之待遇。

十二、小組經指控國之要求，得隨時暫停其作業，但期間不得超過十二個月。遇有暫停之情況，對本條第八項及第九項，第二十條第一項及第二十一條第四項所規定之期間，應給予暫停相等期間之延長。若小組暫停超過十二個月時，該設立小組之授權應失效。

第十三條　蒐集資訊之權利

一、小組有權向其認為適當之個人或機構蒐集資訊及尋求技術上之建議。在一會員之管轄領域內，小組蒐集資訊或尋求建議前，應先知會該會員之政府。任一會員接到小組要求其提供小組認為必需且合適之資訊時，宜立即且詳細地答覆。未獲得提供資訊之個人、機構或會員之政府之正式授權，已提供之機密性資訊不得洩露。

二、小組得利用任何相關來源以蒐集資訊，亦得就案件之某一部分徵求專家之意見。倘一爭端當事國所提出涉及科學或技術層面之事實問題，小組得要求專家審查群提出書面建議報告。設立專家審查群之規定及程序詳述於附件四。

第十四條 保密

一、小組之審議應以秘密方式進行。

二、小組應根據所獲得之資料及書面意見撰擬報告，無需爭端當事國出席。

三、任何小組成員在報告中所表達之意見，應不予記名。

第十五條 期中審查階段

一、小組於衡酌所收悉之答辯意見及言詞辯論後，應提交其報告初稿中有關陳述部分（事實及辯論）予爭端當事國。在小組所設定之期間內，當事國應提出書面意見。

二、於收受爭端當事國意見之設定期限屆滿後，小組應向當事國提出期中報告，包括陳述小組之認定及結論。在小組設定之期間內，當事國一方得以在期終報告向各會員傳送前，向小組提出審查期中報告之書面請求。在接到請求時，小組應與當事國就其對書面意見之問題舉行進一步之會議。若在期間內未收到任何當事國意見，則期中報告即視為期終報告，並立即傳送各會員。

三、期終報告之調查內容，應包括於期中審查階段時所提出爭論之討論。期中審查階段應在第十二條第八項所設定之期間內進行。

第十六條 小組報告之通過

一、為使會員有充分時間考慮小組報告，於該報告向會員傳送二十日後，始得提交 DSB 討論。

二、對小組報告有異議之會員，至少應在 DSB 討論小組報告前十日，以書面說明反對傳送之理由。

三、爭端當事國應有權充分參與 DSB 對小組報告之檢討，且其意見應全部予以紀錄。

四、在向會員傳送小組報告六十日內，除爭端當事國一方正式通知 DSB 其決定上訴或 DSB 以共識決議不予通過小組報告外，DSB 應於其會議通過該報告❼，若有當事國一方已通知其上訴之決定，應俟完成上訴程序後，始得認為 DSB 通過小組報告。通過程序不得損及會員對小組報告表示意見之權利。

第十七條 上訴審

常設上訴機構

一、DSB 應設立一常設上訴機構，以審理小組案件之上訴。上訴機構應由七人所組成，每一個案件應由其中三人處理。上訴機構成員應採輪流方式處理案件，輪流方式應依上述機構作業程序之規定。

二、DSB 應指派上訴機構之成員，其任期四年，且得連任一次。惟在 WTO

---

❼ 如果符合第十六條第一款和第四款的 DSB 會議未安排於此期間召開，則應為此目的而召開一次 DSB 會議（編者譯）。

協定生效後立即指派之七人中，由抽籤決定之其中三人之任期應至二年後屆滿。遇有空缺時應予以補足。被指派接替任期未滿之成員，其任期以前任人員未滿之任期為準。

三、上訴機構之成員應由一般公認具備法律、國際貿易及內括協定事務之專長之權威人士組成。該等成員應與任何政府無關。上訴機構之成員應能概括代表 WTO 之會員。上訴機構各成員皆應隨時待命，並應參與 WTO 爭端解決活動及其他相關活動。惟不應參與任何會產生直接或間接利益衝突之爭端之認定。

四、對小組之報告僅爭端當事國得提起上訴，第三國不得為之。已依第十條第二項之規定通知 DSB 其對此案件有實質利益之第三國，得向上訴機構提出書面意見，並得使上訴機構有機會聽取其意見。

五、原則上，自爭端當事國一方通知其上訴決定起至上訴機構作成決定止，不得超過六十日。在確定時間表時，倘有相關，上訴機構應參酌第四條第九項之規定。當上訴機構認為無法在六十日內提出報告，應以書面告知 DSB 遲延之原因及提交報告之預估期間。惟此一程序最長不得超過九十日。

六、提起上訴，限小組報告之法律爭議及小組所為之法律解釋爭議。

七、上訴機構於需要時應獲得適當之行政及法律支援。

八、上訴機構成員之費用，含差旅費及膳宿費，應依預算、財政與行政委員會建議且經總理事會採取之標準，由 WTO 預算支應。

上訴審程序

九、上訴機構於與 DSB 主席及 WTO 秘書長協商後，應草擬作業程序，並告知會員。

十、上訴機構之程序應以秘密方式進行，並根據所獲得之資料及書面意見撰擬報告，無需爭端當事國在場。

十一、任何上訴機構成員在上訴機構報告中所表達之意見，應不予記名。

十二、於上訴程序中，上訴機構對依本條第六項規定所提出之各項爭議應予以處理。

十三、上訴機構得維持、修正或撤銷小組之法律上見解及結論。

上訴機構報告之採認

十四、除 DSB 於上訴機構報告提交會員三十日內，以共識決定不通過此一報告❽，上訴機構報告應經由 DSB 通過且當事國應無條件接受。通過程序不得損及會員對上訴機構報告表達意見之權利。

第十八條　與小組或上訴機構之溝通

一、就小組或上訴機構審查中之案件，不得與小組或上訴機構單方溝通。

---

❽　如 DSB 之會議未排定於本期間召開，DSB 會議應為此目的而召開。

二、提交小組或上訴機構之書面意見應予以保密，但應使爭端當事國隨時可取得。本瞭解書並不禁止任一爭端當事國對外公開其自身立場之聲明。會員送交小組或上訴機構之資料，經註明為機密者，他會員應對上述資料予以保密。基於會員之要求，爭端當事國亦應提供其書面聲明中可公開之非機密性之摘要資料。

第十九條　小組及上訴機構之建議

一、若小組或上訴機構認定某一措施不符合某一內括協定之規定時，應建議該相關會員❾使該一措施符合協定之規定❿。除上述建議外，小組或上訴機構並得向相關會員提出執行此建議之方法。

二、依照第三條第二項規定，小組及上訴機構之認定及建議，不得增減內括協定所規定之權利及義務。

第二十條　DSB 決定之時間表

除爭端當事國另有合意外，自 DSB 成立小組之日起至其通過小組或上訴報告之日止，原則上，若無上訴，其期間不得超過九個月；若有上訴，則不得超過十二個月。當小組或上訴機構已依第十二條第九項或第十七條第五項延長提交報告期間，則上述期間應另計延長期間。

第二十一條　建議及裁決執行監督

一、為確保爭端之有效解決使各會員獲致利益，立即遵行 DSB 所作之建議或裁決乃屬必須。

二、有關為爭端解決所採取之措施，足以影響開發中國家會員之利益者，宜予特別注意。

三、在通過小組或上訴機構報告之日後三十日內所召開之 DSB 會議中⓫，相關會員應通知 DSB 其執行 DSB 所作之建議及裁決之意願。倘無法立即遵行該建議或裁決時，相關會員應有一段合理期間執行；此合理期間應為：

　(a)相關會員自行提出之期間，並經 DSB 批准者；倘無 DSB 之批准，

　(b)爭端當事國在通過該建議及裁定之日後四十五日內互相同意之期間；倘無此合意，

　(c)於通過該建議及裁決之日後九十日內，由具有拘束力之仲裁所決定之期間⓬。在仲裁時，執行小組或上訴機構建議之合理期間，自通過小組或上訴機構報告之日起不得超過十五個月為仲裁人⓭之準

---

❾　「相關會員」意指小組或上訴機構之建議所指之爭端當事國。

❿　關於未涉及違反 GATT 1994 或任一其他內括協定案件之建議，請參見第二十六條。

⓫　如 DSB 之會議未排定於本期間召開會議，則 DSB 會議應為此目的而召開。

⓬　案件提交仲裁後十日內，如當事國未能同意仲裁人人選，則秘書長與當事國諮商後，應於十日內指定之。

⓭　所指「仲裁人」應解釋為個人或團體。

則。惟期間之長短得視特殊情形而定。

四、除小組或上訴機構已依第十二條第九項或第十七條第五項之規定延長提交報告期間外，自成立小組之日至決定合理期間之日止不得超過十五個月，但經爭端當事國同意者不在此限。而當小組及上訴機構已延長提交報告之期間，則十五個月期間應另計延長期間，惟總期間不得超過十八個月，但遇有特殊情形，經爭端當事國同意，不在此限。

五、對為遵守該建議或裁決而採行之措施是否存在或符合內括協定有爭論時，則此爭端應藉爭端解決程序尋求救濟，並應儘可能由原先之小組審理。小組應於受理案件之日後九十日內傳送其報告。當小組認為無法於此期間內提供報告時，應以書面告知 DSB 遲延之理由連同可能提交報告之估計期間。

六、DSB 應監督所通過之建議或裁決之執行。任一會員得在通過後任何時間向 DSB 提出建議或裁決之執行爭議。除 DSB 另有決定外，建議或裁決之執行爭議應於依本條第三項規定決定合理期間之日起六個月後，列入 DSB 會議議程中討論，且應列入議程並應保留議題直至解決爭議為止。每次 DSB 開會前至少十日，相關會員應以書面向 DSB 提交建議或裁決之執行進展之現況報告。

七、若所爭端案件係由開發中國家會員提出，DSB 應考慮採取適合此一情勢之進一步行動。

八、若案件係由開發中國家會員提出，於考慮其應採取何種適當行動時，DSB 不但應考慮受指控措施之貿易層面，且應兼顧此等措施對相關開發中國家會員經濟之影響。

第二十二條　補償及減讓之暫停

一、補償及減讓或其他義務之暫停，係於建議或裁決未能於合理期間內執行情況下之暫時性措施。惟建議之充分執行使採行之措施符合內括協定，應優先於補償及減讓或其他義務之暫停。補償係自願性，倘承諾給與，應符合內括協定之規定。

二、若有關之會員未能使與內括協定不一致之措施符合內括協定或未能於依第二十一條第三項所規定之合理期間內遵行建議及裁決時，該會員因他會員之請求，應於合理期間屆滿前，與提起爭端解決程序之任一當事國進行諮商，以尋求雙方可以接受之補償。若雙方在合理期間屆滿後二十日內未能獲致滿意之補償，提起爭端解決程序之任一當事國得要求 DSB 授權，暫停內括協定有關減讓或其他義務對相關會員之適用。

三、考慮暫停何種減讓或其他義務時，指控國應適用下列原則及程序：

　　(a)指控國宜先就小組或上訴機構已發現有牴觸或其他剝奪或損害情事之同一產業，要求暫停減讓或其他義務；

　　(b)如指控國認為對同一產業暫停減讓或其他義務不切實際或無效，則得在同一協定下對其他產業要求暫停減讓或其他義務；

　　(c)若指控國認為在同一協定下對其他產業尋求暫停減讓或其他義務不切實際或無效且其情況相當嚴重時，則得對其他內括協定要求暫停減讓或其他義務；

　　(d)在適用上述原則時，指控國應考慮：

　　　(i)該產業之貿易現況，或經上訴機構認定已牴觸特定協定剝奪或損害某特定協定所規範之貿易，及該項貿易對指控國之重要性；

　　　(ii)與剝奪或損害有關之泛經濟性因素，及暫停減讓或其他義務所造成之泛經濟性後果；

　　(e)如指控國決定依上述第(b)款或第(c)款規定要求授權，暫停減讓或其他義務，應在要求中述明理由。在向 DSB 提出要求同時，應向相關理事會提出；若依第(b)款提出要求，則亦應向相關機構提出；

　　(f)本項所稱「產業」之定義為：

　　　(i)關於商品：包括所有商品；

　　　(ii)關於服務業：如現行「服務業分類表」所指明之主要產業❹；

　　　(iii)關於與貿易有關智慧財產權：如與貿易有關智慧財產權協定第二篇第 1、2、3、4、5、6、7 節所訂之各類智慧財產權或第三、四篇所訂之義務；

　　(g)本項所稱「協定」之定義為：

　　　(i)關於商品：指 WTO 協定附件 1A 所列之各項協定，若爭端當事國為複邊貿易協定之會員，則亦包括該複邊貿易協定。

　　　(ii)關於服務：服務貿易總協定。

　　　(iii)關於智慧財產權：與貿易有關智慧財產權協定。

四、DSB 所授權減讓或其他義務暫停之程度，應與受剝奪或損害之程度相當。

五、若內括協定禁止，DSB 不得授權暫停減讓或其他義務。

六、本條第二項所訂之情事發生時，DSB 經請求，應在合理期間屆滿後三十日內，授權暫停減讓或其他義務，但 DSB 以共識決議拒絕該請求者，不適用之。惟如相關之會員反對所擬議之暫停減讓之幅度，或認為指控國於依本條第三項第(b)款或第(c)款請求授權暫停減讓或其他義務時，並未依循本條第三項之原則及程序，該案件應交付仲裁。仲裁應儘可能由原小組負責處理，或由秘書長指定一名仲裁人處理❺。仲裁應在合理期間屆滿之日起六十日內完成。在仲裁程序進行期間，不

❹　於 MTN. GNS/W/120 文件表中，列有 11 個部門。

❺　所指「仲裁人」應解為個人或團體。

得暫停減讓或其他義務。

七、依本條第六項所指定之仲裁人❶，不得審查被暫停減讓或其他義務之本質，而應決定該暫停之程度是否與受剝奪或損害之程度相當。仲裁人亦得決定所提議之暫停減讓或其他義務，是否為內括協定所准許。惟如訴請仲裁之案件，包括主張本條第三項之原則及程序未被遵從，仲裁人應就該主張進行審查，若仲裁人認為該等原則及程序未被遵從，指控國應使其符合本條第三項之規定。爭端當事國應接受仲裁人之最終決定，相關當事國不應請求第二次仲裁。DSB 應盡速被告知仲裁人之決定，且經請求而該請求符合仲裁人決定者，應授權暫停減讓或其他義務，但 DSB 以共識決議拒絕該請求者，不適用之。

八、減讓或其他義務之暫停，應屬暫時性，在下列情況時應即停止：當不符合內括協定之措施已袪除時；或應履行建議或裁定之會員已對利益受剝奪或損害之會員提出解決之道；或已達成相互滿意之解決時。依照第二十一條第六項之規定，DSB 應繼續監督所通過之建議或裁決之執行，包括已獲補償或已暫停減讓或其他義務而仍未執行建議使措施符合內括協定之建議案件。

九、當一會員領域內之地方政府當局所採取之措施，對內括協定之遵守有影響時，可援用內括協定爭端解決之規定。當 DSB 裁定內括協定之規定未被遵守時，應負責之會員須採取一切可行之合理措施以確實遵守規定。內括協定及本瞭解書有關補償及暫停減讓或其他義務之規定，於不可能遵守之情況下適用之。❶

第二十三條　多邊制度之強化

一、會員對內括協定義務之違反，或基於內括協定得享有之利益受剝奪或損害，或內括協定之任何目標之達成受阻礙，欲尋求救濟時，應援用及遵照本瞭解書之規則及程序。

二、如有上述情況，會員應：

　　⑴不得逕自決定違反之行為已經發生、利益已受剝奪或損害、或內括協定之任何目標之達成已受阻礙；但依據本瞭解書之規則及程序處理爭端解決者，不在此限；且會員所作決定應與由 DSB 通過之小組或上訴機構之報告或依本瞭解書所為之仲裁判斷之認定相符；

　　⑵遵行第二十一條所規定之程序，以決定相關會員履行建議及裁決之合理期間；

　　⑶於相關會員未能於合理時間執行建議及裁決時，遵行第二十二條所

---

❶　所指「仲裁人」應解為個人、團體、或充任仲裁人之原小組成員。

❶　如任一內括協定有關地方政府於會員之領域內所採行之措施之規定，與本條款不符者，前者優先適用。

規定之程序，以決定減讓或其他義務暫停之幅度，並於依內括協定暫停減讓或其他義務之前，依該情勢獲得 DSB 之授權。

第二十四條　對低度開發國家會員之特別程序

一、在決定爭端之肇因及在爭端處理程序之各個階段，涉及低度開發國家會員者，應對低度開發國家會員之特殊情況予以特別考量。此時，會員依此程度於提出涉及低度開發國家指控時，應作適當節制。如發現利益受剝奪或損害，係由低度開發國家會員採取之措施所造成，指控國依此程序要求補償或授權暫停減讓或其他義務之適用時，應作適當節制。

二、涉及低度開發國家會員之爭端解決案件，若諮商過程未獲致滿意解決，於請求設立小組之前，秘書長或 DSB 之主席基於該低度開發國家會員之要求，應提供斡旋、調停及調解，以協助當事國解決爭端。秘書長或 DSB 主席在提供上述協助時，得向認為適當之任何來源洽詢。

第二十五條　仲裁

一、以迅速仲裁作為 WTO 解決爭端方式之一，能加速解決當事國已經清楚界定之爭端問題。

二、除本瞭解書另有規定外，仲裁須依當事國同意遵守一定程序之相互合意為之。雙方若同意訴諸仲裁，則應在仲裁程序實際開始前，預先通知各會員。

三、其他會員經同意訴諸仲裁當事國之合意，得成為仲裁程序之當事國。仲裁程序之當事國應同意遵守仲裁判斷。仲裁判斷應告知 DSB 及相關協定理事會或委員會，任何會員可就該判斷提出有關之意見。

四、本瞭解書之第二十一條及二十二條，準用於仲裁判斷。

第二十六條　一、GATT 1994 第二十三條第一項第(b)款之非違反性指控於 GATT 1994 第二十三條第一項第(b)款之規定可適用於內括協定之情形，爭端當事國一方認為其依相關內括協定直接或間接所享有之任何利益而受剝奪或損害，或使協定目的之達成受阻，係肇因於他會員措施，且不論該項措施是否與該協定相牴觸，小組或上訴機構僅得為建議或裁決。於當事國及小組或上訴機構認定受指控國之措施並未與得適用 GATT1994 第二十三條第一項第(b)款規定之內括協定相牴觸，應按下列規定適用本瞭解書之程序：

(a)對於措施未違反相關內括協定者，指控國應提出詳細之說明，以支持其指控；

(b)某項措施被認定剝奪或損害相關內括協定下之利益，或妨礙該協定目的之達成，但並未違反協定之規定時，採取該措施者並無義務撤銷該措施。惟在此情形，小組或上訴機構應建議相關會員作一相互滿意之調整；

(c)雖第二十一條已有規定，惟依第二十一條第三項所規定之仲裁，於任何一方提出要求時，得包括決定利益受剝奪或損害之程度，並得建議達成相互滿意之調整方法；且該建議對爭端當事國不具有拘束力；

(d)雖第二十二條第一項已有規定，補償得作為爭端最終解決相互滿意調整之一部分。

二、GATT 1994 第二十三條第一項第(c)款之控訴於 GATT 1994 第二十三條第一項第(c)款之規定下適用於內括協定之情形，當事國認為其基於相關內括協定直接或間接所享有之利益受剝奪或損害，或使協定目的之達成受阻，係肇因於得適用 GATT 1994 第二十三條第一項第(a)款及第(b)款以外之情形，小組僅得為裁決及建議。若當事國及小組均認定該事件係受本項所規範者，則本瞭解書所規定之程序應僅適用至小組報告傳送各會員止。一九八九年四月十二日之決議 (BISD 36S/61–67) 所包括之有關爭端解決之規則及程序，應適用於考慮建議及裁決之通過、監督及執行。下列規定亦應適用：

(a)指控國應提出詳細說明以支持任何本項所涵蓋問題之指控。

(b)對適用本項之爭端案件，如小組認為該爭端案件亦牽涉非本項所涵蓋之爭端事項時，則小組應向 DSB 傳送陳述該等事項之報告，及屬於本事項之各別報告。

第二十七條 *秘書處之責任*

一、WTO 秘書處有協助小組之責任，尤其對處理案件之法律、歷史、程序等方面，並提供行政及技術支援之責任。

二、當秘書處因會員要求而協助解決爭端時，該處亦有需要對開發中國家提供額外之法律諮詢及協助。為此，秘書處應自 WTO 技術合作部門指定一適格法律專家，對作此請求之任何開發中國家會員提供協助，該專家應確保秘書處一貫公正性態度，以協助開發中國家會員。

三、秘書處應為有興趣之會員，就爭端解決程序及慣例開設特別訓練課程，俾使會員之專家對此有較深入之瞭解。

附件一　本瞭解書所規範之協議

(A)設立世界貿易組織協定

(B)多邊貿易協定

　　附件 1 A：商品多邊貿易協定

　　附件 1 B：服務貿易總協定

　　附件 1 C：與貿易有關智慧財產權協定

　　附件 2：爭端解決規則與程序瞭解書

(C)複邊貿易協定

　　附件 4：民用航空器貿易協定

　　　　　　政府採購協定

　　　　　　國際乳品協定

　　　　　　國際牛肉協定

　　本瞭解書對複邊貿易協定之適用，應依各該協定當事國所通過設定適用本瞭解書之決議；包括通知 DSB 納於附件二之任何特別或附加之規則或程序。

附件二

內括協定所訂之特別或附加規則及程序

協　　　定	規則及程序
食品衛生檢驗與動植物檢疫措施協定	11.2
紡織品與成衣協定	2.14，2.21，4.4，5.2，5.4，5.6，6.9，6.10，6.11，8.1 至 8.12
技術性貿易障礙協定	14.2 至 14.4，附件 2
執行一九九四年關稅暨貿易總協定第六條協定	17.4 至 17.7
執行一九九四年關稅暨貿易總協定第七條協定	19.3 至 19.5，附錄 2.2 (f)，3，9，21
補貼暨平衡措施協定	4.2 至 4.12，6.6，7.2 至 7.10，8.5，註腳 35，24.4，27.7，附錄 5
服務貿易總協定	22.3，23.3
金融服務附件	4
民航服務附件	4
有關服務貿易總協定爭端解決之決議	1 至 5

本規則及程序之列表，所含條款在本瞭解書可能僅部分規定相關。

複邊貿易協定中之特別及附加規則及程序者由各別協定該管機構所決定，並已通知 DSB。

附件三

作業程序

　1.小組於小組程序，應依本瞭解書之相關規定為之。此外，應適用下列作業程序。

　2.小組會議應以不公開方式為之，爭端當事國或利害關係國僅於受小組之邀請，方得出席會議。

3. 小組之討論及提交小組之文件應保密，本瞭解書並不阻止爭端當事國對外公布其主張。由他會員註明為機密並送交小組之文件，會員應保密。爭端當事國送交機密之書面文件至小組時，因任一會員之請求，亦應提供包含該文件中可對外公布之非機密性之資料摘要。

4. 於小組與當事國首次實體審理會議前，爭端當事國應向小組提交陳述案件之事實及其主張之書面聲明。

5. 小組與當事國首次實體審理會議時，小組應要求提出指控國陳述案情。隨後，於同次會議被指控國應被要求陳述其觀點。

6. 向 DSB 表明其對爭端案件有利害關係之各第三國，皆應受邀出席小組之首次實體審理會議，以書面陳述其意見。各受邀之第三國得全程參與。

7. 正式辯論應於小組第二次實體審理會議時為之。被指控國有權先行陳述，而指控國次之。當事國應於會議前向小組送交書面答辯。

8. 小組得於會議進行中或以書面，隨時向當事國提出詢問或要求說明。

9. 爭端當事國及依第十條受邀陳述意見之任何第三國，應就其口頭陳述備有書面，使小組可隨時取得。

10. 為求充分透明化，依第五項至第九項所為之主張、答辯及陳述應於當事國出席時為之。且任一當事國之書面文件，包括對小組所提報告事實說明部分之評論及所提問題之答覆，應使各其他當事國可隨時取得。

11. 小組適用之附加程序。

12. 小組作業預訂時間表：
　(a)收受當事國之第一次書面文件
　　(1)指控國 　　　　　　　　　　　　　　　　　　　　　　　　　3–6 週
　　(2)被指控國 　　　　　　　　　　　　　　　　　　　　　　　2–3 週
　(b)與當事國舉行首次實體審理會議之日期、時間及地點；第三國會議 　1–2 週
　(c)收受當事國之書面答辯 　　　　　　　　　　　　　　　　　　2–3 週
　(d)與當事國舉行第二次實體審理會議之日期、時間及地點 　　　　1–2 週
　(e)提交報告之陳述部分予當事國 　　　　　　　　　　　　　　　2–4 週
　(f)收受當事國就報告之陳述部分之評論 　　　　　　　　　　　　2 週
　(g)提交期中報告，包括認定及結論予當事國 　　　　　　　　　　2–4 週
　(h)當事國要求審查報告之截止日 　　　　　　　　　　　　　　　1 週
　(i)小組之審查期間，包括可能與當事國舉行之額外會議 　　　　　2 週
　(j)提交期終報告予爭端當事國 　　　　　　　　　　　　　　　　2 週
　(k)傳送期終報告送交予各會員 　　　　　　　　　　　　　　　　3 週
　上述時間表得因不可預見之發展而改變；如有必要，應安排與當事國額外之會議。

附件四

專家審查群

下列規則及程序，於依第十三條第 2 項規定所設立之專家審查群適用之：

1. 專家審查群受小組管轄。其審查項目及作業程序細節應由小組規定之。專家審查群應向小組提出報告。

2. 參與專家審查群應限對爭端問題領域具有專業素養及經驗者。

3. 爭端當事國之國民，非經爭端當事國之合意，不得擔任專家審查群，但因例外情況小組認為無法滿意特殊專業科技之需，不在此限。當事國之政府官員不得擔任專家審查群。

   專家審查群之成員應以其個人之資格提供服務，而不得以政府代表或任何組織代表之資格為之。是故任何政府或組織均不得對專家審查群所處理之事項給予指示。

4. 專家審查群就任何其認為適當之來源得諮詢、蒐集資訊及尋求技術上建議。專家審查群於會員之管轄領域內尋求資訊及意見前，應通知該會員之政府，任何會員，對於專家審查群請求其認為必要且適當之資訊應盡速且充分予以回應。

5. 爭端當事國應有機會使用提供給專家審查群之各相關資訊，但屬機密性資訊不適用之。提供給專家審查群之機密資訊，非經提供該資訊之政府、組織或個人之正式授權，不得發布。如機密性資訊係由專家審查群所請求，但其並未獲授權發布此等資料，則提供資訊之政府、組織或個人應提供該資訊之非機密性摘要。

6. 專家審查群應將報告初稿送交爭端當事國以獲取其意見，並將適當之意見列入最終報告。當最終報告送交小組時，亦應送交爭端當事國，專家審查群之最終報告應僅具建議性。

五十五、國際貨幣基金組織協定 (Agreement of the International Monetary Fund)　　　(1944.7.22)

說明：

㈠本協定於一九四四年七月二十二日通過，一九四五年十二月二十七日生效。

㈡英文本見 UNTS, Vol. 2, pp. 40–112；中文本見國際貨幣基金組織，《國際貨幣基金組織協定》，華盛頓特區：國際貨幣基金組織，2011 年，頁 1–74。

　　簽署本協定的各國政府對以下條款表示同意：

引　文

(i)國際貨幣基金組織根據原來通過的、後經修改的本協定條款建立並開展業務活動。

(ii)為能進行業務與交易，基金組織須分設普通帳戶和特別提款權帳戶。基金組織成員國有權參與特別提款權帳戶。

(iii)除涉及特別提款權的業務與交易應通過特別提款權帳戶外，本協定所規定的業務活動均應通過普通帳戶辦理，按本協定規定，普通帳戶包括普通資金帳戶、特別支付帳戶和投資帳戶。

第一條　宗　旨

國際貨幣基金組織的宗旨是：

(i)通過設置一常設機構就國際貨幣問題進行磋商與協作，從而促進國際貨幣領域的合作。

(ii)促進國際貿易的擴大和平衡發展，從而有助於提高和保持高水準的就業和實際收入以及各成員國生產性資源的開發，並以此作為經濟政策的首要目標。

(iii)促進匯率的穩定，保持成員國之間有秩序的匯兌安排，避免競爭性通貨貶值。

(iv)協助在成員國之間建立經常性交易的多邊支付體系，取消阻礙國際貿易發展的外匯限制。

(v)在具有充分保障的前提下，向成員國提供暫時性普通資金，以增強其信心，使其能有機會在無需採取有損本國和國際繁榮的措施的情況下，糾正國際收支失調。

(vi)根據上述宗旨，縮短成員國國際收支失衡的時間，減輕失衡的程度。

《基金組織協定》之本條規定的宗旨將指導基金組織的各項政策和決定。

第二條　成員國資格

第 一 款　創始成員國

創始成員國是指那些參加了聯合國貨幣和金融會議、其政府在一九四五年十二月三十一日前接受成員席位的國家。

第 二 款　其他成員國

其他國家均可以按基金組織理事會規定的時間和條件加入基金組織。這些條件（其中包括認繳的條件）所依據的原則應與適用於現有成員國的原則相一致。

第三條　份額和認繳款

第 一 款　份額和認繳款的支付

對每一成員國均應分配以特別提款權表示的份額。凡出席聯合國貨幣和金融會議、在一九四五年十二月三十一日前加入基金組織的成員國，其份額在附錄 A 中列出。其他成員國的份額應由基金組織理事會決定。每一成員國的認

繳款應等於其份額，並在適當的存款機構全部繳付給基金組織。

第 二 款　份額的調整

(a)理事會應每隔一定時期（不超過五年）對成員國的份額進行一次總檢查，並在必要時提出調整。理事會如認為合適，亦可根據有關成員國的要求，在任何其他時候考慮單獨調整該國的份額。

(b)基金組織可在任何時候提議給那些於一九七五年八月三十一日已成為基金組織成員國的國家，按其在該日的份額比例增加份額，累計數額不超過依第五條第十二款(f)項(i)和(j)項從特別支付帳戶轉到普通資金帳戶的金額。

(c)份額的任何變更，需經 85% 的多數票通過。

(d)在成員國同意並作出支付（除非依據本條第三款(b)項可視作已支付）之前，不得改變該成員國的份額。

第 三 款　份額變更時的付款辦法

(a)任何依本條第二款(a)項同意增加其份額的成員國，應在基金組織規定的期限內以特別提款權支付增加部分中的 25%，但理事會可以規定全部或部分地用基金組織指定的其他成員國貨幣（經該成員國同意）或成員國本國貨幣支付，對所有成員國一視同仁。未參加特別提款權帳戶的成員國應用基金組織指定的其他成員國貨幣（經該成員國同意）支付所增加份額中的一定比例（相當於參加方以特別提款權支付的比例）。所增加份額的其餘部分以成員國本國貨幣支付。基金組織所持有的某一成員國的貨幣，不能因此項規定下其他成員國的支付而超過依第五條第八款(b)項(ii)應予收費的水準。

(b)依本條第二款(b)項同意增加其份額的各成員國，應被視作已向基金組織支付相當於其增加額的認繳額。

(c)如成員國同意減少其份額，基金組織應在六十天內將相當於減少額的金額退回該國。基金組織應以成員國的貨幣、一定數量的特別提款權或基金組織指定的其他成員國貨幣（經該成員國同意）支付，須避免基金組織持有的貨幣減少到新的份額以下，但在特殊情況下，基金組織可以向該成員國支付其本國貨幣，從而使基金組織持有的貨幣減少到新的份額以下。

(d)依上述(a)項所作的任何決定，除有關期限和所用貨幣的規定外，需要總投票權 70% 的多數票通過。

第 四 款　用證券代替貨幣的辦法

基金組織如認為在業務與交易中不需要一成員國存在普通資金帳戶中的本國貨幣的任何部分，應接受該成員國發行的或成員國依照第十三條第二款所指定的存款機構發行的證券或同類負債憑證作為替代。此項證券應不能轉讓、無利息，按面值見票即付，存入基金組織在指定存款機構的帳戶。此款不僅適用於成員國認繳的貨幣，而且適用於任何應付給基金組織的、或基金組織所獲得的貨幣，此款應存入普通資金帳戶。

第四條　關於匯兌安排的義務

第 一 款　成員國的一般義務

鑒於國際貨幣制度的根本宗旨是提供一個促進國與國之間貨物、服務和資本的交換以及保持經濟健康增長的框架,且主要目標之一是確保金融和經濟穩定所必要的有序基礎條件得以持續發展,因此,各成員國應承諾與基金組織和其他成員國合作,以保證有序的匯兌安排,並促進形成一個穩定的匯率制度。具體說,各成員國應:

(i)努力使各自的經濟和金融政策實現在保持合理價格穩定的情況下促進有序經濟增長這個目標,同時適當顧及自身國情;

(ii)努力創造有序的經濟和金融條件以及不致經常造成動盪的貨幣制度,以此促進穩定;

(iii)避免操縱匯率或國際貨幣制度來阻礙國際收支的有效調整或取得對其他成員國不公平的競爭優勢;以及

(iv)實行同本款各項保證相一致的匯兌政策。

第 二 款　總的匯兌安排

(a)在本協定第二次修訂日之後三十天內,各成員國應將其在履行本條第一款規定的義務方面計劃採用的匯兌安排通知基金組織,並將匯兌安排的任何改變及時通知基金組織。

(b)根據一九七六年一月一日通行的國際貨幣制度,匯兌安排可以包括:(i)一成員國可以採用特別提款權或由其選定的除黃金之外的其他標準來維持本國貨幣的價值;或(ii)通過合作安排,維持成員國的本國貨幣與其他成員國的貨幣的比價;或(iii)成員國選擇的其他匯兌安排。

(c)為適應國際貨幣制度的發展 , 在得到占總投票權85%的多數同意的條件下,基金組織可就總的匯兌安排做出規定,但又不限制各成員國根據基金組織的宗旨和本條第一款規定的義務選擇匯兌安排的權利。

第 三 款　對匯兌安排的監督

(a)基金組織應監督國際貨幣制度,以保證其有效實施,並監督各成員國是否履行了本條第一款規定的義務。

(b)為了履行上述(a)項規定的職能,基金組織應對各成員國的匯率政策進行嚴格的監督,並制定出具體原則,以就匯率政策向各成員國提供指導。各成員國應向基金組織提供監督所必需的資料,並且,在基金組織提出要求時,應就本國的匯率政策問題與基金組織進行磋商。基金組織制定的原則應符合各成員國維持本國貨幣對其他成員國貨幣比價而採用的合作安排,並符合成員國根據基金組織的宗旨和本條第一款規定選擇的其他形式的匯兌安排。這些原則應尊重各成員國國內的社會和政治政策,在執行這些原則時,基金組織應當對各成員國的國情給予應有的注意。

第 四 款　平　價

在國際經濟條件允許的情況下，基金組織可在占總投票權 85% 的多數票同意的情況下做出決定，採用以可調整的穩定平價為基礎的總的匯兌安排制度。基金組織應在世界經濟基本穩定的基礎上做出決定，為此應考慮到價格變動和成員國的經濟增長率。這項決定應考慮到國際貨幣制度的演變，特別是要考慮流動性的各項來源，並且，為了保證平價制度的有效實施，還要考慮使國際收支順差國和逆差國都能採取迅速、有效而對稱的調整行動，以及對國際收支不平衡進行干預和處理的各項安排。在作此決定時，基金組織應通知成員國所適用的附錄 C 各項規定。

第 五 款　成員國領土內的其他貨幣

(a)成員國根據本條對本國貨幣採取的行動，應被認為適用於該成員國根據第三十一條第二款(g)項的規定接受本協定的其所有領土內的其他貨幣，除非成員國宣布，它的行動僅僅針對宗主國的貨幣，或者僅僅針對一種或幾種特定的其他貨幣或者針對宗主國的貨幣和一種或幾種特定的其他貨幣。

(b)基金組織根據本條採取的行動，應被認為是針對上述(a)項所提到的一個成員國的所有貨幣，除非基金組織另有說明。

第五條　基金組織的業務與交易

第 一 款　與基金組織往來的機構

各成員國應由其財政部、中央銀行、平準基金或其他類似的財政機構與基金組織往來，基金組織也只經由這些機構與成員國往來。

第 二 款　基金組織的業務與交易的範圍

(a)除本協定另有規定外，基金組織的交易限於根據成員國的請求，用基金組織普通資金帳戶中的普通資金向其提供特別提款權或其他成員國貨幣，該成員國以本國貨幣購買。

(b)如經請求，基金組織可決定提供符合基金組織宗旨的金融和技術服務，包括管理成員國所繳納的資金。提供此項金融服務所涉及的業務不記入基金組織帳戶。未經成員國同意，此項下的服務不得加給其任何義務。

第 三 款　使用基金組織普通資金的條件

(a)基金組織應制定使用其普通資金的政策，包括備用安排或類似安排的政策，也可對特殊的國際收支問題制定特殊的政策，以便協助成員國按照符合本協定條款的方式解決其國際收支問題，並為暫時使用基金組織的普通資金建立充分的保障。

(b)成員國有權以本國相當數額的貨幣向基金組織購買其他成員國的貨幣，但應滿足以下條件：

（i）成員國應根據本協定的規定以及根據這些規定所制定的政策使用基金組織的普通資金；

(ii)成員國應以國際收支或儲備狀況或儲備變化等為理由提出購買的需要；

(iii)申請購買數額是指在儲備檔額度內的購買，或不致使基金組織所持有的購買國的貨幣超過其份額 200%；

(iv)基金組織以前不曾根據本條第五款、第六條第一款或第二十六條第二款(a)項宣布過，申請購買的成員國無資格使用基金組織的普通資金。

(c)基金組織應審查購買申請，決定其是否符合本協定的規定以及根據這些規定所制定的政策。但成員國申請在儲備檔額度內的購買無須接受審查。

(d)基金組織應制定有關出售貨幣選擇的政策和程序，並且要同成員國磋商，考慮到成員國的國際收支、儲備狀況、外匯市場的變化，以及考慮到不斷促進在基金組織頭寸的平衡的要求。如果一個成員國提出購買另一成員國的貨幣是因為希望獲得其他成員國提供的相等數量的本國貨幣，那麼該成員國應有權購買其他成員國的貨幣，除非基金組織已根據第七條第三款通知其持有的該其他成員國的貨幣已變得稀少。

(e)(i)每個成員國應確保，從基金組織購買的其貨幣數額是可自由使用貨幣數額，或在購買時可以兌換成由其選擇的一種可自由使用貨幣。兩種貨幣兌換使用的匯率等於按第十九條第七款(a)項確定的匯率。

(ii)每個成員國，其貨幣被從基金組織所購買，或其貨幣是被從基金組織購買的貨幣所換得，應與基金組織和其他成員國合作，從而使它的這些貨幣數額在購買時能夠兌換成其他成員國的可自由使用貨幣。

(iii)如按照上述(i)所購的是一種不可自由使用貨幣，則應由其貨幣被購買的成員國進行兌換，除非該成員國和購買成員國同意採用另一種辦法。

(iv)如一成員國從基金組織購買另一成員國的可自由使用貨幣，並希望在購買時兌換成另一種可自由使用貨幣，在另一成員國的要求下應與該成員國作出兌換。兌換應按另一成員國選擇的可自由使用貨幣進行，匯率按照上述(i)的規定確定。

(f)基金組織可根據其制定的政策和程序，同意按照本款規定提供給申請購買的參加方以特別提款權，而不是其他成員國的貨幣。

第四款　條件的放棄

基金組織可在保障自身利益的條件下，酌情放棄本條第三款(b)(iii)和(iv)所列的任何條件，特別是對過去一向避免大量或連續使用基金組織普通資金的成員國。在放棄條件時，基金組織應考慮申請放棄條件的成員國的週期性的或特殊的需要。基金組織亦應考慮該國是否願意提供基金組織認為足以保障其利益的可接受的資產作為擔保，並可要求提供此種擔保作為放棄條件的交換條件。

第五款　使用基金普通資金資格的喪失

當基金組織認為某一成員國使用基金組織普通資金的方式違反基金組織的宗旨時，即應向該國提出報告，闡明基金組織的意見，並規定適當的答覆期限。

在向成員國提出報告後，基金組織可限制該國使用基金組織的普通資金。如在規定期限內該成員國對於基金組織的報告不予答覆，或者答覆不能令人滿意，基金組織可繼續限制其使用基金組織的普通資金，或者在給予該成員國適當通知後宣告該成員國喪失使用基金組織普通資金的資格。

第六款　基金組織對特別提款權的其他購買和出售

(a)基金組織可接受參加方提供的特別提款權，兌換成等值金額的其他成員國貨幣。

(b)在參加方的要求下，基金組織可提供給該國以特別提款權，換取等值金額的其他成員國貨幣。基金組織持有的某一成員國的貨幣不能由於這些交易而增加到按本條第八款(b)(ii)的規定應予收費的水準。

(c)基金組織按本款所提供或接受的貨幣，應按有關政策進行選擇，政策須考慮到本條第三款(d)項或第七款(i)項的原則。只有其貨幣被基金組織提供或接受的成員國同意以這種方式使用其貨幣，基金組織才能按此款進行交易。

第七款　成員國向基金組織購回本國貨幣

(a)成員國在任何時候均有權購回基金組織所持有的其貨幣額中按本條第八款(b)項的規定應予收費的部分。

(b)已按本條第三款進行購買的成員國，在其國際收支和儲備狀況有所改善時，一般應購回基金組織持有的該國貨幣額中由購買而發生的按本條第八款(b)項規定應予收費的部分。如基金組織根據其制定的購回政策並在與成員國磋商後向該成員國提出，由於其國際收支和儲備狀況有所改善，應當購回，則成員國應購回基金組織持有的這些貨幣。

(c)已按本條第三款進行購買的成員國，應在購買日之後五年內，購回基金組織持有的該國貨幣額中由購買而發生的按本條第八款(b)項的規定應予收費的部分。基金組織可以規定成員國從購買日之後三年起到五年止的期限內分期購回。基金組織可以經總投票權 85% 的多數票改變本項所規定的購回期限，由此而規定的期限應適用於所有成員國。

(d)基金組織可以經總投票權 85% 的多數票採用不同於根據上述(c)項確定的、適用於所有成員國的購回期限，由成員國購回基金組織按使用基金組織普通資金的特殊政策而獲得的那部分貨幣。

(e)成員國應根據基金組織以總投票權 70% 多數票通過的政策，購回基金組織持有的該國貨幣中不因購買而產生的按本條第八款(b)(ii)的規定應予收費的部分。

(f)如果做出決議規定，按使用基金組織普通資金的政策，上述(c)項或(d)項下的購回期限應短於按政策執行中的期限，則該決議應僅適用於決議生效之日後基金組織獲得的持有額。

(g)在成員國的要求下，基金組織可以推遲履行購回義務的日期，但不能超過上述(c)項或(d)項下的或依上述(e)項基金組織規定政策下的最長期限，除非

基金組織以總投票權 70% 的多數票決定，由於在規定日期償還會給成員國造成特別的困難，在符合基金組織普通資金的暫時使用性質這一條件下延長購回期限是合理的。

(h)本條第三款(b)項的基金組織政策，可以通過政策加以補充，即基金組織在與成員國磋商後，可以決定按本條第三款(b)項出售基金組織所持有的、尚未根據第七款購回的該成員國貨幣，不妨礙基金組織按本協定其他規定有權採取的任何行動。

(i)本款項下的所有購回，均應用特別提款權或基金組織指定的其他成員國貨幣進行。基金組織在制定成員國進行購回所用貨幣的政策和程序時，應考慮本條第三款(d)項的原則。基金組織所持有的被用於購回的成員國貨幣，不能因購回而增加到高出依本條第八款(b)(ii)規定應予收費的水準。

(j)(i)如果按上述(i)項基金組織所指定的成員國貨幣不是可自由使用貨幣，則該成員國應保證進行購回的成員國在購回時可以用它兌換成被指定貨幣的成員國所選擇的自由使用貨幣。此規定項下的貨幣兌換，其匯率應等於兩種貨幣按第十九條第七款(a)項確定的匯率。

(ii)每個成員國，其貨幣被基金組織指定用作購回的，應和基金組織及其他成員國合作，從而使進行購回的成員國在購回時，能夠獲得指定的貨幣，用以兌換成其他成員國的可自由使用貨幣。

(iii)上述(j)(i)下的兌換，應與被指定貨幣的成員國進行，除非該成員國和進行購回的成員國之間同意按另外的程序進行。

(iv)假如進行購回的成員國在購回時，希望獲得基金組織按上述(i)項所指定的其他成員國的可自由使用貨幣，如該其他成員國要求，它應按上述(j)(i)所提到的匯率，以可自由使用貨幣，從該其他成員國換得貨幣。基金組織可對在兌換時提供可自由使用貨幣問題制定規章。

第 八 款 　收費

(a)(i)基金組織對成員國用本國貨幣換購特別提款權或普通資金帳戶上持有的其他成員國貨幣應徵收服務費，對儲備檔購買徵收的服務費可比其他檔購買的服務費低，儲備檔購買的服務費不應超過 0.5%。

(ii)基金組織可對備用安排或類似的安排進行收費。基金組織可以決定，對一項安排的收費應抵消按上述(i)對該安排項下的購買所收取的服務費。

(b)基金組織對在普通資金帳戶上持有的成員國貨幣的日平均餘額在以下情況下進行收費，該貨幣是：

(i)根據第三十條(c)項列作例外情況的某項政策所獲得；或者

(ii)在除去上述(i)所提及的任何餘額後超過了成員國的份額的數額。

在貨幣餘額被持有期間，收費率應每隔一定時間提高。

(c)如果成員國不能按本條第七款的要求進行購回，基金組織在與成員國就減少基金組織所持有的該成員國貨幣進行磋商後，可對其所持有的、應當購

回的該成員國貨幣徵收基金組織認為合適的收費。

(d)決定上述(a)項和(b)項下的費率須有總投票權 70% 多數票，收費率對所有成員國應當一致。上述(c)項收費率亦同。

(e)成員國應以特別提款權支付所有收費，只有在特殊情況下，在基金組織與其他成員國磋商後，基金組織可允許成員國以基金組織指定的其他成員國貨幣支付收費，或者用本國貨幣支付。基金組織所持有的某一成員國的貨幣，不能因其他成員國按此規定進行支付而增加到超過依上述(b)(ii)的規定應予收費的水準。

第 九 款　酬金

(a)當下述(b)或(c)項所規定的份額比例超過基金組織普通資金帳戶所持有的成員國貨幣的每日平均餘額（不包括按第三十條(c)項列作不包括項目的政策所獲得的餘額）時，基金組織應對超過數額付給酬金。酬金率應由基金組織按總投票權 70% 的多數票決定，對所有成員國均相同，並應不高於或低於第二十條第三款所定利率的五分之四。在制定酬金率時，基金組織應考慮到第五條第八款(b)項下的收費率。

(b)適用於上述(a)項的份額比例如下：

(i)對第二次修改本協定前成為成員國的國家，此項份額比例應相當於第二次修改協定之日其份額的 75%。對第二次修改協定後成為成員國的，其份額比例的計算方法是，用相當於該國成為成員國當日適用於其他成員國的份額比例的總金額除以同日其他成員國的總份額；加上：

(ii)成員國自上述(b)(i)中適用的日期起，按第三條第三款(a)項以貨幣或特別提款權支付給基金組織的數額，減去：

(iii)成員國自上述(b)(i)中適用的日期起，按第三條第三款(c)項從基金組織得到的貨幣或特別提款權的數額。

(c)經總投票權 70% 的多數票通過，基金組織可以將每個成員國適用於上述(a)項的最新份額比例提高到：

(i)不超過 100% 的某一比例，對每個成員國應按適用於所有成員國的同樣準則來決定，或

(ii)所有成員國均為 100%。

(d)酬金應以特別提款權支付，除非基金組織或成員國決定支付應以成員國本國貨幣進行。

第 十 款　計算

(a)基金組織在普通帳戶所持有的資產價值以特別提款權表示。

(b)適用於本協定規定（第四條和附錄 C 除外）的有關成員國貨幣的計算，均應按照本條第十一款基金組織計算這些貨幣的匯率進行。

(c)為實行本協定的規定，確定相對於份額的貨幣金額的計算，不應將特別支付帳戶或投資帳戶中持有的貨幣包括在內。

第十一款　價值的維持

(a)在普通資金帳戶的成員國貨幣的價值，應依第十九條第七款(a)項的匯率折成特別提款權表示。

(b)基金組織按照本款調整其所持有的某成員國的貨幣額，應在基金組織與其他成員國進行業務活動中使用那種貨幣時進行，也可在基金組織決定的或成員國要求的其他時候進行。因調整而向基金組織進行的支付，或基金組織向成員國的支付，應在調整之日後在基金組織決定的一個合理期限內進行，或在成員國要求的任何其他時候進行。

第十二款　其他業務與交易

(a)基金組織在此款下的所有政策和決定，應遵循第八條第七款所規定的目標，以及遵循避免在黃金市場上管理價格或制訂固定價格的目標。

(b)基金組織按下述(c)、(d)和(e)項開展業務或交易的決定，應經總投票權 85% 的多數票同意。

(c)基金組織在與成員國磋商後，可以出售黃金換取該成員國的貨幣，但未經該成員國同意，不能因此項出售而使基金組織在普通資金帳戶中所持有的該成員國的貨幣增加到超過本條第八款(b)(ii)所規定應予收費的水準；但應成員國的要求，基金組織在出售黃金時，可將一部分所得貨幣兌換另一成員國的貨幣，以防止這種增加。以一種貨幣兌換成另一成員國的貨幣，須在與該成員國協商後進行，並不得使基金組織持有的該成員國的貨幣增加到超過本條第八款(b)(ii)所規定應予收費的水準。基金組織在制定有關兌換的政策和程序時應考慮到本條第七款(i)項所用的原則。依本規定向成員國出售黃金時，每筆交易應按照雙方根據市場價格所商定的價格進行。

(d)在基金組織按本協定進行的任何業務或交易中，可以從成員國接受黃金，以代替特別提款權或貨幣。依本規定向基金組織支付時，每筆業務或交易應按照雙方根據市場價格所商定的價格進行。

(e)基金組織可將在本協定第二次修改之日持有的黃金出售給一九七五年八月三十一日已經參加基金組織並且同意購買的成員國，並按成員國在這一天的份額比例出售。假如基金組織打算為下述(f)(ii)的目的而依據上述(c)項出售黃金，可出售一部分黃金給同意購買的各發展中成員國，該部分黃金如依上述(c)項出售會造成多餘，可按下述(f)(iii)分配給成員國。按此規定出售黃金給按本條第五款宣布為無資格使用基金組織普通資金的成員國，應在其恢復資格時再出售，除非基金組織決定提前出售。依本項出售給成員國的黃金應收取該成員國的貨幣，並按相當於一特別提款權合 0.888671 克純黃金的價格出售。

(f)基金組織依上述(c)項在任何時候出售其在第二次協定修改之日所持有的黃金時，應把出售收入按出售時以一特別提款權合 0.888671 克純黃金的等值存入普通資金帳戶。除非基金組織按下述(g)項決定用另外辦法，任何多餘

部分應存於特別支付帳戶。在特別支付帳戶持有的資產應與普通帳戶的其他帳戶分開，並可在任何時候用於：

(i)轉入普通資金帳戶，直接用於本協定除本款以外的規定所認可的業務與交易；

(ii)雖非本協定其他規定認可但符合基金組織宗旨的業務與交易。根據本項的(f)(ii)，對處於困境的發展中成員國可按特別的條件提供國際收支援助。為此目的，基金組織應考慮到人均收入水準；

(iii)對一九七五年八月三十一日已經參加基金組織的發展中成員國按其在這一天的份額比例進行分配。基金組織按上述(ii)的目的決定使用的資產部分，相當於這些成員國在分配之日的份額與同日所有成員國份額總數的比例。但依本規定對於按本條第五款宣布為無資格使用普通資金的成員國的分配，應在其資格恢復後才能進行，除非基金組織決定提前給予分配。

按上述(i)使用資產的決定須經總投票權 70% 的多數票通過，按上述(ii)和(iii)所作的決定須經總投票權 85% 的多數票通過。

(g)基金組織可經總投票權 85% 和多數票決定，將上述(f)項提及的部分剩餘額轉入投資帳戶，按第十二條第六款(f)項的規定使用。

(h)在按上述(f)項規定未被使用期間，基金組織可決定將在特別支付帳戶持有的成員國貨幣用於投資，投資需遵守經基金組織投票權 70% 多數票通過的規章和條例。投資收入和按上述(f)(ii)獲得的利息應劃入特別支付帳戶。

(i)從普通資金帳戶支付的有關特別支付帳戶的行政管理費用應不時地得到償還，根據對此項費用合理的估計數，從特別支付帳戶轉撥到普通資金帳戶內。

(j)特別支付帳戶應在基金組織清理時終止，並可經總投票權 70% 多數票同意在基金組織清理前終止。該帳戶因基金組織清理而終止時，對該帳戶內的任何資產應根據附錄 K 的規定予以分配。在基金組織清理前終止時，該帳戶內的任何資產應轉到普通資金帳戶，直接用於業務與交易。經總投票權 70% 的多數票通過，基金組織可對特別支付帳戶的管理制定規章和條例。

(k)根據上述(c)項，當基金組織出售本協定第二次修改後取得的黃金時，與黃金購入價格相等的出售所得應劃入普通資金帳戶，超出部分劃入投資帳戶，並按照第十二條第六款(f)項的規定使用。如果在二〇〇八年四月七日之後但在本規定生效之前，基金組織出售本協定第二次修訂後取得的黃金，那麼，自本規定生效起，儘管在第十二條第六款(f)(ii)中闡明限制，但基金組織仍應將以下數額從普通資金帳戶轉入投資帳戶，即出售所得減去(i)黃金購入價格，以及(ii)在這一規定生效日期之前可能已轉入投資帳戶中的出售所得超過購入價格的任何數額。

第六條　資本轉移

第 一 款　基金組織普通資金用作資本轉移

(a)除本條第二款規定的情況外，成員國不得使用基金組織普通資金作為大量或長期的資本輸出之用。基金組織可以要求成員國實行管制，以防止對基金組織普通資金作如此使用。如成員國接到此項要求後不採取適當管制，基金組織可以宣布該成員國無資格使用基金組織的普通資金。

(b)本款規定不限制下列情況：

(i)成員國為了擴大出口或進行正常貿易、銀行業務或其他業務，將基金組織普通資金用於必需的合理數額的資本交易；或者

(ii)成員國自有資金的資本流動，但需保證這種資本流動符合基金組織的宗旨。

第 二 款　資本轉移的特殊規定

成員國可以在儲備檔內購買貨幣，作為資本轉移之用。

第 三 款　資本轉移的管制

成員國可以採取必要的管制，以調節國際資本流動，但這種管制，除第七條第三款(b)項及第十四條第二款規定外，不得限制經常性交易的支付或者不適當地阻滯清償債務的資金轉移。

第七條　補充貨幣和稀少貨幣

第 一 款　基金組織補進貨幣的辦法

基金組織認為有必要補進普通資金帳戶中有關業務所需的某成員國貨幣時，可以單獨或同時採取下列兩項措施：

(i)在基金組織與成員國商定的期限和條件下，向該成員國提議借入其貨幣，或經該國同意，向其境內或境外的其他來源借入這種貨幣，但該成員國並無出借貨幣給基金組織或同意基金組織向其他來源借入其貨幣的任何義務；

(ii)要求成員國（如該成員國是參加方）將其貨幣出售給基金組織，換回在普通資金帳戶持有的特別提款權，並遵守第十九條第四款的規定。在以特別提款權補充時，基金組織應適當注意第十九條第五款指定參加方的原則。

第 二 款　貨幣的普遍稀少

基金組織如發現某種貨幣普遍稀少的情況正在形成，應通告各成員國，並提出報告，闡明稀少的原因，並建議解決的辦法。稀少貨幣的當事國應派代表參與該報告的準備。

第 三 款　基金組織持有的某種貨幣的稀少

(a)基金組織如認為對某成員國貨幣的需求明顯地嚴重威脅基金組織供給該貨幣的能力，不論其是否已按本條第二款規定發出報告，應正式宣布該貨幣

已經稀少。此後，對現有和可收的該項稀少貨幣，應參酌各成員國的相對需要、總的國際經濟形勢及其他有關的考慮，進行分配。基金組織還應發布關於此項措施的報告。

(b)根據上述(a)項所作的正式宣告，亦是授權任何成員國，在與基金組織協商後，暫時限制稀少貨幣的自由匯兌。依照第四條和附錄C，該成員國應有全權決定此項限制的性質。但此項限制，僅以使對稀少貨幣的需求能與該國已有或應有的供給相適應為限。一旦條件允許，應盡快放寬或解除限制。

(c)上述(b)項的授權在基金組織正式宣布曾經是稀少的貨幣不再稀少時立即終止。

第 四 款　限制的實施

任何成員國依據本條第三款(b)項的規定，對任何其他成員國貨幣施行限制時，應盡量考慮其他成員國就此項限制措施的實施所提出的任何意見。

第 五 款　其他國際協定對此類限制的效力

各成員國同意，如果本協定簽訂之前與其他成員國所訂任何協定內的義務有礙本條規定的執行，將不會產生這些義務。

第八條　成員國的一般義務

第 一 款　引言

成員國除承擔本協定其他各條下的義務外，尚須履行本條規定的義務。

第 二 款　避免限制經常性支付

(a)除第七條第三款(b)項及第十四條第二款的規定外，未經基金組織同意，各成員國不得對國際經常性交易的支付和資金轉移實行限制。

(b)涉及任何成員國貨幣的匯兌契約，如與該國按本協定所施行的外匯管理規定相牴觸，在任何成員國境內均屬無效。此外，各成員國可相互合作採取措施，使彼此的外匯管理規定更為有效，但這類措施與規定，應符合於本協定。

第 三 款　避免採取歧視性貨幣做法

除非本協定規定或基金組織批准，無論是在第四條或附錄C規定的範圍之內或之外，任何成員國都不可採取或允許第五條第一款所指的財政機構採取歧視性貨幣安排或多重貨幣做法。如在本協定生效前已經採取這類安排與做法，有關成員國應與基金組織磋商逐步採取消除措施，但根據第十四條第二款規定而保留或實施的安排與做法除外，在該情況下應適用該條第三款的規定。

第 四 款　兌換外國持有的本國貨幣

(a)如果其他成員國提出申請，任何成員國應購買該其他成員國所持有的該成員國本國貨幣餘額，但申請國應表明：

(i)此項貨幣餘額係最近經常性交易中所獲得；或

(ii)此項兌換係支付經常性交易所必需。

購買國可自行選用特別提款權支付（須遵守第十九條第四款規定）或者用申請國的貨幣支付。

(b)上述(a)項所規定的義務，不適用下列情況：

(i)按本條第二款或第六條第三款規定，已限制此項貨幣餘額的兌換；

(ii)此項貨幣餘額係一成員國在撤銷依照第十四條第二款所採取的限制前的交易所獲得；

(iii)此項貨幣餘額的獲得違反被要求購買的成員國的外匯規定；

(iv)申請購買國的貨幣，依照第七條第三款(a)項的規定，已經被宣布為稀少貨幣；或

(v)被要求購買的成員國由於各種原因，已經無資格用本國貨幣向基金組織購買其他國家的貨幣。

第 五 款　提供資訊

(a)基金組織可以要求各成員國提供基金組織認為其開展業務活動所需的各種資訊。為了使基金組織有效地履行職責，各國至少應提供以下數據：

(i)官方在國內外持有的：(1)黃金，(2)外匯；

(ii)官方機構以外的銀行和金融機構在國內外持有的：(1)黃金，(2)外匯；

(iii)黃金產量；

(iv)按目的國和原產國劃分的黃金出口和進口；

(v)按目的國和原產國劃分的商品出口和進口總額（以本國貨幣計價）；

(vi)國際收支，包括：(1)貨物與服務貿易；(2)黃金的交易；(3)可確定的資本交易；(4)其他項目；

(vii)國際投資頭寸，即外國人在本國境內的投資，及本國人在國外的投資，在可能範圍內提供此項資訊；

(viii)國民收入；

(ix)價格指數，即批發和零售市場的商品價格指數，以及進出口價格指數；

(x)外幣的買入價和賣出價；

(xi)外匯管制情況，即加入基金組織時外匯管制的全面情況，以及後來變更的詳情；以及

(xii)如有官方的清算安排，關於商業及金融交易待清算的數額，以及此項未清算款拖欠的時間。

(b)基金組織在要求提供資訊時，應考慮到各成員國提供資訊能力的不同。成員國並無義務提供特別詳細的資訊，以致披露了個人和公司的情況。然而，各成員國承諾提供盡可能詳細而準確的必要資訊，避免單純的估計。

(c)基金組織可與成員國通過協商獲取更多的資訊。基金組織應成為收集和交換貨幣金融資訊的中心，以便開展研究，協助成員國制定政策，促進基金組織組織宗旨的實現。

第 六 款　成員國之間就現行國際協定進行協商

如根據本協定，某成員國被准許在本協定規定的特殊或臨時情形下維持或實行外匯交易限制，而在本協定以前已與其他成員國簽訂的協議與此項外匯限制的實施相牴觸時，有關成員國應互相協商，以做出雙方可以接受的必要調整。本條規定不應影響第七條第五款的實施。

第 七 款　就儲備資產政策進行合作的義務

每個成員國承諾與基金組織或其他成員國進行合作，以保證成員國有關儲備資產的各項政策有助於促進對國際流動性進行更好的國際監督，並且使特別提款權作為國際貨幣制度的主要儲備資產。

第九條　法律地位、豁免與特權

第 一 款　本條的目的

為使基金組織能履行其受託的職能，基金組織在各成員國境內應享有本條規定的法律地位、豁免與特權。

第 二 款　基金組織的法律地位

基金組織應擁有完整的法人資格，特別是有權：

(i)簽訂契約；

(ii)獲得和處置動產和不動產；

(iii)進行法律訴訟。

第 三 款　司法程序的豁免

基金組織的財產和資產，不論在何地和為何人所保管，均應享受任何形式司法程序的豁免，除非因訴訟程序或履行契約，基金組織明確表示放棄此項豁免。

第 四 款　其他豁免事項

基金組織的財產和資產，不論在何地和為何人所保管，均應免受搜查、徵用、沒收、徵收及其他行政或立法行為上的任何形式的扣押。

第 五 款　檔案的豁免

基金組織的檔案不受侵犯。

第 六 款　資產免受限制

基金組織的一切財產和資產，在執行本協定規定業務所必需的範圍內，應免受各種限制、管制、控制以及任何性質的延緩償付。

第 七 款　通訊的特權

各成員國對基金組織的官方通訊往來應與其他成員國的官方通訊往來同等對待。

第 八 款　官員和雇員的豁免與特權

基金組織的理事、執行董事、副執行董事、委員會的成員、按第十二條第三款(j)項任命的代表、以上人員的顧問以及官員和雇員皆享有以下豁免與特權：

(i)在執行公務中，應豁免法律程序，除非基金組織放棄此項豁免；

(ii)若非當地的國民,應享有成員國給予其他成員國同級代表、官員和雇員同樣的在移民限制、外國人登記要求和兵役義務方面的豁免以及在外匯限制方面的便利;

(iii)應享有成員國給予其他成員國同級代表、官員和雇員同樣的旅行方面的便利。

第 九 款　繳稅的豁免

(a)基金組織的資產、財產、收入以及本協定授權的業務與交易,應豁免一切稅收和關稅。基金組織對於任何稅收和關稅的徵收或繳納,也均豁免承擔。

(b)基金組織的執行董事、副執行董事、官員和雇員若非當地公民、當地屬民或其他當地國民,對其從基金組織獲得的薪金和報酬,不應繳稅。

(c)在下述情況下,對於基金組織發行的債務或證券,包括紅利和利息在內,不論為何人所持有,不應徵稅:

(i)因該項債務或證券的來源而發生的歧視性徵稅;或

(ii)僅以其發行及付款的地點和貨幣,或基金組織辦事處或進行業務的地點為法律根據而徵的稅捐。

第 十 款　本條的實施

各成員國應在本國境內採取必要的行動,使本條的原則得在其本國法律內發生效力,並應將已採取的具體行動通知基金組織。

第十條　與其他國際組織的關係

基金組織應在本協定條文範圍內,與一般性國際組織和在有關領域內負有專門責任的公共國際組織進行合作。有關此項合作的安排,如涉及變更本協定的任何條款,須按照第二十八條規定修改本協定後方能生效。

第十一條　與非成員國的關係

第 一 款　與非成員國關係的約定

各成員國承諾:

(i)不從事,亦不允許第五條第一款所指的任何財政機構從事與非成員國或其境內的人之間的違反本協定條文或基金組織宗旨的交易;

(ii)不與非成員國或其境內的人合作從事違反本協定條文或基金組織宗旨的活動;

(iii)與基金組織合作在本國境內採取適當措施,防止與非成員國或其境內的人之間進行與本協定條文或基金組織宗旨相牴觸的交易。

第 二 款　與非成員國交易的限制

本協定不影響任何成員國對與非成員國或其境內的人之間的外匯交易實行限制的權利,除非基金組織認為該項限制有礙成員國的利益並違反基金組織宗旨。

第十二條　組織與管理

第 一 款　基金組織的結構

基金組織應設理事會、執行董事會、總裁及工作人員。如理事會經總投票權 85% 的多數票決定適用附錄 D 的規定，則設一個委員會。

第 二 款　理事會

(a)本協定下的一切權力，凡未直接授予理事會、執行董事會或總裁的，均屬於理事會。理事會由每個成員國按其自行決定的方法委派理事及副理事各一人組成。每位理事和副理事應任職到另有新的任命為止。副理事僅在理事缺席時有投票權。理事會應推選一位理事擔任理事會主席。

(b)除本協定直接賦予理事會的權力外，理事會可將其權力委託執行董事會行使。

(c)理事會將按理事會的規定或應執行董事會要求舉行會議。在十五個成員國或持有四分之一總投票權的成員國要求下，理事會應舉行會議。

(d)理事會每次會議的法定人數應為過半數理事，並持有不少於三分之二的總投票權。

(e)每位理事應依照本條第五款規定所分配於各成員國的票數投票。

(f)理事會可制定規章建立一種程序，使執行董事會在認為其行動最符合基金組織利益時，在不召開理事會會議的情況下獲得各理事對某一特定問題的投票。

(g)理事會，及執行董事會在被授權範圍內，可通過開展基金組織業務所必需或適合的規章和條例。

(h)基金組織對理事及副理事不付給報酬，但可支付其出席會議而發生的合理費用。

(i)理事會應決定執行董事和副執行董事的報酬及總裁任職合同的薪金和條件。

(j)理事會和執行董事會在認為適當時可任命各種委員會，委員會的成員不必限於理事、執行董事或副執行董事。

第 三 款　執行董事會

(a)執行董事會負責處理基金組織的業務。為此，應行使理事會所授予的一切權力。

(b)執行董事會由執行董事組成，總裁任主席。在執行董事中：

(i)五人應由持有最大份額的五個成員國指派；

(ii)其餘十五人由其他成員國選舉產生。

對執行董事的每次定期選舉，理事會可以經總投票權 85% 的多數票增加或減少上述(ii)中的執行董事人數。在一些情況下，假如執行董事是按下述(c)項任命的，上述(ii)中執行董事的人數可以減少一或兩人，除非理事會經總

投票權 85% 的多數票決定，這樣的減少將妨礙執行董事會有效行使職責，或可能破壞所希望實現的執董會的平衡。

(c)當舉行第二次及以後的執行董事定期選舉時，如有兩個成員國（不是依據上述(b)(i)有權指派執行董事的成員國），其存於基金組織普通資金帳戶的本國貨幣在過去兩年內用特別提款權表示的平均數，下降至其份額之下，而且降低的絕對數額最大，則該兩國中任一國可指派一名執行董事，或兩國各指派一名執行董事。

(d)按附錄 E 及基金組織認為適當的補充規定，執行董事的選舉每隔兩年舉行一次。對於執行董事的每次定期選舉，理事會可制定有關規定，修改附錄 E 規定的選舉董事所需票數的比例。

(e)每名執行董事應指派一副執行董事，在其本人缺席時全權代行其職責，但理事會可以通過有關規則，允許超過特定數目的成員國選舉產生的執行董事任命兩名副執行董事。該規則一經通過，只能在執行董事定期選舉時進行修改。指派兩名副執行董事的執行董事應指定：(i)當執行董事不在場而兩名副執行董事均在場時，應由哪一名副執行董事代表執行董事；(ii)應由哪一名副執行董事代表執行董事行使下述(f)項規定的權力。當執行董事出席時，副執行董事可參加會議，但不得投票。

(f)執行董事在其繼任者被指派或選任之前將繼續留任。如果一名執董的職位在其任期結束前空缺時間超過 90 天，則由選舉前任執行董事的成員國為剩餘任期選舉另一名執行董事。選舉將按多數票通過。在前執行董事職位空缺期間，其副執行董事將代行職權，但任命副執行董事的權力除外。

(g)執行董事會應常駐基金組織總部辦公，並應根據基金組織業務的需要經常舉行會議。

(h)執行董事會每次會議的法定人數應為過半數執行董事，並代表不少於半數的總投票權。

(i)(i)每一名被指派的執行董事應按本條第五款分配給指派該執行董事的成員國的票數投票。

(ii)如果按照上述(c)項分配給一名指派執行董事的成員國的票數，由於上次定期選舉執行董事的結果而須與分配給其他成員國的票數一起由一名執行董事投票，則該成員國可與每個其他成員國商定，分配給它們的票數應由該指派執行董事投票。達成此項協議的成員國不得參加執行董事的選舉。

(iii)每個被選任的執行董事應有權按其當選時所獲得的票數投票。

(iv)適用本條第五款(b)項的規定時，執行董事有權投票數應按該規定作相應增減。執行董事有權投的全部票數應作為一個單位投票。

(v)如果根據第二十六條第二款(b)項，某一成員國投票權的暫停已被解除，而且該成員國無權指派執行董事，則該成員國可以與選出某位執行董事

的所有其他成員國商定，分配給該成員國的票數應由該執行董事投票，
條件是，如果該成員國投票權被暫停期間沒有進行定期的執行董事選舉，
那麼該成員國在其投票權被暫停之前已經參與選舉的那位執行董事，或
根據附錄 L 第三段(c)項(i)或上述(f)項規定選出的其繼任者，有權按照分
配給該成員國的票數行使投票權。該成員國應被視為已經參與了有權就
分配給本國的票數行使投票權的那位執董的選舉。

(j)理事會應做出規定，使依據上述(b)項之規定不能指派執行董事的成員國，
　在其提出請求，或審議事項對其有特殊影響時，派一位代表出席執行董事
　的會議。

第 四 款　總裁和工作人員

(a)執行董事會應遴選一名總裁。理事或執行董事皆不得兼任總裁。總裁應為
　執行董事會的主席，但除在雙方票數相等時須投決定票外，無投票權。總
　裁可參加理事會會議，但無投票權。總裁職務的終止由執行董事會決定。

(b)總裁為基金組織工作人員的首腦，在執行董事會的指導下處理基金組織日
　常業務，並在執行董事會總的監督下負責基金組織工作人員的組織、任命
　和辭退。

(c)總裁和基金組織工作人員在執行其職務時，應完全對基金組織負責，而不
　對其他當局負責。各成員國應尊重此種職守的國際性，並應避免任何對基
　金組織工作人員執行職務施加影響的企圖。

(d)總裁任命工作人員時，最重要的是確保工作人員具有最高水準的效率和技
　術能力，同時也應適當注意在盡可能廣泛的地區錄用人員。

第 五 款　投票

(a)每個成員國的總票數等於基本票數和以份額為基礎的票數之和。

　(i)每個成員國的基本票是 ，所有成員國總投票權加總之和的 5.502% 在所
　　有成員國之間平均分配所得票數。基本票數應為整數。

　(ii)以份額為基礎的票數是，按份額每十萬特別提款權分配一票。

(b)當依據第五條第四或第五款的規定須投票表決時，各成員國應擁有上述(a)
　項所述票數，並作如下調整：

　(i)凡截至投票日，從基金組織普通資金中淨售出的該國貨幣價值每四十萬
　　特別提款權應增加一票；或

　(ii)凡截至投票日，該國按第五條第三款(b)項和(f)項的淨購入額的該國貨幣
　　價值每四十萬特別提款權應減少一票，但不論淨購入或淨售出，在任何
　　時候均以不超過該國份額為限。

(c)除另有特別規定外，所有基金組織的決議，必須有投票的過半數決定。

第 六 款　儲備、淨收入的分配和投資

(a)基金組織應每年決定其淨收入哪些用於普通儲備或特別儲備，哪些（如果
　還有的話）用於分配。

(b)基金組織可將特別儲備用於任何可用普通儲備的用途，但用於分配除外。

(c)如對任何一年的淨收入進行分配，應依據成員國份額的比例分配給所有成員國。

(d)基金組織經總投票權70%的多數票可以決定在任何時候分配普通儲備的任何部分。任何分配應按成員國份額的比例分給所有成員國。

(e)上述(c)項和(d)項的支付應以特別提款權進行，除非基金組織或成員國決定對成員國使用其本國貨幣支付。

(f)(i)基金組織可以根據本項(f)設立一個投資帳戶。投資帳戶的資產應與普通帳戶項下的其他帳戶分開存放。

(ii)基金組織可將根據第五條第十二款(g)項出售黃金收入的一部分轉入投資帳戶，並且經總投票權70%的多數票通過，可將普通資金帳戶中持有的貨幣轉入投資帳戶以作立即投資之用。這些轉入的數額不能超過做出決定時普通儲備和特別儲備的總額。

(iii)基金組織可根據經總投票權70%多數通過的規章和條例，決定將投資帳戶中持有的成員國貨幣用於投資。依本項規定通過的規章和條例應與下述(vii)、(viii)和(ix)相一致。

(iv)投資的收入可根據本項(f)進行投資。未作投資的收入應存於投資帳戶或用於基金組織進行業務活動的開支。

(v)基金組織可使用投資帳戶內持有的某一成員國的貨幣，去獲取基金組織進行業務活動開支所需的貨幣。

(vi)在基金組織進行清理時，投資帳戶應即終止。基金組織進行清理以前，經總投票權70%的多數票通過，可以終止投資帳戶，或減少投資數額。

(vii)由於基金組織清理而終止投資帳戶時，此帳戶的任何資產應根據附錄K的規定進行分配。但在這些資產中，其相當於按第五條第十二款(g)項轉入此帳戶的資產占轉入此帳戶的全部資產的比例的那部分資產，應視為存於特別支付帳戶的資產，並按照附錄K第二段(a)(ii)進行分配。

(viii)在基金組織清理以前終止投資帳戶時，本帳戶所持有的資產的一部分，即相當於按第五條十二款(g)項轉入此帳戶的資產占轉入此帳戶的全部資產的比例的部分，應轉入特別支付帳戶，如該帳戶尚未終止；而投資帳戶所持有的資產餘額應轉入普通資金帳戶，供業務活動直接使用。

(ix)在基金組織減少投資數額時，減少額中相當於按第五條第十二款(g)項轉入投資帳戶的資產占轉入本帳戶的全部資產的比例的部分，應轉入特別支付帳戶，如該帳戶尚未終止；而減少的餘額應轉入普通資金帳戶，供業務活動直接使用。

第 七 款　報告的公布

(a)基金組織應出版年報，其中包含其經過審計的財務報表，並應每隔三個月（或更短時間）發布關於基金組織業務與交易以及其持有的特別提款權、

黃金和各成員國貨幣的簡報。

(b)基金組織根據執行職責的需要可發布其他報告。

第 八 款　向成員國傳達意見

基金組織在任何時間內有權將其對本協定任何有關事項的意見非正式地傳達給各成員國。基金組織經總投票權 70% 多數通過，可決定發布致某一成員國的報告，說明該國貨幣或經濟的情況及發展變化可能直接造成各成員國國際收支的嚴重不平衡。如該成員國是無權指派執行董事的國家，則可按本條第三款(j)項的規定，派代表出席會議。基金組織不應發布任何有關成員國經濟組織基本結構變化的報告。

第十三條　辦公地點和存款機構

第 一 款　辦公地點

基金組織總部應設在持有最大基金組織份額的成員國境內，在其他成員國境內可設立代理或分支機構。

第 二 款　存款機構

(a)各成員國應指定其中央銀行作為基金組織持有的全部本國貨幣的存放機構。如無中央銀行，應指定基金組織同意的其他機構。

(b)基金組織可將包括黃金在內的其他資產存於五個份額最大的成員國所指定的存款機構，或基金組織所選擇的其他指定存款機構。最初成立時，基金組織所有資金至少應有一半存於總部所在地成員國所指定的存款機構，並至少有 40% 存於上述其餘四個成員國所指定的存款機構。但基金組織對黃金的轉移應注意到運輸費用，並預計到基金組織的需要。遇到緊急情況時，執行董事會應將黃金的全部或一部分轉移至任何有充分保障的地點。

第 三 款　基金組織資產的保證

各成員國保證在基金組織資產如因其所指定的存款機構倒閉或拖欠而發生損失時負賠償責任。

第十四條　過渡性安排

第 一 款　通知基金組織

各成員國應通知基金組織是否將採用本條第二款的過渡性安排，或者是否將準備接受第八條第二、三、四款所規定的義務。採用過渡性安排的成員國以後如準備接受上述義務時，應即通知基金組織。

第 二 款　匯兌限制

已經通知基金組織準備按本規定採用過渡性安排的成員國，可維持並根據情況的變化調整其在加入基金組織時對國際經常性交易的付款和資金轉移已經實施的各項限制，儘管本協定其他條文作了有關規定。然而，成員國應不斷在其外匯政策中注意基金組織的宗旨。一旦條件允許，應即採取各種可能的

措施，與其他成員國建立各種商業上和金融上的安排，以促進國際支付以及穩定匯率制度的建立。特別是，成員國一旦確信在不實行此類限制的情況下能夠解決本身國際收支問題，且解決方式又不妨礙其使用基金組織的普通資金時，則應立即取消依據本款實行的限制措施。

第 三 款　基金組織對限制措施採取的行動

基金組織應就依本條第二款實施的限制措施出版年度報告。任何成員國如仍保留有不符合第八條第二、三或四款的任何限制，應每年就繼續保留這些限制問題與基金組織進行磋商。在特殊情況下，基金組織如認為有必要，可向成員國提出，目前情況有利，可取消不符合本協定其他條文規定的某項限制，或全面取消不符合本協定其他條文規定的各項限制。該成員國應在適當期限內予以答覆。如果基金組織發現該成員國仍堅持保留不符合基金組織宗旨的限制，該成員國應受第二十六條第二款(a)項的制約。

第十五條　特別提款權

第 一 款　分配特別提款權的權力

(a)必要時，基金組織有權根據第十八條的規定，將特別提款權分配給參與特別提款權帳戶的成員國，以補充現有儲備資產的不足。

(b)此外，基金組織應根據附錄 M 向參加特別提款權帳戶的成員國分配特別提款權。

第 二 款　特別提款權的定值

確定特別提款權價值的方法由基金組織以總投票權 70% 的多數票決定。 但是，改變定值的原則或根本性地改變現行原則的應用，應經總投票權 85% 的多數通過。

第十六條　普通帳戶和特別提款權帳戶

第 一 款　業務與交易的分列

凡涉及特別提款權的業務與交易均應通過特別提款權帳戶辦理。本協定授權基金組織辦理的其他業務與交易應通過普通帳戶辦理。按照第十七條第二款規定辦理的業務與交易應同時通過普通帳戶和特別提款權帳戶辦理。

第 二 款　資產和財產的分列

除按第二十條第二款、第二十四條、第二十五條以及附錄 H 和 I 所獲得的資產和財產應列入特別提款權帳戶以外，基金組織所有的資產和財產均應列入普通帳戶（按第五條第二款(b)項所管理的資金除外）。其中一個帳戶持有的資產或財產不得用以支付另一帳戶業務與交易項下的負債、義務及損失，例外情況是：辦理特別提款權帳戶的行政費用，應由基金組織從普通帳戶中開支。此項費用應根據合理的估計數額，按照第二十條第四款的規定，以特別提款權償付，由各參加方隨時攤還。

第 三 款　帳戶記載和資訊

只有在基金組織記入特別提款權帳戶以後，特別提款權持有額的變化始為有效。參加方在使用特別提款權時應通知基金組織，是引用協定中哪一條規定而使用的。為履行職責，基金組織還可以要求參加方提供其所需要的其他資訊。

第十七條　特別提款權的參加方及其他持有者

第 一 款　參加方

基金組織的任何成員國在向基金組織提交保證書之日即可成為特別提款權帳戶的參加方。該參加方應在保證書中說明：它將依照其法律承擔特別提款權帳戶參加方應承擔的一切義務，並已採取必要步驟，使自己能承擔這些義務。但在本協定有關特別提款權帳戶的規定生效和至少有占總份額 75% 的成員國按本款規定提交保證書之前，成員國不能成為參加方。

第 二 款　基金組織作為持有者之一

基金組織可以在普通資金帳戶中持有特別提款權，並可以按照本協定的規定，在和參加方的業務與交易中，或者在和根據本條第三款的條件所規定的持有者的業務與交易中，通過普通資金帳戶接受和使用特別提款權。

第 三 款　其他持有者

基金組織可以規定：

(i)非成員國、未參與特別提款權帳戶的成員國、代理一個以上成員國執行中央銀行職能的機構以及其他官方單位作為特別提款權的持有者；

(ii)上述持有者持有特別提款權的條件以及它們在與參加方或其他規定持有者進行業務與交易時，接受和使用特別提款權的條件；和

(iii)參加方和基金組織通過普通資金帳戶與規定持有者以特別提款權進行業務與交易的條件。

上述(i)的規定需經總投票權 85% 的多數票通過。基金組織規定的條件，應符合本協定的規定，並有利於特別提款權帳戶的有效運行。

第十八條　分配和撤銷特別提款權

第 一 款　指導分配和撤銷特別提款權的原則及考慮

(a)在做出關於分配和撤銷特別提款權的一切決定時，基金組織應力求滿足全球範圍內補充現有儲備資產的長期性需求，從而促使基金組織宗旨的實現，並避免發生世界性的經濟停滯和蕭條以及需求過度和通貨膨脹。

(b)在第一次做出分配特別提款權的決定時，應將集體判斷作為一項特別因素來考慮。此項集體判斷是：認為已出現補充儲備的全球性需要；認為在補充儲備以後可以實現更好的國際收支平衡，並可以促使將來的調整過程更好地進行。

第 二 款　分配和撤銷

　　(a)基金組織做出分配或撤銷特別提款權決定時，應以「基本期」為單元，此基本期應是連續的，一期為五年。第一個基本期應自做出第一次分配特別提款權決定之日開始，或自該決定中所指定的稍晚日期開始，分配或撤銷每年進行一次。

　　(b)分配率應以占決定分配之日的份額的一定百分比表示。撤銷率應以占決定撤銷之日的累計分配淨額的一定百分比表示。上述百分比對全體參加方都應是相同的。

　　(c)雖有上面(a)和(b)項的規定，但基金組織就任一基本期做出的決定可以規定：

　　　(i)該基本期不是五年；或

　　　(ii)分配或撤銷不是每年進行一次；或

　　　(iii)分配或撤銷的基礎不是決定分配或撤銷之日的份額或累計分配淨額，而是別的日期的份額或累計分配淨額。

　　(d)某一基本期已開始後才參與的成員國，要等到下一個基本期開始後才能得到分配額。除非基金組織做出決定，准許該參加方可以從同一基本期之下一年度開始得到分配額。假如基金組織決定在某一基本期內參與的成員國可在該基本期的剩餘時間內得到分配額，假如參加方在上面(b)或(c)項規定的日期尚不是成員國，則基金組織應確定向該參加方分配的基礎。

　　(e)參加方應接受根據分配決定而進行的特別提款權分配，除非：

　　　(i)代表該參加方的理事在基金組織做出分配決定時未投贊成票；且

　　　(ii)在根據分配決定進行第一次特別提款權分配以前，該參加方書面通知基金組織，不希望根據該分配決定向其分配特別提款權。在該參加方的要求下，基金組織可決定終止上述書面通知的效力，並在終止之後向該國分配特別提款權。

　　(f)假如某一參加方所持有的特別提款權數額在撤銷生效之日低於它所應撤銷的比例，該參加方應在其儲備總頭寸許可範圍內盡速彌補這一負餘額，並應為此與基金組織保持磋商。該參加方在撤銷生效日以後所獲得的特別提款權應用以扣抵這一負餘額，並予以撤銷。

第 三 款　意外的重大情況發展

　　遇有意外的重大情況發展，基金組織在認為必要時，可以在一個基本期內改變分配率或分配間隔期，或撤銷率或撤銷間隔期，或改變基本期的長度，或開始一個新的基本期。

第 四 款　分配和撤銷的決定

　　(a)本條第二款(a)、(b)和(c)項或第三款所述的決定，應由理事會根據總裁的、經執行董事會同意的提議做出。

　　(b)在做出任何提議前，總裁應先確定提議符合本條第一款(a)項的規定，然後通過磋商確信參加方廣泛支持這一提議。此外，總裁在就第一次分配做出

提議時，應確定提議符合本條第一款(b)項的規定，並確信參加方廣泛支持開始分配。在他確定了這些情況以後，一俟設立特別提款權帳戶，就可以做出第一次分配的提議。

(c)總裁的提議應在下列情況下做出：

(i)在每一基本期結束前六個月；

(ii)總裁確定上述(b)項規定的條件已得到滿足，而尚未就一基本期的分配或撤銷做出決定；

(iii)根據本條第三款的規定，總裁認為有必要改變分配率或撤銷率，改變分配或撤銷的間隔期，改變基本期的長度，或開始新的基本期；或者

(iv)在理事會或執行董事會提出要求後的六個月以內。

但是，如總裁在上述(i)、(iii)或(iv)的情況下認為符合本條第一款規定的提議得不到上述(b)項規定的參加方的廣泛支持，則應向理事會和執行董事會提出報告。

(d)根據本條第二款(a)、(b)和(c)項或第三款所做出的決定，需要總投票權85%的多數票通過；根據第三款做出關於降低分配率的決定除外。

第十九條　特別提款權的業務與交易

第 一 款　特別提款權的使用
本協定中規定或批准的業務與交易可以使用特別提款權。

第 二 款　參加方間的業務與交易

(a)一個參加方可以使用特別提款權向根據本條第五款規定所指定的另一參加方換取等值貨幣。

(b)一個參加方徵得另一參加方同意後，可以使用特別提款權換取該另一參加方的等值貨幣。

(c)經總投票權70%的多數票通過，基金組織可以准許一參加方經授權與另一參加方按照基金組織認為合適的條件進行業務。條件應有利於特別提款權帳戶的有效運作和特別提款權根據本協定的正當使用。

(d)對於按上述(b)或(c)項進行業務與交易的參加方，如基金組織認為該業務交易有損於本條第五款規定的指定程序或不符合第二十二條的規定，可向其提出意見。如該參加方仍堅持實行此項業務活動，得按第二十三條第二款(b)項處理。

第 三 款　確有需要的原則要求

(a)除下述(c)項另有規定外，期望的情況是，一個參加方只有在有國際收支或儲備頭寸或儲備變化方面的需要時才可在根據本條第二款(a)項進行的業務中使用特別提款權，而不是僅僅為了改變儲備的構成而使用特別提款權。

(b)參加方在使用特別提款權時，基金組織不得按照上述(a)項的期望向其提出異議；但參加方如不按照這個期望使用，基金組織可向其提出意見。參加

方堅持不按此期望使用者，得按第二十三條第二款(b)項的規定處理。

(c)基金組織可以在下面交易中放棄上述(a)項中規定的期望，即，參加方使用特別提款權向根據本條第五款所指定的另一參加方換取等值貨幣，從而：使另一參加方可以根據本條第六款(a)項的規定補充特別提款權頭寸；防止或減少另一參加方的特別提款權負餘額；或抵銷由另一參加方未按上述(a)項的期望使用特別提款權造成的結果。

第四款　提供貨幣的義務

(a)由基金組織根據本條第五款所指定的參加方，應向根據本條第二款(a)項之規定使用特別提款權的另一參加方即期提供自由可使用貨幣。參加方提供貨幣之義務的最大限度是：其所持有的特別提款權超過其累計分配淨額的數額不超過其累計分配淨額的兩倍，或是該參加方與基金組織議定的更高限度。

(b)參加方提供的貨幣可以超過義務限度或議定的更高限度。

第五款　指定參加方提供貨幣

(a)基金組織為實現本條第二款(a)項及第四款所規定的目的，應通過指定若干參加方為規定數額的特別提款權提供貨幣的方式，保證某一參加方可以使用其特別提款權。指定程序應遵照下列總的指導原則進行，但基金組織隨時也可以採用其他原則：

(i)國際收支和總儲備頭寸足夠強的參加方即可成為指定對象，但並不排除這樣的可能性，即儲備頭寸強但國際收支有輕度逆差的參加方亦可成為指定對象。指定參加方的方式應能促成特別提款權持有在參加方之間逐漸實現均衡分配。

(ii)為了推動依照本條第六款(a)項規定的頭寸補充，或為了減少特別提款權持有的負餘額，或為了抵銷不按本條第三款(a)項的期望使用造成的結果，均可指定參加方提供貨幣。

(iii)在指定參加方時，基金組織一般應優先指定需要特別提款權的參加方，以實現(ii)列出的各項指定目的。

(b)為了按照上述(a)(i)的規定，促成特別提款權持有在參加方之間逐漸實現均衡分布，基金組織應採用附錄F中所規定的指定規則或按下列(c)項可能採用的規則。

(c)基金組織可隨時檢查指定規則，並應在必要時採用新規則。在採用新規則之前，應繼續沿用檢查時有效的那些規則。

第六款　補充頭寸

(a)已使用特別提款權的參加方應遵照附錄G中的補充頭寸規則及按下面(b)項可能採用的規則來補充其持有的特別提款權頭寸。

(b)基金組織可隨時檢查補充頭寸的規則，必要時應採用新規則。除非採用新規則或決定廢除補充頭寸規則，否則應繼續沿用檢查時有效的規則。做出

採用、修改或廢除補充頭寸規則的決定應由總投票權 70% 的多數票通過。

第 七 款　匯率

(a)除下述(b)項另有規定外，參加方之間按本條第二款(a)和(b)項進行交易所採用的匯率應該是，使用特別提款權的參加方將獲得等值貨幣，而不管交易提供的是什麼貨幣，也不管是哪些參加方提供貨幣。基金組織將通過一些規定以執行這一原則。

(b)經由總投票權 85% 的多數票通過，基金組織可以採取一些政策，根據這些政策，基金組織在特殊情況下，經總投票權 70% 的多數票通過，可以授權按本條第二款(b)項進行交易的參加方商定其使用的匯率，而不必採取上述(a)項適用的匯率。

(c)基金組織應就確定其貨幣匯率的程序與參加方磋商。

(d)本款所指的「參加方」包括即將退出的參加方。

第二十條　特別提款權帳戶利息與收費

第 一 款　利息

凡持有特別提款權者，由基金組織對其持有的數額付給利息，利率對所有持有者一律相同。基金組織得付給每一持有者以應付利息，不論其收入的手續費是否足以支付利息。

第 二 款　手續費

各參加方以其特別提款權累計分配淨額加上特別提款權負餘額或者欠付手續費為基數，按統一費用率向基金組織交付手續費。

第 三 款　利率與費用率

基金組織應以總投票權 70% 的多數票來決定利率。費用率應等同於利率。

第 四 款　攤款

根據第十六條第二款決定補償費用時，基金組織應根據各參加方的累計分配淨額按同一比率向其徵收應攤還的款額。

第 五 款　利息、手續費及攤款的支付

利息、手續費及攤款均應以特別提款權支付。凡需要以特別提款權支付手續費或攤款的參加方，有義務也有權利以基金組織可接受的貨幣通過普通帳戶向基金組織換取特別提款權。假如用這種方式不能獲得足夠的特別提款權，該參加方有義務也有權利以可自由使用的貨幣向基金組織指定的另一參加方換取特別提款權。該參加方在費用支付日以後獲得的特別提款權，應用以支付未償付的費用，並予以撤銷。

第二十一條　普通帳戶和特別提款權帳戶的管理

(a)普通帳戶和特別提款權帳戶應按照第十二條的規定管理，並受以下規定的約束：

　(ⅰ)對於單純涉及特別提款權帳戶事項的理事會會議或決定，在決定是否召開會議、到

會人數是否符合法定人數、決定是否由必要多數票做出時，只計算作為參加方的成員國指派的理事提出的要求，所出席的人數及所投的票數。

(ii)由執董會做出的決定，如果只涉及特別提款權帳戶的相關事項，那麼只有經至少一個作為參加方的成員國指派或選出的執董，才有投票權。這些執董都有權按照指派其就任執董的參加方成員國所分配的票數、或按照那些作為參加方參與該執董選舉的成員國分配得到的票數行使投票權。在確定是否存在法定人數，或者一項決定是否由必要多數票做出時，只計算那些作為參加方的成員國指派或選出的執董的出席數，以及作為參加方的成員國分配得到的票數。為執行本規定，在按照第十二條第三款(i)項(ii)達成協議的情況下，作為參加方的某一成員國所指派的執行董事應有權投分配給該國的票數。

(iii)關於基金組織一般行政方面的問題，包括第十六條第二款中述及的攤付費用，或某事項是涉及兩個帳戶還是只涉及特別提款權帳戶的問題，一律按純屬普通帳戶的問題做出決定。關於特別提款權的定值方法、普通帳戶中的普通資金帳戶上接受和持有以及使用特別提款權的決定，以及關於同時通過普通帳戶的普通資金帳戶和特別提款權帳戶辦理的業務與交易的其他決定，應按照就純屬每一帳戶的事項做決定時所需的多數票通過。就涉及特別提款權帳戶的事項做決定時，亦應予如此指明。

(b)除本協定第九條所給予的特權或豁免權以外，對特別提款權或以特別提款權進行的業務或交易也不得徵收任何種類的賦稅。

(c)本協定中有關純屬特別提款權帳戶事項的規定的解釋問題，只有在一參加方提出要求時，才根據第二十九條(a)項向執行董事會提出。在執行董事會就純屬特別提款權帳戶的解釋問題做出決定後，只有參加方可要求按第二十九條(b)項的規定，把問題提交理事會。理事會需做出決定：不是參加方的成員國所指派的理事是否有權在條文解釋委員會內就純屬特別提款權帳戶的問題投票表決。

(d)基金組織與已退出特別提款權帳戶的參加方或在特別提款權帳戶清理期間與參加方在純粹由於參與特別提款權帳戶引起的事項上發生爭議時，此爭議應按照第二十九條(c)項所規定的程序提交仲裁。

第二十二條　參加方的一般義務

除本協定其他各條所規定的參加方應就特別提款權承擔的各項義務以外，各參加方應保證與基金組織以及其他參加方合作，以利特別提款權帳戶的有效運轉，並按照本協定妥善使用特別提款權，以實現使特別提款權成為國際貨幣制度中的主要儲備資產的目標。

第二十三條　中止特別提款權的業務與交易

第 一 款　緊急措施

在出現緊急情況或發生危及基金組織的有關特別提款權帳戶活動的意外情況時，執行董事會經總投票權 85% 的多數票通過，可暫停執行本協定中關於特別提款權業務與交易的任一規定，停止期不能超過一年。在這一時期內應執

行第二十七條第一款(b)、(c)和(d)項的規定。

第 二 款　未能履行義務

(a)如基金組織發現參加方未能按照第十九條第四款的規定履行義務，除基金組織另有決定外，則將中止該參加方使用特別提款權的權利。

(b)如基金組織發現參加方未能履行有關特別提款權的其他任何義務，基金組織可中止其使用在中止權利後所獲得的特別提款權的權利。

(c)基金組織應做出規定，做到：在按照上述(a)項或(b)項對某一參加方採取行動前使其立即得知對它的指控，並給予該參加方口頭和書面申訴的適當機會。該參加方在得知上述(a)項所述的指控後，在指控處理期間，不得使用特別提款權。

(d)按上述(a)項或(b)項中止使用權，或按上述(c)項限制使用權，並不影響參加方根據第十九條第四款提供貨幣的義務。

(e)基金組織可以隨時取消按上述(a)項或(b)項做出的中止決定，但因參加方未能履行第十九條第六款(a)項規定之義務而按上述(b)項的規定做出的中止決定，須在自該參加方按照規定補足了頭寸那個季度之末算起的 180 天後才能取消。

(f)不得因參加方按照第五條第五款、第六條第一款或第二十六條第二款(a)項規定無資格使用基金組織普通資金而中止其使用特別提款權的權利。不得因參加方未能履行關於特別提款權方面的義務而執行第二十六條第二款的規定。

第二十四條　退出特別提款權帳戶

第 一 款　退出的權利

(a)參加方可隨時書面通知基金組織總部，退出特別提款權帳戶。退出在通知收到之日即生效。

(b)凡退出基金組織的參加方，視同同時退出特別提款權帳戶。

第 二 款　退出時的帳款結算

(a)當參加方退出特別提款權帳戶時，應即停止特別提款權的一切業務與交易，基金組織為了便利該國結清帳款根據下列(c)項達成的協議予以許可的、或根據本條第三、五、六款或附錄 H 做出規定的除外。截止退出之日應付的利息與手續費用，以及該日以前的應徵未付攤款，應以特別提款權償付。

(b)基金組織應兌付退出參加方持有的全部特別提款權。退出參加方應付給基金組織相當於其累計分配淨額的款額以及因參與特別提款權帳戶應付而未付的其他款額。這些債務應相互抵銷，退出參加方所持有的用以抵付其對基金組織債務的特別提款權數額應予撤銷。

(c)債務按照上述(b)項的規定抵銷以後，退出參加方或基金組織所應支付的餘額應由雙方從速達成協議進行結算。如不能迅速達成協議，應按附錄 H 的

規定辦理。

第 三 款　利息與手續費

在參加方退出之日後，基金組織應按第二十條規定的時間和利率對退出參加方所持有的特別提款權餘額支付利息，而退出參加方應同樣對欠基金組織的未償債務支付手續費。雙方都應以特別提款權支付。退出參加方有權以可自由使用的貨幣向基金組織指定的另一參加方或通過協議從其他持有者換取特別提款權，以支付手續費或者攤款；或同按第十九條第五款指定的參加方或通過協議同其他持有者處理其作為利息收入的特別提款權。

第 四 款　對基金組織債務的結算

基金組織從退出參加方收到的貨幣，應按基金組織收到該貨幣時各參加方所持有的特別提款權超出其累計分配淨額之數額，按比例分配給各參加方，以兌取其特別提款權。這樣兌取的特別提款權，以及退出參加方按照本協定規定獲得的、用以支付結算協議或附錄 H 項下的分期付款的特別提款權在抵付該項分期付款後，應予撤銷。

第 五 款　基金組織對退出參加方的債務的結算

當基金組織被要求兌取退出參加方所持有的特別提款權時，基金組織應以指定的參加方提供的貨幣兌取。這些參加方應按第十九條第五款的原則指定。每一被指定的參加方應可選擇向基金組織提供退出參加方的貨幣或一種可自由使用的貨幣，並應取得等值的特別提款權。不過，如經基金組織許可，退出參加方也可用其所持有的特別提款權向任何其他持有者換取其本國貨幣或一種可自由使用的貨幣或其他資產。

第 六 款　普通資金帳戶的交易

為了便利與退出參加方的結算，基金組織可決定退出參加方須：

(i)在兌取其按照本條第二款(b)項規定進行抵銷以後仍持有的特別提款權時，通過普通資金帳戶同基金組織兌取本國貨幣或基金組織選擇的一種可自由使用的貨幣；或

(ii)通過普通資金帳戶以基金組織所能接受的某國貨幣換取特別提款權，以支付按照協議或附錄 H 的規定應支付的手續費或分期付款。

第二十五條　特別提款權帳戶的清理

(a)特別提款權帳戶非經理事會決議不得清理。當發生緊急情況，執行董事會如認為有必要清理特別提款權帳戶時，可在理事會做出決定以前，暫時停止分配或撤銷特別提款權以及暫停以特別提款權進行的一切業務與交易。理事會做出的清理基金組織的決議，亦應是清理普通帳戶和特別提款權帳戶兩者的決議。

(b)如理事會決定清理特別提款權帳戶，特別提款權的分配或撤銷、以特別提款權進行的業務與交易，以及基金組織有關特別提款權帳戶的活動，應全部停止，但屬於有秩序地清理參加方和基金的與特別提款權有關債務的活動除外；本協定所規定的基金組織

和參加方應承擔的有關特別提款權的義務也應全部停止，但本協定第二十條、第二十一條(d)項、第二十四條、第二十九條(c)項、附錄 H 以及根據第二十四條達成的受附錄 H 第四段及附錄 I 約束的協議中規定的義務除外。

(c)特別提款權帳戶清理時，截至清理之日應付的利息及手續費，以及在清理日以前應徵未付的攤款，應一律以特別提款權支付。基金組織有義務兌付持有者所持有的特別提款權，各參加方應向基金組織支付等於其特別提款權累計分配淨額的款額以及由於其參與特別提款權帳戶應付而未付的其他款項。

(d)特別提款權帳戶的清理按照附錄 I 的規定辦理。

第二十六條　成員國的退出

第 一 款　成員國退出的權利

任何成員國可隨時書面通知基金組織總部退出基金組織，退出在基金組織接到該項通知之日起生效。

第 二 款　強制退出

(a)如果成員國不履行本協定規定的任一義務，基金組織可以宣告該成員國喪失使用基金組織普通資金的資格。本款規定不應視作是對第五條第五款或第六條第一款各項規定的限制。

(b)若成員國在根據上面(a)項被宣布喪失資格之後的一段合理期限期滿後仍不履行按本協定應履行的任一義務，經總投票權 70% 的多數同意，基金組織可中止該成員國的投票權。在中止投票權期間，按附錄 L 的規定辦理。基金組織可以經總投票權 70% 的多數同意隨時結束中止期。

(c)若成員國在根據上述(b)項被決定中止投票權後的一段合理期限期滿後仍不履行按本協定應履行的任一義務，經理事會以總投票權 85% 的多數同意做出決定後，可要求該成員國退出基金組織。

(d)應該做出規定，切實做到在按上述(a)項、(b)項或(c)項對一成員國採取行動前，應在合理時間內將對成員國的指控通知到該成員國，並給予它進行口頭和書面申述的適當機會。

第 三 款　退出成員國帳目的結算

成員國退出基金組織時，基金組織以該國貨幣進行的正常業務與交易應即停止。該國與基金組織間的一切帳目，應根據雙方的協議從速結清。如雙方不能迅速達成協議，即按附錄 J 的規定進行結算。

第二十七條　緊急措施

第 一 款　暫時中止業務

(a)遇有緊急情況或意外情形的發展危及基金組織的活動時，執行董事會經總投票權 85% 的多數同意可以中止下列任何條款的施行，但其中止期限不超過一年：

(i)第五條，第二、三、七款，第八款(a)(i)項和(e)項；

(ii)第六條，第二款；

(iii)第十一條，第一款；

(iv)附錄 C，第五段。

(b)按上述(a)項中止某一規定的施行的時間不得超過一年。但如發現上述(a)項的緊急情況或意外情形繼續存在，理事會經總投票 85% 的多數同意，可再延長中止期，但延長期不得超過二年。

(c)執行董事會經總投票權多數同意，可隨時結束中止期。

(d)基金組織在某一規定中止施行期間，可就該規定的有關事項制定規則。

第 二 款　基金組織的清理

(a)非經理事會決定不得清理基金組織。在緊急情況下，如執行董事會決定有清理基金組織的必要，可在理事會做出決定前，暫時中止各項業務與交易。

(b)如理事會決定清理基金組織，基金組織除進行正常的收款、清理資產和清算債務外，應即停止一切活動。各成員國根據本協定應履行的義務，除本條、第二十九條(c)項、附錄 J 第七段及附錄 K 所規定的之外，亦應全部終止。

(c)基金組織的清理按附錄 K 的規定辦理。

第二十八條　本協定的修改

(a)任何修改本協定的建議，不論其由成員國、理事或執行董事會提出，都應先通知理事會主席，然後由其提交理事會。如修改建議經理事會通過，基金組織應用信函或電報徵詢各成員國是否接受該修正案。如有五分之三的、並持有總投票權 85% 的成員國接受修正案，基金組織應即將此事實正式通知各成員國。

(b)雖有上列(a)項的規定，但屬於下列的修改事宜仍須經全體成員國的同意：

(i)關於退出基金組織的權利（第二十六條，第一款）；

(ii)關於未經成員國同意不得變更其份額的規定（第三條，第二款(d)項）；和

(iii)關於未經成員國本國提議不得變更其貨幣平價的規定（附錄 C，第六段）。

(c)修正案應於正式通知各成員國之日起三個月後對所有成員國生效，但信函或電報中規定較短期限者不在此限。

第二十九條　本協定的解釋

(a)凡成員國與基金組織間或成員國間對於本協定條文的解釋發生任何異議，應即提交執行董事會裁決。如該異議對某一無權指派執行董事的成員國有特殊影響時，則該國將有權按第十二條第三款(j)項之規定派代表出席。

(b)如執行董事會已按照上述(a)項之規定裁決，任何成員國仍可在裁決日起三個月內要求將該異議提交理事會作最後裁決。提交理事會的異議應由理事會的條文解釋委員會予以商議。委員會成員投票權為每人一票。理事會應做出關於委員會成員、程序和票決

多數的規定。委員會的決議即為理事會的決議，除非理事會以總投票權 85% 多數通過不同的決議。在理事會未做出決定前，基金組織如認為必要時可以先按執行董事會的裁決執行。

(c)當基金組織與退出的成員國間，或基金組織在清理期間與成員國發生異議時，應提交由三人組成的法庭仲裁，其中一人由基金組織指派，另一人由該成員國或退出成員國指派，另有一位公斷人，除各方另有協議外，公斷人由國際法院院長或基金組織規章所規定的其他權力機構指派。公斷人可全權處理雙方異議的仲裁程序問題。

第三十條　術語解釋

在解釋本協定條文時，基金組織與成員國應以下列規定為準：

(a)基金組織在普通資金帳戶所持有的成員國貨幣應包括基金組織按第三條第四款所接受的任何證券。

(b)備用安排是指基金組織的一種決定，即保證成員國可按照此決定的條件在規定期限內從普通資金帳戶中購買到規定數額的貨幣。

(c)儲備檔購買是指成員國以本國貨幣購買特別提款權或其他成員國的貨幣，此項購買不會使基金組織在普通資金帳戶上持有的該國貨幣超過其份額。按此定義，在下述政策下的購買和持有額可不包括在內：

　(i)因出口波動補償融資而使用基金普通資金的政策；

　(ii)為初級產品的國際緩衝庫存籌集資金而使用基金組織普通資金的政策；和

　(iii)經總投票權 85% 的多數通過，基金組織決定應屬於例外情況的其他使用基金組織普通資金的政策。

(d)經常性交易的支付，是指不用作資本轉移目的的支付，包括（但不限於）以下各項：

　(1)所有有關對外貿易、其他經常性業務，包括服務在內，以及正常的短期銀行信貸業務的應付款項；

　(2)應付貸款利息及其他應付投資淨收入；

　(3)數額不大的償還貸款本金或攤提直接投資折舊的支付；和

　(4)數額不大的家庭生活開支匯款。

基金組織需在與有關成員國協商後，確定何種特定交易屬於經常性交易，或屬於資本交易。

(e)特別提款權累計分配淨額是指分配給一參加方的特別提款權總額減去其已按第十八條第二款(a)項撤銷的特別提款權部分。

(f)可自由使用的貨幣是指被基金組織指定的一成員國的貨幣，該貨幣：(i)事實上在國際交易支付中被廣泛使用；並且(ii)在主要外匯市場上被廣泛交易。

(g)一九七五年八月三十一日已是成員國的成員國應包括，在該日後按照理事會在該日以前通過的決議接納的成員國。

(h)基金組織的交易是指基金組織用貨幣資產兌換其他貨幣資產，基金組織的業務是指基金組織對貨幣資產的其他使用或收受。

(i)特別提款權交易是指用特別提款權兌換其他貨幣資產，特別提款權業務指特別提款權的其他使用。

第三十一條 最後條款

第 一 款 生效時間

本協定經持有附錄 A 所載份額總額的 65% 的成員國政府簽字，並依照本條第二款(a)項的規定交存保證書後，應即生效，但不得在一九四五年五月一日以前生效。

第 二 款 簽字

(a)各簽字於本協定的政府，應將述明其業已依照本國法律接受本協定、並已採取履行本協定義務所必需的一切措施的保證書交存美利堅合眾國(美國)政府。

(b)各國自按上述(a)項之規定交存保證書之日起即為基金組織成員國，但在本協定依本條第一款規定開始生效之前，各國均不得成為成員國。

(c)美國政府應將本協定簽字情況及按上述(a)項之規定交存保證書情況，通知附錄 A 所列的各國政府及已按第二條第二款被批准加入基金組織的各國政府。

(d)各政府應在簽字於本協定時，將其認繳額的萬分之一用黃金或美元交與美國政府，作為基金組織之行政管理費。美國政府應將此款專戶儲存，在舉行第一次理事會會議後，即移交理事會。如本協定到一九四五年十二月三十一日尚未生效，美國政府應將此款退予各交款政府。

(e)凡附錄 A 所列各國政府，在一九四五年十二月三十一日前，可以隨時在華盛頓簽字於本協定。

(f)凡依照第二條第二款被批准加入基金組織的各國政府，可以在一九四五年十二月三十一日以後簽字於本協定。

(g)凡簽字於本協定的各國政府，不僅代表其本身，而且也代表其一切殖民地，海外領土，所有在其保護、統治下的領土及其所有託管地接受本協定。

(h)上述(d)項對於簽字政府自其簽字之日起即發生效力。

【下列複製的簽字和保證書文句為協定原本第二十條的文本】

在華盛頓簽字的正本存檔於美利堅合眾國政府，副本由美國政府寄給附錄 A 名單所列的各國政府及已按照第二條第二款批准為成員國的各國政府。

第十三章　國際環境保護與生物資源的維護

五十六、聯合國人類環境會議宣言 (Declaration of the United Nations Conference on the Human Environment)　(1972.6.16)

說明：
㈠聯合國人類環境會議於一九七二年六月十六日通過此宣言。

㈡英文本見 United Nations Document A/CONF. 48/14，印在 ILM, Vol. 11, No. 6 (November 1972), pp. 1416–1421；中文譯文取自《聯合國人類環境會議報告書》，紐約：聯合國，1972 年，頁 3–8。

聯合國人類環境會議，

已於一九七二年六月五日至十六日在斯德哥爾摩開會，

鑑於需要有共同的展望，共同的原則，以激發和指引全世界的人民，來養護和改善人類環境，

一

茲宣布：

一、人是環境的產物，也是環境的塑造者，環境予人以身體上的需要，也予人以智慧、道德、社會和精神滋長的機會。人類在這個地球上的悠久曲折的進化中，已經達到一個階段，由於科學和技術的突飛猛進，他已經具有用無數的方法，以空前的規模，來改變環境的能力。人的環境，包括天然的和人為的兩方面，對於他的福利以及對於享受基本人權——甚至生活本身的權利——都是必要的。

二、保護和改善人類環境，是關係到世界各國人民福利和全世界經濟發展的一個重要問題，是世界各國人民的迫切願望，是各國政府應盡的責任。

三、人類總得不斷地總結經驗，不斷地發現、發明、創造和前進。在我們這個時代，人類改變環境的能力，如果妥善地加以運用，可為所有的人民帶來發展的福利和改善生活素質的機會。如果錯誤地或者輕率地加以運用，這同一能力也能對人類和人類環境造成無可衡量的損害。我們處處可以看到地球上許多地區人為敗害的愈來愈多的跡象：水、空氣、土壤和生物的污染已到危險的程度；生物層的生態平衡，已受

到重大的、不應有的擾亂；無法補充的資源已被毀壞和枯竭；在人為的環境中，特別是在工作和生活環境中，已經出現了有害於人的身體、精神和社會健康的重大缺陷。

四、在發展中國家，多數的環境問題，是發展不足造成的。千千萬萬的人繼續過著遠在人類適當生活所需起碼水準以下的生活，沒有適當的食物和衣服，住處和教育，健康和衛生。因此，發展中國家必須致力於發展，顧到它們的優先事項，也顧到保護並改善環境的必要。為了同一個目的，工業化國家應該作出努力，來縮短它們自己和發展中國家之間的差距。在工業化國家，環境問題多半是因為工業化和技術發展而產生的。

五、人口的自然增長，對環境的維護，不斷引起問題，因此應該斟酌情形，採取適當的方針和措施，來正視這些問題。世間一切事物中，人是最寶貴的。人民推動社會進步，創造社會財富，發展科學技術，並通過他們的辛勤勞動，不斷地改造人類環境。隨著社會的進步和生產、科學、技術的發展，人類改善環境的能力也是與日俱增。

六、我們在歷史上已經到達一個階段，使我們在全世界計劃我們的行動，必須更加謹慎地顧到對於環境的後果。由於無知或漠不關心，我們對於我們的生命和幸福所依靠的地球環境，能夠造成巨大的、無法挽救的損害。反過來，如果我們具有更充足的知識，採取更聰明的行動，便能為我們自己和我們的後代，在更符合人類需要和希望的環境裡，創造更美滿的生活。人類有提高環境素質和創造美好生活的廣闊前景。現在所需要的，是熱誠而平靜的心境，全心全力而井井有條的工作。為了在自然界裡獲得自由，人類必須運用知識，同自然合作，建立更良好的環境。為今代和後世維護和改善人類環境，已經成為人類的迫切目標，這個目標應該連同和平及全世界經濟和社會發展的既定基本目標，一併和諧實現。

七、要達到這個環境目標，公民和社區以及每一階層的企業和機關，都必須負起責任，公平地、各盡其份地作出共同努力。各行各業的個人，以及許多部門的組織，憑著他們的價值標準和它們的行動總和，將塑造未來的世界環境。地方和中央政府將各在其管轄範圍內，對大規模的環境政策和行動，肩負最重大的擔子。還需要國際合作，來籌集資源，支持發展中國家履行它們這方面的責任。有一類為數日增的環境問題，由於其區域性或全球性的範圍，或由於其對共同國際領域的影響，需要在共同利益的前提下，由各國廣泛合作，由各國際組織採取行動。會議呼籲各國政府和人民，為維護和改善人類環境，造福全體人民，造福後代，而共同努力。

二
原　則

聲明下列共同信念：
原則一
　　人人都有在過著尊嚴和幸福生活的優良環境裡享受自由、平等和適當生活條件的基

本權利，同時也有為今代和後世保護和改善環境的神聖責任。在這方面，凡是促進或延續種族隔離、種族分隔、歧視、殖民及其他形式的壓迫和外國統治的政策，應受譴責，必須予以肅清。

原則二

地球上的自然資源，包括空氣、水、土地和動植物，尤其是自然生態系統的代表樣品，必須為今代和後世的利益，酌量情形，通過仔細的設計或管理，加以保護。

原則三

地球生產重生性的重要資源的能力必須保持，可能時並予以恢復或增進。

原則四

人類對於保護和妥善管理現因種種不利因素而岌岌可危的野生物遺產及其生活地域，負有特別的責任。因此，大自然的養護、包括野生物在內，必須在經濟發展設計中給予重要的地位。

原則五

地球上的非重生性資源，必須小心使用，以防將來有用完的危險，並保證全人類共享使用這種資源的利益。

原則六

含毒物質或其他物質和熱的排出，其數量或濃度超過環境所能將其化為無害的能力時，必須加以阻止，以確保生態系統不致受嚴重的或無法補救的損害。對於各國人民進行的反污染的正當鬥爭，應該予以支持。

原則七

各國應採取一切可能的步驟，防止勢將危害人類健康、損害生物資源和海洋生物、損壞環境優良條件或妨礙海洋其他正當用途的各種物質污染海洋。

原則八

經濟和社會發展，是人類謀求良好的生活和工作環境及在地球上創造必要條件、以改善生活素質的必要工具。

原則九

發展落後情況和自然災害所造成的環境缺陷，引起了嚴重的問題，補救的辦法，最好是向發展中國家大量提供財政和技術協助，以補充這些國家的國內努力，而加速推進發展工作，並及時提供可能需要的協助。

原則十

就發展中國家而言，初級商品和原料價格的穩定與充分的收益，是環境管理的必要條件，因為經濟因素以及生態程序都必須予以顧及。

原則十一

一切國家的環境政策，都應增進發展中國家現在和將來的發展潛能，而不應對它有不利的影響，也不妨礙全體人類獲致更優良的生活條件，因此各國和各國際組織都應該採取適當步驟，就如何處理因實施環境措施而可能引起的國家和國際經濟後果的問題達成協議。

原則十二

應提供資源，以保護和改善環境，唯須顧及發展中國家的情況和特殊需要，和這些國家因在其發展設計內加入環境保護辦法而可能引起的任何費用，以及於它們請求時為此目的提供額外國際技術和財政協助的需要。

原則十三

為了對資源作更合理的管理，藉以改善環境，各國於從事發展設計時，應該採用一種統籌協調的方法，務使發展工作，與保護和改善環境以謀人民福利的需要，互相融洽。

原則十四

合理的設計是一種必要的工具，用以調和發展的需要與保護和改善環境的需要之間的任何衝突。

原則十五

對於人類集居地和城市化必須加以設計，以免對環境發生不利影響，並為所有人民取得最大的社會、經濟和環境利益。在這方面，凡是以殖民統治及種族統治為宗旨的種種計畫，必須一律放棄。

原則十六

凡因人口增長速率或人口過分集中而勢將對環境產生不利影響的區域，或因人口密度過低而可能阻止人類環境的改善和妨礙發展的區域，都應適用有關政府認為適當的、無損於基本人權的人口政策。

原則十七

必須指定適當的國家機關，負責設計、管理或控制國家環境資源，以提高環境素質。

原則十八

科學及技術，作為其對經濟和社會發展的一項貢獻，必須用以鑑定、避免和控制環境危險及解決環境問題，並謀人類的共同福利。

原則十九

為年輕人和成年人舉辦的、充分顧及窮苦人民的、有關環境問題的教育，是一項根本措施，藉以擴大個人、企業和社區的開明輿論和負責行為的基礎，俾對環境，顧到它對人類的充分含義，加以保護和改善。同樣重要的是，新聞媒介必須避免助長環境的惡化；相反地，它們應該作教育性的報導，強調必須保護和改善環境，使人可在每一方面發展。

原則二十

所有國家，尤其是發展中國家，必須參酌涉及一個國家或許多國家的環境問題，提倡科學研究和發展。在這方面，對於最新科學資料的自由流通和經驗的交換，必須予以支持和援助，以利環境問題的解決；環境技術必須按照足以鼓勵廣泛傳播而對發展中國家不構成經濟負擔的條件，提供給發展中國家。

原則二十一

依照聯合國憲章和國際法原則，各國具有按照其環境政策開發其資源的主權權利，同時亦負有責任，確保在它管轄或控制範圍內的活動，不致對其他國家的環境或其本國

管轄範圍以外地區的環境引起損害。

原則二十二

各國應互相合作，進一步發展關於一國管轄或控制範圍以內的活動對其管轄範圍以外地區所引起的污染及其他環境損害的受害人的責任與賠償問題的國際法。

原則二十三

在不妨害國際社會可能同意的一般準則，亦不妨害各國所須確定的標準的情形下，務須一律考慮每一個國家的現行價值制度，以及在什麼程度內可以適用在最進步國家行之有效但對發展中國家則未必適合而且社會代價過高的標準。

原則二十四

關於保護和改善環境的國際問題，應由所有各國，不論大小，以平等地位本著合作精神來處理。通過多邊或雙邊安排或其他適當辦法的合作，是對各種領域內進行活動所引起的不良環境影響，加以有效控制預防、減少或消除的必要條件，唯須妥善顧及所有國家的主權和利益。

原則二十五

各國應確保各國際組織在環境的保護和改善方面，發揮協調、有效和有力的作用。

原則二十六

不能讓人類及其環境遭受核武器及其他一切大規模毀滅性武器的影響。各國必須努力，在有關的國際機關內，就此種武器的消除和全部銷毀，迅速達成協議。

一九七二年六月十六日

第二十一次全體會議

五十七、關於受危害的野生動植物區系物種的國際買賣公約 (Convention on International Trade in Endangered Species of Wild Fauna and Flora) (1973.3.3)

說明：

㈠本公約一九七三年三月三日簽署，一九七五年七月一日生效。本公約目前又名《瀕臨絕種野生動植物國際貿易公約》，簡稱《華盛頓公約》。

㈡英文本見 UNTS, Vol. 993, pp. 244–271；中文本見 UNTS, Vol. 993, pp. 320–372。

各締約國，

認識到許多美麗和不同形式的野生動植物區系構成地球上自然分類系統不能代換的一部，故在今世和後世必須加以保護；

意識到野生動植物區系在審美、科學、文化、娛樂和經濟觀點上永在增長的價值；

認識到一切人民和國家應為他們自己的野生動植物區系的最好保護者；

又認識到為了保護有些野生動植物區系的物種不致因國際買賣而遭受過分剝削，必須國際合作；

深信為達到此項目的，急需採取適當措施；

同意如下：

第 一 條　定義

為本公約的用途，除非約文前後文關係另有需要外：

㈠「物種」意指任何物種、亞種，或其在地理上分隔的種群；

㈡「標本」意指：

　㈤任何活的或死的動植物；

　㈥如為動物：列在附錄一和二的物種，指其任何容易認出的部分或衍生；列在附錄三的物種，指其在該附錄內指明的任何容易認出的部分或衍生；

　㈦如為植物：列在附錄一的物種，指其任何容易認出的部分或衍生；列在附錄二和三的物種，指其在各該附錄內指明的任何容易認出的部分或衍生；

㈢「買賣」意指輸出、再輸出、輸入或自海洋運入；

㈣「再輸出」意指任何前經輸入的標本的輸出；

㈤「自海洋運入」意指任何物種的標本從不在任何國家管轄下的海洋環境取得後運入一個國家；

㈥「科學機構」意指依第九條指定的國家科學機構；

㈦「管理機構」意指依第九條指定的國家管理機構；

㈧「締約國」意指本公約對該國業已生效的國家。

第 二 條　基本原則

一、附錄一應包括因買賣影響致有滅種威脅的一切物種。這些物種標本的買賣必須經過特別嚴格的管制，俾得不再危及他們的生存，並僅在例外的情形下始得准許買賣。

二、附錄二應包括：

　㈠目前雖不一定受到滅種威脅的一切物種，但除非這些物種標本的買賣經過嚴格管制，俾能防止不合他們生存的利用，否則將來亦有滅種的可能；

　㈡其他必須經過管制的物種，俾使本段第㈠款所指某些物種標本的買賣可以受到有效的控制。

三、附錄三應包括為預防或限制剝削起見，經任何締約國指明在其管轄下應受管制的一切物種以及需要其他締約國合作控制買賣的物種。

四、除遵照本公約的規定外，各締約國對附錄一、二和三所列的物種標本不准買賣。

第 三 條　附錄一所列物種標本買賣的管制

一、附錄一所列物種標本的一切買賣均應遵照本條的規定。

二、附錄一所列物種的任何標本應於事前取得和提出輸出許可書始准輸出。
　　輸出許可書僅於適合下列條件時始准發給：
　　㈠輸出國家的科學機構業已通知標本的輸出並不有害於該物種的生存；
　　㈡輸出國家的管理機構確信標本的取得並未違反該國保護動植物區系的
　　　法律；
　　㈢輸出國家的管理機構確信準備和運送任何活的標本能使其傷害、健康
　　　損害或殘酷待遇的危險性減到最低的限度；
　　㈣輸出國家的管理機構確信標本的輸入許可書業已發給。
三、附錄一所列物種的任何標本應於事前取得和提出輸入許可書和輸出許可
　　書或再輸出證書始准輸入。輸入許可書僅於適合下列條件時始准發給：
　　㈠輸入國家的科學機構業已通知標本輸入的用途並不有害於有關物種的
　　　生存；
　　㈡輸入國家的科學機構確信活的標本接受者置有收藏和照管標本的適當
　　　設備；
　　㈢輸入國家的管理機構確信標本不會用於主要商業性的目的。
四、附錄一所列物種的任何標本應於事前取得和提出再輸出證書始准再輸
　　出。再輸出證書僅於適合下列條件時始准發給：
　　㈠再輸出國家的管理機構確信標本係遵照本公約的規定輸入該國；
　　㈡再輸出國家的管理機構確信準備和運送任何活的標本能使其傷害、健
　　　康損害或殘酷待遇的危險性減到最低的限度；
　　㈢再輸出國家的管理機構確信任何活的標本的輸入許可書業已發給。
五、自海洋運入附錄一所列物種的任何標本應於事前取得運入國家的管理機
　　構的證書。此項證書僅於適合下列條件時始准發給：
　　㈠運入國家的科學機構業已通知標本的運入並不有害於有關物種的生
　　　存；
　　㈡運入國家的管理機構確信活的標本的接受者置有收藏和照管標本的適
　　　當設備；
　　㈢運入國家的管理機構確信標本不會用於主要商業性的目的。
第 四 條　附錄二所列物種標本買賣的管制
一、附錄二所列物種標本的一切買賣均應遵照本條的規定。
二、附錄二所列物種的任何標本應於事前取得和提出輸出許可書始准輸出。
　　輸出許可書僅於適合下列條件時始准發給：
　　㈠輸出國家的科學機構業已通知標本的輸出並不有害於該物種的生存；
　　㈡輸出國家的管理機構確信標本的取得並未違反該國保護動植物區系的
　　　法律；
　　㈢輸出國家的管理機構確信準備和運送任何活的標本能使其傷害、健康
　　　損害或殘酷待遇的危險性減到最低的限度。

三、每個締約國的科學機構應審查其所發附錄二所列物種標本的輸出許可書和該標本的實際輸出。科學機構如斷定為保持此類物種整個範疇合於他在生態系統中所起作用的水準，並遠在該物種合格列入附錄一的水準以上起見，應限制此類物種標本的輸出時，應即通知有關管理機構採取適當措施限制發給物種標本的輸出許可書。

四、附錄二所列物種的任何標本應於事前提出輸出許可書或再輸出證書始准輸入。

五、附錄二所列物種的任何標本應於事前取得和提出再輸出證書始准再輸出。再輸出證書僅於適合下列條件時始准發給：
　㈠再輸出國家的管理機構確信標本係遵照本公約的規定輸入該國；
　㈡再輸出國家的管理機構確信準備和運送任何活的標本能使其傷害、健康損害或殘酷待遇的危險性減到最低的限度。

六、自海洋運入附錄二所列物種的任何標本應於事前取得運入國家的管理機構的證書。此項證書僅於適合下列條件時始准發給：
　㈠運入國家的科學機構通知標本的運入並不有害於有關物種的生存；
　㈡運入國家的管理機構確信處理任何活的標本能使其傷害、健康損害或殘酷待遇的危險性減到最低的限度。

七、本條第六段所指的證書經科學機構與其他國家科學機構或國際科學機構商洽通知後准予發給，並規定在不超過一年的期間內可以運入的標本總數。

第 五 條　附錄三所列物種標本買賣的管制

一、附錄三所列物種標本的一切買賣均應遵照本條的規定。

二、附錄三所列物種的任何標本，如輸出國已將該物種列入附錄三時，應於事前取得和提出輸出許可書始准輸出。輸出許可書僅於適合下列條件時始准發給：
　㈠輸出國家的管理機構確信標本的取得並未違反該國保護動植物區系的法律；
　㈡輸出國家的管理機構確信準備和運送任何活的標本能使其傷害、健康損害或殘酷待遇的危險性減到最低的限度。

三、附錄三所列物種的任何標本，除在可以適用本條第四段的情形外，應於事前提出產地證明書始准輸入。如輸入國已將該物種列入附錄三時，並應提出該國輸出許可書始准輸入。

四、如遇再輸出的情形，再輸出國家的管理機構所發證明標本正在該國加工或由該國再輸出的證書應被輸入國接受，作為該標本已遵照本公約的規定輸入該國的證據。

第 六 條　許可書和證書

一、依第三、四和五條規定所發的許可書和證書應遵照本條的規定辦理。

二、輸出許可書應載有附錄四所列樣本內指定的情報，並僅自發給之日起六個月的期間內可供輸出的使用。

三、每一許可書或證書應載明本公約的名稱，簽發證書的管理機構的名稱和識別圖章以及該機構指定的管制號碼。

四、管理機構所發許可書或證書的任何抄本均應明顯地標明僅為抄本，除在抄本上註明的限度內，不得作為原本之用。

五、每次運送的標本應需各別的許可書或證書。

六、任何標本的輸入國家的管理機構應註銷和保存任何輸出許可書或再輸出證書和所提輸入該標本的輸入許可書。

七、在適當和可能的範圍內，管理機構得在任何標本上蓋貼標誌，以便識別。為這樣的用途，「標誌」意指用於識別標本的任何不能消除的印記、鉛章或其他適當工具，其設計方法在使未經授權的人極難仿造。

第 七 條　關於買賣的免除和其他特別規定

一、第三、四和五條的規定對於在締約國境內通過或轉運時受該國海關控制的標本並不適用。

二、輸出或再輸出國家的管理機構如確信標本於本公約的規定適用前已經取得並發給證書證明屬實時，第三、四和五條的規定對該標本並不適用。

三、第三、四和五條的規定對私人或家庭所有的標本並不適用。此項免除不適用於下列標本：

　㈠關於附錄一所列的物種標本，如由所有人在其通常居住國以外取得而擬輸入該國者；

　㈡關於附錄二所列的物種標本：

　　㈲如由所有人在其通常居住國以外取得而在另一國家的原野中移出者；

　　㈡如擬輸入所有人通常居住的國家者；

　　㈤如標本從一國的原野移出而在輸出前需要該國發給輸出許可書者；但如管理機構確信標本在本公約的規定適用前已經取得時不在此限。

四、附錄一所列的動物物種，如為商業性目的在被俘中豢養者，或附錄一所列的植物物種，如為商業性目的用人工繁殖者，應視為附錄二所列的物種標本。

五、輸出國家的管理機構如確信任何動物物種標本是在被俘中豢養或任何植物物種標本是用人工繁殖或為該動植物的部分或衍生而經該機構發給證書證明屬實者，此項證書應被接受以替代第三、四或五條規定所需的任何許可書或證書。

六、植物標本、其他保藏、封乾或嵌插的博物院標本和活的植物原料，非商業性的借出、贈與，或經國家管理機構登記的科學家或科學機關間的交換，如帶有國家管理機構所發給或認可的標記者不適用第三、四和五條

的規定。

七、任何國家的管理機構對旅行中的動物園、馬戲團、巡迴動物園、植物展
　　覽或其他旅行展覽所有的標本得放棄第三、四和五條規定的要件，不需
　　許可書或證書而任其行動，但以具備下列條件者為限：
　　㈠輸出者或輸入者應將上列標本的細節向該管理機構登記；
　　㈡標本係列在本條第二或五段的種類以內；
　　㈢管理機構確信運輸和照管任何活的標本能使其傷害、健康損害或殘酷
　　　　待遇的危險性減到最低的限度。

第 八 條　各締約國應採取的措施

一、各締約國應採取適當措施以執行本公約的規定，並禁止違反本公約的標
　　本買賣。此項措施應包括：
　　㈠處罰上列標本的買賣或佔有，或兩者均予處罰；
　　㈡規定將上列標本沒收或歸還輸出國。

二、除依本條第一段所採的措施外，締約國認為必要時，對違反適用本公約
　　規定措施而買賣的標本，就其因沒收而負擔的費用得規定任何內部償還
　　的辦法。

三、各締約國應在可能範圍內保證儘快完成標本買賣應辦的手續。為便利完
　　成此項手續，締約國得指定標本必須提請放行的出入港口。各締約國並
　　應保證各種活的標本在過境、停留或運送的期間，必受適當的照管，以
　　減其傷害、健康損害或殘酷待遇的危險性。

四、活的標本如因本條第一段所指的措施而被沒收時：
　　㈠標本應交付沒收國家的管理機構保管；
　　㈡管理機構與輸出國家商洽後，應將標本歸還該國而由其負擔費用，或
　　　　由管理機構認為適當和符合本公約的目的時將標本送到一個救護中心
　　　　或其他類似處所；
　　㈢管理機構得徵取科學機構的意見，或於認為合乎需要時與秘書處商洽，
　　　　以便作成依本段第㈡款的決定，包括救護中心或其他處所的選擇。

五、本條第四段所指的救護中心係指由管理機構指定看顧活的標本的機關，
　　特別是已經沒收的標本。

六、每個締約國應保存附錄一、二和三所列物種標本的買賣紀錄，包括：
　　㈠輸出者和輸入者的姓名和地址；
　　㈡發給許可書和證書的數目和種類；所與買賣的國家的名稱；附錄一、
　　　　二和三所列標本的數目或數量和種類，物種的名稱，和有關標本的尺
　　　　寸和性別。

七、每個締約國應將本公約的實施情形編擬下列定期報告提送秘書處：
　　㈠常年報告包含本條第六段第㈡款指定情報的概要；
　　㈡兩年度報告包含因執行本公約的規定而採取的立法、管制和行政措施。

八、本條第七段所指的情報在不違反締約國法律的情形下應予公布。

第 九 條　管理機構和科學機構

一、各締約國為本公約的用途應指定：

　　㈠一個或一個以上管理機構有權代表該國發給許可書或證書；

　　㈡一個或一個以上科學機構。

二、交存批准書、接受書、同意書或加入書的國家同時應將該國管理機構的名稱和地址以及賦與該機構與其他締約國和秘書處聯絡的授權通知交存國政府。

三、依本條規定所作的指定或授權如有變更，應由有關締約國通知秘書處轉知所有其他締約國。

四、本條第二段所指的管理機構，如遇秘書處或另一締約國要求時，應將其用作鑑認許可書或證書的圖章、印記或其他圖案的印文送達對方。

第 十 條　與非締約國的買賣

如輸出或再輸出係向或輸入係從不屬於本公約的國家進行者，該國主管機構所發的同類證件，如在實質上符合本公約規定發給許可書和證書的條件時，可由任何締約國接受以作替代證件之用。

第十一條　締約國大會

一、秘書處至遲於本公約生效後兩年內應召集締約國大會會議一次。

二、除大會另有決定外，秘書處此後應於每兩年至少召集經常會議一次。非常會議經締約國至少三分之一的書面要求隨時可以召集。

三、在經常或非常會議中，各締約國應考核本公約的實施情況，並得：

　　㈠作成必要的規定，以便秘書處執行其職務；

　　㈡依第十五條討論和採納附錄一和二的修正案；

　　㈢考核附錄一、二和三所列物種的恢復和保全的進度；

　　㈣聽取和討論秘書處或任何締約國的報告；

　　㈤在適當情形下作成建議以增進本公約的效力。

四、在每次經常會議中，各締約國得依本條第二段的規定決定下次常會的時間和地點。

五、在任何會議中，各締約國得決定和採納會議的議事規則。

六、聯合國與其各專門機關和國際原子能機構以及任何不屬於本公約的國家得派觀察員代表參加大會的各種會議，但無表決權。

七、下列各類的任何機構或團體在技術上合格保護、保全或管理野生動植物區系並通知秘書處擬派觀察員代表參加會議者，除出席的締約國至少三分之一表示反對外，應准許列席：

　　㈠政府或非政府的國際機構或團體和各國政府機構和團體；

　　㈡各國非政府機構或團體經所在國認可者。觀察員一經准許列席，應即准予參加會議，但無表決權。

第十二條　秘書處

一、本公約開始生效時應由聯合國環境計畫執行幹事準備設立秘書處。執行幹事在其認為適當的限度和情形下，得由在技術上合格保護、保全和管理野生動植物區系的適當政府間或非政府間國際或國家機構和團體給予襄助。

二、秘書處的職務應為：

　㈠安排和供應締約國的各種會議；

　㈡執行依本公約第十五和十六條的規定交付的職務；

　㈢遵照締約國大會授權的計畫從事科學和技術研究，以利本公約的實施，包括關於適當準備和運送活的標本的標準和識別標本方法的研究；

　㈣檢討締約國提送的報告和在認為必要時要求關於此項報告上更多的情報，以保證本公約的實施；

　㈤促請締約國注意涉及本公約目標的任何事項；

　㈥定期刊印附錄一、二和三的現行版本，連同便於識別各該附錄所列物種標本的情報分送各締約國；

　㈦編擬常年工作報告和本公約實施狀況的報告以及締約國會議要求的其他報告；

　㈧作成實施本公約目標和規定的建議，包括科學或技術性情報的交換；

　㈨執行其他締約國交付的任何職務。

第十三條　國際措施

一、秘書處依據所接的情報如確信附錄一或二所列的物種因該物種的標本買賣而受到不利的影響或本公約的規定未見有效實施時，應將此項情報送達有關締約國的主管管理機構。

二、任何締約國於接到本條第一段所指的情報後，應將有關事實在該國法律所許的範圍內並在適當情形下連同所提補救行動盡速通知秘書處。如該締約國認為應舉行調查時，得由該國明白授權的一人或一人以上進行調查。

三、由締約國供給或依本條第二段規定調查所得的情報應由下屆締約國大會審議後作成該會認為適當的任何建議。

第十四條　對於國內立法和國際公約的影響

一、本公約的規定決不影響各締約國採取下列措施的權利：

　㈠關於規定買賣、佔有或運輸附錄一、二和三所列物種標本的條件或其全部禁止的更加嚴厲的國內措施；或

　㈡關於限制或禁止買賣、佔有或運輸不列在附錄一、二或三的物種的國內措施。

二、本公約的規定決不影響各締約國任何國內措施的規定，或其因現行有效或以後生效的條約、公約或國際協定而產生關於買賣、佔有或運輸標本

其他方面的義務，包括關於海關、公共衛生、獸醫或植物檢疫部門的任
何措施。

三、對於各國締結或可能締結創立一個聯盟或區域買賣協定設立或維持共同
對外的海關管制和撤除締約國間關於該聯盟或協定會員國間買賣的海關
管制的條約、公約或國際協定的規定或由此而產生的義務，本公約的規
定對其決無影響。

四、本公約的締約國，在本公約生效時亦為參加其他現行有效的條約、公約
或國際協定的國家，並依其規定對附錄二所列的海洋物種給予保護者，
如附錄二所列物種標本係由該國登記的船舶捕取而買賣時，應依據各該
條約、公約或國際協定的規定解除其依本公約的規定所負的義務。

五、不論第三、四和五條的規定如何，依本條第四段捕取的標本的輸出僅需
運入國家的管理機構發給證書證明標本的捕取確係遵照其他有關條約、
公約或國際協定的規定。

六、本公約不得認為不利於依據聯合國大會（二十五）決議二七五○C號召
集聯合國海洋法會議所作海洋法的編纂和發展，以及任何國家對於海洋
法與濱海和船籍國法權性質和限度的現在或未來的主張和法律意見。

第十五條　附錄一和二的修正

一、在締約國大會的會議中所提附錄一和二的修正案適用下列規定：

㈠任何締約國得在下屆會議提出對附錄一或二的修正案以供討論。修正
案的全文應於會議前至少一百五十天內送達秘書處。秘書處應依本條
第㈡和㈢款的規定與其他締約國和有關機構就修正案進行商洽並將其
答覆至遲於會議前三十天內送達各締約國。

㈡修正案應以出席和投票的締約國三分之二的多數票表決通過。為了此
項目的「出席和投票的締約國」意指出席和投贊成票或反對票的締約
國。棄權不投票的締約國不得算入通過修正案所需三分之二的票數以
內。

㈢會議中通過的修正案應於會議結束九十天後對所有締約國開始生效，
但依本條第三段提出保留的締約國不在此限。

二、在締約國大會的兩個會議間所提附錄一或二的修正案適用下列規定：

㈠任何締約國在兩個會議間得依本段規定的郵政程序提出附錄一或二的
修正案，以供討論。

㈡關於海洋物種，秘書處應於接到所提修正案的全文後立即送達各締約
國。秘書處並應與對該物種負有特殊職務的政府間機構進行商洽，以
便向其要取可供的科學資料並保證與其執行的任何保全措施取得協
調。秘書處應將此等機構所供的意見和資料連同其本身所作的調查報
告或建議盡速送達各締約國。

㈢關於海洋物種以外的物種，秘書處應將所提修正案的全文於收到後立

即送達各締約國，並將其所作的建議隨後盡速送達各締約國。

㈣任何締約國於秘書處依本段第㈡或㈢款送達其建議後六十天內對所提的修正案得向秘書處提送意見和有關科學資料和情報。

㈤秘書處應將收到的答覆連同其所作的建議盡速送達各締約國。

㈥秘書處如在依本段第㈤款規定送達答覆和建議之日三十天後尚未收到對修正案的異議時，修正案應於九十天後對所有締約國開始生效，但依本條第三段提出保留的締約國不在此限。

㈦秘書處如收到任何締約國的異議時，應將所提的修正案依本段第㈧、㈨和㈩款的規定交由郵政程序投票表決。

㈧秘書處應將收到異議的通知轉告各締約國。

㈨秘書處除非在依本段第㈧款的通知之日起六十天內收到締約國至少半數的贊成、反對或棄權票，所提的修正案應移交下屆大會會議重予討論。

㈩秘書處如收到締約國半數的投票，修正案應以投贊成票或反對票的締約國三分之二的多數票表決通過。

㈤秘書處應將投票結果通知所有締約國。

㈥所提的修正案通過後應於秘書處通知已被各締約國接受之日起九十天後對所有締約國開始生效，但依本條第二段提出保留的締約國不在此限。

三、在本條第一段第㈢款或本條第二段第㈥款規定的九十天期間內，任何締約國得對修正案提出保留以書面通知交存國政府。在未撤回此項保留前，締約國就其有關物種的買賣應視為不屬於本公約的國家。

第十六條　附錄三和對它的修正

一、為達成第二條第三段所述的目的，任何締約國隨時得將該國指明在其管轄下應受管制的物種列成一表提送秘書處。附錄三應載明提送物種表的締約國的名稱，所送物種的學名，和在第一條第㈡款所指有關動植物物種的部分或衍生。

二、依本條第一段規定所送的物種表應由秘書處於收到後盡速送達各締約國。此表應自送達之日起九十天後開始生效，作為附錄三的一部。表經送達後任何締約國對任何物種或其部分或衍生隨時得向交存國政府以書面提出保留。締約國在未撤回保留前，就其有關物種或其部分或衍生的買賣應視為不屬於本公約的國家。

三、提送物種列入附錄三的締約國隨時可以通知秘書處將該物種撤回。秘書處應將此項撤回通知各締約國。撤回於通知之日起三十天後開始生效。

四、依本條第一段規定提送物種表的任何締約國應向秘書處提送適用於保護此項物種的一切國內法律和規程，並在其認為適當情形下或經秘書處要求時附送其所作的解釋。締約國並應就其列入附錄三的有關物種，提送

其所採納關於此項法律或規程的一切修正案和新解釋。

第十七條　公約的修正

一、秘書處經締約國至少三分之一的書面要求應召集締約國大會非常會議以便討論和通過本公約的修正案。此項修正案應以出席和投票的締約國三分之二的多數票表決通過。為了此項目的「出席和投票的締約國」意指出席和投贊成票或反對票的締約國。棄權不投票的締約國不得算入通過修正案所需三分之二的票數以內。

二、秘書處應將所提修正案的全文於會議前至少九十天內送達各締約國。

三、修正案應於締約國三分之二將修正案接受書送存交存國政府六十天後對各該締約國開始生效。此後，修正案應於其他締約國交存修正案接受書六十天後對其開始生效。

第十八條　爭議的解決

一、兩國或兩國以上如對本公約規定的解釋或適用發生爭議時應由爭議的有關國家舉行談判。

二、如爭議不能依本條第一段解決時，締約國得以相互同意將爭議提請公斷，特指海牙常設公斷法院的公斷。提請公斷的締約國應受公斷決定的約束。

第十九條　簽字

本公約應予開放，准許各國在華盛頓簽字至一九七三年四月三十日為止，其後在伯爾尼簽字至一九七四年十二月三十一日為止。

第二十條　批准、接受、同意

本公約應經批准、接受或同意。批准書、接受書或同意書應送存瑞士聯邦政府，該政府應為交存國政府。

第二十一條　加入

本公約應無定期開放，准許各國加入。加入書應送存交存國政府。

第二十二條　開始生效

一、本公約應於第十個批准書、接受書、同意書或加入書送存交存國政府之日九十天後開始生效。

二、本公約對每個批准、接受或同意本公約的國家，或在第十個批准書、接受書、同意書或加入書交存後加入本公約的國家，應於各該國交存其批准書、接受書、同意書或加入書九十天後開始生效。

第二十三條　保留

一、本公約的規定應不受一般性的保留。特殊性的保留得依本條及第十五和十六條的規定提出。

二、任何締約國於交存批准書、接受書、同意書或加入書時得提出下列特殊性的保留：

㈠附錄一、二或三所列的物種；或

㈡附錄三指定的物種的部分或衍生。

三、締約國在未撤回依本條規定所提的保留前，就此項保留內指定的特種
　　物種或其部分或衍生的買賣，應視為不屬於本公約的國家。

第二十四條　廢止

任何締約國隨時得以書面通知交存國政府廢止本公約。本公約的廢止應於
交存國政府收到通知十二個月後對該國開始生效。

第二十五條　交存

一、本公約的中、英、法、俄和西文各本同一作準，其原本應送存交存國
　　政府。交存國政府應將本公約的證明抄本分送所有簽字的國家或交存
　　加入書的國家。

二、交存國政府應將本公約的簽字，批准書、接受書、同意書或加入書的
　　交存、本公約的開始生效、各修正案、保留的提出和撤回以及廢止的
　　通知分別通知所有簽字和加入的國家和秘書處。

三、一俟本公約開始生效，交存國政府應將其證明抄本一份送達聯合國秘
　　書處遵照聯合國憲章第一百零二條予以登記和公布。

為此，下列各全權代表，各經授權，謹簽字於本公約，以昭信守。
一千九百七十三年三月三日簽訂於華盛頓。

五十八、控制危險廢物越境轉移及其處置巴塞爾公約 (Basel Convention on the Control of Transboundary Movements of Hazardous Wastes and Their Disposal)　　　　　(1989.3.22)

說明：

㈠本公約一九八九年三月二十二日簽署，一九九二年五月五日生效。

㈡英文本見 UNTS, Vol. 1673, pp. 126–161，亦刊載於 ILM, Vol. 28, No. 3 (May 1989), pp. 657–686；中文本見 UNTS, Vol. 1673, pp. 89–125，亦刊載於《中華人民共和國多邊條約集》，第六集，北京：法律出版社，1994 年出版，頁 467–499。

序　言

本公約締約國，

意識到危險廢物和其他廢物及其越境轉移對人類和環境可能造成的損害，

銘記著危險廢物和其他廢物的產生、其複雜性和越境轉移的增長對人類健康和環境
所造成的威脅日趨嚴重，

又銘記著保護人類健康和環境免受這類廢物的危害的最有效方法是把其產生的數量

和（或）潛在危害程度減至最低限度，

深信各國應採取必要措施，以保證危險廢物和其他廢物的管理包括其越境轉移和處置符合保護人類健康和環境的目的，不論處置場所位於何處，

注意到各國應確保產生者必須以符合環境保護的方式在危險廢物和其他廢物的運輸和處置方面履行義務，不論處置場所位於何處，

充分確認任何國家皆享有禁止來自外國的危險廢物和其他廢物進入其領土或在其領土內處置的主權權利，

又確認人們日益盼望禁止危險廢物的越境轉移及其在其他國家特別是在發展中國家的處置，

深信危險廢物和其他廢物應盡量在符合對環境無害的有效管理下，在廢物產生國的國境內處置，

又意識到這類廢物從產生國到任何其他國家的越境轉移應僅在進行此種轉移不致危害人類健康和環境並遵照本公約各項規定的情況下才予以許可，

認為加強對危險廢物和其他廢物越境轉移的控制將起到鼓勵其無害於環境的處置和減少其越境轉移量的作用，

深信各國應採取措施，適當交流有關危險廢物和其他廢物來往於那些國家的越境轉移的資料並控制此種轉移，

注意到一些國際和區域協定已處理了危險貨物過境方面保護和維護環境的問題，

考慮到《聯合國人類環境會議宣言》（一九七二年，斯德哥爾摩）和聯合國環境規劃署（環境署）理事會一九八七年六月十七日第 14/30 號決定通過的《關於危險廢物環境無害管理的開羅準則和原則》、聯合國危險物品運輸問題專家委員會的建議（於一九五七年擬定後，每兩年訂正一次）、在聯合國系統內通過的有關建議、宣言、文書和條例以及其他國際和區域組織內部所做的工作和研究，

銘記著聯合國大會第三十七屆（一九八二年）會議所通過的《世界大自然憲章》的精神、原則、目標和任務乃是保護人類環境和養護自然資源方面的道德準則，

申明各國有責任履行其保護人類健康和維護環境的國際義務並按照國際法承擔責任，

確認在一旦發生對本公約或其任何議定書條款的重大違反事件時，則應適用有關的國際條約法的規定，

意識到必須繼續發展和實施無害於環境的低廢技術、再循環方法、良好的管理制度，以便盡量減少危險廢物和其他廢物的產生，

又意識到國際上日益關注嚴格控制危險廢物和其他廢物越境轉移的必要性，以及必須盡量把這類轉移減少到最低限度，

對危險廢物越境轉移中存在的非法運輸問題表示關切，

並考慮到發展中國家管理危險廢物和其他廢物的能力有限，

並確認有必要按照開羅準則和環境署理事會關於促進環境保護技術的轉讓的第 14/16 號決定的精神，促進特別向發展中國家轉讓技術，以便對於本國產生的危險廢物和

其他廢物進行無害管理,

並確認應該按照有關的國際公約和建議從事危險廢物和其他廢物的運輸,

並深信危險廢物和其他廢物的越境轉移應僅僅在此種廢物的運輸和最後處置對環境無害的情況下才給予許可,

決心採取嚴格的控制措施來保護人類健康和環境,使其免受危險廢物和其他廢物的產生和管理可能造成的不利影響,

茲協議如下:

第 一 條　本公約的範圍

一、為本公約的目的,越境轉移所涉下列廢物即為「危險廢物」:

　(a)屬於附件一所載任何類別的廢物,除非它們不具備附件三所列的任何特性;

　(b)任一出口、進口或過境締約國的國內立法確定為或視為危險廢物的不包括在(a)項內的廢物。

二、為本公約的目的,越境轉移所涉載於附件二的任何類別的廢物即為「其他廢物」。

三、由於具有放射性而應由專門適用於放射性物質的國際管制制度包括國際文書管轄的廢物不屬於本公約的範圍。

四、由船舶正常作業產生的廢物,其排放已由其他國際文書作出規定者,不屬於本公約的範圍。

第 二 條　定義

為本公約的目的:

一、「廢物」是指處置的或打算予以處置的或按照國家法律規定必須加以處置的物質或物品;

二、「管理」是指對危險廢物或其他廢物的收集、運輸和處置,包括對處置場所的事後處理;

三、「越境轉移」是指危險廢物或其他廢物從一國的國家管轄地區移至或通過另一國的國家管轄地區的任何轉移,或移至或通過不是任何國家的國家管轄地區的任何轉移,但該轉移須涉及至少兩個國家;

四、「處置」是指本公約附件四所規定的任何作業;

五、「核准的場地或設施」是指經該場地或設施所在國的有關當局授權或批准從事危險廢物或其他廢物處理作業的場地或設施;

六、「主管當局」是指由一締約國指定在該國認為適當的地理範圍內負責接收第六條所規定關於危險廢物或其他廢物越境轉移的通知及任何有關資料並負責對此類通知作出答覆的一個政府當局;

七、「聯絡點」是指第五條所指一締約國內負責接收和提交第十三和第十六條所規定的資料的一個實體;

八、「危險廢物或其他廢物的環境無害管理」是指採取一切可行步驟,確保危

險廢物或其他廢物的管理方式將能保護人類健康和環境，使其免受這類廢物可能產生的不利後果；

九、「在一國國家管轄下的區域」是指任何陸地、海洋或空間區域，在該區域範圍內一國按照國際法就人類健康或環境的保護方面履行行政和管理上的責任；

十、「出口國」是指危險廢物或其他廢物越境轉移起始或預定起始的締約國；

十一、「進口國」是指作為危險廢物或其他廢物進行或預定進行越境轉移的目的地的締約國，以便在該國進行處置，或裝運到不屬於任何國家管轄的區域內進行處置；

十二、「過境國」是指危險廢物或其他廢物轉移中通過或計劃通過的除出口國或進口國之外的任何國家；

十三、「有關國家」是指出口締約國或進口締約國，或不論是否締約國的任何過境國；

十四、「人」是指任何自然人或法人；

十五、「出口者」是指安排危險廢物或其他廢物的出口、在出口國管轄下的任何人；

十六、「進口者」是指安排危險廢物或其他廢物的進口、在進口國管轄下的任何人；

十七、「承運人」是指從事危險廢物或其他廢物運輸的任何人；

十八、「產生者」是指其活動產生了危險廢物或其他廢物的任何人，或者，如果不知此人為何人，則指擁有和（或）控制著那些廢物的人；

十九、「處置者」是指作為危險廢物或其他廢物裝運的收貨人並從事該廢物處置作業的任何人；

二十、「政治和（或）經濟一體化組織」是指由一些主權國家組成的組織，它得到其成員國授權處理與本公約有關的事項，並經按照其內部程序正式授權簽署、批准、接受、核准、正式確認或加入本公約；

二十一、「非法運輸」是指第九條所指的對危險廢物或其他廢物的任何越境轉移。

第三條 國家對危險廢物的定義

一、每一締約國在成為本公約締約國的六個月內，應將附件一和附件二所列之外的、但其國家立法視為或確定為危險廢物的廢物名單連同有關適用於這類廢物的越境轉移程序的任何規定通知本公約秘書處。

二、每一締約國應隨後將它依據第一款提供的資料的任何重大變更情況通知秘書處。

三、秘書處應立即將它依據第一和第二款收到的資料通知所有締約國。

四、各締約國應負責將秘書處遞送的第三款之下的資料提供給本國的出口者。

第四條　一般義務

一、(a)各締約國行使其權利禁止危險廢物或其他廢物進口處置時，應按照第十三條的規定將其決定通知其他締約國。

　　(b)各締約國在接獲按照以上(a)項發出的通知後，應禁止或不許可向禁止這類廢物進口的締約國出口危險廢物和其他廢物。

　　(c)對於尚未禁止進口危險廢物和其他廢物的進口國，在該進口國未以書面同意某一進口時，各締約國應禁止或不許可此類廢物的出口。

二、各締約國應採取適當措施：

　　(a)考慮到社會、技術和經濟方面，保證將其國內產生的危險廢物和其他廢物減至最低限度；

　　(b)保證提供充分的處置設施用以從事危險廢物和其他廢物的環境無害管理，不論處置場所位於何處，在可能範圍內，這些設施應設在本國領土內；

　　(c)保證在其領土內參與危險廢物和其他廢物管理的人員視需要採取步驟，防止在這類管理工作中產生危險廢物和其他廢物的污染，並在產生這類污染時，盡量減少其對人類健康和環境的影響；

　　(d)保證在符合危險廢物和其他廢物的環境無害和有效管理下，把這類廢物越境轉移減至最低限度，進行此類轉移時，應保護環境和人類健康，免受此類轉移可能產生的不利影響；

　　(e)禁止向屬於一經濟和（或）政治一體化組織而且在法律上完全禁止危險廢物或其他廢物進口的某一締約國或一組締約國，特別是發展中國家，出口此類廢物，或者，如果有理由相信此類廢物不會按照締約國第一次會議決定的標準以環境無害方式加以管理時，也禁止向上述國家進行此種出口；

　　(f)規定向有關國家提供附件五—A所要求的關於擬議的危險廢物和其他廢物越境轉移的資料，詳細說明擬議的轉移對人類健康和環境的影響；

　　(g)如果有理由相信危險廢物和其他廢物將不會以對環境無害的方式加以管理時，防止此類廢物的進口；

　　(h)直接地並通過秘書處同其他締約國和其他有關組織合作從事各項活動，包括傳播關於危險廢物和其他廢物越境轉移的資料，以期改善對這類廢物的環境無害管理並防止非法運輸。

三、各締約國認為危險廢物或其他廢物的非法運輸為犯罪行為。

四、各締約國應採取適當的法律、行政和其他措施，以期實施本公約的各項規定，包括採取措施以防止和懲辦違反本公約的行為。

五、締約國應不許可將危險廢物或其他廢物從其領土出口到非締約國，亦不許可從一非締約國進口到其領土。

六、各締約國協議不許可將危險廢物或其他廢物出口到南緯60°以南的區域

處置，不論此類廢物是否涉及越境轉移。

七、此外，各締約國還應：

　　(a)禁止在其國家管轄下所有的人從事危險廢物或其他廢物的運輸或處置
　　　　工作，但得到授權或許可從事這類工作的人不在此限；

　　(b)規定涉及越境轉移的危險廢物和其他廢物須按照有關包裝、標籤和運
　　　　輸方面普遍接受和承認的國際規則和標準進行包裝、標籤和運輸，並
　　　　應適當計及國際上公認的有關慣例；

　　(c)規定在危險廢物和其他廢物的越境轉移中，從越境轉移起點至處置地
　　　　點皆須隨附一份轉移文件。

八、每一締約國應規定，擬出口的危險廢物或其他廢物必須以對環境無害的
　　方式在進口國或他處處理。公約所涉廢物的環境無害管理技術準則應由
　　締約國在其第一次會議上決定。

九、各締約國應採取適當措施，以確保危險廢物和其他廢物的越境轉移僅在
　　下列情況下才予以許可：

　　(a)出口國沒有技術能力和必要的設施、設備能力或適當的處置場所以無
　　　　害於環境而且有效的方式處置有關廢物；

　　(b)進口國需要有關廢物作為再循環或回收工業的原材料；

　　(c)有關的越境轉移符合由締約國決定的其他標準，但這些標準不得背離
　　　　本公約的目標。

十、產生危險廢物的國家遵照本公約以環境無害方式管理此種廢物的義務不
　　得在任何情況下轉移到進口國或過境國。

十一、本公約不妨礙一締約國為了更好地保護人類健康和環境而實施與本公
　　　約條款一致並符合國際法規則的其他規定。

十二、本公約的任何規定不應在任何方面影響按照國際法確定的各國對其領
　　　海的主權，以及按照國際法各國對其專屬經濟區及其大陸架擁有的主
　　　權和管轄權，以及按照國際法規定並在各有關國際文書上反映的所有
　　　國家的船隻和飛機所享有的航行權和自由。

十三、各締約國應承擔定期審查是否可能把輸往其他國家尤其是發展中國家
　　　的危險廢物和其他廢物的數量和（或）污染潛力減低。

第 五 條　指定主管當局和聯絡點

各締約國應為促進本公約的實施：

一、指定或設立一個或一個以上主管當局以及一個聯絡點。過境國則應指定
　　一個主管當局接受通知書。

二、在本公約對本國生效後三個月內通知本公約秘書處，說明本國已指定哪
　　些機構作為本國的聯絡點和主管當局。

三、在作出變動決定的一個月內，將其有關根據以上第二款所指定機構的任
　　何變動通知本公約秘書處。

第六條　締約國之間的越境轉移

一、出口國應將危險廢物或其他廢物任何擬議的越境轉移書面通知或要求產生者或出口者通過出口國主管當局的渠道以書面通知有關國家的主管當局。該通知書應以進口國可接受的一種語文載列附件五一A所規定的聲明和資料。僅需向每個有關國家發送一份通知書。

二、進口國應以書面答覆通知者，表示無條件或有條件同意轉移、不允許轉移、或要求進一步資料。進口國最後答覆的副本應送交有關締約國的主管當局。

三、出口締約國在得到書面證實下述情況之前不應允許產生者或出口者開始越境轉移：

　(a)通知人已得到進口國的書面同意；並且

　(b)通知人已得到進口國證實存在一份出口者與處置者之間的契約協議，詳細說明對有關廢物的環境無害管理辦法。

四、每一過境締約國應迅速向通知人表示收到通知。它可在收到通知後六十天內以書面答覆通知人表示無條件或有條件同意轉移、不允許轉移、或要求進一步資料。出口國在收到過境國的書面同意之前，應不准許開始越境轉移。不過，如果在任何時候一締約國決定對危險廢物或其他廢物的過境轉移一般地或在特定條件下不要求事先的書面同意，或修改它在這方面的要求，該國應按照第十三條立即將此決定通知其他締約國。在後一情況下，如果在過境國收到某一通知後六十天內，出口國尚未收到答覆，出口國可允許通過該過境國進行出口。

五、危險廢物的越境轉移在該廢物只被：

　(a)出口國的法律確定為或視為危險廢物時，對進口者或處置者及進口國適用的本條第九款的各項要求應分別比照適用於出口者和出口國；

　(b)進口國或進口和過境締約國的法律確定為或視為危險廢物時，對出口者和出口國適用的本條第一、三、四、六款應分別比照適用於進口者或處置者和進口國；

　(c)過境締約國的法律確定為或視為危險廢物時，第四款的規定應對該國適用。

六、出口國可經有關國家書面同意，在具有同一物理化學特性的危險廢物或其他廢物通過出口國的同一出口海關並通過進口國的同一進口海關——就過境而言，通過過境國的同一進口和出口海關——定期裝運給同一個處置者的情況下，允許產生者或出口者使用一總通知。

七、有關國家可書面同意使用第六款所指的總通知，但須提供某些資料，例如關於預定裝運的危險廢物或其他廢物的確切數量或定期清單。

八、第六和第七款所指的總通知和書面同意可適用於最多在十二個月期限內的危險廢物或其他廢物的多次裝運。

九、各締約國應要求每一個處理危險廢物或其他廢物越境轉移的人在發送或收到有關危險廢物時在運輸文件上簽名。締約國還應要求處置者將他已收到危險廢物的情況，並在一定時候將他完成通知書上說明的處置的情況通知出口者和出口國主管當局。如果出口國內部沒有收到這類資料，出口國主管當局或出口者應將該情況通知進口國。

十、本條所規定的通知和答覆皆應遞送有關締約國的主管當局或有關非締約國的適當政府當局。

十一、危險廢物或其他廢物的任何越境轉移都應有保險、保證或進口或過境締約國可能要求的其他擔保。

第 七 條　從一締約國通過非締約國的越境轉移

本公約第六條第一款應比照適用於從一締約國通過非締約國的危險廢物或其他廢物的越境轉移。

第 八 條　再進口的責任

在有關國家遵照本公約規定已表示同意的危險廢物或其他廢物的越境轉移未能按照契約的條件完成的情況下，如果在進口國通知出口國和秘書處之後九十天內或在有關國家同意的另一期限內不能作出環境上無害的處置替代安排，出口國應確保出口者將廢物運回出口國。為此，出口國和任何過境締約國不應反對、妨礙或阻止該廢物運回出口國。

第 九 條　非法運輸

一、為本公約的目的，任何下列情況的危險廢物或其他廢物的越境轉移：

　(a)沒有依照本公約規定向所有有關國家發出通知；或

　(b)沒有依照本公約規定得到一個有關國家的同意；或

　(c)通過偽造、謊報或欺詐而取得有關國家的同意；或

　(d)與文件所列材料不符；或

　(e)違反本公約以及國際法的一般原則，造成危險廢物或其他廢物的蓄意處置（例如傾卸），

　均應視為非法運輸。

二、如果危險廢物或其他廢物的越境轉移由於出口者或產生者的行為而被視為非法運輸，則出口國應確保在被告知此種非法運輸情況後三十天內或在有關國家可能商定的另一限期內，將有關的危險廢物作出下述處理：

　(a)由出口者或產生者或必要時由它自己運回出口國，如不可行，則

　(b)按照本公約的規定另行處置。

　為此目的，有關締約國不應反對、妨礙或阻止將那些廢物退回出口國。

三、如果危險廢物或其他廢物的越境轉移由於進口者或處置者的行為而被視為非法運輸，則進口國應確保在它知悉此種非法運輸情況後三十天內或在有關國家可能商定的另一限期內，由進口者或處置者或必要時由它自己將有關的危險廢物以對環境無害方式加以處置。為此目的，有關的締

約國應進行必要的合作，以便以環境無害的方式處置此類廢物。

四、如果非法運輸的責任既不能歸於出口者或產生者，也不能歸於進口者或處置者，則有關締約國或其他適當的締約國應通過合作，確保有關的危險廢物盡快以對環境無害的方式在出口國或進口國或在其他適宜的地方進行處置。

五、每一締約國應採取適當的國家／國內立法，防止和懲辦非法運輸。各締約國應為實現本條的目標而通力合作。

第 十 條　國際合作

一、各締約國應互相合作，以便改善和實現危險廢物和其他廢物的環境無害管理。

二、為此，各締約國應：

(a)在接獲請求時，在雙邊或多邊的基礎上提供資料，以期促進危險廢物和其他廢物的環境無害管理，包括協調對危險廢物和其他廢物的適當管理的技術標準和規範；

(b)合作監測危險廢物的管理對人類健康和環境的影響；

(c)在不違反其國家法律、條例和政策的情況下，合作發展和實施新的環境無害低廢技術並改進現行技術，以期在可行範圍內消除危險廢物和其他廢物的產生，求得確保其環境無害管理的更實際有效的方法，其中包括對採用這類新的或改良的技術所產生經濟、社會和環境效果的研究；

(d)在不違反其國家法律、條例和政策的情況下，就轉讓涉及危險廢物和其他廢物無害環境管理的技術和管理體制方面積極合作。它們還應合作建立各締約國特別是那些在這方面可能需要並要求技術援助的國家的技術能力；

(e)合作制定適當的技術準則和（或）業務規範。

三、各締約國應採取適當手段從事合作，以協助發展中國家執行第四條第二款(a)、(b)、(c)和(d)項。

四、考慮到發展中國家的需要，鼓勵各締約國之間和有關國際組織之間進行合作，以促進特別是提高公眾認識，發展對危險廢物和其他廢物的無害管理和採用新的低廢技術。

第十一條　雙邊、多邊和區域協定

一、儘管有第四條第五款的規定，各締約國可同其他締約國或非締約國締結關於危險廢物或其他廢物越境轉移的雙邊、多邊或區域協定或協議，只要此類協定或協議不減損本公約關於以對環境無害方式管理危險廢物和其他廢物的要求。這些協定或協議應特別考慮到發展中國家的利益，對無害於環境方面作出的規定不應低於本公約的有關規定。

二、各締約國應將第一款所指的任何雙邊、多邊和區域協定和協議，以及它

們在本公約對其生效之前締結的旨在控制純粹在此類協定的締約國之間的危險廢物和其他廢物越境轉移的雙邊、多邊和區域協定和協議通知秘書處。本公約各條款不應影響遵照此種協定進行的越境轉移，只要此種協定符合本公約關於以對環境無害的方式管理危險廢物的要求。

第十二條　關於責任問題的協商

各締約國應進行合作，以期在可行時盡早通過一項議定書，就危險廢物和其他廢物越境轉移和處置所引起損害的責任和賠償方面制定適當的規則和程序。

第十三條　遞送資料

一、各締約國應保證，一旦獲悉危險廢物和其他廢物越境轉移及其處置過程中發生意外，可能危及其他國家的人類健康和環境時，立即通知有關國家。

二、各締約國應通過秘書處彼此通知下列情況：

　(a)依照第五條作出的關於指定主管當局和（或）聯絡點的更動；

　(b)依照第三條作出的國家對於危險廢物的定義的修改；

　和盡快告知，

　(c)由它們作出的全部或局部不同意將危險廢物或其他廢物進口到它們國家管轄範圍內的地區內處置的決定；

　(d)由它們作出的、限制或禁止出口危險廢物或其他廢物的決定；

　(e)由本條第四款所要求的任何其他資料。

三、各締約國在符合其國家法律和規章的情形下，應通過秘書處向依照第十五條設立的締約國會議於每個日曆年年底以前提交一份關於前一日曆年的報告，其中包括下列資料：

　(a)它們依照第五條指定的主管當局和聯絡點；

　(b)關於與它們有關的危險廢物或其他廢物的越境轉移的資料，包括：

　　(1)所出口危險廢物和其他廢物的數量、種類、特性、目的地、過境國、以及在對通知的答覆中說明的處置方法；

　　(2)所進口危險廢物和其他廢物的數量、種類和特性、來源及處置方法；

　　(3)未按原定方式進行的處置；

　　(4)為了減少危險廢物或其他廢物越境轉移的數量而作出的努力；

　(c)它們為了執行本公約而採取的措施；

　(d)它們匯編的關於危險廢物或其他廢物的產生、運輸和處置對人類健康和環境的影響的現有合格統計資料；

　(e)依照本公約第十一條締定的雙邊、多邊和區域協定及協議；

　(f)危險廢物和其他廢物越境轉移及處置過程中發生的意外事件，以及所採取的處理措施；

　(g)在它們國家管轄範圍內的地區採用的各種處置方法；

　　　　　(h)為了發展出減少和（或）消除危險廢物和其他廢物的產生的技術而採
　　　　　　取的措施；

　　　　　(i)締約國會議將視為有關的其他事項。

四、各締約國在符合其國家法律和條例的情況下，在某一締約國認為其環境
　　可能受到某一越境轉移的影響而請求這樣做時，應保證將關於危險廢物
　　或其他廢物的任何越境轉移的每一份通知及其答覆的副本送交秘書處。

第十四條　財務方面

一、各締約國同意，根據各區域和分區域的具體需要，應針對危險廢物和其
　　他廢物的管理並使其產生減至最低限度，建立區域的或分區域的培訓和
　　技術轉讓中心。各締約國應就建立適當的自願性籌資機制作出決定。

二、各締約國應考慮建立一循環基金，以便對一些緊急情況給予臨時支援，
　　盡量減少由於危險廢物和其他廢物的越境轉移或其處置過程中發生意外
　　事故所造成的損害。

第十五條　締約國會議

一、締約國會議特此設立。締約國會議的第一次會議應由聯合國環境規劃署
　　執行主任於本公約生效後一年內召開。其後的締約國會議常會應依照第
　　一次會議所規定的時間按期舉行。

二、締約國會議可於其認為必要的其他時間舉行非常會議；如經任何締約國
　　書面請求，由秘書處將該項請求轉致各締約國後六個月內至少有三分之
　　一締約國表示支持時，亦可舉行非常會議。

三、締約國會議應以協商一致方式商定和通過其本身的和它可能設立的任何
　　附屬機構的議事規則和財務細則，以便確定特別是本公約下各締約國的
　　財務參與辦法。

四、各締約國在其第一次會議上，應審議為協助履行其在本公約範圍內保護
　　和維護海洋環境方面的責任所需的任何其他措施。

五、締約國會議應不斷地審查和評價本公約的有效執行，同時應：

　　　　　(a)促進適當政策、戰略和措施的協調，以盡量減少危險廢物和其他廢物
　　　　　　對人類健康和環境的損害；

　　　　　(b)視需要審議和通過對本公約及其附件的修正，除其他外，應考慮到現
　　　　　　有的科技、經濟和環境資料；

　　　　　(c)參照本公約實施中以及第十一條所設想的協定和協議的運作中所獲的
　　　　　　經驗，審議並採取為實現本公約宗旨所需的任何其他行動；

　　　　　(d)視需要審議和通過議定書；

　　　　　(e)成立為執行本公約所需的附屬機構。

六、聯合國及其各專門機構以及任何非本公約締約國的國家，均可派觀察員
　　出席締約國會議。任何其他組織或機構，無論是國家或國際性質、政府
　　或非政府性質，只要在與危險廢物或其他廢物有關的領域具有資格，並

通知秘書處願意以觀察員身分出席締約國會議，在此情況下，除非有至少三分之一的出席締約國表示反對，都可被接納參加。觀察員的接納與參加應遵照締約國通過的議事規則處理。

七、締約國會議應於本公約生效三年後並至少在其後每六年對其有效性進行評價，並於認為必要時，參照最新的科學、環境、技術和經濟資料，審議是否全部或局部禁止危險廢物和其他廢物的越境轉移。

第十六條　秘書處

一、秘書處的職責如下：

(a)為第十五條和第十七條規定的會議作出安排並提供服務；

(b)根據按第三、四、六、十一和十三條收到的資料，根據從第十五條規定成立的附屬機構的會議得來的資料，以及在適當時根據有關的政府間和非政府實體提供的資料，編寫和提交報告；

(c)就執行其本公約規定的職責進行的各項活動編寫報告，提交締約國會議；

(d)保證同其他有關的國際機構進行必要的協調，特別是為有效地執行其職責而訂定所需的行政和契約安排；

(e)同各締約國按本公約第五條規定設立的聯絡點和主管當局進行聯繫；

(f)匯編各締約國批准可用來處置其危險廢物和其他廢物的本國場地和設施的資料並將此種資料分發各締約國；

(g)從締約國收取並向它們傳遞下列資料：

　　一技術援助和培訓的來源；

　　一現有的科學和技術專門知識；

　　一諮詢意見和專門技能的來源；和

　　一可得的資源情況。

　　以期於接到請求時，就下列方面向締約國提供援助：

　　一本公約通知事項的處理；

　　一危險廢物和其他廢物的管理；

　　一涉及危險廢物和其他廢物的環境無害技術，例如低廢和無廢技術；

　　一處置能力和場所的評估；

　　一危險廢物和其他廢物的監測；和

　　一緊急反應。

(h)根據請求，向締約國提供具有該領域必要技術能力的顧問或顧問公司的資料，以便這些顧問或公司能夠幫助它們審查某一越境轉移通知，審查危險廢物或其他廢物的裝運情況是否與有關的通知相符，和（或）在它們有理由認為有關廢物的處理方式並非對環境無害時，審查擬議的危險廢物或其他廢物的處置設施是否不對環境造成危害。任何此種審查涉及的費用不應由秘書處承擔；

　　　　(i)根據請求，幫助締約國查明非法運輸案件，並將它收到的有關非法運
　　　　　輸的任何資料立即轉告有關締約國；

　　　　(j)在發生緊急情況時，與各締約國以及與有關的和主管的國際組織和機
　　　　　構合作，以便提供專家和設備，迅速援助有關國家；

　　　　(k)履行締約國會議可能決定的與本公約宗旨有關的其他職責。

二、在依照第十五條舉行的締約國會議第一次會議結束之前，由聯合國環境
　　規劃署暫時履行秘書處職責。

三、締約國會議應在其第一次會議上從已經表示願意執行本公約規定的秘書
　　處職責的現有合格政府間組織之中指定某一組織作為秘書處。在這次會
　　議上，締約國會議還應評價臨時秘書處特別是執行以上第一款所述職責
　　的情況，並決定適宜於履行那些職責的組織結構。

第十七條　　公約的修改

一、任何締約國可對本公約提出修正案，議定書的任何締約國可對該議定書
　　提出修正案。這種修正，除其他外，應適當考慮到有關的科學和技術方
　　面。

二、對本公約的修正案應在締約國會議的一次會議上通過。對任何議定書的
　　修正應於該議定書的締約國會議上通過。對本公約或任何議定書建議的
　　任何修正案案文，除在有關議定書裡另有規定外，應由秘書處至遲於準
　　備通過修正案的會議六個月以前送交各締約國。秘書處亦應將建議的修
　　正送交本公約的簽署國，以供參考。

三、各締約國應盡量以協商一致方式對本公約的任何修正達成協議。如果盡
　　了一切努力謀求一致意見而仍然未能達成協議，則最後的辦法是以出席
　　並參加表決的締約國的四分之三多數票通過修正案。通過的修正應由保
　　存人送交所有締約國，供其批准、核准、正式確認或接受。

四、以上第三款內說明的程序應適用於對任何議定書的修正，唯一不同的是
　　這種修正的通過只需要出席並參加表決的締約國的三分之二多數票。

五、修正的批准、核准、正式確認或接受文書應交保存人保存。依照以上第
　　三或第四款通過的修正，除非有關議定書裡另有規定，應於保存人接得
　　至少四分之三接受修正的締約國的批准、核准、正式確認或接受文書之
　　後第九十天，在接受修正的各締約國之間開始生效。任何其他締約國存
　　放其對修正的批准、核准、正式確認或接受文書九十天之後，修正對它
　　生效。

六、為本條的目的，「出席並參加表決的締約國」一語，是指在場投贊成票或
　　反對票的締約國。

第十八條　　附件的通過和修正

一、本公約或任何議定書的附件應成為本公約或該議定書的一個構成部分，
　　因此，除非另有明確規定，凡提及本公約或其議定書時，亦包括其任何

附件在內。這種附件只限於科學、技術和行政事項。

二、除任何議定書就其附件另有規定者外，本公約的增補附件或一項議定書的附件的提出、通過和生效，應適用下列程序：

(a)本公約及其議定書的附件應依照第十七條第二、三和四款規定的程序提出和通過；

(b)任何締約國如果不能接受本公約的某一增補附件或其作為締約國的任何議定書的某一附件，應於保存人就其通過發出通知之日起六個月內將此情況書面通知保存人。保存人應於接到任何此種通知後立即通知所有締約國。一締約國可於任何時間以接受文書代替前此的反對聲明，有關附件即對它生效；

(c)在保存人發出通知之日起滿六個月之後，該附件應即對未曾依照以上(b)項規定發出通知的本公約或任何有關議定書的所有締約國生效。

三、本公約附件或任何議定書附件的修正案的提出、通過和生效，應遵照本公約附件或議定書附件的提出、通過和生效所適用的同一程序。附件及其修正，除其他外，應適當考慮到有關的科學和技術方面。

四、如果一個增補附件或對某一附件的修正，涉及對本公約或對任何議定書的修正，則該增補附件或修正後的附件應於對本公約或對該議定書的修正生效以後才能生效。

第十九條　核查

任何締約國如有理由相信另一締約國正在作出或已作出違背其公約義務的行為，可將該情況通知秘書處，並應同時立即直接地或通過秘書處通知被指控的一方。所有有關資料應由秘書處送交各締約國。

第二十條　爭端的解決

一、締約國之間就本公約或其任何議定書的解釋、適用或遵守方面發生爭端時，有關締約國應通過談判或以它們自行選定的任何其他和平方式謀求爭端的解決。

二、如果有關締約國無法以上款所述方式解決爭端，在爭端各方同意的情況下，應將爭端提交國際法院或按照關於仲裁的附件六所規定的條件提交仲裁。不過，不能就將該爭端提交國際法院或提交仲裁達成共同協議，並不免除爭端各方以第一款所指方式繼續謀求其解決的責任。

三、在批准、接受、核准、正式確認或加入本公約時或其後的任何時候，一個國家或政治和（或）經濟一體化組織可以聲明，它承認對接受同樣義務的任何締約國而言，下列辦法為強制性的當然辦法並無需訂立特別協定：

(a)將爭端提交國際法院；和（或）

(b)按照附件六所規定的程序進行仲裁。

此種聲明應以書面通知秘書處，秘書處應轉告各締約國。

第二十一條　簽字

本公約應於一九八九年三月二十二日在巴塞爾，並從一九八九年三月二十三日起至一九八九年六月三十日在伯爾尼瑞士外交部，並從一九八九年七月一日起至一九九〇年三月二十二日在紐約聯合國總部，開放供各國、由聯合國納米比亞理事會代表納米比亞以及由各政治和（或）經濟一體化組織簽字。

第二十二條　批准、接受、正式確認或核准

一、本公約須由各國和由聯合國納米比亞理事會代表納米比亞批准、接受或核准並由各政治和（或）經濟一體化組織正式確認或核准。批准、接受、正式確認或核准的文書應交由保存人保存。

二、以上第一款所指的任何組織如成為本公約的締約方而該組織並沒有任何一個成員國是締約國，則該締約組織應受本公約規定的一切義務的約束。如這種組織的一個或更多個成員國是本公約的締約國，則該組織及其成員國應就履行其本公約義務的各自責任作出決定。在這種情況下，該組織和成員國不應同時有權行使本公約規定的權利。

三、以上第一款所指的組織應在其正式確認或核准文書中聲明其對本公約所涉事項的職權範圍。這些組織也應將其職權範圍發生任何重大變化的情況通知保存人，後者應轉告各締約國。

第二十三條　加入

一、本公約應自公約簽署截止日期起開放供各國、由聯合國納米比亞理事會代表納米比亞以及由各政治和（或）經濟一體化組織加入。加入書應交由保存人保存。

二、上文第一款中所指的組織應在其加入文書內聲明它們對本公約所涉事項的職權範圍。這些組織也應將其職權範圍發生任何重大變化的情況通知保存人。

三、第二十二條第二款的規定應適用於加入本公約的經濟一體化組織。

第二十四條　表決權

一、除第二款之規定外，本公約每一締約國應有一票表決權。

二、各政治和（或）經濟一體化組織對於按第二十二條第三款和第二十三條第二款規定屬於其職權範圍的事項行使表決權時，其票數相當於其作為本公約或有關議定書的締約國的成員國數目。如果這些組織的成員國行使其表決權，則該組織就不應行使其表決權，反之亦然。

第二十五條　生效

一、本公約應於第二十份批准、接受、正式確認、核准或加入文書交存之日以後第九十天生效。

二、對於在交存第二十份批准、接受、核准、正式確認或加入文書之日以後批准、接受、核准或正式確認本公約或加入本公約的每一國家或政

治和（或）經濟一體化組織，本公約應於該國或該政治和（或）經濟一體化組織的批准、接受、核准、正式確認或加入文書交存之日以後第九十天生效。

三、為以上第一和第二款的目的，一個政治和（或）經濟一體化組織交存的任何文書不應被視為該組織的成員國交存的文書以外的附加文書。

第二十六條　保留和聲明

一、不得對本公約作出任何保留或例外。

二、本條第一款的規定並不排除某一國家或政治和（或）經濟一體化組織在簽署、批准、接受、核准或加入本公約時，除其他外，為使其法律和條例與本公約的規定協調一致而作出無論何種措詞或名稱的宣言或聲明，只要此種宣言或聲明的意旨不是排除或改變本公約條款適用於該國時的法律效力。

第二十七條　退出

一、在本公約對一締約國生效之日起三年之後的任何時間，該締約國經向保存人提出書面通知，得退出本公約。

二、退出應在保存人接到退出通知起一年後生效，或在退出通知上指明的一個較後日期生效。

第二十八條　保存人

聯合國秘書長為本公約及其任何議定書的保存人。

第二十九條　作準文本

本公約的阿拉伯文、中文、英文、法文、俄文和西班牙文原本均為作準文本。

為此，下列全權代表，經正式授權，在本公約上簽字，以昭信守。

五十九、聯合國氣候變化框架公約 (United Nations Framework Convention on Climate Change)

(1992.5.9)

說明：

㈠本公約一九九二年五月九日簽署，一九九四年三月二十一日生效。

㈡英文本見 UNTS, Vol. 1771, pp. 165–190，亦刊載於 ILM, Vol. 31, No. 4 (July 1992), pp. 859–872；中文本取自 UNTS, Vol. 1771, pp. 139–164，亦刊載於《中華人民共和國多邊條約集》，第六集，北京：法律出版社，1994 年出版，頁 635–656。

本公約各締約方，

承認地球氣候的變化及其不利影響是人類共同關心的問題，

感到憂慮的是，人類活動已大幅增加大氣中溫室氣體的濃度，這種增加增強了自然溫室效應，平均而言將引起地球表面和大氣進一步增溫，並可能對自然生態系統和人類產生不利影響，

注意到歷史上和目前全球溫室氣體排放的最大部分源自發達國家；發展中國家的人均排放仍相對較低；發展中國家在全球排放中所占的份額將會增加，以滿足其社會和發展需要，

意識到陸地和海洋生態系統中溫室氣體匯和庫的作用和重要性，

注意到在氣候變化的預測中，特別是在其時間、幅度和區域格局方面，有許多不確定性，

承認氣候變化的全球性要求所有國家根據其共同但有區別的責任和各自的能力及其社會和經濟條件，盡可能開展最廣泛的合作，並參與有效和適當的國際應對行動，

回顧一九七二年六月十六日於斯德哥爾摩通過的《聯合國人類環境會議宣言》的有關規定，

又回顧各國根據《聯合國憲章》和國際法原則，擁有主權權利按自己的環境和發展政策開發自己的資源，也有責任確保在其管轄或控制範圍內的活動不對其他國家的環境或國家管轄範圍以外地區的環境造成損害，

重申在應付氣候變化的國際合作中的國家主權原則，

認識到各國應當制定有效的立法；各種環境方面的標準、管理目標和優先順序應當反映其所適用的環境和發展方面情況；並且有些國家所實行的標準對其他國家特別是發展中國家可能是不恰當的，並可能會使之承擔不應有的經濟和社會代價，

回顧聯合國大會關於聯合國環境與發展會議的一九八九年十二月二十二日第44/228 號決議的規定，以及關於為人類當代和後代保護全球氣候的一九八八年十二月六日第 43/53 號、一九八九年十二月二十二日第 44/207 號、一九九〇年十二月二十一日第 45/212 號和一九九一年十二月十九日第 46/169 號決議，

又回顧聯合國大會關於海平面上升對島嶼和沿海地區特別是低窪沿海地區可能產生的不利影響的一九八九年十二月二十二日第 44/206 號決議各項規定，以及聯合國大會關於防治沙漠化行動計畫實施情況的一九八九年十二月十九日第 44/172 號決議的有關規定，

並回顧一九八五年「保護臭氧層維也納公約」和於一九九〇年六月二十九日調整和修正的一九八七年「關於消耗臭氧層物質的蒙特利爾議定書」，

注意到一九九〇年十一月七日通過的第二次世界氣候大會部長宣言，

意識到許多國家就氣候變化所進行的有價值的分析工作，以及世界氣象組織、聯合國環境規劃署和聯合國系統的其他機關、組織和機構及其他國際和政府間機構對交換科學研究成果和協調研究工作所作的重要貢獻，

認識到瞭解和應付氣候變化所需的步驟只有基於有關的科學、技術和經濟方面的考

慮，並根據這些領域的新發現不斷加以重新評價，才能在環境、社會和經濟方面最為有效，

認識到應付氣候變化的各種行動本身在經濟上就能夠是合理的，而且還能有助於解決其他環境問題，

又認識到發達國家有必要根據明確的優先順序，立即靈活地採取行動，以作為形成考慮到所有溫室氣體並適當考慮它們對增強溫室效應的相對作用的全球、國家和可能議定的區域性綜合應對戰略的第一步，

並認識到地勢低窪國家和其他小島嶼國家、擁有低窪沿海地區、乾旱和半乾旱地區或易受水災、旱災和沙漠化影響地區的國家以及具有脆弱的山區生態系統的發展中國家特別容易受到氣候變化的不利影響，

認識到其經濟特別依賴於礦物燃料的生產、使用和出口的國家特別是發展中國家由於為了限制溫室氣體排放而採取的行動所面臨的特殊困難，

申明應當以統籌兼顧的方式把應付氣候變化的行動與社會和經濟發展協調起來，以免後者受到不利影響，同時充分考慮到發展中國家實現持續經濟增長和消除貧困的正當的優先需要，

認識到所有國家特別是發展中國家需要得到實現可持續的社會和經濟發展所需的資源；發展中國家為了邁向這一目標，其能源消耗將需要增加，雖然考慮到有可能包括通過在具有經濟和社會效益的條件下應用新技術來提高能源效率和一般地控制溫室氣體排放，

決心為當代和後代保護氣候系統，

茲協議如下：

第 一 條　定義❶

　　　　　　為本公約的目的：

　　　　　　一、「氣候變化的不利影響」　指氣候變化所造成的自然環境或生物區系的變化，這些變化對自然的和管理下的生態系統的組成、復原力或生產力、或對社會經濟系統的運作、或對人類的健康和福利產生重大的有害影響。

　　　　　　二、「氣候變化」指除在類似時期內所觀測的氣候的自然變異之外，由於直接或間接的人類活動改變了地球大氣的組成而造成的氣候變化。

　　　　　　三、「氣候系統」指大氣圈、水圈、生物圈和地圈的整體及其相互作用。

　　　　　　四、「排放」　指溫室氣體和／或其前體在一個特定地區和時期內向大氣的釋放。

　　　　　　五、「溫室氣體」指大氣中那些吸收和重新放出紅外輻射的自然的和人為的氣態成分。

　　　　　　六、「區域經濟一體化組織」指一個特定區域的主權國家組成的組織，有權處理本公約或其議定書所規定的事項，並經按其內部程序獲得正式授權簽

---

❶　各條加上標題純粹是為了對讀者有所幫助。

　　　署、批准、接受、核准或加入有關文書。

七、「庫」指氣候系統內存儲溫室氣體或其前體的一個或多個組成部分。

八、「匯」指從大氣中清除溫室氣體、氣溶膠或溫室氣體前體的任何過程、活動或機制。

九、「源」 指向大氣排放溫室氣體、氣溶膠或溫室氣體前體的任何過程或活動。

第 二 條　目標

本公約以及締約方會議可能通過的任何相關法律文書的最終目標是：根據本公約的各項有關規定，將大氣中溫室氣體的濃度穩定在防止氣候系統受到危險的人為干擾的水準上。這一水準應當在足以使生態系統能夠自然地適應氣候變化、確保糧食生產免受威脅並使經濟發展能夠可持續地進行的時間範圍內實現。

第 三 條　原則

各締約方在為實現本公約的目標和履行其各項規定而採取行動時，除其他外，應以下列作為指導：

一、各締約方應當在公平的基礎上，並根據它們共同但有區別的責任和各自的能力，為人類當代和後代的利益保護氣候系統。因此，發達國家締約方應當率先對付氣候變化及其不利影響。

二、應當充分考慮到發展中國家締約方尤其是特別易受氣候變化不利影響的那些發展中國家締約方的具體需要和特殊情況，也應當充分考慮到那些按本公約必須承擔不成比例或不正常負擔的締約方特別是發展中國家締約方的具體需要和特殊情況。

三、各締約方應當採取預防措施，預測、防止或盡量減少引起氣候變化的原因，並緩解其不利影響。當存在造成嚴重或不可逆轉的損害的威脅時，不應當以科學上沒有完全的確定性為理由推遲採取這類措施，同時考慮到應付氣候變化的政策和措施應當講求成本效益，確保以盡可能最低的費用獲得全球效益。為此，這種政策和措施應當考慮到不同的社會經濟情況，並且應當具有全面性，包括所有有關的溫室氣體源、匯和庫及適應措施，並涵蓋所有經濟部門。應付氣候變化的努力可由有關的締約方合作進行。

四、各締約方有權並且應當促進可持續的發展。保護氣候系統免遭人為變化的政策和措施應當適合每個締約方的具體情況，並應當結合到國家的發展計畫中去，同時考慮到經濟發展對於採取措施應付氣候變化是至關重要的。

五、各締約方應當合作促進有利的和開放的國際經濟體系，這種體系將促成所有締約方特別是發展中國家締約方的可持續經濟增長和發展，從而使它們有能力更好地應付氣候變化的問題。為對付氣候變化而採取的措施，

包括單方面措施，不應當成為國際貿易上的任意或無理的歧視手段或者隱蔽的限制。

第 四 條　承諾

一、所有締約方，考慮到它們共同但有區別的責任，以及各自具體的國家和區域發展優先順序、目標和情況，應：

　　(a)用待由締約方會議議定的可比方法編制、定期更新、公布並按照第十二條向締約方會議提供關於《蒙特利爾議定書》未予管制的所有溫室氣體的各種源的人為排放和各種匯的清除的國家清單；

　　(b)制訂、執行、公布和經常地更新國家的以及在適當情況下區域的計畫，其中包含從《蒙特利爾議定書》未予管制的所有溫室氣體的源的人為排放和匯的清除來著手減緩氣候變化的措施，以及便利充分地適應氣候變化的措施；

　　(c)在所有有關部門，包括能源、運輸、工業、農業、林業和廢物管理部門，促進和合作發展、應用和傳播（包括轉讓）各種用來控制、減少或防止《蒙特利爾議定書》未予管制的溫室氣體的人為排放的技術、做法和過程；

　　(d)促進可持續地管理，並促進和合作酌情維護和加強「蒙特利爾議定書」未予管制的所有溫室氣體的匯和庫，包括生物質、森林和海洋以及其他陸地、沿海和海洋生態系統；

　　(e)合作為適應氣候變化的影響做好準備；擬訂和詳細制定關於沿海地區的管理、水資源和農業以及關於受到旱災和沙漠化及洪水影響的地區特別是非洲的這種地區的保護和恢復的適當的綜合性計畫；

　　(f)在它們有關的社會、經濟和環境政策及行動中，在可行的範圍內將氣候變化考慮進去，並採用由本國擬訂和確定的適當辦法，例如進行影響評估，以期盡量減少它們為了減緩或適應氣候變化而進行的項目或採取的措施對經濟、公共健康和環境質量產生的不利影響；

　　(g)促進和合作進行關於氣候系統的科學、技術、工藝、社會經濟和其他研究、系統觀測及開發數據檔案，目的是增進對氣候變化的起因、影響、規模和發生時間以及各種應對戰略所帶來的經濟和社會後果的認識，和減少或消除在這些方面尚存的不確定性；

　　(h)促進和合作進行關於氣候系統和氣候變化以及關於各種應對戰略所帶來的經濟和社會後果的科學、技術、工藝、社會經濟和法律方面的有關資訊的充分、公開和迅速的交流；

　　(i)促進和合作進行與氣候變化有關的教育、培訓和提高公眾意識的工作，並鼓勵人們對這個過程最廣泛參與，包括鼓勵各種非政府組織的參與；

　　(j)依照第十二條向締約方會議提供有關履行的資訊。

二、附件一所列的發達國家締約方和其他締約方具體承諾如下所規定：

(a)每一個此類締約方應制定國家❷政策和採取相應的措施，通過限制其人為的溫室氣體排放以及保護和增強其溫室氣體庫和匯，減緩氣候變化。這些政策和措施將表明，發達國家是在帶頭依循本公約的目標，改變人為排放的長期趨勢，同時認識到至本十年末使二氧化碳和《蒙特利爾議定書》未予管制的其他溫室氣體的人為排放回復到較早的水準，將會有助於這種改變，並考慮到這些締約方的起點和做法、經濟結構和資源基礎方面的差別、維持強有力和可持續經濟增長的需要、可以採用的技術以及其他各別情況，又考慮到每一個此類締約方都有必要對為了實現該目標而作的全球努力作出公平和適當的貢獻。這些締約方可以同其他締約方共同執行這些政策和措施，也可以協助其他締約方為實現本公約的目標特別是本項的目標作出貢獻；

(b)為了推動朝這一目標取得進展，每一個此類締約方應依照第十二條，在本公約對其生效後六個月內，並在其後定期地就其上述(a)項所述的政策和措施，以及就其由此預測在(a)項所述期間內《蒙特利爾議定書》未予管制的溫室氣體的源的人為排放和匯的清除，提供詳細資訊，目的在各別地或共同地使二氧化碳和《蒙特利爾議定書》未予管制的其他溫室氣體的人為排放回復到一九九〇年的水準。按照第七條，這些資訊將由締約方會議在其第一屆會議上以及在其後定期地加以審評；

(c)為了上述(b)項的目的而計算各種溫室氣體源的排放和匯的清除時，應該參考可以得到的最佳科學知識，包括關於各種匯的有效容量和每一種溫室氣體在引起氣候變化方面的作用的知識。締約方會議應在其第一屆會議上考慮和議定進行這些計算的方法，並在其後經常地加以審評；

(d)締約方會議應在其第一屆會議上審評上述(a)項和(b)項是否充足。進行審評時應參照可以得到的關於氣候變化及其影響的最佳科學資訊和評估，以及有關的工藝、社會和經濟資訊。在審評的基礎上，締約方會議應採取適當的行動，其中可以包括通過對上述(a)項和(b)項承諾的修正。締約方會議第一屆會議還應就上述(a)項所述共同執行的標準作出決定。對(a)項和(b)項的第二次審評應不遲於一九九八年十二月三十一日進行，其後按由締約方會議確定的定期間隔進行，直至本公約的目標達到為止；

(e)每一個此類締約方應：

　㈠酌情同其他此類締約方協調為了實現本公約的目標而開發的有關經濟和行政手段；和

　㈡確定並定期審評其本身有哪些政策和做法鼓勵了導致《蒙特利爾議

---

❷　其中包括區域經濟一體化組織制定的政策和採取的措施。

定書》未予管制的溫室氣體的人為排放水準因而更高的活動。

(f)締約方會議應至遲在一九九八年十二月三十一日之前審評可以得到的資訊，以便經有關締約方同意，作出適當修正附件一和二內名單的決定；

(g)不在附件一之列的任何締約方，可以在其批准、接受、核准或加入的文書中，或在其後任何時間，通知保存人其有意接受上述(a)項和(b)項的約束。保存人應將任何此類通知通報其他簽署方和締約方。

三、附件二所列的發達國家締約方和其他發達締約方應提供新的和額外的資金，以支付經議定的發展中國家締約方為履行第十二條第一款規定的義務而招致的全部費用。它們還應提供發展中國家締約方所需要的資金，包括用於技術轉讓的資金，以支付經議定的為執行本條第一款所述並經發展中國家締約方同第十一條所述那個或那些國際實體依該條議定的措施的全部增加費用。這些承諾的履行應考慮到資金流量應充足和可以預測的必要性，以及發達國家締約方間適當分攤負擔的重要性。

四、附件二所列的發達國家締約方和其他發達締約方還應幫助特別易受氣候變化不利影響的發展中國家締約方支付適應這些不利影響的費用。

五、附件二所列的發達國家締約方和其他發達締約方應採取一切實際可行的步驟，酌情促進、便利和資助向其他締約方特別是發展中國家締約方轉讓或使它們有機會得到無害環境的技術和專有技術，以使它們能夠履行本公約的各項規定。在此過程中，發達國家締約方應支持開發和增強發展中國家締約方的自生能力和技術。有能力這樣做的其他締約方和組織也可協助便利這類技術的轉讓。

六、對於附件一所列正在朝市場經濟過渡的締約方，在履行其在上述第二款下的承諾時，包括在《蒙特利爾議定書》未予管制的溫室氣體人為排放的可資參照的歷史水準方面，應由締約方會議允許它們有一定程度的靈活性，以增強這些締約方應付氣候變化的能力。

七、發展中國家締約方能在多大程度上有效履行其在本公約下的承諾，將取決於發達國家締約方對其在本公約下所承擔的有關資金和技術轉讓的承諾的有效履行，並將充分考慮到經濟和社會發展及消除貧困是發展中國家締約方的首要和壓倒一切的優先事項。

八、在履行本條各項承諾時，各締約方應充分考慮按照本公約需要採取哪些行動，包括與提供資金、保險和技術轉讓有關的行動，以滿足發展中國家締約方由於氣候變化的不利影響和／或執行應對措施所造成的影響，特別是對下列各類國家的影響，而產生的具體需要和關注：

(a)小島嶼國家；

(b)有低窪沿海地區的國家；

(c)有乾旱和半乾旱地區、森林地區和容易發生森林退化的地區的國家；

(d)有易遭自然災害地區的國家；

(e)有容易發生旱災和沙漠化的地區的國家；

(f)有城市大氣嚴重污染的地區的國家；

(g)有脆弱生態系統包括山區生態系統的國家；

(h)其經濟高度依賴於礦物燃料和相關的能源密集產品的生產、加工和出口所帶來的收入，和／或高度依賴於這種燃料和產品的消費的國家；和

(i)內陸國和過境國。

此外，締約方會議可酌情就本款採取行動。

九、各締約方在採取有關提供資金和技術轉讓的行動時，應充分考慮到最不發達國家的具體需要和特殊情況。

十、各締約方應按照第十條，在履行本公約各項承諾時，考慮到其經濟容易受到執行應付氣候變化的措施所造成的不利影響之害的締約方、特別是發展中國家締約方的情況。這尤其適用於其經濟高度依賴於礦物燃料和相關的能源密集產品的生產、加工和出口所帶來的收入，和／或高度依賴於這種燃料和產品的消費，和／或高度依賴於礦物燃料的使用，而改用其他燃料又非常困難的那些締約方。

第 五 條　研究和系統觀測

在履行第四條第一款(g)項下的承諾時，各締約方應：

(a)支持並酌情進一步制訂旨在確定、進行、評估和資助研究、數據收集和系統觀測的國際和政府間計畫和站網或組織，同時考慮到有必要盡量減少工作重複；

(b)支持旨在加強尤其是發展中國家的系統觀測及國家科學和技術研究能力的國際和政府間努力，並促進獲取和交換從國家管轄範圍以外地區取得的數據及其分析；和

(c)考慮發展中國家的特殊關注和需要，並開展合作提高它們參與上述(a)項和(b)項中所述努力的自生能力。

第 六 條　教育、培訓和公眾意識

在履行第四條第一款(i)項下的承諾時，各締約方應：

(a)在國家一級並酌情在次區域和區域一級，根據國家法律和規定，並在各自的能力範圍內，促進和便利：

㈠擬訂和實施有關氣候變化及其影響的教育及提高公眾意識的計畫；

㈡公眾獲取有關氣候變化及其影響的資訊；

㈢公眾參與應付氣候變化及其影響和擬訂適當的對策；和

㈣培訓科學、技術和管理人員。

(b)在國際一級，酌情利用現有的機構，在下列領域進行合作並促進：

㈠編寫和交換有關氣候變化及其影響的教育及提高公眾意識的材料；和

㈡擬訂和實施教育和培訓計畫，包括加強國內機構和交流或借調人員來特別是為發展中國家培訓這方面的專家。

第 七 條　締約方會議

一、茲設立締約方會議。

二、締約方會議作為本公約的最高機構，應定期審評本公約和締約方會議可能通過的任何相關法律文書的履行情況，並應在其職權範圍內作出為促進本公約的有效履行所必要的決定。為此目的，締約方會議應：

(a)根據本公約的目標、在履行本公約過程中取得的經驗和科學與技術知識的發展，定期審評本公約規定的締約方義務和機構安排；

(b)促進和便利就各締約方為應付氣候變化及其影響而採取的措施進行資訊交流，同時考慮到各締約方不同的情況、責任和能力以及各自在本公約下的承諾；

(c)應兩個或更多的締約方的要求，便利將這些締約方為應付氣候變化及其影響而採取的措施加以協調，同時考慮到各締約方不同的情況、責任和能力以及各自在本公約下的承諾；

(d)依照本公約的目標和規定，促進和指導發展和定期改進由締約方會議議定的，除其他外，用來編制各種溫室氣體源的排放和各種匯的清除的清單，和評估為限制這些氣體的排放及增進其清除而採取的各種措施的有效性的可比方法；

(e)根據依本公約規定獲得的所有資訊，評估各締約方履行公約的情況和依照公約所採取措施的總體影響，特別是環境、經濟和社會影響及其累計影響，以及當前在實現本公約的目標方面取得的進展；

(f)審議並通過關於本公約履行情況的定期報告，並確保予以發表；

(g)就任何事項作出為履行本公約所必需的建議；

(h)按照第四條第三、第四和第五款及第十一條，設法動員資金；

(i)設立其認為履行公約所必需的附屬機構；

(j)審評其附屬機構提出的報告，並向它們提供指導；

(k)以協商一致方式議定並通過締約方會議和任何附屬機構的議事規則和財務規則；

(l)酌情尋求和利用各主管國際組織和政府間及非政府機構提供的服務、合作和資訊；和

(m)行使實現本公約目標所需的其他職能以及依本公約所賦與的所有其他職能。

三、締約方會議應在其第一屆會議上通過其本身的議事規則以及本公約所設立的附屬機構的議事規則，其中應包括關於本公約所述各種決策程序未予規定的事項的決策程序。這類程序可包括通過具體決定所需的特定多數。

四、締約方會議第一屆會議應由第二十一條所述的臨時秘書處召集,並應不遲於本公約生效日期後一年舉行。其後,除締約方會議另有決定外,締約方會議的常會應年年舉行。

五、締約方會議特別會議應在締約方會議認為必要的其他時間舉行,或應任何締約方的書面要求而舉行,但須在秘書處將該要求轉達給各締約方後六個月內得到至少三分之一締約方的支持。

六、聯合國及其專門機構和國際原子能機構,以及它們的非為本公約締約方的會員國或觀察員,均可作為觀察員出席締約方會議的各屆會議。任何在本公約所涉事項上具備資格的團體或機構,不管其為國家或國際的、政府或非政府的,經通知秘書處其願意作為觀察員出席締約方會議的某屆會議,均可予以接納,除非出席的締約方至少三分之一反對。觀察員的接納和參加應遵循締約方會議通過的議事規則。

第 八 條　秘書處

一、茲設立秘書處。

二、秘書處的職能應為:

(a)安排締約方會議及依本公約設立的附屬機構的各屆會議,並向它們提供所需的服務;

(b)匯編和轉遞向其提交的報告;

(c)便利應要求時協助各締約方特別是發展中國家締約方匯編和轉遞依本公約規定所需的資訊;

(d)編制關於其活動的報告,並提交給締約方會議;

(e)確保與其他有關國際機構的秘書處的必要協調;

(f)在締約方會議的全面指導下訂立為有效履行其職能而可能需要的行政和合同安排;和

(g)行使本公約及其任何議定書所規定的其他秘書處職能和締約方會議可能決定的其他職能。

三、締約方會議應在其第一屆會議上指定一個常設秘書處,並為其行使職能作出安排。

第 九 條　附屬科技諮詢機構

一、茲設立附屬科學和技術諮詢機構,就與公約有關的科學和技術事項,向締約方會議並酌情向締約方會議的其他附屬機構及時提供資訊和諮詢。該機構應開放供所有締約方參加,並應具有多學科性。該機構應由在有關專門領域勝任的政府代表組成。該機構應定期就其工作的一切方面向締約方會議報告。

二、在締約方會議指導下和依靠現有主管國際機構,該機構應:

(a)就有關氣候變化及其影響的最新科學知識提出評估;

(b)就履行公約所採取措施的影響進行科學評估;

(c)確定創新的、有效率的和最新的技術與專有技術，並就促進這類技術的發展和／或轉讓的途徑與方法提供諮詢；

(d)就有關氣候變化的科學計畫和研究與發展的國際合作，以及就支持發展中國家建立自生能力的途徑與方法提供諮詢；和

(e)答覆締約方會議及其附屬機構可能向其提出的科學、技術和方法問題。

三、該機構的職能和職權範圍可由締約方會議進一步制定。

第　十　條　附屬履行機構

一、茲設立附屬履行機構，以協助締約方會議評估和審評本公約的有效履行。該機構應開放供所有締約方參加，並由為氣候變化問題專家的政府代表組成。該機構應定期就其工作的一切方面向締約方會議報告。

二、在締約方會議的指導下，該機構應：

(a)考慮依第十二條第一款提供的資訊，參照有關氣候變化的最新科學評估，對各締約方所採取步驟的總體合計影響作出評估；

(b)考慮依第十二條第二款提供的資訊，以協助締約方會議進行第四條第二款(d)項所要求的審評；和

(c)酌情協助締約方會議擬訂和執行其決定。

第十一條　資金機制

一、茲確定一個在贈予或轉讓基礎上提供資金、包括用於技術轉讓的資金的機制。該機制應在締約方會議的指導下行使職能並向其負責，並應由締約方會議決定該機制與本公約有關的政策、計畫優先順序和資格標準。該機制的經營應委託一個或多個現有的國際實體負責。

二、該資金機制應在一個透明的管理制度下公平和均衡地代表所有締約方。

三、締約方會議和受託管資金機制的那個或那些實體應議定實施上述各款的安排，其中應包括：

(a)確保所資助的應付氣候變化的項目符合締約方會議所制定的政策、計畫優先順序和資格標準的辦法；

(b)根據這些政策、計畫優先順序和資格標準重新考慮某項供資決定的辦法；

(c)依循上述第一款所述的負責要求，由那個或那些實體定期向締約方會議提供關於其供資業務的報告；

(d)以可預測和可認定的方式確定履行本公約所必需的和可以得到的資金數額，以及定期審評此一數額所應依據的條件。

四、締約方會議應在其第一屆會議上作出履行上述規定的安排，同時審評並考慮到第二十一條第三款所述的臨時安排，並應決定這些臨時安排是否應予維持。在其後四年內，締約方會議應對資金機制進行審評，並採取適當的措施。

五、發達國家締約方還可通過雙邊、區域性和其他多邊渠道提供並由發展中

國家締約方獲取與履行本公約有關的資金。

第十二條　提供有關履行的資訊

一、按照第四條第一款，每一締約方應通過秘書處向締約方會議提供含有下列內容的資訊：

　(a)在其能力允許的範圍內，用締約方會議所將推行和議定的可比方法編成的關於《蒙特利爾議定書》未予管制的所有溫室氣體的各種源的人為排放和各種匯的清除的國家清單；

　(b)關於該締約方為履行公約而採取或設想的步驟的一般性描述；和

　(c)該締約方認為與實現本公約的目標有關並且適合列入其所提供資訊的任何其他資訊，在可行情況下，包括與計算全球排放趨勢有關的資料。

二、附件一所列每一發達國家締約方和每一其他締約方應在其所提供的資訊中列入下列各類資訊：

　(a)關於該締約方為履行其第四條第二款(a)項和(b)項下承諾所採取政策和措施的詳細描述；和

　(b)關於本款(a)項所述政策和措施在第四條第二款(a)項所述期間對溫室氣體各種源的排放和各種匯的清除所產生影響的具體估計。

三、此外，附件二所列每一發達國家締約方和每一其他發達締約方應列入按照第四條第三、第四和第五款所採取措施的詳情。

四、發展中國家締約方可在自願基礎上提出需要資助的項目，包括為執行這些項目所需要的具體技術、材料、設備、工藝或做法，在可能情況下並附上對所有增加的費用、溫室氣體排放的減少量及其清除的增加量的估計，以及對其所帶來效益的估計。

五、附件一所列每一發達國家締約方和每一其他締約方應在公約對該締約方生效後六個月內第一次提供資訊。未列入該附件的每一締約方應在公約對該締約方生效後或按照第四條第三款獲得資金後三年內第一次提供資訊。最不發達國家締約方可自行決定何時第一次提供資訊。其後所有締約方提供資訊的頻度應由締約方會議考慮到本款所規定的差別時間表予以確定。

六、各締約方按照本條提供的資訊應由秘書處盡速轉交給締約方會議和任何有關的附屬機構。如有必要，提供資訊的程序可由締約方會議進一步考慮。

七、締約方會議從第一屆會議起，應安排向有此要求的發展中國家締約方提供技術和資金支持，以匯編和提供本條所規定的資訊，和確定與第四條規定的所擬議的項目和應對措施相聯繫的技術和資金需要。這些支持可酌情由其他締約方、主管國際組織和秘書處提供。

八、任何一組締約方遵照締約方會議制訂的指導方針並經事先通知締約方會議，可以聯合提供資訊來履行其在本條下的義務，但這樣提供的資訊須

包括關於其中每一締約方履行其在本公約下的各自義務的資訊。
九、秘書處收到的經締約方按照締約方會議制訂的標準指明為機密的資訊，在提供給任何參與資訊的提供和審評的機構之前，應由秘書處加以匯總，以保護其機密性。
十、在不違反上述第九款，並且不妨礙任何締約方在任何時候公開其所提供資訊的能力的情況下，秘書處應將締約方按照本條提供的資訊在其提交給締約方會議的同時予以公開。

第十三條　解決與履行有關的問題
締約方會議應在其第一屆會議上考慮設立一個解決與公約履行有關的問題的多邊協商程序，供締約方有此要求時予以利用。

第十四條　爭端的解決
一、任何兩個或兩個以上締約方之間就本公約的解釋或適用發生爭端時，有關的締約方應尋求通過談判或它們自己選擇的任何其他和平方式解決該爭端。
二、非為區域經濟一體化組織的締約方在批准、接受、核准或加入本公約時，或在其後任何時候，可在交給保存人的一份文書中聲明，關於本公約的解釋或適用方面的任何爭端，承認對於接受同樣義務的任何締約方，下列義務為當然而且具有強制性的，無須另訂特別協議：
(a)將爭端提交國際法院，和／或
(b)按照將由締約方會議盡早通過的、載於仲裁附件中的程序進行仲裁。
作為區域經濟一體化組織的締約方可就依上述(b)項中所述程序進行仲裁發表類似聲明。
三、根據上述第二款所作的聲明，在其所載有效期期滿前，或在書面撤回通知交存於保存人後的三個月內，應一直有效。
四、除非爭端各當事方另有協議，新作聲明、作出撤回通知或聲明有效期滿絲毫不得影響國際法院或仲裁庭正在進行的審理。
五、在不影響上述第二款運作的情況下，如果一締約方通知另一締約方它們之間存在爭端，過了十二個月後，有關的締約方尚未能通過上述第一款所述方法解決爭端，經爭端的任何當事方要求，應將爭端提交調解。
六、經爭端一當事方要求，應設立調解委員會。調解委員會應由每一當事方委派的數目相同的成員組成，主席由每一當事方委派的成員共同推選。調解委員會應作出建議性裁決。各當事方應善意考慮之。
七、有關調解的補充程序應由締約方會議盡早以調解附件的形式予以通過。
八、本條各項規定應適用於締約方會議可能通過的任何相關法律文書，除非該文書另有規定。

第十五條　公約的修正
一、任何締約方均可對本公約提出修正。

二、對本公約的修正應在締約方會議的一屆常會上通過。對本公約提出的任何修正案文應由秘書處在擬議通過該修正的會議之前至少六個月送交各締約方。秘書處還應將提出的修正送交本公約各簽署方,並送交保存人以供參考。

三、各締約方應盡一切努力以協商一致方式就對本公約提出的任何修正達成協議。如為謀求協商一致已盡了一切努力,仍未達成協議,作為最後的方式,該修正應以出席會議並參加表決的締約方四分之三多數票通過。通過的修正應由秘書處送交保存人,再由保存人轉送所有締約方供其接受。

四、對修正的接受文書應交存於保存人。按照上述第三款通過的修正,應於保存人收到本公約至少四分之三締約方的接受文書之日後第九十天起對接受該修正的締約方生效。

五、對於任何其他締約方,修正應在該締約方向保存人交存接受該修正的文書之日後第九十天起對其生效。

六、為本條的目的,「出席並參加表決的締約方」是指出席並投贊成票或反對票的締約方。

第十六條　公約附件的通過和修正

一、本公約的附件應構成本公約的組成部分,除另有明文規定外,凡提到本公約時即同時提到其任何附件。在不妨害第十四條第二款(b)項和第七款規定的情況下,這些附件應限於清單、表格和任何其他屬於科學、技術、程序或行政性質的說明性資料。

二、本公約的附件應按照第十五條第二、第三和第四款中規定的程序提出和通過。

三、按照上述第二款通過的附件,應於保存人向公約的所有締約方發出關於通過該附件的通知之日起六個月後對所有締約方生效,但在此期間以書面形式通知保存人不接受該附件的締約方除外。對於撤回其不接受的通知的締約方,該附件應自保存人收到撤回通知之日後第九十天起對其生效。

四、對公約附件的修正的提出、通過和生效,應依照上述第二和第三款對公約附件的提出、通過和生效規定的同一程序進行。

五、如果附件或對附件的修正的通過涉及對本公約的修正,則該附件或對附件的修正應待對公約的修正生效之後方可生效。

第十七條　議定書

一、締約方會議可在任何一屆常會上通過本公約的議定書。

二、任何擬議的議定書案文應由秘書處在舉行該屆會議至少六個月之前送交各締約方。

三、任何議定書的生效條件應由該文書加以規定。

四、只有本公約的締約方才可成為議定書的締約方。

五、任何議定書下的決定只應由該議定書的締約方作出。

第十八條　表決權

一、除下述第二款所規定外，本公約每一締約方應有一票表決權。

二、區域經濟一體化組織在其權限內的事項上應行使票數與其作為本公約締約方的成員國數目相同的表決權。如果一個此類組織的任一成員國行使自己的表決權，則該組織不得行使表決權，反之亦然。

第十九條　保存人

聯合國秘書長應為本公約及按照第十七條通過的議定書的保存人。

第二十條　簽署

本公約應於聯合國環境與發展會議期間在里約熱內盧，其後自一九九二年六月二十日至一九九三年六月十九日在紐約聯合國總部，開放供聯合國會員國或任何聯合國專門機構的成員國或《國際法院規約》的當事國和各區域經濟一體化組織簽署。

第二十一條　臨時安排

一、在締約方會議第一屆會議結束前，第八條所述的秘書處職能將在臨時基礎上由聯合國大會一九九〇年十二月二十一日第 45/212 號決議所設立的秘書處行使。

二、上述第一款所述的臨時秘書處首長將與政府間氣候變化專門委員會密切合作，以確保該委員會能夠對提供客觀科學和技術諮詢的要求作出反應。也可以諮詢其他有關的科學機構。

三、在臨時基礎上，聯合國開發計劃署、聯合國環境規劃署和國際復興開發銀行的「全球環境融資」應為受託經營第十一條所述資金機制的國際實體。在這方面，「全球環境融資」應予適當改革，並使其成員具有普遍性，以使其能滿足第十一條的要求。

第二十二條　批准、接受、核准或加入

一、本公約須經各國和各區域經濟一體化組織批准、接受、核准或加入。公約應自簽署截止日之次日起開放供加入。批准、接受、核准或加入的文書應交存於保存人。

二、任何成為本公約締約方而其成員國均非締約方的區域經濟一體化組織應受本公約一切義務的約束。如果此類組織的一個或多個成員國為本公約的締約方，該組織及其成員國應決定各自在履行公約義務方面的責任。在此種情況下，該組織及其成員國無權同時行使本公約規定的權利。

三、區域經濟一體化組織應在其批准、接受、核准或加入的文書中聲明其在本公約所規定事項上的權限。此類組織還應將其權限範圍的任何重大變更通知保存人，再由保存人通知各締約方。

第二十三條　生效

一、本公約應自第五十份批准、接受、核准或加入的文書交存之日後第九十天起生效。

二、對於在第五十份批准、接受、核准或加入的文書交存之後批准、接受、核准或加入本公約的每一國家或區域經濟一體化組織，本公約應自該國或該區域經濟一體化組織交存其批准、接受、核准或加入的文書之日後第九十天起生效。

三、為上述第一和第二款的目的，區域經濟一體化組織所交存的任何文書不應被視為該組織成員國所交存文書之外的額外文書。

第二十四條　保留

對本公約不得作任何保留。

第二十五條　退約

一、自本公約對一締約方生效之日起三年後，該締約方可隨時向保存人發出書面通知退出本公約。

二、任何退出應自保存人收到退出通知之日起一年期滿時生效，或在退出通知中所述明的更後日期生效。

三、退出本公約的任何締約方，應被視為亦退出其作為締約方的任何議定書。

第二十六條　作準文本

本公約正本應交存於聯合國秘書長，其阿拉伯文、中文、英文、法文、俄文和西班牙文文本同為作準。

下列簽署人，經正式授權，在本公約上簽字，以昭信守。

一九九二年五月九日訂於紐約。

六十、巴黎協定 (Paris Agreement)　　　　(2015.12.12)

說明：

㈠本公約二〇一五年十二月十二日簽署，二〇一六年十一月四日生效。

㈡英文本見 United Nations, Paris Agreement, 2015, retrieved from https://unfccc.int/sites/default/files/english_paris_agreement.pdf；中文版見聯合國，巴黎協定，2015，載於 https://unfccc.int/sites/default/files/chinese_paris_agreement.pdf。（檢視日期：二〇一九年三月八日）

本協定各締約方，

作為《聯合國氣候變化框架公約》（以下簡稱《公約》）締約方，

按照《公約》締約方會議第十七屆會議第 1/CP. 17 號決定建立的德班加強行動平

臺,

　　為實現《公約》目標,並遵循其原則,包括公平、共同但有區別的責任和各自能力原則,考慮不同國情,

　　認識到必須根據現有的最佳科學知識,對氣候變化的緊迫威脅作出有效和逐漸的應對,

　　又認識到《公約》所述的發展中國家締約方的具體需要和特殊情況,尤其是那些特別易受氣候變化不利影響的發展中國家締約方的具體需要和特殊情況,

　　充分考慮到最不發達國家在籌資和技術轉讓行動方面的具體需要和特殊情況,

　　認識到締約方不僅可能受到氣候變化的影響,而且還可能受到為應對氣候變化而採取的措施的影響,

　　強調氣候變化行動、應對和影響與平等獲得可持續發展和消除貧困有著內在的關係,

　　認識到保障糧食安全和消除飢餓的根本性優先事項,以及糧食生產系統特別易受氣候變化不利影響,

　　考慮到務必根據國家制定的發展優先事項,實現勞動力公正轉型以及創造體面工作和高質量就業崗位,

　　承認氣候變化是人類共同關心的問題,締約方在採取行動應對氣候變化時,應當尊重、促進和考慮它們各自對人權、健康權、土著人民權利、當地社區權利、移徙者權利、兒童權利、殘疾人權利、弱勢人權利、發展權,以及性別平等、婦女賦權和代際公平等的義務,

　　認識到必須酌情維護和加強《公約》所述的溫室氣體的匯和庫,

　　注意到必須確保包括海洋在內的所有生態系統的完整性並保護被有些文化認作地球母親的生物多樣性,並注意到在採取行動應對氣候變化時關於「氣候公正」概念對一些人的重要性,

　　申明就本協定處理的事項在各級開展教育、培訓、公眾意識,公眾參與和公眾獲得資訊和合作的重要性,

　　認識到按照締約方各自的國內立法使各級政府和各行為方參與應對氣候變化的重要性,

　　又認識到在發達國家締約方帶頭下的可持續生活方式以及可持續的消費和生產模式,對應對氣候變化所發揮的重要作用,

茲協議如下:

第 一 條　為本協定的目的,《公約》第一條所載的定義應予適用。此外:

　　　　　㈠「公約」指一九九二年五月九日在紐約通過的《聯合國氣候變化框架公約》;

　　　　　㈡「締約方會議」指《公約》締約方會議;

　　　　　㈢「締約方」指本協定締約方。

第 二 條　一、本協定在加強《公約》,包括其目標的履行方面,旨在聯繫可持續發展和消除貧困的努力,加強對氣候變化威脅的全球應對,包括:

㈠把全球平均氣溫升幅控制在工業化前水準以上低於 2℃之內，並努力將氣溫升幅限制在工業化前水準以上 1.5℃之內，同時認識到這將大大減少氣候變化的風險和影響；

㈡提高適應氣候變化不利影響的能力並以不威脅糧食生產的方式增強氣候復原力和溫室氣體低排放發展；並

㈢使資金流動符合溫室氣體低排放和氣候適應型發展的路徑。

二、本協定的履行將體現公平以及共同但有區別的責任和各自能力的原則，考慮不同國情。

第 三 條　作為全球應對氣候變化的國家自主貢獻，所有締約方將採取並通報第四條、第七條、第九條、第十條、第十一條和第十三條所界定的有力度的努力，以實現本協定第二條所述的目的。所有締約方的努力將隨著時間的推移而逐漸增加，同時認識到需要支持發展中國家締約方，以有效履行本協定。

第 四 條　一、為了實現第二條規定的長期氣溫目標，締約方旨在盡快達到溫室氣體排放的全球峰值，同時認識到達峰對發展中國家締約方來說需要更長的時間；此後利用現有的最佳科學迅速減排，以聯繫可持續發展和消除貧困，在公平的基礎上，在本世紀下半葉實現溫室氣體源的人為排放與匯的清除之間的平衡。

二、各締約方應編制、通報並保持它計劃實現的連續國家自主貢獻。締約方應採取國內減緩措施，以實現這種貢獻的目標。

三、各締約方的連續國家自主貢獻將比當前的國家自主貢獻有所進步，並反映其盡可能大的力度，同時體現其共同但有區別的責任和各自能力，考慮不同國情。

四、發達國家締約方應當繼續帶頭，努力實現全經濟範圍絕對減排目標。發展中國家締約方應當繼續加強它們的減緩努力，鼓勵它們根據不同的國情，逐漸轉向全經濟範圍減排或限排目標。

五、應向發展中國家締約方提供支助，以根據本協定第九條、第十條和第十一條執行本條，同時認識到增強對發展中國家締約方的支助，將能夠加大它們的行動力度。

六、最不發達國家和小島嶼發展中國家可編制和通報反映它們特殊情況的關於溫室氣體低排放發展的戰略、計畫和行動。

七、從締約方的適應行動和／或經濟多樣化計畫中獲得的減緩協同效益，能促進本條下的減緩成果。

八、在通報國家自主貢獻時，所有締約方應根據第 1/CP. 21 號決定和作為本協定締約方會議的《公約》締約方會議的任何有關決定，為清晰、透明和瞭解而提供必要的資訊。

九、各締約方應根據第 1/CP. 21 號決定和作為本協定締約方會議的《公約》締約方會議的任何有關決定，並從第十四條所述的全球盤點的結果獲取

　　　　資訊，每五年通報一次國家自主貢獻。

十、作為本協定締約方會議的《公約》締約方會議應在第一屆會議上審議國
　　家自主貢獻的共同時間框架。

十一、締約方可根據作為本協定締約方會議的《公約》締約方會議通過的指
　　　導，隨時調整其現有的國家自主貢獻，以加強其力度水準。

十二、締約方通報的國家自主貢獻應記錄在秘書處保持的一個公共登記冊
　　　上。

十三、締約方應核算它們的國家自主貢獻。在核算相當於它們國家自主貢獻
　　　中的人為排放量和清除量時，締約方應根據作為本協定締約方會議的
　　　《公約》締約方會議通過的指導，促進環境完整性、透明性、精確性、
　　　完備性、可比和一致性，並確保避免雙重核算。

十四、在國家自主貢獻方面，當締約方在承認和執行人為排放和清除方面的
　　　減緩行動時，應當按照本條第十三款的規定，酌情考慮《公約》下的
　　　現有方法和指導。

十五、締約方在履行本協定時，應考慮那些經濟受應對措施影響最嚴重的締
　　　約方，特別是發展中國家締約方關注的問題。

十六、締約方，包括區域經濟一體化組織及其成員國，凡是達成了一項協定，
　　　根據本條第二款聯合採取行動的，均應在它們通報國家自主貢獻時，
　　　將該協定的條款通知秘書處，包括有關時期內分配給各締約方的排放
　　　量。再應由秘書處向《公約》的締約方和簽署方通報該協定的條款。

十七、本條第十六款提及的這種協定的各締約方應根據本條第十三款和第十
　　　四款以及第十三條和第十五條對該協定為它規定的排放水準承擔責
　　　任。

十八、如果締約方在一個其本身是本協定締約方的區域經濟一體化組織的框
　　　架內並與該組織一起，採取聯合行動開展這項工作，那麼該區域經濟
　　　一體化組織的各成員國單獨並與該區域經濟一體化組織一起，應根據
　　　本條第十三款和第十四款以及第十三條和第十五條，對根據本條第十
　　　六款通報的協定為它規定的排放水準承擔責任。

十九、所有締約方應當努力擬定並通報長期溫室氣體低排放發展戰略，同時
　　　注意第二條，顧及其共同但有區別的責任和各自能力，考慮不同國情。

第 五 條　一、締約方應當採取行動酌情維護和加強《公約》第四條第 1 款 d 項所述的
　　　　　　溫室氣體的匯和庫，包括森林。

二、鼓勵締約方採取行動，包括通過基於成果的支付，執行和支持在《公約》
　　下已確定的有關指導和決定中提出的有關以下方面的現有框架：為減少
　　毀林和森林退化造成的排放所涉活動採取的政策方法和積極獎勵措施，
　　以及發展中國家養護、可持續管理森林和增強森林碳儲量的作用；執行
　　和支持替代政策方法，如關於綜合和可持續森林管理的聯合減緩和適應

　　　　　　　方法，同時重申酌情獎勵與這些方法相關的非碳效益的重要性。

第 六 條　一、締約方認識到，有些締約方選擇自願合作執行它們的國家自主貢獻，以能夠提高它們減緩和適應行動的力度，並促進可持續發展和環境完整性。

　　　　　二、締約方如果在自願的基礎上採取合作方法，並使用國際轉讓的減緩成果來實現國家自主貢獻，就應促進可持續發展，確保環境完整性和透明度，包括在治理方面，並應依作為本協定締約方會議的《公約》締約方會議通過的指導運用穩健的核算，除其他外，確保避免雙重核算。

　　　　　三、使用國際轉讓的減緩成果來實現本協定下的國家自主貢獻，應是自願的，並得到參加的締約方的允許的。

　　　　　四、茲在作為本協定締約方會議的《公約》締約方會議的權力和指導下，建立一個機制，供締約方自願使用，以促進溫室氣體排放的減緩，支持可持續發展。它應受作為本協定締約方會議的《公約》締約方會議指定的一個機構的監督，應旨在：
　　　　　　㈠促進減緩溫室氣體排放，同時促進可持續發展；
　　　　　　㈡獎勵和便利締約方授權下的公私實體參與減緩溫室氣體排放；
　　　　　　㈢促進東道締約方減少排放水準，以便從減緩活動導致的減排中受益，這也可以被另一締約方用來履行其國家自主貢獻；並
　　　　　　㈣實現全球排放的全面減緩。

　　　　　五、從本條第四款所述的機制產生的減排，如果被另一締約方用作表示其國家自主貢獻的實現情況，則不得再被用作表示東道締約方自主貢獻的實現情況。

　　　　　六、作為本協定締約方會議的《公約》締約方會議應確保本條第四款所述機制下開展的活動所產生的一部分收益用於負擔行政開支，以及援助特別易受氣候變化不利影響的發展中國家締約方支付適應費用。

　　　　　七、作為本協定締約方會議的《公約》締約方會議應在第一屆會議上通過本條第四款所述機制的規則、模式和程序。

　　　　　八、締約方認識到，在可持續發展和消除貧困方面，必須以協調和有效的方式向締約方提供綜合、整體和平衡的非市場方法，包括酌情通過，除其他外，減緩、適應、資金、技術轉讓和能力建設，以協助執行它們的國家自主貢獻。這些方法應旨在：
　　　　　　㈠提高減緩和適應力度；
　　　　　　㈡加強公私部門參與執行國家自主貢獻；並
　　　　　　㈢創造各種手段和有關體制安排之間協調的機會。

　　　　　九、茲確定一個本條第八款提及的可持續發展非市場方法的框架，以推廣非市場方法。

第 七 條　一、締約方茲確立關於提高適應能力、加強復原力和減少對氣候變化的脆弱性的全球適應目標，以促進可持續發展，並確保在第二條所述氣溫目標

方面採取充分的適應對策。

二、締約方認識到，適應是所有各方面臨的全球挑戰，具有地方、次國家、國家、區域和國際層面，它是為保護人民、生計和生態系統而採取的氣候變化長期全球應對措施的關鍵組成部分和促進因素，同時也要考慮到特別易受氣候變化不利影響的發展中國家迫在眉睫的需要。

三、應根據作為本協定締約方會議的《公約》締約方會議第一屆會議通過的模式承認發展中國家的適應努力。

四、締約方認識到，當前的適應需要很大，提高減緩水準能減少對額外適應努力的需要，增大適應需要可能會增加適應成本。

五、締約方承認，適應行動應當遵循一種國家驅動、注重性別問題、參與型和充分透明的方法，同時考慮到脆弱群體、社區和生態系統，並應當基於和遵循現有的最佳科學，以及適當的傳統知識、土著人民的知識和地方知識系統，以期將適應酌情納入相關的社會經濟和環境政策以及行動中。

六、締約方認識到支持適應努力並開展適應努力方面的國際合作的重要性，以及考慮發展中國家締約方的需要，尤其是特別易受氣候變化不利影響的發展中國家的需要的重要性。

七、締約方應當加強它們在增強適應行動方面的合作，同時考慮到《坎昆適應框架》，包括在下列方面：

　㈠交流資訊、良好做法、獲得的經驗和教訓，酌情包括與適應行動方面的科學、規劃、政策和執行等相關的資訊、良好做法、獲得的經驗和教訓；

　㈡加強體制安排，包括《公約》下服務於本協定的體制安排，以支持相關資訊和知識的綜合，並為締約方提供技術支助和指導；

　㈢加強關於氣候的科學知識，包括研究、對氣候系統的系統觀測和早期預警系統，以便為氣候服務提供參考，並支持決策；

　㈣協助發展中國家締約方確定有效的適應做法、適應需要、優先事項、為適應行動和努力提供和得到的支助、挑戰和差距，其方式應符合鼓勵良好做法；並

　㈤提高適應行動的有效性和持久性。

八、鼓勵聯合國專門組織和機構支持締約方努力執行本條第七款所述的行動，同時考慮到本條第五款的規定。

九、各締約方應酌情開展適應規劃進程並採取各種行動，包括制訂或加強相關的計畫、政策和／或貢獻，其中可包括：

　㈠落實適應行動、任務和／或努力；

　㈡關於制訂和執行國家適應計畫的進程；

　㈢評估氣候變化影響和脆弱性，以擬訂國家自主決定的優先行動，同時

考慮到處於脆弱地位的人、地方和生態系統；

㈣監測和評價適應計畫、政策、方案和行動並從中學習；並

㈤建設社會經濟和生態系統的復原力，包括通過經濟多樣化和自然資源的可持續管理。

十、各締約方應當酌情定期提交和更新一項適應資訊通報，其中可包括其優先事項、執行和支助需要、計畫和行動，同時不對發展中國家締約方造成額外負擔。

十一、本條第十款所述適應資訊通報應酌情定期提交和更新，納入或結合其他資訊通報或文件提交，其中包括國家適應計畫、第四條第二款所述的一項國家自主貢獻和／或一項國家資訊通報。

十二、本條第十款所述的適應資訊通報應記錄在一個由秘書處保持的公共登記冊上。

十三、根據本協定第九條、第十條和第十一條的規定，發展中國家締約方在執行本條第七款、第九款、第十款和第十一款時應得到持續和加強的國際支持。

十四、第十四條所述的全球盤點，除其他外應：

㈠承認發展中國家締約方的適應努力；

㈡加強開展適應行動，同時考慮本條第十款所述的適應資訊通報；

㈢審評適應的充足性和有效性以及對適應提供的支助情況；並

㈣審評在實現本條第一款所述的全球適應目標方面所取得的總體進展。

第 八 條　一、締約方認識到避免、盡量減輕和處理與氣候變化（包括極端氣候事件和緩發事件）不利影響相關的損失和損害的重要性，以及可持續發展對於減少損失和損害風險的作用。

二、氣候變化影響相關損失和損害華沙國際機制應置於作為本協定締約方會議的《公約》締約方會議的權力和指導下，並可由作為本協定締約方會議的《公約》締約方會議決定予以強化和加強。

三、締約方應當在合作和提供便利的基礎上，包括酌情通過華沙國際機制，在氣候變化不利影響所涉損失和損害方面加強理解、行動和支持。

四、據此，為加強理解、行動和支持而開展合作和提供便利的領域可包括以下方面：

㈠早期預警系統；

㈡應急準備；

㈢緩發事件；

㈣可能涉及不可逆轉和永久性損失和損害的事件；

㈤綜合性風險評估和管理；

㈥風險保險機制，氣候風險分擔安排和其他保險方案；

㈦非經濟損失；和

㈧社區、生計和生態系統的復原力。

五、華沙國際機制應與本協定下現有機構和專家小組以及本協定以外的有關
　　組織和專家機構協作。

第九條　一、發達國家締約方應為協助發展中國家締約方減緩和適應兩方面提供資
　　金，以便繼續履行在《公約》下的現有義務。

二、鼓勵其他締約方自願提供或繼續提供這種支助。

三、作為全球努力的一部分，發達國家締約方應當繼續帶頭，從各種大量來
　　源、手段及渠道調動氣候資金，同時注意到公共資金通過採取各種行動，
　　包括支持國家驅動戰略而發揮的重要作用，並考慮發展中國家締約方的
　　需要和優先事項。對氣候資金的這一調動應當超過先前的努力。

四、提供規模更大的資金，應當旨在實現適應與減緩之間的平衡，同時考慮
　　國家驅動戰略以及發展中國家締約方的優先事項和需要，尤其是那些特
　　別易受氣候變化不利影響的和受到嚴重的能力限制的發展中國家締約
　　方，如最不發達國家和小島嶼發展中國家的優先事項和需要，同時也考
　　慮為適應提供公共資源和基於贈款的資源的需要。

五、發達國家締約方應根據對其適用的本條第一款和第三款的規定，每兩年
　　通報指示性定量定質資訊，包括向發展中國家締約方提供的公共資金方
　　面可獲得的預測水準。鼓勵其他提供資源的締約方也自願每兩年通報一
　　次這種資訊。

六、第十四條所述的全球盤點應考慮發達國家締約方和／或本協定的機構提
　　供的關於氣候資金所涉努力方面的有關資訊。

七、發達國家締約方應按照作為本協定締約方會議的《公約》締約方會議第
　　一屆會議根據第十三條第十三款的規定通過的模式、程序和指南，就通
　　過公共干預措施向發展中國家提供和調動支助的情況，每兩年提供透明
　　一致的資訊。鼓勵其他締約方也這樣做。

八、《公約》的資金機制，包括其經營實體，應作為本協定的資金機制。

九、為本協定服務的機構，包括《公約》資金機制的經營實體，應旨在通過
　　精簡審批程序和提供強化準備活動支持，確保發展中國家締約方，尤其
　　是最不發達國家和小島嶼發展中國家，在國家氣候戰略和計畫方面有效
　　地獲得資金。

第十條　一、締約方共有一個長期願景，即必須充分落實技術開發和轉讓，以改善對
　　氣候變化的復原力和減少溫室氣體排放。

二、注意到技術對於執行本協定下的減緩和適應行動的重要性，並認識到現
　　有的技術部署和推廣工作，締約方應加強技術開發和轉讓方面的合作行
　　動。

三、《公約》下設立的技術機制應為本協定服務。

四、茲建立一個技術框架,為技術機制在促進和便利技術開發和轉讓的強化行動方面的工作提供總體指導,以實現本條第一款所述的長期願景,支持本協定的履行。

五、加快、鼓勵和扶持創新,對有效、長期的全球應對氣候變化,以及促進經濟增長和可持續發展至關重要。應對這種努力酌情提供支助,包括由技術機制和由《公約》資金機制通過資金手段提供支助,以便採取協作性方法開展研究和開發,以及便利獲得技術,特別是在技術週期的早期階段便利發展中國家締約方獲得技術。

六、應向發展中國家締約方提供支助,包括提供資金支助,以執行本條,包括在技術週期不同階段的技術開發和轉讓方面加強合作行動,從而在支助減緩和適應之間實現平衡。第十四條提及的全球盤點應考慮為發展中國家締約方的技術開發和轉讓提供支助方面的現有資訊。

第十一條 一、本協定下的能力建設應當加強發展中國家締約方,特別是能力最弱的國家,如最不發達國家,以及特別易受氣候變化不利影響的國家,如小島嶼發展中國家等的能力,以便採取有效的氣候變化行動,其中包括,除其他外,執行適應和減緩行動,並應當便利技術開發、推廣和部署、獲得氣候資金、教育、培訓和公共意識的有關方面,以及透明、及時和準確的資訊通報。

二、能力建設,尤其是針對發展中國家締約方的能力建設,應當由國家驅動,依據並響應國家需要,並促進締約方的本國自主,包括在國家、次國家和地方層面。能力建設應當以獲得的經驗教訓為指導,包括從《公約》下能力建設活動中獲得的經驗教訓,並應當是一個參與型、貫穿各領域和注重性別問題的有效和迭加的進程。

三、所有締約方應當合作,以加強發展中國家締約方履行本協定的能力。發達國家締約方應當加強對發展中國家締約方能力建設行動的支助。

四、所有締約方,凡在加強發展中國家締約方執行本協定的能力,包括採取區域、雙邊和多邊方式的,均應定期就這些能力建設行動或措施進行通報。發展中國家締約方應當定期通報為履行本協定而落實能力建設計畫、政策、行動或措施的進展情況。

五、應通過適當的體制安排,包括《公約》下為服務於本協定所建立的有關體制安排,加強能力建設活動,以支持對本協定的履行。作為本協定締約方會議的《公約》締約方會議應在第一屆會議上審議並就能力建設的初始體制安排通過一項決定。

第十二條 締約方應酌情合作採取措施,加強氣候變化教育、培訓、公共意識、公眾參與和公眾獲取資訊,同時認識到這些步驟對於加強本協定下的行動的重要性。

第十三條 一、為建立互信和信心並促進有效履行,茲設立一個關於行動和支助的強化透明度框架,並內置一個靈活機制,以考慮締約方能力的不同,並以集

體經驗為基礎。

二、透明度框架應為依能力需要靈活性的發展中國家締約方提供靈活性，以利於其履行本條規定。本條第十三款所述的模式、程序和指南應反映這種靈活性。

三、透明度框架應依託和加強在《公約》下設立的透明度安排，同時認識到最不發達國家和小島嶼發展中國家的特殊情況，以促進性、非侵入性、非懲罰性和尊重國家主權的方式實施，並避免對締約方造成不當負擔。

四、《公約》下的透明度安排，包括國家資訊通報、兩年期報告和兩年期更新報告、國際評估和審評以及國際磋商和分析，應成為制定本條第十三款下的模式、程序和指南時加以借鑒的經驗的一部分。

五、行動透明度框架的目的是按照《公約》第二條所列目標，明確瞭解氣候變化行動，包括明確和追蹤締約方在第四條下實現各自國家自主貢獻方面所取得進展；以及締約方在第七條之下的適應行動，包括良好做法、優先事項、需要和差距，以便為第十四條下的全球盤點提供資訊。

六、支助透明度框架的目的是明確各相關締約方在第四條、第七條、第九條、第十條和第十一條下的氣候變化行動方面提供和收到的支助，並盡可能反映所提供的累計資金支助的全面概況，以便為第十四條下的盤點提供資訊。

七、各締約方應定期提供以下資訊：

　　㈠利用政府間氣候變化專門委員會接受並由作為本協定締約方會議的《公約》締約方會議商定的良好做法而編寫的一份溫室氣體源的人為排放和匯的清除的國家清單報告；並

　　㈡跟蹤在根據第四條執行和實現國家自主貢獻方面取得的進展所必需的資訊。

八、各締約方還應當酌情提供與第七條下的氣候變化影響和適應相關的資訊。

九、發達國家締約方應提供支助的其他締約方應當就根據第九條、第十條和第十一條向發展中國家締約方提供資金、技術轉讓和能力建設支助的情況提供資訊。

十、發展中國家締約方應當就在第九條、第十條和第十一條下需要和接受的資金、技術轉讓和能力建設支助情況提供資訊。

十一、應根據第 1/CP. 21 號決定對各締約方根據本條第七款和第九款提交的資訊進行技術專家審評。對於那些由於能力問題而對此有需要的發展中國家締約方，這一審評進程應包括查明能力建設需要方面的援助。此外，各締約方應參與促進性的多方審議，以對第九條下的工作以及各自執行和實現國家自主貢獻的進展情況進行審議。

十二、本款下的技術專家審評應包括適當審議締約方提供的支助，以及執行

和實現國家自主貢獻的情況。審評也應查明締約方需改進的領域，並包括審評這種資訊是否與本條第十三款提及的模式、程序和指南相一致，同時考慮在本條第二款下給予締約方的靈活性。審評應特別注意發展中國家締約方各自的國家能力和國情。

十三、作為本協定締約方會議的《公約》締約方會議應在第一屆會議上根據《公約》下透明度相關安排取得的經驗，詳細擬定本條的規定，酌情為行動和支助的透明度通過通用的模式、程序和指南。

十四、應為發展中國家履行本條提供支助。

十五、應為發展中國家締約方建立透明度相關能力提供持續支助。

第十四條 一、作為本協定締約方會議的《公約》締約方會議應定期盤點本協定的履行情況，以評估實現本協定宗旨和長期目標的集體進展情況（稱為「全球盤點」）。盤點應以全面和促進性的方式開展，考慮減緩、適應以及執行手段和支助問題，並顧及公平和利用現有的最佳科學。

二、作為本協定締約方會議的《公約》締約方會議應在二○二三年進行第一次全球盤點，此後每五年進行一次，除非作為本協定締約方會議的《公約》締約方會議另有決定。

三、全球盤點的結果應為締約方以國家自主的方式根據本協定的有關規定更新和加強它們的行動和支助，以及加強氣候行動的國際合作提供資訊。

第十五條 一、茲建立一個機制，以促進履行和遵守本協定的規定。

二、本條第一款所述的機制應由一個委員會組成，應以專家為主，並且是促進性的，行使職能時採取透明、非對抗、非懲罰性的方式。委員會應特別關心締約方各自的國家能力和情況。

三、該委員會應在作為本協定締約方會議的《公約》締約方會議第一屆會議通過的模式和程序下運作，每年向作為本協定締約方會議的《公約》締約方會議提交報告。

第十六條 一、《公約》締約方會議──《公約》的最高機構，應作為本協定締約方會議。

二、非為本協定締約方的《公約》締約方，可作為觀察員參加作為本協定締約方會議的《公約》締約方會議的任何屆會的議事工作。在《公約》締約方會議作為本協定締約方會議時，在本協定之下的決定只應由為本協定締約方者做出。

三、在《公約》締約方會議作為本協定締約方會議時，《公約》締約方會議主席團中代表《公約》締約方但在當時非為本協定締約方的任何成員，應由本協定締約方從本協定締約方中選出的另一成員替換。

四、作為本協定締約方會議的《公約》締約方會議應定期審評本協定的履行情況，並應在其權限內作出為促進本協定有效履行所必要的決定。作為本協定締約方會議的《公約》締約方會議應履行本協定賦予它的職能，

並應：

㈠設立為履行本協定而被認為必要的附屬機構；並

㈡行使為履行本協定所需的其他職能。

五、《公約》締約方會議的議事規則和依《公約》規定採用的財務規則，應在本協定下比照適用，除非作為本協定締約方會議的《公約》締約方會議以協商一致方式可能另外作出決定。

六、作為本協定締約方會議的《公約》締約方會議第一屆會議，應由秘書處結合本協定生效之日後預定舉行的《公約》締約方會議第一屆會議召開。其後作為本協定締約方會議的《公約》締約方會議常會，應與《公約》締約方會議常會結合舉行，除非作為本協定締約方會議的《公約》締約方會議另有決定。

七、作為本協定締約方會議的《公約》締約方會議特別會議，應在作為本協定締約方會議的《公約》締約方會議認為必要的其他任何時間舉行，或應任何締約方的書面請求而舉行，但須在秘書處將該要求轉達給各締約方後六個月內得到至少三分之一締約方的支持。

八、聯合國及其專門機構和國際原子能機構，以及它們的非為《公約》締約方的成員國或觀察員，均可派代表作為觀察員出席作為本協定締約方會議的《公約》締約方會議的各屆會議。任何在本協定所涉事項上具備資格的團體或機構，無論是國家或國際的、政府的或非政府的，經通知秘書處其願意派代表作為觀察員出席作為本協定締約方會議的《公約》締約方會議的某屆會議，均可予以接納，除非出席的締約方至少三分之一反對。觀察員的接納和參加應遵循本條第五款所指的議事規則。

第十七條　一、依《公約》第八條設立的秘書處，應作為本協定的秘書處。

二、關於秘書處職能的《公約》第八條第二款和關於就秘書處行使職能作出的安排的《公約》第八條第三款，應比照適用於本協定。秘書處還應行使本協定和作為本協定締約方會議的《公約》締約方會議所賦予它的職能。

第十八條　一、《公約》第九條和第十條設立的附屬科學技術諮詢機構和附屬履行機構，應分別作為本協定的附屬科學技術諮詢機構和附屬履行機構。《公約》關於這兩個機構行使職能的規定應比照適用於本協定。本協定的附屬科學技術諮詢機構和附屬履行機構的屆會，應分別與《公約》的附屬科學技術諮詢機構和附屬履行機構的會議結合舉行。

二、非為本協定締約方的《公約》締約方可作為觀察員參加附屬機構任何屆會的議事工作。在附屬機構作為本協定附屬機構時，本協定下的決定只應由本協定締約方作出。

三、《公約》第九條和第十條設立的附屬機構行使它們的職能處理涉及本協定的事項時，附屬機構主席團中代表《公約》締約方但當時非為本協定締

約方的任何成員，應由本協定締約方從本協定締約方中選出的另一成員替換。

第十九條　一、除本協定提到的附屬機構和體制安排外，根據《公約》或在《公約》下設立的附屬機構或其他體制安排，應按照作為本協定締約方會議的《公約》締約方會議的決定，為本協定服務。作為本協定締約方會議的《公約》締約方會議應明確規定此種附屬機構或安排所要行使的職能。

二、作為本協定締約方會議的《公約》締約方會議可為這些附屬機構和體制安排提供進一步指導。

第二十條　一、本協定應開放供屬於《公約》締約方的各國和區域經濟一體化組織簽署並須經其批准、接受或核准。本協定應自二〇一六年四月二十二日至二〇一七年四月二十一日在紐約聯合國總部開放供簽署。此後，本協定應自簽署截止日之次日起開放供加入。批准、接受、核准或加入的文書應交存保存人。

二、任何成為本協定締約方而其成員國均非締約方的區域經濟一體化組織應受本協定各項義務的約束。如果區域經濟一體化組織的一個或多個成員國為本協定的締約方，該組織及其成員國應決定各自在履行本協定義務方面的責任。在此種情況下，該組織及其成員國無權同時行使本協定規定的權利。

三、區域經濟一體化組織應在其批准、接受、核准或加入的文書中聲明其在本協定所規定的事項方面的權限。這些組織還應將其權限範圍的任何重大變更通知保存人，再由保存人通知各締約方。

第二十一條　一、本協定應在不少於 55 個《公約》締約方，包括其合計共占全球溫室氣體總排放量的至少約 55% 的《公約》締約方交存其批准、接受、核准或加入文書之日後第三十天起生效。

二、只為本條第一款的有限目的，「全球溫室氣體總排放量」指在《公約》締約方通過本協定之日或之前最新通報的數量。

三、對於在本條第一款規定的生效條件達到之後批准、接受、核准或加入本協定的每一國家或區域經濟一體化組織，本協定應自該國家或區域經濟一體化組織批准、接受、核准或加入的文書交存之日後第三十天起生效。

四、為本條第一款的目的，區域經濟一體化組織交存的任何文書，不應被視為其成員國所交存文書之外的額外文書。

第二十二條　《公約》第十五條關於通過對《公約》的修正的規定應比照適用於本協定。

第二十三條　一、《公約》第十六條關於《公約》附件的通過和修正的規定應比照適用於本協定。

二、本協定的附件應構成本協定的組成部分，除另有明文規定外，凡提及本協定，即同時提及其任何附件。這些附件應限於清單、表格和屬於

科學、技術、程序或行政性質的任何其他說明性材料。

第二十四條　《公約》關於爭端的解決的第十四條的規定應比照適用於本協定。

第二十五條　一、除本條第二款所規定外，每個締約方應有一票表決權。

二、區域經濟一體化組織在其權限內的事項上應行使票數與其作為本協定締約方的成員國數目相同的表決權。如果一個此類組織的任一成員國行使自己的表決權，則該組織不得行使表決權，反之亦然。

第二十六條　聯合國秘書長應為本協定的保存人。

第二十七條　對本協定不得作任何保留。

第二十八條　一、自本協定對一締約方生效之日起三年後，該締約方可隨時向保存人發出書面通知退出本協定。

二、任何此種退出應自保存人收到退出通知之日起一年期滿時生效，或在退出通知中所述明的更後日期生效。

三、退出《公約》的任何締約方，應被視為亦退出本協定。

第二十九條　本協定正本應交存於聯合國秘書長，其阿拉伯文、中文、英文、法文、俄文和西班牙文文本同等作準。

二〇一五年十二月十二日訂於巴黎。

下列簽署人，經正式授權，在本協定上簽字，以昭信守。

六十一、生物多樣性公約 (Convention on Biological Diversity) (1992.6.5)

說明：

㈠本公約一九九二年六月五日簽署，一九九三年十二月二十九日生效。

㈡英文本見 UNTS, Vol. 1760, pp. 143–169，亦刊載於 ILM, Vol. 31, No.4 (July 1992), pp. 828–841；中文本取自 UNTS, Vol. 1760, pp. 112–142，亦刊載於《中華人民共和國多邊條約集》，第六集，北京：法律出版社，1994 年出版，頁 657–681。

序　言

締約國，

意識到生物多樣性的內在價值，和生物多樣性及其組成部分的生態、遺傳、社會、經濟、科學、教育、文化、娛樂和美學價值，

還意識到生物多樣性對進化和保持生物圈的生命維持系統的重要性，

確認生物多樣性的保護是全人類的共同關切事項，

重申各國對它自己的生物資源擁有主權權利，

也重申各國有責任保護它自己的生物多樣性並以可持久的方式使用它自己的生物資

源，

　　關切一些人類活動正在導致生物多樣性的嚴重減少，

　　意識到普遍缺乏關於生物多樣性的資料和知識，亟需開發科學、技術和機構能力，從而提供基本理解，據以策劃與執行適當措施，

　　注意到預測、預防和從根源上消除導致生物多樣性嚴重減少或喪失的原因，至為重要，

　　並注意到生物多樣性遭受嚴重減少或損失的威脅時，不應以缺乏充分的科學定論為理由，而推遲採取旨在避免或盡量減輕此種威脅的措施，

　　注意到保護生物多樣性的基本要求，是就地保護生態系統和自然生境，維持恢復物種在其自然環境中有生存力的群體，

　　並注意到移地措施，最好在原產國內實行，也可發揮重要作用；

　　認識到許多體現傳統生活方式的土著和地方社區同生物資源有著密切和傳統的依存關係，應公平分享從利用與保護生物資源及持久使用其組成部分有關的傳統知識、創新和做法而產生的惠益，

　　並認識到婦女在保護和持久使用生物多樣性中發揮的極其重要作用，並確認婦女必須充分參與保護生物多樣性的各級政策的制訂和執行，

　　強調為了生物多樣性的保護及其組成部分的持久使用，促進國家、政府間組織和非政府部門之間的國際、區域和全球性合作的重要性和必要性，

　　承認提供新的和額外的資金和適當取得有關的技術，可對全世界處理生物多樣性喪失問題的能力產生重大影響，

　　進一步承認有必要訂立特別規定，以滿足發展中國家的需要，包括提供新的和額外的資金和適當取得有關的技術，

　　注意到最不發達國家和小島嶼國家這方面的特殊情況，

　　承認有必要大量投資以保護生物多樣性，而且這些投資可望產生廣泛的環境、經濟和社會惠益，

　　認識到經濟和社會發展以及根除貧困是發展中國家第一和壓倒一切的優先事務，

　　意識到保護和持久使用生物多樣性對滿足世界日益增加的人口的糧食、健康和其他需求至為重要，而為此目的取得和分享遺傳資源和遺傳技術是必不可少的，

　　注意到保護和持久使用生物多樣性終必增強國家間的友好關係，並有助於實現人類和平；

　　期望加強和補充現有保護生物多樣性和持久使用其組成部分的各項國際安排；並

　　決心為今世後代的利益，保護和持久使用生物多樣性，

　　茲協議如下：

第 一 條　目標

　　　　　　本公約的目標是按照本公約有關條款從事保護生物多樣性、持久使用其組成部分以及公平合理分享由利用遺傳資源而產生的惠益；實現手段包括遺傳資源的適當取得及有關技術的適當轉讓，但需顧及對這些資源和技術的一切權

利，以及提供適當資金。

第 二 條　用語

為本公約的目的：

「生物多樣性」是指所有來源的形形色色生物體，這些來源除其他外包括陸地、海洋和其他水生生態系統及其所構成的生態綜合體；這包括物種內部、物種之間和生態系統的多樣性。

「生物資源」是指對人類具有實際或潛在用途或價值的遺傳資源、生物體或其部分、生物群體、或生態系統中任何其他生物組成部分。

「生物技術」是指使用生物系統、生物體或其衍生物的任何技術應用，以製作或改變產品或過程以供特定用途。

「遺傳資源的原產國」是指擁有處於原產境地的遺傳資源的國家。

「提供遺傳資源的國家」是指供應遺傳資源的國家，此種遺傳資源可能是取自原地來源，包括野生物種和馴化物種的群體，或取自移地保護來源，不論是否原產於該國。

「馴化或培植物種」是指人類為滿足自身需要而影響了其演化進程的物種。

「生態系統」是指植物、動物和微生物群落和它們的無生命環境作為一個生態單位交互作用形成的一個動態複合體。

「移地保護」是指將生物多樣性的組成部分移到它們的自然環境之外進行保護。

「遺傳材料」是指來自植物、動物、微生物或其他來源的任何含有遺傳功能單位的材料。

「遺傳資源」是指具有實際或潛在價值的遺傳材料。

「生境」是指生物體或生物群體自然分布的地方或地點。

「原地條件」是指遺傳資源生存於生態系統和自然生境之內的條件；對於馴化或培植的物種而言，其環境是指它們在其中發展出其明顯特性的環境。

「就地保護」是指保護生態系統和自然生境以及維持和恢復物種在其自然環境中有生存力的群體；對於馴化和培植物種而言，其環境是指它們在其中發展出其明顯特性的環境。

「保護區」是指一個劃定地理界限、為達到特定保護目標而指定或實行管制和管理的地區。

「區域經濟一體化組織」是指由某一區域的一些主權國家組成的組織，其成員國已將處理本公約範圍內的事務的權力付託它並已按照其內部程序獲得正式授權，可以簽署、批准、接受、核准或加入本公約。

「持久使用」是指使用生物多樣性組成部分的方式和速度不會導致生物多樣性的長期衰落，從而保持其滿足今世後代的需要和期望的潛力。

「技術」包括生物技術。

第 三 條　原則

依照聯合國憲章和國際法原則，各國具有按照其環境政策開發其資源的主權權利，同時亦負有責任，確保在它管轄或控制範圍內的活動，不致對其他國家的環境或國家管轄範圍以外地區的環境造成損害。

第 四 條　管轄範圍

以不妨礙其他國家權利為限，除非本公約另有明文規定，本公約規定應按下列情形對每一締約國適用：

(a)生物多樣性組成部分位於該國管轄範圍的地區內；

(b)在該國管轄或控制下開展的過程和活動，不論其影響發生在何處，此種過程和活動可位於該國管轄區內也可在國家管轄區外。

第 五 條　合作

每一締約國應盡可能並酌情直接與其他締約國或酌情通過有關國際組織為保護和持久使用生物多樣性在國家管轄範圍以外地區並就共同關心的其他事項進行合作。

第 六 條　保護和持久使用方面的一般措施

每一締約國應按照其特殊情況和能力：

(a)為保護和持久使用生物多樣性制定國家戰略、計畫或方案，或為此目的變通其現有戰略、計畫或方案；這些戰略、計畫或方案除其他外應體現本公約內載明與該締約國有關的措施；

(b)盡可能並酌情將生物多樣性的保護和持久使用訂入有關的部門或跨部門計畫、方案和政策內。

第 七 條　查明與監測

每一締約國應盡可能並酌情，特別是為了第八條至第十條的目的：

(a)查明對保護和持久使用生物多樣性至關重要的生物多樣性組成部分，要顧及附件一所載指示性種類清單；

(b)通過抽樣調查和其他技術，監測依照以上(a)項查明的生物多樣性組成部分，要特別注意那些需要採取緊急保護措施以及那些具有最大持久使用潛力的組成部分；

(c)查明對保護和持久使用生物多樣性產生或可能產生重大不利影響的過程和活動種類，並通過抽樣調查和其他技術，監測其影響；

(d)以各種方式維持並整理依照以上(a)、(b)和(c)項從事查明和監測活動所獲得的數據。

第 八 條　就地保護

每一締約國應盡可能並酌情：

(a)建立保護區系統或需要採取特殊措施以保護生物多樣性的地區；

(b)於必要時，制定準則據以選定、建立和管理保護區或需要採取特殊措施以保護生物多樣性的地區；

(c)管制或管理保護區內外對保護生物多樣性至關重要的生物資源，以確保這

些資源得到保護和持久使用；

(d)促進保護生態系統、自然生境和維護自然環境中有生存力的物種群體；

(e)在保護區域的鄰接地區促進無害環境的持久發展以謀增進這些地區的保護；

(f)除其他外，通過制定和實施各項計畫或其他管理戰略，重建和恢復已退化的生態系統，促進受威脅物種的復原；

(g)制定或採取辦法以酌情管制、管理或控制由生物技術改變的活生物體在使用和釋放時可能產生的危險，即可能對環境產生不利影響，從而影響到生物多樣性的保護和持久使用，也要考慮到對人類健康的危險；

(h)防止引進、控制或消除那些威脅到生態系統、生境或物種的外來物種；

(i)設法提供現時的使用與生物多樣性的保護及其組成部分的持久使用彼此相輔相成所需的條件；

(j)依照國家立法，尊重、保存和維持土著和地方社區體現傳統生活方式而與生物多樣性的保護和持久使用相關的知識、創新和做法並促進其廣泛應用，由此等知識、創新和做法的擁有者認可和參與其事並鼓勵公平地分享因利用此等知識、創新和做法而獲得的惠益；

(k)制定或維持必要立法和／或其他規範性規章，以保護受威脅物種和群體；

(l)在依照第七條確定某些過程或活動類別已對生物多樣性造成重大不利影響時，對有關過程和活動類別進行管制或管理；

(m)進行合作，就以上(a)至(l)項所概括的就地保護措施特別向發展中國家提供財務和其他支助。

第 九 條　移地保護

每一締約國應盡可能並酌情，主要為輔助就地保護措施起見：

(a)最好在生物多樣性組成部分的原產國採取措施移地保護這些組成部分；

(b)最好在遺傳資源原產國建立和維持移地保護及研究植物、動物和微生物的設施；

(c)採取措施以恢復和復興受威脅物種並在適當情況下將這些物種重新引進其自然生境中；

(d)對於為移地保護目的在自然生境中收集生物資源實施管制和管理，以免威脅到生態系統和當地的物種群體，除非根據以上(c)項必須採取臨時性特別移地措施；

(e)進行合作，為以上(a)至(d)項所概括的移地保護措施以及在發展中國家建立和維持移地保護設施提供財務和其他援助。

第 十 條　生物多樣性組成部分的持久使用

每一締約國應盡可能並酌情：

(a)在國家決策過程中考慮到生物資源的保護和持久使用；

(b)採取關於使用生物資源的措施，以避免或盡量減少對生物多樣性的不利影

響；

(c)保障及鼓勵那些按照傳統文化慣例而且符合保護或持久使用要求的生物資源習慣使用方式；

(d)在生物多樣性已減少的退化地區支助地方居民規劃和實施補救行動；

(e)鼓勵其政府當局和私營部門合作制定生物資源持久使用的方法。

第十一條　鼓勵措施

每一締約國應盡可能並酌情採取對保護和持久使用生物多樣性組成部分起鼓勵作用的經濟和社會措施。

第十二條　研究和培訓

締約國考慮到發展中國家的特殊需要，應：

(a)在查明、保護和持久使用生物多樣性及其組成部分的措施方面建立和維持科技教育和培訓方案，並為此種教育和培訓提供支助以滿足發展中國家的特殊需要；

(b)特別在發展中國家，除其他外，按照締約國會議根據科學、技術和工藝諮詢事務附屬機構的建議作出的決定，促進和鼓勵有助於保護和持久使用生物多樣性的研究；

(c)按照第十六、十八和二十條的規定，提倡利用生物多樣性科研進展，制定生物資源的保護和持久使用方法，並在這方面進行合作。

第十三條　公眾教育和認識

締約國應：

(a)促進和鼓勵對保護生物多樣性的重要性及所需要的措施的理解，並通過大眾傳播工具進行宣傳和將這些題目列入教育課程；

(b)酌情與其他國家和國際組織合作制定關於保護和持久使用生物多樣性的教育和公眾認識方案。

第十四條　影響評估和盡量減少不利影響

一、每一締約國應盡可能並酌情：

(a)採取適當程序，要求就其可能對生物多樣性產生嚴重不利影響的擬議項目進行環境影響評估，以期避免或盡量減輕這種影響，並酌情允許公眾參加此種程序；

(b)採取適當安排，以確保其可能對生物多樣性產生嚴重不利影響的方案和政策的環境後果得到適當考慮；

(c)在互惠基礎上，就其管轄或控制範圍內對其他國家或國家管轄範圍以外地區生物多樣性可能產生嚴重不利影響的活動促進通報、資訊交流和磋商，其辦法是為此鼓勵酌情訂立雙邊、區域或多邊安排；

(d)如遇其管轄或控制下起源的危險即將或嚴重危及或損害其他國家管轄的地區內或國家管轄地區範圍以外的生物多樣性的情況，應立即將此種危險或損害通知可能受影響的國家，並採取行動預防或盡量減輕這

種危險或損害；

(e)促進做出國家緊急應變安排，以處理大自然或其他原因引起即將嚴重危及生物多樣性的活動或事件，鼓勵旨在補充這種國家努力的國際合作，並酌情在有關國家或區域經濟一體化組織同意的情況下制訂聯合應急計畫。

二、締約國會議應根據所作的研究，審查生物多樣性所受損害的責任和補救問題，包括恢復和賠償，除非這種責任純屬內部事務。

第十五條　遺傳資源的取得

一、確認各國對其自然資源擁有的主權權利，因而可否取得遺傳資源的決定權屬於國家政府，並依照國家法律行使。

二、每一締約國應致力創造條件，便利其他締約國取得遺傳資源用於無害環境的用途，不對這種取得施加違背本公約目標的限制。

三、為本公約的目的，本條以及第十六和第十九條所指締約國提供的遺傳資源僅限於這種資源原產國的締約國或按照本公約取得該資源的締約國所提供的遺傳資源。

四、取得經批准後，應按照共同商定的條件並遵照本條的規定進行。

五、遺傳資源的取得須經提供這種資源的締約國事先知情同意，除非該締約國另有決定。

六、每一締約國使用其他締約國提供的遺傳資源從事開發和進行科學研究時，應力求這些締約國充分參與，並於可能時在這些締約國境內進行。

七、每一締約國應按照第十六和十九條，並於必要時利用第二十和二十一條設立的財務機制，酌情採取立法、行政或政策性措施，以期與提供遺傳資源的締約國公平分享研究和開發此種資源的成果以及商業和其他方面利用此種資源所獲的利益。這種分享應按照共同商定的條件。

第十六條　技術的取得和轉讓

一、每一締約國認識到技術包括生物技術，且締約國之間技術的取得和轉讓均為實現本公約目標必不可少的要素，因此承諾遵照本條規定向其他締約國提供和／或便利其取得並向其轉讓有關生物多樣性保護和持久使用的技術或利用遺傳資源而不對環境造成重大損害的技術。

二、以上第一款所指技術的取得和向發展中國家轉讓，應按公平和最有利條件提供或給予便利，包括共同商定時，按減讓和優惠條件提供或給予便利，並於必要時按照第二十和二十一條設立的財務機制。此種技術屬於專利和其他知識產權的範圍時，這種取得和轉讓所根據的條件應承認且符合知識產權的充分有效保護。本款的應用應符合以下第三、四和五款的規定。

三、每一締約國應酌情採取立法、行政或政策措施，以期根據共同商定的條件向提供遺傳資源的締約國，特別是其中的發展中國家，提供利用這些

遺傳資源的技術和轉讓此種技術，其中包括受到專利和其他知識產權保護的技術，必要時通過第二十條和第二十一條的規定，遵照國際法，以符合以下第四和五款規定的方式進行。

四、每一締約國應酌情採取立法、行政或政策措施，以期私營部門為第一款所指技術的取得、共同開發和轉讓提供便利，以惠益於發展中國家的政府機構和私營部門，並在這方面遵守以上第一、二和三款規定的義務。

五、締約國認識到專利和其他知識產權可能影響到本公約的實施，因而應在這方面遵照國家立法和國際法進行合作，以確保此種權利有助於而不違反本公約的目標。

第十七條　資訊交流

一、締約國應便利有關生物多樣性保護和持久使用的一切公眾可得資訊的交流，要顧到發展中國家的特殊需要。

二、此種資訊交流應包括交流技術、科學和社會經濟研究成果，以及培訓和調查方案的資訊、專門知識、當地和傳統知識本身及連同第十六條第一款中所指的技術。可行時也應包括資訊的歸還。

第十八條　技術和科學合作

一、締約國應促進生物多樣性保護和持久使用領域的國際科技合作，必要時可通過適當的國際機構和國家機構來開展這種合作。

二、每一締約國應促進與其他締約國尤其是發展中國家的科技合作，以執行本公約，辦法之中包括制定和執行國家政策。促進此種合作時應特別注意通過人力資源開發和機構建設以發展和加強國家能力。

三、締約國會議應在第一次會議上確定如何設立交換所機制以促進並便利科技合作。

四、締約國為實現本公約的目標，應按照國家立法和政策，鼓勵並制定各種合作方法以開發和使用各種技術，包括當地技術和傳統技術在內。為此目的，締約國還應促進關於人員培訓和專家交流的合作。

五、締約國應經共同協議促進設立聯合研究方案和聯合企業，以開發與本公約目標有關的技術。

第十九條　生物技術的處理及其惠益的分配

一、每一締約國應酌情採取立法、行政和政策措施，讓提供遺傳資源用於生物技術研究的締約國，特別是其中的發展中國家，切實參與此種研究活動；可行時，研究活動宜在這些締約國中進行。

二、每一締約國應採取一切可行措施，以贊助和促進那些提供遺傳資源的締約國，特別是其中的發展中國家，在公平的基礎上優先取得基於其提供資源的生物技術所產生成果和惠益。此種取得應按共同商定的條件進行。

三、締約國應考慮是否需要一項議定書，規定適當程序，特別包括事先知情協議，適用於可能對生物多樣性的保護和持久使用產生不利影響的由生

物技術改變的任何活生物體的安全轉讓、處理和使用，並考慮該議定書
的形式。

四、每一個締約國應直接或要求其管轄下提供以上第三款所指生物體的任何
自然人和法人，將該締約國在處理這種生物體方面規定的使用和安全條
例的任何現有資料以及有關該生物體可能產生的不利影響的任何現有資
料，提供給將要引進這些生物體的締約國。

第二十條　資金

一、每一締約國承諾依其能力為那些旨在根據其國家計畫、優先事項和方案
實現本公約目標的活動提供財政支助和鼓勵。

二、發達國家締約國應提供新的額外的資金，以使發展中國家締約國能支付
它們因執行那些履行本公約義務的措施而承負的議定的全部增加費用，
並使它們能享到本公約條款產生的惠益；上項費用將由個別發展中國家
同第二十一條所指的體制機構商定，但須遵循締約國會議所制訂的政策、
戰略、方案重點、合格標準和增加費用指示性清單。其他締約國，包括
那些處於向市場經濟過渡進程的國家，得自願承負發達國家締約國的義
務。為本條的目的，締約國會議應在其第一次會議上確定一份發達國家
締約國和其他自願承負發達國家締約國義務的締約國名單。締約國會議
應定期審查這份名單並於必要時加以修改。另將鼓勵其他國家和來源以
自願方式作出捐款。履行這些承諾時，應考慮到資金提供必須充分、可
預測和及時，且名單內繳款締約國之間共同承擔義務也極為重要。

三、發達國家締約國也可通過雙邊、區域和其他多邊渠道提供與執行本公約
有關的資金，而發展中國家締約國則可利用該資金。

四、發展中國家締約國有效地履行其根據公約作出的承諾的程度將取決於發
達國家締約國有效地履行其根據公約就財政資源和技術轉讓作出的承
諾，並將充分顧及經濟和社會發展以及消除貧困是發展中國家締約國的
首要優先事項這一事實。

五、各締約國在其就籌資和技術轉讓採取行動時應充分考慮到最不發達國家
的具體需要和特殊情況。

六、締約國還應考慮到發展中國家締約國、特別是小島嶼國家中由於對生物
多樣性的依賴、生物多樣性的分布和地點而產生的特殊情況。

七、發展中國家——包括環境方面最脆弱、例如境內有乾旱和半乾旱地帶、
沿海和山岳地區的國家——的特殊情況也應予以考慮。

第二十一條　財務機制

一、為本公約的目的，應有一機制在贈與或減讓條件的基礎上向發展中國
家締約國提供資金，本條中說明其主要內容。該機制應為本公約目的
而在締約國會議權力下履行職責，遵循會議的指導並向其負責。該機
制的業務應由締約國會議第一次會議或將決定採用的一個體制機構開

展。為本公約的目的，締約國會議應確定有關此項資源獲取和利用的政策、戰略、方案重點和資格標準。捐款額應按照締約國會議定期決定所需的資金數額，考慮到第二十條所指資金流動量充分、及時且可以預計的需要和列入第二十條第二款所指名單的繳款締約國分擔負擔的重要性。發達國家締約國和其他國家及來源也可提供自願捐款。該機制應在民主和透明的管理體制內開展業務。

二、依據本公約目標，締約國會議應在其第一次會議上確定政策、戰略和方案重點，以及詳細的資格標準和準則，用於資金的獲取和利用，包括對此種利用的定期監測和評價。締約國會議應在同受託負責財務機制運行的體制機構協商後，就實行以上第一款的安排作出決定。

三、締約國會議應在本公約生效後不遲於兩年內，其後在定期基礎上，審查依照本條規定設立的財務機制的功效，包括以上第二款所指的標準和準則。根據這種審查，會議應於必要時採取適當行動，以增進該機制的功效。

四、締約國應審議如何加強現有的金融機構，以便為生物多樣性的保護和持久使用提供資金。

第二十二條　與其他國際公約的關係

一、本公約的規定不得影響任何締約國在任何現有國際協定下的權利和義務，除非行使這些權利和義務將嚴重破壞或威脅生物多樣性。

二、締約國在海洋環境方面實施本公約不得牴觸各國在海洋法下的權利和義務。

第二十三條　締約國會議

一、特此設立締約國會議。締約國會議第一次會議應由聯合國環境規劃署執行主任於本公約生效後一年內召開。其後，締約國會議的常會應依照第一次會議所規定的時間定期舉行。

二、締約國會議可於其認為必要的其他時間舉行非常會議；如經任何締約國書面請求，由秘書處將該項請求轉致各締約國後六個月內至少有三分之一締約國表示支持時，亦可舉行非常會議。

三、締約國會議應以協商一致方式商定和通過它本身的和它可能設立的任何附屬機構的議事規則和關於秘書處經費的財務細則。締約國會議應在每次常會通過到下屆常會為止的財政期間的預算。

四、締約國會議應不斷審查本公約的實施情形，為此應：

　(a)就按照第二十六條規定遞送的資料規定遞送格式及間隔時間，並審議此種資料以及任何附屬機構提交的報告；

　(b)審查按照第二十五條提供的關於生物多樣性的科學、技術和工藝諮詢意見；

　(c)視需要按照第二十八條審議並通過議定書；

(d)視需要按照第二十九和第三十條審議並通過對本公約及其附件的修正；

(e)審議對任何議定書及其任何附件的修正，如做出修正決定，則建議有關議定書締約國予以通過；

(f)視需要按照第三十條審議並通過本公約的增補附件；

(g)視實施本公約的需要，設立附屬機構，特別是提供科技諮詢意見的機構；

(h)通過秘書處，與處理本公約所涉事項的各公約的執行機構進行接觸，以期與它們建立適當的合作形式；

(i)參酌實施本公約取得的經驗，審議並採取為實現本公約的目的可能需要的任何其他行動。

五、聯合國、其各專門機構和國際原子能機構以及任何非本公約締約國的國家，均可派觀察員出席締約國會議。任何其他組織或機構，無論是政府性質或非政府性質，只要在與保護和持久使用生物多樣性有關領域具有資格，並通知秘書處願意以觀察員身分出席締約國會議，都可被接納參加會議，除非有至少三分之一的出席締約國表示反對。觀察員的接納與參加應遵照締約國會議通過的議事規則處理。

第二十四條　秘書處

一、特此設立秘書處，其職責如下：

(a)為第二十三條規定的締約國會議作出安排並提供服務；

(b)執行任何議定書可能指派給它的職責；

(c)編制關於它根據本公約執行職責情況的報告，並提交締約國會議；

(d)與其他有關國際機構取得協調，特別是訂出各種必要的行政和合同安排，以便有效地執行其職責；

(e)執行締約國會議可能規定的其他職責。

二、締約國會議應在其第一次常會上從那些已經表示願意執行本公約規定的秘書處職責的現有合格國際組織之中指定某一組織為秘書處。

第二十五條　科學、技術和工藝諮詢事務附屬機構

一、特此設立一個提供科學、技術和工藝諮詢意見的附屬機構，以向締約國會議、並酌情向它的其他附屬機構及時提供有關執行本公約的諮詢意見。該機構應開放供所有締約國參加，並應為多學科性。它應由有關專門知識領域內卓有專長的政府代表組成。它應定期向締約國會議報告其各個方面的工作。

二、這個機構應在締約國會議的權力下，按照會議所訂的準則並應其要求：

(a)提供關於生物多樣性狀況的科學和技術評估意見；

(b)編制有關按照本公約條款所採取各類措施的功效的科學和技術評估報告；

> (c)查明有關保護和持久使用生物多樣性的創新的、有效的和當代最先進的技術和專門技能，並就促進此類技術的開發和／或轉讓的途徑和方法提供諮詢意見；
> (d)就有關保護和持久使用生物多樣性的科學方案以及研究和開發方面的國際合作提供諮詢意見；
> (e)回答締約國會議及其附屬機構可能向其提出的有關科學、技術、工藝和方法的問題。

三、這個機構的職責、權限、組織和業務可由締約國會議進一步訂立。

第二十六條　報告

每一締約國應按締約國會議決定的間隔時間，向締約國會議提交關於該國為執行本公約條款已採取的措施以及這些措施在實現本公約目標方面的功效的報告。

第二十七條　爭端的解決

一、締約國之間在就公約的解釋或適用方面發生爭端時，有關的締約國應通過談判方式尋求解決。

二、如果有關締約國無法以談判方式達成協議，它們可以聯合要求第三方進行斡旋或要求第三方出面調停。

三、在批准、接受、核准或加入本公約時或其後的任何時候，一個國家或區域經濟一體化組織可書面向保管者聲明，對按照以上第一或第二款未能解決的爭端，它接受下列一種或兩種爭端解決辦法作為強制性辦法：
　(a)按照附件二第一部分規定的程序進行仲裁；
　(b)將爭端提交國際法院。

四、如果爭端各方尚未按照以上第三款規定接受同一或任何程序，則這項爭端應按照附件二第二部分規定提交調解，除非締約國另有協議。

五、本條規定應適用於任何議定書，除非該議定書另有規定。

第二十八條　議定書的通過

一、締約國應合作擬訂並通過本公約的議定書。

二、議定書應由本公約締約國會議舉行會議通過。

三、任何擬議議定書的案文應由秘書處至少在舉行上述會議以前六個月遞交各締約國。

第二十九條　公約或議定書的修正

一、任何締約國均可就本公約提出修正案。議定書的任何締約國可就該議定書提出修正案。

二、本公約的修正案應由締約國會議舉行會議通過。對任何議定書的修正案應在該議定書締約國的會議上通過。就本公約或任何議定書提出的修正案，除非該議定書另有規定，應由秘書處至少在舉行擬議通過該

　　　修正案的會議以前六個月遞交公約或有關議定書締約國。秘書處也應將擬議的修正案遞交本公約的簽署國供其參考。

三、締約國應盡力以協商一致方式就本公約或任何議定書的任何擬議修正案達成協議，如果盡了一切努力仍無法以協商一致方式達成協議，則作為最後辦法，應以出席並參加表決的有關文書的締約國三分之二多數票通過修正案；通過的修正案應由保管者送交所有締約國批准、接受或核准。

四、對修正案的批准、接受或核准，應以書面通知保管者。依照以上第三款通過的修正案，應於至少三分之二公約締約國或三分之二有關議定書締約國交存批准、接受或核准書之後第九十天在接受修正案的各締約國之間生效，除非議定書內另有規定。其後，任何其他締約國交存其對修正的批准、接受或核准書第九十天之後，修正即對它生效。

五、為本條的目的，「出席並參加表決的締約國」是指在場投贊成票或反對票的締約國。

第 三 十 條　附件的通過和修正

一、本公約或任何議定書的附件應成為本公約或該議定書的一個構成部分；除非另有明確規定，凡提及本公約或其議定書時，亦包括其任何附件在內。這種附件應以程序、科學、技術和行政事項為限。

二、任何議定書就其附件可能另有規定者除外，本公約的增補附件或任何議定書的附件的提出、通過和生效，應適用下列程序：

　(a)本公約或任何議定書的附件應依照第二十九條規定的程序提出和通過；

　(b)任何締約國如果不能接受本公約的某一增補附件或它作為締約國的任何議定書的某一附件，應於保管者就其通過發出通知之日起一年內將此情況書面通知保管者。保管者應於接到任何此種通知後立即通知所有締約國。一締約國可於任何時間撤銷以前的反對聲明，有關附件即按以下(c)項規定對它生效；

　(c)在保管者就附件通過發出通知之日起滿一年後，該附件應對未曾依照以上(b)項發出通知的本公約或任何有關議定書的所有締約國生效。

三、本公約附件或任何議定書附件的修正案的提出、通過和生效，應遵照本公約附件或議定書附件的提出、通過和生效所適用的同一程序。

四、如一個增補附件或對某一附件的修正案涉及對本公約或對任何議定書的修正，則該增補附件或修正案須於本公約或有關議定書的修正生效以後方能生效。

第三十一條　表決權

一、除以下第二款之規定外，本公約或任何議定書的每一締約國應有一票

表決權。

二、區域經濟一體化組織對屬於其權限的事項行使表決權時，其票數相當於其作為本公約或有關議定書締約國的成員國數目。如果這些組織的成員國行使其表決權，則該組織就不應行使其表決權，反之亦然。

第三十二條　本公約與其議定書之間的關係

一、一國或一區域經濟一體化組織不得成為議定書締約國，除非已是或同時成為本公約締約國。

二、任何議定書下的決定，只應由該議定書締約國作出。尚未批准、接受、或核准一項議定書的公約締約國，得以觀察員身分參加該議定書締約國的任何會議。

第三十三條　簽署

本公約應從一九九二年六月五日至十四日在里約熱內盧並從一九九二年六月十五日至一九九三年六月四日在紐約聯合國總部開放供各國和各區域經濟一體化組織簽署。

第三十四條　批准、接受或核准

一、本公約和任何議定書須由各國和各區域經濟一體化組織批准、接受或核准。批准、接受或核准書應交存保管者。

二、以上第一款所指的任何組織如成為本公約或任何議定書的締約組織而該組織沒有任何成員國是締約國，則該締約組織應受公約或議定書規定的一切義務的約束。如這種組織的一個或多個成員國是本公約或有關議定書的締約國，則該組織及其成員國應就履行其公約或議定書義務的各自責任作出決定。在這種情況下，該組織和成員國不應同時有權行使本公約或有關議定書規定的權利。

三、以上第一款所指組織應在其批准、接受或核准書中聲明其對本公約或有關議定書所涉事項的權限。這些組織也應將其權限的任何有關變化通知保管者。

第三十五條　加入

一、本公約及任何議定書應自公約或有關議定書簽署截止日期起開放供各國和各區域經濟一體化組織加入。加入書應交存保管者。

二、以上第一款所指組織應在其加入書中聲明其對本公約或有關議定書所涉事項的權限。這些組織也應將其權限的任何有關變化通知保管者。

三、第三十四條第二款的規定應適用於加入本公約或任何議定書的區域經濟一體化組織。

第三十六條　生效

一、本公約應於第三十份批准、接受、核准或加入書交存之日以後第九十天生效。

二、任何議定書應於該議定書訂明份數的批准、接受、核准或加入書交存

之日以後第九十天生效。

三、對於在第三十份批准、接受、核准或加入書交存後批准、接受、核准本公約或加入本公約的每一締約國，本公約應於該締約國的批准、接受、核准或加入書交存之日以後第九十天生效。

四、任何議定書，除非其中另有規定，對於在該議定書依照以上第二款規定生效後批准、接受、核准該議定書或加入該議定書的締約國，應於該締約國的批准、接受、核准或加入書交存之日以後第九十天生效，或於本公約對該締約國生效之日生效，以兩者中較後日期為準。

五、為以上第一和第二款的目的，區域經濟一體化組織交存的任何文書不得在該組織成員國所交存文書以外另行計算。

第三十七條　保留

不得對本公約作出任何保留。

第三十八條　退出

一、一締約國於本公約對其生效之日起兩年之後的任何時間向保管者提出書面通知，可退出本公約。

二、這種退出應在保管者接到退出通知之日起一年後生效，或在退出通知中指明的一個較後日期生效。

三、任何締約國一旦退出本公約，即應被視為也已退出它加入的任何議定書。

第三十九條　臨時財務安排

在本公約生效之後至締約國會議第一次會議期間，或至締約國會議決定根據第二十一條指定某一體制機構為止，聯合國開發計劃署、聯合國環境規劃署和國際復興開發銀行合辦的全球環境貸款設施若已按照第二十一條的要求充分改組，則應暫時為第二十一條所指的體制機構。

第四十條　秘書處臨時安排

在本公約生效之後至締約國會議第一次會議期間，聯合國環境規劃署執行主任提供的秘書處應暫時為第二十四條第二款所指的秘書處。

第四十一條　保管者

聯合國秘書長應負起本公約及任何議定書的保管者的職責。

第四十二條　作準文本

本公約原本應交存於聯合國秘書長，其阿拉伯文、中文、英文、法文、俄文和西班牙文本均為作準文本。

為此，下列簽名代表，經正式授權，在本公約上簽字，以昭信守。

公元一千九百九十二年六月五日訂於里約熱內盧。

附件一　查明和監測

一、生態系統和生境：內有高度多樣性，大量地方特有物種或受威脅物種或原野；為移棲物種所需；具有社會、經濟、文化或科學重要性，或具有代表性、獨特性或涉及關鍵進化過程或其他生物進程；

二、以下物種和群體：受到威脅；馴化或培植物種的野生親系；具有醫藥、農業或其他經濟價值；具有社會、科學或文化重要性；或對生物多樣性保護和持久使用的研究具有重要性，如指標物種；

三、經述明的具有社會、科學或經濟重要性的基因組和基因。

附件二

第一部分　仲　裁

第 一 條　提出要求一方應通知秘書處，當事各方正依照本公約第三十條將爭端提交仲裁。通知應說明仲裁的主題事項，並特別列入在解釋或適用上發生爭端的本公約或議定書條款。如果當事各方在法庭庭長指定之前沒有就爭端的主題事項達成一致意見，則仲裁法庭應裁定主題事項。秘書處應將收到的上述資料遞送本公約或有關議定書的所有締約國。

第 二 條　一、對於涉及兩個當事方的爭端，仲裁法庭應由仲裁員三人組成。爭端每一方應指派仲裁員一人，被指派的兩位仲裁員應共同協議指定第三位仲裁員，並由他擔任法庭庭長。後者不應是爭端任何一方的國民，且不得為爭端任何一方境內的通常居民，也不得為爭端任何一方所僱用，亦不曾以任何其他身分涉及該案件。

二、對於涉及兩個以上當事方的爭端，利害關係相同的當事方應通過協議共同指派一位仲裁員。

三、任何空缺都應按早先指派時規定的方式填補。

第 三 條　一、如在指派第二位仲裁員後兩個月內仍未指定仲裁法庭庭長，聯合國秘書長經任何一方請求，應在其後的兩個月內指定法庭庭長。

二、如爭端一方在接到要求後兩個月內沒有指派一位仲裁員，另一方可通知聯合國秘書長，後者應在其後的兩個月內指定一位仲裁員。

第 四 條　仲裁法庭應按照本公約、任何有關議定書和國際法的規定作出裁決。

第 五 條　除非爭端各方另有協議，仲裁法庭應制定自己的議事規則。

第 六 條　仲裁法庭可應當事一方的請求建議必要的臨時保護措施。

第 七 條　爭端各方應便利仲裁法庭的工作，猶應以一切可用的方法：

(a)向法庭提供一切有關文件，資料和便利；

(b)在必要時使法庭得以傳喚證人或專家作證並接受其證據。

第 八 條　當事各方和仲裁員都有義務保護其在仲裁法庭訴訟期間秘密接受的資料的機密性。

第 九 條　除非仲裁法庭因案情特殊而另有決定，法庭的開支應由爭端各方平均分擔。法庭應保存一份所有開支的記錄，並向爭端各方提送一份開支決算表。

第 十 條　任何締約國在爭端的主題事項方面有法律性質的利害關係，可能因該案件的裁決受到影響，經法庭同意得參加仲裁程序。

第十一條　法庭得就爭端的主題事項直接引起的反訴聽取陳述並作出裁決。

第十二條　仲裁法庭關於程序問題和實質問題的裁決都應以其成員的多數票作出。

第十三條　爭端一方不到案或不辯護其主張時，他方可請求仲裁法庭繼續進行仲裁程序並作出裁決。一方缺席或不辯護其主張不應妨礙仲裁程序的進行。仲裁法庭在作出裁決之前，必須查明該要求在事實上和法律上都確有根據。

第十四條　除非法庭認為必須延長期限，法庭應在組成後五個月內作出裁決，延長的期限不得超過五個月。

第十五條　仲裁法庭的裁決應以對爭端的主題事項為限，並應敘明所根據的理由。裁決書應載明參與裁決的仲裁員姓名以及作出裁決的日期。任何仲裁員都可以在裁決書上附加個別意見或異議。

第十六條　裁決對於爭端各方具有拘束力。裁決不得上訴，除非爭端各方事前議定某種上訴程序。

第十七條　爭端各方如對裁決的解釋或執行方式有任何爭執，任何一方都可以提請作出該裁決的仲裁法庭作出決定。

第二部分　調　解

第 一 條　應爭端一方的請求，應設立調解委員會。除非當事方另有協議，委員會應由五位成員組成，每一方指定二位成員，主席則由這些成員共同選定。

第 二 條　對於涉及兩個以上當事方的爭端，利害關係相同的當事方應通過協議共同指派其調解委員會成員。如果兩個或兩個以上當事方持有個別的利害關係或對它們是否利害關係相同持有分歧意見，則應分別指派其成員。

第 三 條　如果在請求設立調解委員會後兩個月內當事方未指派任何成員，聯合國秘書長按照提出請求的當事方的請求，應在其後兩個月內指定這些成員。

第 四 條　如在調解委員會最後一位成員指派以後兩個月內尚未選定委員會主席，聯合國秘書長經一方請求，應在其後兩個月內指定一位主席。

第 五 條　調解委員會應按其成員多數票作出決定。除非爭端各方另有協議，它應制定其程序。它應提出解決爭端的建議，而當事方應予認真考慮。

第 六 條　對於調解委員會是否擁有權限的意見分歧，應由委員會作出決定。

六十二、關於環境與發展的里約熱內盧宣言 (The Rio Declaration on Environment and Development) (1992.6.13)

說明:

㈠本宣言係聯合國環境與發展會議一九九二年六月十三日通過。

㈡英文本見 United Nations Document A/CONF. 151/26/Rev. 1 (Vol. 1) ,刊在 ILM, Vol. 31, No. 4 (July 1992), pp. 876–880;中文本取自《聯合國環境與發展會議的報告》,紐約:聯合國,1993 年,頁 3–7;中文本亦刊載於《聯合國紀事》,第九卷第三期(1992 年 9 月),頁 66–67。

序 言

聯合國環境與發展會議,

於一九九二年六月三日至十四日在里約熱內盧舉行了會議,

重申一九七二年六月十六日在斯德哥爾摩通過的《聯合國人類環境會議的宣言》,並力求在其基礎之上再提高一步,

懷著在各國、在社會各關鍵部門和在人民之間創造新的合作水準,從而建立一種新的、公平的全球伙伴關係的目標,

致力於達成既尊重所有各方的利益又能保護全球環境與發展體系的完整性的國際協定,

認識到我們家地球的整體相互依存性質,

茲宣告:

原則 1

普受關注的可持續發展問題的中心是人。人有權順應自然,過健康而有生產能力的生活。

原則 2

根據《聯合國憲章》和國際法原則,各國擁有按照本國的環境與發展政策開發本國自然資源的主權權利,並負有確保在其管轄範圍內或在其控制下的活動不致損害其他國家或在各國管轄範圍以外地區的環境的責任。

原則 3

發展權利必須實現，以便能公平地滿足今世後代在發展與環境方面的需要。

原則 4

為了實現可持續的發展，環境保護工作應是發展進程的一個整體構成部分，不能脫離這一進程予以孤立考慮。

原則 5

為了縮小世界上大多數人生活水準上的差距，更好地滿足他們的需求，所有國家和所有人民都應在根除貧窮這項基本任務之上進行合作，這是實現可持續發展的絕對必要的條件。

原則 6

發展中國家、尤其是最不發達國家和在環境方面最易受傷害的發展中國家的特殊情況和需要應受到特別優先考慮。環境與發展領域的國際行動也應當著眼於所有國家的利益和需要。

原則 7

各國應本著全球伙伴精神，為保存、保護和恢復地球生態系統的健康和完整進行合作。鑑於導致全球環境退化的各種不同因素，各國負有共同的但是有差別的責任。發達國家承認，鑑於它們的社會給全球環境帶來的壓力，以及它們所掌握的技術和財力資源，它們在追求可持續發展的國際努力中負有責任。

原則 8

為了實現可持續的發展，使所有人民都享有較高的生活素質，各國應當減少和消除不能持續的生產和消費型態，並推行適當的人口政策。

原則 9

各國應當合作加強內部能力建設，以實現可持續的發展，做法是通過交流科技知識來提高科學認識，並增強各種技術包括新技術和革新性技術的開發、修改利用、傳播和轉讓。

原則 10

環境問題最好是在所有關心環境的市民的參與下，在恰當的級別上加以處理。在國家一級，每一個人都應能適當取用公共當局所持有的關於環境的資料，包括關於在其社區內的危險物質和活動的資料，並應有機會參與各項決策進程。各國應通過廣泛提供資

料來便利及鼓勵公眾的認識和參與。應規定人人都能有效地使用司法和行政程序，包括補償和補救程序。

原則 11

各國應制定有效的環境立法。環境標準、管理目標和優先次序應反映它們所適用的環境與發展情況。一些國家所實施的標準對別的國家特別是發展中國家來說可能是不適當的，也許會使它們承擔不必要的經濟和社會代價。

原則 12

為了更好地處理環境退化問題，各國應該合作促進一個起支持作用的、開放的國際經濟制度，使所有國家實現經濟增長和可持續的發展為環境目的而採取的貿易政策措施不應成為國際貿易中的一種任意或無理歧視的手段或成為變相的限制。應該避免在進口國家管轄範圍以外單方面採取對付環境挑戰的行動。解決跨越國界或全球性環境問題的環境措施應盡可能以國際共識為基礎。

原則 13

各國應制定關於污染和其他環境損害的責任以及賠償受害者的國內法。各國還應迅速並且更堅決地進行合作，進一步制定關於在其管轄或控制範圍內的活動對在其管轄外的地區造成的環境損害的不利影響的責任和賠償的國際法。

原則 14

各國應進行有效合作，勸阻或防止任何造成環境嚴重退化或證實有害人類健康的活動及物質遷移和轉讓他國。

原則 15

為了保護環境，各國應按照本國的能力，廣泛採用防備措施。遇有嚴重或不可逆轉損害的威脅時，不得以缺乏科學的充分可靠性為理由，延遲採取符合成本效益的措施防止環境退化。

原則 16

考慮到污染者原則上應承擔污染費用的觀點，國家當局應該努力促使內部吸收環境成本費用，並利用各種經濟手段，要適當地照顧到公眾利益，又不要使國際貿易和投資失常。

原則 17

凡是可能對環境產生重大不利影響的擬議活動，均應進行環境影響評價，環境影響評價是一種國家手段，須由主管國家當局作決定。

原則 18

各國應將可能對他國環境產生突發的有害影響的任何自然災害或其他緊急情況立即通知這些國家。國際社會應盡一切努力幫助受災國家。

原則 19

各國應就可能具有重大不利的跨國界環境影響的活動向可能受影響的國家預先和及時地發出通知和提供有關資料，並應在早期階段誠意地同這些國家進行磋商。

原則 20

婦女在環境管理和發展方面具有重大作用。因此，她們的充分參加對實現可持續發展至關重要。

原則 21

應調動世界青年的創造力、理想和勇氣，培養全球伙伴精神，以期實現可持續發展，保證人人有一個更好的將來。

原則 22

由於土著人民及其社區和其他當地社區的知識和傳統習慣，他們在環境管理和發展方面具有重大作用。各國應承認和適當維護他們的特性、文化和利益，並使他們能有效地參加實現可持續的發展。

原則 23

受壓迫、遭統治和被占領的人民，其環境和自然資源應予保護。

原則 24

戰爭本來就會破壞可持續發展。因此各國應遵守國際法關於在武裝衝突期間保護環境的規定，並於必要時合作促進其進一步發展。

原則 25

和平、發展和保護環境是互相依存、不可分割的。

原則 26

各國應按照《聯合國憲章》用適當方法和平地解決其一切環境爭端。

原則 27

所有國家和人民均應誠意地一本伙伴精神，合作實現本宣言所體現的各項原則，合作推動可持續發展方面的國際法的進一步發展。

第十四章　武力的使用與國際人道法

六十三、非戰公約 (General Treaty for Renunciation of War as an Instrument of National Policy)

(1928.8.27)

> **說明：**
> ㈠本公約原名為《關於廢棄戰爭作為國家政策工具的普遍公約》。
> ㈡本公約一九二八年八月二十七日簽署，一九二九年七月二十四日生效。
> ㈢英、法文本見 LNTS, Vol. 94, pp. 57–64（單號是英文）；中文本見立法院秘書處，
> 　《立法專刊》，第 1 輯，1929 年，頁 95。標點符號為編者自行加上。

　　大美國總統、大法國總統、大比國君主、大捷克國總統、大不列顛愛爾蘭以及海外各屬地君主、印度皇帝、大德國總統、大義國君主、大日本皇帝、大波蘭國總統，以深感增進人類幸福為彼等重大責任；

　　深知明斥戰爭之時機已至，以戰爭為施行國家政策工具應即終止，使目今存在各國人民間之和平友誼關係永垂久遠；

　　深信變更各國間關係應用和平方法及平靜秩序之努力。此後設有簽字本約之國欲藉戰爭以增進其本國利益，所有本約一切利益應拒絕不令享有。

　　希望其他世界各國因彼等之模範，感激奮發，加入此種仁慈的努力，於本約發生效力時加入本約，悉納各國人民於本約慈惠條款之內，如是則使世界文明各國聯合為一，共同排斥以戰爭為施行國家政策。

　　經決定締結條約，因是任命全權：〔全權名單從略〕

　　該全權等各將所奉全權證書互相校閱，俱屬妥善，議決條款如下：

第 一 條　用各該國人民之名，鄭重宣告：彼等罪責依賴戰爭以解決國際糾紛並排斥於各國間相互關係以戰爭為施行國家政策之工具。

第 二 條　各締約國互允各國間設有爭端，不論如何性質、如何發端，均當用和平方法解決之。

第 三 條　本約應由各締約國依照己國憲法批准，俟各該國咸將批准文件送往華盛頓存案後，本約在各締約國間即發生效力。

　　本約於發生效力後，應有長時間之公開，以便其他世界各國之加入。各國加

入本約之文件，應在華盛頓存案，存案以後本約在現加入國與以前締約各國之間即發生效力。

美國政府負責將本約及批准文件或加入文件之證明鈔本各一冊，送與締約各國及以後加入本約各國之政府。美國政府並願擔任於批准文件送往存案後即行電達各該政府。

本約繕寫兼用英法兩國文字，兩種有同等效力。各全權均經簽字蓋印以昭信守。

一九二八年八月二十七日在巴黎簽訂

六十四、聯合國大會「聯合一致共策和平」決議 (Uniting for Peace Resolution Adopted by the General Assembly of the United Nations) (1950.11.3)

說明：

㈠聯合國大會第五屆會議一九五〇年十一月三日第 A/RES/377(V)A 號決議通過。

㈡英文刊在 Dusan J. Djonovich, compiler and editor, United Nations Resolutions, Series I, Resolutions Adopted by the General Assembly, Vol. III, 1950–1952, Dobbs Ferry, New York: Oceana Publications, 1973, pp. 84–85；中文取自聯合國大會，《大會自一九五〇年五月十九日至十二月十五日所通過之決議案》，紐約：聯合國，1951 年，頁 10–12。

大會

鑒於聯合國宗旨之首二項規定既為：

「維持國際和平及安全；並為此目的，採取有效集體辦法，以防止且消除對於和平之威脅，制止侵略行為或其他和平之破壞；並以和平方法且依正義及國際法之原則，調整或解決足以破壞和平之國際爭端或情勢，

「發展國際間以尊重人民平等權利及自決原則為根據之友好關係，並採取其他適當辦法，以增強普遍和平，」

確信聯合國全體會員國之主要義務仍為於捲入一項國際爭端之時，循憲章第六章所載之程序，以和平方法解決該項爭端，且憶及聯合國已往若干次所已在此方面獲得之順利成就，

鑒及當前國際緊張局勢已入危險階段，

覆按大會決議案二九〇㈣和平綱領內有忽置聯合國憲章原則為國際緊張局勢繼續存在主要原因之規定，甚願對於該決議案目標，再行有所貢獻，

確信安全理事會有履行維持國際和平及安全主要責任之必要，常任理事國有謀取一致同意及慎用否決權之義務，

確信憲章第四十三條所規定有關軍隊之協定，其談判應由安全理事會發動，並願聯合國在此類協定尚未締訂前能另有維持國際和平與安全之辦法，供其使用，

深感安全理事會不能代全體會員國履行責任，尤其該理事會不能履行上述二段所述責任一事，並不解除各會員國在憲章下所負維持國際和平與安全之義務，亦不解除聯合國在憲章下之同樣責任，

特別認為安全理事會之不能履行責任，並不剝奪大會在憲章下所享關於維持國際和平與安全之權利，亦不解除其在此方面所負之責任，

認為大會履行其在此方面之責任，必須有從事可資確定事實揭發侵略者之觀察之可能，又有可資集體使用之武力，並有向聯合國會員國及時建議集體行動之可能，而此種行動，欲期有效，必須迅速採行，

A

一、特決議安全理事會遇似有威脅和平、破壞和平、或侵略行為發生之時，如因常任理事國未能一致同意，而不能行使其維持國際和平及安全之主要責任，則大會應立即考慮此事，俾得向會員國提出集體辦法之妥當建議，倘係破壞和平或侵略行為，並得建議於必要時使用武力，以維持或恢復國際和平與安全。當時如屬閉幕期間，大會得於接獲請求後二十四小時內舉行緊急特別屆會。緊急特別屆會之召集應由安全理事會依任何七理事國之表決請求為之，或由聯合國過半數會員國請求為之。

二、並為此目的，通過本決議案附件所載之大會議事規則修正案。

B

三、設立和平觀察委員會，並規定在曆年一九五一年及一九五二年內，應由中國、哥倫比亞、捷克、法蘭西、印度、伊拉克、以色列、紐西蘭、巴基斯坦、瑞典、蘇維埃社會主義共和國聯盟、大不列顛及北愛爾蘭聯合王國、美利堅合眾國及烏拉圭等十四國為其委員國，今後任何地區倘有國際緊張情勢發生，而其繼續存在又足以危及國際和平與安全之維持，則委員會可觀察該項情勢並提出報告。遇安全理事會對於有關事項不行使憲章所賦職權之時，大會得徇委員會將前往之國家之邀請或經該國之同意運用委員會，大會閉幕期間則由駐會委員會加以運用。運用委員會之決議，應由出席及參加表決會員國三分之二可決票通過之。安全理事會亦得依據憲章所賦之權限運用委員會。

四、決定委員會應有自行指派小組委員會並利用觀察員以襄辦該委員會職務之權。

五、建議各政府、各當局在委員會行使職務時與之合作，並加協助。

六、請秘書長供給必要職員與便利，並得依委員會之指示，利用大會決議案第二九七 B (四)所規定之聯合國視察預備隊人員。

C

七、請聯合國會員國調查本國資源，以決定其在支持安全理事會或大會任何關於恢復國際和平與安全之建議時所能提供之援助之性質及範圍。

八、建議聯合國會員國，各在本國軍隊內保留軍隊若干，其訓練組織與裝備應以隨時均能根據安全理事會或大會之建議，並依照本國憲法所定程序，迅即調用為聯合國一

支或數支部隊為準，但各會員國依據憲章第五十一條行使個別或集體自衛權利時仍可使用此項軍隊，並不因本條款而受影響。

九、請聯合國會員國盡速將其為實施上段規定而採取之措置，通知第十一段所規定設立之集體辦法委員會。

十、請秘書長商得第十一段所規定委員會之同意，指派軍事專門人員若干，備供會員國願意獲得技術上指導，以組織訓練裝備第八段所稱之軍隊聽候迅速調遣為聯合國部隊者，請求調用。

D

十一、設立集體辦法委員會，以澳大利亞、比利時、巴西、緬甸、加拿大、埃及、法蘭西、墨西哥、菲律賓、土耳其、大不列顛及北愛爾蘭聯合王國、美利堅合眾國、委內瑞拉及南斯拉夫等十四國為其委員國，並著令委員會商同秘書長以及經其認為適當之會員國，研究各種可依據憲章之宗旨及原則而用以維持並增強國際和平與安全之方法，本決議案 C 節所列方法亦應併予研究，至遲須在一九五一年九月一日以前向安全理事會及大會提出報告。研究時並應注意集體自衛辦法及區域辦法（憲章第五十一條及第五十二條）；

十二、建議全體會員國在委員會行使職務時與之合作，並加協助；

十三、請秘書長供給必要之職員與便利，俾本決議案 C 節及 D 節所載之目的得以圓滿達成。

E

十四、大會通過上述提議之時，深知持久和平，不能僅憑採取集體安全辦法以對付國際和平之破壞及侵略行為而即告實現，真正永久之和平尚有賴於遵守聯合國憲章所定之一切宗旨及原則，實行安全理事會、大會及聯合國其他主要機關所為旨在維持國際和平與安全之各決議案，尤有賴於尊重並遵守全體人類之人權及基本自由，確立並維持舉世各國之經濟社會福利狀況。

十五、特籲請會員國悉力崇尚並加強聯合行動，協同聯合國推廣並促進人權及基本自由之普遍尊重與遵守，同時加強個別及集體之努力，以達成經濟安定社會進步之狀況，尤當著重各發展落後國家及地區之發展。

六十五、聯合國大會關於侵略定義的決議 (United Nations General Assembly Resolution 3314 (XXIX) on Definition of Aggression)

(1974.12.14)

說明：

㈠聯合國大會第二十九屆會議一九七四年十二月十四日第 A/RES/3314(XXIX) 號決議通過。

㈡英文本見 Yearbook of the United Nations 1974, Vol. 28, New York: United Nations, 1977, pp. 846–848；中文取自聯合國大會，《大會第二十九屆會議通過的決議》，卷一，紐約：聯合國，1975 年，頁 169–170。

大會，

以下列事實作為基礎，即聯合國的基本宗旨之一在於維持國際和平與安全，並採取有效的集體措施以防止並消除對於和平的威脅，和制止侵略或其他破壞和平的行為，

憶及按照聯合國憲章第三十九條的規定，安全理事會應斷定任何威脅和平、破壞和平或侵略行為是否存在，且應作出建議，或按照第四十一條和第四十二條的規定，決定採取何種措施去維持或恢復國際和平與安全，

並憶及按照憲章的規定，各國有義務以和平方法解決它們的國際爭端，以免危及國際和平、安全與正義，

注意到本定義絕不得解釋為對於憲章中有關聯合國各機構職權的規定的範圍有任何的影響，

並考慮到：因為侵略是非法使用武力的最嚴重和最危險的形式，在一切類型大規模毀滅性武器存在的情況下，充滿著可能發生世界衝突及其一切慘烈後果的威脅，所以，在現階段應該訂立侵略定義，

重申各國有義務不使用武力剝奪他國人民的自決、自由和獨立權利，或破壞其領土完整，

並重申一國的領土，不應成為別國違反憲章實行——即使是暫時的——軍事占領或以其他武力措施侵犯的對象，亦不應成為別國以這些措施或這些措施的威脅而加以奪取的對象，

並重申各國依聯合國憲章建立友好關係和合作的國際法原則宣言的各項規定，

深信侵略定義的訂立應可對潛在的侵略者發生威懾作用，簡化對侵略行為的斷定及其制止措施的執行，並便利對受害者權利及合法利益的保護和對他們加以援助，

相信侵略行為是否已經發生的問題，雖然必須按照每一個別案件的全部情況來考慮，但是制訂若干基本原則，作為為這種斷定的指導，仍然是可取的，

通過下列《侵略定義》：

第 一 條　侵略是指一個國家使用武力侵犯另一個國家的主權、領土完整或政治獨立，或以本《定義》所宣示的與聯合國憲章不符的任何其他方式使用武力。

解釋性說明：本《定義》中「國家」一詞：

(a)其使用不影響承認問題或一個國家是否為聯合國會員國的問題；

(b)適當時包括「國家集團」的概念在內。

第 二 條　一個國家違反憲章的規定而首先使用武力，就構成侵略行為的顯見證據，但安全理事會得按照憲章的規定下論斷：根據其他有關情況，包括有關行為或其後果不甚嚴重的事實在內，沒有理由可以確定已經發生了侵略行為。

第 三 條　在遵守並按照第二條規定的情況下，任何下列行為，不論是否經過宣戰，都構成侵略行為：

(a)一個國家的武裝部隊侵入或攻擊另一國家的領土；或因此種侵入或攻擊而造成的任何軍事占領，不論時間如何短暫；或使用武力吞併另一國家的領土或其一部分；

(b)一個國家的武裝部隊轟炸另一國家的領土；或一個國家對另一國家的領土使用任何武器；

(c)一個國家的武裝部隊封鎖另一國家的港口或海岸；

(d)一個國家的武裝部隊攻擊另一國家的陸、海、空軍或商船和民航機；

(e)一個國家違反其與另一國家訂立的協定所規定的條件使用其根據協定在接受國領土內駐紮的武裝部隊，或在協定終止後，延長該項武裝部隊在該國領土內的駐紮期間；

(f)一個國家以其領土供另一國家使用讓該國用來對第三國進行侵略行為；

(g)一個國家或以其名義派遣武裝小隊、武裝團體非正規軍或僱用兵，對另一國家進行武力行為，其嚴重性相當於上述所列各項行為；或該國實際捲入了這些行為。

第 四 條　以上列舉的行為並非詳盡無遺；安全理事會得斷定某些其他行為亦構成憲章規定下的侵略行為。

第 五 條　一、不得以任何性質的理由，不論是政治性、經濟性、軍事性或其他性質的理由，為侵略行為作辯護。

二、侵略戰爭是破壞國際和平的罪行。侵略行為引起國際責任。

三、因侵略行為而取得的任何領土或特殊利益，均不得亦不應承認為合法。

第 六 條　本《定義》絕不得解釋為擴大或縮小憲章的範圍，包括憲章中有關使用武力為合法的各種情況的規定在內。

第 七 條　本定義，特別是第三條，絕不妨礙關於各國依聯合國憲章建立友好關係和合作的國際法原則宣言裡所述被強力剝奪了淵源於憲章的自決、自由和獨立權利的人民，特別是在殖民和種族主義政權或其他形態的外國統治下的人民取得這些權利，亦不得妨礙這些人民按照憲章的各項原則和上述《宣言》的規

定，為此目的而進行鬥爭並尋求和接受支援的權利。

第 八 條 上述各項規定的解釋和適用是彼此相關的，每項規定應與其他規定連在一起加以解釋。

六十六、常規武器公約及其議定書 (Convention on Certain Conventional Weapons, and Protocols)（公約：1980.10.10）

說明：

㈠本公約全名為《禁止或限制使用某些可被認為具有過分傷害力或濫殺濫傷作用的常規武器公約》(The Convention on Prohibitions or Restrictions on the Use of Certain Conventional Weapons Which May Be Deemed to Be Excessively Injurious or to Have Indiscriminate Effects)。

㈡本公約一九八〇年十月十日簽署，一九八三年十二月二日生效。第一條於二〇〇一年十二月二十一日修正，該修正案已於二〇〇四年五月十八日生效。

㈢原始約文英文本見 UNTS, Vol. 1983, pp. 163–168，亦刊載於 ILM, Vol. 19, No. 6 (November 1980), pp. 1524–1535；中文本見 UNTS, Vol. 1983, pp. 151–153。第一條修正案英文本見 UNTS, Vol. 2260, p.89；中文本見 UNTS, Vol. 2260, pp.87–88。

㈣本書同時收錄下列議定書：

1. 關於無法檢測的碎片的議定書（第一議定書）(Protocol on Non–Detectable Fragments, Protocol I)。一九八〇年十月十日簽署，一九八三年十二月二日生效，英文本見 UNTS, Vol. 1342, p. 168；中文本見 UNTS, Vol. 1342, p. 153。

2. 禁止或限制使用地雷、誘殺裝置和其他裝置的議定書（第二議定書）(Protocol on Prohibitions or Restrictions on the Use of Mines, Booby–Traps and Other Devices, Protocol II)。原始本於一九八〇年十月十日簽署，一九八三年十二月二日生效；修正案於一九九六年五月三日簽署，一九九八年十二月三日生效。原始本英文本見 UNTS, Vol. 1342, p. 168–171，中文本見 UNTS, Vol. 1342, pp.156–161；修正後英文本見 UNTS, Vol. 2048, pp. 133–146；中文本見 UNTS, Vol. 2048, pp. 116–127。本書所收錄為中文修正本。

3. 禁止或限制使用燃燒武器議定書（第三議定書）(Protocol on Prohibitions or Restrictions on the Use of Incendiary Weapons, Protocol III)。一九八〇年十月十日簽署，一九八三年十二月二日生效，英文本見 UNTS, Vol. 1342, pp. 171–172；中文本見 UNTS, Vol. 1342, p. 161。

4. 關於激光致盲武器的議定書（第四議定書）(Protocol on Blinding Laser Weapons, Protocol IV)。一九九五年十月十三日簽署，一九九八年七月三十日生效。英文本見 UNTS, Vol. 2024, pp. 167–168；中文本見 UNTS, Vol. 2024, pp. 165–166。

5.戰爭遺留爆炸物議定書（第五議定書）(Protocol on Explosive Remnants of War)。
二〇〇三年十一月二十八日簽署，二〇〇六年十一月十二日生效。英文本見
UNTS, Vol. 2399, pp. 126–131；中文本見 UNTS, Vol. 2399, pp. 115–125。

禁止或限制使用某些可被認為具有過分傷害力或殺濫傷作用的常規武器公約　　（1980.10.10；2001.12.21 修正）

各締約國，

回顧每一個國家有義務遵照《聯合國憲章》，不得在其國際關係上以武力威脅或使用武力、或以不符聯合國宗旨的任何其他方法對付任何國家的主權、領土完整或政治獨立，

又回顧保護平民居民不受敵對行為影響的一般性原則，

基於國際法關於武裝衝突各方選擇戰爭方法和手段的權利並非毫無限制的原則，以及禁止在武裝衝突中使用可能引起過分殺傷或不必要痛苦的武器、彈藥、材料和作戰方法的原則，

又回顧禁止使用旨在或可能對自然環境引起廣泛、長期而嚴重損害的作戰方法或手段，

決心在本公約及其所附議定書或其他國際協定未予包括的情況下，務使平民居民和戰鬥人員無論何時均置於人道原則、公眾良知和既定慣例所產生的國際法原則的保護和權力之下，

希望對國際緩和、停止軍備競賽和建立各國間信任做出貢獻，從而實現全世界人民和平生活的願望，

認識到竭盡一切努力促進朝向嚴格有效國際監督下全面徹底裁軍進展的重要性，

重申必須繼續編纂和逐步發展適用於武裝衝突的國際法規則，

希望進一步禁止或限制使用某些常規武器並深信在這領域達成積極成果將可有助於旨在停止生產、儲存和擴散這些武器的主要裁軍會談，

強調一切國家特別是軍事上重要國家成為本公約及其所附議定書締約國的可取性，

銘記著聯合國大會和聯合國裁軍審議委員會可能決定就擴大本公約及其所附議定書中所載各項禁止和限制的範圍的可能性問題，進行研討，

又銘記著裁軍談判委員會可能決定就採取進一步禁止或限制使用某些常規武器的措施的問題進行審議，

達成協議如下：

第 一 條　適用範圍

〔一九八〇年約文〕

本公約及其所附各項議定書適用於一九四九年八月十二日關於保護戰爭受難者的日內瓦四公約共有的第二條所指的場合，包括日內瓦四公約第一號附加議定書第一條第四款所指的場合。

〔二〇〇一年修正後約文〕

一、本公約及所附議定書應適用於一九四九年八月十二日《日內瓦四公約》所共有的第二條所指的情況，其中包括《日內瓦四公約》第一號附加議定書第一條第四款所述的任何情況。

二、本公約及所附議定書除了適用於本條第一款所指的情況外，還應適用於一九四九年八月十二日《日內瓦四公約》所共有的第三條中所指的情況。本公約及所附議定書不適用於內部騷亂和緊張情況，諸如暴動、孤立和零星的暴力行為和性質類似的其他行為，因為它們不屬於武裝衝突。

三、如果締約方之一的領土內發生非國際性的武裝衝突，衝突各當事方應遵守本公約及所附議定書的禁止和限制規定。

四、不得援引本公約或所附議定書的任何條款影響國家主權或影響政府通過一切正當手段維持或重建國家的法律與秩序或者維護國家統一和領土完整的職責。

五、無論出於任何原因，均不得援引本公約或所附議定書的任何條款作為藉口，直接或間接干涉一締約方領土內發生的武裝衝突或干涉其內部事務或對外事務。

六、如果衝突當事方不是已接受本公約或所附議定書的締約方，則本公約及所附議定書的條款對此種當事方的適用不應對其法律地位或對有爭議領土的法律地位造成任何明示或默示的改變。

七、本條第二至第六款的規定不影響二〇〇二年一月一日以後通過的附加議定書，此種附加議定書可適用、不適用或修改本條所述的適用範圍。

第 二 條　同其他國際協定的關係

本公約及其所附各項議定書中任何條款均不得被解釋為減損締約國根據適用於武裝衝突的國際人道主義法律所承擔的其他義務。

第 三 條　簽署

本公約將自一九八一年四月十日起在紐約聯合國總部開放給所有國家簽署，為期十二個月。

第 四 條　批准、接受、核准、加入

一、本公約須經各簽署國的批准、接受或核准。任何未簽署本公約的國家亦可加入本公約。

二、批准、接受、核准或加入書應交存本公約的保存者。

三、願意受本公約任何一項議定書約束的表示，得由每個國家選擇為之，只須該國在交存其批准、接受、核准或加入書時通知保存者該國願意受任何兩項或多項議定書的約束即可。

四、任何締約國可在交存其批准、接受、核准或加入書後的任何時候，通知保存者它願意受對其尚無約束力的任何一項所附議定書的約束。

五、締約國已受其約束的任何議定書，對該締約國而言，即成為本公約的組

成部分。

第 五 條　生效

一、本公約應在第二十份批准、接受、核准或加入書交存之日後六個月開始
生效。

二、對任何在第二十份批准、接受、核准或加入書交存之日後交存其批准、
接受、核准或加入書的國家而言，本公約應在該國批准、接受、核准或
加入書交存之日後六個月開始生效。

三、本公約所附每項議定書應在二十個國家按本公約第四條第三或第四款的
規定通知願受該議定書約束之日後六個月開始生效。

四、對任何在二十個國家已經通知願受一項議定書的約束之日後通知願受該
議定書約束的國家而言，該議定書應在該國通知願受約束之日後六個月
開始生效。

第 六 條　傳播

各締約國承諾無論在和平期間或武裝衝突期間，均將盡量在其本國廣泛傳播
本公約及該國受其約束的議定書，特別要在軍事訓練課程中包括這方面的學
習，以便使武裝部隊均知悉各該文書。

第 七 條　本公約生效時的條約關係

一、當衝突的一方不受一項所附議定書的約束時，凡是受本公約和該項所附
議定書約束的各方在其相互關係上仍受本公約和該項議定書的約束。

二、在第一條所設想的任何場合中，如果任何一個不是本公約的締約國、或
不受所附有關議定書約束的國家，接受並適用本公約或有關議定書，並
就此通知保存者，則任何締約國在其與該國的關係上，均受本公約及對
其生效的任何所附議定書的約束。

三、保存者於收到本條第二款所述的任何通知時，應立即把它告知各有關締
約國。

四、當一個締約國成為性質屬於《一九四九年八月十二日日內瓦四公約關於
保護戰爭受難者的第一號附加議定書》第一條第四款所指武裝衝突的對
象時，則本公約和該締約國受其約束的各項所附議定書應在下列情況下
適用於此一武裝衝突：

(a)該締約國同時又是第一號附加議定書的締約國和該議定書第九十六條
第三款所指的當局，並已承擔按照該議定書第九十六條第三款的規定，
對該武裝衝突適用日內瓦四公約和第一號附加議定書適用於該武裝衝
突，並承擔將本公約及其有關議定書適用於該武裝衝突；或

(b)該締約國不是第一號附加議定書的締約國，也不是上文(a)項所指的當
局，但接受日內瓦四公約和本公約及其所附有關議定書的各項義務並
將之適用於該武裝衝突。此種接受和適用應對該武裝衝突具有下列效
果：

　　㈠日內瓦四公約和本公約及其所附有關議定書立即對衝突的當事各方
　　　生效；

　　㈡該當局承擔日內瓦四公約、本公約及其所附有關議定書各締約國所
　　　承擔的同樣權利和義務；

　　㈢日內瓦四公約、本公約及其所附有關議定書對衝突的所有當事各方
　　　具有同等約束力。

該締約國和該當局也可在對等基礎上同意接受並適用日內瓦四公約第一號附
加議定書所規定的義務。

第 八 條　**審查和修正**

一、(a)本公約生效後的任何時候，任何締約國可對本公約或其所附對該締約
　　　國具有約束力的任何議定書提出修正。任何有關修正的提案應送交保
　　　存者，保存者應將此提案分送所有締約國並徵詢各締約國關於應否召
　　　開一次會議以審議該提案的意見。如經不少於十八個的多數締約國同
　　　意，則保存者應立即召開一次會議，並邀請所有締約國參加。不是本
　　　公約締約國的國家應被邀請作為觀察員參加會議。

　　(b)此一會議可就修正案達成協議，該修正案將依本公約及其所附議定書
　　　相同的方式予以通過和生效，但對本公約的修正案只可由各締約國予
　　　以通過，而對某一項所附議定書的修正案只可由受該議定書約束的各
　　　締約國予以通過。

二、(a)本公約生效後的任何時候，任何締約國可提議增列關於未為現有所附
　　　議定書所包括的其他類型常規武器的議定書。任何有關此種增列議定
　　　書的提案應送交保存者，保存者應依照本條第一款(a)項將此提案分送
　　　所有締約國。如經不少於十八個的多數締約國同意，則保存者應立即
　　　召開一次會議，並邀請所有國家參加。

　　(b)此一會議，在所有派有代表參加會議的國家充分出席的情況下，可就
　　　各增列議定書達成協議，各該增列議定書將依本公約相同的方式予以
　　　通過，附於本公約，並按本公約第五條第三和第四款的規定開始生效。

三、(a)如在本公約生效十年後未曾按照本條第一款(a)項或第二款(a)項規定召
　　　開會議時，任何締約國可要求保存者召開一次會議，邀請所有締約國
　　　參加，以便審查本公約和所附議定書的範圍和執行情況，並審議任何
　　　修正本公約或現有議定書的提案。不是本公約締約國的國家應被邀請
　　　作為觀察員參加會議。會議可就各修正案達成協議，各該修正案將按
　　　照上文第一款(b)項的規定予以通過和生效。

　　(b)此一會議也可審議任何有關未為現有所附議定書所包括的其他類型常
　　　規武器的增列議定書的提案。所有派有代表參加這個會議的國家均可
　　　充分參加審議。任何增列議定書均將依本公約相同的方式予以通過，
　　　並按本公約第五條第三和第四款的規定附於本公約並開始生效。

(c)如在本條第三款(a)項所述同樣長久的時期內未曾按照上文第一款(a)項或第二款(a)項規定召開會議時，此一會議可審議應否制定關於在任何締約國提出要求時召開另一次會議的條款。

第 九 條　退約

一、任何締約國可在通知保存者後退出本公約或其所附的任何議定書。

二、任何此種退約只有在公約保存者收到退約通知一年後方可生效。但如果在一年期滿時，退約國正捲入第一條所指各種場合中的一種場合，則該國在武裝衝突或占領結束之前仍應受本公約各項義務及所附各項議定書的約束，無論如何，在與受適用於武裝衝突的國際法各項條規保護的人最後釋放、遣返或安置有關的行動終止以前，並如任何所附議定書載有關於聯合國部隊或特派團在有關地區執行維持和平、觀察或類似任務的各種場合的條款時，則在這些任務結束以前，此項退約不應發生效力。

三、任何退出本公約的退約應視為同樣適用於退約國受其約束的一切所附議定書。

四、任何退約只對退約國有效。

五、任何退約國在退約生效前的任何行動不得以武裝衝突為理由而影響該國根據本公約及其所附議定書所已承擔的義務。

第 十 條　保存者

一、聯合國秘書長應為本公約及其所附議定書的保存者。

二、保存者除執行其通常任務外，應將下列事項通知所有國家：

(a)按第三條簽在本公約上的簽字；

(b)按第四條的規定交存的批准、接受、核准或加入本公約的文書；

(c)按第四條的規定通知接受所附各項議定書約束的同意表示；

(d)本公約及其所附各項議定書按照第五條規定開始生效的日期；

(e)按第九條的規定收到的退約通知及其有效日期。

第十一條　有效文本

本公約及其所附議定書的正本用阿拉伯文、中文、英文、法文、俄文和西班牙文寫成，各種文本具有同等效力，本公約及其所附議定書應由保存者保存，他應將經正式核證的副本遞交所有國家。

關於無法檢測的碎片的議定書（第一議定書）(1980.10.10)

禁止使用任何其主要作用在於以碎片傷人而其碎片在人體內無法用 X 射線檢測的武器。

禁止或限制使用地雷誘殺裝置和其他裝置的議定書（第二號議定書）　　　　　　　（1980.10.10；1996.5.3 修正）

第 一 條　適用範圍

一、本議定書針對的是本議定書中界定的地雷、誘殺裝置和其他裝置的陸上使用，其中包括為封鎖水灘、水道渡口或河流渡口而布設的地雷，但不適用於海洋或內陸水道中反艦船雷的使用。

二、本議定書除適用於本公約第一條所指的情況外，還應適用於一九四九年八月十二日《日內瓦四公約》共有的第三條中所指的情況。本議定書不適用於內部騷亂和出現緊張局勢的情況，例如暴亂、孤立和零星的暴力行為和其他性質類似的行為，因為它們不屬於武裝衝突。

三、如果締約方之一領土上發生並非國際性的武裝衝突，每一衝突當事方應遵守本議定書的禁止和限制規定。

四、不得援引本議定書中的任何條款影響國家主權或影響政府通過一切正當手段維持或重建國家的法律和秩序或維護國家統一和國家領土完整的職責。

五、無論出於何種原因，均不得援引本議定書的任何條款作為藉口，直接或間接干涉武裝衝突或干涉其領土上發生武裝衝突的締約方的內部事務或對外事務。

六、如果衝突當事方不是接受本議定書的締約方，則本議定書條款對此種當事方的適用不應對其法律地位或對有爭議領土的法律地位造成任何明示或默示的改變。

第 二 條　定義

為本議定書的目的：

一、「地雷」是指布設在地面或其他表面之下、之上或附近並設計成在人員或車輛出現、接近或接觸時爆炸的一種彈藥。

二、「遙布地雷」是指非直接布設而是以火炮、導彈、火箭、迫擊炮或類似手段布設或由飛機投布的一種地雷。由一種陸基系統在不到五百米範圍布設的地雷不作為「遙布地雷」看待，但其使用須依照本議定書第五條和其他有關條款行事。

三、「殺傷人員地雷」是指主要設計成在人員出現、接近或接觸時爆炸並使一名或一名以上人員喪失能力、受傷或死亡的一種地雷。

四、「誘殺裝置」是指其設計、製造或改裝旨在致死或致傷而且在有人擾動或趨近一個外表無害的物體或進行一項看似安全的行動時出乎意料地發生作用的裝置或材料。

五、「其他裝置」是指人工放置的、以致死、致傷或破壞為目的、用人工或遙

控方式致動或隔一定時間後自動致動的包括簡易爆炸裝置在內的彈藥或裝置。

六、「軍事目標」就物體而言，是指任何因其性質、位置、目的或用途而對軍事行動作出有效貢獻並在當時的情況下將其全部或部分摧毀、奪取或使其失效可取得明確軍事益處的物體。

七、「民用物體」是指除本條第六款中界定的軍事目標以外的一切物體。

八、「雷場」是指範圍明確的布設了地雷的區域，「雷區」是指因為有地雷而具有危險性的區域。「假雷場」是指像雷場卻沒有地雷的區域。「雷場」的含義包括假雷場。

九、「記錄」是指一種有形的、行政的和技術的工作，旨在將有助於查明雷場、雷區、地雷、誘殺裝置和其他裝置位置的一切可獲得的資料記載於正式記錄中。

十、「自毀裝置」是指保證內裝有或外附有此種裝置的彈藥能夠銷毀的一種內裝或外附自動裝置。

十一、「自失效裝置」是指使內裝有此種裝置的彈藥無法起作用的一種內裝自動裝置。

十二、「自失能」是指因一個使彈藥起作用的關鍵部件（例如電池）不可逆轉地耗竭而自動使彈藥無法起作用。

十三、「遙控」是指在一定距離之外通過指令進行控制。

十四、「防排裝置」是指一種旨在保護地雷、構成地雷的一部分、連接、附著或置於地雷之下而且一旦企圖觸動地雷時會引爆地雷的裝置。

十五、「轉讓」是指除了包括將地雷實際運入或運出國家領土外，還包括地雷的所有權和控制權的轉讓，但不包括布設了地雷的領土的轉讓。

第 三 條　對使用地雷、誘殺裝置和其他裝置的總的限制

一、本條適用於：

(a)地雷；

(b)誘殺裝置；和

(c)其他裝置。

二、按照本議定書的規定，每一締約方或衝突當事方對其佈設的所有地雷、誘殺裝置和其他裝置負有責任，並承諾按照本議定書第十條的規定對其進行清除、排除、銷毀或維持。

三、禁止在任何情況下使用設計成或性質為造成過度殺傷或不必要痛苦的任何地雷、誘殺裝置或其他裝置。

四、本條所適用的武器應嚴格符合技術附件中針對每一具體類別所規定的標準和限制。

五、禁止使用裝有以現有普通探雷器正常用於探雷作業時因其磁力或其他非接觸影響引爆彈藥而專門設計的機制或裝置的地雷、誘殺裝置或其他裝

置。

六、禁止使用裝有一種按其設計在地雷不再能起作用後仍能起作用的防排裝
　置的自失能地雷。

七、禁止在任何情況下——無論是為了進攻、防衛或報復——針對平民群體
　或個別平民或平民物體使用適用本條的武器。

八、禁止濫用適用本條的武器。濫用是指在下列情況下布設此種武器：

　(a)並非布設在軍事目標上，也不直接對準軍事目標。在對某一通常專用
　　於和平目的的物體如禮拜場所、房屋或其他住所或學校是否正被用於
　　為軍事行動作出有效貢獻存有懷疑時，應將其視為並非用於這一目的；

　(b)使用一種不可能對準特定軍事目標的投送方法或手段；或

　(c)預計可能附帶造成平民死亡、平民受傷、民用物體受損壞，或同時造
　　成這三種情況，而其損害的程度超過預期的具體和直接的軍事益處。

九、位於城市、城鎮、村莊或含有類似平民集聚點或平民物體的其他區域內
　的若干個明顯分開的、有別於其他物體的軍事目標，不得作為單一軍事
　目標看待。

十、應採取一切可行的預防措施，使平民不受適用本條的武器的影響。可行
　的預防措施是指考慮到當時存在的一切情況、包括從人道和軍事角度考
　慮後所採取的實際可行的或實際可能的預防措施。這些情況包括但不僅
　限於：

　(a)雷場存在期間地雷對當地平民群體的短期和長期影響；

　(b)可能的保護平民措施（例如豎立柵欄、標誌、發出警告和進行監視）；

　(c)採用替代手段的可能性和可行性；和

　(d)雷場的短期和長期軍事需要。

十一、可能影響平民群體的地雷、誘殺裝置和其他裝置的任何布設均應事先
　　發出有效的警告，除非情況不允許。

第 四 條　對使用殺傷人員地雷的限制

禁止使用不符合技術附件第二款中規定的可探測性的殺傷人員地雷。

第 五 條　對使用除遙布地雷以外的殺傷人員地雷的限制

一、本條適用於除遙布地雷以外的殺傷人員地雷。

二、禁止使用適用本條的不符合技術附件中的自毀和自失能規定的武器，除
　非：

　(a)此種武器布設於受到軍事人員監視並以柵欄或其他方式加以保護的標
　　界區內，以確保有效地將平民排除在這一區域之外。標記必須明顯和
　　耐久，必須至少能為將要進入這一標界區的人所看見；並且

　(b)在放棄這一區域前將此種武器清除，但將這一區域移交給同意負責維
　　護本條所要求的保護物並隨後清除此種武器的另一國部隊的情況除
　　外。

三、只有在因敵方的軍事行動而被迫失去對這一區域的控制從而無法繼續遵守以上第二款(a)和(b)項的規定的情況下，其中包括因敵方的直接軍事行動而使其無法遵守這些規定，衝突當事方才無須繼續遵守這些規定。該當事方若重新取得對這一區域的控制，則應恢復遵守本條第二款(a)和(b)項的規定。

四、一衝突當事方的部隊若取得對布設了適用本條的武器的區域的控制，應盡可能維持並在必要時建立本條所要求的保護措施，直到此種武器被清除為止。

五、應採取一切可行的措施，防止未經許可移走、磨損、毀壞或隱藏用於確立標界區周界的任何裝置、系統或材料。

六、如屬下述情況，適用本條的以小於九十度的水平弧度推動碎片而且布設於地面或其之上的武器，其使用可不受本條第二款(a)項所規定措施的限制，但最長期限為七十二小時：

(a)位於布設地雷的軍事單位的緊鄰區域內；並且

(b)該區域受到軍事人員監視，以確保有效排除平民的進入。

第 六 條　限制使用遙布地雷

一、禁止使用遙布地雷，除非此種地雷按照技術附件第一款(b)項予以記錄。

二、禁止使用不符合技術附件中的自毀和自失能規定的遙布殺傷人員地雷。

三、禁止使用除殺傷人員地雷以外的遙布地雷，除非在可行的情況下此種地雷裝有有效的自毀或自失效裝置並具有一種後備自失能特徵，按其設計當地雷不再有助於放置地雷所要達到的軍事目的時可使地雷不再起地雷的作用。

四、可能影響平民群體的遙布地雷的任何布設或投布均應事先發出有效的警告，除非情況不允許。

第 七 條　禁止使用誘殺裝置和其他裝置

一、在不妨害適用於武裝衝突中的有關詐術和背信行為的國際法規定的前提下，禁止在任何情況下使用以任何方式附著於或聯結在下列物體上的誘殺裝置和其他裝置：

(a)國際承認的保護性徽章、標誌或信號；

(b)病者、傷者或死者；

(c)基地或火葬場或墳墓；

(d)醫務設施、醫療設備、醫藥用品或醫務運輸；

(e)兒童玩具或其他為兒童飲食、健康、衛生、衣著或教育而特製的其他輕便物件或產品；

(f)食品或飲料；

(g)炊事用具或器具，但軍事設施、軍事陣地或軍事補給站的此種用具除外；

　　(h)明顯屬於宗教性質的物體；

　　(i)構成民族文化或精神遺產的歷史古跡、藝術品或禮拜場所；或

　　(j)動物或其屍體。

二、禁止使用偽裝成表面無害的便攜物品但專門設計和構造成裝有爆炸物的誘殺裝置或其他裝置。

三、在不妨害第三條規定的前提下，禁止在地面部隊未進行交戰或未有跡象顯示即將交戰的任何城市、城鎮、村莊或含有類似平民集聚點的其他區域內使用適用本條的武器，除非：

　　(a)此種武器布設在軍事目標上或其緊鄰區域內；或

　　(b)已採取使平民不受其影響的保護措施，例如派設崗哨、發出警告或豎立柵欄。

第 八 條　轉讓

一、為促進本議定書的宗旨，每一締約方：

　　(a)承諾不轉讓任何其使用受本議定書禁止的地雷；

　　(b)承諾不向除國家或經授權可接受此種轉讓的國家機構以外的任何接受者轉讓任何地雷；

　　(c)承諾在轉讓任何其使用受本議定書限制的地雷方面實行克制，特別是每一締約方承諾不向不受本議定書約束的國家轉讓任何殺傷人員地雷，除非接受國同意適用本議定書；並且

　　(d)承諾確保根據本條進行的任何轉讓由轉讓國和接受國雙方完全按照本議定書的有關規定和適用的國際人道主義法準則行事。

二、如果一締約方宣布它將按照技術附件的規定推遲遵守有關使用某種地雷的具體條款，則本條第一款(a)項仍應適用於此種地雷。

三、在本議定書生效之前，所有締約方將不採取任何與本條第一款(a)項不符的行動。

第 九 條　記錄和使用關於雷場、雷區、地雷、誘殺裝置和其他裝置的資料

一、關於雷場、雷區、地雷、誘殺裝置和其他裝置的所有資料均應按照技術附件的規定予以記錄。

二、衝突各方應保存所有此種記錄，並且應在現行敵對行動停止之後立即採取一切必要和適當的措施，包括利用此種記錄，保護平民不受雷場、雷區、地雷、誘殺裝置和其他裝置的影響。

　　同時，它們應向衝突的對方或各方和聯合國秘書長提供關於不再為它們所控制的區域內由它們布設的雷場、雷區、地雷、誘殺裝置和其他裝置的所有此種資料；但有一項條件：在對等的前提下，如衝突一方的部隊在敵方領土內，任何一方均可在安全利益需要暫時扣發的限度內不向秘書長和對方提供此種資料，直到雙方均撤出對方領土為止。在後一種情況下，一俟安全利益許可即應提供暫時扣發的資料。在可能情況下，衝

突各方應設法經由相互協議爭取盡早以符合每方安全利益的方式發放此種資料。

三、本條不妨害本議定書第十和第十二條的規定。

第　十　條　排除雷場、雷區、地雷、誘殺裝置和其他裝置及國際合作

一、在現行敵對行動停止之後，應按照本議定書第三條和第五條第二款立即清除、排除、銷毀或維持所有雷場、雷區、地雷、誘殺裝置和其他裝置。

二、各締約方和衝突各方對其控制區域內的雷場、雷區、地雷、誘殺裝置和其他裝置負有此種責任。

三、對於一當事方布設在已不再由其控制的區域內的雷場、雷區、地雷、誘殺裝置和其他裝置，該當事方應在其准許的限度內向本條第二款所指的控制該區域的一方提供履行此一責任所必需的技術和物資援助。

四、在一切必要情況下，各當事方應努力在相互之間以及酌情與其他國家和國際組織就提供技術和物資援助、包括在適當時採取履行此項責任所必要的聯合行動達成協議。

第十一條　技術合作與援助

一、每一締約方承諾促進並應有權參加與本議定書的執行和清除地雷手段有關的設備、物資以及科學和技術資料的盡可能充分的交換。特別是，各締約方不應對出於人道主義目的提供清除地雷設備和有關技術資料施加不應有的限制。

二、每一締約方承諾向聯合國系統內建立的關於清除地雷的數據庫提供資料，特別是關於清除地雷的各種手段和技術的資料，以及與清除地雷有關的專家、專家機構或本國聯絡點的名單。

三、有能力這樣做的每一締約方應通過聯合國系統、其他國際機構或在雙邊基礎上為清除地雷提供援助，或向聯合國清除地雷援助自願基金捐款。

四、締約方的援助請求連同充分有關的資料可提交給聯合國、其他適當機構或其他國家。此種請求書可提交聯合國秘書長，而聯合國秘書長應將其轉交所有締約方和有關國際組織。

五、如果向聯合國提出請求，聯合國秘書長可在其現有資源的範圍內採取適當步驟，對情況作出評估，並與提出請求的締約方合作，確定為清除地雷或執行議定書適當提供援助。聯合國秘書長也可向各締約方報告任何此種評估的結果以及所需援助的類型和範圍。

六、在不妨害其憲法和其他法律規定的前提下，各締約方承諾開展合作和轉讓技術，以促進本議定書有關禁止和限制規定的實施。

七、為求縮短技術附件中規定的推遲期，每一締約方有權酌情尋求並接受另一締約方在必要和可行的情況下就除武器技術以外的具體有關技術提供的技術援助。

第十二條　旨在免受雷場、雷區、地雷、誘殺裝置和其他裝置影響的保護

一、適用

(a)除本條第二款(a)項㈠目所指部隊和特派團之外，本條僅適用於經在其領土上執行任務的締約方同意在一區域內執行任務的特派團。

(b)如果衝突當事方不是締約方，則本條的規定對此種當事方的適用不應對其法律地位或對有爭議領土的法律地位造成任何明示或默示的改變。

(c)本條的規定不妨害為依本條執行任務的人員提供更高程度保護的現有國際人道主義法或適用的其他國際文書或聯合國安全理事會的決定。

二、維持和平及某些其他部隊和特派團

(a)本款適用於：

㈠根據《聯合國憲章》在任何區域內執行維持和平、觀察或類似任務的任何聯合國部隊或特派團；以及

㈡根據《聯合國憲章》第八章建立的在衝突區域內執行任務的任何特派團。

(b)每一締約方或衝突當事方如經適用本款的部隊或特派團的首長要求，應：

㈠盡其所能採取必要措施，保護此種部隊或特派團在其控制下的任何區域內不受地雷、誘殺裝置和其他裝置的影響；

㈡必要時，為有效保護此種人員，盡其所能排除該區域內的一切地雷、誘殺裝置和其他裝置或使其喪失殺傷力；並且

㈢向部隊或特派團首長告知該部隊或特派團執行任務區域內的一切已知雷場、雷區、地雷、誘殺裝置和其他裝置的位置，並在可行的情況下向該部隊或特派團首長提供其所掌握的關於此種雷場、雷區、地雷、誘殺裝置和其他裝置的所有資料。

三、聯合國系統人道主義特派團和實情調查特派團

(a)本款適用於聯合國系統的任何人道主義特派團或實情調查特派團。

(b)每一締約方或衝突當事方如經適用本款的特派團的首長要求，應：

㈠為特派團人員提供本條第二款(b)項㈠目規定的保護；並且

㈡為使特派團人員能安全前往或穿越特派團執行任務所必須前往或穿越的在其控制下的任何地點：

(aa) 如知悉有安全路徑通往該地點，則將此路徑告知特派團首長，除非正在進行的敵對行動有礙於此；或

(bb) 如不按 (aa) 分目提供指明安全路徑的資料，則在必要和可行的情況下清出一條穿越雷場的通路。

四、紅十字國際委員會特派團

(a)本款適用於紅十字國際委員會經所在國同意、根據一九四九年八月十二日《日內瓦四公約》及其適用的《附加議定書》執行任務的任何特

派團。

　　(b)每一締約方或衝突當事方如經適用本款的特派團的首長要求，應：

　　　　㈠為特派團人員提供本條第二款(b)項㈠目規定的保護；並且

　　　　㈡採取本條第三款(b)項㈡目規定的措施。

五、其他人道主義特派團和調查特派團

　　(a)在不適用本條第二、第三和第四款的情況下，本款適用於在衝突區域內執行任務或為衝突受害者提供協助的下列特派團：

　　　　㈠國家紅十字會或紅新月會或其國際聯合會的任何人道主義特派團；

　　　　㈡公正的人道主義組織的任何特派團，包括任何公正的人道主義掃雷特派團；以及

　　　　㈢根據一九四九年八月十二日《日內瓦四公約》及其適用的《附加議定書》建立的任何調查特派團。

　　(b)每一締約方或衝突當事方如經適用本款的特派團的首長要求，應在可行的情況下：

　　　　㈠為特派團人員提供本條第二款(b)項㈠目規定的保護；並且

　　　　㈡採取本條第三款(b)項㈡目規定的措施。

六、保密

　　依本條提供的所有機密資料，其接受者應為之嚴格保密，未經資料提供者明示准許不得向有關部隊或特派團以外的任何方面透露。

七、遵守法律和規章

　　在不妨害其可享有的特權和豁免或其任務要求的前提下，參加本條所指部隊和特派團的人員應：

　　(a)遵守所在國的法律和規章；並且

　　(b)不從事任何與其任務的公正性和國際性不符的行動或活動。

第十三條　締約方的協商

一、各締約方承諾在有關本議定書實施的一切問題上彼此進行協商與合作。為此目的，應每年召開締約方會議。

二、年度會議的參加應按商定的議事規則行事。

三、會議工作應包括：

　　(a)審查本議定書的實施情況和現況；

　　(b)審議各締約方根據本條第四款提出的報告所引起的事項；

　　(c)籌備審查會議；以及

　　(d)審議各種保護平民不受地雷濫殺濫傷影響的技術的發展情況。

四、各締約方應就任何下列事項向保存人提出年度報告，而保存人應在會議前將報告分送所有締約方：

　　(a)向其武裝部隊和平民傳播有關本議定書的資料；

　　(b)清除地雷和善後重建方案；

(c)為滿足本議定書的技術要求而採取的步驟和任何其他有關資料；

(d)與本議定書有關的立法；

(e)就國際技術資料交換、就清除地雷方面的國際合作以及就技術合作與援助而採取的措施；以及

(f)其他有關事項。

五、締約方會議費用應由各締約方和參加會議工作的非締約國按適當調整的聯合國會費分攤比額表分攤。

第十四條　遵守

一、每一締約方應採取一切適當步驟，包括立法及其他措施，以防止和制止其管轄或控制下的個人違反本議定書或在其管轄或控制下的領土上違反本議定書。

二、本條第一款所指的措施包括為了確保對違反本議定書的規定在與武裝衝突有關的情況下故意造成平民死亡或嚴重傷害的個人進行刑事制裁和將其繩之以法而採取的適當措施。

三、每一締約方還應要求其武裝部隊發布有關的軍事指令和作業程序，並要求武裝部隊人員接受與其任務和職責相稱的培訓，以期遵守本議定書的規定。

四、各締約方承諾通過雙邊方式、聯合國秘書長或其他適當國際程序彼此進行協商與合作，以解決在本議定書條款的解釋和適用上可能產生的任何問題。

禁止或限制使用燃燒武器議定書（第三議定書）(1980.10.10)

第 一 條　定義

為了本議定書的目的：

一、「燃燒武器」是指任何武器或彈藥，其主要目的是使用一種通過化學反應在擊中目標時引起火焰、熱力、或兩者兼有的物質，以便使擊中的目的物燃燒或引起人員的燒傷。

(a)燃燒武器有下列各種形式：例如火焰噴射器、定向地雷、炮彈、火箭、手榴彈、地雷（水雷）、炸彈和其他裝有燃燒物質的容器。

(b)燃燒武器不包括：

㈠可引起偶發燃燒效應的彈藥，例如照明彈、曳光彈、煙霧彈或信號彈等。

㈡旨在結合貫穿、爆破或破片飛散效果並附帶具有燃燒效果的彈藥，例如：穿甲彈、殺傷炮彈、爆炸彈以及類似的綜合效果彈藥，這種彈藥的燃燒效果並非專為燒傷人員而設計，而是用於攻擊裝甲車輛、飛機和裝備或設施等軍事目標。

二、「平民集聚」是指任何長期或暫時的平民集聚，例如城市中居民住區、城
鎮和農村居民住區，或難民或疏散人口的營地或隊伍，或游牧人群。

三、「軍事目標」就目的物而言，是指任何因其性質、位置、目的或用途而對
軍事行動作出有效貢獻，並於將之全部或部分破壞、奪取或摧毀後可在
當時情況下取得明確軍事優勢的目的物。

四、「平民目的物」是指第三款定義中所稱軍事目標以外的一切目的物。

五、「可行的預防措施」是指計及了當時存在的一切情況，包括人道和軍事方
面的考慮以後所採取的實際可行或實際可能的預防措施。

第 二 條　保護平民和平民目的物

一、禁止在任何情況下以平民居民、個別居民或平民目的物作為燃燒武器攻
擊的目標。

二、禁止在任何情況下以空投燃燒武器攻擊位於平民集聚地區內的任何軍事
目標。

三、進一步禁止以空投燃燒武器以外的燃燒武器攻擊位於平民集聚地區內的
任何軍事目標，除非該軍事目標與平民集聚點明顯區分或隔離，並已採
取一切可行的預防措施以便使燃燒的效果僅限於軍事目標，同時避免並
在任何情況下盡量減少平民生命的意外傷亡和平民目的物的破壞。

四、禁止以森林或其他種類的植被作為燃燒武器的攻擊目標，但當這種自然
環境被用來掩蔽、隱藏或偽裝戰鬥人員或其他軍事目標，或它們本身即
軍事目標時，則不在此限。

關於激光致盲武器的議定書（第四議定書）(1995.10.13)

第 一 條　禁止使用專門設計以對未用增視器材狀態下的視覺器官，即對裸眼或戴有視
力矯正裝置的眼睛，造成永久失明為唯一戰鬥功能或戰鬥功能之一的激光武
器。締約方不得向任何國家或非國家實體轉讓此種武器。

第 二 條　締約方在使用激光系統時應採取一切可行的預防措施，避免對未用增視器材
狀態下的視覺器官造成永久失明。這種預防措施應包括對其武裝部隊的培訓
和其他切實措施。

第 三 條　屬軍事上合法使用激光系統包括針對光學設備使用激光系統的意外或連帶效
應的致盲不在本議定書禁止之列。

第 四 條　為本議定書的目的，「永久失明」是指無法挽回的和無法矯正的視覺喪失，此
種視覺喪失為嚴重致殘性且無恢復可能。嚴重致殘相當於用雙眼測定視敏度
低於 20/200 斯內倫。

戰爭遺留爆炸物議定書（第五議定書）(2003.11.28)

各締約方，

承認戰爭遺留爆炸物造成的嚴重的衝突後人道主義問題，

意識到需要締結一項關於衝突後補救措施的一般性議定書，以便將戰爭遺留爆炸物的危害和影響減至最小，

並願意通過關於改進彈藥可靠性的技術附件所載列的自願性最佳做法解決一般性預防措施，從而將產生戰爭遺留爆炸物的可能性減至最小，

茲議定如下：

第 一 條　一般規定和適用範圍

一、各締約方按照《聯合國憲章》和對它們適用的關於武裝衝突的國際法規則，同意以個別和與其他締約方合作的兩種方式遵守本議定書規定的義務，在衝突後形勢中將戰爭遺留爆炸物的危害和影響減至最小。

二、本議定書應適用於各締約方包括內水在內的領土上的戰爭遺留爆炸物。

三、本議定書應適用於經二〇〇一年十二月二十日修正後的《公約》第一條第一至第六款中所指的情況。

四、本議定書第三、第四、第五和第八條適用於本議定書第二條第五款所界定的現有的戰爭遺留爆炸物以外的戰爭遺留爆炸物。

第 二 條　定義

為本議定書的目的，

一、「爆炸性彈藥」是指含有炸藥的常規彈藥，但《公約》經 1996 年 5 月 3 日修正後的第二號議定書中界定的地雷、誘殺裝置和其他裝置除外。

二、「未爆炸彈藥」是指已裝設起爆炸藥、裝設引信、進入待發狀態或以其他方式準備或實際在武裝衝突中使用的爆炸性彈藥。此種彈藥可能已經發射、投放、投擲或射出，但應爆炸而未爆炸。

三、「被棄置的爆炸性彈藥」是指在武裝衝突中沒有被使用但被一武裝衝突當事方留下來或傾棄而且已不再受將之留下來或傾棄的當事方控制的爆炸性彈藥。被棄置的彈藥有可能已裝設起爆炸藥、裝設引信、進入待發狀態或以其他方式準備使用，也有可能未裝設起爆炸藥、裝設引信、進入待發狀態或以其他方式準備使用。

四、「戰爭遺留爆炸物」是指未爆炸彈藥和被棄置的爆炸性彈藥。

五、「現有的戰爭遺留爆炸物」是指在本議定書對締約方生效之前已經在其領土上存在的未爆炸彈藥和被棄置的爆炸性彈藥。

第 三 條　戰爭遺留爆炸物的清除、排除或銷毀

一、每一締約方和武裝衝突當事方對於在其控制之下的區域內的所有戰爭遺留爆炸物負有本條所規定的責任。對於不在成為戰爭遺留爆炸物的爆炸

性彈藥的使用者控制之下的區域，使用者應在現行敵對行動停止後並在可行的情況下，以雙邊方式或通過雙方商定的第三方，包括通過聯合國系統或其他有關組織，提供技術、資金、物資或人力等方面的援助，以便利標示、清除、排除或銷毀這些戰爭遺留爆炸物。

二、每一締約方和武裝衝突當事方應在現行敵對行動停止之後並在可行的情況下盡快標示、清除、排除或銷毀其控制之下的受影響區域的戰爭遺留爆炸物。對於按照本條第三款被評估為造成嚴重人道主義危險的受戰爭遺留爆炸物影響的區域，應優先予以清除、排除或銷毀。

三、在敵對行動停止之後，每一締約方和武裝衝突當事方應在可行的情況下盡快在其控制的受影響區域內採取下列步驟，以減小戰爭遺留爆炸物所造成的危險：

　(a)調查和評估戰爭遺留爆炸物所造成的威脅；

　(b)評估在標示、清除、排除或銷毀方面的需要和可行性並確定優先順序；

　(c)標示、清除、排除或銷毀戰爭遺留爆炸物；

　(d)採取步驟，為開展這些活動籌集資源；

四、在開展上述活動時，各締約方和武裝衝突當事方應考慮到各項國際標準，包括國際排雷行動標準。

五、各締約方應酌情在相互之間以及與其他國家、有關區域組織及國際組織和非政府組織就提供技術、資金、物資和人力等方面的援助進行合作，包括適當時就滿足本條的要求所必須採取的聯合行動進行合作。

第 四 條　資料的記錄、保存和提供

一、各締約方和武裝衝突當事方應在實際可行的情況下最大限度地記錄和保存關於戰爭遺留爆炸物的資料，以便利迅速標示、清除、排除或銷毀戰爭遺留爆炸物，開展危險性教育以及向控制有關區域的當事方和向該區域的平民群體提供有關資料。

二、在現行敵對行動停止之後，使用了或棄置了成為戰爭遺留爆炸物的爆炸性彈藥的各締約方和武裝衝突當事方應在實際可行而且不損害其正當安全利益的情況下，以雙邊方式或通過雙方商定的第三方，包括通過聯合國等組織，立即將此種資料提供給控制受影響區域的當事方，或者根據請求，提供給提供方確信正在或將要在受影響區域從事危險性教育和戰爭遺留爆炸物的標示、清除、排除或銷毀的其他有關組織。

三、在記錄、保存和提供此種資料時，各締約方應考慮到本議定書的技術附件第一部分。

第 五 條　保護平民群體、個別平民和民用物體以免其受戰爭遺留爆炸物危害和影響的其他預防措施

一、各締約方和武裝衝突當事方應在其控制下的受戰爭遺留爆炸物影響的區域內採取一切可行的預防措施，使平民群體、個別平民和民用物體不受

戰爭遺留爆炸物的危害和影響。可行的預防措施是指考慮到當時所有情況包括考慮到人道主義因素和軍事因素而實際可行或實際上可能的預防措施。此種預防措施可包括按技術附件第二部分的規定向平民群體示警、開展危險性教育、豎立標誌和柵欄及監視受戰爭遺留爆炸物影響的區域。

第 六 條　保護人道主義特派團和組織以免其受戰爭遺留爆炸物影響的規定

一、每一締約方和武裝衝突當事方應：
　　(a)在可行的情況下保護經該締約方或武裝衝突當事方准許而正在或將要在其所控制的區域內開展活動的人道主義特派團或組織以免其受戰爭遺留爆炸物的影響；
　　(b)在此一人道主義特派團或組織提出請求時，盡可能提供其所掌握的關於該提出請求的人道主義特派團或組織將開展活動或正在開展活動的區域內所有戰爭遺留爆炸物位置的資料。

二、本條的規定不妨害提供更高程度保護的現有的國際人道主義法或其他適用的國際文書或聯合國安全理事會的決定。

第 七 條　在處理現有的戰爭遺留爆炸物方面提供援助

一、每一締約方有權酌情請求其他締約方、非締約國以及有關國際組織和機構提供並從其得到援助，以處理現有戰爭遺留爆炸物造成的問題。

二、有能力這樣做的每一締約方應提供為處理現有戰爭遺留爆炸物造成的問題所必要且可行的援助。在這樣做時，各締約方還應考慮到本議定書的人道主義目標以及包括國際排雷行動標準在內的各項國際標準。

第 八 條　合作與援助

一、有能力這樣做的每一締約方應除其他外通過聯合國系統、其他有關國際、區域或國家組織或機構、紅十字國際委員會、國家紅十字會和紅新月會及其國際聯合會、非政府組織或在雙邊基礎上為標示、清除、排除或銷毀戰爭遺留爆炸物、對平民群體開展危險性教育及有關活動提供援助。

二、有能力這樣做的每一締約方應為戰爭遺留爆炸物受害者提供照顧和康復以及重新融入社會經濟生活方面的援助。除其他外，可通過聯合國系統、有關國際、區域或國家組織或機構、紅十字國際委員會、國家紅十字會和紅新月會及其國際聯合會、非政府組織或在雙邊基礎上提供此種援助。

三、有能力這樣做的每一締約方應向聯合國系統內建立的各個信託基金及其他有關信託基金提供捐款，以便利根據本議定書提供援助。

四、每一締約方應有權參加為本議定書的執行所必要的設備、物資以及科學和技術資料的盡可能充分的交換，但與武器有關的技術除外。各締約方承諾促進此種交換，不應對出於人道主義目的提供清除設備和有關技術資料施加不應有的限制。

五、每一締約方承諾向聯合國系統內建立的有關排雷行動數據庫提供資料，特別是關於清除戰爭遺留爆炸物的各種手段和技術的資料，以及與清除

戰爭遺留爆炸物有關的專家、專家機構或本國聯絡點的名單,並在自願的基礎上提供相關類型的爆炸性彈藥的技術資料。

六、締約方可向聯合國、其他適當機構或其他國家提交輔以充分有關的資料的援助請求。此種請求書可提交聯合國秘書長,而聯合國秘書長應將其轉交所有締約方及有關國際組織和非政府組織。

七、如果向聯合國提出請求,聯合國秘書長可在其現有資源的範圍內採取適當步驟,對情況作出評估,並與提出請求的締約方和以上第三條所指負有責任的其他締約方合作,建議宜提供何種援助。聯合國秘書長也可向各締約方報告任何此種評估的結果以及所需援助的類型和範圍,包括聯合國系統內建立的各信託基金可能提供的資助。

第 九 條　一般性預防措施

一、考慮到不同的情況及能力,鼓勵每一締約方採取一般性預防措施,以盡可能減小產生戰爭遺留爆炸物的可能性,其中包括但不僅僅限於技術附件第三部分中提到的各項措施。

二、每一締約方可在自願的基礎上交換與促進和確立本條第一款所涉及的最佳做法的努力有關的資料。

第 十 條　締約方的磋商

一、各締約方承諾在有關本議定書實施的一切問題上彼此進行協商與合作。為此目的,如果有過半數而且不少於十八個締約方如此議定,則應召開締約方會議。

二、締約方會議的工作應包括:

(a)審查本議定書的現況和實施情況;

(b)審議與本議定書的國家執行措施有關的事項,包括每年提交或訂正國家報告的問題;

(c)籌備審查會議。

三、締約方會議的費用應由各締約方和參加會議工作的非締約國按經過適當調整的聯合國會費分攤比額表分攤。

第十一條　遵守

一、每一締約方應要求其武裝部隊和有關機構或部門發布適當指令和作業程序,並要求其人員接受與本議定書的有關規定相符的培訓。

二、各締約方承諾通過雙邊方式、聯合國秘書長或其他適當國際程序彼此進行協商與合作,以解決在本議定書條款的解釋和適用上可能產生的任何問題。

六十七、防止核武器蕃衍條約 (Treaty on the Non-proliferation of Nuclear Weapons)　　(1968.7.1)

說明：

㈠本公約一九六八年七月一日簽署，一九七○年三月五日生效。目前聯合國常用中文名稱為《不擴散核武器條約》，一般又稱《核武禁擴條約》。

㈡英文本見 UNTS, Vol. 729, pp. 169–175；中文本見 UNTS, Vol. 729, pp. 162–168。

締結本條約之國家，以下簡稱「締約國」，

鑒於核戰爭足使全體人類淪於浩劫，是以務須竭力防避此種戰爭之危機，採取措施，以保障各國人民安全，

認為核武器之蕃衍，足使核戰爭爆發危險大增，

為符合聯合國大會歷次要求締結防止核武器擴大散布協定之各項決議案，

擔允通力合作，以利國際原子能總署和平核工作各項保防之適用，

表示關於在若干衝要地點，以儀器及其他技術，有效保防源料及特種對裂質料之流通之原則，凡為促進在國際原子能總署保防制度範圍內實行此項原則而作之研究、發展及其他努力，概予支持，

確認一項原則，即核技術和平應用之惠益，包括核武器國家發展核爆炸器械而可能獲得之任何技術上副產品在內，應供全體締約國和平使用，不問其為核武器國家抑係非核武器國家，

深信為推進此項原則，本條約全體締約國有權參加盡量充分交換科學情報，俾進一步擴展原子能之和平使用，並獨自或會同其他國家促成此種使用之進一步擴展，

聲明欲儘早達成停止核武器競賽並擔允採取趨向於核裁軍之有效措施，

促請所有國家通力合作，達到此項目標，

查一九六三年禁止在大氣層、外空及水中試驗核武器條約締約國在該條約前文表示決心謀求永遠停止一切核武器爆炸試驗，並為達到此目的繼續談判，

亟欲進一步緩和國際緊張局勢，鞏固國與國間之互信，以利依據一項在嚴格有效國際管制下普遍徹底裁軍之條約，停止製造核武器，清除一切現有囤積，並廢除內國兵工廠之核武器及其投送工具，

復查依照聯合國憲章，各國在其國際關係上不得作武力之威脅或使用武力侵害任何國家之領土完整或政治獨立，亦不得以任何其他與聯合國宗旨相悖之方式作武力之威脅或使用武力，且須盡量減少世界人力與經濟資源之消耗於軍備，以促進國際和平及安全之建立及維持，

爰議定條款如下：

第 一 條　本條約各核武器締約國擔允不將核武器或其他核爆炸器械或此種武器或爆炸

器械之控制，直接或間接讓與任何領受者；亦絕不協助、鼓勵或誘導任何非核武器國家製造或以其他方法取得核武器或其他核爆炸器械，或此種武器或爆炸器械之控制。

第 二 條 本條約各非核武器締約國擔允不自任何讓與者，直接或間接接受核武器或其他核爆炸器械或此種武器或爆炸器械之控制之讓與；不製造或以其他方法取得核武器或其他核爆炸器械；亦不索取或接受製造核武器或其他核爆炸器械之任何協助。

第 三 條 一、各非核武器締約國擔允接受依國際原子能總署規約及該總署保防制度，而與該總署將來商訂之協定所列保防事項，專為查核本國已否履行依本條約所負義務，以期防止核能自和平用途移作核武器或其他核爆炸器械之用。凡源料或特種對裂質料，不論正在任何主要核設施內生產、處理或使用，抑在任何此種設施之外，概應遵循本條所定必需之保防程序。本條所定必需之保防，對於在此種國家領域內或在其管轄範圍內或在其控制下任何地方實行之一切和平核工作所用一切源料或特種對裂質料，一律適用。

二、各締約國擔允不將(甲)源料或特種對裂質料，或(乙)特別為特種對裂質料之處理、使用或生產而設計或預備之設備或材料，供給任何非核武器國家作和平用途，但該源料或特種對裂質料受本條所定必需之保防支配者不在此限。

三、本條所定必需之保防，其實施應遵依本條約第四條，且不妨害締約國經濟或技術發展或和平核工作方面之國際合作，包括依照本條規定及本條約前文所載保防原則在國際上交換核質料及和平用途核質料之處理、使用或生產之設備在內。

四、本條約非核武器締約國應單獨或會同其他國家依照國際原子能總署規約與該總署締結協定，以應本條所定之需求。商訂此項協定應於本條約最初生效之日起一百八十日內開始。於一百八十日後交存批准書或加入書之國家，至遲應於交存時開始商訂此項協定。此項協定至遲應於開始商訂之日後十八個月生效。

第 四 條 一、本條約不得解釋為影響本條約全體締約國無分軒輊，並遵照本條約第一條及第二條之規定，為和平用途而推進核能之研究、生產與使用之不可割讓之權利。

二、本條約全體締約國擔允利便並有權參加盡量充分交換有關核能和平使用之設備、材料及科學與技術情報。凡能參加此項交換之締約國亦應合作無間，獨自或會同其他國家或國際組織促成核能和平使用之進一步發展，尤應在非核武器締約國領域內促成此項發展，並適當顧及世界各發展中區域之需要。

第 五 條 本條約各締約國擔允採取適當措施保證核爆炸任何和平使用之潛在惠益將依

據本條約，在適當國際觀察之下及經由適當國際程序提供本條約非核武器締約國一體享用，無分軒輊；對此等締約國收取所用爆炸器械之費用，將盡量低廉，且不收研究及發展之任何費用。本條約非核武器締約國依據一項或多項特種國際協定，經由非核武器國家有充足代表參加之適當國際機關，應能獲得此種惠益。關於此項問題之談判，一俟本條約發生效力即應儘早開始。本條約非核武器締約國倘願意時亦得依據雙邊協定獲得此種惠益。

第 六 條　本條約各締約國擔允誠意談判，訂定關於早日停止核武器競賽與關於核裁軍之有效措施，以及在嚴格有效國際管制下普遍徹底裁軍之條約。

第 七 條　本條約並不影響任何國家集團為確保各該集團領域內根絕核武器而締結區域條約之權利。

第 八 條　一、本條約任何締約國得對本條約提出修正案。任何修正案全文應送由保管國政府分發全體締約國。嗣後保管國政府經三分之一以上締約國之請求應召開會議，邀請全體締約國審議此項修正案。

二、通過本條約任何修正案必須有全體締約國過半數之可決票，包括本條約所有核武器締約國及於分發修正案時為國際原子能總署理事會理事國之所有其他締約國之可決票在內。修正案應於過半數締約國之修正案批准書，包括本條約所有核武器締約國及於分發修正案時為國際原子能總署理事會理事國之所有其他締約國之批准書在內，交存之時起，對已交存此項批准書之每一締約國發生效力。嗣後，對其餘每一締約國於其交存修正案批准書之時起發生效力。

三、本條約生效後五年，應於瑞士日內瓦召開締約國會議，檢討本條約之運用施行，以確保前文宗旨及條約規定均在實現中。嗣後每隔五年，經過半數締約國向保管國政府提出請求，得再召開會議，其目標同前，仍為檢討本條約之運用施行。

第 九 條　一、本條約聽由各國簽署。凡在本條約依本條第三項發生效力前尚未簽署本條約之國家，得隨時加入本條約。

二、本條約應由簽署國批准。批准書與加入書應交存茲經指定為保管國政府之大不列顛及北愛爾蘭聯合王國、蘇維埃社會主義共和國聯盟及美利堅合眾國政府。

三、本條約應於經指定為保管國政府之國家及本條約其他簽署國四十國批准並交存批准書後發生效力。本條約稱核武器國，謂於一九六七年一月一日屆至前製造並爆炸核武器或其他核爆炸器械之國家。

四、對於在本條約生效後交存批准書或加入書之國家，本條約應於其交存批准書或加入書之日發生效力。

五、保管國政府應將每一簽署之日期，每一批准書或加入書交存之日期，本條約發生效力日期及收到召開會議之任何請求或其他通知之日期，迅速通知所有簽署及加入國家。

六、本條約應由保管國政府依聯合國憲章第一百零二條登記。

第 十 條　一、每一締約國倘斷定與本條約事項有關之非常事件危害其本國最高權益，
　　　　　　為行使國家主權起見，有權退出本條約。該國應於退約三個月前，將此
　　　　　　事通知本條約所有其他締約國及聯合國安全理事會。此項通知應敘明該
　　　　　　國認為危害其最高權益之非常事件。

　　　　　二、本條約發生效力二十五年後應召開會議，決定本條約應否無限期繼續有
　　　　　　效，抑應延長一個或多個一定時期。此項決定應以締約國過半數之可決
　　　　　　票為之。

第十一條　本條約之英文、俄文、法文、西班牙文及中文各本同一作準，一併留存保管
　　　　　國政府檔庫。保管國政府應將本條約正式副本分送各簽署國及加入國政府。

　　　　為此，下列代表，各秉正式授予之權，謹簽字於本條約，以昭信守。
　　　　本條約共繕三份，於公曆一千九百六十八年七月一日訂於倫敦、莫斯科及華盛頓。

六十八、一九四九年八月十二日改善戰地武裝部隊傷者病者境遇的日內瓦公約（摘錄）(Geneva Convention for the Amelioration of the Condition of the Wounded and Sick in Armed Forces in the Field of 12 August 1949)　　　(1949.8.12)

說明：
㈠本公約又名《一九四九年八月十二日日內瓦第一公約》。
㈡本公約於一九四九年八月十二日簽署，一九五〇年十月二十一日生效。
㈢英文本見 THE GENEVA CONVENTIONS OF 12 AUGUST 1949, Geneva: International Committee of the Red Cross, 2012, pp. 35–60；中文本見《一九四九年八月十二日日內瓦四公約及其附加議定書》，北京：紅十字國際委員會，2011 年出版，頁 3–22。
㈣由於篇幅所限，本書僅摘錄第 1–23、33–37 以及 45–54 條等條文。

　　下列簽署之各國政府全權代表出席自一九四九年四月二十一日至八月十二日在日內瓦舉行之外交會議，為修訂一九二九年七月二十七日在日內瓦訂立之改善戰地傷病軍人境遇公約，議定如下：

第一章　總　則

第 一 條　各締約國承諾在一切情況下尊重本公約並保證本公約之被尊重。

第 二 條　於平時應予實施之各項規定之外，本公約適用於兩個或兩個以上締約國間所發生之一切經過宣戰的戰爭或任何其他武裝衝突，即使其中一國不承認有戰爭狀態。

凡在一締約國的領土一部或全部被占領之場合，即使此項占領未遇武裝抵抗，亦適用本公約。

衝突之一方雖非締約國，其他曾簽訂本公約之國家於其相互關係上，仍應受本公約之拘束。設若上述非締約國接受並援用本公約之規定時，則締約各國對該國之關係，亦應受本公約之拘束。

第 三 條　在一締約國之領土內發生非國際性之武裝衝突之場合，衝突之各方最低限度應遵守下列規定：

㈠不實際參加戰事之人員，包括放下武器之武裝部隊人員及因病、傷、拘留、或其他原因而失去戰鬥力之人員在內，在一切情況下應予以人道待遇，不得基於種族、膚色、宗教或信仰、性別、出身或財力或其他類似標準而有所歧視。

因此，對於上述人員，不論何時何地，不得有下列行為：

㈲對生命與人身施以暴力，特別如各種謀殺、殘傷肢體、虐待及酷刑；

㈪作為人質；

㈫損害個人尊嚴，特別如侮辱與降低身分的待遇；

㈬未經具有文明人類所認為必需之司法保障的正規組織之法庭之宣判，而遽行判罪及執行死刑。

㈡傷者、病者應予收集與照顧。

公正的人道團體，如紅十字國際委員會，得向衝突之各方提供服務。

衝突之各方應進而努力，以特別協定之方式，使本公約之其他規定得全部或部分發生效力。

上述規定之適用不影響衝突各方之法律地位。

第 四 條　中立國對於在其領土內所收容或拘禁之傷者、病者、醫務人員、隨軍牧師及所發現之死者，應準用本公約之規定。

第 五 條　本公約應適用於落於敵人手中之被保護人，直至彼等最後遣返為止。

第 六 條　於第十、十五、二十三、二十八、三十一、三十六、三十七及五十二各條明文規定之協定之外，各締約國對其認為需另作規定之一切事項得訂立特別協定。是項特別協定不得對本公約關於傷者、病者、醫務人員或隨軍牧師所規定之境遇有不利的影響，亦不得限制本公約所賦予彼等之權利。

除在上述或後訂之協定中有相反之明文規定，或衝突之一方對彼等採取更優待之措施外，傷者、病者、醫務人員及隨軍牧師，在本公約對其適用期間，應繼續享受是項協定之利益。

第 七 條　在任何情況下，傷者、病者、醫務人員及隨軍牧師不得放棄本公約或上條所述之特別協定——如其訂有是項協定——所賦予彼等之權利一部或全部。

第 八 條　本公約之適用應與保護國合作並受其監察。保護國之責任為維護衝突各方之
利益。為此目的，保護國在其外交或領事人員之外，得自其本國國民或其他
中立國國民中指派代表。上述代表應經其執行任務所在國之認可。
衝突各方對於保護國之代表之工作應盡最大可能予以便利。
保護國之代表，在任何情況下，不得逾越本公約所給予之任務。彼等尤須顧
及其執行任務所在國之安全上迫切的必要。僅遇有迫切的軍事需要時，始能
作為一種例外及暫時的措施而限制其活動。

第 九 條　本公約之規定並不妨礙紅十字國際委員會或其他公正的人道組織，在有關衝
突各方之同意之條件下，從事保護與救濟傷者、病者、醫務人員及隨軍牧師
之人道活動。

第 十 條　各締約國得隨時同意將根據本公約應由保護國負擔之任務，委託於具有公允
與效能之一切保證之組織。
當傷者、病者，或醫務人員及隨軍牧師，不拘為何原因，不能享受或已停止
享受保護國或本條第一款所規定之組織的活動之利益時，則拘留國應請一中
立國或此種組織擔任依照本公約應由衝突各方指定之保護國所執行之任務。
若保護不能依此佈置，則拘留國應在本條之規定之約束下，請求或接受一人
道組織，如紅十字國際委員會，提供服務，以擔任依本公約由保護國執行之
人道的任務。
任何中立國或任何組織經有關國家邀請或自願提供服務而執行任務時，在行
為上須對本公約所保護之人員所依附之衝突一方具有責任感，並須充分保證
能適當執行其所負之任務，且能公允執行之。
各國間訂立特別協定，如其中一國因軍事關係，特別是因其領土之大部或全
部被占領，以致該國與其他一國或其盟國談判之自由受限制，即或是暫時的，
本公約上列規定不得因該項特別協定而有所減損。
凡本公約中提及保護國，亦適用於本條所指之代替組織。

第十一條　保護國認為於被保護人之利益適宜時，尤其遇衝突各方對於本公約之適用與
解釋意見有分歧時，應從事斡旋以期解決分歧。
為此目的，各保護國得應一方之請求，或主動向衝突各方建議，可能在適當
選擇之中立領土召開代表會議，負責管理傷者、病者之當局代表和醫務人員
與隨軍牧師之代表尤須參加。衝突各方對於為此目的而提出之建議負有實行
之義務。各保護國得於必要時，提請衝突各方同意，特邀一中立國人員或紅
十字國際委員會委派之人員參加此項會議。

第二章　傷者與病者

第十二條　受傷或患病之下條所列武裝部隊人員或其他人員，在一切情況下，應受尊重
與保護。
衝突之一方，對於在其權力下之此等人員應予以人道之待遇與照顧，不得基

於性別、種族、國籍、宗教、政治意見或其他類似標準而有所歧視。對其生命之任何危害或對其人身之暴行均應嚴格禁止；尤其不得加以謀殺或消滅，施以酷刑或供生物學的實驗；不得故意不給予醫療救助及照顧，亦不得造成使其冒傳染病危險之情況。

只有醫療上之緊急理由，可予提前診治。

對於婦女之待遇應充分顧及其性別。

衝突之一方被迫委棄傷者、病者於敵人時，在軍事的考慮許可範圍內，應留下一部分醫療人員與器材，以為照顧彼等之助。

第十三條　本公約適用於下列各類之傷者、病者：

㈠衝突之一方之武裝部隊人員及構成此種武裝部隊一部之民兵與志願部隊人員；

㈡衝突之一方所屬之其他民兵及其他志願部隊人員，包括有組織之抵抗運動人員之在其本國領土內外活動者，即使此項領土已被占領。但須此項民兵或志願部隊，包括有組織之抵抗運動人員，合乎下列條件：

　㈎有一為其部下負責之人統率；

　㈏備有可從遠處識別之固定的特殊標誌；

　㈐公開攜帶武器；

　㈑遵守戰爭法規及慣例進行戰鬥。

㈢自稱效忠於未經拘留國承認之政府或當局之正規武裝部隊人員；

㈣伴隨武裝部隊而實際並非其成員之人，如軍用機上之文職工作人員、戰地記者、供應商人、勞動隊工人或武裝部隊福利工作人員，但須彼等已獲得其所伴隨之武裝部隊的准許；

㈤衝突各方之商船隊之船員，包括船長，駕駛員與見習生，以及民航機上之工作人員，而依國際法之任何其他規定，不能享受更優惠之待遇者；

㈥未占領地之居民，當敵人迫近時，未及組織成為正規部隊，而立即自動拿起武器抵抗來侵軍隊者，但須彼等公開攜帶武器並尊重戰爭法規及慣例。

第十四條　在第十二條規定之限制下，交戰國的傷者、病者之落於敵人手中者，應為戰俘，國際法有關戰俘之規定並應適用於彼等。

第十五條　無論何時，特別在每次戰鬥之後，衝突各方應立即採取一切可能的措施以搜尋並收集傷者、病者，加以保護借免搶劫虐待，而予以適宜之照顧，並蒐尋死者而防其被剝劫。

環境許可時，應商定停戰或停火或局部辦法，以便搬移、交換及運送戰場上遺落之受傷者。

衝突各方之間亦得商定局部辦法，以便搬移、交換被包圍地區之傷者與病者；並使送往該地區之醫療與宗教人員及器材得以通過。

第十六條　衝突各方應盡速登記落於其手中之每一敵方傷者、病者，或死者之任何可以證明其身分之事項。

可能時，此項記錄應包括：

㈠所依附之國；

㈡軍、團、個人番號；

㈢姓；

㈣名；

㈤出生日期；

㈥身分證或身分牌上所表明之任何其他事項；

㈦被俘或死亡之日期及地點；

㈧有關傷病之情況或死亡之原因。

上述登記材料應盡速轉送一九四九年八月十二日關於戰俘待遇之日內瓦公約第一百二十二條所述之情報局，該局應通過保護國及戰俘中央事務所轉達上述人員所依附之國。

衝突各方應製備死亡證書，並通過前項規定之情報局互送死亡證書或經證實之死亡表；亦應蒐集並通過該局轉送死者屍體上發現之雙身分牌之一半，遺囑或對於其最近親屬具有重要性之其他文件、金錢及一般具有實質價值或情感價值之物品。此項物品連同未能辨認其所有人之物品，應以密封包裹寄送，並附說明書載明死者身分之詳情以及包裹內容之清單。

第十七條 衝突各方應保證在情況許可下將死者分別埋葬或焚化之前，詳細檢查屍體，如可能時，應經醫生檢查，以確定死亡，證明身分並便作成報告。雙身分牌之一半，或整個身分牌，如其係單身分牌應留於屍體上。

除因衛生上迫切之理由，或出於死者所奉宗教之動機外，屍體不得焚化。如舉行焚化，則在死亡證明書或經證實之死亡表上應詳注焚化之情況及理由。衝突各方更應保證死者得到榮譽的安葬，可能時，應按照彼等所屬宗教之儀式埋葬之，其墳墓應受尊重，於可能時，按死者之國籍集中一處，妥為維護，並加以標誌，俾隨時可覓見。因此，衝突各方在戰事開始時應即組織正式墳墓登記處，以便事後遷葬，並保證認明屍體，不論墳墓位置如何，及可能運回本國。此項規定應適用於骨灰，骨灰應由墳墓登記處保管、直至依照本國願望處理時為止。

一俟情況允許，並至遲在戰事結束之時，各墳墓登記處應通過第十六條第二項所指之情報局互相交換表冊，載明墳墓之確實地點與標誌以及有關該處埋葬的死者之詳細情形。

第十八條 軍事當局得號召居民以慈善精神，自願在其指導下，收集與照顧傷者、病者。並對於響應此項號召之人予以必要之保護及便利。倘敵方控制或再控制該地區，則對於上述之人亦應予以同樣之保護及便利。

軍事當局，即令在侵入或占領地區，亦應准許居民或救濟團體自動收集與照顧任何國籍之傷者、病者。一般平民應尊重此種傷者、病者；尤不得施以暴行。

任何人不得因看護傷者、病者而被侵擾或定罪。

本條規定並不免除占領國對於傷者、病者給予身體上及精神上照顧之義務。

第三章　醫療隊及醫療所

第十九條　醫務部門之固定醫療所，及流動醫療隊，在任何情況下不得被攻擊，而應隨時受衝突各方之尊重及保護。倘落於敵方之手，在俘獲國自身對於發現在該醫療所及醫療隊之傷者、病者未能保證必需之照顧期中，其人員仍應有執行其任務之自由。

負責當局應保證上述醫療所及醫療隊盡可能如此設置，以期不致因對軍事目標之攻擊而危及其安全。

第二十條　一九四九年八月十二日改善海上武裝部隊傷者病者及遇船難者境遇之日內瓦公約所保護之醫院船，不得自陸上加以攻擊。

第二十一條　醫務部門之固定醫療所及流動醫療隊應得之保護不得停止，除非此等組織越出其人道任務之外，用以從事有害於敵方之行為。惟如經給予相當警告，並依各個情形，指定合理之時限而警告仍被忽視時，始得停止保護。

第二十二條　下列情形不得認為剝奪第十九條所保證的對於醫療隊或醫療所之保護：

　　㈠醫療所或醫療隊之人員配有武器，且因自衛或保護傷者、病者而使用武器；

　　㈡醫療所或醫療隊因無武裝勤務員，而由警衛或哨兵或護送衛士保衛；

　　㈢醫療所或醫療隊發現有由傷者、病者身上所解除之小型武器及彈藥而尚未繳送主管機關者；

　　㈣在醫療所或醫療隊發現有獸醫人員及器材，但並不構成該所或該隊不可分之一部；

　　㈤醫療所或醫療隊或其人員擴展其人道的活動及於傷病平民之照顧。

第二十三條　平時各締約國及戰事開始後衝突各方，均得在其領土內，於必要時在占領地內，設立醫院地帶及處所，加以適當的組織以便保護傷者、病者，及在該地帶處所負責組織與管理工作以及照顧集中於該處人們之人員，俾免受戰爭影響。

在戰事開始時，及其進行中，有關各方得締結協定互相承認其所設立之醫院地帶及處所。為此目的並得執行本公約所附協定草案之規定，連同其所認為必要之修改。

為便利此等醫院地帶及處所之設立與承認，保護國及紅十字國際委員會當被邀從事斡旋。

第五章　建築物及器材

第三十三條　武裝部隊之流動醫療隊落於敵方之手者，其器材應留作照顧傷者及病者之用。

武裝部隊之固定醫療所的建築物、器材及物資，應仍受戰爭法規之拘束，但在其為照顧傷者、病者所必需之期間，不得移作別用。惟戰地司令遇緊急軍事需要時得使用之，但須彼等預訂關於在該所療養之傷者、病者的福利之辦法。

本條所指之器材與物資不得故意摧毀。

第三十四條　凡許予本公約的特權之各救濟團體，其不動產與動產應視為私有財產。

戰爭法規及慣例所承認之交戰國徵用權，僅在緊急需要的場合，並在對傷者、病者之福利已有保證後，始得行使。

第六章　醫療運輸

第三十五條　傷者及病者或醫療設備之運輸隊，應與流動醫療隊受同樣之尊重及保護。

此項運輸隊或車輛如落於敵方手中時，應受戰爭法規之拘束；但以俘獲該項運輸或車輛之衝突一方在一切情形下，應保證照顧其所載運之傷者、病者為條件。

文職人員及由徵用所得之一切運輸工具應受國際法一般規則之拘束。

第三十六條　對於醫務飛機，即專用以搬移傷者、病者，及運送醫務人員及設備之飛機，不得襲擊，而在各有關交戰國間所特別約定之高度、時間及航線飛行時，應受各交戰國之尊重。

此項飛機在其上下及兩側面應顯明標以第三十八條所規定之特殊標誌，以及其本國國旗。並應備有戰事開始時或戰事進行中經各交戰國間同意之任何其他標誌或識別方法。

除另有協議外，在敵人領土或敵人占領地上空之飛行應予禁止。

醫務飛機應服從一切降落命令。如被令降落而需要檢查時，則經過檢查後，該機載其乘員得繼續航行。

非自願降落於敵人領土或敵人占領地時，機內之傷者、病者及飛行人員應為戰俘。醫務人員應按第二十四條及以下各條待遇之。

第三十七條　衝突各方之醫務飛機，在本條第二款規定之拘束下，得在中立國之領土上空飛行，必要時，得在該國領土降落，或用以為停留站。

該項飛機之飛越上述領土，應預先通知各中立國，並服從一切水陸降落之命令。僅在衝突各方與有關中立國特別約定之航線、高度及時間飛行時，始免受襲擊。

但中立國對於醫療飛機之飛越其領土或在其領土降落，得規定條件或限制。此項可能的條件與限制對於衝突各方應一律適用。

除中立國與衝突各方另有協議外，凡經地方當局之同意由醫務飛機運至中立國領土之傷者、病者，如國際法有此要求，應由中立國以適當方式予以拘留，俾彼等不能再行參加戰鬥。收容與拘禁之費用應由其所依附之國負擔。

第八章　公約之執行

第四十五條 衝突各方應通過其總司令保證以上條款之詳細執行，並依照本公約之一般原則規定預料不到之事件。

第四十六條 對於本公約所保護之傷者、病者、工作人員、建築物或設備之報復行為，均予禁止。

第四十七條 各締約國在平時及戰時應在各該國盡量廣泛傳播本公約之約文，尤應在其軍事，並如可能時在公民教育計畫中，包括本公約之學習，俾本公約之原則為全體人民，尤其武裝戰鬥部隊、醫務人員及隨軍牧師所周知。

第四十八條 各締約國應通過瑞士聯邦委員會，在戰時則通過保護國，互相通知本公約之正式譯文，及其所採用以保證實施本公約之法律與規則。

第九章　濫用及違約之取締

第四十九條 各締約國擔任制定必要之立法，俾對於本身犯有或令人犯有下條所列之嚴重破壞本公約之行為之人，處以有效之刑事制裁。

各締約國有義務搜捕被控為曾犯或曾令人犯此種嚴重破壞本公約行為之人，並應將此種人，不分國籍，送交各該國法庭。該國亦得於自願時，並依其立法之規定，將此種人送交另一有關之締約國審判，但以該締約國能指出案情顯然者為限。

各締約國應採必要之措施，以制止下條所列嚴重破壞本公約之行為以外之一切違反本公約之規定之行為。

在一切情況下，被告人應享有適當的審訊及辯護之保障。此種保障，不得次於一九四九年八月十二日關於戰俘待遇之日內瓦公約第一百零五條及其以下各條所規定者。

第 五 十 條 上條所述之嚴重破壞公約行為，應係對於受本公約保護之人或財產所犯之任何下列行為：故意殺害，酷刑或不人道待遇，包括生物學實驗，故意使身體及健康遭受重大痛苦或嚴重傷害，以及無軍事上之必要，而以非法與暴亂之方式，對財產之大規模的破壞與徵收。

第五十一條 任何締約國不得自行推卸，或允許任何其他締約國推卸，其本身或其他締約國所負之關於上條所述之破壞公約行為之責任。

第五十二條 經衝突之一方之請求，應依有關各方所決定之方式，進行關於任何被控違犯本公約的行為之調查。

如關於調查程序不能獲致協議，則各方應同意選定一公斷人，由其決定應遵行之程序。

違約行為一經確定，衝突各方應使之終止，並應迅速加以取締。

第五十三條 除按本公約有權使用者以外，一切個人、公私團體、商號或公司，不論其使用之目的及採用之日期為何，使用「紅十字」或「日內瓦十字」之標誌

或名稱以及其他仿冒之標誌或名稱，無論何時均應禁止。

因為依採用翻轉的聯邦國旗而對瑞士表示之敬意，及瑞士國徽與本公約之特殊標誌之間可以發生之混淆，任何私人、團體、或商號，不論係作為廠標或商標，或此種廠標商標之一部分，或出於違反商業信義的目的，或在可以傷害瑞士國家情感之情況下，使用瑞士國徽，或仿冒此項國徽標誌，無論何時，均應予禁止。

但未參加一九二九年七月二十七日日內瓦公約之各締約國對於早已使用前款規定之各種符號標誌者，得限期令其停止使用。此項期限自本公約生效之日起，不得超過三年。但此種使用，在戰時，不得視為係受本公約之保護。

本條第一款所規定之禁止事項，亦適用於第三十八條第二款所指之標誌及符號，但不影響其過去使用所獲得之權利。

第五十四條 各締約國，若其立法尚未完備，應採取必要之措施，以便隨時防止及取締第五十三條所規定之各種濫用行為。

六十九、一九四九年八月十二日改善海上武裝部隊傷者病者及遇船難者境遇的日內瓦公約 （摘錄）
(Geneva Convention for the Amelioration of the Condition of Wounded, Sick and Shipwrecked Members of Armed Forces at Sea of 12 August 1949)　　　　　　　　　　　　(1949.8.12)

說明：
㈠本公約又稱《一九四九年八月十二日日內瓦第二公約》。
㈡本公約於一九四九年八月十二日簽署，一九五〇年十月二十一日生效。
㈢英文本見 THE GENEVA CONVENTIONS OF 12 AUGUST 1949, Geneva: International Committee of the Red Cross, 2012, pp. 61–80；中文本見《一九四九年八月十二日日內瓦四公約及其附加議定書》，北京：紅十字國際委員會，2011 年出版，頁 27–42。
㈣由於篇幅所限，本書僅摘錄第 1–37 以及 41–53 條等條文。

下列簽署之各國政府全權代表出席自一九四九年四月二十一日至八月十二日在日內瓦舉行之外交會議，為修訂一九〇七年十月十八日推行一九〇六年日內瓦公約之原則於海戰之第十海牙公約，議定如下：

第一章　總　則

第 一 條　各締約國承諾在一切情況下尊重本公約並保證本公約之被尊重。

第 二 條　於平時應予實施之各項規定之外，本公約適用於兩個或兩個以上締約國間所發生之一切經過宣戰的戰爭或任何其他武裝衝突，即使其中一國不承認有戰爭狀態。

凡在一締約國的領土一部或全部被占領之場合，即使此項占領未遇武裝抵抗，亦適用本公約。

衝突之一方雖非締約國，其他曾簽訂本公約之國家於其相互關係上，仍應受本公約之拘束。設若上述非締約國接受並援用本公約之規定時，則締約各國對該國之關係，亦應受本公約之拘束。

第 三 條　在一締約國之領土內發生非國際性的武裝衝突之場合，衝突之各方最低限度應遵守下列規定：

㈠不實際參加戰事之人員，包括放下武器之武裝部隊人員及因病、傷、拘留、或其他原因而失去戰鬥力之人員在內，在一切情況下，應予以人道待遇，不得基於種族、膚色、宗教或信仰、性別、出身或財力或其他類似標準而有所歧視。

因此，對於上述人員不論何時何地不得有下列行為：

㈲對生命與人身施以暴力，特別如各種謀殺、殘傷肢體、虐待及酷刑；

㈡作為人質；

㈱損害個人尊嚴，特別如侮辱與降低身分的待遇；

㈯未經具有文明人類所認為必需之司法保障的正規組織之法庭之宣判，而遽行判罪及執行死刑。

㈡傷者、病者及遇船難者應予收集與照顧。

公正的人道團體，如紅十字國際委員會，得向衝突之各方提供服務。

衝突之各方應進而努力以特別協定之方式，使本公約之其他規定得全部或部分發生效力。

上述規定之適用不影響衝突各方之法律地位。

第 四 條　遇有衝突各方之陸海軍作戰時，本公約之規定僅適用於在艦上之部隊。

登陸之部隊，應立即受一九四九年八月十二日改善戰地武裝部隊傷者病者境遇之日內瓦公約的規定之拘束。

第 五 條　中立國對於在其領土內所收容或拘禁之傷者、病者、遇船難者、醫務人員與隨軍牧師及所發現之死者，應準用本約之規定。

第 六 條　於第十、十八、三十一、三十八、三十九、四十、四十三及五十三各條明文規定之協定之外，各締約國對其認為需另作規定之一切事項得訂立特別協定。是項特別協定不得對本公約關於傷者、病者、遇船難者、醫務人員或隨軍牧師所規定之境遇有不利的影響，亦不得限制本公約所賦予彼等之權利。

除在上述協定或後訂之協定中有相反之明文規定，或衝突之一方對彼等採取更優待之措施外，傷者、病者、遇船難者、醫務人員及隨軍牧師，在本公約對其適用期間，應繼續享受是項協定之利益。

第 七 條　在任何情況下，傷者、病者、遇船難者、醫務人員及隨軍牧師不得放棄本公約或上條所述特別協定——如其訂有是項協定——所賦予彼等之權利之一部或全部。

第 八 條　本公約之適用應與保護國合作並受其監察。保護國之責任為維護衝突各方之利益。為此目的，保護國在其外交或領事人員之外，得自其本國國民或其他中立國國民中指派代表。上述代表應經其執行任務所在國之認可。

衝突各方對於保護國之代表之工作應盡最大可能予以便利。

保護國之代表在任何情況下不得逾越本約所界予之任務。彼等尤須顧及其執行任務所在國之安全上迫切的必要。僅遇有迫切的軍事要求時，始能作為一種例外及暫時的措施而限制其活動。

第 九 條　本公約之規定並不妨礙紅十字國際委員會或其他公正的人道組織，在有關衝突各方之同意之條件下，從事保護與救濟傷者、病者、遇船難者、醫務人員及隨軍牧師之人道活動。

第 十 條　各締約國得隨時同意將根據本公約應由保護國負擔之任務，委託於具有公允與效能的一切保證之組織。

當傷者、病者、遇船難者或醫務人員及隨軍牧師，不拘為何原因，不能享受或已停止享受保護國或本條第一款所規定之組織的活動之利益時，則拘留國應請一中立國或此種組織擔任依照本公約應由衝突各方指定之保護國所執行之任務。

若保護不能依此佈置，則拘留國應在本條之規定之約束下，請求或接受一人道組織，如紅十字國際委員會，提供服務，以擔任依本公約由保護國執行之人道的任務。

任何中立國或任何組織經有關國家邀請或自願提供服務而執行任務時，在行為上須對本公約所保護之人員所依附之衝突一方具有責任感，並須充分保證能執行其所負之任務，且能公允執行之。

各國間訂立特別協定，如其中一國因軍事關係，特別是因其領土之大部或全部被占領，以致該國與其他一國或其盟國談判之自由受限制，即或是暫時的，本公約上列規定不得因該項特別協定而有所減損。

凡本公約中提及保護國，亦適用於本條所指之代替組織。

第十一條　保護國認為於被保護人之利益適宜時，尤其遇衝突各方對於本公約之適用與解釋意見有分歧時，應從事斡旋以期解決分歧。

為此目的，各保護國得因一方之請求，或主動向衝突各方建議，可能在適當選擇之中立領土召開代表會議，負責管理傷者、病者、遇船難者之當局代表和醫務人員與隨軍牧師之代表尤須參加。衝突各方對於為此目的而提出之建

議負有實行之義務。各保護國得於必要時，提請衝突各方同意，特邀一中立國人員或紅十字國際委員會委派之人員參加此項會議。

第二章　傷者病者及遇船難者

第十二條　在海上受傷、患病或遇船難之下條所列武裝部隊人員或其他人員，在一切情況下，應受尊重與保護，而「船難」一詞應瞭解為係指任何原因之船難，並包括飛機被迫降落海面或被迫自飛機上跳海者在內。

衝突之各方對於在其權力下之此等人員，應予以人道之待遇與照顧，不得基於性別、種族、國籍、宗教、政治意見或其他類似標準而有所歧視。對其生命之任何危害或對其人身之暴行，均應嚴格禁止；尤其不得加以謀殺和消滅，施以酷刑或供生物學的實驗，不得故意不給予醫療救助及照顧，亦不得造成使其冒傳染病危險之情況。

只有醫療上之緊急理由始可予提前診治。

對於婦女之待遇應充分顧及其性別。

第十三條　本公約適用於下列各類之海上傷者、病者及遇船難者：

㈠衝突之一方之武裝部隊人員及構成此種武裝部隊一部之民兵與志願部隊人員；

㈡衝突之一方所屬之其他民兵及其他志願部隊人員，包括有組織之抵抗運動人員之在其本國領土內外活動者，即使此項領土已被占領；但須此項民兵或志願部隊，包括有組織之抵抗運動人員，合乎下列條件：

㈠由一為其部下負責之人統率；

㈡備有可從遠處識別之固定的特殊標誌；

㈢公開攜帶武器；

㈣遵守戰爭法規及慣例進行戰鬥。

㈢自稱效忠於未經拘留國承認之政府或當局之正規武裝部隊人員；

㈣伴隨武裝部隊而實際並非其成員之人，如軍用機上之文職工作人員、戰地記者、供應商人、勞動隊工人或武裝部隊福利工作人員，但須彼等已獲得其所伴隨之武裝部隊的准許；

㈤衝突各方之商船隊之船員，包括船長、駕駛員與見習生，以及民航機上之工作人員，而依國際法之任何其他規定不能享受更優惠之待遇者；

㈥未占領地之居民，當敵人迫近時，未及組織成為正規部隊，而立即自動拿起武器抵抗來侵軍隊者，但須彼等公開攜帶武器並尊重戰爭法規及慣例。

第十四條　交戰國之一切軍艦應有權要求交出軍用醫院船，屬於救濟團體或私人之醫院船，以及商船、遊艇或其他船隻上之傷者、病者、或遇船難者，不拘國籍，但須傷者與病者處於適合移動之情狀，而該軍艦具有必要的醫治之適當設備。

第十五條　如傷者、病者或遇船難者被收容於中立國軍艦或軍用飛機上，如國際法有此要求，應保證此等人員不再參加戰爭行動。

第十六條　在第十二條規定之限制下，交戰國之傷者、病者及遇船難者之落於敵方手中者，應為戰俘，並對之適用國際法有關戰俘之規定。俘獲者得按情況決定是否便於扣留送至俘獲國之港口、中立國港口、甚或敵國領土內之港口。如屬最後一情形，被送回本國之戰俘，在戰爭期間不得服役。

第十七條　如中立國與交戰國間無相反之協定，經地方當局之許可，在中立國港口登陸之傷者、病者或遇船難者，遇國際法有此要求時，應由中立國加以看守，務使彼等不能再參加戰爭行動。

環境許可時，應由傷者、病者或遇船難者所依附之國負擔。

第十八條　每次戰鬥之後，衝突各方應立即採取一切可能之措施以搜尋並收集遇船難者、傷者與病者加以保護借免搶劫及虐待，而予以適宜之照顧，並蒐尋死者而防其被剝劫。

環境許可時，衝突各方應商定局部辦法以便經由海路搬移被包圍地區之傷者與病者，並使送往該地區之醫療與宗教人員及器材得以通過。

第十九條　衝突各方應盡速登記落於其手中之每一敵方遇船難者、傷者、病者或死者之任何可以證明其身分之事項。可能時，此項記錄應包括：

㈠所依附之國；

㈡軍、團、個人番號；

㈢姓；

㈣名；

㈤出生日期；

㈥身分證或身分牌上所表明之任何其他事項；

㈦被俘或死亡之日期及地點；

㈧有關傷病之情況或死亡之原因。

上述登記材料應盡速轉送一九四九年八月十二日關於戰俘待遇之日內瓦公約第一百二十二條所述之情報局，該局應通過保護國及戰俘中央事務所轉達上述人員所依附之國。

衝突各方應製備死亡證書，並通過前項規定之情報局互送死亡證書或經證實之死亡表；亦應蒐集並通過該局轉送死者屍體上所發現之雙身分牌之一半，或整個身分牌如其係單身分牌，遺囑或對於其最近親屬具有重要性之其他文件、金錢及一般具有實質價值或情感價值之物品。此項物品連同未能辨認其所有人之物品，應以密封包裹寄送，並附說明書載明死者身分之詳情以及包裹內容之清單。

第二十條　衝突各方應保證在情況許可下分別海葬死者之前，詳細檢查屍體，如可能時，經醫生檢查，以確定死亡，證明身分並便作成報告。如用雙身分牌者，則其一半應留在屍體上。

如死者運抵陸上時，則應適用一九四九年八月十二日改善戰地武裝部隊傷者病者境遇之日內瓦公約之規定。

第二十一條　衝突各方得呼籲中立國商船、遊艇或其他中立國船隻之船長以慈善精神收容與照顧傷者、病者或遇船難者於其船上，並收集死者。

響應此項呼籲之任何種類船隻以及自動收集傷者、病者或遇船難者之船隻，均應享受特別保護及為執行此項協助之便利。

上述船隻絕不得因從事此項運輸而受拿捕；但上述船隻若有違反中立之行為，除非有相反之諾言，仍得予以拿捕。

第三章　醫院船

第二十二條　軍用醫院船即各國特別並專用以救助、醫治並運送傷者、病者及遇船難者而建造或裝備之船隻，在任何情況下，不得加以攻擊或拿捕，而應隨時予以尊重與保護，但須於使用前十日，將該船之名稱及其說明通知衝突各方。通知書內必須載明之特徵，應包括註冊之總噸位，自船首至船尾之長度以及桅杆、煙囪之數目。

第二十三條　岸上建築物之應受一九四九年八月十二日改善戰地武裝部隊傷者病者境遇之日內瓦公約之保護者，應予以保護，免受海上之炮轟或攻擊。

第二十四條　各國紅十字會及官方承認之救濟團體或私人所使用之醫院船，如經其所依附之衝突一方正式委任，並已遵照第二十二條關於通知之規定者，應享受與軍用醫院船同樣之保護並應免予拿捕。

此等船隻，必須備有負責當局發給之證明書，載明該船隻於裝備及出發時已在該當局之管轄下。

第二十五條　各中立國之紅十字會及官方承認之救濟團體或私人所使用之醫院船，如受衝突一方之管轄，經其本國政府之預先同意及該衝突一方之認可，並已遵照第二十二條關於通知之規定者，應享受與軍用醫院船同樣之保護並免予拿捕。

第二十六條　第二十二、二十四及二十五各條提及之保護，適用於任何噸位之醫院船及其救生艇，不論其活動地點何在。但為保證最大限度之舒適與安全，衝突各方務須使用總噸位在二千噸以上之醫院船，以運送遠距離及在公海上之傷者、病者及遇船難者。

第二十七條　在第二十二及二十四各條所規定之同樣條件下，國家用或官方承認之救濟團體為沿海岸救生用之小型船隻，在行動需要之許可範圍內，亦應予以尊重及保護。

前項規定應盡可能適用於前述船隻在其人道的任務上所專用之海岸固定設備。

第二十八條　若在軍艦上發生戰鬥，則病室應予以尊重，並盡可能予以保全。病室及其設備應受戰爭法規之限制，在傷者與病者需要期中，不得改作其他用途。

但病室落於敵方司令之權力下，而該司令在保證對療養中之傷者與病者予以適當之照顧後，於緊急軍事需要時，得將病室改作他用。

第二十九條　凡泊於陷落敵方手中之港口之任何醫院船，應准其離去該港。

第 三 十 條　第二十二、二十四、二十五及二十七各條所述之船隻應不拘國籍，對於傷者、病者及遇船難者予以救濟與協助。

各締約國承諾不將此等船隻作任何軍事用途。

此等船隻絕不得妨礙戰鬥員之行動。

在每次戰鬥中及戰鬥後，此等船隻行動上所冒危險，自負其責。

第三十一條　衝突各方應有權管制及搜查第二十二、二十四、二十五及二十七各條提及之船隻，並得拒絕其協助，命令其離去，指定其航線，控制其無線電及其他通訊工具之使用，如因情況之嚴重性有此必要時，並得扣留之，其期限自截留之時起，不超過七日。

衝突各方得派員暫時駐在船上，其唯一任務應為保證根據上款規定所發布之命令均予執行。

衝突各方應盡可能將發給醫院船船長之命令以該船長所瞭解之文字，記錄於該船航海日誌。

衝突各方得單獨或依特別協定，安置中立國視察員在其船上，該員等應檢定本公約規定之嚴格遵行。

第三十二條　第二十二、二十四、二十五及二十七各條所述之船隻，就其在中立國港口停泊而言，不列為軍艦。

第三十三條　商船之改裝為醫院船者，在全部戰事期間不能移作他用。

第三十四條　醫院船及艦上病室應得之保護不得停止，除非此等船室越出其人道任務之外，用以從事有害於敵方之行為。惟如經給予相當警告，並依各個情形指定合理之時限而警告仍被忽視時，始得停止保護。

醫院船尤其不得備有或使用密碼，為無線電或其他通訊方法之用。

第三十五條　下列情況不得認為剝奪醫院船及艦上病室應得之保護：

㈠醫院船或病室之船員為維持秩序，自衛或保護傷者、病者而配有武器；

㈡船上有專為便於航行或通訊用之裝備；

㈢醫院船上或艦上病室內發現有由傷者、病者及遇船難者身上所解除之隨身武器及彈藥而尚未繳送主管部門者；

㈣醫院船及艦上病室或其船員擴展其人道之活動及於傷、病或遇船難之平民之照顧；

㈤運送專為醫療任務之用的設備及人員，而超過正常之需要。

第四章　人　員

第三十六條　醫院船上之宗教、醫務及醫院工作人員以及其船員，應受尊重及保護；不論船上有無傷者及病者，在醫院船上服務期間，不得被俘。

第三十七條　凡宗教、醫務及醫院工作人員被派擔任醫務上或精神上照顧第十二及十三兩條所指之人者，如落於敵方手中，應受尊重及保護；在需要照顧傷者及

病者之期間，得繼續執行其職務。一俟管轄此項人員之總司令認為可行時，應將其送回。彼等離船時得攜帶其私人財物。

但如發覺因戰俘之醫療上及精神上之需要，須留用若干人員時，則應盡一切可能使其儘早登陸。

留用人員登陸後，即受一九四九年八月十二日改善戰地武裝部隊傷者病者境遇之日內瓦公約規定之拘束。

第六章　特殊標誌

第四十一條　在軍事主管當局之指導下，白底紅十字之標誌應標明於旗幟、臂章及醫務部門使用之所有設備上。

但各國如已採用白底紅新月或白底紅獅與日以代替紅十字之標誌者，此等標誌亦為本公約規定所承認。

第四十二條　第三十六及三十七兩條所指之人員，應在左臂佩帶由軍事機關發給並蓋印而具有特殊標誌之防水臂章。

此種人員除應攜帶第十九條所述之身分牌外，應另攜帶具有此項特殊標誌之特種身分證。此證應有防水之效能，並具有適當之尺寸以便攜帶於衣袋內。其上應用本國文字，至少載明持用者之姓名、出生日期、等級、番號，並應注明其以何種身分享受本公約之保護。該證應附有本人像片，及其簽字或指紋，或二者俱備。該證並應加蓋軍事當局之鋼印。

同一武裝部隊所使用之身分證應式樣一致，並盡可能使各締約國之武裝部隊使用類似的式樣。衝突各方可參照本公約所附之示範格式。在戰事開始時，衝突各方應互相通知其所採用之式樣。在可能範圍內，身分證至少應製備兩份，其中一份存於本國。

在任何情況下對上述人員不得剝奪其符號或身分證，或佩帶臂章之權利。如遇遺失時得領取身分證副本或補領符號。

第四十三條　第二十二、二十四、二十五及二十七各條所指之船隻，應特別標誌如下：

甲、一切外表應為白色。

乙、在船身之兩側及其平面，應塗漆而顯露可能最大之深紅十字一個或多個，其位置以自海上及空中最易於望見者為宜。

一切醫院船應懸掛本國國旗，如屬於中立國者並應懸掛其所受指揮的衝突一方之國旗，以資識別。大桅杆上應在可能高處懸掛白底紅十字旗。

醫院船之救生艇、海岸救生艇及醫務部門所使用之一切小型船隻均應漆成白色，並加畫鮮明之深紅十字，大體應遵照上述醫院船識別之方法。

上述船艇，如欲於黑夜及可視度減少之時間保證其應得之保護，則應在其管轄之衝突一方的同意下，採取必要措施，務使其所漆顏色及特殊標誌充分顯明。

依第三十一條暫時為敵人扣留之醫院船，必須將其所服役或其所受指揮之

衝突一方的旗幟降下。

海岸救生艇，如其經占領國同意，從被占領之基地繼續活動，於離開該基地時，得准其繼續懸掛其本國國旗連同白底紅十字旗，但須先通知有關衝突各方。

本條有關紅十字之一切規定，應一律適用於第四十一條所列之其他標記。

衝突各方應隨時設法達成相互的協議，俾使用其所有之最現代化方法，以便利各醫院船之辨別。

第四十四條　除其他國際公約或有關衝突各方間另有協定外，第四十三條所指之特殊標誌，無論平時或戰時，只能用以標明或保護該條提及之船隻。

第四十五條　各締約國，若其立法尚未完備，應採取必要之措施，以便隨時防止及取締第四十三條所規定關於特殊標誌之任何濫用行為。

第七章　公約之執行

第四十六條　衝突各方應通過其總司令保證以上條款之詳細執行，並依照本公約之一般原則規定預料不到之事件。

第四十七條　對於本公約所保護之傷者、病者、遇船難者、工作人員、船隻或設備之報復行為，均予禁止。

第四十八條　各締約國在平時及戰時應在各該國盡量廣泛傳播本公約之約文，尤應在其軍事，並如可能時在公民教育計畫中，包括本公約之學習，俾本公約之原則為全體人民，尤其武裝戰鬥部隊、醫務人員及隨軍牧師所周知。

第四十九條　各締約國應通過瑞士聯邦委員會，在戰時則通過保護國，互相通知本公約之正式譯文，及其所採用以保證實施本公約之法律與規則。

第八章　濫用及違約之取締

第 五 十 條　各締約國擔任制定必要之立法，俾對於本身犯有或令人犯有下條所列之嚴重破壞本公約之行為之人，處以有效的刑事制裁。

各締約國有義務搜捕被控為曾犯或曾令人犯此種嚴重破壞本公約行為之人，並應將此種人，不分國籍，送交各該國法庭。該國亦得於自願時，並依其立法之規定，將此種人送交另一有關之締約國審判，但以該締約國能指出案情顯然者為限。

各締約國應採取必要之措施，以制止下條所列嚴重破壞本公約之行為以外之一切違反本公約之規定之行為。

在一切情況下，被告人應享有適當的審訊及辯護之保障。此種保障，不得次於一九四九年八月十二日關於戰俘待遇之日內瓦公約第一百零五條及其以下各條所規定者。

第五十一條　上條所述之嚴重破壞公約行為，應係對於受本公約保護之人或財產所犯之任何下列行為：故意殺害、酷刑或不人道待遇，包括生物學實驗，故意使

身體及健康遭受重大痛苦或嚴重傷害，以及無軍事上之必要，而以非法與暴亂之方式，對財產之大規模的破壞與徵收。

第五十二條 任何締約國不得自行推卸，或允許任何其他締約國推卸，其本身或其他締約國所負之關於上條所述之破壞公約行為之責任。

第五十三條 經衝突之一方請求，應依有關各方所決定之方式，進行關於任何被控違犯本公約的行為之調查。

如關於調查程序不能獲致協議，則各方應同意選定一公斷人，由其決定應遵行之程序。

違約行為一經確定，衝突各方應使之終止，並應迅速加以取締。

七十、一九四九年八月十二日關於戰俘待遇的日內瓦公約（摘錄）(Geneva Convention Relative to the Treatment of Prisoners of War of 12 August 1949) (1949.8.12)

說明：

㈠本公約又稱《一九四九年八月十二日日內瓦第三公約》。

㈡本公約於一九四九年八月十二日簽署，一九五〇年十月二十一日生效。

㈢英文本見 THE GENEVA CONVENTIONS OF 12 AUGUST 1949, Geneva: International Committee of the Red Cross, 2012, pp. 81–150；中文本見《一九四九年八月十二日日內瓦四公約及其附加議定書》，北京：紅十字國際委員會，2011 年出版，頁 47–102。

㈣由於篇幅所限，本書僅摘錄第 1–32、39–42、49–57、69–77、89–118 以及 122–132 條等條文。

　　下列簽署之各國政府全權代表出席自一九四九年四月二十一日至八月十二日在日內瓦舉行之外交會議，為修訂一九二九年七月二十七日在日內瓦訂立之關於戰俘待遇公約，議定如下：

第一部　總　則

第 一 條 各締約國承諾在一切情況下尊重本公約並保證本公約之被尊重。

第 二 條 於平時應予實施之各項規定之外，本公約適用於兩個或兩個以上締約國間所發生之一切經過宣戰的戰爭或任何其它武裝衝突，即使其中一國不承認有戰爭狀態。

凡在一締約國的領土一部或全部被占領之場合，即使此項占領未遇武裝抵抗，

　　　　　亦適用本公約。

　　　　　衝突之一方雖非締約國，其它曾簽訂本公約之國家於其相互關係上，仍應受
　　　　本公約之拘束。設若上述非締約國接受並援用本公約之規定時，則締約各國
　　　　對該國之關係，亦應受本公約之拘束。

第 三 條　在一締約國之領土內發生非國際性的武裝衝突之場合，衝突之各方最低限度
　　　　應遵守下列規定：

　　　㈠不實際參加戰事之人員，包括放下武器之武裝部隊人員及因病、傷、拘留、
　　　　或其它原因而失去戰鬥力之人員在內，在一切情況下應予以人道待遇，不
　　　　得基於種族、膚色、宗教或信仰、性別、出身或財力或其它類似標準而有
　　　　所歧視。

　　　　因此，對於上述人員，不論何時何地，不得有下列行為：

　　　㈦對生命與人身施以暴力，特別如各種謀殺、殘傷肢體、虐待及酷刑；

　　　㈡作為人質；

　　　㈢損害個人尊嚴，特別如侮辱與降低身分的待遇；

　　　㈣未經具有文明人類所認為必需之司法保障的正規組織之法庭之宣判，而
　　　　遽行判罪及執行死刑。

　　　㈡傷者、病者應予收集與照顧。

　　　公正的人道團體，如紅十字國際委員會，得向衝突之各方提供服務。

　　　衝突之各方應進而努力，以特別協議之方式，使本公約之其它規定得全部或
　　　部分發生效力。

　　　上述規定之適用不影響衝突各方之法律地位。

第 四 條　㈠本公約所稱之戰俘係指落於敵方權力之下列各類人員之一種：

　　　㈠衝突之一方之武裝部隊人員及構成此種武裝部隊一部之民兵與志願部隊
　　　　人員。

　　　㈡衝突之一方所屬之其它民兵及其它志願部隊人員，包括有組織之抵抗運
　　　　動人員之在其本國領土內外活動者，即使此項領土已被占領，但須此項
　　　　民兵或志願部隊，包括有組織之抵抗運動人員，合乎下列條件：

　　　㈦有一為其部下負責之人統率；

　　　㈡備有可從遠處識別之固定的特殊標誌；

　　　㈢公開攜帶武器；

　　　㈣遵守戰爭法規及慣例進行戰鬥。

　　　㈢自稱效忠於未經拘留國承認之政府或當局之正規武裝部隊人員。

　　　㈣伴隨武裝部隊而實際並非其成員之人，如軍用機上之文職工作人員、戰
　　　　地記者、供貨商人、勞動隊工人或武裝部隊福利工作人員，但須彼等已
　　　　獲得其所伴隨之武裝部隊的准許，該武裝部隊應為此目的發給彼等以與
　　　　附件格式相似之身分證。

　　　㈤衝突各方之商船隊之船員，包括船長、駕駛員與見習生，以及民航機上

之工作人員，而依國際法之任何其它規定不能享受更優惠之待遇者。

㈥未占領地之居民，當敵人迫近時，未及組織成為正規部隊，而立即自動拿起武器抵抗來侵軍隊者，但須彼等公開攜帶武器並尊重戰爭法規及慣例。

㈤下列人員亦應依照本公約以戰俘待遇之：

㈠現屬於或曾屬於被占領國武裝部隊之人員，而占領國認為因此種隸屬關係有加以拘禁之必要者，即令占領國於該占領區外進行戰事時原曾將其釋放，特別是曾企圖再行參加其原來所屬而正在作戰之武裝部隊未獲成功，或並未遵從對彼等所發出之拘禁令者。

㈡屬於本條所列舉各類人員之一種，為中立國或非交戰國收容於其領土內，依照國際法應由該國拘禁者，惟不礙及該國之願對彼等予以更優惠之待遇，但第八、十、十五、三十（第五款）、五十八——六十七、九十二、一百二十六各條除外，且若衝突之各方與有關中立國或非交戰國有外交關係存在，則有關保護國之各條亦除外。若有此種外交關係存在時，則此項人員所依附之衝突各方可對彼等執行本公約所規定之保護國之任務，但不礙及該各方依照外交與領事慣例及條約正常執行之任務。

㈣本條無論如何不得影響本公約第三十三條所規定之醫務人員與隨軍牧師之地位。

第 五 條　本公約對於第四條所列之人員之適用，應自其落於敵方權力下之時起至最後被釋放及遣返時為止。

凡曾從事交戰行為而陷落於敵方者，其是否屬於第四條所列舉各類人員之任何一種發生疑問時，在其地位未經主管法庭決定前，應享受本公約之保護。

第 六 條　於第十、二十三、二十八、三十三、六十、六十五、六十六、六十七、七十二、七十三、七十五、一百零九、一百一十、一百一十八、一百一十九、一百二十二、及一百三十二各條明文規定之協議之外，各締約國對其認為需另作規定之一切事項得訂立特別協議。是項特別協議不得對本公約關於戰俘所規定之境遇有不利的影響，亦不得限制本公約所賦予彼等之權利。

除在上述或後訂之協議中有相反之明文規定，或衝突之一方對彼等採取更優待之措施外，戰俘在本公約對其適用期間應繼續享受是項協議之利益。

第 七 條　在任何情況下，戰俘不得放棄本公約或上條所述之特別協議——如其訂有是項協議——所賦予彼等權利之一部或全部。

第 八 條　本公約之適用應與保護國合作並受其監察。保護國之責任為維護衝突各國之利益。為此目的，保護國在其外交或領事人員之外，得自其本國國民或其它中立國國民中指派代表。上述代表應經其執行任務所在國之認可。

衝突各方對於保護國之代表之工作應盡最大可能予以便利。

保護國之代表在任何情況下不得逾越本公約所界予之任務。彼等尤須顧及其執行任務所在國之安全上迫切的必要。

第 九 條　本公約之規定並不妨礙紅十字國際委員會或其它公正的人道組織，在有關衝突各方之同意之條件下，從事保護與救濟戰俘之人道活動。

第 十 條　各締約國得隨時同意將根據本公約應由保護國負擔之任務，委託於具有公允與效能之一切保證之組織。

　　　　　當戰俘，不拘為何原因，不能享受或已停止享受保護國或本條第一款所規定之組織的活動之利益時，則拘留國應請一中立國或此種組織擔任依照本公約應由衝突各方指定之保護國所執行之任務。

　　　　　若保護不能依此佈置，則拘留國應在本條之規定之約束下，請求或接受一人道組織，如紅十字國際委員會，提供服務，以擔任依本公約由保護國執行之人道的任務。

　　　　　任何中立國或任何組織經有關國家邀請或自願提供服務而執行任務時，在行為上須對本公約所保護之人員所依附之衝突一方具有責任感，並須充分保證能執行其所負之任務，且能公允執行之。

　　　　　各國間訂立特別協議，如其中一國因軍事關係，特別是因其領土之大部或全部被占領，以致該國與其它一國或其盟國談判之自由受限制，即或是暫時的，本公約上列規定不得因該項特別協議而有所減損。

　　　　　凡本公約中提及保護國，亦適用於本條所指之代替組織。

第十一條　保護國認為於被保護人之利益適宜時，尤其遇衝突各方對於本公約之適用與解釋意見有分歧時，應從事斡旋以期解決分歧。

　　　　　為此目的，各保護國得應一方之請求，或主動向衝突各方建議，可能在適當選擇之中立領土召開代表會議，負責管理戰俘之當局代表尤須參加。衝突各方對於為此目的而提出之建議負有實行之義務。各保護國得於必要時，提請衝突各方同意，特邀一中立國人員或紅十字國際委員會委派之人員參加此項會議。

第二部　戰俘之一般保護

第十二條　戰俘係在敵國國家手中，而非在俘獲彼等之個人或軍事單位之手中。不論個人之責任如何，拘留國對戰俘所受之待遇應負責任。

　　　　　拘留國僅能將戰俘移送至公約之締約國，並須於拘留國對於接受國實施本公約之意願與能力認為滿意後行之。戰俘在此種情形下被移送時，其在接受國看管期間，本公約的實施之責任即由該接受國擔承之。

　　　　　〔但〕若該接受國在任何重要方面未能實行本公約之規定，則原移送戰俘之國，一經保護國通知，即應採取有效辦法以糾正此種情況，或要求將戰俘送還。此項要求必須照辦。

第十三條　戰俘在任何時須受人道之待遇。拘留國任何不法行為或因不法行為可導致其看管中之戰俘死亡或嚴重危害其健康者須予禁止，並當視為嚴重破壞本公約

之行為。尤其不得對戰俘加以肢體殘傷，或供任何醫學或科學試驗而非為有關戰俘之醫療、治療或住院診療所應有且為其本身利益而施行者。

戰俘亦應在任何時受到保護，尤其免致遭受暴行或恫嚇及侮辱與公眾好奇心的煩擾。

對戰俘之報復措施應予禁止。

第十四條　戰俘在一切情況下應享受人身及榮譽之尊重。

對於婦女之待遇應充分顧及其性別，並在一切情形下彼等應享受與男子同等之優遇。

戰俘應保有被俘時所享受之全部民事能力。除因在俘關係之需要外，拘留國不得限制戰俘在該國領土內外行使此種能力所賦予之權利。

第十五條　拘留戰俘之國家應免費維持戰俘生活及給予其健康狀況所需之醫藥照顧。

第十六條　拘留國對於所有戰俘，除因本公約關於其等級及性別之規定以及因健康狀況、年齡或職業資格得予以特別待遇外，應同樣待遇之，不得基於種族、國籍、宗教信仰、或政治意見、或根據類似標準之任何其它區別而有所歧視。

第三部　在　俘

第一編　在俘之開始

第十七條　每一戰俘，當其受訊問時，僅須告以其姓名、等級、出生日期，及軍、團、個人番號，如其不能，則提使相當之材料。

如其故意違犯此項規則，則可因此而被限制其原有等級或地位所應得之權利。

衝突之每一方對於在其管轄下有資格成為戰俘之人，應為之製備身分證，記載持用者之姓名、等級、軍、團、個人番號或相當之材料及出生日期。身分證上並得有持用者之簽字或指紋，或二者俱有，以及衝突之一方願列入其武裝部隊所屬人員之其它材料。該證之尺寸應盡可能為 6.5×10 公分，並應頒發正副兩份。此證遇要求時應由戰俘出示之，但絕不得自其本人取去。

對戰俘不得施以肉體或精神上之酷刑或任何其它脅迫方式藉以自彼等獲得任何情報。戰俘之拒絕答覆者不得加以威脅、侮辱，或使之受任何不快或不利之待遇。

戰俘，因身體及精神狀態不能言明其身分者，應送交醫療機構。此種戰俘之身分應用各種可能方法證明之，但受前款規定之限制。

訊問戰俘應以其所瞭解之語言執行之。

第十八條　凡自用物品除武器、馬匹、軍事裝備及軍事文件外，應仍歸戰俘保有，鋼盔、防毒面具及其它為保護個人而發給之物品亦然。衣食所用之物品亦應仍歸戰俘保有，即使此等物品係軍隊規定裝備之一部分。

無論何時戰俘不得無身分證明文件。對於無身分證明文件之戰俘，拘留國應

發給此種文件。

戰俘之等級與國籍之徽章、勳章，以及特別具有個人或情感價值之物品不得自其本人取去。

除依官長之命令，並經將銀錢數目及所有者之詳情登記在特別帳冊內並給予詳細之收據，收據上清晰記有出具收據者之姓名、等級及單位外，戰俘所帶之銀錢不得被取去。其銀錢如係拘留國之貨幣，或經戰俘請求換成該國貨幣者應按第六十四條之規定存入戰俘帳目。

拘留國只可由於安全的理由自戰俘身上取去貴重物品；當此種物品取去時，應適用關於押收銀錢之手續。

此種物品，以及拘留國貨幣以外之銀錢未經原主要求兌換而被取去者，應由拘留國保管之，並應於其在俘終了時原樣歸還戰俘。

第十九條　戰俘應在被俘獲後盡速撤退至處於遠離戰鬥地帶足使其免於危險之地區之戰俘營。

惟戰俘之因受傷或患病以致撤退之危險反大於停留原處者，始得暫時留於危險地帶。

在等候自戰鬥地帶撤退時，不得令戰俘冒不必要之危險。

第二十條　戰俘之撤退必須經常依人道方式，並於與拘留國部隊換防時相類似之條件下執行之。

拘留國對撤退之戰俘應供給足夠之食物與飲水以及必需之衣服與醫藥照顧。

拘留國應採取各種適當戒備以保證戰俘撤退時之安全，並應盡速編造被撤退之戰俘名單。

如戰俘撤退時須經過轉運營，其停留於轉運營之時間務求其短速。

第二編　戰俘之拘禁

第一章　總　則

第二十一條　拘留國得將戰俘拘禁。得令戰俘不得越出拘留營一定界限，若上述拘留營設有圍柵，則不得越出圍柵範圍。除適用本公約關於刑事與紀律制裁之規定外，不得將戰俘禁閉，但遇為保障其健康有必要時，且僅在必需予以禁閉之情況繼續存在期中，則為例外。

在戰俘所依附之國法律允許下，得將戰俘部分或全部依宣誓或諾言釋放。此種辦法，在有助於改善戰俘健康狀況之場合，尤應採取。任何戰俘不得強令接受宣誓或諾言釋放。

戰事開始時，衝突之每一方應將准許或禁止其本國國民接受宣誓及諾言釋放之法律及規則通知對方。依照此項通知之法律及規則而宣誓或給予諾言之戰俘，應以其個人之榮譽保證對於所依附之國及俘獲國嚴守其所宣誓或承諾之條件。在此種情況下，其所依附之國不得要求或接受彼等從事違反

其宣誓或諾言之任何服役。

第二十二條　戰俘僅能拘禁於陸地上之場所而具有衛生與健康之保證者。除在戰俘本身利益所許可之特殊場合外，不得將彼等拘禁於反省院中。

戰俘之被拘禁於不合衛生之地區，或其氣候對彼等身體有害之處所者，應從速移送至氣候較適宜之地區。

拘留國應按戰俘之國籍、語言、及習慣，集中於各營或營場，但除經本人同意外，此種戰俘不應與同屬於其被俘時所服役之武裝部隊之戰俘分開。

第二十三條　無論何時不得將戰俘送赴或拘留於戰鬥地帶炮火所及之地，亦不得利用彼等安置於某點或某地區以使該處免受軍事攻擊。

戰俘應備有與當地平民同等之防禦空襲或其它戰爭危險之避難所。除從事於保護其居所免受上述危險之人外，彼等可於警報發出後盡速進入避難所。任何其它保護居民之措施亦應適用於戰俘。

拘留國，應通過保護國之媒介，將有關戰俘營地理位置一切有用的情報提交有關各國。

在軍事考慮許可時，戰俘營在白天應標明自高空清晰可見之 PW 或 PG 字母。有關各國亦得商定其它標誌方法。惟戰俘營始得如此標誌之。

第二十四條　永久性之轉運營或分發營應按本編所述之同樣條件佈置之，其中之戰俘亦應與其它各營之戰俘享受同樣待遇。

第二章　戰俘之住宿，飲食與衣服

第二十五條　戰俘住宿之條件應也與同一區域內拘留國駐紮之部隊居住之條件同樣優良。上述條件應顧及戰俘之習慣與風俗，並絕不得有害其健康。

上述規定尤應適用於戰俘之宿舍，如關於總面積與最低限度之立方空間，及一般設備、墊褥、被毯等。

為戰俘個人或集體設置之住所，應全無潮濕之患，並應有充足之溫度與光線，特別是在黃昏與熄燈之時間內。對於火災應採取一切預防措施。

任何戰俘營，如同時收容男女戰俘，應為其分設宿舍。

第二十六條　每日基本口糧在量，質，與種類上應足夠保持戰俘之健康及防止體重減輕或營養不足。戰俘所習慣之飲食亦應顧及。

拘留國應為作工之戰俘供給因其從事之勞動所需之額外口糧。

對戰俘應供給以充足之飲水。吸煙應被准許。

戰俘應盡量參與其膳食之準備，彼等得為此目的在廚房工作。此外，並應給予戰俘以自行烹調其自有的額外食品之工具。

為供戰俘用膳，應備適當之場所。

飲食上的集體處罰措施應予禁止。

第二十七條　服裝、內衣、及鞋襪應由拘留國充分供給戰俘，並應顧及拘留戰俘地區之氣候。拘留國繳獲之敵軍制服，若與氣候相適，應充作戰俘服裝之用。

拘留國應保證上述衣物之按期更換與修補。此外，作工之戰俘，凡因工作性質之需要，應給予適當之服裝。

第二十八條 在各戰俘營內應設販賣部，俾戰俘得購買食品、肥皂、煙草、及日常用品。其售價不得超過當地市價。

戰俘營販賣部所獲得之利潤應為戰俘之利益而使用；為此目的應設立一項特別基金。戰俘代表應有權參與販賣部及該項基金之管理。

戰俘營結束時，特別基金之結餘，應交與一國際福利組織，以供與湊集基金之戰俘同一國籍之戰俘的利益而使用。如遇全數遣返，此項利潤，除有關各國間議有相反之辦法外，應由拘留國保存。

第三章　衛生與醫藥照顧

第二十九條 拘留國應負責採取保證戰俘營清潔、衛生及防止傳染病所必要之衛生措施。

戰俘應有，不論晝夜，可以使用之合於衛生規則並經常保持清潔的設備。戰俘營之收容女俘者，應另有設備供其使用。

戰俘營除應設之浴盆及淋浴外，應供給戰俘足夠之用水及肥皂以備個人盥洗及洗濯衣物之用；並應為此目的給予彼等以必需之設備、便利、及時間。

第三十條 每一戰俘營內應設有適當之醫療所，俾戰俘可獲得所需之照顧與適當之飲食。必要時對於傳染病或精神病患者應另設隔離病房。

戰俘之患重病或需要特別醫療，外科手術，或住院治療者，任何軍用或民用醫療機構之能作此項診療者均須予以收容，即使彼等將於最近被遣返。在遣返前，對於殘廢者，尤其對於盲者之照顧及其復元，應予以特別便利。

戰俘最好由其所依附之國之醫療人員照顧，如可能時，由其同國籍者照顧。戰俘請求醫療當局檢查時，不得予以阻止。拘留當局一經請求，應對已受治療之戰俘發給正式證書，說明其疾病或傷害之性質，及所受治療之期限及類別。此項證書之副本應送交戰俘中央事務所。

醫療費用，包括維持戰俘健康需用之器具，尤其假牙及其它假裝置，以及眼鏡等費用，應由拘留國負擔。

第三十一條 戰俘之健康檢查至少應每月舉行一次。檢查應包括對每一戰俘體重之衡量及記載。其目的應特別為監察戰俘之一般健康狀況，營養及清潔，並察覺傳染病，特別是肺結核、瘧疾及性病。為此目的，應採用最有效之方法，如定期集體小型照相透視，以便及早察覺肺結核。

第三十二條 戰俘中之醫生、外科醫生、牙醫、護士或醫事服務員，雖非其本國武裝部隊之醫療工作者，拘留國得令彼等為其所依附之國之戰俘的利益執行醫療任務。在此種情況下，此項人員應仍視為戰俘，但應與拘留國所留用之相當之醫務人員享受同樣待遇。彼等應免除第四十九條中之任何工作。

第六章　紀　律

第三十九條　各戰俘營應由屬於拘留國正規部隊之負責軍官直接管轄之。此項軍官應備有本公約一份；應保證該營職員及警衛均知悉其中條款，並應在其政府指示下，負責本公約之實施。

戰俘，除軍官外，對拘留國一切軍官均須敬禮，並表示其本國部隊適用的規則所規定之禮貌。

軍官戰俘僅須向拘留國軍官中等級較本人為高者敬禮；但對戰俘營長官，不論其等級為何，必須敬禮。

第 四 十 條　佩帶等級及國籍徽章以及勳章均應許可。

第四十一條　各戰俘營應以戰俘本國文字，將本公約及其附件之條文及第六條所規定之特別協議之內容張貼在人人均能閱讀之處。戰俘之無法前去閱讀此項張貼文件者，如請求發給抄本時，應供給之。

與戰俘行為有關之各種規則，命令，通告及印刷品，應以其所瞭解之文字發給之。此項規則，命令及印刷品應照上述方式張貼之，並應將抄本交與戰俘代表。所有對戰俘個別發出之命令亦須使用彼等所瞭解之文字。

第四十二條　對戰俘，尤其對脫逃或企圖脫逃之戰俘，使用武器，應屬最後之手段，並應每次先予以適合於當時情況之警告。

第三編　戰俘之勞動

第四十九條　拘留國得斟酌戰俘之年齡，性別，等級及體力，並特別以保持戰俘之身心健康為目的，而利用體力合格之戰俘之勞動。

戰俘中之士級軍官應僅令其從事監督工作，其無此項工作者得要求其它適當之工作，而應盡力為之覓得。

若軍官或與其地位相等之人要求適當工作，應盡可能為之覓獲。但在任何情況下不得強迫彼等工作。

第 五 十 條　於有關戰俘營之管理，設備，或保養工作外，戰俘僅得強迫其從事下列各類所包括之工作：

㈠農業；

㈡與生產或採煉原料有關之工業及製造工業，但冶金，機械與化學工業除外；無軍事性質或目的之公共工程及建築；

㈢非軍事性質或目的之運輸與物資管理；

㈣商業，美術與工藝；

㈤家庭役務；

㈥無軍事性質或目的之公用事業。

遇有違反上列條款情事，戰俘應准按第七十八條行使提出申訴之權利。

第五十一條　對戰俘須給予適當之工作條件，尤其關於居住、飲食、衣著及設備；此等

條件不得劣於拘留國人民從事類似工作所享有者；氣候狀況亦應顧及。

拘留國在利用戰俘勞動時，應保證在戰俘工作區域，適當遵行該國保護勞工之立法，尤其關於工人安全之規則。

對於戰俘從事之工作，拘留國應與對其本國人民同樣給予適合其工作之訓練與保護裝備。在第五十二條規定之限制下，戰俘得令其冒普通工人所冒之通常危險。

勞動條件絕不得因紀律措施而使更為勞苦。

第五十二條 戰俘除自願者外，不得使其從事有害健康或危險性之勞動。

拘留國本國武裝部隊人員所視為屈辱之勞動，不得派戰俘擔任之。

掃雷或掃除類似裝置，應視為危險性之勞動。

第五十三條 戰俘每日勞動時間，包括往返路程之時間，不應過度，絕不得超過拘留國本國普通工人在該區從事同樣工作者所許可之時間。

戰俘在每日工作之中間，必須給予不少於一小時之休息。若拘留國工人之休息時間較長，則戰俘之休息亦應與之相同。每週應另給予連續二十四小時之休息時間，以星期日或其本國所遵行之休息日為宜。此外工作滿一年之戰俘應給予連續八日之休息，在此期間工資應予照付。

如採用計件工作等類方法時，其工作時間亦不得因而致其過長。

第五十四條 戰俘工資應按本公約第六十二條規定訂定之。

戰俘因工作遭致意外，或在工作期間染病或因工作致病，應予以其情況所需之一切照顧。拘留國對此項戰俘並應發給醫療證明書，使其能向其所依附之國提出請求，並應將證明書副本送交第一百二十三條所規定之戰俘中央事務所。

第五十五條 戰俘是否宜於工作，應定期作健康檢查，至少每月一次，以資證明。檢查時應特別顧及戰俘所須擔任工作之性質。

任何戰俘若認為其本人不能工作時，應許其往見該營之醫務當局。醫生或外科醫生如認為該戰俘不宜工作，得建議免除其工作。

第五十六條 勞動隊之組織與管理應與戰俘營相類似。

每一勞動隊應仍受其戰俘營之管轄，在行政上構成該營一部分。軍事當局及該營長官，在其政府指導下，應負在勞動隊中遵行本公約之責任。

戰俘營長官應備有該營所屬各勞動隊之到新近為止之記錄，並應將該記錄遞交前來視察戰俘營之保護國，紅十字國際委員會，及其它救濟戰俘組織之代表。

第五十七條 戰俘之為私人工作者，即使該私人為負責看守及保護戰俘之人，對於該戰俘之待遇不得低於本公約所規定者。拘留國、軍事當局及該戰俘所屬戰俘營長官，對於此項戰俘之給養、照顧、待遇、及工資之付給，應完全負責。

此項戰俘應與其所屬戰俘營之俘虜代表保護通訊之權利。

第五編　戰俘對外間之關係

第六十九條　戰俘一經落入拘留國權力內，拘留國應將其實施本編各項規定之措施立即通告彼等，並通過保護國通知戰俘所依附之國。此種措施嗣後如有修改，應同樣通知有關各方。

第 七 十 條　戰俘一經俘獲之後，或在到達戰俘營後一星期內，即使其為轉運營，又如患病或移送醫院或其它戰俘營，均應許其直接寫郵片分寄其家庭及第一百二十三條規定之戰俘中央事務所，將其被俘事實，通信處及健康狀態通知其親屬，此項郵片於可能時當與本公約所附之式樣相類似。上述郵片應盡速轉遞，絕不得遲延。

第七十一條　戰俘應准其收寄信件及郵片。若拘留國認為必需限制每一戰俘所發信件及郵片之數量，其數量應不得少於每月信件二封及郵片四張，第七十條所規定之被俘郵片在外。其格式盡可能與本公約所附式樣一致。惟遇保護國確認拘留國因未能覓得足用之合格語文人才以從事必要之檢查，而引起之翻譯困難，為有關戰俘之利益計，須限制通信時，得再加限制。若必須限制寄交戰俘之信件，則僅能由戰俘所依附之國下令為之，可能出於拘留國之請求。此等信件及郵片必須由拘留國以其所有最迅速方法轉遞之，不得以紀律理由而緩遞或扣留。

戰俘之久未得音信者，或不能由普通郵路獲得其最近親屬之消息或向彼等寄遞消息者，以及離家遙遠者，應許其拍發電報，其費用自戰俘在拘留國之帳目中扣付，或以其所持有之貨幣支付。遇有緊急情況，彼等亦應同樣享受此種辦法之利益。

通常戰俘通信，應用其本國文字。衝突各方亦得許其使用其它文字通信。裝置戰俘郵件之袋，必須妥為封固，清晰標明其內容，並寄交目的地之局所。

第七十二條　戰俘應准其接受由郵遞或依其它方法寄來之個人包裹，或集體裝運物資，尤其內裝食物、衣服、醫藥用品，及應彼等所需之宗教、教育，或娛樂性質之物品，包括書籍、宗教用物、科學設備、試驗紙、樂器、運動用品，及供戰俘從事研究或文化活動之材料。

此等裝運物資並不免除本公約所加諸拘留國之義務。

對於此等裝運物資，只能依保護國為戰俘本身利益之提議，或依紅十字國際委員會或其它協助戰俘之組織因運輸或交通之特殊困難，專就其裝運物資之提議，而加以限制。

寄遞個人包裹與集體救濟品之條件，必要時應由有關各國特別協議之，此等國家，應使戰俘及時收到此項救濟物品，絕不得延誤。書籍不得裝入衣服及食物之包裹內，藥品通常應以集體包裹寄遞。

第七十三條　有關各國對於集體救濟裝運物資之接受與分配之條件，如無特別協議，則

應適用本公約所附關於集體裝運物資之條款與規則。

上述特別協議絕不得限制戰俘代表接收寄交戰俘之集體救濟裝運物資，進行分配，或為戰俘利益而處置此項物品之權利。

此項協議亦不得限制保護國，紅十字國際委員會或其它協助俘虜及負責轉送集體裝運物資之組織之代表，監督分配此項物品於受物人之權利。

第七十四條 所有寄交戰俘之救濟裝運物資，應豁免進口，海關及其它稅捐。

由郵局直接或通過第一百二十二條所規定之情報局及一百二十三條所規定之戰俘中央事務所而寄交戰俘之信件，救濟裝運物資，及核准之匯款，或戰俘寄出之匯款，在發信國、收信國及轉遞國應一律免收郵費。

倘寄給戰俘之救濟裝運物資，因過重或其它原因，不能郵寄時，則拘留國應負擔在其所管轄境內之運費。參加本公約之其它各國應負擔各該國境內之運費。

有關各國間如無特別協議，則與此項裝運物資運輸有關之費用，除上述豁免之費額外，應由寄件人負擔。

各締約國應盡可能減低戰俘拍發電報，或寄交彼等之電報之收費。

第七十五條 若軍事行動致有關國家不能履行其義務保證第七十，七十一，七十二及七十七各條所載之裝運物資之輸送時，則有關之保護國，紅十字國際委員會，或其它經衝突各方正式承認之組織，得採取適當方法（火車、汽車、船舶，或飛機等）以保證此等裝運物資之運送。為此目的，各締約國應設法供給此項運輸工具，並准其通行，尤須發給必需之通行證。

此種運輸工具亦可用以載送：

㈠第一百二十三條所載之戰俘情報中央事務所與第一百二十二條所載之各國情報局間交換之信件、表冊及報告；

㈡保護國，紅十字國際委員會或任何其它協助戰俘之組織與其所派之代表間或與衝突各方間交換之有關戰俘之通訊與報告。

此項規定絕不影響任何衝突一方自願佈置其它運輸工具之權利；亦不妨礙在彼此同意條件下，對該項運輸工具發給通行證。

若無特別協議，使用此項運輸工具之費用應由受益人所依附之衝突各方比例負擔之。

第七十六條 對於戰俘來往信件之檢查，應盡速辦理。郵件僅得由發信國及收信國檢查，每一國僅能檢查一次。

對於寄交戰俘之裝運物資之檢查，不得在致使內裝之物品受損壞之情形下執行，除手抄或印刷品外，檢驗應在收件人或其所正式委託之同伴戰俘面前執行。個人或集體之裝運物資，不得以檢查困難為藉口而延遲交付於戰俘。

任何衝突一方，為軍事或政治理由，對於通信之禁止應僅屬暫時性，其期間務求其短。

第七十七條 拘留國對於通過保護國或第一百二十三條所規定之戰俘中央事務所而送交戰俘或自彼等寄發之證件、文書、尤其委託書或遺囑之轉遞，應給予一切便利。

在一切情形下，拘留國對於為戰俘準備及執行此類文件，應予以便利；尤其應准許彼等諮詢律師，並採取一切為證實彼等之簽署所必要之措施。

第六編　戰俘與當局之關係

第三章　刑事及紀律制裁

二、紀律制裁

第八十九條 適用於戰俘之紀律性處罰如下：

㈠罰款不得超過戰俘按照第六十及六十二兩條之規定所應能獲得的不超過三十日期間之墊發薪給與工資之百分之五十。

㈡停止其超過本公約規定的待遇之特權。

㈢每日不超過兩小時之疲勞服役。

㈣禁閉。

第㈢項所列之處罰不得適用於軍官。

紀律性處罰絕不得非人道，殘暴，或危害戰俘健康。

第 九 十 條 每次處罰之時期絕不得超過三十日。等候違反紀律行為的審訊或紀律處罰的宣判之禁閉時期，應自戰俘所判處罰之日期中減去之。

即使戰俘在被判處罰時，同時犯有數種行為，亦不論其所犯行為有無關聯，上項規定之三十日之最高限期不得超過。

紀律性處罰的宣判及其執行之相隔時期，不得超過一個月。

戰俘再度被判紀律性處罰時，如其前後兩次處罰中之一次之時期為十日或十日以上，則該兩次處罰之執行，其間至少須隔三日。

第九十一條 戰俘脫逃應認為完成，如：

㈠彼已參加其所依附之國或其盟國之武裝部隊；

㈡彼已離開拘留國或其盟國所控制之領土；

㈢彼已逃登懸有其所依附之國或其盟國的國旗之船隻，而該船在拘留國領水內，但不為其所控制。

凡在本條意義下完成脫逃之戰俘而又重被俘獲者，不得為其前次之脫逃而受任何處罰。

第九十二條 戰俘企圖脫逃而未能在第九十一條之意義下完成脫逃以前而重被俘獲時，對於該行為應只受紀律性處罰，縱屬累犯。

凡重被俘獲之戰俘，應立即送交主管軍事當局。

不論第八十八條第四款之規定如何，因脫逃未完成而被處罰之戰俘得受特別監視。此種監視不得影響其健康，須於戰俘營中行之，並須不剝奪本公

約賦予彼等之任何保障。

第九十三條　戰俘因在脫逃或企圖脫逃中所為之過犯受司法審判時,其脫逃或企圖脫逃,縱屬累犯行為,不得成為加重處罰之情由。

按第八十三條所述之原則,戰俘純為便利脫逃所為之過犯而未對於生命或肢體施暴行者,如侵害公物,非為利己意圖之盜竊,製作或使用偽造文件,穿著平民衣服,應僅受紀律性處罰。

凡協助或唆使脫逃或企圖脫逃之戰俘應僅因此受紀律性處罰。

第九十四條　脫逃之戰俘,若被重俘,應按第一百二十二條所規定之方式通知其所依附之國,如其脫逃曾經通知。

第九十五條　戰俘被控違犯紀律,在候審期間不得予以禁閉,除非拘留國武裝部隊人員犯被控有類似過犯時亦受禁閉,或為戰俘營之秩序與紀律計須如此辦理。

戰俘因違犯紀律等候處理之禁閉期間,應盡量減短,並不得超過十四日。

本章第九十七、九十八兩條之規定應適用於違犯紀律等候處理而受禁閉之戰俘。

第九十六條　構成違犯紀律之行為應立即調查之。

在不妨礙法庭及上級軍事當局之權限範圍內,紀律性處罰僅能由以戰俘長官之地位具有紀律權之軍官或代替該長官之負責軍官或其所委付以紀律權之軍官命令之。

此項權力絕不得委託戰俘或由戰俘行使之。

在紀律判決宣布前,應將關於其所被控之過犯之確切案情通知被告人,並予以解釋其行為及辯護之機會。尤應許其召喚證人,並於必要時,使用合格之譯員。判決應向被告戰俘及戰俘代表宣布之。

紀律性處罰之紀錄應由戰俘營長官保存之,並得由保護國代表檢查。

第九十七條　戰俘絕不得移送於反省機關(監所、反省院、已決犯監獄)受紀律性處罰。

執行紀律性處罰之處所應合於第二十五條所規定之衛生條件。受紀律性處罰之戰俘,應使其能依照第二十九條自行保持清潔。

軍官或相當地位人員不得與士級軍官或士兵同住一處。

受紀律性處罰之女戰俘之禁閉地方應與男戰俘分開,並應由婦女直接監管。

第九十八條　作為紀律性處罰而受禁閉之戰俘,應繼續享受本公約規定之利益,但因其被禁閉之事實,致不能適用者除外。第七十八及一百二十六兩條所規定之利益決不得剝奪之。

被判紀律性處罰之戰俘不得剝奪其所屬等級應有之特權。

被判紀律性處罰之戰俘應許其運動及在露天地方停留,每日至少二小時。

戰俘請求時,應許其參加每日之健康檢查。彼等應獲得其健康情況所需之照顧,並應於必要時,移送戰俘營之療養所或醫院。

彼等應准閱讀及書寫並收發信件。寄給彼等之包裹及匯款得予扣留,直致其處罰滿期為止;在此期間,此等物款應交與戰俘代表保管,戰俘代表當

將包裹中易於腐壞之物品交與療養所。

三、司法程序

第九十九條　戰俘之行為，在其犯此行為時，非為當時有效之拘留國法律或國際法所禁止者，不得因此而受審判或處刑。

對戰俘不得加以精神或身體上之脅迫，使之對其所被控之行為自認有罪。

戰俘在未有提出辯護之機會及合格之辯護人或律師之協助前，不得定罪。

第一〇〇條　按拘留國法律得處死刑之罪行應盡速通知戰俘及保護國。

嗣後其它罪行非經戰俘所依附之國之同意不得以死刑處罰。

對戰俘不得判處死刑，除非法庭曾經依照第八十七條第二款被特別提醒注意以下事實，即被告因非拘留國人民，不受對該國效忠義務之拘束，且係因不在其本人意志支配下之環境關係落於拘留國權力下。

第一〇一條　若有戰俘被宣判死刑，則應在保護國於其指定之地址接獲第一百零七條所規定之詳細通知後至少滿六個月，始得執行。

第一〇二條　對於戰俘之判決只有經審判拘留國武裝部隊人員之同一法院，按照同樣程序而宣布，並曾遵照本公約之各項規定者，始屬有效。

第一〇三條　關於戰俘之司法偵查，應依環境所許從速進行，以便其審判得以儘早開始。

戰俘在候審期間不得禁閉，除非拘留國武裝部隊人員犯同一罪行者亦將禁閉，或為國家安全計必須如此辦理。在任何情況下此項禁閉時期不得超過三個月。

戰俘因候審禁閉之期間，應自其所判處之監禁中減去之，在判處任何刑罰時，此項期間亦應顧及。

本章第九十七及九十八兩條之規定適用於禁閉候審之戰俘。

第一〇四條　拘留國如決定對某一戰俘進行司法程序，應盡速通知保護國，並至少在開審前三週通知之。此三週期限應自該項通知到達保護國事先向拘留國指定之地址之日算起。

上述通知應包括下列情報：

㈠戰俘之姓名、等級，所屬軍、團及個人番號，出生日期，及職業或行業，如其有之。

㈡拘禁或禁閉地點。

㈢戰俘被控之某一種或某數種罪名及其適用之法律條文。

㈣承審該案之法庭及開審之日期與地點。

同樣通知，應由拘留國發給戰俘代表。

在開審時，若無證據提出以證明保護國，戰俘及有關之戰俘代表至少已在開審前三週接獲上述通知，則此項審判不得舉行而必須延期。

第一〇五條　戰俘有權由其同伴戰俘之一人協助，由其自行選定之合格辯護人或律師為之辯護，召喚證人，及在其認為必要時，使用勝任之翻譯員。拘留國應於審判前適當時期將此等權利通知戰俘。

　　　　　　若戰俘並未自行選定辯護人或律師，則保護國應代為覓請，為此目的該國應至少有一周之支配時間。拘留國一經請求，應將有資格出庭辯護人之名單送交該保護國。若戰俘或保護國均未選定辯護人或律師，則拘留國應指定一合格之辯護人或律師進行辯護。

　　　　　　為戰俘辯護之辯護人或律師，在開審前應至少有兩週之支配時間及一切必要之便利，以便為被告人準備辯護。尤其彼得自由往訪被告人，並作秘密晤談。彼得為從事辯護與任何證人（包括戰俘在內）商談。彼得享有上述一切便利，直致上訴或訴願時期屆滿為止。

　　　　　　戰俘被控之罪名的詳情，以及依照拘留國武裝部隊現行法律通常致送被告人之文件，應以其所瞭解之文字，在開審前及時通知被告戰俘。同樣之通知，亦應在同樣情形下，致送於為戰俘辯護之辯護人或律師。

　　　　　　在審判時，保護國代表應有權到庭旁聽，除非為國家安全的利益例外的禁止旁聽。在此種場合拘留國應照此通知保護國。

第一○六條　每一戰俘應與拘留國武裝部隊人員同樣對其所受之判決具有上訴與訴願之權利，以期撤銷或變更判決或重行審訊。此項上訴與訴願權及其期限應全部通知戰俘。

第一○七條　對戰俘所宣布之判決應立即摘要通知保護國，並說明其是否有權上訴，以期撤銷此項判決或重行審判。此項通知亦應送交有關之戰俘代表。若宣布判決時，被告本人不在場，則應以其所瞭解之文字將此項通知送交該被告戰俘。戰俘使用或放棄其上訴權之決定，亦應由拘留國立即通知保護國。

　　　　　　又若戰俘最後被定罪或初審判決即判處死刑，拘留國應盡速致送一詳細通知於保護國，其內容包括：

　　　　　　㈠事實認定及判決之正確措辭；

　　　　　　㈡初步偵查及審判之摘要報告，尤著重起訴及辯護之要點；

　　　　　　㈢如屬可行時，執行判決之處所之通知。

　　　　　　上列各項所規定之通知應按拘留國事先獲悉之地址，送達保護國。

第一○八條　在正式定罪後，對戰俘所宣判之處刑應在與拘留國武裝部隊人員犯者服刑之同一場所，並在同樣條件下執行之；此項條件，應在一切情形下合乎健康及人道之要求。

　　　　　　被判處刑之女戰俘應在分別處所禁閉，並由婦女監管之。

　　　　　　被判處刑之戰俘，無論如何，應保有享受本公約第七十八及第一百二十六兩條規定之利益。此外，彼等得收發函件，收取救濟包裹至少每月一次，作定規的露天運動，獲得其健康狀況所需之醫藥照顧，及其所願有之精神幫助。彼等所受之刑罰應合乎第八十七條第三款之規定。

第四部　在俘之終止

第一編　直接遣返及中立國之收容

第一〇九條　除受本條第三款之規定之限制外，衝突各方必須遵照下條第一款之規定，將經過治療後適於旅行之重傷與重病之戰俘，不論其數目或等級如何，遣返其本國。

在戰事期間，衝突各方，應依有關中立國之合作，努力商定辦法使下條第二款所列之患病及受傷戰俘收容於中立國。此外，彼等並得締結協議，俾將經過長期在俘之健壯戰俘直接遣返，或拘禁於中立國。

根據本條第一款之規定有資格被遣返之患病或受傷之戰俘，在戰事期間不得違反其意志將其遣返。

第一一〇條　以下所列者，應予直接遣返：

㈠不能醫治之傷者及病者而其精神與體力似已嚴重減損者。

㈡根據醫生意見不像能在一年內復原之傷者及病者而其病況需要治療且其精神與體力似已嚴重減損者。

㈢業已復原之傷者及病者，但其精神與體力似已嚴重的且永久的減損者。

以下所列者，得收容於中立國：

㈠傷者及病者之可希望於自其受傷之日或患病之日起，一年之內復原，如其在中立國治療或可有更確定及迅速復原之希望者。

㈡根據醫生意見，戰俘之身心健康因繼續在俘而受嚴重威脅，如其收容於中立國可免除此種威脅者。

收容於中立國之戰俘，為獲准遣返所必須滿足之條件以及其身分，應由有關各國協議決定之。在一般上，收容於中立國之戰俘而屬於下列各類者，應予遣返：

㈠健康狀況已衰頹至合乎直接遣返之條件者；

㈡雖經治療而身心健康依然相當損壞者。

若衝突各方未經締結特別協議，以決定應予直接遣返或收容於中立國之殘廢及疾病之問題，則此種問題應依照本公約所附之關於直接遣返及中立國收容傷病戰俘之示範協議及混合醫務委員會規則所定之原則決定之。

第一一一條　拘留國，戰俘所依附之國，及該兩國同意之中立國，應努力訂立協議，俾戰俘得拘禁於該中立國境內直至戰事終了為止。

第一一二條　戰事開始時，應指派混合醫務委員會從事檢查傷病戰俘，並作關於彼等之適當之決定。此等委員會之指派、任務及工作，應符合本公約所附規則之規定。

但據拘留國醫務當局之意見，戰俘係顯然受重傷或患重病者，得不經醫務

委員會之檢查而予遣返。

第一一三條　除拘留國醫務當局所指定者外，凡傷病戰俘屬於下列各類者，應有受前條所規定之混合醫務委員會檢查之權利：

㈠傷者病者之經在其戰俘營執行任務，而屬於該戰俘之同一國籍，或屬於與該戰俘所依附之國同盟的衝突一方之國民之醫生或外科醫生提出者。

㈡傷者病者之由戰俘代有提出者。

㈢傷者病者之由其所依附之國或經該國正式承認之協助戰俘之組織提出者。

戰俘之不屬於上述三類之一者，亦可請求混合醫務委員會檢查，惟僅能在屬於上述各類之人之後檢查之。

混合醫務委員會檢查時，自請檢查之戰俘之同國籍之醫生與外科醫生，以及該戰俘之代表，應許其在場。

第一一四條　戰俘如遭遇意外，除非自傷，得享有本公約關於遣返及中立國收容之規定之利益。

第一一五條　凡判紀律性處罰之戰俘而合於遣返或收容於中立國之條件者，不得以其尚未受處罰為藉口而予以扣留。

因司法訴追或定罪而被拘留之戰俘，被指定遣返或收容於中立國者，如得拘留國之同意，得於訴訟終結前或處罰執行完畢前，享有此項辦法之利益。

衝突各方應互相通知其將予拘留至訴訟終了或處罰執行完畢為止之戰俘之名單。

第一一六條　戰俘遣返或送往中立國之費用，應自拘留國邊境起，由該戰俘等所依附之國負擔。

第一一七條　被遣返之人員不得使其服軍事現役。

第二編　戰事結束後戰俘之釋放與遣返

第一一八條　實際戰事停止後，戰俘應即予釋放並遣返，不得遲延。

衝突各方為停戰而締結之協議中，如無關於上述事項之規定，或不能成立此項協議者，各拘留國應即依照前款所定之原則，自行制定並執行遣返計畫，不得遲延。

在任一情形下，其所採取之辦法應使戰俘知悉。

在一切情形之下遣返戰俘之費用，應由拘留國與戰俘所依附之國公平分攤。分攤應在下列基礎上執行之：

㈡如兩國接壤，則戰俘所依附之國應負擔自拘留國邊境起之遣返費用。

㈡如兩國不接壤，則拘留國應負擔運送戰俘通過其國土，直至邊境或達到距戰俘所依附之國最近的乘船港口之費用。其餘費用應由有關各國商定公平分攤。此項協議之締結絕不得作為遲延遣返戰俘之理由。

第五部　戰俘情報局及救濟團體

第一二二條　在衝突發生時，及在一切占領之場合，衝突之每一方應為在其權力下之戰俘設立一正式情報局。中立國或非交戰國，凡在其領土內收容屬於第四條所指之各類之一種之人員者，關於此項人員應採取同樣行動。有關國家應保證戰俘情報局備有必要之房屋，設備及工作人員以便進行有效的工作。情報局在本公約關於戰俘工作之一編規定之條件下，得自由僱用戰俘。

在盡可能最短時期內，衝突之每一方應將本條第四、五、六各款所述關於落於其權力下之第四條所列各類敵人之情報通知其情報局。中立國或非交戰國關於在其領土內所收容之屬於此類之人員，亦應採取同樣行動。

情報局應立即以最迅速之方法將此類情報通過保護國以及第一百二十三條所規定之中央事務所，轉達有關國家。

此項情報應能盡速通知有關最近親屬。在第十七條之規定之限制下，此項情報應包括情報局所獲得之關於每一戰俘之姓名、等級、軍、團、個人番號、出生日期及地點、所依附之國家、父名、及母親本名、被通知人之姓名與地址，以及寄交該戰俘信件之地址。

情報局應從各有關部門獲得關於移送、釋放、遣返、脫逃、送入醫院、及死亡之情報，並應照上列第三款所述方式將此項情報轉送之。

關於患重病或受重傷之戰俘之健康狀況之情報，亦應按期供給，可能時每週供給之。

情報局並須負責答覆一切關於戰俘之詢問，包括在俘中死亡之戰俘在內；如關於所詢問之事項，該局未備有情報則應作一切必要之調查以獲取之。情報局之書面通知，應以簽字或蓋章為憑。

情報局又應負責蒐集被遣返或釋放、脫逃或死亡之戰俘所遺留之一切個人貴重物品，包括除拘留國貨幣以外之款項，以及於其最近親屬有重要關係之文件，並應將此等貴重物品轉送有關國家。此等物品應由情報局以密封包裹寄送，並附說明書，清晰詳載關於此項物品所有人之身分事項，及包裹內容之清單。此等戰俘之其它個人物品應依有關衝突各方協議之辦法轉送之。

第一二三條　在中立國境內應設立一戰俘情報中央事務所。紅十字國際委員會認為必要時，應向有關各國建議組織此項事務所。

該事務所之任務在蒐集一切自官方或私人方面可能獲得關於戰俘之情報，並盡速將此項情報轉送戰俘的本國或其所依附之國。衝突各方應給予該事務所以轉送此項情報之一切便利。

各締約國特別是其人民享受中央事務所服務之利益之國家，對該事務所應予以所需之經濟援助。

上述各規定絕不得解釋為限制紅十字國際委員會或第一百二十五條所規定之救濟團體之人道的活動。

第一二四條 各國情報局及中央事務所應享受郵政免費，及第七十四條所規定之一切豁免，並應盡可能豁免電報費，或至少大減其費率。

第一二五條 在拘留國認為保證其安全或適應其它合理需要所必要之措施之限制下，宗教組織，救濟團體，或其它任何協助戰俘之組織之代表，應得為其本人及其正式委派之代理人，自拘留國獲得一切必要之便利以訪問戰俘，分發為供宗教、教育或娛樂目的用之任何來源的救濟物資，並協助戰俘在營內組織其空閒時間。此等團體或組織得在拘留國境內或任何其它國家內組成，或具有國際性質。

拘留國得限制派有代表在其領土內及在其監督下從事活動之團體及組織之數目，但該項限制不得妨礙對全體戰俘之適當救濟之有效活動。

紅十字國際委員會在該方面之特殊地位無論何時均應予以承認及尊重。

為上述目的之救濟物資，一經交給戰俘，或於交給後短時間內，戰俘代表為每批裝運物資簽署之收據，應即送交運寄此項物資之救濟團體或組織。同時負責看管戰俘之行政當局亦應為此等裝運物資出具收據。

第六部　本公約之執行

第一編　總　則

第一二六條 保護國之代表，應許其前往戰俘所在之一切地方，尤其拘禁、監禁及勞動之地方，並可進入戰俘居住之一切場所；彼等亦應准許前赴被移送戰俘之出發，經過或到達之地點。彼等又應能親自或通過譯員與戰俘，尤其戰俘代表會晤，而不須有他人在場。

保護國之代表，應有選擇其願訪問地點之充分自由。訪問之時間及次數不得加以限制。除因迫切的軍事需要之理由，且僅作為一種例外及暫時的措施外，不得禁止此種訪問。

必要時，拘留國及該戰俘所依附之國得同意允許戰俘之同國人參加訪問。紅十字國際委員會之代表應享受同樣特權。此項代表之指派應取得拘留其所訪問之戰俘之國家之同意。

第一二七條 各締約國在平時及戰時應在各該國盡量廣泛傳播本公約之約文，尤應在其軍事，並如可能時在公民教育計畫中，包括本公約之學習，俾本公約之原則為全部武裝部隊及全體人民所周知。

在戰時負戰俘事宜任何軍事或其它當局必須備有本公約之約文，並須對其各項規定受有特別之教導。

第一二八條 各締約國應通過瑞士聯邦委員會，在戰時則通過保護國，互相通知本公約

之正式譯文，及其所採用以保證實施本公約之法律與規則。

第一二九條 各締約國擔任制定必要之立法，俾對於本身犯有或令人犯有下條所列之嚴重破壞本公約之行為之人，處以有效的刑事制裁。

各締約國有義務搜捕被控為曾犯或曾令人犯此種嚴重破壞本公約行為之人，並應將此種人，不分國籍，送交各該國法庭。該國亦得於自願時，並依其立法之規定，將此種人送交另一有關之締約國審判，但以該締約國能指出案情顯然者為限。

各締約國應採取必要之措施，以制止下條所列嚴重破壞本公約之行為以外之一切違反本公約之規定之行為。

在一切情況下，被告人應享有適當的審判及辯護之保障。此種保障，不得次於本公約第一百零五條及其以下各條所規定者。

第一三○條 上條所述之嚴重破壞公約行為，應係對於受本公約保護之人或財產所犯之任何下列行為：故意殺害，酷刑或不人道待遇，包括生物學實驗，故意使身體及健康遭受重大痛苦或嚴重傷害，強迫戰俘在敵國部隊中服務，或故意剝奪戰俘依本公約規定應享之公允及合法的審判之權利。

第一三一條 任何締約國不得自行推卸，或允許任何其它締約國推卸，其本身或其它締約國所負之關於上條所述之破壞公約行為之責任。

第一三二條 經衝突之一方之請求，應依有關各方所決定之方式，進行關於任何被控違犯本公約的行為之調查。

如關於調查程序不能獲致協議，則各方應同意選定一公斷人，由其決定應遵行之程序。

違約行為一經確定，衝突各方應使之終止，並應迅速加以取締。

七十一、一九四九年八月十二日關於戰時保護平民的日內瓦公約（摘錄）(Geneva Convention Relative to the Protection of Civilian Persons in Time of War of 12 August 1949)　　(1949.8.12)

說明：

㈠本公約又稱《一九四九年八月十二日日內瓦第四公約》。

㈡本公約於一九四九年八月十二日簽署，一九五○年十月二十一日生效。

㈢英文本見 THE GENEVA CONVENTIONS OF 12 AUGUST 1949, Geneva: International Committee of the Red Cross, 2012, pp. 151–211；中文本見《一九四九年八月十二日日內瓦四公約及其附加議定書》，北京：紅十字國際委員會，2011年出版，頁 107–154。

㈣由於篇幅所限，本書僅摘錄第 1–135 以及 142–149 條等條文。

　　下列簽署之各國政府、全權代表出席自一九四九年四月二十一日至八月十二日在日內瓦舉行之外交會議，為訂立關於戰時保護平民公約，議定如下：

第一部　總　則

第 一 條　各締約國承諾在一切情況下尊重本公約並保證本公約之被尊重。

第 二 條　於平時應予實施之各項規定之外，本公約適用於兩個或兩個以上締約國間所產生之一切經過宣戰的戰爭或任何其他武裝衝突，即使其中一國不承認有戰爭狀態。

　　凡在一締約國的領土一部或全部被占領之場合，即使此項占領未遇武裝抵抗，亦適用本公約。

　　衝突之一方雖非締約國，其他曾簽訂本公約之國家於其相互關係上，仍應受本公約之拘束。設若上述非締約國接受並援用本公約之規定時，則締約各國對該國之關係，亦應受本公約之拘束。

第 三 條　在一締約國之領土內發生非國際性的武裝衝突之場合，衝突之各方最低限度應遵守下列規定：

　　㈠不實際參加戰事之人員，包括放下武器之武裝部隊人員及因病、傷、拘留，或其他原因而失去戰鬥力之人員在內，在一切情況下應予以人道待遇，不得基於種族、膚色、宗教或信仰、性別、出身或財力或其他類似標準而有所歧視。

　　　因此，對於上述人員，不論何時何地，不得有下列行為：

　　　㈠對生命與人身施以暴力，特別如各種謀殺、殘傷肢體、虐待及酷刑；

　　　㈡作為人質；

　　　㈢損害個人尊嚴，特別如侮辱與降低身分的待遇；

　　　㈣未經具有文明人類所認為必需之司法保障的正規組織之法庭之宣判，而遽行判罪及執行死刑。

　　㈡傷者、病者應予收集與照顧。

　　公正的人道團體，如紅十字國際委員會，得向衝突之各方提供服務。

　　衝突之各方應進而努力，以特別協定之方式，使本公約之其他規定得全部或部分發生效力。

　　上述規定之適用不影響衝突各方之法律地位。

第 四 條　在衝突或占領之場合，於一定期間內及依不論何種方式，處於非其本國之衝突之一方或占領國手中之人，即為受本公約保護之人。

　　不受本公約拘束之國家之人民即不受本公約之保護。凡在交戰國領土內之中立國人民及共同作戰國人民，在其本國尚有通常外交使節駐在控制彼等之國家時，不得認為被保護人。

　　惟本公約第二部之各項規定，如第十三條所劃定，其適用範圍較廣。

　　　　　凡受一九四九年八月十二日改善戰地武裝部隊傷者病者境遇之日內瓦公約，
　　　　　或一九四九年八月十二日改善海上武裝部隊傷者病者及遇船難者境遇之日內
　　　　　瓦公約，或一九四九年八月十二日關於戰俘待遇之日內瓦公約保護之人，不
　　　　　得認為本公約意義內之被保護人。

第 五 條　凡衝突之一方深信在其領土內之個別被保護人確有危害該國安全之活動之嫌
　　　　　疑，或從事該項活動，而本公約之各項權利與特權若為該個人行使將有害該
　　　　　國安全時，該個人即不得要求此等權利與特權。

　　　　　在占領地內個別被保護人如係因間諜或破壞分子，或因確有危害占領國安全
　　　　　之活動嫌疑而被拘留者，在絕對的軍事安全有此要求之情況下，其人應即認
　　　　　為喪失在本公約下之通訊權。

　　　　　惟在每種情形下，此等人仍應受人道待遇，且在受審判時，不應剝奪本公約
　　　　　規定之公平正常的審判之權利。又應斟酌個別情況儘早在合於該國或占領國
　　　　　之安全時給予彼等以被保護人依本公約所享有之全部權利與特權。

第 六 條　本公約應於第二條所述之任何衝突或占領開始時適用。

　　　　　在衝突各方之領土內，本公約之適用，於軍事行動全面結束時應即停止。

　　　　　本公約在占領地內之適用，於軍事行動全面結束後一年應即停止；惟占領國
　　　　　於占領期間在該國於占領地內行使政府職權之限度內，應受本公約下列各條
　　　　　規定之拘束：第一至十二、二十七、二十九至三十四、四十七、四十九、五
　　　　　十一、五十二、五十三、五十九、六十一至七十七、一百四十三條。

　　　　　被保護人之釋放、遣返、或安置，若在上述各期限以後實現者，則在其實現
　　　　　之期間，彼等仍應繼續享受本公約之利益。

第 七 條　於第十一、十四、十五、十七、三十六、一百零八、一百零九、一百三十二、
　　　　　一百三十三及一百四十九各條明文規定之協定之外，各締約國對其認為需另
　　　　　作規定之一切事項得訂立特別協定。是項特別協定不得對於本公約關於被保
　　　　　護人所規定之境遇有不利的影響，亦不得限制本公約所賦予彼等之權利。

　　　　　除在上述或後訂之協定中有相反之明文規定，或衝突之一方對彼等採取更優
　　　　　待之措施外，被保護人在本公約對其適用期間應繼續享受是項協定之利益。

第 八 條　在任何情況下，被保護人不得放棄本公約或上條所述之特別協定——如其訂
　　　　　有是項協定——所賦予彼等權利之一部或全部。

第 九 條　本公約之適用應與保護國合作並受其監察。保護國之責任為維護衝突各方之
　　　　　利益。為此目的，保護國在其外交或領事人員之外，得自其本國國民或其他
　　　　　中立國國民中指派代表。上述代表應經其執行任務所在國之認可。

　　　　　衝突各方對於保護國之代表之工作應盡最大可能予以便利。

　　　　　保護國之代表在任何情況下不得逾越本公約所界予之任務。彼等尤須顧及其
　　　　　執行任務所在國之安全上迫切的必要。

第 十 條　本公約之規定並不妨礙紅十字國際委員會或其他公正的人道組織，在有關衝
　　　　　突各方之同意之條件下，從事保護與救濟平民之人道活動。

第十一條　各締約國得隨時同意將根據本公約應由保護國負擔之任務，委託於具有公允與效能之一切保證之組織。

　　　　　當受本公約保護之人，不拘為何原因，不能享受或已停止享受保護國或本條第一款所規定之組織的活動之利益時，則拘留國應請一中立國或此種組織擔任依照本公約應由衝突各方指定之保護國所執行之任務。

　　　　　若保護不能依此佈置，則拘留國應在本條之規定之約束下，請求或接受一人道組織，如紅十字國際委員會，提供服務，以擔任依本公約由保護國執行之人道的任務。

　　　　　任何中立國或任何組織經有關國家邀請或自願提供服務而執行任務時，在行為上須對本公約所保護之人員所依附之衝突一方具有責任感，並須充分保證能執行其所負之任務，且能公允執行之。

　　　　　各國間訂立特別協定，如其中一國因軍事關係，特別是因其領土之大部或全部被占領，以致該國與其他一國或其盟國談判之自由受限制，即或是暫時的，本公約上列規定不得因該項特別協定而有所減損。

　　　　　凡本公約中提及保護國，亦適用於本條所指之代替組織。

　　　　　凡中立國人民處於占領地或交戰國領土內而其本國並無通常外交代表駐在該國時，本條各項規定應對彼等適用。

第十二條　保護國認為於被保護人之利益適宜時，尤其遇衝突各方對於本公約之適用與解釋意見有分歧時，應從事斡旋以期解決分歧。

　　　　　為此目的，各保護國得應一方之請求，或主動向衝突各方建議，可能在適當選擇之中立領土召開代表會議，被保護人之負責當局代表尤須參加。衝突各方對於為此目的而提出之建議負有實行之義務。各保護國得於必要時，提請衝突各方同意，特邀一中立國人員或紅十字國際委員會委派之人員參加此項會議。

第二部　居民之一般保護以防戰爭之若干影響

第十三條　本公約第二部之規定，涉及衝突各國之全部人民，尤不得基於種族、國籍、宗教或政治意見而有所歧視，各規定之目的在於減輕戰爭所致之痛苦。

第十四條　各締約國在平時，衝突各方在戰事開始後，得在其領土內，並於必要時在占領地內，設立醫院及安全地帶與處所，加以適當的組織，使能保護傷者、病者、老者、十五歲以下兒童、孕婦、及七歲以下兒童之母親，俾免受戰爭影響。

　　　　　在戰事開始時及其進行中，有關各方得締結協定互相承認所設立之地帶與處所。各該國得為此目的實施本公約所附協定草案之規定，連同其所認為必要之修改。

　　　　　為便於醫院與安全地帶及處所之設立及承認，應請保護國及紅十字國際委員

會從事斡旋。

第十五條　任何衝突之一方，得直接或通過一中立國或人道組織，向其敵方建議在作戰區域內設立中立化地帶，保護下列人等免受戰爭之影響，不加歧視：

㈠傷、病戰鬥員或非戰鬥員；

㈡不參加戰事及雖居住在該地帶內而不從事軍事性工作之平民。

如有關各國對於擬議之中立化地帶之地理位置、管理、食物供給及監督均予同意，應由衝突各方之代表簽定一書面協定，該協定應規定該地帶之中立化之開始及期限。

第十六條　傷者、病者、弱者以及孕婦應為特別保護與尊重之對象。

在軍事的考慮許可時，衝突各方對於尋覓死者、傷者、協助遇船難者及其他冒嚴重危險之人，及保護彼等免遭搶劫及虐待所採取之各項步驟應予以便利。

第十七條　衝突各方應盡力締結局部協定以便將被包圍地區內之傷者、病者、弱者、老者、幼童及產婦撤出，及使送往該地區之一切宗教之牧師、醫務人員、醫療設備得以通過。

第十八條　凡為照顧傷者、病者、弱者及產婦而組織之民用醫院，在任何環境下，不得為攻擊之目標，而應隨時受衝突各方之尊重與保護。

衝突各方之國家，對所有民用醫院應發給證書，證明各該醫院係民用醫院且其所佔用之建築物並未作依第十九條應剝奪其保護之任何用途。

各民用醫院均應標以一九四九年八月十二日改善戰地武裝部隊傷者病者境遇之日內瓦公約第三十八條所規定之標誌，惟須經各該國認可。

在軍事的考慮許可之限度內，衝突各方應採取必要步驟，使標明民用醫院之特殊標誌能為敵方陸、空及海軍清晰望見，以避免任何敵對行動之可能。

鑑於醫院臨近軍事目標不免遭受危險，故建議上述醫院之位置應盡量遠離該項目標。

第十九條　民用醫院應得之保護不得停止，除非此項醫院越出其人道任務之外，用以從事有害於敵方之行為。惟如經給予相當警告，並按個別情形規定合理時限而警告仍被忽視時，始得停止保護。

如有武裝部隊傷病人員在前項醫院療養，或由該項戰鬥員卸下之小型武器及彈藥尚未繳交主管機關之事實，不得視為有害敵方之行動。

第二十條　經常專門從事民用醫院工作及管理之人，包括從事搜尋、移送、運輸與照顧傷病平民、弱者及產婦之人員，均應受尊重與保護。

上述人員在占領地及軍事行動地帶內執行任務時，應有證明其地位之身分證，上貼本人像片，並軋有負責當局之鋼印，並應有在左臂佩帶加蓋印章之防水臂章，以資識別。此項臂章應由國家頒發，並須有一九四九年八月十二日改善戰地武裝部隊傷者病者境遇之日內瓦公約第三十八條所規定之標誌。

其他從事民用醫院工作及管理之人員，若擔任此類任務時，應受尊重與保護，並按照本條所規定之條件，佩帶臂章。彼等之身分證上應注明其擔任之任務。

各醫院之管理當局應隨時備有上述各項工作人員之最近名單，以供本國或占領國主管當局之用。

第二十一條　凡運送傷病平民、弱者、產婦之陸地運輸隊，陸地醫院列車或海上之特備船隻，均應與第十八條所規定之醫院受同樣之尊重與保護，此項車船，經各該國同意後，應標以一九四八年八月十二日改善戰地武裝部隊傷者病者境遇之日內瓦公約第三十八條所規定之特殊標誌。

第二十二條　凡專為移送傷病平民、弱者、產婦或運輸醫務人員、醫療設備之飛機，在有關衝突各方所特別約定之高度、時間、航線飛行時，應不受攻擊而予以尊重。

此項飛機得標以一九四九年八月十二日改善戰地武裝部隊傷者病者境遇之日內瓦公約第三十八條所規定之特殊標誌。

除非另有協定，飛越敵方領土或敵人占領地均所禁止。

此項飛機應服從降落命令。如被令降落，而需要檢查時，則經過檢查後，該機載其乘員得繼續飛行。

第二十三條　各締約國對於純為另一締約國平民使用之醫療與醫院供應品，或宗教禮拜所需物品之一切裝運物資，均應許其自由通過，即使該另一締約國為其敵國。對於供十五歲以下兒童、孕婦與產婦使用之主要食物、衣服及滋補劑之裝運，亦應同樣許其自由通過。

締約國允許上款所述裝運物資之自由通過之義務，以該國深信並無嚴重理由足以引起下列之恐懼為條件：

㈠該項裝運物資可自其目的地改運他處；

㈡管制可能無效；

㈢由於上述各項物資代替當由敵方供給或生產之物品，或使生產此類物品所需之材料，工作或設備得以騰出，而可能予敵方軍事努力或經濟以確定之利益。

凡允許本條第一款所述裝運物資通過之國家，得要求在該項物資分發於受惠人時，應以由保護國就地監督為允許之條件。

上述裝運物資應盡速轉送，而允許此等物資自由通過之國家應有權規定准許該項通過之技術方面的辦法。

第二十四條　衝突各方應採取必要措施，俾十五歲以下兒童因受戰爭影響成為孤兒或與家庭分離者，不致無人照管，並使彼等之撫養、宗教與教育之進行，在一切情形下均獲便利。彼等之教育，應盡可能委託於具有相似的文化傳統之人。

衝突各方應便利衝突期間此種兒童收容於中立國，此事應經保護國——如其有保護國——之同意，並有遵守第一款所述原則之適當保證。

衝突各方並應盡力設法使十二歲以下兒童均佩帶身分牌，或用其他方式，以資識別。

第二十五條 衝突各方之領土內或其占領地內所有人們,應能將純屬個人性質的消息通知其在任何地方之家人,並接獲其家人之此類消息。此項通訊應迅速傳遞,不得有不當之遲延。

如由於環境影響,難於或不可能由普通郵政互遞家庭信件時,有關衝突各方應向中立媒介接洽,如第一百四十條所規定之中央事務所,並與之商定如何在可能最好的情況下保證其義務之履行,尤應取得各國紅十字(紅新月、紅獅與日)會之合作。

如衝突各方認為有限制家庭通訊之必要,該項限制只應限於能容任擇二十五字之標準信紙之強制使用,及將寄發此項格式之信件每月限為一份。

第二十六條 衝突各方對於因戰爭致與家庭離散之人所為之調查,以期在可能時與其家庭重新聯繫或團聚者,應給予便利。衝突各方尤應鼓勵從事此項任務之組織之工作,但須此項組織能為其所接受並遵照其安全規則。

第三部　被保護人之地位與待遇

第一編　對於衝突各方之領土及占領地之共同規定

第二十七條 被保護人之人身、榮譽、家庭權利、宗教信仰與儀式、風俗與習慣,在一切情形下均應予以尊重。無論何時,被保護人均須受人道待遇,並應受保護,特別使其免受一切暴行,或暴行的威脅及侮辱與公眾好奇心的煩擾。婦女應受特別保護以免其榮譽受辱,尤須防止強姦、強迫為娼或任何形式的非禮之侵犯。

衝突各方對在其權力之下被保護人,在不妨有關其健康狀況、年齡、性別之各項規定之條件下,應同樣待遇之,尤不得基於種族、宗教或政治意見而有所歧視。

但衝突各方對被保護人得採取由於戰爭而有必要之管制及安全之措施。

第二十八條 對於被保護人不得利用其安置於某點或某地區以使該處免受軍事攻擊。

第二十九條 在衝突一方對於權力下之被保護人所受該國人員之待遇,該國均應負責,不論此項人員所負之個人責任如何。

第 三 十 條 被保護人應有向保護國、紅十字國際委員會、彼等所在國之紅十字(紅新月、紅獅與日)會,或能予以協助之任何組織提出申請之各種便利。

上述各組織應由當局在根據軍事或安全的考慮所定之範圍內,予以上述目的所需之各種便利。

於第一百四十三條所規定之保護國及紅十字國際委員會代表之訪問之外,各拘留國或占領國對於以給予被保護人精神協助或物質救濟為目的之其他組織的代表之訪問被保護人,應盡量予以便利。

第三十一條 對被保護人不得施以身體上或精神上之強迫,尤其不得藉以從彼等或第三

者取得情報。

第三十二條　各締約國特別同意禁止各該國採取任何足以使其手中之被保護人遭受身體痛苦或消滅之措施。此項禁令不僅適用於謀殺、酷刑、體刑、殘傷肢體及非為治療被保護人所必需之醫學或科學實驗，並適用於文武人員施行之其他任何殘酷措施。

第三十三條　被保護人無論男女不得因非本人所犯之行為而受懲罰。集體懲罰及一切恫嚇恐怖手段，均所禁止。

禁止掠奪。

禁止對被保護人及其財產採取報復行為。

第三十四條　禁止作為人質。

第二編　在衝突一方領土內之外國人

第三十五條　一切被保護人，在衝突開始時，或衝突進行中，希望離境者，除非其離去有違所在國之國家利益，均應有權離境。此等人之離境申請應按照正常規定之手續予以決定，此項決定並應盡速為之。凡獲准離境之人得自行準備必須之旅費並攜帶相當數量之個人物品。

如上述任何人之離境請求被拒絕時，彼應有權請求拘留國所指定之主管法庭或行政審議機關對此項拒絕從速重新考慮。

除非安全理由所不許或關係人反對，一經保護國代表之請求，應即告以不准離境之理由，並應盡速檢送不准離境之人的全體名單。

第三十六條　依上條獲准之離境，應在關於安全、衛生、保健及食物方面之妥善條件下實行之。一切有關離境之費用，自拘留國領土內之出境地點起，應由出境人目的地之國家擔負；若出境人被收容於中立國，則該項費用應由受益人之本國負擔。此項移動之施行細則，必要時，得由有關國家以特別協定決定之。

前項規定不得影響衝突各方間所訂關於交換及遣返在敵方手中之人民之特別協定。

第三十七條　凡被保護人在候審期間，或因受有剝奪自由之判決而被禁閉者，在其禁閉期間應受人道待遇。

一經釋放，彼等即得依照以上各條請求離境。

第三十八條　除本公約，尤其第二十七及四十一兩條所准許之特別辦法外，各被保護人之地位，在原則上應繼續按照和平時期有關外國人之規章，予以規定。在任何情形下，應予以下列權利：

㈠應能領受送來之個人或集體救濟物品；

㈡如其健康情形有此需要，應獲得與有關國家之人民同等之醫藥照顧與住院待遇；

㈢應獲准舉行其宗教儀式，並接受其本教牧師之精神協助；

㈣如居住於特別冒戰爭危險之區域時，應與有關國家之人民同樣獲准遷出該區域；

㈤十五歲以下兒童、孕婦、及七歲以下兒童之母親，應與有關國家之人民受同等之優惠待遇。

第三十九條　凡被保護人因戰事影響而失去其收入之工作者，應予以尋覓有報酬之工作之機會。該項機會應與其所在國家之人民所享受之機會相等，但須受安全考慮及第四十條規定之限制。

衝突一方對被保護人施行管制辦法因而使其不能自行維持生活，尤以該人因安全原因不能尋覓在合理條件之下有報酬之工作時，該衝突國應保證維持其本人與受其贍養人之生活。

各被保護人在任何情況下均得接受其本國、保護國，或第三十條所述之救濟團體之津貼。

第 四 十 條　被保護人僅得在與其所在之衝突國之人民同樣限度內被強迫工作。

如被保護人係屬敵國國籍，則只能強迫其擔任通常為保證人類食、住、衣、行及健康所必需之工作而與軍事行動無直接關係者。

在前兩款所述之情形下，被強迫工作之被保護人應與本國工人享受同樣工作條件及同樣保障之利益，尤其關於工資、工作時間、衣服與設備、事先訓練及工作上意外傷害與疾病之賠償。

上述各項規定如被違反，應允許被保護人按照第三十條行使其申訴之權利。

第四十一條　如被保護人所在之國家認為本公約所述之管制措施不足時，不得採行較第四十二及第四十三兩條所定之指定居所或拘禁更為嚴厲之管制措施。

在適用第三十九條第二款之規定，於按照安置於他處指定居所之決定而須離開其原居所之人之場合時，拘留國應盡可能密切遵循本公約第三部第四編所定之福利標準。

第四十二條　對被保護人之拘禁或安置於指定居所，僅於拘留國之安全有絕對需要時方可施行。

如有人通過保護國之代表，自動請求拘禁，而其處境使其採取此步驟為必要者，則其所在之國家應即予以拘禁。

第四十三條　任何被保護人被拘禁或被安置於指定居所者，有權請拘留國為該項目的所指定之主管法庭或行政審議機關對於該項舉措盡速重新考慮。如該項拘禁或安置於指定居所仍予維持時，該法庭或行政審議機關應定期，至少一年兩次，對於案情予以審查，以期於環境許可時對於最初決定作有利之修正。

除非有關之被保護人反對，拘留國應盡速將已被拘禁或已被指定居所之被保護人，及從拘禁或指定居所中已予釋放之被保護人之姓名通知保護國。

本條第一款提及之法庭或行政審議機關之決定，亦應依同樣條件之限制盡速通知保護國。

第四十四條　適用本公約內提及之管制措施時，拘留國不得將事實上不受任何政府保護

之難民僅依其法律上之敵國國籍而以敵僑待遇之。

第四十五條　被保護人不得移送於非本公約締約國之國家。

本規定不得構成對於被保護人在戰事結束後被遣返或其回到原居住國之障礙。

拘留國只能將被保護人移送至本公約之締約國,並須於拘留國對於接受國家實施本公約之意願與能力認為滿意後行之。如被保護人在此種情況下被移送時,其在該接受國看管期間,實施本公約之責任即由該接受國擔任之。但若該國在任何重要方面未能實行本公約之規定,則原移送國一經保護國通知,即應採取有效措施以糾正此種情況或要求將被保護人送還,此項要求必須照辦。

男女被保護人在任何情況下不得移送於因其政治意見或宗教信仰有恐懼迫害之理由之國家。

本條各項規定亦不構成對於根據戰事開始前所訂之引渡條約,將被控違犯普通刑法之被保護人予以引渡之障礙。

第四十六條　凡對被保護人實行之限制措施,其尚未撤銷者,在戰事結束後應盡速取消之。

影響彼等財產之限制措施,應按照拘留國之法律,於戰事結束後盡速取消之。

第三編　占領地

第四十七條　本公約所賦予在占領地內之被保護人之各項利益,均不得因占領領土之結果引起該地制度或政府之變更,或因被占領地當局與占領國所訂立之協定,或因占領國兼併占領地之全部或一部,而在任何情況下或依任何方式加以剝奪。

第四十八條　被保護人之非領土被占領的國家之人民者,得依第三十五條規定之限制,使用其離境權利,關於離境事項之決定,應按照占領國依該條所訂之手續為之。

第四十九條　凡自占領地將被保護人個別或集體強制移送及驅逐往占領國之領土或任何其他被占領或未被占領之國家之領土,不論其動機如何,均所禁止。

但如因居民安全或迫切的軍事理由,有此必要,占領國得在一定區域施行全部或部分之撤退。上述撤退不得致使被保護人在占領地境外流離失所,但因物質原因不能避免上述流離失所則為例外。依此被撤退之人,一俟該區域內戰事停止,應立即移送回家。

凡實行此種移送或撤退之占領國,應盡最大可行的限度,保證供給適當設備以收容被保護人,該項移動應在衛生、保健、安全及營養之滿足的條件下執行,並應保證同一家庭之人不相分離。

一經實行移送或撤退,應立即以其事實通知保護國。

除非因居民安全或迫切的軍事理由有此必要，占領國不得將被保護人拘留於特別冒戰爭危險之區域。

占領國不得將其本國平民之一部分驅逐或移送至其所占領之領土。

第五十條　占領國在國家與地方當局之合作下，對於一切從事照顧及教育兒童團體之正當工作予以便利。

占領國應採取一切必要步驟以便利兒童之辨認及其父母之登記。但該國絕不得改變彼等之個人地位，亦不得使其參加隸屬於該國之各種組織。

如當地團體不能適應該目的時，占領國應籌定撫養教育因戰爭變成孤兒或與父母失散，且不能由其近親或朋友適當照顧之兒童之辦法，倘屬可能，應由該項兒童同一國籍、語言及宗教之人士擔任該項工作。

依第一百三十六條設立之情報局所屬之一特別部門，應負責採行一切必要步驟辨認身分不明之兒童。彼等父母或其他近親之詳細情形，如能獲悉時，應予記錄。

在被占領前，為惠及十五歲以下兒童、孕婦，及七歲以下兒童之母親所採關於食物、醫藥照顧及保護之任何優待措施以防戰爭影響者，占領國不得妨礙其實施。

第五十一條　占領國不得強迫被保護人在其武裝或輔助部隊服務。以獲得志願應募為目的之壓迫及宣傳均所不許。

占領國不得強迫被保護人工作，除非彼等已滿十八歲，而屆此年齡，亦只能派任占領軍，公用事業或被占領國居民之衣、食、住、行或保健所需要之工作。被保護人不得強迫其擔任任何使彼等有參加軍事行動之義務之工作。占領國不得強迫被保護人使用強力方法以保證彼等從事強迫勞動所在地之設備之安全。

上述工作之執行應僅限於被徵服役人所在之占領地以內。此種人，應盡可能置於其平常工作之地方。對工人應付以公平工資，其工作應與其體力與智力相當。凡被占領國關於工作條件，尤其關於工資、工作時間、設備、事先訓練及工作上意外傷害與疾病之賠償等保障之現行立法，對於派任本條所述工作之被保護人，應予適用。

在任何情況下，徵工不得變為動員工人參加軍事或半軍事性之組織。

第五十二條　任何契約、協定或規則均不得減損任何工人向保護國代表申請請求該國干涉之權利，不論該工人是否係屬志願，亦不論其所在地點。

在占領地內，一切以造成失業或限制工人工作機會藉以引誘工人為占領國工作為目的之措施，均所禁止。

第五十三條　占領國對個別或集體屬於私人，或國家，或其他公共機關，或社會或合作組織所有之動產或不動產之任何破壞均所禁止，但為軍事行動所絕對必要者則為例外。

第五十四條　占領地之公務人員與法官如為良心原因拒絕執行其職務時，占領國不得改

變其地位，或以任何方式施行制裁，或採用任何強迫或歧視措施。

前項禁例不妨礙第五十一條第二款之適用。亦不影響占領國撤換公務人員之權。

第五十五條　占領國在其所有方法之最大限度內，負有保證居民之食物與醫療供應品之義務；如占領地資源不足時，尤應運入必需之食物、醫療物資及其他物品。

占領國不得徵用占領地所有之食物、物品或醫療供應品，但為占領軍或行政人員使用者除外，並須業已顧及平民之需要，始能徵用。占領國應在其他國際公約規定之限制下，設法保證對其所徵用之物品付予公平價格。

保護國得隨時自由檢查占領地內食物及醫療供應品之情形，但因迫切的軍事需要而定之暫時限制，不在此限。

第五十六條　占領國在其所有方法之最大限度內，負有依國家與地方當局之合作，保證並維持占領地內之醫療與醫院設置與服務，公共保健與衛生之義務，尤須採取並實行撲滅傳染病與流行病傳播所必要之預防及措施。各類醫務人員應許其執行任務。

如占領地內成立新醫院而被占領國之主管機關不在該地執行任務，占領國於必要時應對該項醫院予以第十八條所規定之承認。在類似情況下，占領國亦應對醫院人員與運輸車輛予以第二十及二十一兩條所規定之承認。

占領國於採用及實施保健與衛生之措施時，應注意占領地居民的道德上及倫理上之感受性。

第五十七條　占領國得徵用民用醫院，但只能暫時徵用，並限於為照顧傷病軍事人員之緊急需要場合，且須以在相當期間對病人之照顧與醫療及平民之住院需要，制定適當辦法為條件。

民用醫院之器材與用品在須供平民需要之期中不得徵用。

第五十八條　占領國應允許牧師對其本教教徒予以精神上之協助。

占領國亦應接受宗教所需的書籍與物品之裝運物資，並對該項物資在占領地內之分發予以便利。

第五十九條　如占領地全部或部分居民之給養不足時，占領國應同意救濟該項居民之計畫，並對該項計畫使用力所能及之一切方法予以便利。

該項計畫，可以由國家或公正人道組織如紅十字國際委員會承擔之，在該計畫中尤應包括食物，醫療品及衣服的裝運物資之供給。

各締約國均應允許該項裝運物資之自由通過並保證予以保護。

但締約國之允許上項裝運物資自由通過以運往衝突之敵方所占領之區域者，有權檢查該項裝運物資，規定其依指定時間與路線通過，並通過保護國，查明該項裝運物資係為救濟待救之居民之用而非為占領國之利益之用。

第 六 十 條　救濟之裝運物資在任何情況下，不得解除占領國在第五十五、五十六與五十九各條下之任何責任。占領國無論如何不得將救濟之裝運物資移作他用，但在緊急需要情形中為占領地居民之利益並徵得保護國之同意者，則為例

外。

第六十一條　以上各條所述之救濟裝運物資的分配，應在保護國之合作與監督下進行之。該項任務亦得依占領國與保護國間之協定，委託一中立國，紅十字國際委員會或任何其他公正之人道團體辦理之。

上項裝運物資在占領地內應豁免一切捐、稅、或關稅，除非此項捐、稅為該地經濟利益所必需。占領國應便利此等裝運物資之迅速分配。

各締約國應盡力允許此等救濟裝運物資免費通過以運往占領地。

第六十二條　占領地之被保護人應許其領受送與彼等之個人救濟物資，但須受迫切的安全理由之限制。

第六十三條　在占領國因緊急的安全理由所採用之暫時及例外措施之限制下：

㈎經認可之各國紅十字（紅新月、紅獅與日）會應能按照國際紅十字大會所定之紅十字原則進行活動。其他救濟團體亦應許其在類似條件下繼續其人道活動；

㈏占領國不得要求此等團體為任何足以妨礙上述活動之人事或組織上之變更。

已經存在或將行設立之非軍事性質之特別組織，而以維持必要的公用事業，分配救濟物品與組織救護藉以保證居民生活狀況為目的者，上述之原則亦應適用於此等組織之活動及人員。

第六十四條　占領地之刑事法規應繼續有效，但遇該項法規構成對占領國安全之威脅或對本公約實行之障礙時，占領國得予以廢除或停止。在後者之考慮及保證有效的司法之需要之限制下，占領地之法庭對於上述法規涉及之一切罪行，應繼續執行職務。

但占領國得使占領地居民服從該國為執行其在本公約下所負之義務，維持該地有秩序之統治，與保證占領國、占領軍、與行政機關之人員及財產，以及其所使用之設置與交通線之安全所必要之規定。

第六十五條　占領國所訂之刑法規定，在公布及用居民本國語言使居民周知以前，不得生效。該項刑事法規不得具有追溯力。

第六十六條　遇有違犯根據第六十四條第二款公布之刑法規定之案件，占領國得將被告交付正當組織之非政治的軍事法庭，但以該法庭在占領地開庭為條件。上訴法庭最好在占領地開庭。

第六十七條　前項法庭應僅適用在該罪行發生前已經實施並符合一般法律原則，尤其罰罪相當之原則之法律規定。此等法庭對於被告之非占領國人民之事實，應加以考慮。

第六十八條　被保護人犯有純以損害占領國為目的之罪行，而此項罪行並非企圖殺害占領軍或行政機關之人員之生命或肢體，亦不構成嚴重之集體危險，復未嚴重損害占領軍及行政機關之財產或其所使用之設備者，應處以拘禁或單純監禁，而拘禁或監禁之期間應與所犯罪行相當。且因此等罪行而處之拘禁

或監禁，應為剝奪被保護人自由之僅有措施。本公約第六十六條所規定之法庭可自行斟酌將監禁之判決改為同樣期限之拘禁。

僅在被保護人犯間諜罪，或嚴重破壞占領國軍事設備之罪行或故意犯罪致一人或多人於死亡之案件中，占領國依第六十四及六十五兩條所公布之刑法規定，始得對被保護人處以死刑，但須此種罪行依占領地在占領開始前通行之法律亦受死刑之處罰。

除非法庭特別被提起注意被保護人因非拘留國之人民，不受對該國效忠義務之拘束之事實後，不得將被保護人判處死刑。

凡被保護人犯罪時年齡在十八歲以下者，在任何情況下不得判處死刑。

第六十九條　無論任何案件中，被保護人因被控犯罪而遭逮捕，等候審判或處罰之時間，應從判處之監禁時間內，予以扣除。

第 七 十 條　占領國不得因被保護人在占領前或占領暫時中斷期間之行為或發表之意見，而將其逮捕，訴追或定罪，但破壞戰爭法律與慣例之行為除外。

凡占領國人民在戰事開始前即逃亡於被占領國領土者，不得加以逮捕、訴追、定罪或驅逐出占領地，但其在戰事開始後所犯之罪行，或其在戰事開始前所犯普通法下之罪行，而依被占領國法律在和平時期應予引渡者除外。

第七十一條　占領國之主管法庭非經合法審判不得宣告判決。

占領國對於其所訴追之被告，應迅速以被告所瞭解之文字，書面通知其被訴罪名之詳情，並應盡速交付審判。占領國應將對被保護人所進行之涉及死刑或二年或二年以上監禁等罪名之訴訟，通知保護國；保護國應能隨時獲悉該項訴訟之情形。又保護國應有權，於提出請求時，獲得上項及占領國對被保護人所提起其他訴訟之詳情。

本條第二款所規定對於保護國之通知，應立即出發，且必需在第一次審訊前三個星期到達被保護國。除非在審判開始時，提出證據，證明本條各項規定均已完全遵照，審訊不得進行。該項通知應包括下列各點：

㈠關於被告之說明；

㈡居所或拘留處所；

㈢某一種罪名或某幾種罪名之列舉（注明控訴所根據之刑法規定）；

㈣承審該案之法庭名稱；

㈤第一次審訊之日期及地點。

第七十二條　被告有權提出為其辯護所需之證據，尤得請求傳喚證人。彼等有權由其自行選定之合格辯護人或律師協助，該辯護人或律師得自由訪問被告並有權享受準備辯護詞所需之便利。

被告如未自行選定，則保護國得供給辯護人或律師。當被告被控重罪而保護國未執行任務時，占領國在被告同意之條件下，應供給一辯護人或律師。在初步偵查及審訊期間被告應獲有譯員之協助，除非被告自由放棄此項協助。被告有權隨時反對譯員並要求撤換。

第七十三條　被判罪人應有法庭適用之法律所規定之上訴權。對被判罪人應詳細通知其上訴或訴願之權利及行使該項權利之期限。

　　本編所規定之刑事程序應在可能使用範圍以內，適用於上訴。如法庭適用之法律無上訴之規定時，被判罪人應有權向占領國主管當局對事實的認定及判決提出訴願。

第七十四條　保護國之代表應有權到庭旁聽任何被保護人之審判，除非為占領國安全的利益而必須例外的禁止旁聽，在此種場合，占領國應通知保護國。審判之日期地點應通知保護國。

　　涉及死刑或兩年或兩年以上監禁之任何判決，應連同其有關之根據盡速通知保護國。該通知應引述第七十一條所規定之通知；如為監禁判決時，並應載明服刑地方之名稱。上述各項判決以外之記錄，應由法庭保存，且應供保護國代表之檢查。凡涉及死刑或兩年或兩年以上監禁的判決之上訴期限，在保護國接到判決通知前，不得開始。

第七十五條　被判死刑者請求赦免或緩刑之權利，絕不得予以剝奪。

　　從保護國接到確定死刑最後判決的通知或接到拒絕赦免及緩刑之命令的通知之日起，至少六個月期限屆滿以前，不得執行死刑。

　　遇有個別案件，其情形嚴重緊急，對於占領國或其部隊安全發生有組織之威脅時，本條所規定之暫停執行死刑六個月之期限得予縮短，但必須將該項縮短情形通知保護國，並須予以相當之時間及機會，以便向主管占領當局提出關於此項死刑判決之意見。

第七十六條　被保護人被控犯罪者應拘留於被占領國內，如經判罪亦應在該國內服刑。如可能，彼等應與其他被拘留者隔離，並應享有足以保持其健康之飲食與衛生條件，至少亦應與被占領國監獄內通行之條件相同。

　　彼等應受到其健康所需之醫藥照顧。

　　彼等亦應有權受到其所需之精神協助。

　　婦女應禁閉於分開之處所，並應由婦女直接監管之。

　　未成年人應受之特別待遇應予以適當之注意。

　　拘留之被保護人應有受保護國及紅十字國際委員會代表依照第一百四十三條之規定訪問之權。

　　此項人等應有權領受救濟包裹，至少每月一件。

第七十七條　被保護人之在占領地被控犯罪或被法庭判罪者，應在占領終止時，連同有關記錄一併移交該解放地區之當局。

第七十八條　如占領國由於迫切的安全理由認為對被保護人需採取安全措施時，至多得置之於指定居所或加以拘禁。

　　關於此項指定居所或拘禁之決定，應按照占領國依本公約規定所訂之正常程序為之。該項程序應包括各有關當事人之上訴權。上訴應迅速判決。如仍維持原判決，應由占領國所設立之主管機關定期覆核，可能時每六個月

一次。

被保護人經指定住所而須離開其家庭者應享受本公約第三十九條之全部利
益。

第四編　被拘禁人待遇規則

第一章　總　則

第七十九條　衝突各方，除按照第四十一、四十二、四十三、六十八與七十八各條之規
　　　　　定外，不得拘禁被保護人。

第 八 十 條　被拘禁人應保有其全部民事能力，並應行使與其地位相合之附隨的權利。

第八十一條　衝突各方之拘禁被保護人者應負責免費維持其生活，並應予以其健康狀況
　　　　　所需之醫藥照顧。

　　　　　不得扣除被拘禁人應得之津貼，薪給或債款以償還上項費用。

　　　　　如被拘禁人之依附人無適當之維持生活方法或不能謀生時，拘留國應供給
　　　　　其生活。

第八十二條　拘留國應盡可能依照被拘禁人之國籍、語言與習慣安置之。同一國籍之被
　　　　　拘禁人不得僅因其語言不同而隔離之。

　　　　　在拘禁期間，同一家庭之人，尤其父母子女，應使之居於同一拘禁處所，
　　　　　但因工作或健康關係或因執行本編第九章之規定必須暫時分離時則不在此
　　　　　限。被拘禁人得要求將其未受拘禁而無父母照顧之子女與彼等一同拘禁。
　　　　　可能時，同一家庭之被拘禁人應使其居於同一住所，予以與其他被拘禁人
　　　　　分開之設備以及適當的家庭生活所需之便利。

第二章　拘禁處

第八十三條　拘留國不得將拘禁處所設立於特別冒戰爭危險之區域。

　　　　　拘留國應通過保護國之媒介將有關拘禁處所地理位置之一切有用的情報，
　　　　　提交敵國。

　　　　　在軍事的考慮許可時，拘禁營應用 IC 兩字母標明，該二字母應標於白天可
　　　　　自高空清晰望見之處。但有關各國得商定其他標誌方法。除拘禁營外，任
　　　　　何其他地方不得如此標誌之。

第八十四條　被拘禁人應與戰俘及因其他任何原因而被剝奪自由之人分別安置及管理。

第八十五條　拘留國應採取一切必要及可能之措施，以保證被保護人自拘禁開始時起，
　　　　　即被安置於合於下列條件之房屋或住所：在衛生與保健上具備一切可能保
　　　　　障並給予有效保護，以防嚴寒酷熱與戰爭影響。在任何情況下，永久拘禁
　　　　　處所不得設於不衛生之區域或氣候有害被拘禁人之區域。如被保護人暫時
　　　　　拘禁區域為不衛生區域或其氣候有害其健康，應視環境所許盡速將其移往
　　　　　較為適當之拘禁處所。

住所應無潮濕之患，有適當溫度及光線，尤其在黃昏與熄燈之間。睡眠地方應充分廣敞通風，並應依氣候，及被拘禁人之年齡、性別及健康狀況，給予充分之墊褥與被毯。

被拘禁人應有不論日夜均可使用之合於衛生規則之設備，並經常保護清潔；應供以充分用水及肥皂以備日常盥洗及洗濯個人衣服之用；應予以為此所需之設備與便利。又應備有淋浴或盆浴。應保留洗滌及清潔所需之時間。倘必須將非同一家人之被拘禁之婦女與男子安置一處，而為一種例外及暫時措施時，對於被拘禁之婦女必須予以分開睡眠地方及衛生設備供其使用。

第八十六條 被拘禁人不論屬於任何教派，拘留國應給以適於舉行宗教儀式之場所。

第八十七條 各拘禁處所均應設置販賣部，但另有其他適當之便利者則為例外。其目的應為使被拘禁人，能以不高於當地市價之價格購買食品及日用品——包括肥皂及煙草——以資增加其個人福利及舒適。

販賣部所獲利潤應劃歸各拘禁處所設立，並為各該處所被拘留人利益而管理之福利基金。第一百零二條規定之被拘禁人委員會有權檢查販賣部及基金之管理。

拘禁處所結束時，福利基金之結餘，應轉撥與拘禁同一國籍人民之另一拘禁處所之福利基金；或如無此類之拘禁處所，則應轉撥與為仍在拘留國看管下之全體被拘禁人之利益而管理之中央福利基金。如有全體釋放情形，此項利潤，除有關國家間議有相反之協定外，應由拘留國保存。

第八十八條 在一切冒空襲及其他戰爭危險之拘禁處所內，應設有在數目上與構造上均足保證必要的保護之避難所。在警報時，除留守保護住處免受上述危險之人外，被拘禁人應得自由盡速進入避難所。任何為居民而採取之保護措施，亦應適用於被拘禁人。

拘禁處所應採用一切防火之適當措施。

第三章 食物與衣服

第八十九條 被拘禁人每日口糧在量、質與種類上應足以保持被拘禁人之健康及防止營養不足。被拘禁人所習慣之飲食，亦應顧及。

被拘禁人亦應予以自行烹調其自有之額外食物之工具。

對被拘禁人應供給充分之飲水。應允許吸煙。

從事工作之被拘禁人應領得比照其所任的工作之額外口糧。

對孕婦、乳母及十五歲以下兒童，應比照其生理需要給予額外食物。

第九十條 被拘禁人當被看管時，應予以自備必需衣服、鞋襪，及內衣替換，以後如需要時，並可再獲得供給之一切便利。如任何被拘禁人未備有依氣候所需之充分衣服且亦不能獲得衣服者，應由拘留國免費供給之。

拘留國供給被拘禁人之衣服，及在其私有衣服上所加之標誌，均不得有侮辱性或使其遭受嘲笑。

工作者應領得適當之工作服裝，包括保護衣服，如其工作性質有此必要。

第四章　衛生及醫藥照顧

第九十一條　各拘禁處所應設有適當之療養所，由合格醫生主持，使被拘禁人可獲得其所需之照顧與適當之飲食。對於患傳染病或精神病者應另設隔離病房。

凡生產及被拘禁人之患重病者，或需特別治療、外科手術或住院者，應送任何可予以適當醫治之機構，且其所應受到之照顧不得劣於一般居民之所受到者。

被拘禁人自願時，應得到其本國國籍之醫務人員之照顧。

被拘禁人請求醫務當局檢查時，不得阻止。

拘留國之醫務當局，一經請求，應對已受治療之被拘禁人發給正式證書，說明其疾病或傷害之性質，及所受治療之時期與性質。此項證書之副本應送交第一百四十條所規定之中央事務所。

各項醫療，包括為保持被拘禁人健康需用器具之供給，尤其是假牙及其他假裝置與眼鏡，對於被拘禁人應予免費。

第九十二條　被拘禁人之健康檢查至少應每月舉行一次。其目的應特別為監察被拘禁人之一般健康狀況，營養及清潔，並察覺傳染病，特別是肺結核、瘧疾，及性病。此項檢查，尤應包括被拘禁人之體重測量，及至少每年一次之透視檢查。

第五章　宗教、文化與體育活動

第九十三條　被拘禁人應有履行其宗教義務之完全自由，包括參加其所信仰宗教之儀式，但以遵守拘留國當局規定之例行的紀律措施為條件。

凡被拘禁之牧師應許其向本教教徒自由執行宗教任務。為此目的，拘留國應使此類牧師公平分配於用同一語言及屬於同一宗教之被拘禁人之各拘禁處所。倘此類牧師為數過少，則拘留國應供給以必要之便利，包括運輸工具，以便由一地前往他地，並應允許其訪問居住醫院之被拘禁人。牧師得自由與拘留國教會當局關於其職務上事項自由通訊，並在可能範圍內，與同一信仰之國際宗教組織通訊。該項通信不得視為構成第一百零七條所定限額之一部分，但應受第一百一十二條規定之限制。

如被拘禁人無其本教之牧師之協助，或後者為數過少，則同一信仰之當地宗教機關得與拘留國協議，指派與被拘禁人同一信仰之牧師，或在宗派觀點上認為可行時，指派類似的宗教之牧師或合格之非宗教人員。後者應享有其所擔任之職務工作之各種便利。此種指派之人員應遵守拘留國為維護紀律及安全而制定之一切規則。

第九十四條　拘留國應鼓勵被拘禁人之文化、教育與娛樂活動、運動與遊戲，參加與否任其自由。並應採取各種實際措施以保證其實行，尤應供給適當之場所。

對於被拘禁人之繼續其學習或研究新科目者應予以一切可能之便利。兒童及青年之教育應予保證，應許其在拘禁處所以內或以外之學校讀書。

對被拘禁人應給予體操、運動及室外遊戲之機會。為此目的，在一切拘禁處所應留有空場。應為兒童及青年保留特別運動場。

第九十五條　除非被拘禁人自願，拘留國不得僱其為工人。強迫僱用未被拘禁之被保護人即屬破壞本公約第四十與第五十一兩條，此項僱用及僱用從事有降低身分或侮辱性質之工作均應絕對禁止。

被拘禁人在工作六星期後得隨時離工，惟須於八日前通知。

拘留國得為同被拘禁人僱用被拘禁之醫師、牙醫及其他醫務人員從事其職業上的任務，或僱用被拘禁人擔任拘禁處所之管理與保養工作，及分派該項人員擔任廚房或其他內務工作，或令其擔任有關被拘禁人防禦空襲或其他戰爭危險之保護工作，此等權利，並不因上項規定而受妨礙。但不得令被拘禁人從事醫官認為與其體力不適合之工作。

拘留國對於工作條件，醫藥照顧，工資支付，及保證受僱之被拘禁人獲得工作上意外傷害或疾病之賠償，應負完全責任。此項工作條件及賠償之標準，應按照該國法規及現行慣例規定之；絕不得低於同一地區同一性質的工作通用之標準。工資應由被拘禁人與拘留國及拘留國以外之僱主——如有此情形——之間以特別協定公平決定之，並應對拘留國免費維持被拘禁人生活，及予以其健康狀況所需之醫藥照顧之義務，加以適當注意。凡被拘禁人被派長期從事本條第三款所述之各類工作者，應由拘留國付以公平之工資。被派是項工作之被拘禁人之工作條件、與工作上意外傷害及疾病賠償之標準，不得低於同一地區同一性質的工作所適用之條件與標準。

第九十六條　一切勞動隊均仍為拘禁處所之一部分並附屬於拘禁處所。拘留國主管當局及拘禁處所長官應負責使在勞動隊中遵守本公約各項規定。該長官應備有所屬勞動隊之到新近為止之名單，並應送交前來視察拘禁處所之保護國，紅十字國際委員會及其他人道組織之代表。

第六章　個人財產及經濟來源

第九十七條　被拘禁人應許其保有個人用品。除按照規定之手續外，不得取去其所持有之錢幣、支票、債券等及貴重物品。凡取去之物品應開給詳細收據。

款項應登入第九十八條所規定之被拘禁人帳目之內。此種款項不得換成任何其他貨幣，除非所有人被拘禁地方之現行立法有此規定，或被拘禁人表示同意。

具有個人或情感價值之物品，不得取去。

被拘禁之婦女僅得由婦女搜查。

被拘禁人釋放或遣返時，應給還在拘禁期間被取去之物品，錢幣或其他貴重物品，其按照第九十八條所立之帳目中之結餘款項，亦應以現款付給之，

但拘留國按照現行立法予以扣留之物品或款項除外。被拘禁人之財物因此被扣留者，應給予其所有人以詳細收據。

凡被拘禁人所有之家庭或身分證明文件，非經開給收據不得取去。無論何時不得使被拘禁人無身分證明文件。若無身分證明文件，拘留國應發給特別證件，在拘禁終止前作為其身分證明文件。

被拘禁人得隨身保有一定數目之金錢、現款或購物券，以便其購買物品。

第九十八條　被拘禁人應獲得經常津貼，足敷其購買物品，如煙草、盥洗用品等之需。該項津貼得採用記帳或購物券形式。

被拘禁人亦得接受其所隸屬國家，保護國，可予以協助之組織，或其家庭之津貼，以及按照拘留國法律自其財產所得之收入。其所隸屬國家所給予之津貼數目，對於同屬一類之被拘禁人（弱者、病者、孕婦等）均須相等，而該國或拘留國均不得根據本公約第二十七條所禁止之對被拘禁人之歧視標準予以分配。

拘留國對每一被拘禁人應開立經常帳目，以便存入本條所述之各項津貼，及所得工資與所收到之匯款，連同自彼取去而依其被拘禁地之現行立法可以動用之款項。對被拘禁人應按照當地現行立法予以匯款於其家庭及其他依賴以生活之人之一切便利，被拘禁人在拘留國所定之限制內，得自其帳目內支取個人費用所需款項。應隨時有查詢其帳目或獲得其帳目之抄本之相當的便利。如經請求，應以帳目清單送交保護國。被拘禁人被移送他處時，此項帳目清單應一同移送。

第七章　管理及紀律

第九十九條　各拘禁處所均應由一負責官員管理，該官員由拘留國正規武裝部隊或正規民政機關內選任之。管理拘禁處所之官員必須備有其本國正式文字，或正式文字之一之本公約抄本一份，並應負責實施本公約。管理被拘禁人之職員應教以本公約之規定及所採用以保證本公約實施之行政措施。

本公約及根據本公約所訂之特別協定之條文，均應以被拘禁人所瞭解之文字張貼於拘禁處所內，或由被拘禁人委員會保存之。

各種規則、命令、通告或出版物均應以被拘禁人所瞭解之文字向其傳達，並在拘禁處所內張貼之。

所有對被拘禁人個人所下之命令亦應用其所瞭解之文字。

第一〇〇條　拘禁處所之紀律制度應與人道之原則相符合，絕不得包括對被拘禁人加以妨礙其健康之體力運用或致其身體上或精神上之犧牲之規則。以刺字或在身體上印成符號或標記為辨別身分之方法，均所禁止。

長時間之站立與點名、罰操、軍操與軍事演習或減少口糧量尤所禁止。

第一〇一條　被拘禁人有向管制當局提出有關拘禁情況之任何訴願之權。

被拘禁人亦應有權無限制的通過被拘禁人委員會，或如其認為必要時，直

接向保護國代表申述其對於拘留情況有所申訴之處。

該項訴願與申訴應立予傳遞，不加更改；即使認為所提申訴並無根據，亦不得因此加以處罰。

被拘禁人委員會得向保護國代表致送關於拘禁處所情形及被拘禁人的需要之定期報告。

第一〇二條　在各拘禁處所內，被拘禁人應每六個月以秘密投票方式自由選舉委員會委員，該委員會有權向拘留國、保護國、紅十字國際委員會及予以協助之任何其他組織，代表被拘禁人。該委員會委員連選得連任。

凡當選之被拘禁人在拘留當局批准其選舉後，應即執行職務。任何拒絕批准或撤職之理由均應通知有關之保護國。

第一〇三條　被拘禁人委員會應促進被拘禁人之物質、精神及文化福利。

於本公約其他規定賦予被拘禁人委員會之特殊任務之外，如被拘禁人特別決定自行組織互助制度時，則此項組織亦當屬於該委員會之任務範圍。

第一〇四條　被拘禁人委員會委員不應令其擔任其他工作，假使因此將使其任務的完成更為困難。

被拘禁人委員會委員得自被拘禁人中指派其所需之助理人員。應給予彼等一切物質上之便利，尤其為完成其任務所需之若干行動自由（如視察勞動隊，接受供應品等）。

對被拘禁人委員會委員亦應予以與拘留國當局、保護國、紅十字國際委員會與其代表以及其他協助被拘留人之各項組織，郵電通訊之一切便利。勞動隊中之該委員會委員應享受與主要的拘禁處所之被拘禁人委員會類似之通訊便利。該項通訊應不受限制，亦不得認為構成第一百零七條所指限額之一部分。

被拘禁人委員會委員之被移送他處者，應予以相當時間，以便將進行中之事務告知其後任。

第八章　與外界之關係

第一〇五條　拘留國一經拘禁被保護人後，應將其執行本章各項規定所採之措施立即通知被拘禁人，其所隸屬之國以及其保護國。此類措施嗣後如有更改，拘留國應同樣通知有關各方。

第一〇六條　被拘禁人一經被拘禁時，或最遲在其到達拘禁處所後一星期內，或在染病或移送其他拘禁處所或醫院之場合，均應使其能直接向其家庭，同時並向第一百四十條所載之中央事務所寄發拘禁郵片，將其被拘禁情形、地址及健康狀況告知其親屬；該郵片，如屬可能，當與本公約所附之式樣相類似。上述郵片應盡速傳遞，無論如何不得遲延。

第一〇七條　被拘禁人應許其發收信件及郵片。如拘留國認為有限制每人所發信件及郵片數目之必要時，則其數目不得少於每月信二封及郵片四張；該信件與郵

片之式樣應盡可能依照本公約所附之格式制定。如被拘禁人收信數目必須限制時，則僅能由被拘禁人所隸屬之國家予以規定，可能因拘留國請求而行之。該項信件與郵片必須以相當速度遞送；不得遲延或為紀律理由而扣留。

凡被拘禁人之久未得音信者，或不能由普通郵路獲得其親屬之消息，或向彼等寄遞消息者，以及離家遙遠者，應許其拍發電報，其費用由彼等以其所持有之貨幣支付。如認有緊急情況，彼等亦應同樣享受此項規定之利益。通常被拘禁人之信件，應用其本國文字書寫。衝突各方亦得許用其他文字通訊。

第一〇八條　凡由郵政或其他方法送交被拘禁人之個人包裹或集體寄運物資，尤其內裝食物、衣服、醫療用品、書籍，以及有關彼等所需之宗教、教育或娛樂性質之物品，均應允許彼等接受。此等裝運物資並不免除拘留國按照本公約所負之各項義務。

倘因軍事需要而須限制此等裝運物資之數量時，應將此種情況妥為通知保護國及紅十字國際委員會，或其他協助被拘禁人並負責寄運上項物資之組織。

寄運個人包裹與集體物資之條件，必要時，應由有關國家特別協定之，惟該項協定不得遲延被拘禁人之收領救濟物品。衣服食品包裹中不得夾有書籍。醫療救濟物資通常應以集體包裹寄送之。

第一〇九條　衝突各方對於集體救濟裝運物資之接受與分配之條件，如無特別協定，則應適用本公約所附之關於集體救濟之規則。

上述特別協定，絕不得限制被拘禁人委員會接收寄交彼等之集體救濟裝運物資，進行分配，以及為受物人利益而處置該項物品之權。

上述協定亦不得限制保護國，紅十字國際委員會，或其他協助被拘禁人並負責轉送集體裝運物資之組織之代表，監督分發該項物資於受物人之權。

第一一〇條　所有寄交被拘禁人之救濟裝運物資應豁免進口、海關及其他捐稅。

凡自其他國家由郵政與被拘禁人之一切物件，包括郵寄之救濟包裹及匯款，或彼等經郵局寄出之物件，無論直接寄出或經由第一百三十六條所規定之情報局及第一百四十條所規定之中央情報事務所寄遞者，在寄出國、寄達國，及中途經過之國家均應豁免一切郵政費用。因此，一九四七年萬國郵政公約及萬國郵政聯盟所訂之協定為拘留於營地或普通監獄之敵國平民而規定之豁免辦法，尤應推廣適用於本公約所保護之其他被拘禁人。凡未簽訂上述各協定之國家遇有同樣情形亦應豁免各項費用。

凡寄交被拘禁人之救濟裝運物資因重量或其他原因不能自郵局寄遞者，則在拘留國控制之領土內之運費應由拘留國負擔。本公約之其他締約國應負擔各該國領土內之運費。

有關運輸此類物資之各種費用而為以上各款所未及規定者，應由寄物人負

擔。

各締約國對於被拘禁人所收發之電報應盡量減低其報費。

第一一一條　如軍事行動使有關國家不能履行其義務以保證第一百零六、一百零七、一百零八及一百一十三各條所規定之郵件與救濟物資之運送時，則有關之保護國、紅十字國際委員會或衝突各方正式承認之其他組織得採取適當方法（鐵路、汽車、船舶或飛機等），以確保上項物資之運送。為此目的，各締約國應設法供給此類運輸工具，並准其通行，尤須發給必需之通行證。

此種運輸工具亦可用以載送：

㈠第一百四十條所述之中央情報事務所與第一百三十六條所述之各國情報局間之來往信件，表冊及報告。

㈡保護國，紅十字國際委員會，或其他協助被拘禁人之組織與其所派之代表與衝突各方間來往有關被拘禁人之通訊與報告。

上項規定絕不影響任何衝突一方自願佈置其他運輸工具之權利，亦不妨礙在彼此同意條件下，對該項運輸工具發給通行證。

凡使用上述運輸工具所需之費用，應比照裝運物資之重要性由受益人所屬之衝突各方分擔之。

第一一二條　對於被拘禁人來往信件之檢查應盡速辦理。

對於寄交被拘禁人裝運物資之檢驗，不得在致使其內裝物品受損壞之情形下執行。檢驗應在收件人，或其所正式委託之同被拘禁人之面前執行之。

凡被拘禁人之個人或集體之裝運物資，不得以檢查困難為藉口，延遲交付。

衝突各方無論為軍事或政治理由對於通訊之禁止，應僅屬暫時性，其期限應盡量縮短。

第一一三條　拘留國對於通過保護國或第一百四十條所規定之中央事務所或其他必需方法送交被拘禁人或其寄出之遺囑、委託書、授權書或其他文件之轉遞，應予以一切合理之便利。

在一切情況下，拘留國對於為被拘禁人依法定格式完成並證實上述文件應予以便利，尤應允許被拘禁人諮詢律師。

第一一四條　拘留國應給予被拘禁人一切便利，使其能管理其財產，但須與拘禁情形及適用之法律並無不合。為此目的，遇有緊急情形及環境許可時，拘留國得允許被拘禁人離開拘禁處所。

第一一五條　遇有被拘禁人在任何法庭中為訴訟當事人之一切場合，拘留國一經其請求，應使法庭知其係在拘留中，並應在法律範圍內保證採取一切必要步驟，務使該被拘禁人對於訟案之準備與進行，或法庭判決之執行不致因其拘禁而處於不利之地位。

第一一六條　被拘禁人應許其按一定時期，而且盡可能時常接見來訪者，尤其近親。

遇有緊急情形，尤其遇有親屬死亡或重病之場合，應盡可能准被拘禁人歸家。

第九章　刑事及紀律制裁

第一一七條　在本章規定之限制下，拘留地方之現行法律對於在拘禁中犯法之被拘禁人
繼續適用。

如普通法律，規則或命令宣布被拘禁人所犯之行為應受處罰，而同一行為
如為非被拘禁人所犯，則不受處罰，則對被拘禁人之該項行為，應僅予以
紀律處罰。

被拘禁人不得因同一行為或同一罪名受一次以上之處罰。

第一一八條　法庭或當局作判決時，應盡量顧及被告並非拘留國人民之一事實。法庭或
當局得自由酌減被拘禁人因所犯罪行應受之刑罰，因此並無必須援用規定
最低刑罰之義務。

監禁於不見日光之房屋及各種虐待，無例外地，應予禁止。

凡受紀律或司法判決之被拘禁人，不得受與其他被拘禁人不同之待遇。

凡被拘禁人曾受預防性拘留者，其拘留期間，應自其可能被判之涉及禁閉
之紀律或司法懲罰之日期減除之。

對於被拘留人委員會應將對其所代表之被拘禁人之司法訴訟，及其結果通
知之。

第一一九條　適用於被拘禁人之紀律處罰應如下：

㈠罰款不得超過被拘禁人按照第九十五條規定所應能獲得的不超過三十日
　期間之工資之百分之五十。

㈡停止其所受超過本公約規定待遇之特權。

㈢與保養拘禁處所有關之疲勞服役，每日不超過兩小時。

㈣禁閉。

紀律處罰絕不得為非人道的，殘暴或危及被拘禁人健康。被拘禁人之年齡、
性別及健康狀況，應予顧及。

任何一次處罰之期限最多絕不得超過連續三十日，即使該被拘禁人在被處
分時負有數次互相關聯或不關聯之破壞紀律行為之責任。

第一二〇條　被拘禁人脫逃後復被拘獲或企圖脫逃者，對其脫逃行為僅能予以紀律處罰，
即使係屬累犯。

雖有第一百一十八條第三款之規定，但被拘禁人因脫逃或因企圖脫逃而受
處罰者，得加以特別監視，惟該項監視不得影響彼等健康，且須在拘禁處
所內執行，並不得因而取消本公約所給予彼等之保障。

被拘禁人幫助，教唆脫逃或企圖脫逃者，僅能因此受紀律處罰。

第一二一條　當被拘禁人因脫逃中所犯之罪行而受訴追時，不得因其脫逃或企圖脫逃，
即使係屬累犯，而加重其罪情。

衝突各方應保證主管當局在決定一過犯之處罰應屬紀律性或司法性時，持
之以寬大，尤其與已成功或未成功的脫逃有關之行為。

第一二二條 構成違犯紀律之行為應立即予以調查。本規定尤應適用於脫逃或企圖脫逃案件。再被拘捕之被拘禁人應盡速送交主管當局。

被拘禁人因違犯紀律等候處理之禁閉期間，應盡量減短，並不得超過十四日。該項期間應自其任何判處之禁閉中扣除之。

第一百二十四及第一百二十五兩條之規定應適用於因違犯紀律等候處理而受禁閉之被拘禁人。

第一二三條 在不妨礙法庭及上級當局之權限範圍內，紀律性處罰僅能由拘禁處所之長官，或代替該長官之負責官員，或由其委以紀律權之官員之命令行之。

在裁定紀律性處罰前，應將關於其所被控之過犯之確切案情通知被拘禁人，並予以解釋其行為及辯護之機會。尤應許其召喚證人，並於必要時，使用合格之譯員。判決應在被告及被拘禁人委員會一委員之前宣布之。

紀律性處罰的裁定及其執行之相隔時期，不得超過一個月。

被拘禁人再度被判紀律性處罰時，如其前後兩次處罰中之一次之時期為十日或十日以上，則該兩次處罰之執行，其間至少須隔三日。

紀律性處罰之紀錄，應由拘禁處所之長官保存，並得由保護國代表檢查。

第一二四條 被拘禁人絕不得移送於反省機關（監所、反省院、已決犯監獄）受紀律性處罰。

執行紀律性處罰之處所應合於衛生條件；尤須備有充分之被褥。受處罰之被拘禁人應使能保持身體清潔。

受紀律性處罰之被拘禁婦女之禁閉地方應與被拘禁男子分開，並應由婦女直接監管。

第一二五條 被判紀律性處罰之被拘禁人，應許其運動及在露天地方停留每日至少二小時。

被拘禁人請求時，應許其參加每日之健康檢查。被拘禁人應獲得其健康情形所需要之照顧，於必要時，並應將其送往拘禁處所之療養所或醫院。

彼等應准閱讀及書寫並收發信件。但寄給彼等之包裹及匯款得予扣留，直至其處罰期滿為止；在此期間此等物品應暫交被拘禁人委員會保管，該會當將包裹中易於腐壞之物品交與療養所。

受紀律性處罰之被拘禁人所享有本公約第一百零七及一百四十三兩條各項規定之利益不得予以剝奪。

第一二六條 第七十一條至第七十六條之規定，應依比照，適用於在拘留國本國領土內，對被拘禁人之訴訟。

第十章　被拘禁人之移送

第一二七條 被拘禁人之移送，應始終以人道方法行之。原則上應由鐵路或其他交通工具運送，而其運送情形最少須與拘留國軍隊換防情形相同。如為例外的措施，此項移動必須步行，則除非被拘禁人在適宜之健康狀況下，不得執行，

且絕不得使其過度疲勞。

拘留國在移送時，對被拘禁人應供給飲水與食物，其量、質與種類應足以維持其健康，並應供給必需之衣服，適當之住處，及必要之醫療照顧。拘留國應採取各種適當之預防措施以保證其在移送期間之安全，並在其啟程之前編造移送之被拘禁人全體名單。

傷、病，或體弱之被拘禁人及產婦，如旅程對彼等極為有害時，不得移送，除非彼等之安全，有此迫切移送的要求。

如戰區逼近拘禁處所，在該處之被拘禁人不得移送，除非其移送能在適當的安全情形下實行，或被拘禁人如仍居住原地其所冒之危險將更甚於移送。拘留國決定移送被拘禁人時，應顧及被拘禁人之利益，尤不得從事任何行動以增加其遣返或遣送回家之困難。

第一二八條　在移送時，應向被拘禁人正式通知其行期及新通信地址。此項通知應及時發出，俾彼等得以收拾行李及通知其最近親屬。

彼等應准攜帶個人物品，及收到之函件包裹。如移送情形有此必要，得限制其攜帶行李之重量，但無論如何每人不得少於二十五公斤。

寄到彼等舊拘禁處所之函件包裹，應予轉遞，不得遲延。

拘禁處所長官於徵得被拘禁人委員會同意後，應採取一切必要措施，保證運送被拘禁人之公共財物及其因本條第二款所加之限制而不能攜帶之行李。

第十一章　死　亡

第一二九條　被拘禁人之遺囑應由負責當局收存保管；被拘禁人死亡時，其遺囑應即交付其生前所指定之人，不得遲延。

被拘禁人之死亡均須由醫生證明，並須作成死亡證，載明死亡之原因及其發生情形。

適當登記之正式死亡記錄，應按照拘禁處所所在地之現行手續製成，該記錄之正式證明抄本應迅速送交保護國及第一百四十條所述之中央事務所。

第一三○條　拘留國應保證在拘禁期間死亡之被拘禁人，獲得榮譽之安葬。可能時按照其所屬宗教之儀式埋葬之，並尊重其墳墓，妥為保護，並加以常能辨認之標誌。

死亡之被拘禁人應葬於個別之墳墓中；除非在無法避免之情況下必須採用集體墳墓。遺體僅得因迫切的衛生理由，死者之宗教關係或其本人表明之意願方得予以焚化。如舉行焚化，則此項事實與理由應載明於死者之死亡證。骨灰應由拘留國妥為保存，一經死者最近親屬請求，應即盡速交付。

一俟環境許可，並不遲於戰爭結束時，拘留國應經由第一百三十六條所規定之情報局，將死亡之被拘禁人墳墓清單送交其所屬之國家。該清單應載明為辨認死亡之被拘禁人所需要之一切詳情，及其墳墓之確實地點。

第一三一條　被拘禁人之死亡或重傷，係由於或疑為由於哨兵，其他被拘禁人，或任何其他人所致者，以及原因不明之死亡，拘留國應立即從事正式調查。

該事件應立即通知保護國。一切證人之證明應行收集，並應備有包括該項證明之報告，送交上述保護國。

如上述調查指明一人或多人犯罪，拘留國應採取一切必要之措施，對該負責人一人或多人進行訴追。

第十二章　釋放、遣返及收容於中立國

第一三二條　一俟必須拘禁之理由不復存在時，拘留國應即將被拘禁人釋放。

衝突之各方在戰事進行中並應設法締結協定，規定若干類之被拘禁人，尤其兒童、孕婦、有嬰孩與幼童之母親，傷者、病者及已經長期拘禁者之釋放、遣返、送歸原居住地或收容於中立國之辦法。

第一三三條　戰事結束後，拘禁應予盡速終止。

對於在衝突一方領土內之被拘禁人刑事程序正在進行中而其所犯行為並非完全限於紀律性處罰範圍內者，得予扣留至該項程序結束時止，並於情況需要時，直至刑罰終了時止。對於以前被判剝奪自由的處罰之被拘禁人，本規定亦應適用之。

戰事或占領結束後，得依拘留國與有關國家之協定，成立委員會，搜尋散失之被拘禁人。

第一三四條　戰事或占領結束時，各締約國應努力設法使被拘禁人歸還最後居住地方，或便利彼等之遣返。

第一三五條　拘留國應負擔將釋放之被拘禁人送回至其被拘禁時居住之地方之費用。如被拘禁人係於過境時或在公海上始被拘管者，則該國應負擔其完成旅程或返歸啟程地點之費用。

被拘禁人以前原在拘留國領土內有永久住所，而在釋放之時該拘留國不許其繼續居住於其領土者，則該國應負擔該被拘禁人遣返之費用。但如被拘禁人願自行歸返其本國或因遵從其所隸屬國政府命令而返國者，則拘留國不必負擔該人離開該國領土出發地點後之旅費。拘留國不負擔自請拘禁之被拘禁人之遣返費用。

如被拘禁人依第四十五條而被移送，移送國與接受國應商定上述各項費用之彼此分擔部分。

上述規定不礙及衝突各方間所訂立關於在敵方手中的本國人民之交換與遣返之特別協定。

第四部　本公約之執行

第一編　總則

第一四二條 在拘留國認為保證其安全或適應其他合理需要所必要之措施之限制下，宗教組織、救濟團體，或其他任何協助被保護人之組織之代表，應得為其本人或其正式委派之代理人，自拘留國獲得一切必要之便利以訪問被保護人，分發為供教育、娛樂或宗教目的用之任何來源之救濟物資，或協助彼等在拘留處所內組織其空閒時間。此等團體或組織得在拘留國或任何其他國內組成，或具有國際性質。

拘留國得限制派有代表在其領土內及在其監督下從事活動之團體與組織之數目，但該項限制不得妨礙對於所有被保護人之有效及充分的救濟之供應。

紅十字國際委員會在該方面之特殊地位，無論何時均應予以承認及隨時尊重。

第一四三條 保護國之代表應許其前往被保護人所在之一切地方，尤其拘禁、拘留及工作地方。

該代表等可進入被保護人居住之一切處所，並得親自或經由譯員，會見被保護人而無須他人在旁。

除因迫切的軍事需要之理由且僅作為一種例外及暫時的措施外，不得禁止此項訪問。訪問時間之久暫與次數亦不得加以限制。

此項代表等應有選擇其願訪問之地點之完全自由。拘留國或占領國、保護國及於必要時，被訪問人之本國，得同意被拘禁人之本國人參加此項訪問。

紅十字國際委員會之代表亦應享有上述各項特權。該代表等之指派須取得管理其執行任務所在地區之國家之同意。

第一四四條 各締約國在平時及戰時應在各該國盡量廣泛傳播本公約之約文，尤應在軍事，並如可能時在公民教育計畫中，包括本公約之學習，俾本公約之原則為全體居民所周知。

凡在戰時擔任有關被保護人之責任之任何民政，軍事，警察或其他當局必須備有本公約之約文，並須對其各項規定受有特別之教導。

第一四五條 各締約國應通過瑞士聯邦委員會，在戰時則通過保護國，互相通知本公約之正式譯文，及其所採用以保證實施本公約之各項法律與規則。

第一四六條 各締約國擔任制定必要之立法，俾對於本身犯有或令人犯有下條所列之嚴重破壞本公約之行為之人，予以有效的刑事制裁。

各締約國有義務搜捕被控為曾犯或曾令人犯此種嚴重破壞本公約行為之人，並應將此種人，不分國籍，送交各該國法庭。該國亦得於自願時，並依其立法之規定，將此種人送交另一有關之締約國審判，但以該締約國能

指出案情顯然者為限。

各締約國應採取必要措施，以制止下條所列嚴重破壞本公約行為以外之一切違反本公約規定之行為。

在一切情況下，被告人應享有適當的審判及辯護之保障。此種保障，不得次於一九四九年八月十二日關於戰俘待遇之日內瓦公約第一百零五條及其以下各條所規定者。

第一四七條 上述所述之嚴重破壞公約行為，應係對於受本公約保護之人或財產所犯之任何下列行為：故意殺害，酷刑及不人道待遇，包括生物學實驗，故意使身體及健康遭受重大痛苦或嚴重傷害；將被保護人非法驅逐出境或移送，或非法禁閉，強迫被保護人在敵國軍隊中服務，或故意剝奪被保護人依本公約規定應享之公允及合法的審訊之權利，以人為質，以及無軍事上之必要而以非法與暴亂之方式對財產之大規模的破壞與徵收。

第一四八條 任何締約國不得自行推卸，或允許任何其他締約國推卸，其本身或其他締約國所負之關於上條所述之破壞公約行為之責任。

第一四九條 經衝突一方之請求，應依有關各方所決定之方式，進行關於任何被控違犯本公約行為之調查。

如關於調查程序不能獲致協議，則各方應同意選定一公斷人，由其決定應遵行之程序。

違約行為一經確定，衝突各方應使之終止，並應迅速加以取締。

七十二、一九四九年八月十二日日內瓦四公約關於保護國際性武裝衝突受難者的附加議定書（第一議定書）(Protocol Additional to the Geneva Conventions of 12 August 1949, and Relating to the Protection of Victims of International Armed Conflicts (Protocol I)) (1977.6.8)

說明：

㈠本議定書於一九七七年六月八日簽署，一九七八年十二月七日生效。

㈡英文本見 UNTS, Vol. 1125, pp. 4–59，亦刊載於 THE GENEVA CONVENTIONS OF 12 AUGUST 1949, Geneva: International Committee of the Red Cross, 2010, pp. 9–69；中文本見 UNTS, Vol. 1125, pp. 149–213。

序　文

　　締約各方，

　　宣布其願見和平普及於各國人民之間的熱望，

　　回顧到每個國家有義務按照聯合國憲章，在其國際關係上不以武力相威脅或使用武力，或以與聯合國宗旨不符的任何其他方式，侵害任何國家的主權、領土完整或政治獨立，

　　然而認為有必要重申和發展關於保護武裝衝突受難者的規定，並補充旨在加強適用這些規定的措施，

　　深信本議定書或一九四九年八月十二日日內瓦四公約的內容均不能解釋為使任何侵略行為或任何與聯合國憲章不符的武力使用為合法或予以認可，

　　並重申一九四九年八月十二日日內瓦四公約和本議定書的規定必須在一切情況下充分適用於受這些文件保護的一切人，不得以武裝衝突的性質或起因為依據或以衝突各方所贊助的或據稱為各方所致力的目標為依據而加以不利區別，

　　議定如下：

第一部　總　則

第　一　條　一般原則和適用範圍

　　一、締約各方承諾，在一切情況下，尊重本議定書並保證本議定書被尊重。

　　二、在本議定書或其他國際協定所未包括的情形下，平民和戰鬥員仍受來源於既定習慣、人道原則和公眾良心要求的國際法原則的保護和支配。

　　三、本議定書補充一九四九年八月十二日關於保護戰爭受難者的日內瓦四公約，應適用於各公約共同第二條所指的各場合。

　　四、上款所指的場合，包括各國人民在行使莊嚴載入聯合國憲章和關於各國依聯合國憲章建立友好關係及合作的國際法原則宣言的自決權中，對殖民統治和外國占領以及對種族主義政權作戰的武裝衝突。

第　二　條　定義

　　為了本議定書的目的：

　　一、「第一公約」、「第二公約」、「第三公約」和「第四公約」分別指：一九四九年八月十二日改善戰地武裝部隊傷者病者境遇的日內瓦公約；一九四九年八月十二日改善海上武裝部隊傷者病者及遇船難者境遇的日內瓦公約；一九四九年八月十二日關於戰俘待遇的日內瓦公約；一九四九年八月十二日關於戰時保護平民的日內瓦公約；「各公約」是指一九四九年八月十二日關於保護戰爭受難者的日內瓦四公約；

　　二、「適用於武裝衝突的國際法規則」是指衝突各方作為締約各方訂立的國際

協定所載的適用於武裝衝突的規則和適用於武裝衝突的公認國際法原則和規則；

三、「保護國」是指經衝突一方提名和敵方接受並同意行使各公約和本議定書所賦予保護國的職務的中立國家或其他非衝突一方的國家；

四、「代替組織」是指按照第五條代替保護國行事的組織。

第 三 條　適用的開始和終止

在不妨礙不論何時均可適用的規定的條件下：

一、各公約和本議定書應自本議定書第一條所指的任何場合發生時開始適用；

二、在衝突各方領土內，於軍事行動全面結束時，各公約和本議定書應終止適用，在被占領領土內，則於占領終止時終止適用，但在上述任何一種情況下，嗣後予以最後釋放、遣返或安置的人除外。這類人在最後釋放、遣返或安置前，應繼續享受各公約和本議定書有關規定的利益。

第 四 條　衝突各方的法律地位

各公約和本議定書的適用，以及這些文件所規定的協定的訂立，均不應影響衝突各方的法律地位。領土的占領或各公約和本議定書的適用均不應影響有關領土的法律地位。

第 五 條　保護國及其代替組織的指派

一、衝突各方有義務自該衝突開始發生之時起按照下列各款適用保護國制度，其中除其他事項外，包括保護國的指定和接受，以保證各公約和本議定書的監督和執行。保護國應負保障衝突各方利益的責任。

二、自第一條所指的場合發生之時起，衝突每一方應立即為了適用各公約和本議定書的目的而指定一個保護國，並立即為了同樣目的而准許在敵方指定後予以接受的保護國進行活動。

三、如果自第一條所指的場合發生之時起未指定或接受保護國，紅十字國際委員會在不妨害任何其他公正的人道主義組織進行同樣活動的權利的條件下，應向衝突各方提供斡旋，以便立即指定衝突各方所同意的保護國。為此目的，紅十字國際委員會得在其他事項外請每一方提出一項該方認為可以接受的在對敵方關係上作為其保護國行事的至少五個國家的名單，並請每個敵方提出一項該敵方可以接受為前一方的保護國的至少五個國家的名單；這些名單應在收到請求後兩週內送交該委員會；該委員會應將各名單加以比較，並尋求在雙方名單中均被提名的任何國家的同意。

四、如果儘管有上述規定而未指定保護國，衝突各方應立即接受紅十字國際委員會或任何其他提供一切公正和效率保證的組織所提出的建議，由該組織在與各該方妥善磋商後並在考慮磋商的結果下充當代替組織。代替組織行使職責應取得衝突各方的同意。衝突各方應盡力為代替組織按照

　　　各公約和本議定書執行其任務的工作提供便利。

五、按照第四條，為了適用各公約和本議定書的目的而指定和接受保護國，
　　不應影響衝突各方和包括被占領領土在內的任何領土的法律地位。

六、衝突各方之間外交關係的維持，或按照關於外交關係的國際法規則將一
　　方的利益及其國民的利益委託第三國保護，對於為了適用各公約和本議
　　定書的目的而指定保護國，不構成任何障礙。

七、本議定書嗣後任何提及保護國之處，均包括代替組織在內。

第 六 條　合格人員

一、締約各方在平時也應努力在各國紅十字會（紅新月會、紅獅與太陽會）
　　協助下訓練合格人員，以便利各公約和本議定書的適用，特別是便利保
　　護國的活動。

二、這類人員的徵募和訓練，屬於國內管轄範圍。

三、紅十字國際委員會應備有締約各方所制定並為該目的而送交該委員會的
　　經過訓練的人員名單，以供締約各方使用。

四、關於在本國領土外使用這類人員的條件，應在每個場合下由有關各方之
　　間的特別協定予以規定。

第 七 條　會議

本議定書保存者在締約一方或幾方請求下和締約各方多數贊同時，應召開締
約各方會議，審議關於適用各公約和本議定書的一般問題。

第二部　傷者、病者和遇船難者

第一編　一般保護

第 八 條　術語

為了本議定書的目的：

一、「傷者」和「病者」是指由於創傷、疾病或其他肉體上或精神上失調或失
　　去能力而需要醫療救助或照顧而且不從事任何敵對行為的軍人或平民。
　　這些術語還包括產婦、新生嬰兒和其他需要立即予以醫療救助或照顧的，
　　如弱者或孕婦，而且不從事任何敵對行為的人；

二、「遇船難者」是指由於遭受不幸或所乘船舶或飛機遭受不幸而在海上或在
　　其他水域內遇險而且不從事任何敵對行為的軍人或平民。這類人如果繼
　　續不從事任何敵對行為，在被營救期間，直至其依據各公約或本議定書
　　取得另外的身分時為止，應繼續視為遇船難者；

三、「醫務人員」是指衝突一方專門被派用於第五款所列的目的或被派用以管
　　理醫療隊或操縱或管理醫務運輸工具的人員。這項派用可以是經常性或
　　臨時性的。該術語包括：

㈠衝突一方的醫務人員，不論是軍事或平民醫務人員，包括第一和第二公約所述的醫務人員以及被派到民防組織的醫務人員；

㈡衝突一方所正式承認和核准的各國紅十字會（紅新月會、紅獅與太陽會）和其他國內志願救濟團體的醫務人員；

㈢第九條第二款所述的醫療隊或醫務運輸工具的醫務人員。

四、「宗教人員」是指專門從事宗教工作並依附於下列各單位的軍人或平民，如牧師：

㈠衝突一方的武裝部隊；

㈡衝突一方的醫療隊和醫務運輸工具；

㈢第九條第二款所述的醫療隊或醫務運輸工具；或

㈣衝突一方的民防組織。

宗教人員依附於上述單位，可以是經常性的或臨時性的，而且第十一款所載的有關規定均適用於這類人員。

五、「醫療隊」是指為了醫務目的，即搜尋、收集、運輸、診斷或治療——包括急救治療——傷者、病者和遇船難者，或為了防止疾病而組織的軍用或平民醫療處所或其他單位。例如，該術語包括醫院和其他類似單位、輸血中心、預防醫務中心和院所、醫藥庫和這類單位的醫藥儲存處。醫療隊可以是固定的或流動的，常設性或臨時性的。

六、「醫務運輸」是指對受各公約和本議定書保護的傷者、病者、遇船難者、醫務人員、宗教人員、醫療設備或醫療用品的陸上、水上或空中運輸；

七、「醫務運輸工具」是指專門被派用於醫務運輸，並在衝突一方主管當局控制下的任何軍用或平民、常設性或臨時性的運輸工具；

八、「醫務車輛」是指任何陸上醫務運輸工具；

九、「醫務船艇」是指任何水上醫務運輸工具；

十、「醫務飛機」是指任何空中醫務運輸工具；

十一、「常任醫務人員」、「常設醫療隊」和「常設醫務運輸工具」是指不定期的專門被派用於醫務目的的人員、單位和工具。「臨時醫務人員」、「臨時醫療隊」和「臨時醫務運輸工具」是指有期限而在整個期限內專門用於醫療目的的人員、單位和工具。除另作規定外，「醫務人員」、「醫療隊」和「醫務運輸工具」包括經常和臨時兩類。

十二、「特殊標誌」是指用於保護醫療隊和運輸工具或醫務或宗教人員、設備或用品時的白底紅十字（紅新月、紅獅與太陽）的特殊標誌。

十三、「特殊信號」是指本議定書附件一第三章所規定的專門用以識別醫療隊或運輸工具的任何信號或資訊。

第 九 條 適用範圍

一、本部分，其規定以改善傷者、病者和遇船難者境遇為目的，應適用於受第一條所指場合影響的所有傷者、病者和遇船難者，而不加任何以種族、

　　　　　膚色、性別、語言、宗教或信仰、政治或其他意見、民族或社會出身、
　　　　　財富、出生或其他身分或任何其他類似標準為依據的不利區別。
　　二、第一公約第二十七條和第三十二條的有關規定，應適用於下列國家、團
　　　　　體或組織為了人道主義目的向衝突一方提供的常設醫療隊和運輸工具
　　　　　（但醫院船除外，醫院船適用第二公約第二十五條的規定）及人員：
　　　　　㈠中立國家或其他非該衝突一方的國家；
　　　　　㈡該國承認和核准的救濟團體；
　　　　　㈢公正的國際人道主義組織。

第 十 條　保護和照顧

　　一、所有傷者、病者和遇船難者，不論屬於何方，均應受尊重和保護。
　　二、在任何情況下，上述人員均應受人道待遇，並應在最大實際可能範圍內
　　　　　並盡速得到其狀況所需的醫療照顧和注意。在這類人之中，不應以醫療
　　　　　以外任何理由為依據而加以任何區別。

第十一條　對人身的保護

　　一、由於第一條所指的場合而落於敵方權力下或被拘禁、拘留或以其他方式
　　　　　被剝奪自由的人的身心健全，不應受任何無理行為或不作為的危害。因
　　　　　此，迫使本條所述的人接受非為該有關的人的健康狀況所要求並與進行
　　　　　醫療程序一方未剝奪自由的國民在類似醫療情況下所適用的公認醫療標
　　　　　準不符的醫療程序，是禁止的。
　　二、特別禁止對這類人員實行下列各項辦法，即使經本人同意，也應禁止：
　　　　　㈠殘傷肢體；
　　　　　㈡醫療或科學實驗；
　　　　　㈢除依據第一款所規定的條件係屬正當的行為外，為移植而取去組織或
　　　　　　器官。
　　三、對第二款第三項所規定的禁例，只有獻血以供輸血或獻皮以供移植的情
　　　　　形除外，但獻血或獻皮均應自願，而不加任何脅迫或勸誘，而且，只限
　　　　　於治療目的，並在與公認醫療標準相符的條件下和在旨在使捐獻者和領
　　　　　受者雙方共同受益的控制下，才得除外。
　　四、對於在所依附的一方以外衝突一方權力下的任何人，嚴重危害其身心健
　　　　　全，並違反第一款和第二款所規定的任何禁例，或不遵守第三款的要求
　　　　　的任何故意行為或不作為，應是嚴重破壞本議定書的行為。
　　五、第一款所述的人有權拒絕任何外科手術。遇有拒絕的情形，醫務人員應
　　　　　設法取得病人所簽字或承認的關於拒絕的書面聲明。
　　六、衝突每一方對於在其負責下獻血以供輸血或獻皮以供移植，均應就每次
　　　　　獻血或獻皮，保存一份醫務記錄。此外，衝突每一方均應設法保存一份
　　　　　關於對因第一條所指的場合而被拘禁、拘留或以其他方式被剝奪自由的
　　　　　任何人所進行的所有醫療程序的記錄。這類記錄應隨時提供，以備保護

國檢查。

第十二條　對醫療隊的保護

一、醫療隊無論何時均應受尊重和保護，並不應成為攻擊的對象。

二、第一款應適用於平民醫療隊，但須具備下列條件之一：

㈠屬於衝突一方；

㈡為衝突一方主管當局所承認和核准；

㈢按照本議定書第九條第二款或第一公約第二十七條被核准。

三、衝突各方應互相通知固定醫療隊的位置。未通知的情況不應免除任何一
方遵守第一款的規定的義務。

四、在任何情況下，均不應利用醫療隊以掩護軍事目標不受攻擊。衝突各方
應盡可能保證醫療隊設在對軍事目標的攻擊不致危害其安全的地方。

第十三條　對平民醫療隊的保護的停止

一、平民醫療隊有權享受的保護，除非用於從事人道主義職務以外的害敵行
為，不應停止。但保護僅在發出警告，並在任何適宜時定有合理時限，
而警告仍無效果後才得停止。

二、下列各項情形不應視為害敵行為：

㈠醫療隊人員為了自衛或保衛其照顧下的傷者和病者而備有個人輕武
器；

㈡醫療隊由警衛、哨兵或護送衛士守護；

㈢醫療隊內有取自傷者和病者而尚未送交主管部門的輕兵器和彈藥；

㈣武裝部隊人員或其他戰鬥員為了醫療原因而留在醫療隊內。

第十四條　對徵用平民醫療隊的限制

一、占領國有義務保證被占領領土內平民居民的醫療需要繼續得到滿足。

二、因此，平民醫療隊、其設備、其器材或其人員的服務，只要為向平民居
民提供適當醫療服務和對已經在治療中任何傷者和病者繼續進行醫療照
顧所必需，占領國即不應加以徵用。

三、在繼續遵守第二款所規定的一般規則的條件下，占領國依據下列特殊條
件，得徵用上述人員和物資：

㈠該人員和物資為占領國武裝部隊傷病人員或戰俘的適當和即時醫療所
需要；

㈡僅在這種需要存在時繼續徵用；

㈢立即作出安排，保證平民居民以及受徵用影響的任何治療中傷者和病
者的醫療需要繼續得到滿足。

第十五條　對平民醫務和宗教人員的保護

一、平民醫務人員應受尊重和保護。

二、如果需要，在戰鬥活動使平民醫療服務被擾亂的地區內，對平民醫務人
員應提供一切可能的援助。

三、在被占領領土內，占領國應向平民醫務人員提供各種協助，使其能盡力執行其人道主義職務。除有醫療理由外，占領國不得要求這類人員在執行職務時優先治療任何人。這類人員不應被迫執行與其人道主義使命不符的任務。

四、平民醫務人員應得前往必需其服務的任何地方，但須遵守衝突有關一方認為必要的監督與安全措施。

五、平民宗教人員應受尊重和保護。各公約和本議定書關於保護和識別醫務人員的規定，對這類人員應同樣適用。

第十六條　對醫療職責的一般保護

一、在任何情況下，不問誰是受益者，任何人不應因進行符合醫療道德的醫療活動而受懲罰。

二、對從事醫療活動的人，不應迫使其從事或進行違反醫療道德規則、或違反其他為傷者和病者的利益而制訂的醫療規則、或違反各公約或本議定書的規定的行為或工作，也不應迫使其不從事或進行這類規則和規定所要求的行為或工作。

三、任何從事醫療活動的人，如果認為有關情報將證明為有害於有關病人或其家屬，即不應迫使其向屬於敵方的任何人，或除自己一方的法律所要求外，向屬於自己一方的任何人，提供關於在其照顧下或曾在其照顧下的傷者和病者的情報。但關於傳染病的強制通知的規章，則應受尊重。

第十七條　平民居民和救濟團體的作用

一、平民居民應尊重傷者、病者和遇船難者，即使該傷者、病者和遇船難者屬於敵方，並不應對其從事任何暴力行為。平民居民和救濟團體，如各國紅十字會（紅新月會、紅獅與太陽會），即使在其主動下，並即使在被入侵或被占領地區內，均應准其收集和照顧傷者、病者和遇船難者。任何人均不應因這種人道主義行為而受傷害、追訴、判罪或懲罰。

二、衝突各方得呼籲第一款所指的平民居民和救濟團體收集和照顧傷者、病者和遇船難者，和搜尋死者並報告其所在地點；衝突各方應對響應其呼籲的平民居民和救濟團體給以保護和必要便利。如果敵方取得或重新取得該地區的控制權，該方應在需要保護和便利的時間內給予同樣的保護和便利。

第十八條　識別

一、衝突每一方均應努力保證醫務和宗教人員及醫療隊和運輸工具能得到識別。

二、衝突每一方還應努力採取和實行使使用特殊標誌和特殊信號的醫療隊和運輸工具有可能被認出的方法和程序。

三、在被占領領土內或在正在進行戰鬥或可能進行戰鬥的地區內，平民醫務人員和平民宗教人員應使用特殊標誌和證明其身分的身分證，使其可能

被認出。

四、經主管當局同意，醫療隊和醫務運輸工具應用特殊標誌標明。本議定書第二十二條所指的船艇，應按照第二公約的規定予以標明。

五、除特殊標誌外，衝突一方得按本議定書附件一第三章所規定，核准使用特殊信號，以識別醫療隊和醫務運輸工具。作為例外，在該章所包括的特別情形下，醫務運輸工具得使用特殊信號而不展示特殊標誌。

六、本條第一款到第五款的規定的適用受本議定書附件一第一章到第三章的支配。該附件第三章為專門用於醫療隊和醫務運輸工具所指定的信號，除該章所規定外，不應用於識別該章所規定的醫療隊和醫務運輸工具以外的任何其他目的。

七、本條並不核准超出第一公約第四十四條的規定外在平時更廣泛地使用特殊標誌。

八、各公約和本議定書關於監督特殊標誌的使用和關於防止和取締其任何濫用的規定，應適用於特殊信號。

第十九條　中立國家和其他非衝突各方的國家

中立國家和其他非衝突各方的國家應對在其領土內收留或拘禁的受本部規定保護的人，或對其所發現的衝突各方的任何死者，適用本議定書的有關規定。

第二十條　對報復的禁止

對本部所保護的人和物體的報復，是禁止的。

第二編　醫務運輸

第二十一條　醫務車輛

醫務車輛應受流動醫療隊依據各公約和本議定書所受的同樣尊重和保護。

第二十二條　醫院船和沿岸救護艇

一、各公約關於：

　　㈠第二公約第二十二條、第二十四條、第二十五條和第二十七條所述的船舶，

　　㈡其救生艇和小艇，

　　㈢其人員和船員，和

　　㈣船上傷者、病者和遇船難者的規定，

在這些船舶運載不屬於第二公約第十三條所載任何一類的平民傷者、病者和遇船難者的情形下，也應適用。但這類平民不應將其交給非其所屬的任何一方或在海上將其拿捕。這類平民如果在其所屬以外的衝突一方權力下，應包括在第四公約和本議定書的規定範圍內。

二、各公約對第二公約第二十五條所述船舶所提供的保護，應擴展於

　　㈠中立國家或其他非該衝突一方的國家，或

　　㈡公正的國際人道主義組織，為了人道主義目的向衝突一方提供的醫

院船，

但在上述任何一種情形下，均須符合該條所列的要求。

三、第二公約第二十七條所述的小艇，即使未發出該條所規定的通知，也應受保護。而關於任何其他足以便利識別和認出這類小艇的有關細節，請衝突各方彼此通知。

第二十三條　其他醫務船艇

一、本議定書第二十二條和第二公約第三十八條所指以外的醫務船艇，不論在海上或在其他水域內，均應受流動醫療隊依據各公約和本議定書所受的同樣尊重和保護。由於這種保護只有在這類船艇能被識別和認出的條件下才能有效，因而這類船艇應以特殊標誌標明，並盡可能遵從第二公約第四十三條第二款的規定。

二、第一款所指的船艇應仍受戰爭法規的拘束。任何有可能立即強制執行其命令的水面戰艦，得命令這類船艇停航，或命令其駛離，或使其航駛一定航線，而這類船艇應服從每一項這類命令。這類船艇，只要為船上傷者、病者和遇船難者所需，即不得以任何其他方式改變其醫務使命。

三、第一款所規定的保護，僅應在第二公約第三十四條和第三十五條所列的條件下停止。明顯地拒絕服從按照第二款所發出的命令，應是第二公約第三十四條所規定的害敵行為。

四、衝突一方得盡可能在醫務船艇，特別是超過二千總噸的船舶出航前，將其名稱、形狀、預定出航時間、航線和估計的速度通知任何敵方，並得提供任何其他便於識別和認出的情報。敵方應表明收到這項情報。

五、第二公約第三十七條的規定應適用於這類船艇上的醫務和宗教人員。

六、第二公約的規定應適用於這類船艇上屬於第二公約第十三條和本議定書第四十四條所指各類的傷者、病者和遇船難者。對不屬於第二公約第十三條所載各類中任何一類的平民傷者、病者和遇船難者平民，如果在海上，不應將其交給非其所屬的任何一方，或迫使其離開該船艇；這類平民如果在其所屬一方以外的衝突一方權力下，應包括在第四公約和本議定書的規定的範圍內。

第二十四條　對醫務飛機的保護

在本部規定的拘束下，醫務飛機應受尊重和保護。

第二十五條　敵方未控制的地區內醫務飛機

在友方部隊所實際控制的陸地地區內或其上空，或在敵方所未實際控制的海域內或其上空，對衝突一方醫務飛機的尊重和保護，不依賴於與敵方訂立的任何協定。但為更安全起見，在這些地區內操縱醫務飛機的衝突一方，得按第二十九條所規定，通知敵方，特別是在該飛機飛行進入敵方地對空武器系統射程時，更須通知。

第二十六條　接觸或類似地帶內醫務飛機

一、在友方部隊所實際控制的接觸地帶的一些部分內和其上空，以及在實際控制權未明顯確立的地區內或其上空，只有按第二十九條所規定，衝突各方主管軍事當局之間事先取得協議，醫務飛機才能得到充分有效的保護。在沒有這種協議的情形下，醫務飛機雖其操縱須自冒風險，但在其已被認出是醫務飛機後，仍應受尊重。

二、「接觸地帶」是指敵對部隊的先頭部分彼此接觸，特別是該部分已直接暴露於地面火力下的任何陸地地區。

第二十七條　敵方控制的地區內醫務飛機

一、衝突一方的醫務飛機在敵方所實際控制的陸地地區或海域上空飛行時，應繼續受保護，但須事先取得該敵方的主管當局對這項飛行的同意。

二、由於航行錯誤或因影響飛行安全的緊急狀態而在未取得第一款所規定的同意或違反該項同意的情形下飛行於敵方所實際控制的地區上空的醫務飛機，應盡力使其能被識別，並應將情況通知敵方。一旦這類醫務飛機為敵方所認出，該方應盡一切合理努力，立即發出第三十條第一款所指的著陸或降落水面的命令，或採取保障其本身利益的其他措施，並在上述任何一種情形下，應在對該飛機進行攻擊前，允許該飛機有遵從命令的時間。

第二十八條　對醫務飛機運用的限制

一、禁止衝突各方利用其醫務飛機，以圖從敵方取得任何軍事利益。醫務飛機的存在不應被利用，以圖使軍事目標不受攻擊。

二、醫務飛機不應被利用，以收集或傳送情報資料，並不應攜帶旨在用於這項目的的任何器材。禁止醫務飛機運載任何不包括在第八條第六款的定義內的任何人或貨物。飛機運載機上人員的個人物品或目的僅在便利航行、通訊或識別的裝備，不應視為屬於禁止之列。

三、醫務飛機不應攜帶任何武器，但取自飛機上傷者、病者和遇船難者而尚未送交主管部門的輕兵器及彈藥，以及使船上醫務人員能自衛和保衛在其照顧下的傷者、病者和遇船難者所需的個人輕武器除外。

四、在進行第二十六條和第二十七條所指的飛行時，醫務飛機除與敵方事先達成協議外，不應用以搜尋傷者、病者和遇船難者。

第二十九條　關於醫務飛機的通知和協議

一、第二十五條所規定的通知或為取得第二十六條、第二十七條、第二十八條第四款或第三十一條所規定的事先協議而提出的請求，應說明醫務飛機的計畫數目、其飛行計畫和識別方法，並應被理解為含有每次飛行均將遵照第二十八條的規定的意思。

二、收到第二十五條所規定的通知的一方，應立即表明收到該通知。

三、收到為取得第二十六條、第二十七條、第二十八條第四款或第三十一
　　條所規定的事先協議的請求的一方,應盡速通知請求一方:

　　㈠同意該請求;

　　㈡拒絕該請求;或

　　㈢提出對該請求的合理的替代建議。該方還得提議,在所涉時間內禁
　　　止或限制在該地區內的其他飛行。提出請求的一方,如果接受替代
　　　建議,應將其接受通知他方。

四、各方應採取必要措施,以保證能迅速地發出通知和取得協議。

五、各方還應採取必要措施,迅速向有關軍事單位傳播任何該通知和協議
　　的內容,並將有關醫務飛機所使用的識別方法指示該軍事單位。

第三十條　醫務飛機的降落和檢查

一、對在敵方所實際控制的地區上空或在實際控制權未明顯確立的地區上
　　空飛行的醫務飛機,得按適當情況命令其著陸或降落水面,以便按照
　　下列各款進行檢查。醫務飛機應服從任何這類命令。

二、這類飛機,不論因被命令或基於其他原因而著陸或降落水面,僅得因
　　確定第三款和第四款所指的事項而受檢查。任何這種檢查應立即開始,
　　並應從速進行。檢查一方對於傷者和病者,除為檢查所需外,不應要
　　求將其移離飛機。該方無論如何應保證傷者和病者的狀況不因檢查或
　　移離而受不利的影響。

三、如果檢查表明該飛機:

　　㈠是第八條第十款的意義內的醫務飛機,

　　㈡不違反第二十八條所規定的條件,而且

　　㈢在需要事先協議的情形下,其飛行並非事先沒有協議或並不破壞事
　　　先協議的規定,

　　該飛機和屬於敵方或屬於中立國家或其他非衝突一方的其他國家的機
　　上人員,應准其立即繼續飛行。

四、如果檢查表明飛機:

　　㈠不是第八條第十款的意義內的醫務飛機,

　　㈡違反第二十八條所規定的條件,或

　　㈢在需要事先協議的情形下,其飛行並無事先協議或破壞事先協議的
　　　規定;

　　對該飛機得予拿捕。對機上人員應按照各公約和本議定書的有關規定
　　給予待遇。曾被派為常設醫務飛機的任何飛機,被拿捕後僅得用為醫
　　務飛機。

第三十一條　中立國家或其他非衝突各方的國家

一、除有事先協議外,醫務飛機不應在中立國家或其他非衝突一方的國家
　　的領土上空飛行,或在該領土內降落。但在有事先協議的情形下,醫

務飛機在其全部飛行中以及在該領土內任何停留期間，則均應受尊重。然而該醫務飛機仍應服從著陸或在適當情況下降落水面的任何命令。

二、如果醫務飛機由於航行錯誤或因影響飛行安全的緊急狀態而在沒有協議或背離協議規定的情形下飛行於中立國家或其他非衝突一方的國家的領土上空，該飛機應盡力發出飛行的通知，並使自己能被識別。一旦這類醫務飛機被認出，該國應盡一切合理努力，立即發出第三十條第一款所指的著陸或降落水面的命令，或採取保障其本身的利益的其他措施，並在上述任何一種情形下，應在對該飛機進行攻擊前，允許該飛行有遵從命令的時間。

三、如果醫務飛機依據協議或在第二款所載的情況下，不論因被命令著陸或降落水面或基於其他原因，而在中立國家或其他非衝突一方的國家的領土內著陸或降落水面，該飛機應受檢查，以確定其在事實上是否醫務飛機。檢查應立即開始，並應從速進行。對屬於操縱飛機的一方的傷者和病者，除其移離飛機為檢查所需外，檢查一方不應要求其移離飛機。檢查一方無論如何應保證傷者和病者的狀況不因檢查或移離而受不利的影響。如果檢查表明，該飛機在事實上是醫務飛機，則該飛機及其機上人員，除按照適用於武裝衝突的國際法規則必須予以拘留外，應准其恢復飛行，並應給予繼續飛行的合理便利。如果檢查表明，飛機不是醫務飛機，對該飛機應予拿捕，機上人員應按照第四款的規定享受待遇。

四、經地方當局同意，在中立國家或其他非衝突一方的國家領土內，並非臨時地從醫務飛機下來的傷者、病者和遇船難者，除該國和衝突各方之間另有協議外，如果適用於武裝衝突的國際法規則有此要求，則應由該國予以拘留，使其不能再從事敵對行動。醫院治療和拘禁的費用應由這類人所屬的國家負擔。

五、中立國家或其他非衝突各方的國家，應對衝突所有各方同樣適用關於醫務飛機在其領土上空通過或在其領土內著陸的任何條件和限制。

第三編　失蹤和死亡的人

第三十二條　一般原則

在執行本段的規定時，締約各方、衝突各方和各公約和本議定書所載的國際人道主義組織的活動，主要應受家庭瞭解其親屬命運的權利的推動。

第三十三條　失蹤的人

一、一旦情況許可，並至遲從實際戰鬥結束時開始，衝突各方應即搜尋經敵方報告為失蹤的人。該敵方應發送有關這類人的一切情報，以便利搜尋。

二、為了便利按照上款的規定蒐集情報，對於依據各公約和本議定書不受

更優惠考慮的人，衝突每一方應：

㈠將第四公約第一百三十八條所規定的關於因敵對行動或占領而被拘留、監禁或以其他方式被囚禁超過兩週、或在任何拘留期間死亡的這類人的有關情報記錄下來；

㈡在最大可能範圍內便利、並於需要時進行搜尋這類人的工作，以及如果這類人由於敵對行動或占領而在其他情況下死亡，將其有關情報記錄下來的工作。

三、按照第一款已報告為失蹤的人的有關情報以及獲得這種情報的請求，應直接或通過保護國或紅十字國際委員會中央查訪局或各國紅十字會（紅新月會、紅獅與太陽會）發送。在未通過紅十字國際委員會及其中央查訪局發送情報的情形下，衝突一方也應保證向中央查訪局提供該項情報。

四、衝突各方應努力商定關於搜尋、識別和收回戰地上死者的工作組的安排，並於適當時，包括關於在敵方控制地區內執行這項任務時由敵方人員伴隨工作組的安排。這類工作組在專門履行這項職責時，應受尊重和保護。

第三十四條　死者屍體

一、基於與占領有關的原因死亡或因占領或敵對行動而在拘留中死亡的人的屍體，以及不是基於敵對行動的原因而死亡的所在地國家的國民的人的屍體，均應受尊重，所有這類人的基地，如果依據各公約和本議定書不受更優惠的考慮，應按照第四公約第一百三十條的規定，受尊重、維護並予以標明。

二、一旦情況及敵對各方之間的關係許可，基於敵對行動的原因而死亡或在占領期間或在拘留中死亡的人的墳墓所在地，或按照情況其屍體的其他安置處所在地的締約各方，應立即訂立協定，以：

㈠便利死者親屬和正式墳基登記處的代表前往基地，並對前往基地一事作出實際的安排；

㈡永久保護和維護該基地；

㈢便利在本國請求下，或除該國反對外，在最近親屬請求下，送還死者的屍體和個人用品。

三、在未訂立第二款第二項或第三項所規定的協定的情形下，如果死者本國不願自己支付費用以安排這類基地的維護，基地所在地的締約一方得建議將死者屍體送還其本國。如果這項建議未被接受，締約一方得在提出建議滿五年後，並在向死者本國發出適當通知後，採取其本國關於墳基的法律所規定的安排。

四、本條所指的基地所在地的締約一方，僅應在下列條件下准予焚化屍體：

㈠遵照第二款第三項和第三款的規定，或

㈡如果焚化是超越一切的公共需要，包括醫療上和偵訊上的需要，而在這種情形下，締約該方無論何時均應尊重屍體，並應將其焚化屍體的意圖以及關於擬議的重新埋葬地點通知死者本國。

第三部　作戰方法和手段，戰鬥員和戰俘的地位

第一編　作戰方法和手段

第三十五條　基本原則

一、在任何武裝衝突中，衝突各方選擇作戰方法和手段的權利，不是無限制的。

二、禁止使用屬於引起過分傷害和不必要痛苦的性質的武器、投射體和物質及作戰方法。

三、禁止使用旨在或可能對自然環境引起廣泛、長期而嚴重損害的作戰方法或手段。

第三十六條　新武器

在研究、發展、取得或採用新的武器、作戰手段或方法時，締約一方有義務斷定，在某些或所有情況下，該新的武器、作戰手段或方法的使用是否為本議定書或適用於該締約一方的任何其他國際法規則所禁止。

第三十七條　對背信棄義行為的禁止

一、禁止訴諸背信棄義行為以殺死、傷害或俘獲敵人。以背棄敵人的信任為目的而誘取敵人的信任，使敵人相信其有權享受或有義務給予適用於武裝衝突的國際法規則所規定的保護的行為，應構成背信棄義行為。下列行為是背信棄義行為的事例：

㈠假裝有在休戰旗下談判或投降的意圖；

㈡假裝因傷或因病而無能力；

㈢假裝具有平民、非戰鬥員的身分；和

㈣使用聯合國或中立國家或其他非衝突各方的國家的記號、標誌或制服而假裝享有被保護的地位。

二、戰爭詐術是不禁止的。這種詐術是指旨在迷惑敵人或誘使敵人作出輕率行為，但不違犯任何適用於武裝衝突的國際法規則，而且由於並不誘取敵人在該法所規定的保護方面的信任而不構成背信棄義行為的行為。下列是這種詐術的事例：使用偽裝、假目標、假行動和假情報。

第三十八條　公認標誌

一、不正當使用紅十字、紅新月或紅獅與太陽的特殊標誌或各公約或本議定書所規定的其他標誌、記號或信號，是禁止的。在武裝衝突中故意濫用國際公認的保護標誌、記號或信號，包括休戰旗，以及文化財產

　　　　　的保護標誌，也是禁止的。

二、除經聯合國核准外，使用聯合國的特殊標誌，是禁止的。

第三十九條　國籍標誌

一、在武裝衝突中使用中立國家或其他非衝突各方的國家的旗幟、軍用標誌、徽章或制服，是禁止的。

二、在從事攻擊時，或為了掩護、便利、保護或阻礙軍事行動，而使用敵方的旗幟或軍用標誌、徽章或制服，是禁止的。

三、本條或第三十七條第一款第四項的規定，不應影響適用於間諜或在進行海上武裝衝突中使用旗幟的現行的公認國際法規則。

第 四 十 條　饒赦

禁止下令殺無赦，禁止以此威脅敵人，或在此基礎上進行敵對行動。

第四十一條　對失去戰鬥力的敵人的保障

一、被認為失去戰鬥力或按照情況應被承認為失去戰鬥力的人，不應成為攻擊的對象。

二、下列的人是失去戰鬥力的人：

　　㈠在敵方權力下的人；

　　㈡明示投降意圖的人；或

　　㈢因傷或病而失去知覺，或發生其他無能力的情形，因而不能自衛的人；

　　但在上述任何情形下，均須不從事任何敵對行為，並不企圖脫逃。

三、有權作為戰俘享受保護的人，在不能按第三公約第三部第一編的規定撤退的非常的戰鬥情況下落於敵方權力下時，應予釋放，並應採取一切可能的預防措施保證其安全。

第四十二條　飛機上人員

一、從遇難飛機上跳傘降落的任何人，在其降落中，均不應成為攻擊的對象。

二、從遇難飛機跳傘降落的人，在落在敵方所控制的領土的地面時，除顯然表現其從事敵對行為外，在成為攻擊的對象前，應有投降的機會。

三、空運部隊不受本條的保護。

第二編　戰鬥員和戰俘的地位

第四十三條　武裝部隊

一、衝突一方的武裝部隊是由一個為其部下的行為向該方負責的司令部統率下的有組織的武裝部隊、團體和單位組成，即使該方是以敵方所未承認的政府或當局為代表。該武裝部隊應受內部紀律制度的約束，該制度除其他外應強制遵守適用於武裝衝突的國際法規則。

二、衝突一方的武裝部隊人員（除第三公約第三十三條的規定所包括的醫

務人員和隨軍牧師外）是戰鬥員，換言之，這類人員有權直接參加敵對行動。

三、無論何時，衝突一方如果將準軍事機構或武裝執法機構併入其武裝部隊內，應通知衝突其他各方。

第四十四條　戰鬥員和戰俘

一、第四十三條所規定的任何戰鬥員，如果落於敵方權力下，均應成為戰俘。

二、所有戰鬥員必須遵守適用於武裝衝突的國際法規則，但除第三款和第四款所規定外，對這些規則的違反不應剝奪戰鬥員作為戰鬥員的權利，或者，如果落於敵方權力下，成為戰俘的權利。

三、為了促進對平民居民的保護不受敵對行動的影響，戰鬥員在從事攻擊或攻擊前軍事準備行動時，應使自己與平民居民相區別。然而，由於認識到在武裝衝突中有一些情況使武裝戰鬥員因敵對行動的性質而不能與平民居民相區別，因而該戰鬥員應保留其作為戰鬥員的身分，但在這種情況下，該戰鬥員須：

㈠在每次軍事上交火期間；和

㈡在從事其所參加的發動攻擊前的部署時為敵人所看得見的期間；

公開攜帶武器。符合本款要求的行為，不應視為第三十七條第一款第三項的意義內的背信棄義行為。

四、不符合第三款第二句所列的要求而落於敵方權力下的戰鬥員，應失去其成為戰俘的權利，但其所享受的保護應在各方面與第三公約和本議定書所給予戰俘的保護相等。這項保護包括在這類人因其犯有任何罪行而受審判和懲罰的情形下第三公約所給予戰俘的同等保護。

五、未從事攻擊或攻擊前軍事準備行動而落於敵方權力下的任何戰鬥員，不應因其先前活動而失去其成為戰鬥員和成為戰俘的權利。

六、本條不妨害任何人按照第三公約第四條成為戰俘的權利。

七、本條無意變動各國關於被派於衝突一方正規並穿制服的武裝單位的戰鬥員穿著制服的公認慣例。

八、除第一公約和第二公約第十三條所載各類人外，本議定書所規定的衝突一方武裝部隊的所有人員，如果是傷者或病者，或在第二公約的情形下，是在海上或其他水域內遇船難者，應有權享受這些公約所規定的保護。

第四十五條　對參加敵對行動的人的保護

一、參加敵對行動而落於敵方權力下的人，如果主張戰俘的身分，或表現為有權享有這種身分，或其所依附的一方通知拘留國或保護國代其主張這種身分，應推定為戰俘，因而應受第三公約的保護。如果對於任何這類人是否有權享有戰俘身分的問題有任何懷疑，這類人在主管法

庭決定其身分以前，應繼續享有這種身分，因而受第三公約的保護。

二、如果落於敵方權力下的人不被認為戰俘，並由該方就敵對行動中所發生的罪行予以審判，這樣的人應有權在司法法庭上提出其享有戰俘身分的權利主張，並要求對該問題予以裁決。依據適用的程序，如果可能，應在審判罪行前先進行這項裁決。除在例外情形下為了國家安全利益而秘密進行訴訟程序外，保護國代表應有權出席裁決該問題的訴訟程序。在秘密進行的情形下，拘留國應告知保護國。

三、參加敵對行動而無權享有戰俘身分而且不能獲得按照第四公約享受更優惠待遇的利益的任何人，無論何時，均應有權受本議定書第七十五條的保護。在被占領領土內，任何這類人，除被認為間諜外，儘管有第四公約第五條的規定，也應享受該公約所規定的通訊的權利。

第四十六條　間諜

一、儘管有各公約或本議定書的任何其他規定，在從事間諜行為時落於敵方權力下的衝突一方武裝部隊的任何人員，不應享受戰俘身分的權利，而得予以間諜的待遇。

二、在敵方控制領土內為衝突一方蒐集或企圖蒐集情報的該方武裝部隊人員，如果在其行事時穿著其武裝部隊的制服，即不應視為從事間諜行為。

三、衝突一方武裝部隊的人員，如果是敵方占領領土的居民而在該領土內為其所依附的衝突一方蒐集或企圖蒐集具有軍事價值的情報，除其通過虛假行為或故意以秘密方式蒐集或企圖蒐集情報外，即不應視為從事間諜行為。而且，這類居民除在從事間諜行為時被俘外，不應喪失其享有戰俘身分的權利，並不得予以間諜的待遇。

四、衝突一方武裝部隊人員，如果不是敵方占領領土的居民而在該領土內從事間諜行為，除在重返其所屬武裝部隊前被俘外，不應喪失其享有戰俘身分的權利，並不得予以間諜的待遇。

第四十七條　外國僱傭兵

一、外國僱傭兵不應享有作為戰鬥員或成為戰俘的權利。

二、外國僱傭兵是具有下列情況的任何人：

　　㈠在當地或外國特別徵募以便在武裝衝突中作戰；

　　㈡事實上直接參加敵對行動；

　　㈢主要以獲得私利的願望為參加敵對行動的動機，並在事實上衝突一方允諾給予遠超過對該方武裝部隊內具有類似等級和職責的戰鬥員所允諾或付給的物質報償；

　　㈣既不是衝突一方的國民，又不是衝突一方所控制的領土的居民；

　　㈤不是衝突一方武裝部隊的人員；而且

　　㈥不是非衝突一方的國家所派遣作為其武裝部隊人員執行官方職務的人。

第四部　平民居民

第一編　防止敵對行動影響的一般保護

第一章　基本規則和適用範圍

第四十八條　基本規則

為了保證對平民居民和民用物體的尊重和保護，衝突各方無論何時均應在平民居民和戰鬥員之間和在民用物體和軍事目標之間加以區別，因此，衝突一方的軍事行動僅應以軍事目標為對象。

第四十九條　攻擊的定義和適用範圍

一、「攻擊」是指不論在進攻或防禦中對敵人的暴力行為。

二、本議定書關於攻擊的規定，適用於不論在什麼領土內的一切攻擊，包括在屬於衝突一方但在敵方控制領土內的攻擊。

三、本段的規定，適用於可能影響平民居民、平民個人或民用物體的任何陸戰、空戰或海戰。這些規定還適用於從海上或空中對陸地目標的任何攻擊，但不影響適用於海上或空中武裝衝突的國際法規則。

四、本段的規定是對第四公約、特別是該公約第二部以及對締約各方有拘束力的其他國際協定關於人道主義保護的規則的補充，也是對有關保護平民和保護陸地上、海上及空中民用物體免受敵對行動影響的其他國際法規則的補充。

第二章　平民和平民居民

第五十條　平民和平民居民的定義

一、平民是指不屬於第三公約第四條㈦款第一項、第二項、第三項和第六項及本議定書第四十三條所指各類人中任何一類的人。遇有對任何人是否平民的問題有懷疑時，這樣的人應視為平民。

二、平民居民包括所有作為平民的人。

三、在平民居民中存在有不屬於平民的定義範圍內的人，並不使該平民居民失去其平民的性質。

第五十一條　對平民居民的保護

一、平民居民和平民個人應享受免受軍事行動所產生的危險的一般保護。為了實現這項保護，在任何情況下均應遵守對適用的其他國際法規則所附加的下列各項規則。

二、平民居民本身以及平民個人，不應成為攻擊的對象。禁止以在平民居民中散布恐怖為主要目的的暴力行為或暴力威脅。

三、平民除直接參加敵對行動並在直接參加敵對行動時外，應享受本編所給予的保護。

四、禁止不分皂白的攻擊。不分皂白的攻擊是：

　　㈠不以特定軍事目標為對象的攻擊；

　　㈡使用不能以特定軍事目標為對象的作戰方法或手段；或

　　㈢使用其效果不能按照本議定書的要求加以限制的作戰方法或手段；而因此，在上述每個情形下，都是屬於無區別地打擊軍事目標和平民或民用物體的性質的。

五、除其他外，下列各類攻擊，也應視為不分皂白的攻擊：

　　㈠使用任何將平民或民用物體集中的城鎮、鄉村或其他地區內許多分散而獨立的軍事目標視為單一的軍事目標的方法或手段進行轟擊的攻擊；和

　　㈡可能附帶使平民生命受損失、平民受傷害、平民物體受損害、或三種情形均有而且與預期的具體和直接軍事利益相比損害過分的攻擊。

六、作為報復對平民居民的攻擊，是禁止的。

七、平民居民或平民個人的存在或移動不應用於使某些地點或地區免於軍事行動，特別是不應用以企圖掩護軍事目標不受攻擊，或掩護、便利或阻礙軍事行動。衝突各方不應指使平民居民或平民個人移動，以便企圖掩護軍事目標不受攻擊，或掩護軍事行動。

八、對這些禁例的任何違犯，不應解除衝突各方關於平民居民和平民的法律義務，包括第五十七條所規定的採取預防措施的義務。

第三章　民用物體

第五十二條　對民用物體的一般保護

一、民用物體不應成為攻擊或報復的對象。民用物體是指所有不是第二款所規定的軍事目標的物體。

二、攻擊應嚴格限於軍事目標。就物體而言，軍事目標只限於由於其性質、位置、目的或用途對軍事行動有實際貢獻，而且在當時情況下其全部或部分毀壞、繳獲或失去效用提供明確的軍事利益的物體。

三、對通常用於民用目的的物體，如禮拜場所、房屋或其他住處或學校，是否用於對軍事行動作出有效貢獻的問題有懷疑時，該物體應推定為未被這樣利用。

第五十三條　對文物和禮拜場所的保護

在不妨害一九五四年五月十四日關於發生武裝衝突時保護文化財產的海牙公約和其他有關國際文件的規定的條件下，禁止下列行為：

一、從事以構成各國人民文化或精神遺產的歷史紀念物、藝術品或禮拜場

所為對象的敵對行為；

二、利用這類物體以支持軍事努力；

三、使這類物體成為報復的對象。

第五十四條　對平民居民生存所不可缺少的物體的保護

一、作為作戰方法使平民陷於飢餓，是禁止的。

二、不論是什麼動機，也不論是為了使平民飢餓、使其遷移、還是為了任何其他動機，基於使對平民居民生存所不可缺少的物體，如糧食、生產糧食的農業區、農作物、牲畜、飲水裝置和飲水供應和灌溉工程，對平民居民失去供養價值的特定目的，而進行的攻擊、毀壞、移動或使其失去效用，都是禁止的。

三、第二款所規定的禁例，不應適用於該款所包括但為敵方所用於下列目的的物體：

　　㈠僅充其武裝部隊人員的供養之用；

　　㈡如果不作為供養之用，則用以直接支持軍事行動；但無論如何不應對這些物體採取行動，以致有可能使平民居民的食物或飲水不足，造成平民居民的飢餓，或迫其遷移。

四、這類物體不應成為報復的對象。

五、由於承認衝突任何一方有保衛其國家領土免遭入侵的重大要求，如果為迫切的軍事必要所要求，衝突一方得在其所控制的本國領土內，不完全實行第二款所規定的禁例。

第五十五條　對自然環境的保護

一、在作戰中，應注意保護自然環境不受廣泛、長期和嚴重的損害。這種保護包括禁止使用旨在或可能對自然環境造成這種損害從而妨害居民的健康和生存的作戰方法或手段。

二、作為報復對自然環境的攻擊，是禁止的。

第五十六條　對含有危險力量的工程和裝置的保護

一、含有危險力量的工程或裝置，如堤壩和核發電站，即使這類物體是軍事目標，也不應成為攻擊的對象，如果這種攻擊可能引起危險力量的釋放，從而在平民居民中造成嚴重的損失。其他在這類工程或裝置的位置上或在其附近的軍事目標，也不應成為攻擊的對象，如果這種攻擊可能引起該工程或裝置危險力量的釋放，從而在平民居民中造成嚴重的損失。

二、在下列情形下，應停止第一款所規定的免受攻擊的特別保護：

　　㈠對於堤壩，如果該堤壩是用於其通常作用以外的目的和用以使軍事行動得到經常、重要和直接支持的，而且如果這種攻擊是終止這種支持的唯一可能的方法；

　　㈡對於核發電站，如果該核發電站是供應電力使軍事行動得到經常、

重要和直接支持的，而且如果這種攻擊是終止這種支持的唯一可能的方法；

㈢對於在這類工程或裝置的位置上或在其附近的其他軍事目標，如果該軍事目標是用以使軍事行動得到經常、重要和直接支持的，而且如果這種攻擊是終止這種支持的唯一可能的方法。

三、在一切情形下，平民居民和平民個人應有權享受國際法所給予的全部保護，包括第五十七條所規定的預防措施的保護。如果保護停止，並對第一款所載的任何工程、裝置或軍事目標進行攻擊，則應採取一切實際可行的預防措施，以避免危險力量的釋放。

四、使第一款所載的任何工程、裝置或軍事目標成為報復的對象，是禁止的。

五、衝突各方應努力避免將任何軍事目標設在第一款所載的工程或裝置的附近。然而，為了保衛被保護工程或裝置不受攻擊的唯一目的而建立的裝置，是允許的，而且其本身不應成為攻擊的對象，但除對受保護工程或裝置的被攻擊作出反應所需的防禦行動外，這類裝置應不用於敵對行動，而且其武裝應限於僅能擊退對受保護工程或裝置的敵對行動的武器。

六、關於含有危險力量的物體，敦促締約各方和衝突各方彼此另訂協定，另外加以保護。

七、為了便利對本條所保護的物體的識別，衝突各方得用本議定書附件一第十六條所規定的同一軸線上一組三個鮮橙色圓形所構成的特殊記號標明。沒有這種標記，並不免除衝突任何一方依據本條所承擔的義務。

第四章　預防措施

第五十七條　攻擊時預防措施

一、在進行軍事行動時，應經常注意不損害平民居民、平民和民用物體。

二、對於攻擊，應採取下列預防措施：

㈠計劃或決定攻擊的人應：

1.盡可能查明將予攻擊的目標既非平民也非民用物體，而且不受特殊保護，而是第五十二條的意義內的軍事目標，並查明對該目標的攻擊不是本議定書的規定所禁止的；

2.在選擇攻擊手段和方法時，採取一切可能的預防措施，以期避免，並無論如何，減少平民生命附帶受損失、平民受傷害和民用物體受損害；

3.不決定發動任何可能附帶使平民生命受損失、平民受傷害、民用物體受損害，或三種情形均有而且與預期的具體和直接軍事利益相比損害過分的攻擊；

㈡如果發現目標不是軍事目標或是受特殊保護的，或者發現攻擊可能附帶造成與預期的具體和直接軍事利益相比為過分的平民生命受損失、平民受傷害、民用物體受損害、或三種情形均有，該攻擊應予取消或停止；

㈢除為情況所不許可外，應就可能影響平民居民的攻擊發出有效的事先警告。

三、為了取得同樣的軍事利益有可能在幾個軍事目標之間進行選擇時，選定的目標應是預計對平民生命和民用物體造成危險最小的目標。

四、在進行海上或空中軍事行動時，衝突每一方應按照其依據適用於武裝衝突的國際法規則所享受和承擔的權利和義務，採取一切合理的預防措施，以避免平民生命受損失和民用物體受損害。

五、本條的任何規定均不得解釋為准許對平民居民、平民或民用物體進行任何攻擊。

第五十八條　防止攻擊影響的預防措施

衝突各方應在最大可能範圍內：

一、在不妨害第四公約第四十九條的規定的條件下，努力將其控制下的平民居民、平民個人和民用物體遷離軍事目標的附近地方；

二、避免將軍事目標設在人口稠密區內或其附近；

三、採取其他必要的預防措施，保護在其控制下的平民居民、平民個人和民用物體不受軍事行動所造成的危害。

第五章　受特殊保護的地方和地帶

第五十九條　不設防地方

一、禁止衝突各方以任何手段攻擊不設防地方。

二、衝突一方的適當當局得將武裝部隊接觸的地帶附近或在其內的可以被敵方自由占領的任何居民居住地方宣布為不設防地方。不設防地方應符合下列條件：

㈠所有戰鬥員以及機動武器和機動軍事設備必須已經撤出；

㈡固定軍事裝置或設施應不用於敵對目的；

㈢當局或居民均不應從事任何敵對行為；而且

㈣不應從事支持軍事行動的任何活動。

三、在該地方內有依據各公約和本議定書受特殊保護的人和為了維持法律和秩序的唯一目的而留下的警察部隊的存在，是不違反第二款所規定的條件的。

四、依據第二款作出的宣言應送致敵方，並應盡可能明確地規定和說明不設防地方的界限。按受宣言的衝突一方應表明收到宣言，並除在事實上與第二款所規定的條件不符外，應將該地方視為不設防地方，而在

不符合條件的情形下，則應立即將該情形通知作出宣言的一方。即使
不符合第二款所規定的條件，該地方應繼續享受本議定書的其他規定
和適用於武裝衝突的其他國際法規則的保護。

五、衝突各方得商定設立不設防地方，即使該地方不符合第二款所規定的
條件。協定應盡可能明確地規定和說明不設防地方的界限；於必要時，
協定得規定監督的方法。

六、控制這類協定所規定的地方的一方，應盡可能用與他方商定的記號將
該地方標明，該記號應展示於明顯可見的地方，特別是在其四周和界
限上及公路上。

七、一個地方在其不再符合第二款所規定或第五款所指的協定所規定的條
件時，失去其作為不設防地方的地位。在這種情況下，該地方應繼續
享受本議定書的其他規定和適用於武裝衝突的其他國際法規則的保
護。

第六十條　非軍事化地帶

一、衝突各方將其軍事行動擴展到其依據協定授以非軍事化地帶地位的地
帶，而且如果這種擴展是違反該協定的規定的，則這種擴展是禁止的。

二、協定應是明示協定，得用口頭或書面，直接或通過保護國或任何公正
的人道主義組織訂立，並得由相互而一致的聲明構成。協定得在平時
以及在敵對行動開始後訂立，並應盡可能明確地規定和說明非軍事化
地帶的界限，並於必要時，規定監督的方法。

三、這類協定的對象，通常應是符合下列條件的任何地帶：
　㈠所有戰鬥員以及機動武器和機動軍事裝備必須已經撤出；
　㈡固定軍事裝置或設施不應用於敵對目的；
　㈢當局或居民均不應從事任何敵對行為；而且
　㈣任何與軍事努力有關的活動均應已經停止；
　衝突各方應商定對第四項所規定的條件的解釋，並商定除第四款所載
　外被准予進入非軍事化地帶的人。

四、在該地帶內有依據各公約和本議定書受特殊保護的人和為了維持法律
和秩序的唯一目的而留下的警察部隊的存在，是不違反第三款所載的
條件的。

五、控制該地帶的一方，應盡可能用與他方商定的記號將該地帶標明，該
記號應展示於明顯可見的地方，特別在其四周和界限上及公路上。

六、如果戰鬥逼近非軍事地帶，而且如果衝突各方已經達成協議，任何一
方均不得為了有關軍事行動的目的使用該地帶或單方面取消該地帶的
地位。

七、如果衝突一方對第三款或第六款的規定作出實質的破壞，他方應解除
其依據授予該地帶非軍事地帶地位的協定所承擔的義務。遇有這種情

事，該地帶喪失其地位，但應繼續享受本議定書的其他規定和適用於武裝衝突的其他國際法規則所規定的保護。

第六章　民　防

第六十一條　定義和範圍

為了本議定書的目的：

一、「民防」是指旨在保護平民居民不受危害，和幫助平民居民克服敵對行動或災害的直接影響，並提供平民居民生存所需的條件的某些或全部下列人道主義任務的執行。這些任務是：

　(一)發出警報；

　(二)疏散；

　(三)避難所的管理；

　(四)燈火管制措施的管理；

　(五)救助；

　(六)醫療服務，包括急救、和宗教援助；

　(七)救火；

　(八)危險地區的查明和標明；

　(九)清除污染和類似保護措施；

　(十)提供緊急的住宿和用品；

　(十一)在災區內恢復和維持秩序的緊急支助；

　(十二)緊急修復不可缺少的公用事業；

　(十三)緊急處理死者；

　(十四)協助保護生存所必需的物體；

　(十五)為執行上述任務、包括但不限於計畫和組織的補充活動；

二、「民防組織」是指衝突一方主管當局所組織或核准以執行第一款所載的任何任務並被派於和專門用於執行這類任務的機構和其他單位；

三、民防組織的「人員」是指由衝突一方所派專門執行第一款所載任務的人，包括該方主管當局所派專門管理這類組織的人；

四、民防組織的「物資」是指這類組織用以執行第一款所載的任務的設備、用品和運輸工具。

第六十二條　一般保護

一、除受本議定書規定的拘束，特別是受本部規定的拘束外，平民民防組織應受尊重和保護。除迫切的軍事必要的情形外，這類組織應有權執行其民防任務。

二、第一款的規定也應適用於雖非平民民防組織人員但響應主管當局的呼籲而在其控制下執行民防任務的平民。

三、用於民防目的的建築物和物資和為平民居民提供的避難所，包括於第

　　　　　　　五十二條的規定之內。用於民防目的的物體，除其所屬的一方外，不
　　　　　　　得加以毀壞或轉移其正當用途。

第六十三條　*被占領領土內民防工作*

一、在被占領領土內，平民民防組織應從當局得到其執行任務所需的便利。
　　在任何情形下，對這類組織的人員，不應迫使其執行對執行這些任務
　　有干擾的活動。占領國不應以任何可能危害這類組織有效執行其使命
　　的方式變動這些組織的結構或人員。對這些組織，不應要求其對占領
　　國的國民或利益給予優先的地位。

二、占領國不應強迫、強制或誘使平民民防組織以任何有害平民居民的利
　　益的方式執行其任務。

三、占領國得基於安全理由解除民防人員的武裝。

四、如果移作他用或加以徵用將有害於平民居民，占領國不應將屬於民防
　　組織或為民防組織所用的建築物或物資轉移其正當用途或加以徵用。

五、在繼續遵守第四款的一般規則的條件下，占領國得徵用這些建築物或
　　物資或將其移作他用，但須符合下列的特別條件：
　　㈠該建築物或物資為平民居民的其他需要所需；而且
　　㈡僅在這種需要存在時繼續徵用或移作他用。

六、占領國不應將供平民居民使用或平民居民所需的避難所移作他用或加
　　以徵用。

第六十四條　*中立國家或非衝突各方的國家的平民民防組織和國際協調組織*

一、第六十二條、第六十三條、第六十五條和第六十六條應適用於經衝突
　　一方同意並在該方控制下在該方領土內執行第六十一條所載民防任務
　　的中立國家或非衝突各方的國家的平民民防組織的人員和物資。這種
　　援助應盡速通知任何有關敵方。在任何情況下，這種活動均不應視為
　　對衝突的干涉。但進行這種活動應適當考慮有關衝突各方的安全利益。

二、接受第一款所指的援助的衝突各方和給予援助的締約各方，於適宜時，
　　應便利這種民防活動的國際協調工作。在這種情形下，有關國際組織
　　是包括在本章的規定之內的。

三、在被占領領土內，占領國只有在其能依靠自身人力物力或被占領領土
　　的人力物力保證充分執行民防任務的條件下，才得拒絕或限制中立國
　　家或非衝突各方的國家的平民民防組織的活動。

第六十五條　*保護的停止*

一、平民民防組織、其人員、建築物、避難所和物資有權享受的保護，除
　　其從事或用以從事正當任務以外的害敵行為外，不應停止。但保護僅
　　在發出並在適宜時定有合理時限的警告而對警告仍不置理後，才得停
　　止。

二、下列行為不應視為害敵行為：

㈠在軍事當局指導或控制下執行民防任務;

㈡平民民防人員在執行民防任務時與軍事人員合作,或有一些軍事人員附屬於平民民防組織;

㈢民防任務的執行可能附帶地有利於軍人受難者,特別是失去戰鬥力的人。

三、平民民防人員為了維持秩序或自衛的目的而攜帶個人輕武器,也不應視為害敵行為。但在陸地戰鬥正在進行或可能進行的地區內,衝突各方應採取適當措施,將這類武器限於手持槍支,如手槍或左輪手槍,以便有助於區別民防人員和戰鬥員。民防人員雖在這些地區內攜帶其他個人輕武器,但一旦被認出為民防人員,應即受尊重和保護。

四、按照軍事編制建立民防組織,和強迫在民防組織中服務,也不應剝奪這些組織依據本章所享受的保護。

第六十六條　識別

一、衝突每一方應努力保證,其民防組織、其民防組織的人員、建築物和物資在專門用於執行民防任務時是可以識別的。向平民居民提供的避難所,也應當同樣是可以識別的。

二、衝突每一方還應努力採取和實行一些方法和程序,使得有可能認出展示有民防的國際特殊記號的民用避難所以及民防人員、建築物和物資。

三、在被占領領土內和在戰鬥正在進行或可能進行的地區內,平民民防人員應當是用民防的國際特殊記號和證明其身分的身分證可以認出的。

四、民防的國際特殊記號,在用以保護民防組織、其人員、建築物和物資和用於民用避難所時,是橙色底藍色等邊三角形。

五、除特殊記號外,衝突各方得商定使用為民防識別的目的的特殊信號。

六、第一款至第四款的規定的適用,受本議定書附件一第五章的拘束。

七、在平時,第四款所述的記號,經國內主管當局同意,得用於民防識別的目的。

八、締約各方和衝突各方應採取必要措施,監督民防的特別記號的展示,並防止和取締該記號的任何濫用。

九、民防醫務和宗教人員、醫療隊和醫務運輸工具,也受第十八條的拘束。

第六十七條　被派到民防組織的武裝部隊人員和軍事單位

一、被派到民防組織的武裝部隊人員和軍事單位應受尊重和保護,但:

㈠這類人員和這類單位須永久被派於並專門用於執行第六十一條所載任務中任何任務;

㈡如果已經這樣指派,該人員須在衝突期間不執行任何其他軍事職責;

㈢這類人員須顯著地展示適當地大些的民防的國際特殊記號,以便與武裝部隊其他人員有明顯區別,並須持有本議定書附件一第五章所指的證明其身分的身分證;

㈣這類人員和這類單位須僅配備個人輕武器以維持秩序或自衛。第六十五條第三款的規定也應適用於這種情形；

㈤這類人員須不直接參加敵對行為，並須在其民防任務以外不從事或不被利用以從事害敵行為；

㈥這類人員和這類單位須僅在其所屬一方的領土內執行其民防任務；受上述第一項和第二項所規定的條件的拘束的任何武裝部隊人員不遵守上述第五項所載的條件，是禁止的。

二、在民防組織內服務的軍事人員，如果落入敵方權力下，應成為戰俘。在被占領領土內，這類軍事人員僅得在有需要的情形下，為了該領土平民居民的利益而用以執行民防任務，但如果該項工作有危險，則以該軍事人員自願執行為限。

三、被派於民防組織的軍事單位的建築物和主要設備和運輸工具，應以民防的國際特殊記號明顯標明。這項特殊記號，應盡可能適當地大些。

四、永久被派於民防組織並專門擔任民防任務的軍事單位的物資和建築物，如果落入敵方手中，應仍受戰爭法規的拘束。這些物資和建築物，只要為執行民防任務所需，除在迫切的軍事必要情形外，並除對平民居民的需要事先作出充分準備的安排外，不得移作民防任務以外的用途。

第二編　對平民居民的救濟

第六十八條　適用範圍

本段的規定適用於本議定書所規定的平民居民，並且是第四公約第二十三條、第五十五條、第五十九條、第六十條、第六十一條和第六十二條及其他有關規定的補充。

第六十九條　被占領領土內基本需要

一、除第四公約第五十五條所規定關於食物和醫療用品的義務外，占領國應在其所擁有的手段的最大範圍內，並在不加任何不利區別的條件下，還應保證向被占領領土的平民居民，提供其生存所需的衣服、被褥、住宿所和其他用品以及宗教禮拜所必需的物體。

二、為了被占領領土平民居民的利益而進行的救濟行動，受第四公約第五十九條、第六十條、第六十一條、第六十二條、第一百零八條、第一百零九條、第一百一十條和第一百一十一條和本議定書第七十一條的拘束，並應立即實行。

第 七 十 條　救濟行動

一、如果除被占領領土外為衝突一方所控制的任何領土的平民居民未充分獲得第六十九條所載的用品的供應，屬於人道主義和公正性質並在不加任何不利區別的條件下進行的救濟行動應予進行，但須受有關各方

關於這種行動的協定的拘束。這種救濟的提供，不應視為對武裝衝突的干涉，或視為不友好行為。在分配救濟物資時，對依據第四公約或本議定書應受特權待遇或特殊保護的人，如兒童、孕婦、產婦或嬰兒的母親，應給以優先地位。

二、衝突各方和締約每一方對按照本編提供的所有救濟物資、設備和人員，應准許和便利其迅速和無阻礙地通過，即使這種救助是以敵方平民居民為對象。

三、按照第二款准許救濟物資、設備和人員通過的衝突各方和締約每一方：

　　㈠應有權制定准許通過的技術安排，包括搜查在內；

　　㈡得以在保護國的當地監督下進行這種救助的分配為准許的條件；

　　㈢除在緊急必要情形下為了有關平民居民的利益外，不應以任何方式將救濟物資移作原來目的以外的用途，也不應延遲其發送。

四、衝突各方應保護救濟物資，並便利其迅速分配。

五、衝突各方和有關的締約每一方應鼓勵和便利對第一款所指的救濟行動的有效國際協調工作。

第七十一條　參加救濟行動的人員

一、在必要時，救濟人員得構成任何救濟行動所提供的救助的一部分，特別是為了救濟物資的運輸和分配；這類人員的參加須經這類人員履行其職責所在地一方的同意。

二、這類人員應受尊重和保護。

三、接收救濟物資的每一方，應在實際可行的最大範圍內，協助第一款所指的救濟人員履行其救濟任務。只有在迫切的軍事必要的情形下，才能限制救濟人員的活動，或暫時限制救濟人員的移動。

四、在任何情況下，救濟人員均不得超越本議定書所規定關於其任務的條件。特別是，救濟人員應考慮履行其職責所在地一方的安全要求。對不尊重這些條件的任何人員，得終止其任務。

第三編　對在衝突一方權力下的人的待遇

第一章　適用範圍和對人和物體的保護

第七十二條　適用範圍

本編的規定是第四公約，特別是該公約第一部和第三部關於對在衝突一方權力下的平民和民用物體的人道主義保護的規則以及適用於國際武裝衝突時保護基本人權的其他國際法規則的補充。

第七十三條　難民和無國籍人

在敵對行動開始前依據有關各方所接受的有關國際文件或依據避難國或居留國國內法律視為無國籍人或難民的人，在任何情況下，均應是第四公約

第一部和第三部的意義內的被保護人，而不加任何不利區別。

第七十四條　離散家庭的重聚

締約各方和衝突各方應以一切可能方法，便利由於武裝衝突而離散的家庭得以重聚，並應特別鼓勵按照各公約和本議定書的規定和遵守其各自的安全規章從事這項任務的人道主義組織進行工作。

第七十五條　基本保證

一、在衝突一方權力下而不享受各公約和本議定書所規定的更優惠待遇的利益的人，在其受本議定書第一條所指的場合的影響範圍內，在任何情況下，均應受人道的待遇，並至少應享受本條所規定的保護，而不得以種族、膚色、性別、語言、宗教或信仰、政治或其他意見、民族或社會出身、財富、出生或其他身分或任何其他類似標準為依據而加以不利區別。每一方均應尊重所有這類人的人身、榮譽、信念和宗教儀式。

二、下列行為，在任何時候和任何地方，也不論是平民或軍人的行為，均應禁止：

㈠對人的生命、健康或身體上或精神上幸福的暴行，特別是：

　　1.謀殺；

　　2.各種身體上或精神上的酷刑；

　　3.體刑；和

　　4.殘傷肢體；

㈡對人身尊嚴的侵犯，特別是侮辱性和降低身分的待遇，強迫賣淫和任何形式的非禮侵犯；

㈢扣留人質；

㈣集體懲罰；和

㈤以任何上述行為相威脅。

三、任何因有關武裝衝突的行動被逮捕、拘留或拘禁的人，應立即以其所瞭解的語言被告知採取這些措施的理由。除因刑事罪行而被逮捕或拘留的情形外，這類人應盡速予以釋放，而無論如何，一旦逮捕、拘留或拘禁所依據的情況不復存在，應即予釋放。

四、對犯有與武裝衝突有關的刑事罪行的人，除公正和正常組成的法院依照包括下列各項在內的公認的正常司法訴訟程序原則判定有罪外，不得判刑和處罰：

㈠訴訟程序應規定使被告立即被告知被控犯罪的細節，並應使被告在審判前和審判期間享有一切必要的辯護權利和手段；

㈡任何人除以個人刑事責任為依據外均不應對其判罪；

㈢任何人，如果其行為或不作為依據其行為或不作為時對其適用的國內法或國際法不構成刑事罪行，不應對其進行控告或判罪；也不應

處以較其犯刑事罪行時可判處的刑罰為重的刑罰；如果在犯罪後，法律規定較輕的刑罰，犯罪人應享受該規定的利益；

㈣任何被控犯罪的人，在按照法律證明其有罪前，均推定為無罪；

㈤任何被控犯罪的人，均應享有受審時在場的權利；

㈥任何人均不應被迫證明自己有罪或供認犯罪；

㈦任何被控犯罪的人均應有權訊問或要求訊問原告方面的證人，並在與原告方面證人的同樣條件下取得被告方面證人的出庭和被訊問；

㈧任何人均不應因先前依據同樣法律和司法程序已宣告無罪或已定罪的終局判決所涉及的罪名而為同一方所追訴或懲罰；

㈨任何人因犯罪而被追訴，均應有取得公開宣判的權利；和

㈩被定罪的人應在定罪時被告知其司法和其他救濟方法以及利用這些救濟方法的時限。

五、基於有關武裝衝突的原因而自由受限制的婦女，其住處應與男人的住處分開。這類婦女應由婦女直接監視。但在同一家庭的人被拘留或拘禁的情形下，如果可能，應按家庭單位予以安排，安置在同一地方。

六、基於有關武裝衝突的原因而被逮捕、拘留或拘禁的人，在其最後釋放、遣返或安置前，即使在武裝衝突結束後，也應享受本條所規定的保護。

七、為了避免關於對被控犯有戰爭罪或違害人類罪的人的追訴和審判有任何懷疑，下列各項原則應予適用：

㈠被控犯有這類罪行的人，應按照適用的國際法規則提交追訴和審判；

㈡對不享受各公約或本議定書所規定的更優惠待遇的利益的人，應給予本條所規定的待遇，不論其被控的罪行是否構成嚴重破壞各公約或本議定書的行為。

八、本條的任何規定，均不得解釋為限制或妨礙依據任何適用的國際法規則對第一款所規定的人給予更大保護的任何其他更優惠的規定。

第二章　有利於婦女和兒童的措施

第七十六條　對婦女的保護

一、婦女應是特別尊重的對象，並應受保護，特別是防止強姦、強迫賣淫和任何其他形式的非禮侵犯。

二、基於有關武裝衝突的原因而被逮捕、拘留或拘禁的孕婦或撫育兒童的母親的案情應得到最優先的考慮。

三、衝突各方應在最大可能範圍內努力避免對孕婦或撫育兒童的母親因有關武裝衝突的罪行而宣判死刑。對這類婦女，不應執行因該罪行而宣判的死刑。

第七十七條　對兒童的保護

一、兒童應是特別尊重的對象，並應受保護，以防止任何形式的非禮侵犯。

衝突各方應向兒童提供其年齡或任何其他原因所需的照顧和援助。

二、衝突各方應採取一切可能措施，使十五歲以下的兒童不直接參加敵對行動，特別是不應徵募其參加武裝部隊。衝突各方在徵募十五歲以上但不滿十八歲的人時，應盡力給予年歲最高的人以優先的考慮。

三、如果在例外情形下，儘管有第二款的規定，而十五歲以下的兒童直接參加敵對行動，並落於敵方權力下，這類兒童不論是否戰俘，均應繼續享受本條所給予的保護的利益。

四、如果基於有關武裝衝突的原因而被逮捕、拘留或拘禁，除按照第七十五條第五款的規定按家庭單位安排住處外，兒童的住處應與成人住處分開。

五、對於犯罪時不滿十八歲的人，不應執行因有關武裝衝突的罪行而宣判的死刑。

第七十八條　*兒童的撤退*

一、除基於兒童健康或醫療的急迫原因而需要臨時撤退或被占領領土以外的兒童的安全需要臨時撤退外，衝突任何一方不應安排將其本國國民以外的兒童撤往外國。如果能夠找到父母或合法監護人，撤退須得父母或合法監護人的書面同意。如果不能找到這類人，撤退則須得到依據法律或習慣對兒童負主要照顧責任的人的同意。任何這種撤退應由保護國在與有關各方，即安排撤退的一方，接受兒童的一方及國民被撤退的各方協議下予以監督。在所有情形下，衝突所有各方應採取一切可能的預防措施，以避免撤退受危害。

二、在按照第一款發生撤退的任何時候，均應以最大可能的連續性向每個兒童提供教育，包括其父母所希望的宗教和道德教育。

三、為了便利按照本條撤退的兒童返回其家庭和國家的目的，安排撤退的一方的當局，並於適宜時，接受國的當局，應為每個兒童立一卡片，貼有照片，寄給紅十字國際委員會的中央查訪局。在任何可能時並在其不發生使兒童受害的風險的任何時候，每張卡片均應記載下列各項情報：

㈠兒童的姓；

㈡兒童名字；

㈢兒童性別；

㈣出生地點和日期（如日期不明，填寫大約年齡）；

㈤父親姓名；

㈥母親姓名和婚前姓名；

㈦兒童近親；

㈧兒童國籍；

㈨兒童本國語言以及其所講的任何其他語言；

（十）兒童家庭地址；

（十一）兒童的任何識別號碼；

（十二）兒童健康狀況；

（十三）兒童血型；

（十四）任何顯著特徵；

（十五）找到兒童的日期和地點；

（十六）兒童離開其國家的日期和地點；

（十七）兒童宗教，如果有的話；

（十八）兒童目前在接受國的地址；

（十九）如果兒童在返回前死亡，死亡地點和情況以及埋葬地點。

第三章　新聞記者

第七十九條　對新聞記者的保護措施

一、在武裝衝突地區擔任危險的職業任務的新聞記者，應視為第五十條第一款的意義內的平民。

二、這類新聞記者應依此享受各公約和本議定書所規定的保護，但以其不採取任何對其作為平民的身分有不利影響的行動為限，而且不妨礙派駐武裝部隊的戰地記者取得第三公約第四條（子）款第四項所規定的身分的權利。

三、這類新聞記者得領取與本議定書附件二的示範證件相類似的身分證。該證件應由該新聞記者作為國民所屬國家或該新聞記者居留地國家或僱用該新聞記者的新聞宣傳工具所在地國家的政府發給，證明其新聞記者的身分。

第五部　各公約和本議定書的執行

第一編　總　則

第八十條　執行措施

一、締約各方和衝突各方應立即採取一切必要措施，以履行其依據各公約和本議定書的義務。

二、締約各方和衝突各方應發出命令和指示，保證各公約和本議定書被遵守，並應監督其執行。

第八十一條　紅十字會和其他人道主義組織的活動

一、衝突各方應在其權力內給予紅十字國際委員會一切便利，使該委員會有可能執行各公約和本議定書所賦予的人道主義職務，以便保證對衝突受難者的保護和援助；紅十字國際委員會還得進行任何有利於這類

受難者的其他人道主義活動，但須得有關衝突各方的同意。

二、衝突各方應給予各自的紅十字會（紅新月會、紅獅與太陽會），以按照各公約和本議定書的規定和國際紅十字大會所制訂的紅十字基本原則進行其有利於武裝衝突受難者的人道主義活動所需的便利。

三、締約各方和衝突各方應以一切可能方式，便利紅十字會（紅新月會、紅獅與太陽會）組織和紅十字會協會按照各公約和本議定書的規定和國際紅十字大會所制訂的紅十字基本原則所給予衝突受難者的援助。

四、締約各方和衝突各方應盡一切可能，使各公約和本議定書所指的經衝突各方正式核准並按照各公約和本議定書的規定進行人道主義活動的其他人道主義組織獲得第二款和第三款所規定的類似便利。

第八十二條　武裝部隊中法律顧問

締約各方無論何時，以及衝突各方在武裝衝突時，應保證於必要時有法律顧問，對各公約和本議定書的適用以及就此問題發給武裝部隊的適當指示，向相當等級的軍事司令官提供意見。

第八十三條　傳播

一、締約各方承諾，在平時及在武裝衝突時，盡可能廣泛地在各自國家內傳播各公約和本議定書，特別是將各公約和本議定書的學習包括在其軍事教育計畫內，並鼓勵平民居民對各公約和本議定書進行學習，以便這些文件為武裝部隊和平民居民所周知。

二、在武裝衝突時負責適用各公約和本議定書的任何軍事或民政當局，應充分熟悉各公約和本議定書的本文。

第八十四條　適用規則

締約各方應通過保存者，並於適當時通過各保護國，盡速彼此通知本議定書的正式譯文以及為了保證其適用而通過的法律規章。

第二編　破壞各公約和本議定書的行為的取締

第八十五條　破壞本議定書的行為的取締

一、各公約關於取締破約行為和嚴重破約行為的規定，經本編加以補充，應適用於破壞和嚴重破壞本議定書的行為的取締。

二、各公約所述的作為嚴重破約行為的行為，如果是對本議定書第四十四條、第四十五條和第七十三條所保護的在敵方權力下的人，或對受本議定書保護的敵方傷者、病者和遇船難者，或對在敵方控制下並受本議定書保護的醫務或宗教人員、醫療隊或醫務運輸工具作出的行為，即是嚴重破壞本議定書的行為。

三、除第十一條所規定的嚴重破約行為外，下列行為在違反本議定書有關規定而故意作出，並造成死亡或對身體健康的嚴重傷害時，應視為嚴重破壞本議定書的行為：

㈠使平民居民或平民個人成為攻擊的對象；

㈡知悉攻擊將造成第五十七條第二款第一項第 3 目所規定的過分的平民生命損失、平民傷害或民用物體損害，卻發動使平民居民或民用物體受影響的不分皂白的攻擊；

㈢知悉攻擊將造成第五十七條第二款第一項第 3 目所規定的過分的平民生命損失、平民傷害或民用物體損害，卻發動對含有危險力量的工程或裝置的攻擊；

㈣使不設防地方和非軍事化地帶成為攻擊的對象；

㈤知悉為失去戰鬥力的人而使其成為攻擊的對象；

㈥違反第三十七條的規定背信棄義地使用紅十字、紅新月或紅獅與太陽的特殊標誌或各公約或本議定書所承認的其他保護記號。

四、除上述各款和各公約所規定的嚴重破約行為外，下列行為於故意並違反各公約和本議定書作出時，應視為嚴重破壞本議定書的行為：

㈠占領國違反第四公約第四十九條的規定，將其本國平民居民的一部分遷往其所占領的領土，或將被占領領土的全部或部分居民驅逐或移送到被占領領土內的地方或將其驅逐或移送到被占領領土以外；

㈡對遣返戰俘或平民的無理延遲；

㈢以種族歧視為依據侵犯人身尊嚴的種族隔離和其他不人道和侮辱性辦法；

㈣如果沒有證據證明敵方違反第五十三條第二款的規定，並在歷史紀念物、藝術品和禮拜場所不緊靠軍事目標的情形下，使特別安排，例如在主管國際組織範圍內的安排所保護的，構成各國人民文化或精神遺產的公認歷史紀念物、藝術品或禮拜場所成為攻擊的對象，其結果使該歷史紀念物、藝術品或禮拜場所遭到廣泛的毀壞；

㈤剝奪各公約所保護或本條第二款所指的人受公正和正規審判的權利。

五、在不妨礙各公約和本議定書的適用的條件下，對這些文件的嚴重破壞行為，應視為戰爭罪。

第八十六條　不作為

一、締約各方和衝突各方應取締有作為義務而不作為所引起的嚴重破壞各公約或本議定書的行為，並採取必要措施制止有作為義務而不作為所引起的任何其他破壞各公約或本議定書的行為。

二、部下破壞各公約或本議定書的事實，並不使其上級免除按照情形所應負的刑事或紀律責任，如果上級知悉或有情報使其能對當時情況作出結論，其部下是正在從事或將要從事這種破約行為，而且如果上級不在其權力內採取一切可能的防止或取締該破約行為的措施。

第八十七條　司令官的職責

一、締約各方和衝突各方應要求軍事司令官，防止在其統率下的武裝部隊人員和在其控制下的其他人破壞各公約和本議定書的行為，於必要時制止這種行為並向主管當局報告。

二、為了防止和制止破約行為，締約各方和衝突各方應要求司令官，按照其負責地位，保證在其統率下的武裝部隊人員瞭解其依據各公約和本議定書所應負的義務。

三、締約各方和衝突各方應要求任何司令官，在瞭解其部下或在其控制下的其他人將從事或已經從事破壞各公約或本議定書的行為時，採取防止違反各公約或本議定書的必要步驟，並於適當時對各公約或本議定書的違犯者採取紀律或刑事行動。

第八十八條　刑事事項上互助

一、締約各方應在對嚴重破壞各公約或本議定書的行為提出刑事訴訟方面，彼此提供最大限度的協助。

二、除受各公約和本議定書第八十五條第一款所確定的權利和義務的拘束外，並在情況許可下，締約各方應在引渡事項上合作。締約各方應對被控罪行發生地國家的請求給予適當的考慮。

三、在一切場合下均應適用被請求引渡的締約一方的法律。但上述各款規定不應影響任何其他對刑事事項上互助的全部或部分問題加以規定或將加以規定的屬於雙邊或多邊性質的條約的規定所產生的義務。

第八十九條　合作

在嚴重違反本公約或本議定書的情形下，締約各方承諾在與聯合國合作下按照聯合國憲章採取共同或單方行動。

第九十條　國際實況調查委員會

一、㈠應設立一個國際實況調查委員會（以下簡稱「調委會」），由十五名道德高尚和公認公正的委員組成；

　　㈡當締約各方二十個以上已經按照第二款同意接受調委會的職權時，保存者應於該時及其後每隔五年召開締約各該方代表會議，以選舉調委會委員。在會議上，代表應進行無記名投票，從締約每一方提名一人的名單中選出調委會委員；

　　㈢調委會委員應以個人資格服務，並任職至下一次會議選出新委員為止；

　　㈣選舉時，締約各方應保證選入調委會的人選均具備所要求的資格，並保證整個調委會實行公平的地區代表制；

　　㈤偶有缺位時，應由調委會本身推選補缺，而適當考慮上述各項的規定；

　　㈥保存者應向調委會提供執行其職務所需的行政便利。

二、㈠締約各方得在簽字、批准或加入本議定書時聲明，在對接受同樣義

務的任何締約他方的關係上，當然承認調委會有本條所授權的調查他方提出的主張的職權，而無須訂立特別協定；

㈡上述聲明應交存保存者，由保存者將聲明副本分送締約各方；

㈢調委會應具有下列職權：

　1.對被控為從事嚴重破壞各公約或本議定書規定的行為或其他嚴重違反各公約或本議定書的行為的任何事實進行調查；

　2.通過調委會的斡旋，促使恢復對各公約和本議定書的尊重的態度；

㈣在其他場合下，調委會僅應在有關他方同意下，進行衝突一方所請求的調查；

㈤在本款上述規定的拘束下，第一公約第五十二條、第二公約第五十三條、第三公約第一百三十二條和第四公約第一百四十九條的規定，應繼續適用於任何被控為違反各公約的行為，並應擴展適用於任何被控為違反本議定書的行為。

三、㈠除有關各方另有協議外，所有調查應由調查庭進行，調查庭由按下列方式指派的委員七名組成：

　1.由調委會在與衝突各方磋商後在公平地區代表制基礎上指派非衝突任何一方國民的委員五名；

　2.分別由每一方指派的非衝突任何一方國民的特設委員兩名；

㈡在收到調查請求時，調委會主席應規定設立調查庭的適當時限。如果在該期限內未指派特設委員，主席應立即根據需要另派委員會委員，以補足調查庭的成員。

四、㈠依據第三款設立的從事調查的調查庭，應請衝突各方協助，並提供證據。調查庭還得設法取得其認為適當的其他證據，並就地對情況進行考察；

㈡所有證據應完全向各方公開，而各方應有權向調委會提出對證據的評論；

㈢每一方均應有權對證據提出異議。

五、㈠調委會應向各方提出調查庭關於事實調查的報告及其認為適當的建議；

㈡如果調查庭不能取得充分證據，對事實作出公正的調查結論，調委會應說明其不能作出的理由；

㈢除經衝突各方向調委會請求外，調委會不應公開提出其調查結果的報告。

六、調委會應自行制定其規則，包括關於調委會主席職位及調查庭庭長職位的規則。這項規則應保證調委會主席的職務無論何時均得行使，並在進行調查時由非衝突一方國民的委員行使。

七、調委會的行政開支由依據第二款作出聲明的締約各方的捐助和自願的

捐助支付。請求調查的衝突一方或幾方應預付調查庭開支所需的款項，並應由被控一方或幾方償付調查庭百分之五十以內的費用。如果在調查庭上有反控告的情形，則每方均應預付百分之五十的必需款項。

第九十一條　責任

違反各公約或本議定書規定的衝突一方，按情況所需，應負補償的責任。該方應對組成其武裝部隊的人員所從事的一切行為負責。

第六部　最後規定

第九十二條　簽字

本議定書應於最後文件簽字後六個月開放於各公約締約各方簽字，並在十二個月的期限內仍開放聽由簽字。

第九十三條　批准

本議定書應盡速批准。批准書應交存各公約保存者瑞士聯邦委員會。

第九十四條　加入

本議定書應開放聽由未簽字於各公約的任何一方加入。加入書應交存保存者。

第九十五條　生效

一、本議定書應於兩份批准書或加入書交存後六個月發生效力。

二、對於嗣後批准或加入本議定書的各公約締約每一方，本議定書應於該方交存其批准書或加入書後六個月發生效力。

第九十六條　本議定書生效時條約關係

一、當各公約締約各方也是本議定書締約各方時，經本議定書補充的各公約應予適用。

二、當衝突一方不受本議定書的拘束時，本議定書締約各方在其相互關係上應仍受本議定書的拘束。而且，如果不受本議定書拘束的締約一方接受和適用本議定書的規定，本議定書締約各方在其對該方的關係上均受本議定書的拘束。

三、代表對締約一方從事第一條第四款所指類型的武裝衝突的人民的當局，得通過向保存者送致單方面聲明的方法，承諾對該衝突適用各公約和本議定書。在保存者收到該聲明時，該聲明對該衝突具有下列效果：

㈠各公約和本議定書對作為衝突一方的該當局立即發生效力；

㈡該當局承擔各公約和本議定書締約一方所承擔的同樣權利和義務；

㈢各公約和本議定書對衝突各方具有同等的拘束力。

第九十七條　修正

一、締約任何一方均得對本議定書提出修正案。任何已提出的修正案的文

本應送交保存者，保存者應在與締約各方和紅十字國際委員會磋商後，決定應否召開會議，以審議已提出的修正案。

二、保存者應邀請締約各方以及各公約締約各方，不論是否本議定書的簽字國，參加這項會議。

第九十八條　附件一的修訂

一、不遲於本議定書生效後四年，並在其後每次至少間隔四年，紅十字國際委員會應就本議定書附件一與締約各方進行磋商，並得在其認為必要時，建議召開審查附件一的技術專家會議，並對附件一提出其認為適宜的修正案。除在向締約各方發出召開這項會議的建議六個月內有締約各方三分之一表示反對外，紅十字國際委員會應召開會議，並邀請適當國際組織派遣觀察員參加。紅十字國際委員會在締約各方三分之一請求下也應隨時召開這項會議。

二、如果在技術專家會議後紅十字國際委員會或締約各方三分之一請求召開會議，保存者應召開締約各方和各公約締約各方會議，以審議技術專家會議提出的修正案。

三、在該會議上，附件一的修正案得由出席並投票的締約各方三分之二通過。

四、保存者應將已通過的任何修正案送交締約各方和各公約締約各方。修正案在送交後滿一年時應視為已被接受，除非在該期限內締約各方的三分之二以上發出不接受該修正案的聲明。

五、按照第四款視為已被接受的修正案，應在按照該款發出不接受聲明以外的締約所有各方接受後三個月發生效力。任何發出不接受聲明的一方得隨時撤回該聲明，修正案應在撤回後三個月對該方發生效力。

六、保存者應將任何修正案的發生效力、受該修正案拘束的各方，該修正案對每一方發生效力的日期、按照第四款發出的不接受聲明和該聲明的撤回，通知締約各方和各公約締約各方。

第九十九條　退約

一、如果締約一方退出本議定書，退約應僅在收到退約書後一年發生效力。但如果在一年期滿時，退約該方捲入第一條所指的各種場合中一種場合，退約在武裝衝突或占領結束前不應發生效力，並無論如何在與受各公約保護的人最後釋放、遣返或安置有關的行動終止以前不應發生效力。

二、退約應以書面通知保存者，並由保存者告知締約各方。

三、退約僅應對退約一方有效。

四、依據第一款的任何退約，不應影響退約該方由於武裝衝突而對退約生效前作出的任何行為所承擔的義務。

第一〇〇條　通知

保存者應將下列各項通知締約各方以及各公約締約各方，不論其是否本議定書的簽字國：

一、在本議定書上的簽字和依據第九十三條和第九十四條的批准書和加入書的交存；

二、依據第九十五條的本議定書的生效日期；

三、依據第八十四條、第九十條和第九十七條收到的通知和聲明；

四、依據第九十六條第三款收到的聲明，該聲明應以最迅速的方法分送；

五、依據第九十九條的退約。

第一〇一條　登記

一、本議定書在生效後，應按照聯合國憲章第一百零二條，由保存者送交聯合國秘書處登記公布。

二、保存者還應將其收到的關於本議定書的所有批准、加入和退約，通知聯合國秘書處。

第一〇二條　作準文本

本議定書原本，其阿拉伯文、中文、英文、法文、俄文和西班牙文各本同樣作準，應交存保存者，保存者應將其經認證無誤的副本分送各公約締約各方。

七十三、一九四九年八月十二日日內瓦四公約關於保護非國際性武裝衝突受難者的附加議定書（第二議定書）(Protocol Additional to the Geneva Conventions of 12 August 1949 and Relating to the Protection of Victims of Non-international Armed Conflicts (Protocol II))　(1977.6.8)

說明：

㈠本議定書於一九七七年六月八日簽署，一九七八年十二月七日生效。

㈡英文本見 UNTS, Vol. 1125, pp. 610–617，亦刊載於 THE GENEVA CONVENTIONS OF 12 AUGUST 1949, Geneva: International Committee of the Red Cross, 2010, pp. 83–93；中文本見 UNTS, Vol. 1125, pp. 632–641。

序　文

締約各方，

回顧到莊嚴載入一九四九年八月十二日日內瓦四公約共同第三條的人道主義原則，構成在非國際性武裝衝突的情形下對人的尊重的基礎，

還回顧到關於人權的國際文件提供對人的基本保護，

強調有必要保證這類武裝衝突的受難者得到更好的保護，

回顧到在現行法律所未包括的情形下，人仍受人道原則和公眾良心要求的保護，

議定如下：

第一部　本議定書的範圍

第一條　對事物的適用範圍

一、本議定書發展和補充一九四九年八月十二日日內瓦四公約共同第三條而不改變其現有的適用條件，應適用於為一九四九年八月十二日日內瓦四公約關於保護國際性武裝衝突受難者的附加議定書（第一議定書）所未包括、而在締約一方領土內發生的該方武裝部隊和在負責統率下對該方一部分領土行使控制權，從而使其能進行持久而協調的軍事行動並執行本議定書的持不同政見的武裝部隊或其他有組織的武裝集團之間的一切武裝衝突。

二、本議定書不應適用於非武裝衝突的內部動亂和緊張局勢，如暴動、孤立而不時發生的暴力行為和其他類似性質的行為。

第二條　對人的適用範圍

一、本議定書應適用於受第一條所規定的武裝衝突影響的一切人，而不應以種族、膚色、性別、語文、宗教或信仰、政治或其他意見、民族或社會出身、財富、出生或其他身分或任何其他類似標準為依據加以任何不利區別（以下簡稱「不利區別」）。

二、在武裝衝突結束時，基於有關該衝突的原因而自由被剝奪或自由受限制的一切人，以及在該衝突後基於同樣原因而自由被剝奪或自由受限制的一切人，均應享受第五條和第六條的保護，直至自由的剝奪或限制終止之時為止。

第三條　不干涉

一、本議定書的任何規定均不應援引以損害國家的主權，或損害政府用一切合法手段維持或恢復國內法律和秩序或保衛國家統一和領土完整的責任。

二、本議定書的任何規定均不應援引作為無論基於任何理由而直接或間接干涉武裝衝突或衝突發生地的締約一方的內部或外部事務的根據。

第二部　人道待遇

第 四 條　基本保證

一、一切未直接參加或已停止參加敵對行動的人，不論其自由是否受限制，均有權享受對其人身、榮譽以及信念和宗教儀式的尊重。這類人應在任何情況下受人道待遇，而不加任何不利區別。下令殺無赦，是禁止的。

二、在不妨害上述規定的普遍性的條件下，對第一款所指的人的下列行為是禁止的，並在任何時候和在任何地方均應禁止：

㈠對人的生命、健康和身體上或精神上幸福的暴行，特別是謀殺以及虐待，如酷刑、殘傷肢體或任何形式的體罰；

㈡集體懲罰；

㈢扣留人質；

㈣恐怖主義行為；

㈤對人身尊嚴的侵犯，特別是侮辱性和降低身分的待遇、強姦、強迫賣淫和任何形式的非禮侵犯；

㈥各種形式的奴隸制度和奴隸販賣；

㈦搶劫；

㈧以從事任何上述行為相威脅。

三、對兒童，應給予其所需的照顧和援助，特別是：

㈠兒童應按照其父母的願望，或父母不在時，按照負責照顧的人的願望得到教育，包括宗教和道德教育；

㈡應採取一切適當步驟，以便利暫時離散的家庭重聚；

㈢對未滿十五歲的兒童不應徵募其參加武裝部隊或集團，也不應准許其參加敵對行動；

㈣如果儘管有第三項的規定，而未滿十五歲的兒童直接參加敵對行動，並被俘獲，這類兒童仍應適用本條所規定的特別保護；

㈤如果有必要，並在可能時，在兒童的父母或依據法律或習慣主要負責照顧的人的同意下，應採取措施，將兒童從進行敵對行動的地區暫時移往國內較安全的地區，並保證由負責其安全和幸福的人伴同。

第 五 條　自由受限制的人

一、除第四條的規定外，對於基於有關武裝衝突的原因而自由被剝奪的人，不論是被拘禁或被拘留，至少應尊重下列的規定：

㈠對傷者和病者，應按照第七條給予待遇；

㈡對本款所指的人，應按照當地平民居民的同樣標準供給食物和飲水，並提供健康衛生方面的保障和免受嚴寒酷熱和武裝衝突的危害的保護；

㈢對這類人，應准許其接受個人或集體救濟；

㈣對這類人，應准許其奉行其宗教，而且，如經請求，並於適宜時，應准許其接受執行宗教職務的人，如牧師，所給予的精神上幫助；

㈤如果使這類人做工，這類人應享有類似當地平民居民所享受的工作條件和保障的利益。

二、負責拘禁或拘留第一款所指的人的當局也應在其力所能及範圍內尊重有關這類人的下列規定：

㈠除一家男女的住處安排在一起外，婦女的住處應與男子的住處分開，並應由婦女直接監視；

㈡對這類人，應准許其收發信件和郵片，主管當局如果認為必要，得限制其數目；

㈢拘禁和拘留的地方不應接近戰鬥地帶。第一款所指的人，在其拘禁或拘留的地方特別容易遭受武裝衝突所造成的危險時，如果撤退能在充分安全的條件下進行，應予撤退；

㈣這類人應享有身體檢查的利益；

㈤這類人的身心健全不應受任何無理行為或不作為的危害。因此，迫使本條所述的人接受非為其健康狀況所要求而且與自由的人在類似醫療狀況中所適用的公認醫療標準不符的醫療程序，是禁止的。

三、對第一款所不包括但基於有關武裝衝突的原因而自由以任何方式受限制的人，應按照第四條和本條第一款第一項、第三項和第四項以及第二款第二項給予人道的待遇。

四、如果決定釋放自由被剝奪的人，作出決定的人應採取措施，以保證被釋放的人的安全。

第六條　刑事追訴

一、本條適用於對有關武裝衝突的刑事罪行的追訴和懲罰。

二、對犯有罪行的人，除遵照具備獨立和公正的主要保證的法院定罪宣告外，不應判刑和處罰。特別是：

㈠程序應規定使被告立即被告知其被控犯罪的細節，並應使被告在審判前和審判期間享有一切必要的辯護權利和手段；

㈡對任何人，除以個人刑事責任為依據外，均不應對其判罪；

㈢對任何人，均不應因其在從事行為或不作為時依據法律不構成犯罪的任何行為或不作為而判決有罪；也不應處以重於其犯罪時可適用的刑罰；如果在犯罪後法律規定較輕的刑罰，犯罪人應享受該規定的利益；

㈣任何被控犯罪的人，在按照法律證明其有罪前，均推定為無罪；

㈤任何被控犯罪的人均應享有在受審時在場的權利；

㈥對任何人，均不應迫其提供對自己不利的證據或自認犯罪。

三、對被判罪的人，應在判罪時告知其司法或其他救濟方法以及使用這些救濟方法的時限。

四、對犯罪時不滿十八歲的人，不應宣判死刑，並對孕婦和幼童的母親，不
　　應執行死刑。

五、在敵對行動結束時，當權當局對參加武裝衝突的人或基於有關武裝衝突
　　的原因而自由被剝奪的人，不論被拘禁或被拘留，應給以盡可能最廣泛
　　的赦免。

第三部　傷者、病者和遇船難者

第 七 條　保護和照顧

一、所有傷者、病者和遇船難者，不論曾否參加武裝衝突，均應受尊重和保
　　護。

二、在任何情況下，傷者、病者和遇難者均應受人道待遇，並應在最大實際
　　可能範圍內和盡速得到其狀況所需的醫療照顧和注意。在這類人之中，
　　不應以醫療以外的任何理由為依據加以任何區別。

第 八 條　搜尋

在情況許可的任何時候，特別是在戰鬥後，應立即採取一切可能措施，搜尋
和收集傷者、病者和遇船難者，保護其不受搶劫和虐待，保證其有充分的照
顧，而且搜尋死者，防止其被剝奪衣物並予以適宜的處理。

第 九 條　對醫務和宗教人員的保護

一、醫務和宗教人員應受尊重和保護，並在其履行職責中應得到一切可能幫
　　助。對這類人，不應迫其執行與其人道主義使命不符的任務。

二、除有醫療理由外，不應要求醫務人員在履行其職責中給予任何人以優先
　　地位。

第 十 條　對醫療職責的一般保護

一、在任何情況下，不問誰是受益者，任何人均不應因進行符合醫療職責的
　　醫療活動而受懲罰。

二、對從事醫療活動的人，不應迫其從事或進行違反醫療道德規則、或其他
　　為傷者和病者的利益而制訂的規則、或本議定書的行為或工作，也不應
　　迫其不從事這類規則或本議定書所要求的行為。

三、從事醫療活動的人關於其可能取得的有關在其照顧下傷者和病者的情報
　　的職業上義務，除受國內法的限制外，應受尊重。

四、除受國內法的限制外，任何從事醫療活動的人均不得因拒絕提供或未提
　　供關於在其照顧下或曾在其照顧下的傷者和病者的情報而受任何形式的
　　處罰。

第十一條　對醫療隊和醫務運輸工具的保護

一、醫療隊和醫務運輸工具無論何時均應受尊重和保護，並不應成為攻擊的
　　對象。

二、醫療隊和醫務運輸工具，除其用於從事人道主義職能以外的敵對行為外，

其有權享受的保護不應停止。但僅在發出警告，並在任何適宜時定有合理時限，而警告仍無效果後，保護才得停止。

第十二條　特殊標誌

在有關主管當局指導下，醫務和宗教人員以及醫療隊和醫務運輸工具應展示白底紅十字、紅新月或紅獅與太陽的特殊標誌。在任何情形下，該特殊標誌均應受尊重。該特殊標誌不應用於不正當的用途。

第四部　平民居民

第十三條　對平民居民的保護

一、平民居民和平民個人應享受免於軍事行動所產生的危險的一般保護。為了實現這種保護，在任何情況下均應遵守下列各項規則。

二、平民居民本身以及平民個人，不應成為攻擊的對象。禁止以在平民居民中散布恐怖為主要目的的暴力行為或暴力威脅。

三、平民個人除直接參加敵對行為並在參加期間外，應享受本部所給予的保護。

第十四條　對平民居民生存所不可缺少的物體的保護

作為作戰方法使平民居民陷於飢餓，是禁止的。因此，為了該目的，對平民居民所不可缺少的物體，如糧食，生產糧食的農業區、農作物、牲畜、飲水裝置和供應及灌溉工程，進行攻擊、破壞、移動或使其失去效用，都是禁止的。

第十五條　對含有危險力量的工程和裝置的保護

含有危險力量的工程或裝置，如堤壩和核發電站，如果對之進行攻擊可能引起危險力量的釋放，從而在平民居民中造成嚴重的損失，即使這類物體是軍事目標，也不應成為攻擊的對象。

第十六條　對文物和禮拜場所的保護

在不妨礙一九五四年五月十四日關於發生武裝衝突時保護文化財產的海牙公約的規定的條件下，對構成各國人民文化或精神遺產的歷史紀念物、藝術品或禮拜場所從事任何敵對行為，以及利用這些物體以支持軍事努力，都是禁止的。

第十七條　對強迫平民遷移的禁止

一、除為有關平民的安全或迫切的軍事理由所要求外，不應基於有關衝突的理由下令平民居民遷移。如果必須進行遷移，則應採取一切可能的措施，使平民居民能在滿意的住宿、衛生、健康、安全和營養的條件下被收留。

二、對平民，不應基於有關衝突的理由而迫其離開其本國領土。

第十八條　救濟團體和救濟行動

一、在締約一方領土內的救濟團體，如紅十字會（紅新月會、紅獅與太陽會）組織，得提供服務，對武裝衝突受難者執行其傳統的職務。平民居民即

使在其自己主動下，也得提供收集和照顧傷者、病者和遇船難者的服務。

二、如果平民居民由於缺少生存必需品，如糧食和醫療用品，而遭受非常的困難，對該平民居民，應在有關締約一方同意下，進行專門屬於人道主義和公正性質而不加任何不利區別的救濟行動。

第五部　最後規定

第十九條　傳播

本議定書應盡可能廣泛地予以傳播。

第二十條　簽字

本議定書應於最後文件簽字後六個月開放聽由各公約締約各方簽字，並在十二個月期間內繼續開放聽由簽字。

第二十一條　批准

本議定書應盡速批准。批准書應交存各公約保存者瑞士聯邦委員會。

第二十二條　加入

本議定書應開放聽由未簽字於本議定書的各公約任何一方加入。加入書應交存保存者。

第二十三條　生效

一、本議定書應於兩份批准書或加入書交存後六個月發生效力。

二、對於嗣後批准或加入本議定書的各公約締約每一方，本議定書應於該方交存其批准書或加入書後六個月發生效力。

第二十四條　修正

一、締約任何一方均得對本議定書提出修正案。任何已提出的修正案的文本應送交保存者，保存者應在與締約各方和紅十字國際委員會磋商後，決定應否召開會議，以審議已提出的修正案。

二、保存者應邀請締約各方以及各公約締約各方，不論是否本議定書的簽字國，參加該會議。

第二十五條　退約

一、如果締約一方退出本議定書，退約應僅在退約書收到後六個月發生效力。但如果在六個月期滿時，退約該方捲入第一條所指的場合，退約在武裝衝突結束前不應發生效力。然而，基於有關衝突的原因而自由被剝奪或自由受限制的人，在其最後釋放前，應繼續享受本議定書的規定的利益。

二、退約應以書面通知保存者，保存者應即告知締約各方。

第二十六條　通知

保存者應將下列各項通知締約各方以及各公約締約各方，不論是否本議定書的簽字國：

一、在本議定書上的簽字和依據第二十一條和第二十二條的批准書和加入

　　　　　書的交存；

　　二、依據第二十三條的本議定書的生效日期；

　　三、依據第二十四條收到的通知和聲明。

第二十七條　登記

　　一、本議定書在生效後，應按照聯合國憲章第一百零二條由保存者送交聯
　　　　合國秘書處登記公布。

　　二、保存者還應將其收到的關於本議定書的所有批准、加入和退約，通知
　　　　聯合國秘書處。

第二十八條　作準文本

　　本議定書原本，其阿拉伯文、中文、英文、法文、俄文、西班牙文各文本
同樣作準，應交存保存者，保存者應將其經認證無誤的副本分送各公約締
約各方。

七十四、關於採納一個新增特殊標誌的一九四九年八月十二日日內瓦公約的附加議定書（第三議定書）(Protocol Additional to the Geneva Conventions of 12 August 1949, and Relating to the Adoption of An Additional Distinctive Emblem (Protocol III)) (2005.12.8)

說明：

㈠本議定書於二〇〇五年十二月八日簽署，二〇〇七年一月十四日生效。

㈡英文本見 UNTS, Vol. 2404, pp. 278–286；中文本見同書 pp. 271–275。

序　文

締約各方，

　　(§1) 重申一九四九年八月十二日日內瓦公約的條款（特別是日內瓦第一公約第二十六、三十八、四十二和第四十四條）及在可適用時，一九七七年六月八日附加議定書中關於使用特殊標誌的各條款（特別是第一附加議定書第十八條和第三十八條以及第二附加議定書第十二條）；

　　(§2) 期望對上述條款進行補充以加強其保護作用及普遍性；

　　(§3) 注意到本議定書不影響締約各方繼續使用它們依照日內瓦公約及在可適用時，

附加議定書的規定所使用的標誌的權利；

　　(§4) 憶及對日內瓦公約及其附加議定書所保護的人員和物體的尊重義務源自國際法給予他們的受保護地位，而不取決於使用特殊的標誌、標記或記號；

　　(§5) 強調特殊標誌不應帶有宗教、人種、種族、地區或政治的意義；

　　(§6) 著重強調確保日內瓦公約及在可適用時，其附加議定書承認的特殊標誌所帶來的相關義務受到完全遵守的重要性；

　　(§7) 憶及日內瓦第一公約第四十四條規定了對特殊標誌作保護性使用和識別性使用之間的區別；

　　(§8) 並憶及在其他國家領土上從事活動的各國國家紅會應保證其在這些活動範圍內準備使用的所有標誌可以在活動進行的國家及過境國國內使用；

　　(§9) 承認某些國家和國家紅會在使用現有特殊標誌時會有困難；

　　(§10) 注意到紅十字國際委員會、紅十字會與紅新月會國際聯合會以及國際紅十字與紅新月運動保持其現在的名稱及標誌的決心；

　　議定如下：

第 一 條　本議定書的尊重和適用範圍

　　一、締約各方承諾，在一切情況下都尊重本議定書並保證本議定書被尊重。

　　二、本議定書重申並補充一九四九年八月十二日四個日內瓦公約（以下稱日內瓦公約）以及一九七七年六月八日兩個附加議定書（以下稱一九七七年附加議定書）有關紅十字、紅新月、紅獅和太陽等特殊標誌的條款，並在與這些條款規定的相同情形中適用。

第 二 條　特殊標誌

　　一、本議定書承認一個新增的特殊標誌加入已有的日內瓦公約特殊標誌，其目的與已有標誌相同。各特殊標誌具有平等地位。

　　二、該新增的特殊標誌為一個白底紅色邊框的正方形，以本議定書附件中圖形為準。該特殊標誌在本議定書中被稱作「第三議定書標誌」。

　　三、使用第三議定書標誌和對其尊重的條件與日內瓦公約及在可適用時，一九七七年附加議定書所規定的關於特殊標誌的條件相同。

　　四、締約各方武裝力量的醫療服務及宗教人員在不損害其現有標誌的情況下，可以臨時使用本條第一款所指的任何特殊標誌，如果這樣可以加強保護。

第 三 條　識別性使用第三議定書標誌

　　一、那些決定使用第三議定書標誌的締約各方的國家紅會在依照各自國家的法律使用第三議定書標誌時，可以識別為目的選擇嵌入：

　　　(a)日內瓦公約所承認的一個特殊標誌或這些特殊標誌的組合；或

　　　(b)某一締約方實際正在使用、並於本議定書通過之前經保存者向其他各締約方和紅十字國際委員會做了通報的其他標誌。

　　嵌入須符合本議定書附件中的圖形。

二、選擇根據上述第一款在第三議定書標誌中嵌入其他標誌的國家紅會，可依照其國內法律使用該標誌的名稱並在其領土上進行展示。

三、各國國家紅會可依照其國家法律及在特殊情況下並為便利其工作，而臨時使用本議定書第二條所指的特殊標誌。

四、本條不影響日內瓦公約及本議定書承認的各特殊標誌的法律地位，也不影響任何依照本條第一款以識別為目的嵌入的某一標誌的法律地位。

第 四 條　紅十字國際委員會和紅十字會與紅新月會國際聯合會

紅十字國際委員會和紅十字會與紅新月會國際聯合會及其正式授權的人員，可在特殊情況下為方便其工作使用本議定書第一條和第二條所述的特殊標誌。

第 五 條　聯合國主導的使命

參加聯合國主導的行動的醫療服務和宗教人員在參與國的同意下可使用第一條和第二條中所述的一種特殊標誌。

第 六 條　防止和取締濫用

一、日內瓦公約及在可適用時，一九七七年附加議定書關於防止和打擊濫用特殊標誌的條款同樣適用於第三議定書標誌。締約各方應特別採取必要措施，隨時防止和打擊對第一條和第二條所述的各特殊標誌及名稱的任何濫用，包括背信棄義地使用和任何構成模仿的標誌和名稱的使用。

二、儘管有上面第一款的內容，締約各方可允許先前使用第三議定書標誌或任何構成對其模仿的標誌者繼續使用之，但該使用在武裝衝突期間不得表現為賦予日內瓦公約及在可適用時，一九七七年附加議定書的保護，並且該使用權是在本議定書通過前獲得的。

第 七 條　傳播

締約各方承諾，在和平時期及武裝衝突時期盡可能廣泛地在其國內傳播本議定書的內容，特別是將學習本議定書納入其軍事培訓計畫和鼓勵平民居民學習本議定書，以使這個文件被武裝力量和平民居民所瞭解。

第 八 條　簽署

本議定書將於其被通過之日起開放供日內瓦公約各締約方簽署，簽署期為十二個月。

第 九 條　批准

本議定書應盡早被批准。批准書應提交給日內瓦公約及一九七七年附加議定書的保存者瑞士聯邦委員會。

第 十 條　加入

本議定書應開放供所有未簽署本議定書的日內瓦公約締約方加入。加入書應提交保存機關。

第十一條　生效

一、本議定書應於兩份批准書或加入書交存後六個月生效。

二、對生效後方批准或加入的日內瓦公約各締約方而言，本議定書於該方提交批准書或加入書後六個月生效。

第十二條　本議定書生效後的條約關係

一、當日內瓦公約締約方亦為本議定書締約方時，公約以其經本議定書補充後的形式適用。

二、當衝突一方不受本議定書約束時，本議定書締約方之間的相互關係仍應受本議定書約束。此外，如果不受本議定書約束的締約一方接受並履行本議定書條款，其他本議定書締約各方也將以本議定書約束對其關係。

第十三條　修正

一、締約任何一方均可對本議定書提出修正。任何修正案的文本應送交保存機關，由保存者與締約各方、紅十字國際委員會和紅十字會與紅新月會國際聯合會磋商後，決定應否召開會議，以審議所提出的修正案。

二、保存者應邀請締約各方以及各日內瓦公約締約各方，不論是否是本議定書簽字國，參加這項會議。

第十四條　退約

一、如果締約一方退出本議定書，退約於收到退約書一年後方發生效力。如果這一年期滿時，提出退約方正處於武裝衝突或占領狀態，退約在武裝衝突或占領結束前不應發生效力。

二、退約應以書面方式通知保存者，並由保存人告知締約各方。

三、退約僅對提出退約一方有效。

四、任何依據第一款提出的退約都不應影響該退約方由於武裝衝突或占領而對退約生效前作出的任何行為所承擔的義務。

第十五條　通知

保存者應將下列各項通知締約各方以及各日內瓦公約，不論是否是本議定書簽字國：

(a)依據第八、九和十條對本議定書所作的簽署及批准書加入書的交存；

(b)在生效後十日內通告依據第十一條的本議定書的生效日期；

(c)依據第十三條所收到的文件；

(d)依據第十四條提出的退約。

第十六條　登記

一、本議定書生效後，應由保存者送交聯合國秘書處，依照聯合國憲章第一〇二條進行登記和公布。

二、保存者亦應將其收到的關於本議定書的所有批准、加入和退約事項通知聯合國秘書處。

第十七條　作準文本

本議定書原本，其阿拉伯文、中文、英文、法文、俄文和西班牙文各本，同樣作準，應交存保存者，保存者應將其經認證無誤的副本分送各日內瓦公約

締約各方。

七十五、防止及懲治危害種族罪公約 (Convention on the Prevention and Punishment of the Crime of Genocide) (1948.12.9)

說明：
㈠本公約一九四八年十二月九日簽署，一九五一年一月十二日生效。本公約目前常被譯為《防止及懲治滅絕種族罪公約》。
㈡英文本見 UNTS, Vol. 2404, pp. 277–282；中文本見同書 pp. 288–291。

各締約國，

鑑於聯合國大會在一九四六年十二月十一日決議案九十六㈠內曾聲明危害種族係屬國際法下之一種罪行，有悖聯合國之精神與宗旨，且為文明世界所不容；

確知有史以來危害種族罪行曾使人類文化遭受重大損失；並

深信欲免人類再遭浩劫，國際合作實所必需；

茲謹議定條款如下：

第 一 條　各締約國確認危害種族之行為，不論出於平時或戰時，均屬國際法下之一種罪行，自當設法防止並懲治之。

第 二 條　本公約內，稱危害種族者，謂意圖全部或局部消滅某一國族、人種、種族或宗教團體之下列行為：

㈠殺害團體之份子；

㈡致使團體內份子在生理上或精神上遭受嚴重傷害；

㈢故意將某一團體陷於某種生活情況下以使其遭受全部或局部之生理毀滅；

㈣強制施行防止團體內生育之辦法；

㈤勒令某一團體之兒童轉至另一團體。

第 三 條　下列行為均在懲治之〔列〕：

㈠危害種族；

㈡危害種族之陰謀；

㈢直接公然煽動危害種族之行為；

㈣危害種族之意圖；

㈤危害種族罪之共犯。

第 四 條　犯危害種族罪或第三條所列舉之任何其他行為者，無論其為統治者、公務人員或私人，一體罰之。

第 五 條　各締約國承諾各依據其本國憲法制定必需之法律以實施本公約各項規定，並特別著重對於犯危害種族罪或第三條所列舉之任何其他行為者規定有效之懲

　　　　　罰辦法。

第 六 條　受控犯危害種族罪或第三條所列舉之任何其他行為者應交由行為發生之領土
　　　　　內國家管轄法院或國際刑事法院審判之；國際刑事法庭對於承諾其管轄之締
　　　　　約國有管轄權。

第 七 條　在適用引渡辦法時，危害種族罪及第三條所列舉之其他行為不得視為政治性
　　　　　之犯罪。

　　　　　各締約國承諾遇有此種案件時，其引渡之給予，各依其本國法律及當時有效
　　　　　之條約辦理。

第 八 條　任何締約國為防止及懲治危害種族之行為或第三條所列舉之任何其他行為起
　　　　　見，得提請聯合國之主管機關遵照聯合國憲章採取其所認為適當之行動。

第 九 條　各締約國間關於本公約之解釋、援用或實施問題之爭端，包括關於某一國家
　　　　　對危害種族罪第三條所列舉之任何其他行為之責任問題之爭端在經爭端當事
　　　　　國請求後應提交國際法院。

第 十 條　本公約應載有下列日期：一九四八年十二月九日；其中、英、法、俄及西文
　　　　　各本同一作準。

第十一條　本公約在一九四九年十二月三十一日前得由聯合國任何會員國及大會邀請簽
　　　　　訂之任何非會員國簽字。

　　　　　本公約應經過批准，且批准書應交由聯合國秘書長收存。

　　　　　一九五〇年一月一日之後，本公約得由聯合國任何會員國及接獲前述邀請之
　　　　　任何非會員國政府參加簽訂。

　　　　　參加簽訂書應交由聯合國秘書長收存。

第十二條　任何締約國得隨時照會聯合國秘書長將本公約之適用範圍延及該締約國代負
　　　　　外交關係責任之所有或任何領土。

第十三條　秘書長應於收存最初之二十份批准書或參加簽訂書之日擬具備忘錄，分別送
　　　　　達聯合國各會員國及第十一條所指之各非會員國。

　　　　　本公約自存入第二十份批准書或參加簽訂之日起九十日後發生效力。

　　　　　公約生效後所作之任何批准書或參加簽訂書應於各該批准書或參加簽訂書存
　　　　　入後之第九十日發生效力。

第十四條　本公約自發生效力之日起十年內保持有效。

　　　　　其後對於未曾聲明解約之各締約國仍繼續有效，以五年為一期：其解約聲明
　　　　　至少須在公約失效前六個月為之。

　　　　　公約之解除應以書面通知聯合國秘書長。

第十五條　倘因解約關係，致本公約之締約國數目不足十六國時，本公約應於最後一項
　　　　　解約通知生效之日起失效。

第十六條　任何締約國得隨時以書面通知秘書長請求修改本公約。

　　　　　對於是項請求應作何種措施，由大會決定之。

第十七條　聯合國秘書長應將下列事項通知聯合國所有會員國及第十一條所指之非會員

國：

　　㈎依據第十一條收到之簽署，批准及參加簽訂；

　　㈡依據第十二條收到之通知；

　　㈢本公約依據第十三條開始生效之日期；

　　㈣依據第十四條收到之解約通知；

　　㈤公約依據第十五條之廢棄；

　　㈥依據第十六條收到之通知。

第十八條　本公約之正本應留存聯合國檔庫。

　　　　　本公約之正式副本應分別送達聯合國所有會員國及第十一條所指之非會員國。

第十九條　本公約應由聯合國秘書長於公約生效之日予以登記。

七十六、國際刑事法院羅馬規約（摘錄）(Rome Statute of the International Criminal Court)　(1998.7.17)

說明：

㈠本規約一九九八年七月十七日簽署，二〇〇二年七月一日生效。

㈡英文本見 Rome Statute of the International Criminal Court, Hague: the International Criminal Court, 2011, pp. 1–74，亦刊於 UNTS, Vol. 2187, pp. 90–152；中文版見 UNTS, Vol. 2187, pp. 10–89。

㈢限於篇幅，本書僅摘錄第 1–35、62–85、103–111 條、侵略修正案以及二〇一〇年第八條修正案。侵略修正案 (Amendments on the Crime of Aggression to the Rome Statute of the International Criminal Court) 及二〇一〇年第八條修正案 (Amendment to article 8 of the Rome Statute of the International Criminal Court) 的中文條文引自 United Nation Treaty Collection, Multilateral Treaties Deposited with the Secretary–General, CHAPTER XVIII: Penal Matters 10a, 10b. 載於 https://treaties.un.org/Pages/Treaties.aspx?id=18&subid=A&clang=_en （最近檢視日期：二〇一九年三月八日）。

㈣本書未收錄三個二〇一七年通過，但尚未生效的第八條修正案。

序　言

　本規約締約國，

　意識到各國人民唇齒相依，休戚與共，他們的文化拼合組成人類共同財產，但是擔心這種並不牢固的拼合隨時可能分裂瓦解，

注意到在本世紀內，難以想像的暴行殘害了無數兒童、婦女和男子的生命，使全人類的良知深受震動，

認識到這種嚴重犯罪危及世界的和平、安全與福祉，

申明對於整個國際社會關注的最嚴重犯罪，絕不能聽之任之不予處罰，為有效懲治罪犯，必須通過國家一級採取措施並加強國際合作，

決心使上述犯罪的罪犯不再逍遙法外，從而有助於預防這種犯罪，

憶及各國有義務對犯有國際罪行的人行使刑事管轄權，

重申《聯合國憲章》的宗旨及原則，特別是各國不得以武力相威脅或使用武力，或以與聯合國宗旨不符的任何其他方法，侵犯任何國家的領土完整或政治獨立，

強調本規約的任何規定不得解釋為允許任何締約國插手他國的武裝衝突或內政，

決心為此目的並為了今世後代設立一個獨立的常設國際刑事法院，與聯合國系統建立關係，對整個國際社會關注的最嚴重犯罪具有管轄權，

強調根據本規約設立的國際刑事法院對國內刑事管轄權起補充作用，

決心保證永遠尊重並執行國際正義，

議定如下：

第一編　法院的設立

第 一 條　法院

茲設立國際刑事法院（「本法院」）。本法院為常設機構，有權就本規約所提到的、受到國際關注的最嚴重犯罪對個人行使其管轄權，並對國家刑事管轄權起補充作用。本法院的管轄權和運作由本規約的條款加以規定。

第 二 條　法院與聯合國的關係

本法院應當以本規約締約國大會批准後，由院長代表本法院締結的協定與聯合國建立關係。

第 三 條　法院所在地

㈠本法院設在荷蘭（「東道國」）海牙。

㈡本法院應當在締約國大會批准後，由院長代表本法院與東道國締結總部協定。

㈢本法院根據本規約規定，在其認為適宜時，可以在其他地方開庭。

第 四 條　法院的法律地位和權力

㈠本法院具有國際法律人格，並享有為行使其職能和實現其宗旨所必需的法律行為能力。

㈡本法院根據本規約規定，可以在任何締約國境內，或以特別協定在任何其他國家境內，行使其職能和權力。

第二編　管轄權、可受理性和適用的法律

第 五 條　法院管轄權內的犯罪

㈠本法院的管轄權限於整個國際社會關注的最嚴重犯罪。本法院根據本規約，
　對下列犯罪具有管轄權：

　1.滅絕種族罪；

　2.危害人類罪；

　3.戰爭罪；

　4.侵略罪。

㈡在依照第一百二十一條和第一百二十三條制定條款，界定侵略罪的定義，
　及規定本法院對這一犯罪行使管轄權的條件後，本法院即對侵略罪行使管
　轄權。這一條款應符合《聯合國憲章》有關規定。

第 六 條　滅絕種族罪

為了本規約的目的，「滅絕種族罪」是指蓄意全部或局部消滅某一民族、族
裔、種族或宗教團體而實施的下列任何一種行為：

　1.殺害該團體的成員；

　2.致使該團體的成員在身體上或精神上遭受嚴重傷害；

　3.故意使該團體處於某種生活狀況下，毀滅其全部或局部的生命；

　4.強制施行辦法，意圖防止該團體內的生育；

　5.強迫轉移該團體的兒童至另一團體。

第 七 條　危害人類罪

㈠為了本規約的目的，「危害人類罪」是指在廣泛或有系統地針對任何平民人
　口進行的攻擊中，在明知這一攻擊的情況下，作為攻擊的一部分而實施的
　下列任何一種行為：

　1.謀殺；

　2.滅絕；

　3.奴役；

　4.驅逐出境或強行遷移人口；

　5.違反國際法基本規則，監禁或以其他方式嚴重剝奪人身自由；

　6.酷刑；

　7.強姦、性奴役、強迫賣淫、強迫懷孕、強迫絕育或嚴重程度相當的任何
　　其他形式的性暴力；

　8.基於政治、種族、民族、族裔、文化、宗教、第三款所界定的性別，或
　　根據公認為國際法不容的其他理由，對任何可以識別的團體或集體進行
　　迫害，而且與任何一種本款提及的行為或任何一種本法院管轄權內的犯
　　罪結合發生；

　9.強迫人員失蹤；

　10.種族隔離罪；

　11.故意造成重大痛苦，或對人體或身心健康造成嚴重傷害的其他性質相同
　　的不人道行為。

㈡為了第一款的目的：

1. 「針對任何平民人口進行的攻擊」是指根據國家或組織攻擊平民人口的政策，或為了推行這種政策，針對任何平民人口多次實施第一款所述行為的行為過程；

2. 「滅絕」包括故意施加某種生活狀況，如斷絕糧食和藥品來源，目的是毀滅部分的人口；

3. 「奴役」是指對一人行使附屬於所有權的任何或一切權力，包括在販賣人口，特別是販賣婦女和兒童的過程中行使這種權力；

4. 「驅逐出境或強行遷移人口」是指在缺乏國際法容許的理由的情況下，以驅逐或其他脅迫行為，強迫有關的人遷離其合法留在的地區；

5. 「酷刑」是指故意致使在被告人羈押或控制下的人的身體或精神遭受重大痛苦；但酷刑不應包括純因合法制裁而引起的，或這種制裁所固有或附帶的痛苦；

6. 「強迫懷孕」是指以影響任何人口的族裔構成的目的，或以進行其他嚴重違反國際法的行為的目的，非法禁閉被強迫懷孕的婦女。本定義不得以任何方式解釋為影響國內關於妊娠的法律；

7. 「迫害」是指違反國際法規定，針對某一團體或集體的特性，故意和嚴重地剝奪基本權利；

8. 「種族隔離罪」是指一個種族團體對任何其他一個或多個種族團體，在一個有計畫地實行壓迫和統治的體制化制度下，實施性質與第一款所述行為相同的不人道行為，目的是維持該制度的存在；

9. 「強迫人員失蹤」是指國家或政治組織直接地，或在其同意、支持或默許下，逮捕、羈押或綁架人員，繼而拒絕承認這種剝奪自由的行為，或拒絕透露有關人員的命運或下落，目的是將其長期置於法律保護之外。

㈢為了本規約的目的，「性別」一詞應被理解為是指社會上的男女兩性。「性別」一詞僅反映上述意思。

第八條　戰爭罪

㈠本法院對戰爭罪具有管轄權，特別是對於作為一項計畫或政策的一部分所實施的行為，或作為在大規模實施這些犯罪中所實施的行為。

㈡為了本規約的目的，「戰爭罪」是指：

1. 嚴重破壞一九四九年八月十二日《日內瓦公約》的行為，即對有關的《日內瓦公約》規定保護的人或財產實施下列任何一種行為：

⑴故意殺害；

⑵酷刑或不人道待遇，包括生物學實驗；

⑶故意使身體或健康遭受重大痛苦或嚴重傷害；

⑷無軍事上的必要，非法和恣意地廣泛破壞和侵占財產；

⑸強迫戰俘或其他被保護人在敵國部隊中服役；

(6)故意剝奪戰俘或其他被保護人應享的公允及合法審判的權利；

(7)非法驅逐出境或遷移或非法禁閉；

(8)劫持人質。

2. 嚴重違反國際法既定範圍內適用於國際武裝衝突的法規和慣例的其他行為，即下列任何一種行為：

(1)故意指令攻擊平民人口本身或未直接參加敵對行動的個別平民；

(2)故意指令攻擊民用物體，即非軍事目標的物體；

(3)故意指令攻擊依照《聯合國憲章》執行的人道主義援助或維持和平行動的所涉人員、設施、物資、單位或車輛，如果這些人員和物體有權得到武裝衝突國際法規給予平民和民用物體的保護；

(4)故意發動攻擊，明知這種攻擊將附帶造成平民傷亡或破壞民用物體或致使自然環境遭受廣泛、長期和嚴重的破壞，其程度與預期得到的具體和直接的整體軍事利益相比顯然是過分的；

(5)以任何手段攻擊或轟擊非軍事目標的不設防城鎮、村莊、住所或建築物；

(6)殺、傷已經放下武器或喪失自衛能力並已無條件投降的戰鬥員；

(7)不當使用休戰旗、敵方或聯合國旗幟或軍事標誌和制服，以及《日內瓦公約》所訂特殊標誌，致使人員死亡或重傷；

(8)占領國將部分本國平民人口間接或直接遷移到其占領的領土，或將被占領領土的全部或部分人口驅逐或遷移到被占領領土內或外的地方；

(9)故意指令攻擊專用於宗教、教育、藝術、科學或慈善事業的建築物、歷史紀念物、醫院和傷病人員收容所，除非這些地方是軍事目標；

(10)致使在敵方權力下的人員肢體遭受殘傷，或對其進行任何種類的醫學或科學實驗，而這些實驗既不具有醫學、牙醫學或住院治療有關人員的理由，也不是為了該人員的利益而進行的，並且導致這些人員死亡或嚴重危及其健康；

(11)以背信棄義的方式殺、傷屬於敵國或敵軍的人員；

(12)宣告決不納降；

(13)摧毀或沒收敵方財產，除非是基於戰爭的必要；

(14)宣布取消、停止敵方國民的權利和訴訟權，或在法院中不予執行；

(15)強迫敵方國民參加反對他們本國的作戰行動，即使這些人在戰爭開始前，已為該交戰國服役；

(16)搶劫即使是突擊攻下的城鎮或地方；

(17)使用毒物或有毒武器；

(18)使用窒息性、有毒或其他氣體，以及所有類似的液體、物質或器件；

(19)使用在人體內易於膨脹或變扁的子彈，如外殼堅硬而不完全包裹彈芯或外殼經切穿的子彈；

(20)違反武裝衝突國際法規，使用具有造成過分傷害或不必要痛苦的性質，或基本上為濫殺濫傷的武器、射彈、裝備和作戰方法，但這些武器、射彈、裝備和作戰方法應當已被全面禁止，並已依照第一百二十一條和第一百二十三條的有關規定以一項修正案的形式列入本規約的一項附件內；

(21)損害個人尊嚴，特別是侮辱性和有辱人格的待遇；

(22)強姦、性奴役、強迫賣淫、第七條第二款第 6 項所界定的強迫懷孕、強迫絕育或構成嚴重破壞《日內瓦公約》的任何其他形式的性暴力；

(23)將平民或其他被保護人置於某些地點、地區或軍事部隊，利用其存在使該地點、地區或軍事部隊免受軍事攻擊；

(24)故意指令攻擊依照國際法使用《日內瓦公約》所訂特殊標誌的建築物、裝備、醫療單位和運輸工具及人員；

(25)故意以斷絕平民糧食作為戰爭方法，使平民無法取得其生存所必需的物品，包括故意阻礙根據《日內瓦公約》規定提供救濟物品；

(26)徵募不滿十五歲的兒童加入國家武裝部隊，或利用他們積極參與敵對行動。

3.在非國際性武裝衝突中，嚴重違反一九四九年八月十二日四項《日內瓦公約》共同第三條的行為，即對不實際參加敵對行動的人，包括已經放下武器的武裝部隊人員，及因病、傷、拘留或任何其他原因而失去戰鬥力的人員，實施下列任何一種行為：

(1)對生命與人身施以暴力，特別是各種謀殺、殘傷肢體、虐待及酷刑；

(2)損害個人尊嚴，特別是侮辱性和有辱人格的待遇；

(3)劫持人質；

(4)未經具有公認為必需的司法保障的正規組織的法庭宣判，徑行判罪和處決。

4.第二款第 3 項適用於非國際性武裝衝突，因此不適用於內部動亂和緊張局勢，如暴動、孤立和零星的暴力行為或其他性質相同的行為。

5.嚴重違反國際法既定範圍內適用於非國際性武裝衝突的法規和慣例的其他行為，即下列任何一種行為：

(1)故意指令攻擊平民人口本身或未直接參加敵對行動的個別平民；

(2)故意指令攻擊按照國際法使用《日內瓦公約》所訂特殊標誌的建築物、裝備、醫療單位和運輸工具及人員；

(3)故意指令攻擊依照《聯合國憲章》執行的人道主義援助或維持和平行動的所涉人員、設施、物資、單位或車輛，如果這些人員和物體有權得到武裝衝突國際法規給予平民和民用物體的保護；

(4)故意指令攻擊專用於宗教、教育、藝術、科學或慈善事業的建築物、歷史紀念物、醫院和傷病人員收容所，除非這些地方是軍事目標；

(5)搶劫即使是突擊攻下的城鎮或地方；

(6)強姦、性奴役、強迫賣淫、第七條第二款第 6 項所界定的強迫懷孕、強迫絕育以及構成嚴重違反四項《日內瓦公約》共同第三條的任何其他形式的性暴力；

(7)徵募不滿十五歲的兒童加入武裝部隊或集團，或利用他們積極參加敵對行動；

(8)基於與衝突有關的理由下令平民人口遷移，但因所涉平民的安全或因迫切的軍事理由而有需要的除外；

(9)以背信棄義的方式殺、傷屬敵對方戰鬥員；

(10)宣告決不納降；

(11)致使在衝突另一方權力下的人員肢體遭受殘傷，或對其進行任何種類的醫學或科學實驗，而這些實驗既不具有醫學、牙醫學或住院治療有關人員的理由，也不是為了該人員的利益而進行的，並且導致這些人員死亡或嚴重危及其健康；

(12)摧毀或沒收敵對方的財產，除非是基於衝突的必要；

6. 第二款第 5 項適用於非國際性武裝衝突，因此不適用於內部動亂和緊張局勢，如暴動、孤立和零星的暴力行為或其他性質相同的行為。該項規定適用於在一國境內發生的武裝衝突，如果政府當局與有組織武裝集團之間，或這種集團相互之間長期進行武裝衝突。

(三)第二款第 3 項和第 5 項的任何規定，均不影響一國政府以一切合法手段維持或恢復國內法律和秩序，或保衛國家統一和領土完整的責任。

第 九 條　犯罪要件

(一)本法院在解釋和適用第六條、第七條和第八條時，應由《犯罪要件》輔助。《犯罪要件》應由締約國大會成員三分之二多數通過。

(二)下列各方可以對《犯罪要件》提出修正案：

1. 任何締約國；

2. 以絕對多數行事的法官；

3. 檢察官。

修正案應由締約國大會成員三分之二多數通過。

(三)《犯罪要件》及其修正應符合本規約。

第 十 條　除為了本規約的目的以外，本編的任何規定不得解釋為限制或損害現有或發展中的國際法規則。

第十一條　屬時管轄權

(一)本法院僅對本規約生效後實施的犯罪具有管轄權。

(二)對於在本規約生效後成為締約國的國家，本法院只能對在本規約對該國生效後實施的犯罪行使管轄權，除非該國已根據第十二條第三款提交聲明。

第十二條　行使管轄權的先決條件

㈠一國成為本規約締約國，即接受本法院對第五條所述犯罪的管轄權。

㈡對於第十三條第 1 項或第 3 項的情況，如果下列一個或多個國家是本規約
締約國或依照第三款接受了本法院管轄權，本法院即可以行使管轄權：

　1.有關行為在其境內發生的國家；如果犯罪發生在船舶或飛行器上，該船
　　舶或飛行器的註冊國；

　2.犯罪被告人的國籍國。

㈢如果根據第二款的規定，需要得到一個非本規約締約國的國家接受本法院
的管轄權，該國可以向書記官長提交聲明，接受本法院對有關犯罪行使管
轄權。該接受國應依照本規約第九編規定，不拖延並無例外地與本法院合
作。

第十三條　行使管轄權

在下列情況下，本法院可以依照本規約的規定，就第五條所述犯罪行使管轄
權：

　1.締約國依照第十四條規定，向檢察官提交顯示一項或多項犯罪已經發生的
　　情勢；

　2.安全理事會根據《聯合國憲章》第七章行事，向檢察官提交顯示一項或多
　　項犯罪已經發生的情勢；或

　3.檢察官依照第十五條開始調查一項犯罪。

第十四條　締約國提交情勢

㈠締約國可以向檢察官提交顯示一項或多項本法院管轄權內的犯罪已經發生
的情勢，請檢察官調查該情勢，以便確定是否應指控某個人或某些人實施
了這些犯罪。

㈡提交情勢時，應盡可能具體說明相關情節，並附上提交情勢的國家所掌握
的任何輔助文件。

第十五條　檢察官

㈠檢察官可以自行根據有關本法院管轄權內的犯罪的資料開始調查。

㈡檢察官應分析所收到的資料的嚴肅性。為此目的，檢察官可以要求國家、
聯合國機構、政府間組織或非政府組織，或檢察官認為適當的其他可靠來
源提供進一步資料，並可以在本法院所在地接受書面或口頭證言。

㈢檢察官如果認為有合理根據進行調查，應請求預審分庭授權調查，並附上
收集到的任何輔助材料。被害人可以依照《程序和證據規則》向預審分庭
作出陳述。

㈣預審分庭在審查請求及輔助材料後，如果認為有合理根據進行調查，並認
為案件顯然屬於本法院管轄權內的案件，應授權開始調查。這並不妨礙本
法院其後就案件的管轄權和可受理性問題作出斷定。

㈤預審分庭拒絕授權調查，並不排除檢察官以後根據新的事實或證據就同一
情勢再次提出請求。

㈥檢察官在進行了第一款和第二款所述的初步審查後，如果認為所提供的資料不構成進行調查的合理根據，即應通知提供資料的人。這並不排除檢察官審查根據新的事實或證據，就同一情勢提交的進一步資料。

第十六條　推遲調查或起訴

如果安全理事會根據《聯合國憲章》第七章通過決議，向本法院提出要求，在其後十二個月內，本法院不得根據本規約開始或進行調查或起訴；安全理事會可以根據同樣條件延長該項請求。

第十七條　可受理性問題

㈠考慮到序言第十段及第一條，在下列情況下，本法院應斷定案件不可受理：

1.對案件具有管轄權的國家正在對該案件進行調查或起訴，除非該國不願意或不能夠切實進行調查或起訴；

2.對案件具有管轄權的國家已經對該案進行調查，而且該國已決定不對有關的人進行起訴，除非作出這項決定是由於該國不願意或不能夠切實進行起訴；

3.有關的人已經由於作為控告理由的行為受到審判，根據第二十條第三款，本法院不得進行審判；

4.案件缺乏足夠的嚴重程度，本法院無採取進一步行動的充分理由。

㈡為了確定某一案件中是否有不願意的問題，本法院應根據國際法承認的正當程序原則，酌情考慮是否存在下列一種或多種情況：

1.已經或正在進行的訴訟程序，或一國所作出的決定，是為了包庇有關的人，使其免負第五條所述的本法院管轄權內的犯罪的刑事責任；

2.訴訟程序發生不當延誤，而根據實際情況，這種延誤不符合將有關的人繩之以法的目的；

3.已經或正在進行的訴訟程序，沒有以獨立或公正的方式進行，而根據實際情況，採用的方式不符合將有關的人繩之以法的目的。

㈢為了確定某一案件中是否有不能夠的問題，本法院應考慮，一國是否由於本國司法系統完全瓦解，或實際上瓦解或者並不存在，因而無法拘捕被告人或取得必要的證據和證言，或在其他方面不能進行本國的訴訟程序。

第十八條　關於可受理性的初步裁定

㈠在一項情勢已依照第十三條第 1 項提交本法院，而且檢察官認為有合理根據開始調查時，或在檢察官根據第十三條第 3 項和第十五條開始調查時，檢察官應通報所有締約國，及通報根據所得到的資料考慮，通常對有關犯罪行使管轄權的國家。檢察官可以在保密的基礎上通報上述國家。如果檢察官認為有必要保護個人、防止毀滅證據或防止潛逃，可以限制向國家提供的資料的範圍。

㈡在收到上述通報一個月內，有關國家可以通知本法院，對於可能構成第五條所述犯罪，而且與國家通報所提供的資料有關的犯罪行為，該國正在或

已經對本國國民或在其管轄權內的其他人進行調查。根據該國的要求，檢察官應等候該國對有關的人的調查，除非預審分庭根據檢察官的申請，決定授權進行調查。

㈢檢察官等候一國調查的決定，在決定等候之日起六個月後，或在由於該國不願意或不能夠切實進行調查，情況發生重大變化的任何時候，可以由檢察官覆議。

㈣對預審分庭作出的裁定，有關國家或檢察官可以根據第八十二條向上訴分庭提出上訴。上訴得予從速審理。

㈤如果檢察官根據第二款等候調查，檢察官可以要求有關國家定期向檢察官通報其調查的進展和其後的任何起訴。締約國應無不當拖延地對這方面的要求作出答覆。

㈥在預審分庭作出裁定以前，或在檢察官根據本條等候調查後的任何時間，如果出現取得重要證據的獨特機會，或者面對證據日後極可能無法獲得的情況，檢察官可以請預審分庭作為例外，授權採取必要調查步驟，保全這種證據。

㈦質疑預審分庭根據本條作出的裁定的國家，可以根據第十九條，以掌握進一步的重要事實或情況發生重大變化的理由，對案件的可受理性提出質疑。

第十九條　質疑法院的管轄權或案件的可受理性

㈠本法院應確定對收到的任何案件具有管轄權。本法院可以依照第十七條，自行斷定案件的可受理性。

㈡下列各方可以根據第十七條所述理由，對案件的可受理性提出質疑，也可以對本法院的管轄權提出質疑：

　1.被告人或根據第五十八條已對其發出逮捕證或出庭傳票的人；

　2.對案件具有管轄權的國家，以正在或已經調查或起訴該案件為理由提出質疑；或

　3.根據第十二條需要其接受本法院管轄權的國家。

㈢檢察官可以請本法院就管轄權或可受理性問題作出裁定。在關於管轄權或可受理性問題的程序中，根據第十三條提交情勢的各方及被害人均可以向本法院提出意見。

㈣第二款所述任何人或國家，只可以對某一案件的可受理性或本法院的管轄權提出一次質疑。這項質疑應在審判開始前或開始時提出。在特殊情況下，本法院可以允許多次提出質疑，或在審判開始後提出質疑。在審判開始時，或經本法院同意，在其後對某一案件的可受理性提出的質疑，只可以根據第十七條第一款第3項提出。

㈤第二款第2項和第3項所述國家應盡早提出質疑。

㈥在確認指控以前，對某一案件的可受理性的質疑或對本法院管轄權的質疑，應提交預審分庭。在確認指控以後，應提交審判分庭。對於就管轄權或可

受理性問題作出的裁判，可以依照第八十二條向上訴分庭提出上訴。

㈦如果質疑係由第二款第 2 項或第 3 項所述國家提出，在本法院依照第十七條作出斷定以前，檢察官應暫停調查。

㈧在本法院作出裁定以前，檢察官可以請求本法院授權：

　1.採取第十八條第六款所述一類的必要調查步驟；

　2.錄取證人的陳述或證言，或完成在質疑提出前已開始的證據收集和審查工作；和

　3.與有關各國合作，防止已被檢察官根據第五十八條請求對其發出逮捕證的人潛逃。

㈨提出質疑不影響檢察官在此以前採取的任何行動，或本法院在此以前發出的任何命令或逮捕證的有效性。

㈩如果本法院根據第十七條決定某一案件不可受理，檢察官在確信發現的新事實否定原來根據第十七條認定案件不可受理的依據時，可以請求覆議上述決定。

㈠如果檢察官考慮到第十七條所述的事項，等候一項調查，檢察官可以請有關國家向其提供關於調查程序的資料。根據有關國家的請求，這些資料應予保密。檢察官其後決定進行調查時，應通知檢察官曾等候其調查的國家。

第二十條　一罪不二審

㈠除本規約規定的情況外，本法院不得就本法院已經據以判定某人有罪或無罪的行為審判該人。

㈡對於第五條所述犯罪，已經被本法院判定有罪或無罪的人，不得因該犯罪再由另一法院審判。

㈢對於第六條、第七條或第八條所列的行為，已經由另一法院審判的人，不得因同一行為受本法院審判，除非該另一法院的訴訟程序有下列情形之一：

　1.是為了包庇有關的人，使其免負本法院管轄權內的犯罪的刑事責任；或

　2.沒有依照國際法承認的正當程序原則，以獨立或公正的方式進行，而且根據實際情況，採用的方式不符合將有關的人繩之以法的目的。

第二十一條　適用的法律

㈠本法院應適用的法律依次為：

　1.首先，適用本規約、《犯罪要件》和本法院的《程序和證據規則》；

　2.其次，視情況適用可予適用的條約及國際法原則和規則，包括武裝衝突國際法規確定的原則；

　3.無法適用上述法律時，適用本法院從世界各法系的國內法，包括適當時從通常對該犯罪行使管轄權的國家的國內法中得出的一般法律原則，但這些原則不得違反本規約、國際法和國際承認的規範和標準。

㈡本法院可以適用其以前的裁判所闡釋的法律原則和規則。

㈢依照本條適用和解釋法律，必須符合國際承認的人權，而且不得根據第

七條第三款所界定的性別、年齡、種族、膚色、語言、宗教或信仰、政見或其它見解、民族本源、族裔、社會出身、財富、出生或其他身分等作出任何不利區別。

第三編　刑法的一般原則

第二十二條　法無明文不為罪

㈠只有當某人的有關行為在發生時構成本法院管轄權內的犯罪，該人才根據本規約負刑事責任。

㈡犯罪定義應予以嚴格解釋，不得類推延伸。涵義不明時，對定義作出的解釋應有利於被調查、被起訴或被定罪的人。

㈢本條不影響依照本規約以外的國際法將任何行為定性為犯罪行為。

第二十三條　法無明文者不罰

被本法院定罪的人，只可以依照本規約受處罰。

第二十四條　對人不溯及既往

㈠個人不對本規約生效以前發生的行為負本規約規定的刑事責任。

㈡如果在最終判決以前，適用於某一案件的法律發生改變，應當適用對被調查、被起訴或被定罪的人較為有利的法律。

第二十五條　個人刑事責任

㈠本法院根據本規約對自然人具有管轄權。

㈡實施本法院管轄權內的犯罪的人，應依照本規約的規定負個人責任，並受到處罰。

㈢有下列情形之一的人，應依照本規約的規定，對一項本法院管轄權內的犯罪負刑事責任，並受到處罰：

1.單獨、夥同他人、通過不論是否負刑事責任的另一人，實施這一犯罪；

2.命令、唆使、引誘實施這一犯罪，而該犯罪事實上是既遂或未遂的；

3.為了便利實施這一犯罪，幫助、教唆或以其他方式協助實施或企圖實施這一犯罪，包括提供犯罪手段；

4.以任何其他方式支助以共同目的行事的團夥實施或企圖實施這一犯罪。這種支助應當是故意的，並且符合下列情況之一：

　(1)是為了促進這一團夥的犯罪活動或犯罪目的，而這種活動或目的涉及實施本法院管轄權內的犯罪；

　(2)明知這一團夥實施該犯罪的意圖；

5.就滅絕種族罪而言，直接公然煽動他人滅絕種族；

6.已經以實際步驟著手採取行動，意圖實施犯罪，但由於其意志以外的情況，犯罪沒有發生。但放棄實施犯罪或防止犯罪完成的人，如果完全和自願地放棄其犯罪目的，不按犯罪未遂根據本規約受處罰。

㈣本規約關於個人刑事責任的任何規定，不影響國家依照國際法所負的責

任。

第二十六條　對不滿十八周歲的人不具有管轄權

對於實施被控告犯罪時不滿十八周歲的人，本法院不具有管轄權。

第二十七條　官方身分的無關性

㈠本規約對任何人一律平等適用，不得因官方身分而差別適用。特別是作為國家元首或政府首腦、政府成員或議會議員、選任代表或政府官員的官方身分，在任何情況下都不得免除個人根據本規約所負的刑事責任，其本身也不得構成減輕刑罰的理由。

㈡根據國內法或國際法可能賦予某人官方身分的豁免或特別程序規則，不妨礙本法院對該人行使管轄權。

第二十八條　指揮官和其他上級的責任

除根據本規約規定須對本法院管轄權內的犯罪負刑事責任的其他理由以外：

㈠軍事指揮官或以軍事指揮官身分有效行事的人，如果未對在其有效指揮和控制下的部隊，或在其有效管轄和控制下的部隊適當行使控制，在下列情況下，應對這些部隊實施的本法院管轄權內的犯罪負刑事責任：

　1.該軍事指揮官或該人知道，或者由於當時的情況理應知道，部隊正在實施或即將實施這些犯罪；和

　2.該軍事指揮官或該人未採取在其權力範圍內的一切必要而合理的措施，防止或制止這些犯罪的實施，或報請主管當局就此事進行調查和起訴。

㈡對於第一款未述及的上下級關係，上級人員如果未對在其有效管轄或控制下的下級人員適當行使控制，在下列情況下，應對這些下級人員實施的本法院管轄權內的犯罪負刑事責任：

　1.該上級人員知道下級人員正在實施或即將實施這些犯罪，或故意不理會明確反映這一情況的情報；

　2.犯罪涉及該上級人員有效負責和控制的活動；和

　3.該上級人員未採取在其權力範圍內的一切必要而合理的措施，防止或制止這些犯罪的實施，或報請主管當局就此事進行調查和起訴。

第二十九條　不適用時效

本法院管轄權內的犯罪不適用任何時效。

第三十條　心理要件

㈠除另有規定外，只有當某人在故意和明知的情況下實施犯罪的物質要件，該人才對本法院管轄權內的犯罪負刑事責任，並受到處罰。

㈡為了本條的目的，有下列情形之一的，即可以認定某人具有故意：

　1.就行為而言，該人有意從事該行為；

　2.就結果而言，該人有意造成該結果，或者意識到事態的一般發展會產

生該結果。

㈢為了本條的目的,「明知」是指意識到存在某種情況,或者事態的一般發展會產生某種結果。「知道」和「明知地」應當作相應的解釋。

第三十一條　排除刑事責任的理由

㈠除本規約規定的其他排除刑事責任的理由外,實施行為時處於下列狀況的人不負刑事責任:

　　1.該人患有精神病或精神不健全,因而喪失判斷其行為的不法性或性質的能力,或控制其行為以符合法律規定的能力;

　　2.該人處於醉態,因而喪失判斷其行為的不法性或性質的能力,或控制其行為以符合法律規定的能力,除非該人在某種情況下有意識地進入醉態,明知自己進入醉態後,有可能從事構成本法院管轄權內的犯罪的行為,或者該人不顧可能發生這種情形的危險;

　　3.該人以合理行為防衛本人或他人,或者在戰爭罪方面,防衛本人或他人生存所必需的財產,或防衛完成一項軍事任務所必需的財產,以避免即將不法使用的武力,而且採用的防衛方式與被保護的本人或他人或財產所面對的危險程度是相稱的。該人參與部隊進行的防禦行動的事實,本身並不構成本項規定的排除刑事責任的理由;

　　4.被控告構成本法院管轄權內的犯罪的行為是該人或他人面臨即將死亡的威脅或面臨繼續或即將遭受嚴重人身傷害的威脅而被迫實施的,該人為避免這一威脅採取必要而合理的行動,但必須無意造成比設法避免的傷害更為嚴重的傷害。上述威脅可以是:

　　　⑴他人造成的;或

　　　⑵該人無法控制的其他情況所構成的。

㈡對於審理中的案件,本法院應確定本規約規定的排除刑事責任的理由的可適用性。

㈢審判時,除可以考慮第一款所列的排除刑事責任的理由外,本法院還可以考慮其他排除刑事責任的理由,但這些理由必須以第二十一條規定的適用的法律為依據。《程序和證據規則》應規定考慮這種理由的程序。

第三十二條　事實錯誤或法律錯誤

㈠事實錯誤只在否定構成犯罪所需的心理要件時,才可以作為排除刑事責任的理由。

㈡關於某一類行為是否屬於本法院管轄權內的犯罪的法律錯誤,不得作為排除刑事責任的理由。法律錯誤如果否定構成犯罪所需的心理要件,或根據第三十三條的規定,可以作為排除刑事責任的理由。

第三十三條　上級命令和法律規定

㈠某人奉政府命令或軍職或文職上級命令行事而實施本法院管轄權內的犯罪的事實,並不免除該人的刑事責任,但下列情況除外:

　1.該人有服從有關政府或上級命令的法律義務；

　2.該人不知道命令為不法的；和

　3.命令的不法性不明顯。

㈡為了本條的目的，實施滅絕種族罪或危害人類罪的命令是明顯不法的。

第四編　法院的組成和行政管理

第三十四條　法院的機關

本法院由下列機關組成：

　1.院長會議；

　2.上訴庭、審判庭和預審庭；

　3.檢察官辦公室；

　4.書記官處。

第三十五條　法官的任職

㈠全體法官應選舉產生，擔任本法院的全時專職法官，並應能夠自任期開始時全時任職。

㈡組成院長會議的法官一經當選，即應全時任職。

㈢院長會議不時可以根據本法院的工作量，與本法院成員磋商，決定在何種程度上需要其他法官全時任職。任何這種安排不得妨礙第四十條的規定。

㈣不必全時任職的法官的薪酬，應依照第四十九條確定。

第六編　審　判

第六十二條　審判地點

除另有決定外，審判地點為本法院所在地。

第六十三條　被告人出席審判

㈠審判時被告人應當在場。

㈡如果在本法院出庭的被告人不斷擾亂審判，審判分庭可以將被告人帶出法庭，安排被告人從庭外觀看審判和指示律師，並在必要時為此利用通訊技術。只應在情況特殊，其他合理措施不足以解決問題的情況下，在確有必要的時間內，才採取這種措施。

第六十四條　審判分庭的職能和權力

㈠審判分庭應依照本規約和《程序和證據規則》行使本條所列的職能和權力。

㈡審判分庭應確保審判公平從速進行，充分尊重被告人的權利，並適當顧及對被害人和證人的保護。

㈢在根據本規約將案件交付審判後，被指定審理案件的審判分庭應當：

　1.與當事各方商議，採取必要程序，以利訴訟公平從速進行；

2.確定審判使用的一種或多種語文；並

3.根據本規約任何其他有關規定，指令在審判開始以前及早披露此前未曾披露的文件或資料，以便可以為審判作出充分的準備。

㈣為了有效和公平行使其職能，審判分庭可以在必要時將初步問題送交預審分庭，或在必要時送交另一名可予調遣的預審庭法官。

㈤在通知當事各方後，審判分庭可以酌情指示合併審理或分開審理對多名被告人提出的指控。

㈥在審判前或審判期間，審判分庭可以酌情為行使其職能採取下列行動：

1.行使第六十一條第十一款所述的任何一種預審分庭職能；

2.傳喚證人到庭和作證，及要求提供文件和其他證據，必要時根據本規約的規定取得各國協助；

3.指令保護機密資料；

4.命令提供除當事各方已經在審判前收集，或在審判期間提出的證據以外的其他證據；

5.指令保護被告人、證人和被害人；並

6.裁定任何其他有關事項。

㈦審判應公開進行。但審判分庭可以確定，因情況特殊，為了第六十八條所述的目的，或為了保護作為證據提供的機密或敏感資料，某些訴訟程序不公開進行。

㈧1.審判開始時，應在審判分庭上向被告人宣讀業經預審分庭確認的指控書。審判分庭應確定被告人明白指控的性質，並應給被告人根據第六十五條表示認罪，或表示不認罪的機會。

2.審判時，庭長可以就訴訟的進行作出指示，包括為了確保以公平和公正的方式進行訴訟而作出指示。在不違反庭長的任何指示的情況下，當事各方可以依照本規約的規定提出證據。

㈨審判分庭除其他外，有權應當事一方的請求或自行決定：

1.裁定證據的可採性或相關性；並

2.在審理過程中採取一切必要措施維持秩序。

㈩審判分庭應確保製作如實反映訴訟過程的完整審判記錄，並由書記官長備有和保存。

第六十五條　關於認罪的程序

㈠如果被告人根據第六十四條第八款第 1 項認罪，審判分庭應確定以下各點：

1.被告人明白認罪的性質和後果；

2.被告人是在充分諮詢辯護律師後自願認罪的；和

3.承認的犯罪為案件事實所證實，這些事實載於：

　(1)檢察官提出並為被告人承認的指控；

⑵檢察官連同指控提出並為被告人接受的任何補充材料；和

⑶檢察官或被告人提出的任何其他證據，如證人證言。

㈡如果審判分庭認為第一款所述事項經予確定，審判分庭應將認罪連同提出的任何進一步證據，視為已確定構成所認之罪成立所需的全部基本事實，並可以判定被告人犯下該罪。

㈢如果審判分庭認為第一款所述事項未能予以確定，審判分庭應按未認罪處理，在這種情況下，審判分庭應命令依照本規約所規定的普通審判程序繼續進行審判，並可以將案件移交另一審判分庭審理。

㈣如果審判分庭認為為了實現公正，特別是為了被害人的利益，應當更全面地查明案情，審判分庭可以採取下列行動之一：

1. 要求檢察官提出進一步證據，包括證人證言；或

2. 命令依照本規約所規定的普通審判程序繼續進行審判，在這種情況下，應按未認罪處理，並可以將案件移交另一審判分庭審理。

㈤檢察官和辯護方之間就修改指控、認罪或判刑所進行的任何商議，對本法院不具任何約束力。

第六十六條　無罪推定

㈠任何人在本法院被依照適用的法律證明有罪以前，應推定無罪。

㈡證明被告人有罪是檢察官的責任。

㈢判定被告人有罪，本法院必須確信被告人有罪已無合理疑問。

第六十七條　被告人的權利

㈠在確定任何指控時，被告人有權獲得符合本規約各項規定的公開審訊，獲得公正進行的公平審訊，及在人人平等的基礎上獲得下列最低限度的保證：

1. 以被告人通曉和使用的語文，迅速被詳細告知指控的性質、原因和內容；

2. 有充分時間和便利準備答辯，並在保密情況下自由地同被告人所選擇的律師聯繫；

3. 沒有不當拖延地受到審判；

4. 除第六十三條第二款規定外，審判時本人在場，親自進行辯護或者通過被告人所選擇的法律援助進行辯護，在被告人沒有法律援助時，獲告知這一權利，並在為了實現公正而有必要的時候，由本法院指定法律援助，如果無力支付，則免費提供；

5. 訊問或者請他人代為訊問對方證人，並根據對方傳訊證人的相同條件要求傳訊被告人的證人。被告人還應有權進行答辯和提出根據本規約可予採納的其他證據；

6. 如果本法院的任何訴訟程序或者提交本法院的任何文件所用的語文，不是被告人所通曉和使用的語文，免費獲得合格的口譯員的協助，以

及為求公正而需要的文件的譯本；

7.不被強迫作證或認罪，保持沉默，而且這種沉默不作為判定有罪或無罪的考慮因素；

8.作出未經宣誓的口頭或書面陳述為自己辯護；和

9.不承擔任何反置的舉證責任或任何反駁責任。

㈡除依照本規約規定披露任何其他資料以外，如果檢察官認為其掌握或控制的證據表明或趨於表明被告人無罪，或可能減輕被告人罪責，或可能影響控告方證據可信性，檢察官應在實際可行時，盡快向辯護方披露這些證據。適用本款遇有疑義，應由本法院作出裁判。

第六十八條　被害人和證人的保護及參與訴訟

㈠本法院應採取適當措施，保護被害人和證人的安全、身心健康、尊嚴和隱私。在採取這些措施時，本法院應考慮一切有關因素，包括年齡、第七條第三款所界定的性別、健康狀況，及犯罪性質，特別是在涉及性暴力或性別暴力或對兒童的暴力等犯罪方面。在對這種犯罪進行調查和起訴期間，檢察官尤應採取這種措施。這些措施不應損害或違反被告人的權利和公平公正審判原則。

㈡作為第六十七條所規定的公開審訊原則的例外，為了保護被害人和證人或被告人，本法院的分庭可以不公開任何部分的訴訟程序，或者允許以電子方式或其他特別方式提出證據。涉及性暴力被害人或兒童作為被害人或證人時尤應執行這些措施，除非本法院在考慮所有情節，特別是被害人和證人的意見後，作出其他決定。

㈢本法院應當准許被害人在其個人利益受到影響時，在本法院認為適當的訴訟階段提出其意見和關注供審議。被害人提出意見和關注的方式不得損害或違反被告人的權利和公平公正審判原則。在本法院認為適當的情況下，被害人的法律代理人可以依照《程序和證據規則》提出上述意見和關注。

㈣被害人和證人股可以就第四十三條第六款所述的適當保護辦法、安全措施、輔導諮詢和援助向檢察官和本法院提出諮詢意見。

㈤對於在審判開始前進行的任何訴訟程序，如果依照本規約規定披露證據或資料，可能使證人或其家屬的安全受到嚴重威脅，檢察官可以不公開這種證據或資料，而提交這些證據或資料的摘要。採取上述措施不應損害或違反被告人的權利和公平公正審判原則。

㈥一國可以為保護其公務人員或代表和保護機密和敏感資料申請採取必要措施。

第六十九條　證據

㈠每一證人在作證前，均應依照《程序和證據規則》宣誓，保證其將提供的證據的真實性。

㈡審判時證人應親自出庭作證，但第六十八條或《程序和證據規則》所規定的措施除外。本法院也可以根據本規約和依照《程序和證據規則》的規定，准許借助音像技術提供證人的口頭或錄音證言，以及提出文件或筆錄。這些措施不應損害或違反被告人的權利。

㈢當事各方可以依照第六十四條提交與案件相關的證據。本法院有權要求提交一切其認為必要的證據以查明真相。

㈣本法院可以依照《程序和證據規則》，考慮各項因素，包括證據的證明價值，以及這種證據對公平審判或公平評估證人證言可能造成的任何不利影響，裁定證據的相關性或可採性。

㈤本法院應尊重和遵守《程序和證據規則》規定的保密特權。

㈥本法院不應要求對人所共知的事實提出證明，但可以對這些事實作出司法認知。

㈦在下列情況下，以違反本規約或國際公認人權的手段獲得的證據應不予採納：

　1.違反的情節顯示該證據的可靠性極為可疑；或

　2.如果准予採納該證據將違反和嚴重損害程序的完整性。

㈧本法院在裁判一國所收集的證據的相關性或可採性時，不得裁斷該國國內法的適用情況。

第七十條　妨害司法罪

㈠本法院對故意實施的下列妨害司法罪具有管轄權：

　1.在依照第六十九條第一款承擔說明真相的義務時提供偽證；

　2.提出自己明知是不實的或偽造的證據；

　3.不當影響證人，阻礙或干擾證人出庭或作證，對作證的證人進行報復，或毀滅、偽造證據或干擾證據的收集；

　4.妨礙、恐嚇或不當影響本法院官員，以強迫或誘使該官員不執行或不正當地執行其職務；

　5.因本法院一名或另一名官員執行職務而對該一名官員進行報復；

　6.作為本法院的官員，利用其職權索取或收受賄賂。

㈡本法院對本條所述的不法行為行使管轄權的原則和程序，應在《程序和證據規則》中加以規定。就有關本條的訴訟程序向本法院提供國際合作的條件，以被請求國的國內法為依據。

㈢被判有罪的，本法院可以判處五年以下有期徒刑，或根據《程序和證據規則》單處罰金，或併處罰金。

㈣1.對於本條所述的妨害司法罪，如果犯罪在一締約國境內發生或為其國民所實施，該締約國應將本國處罰破壞國內調查或司法程序完整性的不法行為的刑事法規擴展適用於這些犯罪；

　2.根據本法院的請求，締約國在其認為適當時，應將有關案件提交本國

主管當局，以便進行起訴。有關當局應認真處理這些案件，並提供充
分資源，以便能夠作出有效的處理。

第七十一條　對在法院的不當行為的制裁

㈠對在本法院出庭的人所實施的不當行為，包括破壞本法院的訴訟程序，
或故意拒不遵守本法院的指令，本法院可以通過監禁以外的行政措施，
如暫時或永久地逐出法庭、罰金或《程序和證據規則》所規定的其他類
似措施，予以處罰。

㈡第一款所定措施，應依照《程序和證據規則》規定的程序執行。

第七十二條　保護國家安全資料

㈠本條適用於一國認為披露該國的資料或文件將損害其國家安全利益的任
何情況，包括涉及下列各條款的情況：第五十六條第二款和第三款、第
六十一條第三款、第六十四條第三款、第六十七條第二款、第六十八條
第六款、第八十七條第六款和第九十三條，以及在訴訟任何其他階段因
發生這種披露問題而產生的情況。

㈡如果某人以披露會損害某一國家的國家安全利益為由，拒絕根據要求提
供資料或證據，或將此事提交國家，而且有關國家證實，該國認為這種
披露會損害其國家安全利益，本條規定也應予適用。

㈢本條的規定不妨礙根據第五十四條第三款第 5 項和第 6 項適用的保密要
求，也不妨礙第七十三條的適用。

㈣如果一國知悉該國的資料或文件在訴訟的某個階段正在被披露或可能被
披露，而該國認為這種披露會損害其國家安全利益，該國應有權進行干
預，依照本條解決問題。

㈤如果一國認為披露資料會損害該國的國家安全利益，該國應酌情會同檢
察官、辯護方、預審分庭或審判分庭，採取一切合理步驟，尋求通過合
作的方式解決問題。這些步驟可以包括：

　1.修改或澄清有關請求；

　2.由本法院斷定要求提供的資料或證據的相關性，或對於相關的證據，
斷定是否可以或已經從被請求國以外的來源獲得；

　3.從其他來源或以其他形式獲得資料或證據；或

　4.議定提供協助的條件，除其外外，包括提供摘要或節錄，限制披露範
圍，採用不公開或訴訟單一方參與的程序，或採用本規約和《程序和
證據規則》允許的其他保護性措施。

㈥在採取了一切合理步驟，尋求通過合作方式解決問題後，如果該國認為
沒有任何辦法或條件，可以使資料或文件的提供或披露不致損害其國家
安全利益，該國應將這一情況及其作出的決定的具體理由通知檢察官或
本法院，除非具體說明這些理由也必然導致損害該國的國家安全利益。

㈦此後，如果本法院斷定證據是相關的，而且是確定被告人有罪或無罪所

必需的，本法院可以採取下列行動：

1. 如果披露該資料或文件的要求係根據第九編的合作請求提出，或因第二款所述情況而提出，且該國援引了第九十三條第四款所列的拒絕理由：

(1)本法院可以在作出第七款第 1 項第 2 目所述任何結論以前，請求進一步協商，聽取有關國家的意見，包括在適當時進行不公開和訴訟單一方參與的聽訊；

(2)如果本法院斷定，根據實際情況，被請求國援引第九十三條第四款所列拒絕理由，即未履行本規約規定的義務，本法院可以根據第八十七條第七款提交該事項，並說明其結論所依據的理由；和

(3)本法院可以在對被告人的審判中酌情推定某一事實存在或不存在；或

2. 在所有其他情況下：

(1)命令披露；或

(2)如果不命令披露，可以在對被告人的審判中酌情推定某一事實存在或不存在。

第七十三條　第三方的資料或文件

如果本法院請求一締約國提供某一國家、政府間組織或國際組織在保密基礎上向其披露，現處於其保管、據有或控制之下的文件或資料，該締約國應就披露該文件或資料徵求其來源方的同意。如果來源方為締約國，則來源方應同意披露該資料或文件，或著手根據第七十二條的規定與本法院解決披露問題。如果來源方不是締約國，而且拒絕同意披露，被請求國應通知本法院，說明該國事前已對來源方承擔保密義務，因此無法提供有關文件或資料。

第七十四條　作出裁判的條件

㈠審判分庭的全體法官應出席審判的每一階段，並出席整個評議過程。院長會議可以在逐案的基礎上，從可予調遣的法官中指定一位或多位候補法官，出席審判的每一階段，並在審判分庭的任何法官無法繼續出席時替代該法官。

㈡審判分庭的裁判應以審判分庭對證據和整個訴訟程序的評估為基礎。裁判不應超出指控或其任何修正所述的事實和情節的範圍。本法院作出裁判的唯一根據，是在審判中向其提出並經過辯論的證據。

㈢法官應設法作出一致裁判，如果無法達成一致意見，應由法官的過半數作出裁判。

㈣審判分庭的評議應永予保密。

㈤裁判應書面作出，並應敘明理由，充分說明審判分庭對證據作出的裁定及其結論。審判分庭應只作出一項裁判。在不能取得一致意見的情況下，

審判分庭的裁判應包括多數意見和少數意見。裁判或其摘要應在公開庭上宣布。

第七十五條　對被害人的賠償

㈠本法院應當制定賠償被害人或賠償被害人方面的原則。賠償包括歸還、補償和恢復原狀。在這個基礎上，本法院可以應請求，或在特殊情況下自行決定，在裁判中確定被害人或被害人方面所受的損害、損失和傷害的範圍和程度，並說明其所依據的原則。

㈡本法院可以直接向被定罪人發布命令，具體列明應向被害人或向被害人方面作出的適當賠償，包括歸還、補償和恢復原狀。本法院可以酌情命令向第七十九條所規定的信託基金交付判定的賠償金。

㈢本法院根據本條發出命令前，可以徵求並應當考慮被定罪人、被害人、其他利害關係人或利害關係國或上述各方的代表的意見。

㈣本法院行使本條規定的權力時，可以在判定某人實施本法院管轄權內的犯罪後，確定為了執行其可能根據本條發出的任何命令，是否有必要請求採取第九十三條第一款規定的措施。

㈤締約國應執行依照本條作出的裁判，視第一百零九條的規定適用於本條。

㈥對本條的解釋，不得損害被害人根據國內法或國際法享有的權利。

第七十六條　判刑

㈠審判分庭作出有罪判決時，應當考慮在審判期間提出的與判刑相關的證據和意見，議定應判處的適當刑罰。

㈡除適用第六十五條的情況以外，審判結束前，審判分庭可以自行決定，並應在檢察官或被告人提出請求時，依照《程序和證據規則》再次舉行聽訊，聽取與判刑相關的任何進一步證據或意見。

㈢在第二款適用的情況下，應在根據第二款再次舉行聽訊時，及在任何必要的進一步聽訊上，聽取根據第七十五條提出的任何陳述。

㈣刑罰應公開並盡可能在被告人在場的情況下宣告。

第七編　刑　罰

第七十七條　適用的刑罰

㈠除第一百一十條規定外，對於被判實施本規約第五條所述某項犯罪的人，本法院可以判處下列刑罰之一：

　　1.有期徒刑，最高刑期不能超過三十年；或

　　2.無期徒刑，以犯罪極為嚴重和被定罪人的個人情況而證明有此必要的情形為限。

㈡除監禁外，本法院還可以命令：

　　1.處以罰金，處罰標準由《程序和證據規則》規定；

　　2.沒收直接或間接通過該犯罪行為得到的收益、財產和資產，但不妨害

善意第三方的權利。

第七十八條　量刑

㈠量刑時，本法院應依照《程序和證據規則》，考慮犯罪的嚴重程度和被定罪人的個人情況等因素。

㈡判處徒刑時，本法院應扣減先前依照本法院的命令受到羈押的任何時間。本法院可以扣減因構成該犯罪的行為而受到羈押的任何其他時間。

㈢一人被判犯數罪時，本法院應宣告每一項犯罪的刑期，再宣告合併執行的總刑期。總刑期應在數刑中最高刑期以上，但不能超過三十年，或根據第七十七條第一款第 2 項判處的無期徒刑。

第七十九條　信託基金

㈠應根據締約國大會的決定，設立一個信託基金，用於援助本法院管轄權內的犯罪的被害人及其家屬。

㈡本法院可以命令，根據本法院的指令將通過罰金或沒收取得的財物轉入信託基金。

㈢信託基金應根據締約國大會決定的標準進行管理。

第 八 十 條　不妨礙國家適用刑罰和國內法

本編的規定不影響國家適用其國內法規定的刑罰，也不影響未規定本編所定刑罰的國家的法律。

第八編　上訴和改判

第八十一條　對無罪或有罪判決或判刑的上訴

㈠對根據第七十四條作出的裁判，可以依照《程序和證據規則》提出上訴：

　1.檢察官可以基於下列任何一種理由提出上訴：

　　⑴程序錯誤；

　　⑵認定事實錯誤；或

　　⑶適用法律錯誤；

　2.被定罪人或檢察官代表被定罪人，可以基於下列任何一種理由提出上訴：

　　⑴程序錯誤；

　　⑵認定事實錯誤；

　　⑶適用法律錯誤，或

　　⑷影響到訴訟程序或裁判的公正性或可靠性的任何其他理由。

㈡1.檢察官或被定罪人可以依照《程序和證據規則》，以罪刑不相稱為由對判刑提出上訴。

　2.對於就判刑提出的上訴，如果本法院認為有理由撤銷全部或部分有罪判決，本法院可以請檢察官和被定罪人根據第八十一條第一款第 1 項或第 2 項提出理由，並可以依照第八十三條對定罪作出裁判。

　　　3.對於只是就定罪提出的上訴,如果本法院認為根據第二款第 1 項有理
　　　　由減輕刑罰時,應當適用同樣的程序。
　㈢1.除審判分庭另有決定外,上訴期間應繼續羈押被定罪人。
　　　2.羈押期超過刑期時,應釋放被定罪人,但如果檢察官同時正在提出上
　　　　訴,則被定罪人的釋放應受下列第 3 項的條件約束。
　　　3.被判無罪時,應立即釋放被告人,但是:
　　　　⑴在特殊情況下,考慮到潛逃的實際可能性、被指控犯罪的嚴重程度
　　　　　以及上訴的成功機會等因素,審判分庭應檢察官的要求,可以在上
　　　　　訴期間繼續羈押該人;
　　　　⑵可以依照《程序和證據規則》對審判分庭根據第 3 項第 1 目作出的
　　　　　裁判提出上訴。
　㈣除第三款第 1 項和第 2 項規定外,在上訴受理期間和上訴審理期間,裁
　　判或刑罰應暫停執行。

第八十二條　對其他裁判的上訴

　㈠當事雙方均可以依照《程序和證據規則》對下列裁判提出上訴:
　　　1.關於管轄權或可受理性的裁判;
　　　2.准許或拒絕釋放被調查或被起訴的人的裁判;
　　　3.預審分庭根據第五十六條第三款自行採取行動的決定;
　　　4.涉及嚴重影響訴訟的公正和從速進行或審判結果的問題的裁判,而且
　　　　預審分庭或審判分庭認為,上訴分庭立即解決這一問題可能大大推進
　　　　訴訟的進行。
　㈡預審分庭根據第五十七條第三款第 4 項作出的裁判,經預審分庭同意,
　　有關國家或檢察官可以提出上訴。上訴應予從速審理。
　㈢上訴本身無中止效力,除非上訴分庭應要求根據《程序和證據規則》作
　　出這種決定。
　㈣被害人的法律代理人、被定罪人或因一項有關第七十五條的命令而受到
　　不利影響的財產善意所有人,可以根據《程序和證據規則》,對賠償命令
　　提出上訴。

第八十三條　上訴的審理程序

　㈠為了第八十一條和本條規定的審理程序的目的,上訴分庭具有審判分庭
　　的全部權力。
　㈡如果上訴分庭認定上訴所針對的審判程序有失公正,影響到裁判或判刑
　　的可靠性,或者上訴所針對的裁判或判刑因為有認定事實錯誤、適用法
　　律錯誤或程序錯誤而受到重大影響,上訴分庭可以:
　　　1.推翻或修改有關的裁判或判刑;或
　　　2.命令由另一審判分庭重新審判。
　　為了上述目的,上訴分庭可以將事實問題發回原審判分庭重新認定,由

該分庭向其提出報告，上訴分庭也可以自行提取證據以認定該問題。如果該項裁判或判刑僅由被定罪人或由檢察官代該人提出上訴，則不能作出對該人不利的改判。

㈢對於不服判刑的上訴，如果上訴分庭認定罪刑不相稱，可以依照第七編變更判刑。

㈣上訴分庭的判決應由法官的過半數作出，在公開庭上宣告。判決書應說明根據的理由。在不能取得一致意見的情況下，上訴分庭的判決書應包括多數意見和少數意見，但法官可以就法律問題發表個別意見或反對意見。

㈤上訴分庭可以在被判無罪的人或被定罪的人缺席的情況下宣告判決。

第八十四條　變更定罪判決或判刑

㈠被定罪人，或在其亡故後，其配偶、子女、父母或被告人死亡時在生並獲被告人書面明確指示為其提出這種請求的人，或檢察官代表被定罪人，可以基於下列理由，向上訴分庭申請變更最終定罪判決或判刑：

　1.發現新證據，該新證據：

　　⑴是審判時無法得到的，而且無法得到該證據的責任不應全部或部分歸咎於提出申請的當事方；而且

　　⑵是足夠重要的，如果在審判時獲得證明，很可能導致不同的判決；

　2.在審判期間被採納並作為定罪根據的決定性證據，在最近被發現是不實的、偽造的或虛假的；

　3.參與定罪或確認指控的一名或多名法官在該案中有嚴重不當行為或嚴重瀆職行為，其嚴重程度足以根據第四十六條將有關法官免職。

㈡上訴分庭如果認為申請理由不成立，應將申請駁回。上訴分庭如果確定申請是有理由的，可以根據情況：

　1.重組原審判分庭；

　2.組成新的審判分庭；或

　3.保留對此事的管轄權，

以期在依照《程序和證據規則》所規定的方式聽取當事各方的陳述後，確定是否應變更判決。

第八十五條　對被逮捕人或被定罪人的賠償

㈠任何遭受非法逮捕或羈押的人，應有可以執行的得到賠償的權利。

㈡經最後裁判被判犯下刑事犯罪的人，如果對其作出的有罪判決其後因新事實或新發現的事實決定性地證明存在司法失當情況而被推翻，則該因有罪判決而受到處罰的人應依法獲得賠償，除非可以證明，未及時披露該項未為人知的事實的責任可以全部或部分歸咎於該人。

㈢在特殊情況下，如果本法院發現決定性事實，證明存在嚴重、明顯的司法失當情事，本法院可以酌情根據《程序和證據規則》規定的標準，裁

定賠償已經因最後被判無罪，或因上述理由終止訴訟而獲釋放的人。

第十編　執　行

第一〇三條　**國家在執行徒刑方面的作用**

㈠1.本法院應當從向本法院表示願意接受被判刑人的國家名單中指定一個國家，在該國執行徒刑。

2.一國宣布願意接受被判刑人時，可以對這種接受附加本法院同意並符合本編規定的條件。

3.具體指定的國家應從速就其是否接受本法院的指定通知本法院。

㈡1.執行國應將可能嚴重影響徒刑執行條件或程度的任何情況，包括根據第一款商定的任何條件的實施，通知本法院。本法院應至少提前四十五天得到任何這種已知或預知情況的通知。在此期間，執行國不得採取任何可能違反該國根據第一百一十條所承擔的義務的行動。

2.如果本法院不同意第 1 項所述的情況，則應通知執行國，並依照第一百零四條第一款的規定處理。

㈢本法院在依照第一款行使指定國家的酌定權時，應考慮下列因素：

1.締約國分擔執行徒刑責任的原則，即締約國應依照《程序和證據規則》的規定，根據公平分配原則分擔這一責任；

2.適用囚犯待遇方面廣為接受的國際條約標準；

3.被判刑人的意見；

4.被判刑人的國籍；

5.指定執行國時應酌情考慮的其他因素，包括有關犯罪情節、被判刑人情況，或判刑的有效執行的因素。

㈣如果沒有根據第一款指定任何國家，應依照第三條第二款所述的《總部協定》規定的條件，在東道國提供的監獄設施執行徒刑。在這種情況下，本法院應承擔執行徒刑所需的費用。

第一〇四條　**改變指定的執行國**

㈠本法院可以隨時決定將被判刑人轉移到另一國的監獄。

㈡被判刑人可以隨時申請本法院將其轉移出執行國。

第一〇五條　**判刑的執行**

㈠除一國可能根據第一百零三條第一款第 2 項附加的條件外，徒刑判決對締約國具有約束力，締約國不得作任何修改。

㈡只有本法院有權對上訴和改判的任何申請作出裁判。執行國不得阻礙被判刑人提出任何這種申請。

第一〇六條　**執行判刑的監督和監禁的條件**

㈠徒刑的執行應受本法院的監督，並應符合囚犯待遇方面廣為接受的國

際條約標準。

㈡監禁條件由執行國的法律規定，並應符合囚犯待遇方面廣為接受的國際條約標準，但條件的寬嚴不得有別於執行國同類犯罪囚犯的監禁條件。

㈢被判刑人與本法院之間的通訊應不受阻礙，並應予保密。

第一〇七條　服刑人在刑期滿後的移送

㈠非執行國國民的人在刑期滿後，除非執行國准許該人留在該國境內，根據執行國法律，該人可以被移送到有義務接受該人的國家，或被移送到同意接受該人的另一國家，但應考慮該人是否願意被移送到該國。

㈡根據第一款將該人移送到另一國所需的費用，如果沒有任何國家承擔，應由本法院承擔。

㈢在不違反第一百零八條的規定的情況下，執行國也可以依照本國國內法，將該人引渡或移交給為了審判或執行一項判刑而要求引渡或移交該人的一個國家。

第一〇八條　對因其他犯罪被起訴或受處罰的限制

㈠在執行國受到羈押的被判刑人，不得因該人在被移送到執行國以前實施的任何行為而被起訴或受處罰或被引渡給第三國，除非本法院應執行國的請求，同意這種起訴、處罰或引渡。

㈡本法院應在聽取被判刑人的意見後就此事作出決定。

㈢如果被判刑人在本法院所判刑期全部執行後，自願留在執行國境內超過三十天，或在離境後又返回執行國境內，第一款不再適用。

第一〇九條　罰金和沒收措施的執行

㈠締約國應根據其國內法程序，執行本法院根據第七編命令的罰金或沒收，但不應損害善意第三方的權利。

㈡締約國無法執行沒收命令時，應採取措施，收繳價值相當於本法院命令沒收的收益、財產或資產的財物，但不應損害善意第三方的權利。

㈢締約國因執行本法院的判決而獲得的財產，或出售執行所得的不動產的收益，或酌情出售其他執行所得的財產的收益，應轉交本法院。

第一一〇條　法院對減刑的復查

㈠在本法院宣判的刑期屆滿以前，執行國不得釋放被判刑人。

㈡只有本法院有權作出減刑決定，並應在聽取了該人的意見後就此事作出裁定。

㈢對於已執行刑期三分之二的人，或被判處無期徒刑但已服刑二十五年的人，本法院應當對其判刑進行復查，以確定是否應當減刑。這種復查不得在上述時間之前進行。

㈣本法院在依照第三款進行復查時，如果認為存在下列一個或多個因素，可以減刑：

　　　　　　　1.該人較早而且一直願意在本法院的調查和起訴方面同本法院合作；
　　　　　　　2.該人在其他方面自願提供協助，使本法院得以執行判決和命令，尤
　　　　　　　　其是協助查明與罰金、沒收或賠償命令有關的，可以用於被害人利
　　　　　　　　益的資產的下落；或
　　　　　　　3.根據《程序和證據規則》的規定，其他因素證明，情況發生明顯、
　　　　　　　　重大的變化，足以構成減刑的理由。
　　　　　　(五)如果本法院在依照第三款進行初次復查後斷定不宜減刑，其後應根據
　　　　　　　　《程序和證據規則》規定的時間間隔和適用標準，對減刑問題進行復
　　　　　　　　查。

第一一一條　越獄

　　　　　　　如果被定罪人越獄並逃離執行國，該國可以在同本法院協商後，請求
　　　　　　該人所在的國家依照現行雙邊或多邊協議移交該人，或者請求本法院
　　　　　　依照第九編要求移交該人。本法院可以指示將該人遞解原服刑地國家
　　　　　　或本法院指定的另一國家。

國際刑事法院羅馬規約侵略罪修正案 (2010.6.11)

　1.刪除《規約》第五條第(二)款。
　2.在《規約》第八條後增加以下條文：

第八條之二

侵略罪

　　(一)為了本規約的目的，「侵略罪」是指能夠有效控制或指揮一個國家的政治或軍事行
動的人策劃、準備、發動或實施一項侵略行為的行為，此種侵略行為依其特點、嚴重程
度和規模，須構成對《聯合國憲章》的明顯違反。

　　(二)為了第(一)款的目的，「侵略行為」是指一國使用武力或以違反《聯合國憲章》的任
何其他方式侵犯另一國的主權、領土完整或政治獨立的行為。根據一九七四年十二月十
四日聯合國大會第 3314 (XXIX) 號決議，下列任何行為，無論是否宣戰，均應視為侵略
行為：

　　　1.一國的武裝部隊對另一國的領土實施侵略或攻擊，或此種侵略或攻擊導致的任何
　　　　軍事占領，無論其如何短暫，或使用武力對另一國的領土或部分領土實施兼併；
　　　2.一國的武裝部隊對另一國的領土實施轟炸，或一國使用任何武器對另一國的領土
　　　　實施侵犯；
　　　3.一國的武裝部隊對另一國的港口或海岸實施封鎖；
　　　4.一國的武裝部隊對另一國的陸、海、空部隊或海軍艦隊和空軍機群實施攻擊；
　　　5.動用一國根據與另一國的協議在接受國領土上駐紮的武裝部隊，但違反該協議中
　　　　規定的條件，或在該協議終止後繼續在該領土上駐紮；
　　　6.一國採取行動，允許另一國使用其置於該另一國處置之下的領土對第三國實施侵

略行為；

7.由一國或以一國的名義派出武裝團夥、武裝集團、非正規軍或僱傭軍對另一國實施武力行為，其嚴重程度相當於以上所列的行為，或一國大規模介入這些行為。

3.在《規約》第十五條後增加以下條文：

第十五條之二

對侵略罪行使管轄權

（締約國提交，檢察官自行開始調查）

㈠在不違反本條規定的情況下，法院可根據第十三條第 1 項和第 3 項對侵略罪行使管轄權。

㈡法院僅可對修正案獲得三十個締約國批准或接受一年後發生的侵略罪行為管轄權。

㈢法院根據本條對侵略罪行使管轄權，但需由締約國在二○一七年一月一日後以通過本規約修正案所需的同樣多數做出一項決定。

㈣法院可以根據第十二條，對因一個締約國實施的侵略行為導致的侵略罪行使管轄權，除非該締約國此前曾對書記官長做出聲明，表示不接受此類管轄。此類聲明可隨時撤銷，且締約國須在三年內考慮撤銷此類聲明。

㈤對於本規約非締約國，法院不得對該國國民或在其領土上實施的侵略罪行使管轄權。

㈥如果檢察官認為有合理根據對侵略罪進行調查，他（她）應首先確定安全理事會是否已認定有關國家實施了侵略行為。檢察官應將法院處理的情勢，包括任何有關的資料和文件，通知聯合國秘書長。

㈦如果安全理事會已經做出此項認定，檢察官可對侵略罪進行調查。

㈧如果在通知日後六個月內沒有做出此項認定，檢察官可對侵略罪進行調查，前提是預審庭已根據第十五條規定的程序授權開始對侵略罪進行調查，並且安全理事會沒有根據第十六條做出與此相反的決定。

㈨法院以外的機構認定侵略行為不妨礙法院根據本規約自行得出的結論。

㈩本條不妨礙關於對第五條所指其他犯罪行使管轄權的規定。

4.在《規約》第十五條之二後增加以下條文：

第十五條之三

對侵略罪行使管轄權

（安全理事會提交情勢）

㈠在不違反本條規定的情況下，法院可根據第十三條第 2 項對侵略罪行使管轄權。

㈡法院僅可對修正案獲得三十個締約國批准或接受一年後發生的侵略罪行使管轄權。

㈢法院根據本條對侵略罪行使管轄權，但需由締約國在二○一七年一月一日後已通過本規約修正所需的同樣多數做出一項決定。

㈣法院以外的機構認定侵略行為不妨礙法院根據本規約自行得出的結論。

㈤本條不妨礙關於對第五條所指其他犯罪行使管轄權的規定。

5. 在《規約》第二十五條第㈢款後增加以下條文：

㈢之二就侵略罪而言，本條的規定只適用於能夠有效控制或指揮一國的政治或軍事行動的人。

6. 將《規約》第九條第㈠款的第一句替換成以下條文：

㈠本法院在解釋和適用第六條、第七條、第八條和第八條之二時，應由《犯罪要件》輔助。

7. 將《規約》第二十條第㈢款的帽子段落替換成以下段落；該款的其餘部分不變：

㈢對於第六條、第七條、第八條或第八條之二所列的行為，已經由另一法院審判的人，不得因同一行為受本法院審判，除非該另一法院的訴訟程序有下列情形之一：

第八條修正案 (2016.6.10)

在第八條第二款第五項中增加以下內容：

「⒀使用毒物或有毒武器；

⒁使用窒息性、有毒或其他氣體，以及所有類似的液體、物質或器件；

⒂使用在人體內易於膨脹或變扁的子彈，例如外殼堅硬而不完全包裹彈芯或外殼經切穿的子彈。」

七十七、制止向恐怖主義提供資助的國際公約
(International Convention for the Suppression of the Financing of Terrorism) (1999.12.9)

說明：

㈠本公約一九九九年十二月九日簽署，二〇〇二年四月十日生效。

㈡英文本見 UNTS, Vol. 2178, pp. 229–241；中文本見 pp. 216–228。本書譯文取自法務部調查局，《制止向恐怖主義提供資助的國際公約》，2017 年，載於：http://www.mjib.gov.tw/userfiles/files/35-洗錢防制處/國際公約/03-01-03c.pdf。（最近檢視日期：二〇一九年三月八日）

序　言

本公約各締約國，

銘記著《聯合國憲章》中有關維持國際和平與安全及促進各國間睦鄰和友好關係與合作的宗旨和原則，

深切關注世界各地一切形式和表現的恐怖主義行為不斷升級，

回顧大會一九九五年十月二十四日第50/6號決議所載《聯合國五十周年紀念宣言》，

又回顧大會關於這一事項的所有有關決議，包括一九九四年十二月九日第49/60號決議及其關於《消除國際恐怖主義措施宣言》的附件，其中聯合國會員國莊嚴重申毫不含糊地譴責恐怖主義的一切行為、方法和做法，包括那些危害國家間和民族間友好關係及威脅國家領土完整和安全的行為、方法和做法，不論在何處發生，也不論是何人所為，均為犯罪而不可辯護，

注意到《消除國際恐怖主義措施宣言》還鼓勵各國緊急審查關於防止、壓制和消滅一切形式和面貌的恐怖主義的現行國際法律條款的範圍，以期確保有一個涵蓋這個問題的所有方面的全面法律框架，

回顧大會一九九六年十二月十七日第51/210號決議第3(f)段，其中籲請所有國家採取步驟，以適當的國內措施防止和制止為恐怖主義份子和恐怖主義組織籌集經費，無論這種經費是直接還是間接通過也具有或聲稱具有慈善、社會或文化目的或者也從事武器非法販運、毒品買賣、敲詐勒索等非法活動，包括剝削他人來為恐怖主義活動籌集經費的組織提供，並特別酌情考慮採取管制措施，以預防和制止涉嫌為恐怖主義目的提供的資金的流動，但不得以任何方式妨礙合法資本的流動自由，並加強關於這種資金的國際流動的情報交流，

還回顧大會一九九七年十二月十五日第52/165號決議，其中請各國考慮特別是執行其一九九六年十二月十七日第51/210號決議第3(a)至(f)段所列的各項措施，

並回顧大會一九九八年十二月八日第53/108號決議，其中決定大會一九九六年十二月十七日第51/210號決議所設立的特設委員會應擬訂一項制止向恐怖主義者提供資助的國際公約草案，以補充現有的相關國際文書，

考慮到向恐怖主義提供資助是整個國際社會嚴重關注的問題，

注意到國際恐怖主義行為的次數和嚴重性端賴恐怖主義份子可以獲得多少資助而定，

並注意到現有的多邊法律文書並沒有專門處理這種資助，

深信迫切需要增強各國之間的國際合作，制定和採取有效的措施，以防止向恐怖主義提供資助，和通過起訴及懲罰實施恐怖主義行為者來加以制止，

茲協議如下：

第 一 條　為本公約的目的：

　　　　一、「資金」係指所有各種資產，不論是有形或無形資產、是動產還是不動產、不論以何種方式取得，和以任何形式，包括電子或數位形式證明這種資產的產權或權益的法律檔或證書，包括但不限於銀行貸記、旅行支票、銀行支票、郵政匯票、股票、證券、債券、匯票和信用證。

　　　　二、「國家或政府設施」係指一國代表、政府成員、立法機關或司法機關，或一國或任何其他公共當局或實體的官員或雇員，或一個政府間組織的雇員或官員因公務使用或佔用的任何長期或臨時設施或交通工具。

三、「收益」 係指通過實施第二條所述罪行直接或間接取得或獲得的任何資金。

第 二 條　一、本公約所稱的犯罪，是指任何人以任何手段，直接或間接地非法和故意地提供或募集資金，其意圖是將全部或部分資金用於，或者明知全部或部分資金將用於實施：

(a)屬附件所列條約之一的範圍並經其定義為犯罪的一項行為；或

(b)意圖致使平民或在武裝衝突情勢中未積極參與敵對行動的任何其他人死亡或重傷的任何其他行為，如這些行為因其性質或相關情況旨在恐嚇人口，或迫使一國政府或一個國際組織採取或不採取任何行動。

二、(a)非附件所列條約締約國的國家在交存其批准書、接受書或加入書時得聲明，對該締約國適用本公約時，應視該條約為不屬第一款(a)項所述附件所開列的條約之一。一旦該條約對該締約國生效，此一聲明即告無效，而該締約國應就此通知保存人；

(b)如一國不再是附件所列某一條約之締約國，得按本條的規定，就該條約發表一項聲明。

三、就一項行為構成第一款所述罪行而言，有關資金不需實際用於實施第一款(a)或(b)項所述的罪行。

四、任何人如試圖實施本條第一款所述罪行，也構成犯罪。

五、任何人如有以下行為，也構成犯罪：

(a)以共犯身分參加本條第一或第四款所述罪行；

(b)組織或指使他人實施本條第一或第四款所述罪行；

(c)協助以共同目的行事的一夥人實施本條第一款或第四款所列的一種或多種罪行；這種協助應當是故意的，或是：

㈠為了促進該團夥犯罪活動或犯罪目的，而此種活動或目的涉及實施本條第一款所述的罪行；或

㈡明知該團夥意圖實施本條第一款所述的一項罪行。

第 三 條　本公約不適用於罪行僅在一國境內實施，犯罪嫌疑人為身在該國境內的本國國民，而且其他國家沒有根據第七條第一款或第二款行使管轄權的依據的情況，但第十二條至第十八條的規定應酌情適用於這些情況。

第 四 條　每一締約國應酌情採取措施：

(a)在本國國內法中規定第二條所述罪行為刑事犯罪；

(b)根據罪行的嚴重性質，以適當刑罰懲治這些罪行。

第 五 條　一、每一締約國應根據其本國法律原則採取必要措施，以致當一個負責管理或控制設在其領土內或根據其法律設立的法律實體的人在以該身分犯下了本公約第二條所述罪行時，得以追究該法律實體的責任，這些責任可以是刑事、民事或行政責任。

二、承擔這些責任不影響實施罪行的個人的刑事責任。

三、每一締約國特別應確保對按照上文第一款負有責任的法律實體實行有
效、相稱和勸阻性的刑事、民事或行政制裁。這種制裁可包括罰款。

第 六 條 每一締約國應酌情採取措施，包括適當時制定國內立法，以確保本公約範圍
內的犯罪行為，在任何情況下都不可引用政治、思想、意識形態、種族、族
裔、宗教或其他類似性質的考慮因素為其辯解。

第 七 條 一、在下列情況下，每一締約國應酌情採取措施，確立其對第二條所述罪行
的管轄權：
(a)罪行在該國境內實施；
(b)罪行在案發時懸掛該國國旗的船隻上或根據該國法律登記的航空器上
實施；
(c)罪行為該國國民所實施。
二、在下列情況下，締約國也可以確立其對此種罪行的管轄權：
(a)犯罪的目的或結果是在該國境內或針對該國國民實施第二條第一款(a)
項或(b)項所述罪行；
(b)犯罪的目的或結果是針對該國在國外的國家或政府設施，包括該國外
交或領事房地實施第二條第一款(a)項或(b)項所述罪行；
(c)犯罪的目的或結果是實施第二條第一款(a)項或(b)項所述罪行，以迫使
該國從事或不從事任何一項行為；
(d)罪行是由慣常居所在該國境內的無國籍人實施；
(e)罪行是在該國政府營運的航空器上實施。
三、每一締約國在批准、接受、核准或加入本公約時，應將該國依照第二款
確立的管轄權範圍通知聯合國秘書長。遇有任何修改，有關締約國應立
即通知秘書長。
四、如遇犯罪嫌疑人身在其境內，但它不將該人引渡給按本條第一款或第二
款確立管轄權的任何締約國的情況，每一締約國也應酌情採取措施，確
立本國對第二條所述罪行的管轄權。
五、如果多個締約國要求對第二條所述罪行行使管轄權，有關的締約國應力
求適當協調它們的行動，特別是在起訴條件以及在提供司法互助的方式
方面。
六、在不妨礙一般國際法準則的情況下，本公約不排除締約國根據其國內法
所確定任何刑事管轄權的行使。

第 八 條 一、每一締約國應根據其本國法律原則採取適當措施，以便識別、偵查、凍
結或扣押用於實施或調撥以實施第二條所述罪行的任何資金以及犯罪所
得收益，以期加以沒收。
二、每一締約國應根據其本國法律原則採取適當措施，以沒收用於實施或調
撥以實施第二條所述罪行的資金，以及犯罪所得收益。
三、每一有關締約國得考慮同其他締約國締結協定，在經常性或逐案的基礎

上，分享執行本條所述沒收而取得的資金。

四、每一締約國應考慮設立機制，利用從本條所指的沒收所得的款項，賠償第二條第一款(a)項或(b)項所述犯罪的被害人或其家屬。

五、執行本條規定不得影響出於善意採取行動的第三方的權利。

第九條　一、締約國收到情報，獲悉實施或被指控實施第二條所述罪行的人可能身在其境內時，應按照國內法酌情採取措施，調查情報所述的事實。

二、罪犯或犯罪嫌疑人身在其境內的締約國，在確信情況有此需要時，應根據國內法採取適當措施，確保該人留在境內，以進行起訴或引渡。

三、對任何人採取第二款所述措施時，該人享有下列權利：

(a)不受延誤地就近與其國籍國或有權保護其權利的國家的適當代表聯繫，如該人為無國籍人，得與其慣常居住地國家的此種代表聯繫；

(b)由該國代表探視；

(c)獲告知其根據本款(a)和(b)項享有的權利。

四、第三款所述的權利，應按照罪犯或犯罪嫌疑人所在國的法規行使，但這些法規須能使本條第三款所給予的權利的目的得以充分實現。

五、第三款和第四款的規定不得妨礙依照第七條第一款(b)項或第二款(b)項具有管轄權的任何締約國邀請紅十字國際委員會與犯罪嫌疑人聯繫和前往探視的權利。

六、當締約國根據本條拘留某人時，應立即直接或通過聯合國秘書長將拘留該人一事和致使其被拘留的情況通知已依照第七條第一款或第二款確立管轄權的締約國，並在該國認為適宜時，通知任何其他有關締約國。進行第一款所述調查的國家應迅速將調查結果通知上述締約國，並應表明它是否打算行使管轄權。

第十條　一、在第七條適用的情況下,犯罪嫌疑人在其境內的締約國如不將該人引渡，則無論在任何情況下且無論罪行是否在其境內實施，均有義務不作無理拖延，將案件移送其主管當局，以按照該國法律規定的程式進行起訴。主管當局應以處理該國法律定為性質嚴重的任何其他罪行的相同方式作出決定。

二、如果締約國國內法准許引渡或移交本國國民，但規定須將該人遣返本國服刑，以執行要求引渡或移交該人的審訊或訴訟最後所判處的刑罰，且該國與請求引渡該人的國家同意這個辦法以及兩國認為適當的其他條件，則此種有條件引渡或移交應足以履行第一款所述的義務。

第十一條　一、第二條所述罪行應被視為包括在任何締約國之間在本公約生效前已有的任何引渡條約中的可引渡罪行。締約國承諾將這些罪行作為可引渡罪行列入締約國之間以後締結的每一項引渡條約之中。

二、如果一個以訂有條約為引渡條件的締約國收到未與其訂有引渡條約的另一締約國提出的引渡請求，被請求國可以自行決定視本公約為就第二條

所述罪行進行引渡的法律依據。引渡應符合被請求國法律規定的其他條件。

三、不以訂有條約為引渡條件的締約國，應確認第二條所述罪行為這些締約國之間的可引渡罪行，但須符合被請求國法律規定的條件。

四、為締約國之間引渡的目的，必要時應將第二條所述罪行視為不僅在發生地實施，而且也在依照第七條第一款和第二款確立管轄權的國家境內實施。

五、締約國之間的所有引渡條約和安排中與第二條所述罪行有關的規定，與本公約不符的，應視為締約國之間已參照公約作了修改。

第十二條　一、締約國之間應就涉及第二條所述罪行進行的刑事調查或提起的刑事訴訟或引渡程式提供最大程度的協助，包括協助取得締約國所掌握、為提起這些程式所需的證據。

二、締約國不得以銀行保密為由，拒絕司法互助的請求。

三、除請求書中指明的用途以外，未經被請求國事先同意，請求國不得轉遞或利用被請求國提供的情報或證據，以進行其他調查、起訴或訴訟程序。

四、每個締約國可考慮設立機制，與其他締約國分享必要的資訊或證據，以按照第五條確定刑事、民事或行政責任。

五、締約國應按照締約國之間可能存在的任何司法互助或資訊交流的條約或其他安排履行第一款和第二款所規定的義務。如果沒有這種條約或安排，締約國應按照各自的國內法相互提供協助。

第十三條　為引渡或司法互助的目的，不得視第二條所述任何罪行為財務金融罪。締約國不得只以事關財務金融罪為理由而拒絕引渡或司法互助的請求。

第十四條　為引渡或司法互助的目的，不得視第二條所述任何罪行為政治犯罪、同政治犯罪有關的罪行或出於政治動機的犯罪。因此，對於就此種罪行提出的引渡或司法互助請求，不得只以其涉及政治犯罪、同政治犯罪有關的罪行或出於政治動機的罪行為理由而加以拒絕。

第十五條　如果被請求的締約國有實質理由認為，請求就第二條所述罪行進行引渡或請求就此種罪行提供司法互助的目的，是基於某人的種族、宗教、國籍、族裔或政治觀點對該人進行起訴或懲罰，或認為接受這一請求將使該人的情況因任何上述理由受到損害，則本公約的任何條款不應被解釋為規定該國有引渡或提供司法互助的義務。

第十六條　一、在一締約國境內被羈押或服刑的人，如果被要求到另一締約國進行識別、作證或提供其他協助，以取得調查或起訴第二條所述罪行所需的證據，在滿足以下條件的情況下，可予移送：

(a)該人在被告知情況後自願表示同意；

(b)兩國主管當局同意，但須符合兩國認為適當的條件。

二、為本條的目的：

(a)該人被移送去的國家應有權力和義務羈押被移送的人，除非移送國另
　　有要求或授權；

(b)該人被移送去的國家應毫不遲延地履行義務，按照兩國主管當局事先
　　達成的協定或其他協定，將該人交還移送國；

(c)該人被移送去的國家的不得要求移送國為交還該人提起引渡程式；

(d)該人在被移送去的國家的羈押時間應折抵在移送國執行的刑期。

三、除非按照本條移送該人的締約國表示同意，無論該人國籍為何，均不得
　　因其在離開移送國國境前的行為或定罪，在被移送去的國家境內受到起
　　訴、羈押或對其人身自由實行任何其他限制。

第十七條　應保證根據本公約被羈押、對其採取任何其他措施或提起訴訟的任何人，獲
　　　　　　得公平待遇，包括享有符合該人所在國法律和包括國際人權法在內的國際法
　　　　　　適用法規規定的一切權利與保障。

第十八條　一、締約國應合作防止發生第二條所述罪行，採取一切切實可行的措施，除
　　　　　　　　其他外包括在必要時修改其國內立法，防止和遏制在其境內為在其境內
　　　　　　　　或境外實施這些罪行進行準備工作，包括：

(a)採取措施禁止蓄意鼓勵、慫恿、組織或從事實施第二條所述罪行的人
　　和組織在其境內進行非法活動；

(b)採取措施規定金融機構和從事金融交易的其他行業使用現行效率最高
　　的措施查證其慣常客戶或臨時客戶，以及由他人代其開立帳戶的客戶
　　的身分，並特別注意不尋常的或可疑的交易情況和報告懷疑為源自犯
　　罪活動的交易。為此目的，締約國應考慮：

㈠訂立條例禁止開立持有人或受益人身分不明或無法查證的帳戶，並
　採取措施確保此類機構核實此類交易真實擁有人的身分；

㈡在法律實體的查證方面，規定金融機構在必要時採取措施，從公共
　登記冊或客戶，或從兩者處取得成立公司的證明，包括客戶的名稱、
　法律形式、地址、董事會成員以及規定實體立約權力的章程等資料，
　以核實客戶的合法存在和結構；

㈢制定條例迫使金融機構承擔義務向主管當局迅速報告所有並無任何
　明顯的經濟目的或顯而易見的合法目的的、複雜、不尋常的巨額交
　易以及不尋常的交易方式，無須擔心因誠意告發而承擔違反披露資
　料限制的刑事或民事責任；

㈣規定各金融機構將有關國內和國際交易的一切必要記錄至少保存五
　年；

二、締約國應進一步合作，通過考慮下列手段，防止發生第二條所述的罪行：

(a)採取措施監督所有匯款機構，包括例如審批其營業執照；

(b)採取可行措施，以發現或監測現金和無記名可轉讓票據的實際越境交
　送，但須有嚴格保障措施，以確保情報使用得當和資本的自由流通不

受任何阻礙。

　　三、締約國應進一步合作，防止發生第二條所述罪行，按照其國內法交換經核實的準確情報，並協調為防止實施第二條所述罪行而酌情採取的行政及其他措施，特別是：

　　　　(a)在各主管機構和廳處之間建立和維持聯繫管道，以便就第二條所述罪行的所有方面安全、迅速交換資料；

　　　　(b)相互合作就第二條所述罪行的下列方面進行調查：

　　　　　㈠有理由懷疑是參與了這類犯罪的人的身分、行蹤和活動；

　　　　　㈡同這類犯罪有關的資金的流動情況。

　　四、締約國可通過國際刑事員警組織（刑警組織）交換情報。

第十九條　起訴犯罪嫌疑人的締約國應按照其國內法或適用程式，將訴訟的最終結果通知聯合國秘書長，由其將此項資料分送其他締約國。

第二十條　締約國應以符合各國主權平等和領土完整以及不干涉他國內政的原則的方式履行本公約規定的義務。

第二十一條　本公約毫不影響國家和個人按國際法，特別是《聯合國憲章》、國際人道主義法和其他有關公約所應享的其他權利、應盡的其他義務和應負的其他責任。

第二十二條　本公約並未授權締約國在另一締約國境內行使管轄權或履行該另一締約國國內法規定該國當局專有的職能。

第二十三條　一、附件可作出修改，增列有以下特徵的相關條約：

　　　　(a)已開放供所有國家參加；

　　　　(b)已經生效；

　　　　(c)已至少為本公約的二十二個締約國批准、同意、核可或加入。

　　二、本公約生效後，任何締約國可提議作出上述修改。要求修改的任何提議應書面提交給保存人。保存人應將符合第一款要求的提議通知所有締約國，並就是否應通過擬議的修改徵求它們的意見。

　　三、除非有三分之一的締約國在擬議的修改分發後一百八十天內提出書面通知表示反對，否則有關修改視為通過。

　　四、對於已交存其對附件修改批准、接受或核准文書的所有締約國，所通過的附件修改在存放第二十二份此類文書後三十天起生效。對於在第二十二份批准、接受或核准文書交存後，批准、接受或核准對附件的修改的每一締約國，修改在其交存批准、接受或核准文書後的第三十天開始生效。

第二十四條　一、兩個或兩個以上的締約國之間有關本公約的解釋或適用的任何爭端，如果在一段合理時間內不能通過談判解決，經其中一方要求，應交付仲裁。如果自要求仲裁之日起六個月內，當事各方不能就仲裁的安排達成協議，其中任何一方可以根據《國際法院規約》，以請求書將爭端

提交國際法院。

二、在簽署、批准、接受、核准或加入本公約時，每一國家可以聲明不受第一款約束。對作出此種保留的任何締約國而言，其他締約國也不受本條第一款約束。

三、根據第二款作出保留的任何國家，可以隨時通知聯合國秘書長，撤回保留。

第二十五條　一、本公約於二〇〇〇年一月十日至二〇〇一年十二月三十一日在紐約聯合國總部開放供所有國家簽署。

二、本公約須經批准、接受或核准。批准書、接受書或核准書應交存聯合國秘書長。

三、本公約對所有國家開放供加入。加入書應交存聯合國秘書長。

第二十六條　一、本公約應自第二十二份批准書、接受書、核准書或加入書交存聯合國秘書長之日後的第三十天開始生效。

二、對於在第二十二份批准書、接受書、核准書或加入書交存後批准、接受、核准或加入本公約的每一個國家，本公約應在該國交存其批准書、接受書、核准書或加入書後的第三十天對該國開始生效。

第二十七條　一、任何締約國均得以書面通知聯合國秘書長退出本公約。

二、退約應在聯合國秘書長收到通知之日起一年後生效。

第二十八條　本公約正本交存聯合國秘書長，其阿拉伯文、中文、英文、法文、俄文和西班牙文文本同等作準。聯合國秘書長應將本公約經核證無誤的副本分送所有國家。

本公約於二〇〇〇年一月十日在紐約聯合國總部開放簽字，下列簽署人經各自政府正式授權在本公約上簽字，以昭信守。

附　件

一、一九七〇年十二月十六日在海牙簽署的《關於制止非法劫持航空器的公約》。

二、一九七一年九月二十三日在蒙特利爾簽署的《關於制止危害民用航空安全的非法行為的公約》。

三、一九七三年十二月十四日聯合國大會通過的《關於防止和懲處侵害應受國際保護人員包括外交代表的罪行的公約》。

四、一九七九年十二月十七日聯合國大會通過的《反對劫持人質國際公約》。

五、一九八〇年三月三日在維也納通過的《關於核材料的實物保護公約》。

六、一九八八年二月二十四日在蒙特利爾簽署的《補充關於制止危害民用航空安全的非法行為的公約的制止在為國際民用航空服務的機場上的非法暴力行為的議定書》。

七、一九八八年三月十日在羅馬簽署的《制止危害航海安全的非法行為公約》。

八、一九八八年三月十日在羅馬簽署的《制止危害大陸架固定平臺安全非法行為議定書》。

九、一九九七年十二月十五日聯合國大會通過的《制止恐怖主義爆炸事件的國際公約》。

第十五章　有關中華民國的重要國際法文件、兩岸協議與法律

七十八、中國對日本、德國及義大利宣戰書 (1941.12.9)

說明：
㈠中國於一九四一年十二月九日對日本、德國及義大利宣戰。
㈡文件選自司法院編譯處編，《國民政府司法例規補編》，下冊，民國 35 年出版，頁 658。

國民政府發表對日本宣戰布告（三十年十二月九日）

　　日本軍閥夙以征服亞洲獨霸太平洋為其國策數年以來中國不顧一切犧牲繼續抗戰其目的不僅可以保衛中國獨立與生存實為打破日本之侵略野心以維護國際公法正義及人類福利與世界和平此中國政府屢經聲明者中國為酷愛和平之民族過去四年餘之神聖抗戰原期侵略者之日本於遭受實際上之懲膺後能加反省在此時期各友邦亦極端忍耐冀其悔禍俾太平洋之和平得以維持不斷殘暴成性之日本執迷不悟且更悍然竟向我英美諸友邦開釁擴大其戰爭侵略行動甘為破壞全人類和平國際正義之戎首逞其侵略無厭之野心舉凡尊重信義之國家咸屬忍無可忍茲特正式對日宣戰昭告中外所有一切條約的協定合同有涉及中日間之關係者一律廢止特此布告

中華民國三十年十二月九日

國民政府發表對德意志義大利宣戰布告（三十年十二月九日）

　　自去年九月德意志義大利與日本訂立三國同盟以來同舟共濟已成一侵略集團德義兩國始則承認偽滿繼復承認南京偽組織中國政府業經正式宣布與該兩國斷絕外交關係最近德義與日本竟擴大其侵略行動破壞全太平洋上之和平實為國際正義之盜賊人類文明之暴敵對此人類文明之暴敵中國政府及人民已難再予容忍茲正式宣布自中華民國三十年十二月九日上午十二時起中國對德意志義大利兩國立於戰爭地位所有一切條約協定合同有涉及中德或中義間之關係者一律廢止特此布告

中華民國三十年十二月九日

七十九、開羅宣言 (Cairo Declaration)　　　　(1943.12.1)

說明：

㈠開羅會議有兩次，中華民國所參加的第一次開羅會議會期五日，時間是從民國三十二年（一九四三年）十一月二十二日至二十六日，參加的人主要是中華民國國民政府主席蔣中正與夫人、美國總統小羅斯福及英國首相邱吉爾，地點是埃及開羅，會議的目的在擬訂對日本作戰之策略並宣示對日戰之目的與決心。開羅會議進行期間幕僚即開始準備與草擬《開羅宣言》，十一月二十六日三國領袖高峰會時定稿，宣言內容經蘇聯領袖史達林同意後，十二月一日在重慶、倫敦與華盛頓同時發表。

㈡英文本見 Charles I. Bevans, "First Cairo Conference, 1943," Treaties and Other International Agreements of the United States of America, 1776–1949, Vol. 3 (Multilateral 1931–1945), Washington, D.C.: U.S. Government Printing Office, 1969, p. 858；中文譯文取自總統府檔案，載中華民國國家建設叢刊編纂委員會編，《國家建設叢刊》，第三冊，「外交與僑務」，臺北：正中書局經銷，民國 60 年出版，頁 90–91。

㈢本書同時附上開羅會議時有關臺灣返還問題的討論（摘錄），取自總統府檔案，載於張群與黃少谷編著，《蔣總統為自由正義與和平而奮鬥述略》，臺北：中央文物供應社經銷，民國 57 年出版，頁 440。開羅會議時，英國代表主張將公報中之臺澎等地歸還中國的字樣，改為「當然由日本放棄」，經我國反對才維持原案，當時會議是在一九四三年十一月二十六日下午三時半舉行，我方的記錄刊在公布的史料中。見秦孝儀主編，《中華民國重要史料初編——對日抗戰時期》，第三編，《戰時外交》，臺北：中央文物供應社經銷，民國 70 年初版，頁 530–532。美國官方沒有公布此項記錄，見 Foreign Relations of the United States, Diplomatic Papers, The Conferences at Cairo and Tehran, Washington. D.C.: U.S. Government Printing Office, 1961, pp. 351–354. 可能的原因是由於一九五八年美方發表臺灣地位未定論，所以在一九六一年時可能故意不刊出此段記錄。參考 EIY Maurer, "Legal Problems Regarding Formosa and the Offshore Island," Department of State Bulletin, Volume XXXIX [39], No. 1017 (December 22, 1958), pp. 1009–1010.

會議公報

羅斯福總統、蔣委員長、邱吉爾首相、偕同各該國軍事與外交顧問，已在北非舉行會議完畢，特發表宣言如下：

三國軍事方面人員，關於今後對日作戰計畫，已獲得一致意見，我三大盟國決心以不鬆弛之壓力，從海、陸、空各方面，加諸殘暴之敵人，此項壓力，已經在增長之中。

我三大盟國此次進行戰爭之目的，在於制止及懲罰日本之侵略，三國決不為自己圖利，亦無拓展領土之意思。三國之宗旨，在剝奪日本自從一九一四年第一次世界大戰開始後，在太平洋上所奪得或占領之一切島嶼，在使日本所竊取〔於〕中國之領土，例如東北四省、臺灣、澎湖群島等，歸還中華民國。其他日本以武力或貪慾所攫取之土地，亦務將日本驅逐出境。我三大盟國稔知朝鮮人民所受之奴隸待遇，決定在相當時期，使朝鮮自由獨立。

根據以上所認定之各項目標，並與其他對日作戰之聯合國目標相一致，我三大盟國將堅忍進行其重大而長期之戰爭，以獲得日本之無條件投降。

附　開羅會議時有關臺灣返還問題的討論（摘錄）

英外次賈德幹 (Sir Alexander Cadogan) 謂：此項修改之擬議，蓋英國會或將質詢英政府，為何關於其他被占領地區並未說明歸還何國，獨於滿洲、臺灣等，則聲明歸還中國，上述各地固屬中國，但殊不必明言耳，英外相艾登在場，未發一言。王秘書長謂如此修改，不但中國不贊成，世界其他各國亦將發生懷疑，「必須由日本放棄」固矣，然日本放棄之後，歸屬何國，如不明言，轉滋疑惑，世界人士均知此次大戰，由於日本侵略我東北而起，而吾人作戰之目的，亦即在貫徹反侵略主義，苟其如此含糊，則中國人民乃至世界人民皆將疑惑不解，故中國方面對此段修改之文字，礙難接受。賈德幹又謂，本句之上文已曾說明「日本由中國攫去之土地」，則日本放棄後當然歸屬中國，不必明言。王秘書長謂：措詞果如此含糊，則會議公報將毫無意義，且將完全喪失其價值，在閣下之意，固不言而喻應歸中國，但外國人士對於東北、臺灣等地，嘗有各種離奇之言論與主張，想閣下亦曾有所聞悉，故如不明言歸還中國，則吾聯合國共同作戰，反對侵略之目標，太不明顯，故主張維持原草案字句。哈立曼大使表示贊成王秘書長之意見，並謂吾人如措詞含糊，則世界各國對吾聯合國一向揭櫫之原則，將不置信，彼主張維持原文，並建議將該段末句「日本以武力或侵略野心所征服之土地，一概須使其脫離其掌握」，提置在第三段之後，另立為一段，其餘則一切照原案不動，王秘書長對哈立曼大使之建議，當即表示贊成，賈德幹次長謂此一建議雖比較略好，但仍未能解除其顧慮。討論結果，中美兩方主張不改，故維持原草案。

八十、波茨坦公告 (Potsdam Proclamation) (1945.7.26)

說明：

(一)一九四五年七月二十六日，中、美、英三國發布《波茨坦公告》，提出日本在投降前應行接受的條件，其中公告第八條規定，「開羅宣言之條件必將實施，而日本之

> 主權必將限於本州、北海道、九州、四國及吾人所決定其他小島之內」。此項「公告」旋經蘇聯政府連署，是戰後處理日本問題和有關台灣地位的重要法律文件。
> ㈡英文本見 Charles I. Bevans, "Terms for Japanese Surrender," Treaties and Other International Agreements of the United States of America, 1776–1949, Vol. 3 (Multilateral 1931–1945), Washington, D.C.: U.S. Government Printing Office, 1969, pp. 1204–1205。中文譯文見中華民國外交問題研究會編，中日外交史料叢編第 7 編，《日本投降與我國對日態度及對俄交涉》，臺北：中華民國外交問題研究會，民國 55 年出版，頁 2–3（第八條略做修飾調整）。

一、余等美國總統、中國國民政府主席及英國首相，代表余等億萬國民，業經會商並同意，對日本應予以一機會，以結束此次戰爭。

二、美國英帝國及中國之龐大陸海空部隊，業已增強多倍，其由西方調來之軍隊及空軍，即將予日本以最後之打擊；此項武力，受所有聯合國之支持及鼓勵，對日作戰，不至其停止抵抗不止。

三、德國無效果及無意識抵抗全世界所有之自由人之力量，所得結果，彰彰在前，可為日本人民之殷鑒。此種力量，當其對付抵抗之納粹時，不得不將德國人民之土地工業及其生活方式摧殘殆盡。但現在集中對付日本之力量，則更為廣大，不可衡量。吾等之軍力，加以吾人堅決之意志為後盾，若予以全部實施，必將使日本軍隊完全毀滅，無可逃避，而日本之本土，亦必終將全部摧毀。

四、現時業已到來，日本必須決定是否仍將繼續受其一意孤行、計算錯誤、使日本帝國已陷於完全毀滅之境之軍人統制，抑或走向理智之路。

五、以下為吾人之條件，吾人決不更改，亦無其他另一方式，猶豫遲疑，更為吾人所不容許。

六、欺騙及錯誤領導日本人民，使其妄欲征服世界之威權及勢力，必須永久剷除。蓋吾人堅持，非將負責之窮兵黷武主義驅出世界，則和平安全及正義新秩序，勢不可能。

七、新秩序成立時，及至日本製造戰爭之力量業已毀滅，有確實可信之證據時；日本領土經盟國之指定，必須占領，俾吾人在此陳述之基本目的，得以完成。

八、開羅宣言之條件必將實施，而日本之主權必將限於本州、北海道、九州、四國及吾人所決定其他小島之內。

九、日本軍隊在完全解除武裝以後，將被允許返其家鄉，得有和平及生產生活之機會。

十、吾人無意奴役日本民族，或消滅其國家，但對於戰罪人民，包括虐待吾人俘虜者在內，將施以法律之裁判。日本政府必須將阻止日本人民民主趨勢之復興及增強之所有障礙，予以消除。言論宗教及思想自由，以及對於基本人權之重視，必須成立。

十一、日本將被許維持其經濟所必需及可以償付貨物賠款之工業，但可以使其重新武裝作戰之工業，不在其內。為此目的，可准其獲得原料，以別於統制原料。日本最後參加國際貿易關係，當可准許。

十二、上述目的達到，及依據日本人民自由表示之意志，成立一傾向和平及負責之政府後，同盟國占領軍隊當即撤退。

十三、吾人警告日本政府，立即宣布所有日本武裝部隊無條件投降，並對此種行動有意實行予以適當之各項保證，除此一途，日本即將迅速完成毀滅！

八十一、日本投降文件 (Instrument of Surrender by Japan)　（1945.9.2 及 9.9）

說明：

㈠一九四五年九月二日，日本簽署《降伏文書》。在《降伏文書》中，日本表示「接受美、中、英三國政府首領於一九四五年七月二十六日在波茨坦所發表，其後又經蘇維埃社會主義共和國聯邦所加入之公告所列舉之條款。」並承諾「忠實執行波茨坦宣言之各項條款，並發佈及採取經盟邦統帥或其他經指定之盟邦代表，為實施宣言之目的，而所需之任何命令及任何行動」。

㈡英文本見 UNTS, Vol.139, pp. 387–388，亦刊載於 Charles I. Bevans, "Surrender by Japan,"Treaties and Other International Agreements of the United States of America, 1776–1949, Vol. 3 (Multilateral1931–1945), Washington, D.C.: U.S. Government Printing Office,1969, pp. 1251–1253。中文譯文取自中華民國外交問題研究會編，中日外交史料叢編第七編，《日本投降與我國對日態度及對俄交涉》，臺北：中華民國外交問題研究會，民國 55 年出版，頁 43–45。

㈢另《向中國降書》及《向同盟國投降文件》也可以參考中國陸軍總司令部編，《中國戰區中國陸軍總司令部處理日本投降文件彙編（上卷）》，民國 34 年出版，南京：中國陸軍總司令部，頁 82–84 與頁 119–120。該書所收錄《降服文書》中譯本與上述《日本投降與我國對日態度及對俄交涉》所收錄者版本不同。

一、向同盟國投降文件 (1945.9.2)

一、余等遵奉日本天皇、日本政府及日本帝國大本營之命令並為其代表，茲接受美、中、英三國政府首領於一九四五年七月二十六日在波茨坦所發表，其後又經蘇維埃社會主義共和國聯邦所加入之公告所列舉之條款。中美英蘇四國在此文件中將被稱為盟邦。

二、余等茲宣布：日本大本營與所有日本軍隊及所有在日人管制之下之軍隊，無論在何地點，向盟邦無條件投降。

三、余等茲命令駐紮任何地域之日本軍隊及日本人民，立刻停止一切敵對行動，保存所有船舶，航空器及軍民財產，使免毀損，並遵照履行盟邦統帥或在彼指揮下日本政府之代理機關所規定之一切要求。

四、余等茲命令日本帝國大本營立刻發佈命令於所有駐紮任何地域之日本部隊,及在日本管制下之一切部隊之司令官,使彼等自身及在彼等管制下之一切部隊,無條件投降。

五、余等茲命令所有民政及陸海軍官員,遵照並履行盟邦統帥對實施此次投降所認為適當而發佈或經其授權所發佈之一切公告命令及指示。余等並指揮此類官員除經統帥或其授權特別解職者外,各留崗位,繼續執行其非戰鬥性質之職務。

六、余等茲代表天皇與日本政府,及其繼承者,擔任忠實執行波茨坦宣言之各項條款,並發佈及採取經盟邦統帥或其他經指定之盟邦代表,為實施宣言之目的,而所需之任何命令及任何行動。

七、余等茲命令日本帝國政府與日本帝國大本營,立即釋放現在日本管制下之所有盟國戰俘,與拘留之僑民,並予以保護、照料、給養,並迅速將其運送至指定地點。

八、天皇與日本政府統治國家之權力,應聽命於盟邦統帥。盟邦統帥可採取其所認為適當之各項步驟,以實施此等投降條件。

簽字於一九四五年九月二日在米蘇里艦
　　奉日本天皇與日本政府之命及代表天皇與日本政府
　　奉日本帝國大本營之命及代表日本帝國大本營
代表美利堅合眾國、中華民國、聯合王國、與蘇維埃社會主義共和國聯邦,及對日本作戰之其他聯合國利益接受於一九四五年九月二日在米蘇里艦
　　盟邦統帥
　　美利堅合眾國代表
　　中華民國代表
　　聯合王國代表
　　蘇維埃社會主義共和國聯邦代表

二、向中國降書 (1945.9.9)

一、日本帝國政府及日本帝國大本營,已向聯合國最高統帥無條件投降。

二、聯合國最高統帥第一號命令規定:「在中華民國(東三省除外)臺灣與越南北緯十六度以北地區內之日本全部陸海空軍與輔助部隊,應向蔣委員長投降。」

三、吾等在上述區域內之全部日本陸海空軍及輔助部隊之將領,願率領所屬部隊,向蔣委員長無條件投降。

四、本官當立即命令所有上第二款所述區域內之全部日本陸海空軍各級指揮官及其所屬部隊與所控制之部隊,向蔣委員長特派受降代表中國戰區中國陸軍總司令何應欽上將及何應欽上將指定之各地區受降主官投降。

五、投降之全部日本陸海空軍,立即停止敵對行動,暫留原地待命,所有武器、彈藥、裝具、器材、補給品、情報資料、地圖、文獻、檔案及其他一切資產等,當暫時保管。所有航空器及飛行場一切設備,艦艇、船舶、車輛、碼頭、工廠、倉庫及一切建築

物，以及現在上第二款所述地區內日本陸海空軍，或其控制之部隊所有或控制之軍用或民用財產，亦均保持完整，全部待繳於蔣委員長及其代表何應欽上將所指定之部隊長，及政府機關代表接受。

六、上第二款所述區域內日本陸海空軍所俘聯合國戰俘，及拘留之人民，立予釋放，並保護送至指定地點。

七、自此以後，所有上第二款所述區域內之日本陸海空軍，當即服從蔣委員長之節制，並接受蔣委員長及其代表何應欽上將所頒發之命令。

八、本官對本降書所列各款，及蔣委員長與其代表何應欽上將以後對投降日軍所頒發之命令，當立即對各級軍官及士兵轉達遵照上第二款所述地區之所有日本軍官佐士兵，均須負有完全履行此類命令之責。

九、投降之日本陸海空軍中任何人員，對於本降書所列各款，及蔣委員長與其代表何應欽上將嗣後所授之命令，倘有未能履行或遲延情事，各級負責官長及違犯命令者，願受懲罰。

奉日本帝國政府及日本帝國大本營命簽字人中國派遣軍總司令官陸軍大將岡村寧次。

昭和二十年（公曆一九四五年）九月九日午前九時　分，簽字於中華民國南京。

代表中華民國、美利堅合眾國、大不列顛聯合王國、蘇維埃社會主義共和國聯邦、並為對日本作戰之其他聯合國之利益，接受本降書，於中華民國三十四年（公曆一九四五年）九月九日午前九時　分，在中華民國南京

中國戰區最高統帥特級上將蔣中正特派代表中國陸軍總司令陸軍一級上將何應欽。

八十二、日本戰犯谷壽夫判決書全文　　　(1947.3.10)

說明：
取自《中央日報》，一九四七年三月十一日，頁 11–14。

主　文

谷壽夫在作戰期間，共同縱兵屠殺俘虜及非戰鬥人員，並強姦，搶劫，破壞財產，處死刑。

事　實

谷壽夫係日本軍閥中慓悍善戰之將領，遠在日俄戰役，即已從軍，並著戰績。迨民國二十六年中日戰起，充任第六師團長，於是年八月，率部來華，參預侵略戰爭，先轉戰於河北永定河及保定石家莊等處。同年十一月間，我京滬沿線戰事頻告失利，移轉陣地，扼守南京。日本軍閥以我首都為抗戰中心，遂糾集其精銳而兇殘之第六師團谷壽夫

部隊，第十六師團中島部隊，第十八師團牛島部隊，第一一四師團末松部隊等，在松井石根大將指揮之下，合力會攻，並以遭遇我軍堅強抵抗，忿恨之餘，乃於陷城後，作有計畫之屠殺，以示報復。

屠　殺

由谷壽夫所率之第六師團任前鋒，於二十六年十二月十二日（即農曆十一月十日）傍晚，攻陷中華門，先頭部隊用繩梯攀垣而入，即開始屠殺，翌晨復率大軍進城，與中島、牛島、末松等部隊，分竄京市各區，展開大規模屠殺，繼以焚燒姦掠。查屠殺最慘屬之時期，厥為二十六年十二月十二日至同月二十一日，亦即在谷壽夫部隊駐京之期間內。計自中華門外花神廟、寶塔橋、石觀音、下關草鞋峽等處，我被俘軍民被日軍用機槍集體射殺並焚屍滅跡者，有單耀亭等十九萬餘人。此外零星屠殺，其屍體經慈善機關收埋者十五萬餘具，被害總數達三十萬人以上。屍橫遍地，慘絕人寰。其殘酷之情狀，尤非筆者所忍形容。如十二月十五日下午一時，我軍警二千餘名，為日軍俘獲後，解赴漢中門外，用機槍密集掃射，飲彈齊殞，其負傷未死者，悉遭活焚。同月十六日下午六時，慮集華僑招待所之難民五千餘人，被日兵押往中山碼頭，用機槍射殺後，棄屍江中，僅白增榮，梁廷芳二人，中彈受傷，投身波中，與漂屍同流，得以倖免。同月十八日夜間，復將我被囚幕府山之軍民五萬七千四百十八人，以鉛絲紮縛，驅集下關草鞋峽，亦用機槍射殺，其倒血泊中尚能掙扎者，均遭亂刀戳斃，並將全部屍骸，澆以煤油焚化。又如十二月十二日，鄉婦王徐氏，在中華門外下碼頭，遭日軍梟首焚屍。同月十三日，鄉民魏小山，因谷壽夫部隊在中華門堆草巷縱火，馳往施救，致被砍死。同日，僧隆敬、隆慧，及尼真行、燈高、燈元等，亦於中華門外廟庵內，悉遭屠戮。十四日，市民姚加隆攜眷避難於中華門斬龍橋，又遭日軍將其妻姦殺，八歲幼兒，三歲幼女，因在旁哀泣，被用槍尖挑入火中，活焚而斃。同月十三日至十七日，時值嚴寒，駐中華門外日軍，勒令鄉民三十餘人，入水撈魚，從則凍斃，違亦遭戮，並將一老叟，綁懸樹梢，以槍瞄準，作打靶練習，終至命中，繩斷跌斃。又日軍官二人，以殺人為競賽，其一殺達百零五人，一則以殺百零六人獲勝。同月十九日，鄉婦謝善真，年逾六旬，被日軍在中華門外東嶽廟用刀刺殺，並以竹竿插入陰戶，均屬慘無人道。計自十二月十二日至同月二十一日，我首都無辜軍民，被日軍殘殺而有案可稽者，達八百八十六起（見附件甲一號至二八號乙一號至八五八號〔均在本書中略去〕）。其在中華門一帶被害者，除以上列舉外，尚有王福和、柯大才、卓呂同、沈有功、劉廣松、曹文黨、余必福、陳蕭氏等三百七十八案（詳見附件甲九、一三、一八、一九、二〇、二四、二六、二八號乙一號至三七〇號〔均在本書中略去〕）。

強　姦

日軍陷城後，更四出強姦，一逞淫慾。據外僑所組國際委員會統計，在二十六年十二月十六十七兩日，我婦女遭日軍蹂躪者，已越千人，且方式之離奇慘虐，實史乘所未前聞。如十二月十三日，民婦陶湯氏，在中華門東仁厚里五號，被日軍輪姦後，剖腹焚

屍。懷胎九月之孕婦蕭余氏、十六歲少女黃桂英、陳二姑娘、及六十三歲之鄉婦，亦同在中華門地區，慘遭姦污。鄉女丁小姑娘，在中華門堆草巷，經日軍十三人輪姦後，因不勝狂虐，厲聲呼救，當場被刀刺小腹致死。同月十三日至十七日間，日軍在中華門外，於強姦少女後，復迫令過路僧侶續與行姦，僧拒不從，竟被處宮刑致死。又在中華門外土城頭，有少女三人，因遭日軍強姦，羞憤投江自盡。凡我留京婦女，莫不岌岌自危，乃相率奔避於國際委員會所劃定之安全區。詎日軍罔顧國際正義，竟亦逞其獸慾，每乘黑夜，越垣入內，不擇老幼，摸索強姦。雖經外僑以國際團體名義，迭向日軍當局嚴重抗議，而日將谷壽夫等均置若罔聞，任使部屬肆虐如故。

焚　燒

再日軍鋒鏑所至，焚燒與屠殺常同時並施。我首都為其實行恐怖政策之對象，故焚燒之慘烈，亦無倫比。陷城之初，沿中華門迄下關江邊，遍處大火，烈焰燭天，半城幾成灰燼。我公私財產之損失殆不可以數計。中華門循相里房屋數十幢，均遭燒毀，居民何慶森、夏鴻貴、畢張氏等數百人，廬舍成墟，棲息無所。中華門釣魚巷、湖北路、長樂路、雙閘鎮各處居民，曾有年、常許氏、馮兆英等房屋數百幢，亦俱焚燒，蕩然無存。至十二月二十日，復從事全城有計畫之縱火暴行，市中心區之太平路，火焰遍布，至夜未熄，且所有消防設備，悉遭劫掠，市民有敢營救者，盡殺無赦。

搶　劫

日軍更貪婪成性，舉凡糧食、牲畜、器皿、古玩，莫不劫取。如在石壩街五十號，搶掠國醫石貴軒名貴書籍四大箱。字畫古玩二千餘件，木器四百件，衣服三十餘箱。又在集慶路、任甹巷等處，掠劫民間牲畜、糧食、錢財，不可勝計。即國際紅十字會病院內，護士財物，病人被褥，難民食糧，亦遭洗劫一空。美大使館職員陶格拉斯晉欽 (Douglas Jenkine) 美籍女教士格雷絲苕爾 (Miss Grace Baver) 德人烏拉比、巴赤德、波濮羅、蒸姆生 (Rade. Barchadt. Pobio, Jeimssen) 等住宅，並經先後搜劫，損失慕重。種種暴行，更僕難數。日本投降後，谷壽夫在東京被捕，經我駐日代表團解送來京，由本庭檢察官偵查起訴。

理　由

查本案被告谷壽夫，於民國二十六年，由日本率軍來華，參預侵略戰爭，與中島、牛島、末松各部隊，會攻南京，因遭我軍堅強抵抗，血戰四晝夜，始於是年十二月十二日傍晚，由中華門用繩梯攀垣而入，翌晨率大隊進城，留駐一旬，於同月二十一日，移師進攻蕪湖各情，已據供認不諱。（見偵查卷六六頁審判卷七宗一六頁二三頁）

證據確鑿

至其陷城後，與各會攻部隊，分竄京市各區，展開大規模屠殺，計我被俘軍民，在中華門花神廟、石觀音、小心橋、掃帚巷、正覺寺、方家山、寶塔橋、下關草鞋峽等處，

慘遭集體殺戮及焚屍滅跡者，達十九萬人以上，在中華門下碼頭、東岳廟、堆草巷、斬龍橋等處，被零星殘殺、屍骸經慈善團體掩埋者，達十五萬人以上，被害總數共三十餘萬人。此項事實，匪特已據身歷其境之證人殷有餘、梁廷芳、白增榮、單張氏、魯甦、殷南崗、芮方緣、畢正清、張玉發、柯榮福、潘大貴、毛吳氏、郭岐、范實甫、姚加隆、萬劉氏、徐承鑄、僧隆海、蓮華、尼慧定等一千二百五十餘人，及當時主持掩埋屍體之許傳音、周一漁、劉德才、盛世徵等，具結證明，（詳見附件甲一號至二八號附件乙一號至八五八號京字九號至一二號各證暨本庭偵查及審判筆錄〔均在本書中略去〕）且有紅十字會掩埋屍體四萬三千零七十一具，崇善堂收埋屍體十一萬二千二百六十六具之統計表、及偽南京督辦高冠吾為叢葬於靈谷寺無主孤魂三千餘具所立之碑文為憑。（見京字三號一六號一七號各證）復經本庭按叢葬地點，在中華門外兩花臺、萬人坑等地，發掘坟塚五處，起出被害人屍體頭顱數千具，由法醫潘英才、檢驗員宋士豪等，驗明屍骨，多有刀砍、中彈或鈍器擊損傷痕，填具鑑定書在卷可稽。（見本庭勘驗筆錄及京字一四號證）並有當時日軍為炫耀武功，自行拍攝之屠殺照片十五幀、及實地攝製之屠〔城〕電影經我軍於勝利後扣獲，可資印證。（見京字一號二號及一五號證）至陷城後，日軍各部隊分竄各區，姦淫肆虐，如鄉婦陶湯氏被姦後剖腹焚屍、丁小姑娘遭輪姦後刺死，即妊婦老嫗亦同遭姦污，又放火燒毀民房、掠劫財物以及闖入安全區內強姦婦女，劫取外人財產等情，亦據各生存之被害人及目睹之證人蕭余氏、陳二姑娘、柯榮福、方鶴年、張孫氏、范實甫、張萬氏、周一漁、何慶森、夏鴻貴、畢張氏、倪春富、曾有年、常許氏、馮兆英、石筱軒、徐兆彬等百餘人，分別結證是實。核與國際委員會所組南京安全區內檔案列舉之日軍暴行，及外籍記者田伯烈 (H. J. Timperiey) 所著《日軍暴行紀實》，史邁士 (Lewis S. C. Smythe) 所作《南京戰禍寫真》，暨當時參加南京戰役之我軍營長郭岐所編《陷都血淚錄》，臚載各節，悉相吻合。（詳見附件丙、丁、戊、己、及京字九號至一二號各證暨本庭偵查及審判筆錄〔均在本書中略去〕）又經當時留京之美籍教授貝德士 (M. S. Bates) 史邁士 (Lewis S. C. Smythe) 本於目擊實情，到庭宣誓並具結證明無異。是會攻南京之日軍各將領共同縱兵，分頭實施屠殺、強姦、搶劫、破壞財產之事實，已屬眾證確鑿，無可掩飾。

應負全責

雖據辯稱：㈠被告部隊入城後，係駐紮中華門一帶，正值激戰，居民遷徙一空，並無屠殺對象，且被害人均未能指出日兵番號，故屠殺事件，應由中島、末松及其他部隊負責，即罪行調查表亦多載有「中島」字樣，可見與被告無涉。㈡被告所屬部隊，軍紀嚴肅，可保證未曾殺害一人，除已經證人小笠原清到庭證明外，應請傳訊被告所屬之參謀長下野一霍，旅團長坂井德太郎，柳川參謀長田邊盛武，高級參謀藤本鐵熊等，即可明瞭。㈢本案證據全係偽造，不足為論罪根據等語，以為免責之辯解。但關係第一點，按共同實施犯罪行為之人，在合同意思範圍以內，各自分擔犯罪行為之一部，相互利用他人之行為，以達其犯罪之目的者，即應對於全部所發生之結果，共同負責。（參照最高法院二十八年上字第三一一〇號二十六年渝上字第一七四四號各判例）被告既係會攻南

京之高級將領，因遭守軍猛烈抵抗，(見審判卷七宗一六頁)乃於陷城後，會合中島、牛島、末松等部隊，分竄各區，實施大屠殺及姦掠焚燒等暴行，我被俘軍民慘遭殺戮者，達三十餘萬人之眾，已與監督不嚴之偶發事件，顯有不同。況經當時駐京外僑，以國際團體名義，於二十六年十二月十四日至二十一日，即在被告部隊駐京之期間內，前後十二次，分向日軍當局及日大使館，提出嚴重抗議，並在照會內，附錄日軍燒、殺、淫、掠暴行，計一百一十三案，促請日軍注意管束部屬，防止暴行擴大，(見南京安全區檔案原文一至四九頁及附件己、京字一〇、一一號各證)，而被告等各將領，又均置若無睹，縱兵肆虐如故，且反將此種慘烈屠城情狀，攝成電影及照片，藉以表彰戰績。其係與各會攻將領，基於合同意思，共同縱兵，分頭竄擾，而作有計畫之大規模屠殺及焚燒姦掠，至為明顯。縱令被告部隊，僅在旬日間，分擔京市一隅之屠殺等暴行，然既與各會攻將領，本於聯絡之犯意，互相利用，以達其報復之目的，依照上開說明，既應就全部所發生之結果，與松井、中島、牛島、末松、柳川各將領，共同負責，奚容以罪行調查表載有「中島」字樣，以及被害人未能指出日兵番號等詞為藉口，希圖諉卸。

不容狡賴

　　別查京市各區屠殺姦掠等事件，泰半係發生於被告部隊駐京之期間內，(即十二月十二日至同月二十一日)即在被告自承為其防區之中華門一帶而遭燒殺淫掠之居民有案可稽查者，已達四百五十九起，(詳見附件甲九、一三、一八、一九、二〇、二四、二六、二八號乙一至三七〇號丙一至二一號丁一至五七號戊一至三號各證暨本庭偵查及審判筆錄〔均在本書中略去〕)其中被害人家屬及證人，且多能切實指明被告部隊之罪行：如據范文卿之子范實甫供稱：「谷壽夫部下殺人放火、強姦、無所不為，最殘忍的，要算是谷壽夫部隊，殺人最多約有十幾萬人，我家對門丁道臺的孫女，被谷壽夫部下十三個人強姦，這小姑娘因受不了，慘叫，被日軍一刀刺破小腹而死，我還看見鄰人魏小山，因谷壽夫部隊放火，他去救火，被日軍一刀砍死。」丁長榮供稱：「我兒子丁連寶，被谷部(指被告)士兵用槍打，又戳一刀死了，當時一共打死七個人。又在中華門賽虹橋，見兩個婦人被日兵強姦後，用刺刀從陰戶刺入腹部，致腹破腸流而死。」徐承鑄供稱：「我胞兄徐承耀，被谷壽夫部隊拉夫，經母親哀求，不肯釋放，當被拉到雨花臺下，用槍打死。」又據證人歐陽都麟供稱：「日軍谷壽夫部隊，攻陷南京，由中華門首先進城，先行屠殺，就此兩天內(十二十三兩日)中華門內外，遍地屍首，慘不忍睹，有的用刺刀刺孕婦腹部，致腹破胎墜而死，有的用刺刀從婦女陰戶刺入，刀尖透臀部致死，亦有八十歲老婦，被強姦致死。」證人張鴻如供稱：「日軍於二十六年農曆十一月初十晚進城，殺人放火姦淫最屬害的，是谷壽夫部隊。」各等語，(見本庭審判卷一宗三〇頁三宗三五頁三九頁四三頁七宗六〇頁六一頁)尤足見被告部隊分擔實施暴行事實，昭然若揭，尚何有狡賴之餘地。

不足採證

　　關於第二點，查被告部隊，遠在保定石家莊一帶作戰時，即曾搶劫居民陳嗣哲所有

之衣服古玩二十八箱及紅木傢具等物多件，又在浙江德清縣境，慘殺平民卜順金卜玉山等人，（見附件乙八四六號戊四號各證）是其軍紀之敗壞，已可概見。迨會攻南京陷城後，更暴行纍纍，兇殘無匹，乃反謂軍紀嚴肅未曾殺害一人，顯屬遁辭。至證人小笠原清，於被告部隊會攻南京之時，尚在日本求學，徒以臆測之詞，漫謂被告部隊在南京並無暴行，自屬無可採信。又查被告所屬參謀長下野一霍、旅團長坂井德太郎、及柳川參謀長田邊盛武、高級參謀藤本鐵熊等，均係參與會攻南京之高級軍官及參謀長官，對於實施有計畫之南京大屠殺事件，本有共犯嫌疑，縱使該嫌疑犯等到庭為被告所預期之陳述，亦不外瞻徇祖庇，自難據為被告有利之判決。茲被告猶斤斤請傳該嫌疑犯等到庭作證，無非藉端希圖延宕。關於第三點，查本案證人千餘人，均係身歷其境，將當時目擊日軍暴行痛陳如繪。被害人屍骸頭顱數千具，並經本庭在叢葬地點掘出，靈谷寺無主孤魂三千餘具之基碑，至今猶存。郭岐所編《陷都血淚錄》，遠在民國二十七年即在西安寫成，並於同年八月披露於西京平報（見京字一二號證二一頁）。國際委員會所組南京安全區之檔案，外籍記者田伯烈所著《日軍暴行紀實》，及美籍教授史邁士所作《南京戰禍寫真》，皆為當時未曾參加作戰之英、美、德人士，本其目睹情形，所作之日軍暴行實錄。日軍以殺人為競賽娛樂，且係在被告本國《東京朝日新聞》登載（見京字一〇號證第二八四及二八五頁）。屠殺照片及屠城電影，俱為當時日軍所攝製，藉以誇耀成功。均係被告及會攻南京各將領共同實施暴行之鐵證。被告竟以空言抹煞，妄指為偽造，可謂毫無理由。綜上各點抗辯，均屬狡展圖卸，殊無可採。

應處極刑

查被告在作戰期間，以兇殘手段，縱兵屠殺俘虜及非戰鬥人員，並肆施強姦、搶劫、破壞財產等暴行，係違反海牙陸軍規例及戰時俘虜待遇公約各規定，應構成戰爭罪及違反人道罪。其間有方法結果關係，應從一重處斷。又其接連肆虐之行為，係基於概括之犯意，應依連續犯之例論處。按被告與各會攻將領，率部陷我首都後，共同縱兵肆虐，遭戮者數十萬眾，更以剖腹、鼻首、輪姦、活焚之殘酷行為，加諸徒手民眾與夫無辜婦孺，窮兇極劣，無與倫比，不僅為人類文明之重大污點，即揆其心術之險惡，手段之毒辣，貽害之慘烈，亦屬無可矜全，應予科處極刑，以昭炯戒。

適用法條

據上論結，應依刑事訴訟法第二百九十一條前段，海牙陸戰規例第四條第二項，第二十三條第三款第七款，第二十八條，第四十六條，第四十七條，戰時俘虜待遇公約第二條，第三條，戰爭罪犯審判條例第一條，第二條第二款，第三條第一款第四款第二十四款第二十七款，第十一條，刑法第二十八條，第五十五條，第五十六條前段，第五十七條，判決如主文。

本案經本庭檢察官陳光虞蒞庭執行職務。

中華民國三十六年三月十日

　　國防部審判戰犯軍事法庭

審判長　石美瑜
審判官　宋書同
審判官　李元慶
審判官　葛召棠
審判官　葉在增
書記官　張體坤

八十三、舊金山和約 (Treaty of Peace with Japan)（摘錄）(1951.9.8)

說明：

㈠正式名稱為「對日和約」，因本和約於美國舊金山簽訂，故坊間多稱之為「金山和約」、「金山對日和約」或「舊金山和約」。

㈡本和約於一九五一年九月八日簽署，一九五二年四月二十八日生效。

㈢英文見 UNTS, Vol. 136, pp. 46–76（雙號是英文）；中文譯本見中華民國外交問題研究會編，《金山和約與中日和約的關係》，臺北：中華民國外交問題研究會，民國 55 年出版，頁 93–95、98–99 及頁 110。

　鑒於各盟國與日本決心將其彼此相互間之關係建立為獨立平等國家間之關係，彼此友好合作，以增進共同福利。及維持國際和平及安全，因此願締結和約，藉以解決一切由於彼此間存在之戰爭狀態所引起之一切未決問題；

　鑒於日本並表示對於申請加入聯合國並絕對遵守聯合國憲章之原則，努力以求實現聯合國人權宣言之目標，設法在其國內造成安定及福利條件，一如聯合國憲章第五十五條及第五十六條所規定並已由日本投降後之立法所肇端者然，並在公私貿易與商業行為上遵守國際間所接受之公平習慣等願望；

　鑒於各盟國對於上項所述日本之各願望，表示歡迎；

　各盟國與日本爰同意締結本和平條約，為此各派簽名於後之全權代表經將其所奉全權證書，提出互相校閱，均屬妥善，議定條款如下：

第一章　和　平

第 一 條　甲、每一盟國與日本間之戰爭狀態，應依照本約第二十三條之規定，自本約於各盟國與日本間發生效力之日起即告終結。

　　　　　乙、各盟國承認日本人民對於日本及其領海有完全之主權。

第二章　領　土

第 二 條　甲、日本茲承認高麗之獨立，且放棄其對於高麗，包括濟州島 (Quelpart)、巨

文島 (Port Hamilton) 及鬱陵島 (Dagelet) 之一切權利，權利名義與要求。

乙、日本茲放棄其對於臺灣及澎湖群島之一切權利，權利名義與要求。

丙、日本茲放棄其對於千島列島，及由於一九〇五年九月五日樸資茅斯條約所獲得主權之庫頁島一部分及其附近之島嶼之一切權利，權利名義與要求。

丁、日本茲放棄其由於國際聯合會委任統治制度而具有之一切權利，權利名義與要求；並接受聯合國安全理事會於一九四七年四月二日為將前由日本委任統治之太平洋島嶼置於託管制度下而採取之行動。

戊、日本茲放棄其在南冰洋任何區域由於日本人民之活動或由於其他方法而取得之一切權利，權利名義及利益。

己、日本茲放棄其對於南沙群島 (Spratly Islands) 及西沙群島 (Paracel Islands) 之一切權利，權利名義與要求。

第 三 條　日本對於美國向聯合國所作任何將北緯二十九度以南之南西群島（包括琉球群島，及大東群島）孀婦岩以南之南方諸島（包括小笠原群島，西之島及琉璜列島）及沖之鳥島與南鳥島，置於託管制度之下，而以美國為其唯一管理當局之建議，將予同意。在提出此項建議並就此項建議採取確定性之行動以前，美國有權對此等島嶼之領土暨其居民，包括此等島嶼之領水，行使一切行政、立法、及管轄之權力。

……

第 十 條　日本放棄在中國之一切特權及利益，包括由一九〇一年九月七日在北京簽訂之最後議定書，與一切附件，及補充之各換文暨文件，所產生之一切利益與特權，並同意該議定書，附件，換文與文件就有關日本部分，予以撤廢。

……

第二十六條　日本準備與簽署或加入一九四二年一月一日聯合國宣言且對日作戰，或與前屬本約第二十三條所稱國家領土之一部分之任何國家，而均非本約簽字國者，訂立一與本約相同或大致相同之雙邊和約，但日方之此項義務將於本約生效後屆滿三年時終止。倘日本與任何國家成立媾和協定或有關戰爭要求之協議，而於各該協議中給予該國以較本約規定為大之利益時，則該項利益應由本約之締約國同等享受。

第二十七條　本約應送交美利堅合眾國政府檔庫存放，美利堅合眾國政府應以本約之校正無訛副本一份送致各簽字國。

為此，左列全權代表特簽署本約，以昭信守。

一九五一年九月八日訂於金山市，約本分英文、法文、西班牙文、及日文四種文字，英文、法文、及西班牙文本同樣作準。

八十四、中華民國與日本國間和平條約及其議定書與照會 (Treaty of Peace between the Republic of China and Japan, with Protocol and Exchange of Note)　(1952.4.28)

說明：

英文本見 UNTS, Vol. 138, pp. 38–55 （雙號是英文）；中文本見 UNTS, Vol. 138, pp. 4–19，亦刊載於外交部編，《中外條約輯編》，臺北：臺灣商務印書館經銷，民國 47 年出版，頁 248–253（中英文本對照）、254–257（照會與同意記錄中英對照文本）。

中華民國與日本國

　　鑑於兩國由於其歷史文化關係及領土鄰近而產生之相互睦鄰願望；瞭解兩國之密切合作對於增進其共同福利及維持世界和平與安全，均屬重要；均認由於兩國間戰爭狀態之存在而引起之各項問題，亟待解決；

　　爰經決定締結和平條約，並為此各派全權代表如下，

　　中華民國總統閣下：

　　　　葉　公　超先生；

　　日本國政府：

　　　　河　田　烈先生；

　　各該全權代表經將其所奉全權證書提出互相校閱，認為均屬妥善，爰議定條款如下：

第 一 條　中華民國與日本國間之戰爭狀態，自本約發生效力之日起，即告終止。

第 二 條　茲承認依照公曆一千九百五十一年九月八日在美利堅合眾國金山市簽訂之對日和平條約（以下簡稱金山和約）第二條，日本國業已放棄對於臺灣及澎湖群島以及南沙群島及西沙群島之一切權利、權利名義與要求。

第 三 條　關於日本國及其國民在臺灣及澎湖之財產及其對於在臺灣及澎湖之中華民國當局及居民所作要求（包括債權在內）之處置，及該中華民國當局及居民在日本國之財產及其對於日本國及日本國國民所作要求（包括債權在內）之處置，應由中華民國政府與日本國政府間另商特別處理辦法。本約任何條款所用「國民」及「居民」等名詞，均包括法人在內。

第 四 條　茲承認中國與日本國間在中華民國三十年即公曆一千九百四十一年十二月九日以前所締結之一切條約、專約及協定，均因戰爭結果而歸無效。

第 五 條　茲承認依照金山和約第十條之規定，日本國業已放棄在中國之一切特殊權利及利益。包括由於中華民國紀元前十一年即公曆一千九百零一年九月七日在北京簽訂之最後議定書與一切附件及補充之各換文暨文件所產生之一切利益與特權；並已同意就關於日本國方面廢除該議定書、附件、換文及文件。

第 六 條　㈲中華民國與日本國在其相互之關係上，願各遵聯合國憲章第二條之各項原
　　　　　　則。

　　　　　㈡中華民國與日本國願依聯合國憲章之原則彼此合作，並特願經由經濟方面
　　　　　　之友好合作，促進兩國之共同福利。

第 七 條　中華民國與日本國願盡速商訂一項條約或協定，藉以將兩國貿易、航業及其
　　　　　他商務關係，置於穩定與友好之基礎上。

第 八 條　中華民國與日本國願盡速商訂一項關於民用航空運輸之協定。

第 九 條　中華民國與日本國願盡速締結一項為規範或限制捕魚、及保存暨開發公海漁
　　　　　業之協定。

第 十 條　就本約而言，中華民國國民應認為包括依照中華民國在臺灣及澎湖所已施行
　　　　　或將來可能施行之法律規章而具有中國國籍之一切臺灣及澎湖居民及前屬臺
　　　　　灣及澎湖之居民及其後裔；中華民國法人應認為包括依照中華民國在臺灣及
　　　　　澎湖所已施行或將來可能施行之法律規章所登記之一切法人。

第十一條　除本約及其補充文件另有規定外，凡在中華民國與日本國間因戰爭狀態存在
　　　　　之結果而引起之任何問題，均應依照金山和約之有關規定予以解決。

第十二條　凡因本約之解釋或適用可能發生之任何爭執，應以磋商或其他和平方式解決
　　　　　之。

第十三條　本約應予批准，批准文件應盡速在臺北互換。本約應自批准文件互換之日起
　　　　　發生效力。

第十四條　本約應分繕中文、日文及英文。遇有解釋不同，應以英文本為準。為此，雙
　　　　　方全權代表各於本約簽字蓋印，以昭信守。

　　　　　本約共繕二份，於中華民國四十一年四月二十八日即日本國昭和二十七年四
　　　　　月二十八日即公曆一千九百五十二年四月二十八日訂於臺北。

　　　　　　　　　　中華民國代表：葉　公　超（蓋印）
　　　　　　　　　　日本國代表：河　田　烈（蓋印）

議定書

　　署名於後之雙方全權代表，於本日簽署中華民國與日本國間和平條約（以下簡稱本
約）時，議定下列各條款，各該條款應構成本約內容之一部分，計開：

　㈠本約第十一條之實施，應以下列各項瞭解為準：

　　㈲凡在金山和約內有對日本國所負義務或承擔而規定時期者，該項時期，對於中
　　　華民國領土之任一地區而言，應於本條約一經適用於該領土之該地區之時，開
　　　始計算。

　　㈡為對日本人民表示寬大與友好之意起見，中華民國自動放棄根據金山和約第十
　　　四條甲項第一款日本國所應供應之服務之利益。

　　㈥金山和約第十一條及第十八條不在本約第十一條實施範圍之內。

㈡中華民國與日本國間之商務及航業應以下列辦法為準繩：

㈮雙方將相互以下列待遇給予對方之國民、產品及船舶：

㈠關於關稅、規費、限制及其他施行於貨物之進口及出口或與其有關之規章，給予最惠國待遇；及

㈡關於船運、航行及進口貨物，及關於自然人與法人及其利益，給予最惠國待遇；該項待遇包括關於徵收稅捐、起訴及應訴、訂立及執行契約、財產權（包括無形財產權但鑛業權除外）、參加法人團體、及通常關於除金融（包括保險）業及任何一方專為其國民所保留之各種職業活動以外之各種商業及職業活動行為之一切事項。

㈡關於本項㈮款㈡節所載之財產權，參加法人團體及商業及職業活動之行為，凡遇任何一方所給予彼方之最惠國待遇，在事實上臻於國民待遇之程度時，則該方對於彼方並無給予較諸彼方依照最惠國待遇所給待遇更高待遇之義務。

㈮國營貿易企業之對外購買及出售，應僅以商務考慮為基礎。

㈡在適用本辦法時，雙方瞭解：

㈠中華民國之船舶應認為包括依照中華民國在臺灣及澎湖所已施行或將來可能施行之法律規章所登記之一切船舶；中華民國之產品應認為包括發源於臺灣及澎湖之一切產品；及

㈡如某項差別待遇辦法係基於適用該項辦法一方之商約中所通常規定之一項例外，或基於保障該方之對外財政地位，或收支平衡之需要（除涉及船運及航行者外），或基於其保持其主要安全利益，又如該項辦法係隨情勢推移，且不以獨斷或不合理之方式適用者，則該項差別待遇辦法不得視為對於以上規定所應給予之各待遇有所減損。

本項所規定之辦法應自本約生效之日起一年之期限內繼續有效。

本議定書共繕二份，於中華民國四十一年四月二十八日即日本國昭和二十七年四月二十八日即公曆一千九百五十二年四月二十八日訂於臺北。

照會第一號

一、日本全權代表致中華民國全權代表照會

關於本日簽訂之日本國與中華民國間和平條約，本代表謹代表本國政府提及貴我雙方所成立之瞭解，即：本約各條款關於中華民國之一方，應適用於現在中華民國政府控制下或將來在其控制下之全部領土。上述瞭解，如荷貴代表惠予證實，本代表當深感紉。本代表順向貴代表表示崇高之敬意。

昭和二十七年四月二十八日於臺北

二、中華民國全權代表復日本全權代表照會

關於本日簽訂之中華民國與日本國間和平條約，頃准貴代表本日照會內開：「內容與日本照會同」本代表謹代表本國政府證實，貴代表來照所述之瞭解，本代表順向貴

代表表示崇高之敬意。
中華民國四十一年四月二十八日於臺北
中華民國四十一年四月二十八日簽字
中華民國四十一年八月五日互換批准書
中華民國四十一年八月五日生效

八十五、中華民國外交部民國六十年關於琉球群島與釣魚臺列嶼問題的聲明　(1971.6.11)

說明：
見民國 60 年 6 月 12 日臺北《中央日報》，頁 1。

　　中華民國政府近年來對於琉球群島之地位問題，一向深為關切，並一再將其對於此項問題之意見及其對於有關亞太區域安全問題之顧慮，促請關係國家政府注意。

　　茲獲悉美國政府與日本政府即將簽署移交琉球群島之正式文書，甚至將中華民國享有領土主權之釣魚臺列嶼亦包括在內，中華民國政府必須再度將其立場鄭重昭告於全世界：

　　一、關於琉球群島：中、美、英等主要盟國曾於一九四三年聯合發表開羅宣言，並於一九四五年發表波茨坦宣言規定開羅宣言之條款應予實施，而日本之主權應僅限於本州、北海道、九州、四國以及主要盟國所決定之其他小島。故琉球群島之未來地位，顯然應由主要盟國予以決定。

　　一九五一年九月八日所簽訂之金山對日和約，即係以上述兩宣言之內容要旨為根據，依照該和約第三條之內容，對琉球之法律地位及其將來之處理已作明確之規定。中華民國對於琉球最後處置之一貫立場為：應由有關盟國依照開羅宣言及波茨坦宣言予以協商決定。此項立場素為美國政府所熟知，中華民國為對日作戰主要盟國之一，自應參加該項協商。而美國未經此項協商，遽爾將琉球交還日本，中華民國至為不滿。

　　二、關於釣魚臺列嶼：中華民國政府對於美國擬將釣魚臺列嶼隨同琉球群島一併移交之聲明，尤感驚愕。

　　該列嶼係附屬臺灣省，構成中華民國領土之一部分，基於地理地位、地質構造、歷史聯繫以及臺灣省居民長期繼續使用之理由，已與中華民國密切相連，中華民國政府根據其保衛國土之神聖義務在任何情形之下絕不能放棄尺寸領土之主權。因之，中華民國政府曾不斷通知美國政府及日本政府，認為該列嶼基於歷史、地理、使用及法理之理由，其為中華民國之領土，不容置疑，故應於美國結束管理時交還中華民國。現美國逕將該列嶼之行政權與琉球群島一併交予日本，中華民國政府認為絕對不能接受，且認為此項美日間之移轉絕不能影響中華民國對該列嶼之主權主張，故堅決加以反對，中華民國政府仍切盼關係國家尊重我對該列嶼之主權，應即採取合理合法之措置，以免導致亞太地

區嚴重之後果。

八十六、中華民國外交部民國一〇三年關於釣魚臺列嶼主權的聲明　(2014.2.5)

說明：

本聲明見中華民國外交部，《中華民國對釣魚臺列嶼主權的立場與主張》，2014 年，載於：http://www.mofa.gov.tw/News_Content.aspx?n=AA60A1A7FEC4086B&sms=60ECE8A8F0DB165D&s=B803FFD6FD6148DD。（最近檢視日期：二〇一九年三月八日）

釣魚臺列嶼 (Diaoyutai Islets) 是臺灣的附屬島嶼，其行政管轄隸屬臺灣省宜蘭縣頭城鎮大溪里。無論從歷史、地理、地質、使用與國際法來看，釣魚臺列嶼都是中華民國的固有領土。

為了讓世人瞭解釣魚臺列嶼與臺灣的關係，以及釣魚臺列嶼是中華民國固有領土的緣由，本文將先回顧釣魚臺列嶼問題之起源與發展，再根據地理、地質、歷史、發現、命名、使用及國際法說明我國擁有釣魚臺列嶼主權之法理依據，並駁斥日本之論據，最後提出我政府維護釣魚臺列嶼主權的主張及作為，以及未來爭端解決的展望。

壹、歷史背景

一、日本竊占釣魚臺列嶼之經過

㈠ 1879 年：日本併吞琉球

日本在明治維新（1867 年）之後，國勢日盛，開始對外擴張。1874 年曾藉口臺灣原住民殺害漂流至臺灣的琉球人而率兵入侵臺灣東南部，史稱「牡丹社事件」。1879 年日本廢藩置縣，正式併吞琉球。

㈡ 1885 年：日本開始著手圖謀釣魚臺列嶼

日本正式併吞琉球後，繼續擴張領土。根據現存於日本外務省外交史料館、國立公文館、以及防衛省防衛研究所圖書館的相關文件，自 1885 年（明治 18 年）起，日本政府開始圖謀侵占釣魚臺列嶼。1885 年日本內務卿山縣有朋密令沖繩縣令西村捨三勘查釣魚臺列嶼，以設立「國標」。同年 9 月 22 日西村以密函回報稱：此等島嶼係經中國命名，且使用多年，載之史冊，如在勘查後即樹立「國標」，恐未妥善，建議暫緩。

山縣有朋仍不死心，再徵詢外務卿井上馨之意見。10 月 20 日，井上馨在答覆山縣有朋的極密函件「親展第三十八號」中，亦指出「清國對各島已有命名」，且當時中國報

紙報導（按：係 1885 年 9 月 6 日上海《申報》標題為「臺島警信」的一則報導指出：「近有日本人懸日旗於其上，大有占據之勢，促請清政府注意」。）明治政府因自忖力量不足，又察「近時清國報紙等揭載我國政府欲占據臺灣近傍清國所屬島嶼的傳聞」，乃未敢妄動，決定「當以俟諸他日為宜」，且為免「招致清國猜疑」，要求勘查之事「均不必在官報及報紙刊登」。

基此考量，內務、外務兩卿會銜在明治 18 年（1885 年）12 月 5 日下達指示，要求沖繩縣暫勿設立「國標」。對當時福岡人古賀辰四郎開發釣魚臺的申請，亦予批駁。此為日人意圖竊占釣魚臺列嶼之始。

㈢ 1895 年：日本利用清廷甲午戰爭失敗，趁勢竊占釣魚臺列嶼。

1894 年 7 月，日本突然攻擊赴朝鮮平亂的中國軍隊，兩國乃爆發甲午之戰，至十月底中方海、陸軍皆已戰敗。次年 4 月 17 日，清廷議和全權大臣李鴻章與日本首相伊藤博文，在日本下關（馬關）的春帆樓簽訂《馬關條約》。該條約第二條規定中國割讓「臺灣全島及所有附屬各島嶼」與澎湖列島。

條約中對澎湖雖以經緯度明確界定其範圍，對臺灣的範圍卻未予確定，顯然埋下伏筆，預留解釋空間。事實上，至 1895 年 6 月 3 日中日雙方就割讓臺灣完成交接手續時，亦未列舉臺灣的附屬島嶼，明治政府用心，可見一斑。

就在簽約三個月前（即 1895 年 1 月 14 日），日本內閣鑒於甲午之戰勝利在望，乃以「今昔情況已殊」為由，秘密核准沖繩縣於釣魚臺設立「國標」。日本對釣魚臺列嶼的竊占，至此完成。然而日本政府此一行動並未依據正常程序透過天皇敕令或以任何官方公告方式發布，因此外界毫無所悉。事實上，沖繩縣當時並未設立「國標」，一直到 1968 年相關爭端發生後才設立。

日本竊占釣魚臺後，即許可其國民在島上開發。自 1897 年起，古賀辰四郎及古賀善次父子先後曾在釣魚臺上從事羽毛及鳥糞收集、標本製作、鰹魚罐頭工廠經營及農耕。前後二階段，共歷時約二、三十年，終因成本過高及太平洋戰爭爆發而終止。

二、二次世界大戰後之發展

㈠ 1945 年：美國託管

1945 年日本戰敗投降，依據「日本降伏文書」(Japanese Instrument of Surrender) 規定，日本領土限於四大島。同年將琉球交由美軍進行託管，而釣魚臺列嶼亦予納入，但未妨害我國人民使用。我國基於區域安全理由，未表異議，在此後二十多年間，美軍除曾以赤尾嶼作為艦砲射擊及飛機炸射之靶標外，對釣魚臺列嶼並未做其他用途之使用。

㈡ 1968 年：釣魚臺列嶼附近海域可能蘊藏大量石油

1968 年「聯合國遠東經濟委員會」(United Nations Economic Commission for Asia and the Far East, ECAFE) 在黃海及東海地區進行六週的地質勘測，亞洲各國（包括中華民

國、日本、韓國等）均派科學家參加，勘測結果預測釣魚臺列嶼附近東海的大陸礁層，可能蘊藏大量石油。

民國 58 年（1969 年）7 月，我國政府宣示對大陸礁層擁有主權權利，並開始規劃海域石油探採。民國 59 年（1970 年）8 月總統批准我國在 1958 年簽署的聯合國《大陸礁層公約》，同年 9 月公布《海域石油礦探採條例》，並在臺灣海峽及東海劃定海域石油礦區，開始與七家外商簽約，進行探測工作。

1970 年 7 月，日本向我國提出外交照會，否定我國對海域石油礦區之權利，我政府予以嚴正反駁，爭端遂起。兩國政府外交部門均曾多次發表立場聲明，爭端不斷加溫，美國、中國大陸與琉球政府均捲入爭端。

(三) 1972 年：美國錯誤地逕行「歸還」釣魚臺列嶼行政權予日本

1971 年 6 月，美國以日本對琉球仍有所謂「剩餘主權」(residual sovereignty) 而與日本簽訂「沖繩歸還條約」(Okinawa Reversion Treaty)，並於 1972 年 5 月將琉球「歸還」予日本，同時將釣魚臺之「行政權」一併轉送，此舉引起海內外華人強烈抗議。自此，日本強勢控制釣魚臺列嶼，並開始驅離進入該列嶼 12 海里的臺灣及大陸漁船。

三、釣魚臺列嶼與東海主權

自 1972 年迄今，日本政府持續採取下列行動控制釣魚臺列嶼，引發我國及中國大陸強烈反應：

(一)自 1972 年至 1978 年，日本曾數次企圖在釣魚臺建立直升機場等設施，未能如願。

(二)1978 年 4 月，大陸漁船二百艘圍繞進出釣魚臺水域宣示主權，日本派艦驅離，雙方對峙數日。

(三)1988 年日本右翼組織「日本青年社」在釣魚臺上設立燈塔。

(四)1990 年 10 月，日本海上保安廳預備承認島上燈塔並標上海圖，企圖造成既成事實，乃發生高雄區運會聖火船企圖登陸釣魚臺宣示主權而未果的事件。

(五)1996 年 7 月，日本政府實施《有關專屬經濟海域及大陸礁層法》，宣布將釣魚臺列嶼劃入其海域範圍，引發各界不斷強烈抗議。此外，「日本青年社」在島上建立無人看管燈塔，再度引起臺、港、大陸及海外華人的普遍憤怒，而引發大規模的保釣運動。

(六)2005 年 6 月，我國漁船不滿日本公務船在釣魚臺列嶼附近海域頻頻驅逐查扣我漁船，妨礙其作業，進而影響漁民的生計，和日本之間爆發嚴重的海上漁事衝突，立法院長、國防部長偕同立法委員，搭乘軍艦巡弋釣魚臺海域宣示主權。

(七)2008 年 6 月 10 日，日本海上保安廳巡防艦在釣魚臺領海海域撞沉我國籍海釣船「聯合號」並扣留船長。外交部長召見日本駐華代表當面表達嚴正抗議。中華民國總統府於事件發生後也發表聲明，表示堅持維護釣魚臺主權的決心從未改變。對於日本政府船艦在我國領海撞沉我國的漁船、扣留我國的船長，提出嚴正抗議，並要求日本立即釋回船長及提出賠償，也要求海巡署立即強化編裝，提升維護主權及捍衛漁權的力量。6 月 19 日，日本第 11 管區海上保安本部公開道歉，日方也同意釋回船長及賠償，風波才

告一段落。

㈧ 2008 年 6 月 15 日，臺灣保釣行動聯盟為了抗議「聯合號」撞沉事件而發起保釣行動，在海巡署四艘巡防艦與五艘巡防艇全力保護下，搭乘「全家福號」前往釣魚臺，日方在距釣魚臺一海里外以多艘小艇阻擋進入，最後在逼近距離釣魚臺 0.4 海里處試圖登島未果後，以繞行一周方式宣示主權後結束返航。

㈨ 2010 年 9 月 7 日，大陸漁船「閩晉漁 5179 號」在釣魚臺海域與日本巡邏艦艇碰撞，日方扣押大陸漁船、船長和船上 14 名船員，海上保安廳決定以日本國內法妨礙公務罪嫌逮捕船長，經過大陸外交部門的強烈抗議和一連串的措施，日本海上保安廳於 9 月 13 日釋放所有船員和漁船，9 月 24 日日本那霸地方檢察廳釋放被扣大陸船長。

㈩ 2010 年 9 月 13 日我保釣人士搭乘「感恩 99 號」漁船前往釣魚臺海域宣示主權，海巡署派出 12 艘艦艇隨行保護，外交部召見日本駐華代表嚴正表達立場。14 日凌晨，海巡署艦艇在釣魚臺西南方 23 海里處與日本海上保安廳 7 艘艦艇對峙 5 小時後，「感恩 99 號」在無法繼續前進下被迫返航，外交部向日方表達抗議。

貳、釣魚臺列嶼為中華民國固有領土

釣魚臺列嶼與臺灣有非常深厚的地理、地質、歷史及使用上之關係，依據國際法，釣魚臺列嶼主權屬於中華民國。有關法理論據分述如下：

一、地　理

釣魚臺列嶼由五個無人島（釣魚臺、黃尾嶼、南小島、北小島、赤尾嶼）及其附近的三小礁所組成，總面積約 6.1636 平方公里，最大島亦稱釣魚臺，面積 4.3838 平方公里。該列嶼散布在北緯 2 5 度 40 分到 26 度及東經 123 度到 124 度 34 分之間，位於臺灣東北方的東海中，南距基隆 102 海里，北距沖繩首府那霸 230 海里，距最近的中華民國和日本領土（含無人島）則各約為 90 海里。

該列嶼位於黑潮（kuroshio or black current, 西太平洋暖流）向北流經之處，並與臺灣屬同一季風走廊，因此從臺灣北部來此，既順風又順流，甚為方便，由琉球來此則較為不便。此為明清兩朝赴琉球之冊封使從福州出海之後，何以必須行經此列嶼前往那霸的理由。又因為大陸沿海海流與黑潮在釣魚臺列嶼附近相會合，形成一大規模的漩渦，在最東的赤尾嶼附近，海流時速可達 4 海里（7.2 公里），波濤湍急，使得海底有機物不斷上湧，成為魚群攝食的最佳場所，故為一大漁場，盛產鰹魚，係臺灣東北海岸臺北、基隆、蘇澳地區漁民的主要傳統捕魚區。

從季風、洋流、距離等地理因素來觀察，我們即可理解，何以早在 14 世紀釣魚臺列嶼即先被中國人發現、命名，並納入史冊，而不是被日本人或琉球人發現、命名；而自 16 世紀中葉起，釣魚臺列嶼也被國人確定是臺灣之屬島，是臺灣不可分割的一部分。

二、地　質

釣魚臺列嶼位於東海大陸礁層的邊緣，為一貫穿第三紀岩層噴出的火山島，是臺灣

北部大屯山、觀音山脈延伸入海底的凸出部分，在地質上與臺灣東北方三小島（花瓶嶼、棉花嶼、彭佳嶼）一脈相承。釣魚臺附近水深不足二百公尺，但自赤尾嶼往東或自南小島往南，即以沖繩海槽 (Okinawa Trough) 與琉球群島相隔。海槽水深最深可達 2,717 公尺，水色深黑，歷史文獻稱之為「黑水溝」，形成與中國大陸和琉球之天然海界。海槽的地質構造傾向於「海洋塊」 (oceanic crust)，與東海之大陸礁層之屬於「大陸塊」 (continental crust) 顯然不同。從地質來看，釣魚臺列嶼與琉球群島具有顯著的差異。

釣魚臺列嶼所在之大陸礁層，平均寬度逾二百海里，為世界著名的大面積大陸礁層，其上厚積長江、黃河等大河沖下的沉積物，因此頗富石油潛力。從中國大陸東岸起，至釣魚臺列嶼最東的赤尾嶼為止，都屬於我國「陸地領土之自然延伸」(natural prolongation of land territories)，符合國際法對大陸礁層所下之定義。而上述沖繩海槽，在未來東海海域劃界上具重大意義。

三、歷　史

釣魚臺列嶼與中國的關係，可以追溯至六百年前的 14 世紀，當時琉球向中國明朝納貢稱臣，對清朝亦然。每逢琉球新王登基，中國明清兩朝均派遣特使冊封新王。冊封使照例自福州出海，並由琉球官員隨行，航行數日，經釣魚臺、黃尾嶼、赤尾嶼後，穿越中琉海界「黑水溝」，至望見久米山（或稱古米山），即進入琉球國境。明嘉靖年間（1522–1566 年），東南沿岸各省倭寇（日本海盜）為害甚烈，釣魚臺又被納入抗倭海防區內，直到清代均係如此。

茲將釣魚臺列嶼與我國的關係分述於後。透過下述論據，吾人可以確認在 1895 年前，釣魚臺列嶼並非琉球的一部分，也不是無主地，而是臺灣的附屬島嶼，1945 年後係屬中華民國的領土。

㈠中國人最早發現釣魚臺列嶼，命名、使用並認定為領土。

釣魚臺列嶼最早由中國人發現、命名及使用。留存至今有關釣魚臺列嶼的原始文獻中，最早為永樂元年（1403 年）的《順風相送》（作者佚名，原書謄清抄本為英國牛津大學 Bodleian 圖書館收藏）。其後明清兩朝多次派遣赴琉球之冊使（或副使），均載明釣魚臺列嶼的地理位置。其中最早記載釣魚臺列嶼的使錄為明嘉靖 13 年（1534 年）陳侃的《使琉球錄》。而日本今日之所以稱其為「尖閣群島」，是因為 1843 年英國艦長見釣魚臺列嶼中北小島上有如針狀的錐形石柱，遠望有如教堂的尖塔 (pinnacle)，故稱其為 Pinnacle Islands，日本人再意譯為尖閣群島。換言之，在日本人命名之前，中國人已命名、使用達數百年之久。

明代奉使日本的鄭舜功，嘉靖 35 年（1556 年）在《日本一鑑》中認定「釣魚嶼，小東（指臺灣）小嶼也」，從所附地圖來看，釣魚臺列嶼在地理上確為臺灣的屬島。明嘉靖以後皆明記釣魚臺地理位置的冊封使（或副使）包括：郭汝霖（1561 年）、蕭崇業（1579 年）、夏子陽（1606 年）、杜三策（1633 年）。清代以降，使錄更進一步明載中琉兩國之間的黑水溝（即今之沖繩海槽）為「中外之界」，如汪楫（1683 年）、徐葆光

（1719 年）、周煌（1756 年）、趙文楷（1800 年）及齊鯤（1808 年）等。

(二)納入海防區域與清朝版圖之內

明嘉靖年間，我國東南沿海倭寇（日本海盜）為害甚烈。明嘉靖 40 年（1561 年）鄭若曾的《萬里海防圖》將釣魚臺列嶼列入；嘉靖 41 年（1562 年），明朝抗倭最高統帥兵部尚書胡宗憲將釣魚臺列入《籌海圖編》的「沿海山沙圖」之中，釣魚臺乃納入我國東南海防體系。

有明一代，固係如此，清朝亦同。隨著臺灣於康熙 22 年（1683 年）正式納入清朝版圖，釣魚臺亦以臺灣附屬島嶼的身分一併納入。清代御史巡察臺灣的報告與地方編修的福建省及臺灣府的地方志，為我方論證最具權威性的歷史文獻。其中包括：清康熙 61 年（1722 年）巡視臺灣的御史黃叔璥所著《臺海使槎錄》卷二《武備》列出臺灣府水師船艇的巡邏航線，並稱「山后大洋，北有山名釣魚臺，可泊大船十餘。」乾隆 12 年（1747 年）范咸《重修臺灣府志》及乾隆 29 年（1764 年）余文儀《續修臺灣府志》均全文轉錄黃叔璥的記載。

同治 10 年（1871 年）陳壽祺的《重纂福建通志》更將釣魚嶼明載於「卷八十六‧海防‧各縣衝要」，並列入噶瑪蘭廳（今宜蘭縣）所轄。從方志的「存史、資治、教化」性質而言，清代地方志書對於水師巡航泊船於釣魚臺的記載，除了是歷史紀錄，亦為清代持續不斷行使主權的依據與表徵，足以證明釣魚臺為噶瑪蘭廳衝要，並受之管轄，為臺灣的一部分。由於釣魚臺不僅是海防巡邏點，亦納入臺灣行政劃分，充分表現了中國的有效管轄。

(三)歷代中國、日本及琉球地圖均將釣魚臺列嶼列入中國領土，而非琉球領土。

1. 1701 年（康熙 40 年）琉球遣使蔡鐸所撰《中山世譜》及所附地圖詳列之琉球三十六島名稱，均無釣魚臺列嶼。

2. 1785 年（乾隆 50 年，日本天明五年）日本人林子平刊行的《三國通覽圖說‧琉球三省并三十六島之圖》，將釣魚臺列嶼與中國同繪為紅色，而與琉球三十六島的淡黃色及日本的淺綠色完全不同，顯然認為釣魚臺列嶼乃中國之領土。林氏自稱「此數國之圖，小子非敢杜撰之」，而是依據清康熙 58 年（1719 年）中國冊封副使徐葆光所著的《中山傳信錄》及附圖。該書是古代著名的信史，歷代為中、日、琉三國學者所推崇。

3. 1863 年（同治 2 年）湖北巡撫官修的《皇朝中外一統輿圖》，亦將釣魚臺列嶼列入中國版圖。

(四)中、日、琉外交文書中均確認琉球領域不含釣魚臺列嶼

1879 年（光緒 5 年）日本廢琉球藩為沖繩縣前夕，琉球紫金大夫向德宏在覆日本外務卿寺島宗則函中，確認琉球為三十六島，而久米島與福州之間「相綿亙」的島嶼為中國所有。

1880 年（光緒 6 年）日本駐華公使向清朝總理衙門提出之「兩分琉球」擬案中，證

明中、琉之間並無「無主地」存在。

上述史實，充分證明釣魚臺列嶼為中國固有領土、臺灣的屬島，不屬於琉球。此一事實，在 1884 年以前，日本與琉球官方都一貫承認。直到 1885 年日本有意謀奪釣魚臺後，情況才開始改變。

四、我國民間使用情形

由於釣魚臺是我國固有領土，我國人民對該列嶼及附近水域的使用，在過去數百年間，是司空見慣的事，茲說明如下：

㈠漁　民

我國臺灣東北角的漁民自古即在釣魚臺水域捕鰹魚 （見 1915 年日本臺灣總督府編《臺灣之水產》）或避風，已有長遠的歷史。1970 年釣魚臺事件爆發後，9 月 18 日日本《讀賣新聞》報導臺灣漁民在「尖閣群島」（即釣魚臺列嶼）一帶「侵犯領海」與「不法上陸」是「日常茶飯事」。

㈡藥　師

我國大陸及臺灣中藥師均曾在釣魚臺採集石蓯蓉 （又名海芙蓉，學名 Statice Arbuscula），據稱可治高血壓及風澤。

㈢工　人

我國龍門工程實業公司曾僱工在島嶼附近打撈沉船及在島上拆船，因此曾在釣魚臺上建築臺車道及臨時碼頭。

五、國際法

我國政府一貫主張，釣魚臺列嶼為我國固有領土，並列舉上述史實作為佐證。其實在 15 世紀，現代國際法尚未真正誕生，吾人固難以尚不存在的法律原則來規範當時的行為，但即令採取較嚴格現代國際法標準，我國的主權主張亦有憑有據。

㈠釣魚臺列嶼在 1885 年時並非無主地，是臺灣的屬島，我國的領土。

由上述各項歷史文獻所記載的事實可知，我國對釣魚臺主權的依據是發現、命名、使用，進而行使有效統轄（清代受臺灣水師巡邏，列入噶瑪蘭廳管轄）。我國漁民復經常使用該列嶼。而自 18 世紀至 19 世紀的中外地圖，亦將釣魚臺列嶼列為中國領土，史實斑斑可考，不容否認。

是以，日本聲稱根據國際法上之「先占」主張主權，自始即不成立。先占之對象必須是「無主地」(terra nullius)，但是在 1895 年以前三百多年，釣魚臺列嶼已是臺灣屬島，並非琉球之一部分，此一史實當時為日本與琉球官方及學者所共認。

㈡釣魚臺列嶼已隨臺灣歸還我國

　　1943 年 11 月間同盟國在開羅會議議定，12 月 1 日對外公布之「開羅宣言」(Cairo Declaration) 明定，「……在使日本所竊取於中國之領土，例如東北四省、臺灣、澎湖群島等，歸還中華民國，其他日本以武力或貪慾所攫取之土地，亦務將日本驅逐出境」；1945 年 7 月同盟國之「波茨坦公告」(Potsdam Proclamation) 第八條復規定：「開羅宣言之條件，必須實施，而日本之主權將限於本州、北海道、九州、四國，及吾人所決定之其他小島。」1945 年 9 月 2 日日本投降時，在「日本降伏文書」第一條及第六條中明白宣示接受波茨坦公告。1952 年我國與日本在臺北簽訂的「中日和約」第二條中，日本亦已放棄對臺灣、澎湖之主權。上述這些文件對日本具有國際法之約束力。釣魚臺列嶼係日本在甲午戰爭之後連同臺灣一併占據之中國領土，依據「開羅宣言」、「波茨坦公告」、「日本降伏文書」及「中日和約」，自應歸還我國。

㈢時際法

　　在國際法中，有所謂的「時際法」(intertemporal law) 的概念，即對於古代的國際事件，應以「當時」的法律來評斷其效力，而非適用「當前」（即爭端發生時或審判時）的國際法。就此而論，依十五、六世紀通行歐洲的國際法，我國對釣魚臺列嶼之主權無任何疑義。

參、日本主張欠缺法理依據

一、先　占

　　日本主張對釣魚臺列嶼的主權，是基於「先占」(occupation)，即依據 1895 年 1 月日本內閣的決議，在釣魚臺設立「國標」。

　　此一主張不能成立，因為日本的內閣決議當時並未對外公布，亦未納入次年日本天皇敕令第十三號（劃定沖繩縣的範圍），因此當時外界毫無所悉。由於此種決議為其內部意思表示，並無對外效力，不符合先占的要件，自不能拘束我國。釣魚臺上琉球政府所設的界碑，也是在 1968 年之後才設立。

　　其次，先占之對象必須是「無主地」，而釣魚臺列嶼在日本 1895 年「先占」三百多年之前，早已是中國領土，屬於臺灣之附屬島嶼，並非琉球之一部分，且此一史實為當時日本與琉球官方及學者所共認。

　　日本外務省於 1971 年提出的《我國關於尖閣諸島領有權的基本見解》聲稱，「自1885 年以來，日本政府通過沖繩縣當局等途徑再三在尖閣諸島進行實地調查，慎重確認尖閣諸島不僅為無人島，而且沒有受清朝統治的痕跡。在此基礎上，於 1895 年 1 月 14日，在內閣會議上決定在島上建立標樁，以正式列入我國領土之內。」，不過，根據現存1885 至 1895 年的明治時期相關官方文件可知，今日日本官方說法亦與事實不符，證據之一，是 1892 年 1 月 27 日沖繩縣知事丸岡莞爾致函海軍大臣樺山資紀，鑒於釣魚臺列

嶼為「踏查不充分」之島嶼，要求海軍派遣「海門艦」前往釣魚臺列嶼實地調查，然而海軍省以「季節險惡」為由，並未派遣。

　　證據之二是 1894 年 5 月 12 日，沖繩縣知事奈良原繁致函內務省謂：「自明治 18 年（即 1885 年），由本縣屬警部派出的調查以來，期間未再進行實地調查，故難有確實事項回報。」此一文件為 1894 年 8 月 1 日中日甲午戰爭爆發前的最後一份官方文件，不但直接反駁當今日本政府所宣稱「對尖閣諸島進行過再三徹底的調查」的說法，亦說明明治政府當年實是藉甲午戰爭的勝利而竊占釣魚臺列嶼。

　　由上述史實可知，日本主張的先占，在國際法上不能成立。

二、時　效

　　日本認為「明治 28 年（1895 年）迄今（1971 年），尚未受到世界上任何國家之抗議而平穩地使用該列島」，因此可用國際法上「時效」(prescription) 的概念作為依據，來取得主權。此一說法，問題重重：

　　第一、日本是趁甲午之戰中國戰敗之際竊占釣魚臺列嶼，而釣魚臺列嶼本屬臺灣的一部分，臺灣割讓予日本，釣魚臺列嶼亦然，此為馬關條約第二條「臺灣全島及所有附屬各島嶼」所明定。1941 年，我國在珍珠港事變之後一天（即 12 月 9 日）對日本宣戰時，即表示涉及中日關係所締結的一切條約、協定、合同一律無效。1943 年 12 月 1 日「開羅宣言」亦明定「……在使日本所竊取於中國之領土，例如東北四省、臺灣、澎湖群島等，歸還中華民國，其他日本以武力或貪慾所攫取之土地，亦務將日本驅逐出境」；1945 年 7 月 26 日同盟國的「波茨坦公告」中，第八條復明定「開羅宣言之條件，必須實施。而日本之主權，必將限於本州、北海道、九州、四國及吾人所決定其他小島之內。」1945 年 9 月 2 日，日本天皇簽署的「日本降伏文書」中第一條及第六條亦明白宣示接受「波茨坦公告」。同時，1951 年的舊金山和約第二條與 1952 年的臺北中日和約第二條，均明定「日本放棄對臺灣及澎湖列島之一切權利、權利名義與要求」。「中日和約」尚在第四條規定：「中日之間在 1941 年 12 月 9 日以前所締結之一切條約、專約及協定，均因戰爭結果而歸無效」，故釣魚臺列嶼應回歸中華民國領土的地位。

　　第二、自 1895 年至 1945 年日本統治臺灣期間，釣魚臺既為臺灣屬島，故俱為日本領土。日本人使用該島自無他人抗議，古賀辰四郎父子的開發行為即為一例。此亦可解釋民國九年我國駐長崎總領事馮冕何以在一份感謝狀中承認「尖閣群島」為日本領土，因為當時確實如此。

　　第三、自 1945 至 1972 年美軍託管期間，釣魚臺列嶼不在日本管轄之下，亦非以任何國家名義統治。我國人民，尤其是漁民，即經常使用該島，沒有受到干擾，再加上當時美軍協防臺海也使對美交涉沒有必要。直到 1968 年釣魚臺主權問題浮上檯面，臺灣漁民才受到琉球砲艇驅離。而從 1968 年至今，釣魚臺列嶼問題已具爭議性，中華民國也一再表達正式抗議，故當然不存在時效問題。

三、美國將行政權歸還日本

日本主張，1972年美國將琉球群島的行政權歸還日本時，由於釣魚臺列嶼也包括在內，所以日本恢復釣魚臺列嶼的主權。

此說亦不成立。首先，「波茨坦公告」第八條明定「開羅宣言之條件，必須實施。而日本之主權，必將限於本州、北海道、九州、四國及吾人所決定其他小島之內。」美國歸還日本琉球群島行政權之舉並未取得二次世界大戰盟國之同意；另琉球群島等位於北緯29度以南之西南群島既已依「舊金山和約」第三條規定，送交聯合國託管，並由美國為管理當局，依《聯合國憲章》第七十六條規定，託管之目的，在領導託管地趨向自治或獨立。故依前述法律文件，美國無權片面決定琉球與釣魚臺列嶼的主權歸屬。另1953年8月，美國決定將琉球群島北部的奄美大島交還日本時，中華民國外交部在當年11月24日，曾向美國駐華大使遞交備忘錄，首度表示對於琉球的最後處置，中華民國有發表其意見之權利與責任。

其次，美國於1971年5月26日曾正式照會我國表示，美國將自日本取得之行政權交還日本一事，並未損害中華民國之有關主權主張。美國參議院後來附加說明，表示僅將行政權交還日本，對主權問題持中立立場，認為應由中日雙方協商解決。由這些相關的外交文件來看，美國移交行政權並不等於確認日本擁有主權。美國對主權問題採中立立場，認為應由中日雙方協商解決，迄今未曾改變。

肆、中華民國政府維護釣魚臺列嶼主權之作為

自美國與日本開始洽商所謂「沖繩歸還條約」時期迄今，我政府為維護釣魚臺列嶼主權，曾針對美、日兩國之錯誤舉動，多次發表聲明並提出嚴正交涉。同時，民間亦自動發起多次保釣活動。茲就我政府及民間維護釣魚臺主權之重要作為，以及此項爭端解決之展望，分別陳述如下：

一、我政府維護釣魚臺主權之作為

(一) 1971年4月9日美國國務院聲明，釣魚臺列嶼之行政權將於1972年隨琉球歸還日本。同年6月11日我外交部發表嚴正聲明，表示釣魚臺列嶼附屬臺灣省，基於地理位置、地質構造、歷史聯繫及臺灣省居民長期繼續使用等理由，毫無疑問為中華民國領土之一部分，故我國絕不接受美國將該列嶼之行政權與琉球一併交予日本，並切盼關係國家尊重我對該列嶼之主權，應即採取合理合法之措置，以免導致亞太地區嚴重之後果。同年6月17日美、日簽署「沖繩歸還條約」，國內民眾及海外華人均發起保釣運動表達強烈的抗議。同年12月2日我政府將釣魚臺列嶼劃歸臺灣省宜蘭縣管轄。

(二) 1972年5月9日，我外交部針對美國訂於當年5月15日將琉球群島連同釣魚臺列嶼交付日本乙事發表聲明稱，中華民國政府堅決反對美國將釣魚臺列嶼與琉球之行政權「交還」日本。中華民國政府本其維護領土完整之神聖職責，絕不放棄對釣魚臺列嶼之領土主權。

㈢ 1990 年 10 月 21 日，我傳遞高雄區運會聖火船隻在釣魚臺附近海域遭日本海上保安廳巡防艦艇強力攔阻，被迫折返。外交部及駐日本代表處立即向日本表達強烈不滿與抗議。

㈣ 自 1996 年 8 月中華民國與日本舉行第 1 次漁業會談之後，10 餘年來，我國與日本間針對重疊經濟海域之漁業糾紛已先後舉行 16 次漁業會談。我政府為明示我國擁有釣魚臺列嶼主權，均在上述漁業會談中，明確表示我國擁有該列嶼主權之嚴正立場。

㈤ 1996 年 9 月，我政府為維護釣魚臺列嶼主權，成立跨部會「釣魚臺案工作小組」，確立：1、堅持主張我國擁有釣魚臺列嶼主權；2、以和平理性方式處理；3、不與中共合作解決；4、以漁民權益優先考量等四項原則，以處理任何有關涉及釣魚臺列嶼主權之問題。

㈥ 1999 年 2 月 10 日，行政院公布「中華民國第一批領海基線、領海及鄰接區外部界線」，將釣魚臺列嶼劃入我國海域。

㈦ 2005 年 8 月 17 日，內政部為因應鄰近國家向聯合國申請大陸礁層延伸，經報奉行政院核定「大陸礁層調查 5 年計畫」，並自 2006 年 7 月起執行。迄 2010 年年底，我海洋調查船赴釣魚臺及東海我與日本重疊海域調查共 17 次，其中馬總統上任後進行 16 次，每次日方均向我方表達關切，我外交部均向日方重申我在我國專屬經濟海域內有從事海洋調查權利之一貫立場，並促日方勿干擾我船作業。2010 年 7 月 26 日內政部聲明指出，不論是海域基礎資料調查與建置、領海基線修正與研訂，還是島礁清查與基礎圖資測繪等工作，其目的均為維護我國海域及島礁主權及相關權益，政府均秉持「主權在我、絕不退讓」的基本原則進行。

㈧ 2008 年 6 月 10 日發生我海釣船「聯合號」在釣魚臺附近海域被日本海上保安廳公務船撞沉事件並扣留船長，總統府於事件發生後即發表聲明，重申堅決維護釣魚臺主權的立場，外交部部長立即召見日本駐華代表表達嚴正抗議，並要求日本放人、道歉及賠償。

㈨ 2010 年 8 月間針對日美將在日本西南外海包含釣魚臺海域附近舉行聯合軍演及日本眾議院安全保障委員會成員搭機視察釣魚臺列嶼等事件，外交部分別重申我擁有釣魚臺列嶼主權之一貫立場，並訓令駐日本代表處向日方表達關切及抗議。同年 9 月 13 日下午我保釣人士搭乘「感恩 99 號」漁船出海宣示主權，外交部召見日本駐華代表表達我方嚴正立場，海巡署並派艦隨護，與日方海上保安廳船艦在釣魚臺水域對峙五小時。

二、爭端解決之展望

聯合國憲章前言及第二條第四款均明文禁止各國以武力解決爭端，日本與中國大陸皆為會員國，自應遵守；我國雖已失去聯合國代表權，但中華民國憲法第一四一條規定：「中華民國之外交，應本獨立自主之精神、平等互惠之原則，敦睦邦交，尊重條約及聯合國憲章，以保護僑民權益，促進國際合作，提倡國際正義，確保世界和平。」同時，禁止違反聯合國憲章而以武力解決爭端，已成為國際法上的「絕對規範」（jus cogen 或 peremptory norm），各國不論是否為聯合國會員國，對此均應遵守，因此我國自不會以主

張非和平方式解決釣魚臺列嶼主權爭議。

而和平方式則包括下列三種可能：交涉談判、第三國調解和仲裁或訴訟。

在第三國調解方面，目前尚無跡象顯示中華民國、日本與大陸有邀請第三國調解的意願，亦未見有第三國表態願出面調解。至於以仲裁或訴訟方式解決，中華民國由於已在 1971 年 10 月失去聯合國代表權，所以無法訴諸設在荷蘭海牙的國際法院 (International Court of Justice) 進行爭端之解決。中國大陸理論上可將此問題提到國際法院，因為它和日本目前都是聯合國的會員國。但大陸進入聯合國後，曾在 1972 年正式去函聯合國秘書處，否定中華民國 1946 年接受國際法院「強制管轄」(compulsory jurisdiction) 的聲明，迄今為止大陸也未接受強制管轄。而就大陸過去處理其與印度、緬甸、蘇聯、越南領土爭議的紀錄來看，從未同意將爭議提交仲裁或訴訟，因此大陸在釣魚臺列嶼問題上，採取此一途徑的可能性不高。

日本雖亦接受國際法院管轄，但因為它自認現在已控制釣魚臺列嶼，如送請國際法院裁判主權歸屬問題，反而有失去的風險。從日本對其他領土爭議的處理方式，也可得到佐證。日本與俄羅斯有「北方四島」（擇捉、國後、色丹、齒舞）的爭議，與南韓有「獨島」（日人稱竹島）的爭議。北方四島與獨島目前均分別由俄羅斯及南韓占領，日本即積極主張提送國際法院裁判，但卻反對將釣魚臺主權爭議提送國際法院訴訟或交付仲裁，可見日本為了自身利益，採取了雙重標準。

綜合以上分析，在三種和平解決的可能方案中，交涉談判實為最佳的選擇。不過由於我國與日本並無正式邦交，所以交涉過程必然相當艱辛。

伍、結　語

釣魚臺列嶼自 14 世紀起即為我國人所發現、命名、使用，是臺灣的附屬島嶼。19 世紀末，日本在擴張主義的驅使下，企圖染指釣魚臺，先因實力不足，未敢輕舉妄動，等待十年後，再利用甲午戰爭大敗清廷的機會，加以竊占，至今猶不肯歸還。日本的上述作為，影響了我國與日本之間的友好關係，也不利於區域安全與穩定。

在確保我釣魚臺列嶼主權之前提下，中華民國政府願意依據聯合國憲章及國際法所規定和平解決爭端的方式，與日本進行交涉，擱置爭議、共同開發、共享資源，以達到維護主權、保障漁民權益，以及解決爭議之目的。

政府在未來與日本的交涉談判中，必定會對主權、戰略價值及資源，作通盤與宏觀的考量，並加強對釣魚臺問題的研究與宣導，以爭取國家的最大利益。同時也希望國人充分瞭解，釣魚臺列嶼數百年來就是臺灣不可分割的一部分，如同彭佳嶼之於臺灣。唯有全民凝聚共識，堅定立場，才能維護我國固有領土釣魚臺之主權。

八十七、中華民國外交部的「臺灣的國際法地位」說帖 (2017.6.20)

說明：

本說帖見中華民國外交部，《「臺灣的國際法地位」說帖》，2017，載於：https://www.mofa.gov.tw/News_Content.aspx?n=E5B60D75EBD02E77&sms=779A2E76271875CF&s=A421F866010C8490。（最近檢視日期：二○一九年三月八日）

一、前　言

「臺灣是中華民國的領土」，是一項絕對符合歷史與國際法的主張。民國 34 年（西元 1945 年）9 月 9 日，中華民國政府在南京接受日本的戰敗投降，同年 10 月 25 日又在臺北中山堂接受日本臺灣總督的投降後，旋即宣布恢復臺灣為中華民國的一省，三個月後並恢復臺灣人民的中華民國國籍，回溯自民國 34 年 10 月 25 日生效。換言之，中華民國從民國 34 年 10 月 25 日起，即在法律上 (de jure) 與事實上 (de facto) 行使對臺灣的領土主權。此一恢復主權的事實，於民國 41 年（西元 1952 年）4 月 28 日中華民國與日本簽訂《中日和約》後，得到確認。

二、臺灣主權歸還中華民國的法律依據及事實

清光緒 21 年（西元 1895 年），清廷在中日甲午戰爭中戰敗。同年 4 月 17 日，中日兩國在日本下關簽訂《馬關條約》(Treaty of Shimonoseki)，其第二條規定中國應將遼東半島、臺灣及其附屬島嶼及澎湖列島割讓予日本。6 月 2 日中日雙方代表李經方與樺山資紀在基隆外海日本軍艦上辦理臺灣、澎湖及附屬島嶼的割讓、接收手續，日本並於壓制臺灣人民全島長達五個多月激烈的武裝反抗後，展開 50 年的殖民統治。

二次大戰結束，臺灣主權從日本手中歸還中華民國，此一轉變源於日本發動對華侵略戰爭。民國 26 年（西元 1937 年）7 月 7 日，日本軍隊在河北省宛平縣發動蘆溝橋事變，對中國不宣而戰。10 天後，國民政府蔣中正委員長發表演說，宣示抗戰到底決心，自此中華民國不屈不撓獨自抗戰四年。民國 30 年（西元 1941 年）12 月 8 日日本偷襲珍珠港，美國海軍死傷慘重，美國立即對日宣戰。中華民國政府隨即在次日對日本、德國與義大利等軸心國宣戰，並宣布中日之間一切條約、協定、合同一律廢止；《馬關條約》當然包括在內。

民國 32 年（西元 1943 年）12 月 1 日中、美、英三國發表《開羅宣言》(Cairo Declaration)，具體要求戰後日本「須將竊自中國的東北四省、臺灣與澎湖歸還中華民國」。(...all the territories Japan has stolen from the Chinese, such as Manchuria, Formosa, and the Pescadores, shall be restored to the Republic of China.)

民國 34 年 （西元 1945 年） 7 月 26 日中、美、英三國領袖發布 《波茲坦公告》 (Potsdam Proclamation)，其第八條重申「《開羅宣言》之條件必須貫徹實施」(The terms of the Cairo Declaration shall be carried out...)。

民國 34 年（西元 1945 年）8 月 14 日，日本接受《波茲坦公告》，宣布無條件投降，並於同年 9 月 2 日在美國密蘇里軍艦上簽署 《日本降伏文書》 (Japanese Instrument of Surrender)。該文書第一條中載明「茲接受美、中、英、蘇四國政府領袖於 1945 年 7 月 26 日於波茲坦所發表及所列舉之條款。(We, ...hereby accept the provisions in the declaration issued by the heads of the Governments of the United States, China and Great Britain on July 26, 1945, at Potsdam, and subsequently adhered to by the Union of Soviet Socialist Republics...)」換言之，《波茲坦公告》第八條有關《開羅宣言》之條件必須貫徹實施，係日本於《降伏文書》中所承諾之事項，日本當然必須履行，將東北四省、臺灣、澎湖歸還中華民國。

不論《開羅宣言》、《波茲坦公告》或《日本降伏文書》，中華民國均將之視為具有條約效力的法律文件。美國政府除將《開羅宣言》與《波茲坦公告》編入《美國條約及其他國際協定彙編》(Treaties and Other International Agreements Series) 外，並將《日本降伏文書》收入《美國法規大全》(Statutes at Large)。是以，就國際法而言，《開羅宣言》、《波茲坦公告》與《日本降伏文書》皆係具有約束力的法律文件。

民國 34 年（西元 1945 年）10 月 25 日，日本臺灣總督於臺北向中華民國政府投降。同日，中華民國政府宣布恢復對臺灣、澎湖列島之主權。嗣後，中華民國政府開始有效治理臺灣、澎湖及附屬島嶼：民國 35 年 1 月 12 日，明令恢復臺灣、澎湖居民之中華民國國籍，並回溯至民國 34 年（西元 1945 年）10 月 25 日生效；又如開始推行民主制度，例如民國 35 年（西元 1946 年）在臺灣舉辦省縣參議會選舉，隔年臺灣省行政長官公署改為臺灣省政府。

民國 38 年（西元 1949 年）12 月，中華民國中央政府播遷臺灣。從民國 34 年到 38 年（西元 1945 年到 1949 年），中華民國在臺灣有效行使主權之作為，國際社會均無異議。例如民國 39 年（西元 1950 年）1 月 5 日美國總統杜魯門 (Harry Truman) 發表聲明稱：「1943 年 12 月 1 日的開羅聯合聲明中，美國總統、英國首相及中國主席宣稱，他們的目的是要將日本竊自中國的領土，例如福爾摩沙（臺灣），歸還中華民國。美國政府於 1945 年 7 月 26 日簽署的波茨坦公告中，宣告開羅宣言的條件應予施行。這個宣言的條款於日本投降時為日本接受。遵照上述宣言，福爾摩沙移交給蔣介石委員長。在過去四年內，美國與其他同盟國均接受中國在該島行使權力。」

臺灣光復七年之後，民國 41 年 （西元 1952 年） 中華民國與日本簽訂之 《中日和約》，僅係以條約形式再次確認臺灣之領土主權歸還中華民國。實際上，該和約簽訂與否，並不影響中華民國對臺灣之主權，所影響者僅係中華民國與日本戰後正常外交關係之開展。當《中日和約》簽署時，臺灣人民早已是中華民國國民，且已慶祝臺灣光復七次了。

三、《舊金山和約》、《中日和約》與臺灣主權歸屬

二次大戰結束後，中國發生內戰，民國 37 年（西元 1948 年）戰局逆轉，中共漸取得優勢；民國 38 年（西元 1949 年）10 月 1 日，中共宣布建國；同年 12 月，中華民國政府播遷臺灣。

民國 39 年（西元 1950 年）6 月 25 日韓戰爆發，國際局勢丕變，美國總統杜魯門於兩天後發表聲明：「本人已命令美國第七艦隊防止對臺灣之任何攻擊，同時本人並已請求臺灣之中國政府停止對大陸一切海空軍活動……至於臺灣未來地位之決定，應俟太平洋區域之安全恢復後，或與日本締結和約時，或由聯合國予以考慮。」美國當時就臺灣地位提出此一主張，當係為避免其在韓戰爆發後的行動有干涉中國內政之嫌，但亦產生所謂「臺灣法律地位未定論」。杜魯門總統聲明次日（6 月 28 日），中華民國外交部長葉公超立即就臺灣地位發表「臺灣屬於中國領土之一部分」的正式聲明，以正視聽。

民國 40 年（西元 1951 年）9 月 8 日，戰時各同盟國與日本在美國舊金山舉行和會，簽署《對日和平條約》(Treaty of Peace with Japan)（史稱《舊金山和約》），正式結束戰爭狀態，並處理日本領土等相關問題。和會舉行當時，中國內戰未歇，韓戰方興未艾，國際情勢極為複雜。和會與會國家無法就邀請兩岸雙方何一方參加會議達成協議、以致艱苦抗戰 8 年、犧牲至少兩千萬軍民的中華民國，竟未能受邀參加舊金山和會。與會各國締約時達成共識，於《舊金山和約》第二條有關日本宣布放棄領土，包括臺灣、澎湖、千島群島、庫頁島、南冰洋及南沙群島等，皆採取「不言明日本歸還給何國」之體例，並授權當事國與日本另行簽訂條約，解決領土等問題。

日本爰依該條規定，於民國 41 年（西元 1952 年）4 月 28 日在臺北與我國簽訂《中華民國與日本國間和平條約》(Treaty of Peace between the Republic of China and Japan)，史稱《中日和約》。《中日和約》目的主要為：第一，正式終止戰爭狀態（戰爭行為已實際結束，日本也簽署《降伏文書》，但在形式上仍須有一和約以表述兩國戰爭狀態之終止）；第二，確認戰後雙方關係（如處理領土、戰爭賠償、財產、人民國籍等問題）。

《中日和約》第二條規定：「茲承認依照公曆 1951 年 9 月 8 日在美國舊金山市簽訂之對日和平條約第二條，日本國業已放棄對於臺灣及澎湖群島……之一切權利、權利名義與要求。」此條雖然仿照舊金山和約體例，並未明文規定臺灣與澎湖歸還中華民國，但中華民國正是此一雙邊和約之締約當事國，而第四條又承認民國 30 年以前，中日間所締結之一切條約（包括割讓臺灣予日本的《馬關條約》在內），均因戰爭結果而歸於無效，故確認臺灣為中華民國領土的意義至為明顯。此外，和約中有些條款更是以「臺灣屬於中華民國」為前提，否則該條款即無意義，亦無法執行。例如第三條關於日本在臺灣澎湖財產之處理，第十條關於臺灣澎湖居民均屬中華民國國民之認定等都是。

四、結　論

中華民國政府自民國 34 年（西元 1945 年）恢復臺灣與澎湖列島之領土主權，並有效行使管轄權，至今已逾 64 年，中華民國之命運與臺灣之命運已密不可分。我政府依照

憲法實施憲政，推行民主法治，於民國 39 年（西元 1950 年）開始辦理縣市長及縣市議員選舉、省議員選舉、民國 59 年（西元 1970 年）開始辦理增額中央民意代表選舉，民國 79 年（西元 1990 年）開始全面改選國會；民國 85 年（1996 年）更舉行全民直選總統，將憲法「主權在民」的觀念予以徹底實現，將自由、民主、法治、人權的共同信念皆推向嶄新的里程碑。

八十八、中華民國外交部的「開羅宣言的國際法意義」說帖 (2013.11)

說明：

㈠本說帖見中華民國外交部，《開羅宣言的國際法意義》，2013 年，載於：http://www.mofa.gov.tw/Upload/WebArchive/1029/8eda04a3-0690-4dc3-8662-93a35c9731a7.PDF。（最近檢視日期：二〇一九年三月八日）

㈡紙本見中華民國外交部，《開羅宣言的國際法意義》，第 1 版 D3，中華民國 102 年 11 月／編號：MOFA-CH--FO-102-011-I-1。

一、歷史背景

日本在 19 世紀明治維新之後，處心積慮侵略我國。1894 年發動甲午戰爭，擊敗清朝海陸軍；1895 年簽署《馬關條約》，強迫清朝割據臺灣及其附屬島嶼與澎湖群島。民國 20 (1931) 年九一八事變，占領東北；民國 26 (1937) 年 7 月 7 日盧溝橋事變，中華民國政府及全民為了保衛家園，忍無可忍，被迫在未有外援之情況下，奮起全面對日抗戰。

民國 30 (1941) 年 12 月 8 日日本偷襲美國珍珠港，美國對日宣戰；12 月 9 日中華民國正式對日本、德國、義大利等軸心國宣戰，與英、美成為同盟國，我國並發布《對日本宣戰布告》稱，「所有一切條約、協定、合同，有涉及中、日間之關係者，一律廢止。」

二、「開羅會議」的召開

1943 年 10 月 31 日中、美、英、蘇四強發表《莫斯科宣言》，確立我國成為反軸心國的四強地位。隨後，為商討對日本戰爭策略及擊敗日本後處置問題，中華民國國民政府主席蔣中正、美國總統羅斯福、英國首相邱吉爾等三國領袖於民國 32 (1943) 年 11 月間前往北非埃及舉行「開羅會議」。而「開羅會議」最終商定之要點如下：㈠三國對日本作戰取得一致意見；㈡三國之宗旨在剝奪日本自 1914 年以後，在太平洋所奪占之一切島嶼，使東北、臺灣及澎湖群島歸還中華民國，逐出日本以武力攫取之所有土地；㈢使朝鮮自由獨立；㈣堅持日本無條件投降。

《開羅宣言》在蔣主席與羅斯福總統民國 32 (1943) 年 11 月 23 日第一次會談後，即

開始起草；11 月 26 日中、美、英三國領袖會談後定稿，並經史達林同意。「開羅會議」結束，三國領袖返回各自國內後，於民國 32 (1943) 年 12 月 1 日分別在重慶、華府、倫敦同時公布。其中有關中國部分規定「在使日本所竊取於中國之領土，例如東北四省、臺灣、澎湖群島等，歸還中華民國，其他日本以武力或貪慾所攫取之土地，亦務將日本驅逐出境」。

《開羅宣言》終結了日本在遠東五十年之霸業，擘劃二次世界大戰後之東亞局勢，亦為中華民國政府完成　國父孫中山先生與蔣中正先生領導國民革命之「恢復高臺、鞏固中華」之使命，有劃時代之意義，且為中國收回失地之國際法律文件，歷史及國際法意義極為重大。

三、《開羅宣言》之國際法意義

1、《開羅宣言》確定戰後臺灣及其附屬島嶼（包括釣魚臺列嶼）應歸還中華民國

《開羅宣言》(Cairo Declaration) 規定「使日本所竊取於中國之領土，例如東北四省、臺灣、澎湖群島等，歸還中華民國，其他日本以武力或貪慾所攫取之土地，亦務將日本驅逐出境」。

《開羅宣言》於民國 32 (1943) 年 12 月 1 日正式對外公布之後，其後涉及日本戰敗後的相關國際文件均一再援引《開羅宣言》之內容，作為後續之處理方式，特別是民國 34 (1945) 年 7 月 26 日中華民國、美國、英國與蘇聯共同發布之《波茨坦公告》(Potsdam Proclamation) 第八條明定「《開羅宣言》之條件必將實施；而日本之主權，必將限於本州、北海道、九州、四國及吾人所決定其他小島之內。」民國 34 (1945) 年 9 月 2 日，日本天皇向盟軍統帥無條件投降所簽署之《日本降伏文書》(Japanese Instrument of Surrender) 第一條及第六條中，明白宣示接受《波茨坦公告》，等於接受《開羅宣言》。

2、《開羅宣言》為有法律拘束力之國際條約或協定

如上所述，《日本降伏文書》接受了《波茨坦公告》，《波茨坦公告》又規定《開羅宣言》之條件必須實施，顯然《日本降伏文書》已將三項文件結合在一起。事實上，這三項文件都收錄在美國國務院 1969 年出版，助理法律顧問貝凡斯 (Charles I. Bevans) 負責主編之 Treaties and Other International Agreements of the United States of America 1776–1949（1776–1949 美國條約與國際協定）第三卷，頁碼分別是《開羅宣言》(858)、《波茨坦公告》(1204–1205) 與《日本降伏文書》(1251–1253)。而《日本降伏文書》還收錄在 1946 年《美國法規大全》(United States Statute at Large) 第 59 卷與 1952 年《聯合國條約集》(United Nations Treaty Series) 第 139 卷。所以，美國係將《開羅宣言》等三文件視為美國與盟國簽訂之有效條約或協定，具有法律拘束力。

質疑《開羅宣言》效力者，通常是認為該宣言非條約，或以未經簽署而否定其效力。惟依「維也納條約法公約」第二條，名稱並不影響條約的特性。國際法院 1978 年「愛琴海大陸礁層案」中指出，聯合公報也可以成為一個國際協定。在西方國家最流行之國際法教本，前國際法院院長詹寧斯改寫的《奧本海國際法》第一卷第九版也說明「一項未經簽署和草簽之文件，如新聞公報，也可以構成一項國際協定」。

此外，一個文件是否被視為條約，最簡單的推論就是看是否收錄於國家的條約彙編。如前所述，美國國務院所出版《1776–1949 美國條約及國際協定彙編》將《開羅宣言》等三份國際文件列入，可見三份文件具有法律拘束力。再者，常設國際法院在 1933 年 4 月 15 日對東格陵蘭島的判決中指出，一國外交部長對於外國駐使在其職務範圍內的答覆，應拘束其本國。由於一國外長的話可在法律上拘束該國，則《開羅宣言》為三國的總統或首相發表之宣言，在法律上對簽署國自是具有拘束力。

3、《開羅宣言》是中華民國戰後光復臺灣及其附屬島嶼（包括釣魚臺列嶼）之重要法律依據

《開羅宣言》、《波茨坦公告》及《日本降伏文書》中，英、美等同盟國與日本共同承諾臺灣及澎湖「歸還」中華民國。因此二次大戰勝利後，民國 34 (1945) 年 10 月 25 日起中華民國政府開始在臺灣行使主權行為，包括正式接受駐臺日軍投降，宣告臺灣恢復為我國領土，臺澎居民為我國國籍，組織省政府與舉辦民意代表選舉等，所以臺灣及澎湖地區主權係於民國 34 (1945) 年回歸中華民國。美國總統杜魯門在 1950 年 1 月 5 日新聞記者會即發言表示，「臺灣已交還蔣委員長，美國及其盟國在過去 4 年來已經認知中國（指中華民國）擁有臺灣之主權」。另美國國務卿艾契遜在 1 月 12 日亦作此類似談話。

4、《開羅宣言》規定臺灣及其附屬島嶼（包括釣魚臺列嶼）應歸還中華民國之法律義務的實踐

臺灣及其附屬島嶼之主權因 1895 年《馬關條約》而移轉予日本，日本戰後則係依照《開羅宣言》、《波茨坦公告》、《日本降伏文書》及《舊金山和約》以降至 1952 年《中日和約》一系列法律文件所承擔之法律義務，將臺灣、澎湖及其附屬島嶼（包括釣魚臺列嶼）歸還中華民國。

民國 40 (1951) 年的《舊金山和約》第二條明定日本放棄對臺灣及澎湖列島之一切權利、權利名義與要求。中華民國雖未參加《舊金山和約》會議，但民國 41 (1952) 年依據《舊金山和約》第二十六條規定授權，與日本在臺北賓館簽訂《中日和約》。《中日和約》第二條亦明定日本放棄對臺灣、澎湖列島以及南沙群島及西沙群島的一切權益；第三條規定日本及其國民在臺澎的資產及利益，將由雙方成立協議予以處理；第四條規定：中日之間在 1941 年 12 月 9 日以前所締結之一切條約、專約及協定（包括《馬關條約》），均因戰爭結果而歸無效；第十條規定「日本承認臺灣及澎湖列島的居民，係中華民國的國民。」《中日和約》之照會第一號且規定「本和約適用於中華民國現在或將來之領土」，更可認定日本已將臺灣視為中華民國之領土。

簡言之，自《開羅宣言》開始、其後又在《波茨坦公告》、《日本降伏文書》中，英、美等同盟國與日本共同承諾臺灣「歸還」中華民國，《舊金山和約》中，日本「放棄」臺灣，《中日和約》係相對應於《馬關條約》之另一項處分條約，則再次確認完成臺灣、澎湖及其他所有附屬島嶼主權移轉予中華民國之法律手續，故臺灣、澎湖以及其他所有附屬島嶼恢復中華民國領土的地位，無庸置疑。

四、結　語

無論《波茨坦公告》、《日本降伏文書》、《舊金山和約》及《中日和約》均係依據《開羅宣言》規定臺灣及其附屬島嶼（包括釣魚臺列嶼）應歸還中華民國之法律義務的實踐，亦是中華民國光復臺灣的鐵證。

《開羅宣言》確定戰後臺灣及其附屬島嶼（包括釣魚臺列嶼）應歸還中華民國，並使我國洗雪 1895 年《馬關條約》割讓臺灣及其附屬島嶼的國恥，亦為歷經八年浴血抗戰犧牲二千五百萬軍民贏得勝利後所獲得之最重要成果。有關臺灣、澎湖及其附屬島嶼在二次世界大戰之後地位歸屬，亦經由《開羅宣言》、《波茨坦公告》、《日本降伏文書》及《舊金山和約》以及 1952 年《中日和約》一系列法律文件獲得法律上之解決，可以說沒有《開羅宣言》，中華民國就沒有過去六十年多來在臺澎金馬地區繼續生存，進而繁榮壯大之機會。

八十九、中華民國外交部的「中華民國南海政策」說帖
(2016.3.21)

說明：

本說帖見中華民國外交部，《中華民國南海政策說帖》，2016 年，載於外交部官網：
http://multilingual.mofa.gov.tw/web/web_UTF–8/South/中華民國南海政策說帖.pdf 。
（最近檢視日期：二〇一九年三月八日）

壹、前　言

南沙群島、西沙群島、中沙群島與東沙群島（總稱「南海諸島」）均為我先民發現、命名、使用，並經官方納入版圖、行使管轄；無論就歷史、地理及國際法而言，南海諸島及其周遭海域均屬中華民國固有領土及海域，中華民國享有國際法上之權利，不容置疑。任何國家無論以任何理由或方式予以主張或占據，均屬非法，中華民國政府一概不予承認。

針對南海所引發的國際爭端，中華民國一貫主張依據《聯合國憲章》與國際法，秉持「主權在我、擱置爭議、和平互惠、共同開發」的基本原則，與其他國家協商，參與相關對話及合作機制，以和平方式處理爭端，共同維護區域和平；也願意與相關各國協商，擱置爭議，共同開發南海資源。

貳、基本論據

一、歷　史

南海自古以來向為我先民的活動場域，古籍與地方志書均記載南海海域及島礁的地理位置、地質、資源及國人經營活動的情形。南海諸島為我國先民所發現、命名、長期使用，納入領土版圖，雖然大部分島礁長期「無人居住」(uninhabited)，但並非「無主地」(terra nullius)。

㈠南海諸島係由我先民最早發現

東漢大史學家班固（西元 32 至 92 年，下同）在西元第一世紀所撰《漢書》地理志記載西漢武帝（西元前 137 至 87 年）遣使前往南海海島諸國，開始留下先民在南海航行的紀錄。也因為航行的關係，航海家也有了關於南海島礁、沙洲的描述；說明早在西元前一世紀漢朝與羅馬帝國間的貿易，即是經過南海進行。

東漢（25 至 220 年）楊孚《異物誌》記載，「漲海崎頭，水淺而多磁石」。「漲海」為我國古代對南海之稱謂，表示該海域波浪不平穩，船隻航行會感覺海浪濤湧，有如海水膨脹；「崎頭」則為我國古代對海中的礁嶼、淺灘的稱呼。

東漢末年三國時期（220 年至 280 年）吳國武陵太守謝承所撰《後漢書》（6 年至 189 年）也記述稱，「又曰扶南之東。漲海中，有大火洲，洲上有樹，得春雨時，皮正黑，得火燃，樹正白，紡績以作手巾或作燈注用，不知盡。」《後漢書》並稱，西漢時先民已利用南海季風開通往返中國與中南半島間之航路，船隻通過漲海；說明在西漢朝（西元前 206 年至西元 25 年）時，已開通往返我國與中南半島間之航路，船隻通過南海。

三國時期（220 年至 280 年），東吳孫權曾派朱應、康泰出使扶南，康泰於返國後著有《扶南傳》，以「漲海中倒珊瑚洲，洲底有磐石，珊瑚生其上也」來描述南海島礁之地質；北宋李昉編撰《太平御覽》（984 年）亦收錄該段文字。

㈡南海諸島係由我國民間及政府最早命名

從歷史及文學古籍瞭解，我國漁民及船員為航海安全及航道辨識之實際需要，依據南海諸島特性或表徵給予不同名稱，如「珊瑚洲」（晉代人士裴淵（372 至 451 年）所著《廣州記》）、「九乳螺洲」（1044 年北宋曾公亮《武經總要》）、「長砂石塘」（1178 年南宋周去非《嶺外代答》）。

隨著航海事業的發達，先民對南海及南海諸島的認識加深，依其分布位置及範圍分別以「千里長沙、萬里石塘」（南宋王象之《輿地紀勝》（1221 年））、「萬里石塘、萬里長沙」（明黃衷《海語》（1536 年））、「南澳氣」（陳倫炯《海國聞見錄》（1730 年））等來統稱南海諸島。

清朝宣統元年（1909 年），日本人西澤吉次曾企圖占有東沙島，當時清政府派遣廣東水師提督李準乘「伏波」、「琛航」等艦，巡視西沙群島，刻石留念，宣示我國主權；

李準巡視歸來後，呈請兩廣總督批准，將西沙各島重新命名，確認西沙群島 15 個島嶼名稱。

民國 23 年至 24 年（1934 至 1935 年）間，中華民國內政部「水陸地圖審查委員會」審定完成「南海各島嶼華英島名」，並公布「南海各島嶼圖」，將南海諸島分為四群島。由北至南，分別命名為東沙、西沙、南沙（即今之中沙）及團沙（即今之南沙）等。民國 34 年（1945 年）日本戰敗投降，政府從日本接收南海諸島，並重新命名為東沙群島、西沙群島、中沙群島及南沙群島，至此，四沙群島重回我國版圖，確立並沿用至今。

㈢南海諸島係由我國先民最早使用

無論我國史籍或外國航海紀錄均記載我國南方人民經年在南海從事航運、捕魚及居住於島礁處理漁獲等行為的事實；例如晉代裴淵（372 至 451 年）所著《廣州記》記述稱：「珊瑚洲，在縣南五百里，昔人於海中捕魚，得珊瑚。」

19 世紀及 20 世紀初年，外國航海家明確記載華人早已在南海諸島開發與經營，例如 1879 年及 1884 年英國皇家海軍檔案《中國海航行指南》(The China Sea Directory) 第 2 及第 3 卷、1923 年英國出版之《中國海領航》(China Sea Pilot) 第 1 卷及 1925 年美國海軍海道測量署 (Hydrographic Office, Secretary of the Navy) 發行之《亞洲領航》(Asiatic Pilot) 第 4 卷，均記載中國漁民在南沙群島居留情形及漁民利用季風進行相關活動，並詳細描述在鄭和群礁 (Tizard Bank) 的島礁上，有長年居住之海南漁民，以撿拾海參與龜殼為生，太平島並已開鑿有水井；《中國海航行指南》並指出「島上井水品質比其他地方都要好」。

西元 1930 年至 1933 年間，法國人曾前後非法登陸太平島、南威島、南鑰島、中業島、北子礁等，發現部分島上已有我國漁民居住，並有小孩，居民以捕魚或海龜為生，並飼養雞隻、種植蔬菜、蕃薯等。

太平島現今仍存有清代古墓碑，該歷史遺跡顯示先民早於南海島礁居住及從事經濟活動的事實。

㈣南海諸島係由我國最早納入領土版圖，官方文獻及古代地圖中均有明載

宋朝趙汝适（1170 年至 1228 年）在所著《諸蕃志》（1225 年）說明海南建置沿革及其地理位置時稱：「南對占城，西望真臘，東則千里長沙、萬里石床，渺茫無際，天水一色，舟舶來往。」明代（1368 至 1628 年）陳于宸、歐陽燦等修之《瓊州府志》說明南海建置沿革及其地理位置。

清朝乾隆 28 年（1763 年）官書《泉州府志》明確記載吳陞於康熙朝擔任廣東副將時（不晚於 1721 年）「……調瓊州。自瓊崖，歷銅鼓，經七洲洋（我國古代對西沙群島之舊稱）、四更沙，周遭三千里，躬自巡視，地方寧謐」，顯示至遲到清朝中葉，南海諸島已被納入海防體系，進行管轄。

清朝乾隆 32 年（1767 年）出版之官方地圖《大清萬年一統天下圖》，明確將萬里長沙、萬里石塘（南海諸島舊稱）納入版圖，該圖復由後繼之嘉慶朝於 1811 年臨摹復刊，

現典藏於我國立故宮博物院。

民國成立後，政府於民國 24 年（1935 年）4 月出版《水陸地圖審查委員會會刊》第二期，刊載繪測之「南海各島嶼圖」，此為國民政府第一次公開出版的南海諸島地圖，我國南海最南疆域範圍至北緯 4 度，把曾姆灘（1946 年更名曾母暗沙）標在我國疆域內，為現今南海 11 線段之 U 形線雛形；此外，我國「水陸地圖審查委員會」審定完成「南海各島嶼華英島名」，並公布「南海各島嶼圖」。

民國 36 年（1947 年）12 月 1 日內政部繪製並公布「南海諸島位置圖」，作為接收、進駐西、南沙群島之依據；該圖在南海諸島四周畫有十一條線段，通稱南海 U 形線，南至北緯 4 度，該圖標有東沙群島、西沙群島、中沙群島和南沙群島，說明屬中華民國領土。內政部並將「南海諸島新舊名稱對照表」及「南海諸島位置圖」轉呈行政院備查。

(五)南海諸島及周遭海域最早係由我國行使管轄

早在北宋時期，曾公亮即撰有《武經總要》（1044 年），於《邊防卷》記述水師巡視南海諸島之事實。

清朝嚴如煜的《洋防輯要》（1838 年）及清乾隆《泉州府志》（1763 年）等官方文書亦有相同記載，說明在清朝之前，我國在南海諸島周遭海域即已進行海防巡視，展現實際管轄作為。

如前所述，清宣統元年（1909 年）日本人西澤吉次企圖占有東沙島時，清廷即向日本抗議並交涉歸還，並派遣廣東水師提督李準艦巡視西沙群島，展現有效管轄之行動。

民國初期，我政府續將東沙島與西沙群島劃入海軍軍事區，由全國海岸巡防處管理，並派遣人員進駐，定期運送補給品；法國在安南的殖民時期曾在 1931 年及 1933 年企圖占據我西沙群島及南沙 9 小島，但外交部均訓令駐法使館提出主權聲明。

1945 年盟國擊敗日本，結束二戰。1946 年我政府獲得盟國協助，對日本侵占之我國南海諸島進行接收並派軍進駐，恢復管轄。 1956 年 5 月間菲律賓人士克洛馬 (Tomas Cloma) 曾擅自非法登陸南沙群島數個小島，對外宣稱「發現」該地，聲稱進行「先占」並命名；但該等島礁早為我國所有，並非無主地，我國駐菲大使旋即發表聲明，強調南沙群島為我國領土，並以照會向菲副總統兼外長加西亞 (Carlos Polestico Garcia) 表達抗議，菲政府亦表明此為克洛馬個人行為，與菲國政府無關。

為維護南沙群島主權，政府於同年 6 月派遣軍艦對南海區域進行偵巡；10 月間我海軍寧遠特遣支隊偵巡南沙群島、運輸物資及艦隊遠航訓練時，於南沙北子礁發現非法停留之菲籍海事學校訓練船，隨即登船臨檢，除沒收船上之槍械及彈藥外，並將船長克洛馬（Filemon Cloma 為 Tomas Cloma 之弟）帶至太和艦受訊，渠具結承認非法進入我國南沙群島海域，保證事後不再犯；此說明我國有效管轄之事實。

我國在南海區域持續行使管轄的事實，至少自明、清兩朝以來，均具一貫性及持續性。

二、地　理

南海諸島為位於南海 (South China Sea) 的諸多島嶼、沙洲、岩礁、暗沙和淺灘的總稱，跨越南北約 1,800 公里，東西約 900 多公里，島礁之分布狀況，自北至南分為東沙群島、西沙群島、中沙群島和南沙群島等四大群島，亦即政府於民國 36 年（1947 年）12 月公布之「南海諸島位置圖」所涵蓋的島、礁、沙、灘之總稱。

南海係季風生成之地，自西漢以來二千餘年，古籍及官方文書即已記載，官方及民間掌握地理上的季風優勢，利用南海季風載運當地貨品、漁貨往返，進行各項民生經濟及巡防活動；再以地緣鄰近關係，南海諸島及周遭海域為我先民傳統活動場域，因此不同時期的地方志書及古籍均對南海地理、地質、經濟生活、航行資訊、商務往來與漁業資源等史實有充分記載。

以下為我南海諸島之地理環境特色：

㈠南海範圍

東沙群島：東沙島（英文名 Pratas Island）為本群島中唯一露出水面之土地，面積 1.74 平方公里，位於北緯 20 度 42 分，東經 116 度 43 分，東北距臺灣高雄港約 243 浬，西北距香港約 170 浬。東沙群島主要由東沙島和東沙環礁、南衛灘及北衛灘組成，環礁海域面積約 300 平方公里，環礁北面外緣寬廣，退潮時可露出水面。

西沙群島（英文名 Paracel Islands）：位於北緯 15 度 47 分至 17 度 5 分，東經 111 度 12 分至 112 度 54 分之間，距臺灣高雄港約 566 浬（永興島），位處越南、海南島及中沙群島間，古稱「千里長沙」，由永樂群島和宣德群島的 30 個島礁和灘、礁所組成。東北屬宣德群島，有永興、和五、石島、南島、北島等島嶼；西南則是永樂群島，有珊瑚、甘泉、金銀、琛航、中建等島嶼。最大島為永興島（英文名 Woody Island），在填海造陸前，面積為 2.6 平方公里。

中沙群島（英文名 Macclesfield Bank）：舊稱「南沙」，位於西沙群島之東偏南，距臺灣高雄港約 467 浬（民主礁），散布在北緯 13 度 57 分至 19 度 12 分與東經 113 度 43 分至 117 度 48 分之間，除民主礁（又稱黃岩島，英文名 Scarborough Shoal）露出水面外，其餘全為隱沒海水的珊瑚礁。中沙群島周圍海域水產豐富，漁船、商船往來頻繁，地位重要。

南沙群島（英文名 Spratly Islands）：舊稱「團沙群島」，為我國南海四沙群島最南之一群，全部為珊瑚礁構成的小島，西起萬安灘，東至海馬灘；南起曾母暗沙，北迄禮樂灘之北。南沙群島在南海諸群島中，分布面積最廣，島礁也最多，我國內政部於 1947 年公布並命名 97 個島嶼、沙洲、礁灘等，散布於北緯 3 度 58 分至 11 度 55 分，東經 109 度 36 分至 117 度 50 分之間，地勢平坦，全為珊瑚礁之低平小島。南沙群島中最大的群礁為鄭和群礁（英文名 Tizard Bank），由 7 個島礁組成，主島為太平島（英文名稱 Itu Aba），面積為 0.51 平方公里，東北距臺灣高雄港約 864 浬。

㈡先民利用季風經營南海

南海區域係季風固定生成之地，為南海地理特色：在現代航海科技出現前，我國先民上千年來，利用每年春、秋之間西南季風及東北季風之生成，順著季風往返南海地區，前往東南亞從事經商、探險、移民或海洋捕撈等，既順風又順流，甚為方便。

先民利用南海季風優勢，長期以來在南海進行各項民生經濟及政府巡防活動：早在三國謝承所撰《後漢書》即指出，西漢時先民已利用南海季風開通往返中國與中南半島間之航路，船隻通過漲海；東漢統治交趾時，政府官員亦利用季風在南海一帶巡行。

外國航海家自 19 世紀即記載我國人早已在南海諸島順著季風進行開發與經營：如前所述，1923 年英國出版之《中國海領航》第 1 卷第 124 頁，及 1925 年美國海軍海道測量署發行之《亞洲領航》第 4 卷等均有記載指出，在鄭和群礁 (Tizard Bank) 島礁上，有長年居住之海南漁民居留情形，他們撿拾海參與龜殼為生；海南平底帆船每年均載運米糧與其他生活必需品至此，漁民則以海參與其他物品為交換；這些平底帆船於 12 月或 1 月離開海南，並順著第一波西南季風返回。

三、國際法

南海諸島及其周遭海域為我國固有領土及海域，我國具有充分之現代國際法依據，包括時際法 (intertemporal law) 原則；即便依據在現代國際法發展成熟之前的東亞法律秩序與 16、17 世紀歐洲逐步發展時的國際法，我國的主張也一樣符合標準。理由如後：

㈠南海諸島為我固有領土，並非無主地，他國不得主張先占

南海諸島早為我先民發現、命名與使用，政府進行管轄，並非無主地，他國自不得主張先占，予以兼併。

各項歷史資料顯示，我先民發現、占領南海諸島，持續開發及經營，其後歷屆政府藉由巡視海疆、命名、勘測、編製地圖等行政措施劃入版圖，持續且一貫行使管轄，南海諸島絕非無主地。

在西元 1928 年常設國際法院著名的「帕爾馬斯島仲裁案」(Palmas Island Arbitration Case, 1928) 中，仲裁法官認為「一個法律事實必須依其同時的法律予以論斷」；是以，時際法揭示法律權源 (entitlement) 的成立，即應依據「當時」即同時期 (contemporaneous) 的法律，而非爾後爭端發生「當前」的法律，予以論斷；該原則也揭示權利是否繼續存在，應依照各時期的法律演變加以判斷；我國對南海諸島的經營不僅符合國際法「先占」原則，在 1945 年二戰結束後，政府對南海諸島也展現高度與有效的管轄，符合時際法中持續保有領土主權的有效管轄要件。

何況 18 世紀歐洲所發展的現代國際法，對領土取得的規定說明，一個國家對「無主地」進行發現與占領（先占），其後並有主權展示 (display of sovereignty) 行為，即取得領土主權；以清朝乾隆時期在 1767 年繪製之官版「大清萬年一統天下圖」為例，清政府當時將今日西沙群島及南沙群島之萬里長沙、萬里石塘納入版圖，符合當時歐洲發展出

的國際法規定；何況在 1767 年後至二十世紀前，均未有任何其他國家對南海諸島提出主權主張。

再以美國 1856 年《鳥糞島法》(The US Guano Islands Act of 1856) 為例，美國人民在領域之外，對非屬他國管轄的島嶼和平進行低度開發，政府並獲告知，即得視為附屬於美國的島嶼，擁有管轄權。此說明一國政府於獲得告知並瞭解人民對鄰近島嶼的使用實踐後，即便未正式列入領土，亦得為管轄範圍。何況依據古籍及官方文獻，南海諸島早為我先民所發現、命名、使用，並經官方列入海防及版圖。

㈡法國、日本在二戰前後短暫非法占據南沙、西沙群島島礁，並不影響我國在南海之國際法權利名義；戰後我迅速於 1946 年接收南海諸島，當時國際間並無異議

在二戰前後，我國全力抵抗日本侵略，並善盡同盟國維護世界和平使命之際，當時法國、日本曾趁機占領南沙、西沙群島部分島礁，我國均曾循外交途徑提出嚴正抗議，不予承認；且法、日等國非法侵占時間不長，日後亦已分別放棄南海諸島主權主張，不影響我國在南海諸島的國際法權利。

二戰結束後，中華民國政府在盟國支持下，於 1946 年進駐南海諸島，持續對南海諸島實施設治、管理、開發等行政管轄作為，強化了國際法我國擁有南海諸島領土的主張，更因當時菲律賓、越南、馬來西亞、汶萊等南海周邊國家不曾反對 (absence of protest)，此等國家默認我國南海諸島主權主張的官方作為，更加強我國南海諸島的主權主張。

抗日戰爭期間，日軍於 1938 與 1939 年占領東沙、西沙與南沙諸群島，並於 1939 年 3 月 30 日以臺灣總督府第 122 號告示將南沙群島編入臺灣總督府高雄州高雄市「新南群島區」管轄；1945 年 8 月 15 日日本戰敗投降，我國接收南海諸島工作的人員於 1946 年 11 月由海南島出發，分乘太平號、中業號、永興號和中建號等四艘軍艦，接收西沙及南沙群島，並進駐西沙群島之主島永興島和南沙群島之主島太平島；內政部則在各主要島嶼上重建國碑、測繪詳圖、改名及公布「南海諸島位置圖」；1947 年 2 月 4 日我完成南海諸島之接收工作。

二戰結束當時，環繞南海周邊之法屬安南（後越南）與菲律賓等國以及二戰盟國，均未對我國派遣軍隊收復南海諸島並行使管轄等作為提出不同意見，渠等當時長期的不作為與默認我國之管轄事實，已對各該國家產生國際法「禁反言」，即不應反悔的拘束力。

㈢《中日和約》確定西沙群島和南沙群島歸還中華民國

抗日戰爭期間，日本侵占我國許多領土，包括 1939 年侵占我南海諸島，兼併西沙及南沙等群島，將南沙群島改名為新南群島，隸屬日本占領的臺灣高雄州。日本的非法侵占行為，在戰敗後，自應將竊據自我國的領土予以歸還，相關國際文書包括「開羅宣言」、「波茨坦公告」、「日本降伏文書」、「舊金山和約」及「中日和約」等一系列相互聯結，具國際法效力的國際文書，說明如後：

　　⑴《開羅宣言》：1943 年 12 月 1 日中華民國、美國、與英國共同發布的《開羅宣言》(Cairo Declaration) 中，明定盟國召開開羅會議的目的「在使日本所竊取於中國之領土，例如東北四省、臺灣、澎湖群島等，歸還中華民國，其他日本以武力或貪慾所攫取之土地，亦務將日本驅逐出境」。

　　⑵《波茨坦公告》：1945 年 7 月 26 日中華民國、美國、英國、與蘇聯等同盟國共同發布的《波茨坦公告》(Potsdam Proclamation) 第八條復明定「《開羅宣言》之條件，必須實施，日本之主權限於本州、北海道、九州、四國及吾人所決定之其他小島。」

　　⑶《日本降伏文書》：1945 年 9 月 2 日，日本天皇向盟軍統帥正式無條件投降所簽署的《日本降伏文書》(Japanese Instrument of Surrender) 中，亦明白宣示接受《波茨坦公告》。事實上，《日本降伏文書》接受了《波茨坦公告》，《波茨坦公告》又規定《開羅宣言》的條件必須實施，顯然《日本降伏文書》已將三項文件結合在一起。這三項文件都收錄在美國國務院 1969 年所出版的《美國 1776–1949 條約及國際協定彙編》第 3 卷，1948 年日本外務省出版的《條約集》第 26 集第 1 卷。而《日本降伏文書》還收錄在1946 年《美國法規大全》第 59 卷與 1952 年《聯合國條約集》第 139 卷中，換言之，相關各國及聯合國均視此三文件具有條約性質，三者對日本、美國與我國當然都具有法律拘束力。

　　⑷《舊金山和約》與《中日和約》：第二次世界大戰結束後，中華民國政府依據前述《開羅宣言》、《波茨坦公告》及《日本降伏文書》等國際文件，於 1946 年收復東沙、西沙及南沙諸島，除於主要島嶼上設立石碑並派軍駐守外，另於 1947 年 12 月 1 日公布新定南海諸島名稱及《南海諸島位置圖》，當時並無任何國家抗議。1952 年 4 月 28 日生效之《舊金山和約》第二條第 6 項規定日本放棄南沙群島及西沙群島之一切權利、權利名義及要求；而與《舊金山和約》生效日（1952 年 4 月 28 日）同日簽署、同年 8 月 5 日生效之《中日和約》第二條亦規定，日本業已放棄南沙群島及西沙群島之一切權利、權利名義及要求；同時《中日和約》的《第一號照會》亦規定：「本約各條款，關於中華民國之一方，應適用於現在在中華民國政府控制下或將來在其控制下之全部領土」。是以，南沙及西沙群島之主權回歸我國，在國際法上並無疑義。

㈣國際組織實踐確認我國對南海島礁管轄權

　　1930 年 4 月 29 日，在香港舉行之遠東氣象會議中，菲律賓馬尼拉天文臺代表提議承認中華民國政府所創設的東沙島觀象臺為南海最重要氣象機關，並希望我政府亦能於西沙及中沙兩群島設立觀象臺，以增進航海安全。此提案並經會議議決，並無任何代表團反對，顯示包括英國、日本、菲律賓等當時與會各國，以及該組織均承認中華民國對南海諸島的管轄權。

　　1955 年 10 月 27 日於馬尼拉召開之第一屆國際民航組織 (ICAO) 太平洋地區飛航會議中，出席之 16 個國際民航組織會員國亦決議請我國提供東沙、西沙與南沙之氣象報告資料；並補充南沙群島每日四次之高空氣象觀測，說明該組織確認我國對南海諸島之主權。

㈤外國政府承認我國南海島礁主權

1955 年 9 月 7 日，美國駐華大使館一等秘書韋士德君 (Donald E. Webster) 向外交部詢問南海一帶島嶼何者屬於我國，經外交部明確回復美方，上述南海諸島均屬我國領土。

次年 8 月，韋士德君續向外交部面稱，美國空軍人員擬搭乘美國海軍艦隻前往中沙、南沙 5 島（民主礁、雙子礁、景宏島、鴻庥島、南威島）進行測繪，請我國給予便利。

1960 年 12 月 21 日美軍顧問團續向我國國防部提出申請，盼獲得允許前往南沙群島的景宏島、南威島與雙子礁。該等實踐均說明美國瞭解我國對南沙諸島擁有主權。

㈥菲律賓人民非法進入我南海島嶼，遭到驅離，見證我有效管轄

1956 年 10 月 1 日，我國太和艦與永順艦巡視南海諸島時，於北子礁外登臨檢查菲律賓船舶，並在太和艦中訊問該船船長克洛馬 (Filemon Cloma) 與丹西科 (Benito Danseco) 輪機長等其他船員，除收繳該船上之武器卡賓槍與子彈，並由船長克洛馬簽具書函，承認非法進入我領域，保證嗣後不再犯。我海軍執行登船臨檢任務證明我國有效管轄之實踐。

㈦對周邊國家入侵行為持續提出抗議，展現我維權作為如前所述，法國在安南建立的殖民政府，即曾分別在 1931 年及 1933 年企圖占據我西沙群島及南沙 9 小島，但我政府均重申主權。二戰結束，日本戰敗，我政府正式收復南海諸島主權，並於 1947 年公布「南海諸島位置圖」，予以確認

二次戰後，我國在 1946 年接收南海諸島，但發覺越南於 1956 年 8 月擅自登陸南沙群島，外交部隨即透過駐越公使向越南表示抗議；1963 年間，海軍偵巡南沙群島時，發現越南擅登我南沙群島並非法設立越碑，我國隨即派海軍前往搗毀越碑、重立我國碑石，外交部並向越南表達抗議；政府此類維權作為，具持續性，不曾間斷。

1970 年後，我國除持續派遣海軍偵巡南沙群島及維護主權，對於菲、越及馬來西亞陸續入侵南沙群島島礁的舉措，均透過交涉向相關國家提出抗議，於國際社會表達嚴正立場，未曾間斷；且藉由外交聲明重申南沙諸島及周遭海域為中華民國固有領土及海域，不容置疑。

參、中華民國提出南海和平倡議主張

一、南海和平倡議及路徑圖

為能有效解決爭端，政府於民國 104 年（2015 年）5 月 26 日提出「南海和平倡議」(South China Sea Peace Initiative)，呼籲相關各方應自我克制，維持南海區域和平穩定現狀；亦願秉持「主權在我、擱置爭議、和平互惠、共同開發」基本原則的一貫主張，與其他當事方共同開發南海資源，也願積極參與相關對話及合作機制，以和平方式處理爭端，維護區域和平及促進區域發展。

　　馬英九總統於 2016 年 1 月 28 日率團訪視太平島，除參觀碼頭、跑道、燈塔、農場、牧場、醫院、郵局、淡水井、觀音堂、太陽能發電設施外，進一步發表「南海和平倡議」路徑圖 (Road Map) 的談話，說明如何推動南海和平，讓太平島「做為南海和平倡議實踐的起點之一」，並說明應如何推動太平島的各項和平用途，包括成為「和平救難島」、「生態島」以及「低碳島」。

　　馬總統強調路徑圖旨在讓太平島「做為南海和平倡議實踐的起點之一」，因此提出「擱置爭議、整體規劃、分區開發」的一條可行途徑，同時另提出「三個推動進程」作為路徑圖具體內涵，包括近程方面應共同「擱置爭議」，展開多邊對話協商；中程階段應推動「整體規劃」；遠程階段期待經由雙邊或多邊的合作，建立「分區開發」機制，達到平等互惠的雙贏成果。

二、南海和平倡議的具體成果

　　歷經 2 年諮商，我國與菲律賓於 2015 年 11 月 5 日在臺北市簽署「臺菲有關促進漁業事務執法合作協定」，確立執法三原則：第一，執法不得使用武力；第二，執法一小時前應先通報對方；第三，執法查扣之人船應於三日內釋放。本協定已大幅減少雙方漁業糾紛，為政府推動「南海和平倡議」迄今最重要成果。

　　此一協定的意義在於，⑴臺菲雙方依據包括《聯合國憲章》與《聯合國海洋法公約》在內的國際法，針對專屬經濟海域重疊區的漁業爭議建立一有效解決機制，極具政治意義；⑵協定內容符合《聯合國海洋法公約》第七十四條（專屬經濟區之劃界）之「臨時安排」原則及國際實踐，具有重要國際法意涵；⑶透過協定設立之「技術工作小組」(Technical working group)，建立雙方未來制度化協商機制。

三、將太平島打造成為和平、生態及低碳島，
符合「南海和平倡議」精神

　　我國近 70 年來在太平島的各項經營管理，已逐步將太平島打造成為和平救難島、生態島及低碳島，彰顯我政府深耕南疆，有效治理，重視人道，保育生態，維護南海穩定與和平的努力，符合「南海和平倡議」的精神，特別是：

　　政府在太平島的守備自民國 89 年（2000 年）起轉由海巡人員接替海軍陸戰隊接管，向國際社會宣示太平島去軍事化及和平使用之決心與行動；

　　太平島的醫療救護能量，逐年強化，目前配有 3 名醫師（含牙醫）及 3 名護理人員駐島，管理擁有 10 床病床的「南沙醫院」，並隨時可以視訊獲得來自臺灣本島的遠距離醫療諮詢，提供駐島人士及附近海域作業之各國漁民之醫療服務。過去 20 多年來，已救助、醫治來自我國以及緬甸、菲律賓、中國大陸等二十餘位傷病患漁民，成效卓著。

　　太平島上太陽能光電系統、太陽能熱水系統及節能省電電氣設備於 2011 年起啟用，2014 年經搭配蓄電儲能設施後，太陽能供電量每年可達 17 萬度（接近需求的五分之一），每年減少排碳量大約 107 公噸，將太平島建設成「低碳島」。

四、太平島為適宜人居並能維持經濟生活的島嶼

馬總統於訪視太平島時，另針對現仍在荷蘭海牙「常設仲裁法庭」(Permanent Court of Arbitration, PCA) 處理中的「菲陸南海仲裁案」所引發太平島究係島嶼 (island) 或岩礁 (rock) 的問題澄清指出，太平島是一個「島嶼」，不是「岩礁」，島上除了有天然、充沛、可飲用的淡水外，也有自然化育的肥沃土壤，能自行生產各種農作物與飼養雞羊，充分證明太平島適宜人居並能維持經濟生活，符合構成「島嶼」之各項條件。

如前所述，1879 年及 1884 年英國皇家海軍檔案《中國海航行指南》第 2 及第 3 卷即已記載太平島當時先民已開鑿有水井，且「井水品質比其他地方都要好」，島上覆蓋樹林、灌木叢，有椰子、芭蕉、木瓜等原生樹林；其後日本在 1935 年代侵占太平島時，也因太平島擁有許多木瓜樹，當時日人又稱之為木瓜島；均說明太平島適宜人居並能維持經濟生活的基本背景。此外，臺灣省水產試驗所 8 名具平民身分之研究人員於 69 年（1980 年）9 月前往太平島進行漁業生物研究，渠等隨後於同年 9 月 25 日將戶籍遷至該島，並在同年 11 月 16 日在該島舉行首次南沙地區居民「國民自治會議」。105 年（2016 年），又有三位受聘在南沙醫院服務之民間護理人員在太平島設籍。

內政部部長陳威仁在 2015 年 12 月 12 日率團登島，主持太平島整建碼頭、跑道及新建燈塔啟用典禮，另外交部部長林永樂在次年 1 月 23 日邀請水質、土壤、植被、法政等專家學者組成調查團訪視太平島；渠等返臺後均對外說明稱：㈠太平島是南沙群島中面積最大的自然生成島嶼；島上蘊含豐富的自然資源；㈡從地質學以觀，太平島係因土壤下方屬厚層之全新世 (Holocene) 珊瑚礁岩及更下方之更新世 (Pleistocene) 珊瑚礁岩擁有許多孔隙，成為下滲雨水極好之儲存層，太平島因而擁有豐富之地下水，且是可飲用之淡水，為南沙群島其他島礁所無。而太平島維持 4 口豐富且水質良好之地下水之水井，平均純水含量達 92.3%，水質最好之（原生五號井）井水純水含量高達 99.1%，總溶解質只有 427 mg/L，水質接近國際知名天然礦泉水 Evian（其官網所公布之總溶解質為 330 mg/L）。島上 4 口水井每日總取水量達 65 公噸，除可供飲用外，亦提供廚房炊事及生活用水；㈢島上覆蓋經長時間自然化育而適合耕種的肥沃表土，原生的天然植被茂盛，高達 10 至 20 公尺高的熱帶喬木如蓮葉桐、欖仁樹、棋盤腳等有數百株之多，並出產椰子、木瓜、芭蕉等原生水果；㈣駐守人員善加利用島上各種資源，長期種植各類蔬果如南瓜、地瓜、瓠瓜、苦瓜、絲瓜、秋葵、高麗菜、空心菜、蕃薯葉等十餘種，及豢養警衛犬以及雞、羊等家禽畜，周邊海域復漁產豐富，足供生活所需；㈤因此，無論自法律、經濟及地理之角度而言，太平島完全符合《聯合國海洋法公約》第一二一條關於島嶼之要件，即「維持人類居住及其本身經濟生活」。自 104 年 12 月 12 日內政部陳威仁部長率團登島迄今，共有 435 篇外國媒體報導太平島情勢，顯示國際社會對此一問題之關心及瞭解。

肆、結　語

南海諸島及海域為我先民發現、命名及使用，並由歷代政府進行管轄納入海防並劃入版圖；自古以來即被視為固有領土及海域，充分見諸歷史文獻、地方志書及地圖之記

載。二戰期間南海諸島雖一度為日本侵占，但戰後我國迅速收復南海諸島，1947 年 12 月 1 日內政部公布之「南海諸島位置圖」足以說明。

依據民國 36 年 12 月 25 日實施之中華民國憲法第四條「中華民國領土，依其固有之疆域，非經國民大會之決議，不得變更之。」南海諸島為我國固有之疆域，政府守土有責，必須堅持南海諸島為中華民國固有領土之主張。

政府秉持「主權在我、擱置爭議、和平互惠、共同開發」之基本原則，在 104 年（2015 年）5 月 26 日發表「南海和平倡議」及其路徑圖，願在平等協商基礎上，與相關國家共同促進南海區域之和平與穩定，並共同開發及保護資源，使南海與東海一樣，均成為「和平與合作之海」。

九十、美國臺灣關係法 (U.S. Taiwan Relations Act)
(1979.4.10)

說明：

㈠一九七九年四月十日卡特總統簽署，溯及一九七九年一月一日起生效。

㈡原文見 96th Congress, 1st Session, Public Law 96–8 (H.R. 2479)，載於 United States Statute at Large, Vol. 93, Washington D.C.: U.S. Government Printing Office, 1979, pp. 14–21；中文本見美國在臺協會，《臺灣關係法》，載於美國在臺協會官網：https://www.ait.org.tw/zhtw/our–relationship–zh/policy–history–zh/key–u–s–foreign–policy–documents–region–zh/taiwan–relations–act–zh/。（最近檢視日期：二〇一九年三月八日）

本法乃為協助維持西太平洋之和平、安全與穩定，並授權繼續維持美國人民與在臺灣人民間之商業、文化及其他關係，以促進美國外交政策，並為其他目的。

簡　稱

第 一 條　本法律可稱為「臺灣關係法」

政策的判定及聲明

第 二 條　A.由於美國總統已終止美國和臺灣統治當局（在一九七九年一月一日前美國承認其為中華民國）間的政府關係，美國國會認為有必要制訂本法：

　　　　　　　1.有助於維持西太平洋地區的和平、安全及穩定；

　　　　　　　2.授權繼續維持美國人民及臺灣人民間的商務、文化及其他各種關係，以促進美國外交政策的推行。

　　　　　　B.美國的政策如下：

　　　　　　　1.維持及促進美國人民與臺灣之人民間廣泛、密切及友好的商務、文化及

其他各種關係；並且維持及促進美國人民與中國大陸人民及其他西太平洋地區人民間的同種關係；

2.表明西太平洋地區的和平及安定符合美國的政治、安全及經濟利益，而且是國際關切的事務；

3.表明美國決定和「中華人民共和國」建立外交關係之舉，是基於臺灣的前途將以和平方式決定這一期望；

4.任何企圖以非和平方式來決定臺灣的前途之舉—包括使用經濟抵制及禁運手段在內，將被視為對西太平洋地區和平及安定的威脅，而為美國所嚴重關切；

5.提供防禦性武器給臺灣人民；

6.維持美國的能力，以抵抗任何訴諸武力、或使用其他方式高壓手段，而危及臺灣人民安全及社會經濟制度的行動。

C.本法律的任何條款不得違反美國對人權的關切，尤其是對於臺灣地區一千八百萬名居民人權的關切。茲此重申維護及促進所有臺灣人民的人權是美國的目標。

美國對臺灣政策的實行

第 三 條　A.為了推行本法第二條所明訂的政策，美國將使臺灣能夠獲得數量足以使其維持足夠的自衛能力的防衛物資及技術服務；

B.美國總統和國會將依據他們對臺灣防衛需要的判斷，遵照法定程序，來決定提供上述防衛物資及服務的種類及數量。對臺灣防衛需要的判斷應包括美國軍事當局向總統及國會提供建議時的檢討報告。

C.指示總統如遇臺灣人民的安全或社會經濟制度遭受威脅，因而危及美國利益時，應迅速通知國會。總統和國會將依憲法程序，決定美國應付上述危險所應採取的適當行動。

法律的適用和國際協定

第 四 條　A.缺乏外交關係或承認將不影響美國法律對臺灣的適用，美國法律將繼續對臺灣適用，就像一九七九年一月一日之前，美國法律對臺灣適用的情形一樣。

B.前項所訂美國法律之適用，包括下述情形，但不限於下述情形：

1.當美國法律中提及外國、外國政府或類似實體、或與之有關之時，這些字樣應包括臺灣在內，而且這些法律應對臺灣適用；

2.依據美國法律授權規定，美國與外國、外國政府或類似實體所進行或實施各項方案、交往或其他關係，美國總統或美國政府機構獲准，依據本法第六條規定，遵照美國法律同樣與臺灣人民進行或實施上述各項方案、交往或其他關係（包括和臺灣的商業機構締約，為美國提供服務）。

3. a. 美國對臺灣缺乏外交關係或承認，並不消除、剝奪、修改、拒絕或影響以前或此後臺灣依據美國法律所獲得的任何權利及義務（包括因契約、債務關係及財產權益而發生的權利及義務）。

　　b. 為了各項法律目的，包括在美國法院的訴訟在內，美國承認「中華人民共和國」之舉，不應影響臺灣統治當局在一九七八年十二月三十一日之前取得或特有的有體財產或無體財產的所有權，或其他權利和利益，也不影響臺灣當局在該日之後所取得的財產。

4. 當適用美國法律需引據遵照臺灣現行或舊有法律，則臺灣人民所適用的法律應被引據遵照。

5. 不論本法律任何條款，或是美國總統給予「中華人民共和國」外交承認之舉、或是臺灣人民和美國之間沒有外交關係、美國對臺灣缺乏承認、以及此等相關情勢，均不得被美國政府各部門解釋為，依照一九五四年原子能法及一九七八年防止核子擴散法，在行政或司法程序中決定事實及適用法律時，得以拒絕對臺灣的核子輸出申請，或是撤銷已核准的輸出許可證。

6. 至於移民及國籍法方面，應根據該法 202 項(b)款規定對待臺灣。

7. 臺灣依據美國法律在美國法院中起訴或應訴的能力，不應由於欠缺外交關係或承認，而被消除、剝奪、修改、拒絕或影響。

8. 美國法律中有關維持外交關係或承認的規定，不論明示或默示，均不應對臺灣適用。

C. 為了各種目的，包括在美國法院中的訴訟在內，國會同意美國和（美國在一九七九年一月一日前承認為中華民國的）臺灣當局所締結的一切條約和國際協定（包括多國公約），至一九七八年十二月三十一日仍然有效者，將繼續維持效力，直至依法終止為止。

D. 本法律任何條款均不得被解釋為，美國贊成把臺灣排除或驅逐出任何國際金融機構或其他國際組織。

美國海外私人投資保證公司

第 五 條　A. 當本法律生效後三年之內，一九六一年援外法案 231 項第 2 段第 2 款所訂國民平均所得一千美元限制。將不限制美國海外私人投資保證公司活動，其可決定是否對美國私人在臺投資計畫提供保險、再保險、貸款或保證。

　　　　B. 除了本條（A.）項另有規定外，美國海外私人投資保證公司在對美國私人在臺投資計畫提供保險、再保險、貸款或保證時，應適用對世界其他地區相同的標準。

美國在臺協會

第 六 條　A. 美國總統或美國政府各部門與臺灣人民進行實施的各項方案、交往或其他

關係，應在總統指示的方式或範圍內，經由或透過下述機構來進行實施：

　　1.美國在臺協會，這是一個依據哥倫比亞特區法律而成立的一個非營利法人：

　　2.總統所指示成立，繼承上述協會的非政府機構。（以下將簡稱「美國在臺協會」為「該協會」。）

B.美國總統或美國政府各部門依據法律授權或要求，與臺灣達成、進行或實施協定或交往安排時，此等協定或交往安排應依美國總統指示的方式或範圍，經由或透過該協會達成、進行或實施。

C.該協會設立或執行業務所依據的哥倫比亞特區、各州或地方政治機構的法律、規章、命令，阻撓或妨礙該協會依據本法律執行業務時，此等法律、規章、命令的效力應次於本法律。

該協會對在臺美國公民所提供的服務

第 七 條　A.該協會得授權在臺雇員：

　　1.執行美國法律所規定授權之公證人業務，以採錄證詞，並從事公證業務：

　　2.擔任已故美國公民之遺產臨時保管人：

　　3.根據美國總統指示，依照美國法律之規定，執行領事所獲授權執行之其他業務，以協助保護美國人民的利益。

B.該協會雇員獲得授權執行之行為有效力，並在美國境內具有相同效力，如同其他人獲得授權執行此種行為一樣。

該協會的免稅地位

第 八 條　該協會、該協會的財產及收入，均免受美國聯邦、各州或地方稅務當局目前或嗣後一切課稅。

對該協會提供財產及服務、以及從該協會獨得之財產及服務

第 九 條　A.美國政府各部門可依總統所指定條件，出售、借貸或租賃財產（包括財產利益）給該協會，或提供行政和技術支援和服務，供該協會執行業務。此等機構提供上述服務之報酬，應列入各機構所獲預算之內。

B.美國政府各部門得依總統指示的條件，獲得該協會的服務。當總統認為，為了實施本法律的宗旨有必要時，可由總統頒佈行政命令，使政府各部門獲得上述服務，而不顧上述部門通常獲得上述服務時，所應適用的法律。

C.依本法律提供經費給該協會的美國政府各部門，應和該協會達成安排，讓美國政府主計長得查閱該協會的帳冊記錄，並有機會查核該協會經費動用情形。

臺灣機構

第 十 條　A.美國總統或美國政府各機構依據美國法律授權或要求，向臺灣提供，或由臺灣接受任何服務、連絡、保證、承諾等事項，應在總統指定的方式及範圍內，向臺灣設立的機構提供上述事項，或由這一機構接受上述事項。此一機構乃總統確定依臺灣人民適用的法律而具有必需之權力者，可依據本法案代表臺灣提供保證及採取其他行動者。

　　　　　B.要求總統給予臺灣設立的機構相同數目的辦事處及規定的全體人數，這是指與一九七九年一月一日以前美國承認為中華民國的臺灣當局在美國設立的辦事處及人員相同而言。

　　　　　C.根據臺灣給予美國在臺協會及其適當人員的特權及豁免權，總統已獲授權給予臺灣機構及其適當人員有效履行其功能所需的此種特權及豁免權（要視適當的情況及義務而定）。

公務人員離職受雇於協會

第十一條　A. 1.依據總統可能指示的條件及情況，任何美國政府機構可在一特定時間內，使接受服務於美國在臺協會的任何機構職員或雇員脫離政府職務。

　　　　　　2.任何根據上述（ 1.）節情況離開該機構而服務於該協會的任何職員或雇員，有權在終止於協會的服務時，以適當的地位重新為原機構（或接替的機構）雇用或復職，該職員或雇員並保有如果未在總統指示的期間及其他情況下離職所應獲得的附帶權利、特權及福利。

　　　　　　3.在上述（ 2.）項中有權重新被雇用或復職的職員或雇員，在繼續不斷為該協會服務期間，應可繼續參加未受雇於該協會之前所參加的任何福利計畫，其中包括因公殉職、負傷或患病的補償；衛生計畫及人壽保險；年度休假、病假、及其他例假計畫；美國法律下任何制度的退休安排。此種職員或雇員如果在為該協會服務期間，及重為原機構雇用或復職之前死亡或退休，應視為在公職上死亡或退休。

　　　　　　4.任何美國政府機構的職員或雇員，在本法案生效前享准保留原職而停薪情況進入該協會者，在服務期間將獲受本條之下的各項福利。

　　　　　B.美國政府任何機構在臺灣雇用外國人員者，可將此種人員調往該協會，要自然增加其津貼、福利及權利，並不得中斷其服務，以免影響退休及其他福利，其中 C.包括繼續參加調往該協會前，法律規定的退休制度。

　　　　　該協會的雇用人員不是美國政府的雇用的人員，其在代表該協會時，免於受美國法典第 18 條 207 項之約束。

　　　　　C. 1.依據一九五四年美國國內稅法 911 及 913 項，該協會所付予雇用人員之薪水將不視為薪資所得。該協會雇用人員所獲之薪水應予免稅，其程度與美國政府的文職人員情況同。

2.除了前述（A.）（3.）所述範圍，受雇該協會所作的服務，將不構成社會安全法第二條所述之受雇目的。

有關報告之規定

第十二條　A.國務卿應將該協會為其中一造的任何協定內容全文送交國會。但是，如果總統認為立即公開透露協定內容會危及美國的國家安全，則此種協定不應送交國會，而應在適當的保密命令下，送交參院及眾院的外交委員會，僅於總統發出適當通知時才得解除機密。

B.為了（A.）段所述的目的，「協定」一詞包括
　1.該協會與臺灣的治理當局或臺灣設立之機構所達成的任何協定；
　2.該協會與美國各機構達成的任何協定。

C.經由該協會所達成的協定及交易，應接受同樣的國會批准、審查、及認可，如同這些協定是經由美國各機構達成一樣，該協會是代表美國政府行事。

D.在本法案生效之日起的兩年期間，國務卿應每六個月向眾院議長及參院外交委員會提出一份報告，描述及檢討與臺灣的經濟關係，尤其是對正常經濟關係的任何干預。

規則與章程

第十三條　授權總統規定適於執行本法案各項目的的規則與章程。在本法案生效之日起三年期間，此種規則與章程應立即送交眾院議長及參院外交委員會。然而，此種規則章程不得解除本法案所賦予該協會的責任。

國會監督

第十四條　A.眾院外交委員會，參院外交委員會及國會其他適當的委員會將監督：
　1.本法案各條款的執行；
　2.該協會的作業及程序；
　3.美國與臺灣繼續維持關係的法律及技術事項；
　4.有關東亞安全及合作的美國政策的執行。

B.這些委員會將適當地向參院或眾院報告監督的結果。

定　義

第十五條　為本法案的目的
　1.「美國法律」一詞，包括美國任何法規、規則、章程、法令、命令、美國及其政治分支機構的司法程序法；
　2.「臺灣」一詞將視情況需要，包括臺灣及澎湖列島，這些島上的人民、公司及根據適用於這些島嶼的法律而設立或組成的其他團體及機構，一九七九年一月一日以前美國承認為中華民國的臺灣治理當局，以及任何接替的

　　治理當局（包括政治分支機構、機構等）。

撥款之授權

第十六條　除了執行本法案各條款另外獲得的經費外，本法案授權國務卿在一九八〇會計年度撥用執行本法案所需的經費。此等經費已獲授權保留運用，直到用盡為止。

條款效力

第十七條　如果本法案的任何條款被視為無效，或條款對任何人或任何情況的適用性無效，則本法案的其他部份，以及此種條款適用於其他個人或情況的情形，並不受影響。

生效日期

第十八條　本法案應於一九七九年一月一日生效。

九十一、駐美國臺北經濟文化代表處與美國在臺協會間特權、免稅暨豁免協定 (Agreement on Privileges, Exemptions and Immunities between the Taipei Economic and Cultural Representative Office in the United States and the American Institute in Taiwan.) (2013.2.4)

> **說明：**
> ㈠本協定於二〇一三年二月四日簽署，同日生效。
> ㈡中文本取自外交部條約法律司，《中華民國對外條約輯編：第二十編》，臺北：外交部，2014 年，頁 716–726。外交部所收錄為中英文本對照本，英文本在本書中省去。

　　鑒於駐美國臺北經濟文化代表處與美國在臺協會：

　　負有代表各自當局執行與促進臺灣人民與美國人民間商務、文化及其他關係之責任；

　　自一九八〇年以來，各依對其所代表當局適用之國內法及習慣國際法，代表其當局執行領事職權及提供領事協助，包括探視被羈押人士；

　　在此之前依據一九八〇年十月二日在華盛頓哥倫比亞特區簽署之美國在臺協會與北美事務協調委員會間特權、免稅暨豁免協定運作；

　　經審視各自當局法律，就美國在臺協會而言，包含 1979 年之臺灣關係法；以及

　　基於執行一九八〇年協定所獲得之實務經驗，並注意到為保障雙方享有有效執行職務所需之特權及豁免，有進行互惠及適當修改之價值；

　　爰達成下列協議：

第 一 條　就本協定之宗旨而言，下述名詞所經賦予之定義如下：

　　(a)「AIT」或「協會」係指美國在臺協會；

　　(b)「TECRO」係駐美國臺北經濟文化代表處；

　　(c)「相對機構」係指駐美國臺北經濟文化代表處與美國在臺協會之合稱；

　　(d)「主要辦事處」係分別指稱駐美國臺北經濟文化代表處位於哥倫比亞特區都會區內之各辦公處所，以及美國在臺協會位於臺北之各辦公處所（包含華語學校）；

　　(e)「分支辦事處」係指，就駐美國臺北經濟文化代表處而言，本協定下述第二條所稱位於哥倫比亞特區都會區以外稱作「臺北經濟文化辦事處」之分處之各辦公處所，以及，就美國在臺協會而言，設於高雄之分處之各辦公處所或依據本協定第二條規定設於其他地點之分處；

　　(f)「主要辦事處派任職員」係指任何作為派遣方相對機構派任之主要辦事處職員，包含主要辦事處之館長，經通知接受方相對機構且為後者所認可，並負責執行與促進臺灣人民與美國人民間商務、文化及其他關係相關職務者，以及該主要辦事處之行政及技術職員。該等人員不含任何為接受方相對機構總部所在地管轄領域之國民或永久居民；

　　(g)「分支辦事處派任職員」係指任何作為派遣方相對機構派任之分支辦事處職員，包含分支辦事處之館長，經通知接受方相對機構且為後者所認可，並負責執行與促進臺灣人民與美國人民間商務、文化及其他關係相關職務者，以及該分支辦事處之行政及技術職員。該等人員不含任何為接受方相對機構總部所在地管轄領域之國民或永久居民；

　　(h)相對機構之「派任職員」涵蓋本條第(f)項及第(g)項所述人員；

　　(i)「接受方相對機構總部所在地管轄領域」就駐美國臺北經濟文化代表處而言，係指臺灣，就美國在臺協會而言，係指美利堅合眾國。

　　「中央當局」係指美國聯邦政府或臺灣之對等組織，而「地方當局」係指美國各州、省、郡、市及其他各級地方政府或臺灣之對等組織。

第 二 條　駐美國臺北經濟文化代表處可於哥倫比亞特區都會區設立主要辦事處及在美國境內其他十二個城市和雙方相對機構可能商定的其他地方設立分支辦事處。美國在臺協會可於臺北設立主要辦事處及在高雄和雙方相對機構可能商定的其他地方設立分支辦事處。

第 三 條　(a)各相對機構有能力：(i)締結契約；(ii)取得及處分不動產及動產；(iii)提起訴訟。

　　(b)為有效執行其職務，各派遣方相對機構於接受方相對機構總部所在地管轄領域內，享有與在美國境內公國際組織相當之訴訟及法律程序之豁免，對

　　　　　　　本協定之適用而言，即指如美國法典第 28 篇第 1602 條以下所定之限制性豁免原則。

第 四 條　⒜各相對機構均承諾使對方相對機構及其人員享有本協定規定之所有特權、免稅及豁免待遇；並採取所有可能且妥當之措施，確保對方相對機構之處所及人員享有充分之保護，以利該機構執行職務。

　　　　　　　⒝接受方相對機構應促成依本協定享有利益人員獲發身分證明。

　　　　　　　⒞若任何享有本協定利益之人員任滿或離職，派遣方相對機構應通知接受方相對機構。

　　　　　　　⒟如接受方相對機構決定對任何享有本協定利益人員之續留不予認可，其應通知派遣方相對機構。在此人於接受方相對機構所決定之合理離職期限之後，其將停止享有該等利益。

　　　　　　　⒠任何人不得因本協定條款之規定，而被認為享有本協定明文規定以外之任何特權或豁免。

第 五 條　各相對機構應核發適當簽證予對方機構派任職員及與其構成同一戶口之家屬。

第 六 條　⒜派遣方相對機構應享有一切為執行其職務所需之通訊自由，其與職務有關之所有來往公文不得侵犯。

　　　　　　　⒝裝載前項所稱之來往公文及其他為執行相對機構職務有關之用品之郵袋不得開拆及扣留。

　　　　　　　⒞構成此種郵袋之包裹須附有可資識別其性質之外部標記且僅應裝載相對機構為執行其規定職務所需之文件或用品。正確標示之郵袋無體積、重量或數量之限制。構成此種郵袋之包裹包含板條箱、貨箱、盒箱、信封或其他形式之容器。此種郵袋之信差，應持有文件證明其身分及構成郵袋之包裹件數，其執行職務時應享有保護。信差應享有人身不得侵犯權並不受任何方式之逮捕或拘禁。

　　　　　　　⒟派遣方相對機構得指定特別信差。特別信差亦適用本條第⒞項之規定，但特別信差之特權及豁免將於郵袋交給收件人時終止。

　　　　　　　⒠裝載來往公文及用品之郵袋得託交預定在准許入境地點降落之商營飛機機長。機長應持有文件載明構成郵袋之包裹件數，但機長不得視為信差。派遣方相對機構得派遣一名人員逕向機長處自由取得郵袋。

第 七 條　⒜派遣方相對機構派任職員對執行其所授權職務所獲之薪金、酬勞及工資，應豁免於接受方相對機構總部所在地管轄領域內中央或地方當局徵收之稅捐。

　　　　　　　⒝派遣方相對機構支付其派任職員之薪金、酬勞及工資，不得由接受方相對機構總部所在地管轄領域內中央或地方當局扣繳稅捐。派遣方相對機構及其派任職員，應免予繳納接受方相對機構總部所在地管轄領域內中央或地方當局有關失業或類似之保險、社會安全、或其他類似計畫之給付。

(c)除經明示之拋棄豁免外，派遣方相對機構之主要辦事處及分支辦事處應免受強制進入及搜索，倘係該相對機構所擁有，亦免受查封、強制執行、徵用、徵收、或其他形式之扣留或沒收。主要辦事處使用之動產（包含交通工具）應免受強制進入及搜索，倘係該相對機構所擁有，亦免受扣押、強制執行、徵用、徵收、或其他形式之扣留或沒收。主要辦事處及分支辦事處所使用之金融資產及銀行帳戶免於扣押、強制執行、徵用、徵收、或其他形式之扣留或沒收。派遣方相對機構之檔案及文件，無論何時，亦不論位於何處，均屬不得侵犯。

(d)派遣方相對機構就其為執行授權職務而使用之不動產，應豁免繳納接受方相對機構總部所在地管轄領域內中央或地方之不動產稅捐。派遣方相對機構就其財產、收入、業務和其他交易行為，應豁免繳納接受之相對機構總部所在地管轄領域內中央或地方當局之稅捐。本條規定之豁免不適用並非用於派遣方相對機構或其繼承機構之目的之財產。

(e)除非經派遣方相對機構依據本協定第九條規定明確拋棄豁免，其派任職員應享有對執行授權職務範圍內之行為有關之訴訟及一切法律程序之豁免。

(f)除一般已內含於該商品或勞務價格之稅捐外，接受方相對機構應保證派遣方相對機構之主要辦事處及分支辦事處及其派任職員豁免繳納中央或地方之銷售稅、加值稅或其他類似之消費稅捐。但此項豁免不適用於提供特定服務應納之費用。

(g)接受方相對機構應確保派遣方相對機構之主要辦事處及分支辦事處，以及主要辦事處之派任職員應豁免繳納接受方相對機構總部所在地管轄領域內中央或地方當局對擁有及使用車輛所生之稅捐及規費。接受方相對機構亦應確保派遣方相對機構之主要辦事處及分支辦事處及其派任職員亦豁免繳納對汽油、柴油、潤滑油所稽徵之中央貨物稅。

(h)除係接受方相對機構總部所在地管轄領域之國民或永久居民外，派遣方相對機構及其派任職員及與其構成同一戶口之家屬，就其行李及用品之關稅、通關費用及國內稅以及接受方相對機構總部所在地管轄領域出入境法令規章、外僑登記及按捺指模、為外國政府代理人登記等事項，享有與在美國境內公國際組織，其官員、僱員、及家屬相當之特權、免稅及豁免待遇。

(i)就其於授權職務範圍內之通訊待遇及其課稅，派遣方相對機構享有與在美國境內公國際組織相當之特權、免稅及豁免待遇。

第 八 條　除本協定第七條第(e)項所定之各項特權、免稅及豁免待遇外：

(a)主要辦事處之派任職員對接受方相對機構總部所在地管轄領域之中央及地方當局之刑事管轄享有豁免。

(b)主要辦事處之派任職員不受任何形式之逮捕或拘禁。接受方相對機構總部所在地管轄領域之中央及地方當局對主要辦事處之派任職員應特示尊重，並應採取一切適當步驟以防止其人身、自由或尊嚴受有任何侵犯。

(c)主要辦事處之派任職員無以證人身分在刑事、民事、行政或其他程序中作證之義務。

(d)主要辦事處派任職員之私人住所應免於強制進入及搜索，倘該住所係派遣方相對機構所擁有，亦應免於扣押、強制執行、徵用、徵收、或其他形式之扣留或沒收。

(e)主要辦事處派任職員之文件、信件及財產在下述情形不受接受方相對機構總部所在地管轄領域之中央或地方當局之強制進入、搜索、查封、強制執行或其他任何形式之扣留及沒收：(i)涉及行使刑事管轄之案件；以及(ii)上述人員授權職務範圍內之行為涉及行使民事及行政管轄之案件。上述派任職員之行李及家庭用品在進入或離開接受方相對機構總部所在地管轄領域時不可免受檢查。

(f)與主要辦事處派任職員構成同一戶口之家屬，如非接受方相對機構總部所在地管轄領域之國民或永久居民，應享有與該派任職員相同之刑事管轄豁免且不受逮捕或拘禁。

(g)分支辦事處之館長及一名指定之副館長不得予以逮捕候審或羈押候審，但遇犯最輕本刑一年以上有期徒刑之罪行並依該管司法機關之裁決執行者，不在此列。

(h)接受方相對機構總部所在地管轄領域之中央及地方當局對分支辦事處之派任職員應特示尊重，並應採取一切適當步驟以防止其人身、自由或尊嚴受有任何侵犯。

(i)分支辦事處之派任職員得被請在司法或行政程序中到場作證。

　(i)除第七條第(e)項所稱之情形外，該職員不得拒絕作證。

　(ii)該職員就其執行職務所涉事項，無擔任作證或提供有關來往公文及文件之義務。

　(iii)該職員並有權拒絕以專家證人身分就派遣方總部所在地管轄領域之法律提出證言。

　(iv)如上述職員拒絕作證，不得對其施行強制措施或處罰。

第 九 條　(a)主要辦事處之派任職員依本協定第七條及第八條所享有之特權及豁免，得由該主要辦事處館長或代理館長或該機構總部拋棄之。

(b)分支辦事處之派任職員依本協定第七條及第八條所享有之特權及豁免，得由該分支辦事處館長或代理館長，或主要辦事處或該機構總部拋棄之。

(c)除下列第(d)項所述情形外，本協定所定之特權、免稅及豁免待遇之拋棄，概須明示。

(d)相對機構之派任職員如就其原可依本協定享有民事管轄豁免之事項，主動提起訴訟，即不得對與本訴直接相關之反訴主張管轄之豁免。

(e)在民事或行政訴訟程序上管轄豁免之拋棄，不得視為對判決執行之豁免亦默示拋棄。後項拋棄須分別為之。

第 十 條　本協定將取代一九八○年十月二日在華盛頓哥倫比亞特區簽署之美國在臺協
　　　　　　會與北美事務協調委員會間特權、免稅暨豁免協定。

第十一條　本協定隨時得經雙方同意修改。

第十二條　本協定自簽字之日起生效，其效力無一定期限。經雙方同意，或任何一方於
　　　　　　一年前以書面通知另一方，得終止本協定。

為此，雙方代表各經合法授權於本協定簽字，以昭信守。

西元 2013 年 2 月 4 日訂於華盛頓哥倫比亞特區，以中文及英文簽署，兩種文本同一作
準。

駐美國臺北經濟　　　　　　　　　　　　美國在臺協會
文化代表處
金溥聰　　　　　　　　　　　　　　　　施藍旗

九十二、駐美國臺北經濟文化代表處與美國在臺協會間之刑事司法互助協定 (Agreement on Mutual Legal Assistance in Criminal Matters between the Taipei Economic and Cultural Representative Office in the United States and the American Institute in Taiwan)　(2002.3.26)

說明：
㈠本協定於二○○二年三月二十六日簽署，同日生效。
㈡取自中華民國外交部，《中外條約輯編：第十四編》，臺北：中華民國外交部，
　2003 年，頁 410–423。外交部所收錄為中英文本對照本，英文本在本書中省去。

　　駐美國臺北經濟文化代表處與美國在臺協會基於相互尊重、互惠與共同利益，藉由
刑事事務之司法互助，以增進雙方所屬領土內執法機關有效之合作，同意訂立下列條款：

第 一 條　用詞定義
　　　　　　一、除另有規定外，本協定所用名詞定義如下：
　　　　　　　　⑴所稱「TECRO」係指駐美國臺北經濟文化代表處，乃由臺灣當局所設
　　　　　　　　　立之駐美機構；且
　　　　　　　　⑵所稱「AIT」係指美國在臺協會，乃依一九七九年四月十日之臺灣關
　　　　　　　　　係法、九六一八公法（22 U.S.C 第三三○一條以下），在哥倫比亞特區
　　　　　　　　　法令規定之下，組織設立之非營利法人。
　　　　　　　　⑶所稱「締約之一方」或「締約雙方」係指駐美國臺北經濟文化代表處

及／或美國在臺協會。

第 二 條　協助之範圍

一、締約雙方應經由其所屬領土內之相關主管機關，依本協定之規定，提供有關調查、追訴、犯罪防制及相關刑事司法程序中之相互協助。

二、協助應包括：

(1)取得證言或陳述；

(2)提供供證之文件、紀錄及物品；

(3)確定關係人之所在或確認其身分；

(4)送達文件；

(5)為作證或其他目的而解送受拘禁人；

(6)執行搜索及扣押之請求；

(7)協助凍結及沒收資產、歸還補償、罰金之執行程序；

(8)不違反受請求方所屬領土內法律之任何形式之協助。

三、在請求方所屬領土內受調查、追訴或進行司法程序之行為，不論依受請求方所屬領土內之法律規定是否構成犯罪，除本協定另有規定外，都應提供協助。

四、本協定係僅供締約雙方間司法互助之用，並不因而使私人得以獲取、隱匿、排除證據或阻礙執行請求之權利。

第 三 條　受指定之代表

一、任何一方應指定受指定代表人，以依照本協定提出或受理請求。

二、對駐美國臺北經濟文化代表處而言，其受指定代表人係駐美國臺北經濟文化代表處所屬領土之法務部部長或受法務部部長指定之人；對美國在臺協會而言，該受指定代表人係美國在臺協會所屬領土之司法部長或受司法部長指定之人。

三、為遂行本協定之目的，受指定代表人應彼此直接連繫，但依本條第四項和第五項之規定，當事人之一方依本協定匯款至他方者，應由駐美國臺北經濟文化代表處及美國在臺協會為之。

四、依本協定之任何匯至駐美國臺北經濟文化代表處之款項，應由美國在臺協會以新臺幣或美金匯款至北美事務協調委員會。款項應寄至：

秘書長

北美事務協調委員會

臺灣臺北市（郵遞區號：100）博愛路 133 號

電話：(02) 23116970

傳真：(02) 23822651

依本協定之任何匯至美國在臺協會之款項，應由駐美國臺北經濟文化代表處以美金匯款至美國在臺協會。該款項應寄至：

副執行理事

美國在臺協會

1700, N. Moore Street, Suite 1700

Arlington, VA. 22209

Telephone Number: (703) 525-8474

Facsimile Number: (703) 841-1385

五、依本協定之任何匯款及匯款請求必須附隨與該請求相關之文件，並列明
特定之協助行為及其有關費用。

第 四 條 協助之限制

一、有下列情形之一者，受請求方之指定代表人得拒絕協助：

(1)所涉行為係觸犯軍法而非觸犯普通刑法；

(2)該請求之執行將有害於受請求方所屬領土內之安全、公共秩序或類似
之重要利益；或

(3)該請求與本協定不符者；

(4)依第十五條規定所為之請求，其所涉行為在受請求方所屬領土內不構
成犯罪者。

二、受請求方之指定代表人依本條規定拒絕提供協助前，應與請求方之指定
代表人協商考量是否在附加必要之條件後，再提供協助，如請求方之指
定代表人接受該附加條件之協助，則其所屬領土內之相關機關應遵守該
條件。

三、受請求方之指定代表人如拒絕提供協助，應將拒絕之理由通知請求方之
指定代表人。

第 五 條 請求之形式及其內容

一、請求協助，應以書面為之，但在緊急情形下，經受請求方指定代表人同
意以其他方式提出者，不在此限；以其他方式提出請求者，除經受請求
方指定代表人之同意外，應於提出請求後十日內以書面確認之。請求協
助除經同意外，應以受請求方所屬領土內所使用之語文提出。

二、請求應包括以下事項：

(1)執行調查、追訴或相關訴訟程序之機關名稱；

(2)請求事項及調查、追訴或訴訟程序性質之說明，包括請求事項涉及之
特定刑事罪行、罪名及其法定刑責；

(3)所要尋找的證據、資料或其他協助之敘述；

(4)所要尋找的證據、資料或其他協助之目的之陳述。

三、在可能及必要之程度內，請求亦應包括以下事項：

(1)提供證據者之身分及其處所；

(2)應受送達者之身分及處所、於訴訟程序中之關係及送達方式；

(3)受尋找人之身分及處所

(4)受搜索之處所、人及應扣押物品之確切描述；

(5)有關取得及記錄證詞或陳述之方式之說明；

(6)訊問證人之問題表；

(7)執行請求時，應行遵守之特別程序；

(8)經要求在請求方所屬領土內出庭者可得之津貼及費用；

(9)其他有助於受請求方執行請求之相關資料。

四、如受請求方認為請求之內容不充足，以致不能執行時，可要求提供補充資料。

五、協助之請求及其輔助文件無需任何形式的證明或認證。

第 六 條 請求之執行

一、受請求方之指定代表人應立即執行請求，如由相關機關執行較為適當者，應移轉之。受請求方之主管機關應依其權責盡力執行請求。

二、受請求方之指定代表人，應在請求方經費允許範圍內，為其在受請求方所屬領土內因請求協助而產生之任何訴訟程序，做一切必要之安排。

三、請求之執行應依受請求方所屬領土內之法律規定程序為之。請求書所指定之執行方法，除違反受請求方所屬領土內之法律者外，應予遵守。

四、受請求方指定代表人如認為執行請求有礙於在受請求方所屬領土內進行之刑事調查、追訴或其他訴訟程序時，得延緩執行；或依照與請求方指定代表人協商後所定之必要條件執行之。請求方指定代表人如接受該附加條件之協助，則其所屬領土內之機關應遵守這些條件。

五、受請求方所屬領土內之相關機關，於請求方指定代表人要求時，對於協助之請求及其內容，應盡力保密；如為執行該請求而無法保密時，受請求方指定代表人應通知請求方指定之代表人，由請求方指定之代表人決定該請求是否仍應執行。

六、受請求方指定代表人對於請求方指定代表人就執行請求進展所提出之合理詢問，應予回應。

七、受請求方之指定代表人應將執行結果，立即通知請求方指定代表人。如該請求遭拒絕時，受請求方指定代表人應將拒絕理由通知請求方指定代表人。

第 七 條 費用

一、受請求方所屬領土內之主管機關應支付與執行請求有關之費用，但請求方所屬領土內之主管機關應負擔下列費用：

(1)根據請求方所屬領土之規定，支付本協定第十一條及第十二條規定人員津貼或旅費；

(2)有關人員按照第九條第三項之規定，前往、停留和離開受請求方所屬領土之費用；

(3)專家之費用及報酬；以及

(4)筆譯、口譯及謄寫費用。

二、如請求之執行明顯須支出超乎尋常之費用，締約雙方指定之代表人應協
　　商以決定該請求可被執行之條件。

第 八 條　用途之限制

一、受請求方之指定代表人得請求請求方所屬領土內之機關在未經受請求方
　　指定代表人同意之前，不得將依本協定而取得之資料或證據，使用於請
　　求（書）所載以外用途之任何調查、起訴或訴訟程序。於此情形下，請
　　求方所屬領土內之機關應遵守此條件。

二、受請求方之指定代表人對於依本協定而提供之資料及證據，得請求應予
　　保密，或僅得依其所指定之條件使用。請求方之指定代表人如在該等指
　　定條件下接受資料或證據，則其所代表領土內之機關應盡力遵守之。

三、在刑事追訴程序中，如依駐美國臺北經濟文化代表處所屬領土之憲法或
　　依美國在臺協會所屬領土之憲法或法律，有義務使用或公開資料時，不
　　應以本條之限制規定排除之。請求方之指定代表人應將此準備公開之情
　　形預先通知受請求方之指定代表人。

四、依本條第一、二、三項之規定，在請求方所屬領土內已公開之資料或證
　　據，得使用於任何用途。

第 九 條　受請求方所屬領土內之證言或證據

一、受請求方所屬領土內之人經依本協定受請求自其取得證據者，必要時應
　　強制其出庭、作證或提供包括供證之文件、紀錄及物品在內之證物。受
　　請求而做虛偽證言者，無論以口頭或書面方式，須在受請求方所屬領土
　　內，依該領土內之刑事法規定予以追訴及處罰。

二、受請求方之指定代表人於受請求時，應先行提供有關依本條規定取得證
　　言或證據之日期及地點之資料。

三、受請求方所屬領土之主管機關在執行請求時，應准許請求中所指明之人
　　在場，並依照受請求方所屬領土之主管機關所同意之方式，准許其詢問
　　作證或提供證據之人，並進行逐字紀錄。

四、如第一項規定之人依請求方所屬領土內法律之規定主張豁免、無行為能
　　力或特權時，受請求方指定代表人仍應取得任何所請求之證據，並使請
　　求方之指定代表人知悉該人之主張，俾使請求方所屬領土內有關當局解
　　決之。

五、依本條規定在受請求方所屬領土內所取得之證據或依本條規定取得之證
　　詞，得以聲明方式，包括業務上紀錄之情形，依本協定附表 A 所示之證
　　明方式確認證實。依附表 A 所證明之文件，應准許在請求方所屬領土內
　　之法院作為證據使用。

第 十 條　雙方所屬領土內之紀錄

一、受請求方之指定代表人，應對請求方之指定代表人，提供受請求方所屬
　　領土內政府各主管機關所持有得公開之紀錄，包括任何形式之文件或資

料。

二、受請求方之指定代表人，得以對待受請求方所屬領土內執法機關或司法當局相同的程度及條件，提供任何在其所屬領土內政府主管機關持有之不公開文件、紀錄或資料之副本。受請求方指定之代表人得根據本項規定，依職權拒絕全部或部分之請求。

三、依本條規定所提出之紀錄，得由負責保管之人依附表 B 填載聲明確認證實，毋需提出其他證明。依本項規定經認定為真正之文件，應准許在請求方所屬領土內之法院作為證據使用。

第十一條　解送受拘禁人

一、基於本協定所定協助之目的，經受請求方所屬領土內主管當局拘禁之人，被請求在請求方所屬領土內出庭者，如經其本人及締約雙方指定代表人之同意，得由受請求方所屬領土解送至請求方所屬領土內，以達協助之目的。

二、基於本協定所定協助之目的，經請求方所屬領土內主管當局拘禁之人，被請求在受請求方所屬領土出庭者，如經其本人及締約雙方指定代表人之同意，得由請求方所屬領土解送至受請求方所屬領土內，以達協助之目的。

三、為達本條之目的：

　(1)受移送方所屬領土內之主管機關，除經移送方所屬領土內之當局授權外，應有使被移送之人繼續受拘禁之權力與義務。

　(2)受移送方所屬領土內之主管機關，應在解送之日起三十日內，或在情況許可之下，或經雙方指定代表人同意之情形下，盡速將被移送之人解還移送方所屬領土受拘禁。

　(3)受移送方所屬領土內之主管機關不得要求移送方所屬領土內之主管機關發動引渡程序以達送還被移送之人之目的；並且

　(4)被移送之人於受移送方所屬領土內受拘禁期間，應折抵其在移送方所屬領土內所受判決之服刑期間。

第十二條　在請求方所屬領土內作證

一、請求方之指定代表人請求某人在請求方所屬領土內應訊時，受請求方之指定代表人應要求該人至請求方所屬領土內相關機關應訊。請求方指定代表人應表明其願支付費用之額度。受請求方之指定代表人應立即通知請求方之指定代表人有關該人之回應。

二、受請求方之指定代表人可要求請求方之指定代表人承諾，對於依本條被要求至請求方所屬領土內應訊之人員，不得因該人於進入請求方所屬領土前之任何作為、不作為或有罪判決而予以起訴、羈押、傳喚或以其他形式限制其人身自由，亦不應強制該人在該請求所未涉及之任何其他偵查、起訴或訴訟程序中作證或協助，除非事先取得受請求方之指定代表

　　　　人與該人之同意。如請求方之指定代表人不能作出上述保證，則被要求
　　　　前往之人可拒絕接受該請求。

　三、依本條規定所賦予之安全維護行為，應於請求方之指定代表人通知受請
　　　　求方之指定代表人，該人已毋需應訊七日後，或於該人離開請求方所屬
　　　　領土而自願返回時，終止之。請求方之指定代表人認有正當理由時，得
　　　　依職權延長該期間至十五日。

第十三條　人或證物之所在或其辨識

　　　　如請求方之指定代表人尋求在受請求方所屬領土內之人或證物之所在，或為
　　　　身分、物件之辨識時，受請求方所屬領土內之主管機關應盡其最大努力以確
　　　　定其所在或為人身、物件之辨識。

第十四條　送達文件

　一、受請求方所屬領土內之主管機關應盡最大努力以有效送達請求方之指定
　　　　代表人依本協定規定所提出與任何協助之請求全部或部分有關之文書。

　二、請求方之指定代表人於請求送達文件，要求特定人至請求方所屬領土內
　　　　機關應訊時，應於指定應訊時間前之合理期間內提出協助送達文件之請
　　　　求。

　三、受請求方之指定代表人應依請求所指定之方式返還送達證明。

第十五條　搜索及扣押

　一、如依受請求方所屬領土內之法律，請求方指定代表人所提出搜索、扣押
　　　　及移轉證物之請求為正當時，受請求方之指定代表人即應執行此等請求。

　二、每一保管扣押物品之人，於受請求時，應使用本協定附表 C，以證明其
　　　　保管之連續性、證物之辨識及其狀態之完整，毋需提出其他證明。此證
　　　　明應准許在請求方所代表領土內之法院作為證據使用。

　三、受請求方之指定代表人得要求請求方之指定代表人同意遵守必要條件以
　　　　保護第三方對於被移轉證物之權益。

第十六條　返還證物

　　　　受請求方之指定代表人，得要求請求方之指定代表人，盡速返還任何依本協
　　　　定執行請求時所提供之證物，包括供證之文件、紀錄或物品。

第十七條　沒收程序之協助

　一、締約之一方所指定之代表人，知有犯罪所得或犯罪工具在締約他方所屬
　　　　領土內，且係依締約他方所屬領土內之法律得予沒收或扣押之物者，得
　　　　通知締約他方之指定代表人。如締約他方所屬領土內之主管機關對沒收
　　　　或扣押程序有管轄權時，締約他方之指定代表人得對其主管機關提出此
　　　　等資料俾其決定是否採取適當行動。該主管機關應依其領土內之法律做
　　　　出決定，並應經由其指定之代表人就其所採取之行動通知對方之指定代
　　　　表人。

　二、締約雙方指定之代表人應在所屬領土內之相關法律許可範圍內，在沒收

犯罪所得或犯罪工具、被害人求償、刑事判決罰金之執行等程序中，彼此協助。此協助包括在等候進一步程序前之暫時凍結該所得或工具。

三、犯罪所得或犯罪工具須依締約雙方所屬領土內之法律規定予以處理。締約之任何一方在其所屬領土內之法律所許可之範圍，且認為適當時，得移轉該財物、變賣所得之全部或部分予他方。

第十八條　與其他協定之關係

本協定所規定之協助及程序，並不禁止締約之任一方或其指定之代表人依其他協定或各自所屬領土內之法律之規定，對他方提供協助。締約雙方亦得依任何可適用之安排、協定或實務做法，提供協助。

第十九條　諮商

締約雙方之指定代表人，於相互同意時，應諮商以促進本協定之有效運用。受指定之代表人亦得同意採用有助於履行本協定所必要之實際方法。

第二十條　生效；終止

一、本協定自最後簽署之日起生效。

二、締約之一方得以書面通知他方後，終止本協定。該終止自收受通知後六個月生效。

三、本協定適用於其生效後提出之任何請求，即使有關犯罪係發生於本協定生效之前。

茲證明以下簽名者經充分授權簽署本協定。

〔本協定以中文及英文各繕製兩份，兩種文字之約本同一作準。西元二〇〇二年三月二十六日訂於華盛頓哥倫比亞特區〕

駐美國臺北經濟文化代表處　　　　美國在臺協會
姓名：程建人　　　　　　　　　　姓名：卜睿哲 RichardC.Bush
職稱：代表 Representative　　　　職稱：Chairman
日期：MARCH 26, 2002　　　　　日期：MARCH 26, 2002

九十三、海峽兩岸共同打擊犯罪及司法互助協議

(2009.4.26)

說明：

㈠中華民國九十八年四月二十六日簽署，民國九十八年四月三十日行政院第 3142 次會議予以核定，民國九十八年四月三十日行政院院臺陸字第 0980085712 號函送立法院備查。

㈡本協議見行政院大陸委員會，《臺灣地區與大陸地區人民關係條例暨兩岸歷次協議》，臺北：行政院大陸委員會，2015 年，頁 140–145。

為保障海峽兩岸人民權益，維護兩岸交流秩序，財團法人海峽交流基金會與海峽兩岸關係協會就兩岸共同打擊犯罪及司法互助與聯繫事宜，經平等協商，達成協議如下：

第一章　總　則

一、合作事項

雙方同意在民事、刑事領域相互提供以下協助：

㈠共同打擊犯罪；

㈡送達文書；

㈢調查取證；

㈣認可及執行民事裁判與仲裁判斷（仲裁裁決）；

㈤接返（移管）受刑事裁判確定人（被判刑人）；

㈥雙方同意之其他合作事項。

二、業務交流

雙方同意業務主管部門人員進行定期工作會晤、人員互訪與業務培訓合作，交流雙方制度規範、裁判文書及其他相關資訊。

三、聯繫主體

本協議議定事項，由各方主管部門指定之聯絡人聯繫實施。必要時，經雙方同意得指定其他單位進行聯繫。

本協議其他相關事宜，由財團法人海峽交流基金會與海峽兩岸關係協會聯繫。

第二章　共同打擊犯罪

四、合作範圍

雙方同意採取措施共同打擊雙方均認為涉嫌犯罪的行為。

雙方同意著重打擊下列犯罪：

㈠涉及殺人、搶劫、綁架、走私、槍械、毒品、人口販運、組織偷渡及跨境有組織犯罪等重大犯罪；

㈡侵占、背信、詐騙、洗錢、偽造或變造貨幣及有價證券等經濟犯罪；

㈢貪污、賄賂、瀆職等犯罪；

㈣劫持航空器、船舶及涉恐怖活動等犯罪；

㈤其他刑事犯罪。

一方認為涉嫌犯罪，另一方認為未涉嫌犯罪但有重大社會危害，得經雙方同意個案協助。

五、協助偵查

雙方同意交換涉及犯罪有關情資，協助緝捕、遣返刑事犯與刑事嫌疑犯，並於必要時合作協查、偵辦。

六、人員遣返

雙方同意依循人道、安全、迅速、便利原則，在原有基礎上，增加海運或空

運直航方式，遣返刑事犯、刑事嫌疑犯，並於交接時移交有關卷證（證據）、簽署交接書。

受請求方已對遣返對象進行司法程序者，得於程序終結後遣返。

受請求方認為有重大關切利益等特殊情形者，得視情決定遣返。

非經受請求方同意，請求方不得對遣返對象追訴遣返請求以外的行為。

第三章　司法互助

七、送達文書

雙方同意依己方規定，盡最大努力，相互協助送達司法文書。

受請求方應於收到請求書之日起三個月內及時協助送達。

受請求方應將執行請求之結果通知請求方，並及時寄回證明送達與否的證明資料；無法完成請求事項者，應說明理由並送還相關資料。

八、調查取證

雙方同意依己方規定相互協助調查取證，包括取得證言及陳述；提供書證、物證及視聽資料；確定關係人所在或確認其身分；勘驗、鑑定、檢查、訪視、調查；搜索及扣押等。

受請求方在不違反己方規定前提下，應盡量依請求方要求之形式提供協助。

受請求方協助取得相關證據資料，應及時移交請求方。但受請求方已進行偵查、起訴或審判程序者，不在此限。

九、罪贓移交

雙方同意在不違反己方規定範圍內，就犯罪所得移交或變價移交事宜給予協助。

十、裁判認可

雙方同意基於互惠原則，於不違反公共秩序或善良風俗之情況下，相互認可及執行民事確定裁判與仲裁判斷（仲裁裁決）。

十一、罪犯接返（移管）

雙方同意基於人道、互惠原則，在請求方、受請求方及受刑事裁判確定人（被判刑人）均同意移交之情形下，接返（移管）受刑事裁判確定人（被判刑人）。

十二、人道探視

雙方同意及時通報對方人員被限制人身自由、非病死或可疑為非病死等重要訊息，並依己方規定為家屬探視提供便利。

第四章　請求程序

十三、提出請求

雙方同意以書面形式提出協助請求。但緊急情況下，經受請求方同意，得以其他形式提出，並於十日內以書面確認。

請求書應包含以下內容：請求部門、請求目的、事項說明、案情摘要及執行請求所需其他資料等。

如因請求書內容欠缺致無法執行請求，可要求請求方補充資料。

十四、執行請求

雙方同意依本協議及己方規定，協助執行對方請求，並及時通報執行情況。

若執行請求將妨礙正在進行之偵查、起訴或審判程序，可暫緩提供協助，並及時向對方說明理由。

如無法完成請求事項，應向對方說明並送還相關資料。

十五、不予協助

雙方同意因請求內容不符合己方規定或執行請求將損害己方公共秩序或善良風俗等情形，得不予協助，並向對方說明。

十六、保密義務

雙方同意對請求協助與執行請求的相關資料予以保密。但依請求目的使用者，不在此限。

十七、限制用途

雙方同意僅依請求書所載目的之事項，使用對方協助提供之資料。但雙方另有約定者，不在此限。

十八、互免證明

雙方同意依本協議請求及協助提供之證據資料、司法文書及其他資料，不要求任何形式之證明。

十九、文書格式

雙方同意就提出請求、答復請求、結果通報等文書，使用雙方商定之文書格式。

二十、協助費用

雙方同意相互免除執行請求所生費用。但請求方應負擔下列費用：

㈠鑑定費用；

㈡筆譯、口譯及謄寫費用；

㈢為請求方提供協助之證人、鑑定人，因前往、停留、離開請求方所生之費用；

㈣其他雙方約定之費用。

第五章　附　則

二十一、協議履行與變更

雙方應遵守協議。

協議變更，應經雙方協商同意，並以書面形式確認。

二十二、爭議解決

因適用本協議所生爭議，雙方應盡速協商解決。

二十三、未盡事宜

本協議如有未盡事宜，雙方得以適當方式另行商定。

二十四、簽署生效

本協議自簽署之日起各自完成相關準備後生效，最遲不超過六十日。

本協議於四月二十六日簽署，一式四份，雙方各執兩份。

財團法人海峽交流基金會　　　　　　　　海峽兩岸關係協會

董事長　江丙坤　　　　　　　　　　　　會長　陳雲林

九十四、中華民國司法院大法官會議釋字第三二九號解釋 (1993.12.24)

說明：

㈠解釋公布日期為民國八十二年十二月二十四日。

㈡本解釋見司法院，《司法院公報》，36 卷 2 期，臺北：司法院，1994 年，頁 4–15。

解釋文

憲法所稱之條約係指中華民國與其他國家或國際組織所締結之國際書面協定，包括用條約或公約之名稱，或用協定等名稱而其內容直接涉及國家重要事項或人民之權利義務且具有法律上效力者而言。其中名稱為條約或公約或用協定等名稱而附有批准條款者，當然應送立法院審議，其餘國際書面協定，除經法律授權或事先經立法院同意簽訂，或其內容與國內法律相同者外，亦應送立法院審議。

理由書

總統依憲法之規定，行使締結條約之權；行政院院長、各部會首長，須將應行提出於立法院之條約案提出於行政院會議議決之；立法院有議決條約案之權，憲法第三十八條、第五十八條第二項、第六十三條分別定有明文。依上述規定所締結之條約，其位階同於法律。故憲法所稱之條約，係指我國（包括主管機關授權之機構或團體）與其他國家（包括其授權之機關或團體）或國際組織所締結之國際書面協定，名稱用條約或公約者，或用協定等其他名稱而其內容直接涉及國防、外交、財政、經濟等之國家重要事項或直接涉及人民之權利義務且具有法律上效力者而言。其中名稱為條約或公約或用協定等名稱而附有批准條款者，當然應送立法院審議，其餘國際書面協定，除經法律授權或事先經立法院同意簽訂，或其內容與國內法律相同（例如協定內容係重複法律之規定，或已將協定內容訂定於法律）者外，亦應送立法院審議。其無須送立法院審議之國際書面協定，以及其他由主管機關或其授權之機構或團體簽訂而不屬於條約案之協定，應視

其性質，由主管機關依訂定法規之程序，或一般行政程序處理。外交部所訂之「條約及協定處理準則」，應依本解釋意旨修正之，乃屬當然。

　　至條約案內容涉及領土變更者，並應依憲法第四條之規定，由國民大會議決之。而臺灣地區與大陸地區間訂定之協議，因非本解釋所稱之國際書面協定，應否送請立法院審議，不在本件解釋之範圍，併此說明。

九十五、駐華外國機構及其人員特權暨豁免條例

(1997.5.7)

說明：
本條例見總統府，《總統府公報》，4005 號，臺北：總統府，1982 年，頁 1–2。修正條文見總統府，《總統府公報》，6154 號，臺北：總統府，1997 年，頁 4–15。

第 一 條　駐華外國機構及其人員之特權暨豁免，除條約另有規定者外，依本條例之規定。

第 二 條　本條例所稱駐華外國機構之設立，應經外交部核准，其人員應經外交部認定。

第 三 條　駐華外國機構及其人員依本條例享受之特權暨豁免，應基於互惠原則，以該外國亦界予中華民國駐該外國之機構及人員同等之特權暨豁免者為限。但有特殊需要，經外交部特許享受第五條第六款、第七款及第六條第一項第二款之特權者不在此限。

第 四 條　駐華外國機構基於互惠原則，於法令限制內有享受權利、負擔義務之能力。

第 五 條　駐華外國機構得享受左列特權暨豁免：

一、館舍不可侵犯，非經負責人同意，不得入內。但遇火災或其他災害須迅速採取行動時，得推定已獲其同意。

二、財產免於搜索、扣押、執行及徵收。

三、檔案文件不可侵犯。

四、豁免民事、刑事及行政管轄。但左列情形不在此限：

　㈠捨棄豁免。

　㈡為反訴之被告。

　㈢因商業行為而涉訟。

　㈣因在中華民國之不動產而涉訟。

五、電信及郵件免除檢查，並得以密碼之方式行之。其需設置無線電臺者，應經外交部及有關機關核可。

六、稅捐之徵免比照駐華使領館待遇辦理。

七、公務用品之進出口比照駐華使領館待遇辦理。

八、其他經行政院於駐華使領館所享待遇範圍內核定之特權暨豁免。

第 六 條　駐華外國機構之人員得享受左列特權暨豁免：

一、豁免因執行職務而發生之民事及刑事管轄。

二、職務上之所得、購取物品、第一次到達中華民國國境所攜帶之自用物品暨行李，其稅捐徵免比照駐華外交領事人員待遇辦理。

三、其他經行政院於駐華外交領事人員所享待遇範圍內核定之特權暨豁免。

前項人員，以非中華民國國民為限。

第 七 條　駐華外國機構及其人員依第五條及第六條得享受特權暨豁免之項目及範圍，由外交部核定；其變更亦同。

第七條之一　世界貿易組織駐華機構暨其官員、該組織官員及各會員之代表，就執行與該組織職能有關事項應享受之特權暨豁免，準用第四條至第七條之規定。

第 八 條　駐華外國名譽代表機構及其人員不適用本條例之規定。

第 九 條　本條例自公布日施行。

本條例第七條之一施行日期，由行政院定之。

九十六、公民與政治權利國際公約及經濟社會文化權利國際公約施行法　　　　　　　　(2009.4.22)

說明：
㈠中華民國九十八年四月二十二日總統華總一義第 09800096331 號令制定公布全文 9 條，定自九十八年十二月十日施行。
㈡本法見總統府，《總統府公報》，6859 號，臺北：總統府，2009 年，頁 17–19。

第 一 條　為實施聯合國一九六六年公民與政治權利國際公約 (International Covenant on Civil and Political Rights) 及經濟社會文化權利國際公約 (International Covenant on Economic Social and Cultural Rights)（以下合稱兩公約），健全我國人權保障體系，特制定本法。

第 二 條　兩公約所揭示保障人權之規定，具有國內法律之效力。

第 三 條　適用兩公約規定，應參照其立法意旨及兩公約人權事務委員會之解釋。

第 四 條　各級政府機關行使其職權，應符合兩公約有關人權保障之規定，避免侵害人權，保護人民不受他人侵害，並應積極促進各項人權之實現。

第 五 條　各級政府機關應確實依現行法令規定之業務職掌，負責籌劃、推動及執行兩公約規定事項；其涉及不同機關業務職掌者，相互間應協調連繫辦理。

政府應與各國政府、國際間非政府組織及人權機構共同合作，以保護及促進兩公約所保障各項人權之實現。

第 六 條　政府應依兩公約規定，建立人權報告制度。

第 七 條　各級政府機關執行兩公約保障各項人權規定所需之經費，應依財政狀況，優
　　　　　先編列，逐步實施。

第 八 條　各級政府機關應依兩公約規定之內容，檢討所主管之法令及行政措施，有不
　　　　　符兩公約規定者，應於本法施行後二年內，完成法令之制（訂）定、修正或
　　　　　廢止及行政措施之改進。

第 九 條　本法施行日期，由行政院定之。

九十七、條約締結法　　　　　(2015.7.1)

說明：
㈠中華民國一〇四年七月一日總統華總一義字第 10400075321 號令制定公布全文
　20 條，自公布日施行。
㈡本法見總統府，《總統府公報》，7200 號，臺北：總統府，2015 年，頁 3-7。

第 一 條　為規範條約與協定之締結程序及其法律效力，特制定本法。

第 二 條　中央行政機關或其授權之機構、團體與外國政府、國際組織或外國政府授權
　　　　　之機構、團體締結條約或協定，依本法之規定。

第 三 條　本法所稱條約，指國際書面協定而有下列情形之一者：
　　　　　一、具有條約或公約名稱。
　　　　　二、定有批准、接受、贊同或加入條款。
　　　　　三、內容涉及人民之權利義務。
　　　　　四、內容涉及國防、外交、財政或經濟上利益等國家重要事項。
　　　　　五、內容與國內法律內容不一致或涉及國內法律之變更。
　　　　　本法所稱協定，指條約以外，內容對締約各方均具有拘束力之國際書面協定。
　　　　　本法所定締結程序，包括條約或協定之簽署、批准、接受、贊同及加入等程
　　　　　序事項。

第 四 條　條約及協定之簽訂，由外交部主辦。但條約及協定內容具有專門性、技術性，
　　　　　且經外交部或行政院同意者，不在此限。
　　　　　主辦機關就條約及協定談判及簽署代表之指派與全權證書之頒發，應依國際
　　　　　公約及慣例辦理。

第 五 條　外交部主辦之條約或協定，其內容涉及其他機關之業務者，外交部應隨時與
　　　　　有關機關密切聯繫，或請其派員參與。
　　　　　外交部以外之主辦機關於研擬草案或對案及談判過程中，應與外交部密切聯
　　　　　繫，並注意約本文字及格式是否正確合宜，必要時並得請外交部派員協助。
　　　　　其正式簽署時，外交部得派員在場。

第 六 條　主辦機關於條約草案內容獲致協議前，得就談判之方針、原則及可能爭議事

項，適時向立法院說明並向立法院相關委員會報告。

第　七　條　條約或協定草案內容獲致協議時，除經行政院授權或因時機緊迫而經行政院同意者外，主辦機關應先報請行政院核定，始得簽署。

第　八　條　條約案經簽署後，主辦機關應於三十日內報請行政院核轉立法院審議。但未具有條約或公約名稱，且未定有批准、接受、贊同或加入條款之條約案，其有下列情形之一者，主辦機關應於簽署後三十日內報請行政院備查，並於條約生效後，主辦機關應報請行政院轉呈總統公布，並送立法院查照：
一、經法律授權簽訂。
二、事先經立法院同意簽訂。
三、內容與國內法律相同。
條約案之加入，準用前項規定辦理。

第　九　條　條約內容涉及國家機密、國家安全或外交考量者，行政院於條約案送立法院審議時，應標明機密等級，立法院應以秘密會議為之。

第　十　條　立法院審議多邊條約案，除該約文明定禁止保留外，得經院會決議提出保留條款。
雙邊條約經立法院決議修正者，應退回主辦機關與締約對方重新談判。
條約案未獲立法院審議通過者，主辦機關應即通知締約對方。

第十一條　條約案經立法院審議通過後，應依下列程序辦理：
一、定有批准、接受、贊同或加入條款者，主辦機關應報請行政院轉呈總統頒發批准書、接受書、贊同書或加入書，並副知外交部，於完成國內程序及依條約之規定互換或存放相關文書生效後，由主辦機關報請行政院轉呈總統公布。但情況特殊致無法互換或存放者，由主辦機關報請行政院轉呈總統逕行公布。
二、未定有批准、接受、贊同或加入條款者，主辦機關應報請行政院轉呈總統鑒察，並於條約生效後，報請行政院轉呈總統公布。
前項條約，自總統公布之生效日期起具國內法效力。

第十二條　協定經簽署後，主辦機關應於三十日內報請行政院備查，並於協定生效後，以適當方式周知及送請立法院查照。但其內容涉及國家機密或有外交顧慮足以影響國家安全或利益者，不在此限。
前項協定，行政院於備查時，並應函請總統府秘書長查照轉呈總統。

第十三條　條約或協定之約本，應同時以中文及締約對方之官方文字作成，各種文本同等作準為原則。必要時，得附加雙方同意之第三國文字作成之約本，並得約定於條約或協定之解釋發生歧異時，以第三國文字之文本為準。
專門性或技術性之條約或協定約本，得約定僅使用特定國際通用文字作成。

第十四條　條約或協定之附加議定書、附加條款、簽字議定書、解釋換文、同意紀錄、議事紀錄、附錄或其他相關文件，應併同條約或協定報請行政院備查或核轉立法院審議及送外交部保存。

第十五條　外交部以外之主辦機關應會同外交部製作條約或協定備簽正本，正本經簽署後，屬我方保存者，應於三十日內送外交部保存。

外交部以外之主辦機關致送締約對方之換文正本，應於簽署後製作影印本，並註明本件與簽署正本無異後，連同對方致送我方之簽署正本，於三十日內送外交部保存。

條約之批准書、接受書、贊同書或加入書須存放國外機構者，主辦機關應將該文書依前項規定方式製作影印本，於三十日內送外交部保存。

外交部應將條約及協定刊載於政府公報或公開於電腦網站，並彙整正本及依前二項規定製作之影印本，逐一編列號碼，定期出版。但有第十二條第一項但書規定情形者，不適用之。

第十六條　條約或協定之修正、變更、續約、停止、終止或退出，準用締結程序之規定。

第十七條　外交部以外之主辦機關締結之條約或協定生效後，外交部得請主辦機關提供執行情況之有關資料；其有修正、變更、續約、停止、終止、退出或解釋發生爭議時，外交部應協助主辦機關處理之。

第十八條　對於中央行政機關或其授權之機構、團體締結之國際書面協定性質發生疑義時，由外交部會同法務部及相關主辦機關認定之。

第十九條　本法施行細則，由外交部定之。

第二十條　本法自公布日施行。

中英名詞對照表

中文名詞	英文名詞
一元論	Monism
一事不再理	Non bis in idem
一個違反國際法的行為不能給違反者創設法律權利	Ex injuria ius non oritur
一般國際法強制規則	Peremptory norm of general international law
一般義務	General obligation
一造；當事人	Party
二元論	Dualism
人口政策	Demographic policy
人合國；身合國	Personal union
人工島嶼	Artificial islands
人肉盾牌	Human shield
人身自由	Personal freedom
人身保護狀	Writ of habeas corpus
人道干涉	Humanitarian intervention
人道法則	Laws of humanity
人質	Hostage
人類的共同繼承財產	Common heritage of mankind
人權	Human rights
上下文	Context
口述程序	Oral proceedings
土著人民	Indigenous people
大比例尺海圖	Large-scale charts
大使	Ambassador
大使館	Embassy
大英國協	British Commonwealth of Nations
大赦	Amnesty
大陸架，大陸礁層	Continental shelf
大會	General Assembly
工業化國家	Industrialized countries
干涉；妨害	Intervention; interference

不干涉	Non-interference (intervention)
不可抗力	Force majeure
不可撤銷的	Irrevocable
不平等條約	Unequal treaty
不利影響	Adverse effect
不受歡迎的人	Persona non grata
不法行為	Delict
不動產	Immovable property
不得侵犯權；不可侵犯權	Inviolability
不溯既往	Non-retroactivity
不當行為	Wrongful act
不當稽延	Undue delay
不適合法律解決的爭端	Non-justiciable disputes
不遵守	Non-compliance
中央線	Median line
中立	Neutrality
中立化	Neutralization
中航道	Thalweg
中斷	Interruption
互惠原則	Reciprocity, principle of
內國水域；內水	Internal waters
內陸國	Land-locked states
公允及善良原則	Ex aequo et bono
公平待遇	Just treatment
公民投票	Plebiscite
公民權	Citizenship
公共福利	General welfare
公使；部長	Minister
公約	Convention
公海	High seas
公海自由	Freedom of the high seas
公報	Communique
公斷；仲裁	Arbitration
公斷書；裁決	Award
分水嶺	Watershed

友好解決	Amicable settlement
反訴	Counter-claim
反傾銷稅	Anti-dumping duty
反對票	Negative vote
反對意見	Dissenting opinion
天然資源	Natural resources
天體	Celestial body
太空物體	Space object
太空飛器	Space vehicle
少數民族	Minorties
引渡	Extradition
手續	Formality
水曲	Indentation
水庫	Reservoir
片面聲明；單方聲明	Unilateral declaration
主要營業地	Principal place of business
主管機關	Competent authority
主權	Sovereignty
主權平等	Sovereign equality
主權行為	Acta jure imperii
主權豁免	Sovereign immunity
主體	Subject
主體領域原則	Subjective territorial principle
代位	Subrogation
代表	Representative
代辦	Charges d'affaires
出生地主義	Jus soli
出籍許可證書	Expatriation permits
加入	Accession
加入	Adherence
半圓形	Semi-circle
卡爾伏條款	Calvo doctrine
可決票	Affirmative vote
司法立法	Judicial legislation
司法解決	Judicial settlement

司法管轄	Judicial jurisdiction
外交代表	Diplomatic agent
外交庇護	Diplomatic asylum
外交使節	Diplomatic envoy
外交往來	Diplomatic intercourse
外交保護	Diplomatic protection
外交信差	Diplomatic courier(s)
外交途徑	Diplomatic channels
外交郵袋	Diplomatic bag
外交團	Diplomatic corps
外交關係	Diplomatic relations
外空；太空	Outer space
外僑登記	Registration of alien
失去戰鬥能力者	Hors de combat
失效	Invalidity (invalidating)
失效	lapse
失衡	Disequilibrium
奴隸	Slave
平民	Civilians
平等待遇	Equal treatment
平衡	Equilibrium
平衡稅	Countervailing duty
必要的措施	Necessary measures
未成年人	Minor
未遂	Attempt
正式文字	Official language
正式副本；證明無訛之抄本	Certified copy
正式確認	Formal confirmation
正常基線	Normal baseline
正義	Justice
民事及行政管轄	Civil and administrative jurisdiction
民事訴訟	Civil proceedings
民事管轄權	Civil jurisdiction
永久海港工程	Permanent harbour works
永續發展；持續的發展	Sustainable development

犯罪	Crime
犯罪者	Perpetrator
犯罪意圖	Mens rea
生物多樣性	Biological diversity
生物技術	Biotechnology
生物資源	Biological resources
生物資源	Living resources
生效	Enter into force
生效	Entry into force
生態系統	Ecosystem
用盡當地救濟辦法	Exhaustion of local remedies
由於有關的事物	Ratione materiae
申請狀；適用	Application
交存	Deposit
交戰地區	Combat area
交戰團體	Belligerents
交點週期	Nodel period
仲裁協定	Compromise
仲裁法庭	Arbitral tribunal
仲裁裁決	Arbitral award
任擇條款	Optional clause
休戰	Truce
先占	Occupation
先發制人；優先的	Preemptive
先決反對	Preliminary objection
全部繼承	General succession
全權；全權證書	Full powers
全權代表	Plenipotentiary
全體一致	Unanimity
全體會議	Plenary meeting
共犯	Accomplice
共同海損	General average
共管	Condominium
再輸出	Re-export
冰封區域	Ice-covered areas

刑事管轄	Criminal jurisdiction
刑法	Penal law
危害人道罪	Crime against humanity
危險廢物	Hazardous waste
危難	Distress
各國政府間協定	Intergovernmental agreement
同一作準	Equally authentic
同意	Consent
同盟	Alliance
同類產品	Like product
名譽領事官員	Honorary consular officer
在途中	En route
地球外物質	Extraterrestrial matter
地理上不利國	Geographically disadvantaged states
地理劃界	Geographical demarcation
地雷（水雷）	Mines
地雷、餌雷和其他裝置	Mines, booby traps and other devices
多邊條約	Multilateral treaty
安全區	Safety zone
安全理事會	Security Council
托運人	Consignor
扣押	Attachment
收口線	Closing line
收支平衡	Balance of payments
收貨人	Consignee
有害物劑	Harmful agents
有意的不良行為	Wilful misconduct
死亡繼承事件	Succession mortis causa
死刑	Capital punishment
污濁；污染	Pollution
自主	Autonomy
自由區	Free zone
自由貿易區	Free-trade area
自助	Self-help
自決	Self-determination

自治	Self-government
自保	Self-preservation
自動履行條約	Self-executing treaties
自然災害	Natural calamities
自衛	Self-defense
艾斯特拉達主義	Estrada doctrine
血統主義	Jus sanguinis
行政及技術人員	Members of the administrative and technical staff
行動自由	Freedom of movement
估價	Valuation
低潮	Low-tide
低潮高地	Low-tide elevation
低潮標	Low-water mark
住所	Domicile
作待核准之簽署	Signature ad referendum
作準文本；作準約文	Authentic text
免除	Exoneration
免除	Exemption
判決	Judgment
吞併	Annexation
否決權	Veto power
妨害；干涉	Interference
妨礙；影響；不利	Prejudice
庇護	Asylum
序文	Preamble
批准	Ratification
批准文件；批准書	Instrument of ratification
技術移轉	Transfer of technology
投降協定；領事裁判條款；治外法權條款	Capitulation
抗議	Protest
決議	Resolution
沒收	Confiscation
私人寓所	Private residence
私掠船	Privateer

防止或執行行動	Preventive or enforcement action
事物的現實狀態	Status quo
事務人員	Members of the service staff
事實上承認	De facto recognition
事實上的	De facto
併入	Incorporation
使用武力	Use of force
使節	Envoy
使館	Diplomatic mission
使館外交職員	Members of the diplomatic staff of the mission
使館人員	Members of the mission
使館館舍	Premises of the mission
使館館長	Head of the mission
來往公文	Official correspondence
初步斷定；推定成立	Prima facie
初級產品	Primary product
制裁	Sanctions
協定	Agreement
協商	Consultation
協商一致方式	Consensus
協調	Harmonization
協議	Accord
取消	Nullification
受任統治國	Mandatory state
和（調）解委員會	Conciliation commission
和（調）解員	Conciliator
和平	Peace
和平之破壞	Breach of the peace
和平方法	Peaceful means
和平解決	Peaceful settlement
坡尖	Spurs
委任統治地	Mandated territories
委派；指令；指定	Appointment
宗主權	Suzerainty

宗旨；目的	Purposes
定居種生物	Sedentary species
定性	Characterization
居留證	Residence permits
底土	Subsoil
征服	Subjugation
或引渡或起訴	Aut dedere aut judicare
房舍	Accommodation
所有權	Ownership
承運人	Carrier
承認	Recognition
承認的宣示理論	Declatory theory of recognition
承認的構成理論	Constitutive theory of recognition
承諾	Commitment
抵制	Boycott
抵銷	Set off
押收	Seizure
拋棄；棄權；棄權書	Waiver
拍賣	Auction
拒絕正義	Denial of justice
拖欠	Arrear
拘禁；扣留	Detention
放射廢料（材料）	Radio-active waste (material)
武力	Armed force
武裝衝突	Armed conflict
武裝衝突法	Law of armed conflict
河口	Mouth of river
河川	River
治外法權	Extraterritoriality
沿岸低潮線	Low-water line
沿岸貿易	Cabotage
沿岸群島	Coastal archipelagos
沿海國	Coastal state
泊船處	Roadstead
法人	Bodies corporate; juristic person

法典化	Codification
法定人數	Quorum
法定時效	Statutory limitations
法定監護人	Legal guardian
法律一般原則	General principles of law
法律上承認	De jure recognition
法律行為能力	Legal capacity
法律爭端	Legal disputes
法律效果	Legal effect
法律規則	Rules of law
法律規則不明確	Non liquet
法律確信	Opinio juris
法院地國	State of the forum
法院規則	Rules of the Court
版權（著作權）	Copyright
物種	Species
物權訴訟	Real action
直線基線	Straight baseline
直線連接酌定各點之方法	Method of straight baselines joining appropriate points
空防識別區	Air defense identification zone, ADIZ
空間；氣空；上空	Air space
表決權	Right to vote
近地點	Perigee
長距離封鎖	Long distance blockade
附件	Annexes
非主權行為	Jure gestionis
非自治領土	Non-self-governing territory
非法運輸	Illegal traffic
非政府社團	Non-governmental entities
非政府組織	Non-governmental organization
非常任理事國	Non-permanent member
非常會議	Extraordinary meeting
非關稅障礙	non-tariff barriers
侵入	Intrusion

侵略	Aggression
侵略行為	Act of aggression
侵略國	Aggressor state
侵權行為	Tort
便利	Facilities
保全	Preservation
保持占有主義	Uti possidetis juris
保留	Reservation
保留國	Reserving state
保管機關	Depositary
保證	Pledge
保護	Protection
保護	Safeguard
保護的責任	Responsibility to protect
保護國	Protectorate
信使	Courier
南生證書	Nansen Certificate
叛亂運動	Insurrectional movement
叛亂團體	Insurgents
威脅	Threat
客體	Object
客體領域原則	Objective territorial principle
宣言；聲明	Declaration
宣戰	Declaration of war
封鎖	Blockade
恢復原狀	Restitution
持久不變的有機污染物	Persistent organic pollutants
持續反對者原則	Persistent objector principle
政府首長	Head of government
政府船舶	Government ship
政府間之組織	Intergovernmental organization
政治犯罪	Political crime
政治實體	Political entity
既判事項；既判力	Res judicata
查驗（海關）	Inspection

毗連區	Contiguous zone
洋中群島	Mid-ocean archipelagos
洋脊	Ocean ridge
津貼	Allowance
派生的；衍生物	Derivative
派遣國	Sending state
界河	Border river; boundary river
界限；限度	Limit
相（毗）鄰（國家）	Adjacent (state)
相互間	Inter se
相符	Conformity
科學機構	Scientific authority
紀事錄	Process-verbal
約文認證	Authentication
約束	Bind
背信棄義	Perfidy
衍生	Derivation
負面共識決	Negative consensus
軍事參謀團	Military staff committee
軍事基地，裝置及堡壘	Military bases, installations and fortifications
軍事募捐及屯宿	Military contributions and billeting
軍事演習	Military maneuvers
軍事需要	Military necessity
軍備	Armament
軍艦	Warship
降河產卵魚種	Catadromous species
面對面；相對	Vis-a-vis
修正	Amendment
修改	Revision
俸給	Salary
個人（基於屬人理由）	Ratione personae
個別意見	Individual opinion
原子能	Atomic energy
原本（條約）	Original
原則	Principle

容恕	Tolerance
島嶼	Island
差別待遇；歧視	Discrimination
捐贈	Endowment
捕魚自由	Freedom of fishing
捕獲	Capture
捕獲物	Prize
效力	Validity
效忠；忠誠	Allegiance
時效	Prescription
時際法	Inter-temporal law
書面程序	Written proceedings
書記官長	Registar
核定；贊同	Approval
核武器	Nuclear weapons
核武器國家	Nuclear-weapons state
核武器競賽	Nuclear arms race
核查	Verification
核能	Nuclear energy
核裁軍	Nuclear disarmament
核質料	Nuclear material
核爆炸器械	Nuclear explosive devices
海臺	Plateaux
海平面	Sea-level
海床	Seabed
海岸一般方向	General direction of the coast
海岸線	Coast line
海底區域	Submarine areas
海底電纜與管線	Submarine cable and pipeline
海洋哺乳動物	Marine mammals
海洋產品	Marine products
海峰	Caps
海峽	Strait
海峽沿岸國	States bordering strait
海盜	Piracy; Pirate

海盜廣播	Pirate broadcasting
海隆	Rises
海圖	Chart
海難	Maritime casualities
海灣	Bay
消費稅	Excise duty
特別；專設；臨時	Ad hoc
特別法優於一般法	Lex specialis derogat generali
特別委員會	Special commission
特別提款權	Special drawing right, SDR
特命全權公使	Minister plenipotentiary and envoy extraordinary
特定基線	Particular baseline
特許權使用費〔權利金〕	Royalty
特赦	Pardon
特種使節	Special mission
特種對裂質料	Special fissionable material
特權	Privileges
真正聯繫	Genuine link
破壞和平罪	Crime against peace
秘書長	Secretary-General
秘書處	Secretariat
缺位	Vacant
缺席	Default
缺席	In absentia
缺席判決	Default judgement
臭氧層	Ozone layer
航行	Voyage
航空員；太空人	Astronaut
航空貨運單	Air way bill
航空運輸	Transportation by air
航空器	Aircraft
草擬	Drawing up
草簽	Initialling
討論	Deliberation; discussion

託管協定	Trusteeship agreement
託管理事會	Trusteeship Council
託管領土	Trust territory
脅迫	Duress
財產	Property
退化	Degradation
退出；撤回	Withdrawal
退休金	Retirement pension
退約；廢止	Denunciation
配額	Quota
除了別的東西；特別（是）；其中	Inter alia
除名；驅逐出境	Expulsion
高度洄游魚種	Highly migratory species
高潮	High tide
停止	Suspension
停火	Cease-fire
停火線	Armistice line
停戰	Armistice
偶然事故	Fortuitous event
偽造	Falsification
副領事	Vice-consul
副領事館	Vice-consulate
動產	Movable property
區域	Area
區域經濟一體化組織	Regional economic integration organization
區域機關	Regional agencies
區域辦法	Regional arrangements
商標	Trade mark
國內法	Municipal law
國內管轄	Domestic jurisdiction
國民	National
國民待遇	National treatment
國家元首	Head of state
國家行為	Act of state
國家責任	State responsibility

國家集團	Group of states
國家繼承	State succession; succession of state
國書	Credentials
國旗	National flag
國際人格	International personality
國際人道法	International humanitarian law
國際立法	International legislation
國際共同執行行動	Combined international enforcement action
國際協定	International agreement
國際和平及安全	International peace and security
國際河川	International river
國際法	International law
國際法人格	International legal personality
國際法之最低標準	Minimum standard of international law
國際法委員會	International Law Commission
國際法院	International Court of Justice
國際爭端	International dispute
國際政府間組織	International inter-governmental organization
國際海底管理局	International Seabed Authority
國際海洋法法庭	International Tribunal for the Law of the Sea
國際海洋法法庭海底爭端分庭	Sea-Bed Disputes Chamber of the International Tribunal for the Law of the Sea
國際航空運輸	International transportation by air
國際託管制度	International trusteeship system
國際組織	International organization
國際習慣	International custom
國際貨幣基金會	International Monetary Fund
國際勞工組織	International Labour Organization
國際會議	International conference
國際聯合會；國際聯盟	League of Nations
國際禮讓	International comity
國際關係	International relations
國徽	Coat-of-arms; emblem
國營貿易事業	State trading enterprises
國籍	Nationality

執行；強制執行	Execution
執行行動	Enforcement action
執行管轄	Enforcement jurisdiction
執照	License
基本人權	Fundamental human rights
基線	Baseline
密封郵袋	Sealed bag
專利	Patent
專門機關	Specialized agency
專屬經濟區	Exclusive economic zone
專屬管轄權	Exclusive jurisdiction
常任理事國	Permanent member
常設公斷（仲裁）法院	Permanent Court of Arbitration
強制的	Peremptory
強制管轄	Compulsory jurisdiction
強迫	Coercion
強迫役使	Servitude
情形特殊；情況特殊；特殊情況	Special circumstances
情勢	Situation
情勢之基本變遷	Fundamental change of circumstances (see rebus sic stantibus)
情勢變遷條款	Clausula rebus sic stantibus
排放	Emissions
掠奪	Depredation
掠奪	Pillage
探測	Exploration
探測及使用外空	Exploration and use of outer space
接受	Acceptance
接受書（贊同書或加入書）	Instrument of acceptance (approval or accession)
接受國	Receiving state
推回	Refoulement
推薦	Recommendation
措施；辦法	Measures
救助	Salvage

教唆	Abet
教廷大使	Nuncio
條約	Treaties
條約不使第三者擔負義務亦不給予權利	Pacta tertiis nec nocent nec prosunt
條約必須遵守	Pacta sunt servanda
條約保留	Treaty reservation
淵源	Sources
添附	Accretion
理事會	Council
產地標示	Mark of origin
移地保護	Ex-situ Conservation
章程	Regulations
終止	Termination
組織	Organization
組織約章	Constituent instrument
習慣	Custom
習慣國際法	Customary international law
船舶	Ship
船旗國	Flag State
處置	Disposal
被保護國	Protected state
被繼承國	Predecessor state
規費及手續費	Fees and charges
規範管轄	Prescriptive jurisdiction
許可書〔證〕	Permit
許可證；特許權	Concession
貨幣準備	Reserves
責任	Liability
責任	Responsibility; duty
通行證	Laissez-passer
通例	General rule
通訊自由	Freedom of communication
通過	Passage
連帶及個別責任	Jointly and severally liable
閉海或半閉海	Enclosed or semi-enclosed sea

陸塊	land mass
麻醉藥品	Narcotic drug
備忘錄	Memorandum
剩餘主權	Residual sovereignty
割讓	Cession
創始會員國	Original member
善良秩序	Good order
善意	Good faith
單一國	Unitary state
單方行為	Unilateral act
報仇	Reprisal
報酬	Emoluments
報酬	Remuneration
就地保護	In-situ onservation
揮發性有機化合物	Volatile organic compounds
援引	Invoke
援助	Aid
普遍化優惠制度	Generalized system of preference
普遍和平	Universal peace
普遍參加條款	General participation clause (all participation clause)
最後條款	Final Articles
最後通牒	Ultimatum
最惠國待遇	Most-favored-nation treatment
殖民主義	Colonialism
殘害人群／滅絕種族	Genocide
減刑	Commutation
減罪情況	Extenuating circumstances
減讓表	Schedules of concessions
測定	Measurement
港口國	Port states
無主地	Terra nullius
無主物	Bona vacantia
無主物	Res nullius
無充分（完全）行為能力人	Person lacking full capacity

無生資源	Non-living resources
無法採測的碎片	Non-detectable Fragments
無害通過權	Innocent passage, right of
無差別待遇	Non-discrimination
無效	Avoidance
無效	Void
無核武器國家	Non-nuclear-weapon state
無國籍人	Stateless person
無條件投降	Unconditional surrender
無線電發報機	Wireless transmitter
登記	Registration
登記國	State of registry
登臨權	Right of visit
發表意見自由	Freedom of expression
發射國	Launching state
發展中國家	Developing country
發現	Discovery
稅捐	Taxation; dues and taxes
程序	Procedure
絕對法；絕對規律	Jus cogens
裁判所；訴訟地；管理機構	Forum
裁軍	Disarmament
訴訟	Proceedings
訴訟事由	Cause of action
訴訟國法官	National judge
詐欺	Fraud
買賣	Trade
越境轉移	Transboundary movement
越權	Ultra vires
距離相等	Equidistant
逮捕	Arrest
逮捕令	Arrest warrant
開發	Exploitation
間接稅	Indirect taxes
間諜	Espionage

集體安全	Collective security
集體防衛	Collective defense
集體辦法	Collective measures
傳播	Dissemination
傾倒	Dumping
傾斜角	Inclination
匯兌管理	Exchange arrangement
嫌疑犯	Alleged offender
幹事長	Director-General
愛好和平之國家	Peace-loving states
損害	Damage
損害	Impairment
搜查	Search
新獨立國家	Newly independent state
會員國（會員）	Membership (member)
準用	Mutatis mutandis
準備工作（條約）	Preparatory work
準備工作資料	Travaux préparatoires
溫室效應	Green house effect
溯河產卵種群	Anadromous stock
滅種	Extinction
照會	Note
當地救濟規則	Local remedies, rule of
當事國；締約國	State party
當然	Ipso facto
盟約	Covenant
碰撞	Collision
禁止反言	Estoppel
禁制品	Contraband
禁運	Embargo
經濟制裁	Economic sanction
群島	Archipelago
群島國	Archipelagic state
義務	Obligation
補救辦法	Remedies

補貼	Subsidies
補償	Indemnification
解決	Settlement
解除履行	Discharge
解釋	Interpretation
解體	Dissolution
賄賂	Corruption
資產	Asset
跨界魚類	Straddling fish
跨國公司	Transnational corporations
跨境損害	Transboundary harm
運輸憑證	Document of transportation
過失	Negligence
過境自由	Freedom of transit
過境國	Transit state
過境通行	Transit passage
過境運輸	Traffic in transit
過境權	Right of passage
違犯	Infringement
違約國	Defaulting state
隔離	Quarantine
雷射致盲武器	Blinding laser weapons
馴化或培殖物種	Domesticated or cultivated species
僱傭兵	Mercenaries
實在法	De lege lata
實質性違約	Material breach
實體	Entity
對人管轄之豁免	Immunity ratione personae
對世、對所有國家的……	Erga omnes
對所有國家之義務	Obligations erga omnes
對物管轄之豁免	Immunity ratione materiae
慣常居住地	Habitual residence
斡旋	Good offices
漠視	Ignorance
煽動	Incitement

監督	Supervision
監護	Guardianship
福利	Welfare
種族分離	Racial segregation
種族隔離	Apartheid
管理；行政	Administration
管理局	Authority
管理當局	Administering authority
管理機構	Management authority
管轄權	Jurisdiction
緊追權	Hot pursuit, right of
輔助機關	Subsidiary organ
遣送返國	Repatriation
領土	Territory
領土主權	Territorial sovereignty
領土完整	Territorial integrity
領土管轄	Territorial jurisdiction
領水	Territorial waters
領事	Consul
領事代理人	Consular agent
領事代理處	Consular agency
領事委任文憑	Consular commission
領事官員	Consular officer
領事裁判權	Consular jurisdiction, right of
領事館	Consulate
領事職務	Consular function
領事證書	Exequatur
領事關係	Consular relations
領海	Territorial sea
領海的外部界限	Outer limits of the territorial sea
領陸	Land territory
領館	Consular post
領館信差	Consular courier
領館郵袋	Consular bag
領館館舍	Consular premises

領館館長	Head of consular post
領館館員（人員）	Members of consular staff (post)
領館檔案	Consular archives
領館轄區	Consular district
寬度	Breadth; width
徵用；徵發實物	Requisition
徵收	Expropriation
撥款	Appropriation
敵性	Enemy character
敵國	Enemy state
敵對行為	Hostility
數量限制	Quantitative restriction
暫時適用	Provisional application
標本	Specimen
標誌	Mark
締約承諾	Pactum de contrahendo
締約國	Contracting state
複式匯率	Multiple rates of exchange
調查	Enquiry
調停	Mediation
調解	Conciliation
調整	Adjustment
談判	Negotiation
談判國	Negotiating state
請願書	Petition
賠償	Reparation
賠償；酬金	Compensation
適用法律解釋的爭端	Justiciable dispute
鄰近原則	Contiguity, principle of
養護措施	Conservation measures
駐辦公使	Minister resident
憲章	Charter
戰犯	War criminal
戰爭	War
戰爭法	Jus in bello

戰爭犯罪	War crime
戰爭詐術行為	Use of ruses
戰爭爆炸殘餘物	Explosive remnants of war
戰俘	Prisoner-of-war
戰鬥員	Combatant
戰略防區	Strategic area
戰場	Theatre of war
擔保	Guarantee
機關	Organ
歷史性水域	Historical waters
歷史性海灣	Historical bay
歷史性權利	Historical title
燃燒武器	Incendiary weapons
燈塔	Light house
獨占	Monopoly
獨立	Independence
獨立國家的地位	Statehood
議事議定書；最後文件	Final Act
諮詢意見	Advisory opinion
輸入許可書〔證〕	Import permit
輸出許可書〔證〕	Export permit
辦事人員	Staff
遵守（條約）	Observances (of treaties)
遵循先例	Stare decisis
遺產稅，遺產取得稅及繼承稅	Estate, succession and inheritance duties
遺傳材料	Genetic material
遺傳資源	Genetic resources
錯誤	Error
默示同意	Implied consent
默認	Acquiesce
償付方式	Mode of payment
優惠待遇	Preferential treatment
優惠稅率（額）	Preferential rate
應有的注意	Due diligence
應受國際保護人員	Internationally protected person

檔案	Archives
檢疫條例	Quarantine regulation
營業所在地	Place of business
礁石	Reefs
總領事	Consul-general
總領事館	Consulate-general
聯合國	United Nations (UN)
聯合國總部	United Nations Headquarters
聯合運輸	Combined transportation
聯邦	Federation
聯絡點	Focal Point
臨時代辦	Charges d'affaires ad interim
臨時保護措施	Interim measures of protection
臨時辦法	Provisional measures
臨檢	Visit and search
謊報	Misrepresentation
豁免	Immunity
擴散	Proliferation
斷絕外交關係	Severance of diplomatic relations
斷絕領事關係	Severance of consular relations
歸化	Naturalization
禮儀	Etiquette
禮讓	Comity
簡易程序	Summary procedure
職務	Function
職業領事官員	Career consular officer
雙重犯罪原則	Double criminality, principle of
雙重用途目標	Dual use targets
雙重否決	Double veto
雙重國籍	Double nationality, dual nationality
雙邊條約	Bilateral treaty
雜項條款	Miscellaneous Provisions
簽字	Signature
簽字國	Signatory state
簽證	Visa

證書	Certificate
邊界制度	Boundary regimes
關係	Relation
關稅	Customs duty
關稅聯盟	Customs union
難民	Refugee
繼承	Succession
繼承國	Successor state
繼承通知	Notification of succession
議事日程	Agenda
議事規則	Rules of procedure
議定書	Protocol
議定條約約文	Adoption of the text of treaty
饒赦	Quarter
護照	Passport
權利	Right
羈押	Custody
觀察員	Observer

英中名詞對照表

英文名詞	中文名詞
Abet	教唆
Acceptance	接受
Accession	加入
Accommodation	房舍
Accomplice	共犯
Accord	協議
Accretion	添附
Acquiesce	默認
Act of aggression	侵略行為
Act of state	國家行為
Acta jure imperii	主權行為
Ad hoc	特別；專設；臨時
Adherence	加入
Adjacent (state)	相（毗）鄰（國家）
Adjustment	調整
Administering authority	管理當局
Administration	管理；行政
Adoption of the text of treaty	議定條約約文
Adverse effect	不利影響
Advisory opinion	諮詢意見
Affirmative vote	可決票
Agenda	議事日程
Aggression	侵略
Aggressor state	侵略國
Agreement	協定
Aid	援助
Air defense identification zone, ADIZ	空防識別區
Air space	空間；氣空；上空
Air way bill	航空貨運單
Aircraft	航空器
Alleged offender	嫌疑犯

Allegiance	效忠;忠誠
Alliance	同盟
Allowance	津貼
Ambassador	大使
Amendment	修正
Amicable settlement	友好解決
Amnesty	大赦
Anadromous stock	溯河產卵種群
Annexation	吞併
Annexes	附件
Anti-dumping duty	反傾銷稅
Apartheid	種族隔離
Application	申請狀;適用
Appointment	委派;指令;指定
Appropriation	撥款
Approval	核定;贊同
Arbitral award	仲裁裁決
Arbitral tribunal	仲裁法庭
Arbitration	公斷;仲裁
Archipelagic state	群島國
Archipelago	群島
Archives	檔案
Area	區域
Armament	軍備
Armed conflict	武裝衝突
Armed force	武力
Armistice	停戰
Armistice line	停火線
Arrear	拖欠
Arrest	逮捕
Arrest warrant	逮捕令
Artificial islands	人工島嶼
Asset	資產
Astronaut	航空員;太空人
Asylum	庇護

Atomic energy	原子能
Attachment	扣押
Attempt	未遂
Auction	拍賣
Aut dedere aut judicare	或引渡或起訴
Authentic text	作準文本；作準約文
Authentication	約文認證
Authority	管理局
Autonomy	自主
Avoidance	無效
Award	公斷書；裁決
Balance of payments	收支平衡
Baseline	基線
Bay	海灣
Belligerents	交戰團體
Bilateral treaty	雙邊條約
Bind	約束
Biological diversity	生物多樣性
Biological resources	生物資源
Biotechnology	生物技術
Blinding laser weapons	雷射致盲武器
Blockade	封鎖
Bodies corporate; juristic person	法人
Bona vacantia	無主物
Border river; boundary river	界河
Boundary regimes	邊界制度
Boycott	抵制
Breach of the peace	和平之破壞
Breadth; width	寬度
British Commonwealth of Nations	大英國協
Cabotage	沿岸貿易
Calvo doctrine	卡爾伏條款
Capital punishment	死刑
Capitulation	投降協定；領事裁判條款；治外法權條款
Caps	海峰

Capture	捕獲
Career consular officer	職業領事官員
Carrier	承運人
Catadromous species	降河產卵魚種
Cause of action	訴訟事由
Cease-fire	停火
Celestial body	天體
Certificate	證書
Certified copy	正式副本；證明無訛之抄本
Cession	割讓
Characterization	定性
Charges d'affaires	代辦
Charges d'affaires ad interim	臨時代辦
Chart	海圖
Charter	憲章
Citizenship	公民權
Civil and administrative jurisdiction	民事及行政管轄
Civil jurisdiction	民事管轄權
Civil proceedings	民事訴訟
Civilians	平民
Clausula rebus sic stantibus	情勢變遷條款
Closing line	收口線
Coast line	海岸線
Coastal archipelagos	沿岸群島
Coastal state	沿海國
Coat-of-arms; emblem	國徽
Codification	法典化
Coercion	強迫
Collective defense	集體防衛
Collective measures	集體辦法
Collective security	集體安全
Collision	碰撞
Colonialism	殖民主義
Combat area	交戰地區
Combatant	戰鬥員

Combined international enforcement action	國際共同執行行動
Combined transportation	聯合運輸
Comity	禮讓
Commitment	承諾
Common heritage of mankind	人類的共同繼承財產
Communique	公報
Commutation	減刑
Compensation	賠償；酬金
Competent authority	主管機關
Compromise	仲裁協定
Compulsory jurisdiction	強制管轄
Concession	許可證，特許權
Conciliation	調解
Conciliation commission	和（調）解委員會
Conciliator	和（調）解員
Condominium	共管
Confiscation	沒收
Conformity	相符
Consensus	協商一致方式
Consent	同意
Conservation measures	養護措施
Consignee	收貨人
Consignor	托運人
Constituent instrument	組織約章
Constitutive theory of recognition	承認的構成理論
Consul	領事
Consular agency	領事代理處
Consular agent	領事代理人
Consular archives	領館檔案
Consular bag	領館郵袋
Consular commission	領事委任文憑
Consular courier	領館信差
Consular district	領館轄區
Consular function	領事職務
Consular jurisdiction, right of	領事裁判權

Consular officer	領事官員
Consular post	領館
Consular premises	領館館舍
Consular relations	領事關係
Consulate	領事館
Consulate-general	總領事館
Consul-general	總領事
Consultation	協商
Context	上下文
Contiguity, principle of	鄰近原則
Contiguous zone	毗連區
Continental shelf	大陸架，大陸礁層
Contraband	禁制品
Contracting state	締約國
Convention	公約
Copyright	版權（著作權）
Corruption	賄賂
Council	理事會
Counter-claim	反訴
Countervailing duty	平衡稅
Courier	信使
Covenant	盟約
Credentials	國書
Crime	犯罪
Crime against humanity	危害人道罪
Crime against peace	破壞和平罪
Criminal jurisdiction	刑事管轄
Custody	羈押
Custom	習慣
Customary international law	習慣國際法
Customs duty	關稅
Customs union	關稅聯盟
Damage	損害
De facto	事實上的
De facto recognition	事實上承認

De jure recognition	法律上承認
De lege lata	實在法
Declaration	宣言；聲明
Declaration of war	宣戰
Declatory theory of recognition	承認的宣示理論
Default	缺席
Default judgement	缺席判決
Defaulting state	違約國
Degradation	退化
Deliberation; discussion	討論
Delict	不法行為
Demographic policy	人口政策
Denial of justice	拒絕正義
Denunciation	退約；廢止
Deposit	交存
Depositary	保管機關
Depredation	掠奪
Derivation	衍生
Derivative	派生的；衍生物
Detention	拘禁；扣留
Developing country	發展中國家
Diplomatic agent	外交代表
Diplomatic asylum	外交庇護
Diplomatic bag	外交郵袋
Diplomatic channels	外交途徑
Diplomatic corps	外交團
Diplomatic courier(s)	外交信差
Diplomatic envoy	外交使節
Diplomatic intercourse	外交往來
Diplomatic mission	使館
Diplomatic protection	外交保護
Diplomatic relations	外交關係
Director-General	幹事長
Disarmament	裁軍
Discharge	解除履行

Discovery	發現
Discrimination	差別待遇；歧視
Disequilibrium	失衡
Disposal	處置
Dissemination	傳播
Dissenting opinion	反對意見
Dissolution	解體
Distress	危難
Document of transportation	運輸憑證
Domestic jurisdiction	國內管轄
Domesticated or cultivated species	馴化或培殖物種
Domicile	住所
Double criminality, principle of	雙重犯罪原則
Double nationality, dual nationality	雙重國籍
Double veto	雙重否決
Drawing up	草擬
Dual use targets	雙重用途目標
Dualism	二元論
Due diligence	應有的注意
Dumping	傾倒
Duress	脅迫
Economic sanction	經濟制裁
Ecosystem	生態系統
Embargo	禁運
Embassy	大使館
Emissions	排放
Emoluments	報酬
En route	在途中
Enclosed or semi-enclosed sea	閉海或半閉海
Endowment	捐贈
Enemy character	敵性
Enemy state	敵國
Enforcement action	執行行動
Enforcement jurisdiction	執行管轄
Enquiry	調查

Enter into force	生效
Entity	實體
Entry into force	生效
Envoy	使節
Equal treatment	平等待遇
Equally authentic	同一作準
Equidistant	距離相等
Equilibrium	平衡
Erga omnes	對世、對所有國家的……
Error	錯誤
Espionage	間諜
Estate, succession and inheritance duties	遺產稅，遺產取得稅及繼承稅
Estoppel	禁止反言
Estrada doctrine	艾斯特拉達主義
Etiquette	禮儀
Ex aequo et bono	公允及善良原則
Ex injuria ius non oritur	一個違反國際法的行為不能給違反者創設法律權利
Exchange arrangement	匯兌管理
Excise duty	消費稅
Exclusive economic zone	專屬經濟區
Exclusive jurisdiction	專屬管轄權
Execution	執行；強制執行
Exemption	免除
Exequatur	領事證書
Exhaustion of local remedies	用盡當地救濟辦法
Exoneration	免除
Expatriation permits	出籍許可證書
Exploitation	開發
Exploration	探測
Exploration and use of outer space	探測及使用外空
Explosive remnants of war	戰爭爆炸殘餘物
Export permit	輸出許可書〔證〕
Expropriation	徵收
Expulsion	除名；驅逐出境

Ex-situ conservation	移地保護
Extenuating circumstances	減罪情況
Extinction	滅種
Extradition	引渡
Extraordinary meeting	非常會議
Extraterrestrial matter	地球外物質
Extraterritoriality	治外法權
Facilities	便利
Falsification	偽造
Federation	聯邦
Fees and charges	規費及手續費
Final Act	蕆事議定書；最後文件
Final Articles	最後條款
Flag State	船旗國
Focal Point	聯絡點
Force majeure	不可抗力
Formal confirmation	正式確認
Formality	手續
Fortuitous event	偶然事故
Forum	裁判所，訴訟地；管理機構
Fraud	詐欺
Free zone	自由區
Freedom of communication	通訊自由
Freedom of expression	發表意見自由
Freedom of fishing	捕魚自由
Freedom of movement	行動自由
Freedom of the high seas	公海自由
Freedom of transit	過境自由
Free-trade area	自由貿易區
Full powers	全權；全權證書
Function	職務
Fundamental change of circumstances (see rebus sic stantibus)	情勢之基本變遷
Fundamental human rights	基本人權
General Assembly	大會

General average	共同海損
General direction of the coast	海岸一般方向
General obligation	一般義務
General participation clause (all participation clause)	普遍參加條款
General principles of law	法律一般原則
General rule	通例
General succession	全部繼承
General welfare	公共福利
Generalized system of preference	普遍化優惠制度
Genetic material	遺傳材料
Genetic resources	遺傳資源
Genocide	殘害人群 / 滅絕種族
Genuine link	真正聯繫
Geographical demarcation	地理劃界
Geographically disadvantaged states	地理上不利國
Good faith	善意
Good offices	斡旋
Good order	善良秩序
Government ship	政府船舶
Green house effect	溫室效應
Group of States	國家集團
Guarantee	擔保
Guardianship	監護
Habitual residence	慣常居住地
Harmful agents	有害物劑
Harmonization	協調
Hazardous waste	危險廢物
Head of consular post	領館館長
Head of government	政府首長
Head of state	國家元首
Head of the mission	使館館長
High seas	公海
High tide	高潮
Highly migratory species	高度洄游魚種

Historical bay	歷史性海灣
Historical title	歷史性權利
Historical waters	歷史性水域
Honorary consular officer	名譽領事官員
Hors de combat	失去戰鬥能力者
Hostage	人質
Hostility	敵對行為
Hot pursuit, right of	緊追權
Human rights	人權
Human shield	人肉盾牌
Humanitarian intervention	人道干涉
Ice-covered areas	冰封區域
Ignorance	漠視
Illegal traffic	非法運輸
Immovable property	不動產
Immunity	豁免
Immunity ratione materiae	對物管轄之豁免
Immunity ratione personae	對人管轄之豁免
Impairment	損害
Implied consent	默示同意
Import permit	輸入許可書〔證〕
In absentia	缺席
Incendiary weapons	燃燒武器
Incitement	煽動
Inclination	傾斜角
Incorporation	併入
Indemnification	補償
Indentation	水曲
Independence	獨立
Indigenous people	土著人民
Indirect taxes	間接稅
Individual opinion	個別意見
Industrialized countries	工業化國家
Infringement	違犯
Initialling	草簽

Innocent passage, right of	無害通過權
In-situ onservation	就地保護
Inspection	查驗（海關）
Instrument of acceptance (approval or accession)	接受書（贊同書或加入書）
Instrument of ratification	批准文件；批准書
Insurgents	叛亂團體
Insurrectional movement	叛亂運動
Inter alia	除了別的東西；特別（是）；其中
Inter se	相互間
Interference	妨害；干涉
Intergovernmental agreement	各國政府間協定
Intergovernmental organization	政府間之組織
Interim measures of protection	臨時保護措施
Internal waters	內國水域；內水
International agreement	國際協定
International comity	國際禮讓
International conference	國際會議
International Court of Justice	國際法院
International custom	國際習慣
International dispute	國際爭端
International humanitarian law	國際人道法
International inter-governmental organization	國際政府間組織
International Labour Organization	國際勞工組織
International law	國際法
International Law Commission	國際法委員會
International legal personality	國際法人格
International legislation	國際立法
International Monetary Fund	國際貨幣基金會
International organization	國際組織
International peace and security	國際和平及安全
International personality	國際人格
International relations	國際關係
International river	國際河川
International Seabed Authority	國際海底管理局

International transportation by air	國際航空運輸
International Tribunal for the Law of the Sea	國際海洋法法庭
International trusteeship system	國際託管制度
Internationally protected person	應受國際保護人員
Interpretation	解釋
Interruption	中斷
Inter-temporal law	時際法
Intervention; interference	干涉；妨害
Intrusion	侵入
Invalidity (invalidating)	失效
Inviolability	不得侵犯權；不可侵犯權
Invoke	援引
Ipso facto	當然
Irrevocable	不可撤銷的
Island	島嶼
Jointly and severally liable	連帶及個別責任
Judgment	判決
Judicial jurisdiction	司法管轄
Judicial legislation	司法立法
Judicial settlement	司法解決
Jure gestionis	非主權行為
Jurisdiction	管轄權
Jus cogens	絕對法；絕對規律
Jus in bello	戰爭法
Jus sanguinis	血統主義
Jus soli	出生地主義
Just treatment	公平待遇
Justice	正義
Justiciable dispute	適用法律解釋的爭端
Laissez-passer	通行證
land mass	陸塊
Land territory	領陸
Land-locked states	內陸國
lapse	失效
Large-scale charts	大比例尺海圖

Launching state	發射國
Law of armed conflict	武裝衝突法
Laws of humanity	人道法則
League of Nations	國際聯合會；國際聯盟
Legal capacity	法律行為能力
Legal disputes	法律爭端
Legal effect	法律效果
Legal guardian	法定監護人
Lex specialis derogat generali	特別法優於一般法
Liability	責任
License	執照
Light house	燈塔
Like product	同類產品
Limit	界限；限度
Living resources	生物資源
Local remedies, rule of	當地救濟規則
Long distance blockade	長距離封鎖
Low-water line	沿岸低潮線
Low-tide	低潮
Low-tide elevation	低潮高地
Low-water mark	低潮標
Management authority	管理機構
Mandated territories	委任統治地
Mandatory state	受任統治國
Marine mammals	海洋哺乳動物
Marine products	海洋產品
Maritime casualities	海難
Mark	標誌
Mark of origin	產地標示
Material breach	實質性違約
Measurement	測定
Measures	措施；辦法
Median line	中央線
Mediation	調停
Members of consular staff (post)	領館館員（人員）

Members of the administrative and technical staff	行政及技術人員
Members of the diplomatic staff of the mission	使館外交職員
Members of the mission	使館人員
Members of the service staff	事務人員
Membership (member)	會員國（會員）
Memorandum	備忘錄
Mens rea	犯罪意圖
Mercenaries	僱傭兵
Method of straight baselines joining appropriate points	直線連接酌定各點之方法
Mid-ocean archipelagos	洋中群島
Military bases, installations and fortifications	軍事基地，裝置及堡壘
Military contributions and billeting	軍事募捐及屯宿
Military maneuvers	軍事演習
Military necessity	軍事需要
Military staff committee	軍事參謀團
Mines	地雷（水雷）
Mines, booby traps and other devices	地雷、餌雷和其他裝置
Minimum standard of international law	國際法之最低標準
Minister	公使；部長
Minister plenipotentiary and envoy extraordinary	特命全權公使
Minister resident	駐辦公使
Minor	未成年人
Minorties	少數民族
Miscellaneous provisions	雜項條款
Misrepresentation	謊報
Mode of payment	償付方式
Monism	一元論
Monopoly	獨占
Most-favored-nation treatment	最惠國待遇
Mouth of river	河口
Movable property	動產
Multilateral treaty	多邊條約

Multiple rates of exchange	複式匯率
Municipal law	國內法
Mutatis mutandis	準用
Nansen Certificate	南生證書
Narcotic drug	麻醉藥品
National	國民
National flag	國旗
National judge	訴訟國法官
National treatment	國民待遇
Nationality	國籍
Natural calamities	自然災害
Natural resources	天然資源
Naturalization	歸化
Necessary measures	必要的措施
Negative consensus	負面共識決
Negative vote	反對票
Negligence	過失
Negotiating state	談判國
Negotiation	談判
Neutrality	中立
Neutralization	中立化
Newly independent state	新獨立國家
Nodel period	交點週期
Non bis in idem	一事不再理
Non liquet	法律規則不明確
Non-compliance	不遵守
Non-detectable Fragments	無法採測的碎片
Non-discrimination	無差別待遇
Non-governmental entities	非政府社團
Non-governmental organization	非政府組織
Non-interference (intervention)	不干涉
Non-justiciable disputes	不適合法律解決的爭端
Non-living resources	無生資源
Non-nuclear-weapon state	無核武器國家
Non-permanent member	非常任理事國

Non-retroactivity	不溯既往
Non-self-governing territory	非自治領土
non-tariff barriers	非關稅障礙
Normal baseline	正常基線
Note	照會
Notification of succession	繼承通知
Nuclear arms race	核武器競賽
Nuclear disarmament	核裁軍
Nuclear energy	核能
Nuclear explosive devices	核爆炸器械
Nuclear material	核質料
Nuclear weapons	核武器
Nuclear-weapons state	核武器國家
Nullification	取消
Nuncio	教廷大使
Object	客體
Objective territorial principle	客體領域原則
Obligation	義務
Obligations erga omnes	對所有國家之義務
Observances (of treaties)	遵守（條約）
Observer	觀察員
Occupation	先占
Ocean ridge	洋脊
Official correspondence	來往公文
Official language	正式文字
Opinio juris	法律確信
Optional clause	任擇條款
Oral proceedings	口述程序
Organ	機關
Organization	組織
Original	原本（條約）
Original member	創始會員國
Outer limits of the territorial sea	領海的外部界限
Outer space	外空；太空
Ownership	所有權

Ozone layer	臭氧層
Pacta sunt servanda	條約必須遵守
Pacta tertiis nec nocent nec prosunt	條約不使第三者擔負義務亦不給予權利
Pactum de contrahendo	締約承諾
Pardon	特赦
Particular baseline	特定基線
Party	一造;當事人
Passage	通過
Passport	護照
Patent	專利
Peace	和平
Peaceful means	和平方法
Peaceful settlement	和平解決
Peace-loving states	愛好和平之國家
Penal law	刑法
Peremptory	強制的
Peremptory norm of general international law	一般國際法強制規則
Perfidy	背信棄義
Perigee	近地點
Permanent Court of Arbitration	常設公斷(仲裁)法院
Permanent harbour works	永久海港工程
Permanent member	常任理事國
Permit	許可書〔證〕
Perpetrator	犯罪者
Persistent objector principle	持續反對者原則
Persistent organic pollutants	持久不變的有機污染物
Person lacking full capacity	無充分(完全)行為能力人
Persona non grata	不受歡迎的人
Personal freedom	人身自由
Personal union	人合國;身合國
Petition	請願書
Pillage	掠奪
Piracy; Pirate	海盜
Pirate broadcasting	海盜廣播
Place of business	營業所在地

Plateaux	海臺
Plebiscite	公民投票
Pledge	保證
Plenary meeting	全體會議
Plenipotentiary	全權代表
Political crime	政治犯罪
Political entity	政治實體
Pollution	污濁；污染
Port states	港口國
Preamble	序文
Predecessor state	被繼承國
Preemptive	先發制人；優先的
Preferential rate	優惠稅率（額）
Preferential treatment	優惠待遇
Prejudice	妨礙；影響；不利
Preliminary objection	先決反對
Premises of the mission	使館館舍
Preparatory work	準備工作（條約）
Prescription	時效
Prescriptive jurisdiction	規範管轄
Preservation	保全
Preventive or enforcement action	防止或執行行動
Prima facie	初步斷定；推定成立
Primary product	初級產品
Principal place of business	主要營業地
Principle	原則
Prisoner-of-war	戰俘
Private residence	私人寓所
Privateer	私掠船
Privileges	特權
Prize	捕獲物
Procedure	程序
Proceedings	訴訟
Process-verbal	紀事錄
Proliferation	擴散

Property	財產
Protected state	被保護國
Protection	保護
Protectorate	保護國
Protest	抗議
Protocol	議定書
Provisional application	暫時適用
Provisional measures	臨時辦法
Purposes	宗旨；目的
Quantitative restriction	數量限制
Quarantine	隔離
Quarantine regulation	檢疫條例
Quarter	饒赦
Quorum	法定人數
Quota	配額
Racial segregation	種族分離
Radio-active waste (material)	放射廢料（材料）
Ratification	批准
Ratione materiae	由於有關的事物
Ratione personae	個人（基於屬人理由）
Real action	物權訴訟
Receiving state	接受國
Reciprocity, principle of	互惠原則
Recognition	承認
Recommendation	推薦
Reefs	礁石
Re-export	再輸出
Refoulement	推回
Refugee	難民
Regional agencies	區域機關
Regional arrangements	區域辦法
Regional economic integration organization	區域經濟一體化組織
Registar	書記官長
Registration	登記
Registration of alien	外僑登記

Regulations	章程
Relation	關係
Remedies	補救辦法
Remuneration	報酬
Reparation	賠償
Repatriation	遣送返國
Representative	代表
Reprisal	報仇
Requisition	徵用；徵發實物
Res judicata	既判事項；既判力
Res nullius	無主物
Reservation	保留
Reserves	貨幣準備
Reserving state	保留國
Reservoir	水庫
Residence permits	居留證
Residual sovereignty	剩餘主權
Resolution	決議
Responsibility; duty	責任
Responsibility to protect	保護的責任
Restitution	恢復原狀
Retirement pension	退休金
Revision	修改
Right	權利
Right of passage	過境權
Right of visit	登臨權
Right to vote	表決權
Rises	海隆
River	河川
Roadstead	泊船處
Royalty	特許權使用費〔權利金〕
Rules of law	法律規則
Rules of procedure	議事規則
Rules of the Court	法院規則
Safeguard	保護

Safety zone	安全區
Salary	俸給
Salvage	救助
Sanctions	制裁
Schedules of concessions	減讓表
Scientific authority	科學機構
Seabed	海床
Sea-Bed Disputes Chamber of the International Tribunal for the Law of the Sea	國際海洋法法庭海底爭端分庭
Sealed bag	密封郵袋
Sea-level	海平面
Search	搜查
Secretariat	秘書處
Secretary-General	秘書長
Security Council	安全理事會
Sedentary species	定居種生物
Seizure	押收
Self-defense	自衛
Self-determination	自決
Self-executing treaties	自動履行條約
Self-government	自治
Self-help	自助
Self-preservation	自保
Semi-circle	半圓形
Sending state	派遣國
Servitude	強迫役使
Set off	抵銷
Settlement	解決
Severance of consular relations	斷絕領事關係
Severance of diplomatic relations	斷絕外交關係
Ship	船舶
Signatory state	簽字國
Signature	簽字
Signature ad referendum	作待核准之簽署
Situation	情勢

Slave	奴隸
Sources	淵源
Sovereign equality	主權平等
Sovereign immunity	主權豁免
Sovereignty	主權
Space object	太空物體
Space vehicle	太空飛器
Special circumstances	情形特殊；情況特殊；特殊情況
Special commission	特別委員會
Special drawing right, SDR	特別提款權
Special fissionable material	特種對裂質料
Special mission	特種使節
Specialized agency	專門機關
Species	物種
Specimen	標本
Spurs	坡尖
Staff	辦事人員
Stare decisis	遵循先例
State of registry	登記國
State of the forum	法院地國
State party	當事國；締約國
State responsibility	國家責任
State succession; succession of state	國家繼承
State trading enterprises	國營貿易事業
Statehood	獨立國家的地位
Stateless person	無國籍人
States bordering strait	海峽沿岸國
Status quo	事物的現實狀態
Statutory limitations	法定時效
Straddling fish	跨界魚類
Straight baseline	直線基線
Strait	海峽
Strategic area	戰略防區
Subject	主體
Subjective territorial principle	主體領域原則

Subjugation	征服
Submarine areas	海底區域
Submarine cable and pipeline	海底電纜與管線
Subrogation	代位
Subsidiary organ	輔助機關
Subsidies	補貼
Subsoil	底土
Succession	繼承
Succession mortis causa	死亡繼承事件
Successor state	繼承國
Summary procedure	簡易程序
Supervision	監督
Suspension	停止
Sustainable development	永續發展；持續的發展
Suzerainty	宗主權
Taxation; dues and taxes	稅捐
Termination	終止
Terra nullius	無主地
Territorial integrity	領土完整
Territorial jurisdiction	領土管轄
Territorial sea	領海
Territorial sovereignty	領土主權
Territorial waters	領水
Territory	領土
Thalweg	中航道
Theatre of war	戰場
Threat	威脅
Tolerance	容恕
Tort	侵權行為
Trade	買賣
Trade mark	商標
Traffic in transit	過境運輸
Transboundary harm	跨境損害
Transboundary movement	越境轉移
Transfer of technology	技術移轉

Transit passage	過境通行
Transit state	過境國
Transnational corporations	跨國公司
Transportation by air	航空運輸
Travaux préparatoires	準備工作資料
Treaties	條約
Treaty reservation	條約保留
Truce	休戰
Trust territory	託管領土
Trusteeship agreement	託管協定
Trusteeship Council	託管理事會
Ultimatum	最後通牒
Ultra vires	越權
Unanimity	全體一致
Unconditional surrender	無條件投降
Undue delay	不當稽延
Unequal treaty	不平等條約
Unilateral act	單方行為
Unilateral declaration	片面聲明；單方聲明
Unitary state	單一國
United Nations (UN)	聯合國
United Nations Headquarters	聯合國總部
Universal peace	普遍和平
Use of force	使用武力
Use of ruses	戰爭詐術行為
Uti possidetis juris	保持占有主義
Vacant	缺位
Validity	效力
Valuation	估價
Verification	核查
Veto power	否決權
Vice-consul	副領事
Vice-consulate	副領事館
Visa	簽證
Vis-a-vis	面對面；相對

Visit and search	臨檢
Void	無效
Volatile organic compounds	揮發性有機化合物
Voyage	航行
Waiver	拋棄;棄權;棄權書
War	戰爭
War crime	戰爭犯罪
War criminal	戰犯
Warship	軍艦
Watershed	分水嶺
Welfare	福利
Wilful misconduct	有意的不良行為
Wireless transmitter	無線電發報機
Withdrawal	退出;撤回
Writ of habeas corpus	人身保護狀
Written proceedings	書面程序
Wrongful act	不當行為

國際法的參考書簡介

　　依據國際法學界公認的見解，國際法的淵源有五種：⑴條約；⑵國際習慣；⑶法律一般原則；⑷判例；⑸學說。前三種是主要淵源，後二種稱為輔助淵源，功能是證明國際法規範的存在，協助找到主要淵源。近年來，學者又多主張國際組織的決議也是國際法的淵源之一。在這種情形下，介紹國際法的參考書似乎可以依照上述國際法的淵源逐一介紹，但是事實不然。因為尋找和確認「國際習慣」及「法律一般原則」的存在和內容其實是要查考「國家的實踐」(practice)、「判例」和「學說」，「國際習慣」及「法律一般原則」本身無法單獨分類。此外，和所有其他領域的學術工作一樣，國際法研究者必須藉助有關國際法的書目與期刊索引，以瞭解某一主題已經有哪些相關著作或是專論，所以不論是紙本或是網路版的書目和索引也是不可或缺的參考工具。

　　基於上述的考量，本文分七類介紹、說明國際法的參考書，分別是：⑴書目期刊索引；⑵百科全書與辭典；⑶條約；⑷國家的實踐；⑸判例；⑹學者著作；與⑺與國際組織有關的著作及文件。

一、書目期刊索引

　　由於網路資源與電子資料庫的普遍使用，傳統式的紙本參考書目與期刊索引在今日的重要性大不如前。但是如果要查考舊書目，哈佛大學法律學院編纂，一九六五年至一九六七年出版的《國際法及關係目錄》(*Catalog of International Law and Relations*) 是一份相當完備的參考目錄。全書分二十巨冊，內容是將當時所有該校國際法學中心 (International Legal Studies) 的藏書卡片照相印刷成書，很富參考價值。此外，哈佛大學法律學院在一九八一年以前每年編有《年度法律書目》(*Annual Legal Bibliography*)，不但有詳細書目，也會列舉各國有關國際法期刊上的論文。

　　現在期刊文獻的查考可以經由 HEIN Online、LegalTrac、LEXIS/NEXIS 和 WESTLAW 等網路電子資料庫進行。如果要查美國、英國和一些大英國協的國家出版的國際法論文，可以使用《法律期刊索引》(*the Index to Legal Periodicals*, 1886–) 和《當代法律索引》(*Current Law Index*, 1980–)。如要查考其他國家出版的外國期刊，可以查《外國法律期刊索引》(*Index to Foreign Legal Periodicals*, 1960–)，檢索都相當方便。

　　美國過去還曾經出版過一個簡明的書目索引，稱為《國際法展望》(*International Law Perspective*, 1975–1987)，後改為《國際法與貿易展望》(*International Law & Trade Perspective*, 1987–2003)，每月一期，其內容分為四個部分。第三部分是刊載有關國際法或貿易的論文摘要，和提供重要期刊的目錄影本，而第四部分稱為「值得注意」

(Notables)，會刊登當時重要的書。每期大約二十頁左右，簡明扼要，非常有參考價值，不過已經停止出版。

德國馬克斯浦朗克比較公法與國際法研究所 (Max Planck Institute for Comparative Public Law and International Law) 編纂的《國際公法當代論文書目》(*Public International Law, A Current Bibliography of Articles*) 被認為是最詳盡的國際法文獻目錄。一九七五年出版第一卷，第十七卷（一九九一年）起擴大範圍將國際法書籍也列入，改名為《國際公法當代書與論文書目》 (*Public International Law, A Current Bibliography of Books and Articles*)，涵蓋了全世界上千種的期刊年報和選集資料，不但包括英文的出版品，也涵蓋其他德、法、西班牙等文字的出版品。現在每年出版二次，除了紙本外，也可以上該中心網站搜尋，網址是：http://www.mpil.de/en/pub/publications/periodic-publications/public-international-law.cfm。

我國方面，袁坤祥編，民國五十二年出版的《法律論文分類索引》；和盛子良編的《中文法律論文索引 (1963–1970)》；以及東吳大學圖書館自民國六十二年起每年出版的《中文法律論文索引》，其中關於國際法部分，都很有參考價值。《中文法律論文索引》後改名為《東吳大學中文法律論文索引資料庫》，收錄民國五十二年至民國九十四年間臺灣地區法學相關之「期刊文章」、「報紙專論」及「學術論文」，同時也收錄部分大陸法學期刊論著。除了東吳大學，中華民國國際法學會民國七十四年到民國九十二年出版的《中國國際法與國際事務年報》，每卷也有「國內出版的國際法及國際事務書籍與論文選錄」，選刊部分前二年的專書期刊目錄。

除了上述資料來源外，許多國際公法教科書都附有簡明的書目，例如二〇一四年英國牛津大學出版社出版，Malcolm Evans 教授主編的《國際法》，在每一章都附有參考書目。著名的期刊，如美國出版的 *American Journal of International Law* 和英國出版的 *International & Comparative Law Quarterly*，每期也都有書評介紹新書。

現在許多國際法資訊都可以在網站上找到，如果希望對國際法網路資源有一個全面性瞭解，可以參考美國國際法學會 (American Society of International Law) 網站的 *Electronic Resources Guide (ERG)*。這一份資料自一九九七年開始上線，最新的更新日期是二〇一五年，網址是：https://www.asil.org/resources/electronic-resource-guide-erg。涵蓋的國際法主題包括歐盟 (European Union)；國際商務仲裁 (International Commercial Arbitration)；國際刑法 (International Criminal Law)；國際經濟法 (International Economic Law)；國際環境法 (International Environmental Law)；國際人權法 (International Human Rights)；國際人道法 (International Humanitarian Law)；國際智慧財產權法 (International Intellectual Property Law)；國際組織 (International Organizations)；國際海盜 (International Piracy)；海洋法 (Law of the Sea)；國際公法 (Public International Law)；國際私法 (Private International Law)；與聯合國 (United Nations)。

除了美國國際法學會的網站，聯合國網站也非常重要，網址是：http://www.un.org。經由聯合國網站，讀者可以連接到國際法委員會和其他的聯合國專門機構。

最後，如果希望有系統的瞭解如何研究國際法，還可以參考以下的工具書：The

George Washington International Law Review, *Guide to International Legal Research*, Miamisburg: LexisNexis Matthew Bender, 2016.

二、百科全書與辭典

目前公認最經典的國際公法百科全書是 《馬克斯浦朗克國際公法百科全書》 (*Max Planck Encyclopedia of Public International Law*)，由德國馬克斯浦朗克比較公法與國際法研究所 (Max Planck Institute for Comparative Public Law and International Law) 監修，二〇一二年英國牛津大學出版社出版，主編是 Rüdiger Wolfrum 教授，全書共十冊。本百科全書同時提供線上查詢版本，網址是 http://www.mpepil.com。

其實更早之前，德國馬克斯浦朗克比較公法與國際法研究所就監修了一套《國際公法百科全書》 (*Encyclopedia of Public International Law*)，當時是由德國著名法學家 Rudolf Bernhardt 教授主編，自一九八一年開始出書，到一九九〇年共出版十二冊。如同二〇一二年的版本，該套書邀請許多世界知名學者參與寫作，每冊集中一個主題，例如第一冊的主題是「爭端的解決」(settlement of disputes)。一九九二年至二〇〇〇年間，Bernhardt 教授又將第一版十二冊的每一條目，依英文字母順序排列，編成四冊合訂本陸續出版，二〇〇三年並出版索引一本。

另外一本推薦使用的國際公法百科全書是英國學者 Clive Parry 和 John P. Grant, Anthony Parry, Arthur D. Watts 等四人於一九八六年合編的 《國際法百科辭典》 (*Encyclopedic Dictionary of International Law*)，內容頗為簡明實用。該書第二版由 John P. Grant 和 John Craig Barker 合編，二〇〇四年出版。二人合編的第三版則於二〇〇九年出版。

其他還可以參考的國際法辭典有 James R. Fox 主編的 《國際法與比較法辭典》 (*Dictionary of International Law and Comparative Law*) 第三版，二〇〇三年出版。此外，美國法律學會 (American Law Institute) 一九八七年出版的《美國對外關係法第三次整編》 (*Restatement of the Law: the Foreign Relations of the United States*) 是非常有價值的研究參考用書。本套書共二冊，美國法院常將其視為美國有關國際法的權威學術見解。

在中文出版品方面，臺灣地區尚無國人自編的國際法專門辭典或是百科全書，不過在一九七〇年由臺灣商務印書館出版的《雲五社會科學大辭典》第四冊《國際關係》中，有許多國際法的名詞條項。此外，三民書局於二〇一七年出版的《大辭典》，也有許多國際法詞目解釋。而在中國大陸方面，一九九六年由王鐵崖主編的《中華法學大辭典：國際法學卷》，有超過七十位的學者參與編著，全書篇幅超過八百頁。

大陸曾將前蘇聯和日本出版的國際法辭典譯為中文。一九八二年前蘇聯出版一冊國際法字典，並在一九八六年譯為英文，書名是 *A Dictionary of International Law*，中國大陸將其譯為中文，書名是（蘇）克利緬科等編，程曉霞、靜秋、丁文琪譯，黃良平校，《國際法辭典》，北京中國人民大學出版社，一九八七年出版。日本國際法學會在一九七二年編輯了一冊《國際法辭典》，在一九七五年由東京的鹿島出版會出版，此書也由中國

大陸學者譯為中文，在一九八五年由北京世界知識出版社出版。

關於聯合國與國際組織的重要百科全書或是參考書有下列三種：

1. Edmund Jan Osmanczyk, edited by Anthony Mango, *Encyclopedia of the United Nations and International Agreements*, New York: Routledge, 2003.

2. Rüdiger Wolfrum and Christiane Philipp, *United Nations: Laws, Policies and Practice*, München, Germany: Verlag C. H. Beck and Dordrecht/London/Boston: Martinus Nijhoff Publishers, 1995.

3. 大陸學者饒戈平、張獻主編，《國際組織通鑑》，世界知識出版社，二〇〇四年出版。

三、條　約

條約是現代國際法的最重要淵源，以下將分別介紹國際性條約彙編、美國條約彙編與中國條約彙編等。

㈠國際性條約彙編

以往搜尋條約，要借重書目和條約彙編。早期有二本條約書目值得介紹。第一本是 Denys Peter Myers, *Manual of Collections of Treaties: And of Collections Relating to Treaties*, Cambridge: Harvard University Press, 1922. 由於該書絕版已久，因此一九五六年聯合國秘書處法律局國際法修訂司又編纂了一冊 *List of Treaty Collections* (U. N. Document No. ST/LEG/5)，全書分三部分：第一部分是一般條約書目；第二部分是分類條約彙編；第三部分是各國條約彙編，可惜也已經絕版。

關於十八世紀及以前的條約彙編有多種，其中最著名的是法文的 Jean Dumont, *Corps universel diplomatique du droit des gens* (1726–1731)，全書共分八冊。而從十八世紀到第一次世界大戰為止，最完整的條約彙編是德國法學家 G. F. Von Martens 編纂的 *Recueil de traités*。他過世後由其他法學家續編至第一次世界大戰為止。全套書正編與續編涵蓋的時間範圍是一七六一年至一九四四年，共有一百一十九冊。

雖然上述彙編每部均附有索引，但因這些書絕版已久，且多人續編造成查閱不便。因此英國學者 Clive Parry 將一六四八年至一九一八年以來的條約，編輯成一套《綜合條約彙編》(*Consolidated Treaty Series*)。該書分二百三十一冊，由美國 Oceana 公司出版。另有《索引指南——一般年表》(*Index-Guide—General Chronological List*) 五冊、《索引指南——特別年表》(*Index-Guide—Special Chronology*) 二冊、《索引指南——締約國索引》(*Index-Guide—Party Index*) 五冊。如果彙編收錄的條約原文並非英文或法文，編者還會將其譯成英文或英文摘要。例如，一六六二年二月一日荷蘭東印度公司與鄭成功簽

訂的荷人降約 Treaty between the Netherlands East India Company (the Netherlands) and Teijbingh Tsianto Teijsiancon Koksin (China) for the Surrender of the Fortress of Zeelandia 刊載在彙編第二百二十七卷，荷文本在頁一九六至一九九，英文譯本在頁二○○至二○一。

一九二○年至一九四五年的國際條約大多已編入《國際聯盟條約彙編》(League of Nations Treaty Series, LNTS)，全套書共二○五卷，有九冊索引。現在也可以上網搜尋，網址是 League of Nations Treaty Series, http://treaties.un.org/Pages/LONOnline.aspx。前國際法院法官暨哈佛大學國際法教授 Manley O. Hudson 也將二次大戰前的國際多邊條約加以彙編，書名是 *International Legislation: A Collection of Texts of Multipartite International Instruments of General Interest Beginning with the Covenant of the League of Nations*, Washington: Carnegie Endowment for International Peace. 全套書共九冊，每一個條約都附有簡單的說明及參考資料目錄。

一九四六年以來締結的條約，大多在聯合國秘書處登記，並且編入《聯合國條約彙編》(*United Nations Treaty Series, UNTS*)。到二○一八年八月四日，聯合國已經出版了二千八百八十三卷的條約彙編，收錄條約的數目將近五萬件。《聯合國條約彙編》資料庫可以在聯合國官方網站上找到，網址是：UN Treaty Series Online Collection, http://treaties.un.org/Pages/UNTSOnline.aspx?id=1。如果條約還未編入《聯合國條約彙編》，可以查考 *Monthly Statement of Treaties and International Agreements*，網址是 http://treaties.un.org/Pages/MSDatabase.aspx。也可以查考美國國際法學會從一九六二年開始出版的 *International Legal Materials* (*ILM*)，網址是 https://www.asil.org/resources/international-legal-materials。

關於重要多邊公約的彙編，一九五九年聯合國秘書處出了一冊 *Status of Multilateral Conventions in Respect of Which the Secretary-General Acts as Depositary* (ST/LEG/3, Rev. 1)，紀錄由聯合國秘書長擔任存放機構的各種多邊條約的資料，如締約國或加入國的名稱、它們所提出的保留及條約的生效日期等。該書每年均出版活頁補編以求更新。一九六八年重編後，改名為 *Multilateral Treaties in Respect of Which the Secretary-General Performs Depositary Functions, List of Signatures, Ratifications, Accessions, etc. as at 31 December 1968* (ST/LEG/SER.D/2)，每年會增編再版。一九八一年起再度改名，名稱為 *Multilateral Treaties Deposited with the Secretary-General, Status as at 31 December 1981*。二○一○年四月，本書紙本停止出版，但是讀者可至聯合國官方網站查詢四百八十六個重要多邊條約現狀的電子版，網址是 Multilateral Treaties Deposited with the Secretary-General, http://treaties.un.org/pages/ParticipationStatus.aspx。

欲知其他不存放於聯合國秘書長之多邊條約的情況，如有哪些締約國、何時生效等資訊，可以查閱：

1. D. J. Harris and M. J. Bowman, eds., *Multilateral Treaties: Index and Current Status*, compiled and annotated within the University of Nottingham Treaty Centre, London:

Butterworths, 1984, eleventh supplement, 1995；

2. Christian Wiktor, *Multilateral Treaty Calendar, Répertoire des Traités Multilatéraux*, 1648–1995, The Hague: Martinus Nijhoff, 1998. 本書收集了從一六四八年到一九九五年間所有多邊條約的相關重要資訊。

最後，耶魯大學提供的條約網站：Avalon Project (http://avalon.law.yale.edu/default. asp)，收藏從古至今最重要的國際條約。美國國務院所出的《現行有效條約》(*Treaties in Force*) 一書中，也可以查到美國所參加的多邊條約中其他締約國的名稱，但沒有其他國家加入的日期。

一九六九年五月二十二日聯合國條約法會議通過的《維也納條約法公約》(Vienna Convention on the Law of Treaties) 是條約法中最重要的文獻。而與公約有關的文件有下列幾種：首先，聯合國國際法委員會在一九六六年準備的草案及評註，正式名稱為《條約法條款草案》(Draft Articles on the Law of Treaties)，刊登在 *American Journal of International Law* 一九六七年第六十一卷第一期頁二四八以下；其次，一九六八及一九六九年二次條約法會議的紀錄及文件則分別刊登在下列聯合國出版品：

1. *United Nations Conference on the Law of Treaties, First Session, Official Records.: Summary Records of the Plenary Meetings and of the Meetings of the Committee of the Whole*, New York: UN, 1969.

2. *United Nations Conference on the Law of Treaties, Official Records.: Summary Records of the Plenary Meetings and of the Meetings of the Committee of the Whole, Second Session*, New York: UN, 1970.

3. *United Nations Conference on the Law of Treaties, First and Second, Documents of the Conference*, New York: UN, 1971.

㈡美國條約彙編

美國是世界上締結條約最多的國家，同時和我國的關係非常密切，所以瞭解美國條約彙編對於國際法的研究非常重要。

如前所述，美國國務院從一九四四年開始，每年會編一冊索引，名稱是《有效條約：當年有效的美國條約及其他國際協定目錄 （年份）》(*Treaties in Force: A List of Treaties and Other International Agreements of the United States in Force on [Year]*)，收錄於出版當年一月一日仍舊有效，且美國為締約方的國際協定。

除此之外，研究美國條約還應該參考下列三種索引：首先是《美國法規大全》(*United States Statutes at Large*) 第八卷和六十四卷。《美國法規大全》刊載了美國於一九五〇年之前所締結的國際協定，包括一七七六年至一九四九年間所有經過批准的條約，

和一九三一年至一九五一年間的所有行政協定。第八卷收錄了一七七六年至一八四五年間所有經過批准的美國條約文本；第六十四卷末附有一七七六年至一九四九年間所有條約的索引，相當便利實用；第二本則是美國國務院出版的 *Subject Index of the Treaty Series and the Executive Agreement Series, July 1, 1931*；第三本則是 Hunter Miller 所編的 *Treaties and Other International Acts of the United States of America*。

至於條約本身，一九四九年前所有條約雖然都編入《美國法規大全》，但同時每一條約或協定又分別刊行小冊，條約稱為 *Treaty Series* (1908–46)（簡稱 *T.S.*），行政協定則為 *Executive Agreement Series* （簡稱 *E.A.S.*），均分別按次序排列號碼。*Treaty Series* 與 *Executive Agreement Series* 後來又混合編成 *Treaties and Other International Acts Series* (1946–)（簡稱 *T.I.A.S.*）。自一九五〇年開始，條約或行政協定不再編入《美國法規大全》，而另編入精裝官方本，按時間順序編排的《美國條約與其他國際協定集》（*United States Treaties and Other International Agreement*, 簡稱 *U.S.T.*）。如果協定沒有被《美國條約與其他國際協定集》 收錄，可以搜尋前述國務院發行的 *Treaties and Other International Acts Series* (*T.I.A.S.*)。

《參議院條約文件集》（一九八一年始）(*Senate Treaty Documents*, 1981–) 也可以查閱條約，文件以每一屆國會的屆數依序排列，範圍涵蓋提交給參議院以取得其同意的條約文本，和來自總統和國務卿有關該條約的解釋性說明。一九八一年以前的文件可以查《參議院行政文件集》 （一八九五至一九八一年） (*Senate Executive Documents*, 1895–1981)。

由學者編纂的條約集，比較著名的有下列二種：William M. Malloy 等人主編的 *Treaties, Conventions, International Acts, Protocols and Agreements between the United States of America and Other Powers*, 1776–1937，全套書共四冊；以及由 Hunter Miller 主編的 *Treaties and Other International Acts of the United States of America*，全書共八冊，收集了一七七六年至一八六三年美國所締結的條約，除了條約原文外，還有關於每個條約的歷史資料。

由於 *U.S.T.* 以前的條約與協定散見於不同的出版物中，因此美國國務院特請法律顧問 Charles I. Bevans 將一七七六年至一九四九年間美國所有條約或協定，編成一套 《美利堅合眾國一七七六年至一九四九年條約及其他國際協定集》 (*Treaties and Other International Agreements of the United States of America*, 1776–1949)，共計有十三冊。其中第一至四冊為按簽署日期為序的多邊條約，第五冊起為雙邊條約，按英文字母順序排列。有關中國的條約是編在第六冊，索引在第十三冊。開羅宣言、波茨坦公告、和日本投降文件都刊在第三冊。

如前所述，美國國務院每年出版一冊《現行有效條約》(*Treaties in Force*)。自中華民國與美國斷交後，依臺灣關係法，繼續有效的條約仍舊列入《現行有效條約》。例如，二〇一六年《現行有效條約》(*Treaties in Force: A List of Treaties and Other International Agreements of the United States in Force on January 1, 2016*) 第一部分 (Section 1) 為「雙邊條約與其他協定」(Bilateral Treaties and Other Agreements)，在 Taiwan 項下，頁四八九則

有下列說明：

> Pursuant to Section 6 of the Taiwan Relations Act, (P.L. 96-8, 93 Stat. 14, 22 U.S.C. 3305) and Executive Order 12143, 44 F.R. 37191, the following agreements concluded with the Taiwan authorities prior to January 1, 1979, and any multilateral treaty or agreement relationship listed in Section 2 of this volume, are administered on a nongovernmental basis by the American Institute in Taiwan, a nonprofit District of Columbia corporation, and constitute neither recognition of the Taiwan authorities nor the continuation of any official relationship with Taiwan.
>
> Agreements concluded after January 1, 1979, by the American Institute in Taiwan, 1700 North Moore Street, Rosslyn, Virginia 22209, with its nongovernmental Taiwan counterpart, the Taipei Economic and Cultural Representative Office, are reported to the Congress as in effect under the law of the United States. A list of such agreements appears at 65 F.R. 81898.

由於該項目只說明「美國在臺協會」(American Institute in Taiwan) 與「臺北經濟文化代表處」(Taipei Economic and Cultural Representative Office) 所簽之協定在美國《聯邦政府公報》(*Federal Register*) 可以查到，本身並未刊出全文。為便利學者研究查閱，「中華民國國際法學會」所出版的 *Chinese (Taiwan) Yearbook of International Law and Affairs* 會將中華民國與美國間的重要協定全文刊登在每一卷中。

㈢中國條約彙編

外國出版關於清朝和民國初年簽署的舊條約彙編中，比較重要的有下列幾種，所使用的約文以英文和法文為主：

1. William Frederick Mayers, *Treaties between the Empire of China and Foreign Powers, Together with Regulations for the Conduct of Foreign Trade, Conventions, Agreements, Regulations, etc.*, 5th ed., Shanghai: North China Herald Limited, 1906. （內容為一八四二年至一九〇三年的條約）

2. *Hertslet's China Treaties*, 3rd edition, revised by G. E. P. Hertslet, with the assistance of Edward Parkes, 2 vols., London, 1908. 此書全名為 *Treaties, etc., between Great Britain and China; and Between China and Foreign Powers; and Orders in Council, Rules, Regulations, Acts of Parliament, Decrees, etc., Affecting British Interests in China. In force on the 1st January, 1908*, 3rd ed., revised., London: Harrison and Sons, 1908. (published for H. M. Stationery Office) 全書分二冊，收集了中國自一六八九年到一九〇七年的條約及英國對華有關法令文件。

3. China. Hai guan zong shui wu si shu, *Treaties, Conventions, etc., Between China and Foreign States*. Published by Order of the Inspector General of Customs, Shanghai, Statistical Department of the Inspectorate General of Customs, 1908–1917. 全書三冊，收錄中國自一六八九到一九一五年的條約。

4. John V. A. MacMurray, *Treaties and Agreements with and concerning China*, 1894–1919, New York: Oxford University Press, 1921. 全書二冊。

5. Carnegie Endowment for International Peace, *Division of International Law, Treaties and Agreements with and Concerning China*, 1919–1929, Washington: Carnegie Endowment for International Peace, 1929. 本書與上一套書是同一系列。

臺灣與大陸出版的條約彙編，常被引用的有下列幾種：

1. 中華民國外交部，《中外條約輯編》 (*Treaties between the Republic of China and Foreign States*)。本書由中華民國外交部出版，第一編收集民國十六年至四十六年的中華民國條約，同時刊載中文及英文或法文約文。在民國五十二年外交部又將民國四十七年至五十年的條約與原來的編輯合訂成一冊出版。在民國五十四年外交部又將民國五十一年至五十三年的條約編成一冊，訂名為《中外條約輯編》第三輯。自第六編起，與無邦交國家的一些協定也列入本書。本書第十五編於二〇一〇年出版，改名為《中華民國對外條約輯編》(*Treaties between the Republic of China (Taiwan) and Foreign States*)，目前出版到第二十一編，涵蓋二〇一四到二〇一五年的條約協定。此外，外交部條法司民國八十二年還編有《中華民國條約輯編索引 （現行有效編）》，這是類似美國國務院每年出版的 《現行有效條約》 (*Treaties in Force*) 一書，在我國國內為創舉。

2. 黃月波、于能模、鮑釐人編，《中外條約彙編》，上海：商務印書館，民國二十五年出版。本書收集清朝初年至一九三四年間的中國條約，約文是中文，此書一九六四年在臺北再度重印。

3. 清初及中期的條約，一九一四年外務部編有《康熙雍正乾隆條約》，約文是中文。此書一九六三年在臺北重印，由許同莘、汪毅、張承棨編纂，改名為《清初及中期對外交涉條約集》，臺北，國風重印，民國五十三年五月出版。

4. 清朝中葉以後的條約，一九一四年外務部分別編為《同治條約》、《光緒條約》及《宣統條約》三書。除了雙邊條約外，中國參加的多邊條約也編在內，約文是中文。此三書後來改名為《清末對外交涉條約集》，由許同莘、汪毅、張承棨編纂，三冊，臺北，國風重印，民國五十三年五月出版。

5. 大陸學者王鐵崖教授主編之《中外舊約章彙編》，涵蓋了一六八九年中俄簽訂尼布楚界約到一九四九年十月一日中共政權成立前的一切條約 (包括各種契約)。該套書有三冊，全部達一千六百九十六頁。編者並且將中外約文查對，如有不相符合之處均作說明。北京三聯書店在一九五七年出版，一九八二年第二次印刷，並在

重印時做了一些更正。

6. 大陸學者陳天樓主編了一冊《中外條約協定索引，1662–1980》，詳列中國簽署自清朝到一九八〇年的條約，每一份條約均注明約本來源。但在中華民國部分，只列到一九四九年十月一日中共政權成立之日為止。本書提供主題及締約者兩種索引。

7. 薛典增及郭子雄合編，《中國參加之國際公約彙編》，臺北：臺灣商務印書館，一九七一年。本書原是一九三七年出版，收集一九三六年以前中國所參加的國際多邊條約中文本。

8. 許多國際多邊條約由於中國沒有參加，所以沒有正式中文譯文，但中國大陸學者將一六四八年以後的一些重要條約翻譯為中文，將若干年的條約集為一冊出版，已知的版本有：(1648–1871)，(1872–1916)，(1945–1947)，(1948–1949)，(1950–1952)，(1953–1955)，(1956–1957)，(1958–1959)，(1960–1962) 及 (1963–1965)。這些書早已絕版，讀者有需要可以到國立政治大學國際事務學院國際法學研究中心的丘宏達國際法學圖書館查考。

9. 關於國際私法的公約之中文譯文，大陸學者盧峻主編了一冊《國際私法公約集》，上海社會科學院出版社，一九八六年版，很有參考價值。

10. 關於中國大陸早期簽訂的對外條約或協定方面，丘宏達教授與 Douglas M. Johnston 編有一冊《中共條約年表》，參考 Douglas M. Johnston and Hungdah Chiu, *Agreements of the People's Republic of China, 1949–1967, A Calendar*, Cambridge, Mass.: Harvard University Press, 1968。其後丘宏達教授又編了一冊 *Agreements of the People's Republic of China, A Calendar of Events 1966–1980*, New York: Praeger, 1981。

11. 中國大陸自己也編有《中華人民共和國條約集》，自一九五七年開始出版，現已出到第五十八集，內容為二〇一一年簽訂的全部條約與協定，二〇一三年出版。至於中國大陸參加的多邊條約，可以參考自一九八七年開始出版《中華人民共和國多邊條約集》，該條約集現已出版到第九集（二〇〇九年出版）。

中華民國所締結的條約在未及編入上述各種條約彙編前，如果條約或協定是需經立法院通過的，行憲以前的條約約文可以查考《立法專刊》。訓政時期的立法院自民國十八年到三十六年共出了二十六輯《立法專刊》，不過有些目前在國內外都不易找到。行憲以後的立法院自民國三十七年到六十年，共出了四十一輯（第一至第四十七會期），第四十一輯並附有索引，詳列所有立法院通過的條約或協定。行憲以後的《立法院公報》在民國五十六年以前也刊有經立法院通過的條約或協定全文，有時還附有外國文字的譯本或正本。此外，《中華民國年鑑》或《英文中國年鑑》（China Yearbook，後改稱 Republic of China Yearbook）都列表說明當年中華民國所締結的條約或協定，有時並附有某些重要條約或協定的約文。不過該年鑑自民國一〇一年起改名為《中華民國施政年鑑》，並自民國一〇二年起僅發行電子版，網址是 http://www.ey.gov.tw/cp.aspx?n=9FC7B0C83E512

9A0，該書內容精簡且聚焦為行政院施政，已不再附上條約全文。

至於我國政府在聯合國代表中國期間，國際組織如聯合國、世界銀行等也和中華民國締結了不少協定。但這些條約的約文，除了一部分在《聯合國條約彙編》中刊載外，在國內都頗難找到，上述的《英文中國年鑑》偶爾只在說明中華民國對外關係時提到這些協定。而外交部除了向世界銀行或其他國際金融組織的借款協定外，也未將這些協定送交立法院審議。所以《立法專刊》或民國五十六年以前的《立法院公報》中也未刊載這些文件。

除了立法院的出版品外，行憲以前的《國民政府公報》及現在的《總統府公報》中都會刊載經過立法院通過再由總統（行憲前為國民政府主席）批准的條約或協定。

四、國家的實踐

關於國家的實踐的資料非常多，一國所發布的外交文件、白皮書等都是研究國家實踐的重要資料。國際法期刊和各國著名年報也可以找到國家實踐。不過這些資料來源不一，相當零亂，缺少有系統的整理。

㈠國際性的參考資料

關於有系統介紹世界各國國家實踐的參考書，一九六〇年代以前有英國 Royal Institute of International Affairs 編著出版二套重要書籍：第一是自一九二〇年開始出版的 *Survey of International Affairs*，每年一冊，將該年的重要國際事件簡明敘述，並附有參考書目，但在一九六三年停止出版；另一套書是一九二八年起出版的 *Documents on International Affairs*，原則上也是每年一冊，將該年的重要國際法文件及條約都彙編為一冊，利用非常簡便，但也在一九六三年停止出版。此外，卡乃基國際和平基金會也曾經出版有關國際法的國家立法及實踐之書，如 Feller and Hudson, *Diplomatic and Consular Laws and Regulations* (1933); Deak and Jessup, *A Collection of Neutrality Laws, Regulations and Treaties of Various Countries* (1939)。

目前，有關國家實踐著作，最新值得參考的書如下：

1. Ellen G. Schaffer and Randall J. Snyder, eds., *Contemporary Practice of Public International Law*, Dobbs Ferry, N.Y.: Oceana Publications, 1997.

2. Ralph Gaebler and Maria Smolka-Day, eds., *Sources of State Practice in International Law*, Ardsley, N.Y.: Transnational Publishers, 2002– . Loose-leaf; Ralph F. Gaebler & Alison A. Shea, eds., *Sources of State Practice in International Law*, 2nd Revised Edition, Brill, 2014.

3. D. Hollis, M. R. Blakeslee, L. B. Ederington, eds., *National Treaty Law & Practice*, The American Society of International Law, Martinus Nijhoff, 2005. 本書是介紹各

國的條約實踐。

聯合國成立後，也出了不少有關國際法的國家立法及實踐的書。其中，聯合國秘書
處針對聯合國國際法委員會所研究的題目，曾分別收集國內有關立法及各國實踐，編成
《聯合國立法叢書》(*United Nations Legislative Series*)。這一系列的書出版時間是一九五
三年到二〇一二年，涵蓋的項目包括海洋法、條約法、國籍、外交領事法、國際組織、
國家繼承、國際水道的非航行使用、國家及其財產的管轄豁免等、多邊公約的制訂過程、
制止與防止國際恐怖主義和國家責任等，到目前為止已經出版了二十五本，書名如下：

1. *Laws and Regulations on the Regime of the High Seas (vol. I)* (1951)
2. *Laws and Regulations on the Regime of the High Seas (vol. II)* (1952)
3. *Laws and Practices concerning the Conclusion of Treaties with a Select Bibliography on the Law of Treaties* (1953)
4. *Laws Concerning Nationality* (1954)
5. *Laws Concerning the Nationality of Ships* (1955)
6. *Laws and Regulations on the Regime of the Territorial Sea* (1957)
7. *Laws and Regulations Regarding Diplomatic and Consular Privileges and Immunities* (1958)
8. *Supplement to Laws and Regulations on the Regime of the High Seas and Laws Concerning the Nationality of Ships* (1959)
9. *Supplement to the volume on Laws Concerning Nationality 1954* (1959)
10. *Legislative Texts and Treaty Provisions Concerning the Legal Status, Privileges and Immunities of International Organizations (vol. I)* (1959)
11. *Legislative Texts and Treaty Provisions Concerning the Legal Status, Privileges and Immunities of International Organizations (vol. II)* (1961)
12. *Legislative Texts and Treaty Provisions Concerning the Utilization of International Rivers for Other Purposes than Navigation* (1963)
13. *Supplement to Laws and Regulations Regarding Diplomatic and Consular Privileges and Immunities* (1963)
14. *Materials on Succession of States* (1967)
15. *National Legislation and Treaties Relating to the Territorial Sea, the Contiguous Zone, the Continental Shelf, the High Seas and to Fishing and Conservation of the Living Resources of the Sea* (1970)
16. *National Legislation and Treaties Relating to the Law of the Sea* (1974)
17. *Materials on Succession of States in Respect of Matters Other than Treaties* (1978)
18. *National Legislation and Treaties Relating to the Law of the Sea* (1976)
19. *National Legislation and Treaties Relating to the Law of the Sea* (1980)

20. *Materials on Jurisdictional Immunities of States and Their Property* (1982)

21. *Review of the Multilateral Treaty-Making Process* (1985)

22. *National Laws and Regulations on the Prevention and Suppression of International Terrorism (vol. I)* (2002)

23. *National Laws and Regulations on the Prevention and Suppression of International Terrorism (vol. II, A–L)* (2005)

24. *National Laws and Regulations on the Prevention and Suppression of International Terrorism (vol. II, M–Z)* (2005)

25. *Materials on the Responsibility of States for Internationally Wrongful Acts* (2012)

(二)主要國家的參考資料

上面所述是國際性的資料書，主要國家，如美國、英國、法國等，也都出了不少有關各該國國家實踐的專書，常使用的參考資料如下：

1. 美　國

美國此類的書最多，現將重要的幾部，略述於下：

(1) *Foreign Relations of the United States* （以前稱為 Papers *Relating to Foreign Affairs*）：由美國國務院出版，收錄美國與各國的外交交涉文件，國務院對駐外使節的訓令等。刊印日期通常與外交事件發生時間相隔十五年至三十年。

(2) *Department of State Bulletin*：美國國務院一九三九至一九八九年間出版的週刊，後來改為月刊 *Department of State Dispatch*，內容涵蓋國務院歷史資料和政策性聲明。

(3) *Department of State Dispatch*：由 *Department of State Bulletin* 改名出版的月刊，收集了有關外交方面的政府官員報告、新聞、政策性文件和演說、條約資料等，出版時間為一九九〇至一九九九年間。

(4) 每季一期的 *American Journal of International Law* 裡有一個名為 Contemporary Practice of the United States Relating to International Law（美國關於國際法的當代實踐）的專欄，總結美國在近期國際法發展問題上的立場，還提供有關文件的摘錄和其他訊息來源的出處。

(5) *A Decade of American Foreign Policy, Basic Documents, 1941–1949*：美國參議院在一九五〇年出版，收集了一九四一年至一九四九年重要的美國外交文件。

(6) *American Foreign Policy, Basic Documents, 1950–1955*：國務院一九五七年出版，共有二冊，收集了一九五〇年至一九五五年間的重要外交文件。本套書系列自一九五六年起至一九六七年止每年出一冊，名稱改為 *American Foreign Policy,*

Current Documents ，其間中斷，一九八三年恢復出版 *American Foreign Policy, Basic Documents*, 1977–1980 。但一九八一年版又恢復名稱為 *American Foreign Policy, Current Documents*，一九九一年後停止出版。

美國國務院還將美國有關的國際法資料，編成了幾套摘要，是研究國際法的重要參考書。現將這些摘要的名稱及作者列出於下：

⑴ Francis Wharton, ed., *A Digest of the International Law of the United States, taken from Documents Issued by Presidents and Secretaries of State, and from Decisions of Federal Courts and Opinions of Attorneys-General*, Washington, D.C.: Government Printing Office, 1887. 3 volumes. 這一套書被認為是第一部關於美國國際法實踐的正式摘要，涵蓋日期是一八八六年，分三卷出版。

⑵ John L. Cadwalader, *United States Department of State. Digest of the Published Opinions of the Attorneys-General, and of the Leading Decisions of the Federal Courts: With Reference to International Law, Treaties, and Kindred Subjects*, Washington, D.C.: Government Printing Office, 1877. 1 volume. 本書是第一部按主題編輯的官方文件彙編。

⑶ John Bassett Moore, *A Digest of International Law as Embodied in Diplomatic Discussions, Treaties and Other International Agreements, International Awards, The Decisions of Municipal Courts, and the Writings of Jurists*, Washington, D.C.: Government Printing Office, 1906. 8 volumes. 這部美國國務院的摘要紀錄了一七七六年至一九〇五年間的國際法實踐，全書分八卷出版。

⑷ Green H. Hackworth, *Digest of International Law*, Washington, D.C.: Government Printing Office, 1940–1944. 8 volumes. 全書分八冊，第八冊是索引，涵蓋時間是一九〇六至一九四〇年，作者曾任國際法院法官。

⑸ Marjorie M. Whiteman, *Digest of International Law*, Washington, D.C.: U.S. Department of State, 1963–1973. 15 volumes. 全書十五冊，第十五冊為索引，涵蓋時間為一九四〇至一九六〇年，編者為前美國國務院助理法律顧問。

⑹ 美國國務院自一九七三年起每年出一卷 *Digest of United States Practice in International Law*，並在一九八九年出版了自一九七三年至一九八〇年的綜合索引 *Digest of United States Practice in International Law Cumulative Index 1973–1980* 。一九九三年出版了一九八一年至一九八八年的綜合實踐共三卷，稱為 *Cumulative Digest of United States Practice in International Law 1981–1988*。目前本系列書已經編到二〇一〇年的實踐（二〇一一年出版）。二〇一一年以後不再提供紙本，只有電子版。

上述各書，都是美國官方刊行的，私人著述方面，以美國的實踐為主寫成的國際法

書有下列三種值得參考：

(1) Charles Cheney Hyde, *International Law: Chiefly as Interpreted and Applied by the United States*, Boston: Little, Brown and Company, 1922.（全套書二冊）

(2) Charles Cheney Hyde, *International Law: Chiefly as Interpreted and Applied by the United States*, 2nd rev. ed., Boston: Little, Brown, 1945.（全套書二冊）

(3) Sean D. Murphy, *United States Practice in International Law*, Cambridge, U.K.; New York: Cambridge University Press, 1999–2001 (2002), 2002–2004 (2005).

2. 英　國

關於英國實踐，一八一二到一九六八年期間出版的歷史資料書主要有 *British and Foreign States Papers*：每年一冊或數冊，收集有關英國的條約或外交文件。著作方面有三本：McNair, *International Law Opinions; Selected and Annotated* (1956)，全書共三冊，收集英國政府法律官 (law officers) 對國際事件的國際法見解，編著者曾任國際法院院長；McNair, *The Law of Treaties* (1961)，此書原名 *The Law of Treaties: British Practice and Opinions*，於一九三八年出版，再版除了英國的實踐外，還收集了其他國家的學者意見及實踐；Smith, *Great Britain and the Law of Nations* (1932–1935)，全書二冊，內容與前述美國學者 Hyde 的著作有些類似。

此外，以前《國際法與比較法季刊》每幾期就刊有 E. Lauterpacht 編的 Contemporary Practice of the United Kingdom in the Field of International Law。現在《英國國際法年報》(*British Yearbook of International Law*) 有專章 United Kingdom Materials On International Law 介紹英國於該年度在國際法各主題下之國家實踐。英國也曾經印行類似美國方面的國際法摘要，由 Clive Parry 編輯，定名為 *British Digest of International Law*。

至於最近的英國實踐，可以參考英國國會所刊行的 Command Papers，此書收集與國會有關的外交文件等。

3. 法　國

法國方面曾經編纂類似美國的國際法摘要，由法國國家科學研究中心主持修訂，Alexandre-Charles Kiss 主編，定名為 *Répertoire de la Pratique Francaise en Matiére de Droit International Public*，一九六二～一九七二年出版。此書與美國的摘要不同之點是偏重於法國的資料而將條約及國際判例除外。

目前，《法國國際法年報》被視為除政府文件外最重要的國家實踐資料來源，Pratique française du droit international（《法國國際法實踐》）一章的編排方式類似美國的 *The Digest of United States Practice in International Law*，依據各項主題陳列法國之實踐，含法國所締結之國際協定；而 *Jurisprudence française relative au droit international*（《法國關於國際法之司法決定》）則記載每年於法國國內法院關於國際法之實踐。編排方式依

據主題排列，解說法國國內法院之國際法實踐。至於法國政府歷年通過之法律、締結之條約，可以參考網址：https://www.legifrance.gouv.fr/initRechJO.do。

4.德　國

德國方面，海德堡的馬克斯浦朗克比較公法與國際法研究所編有 *The Fontes Juris Gentium*，報導德國的實踐。一九八六年開始，*The Fontes Juris Gentium*, Series A, Sectio I 改為 *The World Court Digest*，主要是報導國際法院的案例。

《德國國際法年報》也會介紹德國國際法實踐，但是通常是由學者以專文探討德國近期之國際法實踐。

5.*海峽兩岸*

到目前為止，中華民國官方還沒有類似上述英美等國的國際法摘要刊行，因此查閱很不方便。過去曾經有幾種舊官方出版物刊有有關中華民國的國際法實踐：⑴國民政府《外交部公報》，民國十七年五月開始發行第一卷，內刊有重要照會、公文等。⑵《外交部週報》，中華民國政府在大陸時代已刊行，政府遷臺後於民國四十年四月十日復刊，民國四十五年停刊。⑶《外交部發言人各項談話、聲明、答詢彙編》，自民國五十二年開始印行，每年一冊，包括該年上半部及前一年下半部的外交部發言人各種言論，一冊分中、英文二部分，有相當參考價值，民國五十九年改名為《外交部聲明及公報彙編》。⑷《國民政府公報》，民國十四年七月開始到民國三十七年五月二十日改為《總統府公報》為止，公報內有政令、條約、判決、解釋等，全套現由臺北成文出版社翻印成二百二十冊。

除了上述官方出版品以外，《中日外交史料叢論》九冊是「中華民國外交問題研究會」根據外交部檔案編纂，涵蓋時間是自國民政府北伐到一九五二年《中日和約》為止，在民國五十三年至五十五年陸續出版；而中國國民黨黨史會編纂的《革命文獻》套書中，也印有許多外交方面資料。

中央研究院近代史研究所曾整理了一些清末至民初的檔案，將其公開印行，這些資料中也有不少外交與國際法方面的資料。一九五七年出版的湯武著的《中國與國際法》，全書共四冊，是以中國的實踐為主寫的國際法書。另外關於我國對某些國際法問題的實踐的書，丘宏達教授曾出版了二冊有關我國國際法實踐的書，即《中國國際法問題論集》（臺灣商務印書館，民國五十七年出版）及《關於中國領土的國際法問題論集》（臺灣商務印書館，民國六十四年出版，民國九十三年再版）。

除了上述資料外，另外還有下述四書也是根據我國外交檔案寫成，甚有參考價值：⑴張群、黃少谷編著，《蔣總統為自由正義與和平而奮鬥述略》，民國五十七年臺北中央文物供應社銷售。⑵《國家建設叢刊》第三冊《外交與僑務》，民國六十年臺北正中書局銷售。⑶王世杰、胡慶育編著，《中國不平等條約之廢除》，民國五十六年臺北中央文物供應社銷售。⑷梁敬錞，《開羅會議》，民國六十二年臺灣商務印書館出版。

中華民國外交部現在編有《外交年鑑》，《外交部聲明及公報彙編》與《外交部通訊》，對研究我國國際法實踐甚有幫助，讀者有興趣也可以到外交部官網查詢下載。

中國大陸方面的實踐，在一九六四年以前，大陸外交部編有《中華人民共和國對外關係文件集》，第一集包括一九四九～一九五〇年，以後每年一集，但到第十集就停止。到了一九八八年開始出《中國外交概覽》，說明前一年的中共外交活動，以後每年一冊，目前出到一九九五年。書籍方面，一九八八年北京中國社會科學出版社出版一冊《當代中國外交》，資料到一九八六年為止，全書五百四十三頁。

在英文著作方面，有關大陸國際法實踐的書，最著名的當推 Jerome Alan Cohen and Hungdah Chiu, *People's China and International Law: A Documentary Study*，全書一千七百九十頁，分為二冊，美國普林斯頓大學出版社一九七四年出版。本書曾獲當年美國國際法學會傑出著作獎。

五、判　例

判例的各種彙編很多，現在僅就國際法院判決及其他國際仲裁裁決和國內法院判決彙編分別說明。

㈠國際法院（包括以前的常設國際法院）判決

常設國際法院的判決依判決先後編入在 *Publications of the Permanent Court of International Justice* 的 Series A；諮詢意見 (advisory opinion) 則刊在 Series B。一九三一年後，這二個 Series 合併為 Series A/B，判決或諮詢意見依發表先後編入。法院的其他出版物的代碼及內容如下：(1) Series C：刊載當事國訴狀及辯論的文件。(2) Series D：刊載法院的規約，有關法院組織的文件及有關法院管轄權的文件。(3) Series E：刊載法院的年度報告。(4) Series F：刊載上述各種文件的索引。

常設國際法院的判決及諮詢意見分散各冊，檢閱不甚方便。因此哈佛大學國際法教授 Hudson 將法院的判決、諮詢意見及其他有關的文件編成四冊 *World Court Reports*，並且每個判決或意見都附有簡短說明及參考書目。

聯合國成立後，聯合國國際法院的判決、諮詢意見及命令每年編入《國際法院判決書、諮詢意見與命令彙編》(*Reports of Judgments, Advisory Opinions and Orders*, 1947–)；訴狀及辯論文件則依案件名稱分別編成單行本 （有時文件過多即編成二冊） 的 (*Pleadings, Oral Agreements, Documents*, 1948–)。法院每年也出 《國際法院年報》 (*Yearbook of the International Court of Justice*, 1947–)，簡單說明法院當年受理的案件、有關法院判決或諮詢意見的參考書目及接受法院管轄的簡表等。目前這些判決均可以在國際法院網站找到。

聯合國還出版了三冊 《國際法院判決書、諮詢意見與命令摘要》 (*Summaries of Judgments, Advisory Opinions and Orders of the International Court of Justice* 1948–1991, 1992–1996, 1997–2002)，很有參考價值。

國際刑事法院、前南斯拉夫和盧安達刑事法庭的判決則可以參考 J. Oppenheim, W.

van der Wolf, eds., *Global War Crimes Tribunal Collection, Nijmegen*, Netherlands: Global Law Association, multi-year。也可以參考三個法庭的網站：前南斯拉夫刑事法庭網址是：http://www.icty.org；盧安達刑事法庭網址是：http://www.ictr.org；國際刑事法院網址則是：http://www.icc-cpi.int。

國際海洋法庭的判決可以參考《判決、諮詢意見和庭令報告》（一九九七年始）(*Reports of Judgements, Advisory Opinions and Orders*, 1997–)，以及《訴狀、公開審理紀錄和文件》（一九九七年始）(*Pleadings, Minutes of Public Sittings and Documents*, 1997–)。國際海洋法庭的網站是：http://www.itlos.org。

世界貿易組織和劍橋大學聯合出版世界貿易組織專家和上訴機構的判決以及仲裁裁決。該出版品的名稱為《爭端解決報告》（一九九六年始）(Dispute Settlement Reports, 1996–)。世界貿易組織的網站是：http://www.wto.org。

㈡國際仲裁裁決及國內法院判決

國際仲裁裁決的各種彙編繁多，購置與檢閱皆極不便，因此聯合國秘書處予以重編刊行，稱為《國際仲裁裁決彙編》(*Reports of International Arbitral Awards*, 簡稱 *RIAA*)，將一九〇二年以來的重要仲裁裁決都編入。關於仲裁裁決的書目，可以參考 A. M. Stuyt, *Survey of International Arbitration*, 1794–1970, Dobbs Ferry, N. Y.: A. M. Oceana, 1973。

國內法院的判決可以參考 *International Law Report*，其前身為一九二〇年以來出版的 *Annual Digest and Reports of Public International Law Cases*，每一年或二年出一冊，收集國際判決或裁決與各國國內法院判決，但都只有摘要。該套書第一及二冊由 John Fisher Williams 主編，第三及四冊由 Arnold D. McNair 與 H. Lauterpacht 合編，自第五冊起，由 H. Lauterpacht 主編。自第十七冊（一九五一年）起，改稱 *International Law Reports*，內容仍如前，但刊印判決重要部分。第二十五冊起由 E. Lauterpacht 主編，第八十二冊起由其與 C. J. Greenwood 合編，到二〇一六年五月已出了一百六十五冊。這套書中每冊有索引，但查閱全部索引時仍舊費時不少，因此編者將第一至第三十五冊的索引綜合編成一冊 *International Law Reports, Consolidated Tables and Index to Vols. 1–35*。後又將第三十六至第四十五冊編一索引（一九七三年出版），一九九〇年又出版第一至第八十冊的二冊索引，二〇〇四年出版第一至第一百二十冊的索引，便利學者及實務工作者不少。本套書目前已經有網路版。

除了上述各種資料外，有些主要國家往往還出與本國相關之國際法判決彙編，例如英國學者 Clive Parry 曾主編 *British International Law Cases*，共分九冊，在一九六四年至一九七三年間出版。他也主編 *Commonwealth International Law Cases*，共有十九冊，但自第十一冊起與 J. A. Hopkins 共同主編。而在美國方面，*American International Law Cases* 由美國學者 Francis Deak 主編，包括一七八三～一九六八年間判決，Oceana 出版，共出了二十冊。一九六九～一九七八年判決由 Frank S. Ruddy 主編，共出了八冊（第二十一至第二十八冊），Frank S. Ruddy 也主編一九六九～一九七九年的另外三冊（第二十

九至第三十一冊，其中包括前幾冊未收入的判決），一九七九～一九八六年間的判決由 Bernard D. Reams, Jr. 主編，稱為 Second Series，至今出了二十七冊。一九九○～二○○四年為 Third Series，依舊由 Reams 主編。

此外，各國的國際法年報與重要期刊也會刊登最近的國際判決或裁決與國內法院的判決。

六、學者著作

關於學者著作，可分述三類於下：

㈠國際法年報

許多國家出版國際法年報，不但刊載學術論文，也收集官方聲明、國內各級法院涉外案件和重要的外交文件，以供國內外人士參考瞭解該國的國際法實踐。目前世界上出版國際法年報大多為美歐地區等國家，包括法國、澳洲、波羅的海三國、英國、加拿大、芬蘭、德國、希臘、印度、愛爾蘭、義大利、日本、荷蘭、紐西蘭、巴勒斯坦、波蘭、俄國、新加坡、南非、西班牙等。著名的英文年報名稱如下：

1. *African Yearbook of International Law-Annuaire Africain de Droit International* (1993–)
2. *Annuaire de l'Institut de Droit International* (1877–)
3. *Annuaire Français de Droit International* (1955–)
4. *Asian Yearbook of International Law* (1991–)
5. *Australian Yearbook of International Law* (1965–)
6. *Baltic Yearbook of International Law* (2001–)
7. *British Yearbook of International Law* (1921–)
8. *Canadian Yearbook of International Law* (1963–)
9. *Chinese (Taiwan) Yearbook of International Law and Affairs* (1964–)
10. *Czech Yearbook of International Law* (2010–)
11. *Finnish Yearbook of International Law* (1990–)
12. *German Yearbook of International Law* (1957–)
13. *Hague Yearbook of International Law* (1988–)
14. *Indian Yearbook of International Law* (2010–)
15. *Irish Yearbook of International Law* (2006–)
16. *Italian Yearbook of International Law* (1975–)
17. *Japanese Annual of International Law* (1958–)
18. *Jewish Yearbook of International Law* (1948)

19. *Max Planck Yearbook of United Nations Law* (1997–)

20. *Netherlands Yearbook of International Law* (1970–)

21. *New Zealand Yearbook of International Law* (2004–)

22. *Nigerian Annual of International Law* (1976)

23. *Palestine Yearbook of International Law* (1984–)

24. *Philippines Yearbook of International Law* (1968–)

25. *Polish Yearbook of International Law* (1966–)

26. *Revue Hellenique de Droit International* (1948–)

27. *Russian Yearbook of International Law* (1992–)

28. *Singapore Yearbook of International Law* (2004–2008)

29. *South African Yearbook of International Law* (1975–)

30. *Spanish Yearbook of International Law* (1991–)

在我國方面，中華民國國際法學會（原名「中國國際法學會」）自一九六四年即開始編輯出版英文年報，當時名稱是 *The Annals of The Chinese Society of International Law*《中國國際法學會年報》），首任總編輯為理事長張彝鼎教授，後由曾任聯合國秘書處法規編修司司長、聯合國常設仲裁法院仲裁人及外交部條約法律司司長的梁鋆立博士續任總編輯。

一九七九年，丘宏達教授應張彝鼎理事長之邀，將 *The Annals of The Chinese Society of International Law* 改版，仿照英國、荷蘭、加拿大、德國等國際法研究發達國家之先例，並擴大領域以涵蓋國際關係，將年報名稱變更為 *Chinese Yearbook of International Law and Affairs*，於一九八一年開始出版。英文年報意在促進國內外之國際法學交流，除刊載有關中華民國之國際法與國際事務的論文外，還提供國際社會中華民國在國際上的活動消息，與在國際上與國內落實國際法的執行情形，和國內各級法院對涉外案件的裁判等。

Chinese Yearbook of International Law and Affairs 自第十九卷改名為 *Chinese (Taiwan) Yearbook of International Law and Affairs*。自第二十三卷起，由中華民國國際法學會馬英九常務理事接任丘宏達教授擔任總編輯工作。本年報現已出至第三十五卷。第一卷至第十卷有綜合索引 (cumulative index)。

Chinese (Taiwan) Yearbook of International Law and Affairs 現在由荷蘭 Brill/Nijhoff 出版社負責紙本的出版發行，收錄於 HeinOnline 和 Westlaw 兩個電子資料庫，並由美國 William Hein 公司負責重印本的製作。目前的內容分為下列部分：(1)論文 (Article)；(2)特載 (Special Reports)；(3)當前與中華民國有關國際法之實踐與司法判決 (Contemporary Practice and Judicial Decisions of the Republic of China Relating to International Law)；(4)中華民國與外國間之官方、半官方或非官方協定與重要協定選輯 (Treaties/Agreements and Official, Semi-Official or Unofficial Agreements Concluded by the Republic of China (Taiwan) with other Countries)；(5)索引 (Index)。

　　除英文年報外，中華民國國際法學會也曾經自一九八七年起出版中文《中國國際法與國際事務年報》，共出了十七卷。

㈡期　刊

　　當代著名的國際法期刊如下：

1. *American Journal of International Law* (1907–　).
2. *American Journal of Comparative Law* (1952–　).
3. *The African Journal of International Law* (1988–　).
4. *African Journal of International and Comparative Law* (1989–　).
5. *Australian International Law Journal* (1983–　).
6. *Annuaire Francais de Droit International* (1955–　).
7. *Chinese Journal of International Law* (2006–　).
8. *East African Journal of Peace and Human Rights* (1993–　).
9. *European Journal of International Law* (1990–　).
10. *The Indian Journal of International Law* (1960–　).
11. *International and Comparative Law Quarterly* (1952–　).
12. *Leiden Journal of International Law* (1988–　).
13. *Netherlands International Law Review* (1975–　).
14. *Nordic Journal of International law* (1986–　).
15. *The Philippine International Law Journal* (1962–1965).
16. *Scandinavian Studies in Law* (1957–　).
17. *Singapore Journal of International and Comparative Law* (1997–2003).
18. *Revue Générale de Droit International Public* (1894–　).
19. *Hague Academy of International Law, Recueil Des Cours* (1924–　)，內容是將每年暑假 Hague Academy of International Law 的演講稿彙集而成。
20. *Zeitschrift für ausländisches öffentliches Recht und Völkerrecht* (*Heidelberg Journal of International Law,* 1929–　)，由德國海德堡馬克斯浦朗克比較公法與國際法研究所出版。
21. *International Legal Materials* (1962–　)，美國國際法學會出版，刊印當前有關國際法的條約、判例、國內立法及聯合國的重要文件等。
22. 卡乃基國際和平基金會編的 *International Conciliation*（每年五冊），有時也刊登國際法長文，不過早已停刊。由該基金會另出版政治性的刊物，即《外交政策》(Foreign Policy)(1971–　) 季刊。
23. 《國際法外交雜誌》(1912–　)（日文）。
24. *Nederlands Tijdschrift Voor International Recht* (1953–1974)（荷蘭出版）。

25. *Harvard International Law Journal* (1967–).
26. *Columbia Journal of Transnational Law* (1964–).
27. *Virginia Journal of International Law* (1963–).
28. *Journal of World Trade Law* (1967–1987).

在臺灣，中華民國國際法學會自民國九十四年起開始出版《中華國際法與超國界法評論》；臺灣國際法學會自民國九十四年起開始出版《臺灣國際法季刊》，二份刊物都是國際法專業刊物。中國大陸方面，中國國際法學會自一九八二年起開始每年出版《中國國際法年刊》，每年一冊。

最後，世界國際法學會 (International Law Association, 簡稱 ILA) 每二年出版的大會報告也非常值得參考。該會前身為於一八七三年在比利時成立的「改造與編纂國際法學會」(Association for the Reform and Codification of the Law of Nations)，後於一八九五年改名為「國際法學會」（或譯為世界國際法學會）。晚清首任駐外公使郭嵩燾及其繼任者曾紀澤均曾擔任過該會的榮譽副會長。丘宏達教授則於一九九八年至二〇〇〇年擔任該會總會長。該會總部設於英國倫敦，為當前國際間最重要之國際法學術團體，全世界現在有四十七個分會，會員人數超過三千五百名，包括世界上大多數國家的國際法學者，並具有聯合國諮詢組織地位。一九六一年八月十三日，在臺灣的「中國國際法學會」(Chinese Society of International Law，現名稱為「中華民國國際法學會」) 加入該會。該會每二年一次世界大會後，便彙整各研究委員會的研究成果，包含具體的研究報告和規則草案等，出版報告書。

(三)書　籍

國際法的專著種類繁多，無法一一列舉。經典的著作，如 Grotius, Bynkershoek 等人的專書，可以參考卡乃基國際和平基金會整理編輯的全套 *Classics of International Law*。至於國際法法典化 (codification) 的資料，可以參考：聯合國國際法委員會編的 *Yearbook of the International Commission*；哈佛大學編的 *Harvard Research in International Law*；和國際聯盟一九三〇年召開的國際法編纂會議的文件。至於國際法的歷史，則可以參考 Arthur Nussbaum, *A Concise History of the Law of Nations*, rev. ed., New York: Macmillan, 1954.。

當代被認為最權威暨詳盡的國際法教本是《奧本海國際法》(*Oppenheim International Law*)。第八版由 Lauterpacht 改編，第一卷是平時法；第二卷是戰時法。中國大陸學者王鐵崖與陳體強將其譯為中文，稱為《奧本海國際法》，共分四冊，在一九八一年由北京商務印書館出版。一九九二年，奧本海的《國際法》第一卷（平時法）第九版，由前國際法院院長金寧 (Robert Jennings) 及前英國外交部資深法律顧問瓦特 (Arthur Watts) 修訂出版，全書分為二冊，定名為 *Oppenheim's International Law*。中國大陸學者王鐵崖等將其譯為中文，稱為《奧本海國際法》，在一九九五年由北京中國大百科全書出

版社出版。

De Visscher 和 D. P. O'Connell 等人所著國際法教本當年都很有名，可惜隨著原作者過世而並未更新。Sørensen 的 *Manual of Public International Law* 在一九六八年出版，是卡乃基國際和平基金會邀請丹麥等國學者合著而成，內容較平衡。然因未邀中國學者參加寫作，內容仍偏向歐洲立場。此外，澳洲學者 J. G. Starke 的 *Introduction to International Law* 被認為是簡明好用的國際法教本，其第十一版由 I. A. Shearer 修訂，在一九九四年出版。一九七七年第七版曾由中國大陸學者趙維田譯為中文，書名為《國際法導論》，一九八四年北京法律出版社出版。

下列為近期出版且值得備置的國際法用書：

1. A. Aust, *Modern Treaty Law and Practice*, 3rd ed., Cambridge: Cambridge University Press, 2013.
2. A. Cassesse, *International Law*, 2nd ed., Oxford: Oxford University Press, 2005.
3. J. L. Brierly, *Brierly's law of nations: an introduction to the role of international law in international relations*, 7th ed., A. Clapham (ed.), Oxford: Oxford University Press, 2012.
4. Ian Brownlie, *Brownlie's Principles of Public International Law*, 8th ed., J. Crawford (ed.), London: Oxford University Press, 2012. 這套書的特色是對某些主要原則敘述較詳盡。
5. M. Koskenniemi, *The Politics of International Law*, London: Hart Publishing, 2011.
6. S. Murphy, T. Burgenthal, *Public International Law in a Nutshell*, 5th ed., St. Paul, MN: Thomson/West, 2012.
7. Gerhard Von Glahn, James Larry Taulbee, *Law Among Nations: An Introduction to Public International Law*, 10th ed., London: Routledge, 2012. 本書的特點是將重要判例都摘要說明。因美國政治學界多採用此書，故增訂再版多次，並加入共同作者 James Larry Taulbee。
8. Sir Ivor Roberts, ed., *Satow's Diplomatic Practice*, 7th ed., Oxford: Oxford University Press, 2017. 此書對外交使節部分，有詳細敘述，中國大陸有中譯本，由楊立義、曾寄萍與曾浩所譯，定名為《薩道義外交實踐指南》，在一九八四年出版。
9. Malcolm N. Shaw, *International Law*, 8th ed., Cambridge: Cambridge University Press, 2017.
10. Rosalyb Higgins, Philippa Webb, Depo Akande, Sandesh Sivakumaran, and James Sloan, Oppenheim's International Law: United Nations, New York, NY: Oxford University Press, 2017.

成案方面的國際法教本也不少。下列之書雖舊，仍富參考價值。如 Herbert W. Briggs, *The Law of Nations*, 2nd ed., New York: Appleton-Century-Crofts, 1952.; L. C.

Green, *International Law: International Law Through the Cases*, 2nd ed., London: Stevens and Sons, 1959; William W. Bishop, Jr., *International Law*, 3rd ed., Boston: Little, Brown and Co., 1971. 此外，Georg Schwarzenberger 的著作是以國際判例或裁決為主寫成的國際法書，見 Georg Schwarzenberger, *International Law as Applied by International Courts and Tribunals: General principles* (3rd ed., Vol. 1), Dallas: Stevens Publishing, 1957; The Law of Armed Conflict (Vol. 2), Dallas: Stevens Publishing, 1968; *International Constitutional Law* (Vol. 3), Dallas: Stevens Publishing, 1976; *International Judicial Law* (Vol. 4), Dallas: Stevens Publishing, 1986.

比較新而建議參考的書如下：

1. Henry Steiner, Detlev F. Vagts & Harold Hongju Koh, *Transnational Legal Problems*, 4th ed., New York: Foundation Press, 1994.

2. Detlev F. Vagts, Harold Hongju Koh & William S. Dodge, *Transnational Business Problems*, 4th ed., New York: Foundation Press, 2008.

3. Paula Giliker, D. J. Harris & Sandesh Sivakumaran, *Cases and Materials on International Law*, 8th ed., London: Sweet & Maxwell, 2015.

4. L. Damrosch, S. Murphy, *International Law: Cases and Materials*, 6th ed., St. Paul: West. 2014，本書原為 Henkin, Pugh, Schachter 與 Smit 一九八〇年合著的 *International Law, Cases and Materials*，為美國許多法律學院採用。第五版在二〇〇九年出版，作者是 Lori F. Damrosch, Louis Henkin, Sean D. Murphy, and Hans Smit。

5. Mary O'Connell, Richard Scott, Naomi Roht-Arriaza & Daniel Bradlow, *The International Legal System: Cases and Materials*, 7th ed., New York: Foundation Press, 2015. 本書原為一九七三年出版，Leech, Oliver 和 Sweeney 合編的 *The International Legal System*。

6. Barry E. Carter and Allen S. Weiner, *International Law (Casebook)*, 6th ed., New York: Wolters Kluwer, 2011.

7. Martin Dixon, Robert McCorquodale & Sarah Williams, *Cases & Materials on International Law*, 6th ed., Oxford: Oxford University Press, 2016.

8. Ademola Abass, *Complete International Law: Text, Cases and Materials*, 2nd ed., Oxford: Oxford University Press, 2014.

9. Alina Kaczorowska, *Public International Law: 150 Leading Cases*, 2nd ed., London: Old Bailey Press, 2004.

近年出版較新的國際法文件彙編如下：

1. Stefan Talmon, *Essential Texts in International Law*, England: Edward Elgar, 2016

2. Karen Hulme, *Core Documents on International Law*, 3rd ed., London: Palgrave, 2017.

3. Malcolm Evans, *Blackstone's International Law Documents*, 12th ed., Oxford: Oxford University Press, 2015.

4. Ian Brownlie, *Basic Documents in International Law*, 6th ed., Oxford: Oxford University Press, 2009.

5. Jan Klabbers, *International Law Documents*, Cambridge: Cambridge University Press, 2016.

　　大陸學者近年來也出了許多國際法書，此處無法一一詳列。除了王鐵崖教授的著作外，周鯁生教授一九八一年出版的《國際法》二冊也很有參考價值。周先生為著名國際法學家，原稿在一九六四年寫好，因文革動亂，到一九八一年才得以出版。李浩培教授所著的《條約法概論》，一九八七年出版，全書多達六十三萬字，對條約法有詳盡的研究。此外，王鐵崖與田如萱所編的《國際法資料選編》，於一九八二年由北京法律出版社出版，全書資料豐富，可惜迄今未能增訂再版。

　　在臺灣，中文的著作甚多，早期較重要者有湯武、雷崧生、杜衡之、崔書琴、沈克勤、趙學淵、何適、陳治世、董霖等人所著之國際法著作。比較近期的著作除了由三民書局出版，丘宏達教授著，陳純一修訂的《現代國際法》外，著有專書者還有俞寬賜、蘇義雄、姜皇池、黃異、黃居正、許慶雄、李明峻等人。

七、與國際組織有關的著作及文件

　　國際組織的資料甚多，無法一一列舉，現僅列出幾種較重要且與國際法相關的著作：

1. Philippe Sands and Pierre Klein, *Bowett's Law of International Institutions*, 6th ed., London: Sweet & Maxwell : Thomson Reuters, 2009.

2. Louis Sohn, Cases in World Law (1950); *Cases and Materials on United Nations Law (1956)*; *Basic Documents of the United Nations (1956)*; and *Recent Cases on United Nation Law (1963)*。這四本書是哈佛大學國際法教授 Louis Sohn 編，收集並撮要整理了關於重要國際組織（偏重聯合國）的成果，附有說明及參考書目，是研究國際組織的必備參考書。一九六八年 Sohn 又將 *United Nations Law* 及 *Basic Documents* 二書增訂。

3. Goodrich, Hambro 與 Simmons 合著的 *Charter of the United Nations, Commentary and Documents*, third and revised edition, 1969，是逐條註釋聯合國憲章最詳盡的書之一。

4. 德國學者 Bruno Simma, Daniel-Erasmus Khan, Georg Nolte, and Andreas Paulus，共同主編的第三版 *The Charter of the United Nations: A Commentary* ，由 Oxford

University Press 於二〇一三年出版，是目前對聯合國憲章最詳盡的註釋之書。

5. Frederick L. Kirgis, Jr. 編寫的 *International Organization in Their Legal Setting, Documents, Comments and Questions*，為有關國際組織法律問題的參考書。由美國 West Publishing Co. 在一九七七年出版，一九九三年第二版。

6. 國際聯盟 (League of Nations) 現雖已不存在，但在它存在的二十年，有許多與國際法有關的資料。關於國聯資料的運用有 Hans Aufricht 著的 *Guide to League of Nations Publications* (1951) 一書可供參考。

7. 關於中國與國際組織關係的書，目前據作者所知只有卡乃基國際和平基金會主編的 *China and the United Nations* (1958) 一書。另外我國出席聯大代表團報告書中，對我國在聯合國的各種問題之立場，有詳盡說明與記載，這項文件定名為《中華民國出席聯合國大會第×屆常會代表團報告書》。第一屆至第五屆是油印，目前在國內除外交部外，已不易找到，第六屆至第二十六屆為鉛印，不過我國已於一九七一年十月二十六日被迫退出聯合國，以後不會再有這類報告書。

8. 聯合國大會的決議與安全理事會的決議在大會或安全理事會的紀錄中可查閱，但大多數圖書館不收藏這些文件，因此有學者將這二個機構的決議編輯成專書，以供參考，書名如下：Dusan J. Djonovich, *United Nations Resolutions, Series I. Resolutions Adopted by the General Assembly*, Vol. 1–24, 1946/48–1985/86, Dobbs Ferry, NY: Oceana Publications, Inc, 1973–1988; Series II, *Resolutions and Decisions of the Security Council*, Vol. 1–11, 1946/47–1978/79, Dobbs Ferry, NY: Oceana Publications, Inc., 1988–1992. 此套書並說明投票紀錄。

9. 在臺灣，早期以中文撰寫有關國際組織專書的學者有：雷崧生、朱建民、史振鼎、李恩國等教授，大陸方面有趙理海教授。

期刊方面，著名的刊物有 *International Organization*。此外，UN Chronicle 會報導聯合國的活動。自一九七二年起，美國聯合國同志會 (The United Nations Association of the USA, UNA-USA) 每年也開始編一冊 *Issues Before the XX General Assembly of the United Nations*（後改名為 *A Global Agenda: Issues Before the United Nations*），很有參考價值。另外自一九七二年聯大也自己在每屆開會前出一冊 *Annotated Preliminary List of Items to be Included in the Provisional Agenda of the XX Regular Session of the General Assembly*。

由於聯合國文件與國際法研究有關，所以在此簡略說明關於聯合國文件的分類法。聯合國的文件前都有一個英文代號，表明發件的機關，後再有一條斜線，最後則是阿拉伯號碼，說明文件的號數。聯合國的主要機關的代號如下：A (General Assembly) 代表大會；S (Security Council) 表示安全理事會；E (Economic and Social Council) 是經濟暨社會理事會；T (Trusteeship Council) 指的是託管理事會；ST (Secretariat) 為秘書處。此外，少數聯大的輔助機構也有自己的代號，而不附在聯大代號之下，如 AEC (Atomic Energy Commission)。所以，一個文件右上角如果標記 A/2437，就表示這是聯大的第二四三七號文件。

由聯合國上述五個主要機構下之輔助機構發出的文件，除了主要機構的代號外，還要加該輔助機構的代號。例如 A/CN. 4/3 表示大會設立的第四輔助機構（國際法委員會）所發出的第三號文件。而關於聯大的決議在第三十一屆以前是按決議通過次序排列號碼，最後再註明屆數，如 Resolution 375 (IV) 即指第四屆大會通過的總號第三七五號決議。自第三十一屆起，決議改用每屆排法，如 31/50 即大會第三十一屆會議通過的第五〇號決議。

這些聯合國文件的代號及分類法，Sohn 的 *Cases and Materials on United Nations Law* 中有簡明的說明，可以參考，不在此贅述。由於聯合國現在機構林立，代號複雜，不易分辨，因此在一九七〇年聯合國的哈馬紹圖書館 (Dag Hammarskjöld Library) 特地出了一冊 *List of United Nations Document Series Symbols*，說明各種代號。也可以參考聯合國圖書館網站，UN Document Symbols, http://research.un.org/en/docs/symbols。

聯合國的出版品中，下列三種對國際法的研究，最有參考價值：

1. 《聯合國國際法委員會年鑑》 (*Yearbook of United Nations International Law Commission*)，除了一九四九年是一冊外，通常每年分二卷（第二卷有時又分二冊）。第一卷是當年開會討論紀錄，第二卷是有關文件，包括國際法委員會送交大會的報告。由於國際法委員會大多是由著名國際法學家組成，所以其討論或所出的各種國際法草案，都極有參考價值。

2. 《聯合國法律年鑑》(*United Nations Juridical Yearbook*)，每年一冊，自一九六四年開始發行，內容分四部分。第一部分是該年聯合國及政府間組織的法律地位之國際或國內法律文件；第二部分是聯合國及政府間組織的法律活動；第三部分是聯合國及政府間組織的司法判決；第四部分是聯合國及政府間組織的法律文獻。此書為研究國際組織的法律問題的必需參考書。

3. 《聯合國國際貿易法委員會年鑑》 (*Yearbook of the United Nations Commission on International Trade Law*)。聯合國在一九六六年成立國際貿易法委員會，從事統一國際貿易法的工作。目前國際貿易法是國際法中的一個重要部門，這個年報將委員會的報告書及有關文件彙集成冊，很有參考價值。

關於聯合國每年的活動，可以參考聯合國每年出版的 *Yearbook of the United Nations*。另外，也可以查閱由 Joachim Muller 和 Karl P. Sauvant 主編，牛津大學出版社每年出版的 *Annual Review of United Nations Affairs*。

▶ **書生論政：丘宏達教授法政文集**
丘宏達／著；陳純一／編

　　本書收錄丘宏達教授法政文章一百篇。主要發表於民國六十九年至九十三年之間的報章雜誌。全書分為憲政改革、兩岸關係、國際關係、中國大陸、中國領土問題、國際法相關問題與其他等七部分，涵蓋的議題反映了中華民國在這一段期間所面臨的各項重大挑戰。這些文章不論是針砭時事、或是建言國是，俱為經典之作，故能見證時代，薪傳智慧。讀者亦能由本書體會丘教授憂國憂民的情懷，捨我其誰的氣魄，深厚的學問，以及值得後人師法與尊崇的風範與精神。

▶ **愛國學人：紀念丘宏達教授**
學術研討會會議實錄暨論文集
陳純一／編

　　本書為中華民國國際法學會與蔣經國學術交流基金會於民國一○一年五月二十三日舉辦之「愛國學人：書生報國的典範——紀念丘宏達教授學術研討會」之實錄暨論文集。全書主要分為兩大部分，第一部分為丘教授親人學生故舊的感懷回顧，論壇與專題演講的精彩內容。第二部份收錄二十位國內外學者為紀念丘教授，針對當代重要國際法議題所撰寫的學術論文與感言。全書真情流露，立論有據，值得一讀。

▶ **國家豁免問題之研究：兼論美國的立場與實踐**
陳純一／著

　　「國家豁免」是國際公法學者的研究重點，關心的問題是國家及其財產是否可以在外國法院豁免管轄。本書首先說明「國家豁免」的概念、性質和理論。其次則是經由法院的見解、行政部門的態度，和「外國主權豁免法」的範圍，討論美國有關「國家豁免」的立場與相關問題。最後則是將研究重心置於商業活動、侵權行為、放棄豁免，和國家財產的強制執行等四個領域，希望能經由美國的經驗，了解「國家豁免」當前的挑戰與未來的發展趨勢。

▶ 海商法論
饒瑞正／著

　　海商法暨其法源具有國際性特質。因此，海商法之教學、研究、發展及其立法、司法政策，應思考海商法之國際性。例如，海牙威士比規則以降之各式運送公約之「喜瑪拉雅條款」及「一體適用原則」，打破民法契約與侵權之界線；海事優先權公約，列舉受擔保之海事債權，為無須登記或占有而不具公示性之隱藏性擔保物權，而與民法擔保物權制度有差等等，均為海商法獨具之特色，希望藉由本書引領讀者理解、學習海商法，並進而知所運用。

▶ 國際私法實例研習
蔡華凱／著

　　本書以大學法律系授課範圍為主，針對涉外民事法律適用法規定所及範圍內，盡量擷取我國或外國的裁判實務為實例材料，而非單純假設性的考題設計。惟有在欠缺相關實務案例的情況下始以假設性的問題代之。又本書在內容上避免未經實務實踐的空泛理論之介紹，專就實務案例之爭點提出最具實用性的理論說明。

▶ 國際私法論
劉鐵錚、陳榮傳／著

　　本書以民國九十九年全面修正的涉外民事法律適用法（新涉外法）為基礎，輔以最新的法院裁判、國際公約及外國立法與學說，對國際私法與區際私法，進行全面與完整的論述，內容分為基礎論、連結因素論、外國人地位論、外國法適用論、準據法適用論、輔助法規論、涉外程序法論、區際私法論等八大部分，條分縷析，論述詳盡，不僅可作為司法實務上適用新涉外法的參考，並可作為大學教科書及學術研究之用。

▶ **現代國際法**

丘宏達／著；陳純一／修訂

　　本書共分十八章，分別對國際法的概念與性質、國際法的淵源、國際法與國內法的關係、條約、國際法的主體、承認、國際法上的繼承、國籍、個人與人權、國家的領土、海洋法、管轄、管轄的豁免、國家責任、國家對外關係的機關、國際組織、國際爭端的和平解決、國際環境保護及武力使用與國際人道法等主題，提供詳細說明與分析，並盡可能以實例解說。

　　本書的特色在於反映當代國際法的重要原則與介紹中華民國國際法的實踐。對於與我國有關的國際法問題、國家實踐及相關法規與判決，本書均特別作詳細的敘述與分析。全書引用各類資料數百種，均註明詳細出處，並以專文介紹常用且重要的國際法參考書。